Secure Consult GmbH & Co. KG
Gaisbergweg 2
86529 Schrobenhausen

Für Gitta, Thomas und Andreas

Datenschutz in der Kommunalverwaltung

Recht – Technik – Organisation

Von
Dr. jur. Martin Zilkens
Leitender Städtischer Rechtsdirektor
Datenschutzbeauftragter der Landeshauptstadt Düsseldorf

3., völlig neu bearbeitete und erweiterte Auflage

ERICH SCHMIDT VERLAG

Bibliografische Information der Deutschen Nationalbibliothek
Die Deutsche Nationalbibliothek verzeichnet diese Publikation
in der Deutschen Nationalbibliografie; detaillierte bibliografische Daten
sind im Internet über http//:dnb.ddb.de abrufbar.

Weitere Informationen zu diesem Titel finden Sie im Internet unter
ESV.info/978 3 503 12953 9

1. Auflage 1991
2. Auflage 2008
3. Auflage 2011

ISBN 978 3 503 12953 9

Alle Rechte vorbehalten
© Erich Schmidt Verlag GmbH & Co. KG, Berlin 2011
www.ESV.info

Dieses Papier erfüllt die Frankfurter Forderungen
der Deutschen Bibliothek und der Gesellschaft für das Buch
bezüglich der Alterungsbeständigkeit und entspricht sowohl den
strengen Bestimmungen der US Norm Ansi/Niso Z 39.48-1992
als auch der ISO Norm 9706.

Gesetzt aus der Stempel Garamond 10/12 Punkt

Satz: multitext, Berlin
Druck: Hubert & Co., Göttingen

Vorwort

Seit Erscheinen der zweiten Auflage sind drei Jahre vergangen. In diesem Zeitraum haben sich, soweit kommunale Aufgabenfelder betroffen sind, Gesetzgebung und Rechtsprechung zum Datenschutzrecht in einem atemberaubenden Tempo weiterentwickelt; Grundlagen und Erkenntnisse erscheinen in weiten Teilen in einem neuen Licht. In der Praxis wurden viele neue Sachverhalte datenschutzrechtlich bewertet. So ergab sich die Notwendigkeit, den Inhalt des Handbuches grundlegend neu zu bearbeiten.

Nach konstruktiver und hilfreicher Kritik der Leserschaft, verbunden mit sinnvollen Hinweisen und Anregungen zur zweiten Auflage, habe ich die Überzeugung gewonnen, dass das Werk deutlich verbessert werden kann, wenn wesentliche Teile des Inhalts noch einmal neu formuliert werden. Die Entscheidung dazu fiel umso leichter, als sich schon bald abzeichnete, dass viele Themenfelder nicht einfach aktualisiert, sondern weitgehend neu konzipiert werden mussten; andere ergaben sich zusätzlich als Konsequenz aus der praktischen Arbeit. Damit einhergehend habe ich den Stoff klarer geordnet, um ihn eingängig, lebendig und überschaubar darstellen zu können. Es war mir dabei ein wesentliches Anliegen, die nicht immer einfache, teilweise recht trockene Materie in einer gut lesbaren, verständlichen und die Einprägsamkeit fördernden Sprache darzustellen. In diesem Sinne wurden Rechtsnormen, soweit dies möglich war, aus dem Text herausgenommen und in Fußnoten platziert, um die Aussagen anschaulich zu betonen. Der Charakter eines Nachschlagewerkes, das sich gut zum Einstieg in datenschutzrechtliche Themenfelder eignet, wurde ausgebaut.

Neu hinzugekommen ist eine Darstellung des vom BVerfG neugeschaffenen Rechts auf Vertraulichkeit und Integrität informationstechnischer Systeme. Im bereichsspezifischen Datenschutz wurden die Abschnitte zum *öffentlichen Gesundheits-* und *Ausländerwesen* neu konzipiert, zum *Melde-, Pass- und Personalausweiswesen* und zur *Ratsarbeit* vollständig neu bearbeitet und Abschnitte zum *Straßenverkehrswesen* und zum *Betriebsarzt* eingefügt. Aktuelle Themen wurden ergänzt. Der Datenschutz im *Personalwesen* mit seinen neuen Rechtsgrundlagen wurde um das Thema *betriebliches Eingliederungsmanagement* ergänzt und mit den grundlegend überarbeiteten Abschnitten zum Datenschutz am *Arbeitsplatz* und zur Datenschutzfunktion der Personalvertretung in einem Kapitel zusammengefasst. Der *nicht-öffentliche Datenschutz* wurde nach den tiefgreifenden Änderungen des BDSG von 2009 neu bearbeitet, ebenso das *eu-*

Vorwort

ropäische Datenschutzrecht*. Das *Informationszugangsrecht* wurde gründlich neu verfasst und um zwei Abschnitte zu einem besonderen Teil – *Umweltinformationsrecht* und *Verbraucherinformationsrecht* – erweitert. Die weiteren Kapitel wurden sämtlich aktualisiert. Insgesamt wurden die Hinweise in den Fußnoten auf Gesetzgebung, Rechtsprechung und Literatur bis Anfang Oktober 2010 erneuert und Randnummern neu vergeben.

Die behandelten Bereiche habe ich exemplarisch aus dem weiten Aufgabenfeld der Gemeinde zusammengestellt. Geschrieben auf der Grundlage nordrhein-westfälischen Landesrechts, sind durchgängig auch Bestimmungen der übrigen Bundesländer berücksichtigt. Damit ist das Werk für die Arbeit in allen Kommunen Deutschlands eine nützliche Hilfe. Es richtet sich nicht nur an Mitarbeiter im Hauptamt, in der Informationstechnik und im Rechtsamt sowie an behördliche Datenschutzbeauftragte, sondern ist von Interesse für alle Bediensteten in der öffentlichen Verwaltung, die mit der Verarbeitung personenbezogener Daten zu tun haben.

Meinem Stellvertreter, Herrn Dirk Kohlhause, danke ich für seinen fachlichen Rat in technischen Fragen und seine wertvolle Unterstützung und unermüdliche Förderung des Manuskriptes. Mein Dank gilt besonders auch dem Team der Verwaltungsbücherei der Landeshauptstadt Düsseldorf für die stets zuverlässige Hilfe bei der Recherche nach aktueller Literatur und Rechtsprechung.

Hinweise und konstruktive Kritik sind mir jederzeit willkommen. Meine E-Mail-Adresse lautet: martin.zilkens@duesseldorf.de

Düsseldorf, im Januar 2011   Der Verfasser

Inhaltsübersicht

Seite

Kapitel 1: Die informationelle Selbstbestimmung 49
I. Einleitung 49
II. Allgemeines Persönlichkeitsrecht 53
III. Recht auf informationelle Selbstbestimmung 56
IV. Recht auf Gewährleistung der Vertraulichkeit und
    Integrität informationstechnischer Systeme 61

Kapitel 2: Rechtsgrundlagen des Datenschutzes 67
I. Europäischer Einfluss 67
II. Verfassungsrechtliche Verankerung 69
III. Einfachgesetzliche Grundlagen 73
IV. Untergesetzliche Normen 79
V. Gewohnheitsrecht 83
VI. Das Auffinden der richtigen Rechtsgrundlage 83
VII. Die datenschutzrechtliche Bewertung von Datenübermittlungen . 85

Kapitel 3: Begriffe 87
I. Verantwortliche Stelle 87
II. Betroffene Person 88
III. Dritter 89
IV. Personenbezogenes Datum 90
V. Automatisiertes Verfahren 95
VI. Datei und Akte 96
VII. Anonymisierung und Pseudonymisierung 98

Kapitel 4: Phasen der Datenverarbeitung 101
I. Vorbemerkung 101
II. Erheben 102
III. Speichern 104
IV. Verändern 106
V. Übermitteln, Weitergeben 106
VI. Sperren 107
VII. Löschen 108

VIII.	Nutzen	109

Kapitel 5: Allgemeine Schutzbestimmungen 111
I. Datengeheimnis 111
II. Geheimnisschutz und Datenschutz 115
III. Automatisierte Abrufverfahren und regelmäßige Datenübermittlung 122
IV. Straf- und Bußgeldvorschriften 122

Kapitel 6: Allgemeine Rechtsprinzipien und Instrumente 125
I. Zweckbindungsgrundsatz 125
II. Verhältnismäßigkeitsprinzip 132
III. Trennungsgebot 135
IV. Transparenzgebot 135
V. Herstellung praktischer Konkordanz 136
VI. Audit und Zertifizierung 137

Kapitel 7: Rechte des Betroffenen 143
I. Auskunft und Einsichtnahme 143
II. Informantenschutz 148
III. Verfahrensverzeichnis 151
IV. Schadensersatz 159
V. Widerspruch 159
VI. Unterrichtung 161
VII. Berichtigung, Sperrung, Löschung 161
VIII. Anrufung des Landesbeauftragten für Datenschutz .. 162

Kapitel 8: Zulässigkeit der Datenverarbeitung 165
I. Allgemeine Zulässigkeitsvoraussetzungen 165
II. Rangverhältnis zwischen Einwilligung und Rechtsvorschrift 166
III. Verarbeitungserlaubnis durch Datenschutzgesetze oder andere Rechtsvorschriften 167
IV. Verarbeitungserlaubnis durch Einwilligung 168

Kapitel 9: Bereichsspezifischer Datenschutz 173
I. Datenschutz im Sozialrecht 173
II. Datenschutz im öffentlichen Gesundheitsdienst ... 193
III. Datenschutzrechtliche Aspekte der Arbeit des betriebsärztlichen Dienstes in der Kommune 211
IV. Datenschutz im Ausländerwesen 223
V. Datenschutz im Melderecht 241
VI. Datenschutz im Pass- und Personalausweiswesen ... 255
VII. Datenschutz in der Schule 266

VIII.	Schulpsychologische Beratung und Datenschutz	287
IX.	Datenschutz bei der Ratsarbeit	300
X.	Datenschutz im Straßenverkehrswesen	327

Kapitel 10: Beschäftigtendatenschutz 349
I.	Datenschutz im Personalwesen	349
II.	Datenschutz am Arbeitsplatz	374
III.	Datenschutzgerechte Telearbeit	395
IV.	Datenschutz bei Zeiterfassungssystemen	409
V.	Die Datenschutzfunktion der Personalvertretung	420

Kapitel 11: Datenschutz bei kommunalen Belangen 425
I.	Die Kommune im Internet	425
II.	Auftragsdatenverarbeitung	455
III.	Videoüberwachung	471
IV.	Datenschutzgerechte Befragungen	481

Kapitel 12: Datenschutzkontrolle und Aufsicht 493
I.	Behördlicher Datenschutzbeauftragter	493
II.	Allgemeine Datenschutzaufsicht	503

Kapitel 13: Dienstanweisung/Geschäftsordnung 515
I.	Notwendigkeit	515
II.	Rechtscharakter	516
III.	Struktur und Umfang	516
IV.	Regelungsinhalte	518
V.	Beispiel einer Geschäftsordnung Datenschutz	523

Kapitel 14: Technischer Datenschutz: Datensicherheit 535
I.	Datensicherheit und IT-Sicherheit	535
II.	Organisatorischer und technischer Datenschutz: Parameter	540
III.	Sicherheitskonzeptionen	541
IV.	Organisatorische und technische Bedingungen eines datenschutzgerechten technikunterstützten Arbeitsplatzes	551
V.	Die datenschutzgerechte IT-Infrastruktur der Kommune	567

Kapitel 15: Datenschutz im nicht-öffentlichen (privaten) Bereich des kommunalen Umfelds 579
I.	Unterschiedliches Datenschutzrecht im privaten und im öffentlichen Bereich – Verfassungsrechtliche Ursachen	579
II.	Relevanz für den kommunalen Sektor	580
III.	Anwendungsbereich und Grundzüge der Regelung des BDSG ...	581
IV.	Unterschiede zum Landesrecht	586

V. Aktuelle Entwicklung zur Modernisierung
des nicht-öffentlichen Datenschutzes 588

Kapitel 16: Europäisches Datenschutzrecht 591
I. Einleitung 591
II. Europäische Rechtsquellen zum Datenschutz 591
III. Datenschutzbeauftragter der EU 598
IV. Datenschutzrechtliche Vorhaben und Projekte 599
V. Ausblick 602

Kapitel 17: Öffentliches Informationszugangsrecht 605
I. Öffentliches Informationszugangsrecht als Paradigmenwechsel ... 605
II. Allgemeines Informationszugangsrecht:
Das Informationsfreiheitsgesetz auf Landesebene 609
III. Der besondere Informationszugangsanspruch
nach dem Umweltinformationsgesetz 627
IV. Der besondere Informationszugangsanspruch
nach dem Verbraucherinformationsgesetz 634

Inhaltsverzeichnis

	Seite
Vorwort	5
Inhaltsübersicht	7
Abkürzungsverzeichnis	39

KAPITEL 1
Die informationelle Selbstbestimmung — 49

I.	Einleitung	49
II.	Allgemeines Persönlichkeitsrecht	53
III.	Recht auf informationelle Selbstbestimmung	56
IV.	Recht auf Gewährleistung der Vertraulichkeit und Integrität informationstechnischer Systeme	61
	1. Bedeutung und dogmatische Herleitung	61
	2. Schutzbereich	62
	3. Grundrechtseingriff	63
	4. Verfassungsrechtliche Rechtfertigung	63
	a) Anforderungen an die Ermächtigungsgrundlage	63
	b) Anforderungen an die Verhältnismäßigkeit	64
	c) Der absolut geschützte Kernbereich privater Lebensgestaltung	65
	5. Praktische Relevanz	65

KAPITEL 2
Rechtsgrundlagen des Datenschutzes — 67

I.	Europäischer Einfluss	67
II.	Verfassungsrechtliche Verankerung	69
	1. Grundgesetz	69
	2. Landesverfassungen	72
III.	Einfachgesetzliche Grundlagen	73
	1. Allgemeines Datenschutzrecht	73
	a) Öffentliche Stellen der Länder und Gemeinden – Landesdatenschutzgesetze	74
	aa) Adressaten	74

Inhaltsverzeichnis

		bb) Sachlicher Anwendungsbereich	75
		cc) Zulässigkeit der Datenverarbeitung	75
	b)	Öffentliche Stellen des Bundes und Nicht-öffentliche Stellen – Bundesdatenschutzgesetz	76
		aa) Adressaten	76
		bb) Sachlicher Anwendungsbereich	77
		cc) Zulässigkeit der Datenverarbeitung	77
	2. Bereichsspezifisches Datenschutzrecht		77
	a) Gesetze mit einzelnen Bestimmungen zum Datenschutz ..		78
	b) Eigene Gesetze über den Datenschutz in einem besonderen Bereich		78
IV.	Untergesetzliche Normen		79
	1. Rechtsverordnungen		79
	2. Satzungen		80
	3. Verwaltungsvorschriften, Geschäftsordnungen/Dienstanweisungen, Dienstvereinbarungen, Ratsbeschlüsse		81
	a) Verwaltungsvorschriften, Geschäftsordnungen und Dienstanweisungen		81
	b) Dienstvereinbarungen		82
	c) Ratsbeschlüsse		83
V.	Gewohnheitsrecht		83
VI.	Das Auffinden der richtigen Rechtsgrundlage		83
VII.	Die datenschutzrechtliche Bewertung von Datenübermittlungen .		85

KAPITEL 3
Begriffe 87

I.	Verantwortliche Stelle	87
II.	Betroffene Person	88
III.	Dritter	89
IV.	Personenbezogenes Datum	90
V.	Automatisiertes Verfahren	95
VI.	Datei und Akte	96
	1. Begriff der Datei im BDSG	96
	2. Datei und Akte im DSG NRW	97
VII.	Anonymisierung und Pseudonymisierung	98
	1. Anonymisierung	98
	2. Pseudonymisierung	99

KAPITEL 4
Phasen der Datenverarbeitung — 101

- I. Vorbemerkung 101
- II. Erheben 102
- III. Speichern 104
- IV. Verändern 106
- V. Übermitteln, Weitergeben 106
- VI. Sperren 107
- VII. Löschen 108
- VIII. Nutzen 109

KAPITEL 5
Allgemeine Schutzbestimmungen — 111

- I. Datengeheimnis 111
- II. Geheimnisschutz und Datenschutz 115
  - 1. Inhalte des Geheimnisschutzes 115
    - a) Begriff 115
    - b) Geheimnisherr und Geheimnisträger 115
    - c) Wesen und Schutzgut 115
    - d) Funktion und Schutzzweck 115
  - 2. Kategorien des Geheimnisschutzrechts 116
  - 3. Rechtsgrundlagen 116
    - a) Wichtige Amtsgeheimnisse im kommunalen Kontext 117
    - b) Betriebs- und Geschäftsgeheimnisse 119
    - c) Berufsgeheimnisse 119
  - 4. Verhältnis zum Datenschutzrecht 119
  - 5. Verhältnis zum Informationszugangsrecht 121
- III. Automatisierte Abrufverfahren und regelmäßige Datenübermittlung 122
- IV. Straf- und Bußgeldvorschriften 122

KAPITEL 6
Allgemeine Rechtsprinzipien und Instrumente — 125

- I. Zweckbindungsgrundsatz 125
  - 1. Begriff 125
  - 2. Zweckidentität 125
    - a) Umfang und Feststellung des Verwendungszwecks 126
    - b) Beispiele für bestehende Zweckidentität 126
    - c) Zweckbindung ohne vorherige Erhebung 127
  - 3. Ausnahmen 127

Inhaltsverzeichnis

	a) Zweckänderung aufgrund Rechtsvorschrift	128
	b) Zweckänderung zur Wahrnehmung zugewiesener Einzelaufgaben	128
	c) Einwilligung	128
	d) Mutmaßliche Einwilligung	128
	e) Anhaltspunkte für Unrichtigkeiten	129
	f) Allgemein zugängliche Daten	129
	g) Gemeinwohlbelange	130
	h) Repressive Maßnahmen des Straf- und Ordnungsrechts . . .	130
	i) Wissenschaft und Forschung	130
	j) Datennutzung zur Wahrnehmung von Aufsichts- und Kontrollbefugnissen sowie zu Ausbildungs- und Prüfungszwecken	131
	4. Besonderer Geheimnisschutz schränkt Zweckänderungen ein .	131
	5. Beispiel: Zweckänderung von Autobahnmaut-Daten?	132
II.	Verhältnismäßigkeitsprinzip	132
	1. Verfassungsmaßstab für die gesetzlichen Datenverarbeitungsregelungen	132
	2. Erforderlichkeitsgrundsatz	133
	3. Datenvermeidung und Datensparsamkeit	134
III.	Trennungsgebot	135
IV.	Transparenzgebot	135
V.	Herstellung praktischer Konkordanz	136
VI.	Audit und Zertifizierung	137
	1. Begriffe	137
	2. Kritik	138
	3. Aktuelle Rechtslage	138
	4. Sonderweg von Schleswig-Holstein	139
	a) Ablauf des Datenschutzaudits	140
	b) Zertifizierung von Produkten	140
	c) Zertifizierung von Sachverständigen	141
	d) Bremen	141
	5. Fazit	142

KAPITEL 7
Rechte des Betroffenen 143

I.	Auskunft und Einsichtnahme	143
	1. Auskunft	143
	2. Einsichtnahme in Akten	144
	3. Verhältnis von Auskunft und Einsichtnahme	145
	4. Akteneinsicht im Verwaltungs- und im Verwaltungsgerichtsverfahren	146

	a) Verwaltungsverfahren	146
	b) Verwaltungsgerichtsverfahren	147
	5. Akteneinsicht aus Art. 19 Abs. 4 GG	147
II.	Informantenschutz	148
	1. Problemstellung	148
	2. Geheimhaltung wegen Gefährdung der behördlichen Aufgabenerfüllung	149
	a) Geheimhaltungsinteresse der Verwaltung	149
	b) Güterabwägung	149
	3. Geheimhaltung wegen berechtigter Interessen dritter Personen	150
	4. Drittinteressen in bereichsspezifischen Regelungen	151
	a) Personalakten im öffentlichen Dienst	151
	b) Sicherheitsakten	151
III.	Verfahrensverzeichnis	151
	1. Historie	152
	2. Gesetzliche Grundlagen	153
	3. Führung	153
	4. Zusammenhang mit Vorabkontrollen	154
	5. Anlage: Der Inhalt des Verfahrensverzeichnisses eines einzelnen Verfahrens nach § 8 DSG NRW	155
IV.	Schadensersatz	159
V.	Widerspruch	159
VI.	Unterrichtung	161
VII.	Berichtigung, Sperrung, Löschung	161
VIII.	Anrufung des Landesbeauftragten für Datenschutz	162

KAPITEL 8
Zulässigkeit der Datenverarbeitung 165

I.	Allgemeine Zulässigkeitsvoraussetzungen	165
II.	Rangverhältnis zwischen Einwilligung und Rechtsvorschrift	166
III.	Verarbeitungserlaubnis durch Datenschutzgesetze oder andere Rechtsvorschriften	167
	1. Das Verhältnis von Bundes- zu Landesdatenschutzrecht	167
	2. Das Verhältnis von allgemeinem zu bereichsspezifischem Datenschutzrecht	167
	a) Bundesrecht bricht Landesrecht?	167
	b) Gesetzeskonkurrenz	168
IV.	Verarbeitungserlaubnis durch Einwilligung	168
	1. Rechtsnatur der Einwilligung	168
	2. Besonderheiten der datenschutzrechtlichen Einwilligung	169

Inhaltsverzeichnis

```
        a) Vorherige Information des Betroffenen .................. 169
        b) Bestimmtheit ........................................ 170
        c) Form der Einwilligung............................... 170
        d) Zeitpunkt .......................................... 171
        e) Widerruf der Einwilligung........................... 171
```

KAPITEL 9
Bereichsspezifischer Datenschutz   173

```
I.  Datenschutz im Sozialrecht ................................... 173
    1. Einleitung .............................................. 173
    2. Kommunale Anwendungsfelder des Sozialdatenschutzes ..... 173
    3. Grundlagen des allgemeinen Sozialdatenschutzes .......... 175
        a) Sozialgeheimnis ................................... 175
        b) Begriff der Sozialdaten ............................ 175
        c) Allgemeine Rechtsprinzipien und Instrumente ......... 176
        d) Erhebung von Sozialdaten .......................... 176
            aa) Erhebung beim Betroffenen .................... 176
            bb) Hinweispflichten bei der Datenerhebung ........ 177
            cc) Erhebung bei Dritten ......................... 178
            dd) Erhebungsmodalitäten ........................ 179
                (1) Auskunftsersuchen ....................... 179
                (2) Einsatz von Ermittlungspersonen ............ 180
            ee) Unzulässige Datenerhebung ................... 180
        e) Übermittlung von Sozialdaten ...................... 180
            aa) Einzelne Übermittlungstatbestände ............ 181
            bb) Beispiel: Übermittlung von Sozialdaten, die zugleich
                Daten von Nicht-EU-Ausländern sind ............ 182
            cc) Datenabgleiche zur Missbrauchsbekämpfung ..... 183
        f) Sonstige Verarbeitung von Sozialdaten ............... 183
        g) Rechte der betroffenen Person ..................... 183
        h) Technische und organisatorische Vorkehrungen ....... 184
        i) Sozialdatenverarbeitung im Auftrag ................. 184
        j) Datenschutz bei freien Trägern ..................... 184
    4. Besondere Problemfelder ............................... 185
        a) Aktenführung ..................................... 185
        b) Häufig wiederkehrende Fragestellungen .............. 186
    5. Sozialdatenschutzrechtliche Besonderheiten in der
       Jugendhilfe............................................. 187
        a) Grundsätzliches.................................... 187
        b) Besonderheiten bei der Datenerhebung .............. 187
            aa) Mitwirkungspflichten ........................ 187
            bb) Datenerhebung auf Einwilligungsbasis ............ 188
            cc) Datenerhebung ohne Mitwirkung des Betroffenen .... 188
```

Inhaltsverzeichnis

		dd) Betroffener ist nicht zugleich Klient	189
	c)	Besonderheiten bei anderen Datenverarbeitungsphasen ...	190
		aa) Datenspeicherung	190
		bb) Datenübermittlung	190
		(1) Verantwortliche Stelle	190
		(2) Grundsätze	191
		(3) Besonderheiten	191
	d)	Jugendhilfe und Justiz	191
	e)	Besonderer Vertrauensschutz bei anvertrauten Sozialdaten	192
	f)	Sonderregelungen für die Bereiche Beistandschaft, Amtspflegschaft und Amtsvormundschaft	192
II.	Datenschutz im öffentlichen Gesundheitsdienst		193
1.	Die besondere Stellung des Gesundheitsamtes		193
	a)	Kreis und Kommune – kommunalverfassungsrechtliche Organisation	193
	b)	Abgrenzung zum betriebsärztlichen Dienst	193
	c)	Betroffene	194
2.	Gesetzliche Aufgabenzuweisung		194
	a)	Gesundheitsförderung und Gesundheitsprävention	194
	b)	Gesundheitsschutz	195
	c)	Gesundheitshilfe	196
	d)	Erstellung von Gutachten	196
	e)	Sonderstellung Psychiatrie	196
3.	Datenschutzrechtliche Rahmenbedingungen		197
	a)	Landesrechtliche Grundlagen der Datenverarbeitung	197
	b)	Bundesrechtliche Grundlagen der Datenverarbeitung	200
	c)	Öffentlicher Informationszugang im Gesundheitsamt	201
	d)	Bedeutung der Schweigepflicht	202
4.	Wiederkehrende Standard-Situationen		203
	a)	Die Arbeit von Clearingstellen	203
	b)	Die Einsätze im Rettungsdienst – Protokollierung, Übermittlung von Informationen an Dritte –	204
	c)	Amtsärztliche Untersuchungen und Ergebnismitteilungen	205
		aa) Haft- und Reisefähigkeit	205
		bb) Diensttauglichkeit	206
		cc) Prüffähigkeitsatteste	207
	d)	Die Organisation von Abrechnungen	207
	e)	Schulärztliche Untersuchungen	207
	f)	Amtliche Todesbescheinigungen	208
5.	Datenverarbeitung im Auftrag		210
6.	Resümee		210

Inhaltsverzeichnis

III.	Datenschutzrechtliche Aspekte der Arbeit des betriebsärztlichen Dienstes in der Kommune	211
	1. Einleitung	211
	2. Organisationsformen im kommunalen Bereich	212
	3. Aufgaben und Befugnisse des betriebsärztlichen Dienstes	213
	4. Zulässigkeit der Verarbeitung von Gesundheitsdaten der Bediensteten durch den Betriebsarzt	214
	a) Grundsätze des betriebsärztlichen Geheimnisschutzes	214
	aa) Schweigepflicht und gesetzliche Mitteilungsbefugnisse .	214
	bb) Ausdrückliche Einwilligung	215
	cc) Stillschweigende Einwilligung	216
	(1) Spezielle arbeitsmedizinische Vorsorgeuntersuchungen	216
	(2) Allgemeine arbeitsmedizinische Vorsorgeuntersuchungen	217
	dd) Umfang der Information	217
	b) Korrelation mit datenschutzrechtlichen Vorgaben	218
	aa) Interner Betriebsarzt	218
	bb) Externer Betriebsarzt	219
	cc) Überlagerung der ärztlichen Schweigepflicht	221
	dd) Adressat der Datenübermittlung	221
	c) Wechsel des betriebsärztlichen Dienstes	221
	5. Fazit	222
IV.	Datenschutz im Ausländerwesen	223
	1. Vorbemerkung	223
	2. Grundlagen	224
	a) Umgang mit personenbezogenen Daten durch die Ausländerbehörden	224
	b) Ausländerzentralregister	224
	c) Betroffenenrechte	226
	3. Erhebung personenbezogener Daten	226
	a) Rechtsgrundlagen	226
	b) Aufgabenerfüllung	227
	c) Hinweispflichten	228
	4. Übermittlung personenbezogener Daten im Einzelfall	228
	a) Übermittlungen an Ausländerbehörden	228
	aa) Übermittlung auf Ersuchen	229
	bb) Übermittlung ohne Ersuchen	230
	(1) Unterrichtung über illegalen Aufenthalt	230
	(2) Unterrichtung über den Verstoß gegen eine räumliche Beschränkung und sonstige Ausweisungsgründe	231

Inhaltsverzeichnis

	(3) Unterrichtung bei Vaterschaftsanfechtungsrecht der zuständigen Behörde	231
	(4) Unterrichtungspflicht bei besonderem Integrationsbedarf	232
	(5) Mitteilungs- und Unterrichtungspflichten der Beauftragten der Bundesregierung für Migration, Flüchtlinge und Integration	233
	(6) Unterrichtung über Straf- und Bußgeldverfahren .	233
	b) Übermittlungen bei besonderen gesetzlichen Verwendungsregelungen	234
	c) Verfahren bei identitätssichernden und feststellenden Maßnahmen	235
	d) Übermittlungen durch Ausländerbehörden	235
	aa) Unterrichtungspflichten	236
	bb) Zusammenarbeit der Behörden	236
	cc) Datenübermittlungen der Ausländerbehörden an die Meldebehörden	237
	dd) Datenübermittlungen an die für die Durchführung des AsylbLG zuständigen Behörden	237
5.	Übermittlung personenbezogener Daten in besonderen Fällen	238
	a) Fundpapier-Datenbank	238
	b) Register zum vorübergehenden Schutz	238
	c) Datenverarbeitung im Asylverfahren	239
	d) Datenverarbeitung nach dem „Antiterrorgesetz"	239
6.	Speicherdauer und Löschung personenbezogener Daten	240
	a) Vernichtung von Unterlagen über Ausweisung, Zurückschiebung und Abschiebung	240
	b) Vernichtung von Mitteilungen	240
V. Datenschutz im Melderecht	241
1. Vorbemerkung	241
2. Grundlagen...	242
	a) Aufgaben der Meldebehörden	242
	b) Richtigkeit und Vollständigkeit des Melderegisters	242
	c) Meldegeheimnis	243
	d) Zensus 2011	243
3. Rechte der Betroffenen	244
4. Einfache Melderegisterauskunft..........................	245
5. Erweiterte Melderegisterauskunft	247
6. Datenübermittlung an Behörden oder sonstige öffentliche Stellen	248
7. Regelmäßige Datenübermittlung in automatisierter Form ...	249
8. Datenübermittlung an öffentlich-rechtliche Religionsgemeinschaften	249

19

Inhaltsverzeichnis

	9. Datenübermittlung an den Suchdienst	250
	10. Melderegisterauskunft an Parteien und Wählergruppen	251
	11. Melderegisterauskünfte an Adressbuchverlage sowie bei Alters- und Ehejubiläen	252
	12. Gruppenauskünfte	253
	13. Ausblick	254
VI.	Datenschutz im Pass- und Personalausweiswesen	255
	1. Vorbemerkung	255
	2. Allgemeines	256
	3. Der Reisepass	257
	a) Passdaten	257
	aa) Sichtbar aufgebrachte Angaben	257
	bb) Maschinenlesbarer Teil	257
	cc) Elektronisches Speicher- und Verarbeitungsmedium (RFID-Chip)	258
	b) Speichern von Passdaten im Passregister	258
	c) Sonstige Verarbeitung von Passdaten	259
	d) Automatisierter Abruf von Passdaten	260
	aa) Öffentlicher Bereich	260
	bb) Nicht-Öffentlicher Bereich	260
	e) Straf- und Ordnungswidrigkeiten	261
	4. Der Personalausweis	261
	a) Allgemeines	261
	b) Funktion als Identitätsnachweis	261
	aa) Sichtbar aufgebrachte Angaben	261
	bb) Maschinenlesbarer Teil	262
	cc) Elektronisches Speicher- und Verarbeitungsmedium (RFID-Chip)	262
	c) Authentisierungsfunktion	264
	d) Qualifizierte elektronische Signatur	264
	e) Verarbeitung und automatisierter Abruf von Personalausweisdaten, Ordnungswidrigkeiten	265
	5. Keine Verfielfältigung von Ausweispapieren	265
	6. Zusammenfassung	265
VII.	Datenschutz in der Schule	266
	1. Einleitung	266
	2. Entwicklung des Datenschutzrechts im Schulbereich	267
	3. Datenverarbeitung	269
	a) Datenverarbeitung in der Schule	269
	aa) Verarbeitung personenbezogener Daten	269
	bb) Mitwirkungspflicht der Betroffenen	270
	cc) Zugangsberechtigung	271
	dd) Beispiele aus der Praxis	271

Inhaltsverzeichnis

	b) Datenverarbeitung durch die Lehrkräfte	277
	4. Datenübermittlung (-austausch)	279
	a) Übermittlung an bestimmte öffentliche Stellen	279
	b) Übermittlung an sonstige öffentliche Stellen	281
	c) Übermittlung an Personen oder Stellen außerhalb der Verwaltung	282
	5. Einsichts- und Auskunftsrecht	285
	6. Behördlicher Datenschutzbeauftragter der Schule	286
	7. Fazit	287
VIII.	Schulpsychologische Beratung und Datenschutz	287
	1. Rechtsgrundlagen	287
	2. Aufgaben der schulpsychologischen Beratung und Formen der Hilfe durch die schulpsychologischen Dienste	288
	3. Rechtlicher Rahmen des Beratungsverhältnisses	288
	a) Beratungsverhältnis bei schülerbezogener Einzelfallberatung	288
	b) Beratungsverhältnis bei lehrerbezogener Beratung	289
	c) Krisenintervention	289
	4. Organisation schulpsychologischer Beratungsstellen in NRW	289
	5. Datenerhebung – Einführungsgespräch	290
	6. Interne Informationsweitergabe – Vorgaben durch Schweigepflicht und Datenschutzrecht	291
	a) Weitergabe personenbezogener Informationen aus Einzelfallberatungen	292
	b) Weitergabe anonymisierter Informationen aus Einzelfallberatungen	292
	c) Weitergabe von Informationen aus einzelfallübergreifenden Beratungen	292
	d) Zwischenergebnis	293
	7. Übermittlung schülerbezogener Informationen an externe Stellen	293
	a) Übermittlung an Eltern Minderjähriger	293
	b) Übermittlung an andere Stellen	294
	8. Verarbeitung von Daten zu wissenschaftlichen Zwecken	294
	9. Aktenführung	295
	a) Anlage und Ordnung der Akten	295
	b) Aktenablage	295
	c) Akteneinsicht und Informationszugang	296
	d) Akten- und Datenvernichtung	296
	10. IT-Einsatz	297
	a) Zugriff und Verschlüsselung	297
	b) Datensicherheit	298

Inhaltsverzeichnis

	c) Online-Beratung	298
	11. Ergebnis – Leitlinien für den Inhalt eines Informationsblattes	299
IX.	Datenschutz bei der Ratsarbeit	300
	1. Ausschluss der Öffentlichkeit	300

- a) Keine inhaltlichen Vorgaben ... 302
- b) Generalklausel zur Interessenabwägung ... 302
  - aa) Einwilligung des Betroffenen ... 303
  - bb) Ausschluss der Öffentlichkeit für bestimmte Angelegenheiten ... 303
- c) Sitzungsteilnahme bei Nichtöffentlichkeit ... 306
- d) Verschwiegenheitspflicht von Rats- und Ausschussmitgliedern ... 306
- e) Weitere datenschutzrechtliche Vorgaben ... 307
  - aa) Öffentliche Bekanntmachung der Tagesordnung ... 307
  - bb) Transparenz von Beschlussinhalten ... 307
  - cc) Datenübermittlung an Fraktionsmitglieder und Fraktionsmitarbeiter ... 309
- f) Öffentlichkeit durch Übertragungen in Medien ... 310

2. Behandlung personenbezogener Daten innerhalb kommunaler Vertretungsgremien ... 311
   - a) Rechtsgrundlage ... 311
     - aa) Bereichsspezifische Vorgaben ... 312
     - bb) Allgemeines Datenschutzrecht ... 313
     - cc) Einwilligung ... 315
   - b) Grundsatz der Datenvermeidung: Verzichtbarkeit personenbezogener Daten ... 315
     - aa) Identität der Angelegenheiten in Rat und Ausschuss ... 315
     - bb) Erforderliche Daten ... 316
   - c) Datensicherheitsmaßnahmen ... 318
     - aa) Tagesordnungen ... 318
     - bb) Vorlagen/Drucksachen ... 318
     - cc) Niederschriften ... 320
   - d) Ratsinformationssysteme ... 320
     - aa) Rechtliche Anforderungen ... 321
     - bb) Datenschutz im Verhältnis Öffentlichkeit – Betroffener ... 322
     - cc) Datenschutz innerhalb der Rats- und Ausschussarbeit ... 322
     - dd) Datensicherheitsmaßnahmen ... 323
3. Jugendparlamente ... 324
4. Integrationsrat/-ausschuss, Seniorenbeirat, Behindertenbeirat ... 326
5. Zusammenfassung ... 327

X.	Datenschutz im Straßenverkehrswesen	327
	1. Einleitung	327
	2. Kommunales Führerscheinwesen	328
	a) Verkehrszentralregister und Fahrerlaubnisregister	329
	aa) Verkehrszentralregister	329
	bb) Zentrales Fahrerlaubnisregister	329
	cc) Örtliche Fahrerlaubnisregister	330
	b) Inhalt der Fahrerlaubnisregister	330
	c) Verhältnis von örtlichen und dem zentralen Fahrerlaubnisregister	331
	d) Auskunft und Datenübermittlung aus Fahrerlaubnisregistern	332
	aa) Auskunft von Privatpersonen	332
	bb) Datenübermittlung aus Fahrerlaubnisregistern	332
	cc) Abruf im automatisierten Verfahren	333
	dd) Datenübermittlung an die Fahrerlaubnisbehörde	333
	ee) Auskunft an Stellen außerhalb der Bundesrepublik Deutschland	335
	e) Übermittlung und Nutzung von Daten für wissenschaftliche, statistische und gesetzgeberische Zwecke	336
	aa) Wissenschaftliche Zwecke	336
	bb) Statistische Zwecke	337
	cc) Gesetzgeberische Zwecke	337
	f) Datenschutzrechtliche Mängel bei Führerscheinstellen	337
	3. KFZ-Zulassungswesen	339
	a) Fahrzeugregister	339
	aa) Zweckbestimmung	340
	bb) Führung, d.h. Erhebung, Speicherung und Löschung von Registerdaten	340
	b) Registerauskünfte	341
	aa) Einfache Registerauskunft	341
	bb) Erweiterte Registerauskunft	343
	c) Datenübermittlung	343
	aa) An Behörden oder sonstige öffentliche Stellen	343
	bb) An Stellen außerhalb der Bundesrepublik Deutschland	345
	cc) Für wissenschaftliche, statistische und gesetzgeberische Zwecke	346
	dd) Übermittlungssperren	346
	d) KFZ-Zulassung über das Internet	347
	4. Fazit	347

KAPITEL 10
Beschäftigtendatenschutz — 349

- I. Datenschutz im Personalwesen 349
  - 1. Einleitung 349
  - 2. Rechtsgrundlagen 350
  - 3. Allgemeines Gleichbehandlungsgesetz 350
    - a) Vorgeschichte 351
    - b) Verbotene Benachteiligungen 352
    - c) Rechtfertigungsgründe 353
    - d) Rechtsfolgen 353
    - e) Auswirkungen auf den Datenschutz 354
  - 4. Bewerberdatenschutz 354
    - a) Korrekte Stellenausschreibungen 354
    - b) Der richtige Umgang mit Bewerberdaten 355
    - c) Datenschutzkonformer Personal(frage)bogen 356
    - d) Bewerbung auf Vorrat 357
    - e) Bewerberauswahlverfahren 357
    - f) Bewerbungsspiegel 358
    - g) Online-Bewerbungen – E-Recruitment 358
  - 5. Personalaktenrecht 359
    - a) Vorbemerkung 359
    - b) Unterschiedliche Rechtsquellen 360
    - c) Pflicht zur Führung einer Personalakte 360
    - d) Zweck 361
    - e) Struktur und Gliederung 361
      - aa) Grund- Teil-, und Nebenakte 361
      - bb) Sonderfall: Beihilfeakte 362
    - f) Inhalt der Personalakte 363
      - aa) formeller und materieller Personalaktenbegriff ... 363
      - bb) Sachakten 363
    - g) Grundsätze der Personalaktenführung – vier Prinzipien .. 364
      - aa) Vertraulichkeit der Personalakte 365
      - bb) Transparenz der Personalakte 365
      - cc) Wahrheit der Personalakte 366
      - dd) Vollständigkeit der Personalakte 367
    - h) Vorlage und Auskunft 368
    - i) Besonderheiten bei automatisierter Verarbeitung 368
    - j) Aufbewahrungsfristen 369
  - 6. Betriebliches Eingliederungsmanagement und Datenschutz ... 370
    - a) Einleitung 370
    - b) Ziel 370
    - c) Beteiligte Personen/Funktionseinheiten 371
    - d) Datenschutzrechtliche Fragestellungen 371

		aa) Erhebung und Weiterverarbeitung personenbezogener Daten	371
		bb) Zuständigkeit für die Verarbeitung der Daten	372
		cc) Aufbewahrung der Daten	373
	e)	Fazit	374
7.	Resümee		374
II.	Datenschutz am Arbeitsplatz		374
1.	Einleitung		374
2.	Rechtsgrundlagen		374
3.	Nutzung des Diensttelefons		375
	a)	Telefondatenerfassung bei dienstlicher Nutzung	375
	b)	Telefondatenerfassung bei privater Nutzung	377
		aa) Unterscheidung zwischen Dienstlichkeit und Privatheit	377
		bb) Gestattung von Privatgesprächen	377
	c)	Praktische Lösungen	378
		aa) Telefonanschlüsse	378
		bb) Telekommunikationsanlagen	378
		cc) Mobilfunk-Geräte	379
	d)	Mithören und Aufzeichnen von Gesprächsinhalten	379
	e)	Kontrollen des Arbeitgebers/Dienstherrn	380
		aa) Vorgaben	380
		bb) Nutzungsbeschränkung	380
		cc) Konsequenzen unerlaubter privater Nutzung	381
4.	Nutzung des dienstlichen Web-Zugangs		381
	a)	Gestattung von Privatnutzung	382
		aa) Grundsatz	382
		bb) Die Perspektive des Arbeitgebers/Dienstherrn	382
		cc) Die Perspektive der Bediensteten	383
		dd) Der Interessenkonflikt	384
	b)	Lösungen für die Praxis	384
		aa) Alternative Möglichkeiten	384
		bb) Gestattung von Privatnutzung in geringfügigem Umfang	385
	c)	Datensicherheit	386
	d)	Konsequenzen unerlaubter Privatnutzung	386
	e)	Kontrollen des Arbeitgebers/Dienstherrn	386
	f)	Konsequenzen unerlaubter Kontrollen	387
5.	Nutzung des dienstlichen E-Mail-Accounts		388
	a)	Rechtsnatur und gegenwärtiger Standard	388
	b)	Gefahren bei der E-Mail-Nutzung	388
	c)	Sicherheitsmaßnahmen	389
		aa) Verschlüsselung	389

Inhaltsverzeichnis

		bb) Digitale Signaturen	389
		cc) Praktische Probleme	390
	d)	SPAM	391
	e)	Gestattung von Privatnutzung	392
		aa) Gefährdungspotenzial	392
		bb) Konsequenzen	393
		cc) Lösungsvorschläge	393
		(1) Passwortgeschützte Ordner	393
		(2) Getrennte E-Mail-Adressen	393
		(3) Web-Mail	394
		(4) Akzeptanz der Privatnutzung des dienstlichen Account	394
	6.	Ausblick	395
III.	Datenschutzgerechte Telearbeit		395
	1.	Einleitung	395
	2.	Begriff und Formen der Telearbeit	396
		a) Isolierte Telearbeit	396
		b) Alternierende Telearbeit	397
		c) Satelliten- oder Nachbarschaftsbüros	397
	3.	Geeignete Tätigkeitsbereiche	397
	4.	Die besondere datenschutz- und sicherheitsrelevante Problematik	398
	5.	Technische und organisatorische Maßnahmen zur Datensicherheit	399
		a) Vertraulichkeit	400
		b) Integrität	401
		c) Verfügbarkeit	402
		d) Authentizität	402
		e) Revisionsfähigkeit	402
		f) Sicherheitskonzept	403
	6.	Administrative Maßnahmen zum Datenschutz	403
		a) Eignung sensitiver Daten zur Verarbeitung an Telearbeitsplätzen	403
		b) Vereinbarungen und Regelungen zum Datenschutz	404
		aa) Regelungsgegenstand	405
		bb) Regelungsformen	405
		(1) Mitbestimmung und Dienstvereinbarungen	405
		(2) Einzelvereinbarung zwischen Arbeitgeber/ Dienstherrn und Telearbeitendem	406
		(3) Keine abweichenden Rechtsfolgen trotz unterschiedlicher Beschäftigungsverhältnisse	406
	7.	Einsatz geeigneter Kontrollmechanismen	407
		a) Kontrollorgane	407

	b) Gewährung eines Zutrittsrechts	407
	c) Ausgestaltung des Zutrittsrechts	408
	8. Ausblick	408
IV.	Datenschutz bei Zeiterfassungssystemen	409
	1. Einleitung	409
	2. Behördliche Zeiterfassung als Gestaltungselement des Arbeitnehmerdatenschutzes	410
	a) Maßstab	410
	b) Zeiterfassungsdaten als Sachakten-Daten	410
	3. Datenschutzrechtliche Fragestellungen der behördlichen Zeiterfassung im Einzelnen	412
	a) Einführung behördlicher Zeiterfassungssysteme	412
	b) Beteiligung der Personalvertretung	412
	c) Unterschiedliche Zeiterfassungssysteme in der Praxis ...	413
	aa) Verwendung von Personalkenn-Nummern (PIN)	413
	bb) Verwendung von Transponderkarten	413
	cc) Verknüpfung von Zeiterfassungssystemen und Zutrittskontrollsystemen	414
	dd) Verwendung biometrischer Daten	415
	d) Die Auswertung der erhobenen Arbeitszeitdaten	417
	aa) Auswertung durch die personalverwaltenden Stelle ...	417
	bb) Information der betroffenen Bediensteten	418
	cc) Auswertung durch den Fachvorgesetzten	419
	dd) Zugriff der Personalvertretung	419
	4. Vorgaben für eine Dienstvereinbarung	420
V.	Die Datenschutzfunktion der Personalvertretung	420
	1. Der Personalrat als Organisationseinheit der Verwaltung	421
	2. Datenschutzgerechtes Handeln des Personalrates	421
	a) Organisation	421
	aa) Räumliche Gegebenheiten	421
	bb) Ausstattung der Arbeitsplätze	421
	b) Der Umgang mit den Daten der Bediensteten	422
	3. Beaufsichtigung der Beachtung des Datenschutzes in der Dienststelle	423
	a) Kontrollbefugnis	423
	b) Beteiligungsrechte	423
	4. Dienstvereinbarungen	424

KAPITEL 11
Datenschutz bei kommunalen Belangen — 425

I.	Die Kommune im Internet	425
	1. Kommunale e-Government-Anwendungen	425

Inhaltsverzeichnis

- a) Einleitung 425
- b) Erscheinungsformen von e-Government 426
- c) Bedrohungen für und durch e-Government-Anwendungen 427
  - aa) Generelle Gefahren 427
  - bb) Spezielle Gefahren 428
- d) Rahmenbedingungen für e-Government-Anwendungen ... 428
  - aa) Personenbezogene Daten im e-Government 428
  - bb) Rechtliche Rahmenbedingungen 430
    - (1) Allgemeine Grundsätze 430
    - (2) Spezielle Grundsätze 431
  - cc) Technische und organisatorische Rahmenbedingungen . 432
- e) Einzelbeispiele 433
  - aa) Onlinezugriff auf das Melderegister 434
  - bb) Reservierung von KFZ-Wunschkennzeichen 434
  - cc) Bücherei-Nutzungen 435
  - dd) Elektronische Strafanzeige 435
- f) Zusammenfassung 436

2. Gestaltung von Webseiten 436
   - a) Impressum 436
     - aa) Anbieterkennzeichnung 437
     - bb) Datenschutzerklärung 438
   - b) Bedienstetendaten im Internet 438
   - c) Weiterleitung an Dritte (externe Links) 440
     - aa) Kennzeichnung 440
     - bb) Haftungsausschluss durch Verwendung eines „Disclaimers" 440

3. Die Virtuelle Poststelle 442
   - a) Idee 442
   - b) Rechtliche Grundlage 442
   - c) Verschiedene Arten der Signatur und ihre Qualität 443
     - aa) Fortgeschrittene Signatur 443
     - bb) Qualifizierte Signatur 443
   - d) Systemarchitektur 444
     - aa) Verschlüsselung und Signatur 444
     - bb) Qualifizierte Signatur und Behördenzertifikat 444
   - e) Begriffe 445
     - aa) OSCI 445
     - bb) Governikus 446
     - cc) Govello 446
     - dd) Julia-Mail-Gateway 447
   - f) Beschreibung des Verfahrens 447
   - g) Organisatorische Maßnahmen 449

	4.	Datenverarbeitungsregeln	450
		a) Einleitung	450
		b) Anonyme und pseudonyme Nutzungsmöglichkeiten	450
		aa) Gesetzliche Vorgaben	450
		bb) Umsetzung	451
		c) Unterrichtung des Nutzenden	451
		aa) Gesetzliche Vorgaben	451
		bb) Umsetzung	452
		d) Einwilligung	453
		aa) Gesetzliche Vorgaben	453
		bb) Umsetzung	453
		e) E-Mail	454
		f) Elektronische Antragsstellung	454
		g) Auskunftsrechte	455
		aa) Gesetzliche Vorgaben	455
		bb) Umsetzung	455
II.	Auftragsdatenverarbeitung		455
	1.	Die besondere Situation	455
		a) Gegenstand und Ziele	455
		b) Outsourcing	456
		c) Beispiel Aktenvernichtung	457
	2.	Gesetzliche Grundlagen	457
		a) Allgemeine Grundsätze	457
		b) Abgrenzung zur Funktionsübertragung	457
		c) Fallgruppen	458
		aa) Auslagerung der Datenverarbeitung	458
		bb) Auslagerung von Aufgaben	459
		(1) Vollständige Überleitung einer Aufgabe in die Zuständigkeit einer anderen Stelle	459
		(2) Öffentliche Stelle bleibt Trägerin der Aufgabe und benutzt zu ihrer Erfüllung private Stellen	460
		cc) Sonderfälle	461
		d) Bereichsspezifische Sonderregeln – insbesondere für Sozial- und Gesundheitsdaten	461
		e) Europarechtliche Rahmenbedingungen	462
	3.	Beteiligte	462
		a) Auftraggeber	462
		b) Auftragnehmer	462
	4.	Die vertragliche Regelung	463
		a) Vertragstyp	463
		b) Verantwortlichkeit des Auftraggebers	463
		c) Datenschutzrechtliche Leistungspflichten der Vertragsparteien	465

		d) Vertragsbeendigung	467
		e) Praktische Beispiele der Vertragsgestaltung im kommunalen Bereich	468
		aa) Private Auftragnehmer	468
		bb) IT-Rechenzentren	468
		cc) Wartungs- und Fernwartungsverträge	469
	5.	Gefahren und Risiken in der Praxis	470
III.	Videoüberwachung		471
	1.	Einleitung	471
		a) Begriffsbestimmung	471
		b) Utopische Literatur	471
		c) Teil der deutschen Geschichte	472
	2.	Die aktuelle Realität	472
		a) Öffentliche Forderungen	472
		b) Objektive Geeignetheit zur Wahrung von Sicherheit	473
		c) Subjektive Wahrnehmung von Videoüberwachung in der Bevölkerung	473
		d) Technische Entwicklungen	474
	3.	Der rechtliche Rahmen	474
		a) Maßnahmen der Polizei	474
		aa) Strafverfolgung	474
		bb) Gefahrenabwehr	475
		b) Videoüberwachung öffentlich zugänglicher Räume	475
		aa) § 6b BDSG	475
		bb) § 29b DSG NRW	477
		c) Videoüberwachung privater Bereiche durch Kommunen ..	478
		d) Abwägungsmaßstab „Allgemeines Persönlichkeitsrecht" ..	478
		e) Videoüberwachung am Arbeitsplatz	480
	4.	Sicherheitskonzeptionen	480
	5.	Ausblick	481
IV.	Datenschutzgerechte Befragungen		481
	1.	Datenschutzrechtliche Grundlagen	481
		a) Freiwilligkeit	481
		b) Datenvermeidung	483
		c) Zweckbindung.....................................	483
		d) Keine Re-Identifizierung	484
		e) Befristete Nutzung	485
		f) Erforderlichkeit der Übermittlung	485
	2.	Befragungselemente	486
		a) Aufklärung und Einwilligung	486
		b) Fragebögen	486
		c) Rückantwortschreiben (Adressbogen)	487
		d) Abgabeverfahren	487

　　　　　e) Auswertung 487
　　　　　f) Datenvernichtung 487
　　3. Ablauf von Befragungen 488
　　　　　a) Organisatorische Maßnahmen im Vorfeld 488
　　　　　b) Befragung und Auswertung 488
　　　　　c) Folgebefragungen im Rahmen einer Langzeitstudie 489
　　4. Besonderheiten bei der Beauftragung Dritter 489
　　5. Besonderheiten bei elektronischer Befragung 490
　　　　　a) Verschlüsselung 490
　　　　　b) Cookies 490
　　　　　c) Speicher- und Ablageort 490

KAPITEL 12
Datenschutzkontrolle und Aufsicht   493

I. Behördlicher Datenschutzbeauftragter 493
　　1. Bestellung und Aufgaben eines Datenschutzbeauftragten 493
　　　　　a) Aufgaben 494
　　　　　b) Befugnisse 497
　　　　　c) Unterrichtungspflicht der Organisationseinheiten 497
　　　　　d) Organisatorische und fachliche Anbindung 498
　　　　　e) Datenschutz-Service für andere Stellen 498
　　　　　f) Persönliche Voraussetzungen 498
　　2. Dezentrale Unterstützung datenschutzgerechten Handelns .. 499
　　3. Der Beauftragte für IT-Sicherheit 500
　　4. Aufgaben in Querschnittsbereichen, die besonders
　　　　den Datenschutz berühren 500
　　5. Fachbereichsinterne Systemadministration 502
　　6. Tätigkeitsbericht 502
　　7. Kommunale Eigenbetriebe und eigenbetriebsähnliche
　　　　Einrichtungen 503
　　8. Schulen 503
II. Allgemeine Datenschutzaufsicht 503
　　1. Der öffentliche Bereich 504
　　　　　a) Aufgaben 505
　　　　　b) Kontrollbefugnis 505
　　　　　c) Beanstandung 506
　　　　　d) Anrufung durch Bürger 507
　　　　　e) Datenschutzbericht 508
　　　　　f) Beauftragter für Informationsfreiheit 509
　　2. Der nicht-öffentliche Bereich 509
　　　　　a) Weisungsgebundenheit und Unabhängigkeit 510
　　　　　b) Datenschutzkontrolle 511

31

Inhaltsverzeichnis

		c) Sanktionsmöglichkeiten	512
	3.	Der Bundesbeauftragte für Datenschutz und Informationsfreiheit	512
		a) Amt	512
		b) Aufgaben	513

KAPITEL 13
Dienstanweisung/Geschäftsordnung — 515

I.	Notwendigkeit	515
II.	Rechtscharakter	516
III.	Struktur und Umfang	516
IV.	Regelungsinhalte	518
	1. Rahmenvorgaben	518
	2. Hinweise zum Inhalt	519
	a) Allgemeines	519
	b) Datenschutz-Zuständigkeit und -Verantwortlichkeit	519
	c) Amtsinterne Datenschutz-Relevanz	522
	3. Anlagen	522
V.	Beispiel einer Geschäftsordnung Datenschutz	523

KAPITEL 14
Technischer Datenschutz: Datensicherheit — 535

I.	Datensicherheit und IT-Sicherheit	535
	1. Bedeutung	535
	2. Begriffe	535
	a) IT-Sicherheit	535
	b) Datensicherheit (technischer Datenschutz)	537
	3. Gemeinsamkeiten von IT–Sicherheit und Datensicherheit	538
	a) Identität der Maßnahmen	538
	b) Teilidentität der Aufgaben	539
	4. Schlussfolgerung	540
II.	Organisatorischer und technischer Datenschutz: Parameter	540
III.	Sicherheitskonzeptionen	541
	1. Erfordernis eines IT-Sicherheitskonzeptes	542
	2. Grundlagen eines IT-Sicherheitskonzeptes	543
	a) Allgemeine Grundstruktur	543
	b) Konkretisierung	543
	c) Vorgesehene Maßnahmen	544
	d) Festlegung des IT-Sicherheitsniveaus	544
	3. Erstellung des Sicherheitskonzeptes	546
	a) Zielrichtung	546

	b) Allgemeiner Grundschutz	546
	c) Arbeitsplatzebene	548
	d) Zentralrechnerebene	548
	e) Automatisierte Verfahren	549
	f) Administration	549
	g) Revision und Kontrolle	549
	h) Notfallvorsorge	550
	i) Schwachstellen/Risikoanalyse	550
	j) Fortschreibung	550
	4. Umsetzung des Sicherheitskonzeptes	550
	5. Fazit	551
IV.	Organisatorische und technische Bedingungen eines datenschutzgerechten technikunterstützten Arbeitsplatzes	551
	1. Arbeitsplatzrechner – Ausstattung, Aufstellung und Betrieb	551
	2. Datenträger	552
	3. Drucken – Kopieren – Scannen	553
	a) Druck- und Kopiersysteme	553
	b) Scanner	554
	c) Multifunktionssysteme	554
	4. Datenschutzgerechter Umgang mit Telefax	555
	a) Einleitung	555
	b) Risiken der Nutzung von Telefaxdiensten	555
	aa) Offener Versand	555
	bb) Irrläufer	555
	cc) Manipulation	556
	dd) Kein Abgangs-/Zugangsbeweis	556
	c) Hinweise zum datenschutzgerechten Umgang it dem Telefax	557
	d) Besonderheit: Verwaltungsakt per Fax?	558
	5. Altakten- und Datenträgervernichtung	559
	a) Der Begriff der Löschung	559
	b) Technische Vorgaben	560
	aa) Vernichtung von Schriftgut	560
	bb) Vernichtung von Filmen/Mikrofilmen	561
	cc) Vernichtung von Magnetdatenträgern	561
	dd) Vernichtung von CD-ROM/DVD-Medien	563
	ee) Wechseldatenträger	563
	c) Organisatorische Maßnahmen	564
	d) Informationsvernichtung im Auftrag	565
	6. Schulung und Sensibilisierung der Mitarbeiter	566
V.	Die datenschutzgerechte IT-Infrastruktur der Kommune	567
	1. Hostsysteme	567
	2. Netzwerke/Client-Server-Systeme	567

	3.	Das Intranet	569
	4.	Einsatz datenschutzgerechter Software	569
		a) Grundsätzliches zur Vorabkontrolle	570
		b) Besonderheiten	571
		c) Prüfungsumfang	572
		d) Check-Liste	573
		aa) Prüfung, ob bestimmte Grundangaben vorhanden sind	573
		bb) Prüfung der Zweckbestimmung und Rechtsgrundlage .	574
		cc) Prüfung, ob die Rechte der betroffenen Person gewahrt sind	574
		dd) Ermittlung von Risikofaktoren für einen Missbrauch der Daten (Bedrohungsanalyse)......................	574
		ee) Beurteilung der möglichen Folgen bei missbräuchlicher Verwendung der Daten (Risikoanalyse).........	576
		ff) Angaben zur Technik des Verfahrens	576
		gg) Abgleich der Risikofaktoren mit den getroffenen Sicherheitsmaßnahmen	576
		e) Durchführung der Vorabkontrolle	576
	5.	Dokumentenmanagementsysteme	577

KAPITEL 15
Datenschutz im nicht-öffentlichen (privaten) Bereich des kommunalen Umfelds   579

I.	Unterschiedliches Datenschutzrecht im privaten und im öffentlichen Bereich – Verfassungsrechtliche Ursachen	579
II.	Relevanz für den kommunalen Sektor	580
III.	Anwendungsbereich und Grundzüge der Regelung des BDSG ..	581
	1. Adressat	581
	2. Wesentlicher Inhalt der gesetzlichen Regelung	582
	a) Datenumgang für eigene Geschäftszwecke	582
	b) Datenumgang für fremde Geschäftszwecke und Datenverarbeitung im Auftrag	584
	c) Besondere Zulässigkeitstatbestände	584
	d) Beschäftigtendatenschutz	585
	e) Informationspflicht bei unrechtmäßiger Kenntniserlangung von Daten	586
IV.	Unterschiede zum Landesrecht	586
V.	Aktuelle Entwicklung zur Modernisierung des nicht-öffentlichen Datenschutzes	588
	1. Stärkung des Datenschutzniveaus im öffentlichen und nicht-öffentlichen Bereich	588

		2. Gleichbehandlung von öffentlichem und nicht-öffentlichem Bereich	589

KAPITEL 16
Europäisches Datenschutzrecht — 591

I.	Einleitung	591
II.	Europäische Rechtsquellen zum Datenschutz	591
	1. Primärrecht	591
	2. Sekundärrecht	592
	a) EU-Datenschutzrichtlinie	593
	b) EU-Datenschutzrichtlinie für elektronische Kommunikation	595
	c) EU-Richtlinie zur Vorratsspeicherung von Kommunikationsdaten	597
III.	Datenschutzbeauftragter der EU	598
IV.	Datenschutzrechtliche Vorhaben und Projekte	599
	1. Rahmenbeschluss zum Datenschutz bei polizeilicher und justizieller Zusammenarbeit	599
	2. Entwicklungen im Arbeitnehmerdatenschutz	600
	3. Private Initiativen in einzelnen europäischen Staaten	601
V.	Ausblick	602

KAPITEL 17
Öffentliches Informationszugangsrecht — 605

I.	Öffentliches Informationszugangsrecht als Paradigmenwechsel	605
	1. Das Informationszugangsrecht im engeren Sinn	605
	2. Transparenz der Verwaltung	605
	a) Amtsgeheimnis und Öffentlichkeit der Verwaltung	605
	b) Verfassungsrechtliche Grundlagen	606
	c) Recht der Europäischen Union	608
	3. Zielsetzungen	608
II.	Allgemeines Informationszugangsrecht: Das Informationsfreiheitsgesetz auf Landesebene	609
	1. Der Anspruch auf Zugang zu Informationen	609
	a) Inhalt	609
	aa) Anspruchsgegner	610
	bb) Begriff der Verwaltungstätigkeit: Verwaltungstätigkeit durch Personen des Privatrechts	611
	cc) Gegenstand des Auskunftsrechts	612
	b) Verhältnis zu besonderen Rechtsvorschriften: Sperrwirkung oder Ergänzung?	613

Inhaltsverzeichnis

           aa) Spezialität 613
           bb) Verhältnis Landesrecht/Bundesrecht 615
       2. Einschränkungen des Anspruchs 615
          a) Schutz öffentlicher Belange 616
          b) Behördlicher Entscheidungsbildungsprozess 616
          c) Schutz von Betriebs- und Geschäftsgeheimnissen 618
          d) Schutz personenbezogener Daten 619
          e) Kritik 620
       3. Verfahrensfragen 621
          a) Form und Bestimmtheit des Antrags 621
          b) Antragsbefugnis 621
          c) Frist 621
             aa) Gesetzliche Voraussetzungen 621
             bb) Konsequenzen der Fristüberschreitung 622
          d) Art der Informationsgewährung 623
          e) Die ablehnende Behördenentscheidung 624
             aa) Rechtsnatur 624
             bb) Rechtsschutz des Antragstellers 624
             cc) Rechtsschutz des betroffenen Dritten 625
       4. Antragsunabhängige Informationspflichten und Statistiken ... 625
       5. Entgeltlichkeit 626
III. Der besondere Informationszugangsanspruch
     nach dem Umweltinformationsgesetz 627
     1. Vorbemerkung 627
     2. Systematik 628
     3. Anspruchsinhalt 628
        a) Anspruchsgrundlage 628
        b) Anspruchsberechtigung 629
        c) Anspruchsgegner 630
        d) Gegenstand des Anspruchs 631
     4. Beschränkungen 631
        a) Der Schutz öffentlicher Belange 631
        b) Schutz privater Belange 632
     5. Verfahrensfragen 632
     6. Kosten 633
IV. Der besondere Informationszugangsanspruch
     nach dem Verbraucherinformationsgesetz 634
     1. Gesetzgebungsverfahren 634
     2. Gegenstand der Neuregelung 635
     3. Der Anspruch auf Zugang zu Informationen
        für den Verbraucher 635
        a) Inhalt 635
            aa) Zuständige Stellen 636

	bb) Gegenstand des Auskunftsrechts	636
	(1) Verstöße gegen das Lebensmittelrecht	637
	(2) Risiken für Gesundheit und Sicherheit	637
	(3) Kennzeichnung und Beschaffenheit von Erzeugnissen	638
	(aa) Kennzeichnung	638
	(bb) Herkunft und Beschaffenheit	638
	(cc) Herstellung und Behandlung	639
	(4) Ausgangsstoffe und Verfahren	639
	(5) Verbraucherschützende Maßnahmen	640
b)	Verhältnis zu anderen Vorschriften	640
4. Einschränkungen des Anspruchs		640
a)	Entgegenstehende öffentliche Belange	641
	aa) Staatliche Sicherheitsbelange	641
	bb) Laufende Verfahren	641
	cc) Weitere öffentliche Ausschlussgründe	642
b)	Entgegenstehende private Belange	642
	aa) Personenbezogene Daten	642
	bb) Geistiges Eigentum	643
	cc) Betriebs-/Geschäftsgeheimnisse	643
	dd) Gesetzliche Meldepflichten	644
c)	Missbräuchliche Begehren	644
d)	Allgemein zugängliche Quellen	645
5. Verfahrensfragen		645
a)	Form und Bestimmtheit	645
b)	Antragsbefugnis	645
c)	Frist	645
d)	Ablehnende Behördenentscheidung	646
e)	Art der Informationsgewährung und Inhalt	646
6. Entgeltlichkeit		647
7. Zur Veröffentlichung von Verstößen im Internet		648
8. Fazit		649
Literaturverzeichnis		651
Stichwortverzeichnis		663

Abkürzungsverzeichnis

a. A.	anderer Ansicht
a. a. O.	am angegebenen Ort
a. D.	außer Dienst
a. E.	am Ende
a. F.	alte Fassung
ABMG	Autobahnmautgesetz
AFIS	Automatisiertes Fingerabdruckidentifizierungssystem
AG	Aktiengesellschaft
AGB	Allgemeine Geschäftsbedingungen
AGG	Allgemeines Gleichbehandlungsgesetz
AIG	Akteneinsichts- und Informationsgesetz Brandenburg
AktG	Aktiengesetz
ALG II	Arbeitslosengeld Zwei
Alt.	Alternative
Anh.	Anhang
Anm.	Anmerkung
AO	Abgabenordnung
AO-SF	Ausbildungsordnung im Bereich der sonderpädagogischen Förderung
ApBetrO	Apothekenbetriebsordnung
ApoG	Apothekengesetz
APR	Allgemeines Persönlichkeitsrecht
ArbG	Arbeitsgericht
Arg.	Argumentativ
ARGE	Arbeitsgemeinschaft (zwischen Arbeits- und Sozialamt)
ArchivG	Archivgesetz
Art.	ein Artikel
Artt.	mehrere Artikel
ASchO NRW	Allgemeine Schulordnung Nordrhein-Westfalen
ASiG	Arbeitssicherheitsgesetz
AsylbLG	Asylbewerberleistungsgesetz
AsylVfG	Asylverfahrensgesetz
ATDG	Antiterrordateigesetz
Aufl.	Auflage
AufenthG	Aufenthaltsgesetz

Abkürzungsverzeichnis

AufenthV	Aufenthaltsverordnung
Az.	Aktenzeichen
AZR Gesetz	Ausländerzentralregistergesetz
BA	Bundesagentur für Arbeit
BAG	Bundesarbeitsgericht
BauGB	Baugesetzbuch
BAMF	Bundesamt für Migration und Flüchtlinge
BAT	Bundesangestelltentarifvertrag
BauO	Bauordnung
BauGB	Baugesetzbuch
Bay	Bayern
BayDSG	Bayerisches Datenschutzgesetz
BayEUG	Bayerisches Erziehungs- und Unterrichtsgesetz
BayVBl.	Bayerische Verwaltungsblätter
BBG	Bundesbeamtengesetz
Bbg	Brandenburg
BbgDSG	Gesetz zum Schutz personenbezogener Daten im Land Brandenburg
Bd.	Band
bDSB	behördlicher Datenschutzbeauftragter
BDSG	Bundesdatenschutzgesetz
Beschl.	Beschluss
BeschV	Verordnung über die Zulassung von neueinreisenden Ausländern zur Ausübung einer Beschäftigung – Beschäftigungsverordnung
betr.	betreffend
BetrVG	Betriebsverfassungsgesetz
BfDI	Bundesbeauftragter für Datenschutz und Informationsfreiheit
BGB	Bürgerliches Gesetzbuch
BGBl	Bundesgesetzblatt
BGH	Bundesgerichtshof
BGHSt	Entscheidungen des Bundesgerichtshofes in Strafsachen
BGHZ	Entscheidungen des Bundesgerichtshofes in Zivilsachen
BGSG	Gesetz über den Bundesgrenzschutz
BKA	Bundeskriminalamt
Bln	Berlin
BMBF	Bundesministerium für Bildung und Forschung
BNetzA	Bundesnetzagentur für Elektrizität, Gas, Telekommunikation, Post und Eisenbahnen
BPersVG	Bundespersonalvertretungsgesetz
BPolG	Bundespolizeigesetz

Abkürzungsverzeichnis

Brem	Bremen
BRRG	Beamtenrechtsrahmengesetz
BSHG	Bundessozialhilfegesetz
BSI	Bundesamt für Sicherheit in der Informationstechnik
BStatG	Bundesstatistikgesetz
BT-Drs	Bundestagsdrucksache
BtMG	Betäubungsmittelgesetz
BtMVV	Betäubungsmittelverschreibungsverordnung
BVerfG	Bundesverfassungsgericht
BVerfGE	Bundesverfassungsgericht – Entscheidungen
BVerfGG	Bundesverfassungsgerichtsgesetz
BVerfSchG	Bundesverfassungsschutzgesetz
BvR	Bundesverfassungsrichter/-richterin (Fachzeitschrift)
B-W	Baden-Württemberg
BZRG	Bundeszentralregistergesetz
bzw.	beziehungsweise
CD	Compact Disk
CuA	Computer und Arbeit
CR, CuR	Computer und Recht
d.h.	das heißt
DB	Der Betrieb (Fachzeitschrift)
DDR	Deutsche Demokratische Republik
ders.	derselbe
DIN	Deutsches Institut für Normung
DöD	Fachzeitschrift „Der öffentliche Dienst"
DöV	Fachzeitschrift „Die öffentliche Verwaltung"
DSchV	Datenschutzverordnung
DSG NRW	Datenschutzgesetz Nordrhein-Westfalen
DSRL	Europäische Datenschutzrichtlinie
Dt	Deutsch
DuD	Fachzeitschrift „Datenschutz und Datensicherheit"
DV	Datenverarbeitung
DVD	Digital Versatile Disk
DVBl	Deutsches Verwaltungsblatt (Fachzeitschrift)
EDV	Elektronische Datenverarbeitung
EFG	Ersatzschulfinanzgesetz
EG	Europäische Gemeinschaft
EGBGB	Einführungsgesetz zum Bürgerlichen Gesetzbuch
EGGVG	Einführungsgesetz zum Gerichtsverfassungsgesetz
EGMR	Europäischer Gerichtshof für Menschenrechte

Abkürzungsverzeichnis

EGVP	Elektronisches Gerichts- und Verwaltungspostfach
EG-DSRL	Datenschutzrichtlinie für elektronische Kommunikation
EK-DSRL	Europäische Datenschutzrichtlinie für elektronische Kommunikation
EKG	Elektrokardiogramm
EMRK	Europäische Konvention zum Schutze der Menschenrechte und Grundfreiheiten
EStG	Einkommensteuergesetz
EU	Europäische Union
EuGH	Europäischer Gerichtshof
EuGRZ	Europäische Grundrechte-Zeitschrift (Fachzeitschrift)
EURODAC	Europeen Dactyloskopie
EuZW	Europäische Zeitschrift für Wirtschaftsrecht (Fachzeitschrift)
etc.	et cetera
e.V.	eingetragener Verein
evtl.	eventuell
FAT	file allocation table
ff.	fortfolgende
FG	Finanzgericht
FN	Fußnote
GebG	Gebührengesetz
GDD	Gesellschaft für Datenschutz und Datensicherung
GDSG	Gesundheitsdatenschutzgesetz Nordrhein-Westfalen
gem.	gemäß
GemHVO	Gemeindehaushaltsverordnung
GewO	Gewerbeordnung
GEZ	Gebühreneinzugszentrale
GG	Grundgesetz
ggf./ggfs.	gegebenenfalls
ggü.	gegenüber
GLL	Behörde für Geoinformation, Landentwicklung und Liegenschaften
GmbH	Gesellschaft mit beschränkter Haftung
GmbHG	Gesetz betreffend die Gesellschaften mit beschränkter Haftung
GO NRW	Gemeindeordnung Nordrhein-Westfalen
grds.	grundsätzlich
GVBl.	Gesetz- und Verordnungsblatt
GWB	Gesetz gegen Wettbewerbsbeschränkungen
H.M./hm	herrschende Meinung

Abkürzungsverzeichnis

Hmb	Hamburg
Hess	Hessen
HDSG	Hessisches Datenschutzgesetz
HeilBerG	Heilberufsgesetz
HG	Hochschulgesetz Nordrhein-Westfalen
hg.	Herausgeber, herausgegeben von
HGB	Handelsgesetzbuch
Hs.	Halbsatz
i.A.	im Auftrag
i.d.F.	in der Fassung
i.d.R.	in der Regel
insb.	insbesondere
i.S.v.	im Sinne von
(K)IRP	(Kommunales) integriertes Rechnungs- und Planungssystem
i.V.m.	in Verbindung mit
IFG	Informationsfreiheitsgesetz
IfSG	Infektionsschutzgesetz
INPOL	Informationssystem der Polizei
IP	Internet Protocol
ISBN	Internationale Standard-Buchnummer
ISDN	Integrated Services Digital Network (Digitaler Telefonstandard gem. EN 300 359)
IT	Informationstechnik
IuK	Informations- und Kommunikationstechnik
JGG	Jugendgerichtsgesetz
JuS	Juristische Schulung (Fachzeitschrift)
JKomG	Justizkommunikationsgesetz
JZ	Juristenzeitung (Fachzeitschrift)
KAG	Kommunalabgabengesetz
Kap.	Kapitel
KBSt	Koordinierungs- und Beratungsstelle der Bundesregierung für Informationstechnik in der Bundesverwaltung
KHG	Krankenhausgesetz
KG	Kammergericht
KGSt	Kommunale Gemeinschaftstelle für Verwaltungsvereinfachung
Kommjur	Der Kommunaljurist (Fachzeitschrift)
KonTraG	Gesetz zur Kontrolle und Transparenz im Unternehmensbereich

Abkürzungsverzeichnis

K & R	Kommunikation und Recht
KrO	Kreisordnung
KSVG	Kommunalselbstverwaltungsgesetz des Saarlandes
KWahlG NRW	Kommunalwahlgesetz Nordrhein-Westfalen
KWahlO NRW	Kommunalwahlordnung Nordrhein-Westfalen
LAG	Landesarbeitsgericht
LBG	Landesbeamtengesetz
LBG NRW	Landesbeamtengesetz Nordrhein-Westfalen
LDAP	Lightweight Directory Access Protocol
LDI	Landesbeauftragte/r für Datenschutz und Informationsfreiheit
LDSG	Jeweiliges Landesdatenschutzgesetz
LfD	Landesbeauftragte/r für Datenschutz
Lfg	Lieferung
LFG	Lernmittelfreiheitsgesetz
LG	Landgericht
LGG NRW	Landesgleichstellungsgesetz Nordrhein-Westfalen
lit.	Litera (lateinisch für Buchstabe)
LKRZ	Zeitschrift für Landes- und Kommunalrecht Hessen/Rhl.-Pfalz/Saarland
LPresseG	Landespressegesetz
LPVG NRW	Landespersonalvertretungsgesetz Nordrhein-Westfalen
LSA	Land Sachen-Anhalt
LT-Drs.	Landtags-Drucksache
LZG	Landeszustellungsgesetz
MBl.	Ministerialblatt (Nordrhein-Westfalen)
MdStV	Mediendienste-Staatsvertrag
MG NRW	Meldegesetz Nordrhein-Werstfalen
MittNWStGB	Mitteilungen des Nordrhein-Westfälischen Städte- und Gemeindebundes
MMR	Multimedia und Recht (Fachzeitschrift)
MRRG	Melderechtsrahmengesetz
M-V	Mecklenburg-Vorpommern
m.w.N.	mit weiteren Nachweisen
MZG	Mikrozensusgesetz
Nds.	Niedersachsen
NDSG	Niedersächsisches Datenschutzgesetz
n.F.	neue Fassung
NJW	Neue Juristische Wochenschrift (Fachzeitschrift)
Nrn.	Nummern

Abkürzungsverzeichnis

NRW	Nordrhein-Westfalen
NSchG	Niedersächsisches Schulgesetz
NUB-Richtlinien	Richtlinien des Bundesausschusses der Ärzte und Krankenkassen über neue Untersuchungs- und Behandlungsmethoden.
NWVBl	Nordrhein-westfälisches Verwaltungsblatt (Amtliche Publikation)
NVwZ	Neue Zeitschrift für Verwaltungsrecht (Fachzeitschrift)
NVwZ-RR	NVwZ-Rechtsprechungs-Report (Fachzeitschrift)
NZA	Neue Zeitschrift für Arbeitsrecht (Fachzeitschrift)
NZV	Neue Zeitschrift für Verkehrsrecht (Fachzeitschrift)
o.ä.	oder ähnlich
OBG	Ordnungsbehördengesetz
ÖDGB	Gesetz über den öffentlichen Gesundheitsdienst
o.g.	oben genannt
OLG	Oberlandesgericht
OSCI	Online Service Computer Interfaces
OVGE	Oberverwaltungsgericht – Entscheidungen
o.V.i.A.	oder Vertreter im Amt
OWiG	Ordnungswidrigkeitengesetz
PassG	Passgesetz
PAuswG	Personalausweisgesetz
pb	personenbezogen
PC	Personal Computer
PDA	Personal Digital Assistents
PIN	persönliche Identifikationsnummer
PJZS	polizeiliche und justizielle Zusammenarbeit in Strafsachen
PKI	Public Key Infrastructure
PNR	Passenger Name Record
PolG NRW	Polizeigesetz Nordrhein-Westfalen
PStG	Personenstandsgesetz
PsychKG	Gesetz ü. Hilfen u. Schutzmaßnahmen bei psychischen Krankheiten
RdErl.	Runderlass
RdJB	Fachzeitschrift „Recht der Jugend und des Bildungswesens"
RDV	Fachzeitschrift „Recht der Datenverarbeitung"
RegE	Regierungsentwurf
RegTP	Regulierungsbehörde für Telekommunikation und Post
resp.	respektive

RFC	request for comments
RFID	Radio Frequency Identification (funkfähige elektronische Chips)
Rh-Pf/R-P	Rheinland-Pfalz
RhPfVerfGH	Rheinland-Pfälzischer Verfassungsgerichtshof
RIS	Ratsinformationssysteme
Rn.	Randnummer
RöV	Röntgenverordnung
ROM	read only memory
Rspr.	Rechtsprechung
RSA	Rivest-Shamir-Adleman[-Verschlüsselung]
SächsDSG	Sächsisches Datenschutzgesetz
SächsGemO	Sächsische Gemeindeordnung
S-A	Sachsen-Anhalt
SAP	Systeme Anwendungen Produkte in der Datenverarbeitung
SDSG	Saarländisches Datenschutzgesetz
SDDSG	Suchdienste-Datenschutzgesetz
S-H	Schleswig Holstein
SchfkVO	Schülerfahrtkostenverordnung
SchKG	Schwangerschaftskonfliktgesetz
SchpflG	Schulpflichtgesetz
SchOG	Schulordnungsgesetz
SchMG	Schulmitwirkungsgesetz
SchulG NRW	Schulgesetz für das Land Nordrhein-Westfalen
SchVG NRW	Schulverwaltungsgesetz Nordrhein-Westfalen
SchwarzArbG	Gesetz zur Bekämpfung der Schwarzarbeit und illegalen Beschäftigung
SGB	Sozialgesetzbuch
SigG	Signaturgesetz
SigV	Signaturverordnung
SIS	Schengener Informationssystem
SMbl.	Sammlung Ministerialblatt (Nordrhein-Westfalen)
Sn	Sachsen
s.o.	siehe oben
sog.	so genannt
SPAM	„Spiced Pork and Meat" oder „Specially Prepared Assorted Meat" (Markenname für Dosenfleisch, Synonym für unerwünschte E-Mails)
Srl	Saarland

Abkürzungsverzeichnis

SSL	Secure Socket Layer (Verschlüsselungsprotokoll für Datenübertragungen im Internet)
StGB	Strafgesetzbuch
StPO	Strafprozessordnung
StT	Fachzeitschrift „Der Städtetag"
StVG	Straßenverkehrsgesetz
StVO	Straßenverkehrsordnung
SÜG	Sicherheitsüberprüfungsgesetz
TB	Tätigkeitsbericht
TCP/IP	transmission control protocol/internet protocol
TDG	Teledienstegesetz
TDDSG	Gesetz über den Datenschutz bei Telediensten
TDSV	Telekommunikations-Datenschutzverordnung
Thür	Thüringen
TilgVO NRW	Tilgungsverordnung Nordrhein-Westfalen
TK	Telekommunikation
TKG	Telekommunikationsgesetz
TKomÄndG	Gesetz zur Änderung telekommunikationsrechtlicher Vorschriften
TMG	Telemediengesetz
TVöD	Tarifvertrag öffentlicher Dienst
u.U.	unter Umständen
UIG	Umweltinformationsgesetz
ULD	Unabhängiges Landeszentrum für Datenschutz Schleswig-Holstein
UrhG	Urheberrechtsgesetz
URL	universal resource locator
Urt.	Urteil
US	United States
USB	universal serial bus
usw.	und so weiter
UWG	Gesetz gegen den unlauteren Wettbewerb
v.a.	vor allem
VA	Verwaltungsakt
VDS-DSRL	Europäische Richtlinie zur Vorratsspeicherung von Kommunikationsdaten
Verf NRW	Landesverfassung Nordrhein-Westfalen
VerfGH	Verfassungsgerichtshof
VerwGebO	Verwaltungsgebührenordnung

Abkürzungsverzeichnis

VG	Verwaltungsgericht
VGH	Verwaltungsgerichtshof
vgl.	vergleiche
VO	Verordnung
VO-DV I NRW	Verordnung über die zur Verarbeitung zugelassenen Daten von Schülerinnen, Schülern und Eltern
VO-DV II NRW	Verordnung über die zur Verarbeitung zugelassenen Daten der Lehrerinnen und Lehrer
VOB	Verdingungsordnung für Bauleistungen
VOL	Verdingungsordnung für Leistungen
Vorb.	Vorbemerkung
VPN	Virtuelles Privates Netzwerk
VR	Verwaltungsrundschau
VS	Verschlusssache
VÜ	Videoüberwachung
Vw	Verwaltung
VwGO	Verwaltungsgerichtsordnung
VwVfG	Verwaltungsverfahrensgesetz
VwZG	Verwaltungszustellungsgesetz
Wistra	Zeitschrift für Wirtschafts- und Steuerstrafrecht
WLAN	Wireless Local Area Network (Funknetzwerk)
WRV	Weimarer Reichsverfassung
WSI	Wirtschafts- und Sozialwissenschaftliches Institut
ZBR	Zeitschrift für Beamtenrecht (Fachzeitschrift)
ZensG	Gesetz zur Anordnung des Zensus 2011 sowie zur Änderung von Statistikgesetzen
ZEMA	Zentrale einfache Melderegisterauskunft
ZFER	Zentrales Fahrerlaubnisregister
ZFSH/SGB	Zeitschrift für Sozialhilfe und Sozialgesetzbuch (Fachzeitschrift)
ZFZR	Zentrales Fahrzeugregister
ZMR	Zentrales Melderegister (in Österreich)
ZPO	Zivilprozessordnung
z.T.	zum Teil

KAPITEL 1
Die informationelle Selbstbestimmung

I. Einleitung

Unsere globale Gesellschaft, deren Unternehmen und Behörden weltweit operieren, lebt von der schnellen Kommunikation miteinander. Es werden immer größere Mengen an Informationen benötigt und produziert: Die Gesellschaft ist zu einer Informationsgesellschaft geworden. Die Verfügbarkeit, Selektierbarkeit und Veränderbarkeit von Informationen ist eines ihrer wesentlichen Merkmale. Dies gilt insbesondere für kommunale Verwaltungen. *Virtuelles Rathaus* und *e-Government* sind längst Wirklichkeit geworden; diese Begriffe sind schon den meisten Bürgern geläufig. Die informationelle Revolution hat dazu geführt, dass die sich als Servicestelle verstehende Verwaltung der Kommune viele Dienstleistungen auch über das Internet anbietet und mit integrierten, unbürokratischen Verwaltungsvorgängen Bürgernähe demonstriert. Es werden nicht nur Informationen und Formulare zum Abruf zur Verfügung gestellt. Zunehmend kann der Bürger selbst interaktiv mit der Verwaltung kommunizieren; erste Anwendungen sind „Melderegisterauskunft online", „Wunschkennzeichen-Reservierung" und der „Katalogservice städtischer Büchereien". Für eine rechtswirksame elektronische Kommunikation zwischen Bürger und Verwaltung hat der Gesetzgeber die rechtlichen und viele Kommunen mit der Einrichtung virtueller Poststellen die technischen Voraussetzungen geschaffen.[1] In dieser Umgebung kommt der Beachtung von Datenschutz und Datensicherheit eine immer stärker werdende Bedeutung zu. 1

Alle typischen Arbeitsabläufe zur Erfüllung von Verwaltungsaufgaben sind IT-gesteuert organisiert. Wenn die Verfahren oder die Systemtechnik in Teilen ausfällt, ist die Verwaltung nicht mehr arbeitsfähig. Deswegen ist die Sicherheit und Verfügbarkeit der kommunalen IT-Infrastruktur gleichsam zum Herz des Organismus „Kommunalverwaltung" geworden. Zugleich birgt die automatisierte Verarbeitung der umfangreichen kommunalen Datenbestände ein rie- 2

---

[1] § 3a VwVfG. Die für die Arbeit der Kommunen einschlägigen VwVfGe der Länder sind weitgehend inhaltsgleich angepasst; sie enthalten teilweise (z.B. § 3a VwVfG NRW) zusätzlich Vorgaben über die Bekanntmachung der Zugangseröffnung über die Homepage, dazu *Kopp/Ramsauer*, VwVfG, 11. Aufl. 2010, § 3a, Rn. 2a.

siges Potential, bewusst oder unbewusst rechts- und zweckwidrig mit ihnen umzugehen:

- Es ist technisch leicht möglich, die bisher auf viele Fachämter (z.B. Meldeamt, Steueramt, Gesundheitsamt, Ordnungsamt, Gewerbeaufsichtsamt etc.) oder verschiedene Stellen (z.B. Kommunalverwaltung, Finanzamt, Banken etc.) verstreuten Angaben zu einer einzelnen Person zusammenzuführen und damit – u.U. automatisiert – Profile, ein Persönlichkeitsbild, zu erstellen. Der gläserne Bürger entsteht.
- Der Betroffene weiß nicht, wo welche Daten über ihn gespeichert werden und wer Zugriff auf seine Daten hat.
- Die moderne Datenverarbeitung eröffnet den öffentlichen und privaten Stellen die Möglichkeit, auch über große Entfernungen immer mehr Informationen über die Bürger zu speichern oder zu verwenden.
- Jedes gespeicherte Datenelement kann als mögliches Zugriffselement dienen, die Datenbestände werden dadurch in einem größeren Maße auswertbar.
- Die Möglichkeit der Datenverarbeitung erweitert die Verfügbarkeit der bestehenden Datenbestände durch den jederzeitigen Zugriff von jedem beliebigen Ort.
- Durch vorgegebene Programme ist es möglich, neue Beziehungen zwischen den Daten herzustellen und damit ohne Wissen des Betroffenen qualitativ neue Daten zu schaffen.

Neben den technischen, personalwirtschaftlichen, organisatorischen, sozialen und politischen Komponenten hat die Informationstechnik auch eine rechtliche Seite, die den Schutz der Betroffenen bei der Informationsverarbeitung im Blick hat. Den Gefahren der Datenverarbeitung soll der Datenschutz entgegentreten.

3   Viele tiefsitzende Vorurteile gegen Informationstechnik wurzeln in Befürchtungen, Informationen über die eigene Person könnten in unbefugte Hände geraten oder zweckentfremdet werden. Auch wenn man sich davor hüten sollte, die Diskussion überzubewerten, so bleibt festzuhalten, dass der Datenschutz von weiten Teilen der Bevölkerung als Ausprägung eines wichtigen Persönlichkeitsrechts richtig eingeordnet und geschätzt wird. Für die verantwortlichen Stellen bedeutet dies, dass sie den Datenschutz nicht leichtfertig vernachlässigen dürfen. Datenschutz ist nicht nur von Gesetzes wegen geboten, sondern auch in der Sache notwendig; über das erforderliche Maß hinausgehender Umgang mit personenbezogenen Daten ist rechtswidrig und kann nicht nur zu Schadensersatzansprüchen führen oder Straf- und Ordnungswidrigkeitstatbestände erfüllen, sondern einen Vertrauensschwund der Bevölkerung gegenüber Informationstechnik und verantwortlichen Stellen herbeiführen, gar eine IT-Verdrossenheit bewirken.

Einleitung

Datenschutz darf nicht zu einer lästigen Nebensache verkommen. Weil viele 4
Mitarbeiter, aber bedauerlicherweise auch eine große Anzahl von Behördenleitern oder Verwaltungschefs, mit dieser Rechtsmaterie nicht vertraut sind, wird der Datenschutz als Störung der Verwaltungsroutine gesehen und nicht ausreichend beachtet. Verwaltungsabläufe werden indes durch datenschutzrechtliche Vorgaben nicht behindert, sondern gesetzesgerechten, schlanken Lösungen zugeführt. Kritiker des Datenschutzes denken automatisch anders, wenn sie selbst von Eingriffen in ihr Persönlichkeitsrecht betroffen werden. Datenschutz darf aber nicht dazu führen, dass die Informationsflüsse zum Schutz wichtiger Rechtsgüter im überwiegenden Allgemeininteresse verhindert oder unverhältnismäßig erschwert werden. Insbesondere die Datenschutzbeauftragten sollten bei ihrer Arbeit darauf achten, dass der Datenschutz nicht zum Selbstzweck verkommen darf.

Aus der langjährigen kommunalen Praxis mit datenschutzrechtlichen Fragen 5
lassen sich *fünf Thesen* zum Umgang mit dem Datenschutz aufstellen:

- Die Öffentlichkeit nimmt vom Datenschutz nur dann Notiz, wenn er in Teilen *nicht funktioniert*; die geräuschlose Sicherstellung des Datenschutzes interessiert niemanden. Ein Interesse an datenschutzgerechtem Verwaltungshandeln wird regelmäßig erst durch eine Datenschutzpanne geweckt. Die Presse interessiert sich so gut wie ausschließlich für streitige oder fragwürdige Datenschutzpositionen oder für offensichtliche Pannen.

- Wer ein Sachproblem auf einen Nebenaspekt verlagert, *instrumentalisiert* den Datenschutz. Vielfach wird eine Verletzung des Datenschutzes ins Feld geführt, um eine sachlich gebotene, jedoch unbequeme Verwaltungsentscheidung zu verhindern. Ein Beispiel: Beim Streit zweier Verwaltungsbereiche über den Umzug in neue Räume wird ins Feld geführt, der Umzug führe zu Arbeitsabläufen, die aus datenschutzrechtlicher Sicht zu beanstanden seien.

- Für *professionelle Informationsbeschaffer* ist der Datenschutz Sand im Getriebe. Die Begehrlichkeit von Politik und Privatwirtschaft nach aktuellen Melde- und Adressdaten aus dem öffentlichen Bereich, die am besten nach vorgegebenen Kriterien geordnet sind, ist hoch. Das Gesetz erlaubt die Verwendung dieser Daten nur für besondere Zwecke, die im überwiegenden Allgemeininteresse liegen.[2] Auf Verwaltungen wird indes Druck ausgeübt, Daten häufiger herauszugeben, als es bei konsequenter Anwendung des Gesetzes erlaubt wäre.

---

[2] Z.B. Gruppenauskunft bei bestehendem *öffentlichen Interesse* (§ 34 Abs. 3 MG NRW) oder *vor Wahlen bzgl. Erstwählern* (§ 35 Abs. 3 Satz 1 MG NRW). Wann ein öffentliches Interesse anzunehmen ist und wann nicht, ist durch Auslegung zu ermitteln.

– Wer nicht zur Auskunft bereit ist, dem dient der Datenschutz als willkommenes *Alibi*. Bei knappen zeitlichen oder personellen Ressourcen versuchen verantwortliche Stellen vielfach, Auskunfts- oder Einsichtnahmebegehren mit dem pauschalen und ungeprüften Hinweis auf entgegenstehenden Datenschutz loszuwerden. Das gilt insbesondere bei Befürchtungen, zuvor in der Aktenführung Fehler gemacht zu haben.

– Es dringt zu wenig ins Bewusstsein, dass *rechtswidrig* handelt, wer Datenschutzgesetze verletzt. Datenschutz ist normaler Bestandteil der Rechtsordnung. Für eine Sonderbehandlung besteht keine Veranlassung und ist kein Raum.

Aus diesen Thesen lässt sich folgern: Datenschutz beginnt im Bewusstsein all derer, die mit ihm zu tun haben. Und Datenschutz ist dem, der ihn anwenden soll, am besten über die eigene persönliche Betroffenheit zu vermitteln. Denn Beschäftigte sind immer auch selbst Verwaltungskunden. Wer sich vorstellt, seine eigenen Daten würden in einer verantwortlichen Stelle widerrechtlich verwendet, gespeichert oder weitergegeben oder es würden ihm gegenüber Auskünfte widerrechtlich verweigert, wird das Problem besser begreifen. Es muss Sensibilität für den Umgang mit personenbezogenen Daten geweckt und eine *Datenschutz-Kultur* aufgebaut werden. Datenschutz beginnt im Kopf der Beschäftigten der Gemeinde!

6   Die Geschichte des Datenschutzrechts ist Jahrhunderte alt.[3] Der **Begriff des Datenschutzes** jedoch, der in Hessen geprägt wurde und eine Reaktion auf die technologischen Umwälzungen im Bereich der Datenverarbeitung ab den späten sechziger Jahren des letzten Jahrhunderts war, wurde im weltweit ersten Datenschutzgesetz[4] festgelegt; dabei wurden alternative Bezeichnungen wie „Informationsschutz" oder „Erfassungsschutz" verworfen. Vorrangig ging es damals um den Schutz vor den Folgen automatisierter Datenverarbeitung, wobei nicht die Daten, sondern die dahinter stehenden Personen geschützt werden sollten. Insoweit ist heute der europäische Ansatz im Sinne von *„data protection"*[5] ein anderer, der vom deutschen Verständnis abweicht: In anderen Ländern ist der Schutz des Datenverarbeitungsprozesses – in Deutschland als Datensicherheit bezeichnet – alleiniger Gegenstand dieses Rechts.

---

[3] Grundlegend dazu v. *Lewinski*, Geschichte des Datenschutzrechts von 1600 bis 1977, in: Freiheit – Sicherheit – Öffentlichkeit, Tagungsband der 48. Asssistententagung Öffentliches Recht, 2008, S. 196 ff.
[4] Hessisches Datenschutzgesetz vom 07.10.1970.
[5] Anders ausgedrückt durch den Begriff *privacy*, der allerdings unscharf ist und laut *Wikipedia*, dem frei editierbaren Online-Lexikon, *different meanings for different people* hat.

II. Allgemeines Persönlichkeitsrecht

Das *BVerfG* erkennt ein allgemeines Persönlichkeitsrecht an.⁶ Es wurde als 7
Schutz der Persönlichkeitsgüter gegen ein Eindringen in die Privatsphäre und gegen Indiskretionen entwikkelt. Dieses Recht war zunächst ein Institut der Zivilrechtsprechung. Es wurde nicht zuletzt wegen der Eingriffe der Medien in die Intimsphäre und die persönlichen Verhältnisse Betroffener entwickelt. Leider ist heute zunehmend zu beobachten, dass gerade die Medien sich einerseits den Schutz von Grundrechten auf ihre Fahne schreiben, andererseits es aber selbst mit dem Persönlichkeitsrecht nicht so genau nehmen. Von daher ist es auch verfehlt, Gefährdungen dieses Rechtes vorwiegend bei den öffentlichen Stellen zu suchen. Die Medien können unter Berufung auf die Pressefreiheit für die Betroffenen häufig wesentlich gravierendere Eingriffe in das Persönlichkeitsrecht vornehmen, als dies von öffentlichen Stellen überhaupt beabsichtigt werden könnte.

Unsicherheiten in der Rechtsanwendung ergeben sich aus der Tatsache, dass sich das allgemeine Persönlichkeitsrecht seinem Inhalt nach einer abschließenden, allgemeingültigen Abgrenzung und Festlegung entzieht. Das *BVerfG* hat dieses Recht umfassend wie folgt beschrieben: „Mit der Menschenwürde wäre es nicht zu vereinbaren, wenn der Staat das Recht für sich in Anspruch nehmen könnte, den Menschen zwangsweise in seiner ganzen Persönlichkeit zu registrieren und zu katalogisieren, sei es auch in der Anonymität einer statistischen Erhebung, und ihn damit wie eine Sache zu behandeln, die einer Bestandsaufnahme in jeder Beziehung zugänglich ist."⁷

Die Gerichte verstehen unter dem allgemeinen Persönlichkeitsrecht die 8
Selbstbestimmung des Einzelnen über seine persönlichen Angelegenheiten, begrenzen diese aber auf die Intim- und Privatsphäre, wie Beispiele aus der Rechtsprechung zeigen:⁸

– Verbot der ungenehmigten Veröffentlichung privater Aufzeichnungen,

– Verbot statistischer Erhebungen, wenn der Mensch dadurch zum bloßen Objekt im Staat gemacht wird,

– Zulässigkeit der Herausgabe von Akten im Ehescheidungsverfahren nur mit Einverständnis der Ehegatten; Verfügungsrecht über höchstpersönliche vertrauliche Daten (Patientendaten),

---

⁶ Es wird aus Art. 2 Abs. 1 GG i.V.m. Art. 1 Abs. 1 GG hergeleitet; z.B. *Murswiek*, in: Sachs, GG-Kommentar, 5. Aufl. 2009, Art. 2 Rn. 59 ff.
⁷ BVerfGE 27, 6.
⁸ *Di Fabio*, in: Maunz/Dürig, Kommentar zum Grundgesetz, Loseblatt, 57. Lfg. Januar 2010, Art. 2 Abs. 1 Rn. 127 ff. (Einzelfälle: Rn. 139 ff.); kritisch *Höfling*, in: Sachs, a.a.O., Art. 1 Rn. 66.

- Recht am gesprochenen Wort: Jeder soll grundsätzlich selbst bestimmen dürfen, wer sein Wort aufnimmt, ob und vor wem seine auf einem Tonträger aufgenommene Stimme wieder abgespielt werden darf. Das Gericht begründet dieses Bestimmungsrecht mit der Erwägung, dass Gespräche ohne den Argwohn geführt werden sollen, dass deren heimliche Aufnahmen ohne Einwilligung des Sprechenden verwertet werden,

- Recht am eigenen Lebensbild: Jeder soll grundsätzlich selbst und allein bestimmen, ob und inwieweit andere sein Lebensbild im Ganzen oder bestimmte Vorgänge aus seinem Leben öffentlich darstellen dürfen. Bei Eintritt in die Kommunikation mit anderen könnten sich allerdings Einschränkungen seines ausschließlichen Bestimmungsrechts über seinen Privatbereich ergeben,

- Jeder soll das Recht haben, seine Einstellung zum Geschlechtlichen selbst zu bestimmen. Er soll grundsätzlich selbst darüber befinden, in welchen Grenzen und mit welchen Zielen er Einwirkungen Dritter hierauf zulassen will.

9   Dieses Selbstbestimmungsrecht wurde in der Rechtsprechung zunächst abgestuft in bestimmten Sphären gewährleistet. Je stärker der Intimbereich berührt ist, desto schutzwürdiger ist der Individualschutz; umgekehrt tritt dieser Schutz zurück, je stärker die Außenbeziehung, d.h. der Sozialbezug des Einzelnen gegeben ist. In einer weiteren Entscheidung hat das *BVerfG* festgestellt, dass es einen Eingriff in das allgemeine Persönlichkeitsrecht bedeute, wenn einem Betroffenen Äußerungen in den Mund gelegt würden, die er nicht getan hat. Der Einzelne soll ohne Beschränkung auf seine Privatsphäre grundsätzlich selbst entscheiden können, wie er sich Dritten gegenüber oder in der Öffentlichkeit darstellen will.[9] Das allgemeine Persönlichkeitsrecht schützt den Grundrechtsträger auch dagegen, dass ihm Äußerungen zugeschrieben werden, die seinen von ihm selbst definierten sozialen Geltungsanspruch beeinträchtigen.[10] Dabei besteht ein Recht des Einzelnen, selbst darüber zu befinden, was seinen sozialen Geltungsanspruch ausmacht, und ob oder inwieweit Dritte über seine Persönlichkeit in der Weise verfügen können, dass sie ihn zum Gegenstand öffentlicher Erörterungen machen.

10 Unter systematischen Gesichtspunkten wird in der verfassungsrechtlichen Literatur unter unterschiedlichen Rubriken eine Kategorisierung in Fallgruppen vorgenommen. Es wird unterschieden[11] zwischen:
- dem Schutz der engeren persönlichen Lebenssphäre als Privat- und Intimsphäre,

---

[9] BVerfGE 54, 148 ff.
[10] BVerfGE 54, 155.
[11] *Di Fabio*, a.a.O., Rn. 148.

- dem Schutz der Selbstdarstellung in der Öffentlichkeit unter Einschluss des Schutzes der persönlichen Ehre,
- sonstigem Autonomieschutz, sowie schließlich
- dem Schutz der Grundbedingungen der Persönlichkeitsentfaltung und -entwicklung.

Hergeleitet wird das Recht auf Entfaltung der Persönlichkeit zum einen aus der allgemeinen Handlungsfreiheit.[12] Dieses Recht ist wertneutral zu verstehen, umfasst also nicht den Handlungszweck. Aus der Handlungsfreiheit folgt das Recht auf aktive Gestaltung der Lebensführung wie auch die Freiheit vor unberechtigtem staatlichem Zwang. Dem Betroffenen muss Entscheidungsfreiheit über seine Handlungen zukommen und es muss die Möglichkeit bestehen, dass er sich auch tatsächlich so verhalten kann. Handlungsfreiheit bedeutet für den Einzelnen, seine Auffassungen und sein Verhalten selbständig und eigenverantwortlich bestimmen zu dürfen.

11

Das Recht auf Entfaltung der Persönlichkeit folgt zum andern aus der Menschenwürde.[13] Für deren Wahrung sind zwei Bestandteile charakteristisch: die Persönlichkeitsgüter, die die Menschenwürde ausmachen und die individuellen Anlagen und Eigenheiten des Betroffenen. Ist der Bestand der Rechtsgüter, der die Persönlichkeit ausmacht, zunächst grundsätzlich unbegrenzt, so schützt die Rechtsordnung nur einen beschränkten Kreis dieser Rechte: Geist, Körper, Gesundheit und Existenz sind die Voraussetzungen des Daseins. Erst auf dieser Grundlage kann der Mensch seine kulturellen Leistungen erbringen. Weitere Wesensmerkmale der Persönlichkeit sind der Wille als Voraussetzung der freien Entfaltung der Persönlichkeit und das Gefühl. Die zu schützende Individualität zeigt sich in folgenden Ausprägungen:[14]

- äußeres Erscheinungsbild und Auftreten; hierzu gehören z.B. Name, Firma, Erscheinungs- und Charakterbild,
- Äußerungsformen der Persönlichkeit, gesprochenes und geschriebenes Wort,
- persönliche Anlagen und Besonderheiten.

Das Recht auf Achtung der Individualität ist ebenfalls Ausfluss der Menschenwürde. Es soll dem Einzelnen die Möglichkeit bieten, sich selbst zu entfalten und sich als Individuum zu sozialisieren. Jeder Einzelne soll grundsätz-

---

[12] Grundlegend zur Allgemeinen Handlungsfreiheit des Art. 2 Abs. 1 GG das sog. *Elfes-Urteil*: BVerfGE 6, 32 (36 ff.).
[13] Art. 1 Abs. 1 GG.
[14] Zu den Gewährleistungsinhalten des Art. 1 Abs. 1 GG *Herdegen*, in: Maunz/Dürig, a.a.O., 57. Lfg. Januar 2010, Art. 1 Abs. 1, Rn. 83 ff. sowie *Höfling*, a.a.O., Art. 1 GG, Rn. 19.

lich selbst entscheiden, wie über seine Persönlichkeit verfügt wird. Es besteht ein Selbstentscheidungs- und Selbstbestimmungsrecht über das eigene Lebensbild. Die Grenze dieses Selbstdarstellungsrechtes ergibt sich ausschließlich aus der Stellung des Einzelnen in der Gesellschaft und daraus notwendigen Informationen über eine Person.

III. Recht auf informationelle Selbstbestimmung

12 Das *BVerfG* hat in seinem Urteil[15] zum Volkszählungsgesetz 1983 das Persönlichkeitsrecht zu einem umfassenden Grundrecht auf informationelle Selbstbestimmung ausgeweitet. Der Begriff der *informationellen Selbstbestimmung* ist in seinem Wortlaut allerdings schwer vermittelbar. Das Gericht versteht darunter nicht ein Recht auf freie Information,[16] sondern ein Selbstbestimmungsrecht über die die eigene Person betreffende Information. Der rein sprachlich erweckte Eindruck, es handele sich um ein Grundrecht auf Datenschutz, für das der Verfassungsgeber zuständig sei, soll unrichtig sein.[17] Die gewählte Terminologie hatte vielmehr das Ziel, die „Entwicklungsoffenheit des allgemeinen Persönlichkeitsrechts in Abgrenzung zum herkömmlichen Schutz der Privatsphäre hervorzuheben und das Gespür für die speziell durch moderne Techniken der Datenspeicherung, Datenvernetzung und -verarbeitung bedrohte Integrität des betroffenen Grundrechtsträgers zu sensibilisieren."[18] In den Verfassungen der Länder freilich hat sich das Recht auf Schutz der persönlichen Daten als „Jedermanns-Grundrecht" etabliert.[19]

13 Der Inhalt dieses Grundrechts erschließt sich durch die Entscheidungsgründe des Urteils, in denen es u. a. heißt:[20]

„Im Mittelpunkt der grundgesetzlichen Ordnung stehen Wert und Würde der Person, die in freier Selbstbestimmung als Glied einer freien Gesellschaft wirkt. Ihrem Schutz dient das in Art. 2 Abs. 1 i. V. m. Art. 1 Abs. 1 GG gewährleistete allgemeine Persönlichkeitsrecht, das gerade auch im Blick auf

---

[15] Urt. v. 15. 12. 1983, BVerfGE 65, 1 ff.
[16] Dieses lässt sich als Grundlage für Informationsfreiheitsgesetze, die Informationszugang des einzelnen gegen die öffentliche Verwaltung normieren, weder dem Grundgesetz selbst (etwa dem Art. 5 Abs. 1 Satz 1 2. Alt. GG: so aber *Albers*, in: Sokol (hg.), Sommersymposium Informationsfreiheit, 2004, S. 31 ff.), noch bislang der Verfassungsjudikatur entnehmen; dazu eingehend *Rossi*, Informationszugangsfreiheit und Verfassungsrecht, 2004, S. 118 ff.; *ders.*, IFG-Handkommentar, 2006, Einl. Rn. 25 f.
[17] *Di Fabio*, a. a. O., Art. 2 Abs. 1 Rn. 173.
[18] *Starck*, in: v. Mangoldt/Klein/Starck, Das Bonner Grundgesetz, Bd. 1, 4. Aufl. 1999, Art. 2 Abs. 1, Rn. 108.
[19] Z. B. Art. 4 Abs. 2 Verf NRW; dazu z. B. *Dästner*, Die Verfassung des Landes NRW – Kommentar, 2. Aufl. 2002, Art. 4 Rn. 82 ff.
[20] BVerfGE 65, 1 ff. (41 ff.).

moderne Entwicklungen und die mit ihnen verbundenen neuen Gefährdungen der menschlichen Persönlichkeit Bedeutung gewinnen kann. Die bisherigen Konkretisierungen durch die Rechtsprechung umschreiben den Inhalt des Persönlichkeitsrechtes nicht abschließend. Es umfasst auch die aus dem Gedanken der Selbstbestimmung folgende Befugnis des Einzelnen, grundsätzlich selbst zu entscheiden, wann und innerhalb welcher Grenzen persönliche Lebenssachverhalte offenbart werden.

Diese Befugnis bedarf unter den heutigen und künftigen Bedingungen der automatisierten Datenverarbeitung in besonderem Maße des Schutzes. Sie ist vor allem deshalb gefährdet, weil bei Entscheidungsprozessen nicht mehr wie früher auf manuell zusammengetragene Karteien oder Akten zurückgegriffen werden muss, sondern vielmehr heute mit Hilfe automatisierter Datenverarbeitung Einzelangaben über persönliche oder sachliche Verhältnisse einer bestimmten oder bestimmbaren Person (personenbezogene Daten) technisch gesehen unbegrenzt speicherbar und jederzeit ohne Rücksicht auf Entfernungen in Sekundenschnelle abrufbar sind. Sie können darüber hinaus – vor allem beim Aufbau integrierter Informationssysteme – mit anderen Datensammlungen zu einem teilweise oder weitgehend vollständigen Persönlichkeitsbild zusammengefügt werden, ohne dass der Betroffene dessen Richtigkeit und Verwendung zureichend kontrollieren kann. Damit haben sich in einer bisher unbekannten Weise die Möglichkeiten einer Einsicht- und Einflussnahme erweitert, welche auf das Verhalten des Einzelnen schon durch den psychischen Druck öffentlicher Anteilnahme einzuwirken vermögen.

Individuelle Selbstbestimmung setzt aber – auch unter den Bedingungen moderner Informationsverarbeitungstechnologien – voraus, dass dem Einzelnen Entscheidungsfreiheit über vorzunehmende oder zu unterlassende Handlungen einschließlich der Möglichkeit gegeben ist, sich auch entsprechend dieser Entscheidung tatsächlich zu verhalten. Wer nicht mit hinreichender Sicherheit überschauen kann, welche ihn betreffenden Informationen in bestimmten Bereichen seiner sozialen Umwelt bekannt sind, und wer das Wissen möglicher Kommunikationspartner nicht einigermaßen abzuschätzen vermag, kann in seiner Freiheit, aus eigener Selbstbestimmung zu planen oder zu entscheiden, wesentlich gehemmt werden. Mit dem Recht auf informationelle Selbstbestimmung wäre eine Gesellschaftsordnung und eine diese ermöglichende Rechtsordnung nicht vereinbar, in der **Bürger nicht mehr wissen können, wer was wann und bei welcher Gelegenheit über sie weiß.** Wer unsicher ist, ob abweichende Verhaltensweisen jederzeit notiert oder als Information dauerhaft gespeichert, verwendet oder weitergegeben werden, wird versuchen, nicht durch solche Verhaltensweisen aufzufallen. Wer damit rechnet, dass etwa die Teilnahme an einer Versammlung oder einer Bürgerinitiative behördlich registriert wird, und dass ihm dadurch Risiken entstehen *können, wird möglicherweise auf eine Ausübung seiner entsprechenden Grundrechte verzichten. Dies würde nicht nur die individuellen Entfaltungschancen des Einzelnen beeinträchtigen, sondern auch das Gemeinwohl, weil Selbstbestimmung eine elementare Funktionsbedingung eines auf Handlungs- und Mitwirkungsfähigkeit seiner Bürger begründeten freiheitlichen demokratischen Gemeinwesens ist.*

*Hieraus folgt: Freie Entfaltung der Persönlichkeit setzt unter den modernen Bedingungen der Datenverarbeitung den Schutz des Einzelnen gegen unbegrenzte Erhebung, Speicherung, Verwendung und Weitergabe seiner persönlichen Daten voraus. Dieser Schutz ist daher von dem Grundrecht des Art. 2 Abs. 1 i. V. m. Art. 1 Abs. 1 GG umfasst. Das Grundrecht gewährleistet insoweit die **Befugnis des Einzelnen, grundsätzlich selbst über die Preisgabe und Verwendung seiner persönlichen Daten zu bestimmen.**"*

14 Aus diesen Entscheidungsgründen und den weiteren Ausführungen des Gerichts ergeben sich für die Ausgestaltung des Datenschutzes die nachstehend **stichwortartig zusammengefassten Schlussfolgerungen:**

– Datenschutz ist Grundrechtsschutz, also zuerst eine verfassungsrechtliche Angelegenheit, da individuelle Entfaltungschancen des Einzelnen bedroht sind.

– Die informationelle Selbstbestimmung, also die Entscheidung, ob und in welchem Umfang die eigenen personenbezogenen Daten verarbeitet werden, ist Grundvoraussetzung einer freien Entfaltung der Persönlichkeit.

– Dieser Vorrang der informationellen Selbstbestimmung ist nicht schrankenlos gewährleistet; Einschränkungen sind im überwiegenden Allgemeininteresse zulässig.

– Sie bedürfen einer gesetzlichen Regelung, die normenklar, ggf. bereichsspezifisch, zu treffen ist. Die Einschränkungen sind durch Gesetz oder aufgrund eines Gesetzes regelbar.

– Es gibt keine „belanglosen" Daten. Weder das Selbstbestimmungsrecht noch seine gesetzlichen Einschränkungen gelten nur für bestimmte Verarbeitungen.

– Die Möglichkeit multifunktioneller Verwendung personenbezogener Daten verlangt eine strenge Bindung an den Zweck der Verarbeitung.

– Die Öffentliche Verwaltung ist keine Informationseinheit; einen internen freien Austausch einmal erhobener Angaben gibt es grundsätzlich nicht.

15 *Im Einzelnen* bedeutet das für die Praxis kommunaler Datenverarbeitung:

Mit Hilfe des Datenschutzes in Gestalt des informationellen Selbstbestimmungsrechtes soll der Betroffene vor der Gewinnung oder Verarbeitung von Erkenntnissen durch Datenbanken führende Stellen geschützt werden. Das informationelle Selbstbestimmungsrecht schützt den Einzelnen dabei nicht nur vor dem Missbrauch bei der Speicherung, Übermittlung, Veränderung und Löschung seiner Daten. Vielmehr soll dem Betroffenen die uneingeschränkte Entscheidungsfreiheit über vorzunehmende oder zu unterlassende Handlungen einschließlich der Möglichkeit gegeben werden, sich entsprechend dieser Entscheidung zu verhalten. Der Schutz des informationellen Selbstbestimmungsrechts ist nicht auf bestimmte Phasen der Datenverarbeitung beschränkt. Es umfasst jede Erhebung und jede weitere Verwendung, also das Sammeln, Festhalten, Nutzen und die Weitergabe personenbezogener Daten. Das Selbstbestimmungsrecht ist auch nicht auf bestimmte Datenarten begrenzt. *Alle Daten* werden *grundsätzlich gleichermaßen geschützt*. Auch ein scheinbar belangloses Datum kann durch die Nutzbarkeit und Verwendungsmöglichkeiten einen neuen Stellenwert erhalten, der seine Schutzwürdigkeit ausmacht.

Für die Verwendung der zulässigerweise erhobenen Daten gilt der Grundsatz der *Zweckbindung*. Die weitere Verwendung personenbezogener Daten ist auf den bei der Erhebung bestimmten gesetzlichen Zweck begrenzt. Auch freiwillige Angaben dürfen nur für den Zweck verwendet werden, für den der Betroffene sie preisgegeben hat. Danach bedarf jede Zweckänderung ohne Einwilligung des Betroffenen einer ausdrücklichen gesetzlichen Ermächtigungsnorm, die den Verwendungszweck bereichsspezifisch und präzise bestimmt. Die festgelegte Zweckbindung der Daten gebietet auch die Beachtung des informationellen Selbstbestimmungsrechtes innerhalb einer öffentlichen Stelle, die sogenannte *informationelle Gewaltenteilung*. Das Gericht hat diesen Grundsatz über den Bereich der Statistik hinaus auf den Verwaltungsvollzug ausgedehnt. Danach folgt aus der Einheit der Kommunalverwaltung keine informationelle Einheit. Fachämter, die Daten für ihre Aufgaben verarbeiten, sind insoweit *verantwortliche Stellen*. Dem Gesetzgeber wird die Pflicht auferlegt, angesichts der Gefährdungen durch die Nutzung der automatisierten Datenverarbeitung auch organisatorische und verfahrensrechtliche Regelungen zu treffen, welche der Gefahr der Verletzung des Persönlichkeitsrechtes entgegenwirken. Dieses ist eine Frage der *Datensicherheit*. Besondere Bedeutung kommt in diesem Zusammenhang den Belehrungs-, Aufklärungs- und Auskunftspflichten des Gesetzgebers zu. *Transparenz* der Datenverarbeitung ist eine notwendige Voraussetzung der Selbstbestimmung. Diese Rechte sollen die Einhaltung des Gebots der Normenklarheit garantieren. Je komplizierter die Rechtslage für den Betroffenen ist, desto intensiver muss der Bürger über seine Rechte aufgeklärt werden. Der Betroffene ist z.B. über die Rechtsgrundlagen der Datenerhebung oder den Verwendungszweck aufzuklären und zu belehren. Eine besondere verfahrensrechtliche Pflicht besteht darin, Daten zum frühestmöglichen Zeitpunkt zu löschen.

Zum Schutz des informationellen Selbstbestimmungsrechts kommt der *Kontrolltätigkeit* unabhängiger Datenschutzbeauftragter große Bedeutung zu. Sie ist von erheblicher Bedeutung für einen effektiven Schutz des Rechts auf informationelle Selbstbestimmung, und zwar wegen der für den Bürger bestehenden Undurchsichtigkeiten der Speicherung und Verwendung der Daten unter den Bedingungen der automatisierten Datenverarbeitung, aber auch im Interesse eines vorgezogenen Rechtsschutzes. Nicht unmittelbar aus den Entscheidungsgründen des Volkszählungsurteils, aber aus der Folgerechtsprechung des BVerfG ist zu entnehmen, dass beim Schutz des Einzelnen nicht danach differenziert werden darf, ob die Daten in Akten oder automatisiert gespeichert werden. Das Recht auf informationelle Selbstbestimmung besteht unabhängig davon, ob Verarbeitungsprozesse manuell oder mittels Informationstechnologie stattfinden.

16 Das Selbstbestimmungsrecht wird *nicht schrankenlos* gewährleistet. Das BVerfG lässt solche Einschränkungen auf gesetzlicher Grundlage zu, wobei die Gesetze dem rechtsstaatlichen Gebot der *Normenklarheit* und der *Verhältnismäßigkeit* entsprechen müssen.[21] Das Gebot der Normenklarheit besagt, dass aus der gesetzlichen Grundlage die Voraussetzungen und der Umfang der Beschränkungen klar und für den Bürger eindeutig erkennbar sein müssen.

Als weitere Voraussetzung einer zulässigen Beschränkung hat der Gesetzgeber den Grundsatz der *Verhältnismäßigkeit* zu beachten. Diesem Prinzip kommt Verfassungsrang zu. Der Grundsatz besagt, dass die gesetzlichen Maßnahmen zur Erreichung des angestrebten Zwecks geeignet und erforderlich sein müssen und der Eingriff nicht außer Verhältnis zur Bedeutung der Sache und zum Gewicht der vom Bürger hinzunehmenden Einbußen stehen darf. Der Verhältnismäßigkeitsgrundsatz bindet nicht nur den Gesetzgeber, sondern ist auch bei der Auslegung und Anwendung einer gesetzlichen Norm zu beachten.

Schließlich ist der Verwendungszweck *bereichsspezifisch* und *präzise* zu bestimmen; die Verwendung der Daten ist auf den gesetzlich bestimmten Zweck zu begrenzen. Der Betroffene soll aus der gesetzlichen Regelung ersehen können, für welche konkreten Zwecke des Verwaltungsvollzuges seine personenbezogenen Daten bestimmt und erforderlich sind. Dabei sollte beachtet werden, dass ein engmaschiges Netz von Zweckbindungs- und Datenverarbeitungsregelungen zu einer für die einzelnen Bediensteten einer verantwortlichen Stelle kaum nachvollziehbaren Normenflut führen kann. So kann rechtmäßiges Handeln nur gewährleistet werden, wenn einerseits gut ausgebildete und juristisch geschulte Datenschutzbeauftragte für Zweifelsfragen zur Verfügung stehen, und andererseits die handelnden Bediensteten in regelmäßigen Abständen geschult und bezüglich der anzuwendenden Normen, die einem schwin-

---

[21] *Lorenz* in: Bonner Kommentar zum Grundgesetz, 144. Lfg. März 2010, Art. 2 Abs. 1, Rn. 339.

delerregenden Wandel unterliegen, immer wieder gründlich auf den aktuellen Stand gebracht werden.

IV. Recht auf Gewährleistung der Vertraulichkeit und Integrität informationstechnischer Systeme

1. Bedeutung und dogmatische Herleitung

Die einzelnen Ausprägungen des allgemeinen Persönlichkeitsrechts schließen nach der Rechtsprechung des *BVerfG* Lücken in einem Gesamtkonzept umfassenden Schutzes.[22] Eine solche Lücke hat sich in neuartigen Gefährdungen durch technischen Fortschritt und sich wandelnde Lebensverhältnisse gezeigt.[23] Rasante Entwicklungen der Informationstechnik haben eine weltweite Datenvernetzung möglich gemacht; die Informationsgesellschaft ist Wirklichkeit geworden. Der Einzelne entfaltet heute seine Persönlichkeit, indem er IT-Systeme allgegenwärtig zur täglichen Lebensführung privat nutzt. Er kann sich einer vielfältigen Datenverarbeitung durch informationstechnische Systeme nicht entziehen und ist deswegen auf eine integere und unmanipulierte Arbeitsweise der bedienten Systeme angewiesen. Diese Abhängigkeit gefährdet ihn zugleich; er muss – ohne es vermeiden zu können – damit rechnen, dass Rückschlüsse auf seine Persönlichkeit bis hin zur Bildung von Profilen gezogen werden.[24]

17

Informationen, die über ein informationstechnisches System verarbeitet werden, müssen deswegen entsprechend den berechtigten Erwartungen des Einzelnen an den Staat vertraulich und integer bleiben. Trotz eines in Zeiten des weltweiten Terrorismus erheblich gestiegenen Sicherheitsbedürfnisses darf nicht jedwede Form der Datenvernetzung, Zusammenarbeit von Diensten, Netzüberwachung und biometrischer Erfassung auf Kosten der Privatheit zugelassen werden. So hat das *BVerfG* eine Regelung des nordrhein-westfälischen Verfassungsschutzgesetzes[25] für verfassungswidrig erklärt und bei dieser Gelegenheit das ausdrücklich als *Grundrecht* bezeichnete[26] Recht auf Gewähr-

---

[22] *Roßnagel/Schnabel*, NJW 2009, 3534.
[23] *BVerfG*, NJW 2008, 824ff., Rn. 171; in den folgenden Fußnoten dieses Kapitels wird auf dieses Urteil Bezug genommen.
[24] Rn. 178 des Urteils.
[25] Es handelt sich um § 5 Abs. 2 Nr. 11 VerfSchG NRW v. 20.12.2006. Die Norm enthielt eine Ermächtigungsgrundlage für „Online-Durchsuchungen", die der Verfassungsschutzbehörde erlaubte, in das IT-System eines Bürgers einzudringen, indem die Behörde etwa Sicherheitslücken des Zielsystems ausnutzt oder den Bürger zur Installation eines Spähprogramms verleitet. Die Infiltration ermöglicht eine Überwachung der Nutzung oder sogar eines Steuerungs des Zielsystems; *Roßnagel*, NJW 2008, 3534.
[26] 1. Leitsatz des Urteils. Differenzierend *Hoffmann-Riem*, JZ 2008, 1009ff., 1014.

leistung der Vertraulichkeit und Integrität informationstechnischer Systeme als zeitgemäße Konkretisierung des allgemeinen Persönlichkeitsrecht geschaffen.[27] Denn die Schutzbereiche der bislang zur Verfügung stehenden Grundrechte des Fernmeldegeheimnisses,[28] der Unverletzlichkeit der Wohnung,[29] sowie der bisherigen Ausprägungen des allgemeinen Persönlichkeitsrechts tragen – so das BVerfG – den durch technischen Fortschritt aufkommenden Gefahren für die Persönlichkeitsentfaltung von Nutzern nicht mehr ausreichend Rechnung.[30]

2. Schutzbereich

18 Das Grundrecht gewährleistet den Schutz vor einer heimlichen Infiltration informationstechnischer Systeme.[31] Das *BVerfG* definiert den Begriff *des informationstechnischen Systems* nicht explizit, nennt aber Beispiele.[32] Geschützt sind danach

- das Internet insgesamt
- Rechnernetzwerke
- Personalcomputer
- Telekommunikationsgeräte (z.B. Mobiltelefone)
- elektronische Geräte in Wohnungen
- elektronische Geräte in Kraftfahrzeugen
- elektronische Terminkalender.

Der Schutzbereich bezieht sich also auf IT-Systeme, die allein oder in ihren technischen Vernetzungen personenbezogene Daten in einer Vielfalt oder in einem Umfang verarbeiten, der es erlaubt, durch einen Zugriff auf das System Einblicke in wesentliche Teile der Lebensgestaltung einer Person zu gewinnen oder ein aussagekräftiges Bild der Persönlichkeit zu erhalten.[33] Systeme, die nach ihrer technischen Konstruktion lediglich Daten mit nur punktuellem Bezug zu einem bestimmten Lebensbereich des Betroffenen enthalten – z.B. vernetzte elektronische Steuerungsanlagen der Haustechnik –, sind hingegen nicht geschützt.[34] Inhaltlich werden die Vertraulichkeit des Nutzers in die Datenverarbeitung sowie sein Interesse an der Integrität des technischen Systems ge-

---

[27] Urt. v. 27.02.2008 – 1 BvR 370/07 sowie 595/07 –.
[28] Art. 10 Abs. 1 GG; näher *Sofiotis*, VR 2008, 333 ff., 334.
[29] Art. 13 Abs. 1 GG; näher *Hoffmann-Riem*, a.a.O., 1016.
[30] Erklärend *Hoffmann-Riem*, a.a.O., 1014.
[31] *Pagenkopf*, in: Sachs (hg.), a.a.O., Art. 10 GG, Rn. 10a.
[32] Rn. 4, 172, 173, 175, 176, 185, 202 und 203 des Urteils.
[33] Rn. 179, 203 des Urteils.
[34] Rn. 202 des Urteils; *Roßnagel/Schnabel*, NJW 2009, 3534 ff., 3535.

schützt. Eine Vertraulichkeits- und Integritätserwartung ist allerdings nur grundrechtlich anzuerkennen, soweit der Betroffene das IT-System als eigenes nutzt und deshalb nach den Umständen davon ausgehen darf, dass er – allein oder gemeinsam mit anderen Berechtigten – über das System selbstbestimmt verfügt.[35] Dies gilt auch für die Nutzung eines Systems, welches über ein anderes System stattfindet oder sich in der Verfügungsgewalt Dritter befindet.[36]

3. Grundrechtseingriff

Tangiert wird der Schutzbereich durch jede Einwirkung auf das informationstechnische System, nicht nur den Zugriff auf bestimmte Daten oder einzelne Kommunikationsvorgänge.[37] Wird auf Daten zugegriffen, sind sowohl „im Arbeitsspeicher gehaltene" als auch „temporär oder dauerhaft" abgespeicherte Daten gemeint.[38] Dabei wird der *heimliche* Zugriff ausdrücklich als Hauptgefahrenquelle betrachtet;[39] deshalb ist das Vertrauen besonders geschützt.[40]

4. Verfassungsrechtliche Rechtfertigung

Das Grundrecht kann durch einfaches Gesetz beschränkt werden, das die Voraussetzungen einer verfassungsrechtlichen Rechtfertigung erfüllt. Besondere Bedeutung wird die Rechtfertigung präventiv-polizeilicher oder strafverfolgender Eingriffe erlangen.

a) Anforderungen an die Ermächtigungsgrundlage

Zu den verfassungsrechtlichen Anforderungen an Beschränkungen gehört zunächst die Beachtung des aus dem Rechtsstaatsprinzip hergeleiteten Gebotes der *Bestimmtheit und Klarheit* der Ermächtigungsnorm.[41] In seinem Urteil zu den Grenzen polizeilicher *Kfz-Kennzeichenerfassung*[42] stellt das *BVerfG* eine Art „Beweislastregel" auf: Der Gesetzgeber hat Anlass, Zweck und Grenzen des Eingriffs hinreichend bereichsspezifisch, präzise und normenklar festzulegen.[43] Die Eingriffsgrundlage muss erkennen lassen, ob auch schwerwiegende

19

---

[35] *Roßnagel/Schnabel*, a.a.O., 3535 bei Rn. 23.
[36] Rn. 206 des Urteils.
[37] Rn. 204 des Urteils.
[38] Rn. 205 des Urteils.
[39] Rn. 231 des Urteils.
[40] *Hoffmann-Riem*, a.a.O., 1012.
[41] Rn. 208 ff. des Urteils.
[42] *BVerfG*, Urt. v. 11.3.2008, Az. 1 BvR 2074/05; 1 BvR 1254/07. Das *BVerfG* erklärte darin die Ermächtigungen in § 14 Abs. 5 HessSOG und § 184 Abs. 5 SchlHLVwG zur automatisierten Erfassung und Auswertung von Kfz-Kennzeichen durch die Polizei für nichtig.
[43] *Roßnagel*, NJW 2008, 2547 ff., 2548.

Eingriffe zugelassen sein sollen. Wird diese Möglichkeit nicht hinreichend deutlich ausgeschlossen, so muss die Ermächtigung die besonderen Bestimmtheitsanforderungen erfüllen, die an grundrechtseinschränkende Gesetze zu stellen sind.[44]

b) Anforderungen an die Verhältnismäßigkeit

Der Eingriff in das Grundrecht muss dem Grundsatz der *Verhältnismäßigkeit* genügen. Dabei gilt: Je intensiver der Eingriff in das geschützte Rechtsgut, desto strengere Anforderungen sind an seine Verhältnismäßigkeit zu stellen. Besonders intensiv wird eingegriffen, wenn

- Daten erhoben werden, die Rückschlüsse auf das Kommunikationsverhalten zulassen, da dadurch die Möglichkeit der Bürger zur „unbeobachteten Fernkommunikation" beschränkt werde; diese Möglichkeit liege auch „im Allgemeinwohl",
- länger andauernd überwacht wird,
- heimlich eingegriffen wird,
- andere Rechtsgüter des Betroffenen oder Dritter, z.B. die Integrität des Rechners, gefährdet sind.[45]

Ein heimlicher Zugriff ist nach diesen Maßstäben nur dann zulässig, „wenn bestimmte Tatsachen auf eine im Einzelfall drohende *Gefahr* für ein *überragend wichtiges Rechtsgut* hinweisen".[46] Überragend wichtig sind Leib, Leben und Freiheit der Person sowie solche Allgemeingüter, deren Bedrohung die Grundlagen oder den Bestand des Staates oder die Grundlagen der Existenz der Menschen berührt".[47] Erforderlich ist auch die Einrichtung eines Richtervorbehaltes bzw. einer vergleichbaren „vorbeugenden Kontrolle [...] durch eine unabhängige und neutrale Instanz".[48] Zulässig ist unter bestimmten Voraussetzungen eine Ausnahmeregelung für Eilfälle.

---

[44] Diesem Maßstab wurden die überprüften Normen nicht gerecht. Sie erlaubten eine Kennzeichenerfassung „zum Zwecke des Abgleichs mit dem Fahndungsbestand". Weder wurde damit jedoch ein bereichsspezifischer und normenklarer Anlass noch ein Ermittlungszweck benannt. Alle denkbaren Ermächtigungen waren insofern eingeschlossen, da der Begriff des Fahnungsbestandes dynamisch und in seinem Inhalt einer nicht vorhersehbaren, laufenden Veränderung zugänglich ist.
[45] Rn. 233 ff. des Urteils.
[46] Rn. 242 des Urteils.
[47] Rn. 247 des Urteils.
[48] Rn. 258 ff. des Urteils.

c) Der absolut geschützte Kernbereich privater Lebensgestaltung

Das *BVerfG* konkretisiert auch die Reichweite des aus der Menschenwürde-Garantie abgeleiteten Kernbereichs privater Lebensgestaltung für den Fall eines Eingriffs in das IT-Grundrecht.[49] Der Kernbereich ist absolut geschützt und darf nicht durch staatliche Eingriffe angetastet werden.[50] Um diesen Schutz zu gewährleisten, entwickelte das *BVerfG* ein zweistufiges Schutzkonzept.[51] Eine gesetzliche Regelung mit Auswirkung auf diesen Kernbereich müsse demnach

– darauf hinwirken, „dass die Erhebung kernbereichsrelevanter Daten soweit wie informationstechnisch und ermittlungstechnisch möglich unterbleibt",

– sofern die Kernbereichsrelevanz sich vorher nicht klären lässt, „geeignete Verfahrensvorschriften" enthalten, die bei der Erhebung von kernbereichsbezogenen Daten „die Intensität der Kernbereichsverletzung und ihre Auswirkungen für die Persönlichkeit und Entfaltung des Betroffenen so gering wie möglich" bleiben lassen.

5. Praktische Relevanz

Die Intention des Grundrechts auf Vertraulichkeit und Integrität informationstechnischer Systeme bestand darin, eine faktische Angewiesenheit des modernen Menschen rechtlich auszugleichen. Rechtsprechung, Gesetzgebung und Wissenschaft sind dadurch aufgefordert, das erneut konkretisierte allgemeine Persönlichkeitsrecht zu ergänzen und fortzuentwickeln.[52] Soweit die Kommunalverwaltung informationstechnische Systeme einsetzt, in denen Daten des Bürgers verarbeitet werden, entsteht für die gesetzlichen Vorgaben dazu durch dieses Grundrecht wohl kein Anpassungsbedarf, da der Gewährleistungsgehalt die Nutzung eines *eigenen* Systems des Bürgers im Blick hat.[53] Eine Zugriffsermächtigung darauf zugunsten der Kommunalverwaltung ist eher nicht in Aussicht.

---

[49] Vom *BVerfG* ausformuliert in seiner Entscheidung zum sog. „Großen Lauschangriff", Urt. v. 3.3.2004, Az. 1 BvR 2378/98, 1 BvR 1084/99.
[50] *Hoffmann-Riem*, a.a.O., 1020.
[51] Rn. 280ff. des Urteils.
[52] So muss die Frage, wann der unantastbare Kernbereich der privaten Lebensführung tatsächlich berührt ist, beantwortet werden; *Gusy*, DuD 2009, 33ff., 41. Siehe auch *Hoffmann*, Die Verletzung informationstechnischer Systeme durch Google Street View, CR 8/2010, 514ff.
[53] Rn. 206 des Urteils.

KAPITEL 2
Rechtsgrundlagen des Datenschutzes

I. Europäischer Einfluss

Europa wächst zusammen; die fortschreitende Entwicklung beeinflusst auch datenschutzrechtliche Belange. Der grenzüberschreitende Datenverkehr macht internationale Regelungen erforderlich. Die bereits frühzeitig gewonnene Erkenntnis,[1] dass „Datenschutzbedarf an den Grenzen nicht halt macht",[2] hat dazu geführt, dass europäische Organisationen neben den Chancen auch die Risiken der rasant fortschreitenden technischen Entwicklung der Datenverarbeitung frühzeitig erkannten und sich dem Datenschutzrecht widmeten. Auf europäischer Ebene existieren deshalb datenschutzrechtliche Regelungswerke.[3] Um ihren Einfluss auf unser Datenschutzrecht zu verstehen, ist es unerlässlich, sich die Grundstrukturen europäischer Rechtssetzung zu vergegenwärtigen.

20

Europäische Zusammenarbeit auf verschiedenen Gebieten wurde durch zwischenstaatliche Verträge[4] festgelegt, mit denen staatliche Hoheitsrechte auf supranationale Organisationen, namentlich die *Europäische Union*, übertragen wurden. Diese Verträge mit ihren Protokollen und Anhängen, die ungeschriebenen Regeln und allgemeinen Rechtsgrundsätze des Unionsrechts bilden das sog. *Primärrecht*. Es ist „Grundlage, Rahmen und Grenze" der Rechtssetzungsgewalt der EU.[5] In Wahrnehmung dieser übertragenen Kompetenzen wurden eigenständige Rechtsakte geschaffen, das sog. *Sekundärrecht*. Dazu

---

[1] Schon 1968 hatte die Beratende Versammlung das Ministerkomitee des Europarates aufgefordert, zu prüfen, ob die europäische Menschenrechtskonvention und die nationalen Rechtsordnungen der Mitgliedsstaaten genügten, um den Einzelnen ausreichend gegen die sich aus der Entwicklung der Verarbeitungstechnologie ergebenden Gefahren zu schützen – Recommendation Nr. 509 vom 31.01.1968.
[2] *Gola/Schomerus*, Bundesdatenschutzgesetz – Kommentar, 10. Aufl. 2010, Einl., Rn. 4.
[3] Näheres in Kap. 16.
[4] Abkommen über den Staatenverbund der Europäischen Union sind u.a. die Verträge von Maastricht, Amsterdam, Nizza und Lissabon; dazu z.B. *Oppermann/Classen/Nettesheim*, Europarecht, 4. Aufl. 2009, § 5 Rn. 1ff.; *Herdegen*, Europarecht, 12. Aufl. 2010, § 4 Rn. 1ff.
[5] *Herdegen*, a.a.O., § 8, Rn. 1.

zählen zum einen *Verordnungen*.[6] Dies sind Rechtsakte, die allgemeine Geltung haben, in allen Teilen verbindlich sind und unmittelbar in jedem Mitgliedstaat gelten.[7] Zum andern werden *Richtlinien* erlassen. Eine Richtlinie ist ein Rechtsakt, der für jeden Mitgliedstaat, an den er gerichtet ist, hinsichtlich des zu erreichenden Ziels verbindlich ist, den innerstaatlichen Stellen jedoch die Wahl der Form und der Mittel überlässt.[8] Damit liegt der Richtlinie ein zweistufiges Konzept zugrunde. Zuerst wird die Regelung mit Verbindlichkeit erlassen. Auf der zweiten Stufe setzen die Mitgliedstaaten den Richtlinieninhalt durch Gesetze in nationales Recht um.[9] Richtlinien *können* aber – bei bestehendem Umsetzungsdefizit aufgrund der Säumnis eines Mitgliedsstaates – auch *unmittelbare Wirkungen* gegenüber Betroffenen entfalten.[10] Jeder verbindliche Akt des Sekundärrechts bedarf einer ausdrücklichen Rechtsgrundlage in den Verträgen.[11] Weitere daneben bestehende Rechtsakte sind z.B. Entscheidungen,[12] Stellungnahmen und Empfehlungen.[13]

Das Grundgesetz ist zwischenzeitlich um eine Norm erweitert worden, die es ermöglicht, einerseits Hoheitsrechte auf die EU zu übertragen, andererseits aber auch der Integrationsermächtigung Schranken zu setzen.[14] Dadurch ist zwischen Deutschland und der EU nur eine Kompetenzverteilung möglich, die die nationale Souveränität nicht antastet.[15] Grundsätzlich gilt der Anwendungsvorrang europäischen Rechts.[16] Die Mitgliedsstaaten haben jedoch ihre originäre Souveränität bisher nicht auf die *EU* übertragen.[17] Somit verbleiben die für die Souveränität entscheidenden Verfassungsnormen auf der obersten Stufe der nationalen Normenhierarchie. Das *BVerfG* hat festgestellt, dass auf

---

[6] Z.B. die VO-EG Nr. 45/2001 zum Schutz natürlicher Personen bei der Verarbeitung personenbezogener Daten durch die Organe und Einrichtungen der EU. Näheres in Kap. 16.
[7] Art. 288 UAbs. 2 AEUV. Verordnungen haben damit direkte Durchgriffswirkung, d.h. sie können unmittelbar für Einzelne Rechte und Pflichten begründen; *Herdegen*, a.a.O., § 5, Rn. 12.
[8] Art. 288 UAbs. 3 AEUV.
[9] *Herdegen*, a.a.O., § 8, Rn. 36.
[10] So Rechtsprechung des *EuGH*, Rs. 8/81, Slg. 1982, 53, Rn. 21 ff.; bestätigt vom *BVerfG*, BVerfGE 75, 223 ff., 241 ff.
[11] *Oppermann/Classen/Nettesheim*, a.a.O., § 10, Rn. 64.
[12] Einzelfallentscheidungen, die sich an einen bestimmten Adressaten richten.
[13] Sie entfalten keine rechtliche Verbindlichkeit; dazu *Oppermann/Classen/Nettesheim*, a.a.O., § 10, Rn. 138; *Herdegen*, a.a.O., § 8, Rn. 55.
[14] *Streinz*, in: Sachs (hg.), Grundgesetz, 5. Aufl., 2009, Art. 23, Rn. 12.
[15] *Ronellenfitsch*, Der Vorrang des Grundrechts auf informationelle Selbstbestimmung vor dem AEUV, DuD 2009, 451 ff., 456.
[16] *EuGH* Slg. 1964, 1151 – Costa/E. N. E. L. http://eur-lex.europa.eu/LexUriServ/LexUriServ.do?uri=CELEX:61964J0006:DE:HTML.
[17] *Ronellenfitsch*, a.a.O., 460.

europäischer Ebene ein gleichwertig wirksames System zum Grundrechtsschutz existiert. *Solange* dieses Schutzniveau nicht unterschritten wird, nimmt das *BVerfG* von einer Prüfung abgeleiteten Gemeinschaftsrechts am Maßstab der deutschen Grundrechte Abstand.[18] Seit dem Inkrafttreten des Vertrages von Lissabon ist auch die Grundrechte-Charta Bestandteil des Primärrechts,[19] so dass ein Absinken des Schutzniveaus und einer Aktualisierung der Prüfungskompetenz des *BVerfG* zurzeit ausgeschlossen scheinen. Zu beachten ist allerdings, dass das europäische Datenschutzgrundrecht und das Recht auf informationelle Selbstbestimmung nicht inhaltsgleich sind.

Der Schutz personenbezogener Daten ist in der Grundrechte-Charta verankert.[20] Diese bindet die Mitgliedsstaaten nur bei der Ausführung des *EU*-Rechts.[21] Für ihre Auslegung verweist sie auf die Bedeutung und Tragweite vergleichbarer Rechte in der *EMRK*.[22] Die Grundrechte steuern die Auslegung von Vorschriften des sekundären Gemeinschaftsrechts; die Mitgliedstaaten müssen sich also bei der Umsetzung von Richtlinien an einer grundrechtskonformen Auslegung orientieren.[23] Die sekundärrechtlichen europäischen Datenschutzvorgaben wurden in den einschlägigen deutschen Datenschutzgesetzen vollständig umgesetzt, so dass eine unmittelbare Anwendung der europäischen Rechtsakte in Deutschland entfällt.

II. Verfassungsrechtliche Verankerung

Als am 07.10.1970 das erste allgemeine Datenschutzgesetz der Welt in Hessen in Kraft trat, war dies der Beginn der Entwicklung datenschutzrechtlicher Standards in der Bundesrepublik Deutschland. Mit dem so genannten *Volkszählungsurteil*[24] erfand das *BVerfG* das Recht auf informationelle Selbstbestimmung[25] als Teilaspekt des Allgemeinen Persönlichkeitsrechts. Die meisten Landesgesetzgeber haben den Anspruch auf den Schutz der eigenen personenbezogenen Daten in ihre Landesverfassung aufgenommen.

1. Grundgesetz

Im deutschen Grundgesetz findet sich kein ausdrücklich festgeschriebenes „Grundrecht auf Datenschutz". Als die Länderparlamente begannen, Gesetze

---

[18] „Solange II"-Rechtsprechung des *BVerfG*: BVerfGE 73, 339 ff., 387.
[19] Art. 6 Abs. 1 EUV.
[20] Art. 8 Grundrechte-Charta; http://eur-lex.europa.eu/LexUriServ/LexUriServ.do?uri=OJ:C:2007:303:0001:0016:DE:PDF.
[21] Art. 51 Abs. 1 Grundrechte-Charta.
[22] Art. 52 Abs. 3 Grundrechte-Charta.
[23] *Herdegen*, a.a.O., § 8, Rn. 32.
[24] *BVerfG*, Urt. v. 15.12.1983, BVerfGE 65, 1 = NJW 1984, 419.
[25] In Art. 2 Abs. 1 i.V.m. Art. 1 Abs. 1 GG verankert.

zum allgemeinen Datenschutz zu verabschieden,[26] war der Begriff des „Datenschutzes" in der Öffentlichkeit und bei den Betroffenen noch weitgehend unbekannt.[27] Dies änderte sich spätestens mit dem wegweisenden Urteil des *BVerfGs* zum Volkszählungsgesetz 1983.[28] In diesem erkannte das *BVerfG* an, dass es ein so genanntes *Recht auf informationelle Selbstbestimmung* gibt, und steckte zugleich den Rahmen für alle künftigen Überlegungen zum Umgang mit personenbezogenen Daten ab.[29] Die in dieser Zeit rasant fortschreitenden Entwicklungen in den Datenverarbeitungstechnologien sowie die damit einhergehende zunehmende Automatisierung ließen die Furcht vor einer unkontrollierten Persönlichkeitserfassung wachsen. Dies führte zu der Angst, der Staat werde die Möglichkeiten nutzen, zu jeder Zeit überwachend und lenkend in das Leben seiner Bürger einzugreifen.[30] Das *BVerfG* hielt die gegen das Volkszählungsgesetz eingereichten Verfassungsbeschwerden für teilweise begründet und entwickelte das Grundrecht auf informationelle Selbstbestimmung.[31] Mit dieser Leitentscheidung zeigte das *BVerfG* die Verankerung des

---

[26] Hessen 1970; Rheinland-Pfalz 1974; Bremen 1977; Bayern, Saarland, Niedersachsen, Schleswig-Holstein, Berlin und Nordrhein-Westfalen 1978; Baden-Württemberg 1979; Hamburg 1981. http://www.datenschutz.rlp.de/de/ds.php?submenu=hist&typ=hist&ber=1981r_abl_dsg.

[27] Laut *Gola/Schomerus*, a.a.O., Einl. Rn. 1, gehört der Datenschutz zu den seltenen Problemfeldern, die von Politik und Gesetzgebung bereits angegangen wurden, als der Öffentlichkeit ein entsprechender Regelungsbedarf noch weitgehend unbekannt war.

[28] Volkszählungsgesetz 1983 vom 25.03.1982, BGBl. I, S. 369. Das Gesetz betraf eine Volks-, Berufs-, Wohnungs- und Arbeitsstättenzählung und sah bei allen Bürgern eine weitreichende Datenerhebung vor, die ehrenamtliche Helfer mit Fragebögen durchführen sollten. Damit sollte nicht nur eine statistische Erhebung der gesamten Bevölkerung ermöglicht werden, sondern zum einen zugleich ein Abgleich mit dem Melderegister und zum anderen eine Übermittlung bestimmter Einzelangaben an die fachlich zuständigen obersten Bundes- und Landesbehörden, sowie an von ihnen bestimmte Stellen.

[29] *BVerfGE* 65, 1 = NJW 1984, 419; dazu *Simitis,* in: Simitis (hg.), BDSG-Kommentar, 6. Aufl. 2006, Einl., Rn. 29.

[30] George Orwells Roman *Nineteen Eighty-Four* beschreibt diese Situation fiktiv.

[31] *BVerfGE* 65, 1, 41ff.: „Im Mittelpunkt der grundgesetzlichen Ordnung stehen Wert und Würde der Person, die in freier Selbstbestimmung als Glied einer freien Gesellschaft wirkt. Ihrem Schutz dient – neben speziellen Freiheitsverbürgungen – das [...] allgemeine Persönlichkeitsrecht, das gerade auch im Blick auf moderne Entwicklungen und die mit ihnen verbundenen neuen Gefährdungen der menschlichen Persönlichkeit Bedeutung gewinnen kann. [...] Es umfasst [...] die aus dem Gedanken der Selbstbestimmung folgende **Befugnis des Einzelnen, grundsätzlich selbst zu entscheiden,** wann und innerhalb welcher Grenzen persönliche Lebenssachverhalte offenbart werden. [...] Mit dem Recht auf informationelle Selbstbestimmung wäre eine Gesellschaftsordnung und eine diese ermöglichende Rechtsordnung nicht vereinbar,

Datenschutzes im Grundgesetz auf und stellte im Wesentlichen acht Vorgaben[32] auf, die der Gesetzgeber bei der Regelung datenschutzrechtlicher Fragen von nun an zu berücksichtigen hatte:

– Zunächst zeigt die Verankerung des Rechts auf informationelle Selbstbestimmung im Grundgesetz, dass es sich bei der Frage nach der Zulässigkeit der Datenverarbeitung um eine verfassungsrechtliche Frage handelt – „Datenschutz ist Grundrechtsschutz".

– Das Recht auf informationelle Selbstbestimmung zählt zu den Grundvoraussetzungen einer freien Entfaltung der Persönlichkeit – die Entscheidung, ob und in welchem Umfang personenbezogene Daten verarbeitet werden, kommt zuvörderst dem Betroffenen zu.

– Mögliche Einschränkungen des Grundrechts sind in einer für die Betroffenen ebenso erkennbaren wie klaren Weise gesetzlich zu regeln.

– Einschränkungen dürfen vom Gesetzgeber nur im überwiegenden Interesse der Allgemeinheit zugelassen werden.

– Eine Verarbeitungsregelung muss sich ausschließlich an der „Personenbezogenheit" und nicht an der „Art der Angaben" orientieren, denn welche Folgen eine Verarbeitung haben kann, lässt sich erst beurteilen, wenn Gewissheit darüber besteht, wofür die einzelnen Angaben jeweils verwendet werden sollen – „es gibt keine belanglosen (personenbezogenen) Daten."

– Die Möglichkeit multifunktionaler Verwendung von Daten verlangt eine strenge Zweckbindung.

– Die Verpflichtung, jede Verarbeitung an einen von vornherein festgelegten, klar erkennbaren Zweck auszurichten, schränkt auch und gerade die Weiterleitung personenbezogener Daten innerhalb der öffentlichen Verwaltung ein. Die öffentliche Verwaltung ist keine „Informationseinheit". Es ist für „amtshilfefesten Schutz gegen Zweckentfremdung" zu sorgen.

22

---

in der die Bürger nicht mehr wissen können, **wer was wann und bei welcher Gelegenheit über sie weiß**. Wer unsicher ist, ob abweichende Verhaltensweisen jederzeit notiert und als Information dauerhaft gespeichert, verwendet oder weitergegeben werden, wird versuchen, nicht durch solche Verhaltensweisen aufzufallen. [...] Dies würde nicht nur die individuellen Entfaltungschancen des Einzelnen beeinträchtigen, sondern auch das Gemeinwohl, weil Selbstbestimmung eine elementare Funktionsbedingung eines auf Handlungs- und Mitwirkungsfähigkeit seiner Bürger begründeten freiheitlichen demokratischen Gemeinwesens ist. Hieraus folgt: Freie Entfaltung der Persönlichkeit setzt unter den modernen Bedingungen der Datenverarbeitung den Schutz des Einzelnen gegen unbegrenzte Erhebung, Speicherung, Verwendung und Weitergabe seiner persönlichen Daten voraus." Siehe dazu Kap. 1.

[32] *BVerfGE* 65, 1, 43 ff.; eine Übersicht findet sich bei *Simitis,* in: Simitis (hg.), a.a.O., Einl., Rn. 30 ff.

– Der Datenverarbeitungsprozess bedarf in jeder seiner Phasen der Kontrolle durch eine eigens dafür eingerichtete, unabhängige Instanz – den Datenschutzbeauftragten.

Damit statuierte das *BVerfG* verfassungsrechtliche Anforderungen an solche gesetzliche Regelungen, die eine Einschränkung des Grundrechtes auf informationelle Selbstbestimmung darstellen.[33] Mit dem Erfordernis einer Konkretisierung und Erweiterung der Datenschutznormen war der Gesetzgeber zu einem generell umfassenderen Schutz der Persönlichkeitsrechte bei der Verarbeitung personenbezogener Daten verpflichtet. Dies führte zum einen zu der im Jahre 1990 vollzogenen ersten Neufassung des Bundesdatenschutzgesetzes (BDSG),[34] zum anderen zur Novellierung der allgemeinen Datenschutzgesetze der Länder. Nach Verabschiedung des BDSG zogen die Länder, soweit sie nicht bereits tätig geworden waren, nach.[35]

23 Verschiedene Bestrebungen, das Recht auf informationelle Selbstbestimmung ausdrücklich in das Grundgesetz aufzunehmen, blieben bislang ohne Erfolg.[36] Die Gemeinsame Verfassungskommission von Bundestag und Bundesrat hat sich im Jahre 1993 nicht mit der notwendigen Zweidrittelmehrheit für die ausdrückliche Verankerung des Rechts auf Datenschutz im Grundgesetz entscheiden können. So wurde etwa angeführt, dass die Grundrechtslage schon nach der Entscheidung des *BVerfG* von 1983 ausreichend klar sei, außerdem sei eine Gewichtsverschiebung gegenüber anderen Teilbereichen des allgemeinen Persönlichkeitsrechts zu befürchten, wenn nur ein einzelner Teilbereich durch eine Sonderregelung hervorgehoben werde.

2. Landesverfassungen

24 Im Gegensatz zum Grundgesetz enthalten die meisten Landesverfassungen ausdrückliche Regelungen zum Datenschutz, wonach „Jeder [...] Anspruch auf

---

[33] Weitere Entscheidungen, die sich mit dem Recht auf informationelle Selbstbestimmung auseinander setzen, sind u.a.: BVerfGE 115, 320 ff./Rasterfahndung, „Schläfer"); BVerfGE 115, 166 ff. (Telekommunikationsüberwachung); BVerfGE 113, 29 ff. (Beschlagnahme von Datenträgern); 2 BvR 488/04 = NVwZ 2005, 571 (Drogenscreening); BVerfGE 109, 279 ff. („Großer Lauschangriff"); 2 BvR 1841, 00 = NJW 2001, 2320 (Genetischer Fingerabdruck); 2 BvR 1062/87 = NJW 1990, 563 (Tagebuchaufzeichnungen).

[34] Die Erstfassung des BDSG wurde 1977 verabschiedet und trat am 01.01.1979 in vollem Umfang in Kraft (BGBl. 1977 I, 201). Eine Neufassung folgte mit dem *Gesetz zur Fortentwicklung der Datenverarbeitung und des Datenschutzes* vom 20.12.1990 (BGBl. I, 2954).

[35] *Gola/Schomerus*, a.a.O., Einl., Rn. 8.

[36] *Dästner*, Kommentar zur Verf NRW, 2. Aufl. 2002, Art. 4, Rn. 83.

Schutz seiner personenbezogenen Daten" hat.[37] Eingriffe sind nur im überwiegenden Interesse der Allgemeinheit auf Grund eines Gesetzes zulässig.[38] Mit der Einfügung des Grundrechts auf informationelle Selbstbestimmung reagierte das Land Nordrhein-Westfalen als erstes deutsches Bundesland auf die rasche Entwicklung neuer Informations- und Kommunikationstechniken.[39] Daneben enthält die nordrhein-westfälische Landesverfassung eine Vorschrift zur Wahl[40] und zur Stellung[41] des Landesdatenschutzbeauftragten. Seine Aufgaben sind einfachgesetzlich geregelt.[42]

III. Einfachgesetzliche Grundlagen
1. Allgemeines Datenschutzrecht

„Wirkungsvoller Datenschutz setzt einen rechtlichen Rahmen voraus, der den Umfang und die Grenzen zulässiger Datenverarbeitung klar umreißt und die Rechte und Pflichten aller Beteiligten festlegt".[43] Die Schaffung von rechtlichen Grundlagen für eine Datenverarbeitung, die die Rechte der Betroffenen wirksam schützt, begann in Deutschland mit dem Ersten Hessischen Datenschutzgesetz. Nach mehrjährigen Beratungen und Neufassungen der Texte[44] wurde die Erstfassung des BDSG 1977 im Bundesgesetzblatt verkündet. Seitdem sind sowohl das BDSG als auch die Landesdatenschutzgesetze mehrfach an die in der Informationstechnik zügig verlaufenden Entwicklungen angepasst worden. Zudem waren Vorgaben aus der Rechtsprechung des *BVerfG* und die sich aus der Datenschutzrichtlinie[45] ergebenden europarechtlichen Zielvorstellungen in einfaches Recht umzusetzen.

25

---

[37] Z.B. Art. 4 Abs. 2 Verf NRW. Ausdrückliche Regelungen finden sich auch in den weiteren Landesverfassungen, so in Berlin (Art. 33), Brandenburg (Art. 11), Bremen (Art. 12), Mecklenburg-Vorpommern (Art. 6 Abs. 1 und 2), Rheinland-Pfalz (Art. 4a), Saarland (Art. 2 Abs. 2), Sachsen (Art. 33), Sachsen-Anhalt (Art. 6 Abs. 1) und Thüringen (Art. 6).
[38] Art. 4 Abs. 2 Satz 2 Verf NRW. Diese Bestimmung wurde durch Gesetz vom 19.12.1978 in die nordrhein-westfälische Landesverfassung aufgenommen.
[39] *Dästner*, a. a. O, Rn. 83.
[40] Art. 77a. Abs. 1 Verf NRW: Der Landtag wählt den oder die Landesbeauftragte(n) für Datenschutz auf Vorschlag der Landesregierung mit mehr als der Hälfte der Zahl seiner gesetzlichen Mitglieder.
[41] Art. 77a, Abs. 2 Verf NRW.
[42] §§ 21 ff. DSG NRW; Artt. 29 ff. BayDSG; §§ 26 ff. LDSG B-W; §§ 21 ff. NDSG; §§ 25 ff. SächsDSG.
[43] *BfDI*, 20. Tätigkeitsbericht 2003/04, Punkt. 2, S. 22.
[44] Ein erster Referentenentwurf für ein Bundesdatenschutzgesetz wurde bereits 1971 vorgelegt; *Gola/Schomerus*, a.a.O., Einl., Rn. 1.
[45] RL 95/46/EG.

a) Öffentliche Stellen der Länder und Gemeinden – Landesdatenschutzgesetze

26 Die Datenverarbeitung durch die öffentlichen Stellen der Länder und Gemeinden regeln die Landesdatenschutzgesetze.

aa) Adressaten

Mit den Normadressaten ist der Anwendungsbereich des Datenschutzgesetzes DSG NRW festgelegt:[46] Das Gesetz gilt „für die Behörden, Einrichtungen und sonstigen öffentlichen Stellen des Landes, die Gemeinden und Gemeindeverbände sowie für die sonstigen, der Aufsicht des Landes unterstehenden juristischen Personen des öffentlichen Rechts und deren Vereinigungen (*öffentliche Stellen*[47]), soweit diese personenbezogene Daten verarbeiten". Erweitert ist der Anwendungsbereich auf den Landtag, die Gerichte und die Behörden der Staatsanwaltschaft, soweit sie Verwaltungsaufgaben wahrnehmen. Bestimmte Abschnitte des Gesetzes gelten bei Wahrnehmung von Verwaltungsaufgaben außerdem für den Landesrechnungshof und die staatlichen Rechnungsprüfungsämter. Regelungen finden sich außerdem für Eigenbetriebe; öffentliche Einrichtungen, die nach den Vorschriften für Eigenbetriebe geführt werden; der Aufsicht des Landes unterstehende juristische Personen, die am Wettbewerb teilnehmen und Schulen, soweit sie in „inneren Schulangelegenheiten" personenbezogene Daten verarbeiten.[48] Der Anwendungsbereich des DSG NRW ist zu dem des BDSG abgegrenzt. Die Schnittstelle zwischen beiden Gesetzen findet sich im BDSG.[49] Danach gilt letzteres Gesetz für die Behörden der Länder nur, soweit der Datenschutz nicht durch Landesgesetz geregelt ist. Nachdem der nordrhein-westfälische Landesgesetzgeber ein Landesdatenschutzgesetz erlassen hat, verdrängt dieses Gesetz das BDSG vollständig für den gesamten Bereich der öffentlichen Verwaltung des Landes, unabhängig davon, ob eine Landes- oder Kommunalbehörde bei der Verarbeitung personenbezogener Daten Bundes- oder Landesrecht anwendet.[50] Da es sich jedoch beim DSG NRW um eine *allgemeine* Verfahrensrechtsregelung handelt, tritt es dann zurück, wenn *bereichsspezifische* Sonderregelungen des Bundes oder des Landes anzuwenden sind.[51]

---

[46] § 2 Abs. 1 DSG NRW. In anderen Bundesländern: § 2 LDSG B-W; Art. 2 BayDSG; § 2 NDSG; § 2 SächsDSG.
[47] „Öffentliche Stelle" ist als Oberbegriff für Gerichte, Behörden und sonstige öffentliche Stellen zu verstehen, *Stähler/Pohler*, Datenschutzgesetz Nordrhein-Westfalen – Kommentar, 3. Aufl. 2003, § 2, Rn. 2.
[48] § 2 Abs. 2 DSG NRW.
[49] § 1 Abs. 2 Nr. 2 BDSG; *Stähler/Pohler*, a.a.O., § 2, Rn. 1.
[50] *Stähler/Pohler*, a.a.O., § 2, Rn. 1.
[51] § 2 Abs. 3 DSG NRW.

bb) Sachlicher Anwendungsbereich

Der materielle Regelungsgehalt des Gesetzes[52] erstreckt sich auf jedwede *Verarbeitung* personenbezogener Daten durch die Landes- und Kommunalverwaltung. Bei „Datenverarbeitung" handelt es sich um einen Sammelbegriff für die sieben Phasen der Datenverarbeitung, namentlich das Erheben, Speichern, Verändern, Übermitteln, Sperren, Löschen und Nutzen von personenbezogenen Daten.[53]

27

cc) Zulässigkeit der Datenverarbeitung

Die Frage der Zulässigkeit einer beabsichtigten Datenverarbeitung ist im DSG NRW zentral geregelt.[54] Danach ist die Verarbeitung personenbezogener Daten nur zulässig, wenn entweder das DSG NRW oder eine andere Rechtsvorschrift sie erlaubt oder die betroffene Person ihre Einwilligung erklärt. Anders ausgedrückt bedeutet dies: Die Verarbeitung personenbezogener Daten ist verboten, wenn nicht eine Erlaubnis durch eine Rechtsnorm bzw. den Betroffenen vorliegt. Es handelt sich um ein so genanntes Verbot mit Erlaubnisvorbehalt[55] – den „prägenden Grundsatz des deutschen Datenschutzrechts."[56] Bei der Datenverarbeitung durch öffentliche Stellen wird – verfassungsrechtlich betrachtet – in das informationelle Selbstbestimmungsrecht der Betroffenen eingegriffen. Dieser Eingriff ist gerechtfertigt, wenn und soweit er durch ein *Gesetz* erlaubt ist, das ihn hinreichend bestimmt und normenklar beschreibt. Deshalb müssen die im DSG NRW selbst enthaltenen Erlaubnisvorschriften eng ausgelegt werden.[57] Daneben stellt das DSG NRW auch klare und detaillierte Anforderungen an die Wirksamkeit einer *Einwilligung* des Betroffenen, die bei ihrer Nichtbeachtung zur Rechtswidrigkeit der Datenerhebung führen.[58]

28

---

[52] § 1 Abs. 1 Satz 1 DSG NRW.
[53] § 3 Abs. 2 DSG NRW.
[54] § 4 Abs. 1 DSG NRW; § 4 NDSG; § 4 SächsDSG; Art. 15 BayDSG; § 4 LDSG B-W.
[55] Kritisch zu diesem Begriff: *Walz* in: Simitis (hg.), a.a.O., § 4, Rn. 3, da es – anderes als in den verwaltungsrechtlichen Vorbildern – nicht um ein gesetzliches Verbot gehe, dass durch einen besonderen Verwaltungsakt (Erlaubnis) aufgehoben werden müsse; vielmehr ergebe sich die generelle Erlaubnis zur Datenverarbeitung eben bereits aus dem Gesetz. (Zu der inhaltsgleichen Vorschrift des § 4 Abs. 1 BDSG).
[56] *Gola/Schomerus*, a.a.O., § 4, Rn. 3.
[57] §§ 12–17 DSG NRW(„Rechtsgrundlagen des Datenschutzes") sowie §§ 28–31 DSG NRW („Besonderer Datenschutz"). Siehe *Stähler/Pohler*, a.a.O., § 4, Rn. 2.
[58] § 4 Abs. 1 Sätze 2–6 DSG NRW.

b) Öffentliche Stellen des Bundes und Nicht-öffentliche Stellen – Bundesdatenschutzgesetz

29 Die Datenverarbeitung durch öffentliche Stellen des Bundes sowie durch nicht-öffentliche Stellen regelt das BDSG.[59]

aa) Adressaten

Der Anwendungsbereich des BDSG erstreckt sich zum einen auf die gesamte öffentlich-rechtliche Tätigkeit des Bundes, unabhängig davon, ob sie von Bundesbehörden selbst oder von bundesunmittelbaren Körperschaften, Anstalten oder Stiftungen des öffentlichen Rechts ausgeführt wird.[60] Ausnahmen sieht das Gesetz nicht vor, weil es der Absicht des Gesetzgebers entspricht, den öffentlichen Bereich des Bundes voll einzubeziehen.[61] Nicht-öffentliche Stellen[62] sind grundsätzlich dann Adressaten des BDSG, wenn sie personenbezogene Daten automatisiert oder dateigebunden verarbeiten.[63] Maßgebend für die Zuordnung zum nicht-öffentlichen Bereich ist die privatrechtliche Organisationsform. Das Gesetz gilt für Privatpersonen, soweit sie beruflich oder geschäftlich tätig werden,[64] sowie für alle privatrechtlich organisierten Unternehmen und Vereinigungen,[65] die nicht ausnahmsweise wegen der Wahrnehmung öffentlicher Aufgaben dem öffentlichen Bereich zugerechnet werden.[66] Schließlich zählen theoretisch auch die öffentlichen Stellen der Länder zu den Adressaten des BDSG, jedoch nur, insoweit der Datenschutz nicht durch Landesgesetze geregelt ist.[67]

---

[59] § 1 Abs. 2 Nr. 1, 3 BDSG.
[60] *Gola/Schomerus*, a.a.O., § 1, Rn. 19.
[61] *Dammann*, in: Simitis (hg.), a.a.O., § 1, Rn. 119. § 2 Abs. 1 BDSG definiert den Begriffe der „öffentliche Stellen des Bundes".
[62] § 2 Abs. 4 BDSG definiert den Begriff der „nicht-öffentliche Stelle".
[63] *Gola/Schomerus*, a.a.O., § 1, Rn. 20; siehe dort auch zu Ausnahmen.
[64] Es gilt dagegen nicht für den Bereich persönlicher Lebensführung; § 1 Abs. 2 Nr. 3 a.E. BDSG nimmt persönliche oder familiäre Tätigkeiten aus; *Dammann*, in: Simitis (hg.), a.a.O., § 1, Rn. 149.
[65] Hierzu gehören GmbH, OHG, KG, Verein; Stiftung des privaten Rechts etc.
[66] *Gola/Schomerus*, a.a.O., § 2, Rn. 19.
[67] § 1 Abs. 1 Nr. 2 BDSG. *Alle* Bundesländer haben inzwischen Landesdatenschutzgesetze erlassen – die früher umstrittene Frage, ob die Vorrangklausel nur bei einem Landesdatenschutzgesetz eingreift, nicht dagegen, wenn das Landesrecht nur einzelne Bestimmungen mit Datenschutzcharakter in einzelnen Fachgesetzen aufweist, ist damit gegenstandslos geworden; *Dammann*, in: Simitis (hg.), a.a.O., § 1, Rn. 122.

bb) Sachlicher Anwendungsbereich

Der sachliche Anwendungsbereich[68] bestimmt sich im Zuge der Festlegung des Gesetzeszwecks: Der Einzelne ist davor zu schützen, dass er durch den *Umgang* mit seinen personenbezogenen Daten in seinem Persönlichkeitsrecht beeinträchtigt wird. Der Gesetzgeber wählte den Begriff des „Umgangs", weil neben der bis zur Neufassung des BDSG im Jahre 2003 einzig reglementierten „Verarbeitung" nunmehr auch das „Erheben" und „Nutzen" der Daten erfasst werden sollte.[69] Der „Umgang" ist damit der – einzig an dieser Stelle – verwendete Oberbegriff des BDSG für die sieben Phasen des Erhebens, Speicherns, Veränderns, Übermittelns, Sperrens, Löschens und Nutzens.[70] Insofern stimmt der sachliche Anwendungsbereich des BDSG mit dem des Datenschutzgesetzes NRW überein.

30

cc) Zulässigkeit der Datenverarbeitung

Hinsichtlich der Zulässigkeit der Verarbeitung personenbezogener Daten trifft das BDSG eine – dem datenschutzrechtlichen Grundsatz entsprechende – Regelung,[71] die derjenigen des DSG NRW entspricht:[72] Es gilt das Verbot jeglicher Form der Datenverarbeitung, soweit keine Erlaubnisnorm bzw. die Einwilligung des Betroffenen vorliegt.

2. Bereichsspezifisches Datenschutzrecht

Neben den „allgemeinen" Datenschutzgesetzen des Bundes und Länder gibt es eine Vielzahl datenschutzrechtlicher Regelungen, die spezielle Sachverhalte in datenschutzrechtlicher Hinsicht regeln. Liegen solche so genannten bereichsspezifischen Datenschutzvorschriften vor, so finden die allgemeinen Datenschutzgesetze nach dem Grundsatz der *Subsidiarität* keine Anwendung.[73] Insofern kommt dem BDSG und den allgemeinen Datenschutzgesetzen – schon auf Grund ihrer allgemeinen und deshalb vielfach generalklauselartigen Fassung – nur eine Auffangfunktion zu, die darin besteht, den Datenschutz dort sicher zu stellen, wo keine speziellen Schutzbestimmungen greifen.[74]

31

---

[68] § 1 Abs. 1 BDSG.
[69] § 1 Abs. 2 BDSG.
[70] *Gola/Schomerus,* a.a.O., § 1, Rn. 22.
[71] § 4 Abs. 1 BDSG.
[72] § 4 Abs. 1 DSG NRW.
[73] Dies ergibt sich für das DSG NRW aus § 2 Abs. 3 DSG NRW und für die bundesgesetzliche Kodifikation des Datenschutzrechts aus § 1 Abs. 3 BDSG.
[74] *Gola/Klug,* Grundzüge des Datenschutzrechts, 2003, 1. Kapitel, B. I. 3. (S. 9); *Däubler/Klebe/Wedde/Weichert,* a.a.O., Einl., Rn. 66.

a) Gesetze mit einzelnen Bestimmungen zum Datenschutz

Zahlreiche Gesetze enthalten eigene Kapitel oder jedenfalls einzelne Bestimmungen zum Datenschutz, eine abschließende Aufzählung derselben an dieser Stelle ist daher nicht möglich.

Beispielhaft seien hier aus dem Bereich des Bundesrechts genannt:

- Das Sozialgesetzbuch – Zehntes Buch – mit dem Kapitel „Schutz der Sozialdaten",[75]
- das Telemediengesetz,[76]
- das Telekommunikationsgesetz,[77]
- das Handelsgesetzbuch,[78]
- das Straßenverkehrsgesetz[79] sowie
- das Pass- und das Personalausweisgesetz.[80]

Aus dem Bereich des Landesrechts gilt es insbesondere folgende Gesetze zu beachten:

- Das Meldegesetz NRW,[81]
- das Schulgesetz NRW,[82]
- Archivgesetz NRW,[83]
- das Landesbeamtengesetz[84] sowie
- das Polizeigesetz.[85]

b) Eigene Gesetze über den Datenschutz in einem besonderen Bereich

Gesetze, die ausschließlich datenschutzrechtliche Vorschriften hinsichtlich eines bestimmten Bereiches beinhalten, sind auf Landesebene selten zu finden.

---

[75] Allgemeiner Sozialdatenschutz (§§ 67ff. SGB X) sowie besondere, sich dazu abweichend verhaltende Datenschutznormen aus den einzelnen Büchern des SGB, z.B. §§ 61 bis 68 SGB VIII.
[76] TMG v. 26.02.2007, BGBl. I, S. 179.
[77] §§ 91ff. TKG.
[78] §§ 8–16 HGB.
[79] StVG mit ergänzenden Rechtsverordnungen (z.B. FZV, FEV) in den Vorschriften zum Verkehrszentral-, Fahrzeug- und Fahrerlaubnisregister.
[80] PassG/PersAuswG in den Vorschriften zum Pass- bzw. Personalausweisregister.
[81] Insbesondere in § 2 („Speicherung von Daten") und im 4. Abschnitt („Datenübermittlungen" §§ 30ff.).
[82] §§ 120ff. SchulG NRW.
[83] §§ 5ff. ArchivG NRW.
[84] §§ 84ff. LBG NRW.
[85] §§ 9–33 PolG NRW.

Auf Bundesebene wurde ein solches Gesetz aufgehoben,[86] ein anderes erlassen.[87] In NRW ist als eigenes, bereichspezifisches Datenschutzgesetz das Gesundheitsdatenschutzgesetz NRW[88] zu nennen, das die Besonderheiten für die Ausgestaltung des Rechts auf informationelle Selbstbestimmung im Bereich des Gesundheitswesens normiert.[89]

IV. Untergesetzliche Normen

Die Verarbeitung personenbezogener Daten ist nur zulässig, wenn das Datenschutzgesetz oder eine *andere Rechtsvorschrift* sie erlaubt.[90] Mit der Formulierung „andere Rechtsvorschriften" sind in erster Linie formelle Gesetze[91] gemeint. Inwieweit die so genannten *untergesetzlichen Normen* rechtliche Grundlage für die Verarbeitung personenbezogener Daten darstellen können, ist je nach Art der Rechtsquelle unterschiedlich zu beurteilen – erforderlich ist jedenfalls eine materielle Rechtsnorm mit unmittelbarer Außenwirkung.[92] 32

1. Rechtsverordnungen

Rechtsverordnungen sind Rechtsnormen, die von Exekutivorganen erlassen werden. Sie unterscheiden sich von den formellen Gesetzen nicht durch Inhalt oder Bindungswirkung, sondern durch den Normgeber.[93] Sie spielen als Rechtsgrundlagen für die Verwaltung eine große Rolle und werden – rein zahlenmäßig – häufiger als Gesetze erlassen, um diese zu konkretisieren.[94] Rechtsverordnungen sind für den Bürger oder sonstigen Normadressaten in gleicher Weise verbindlich wie die von den Parlamenten erlassenen Gesetze.[95] Obwohl nach dem Gewaltenteilungsprinzip die Gesetzgebung beim Parlament liegen soll, stellt die Befugnis der Exekutive zum Erlass von Rechtsverordnungen keine echte Durchbrechung dieses Prinzips dar: Die Exekutive darf nicht kraft eigenen Rechts, sondern nur auf Grund einer Ermächtigung durch formelles 33

---

[86] Das Teledienstedatenschutzgesetz (TDDSG), das ausschließlich den Schutz der personenbezogenen Daten der Nutzer von Telediensten i.S.d. Telediestegesetzes (TDG) regelte, wurde am 01.03.2007 vom Telemediengesetz (TMG) abgelöst.
[87] Das Suchdienste-Datenschutzgesetz (SDDSG) v. 02.04.2009, BGBl. I, S. 690.
[88] Gesetz zum Schutz personenbezogener Daten im Gesundheitswesen (GDSG NRW) v. 22.02.1994, zuletzt geändert durch Gesetz vom 17.12.1999 (GV. NRW. S. 662).
[89] § 1 GDSG NRW.
[90] § 4 Abs. 1 Satz 1 lit. a) DSG NRW.
[91] Formelle Gesetze sind von Bundestag – unter Mitwirkung des Bundesrates – bzw. von den Landtagen erlassene Rechtsnormen.
[92] Bezogen auf die inhaltsgleiche Vorschrift des § 4 Abs. 1 BDSG: *Walz*, in: Simitis (hg.) a.a.O., § 4, Rn. 9.
[93] *Maurer*, AllgVerwR, 17. Aufl. 2009, § 4 Rn. 16.
[94] *Wolff/Bachof/Stober/Kluth*, Verwaltungsrecht – Band I, 12. Aufl. 2007, § 25 Rn. 41.
[95] *Maurer*, a.a.O., § 4 Rn. 16.

Gesetz rechtssetzend tätig werden. Dabei müssen Inhalt, Zweck und Ausmaß der erteilten Ermächtigung im Gesetz bestimmt werden.[96] Das Parlament hat demgemäß die wesentlichen Entscheidungen selbst zu treffen und gibt Rahmen und Zielrichtung der zu erlassenden Rechtsverordnung vor.[97] Als Rechtsverordnungen, die taugliche Erlaubnissätze im Sinne des Gesetzes darstellen, seien hier beispielhaft genannt:

– Die Verordnung über die zur Verarbeitung zugelassenen Daten von Schülerinnen und Schülern bzw. Lehrerinnen und Lehrern,[98]

– Die Verordnung über die Zulassung der Datenübermittlung von der Polizei an ausländische Polizeibehörden[99] sowie

– Die Verordnung über die Durchführung des Meldegesetzes in Nordrhein-Westfalen.[100]

Solche Rechtsverordnungen ermöglichen praxisnahe, normenklare Regelungen technischer und sachlicher Einzelheiten im Bereich des Datenschutzes.

2. Satzungen

34 Satzungen sind Rechtsvorschriften, die nicht vom staatlichen Gesetzgeber, sondern von einer rechtlich selbstständigen juristischen Person des öffentlichen Rechts, insbesondere den unterstaatlichen Körperschaften wie Gemeinden und Gemeindeverbänden, Genossenschaften, Universitäten und Kammern, zur Regelung ihrer eigenen Angelegenheiten erlassen werden.[101] Sie stellen ein zentrales und typisches Instrument der Selbstverwaltung dar.[102] Die Befugnis zum Erlass von Satzungen beruht auf staatlicher Delegation, mit der Verleihung der Satzungskompetenz wird der Selbstverwaltungskörperschaft oder der sonstigen juristischen Person ein Bereich eigener Rechtssetzungskompetenz übertragen.[103] Fraglich ist allerdings, ob die so genannte Satzungsautonomie immer eine ausreichende Legitimationsbasis zur Einschränkung des Grundrechts auf informationelle Selbstbestimmung darstellt. Satzungen bedürfen zwar – anders als die Rechtsverordnungen – keiner spezialgesetzlichen Er-

---

[96] Artt. 80 Abs. 1 GG, 70 Verf NRW.
[97] *Maurer*, a.a.O., § 4, Rn. 17.
[98] Auf Grund der Ermächtigung in § 122 Abs. 4 SchulG NRW wurden die VO-DV I und II erlassen.
[99] Auf Grund der Ermächtigung in § 27 Abs. 2 Satz 1 PolG NRW wurde die PolDÜV NRW erlassen.
[100] Auf Grund der Ermächtigung in den §§ 11 Abs. 4, 18 Abs. 4, 22 Abs. 3, 30 Abs. 4 MG NRW wurde die DVO MG NRW erlassen.
[101] *Wolff/Bachof/Stober/Kluth*, a.a.O., § 25, Rn. 57.
[102] *Burgi*, Kommunalrecht, 2. Aufl. 2008, § 15, Rn. 1.
[103] *Maurer*, a.a.O., § 4, Rn. 22.

mächtigung, unterliegen jedoch einigen allgemeinen Schranken: Sachlich ist die Satzungsbefugnis auf den jeweiligen gesetzlich bestimmten Aufgaben- und Zuständigkeitsbereich der jeweiligen juristischen Person beschränkt, personell besteht eine Einschränkung der Satzungsbefugnis auf die Mitglieder der Körperschaft oder die Benutzer einer Anstalt und schließlich fordert der Gesetzesvorbehalt, dass der formelle Gesetzgeber die wesentlichen, insbesondere die grundrechtsbeschränkenden Regelungen selbst trifft.[104] Eine diesen Anforderungen genügende rechtmäßige Satzung, die bereichsspezifische Regelungen zum Datenschutz trifft, kann damit taugliche *andere Rechtsvorschrift* sein. Bezogen auf die kommunale Selbstverwaltung steht als Ermächtigungsgrundlage[105] die allgemeine Satzung der Gemeindeordnung zur Verfügung. Diese Vorschrift genügt den engen Anforderungen des Parlamentsvorbehalts allerdings nicht:[106] Die Voraussetzungen für den Eingriff in das Grundrecht auf informationelle Selbstbestimmung werden nicht hinreichend bestimmt.

3. Verwaltungsvorschriften, Geschäftsordnungen/Dienstanweisungen, Dienstvereinbarungen, Ratsbeschlüsse

Neben den bereits behandelten Rechtssätzen (Parlamentsgesetz, Rechtsverordnung, Satzung) finden sich im deutschen Rechtssystem weitere Erlaubnistatbestände. Ob nach ihnen die Verarbeitung personenbezogener Daten als zulässig angesehen werden kann ist jedoch fraglich.

a) Verwaltungsvorschriften, Geschäftsordnungen und Dienstanweisungen

Eine *Verwaltungsvorschrift* ist eine Regelung, die innerhalb der Organisation der öffentlichen Verwaltung von übergeordneten Behörden oder Vorgesetzen an nachgeordnete und weisungsabhängige Verwaltungsbehörden oder Bedienstete ergeht und deren Wirkung auf den Innenbereich der Verwaltung beschränkt ist.[107] Sie dient hauptsächlich der Steuerung der Auslegung und Anwendung unbestimmter Gesetzesbegriffe, der Handhabung von Beurteilungsspielräumen sowie der Ermessensausübung der ausführenden Behörden (gesetzesauslegende oder norminterpretierende Verwaltungsvorschriften)[108] oder der Regelung des internen Dienstbetriebes.[109] Damit wirken sie für Dritte,

35

---

[104] Sog. Wesentlichkeitstheorie: BVerfGE 83, 130 ff., 142 f.; z.B. *Maurer,* a.a.O., § 4, Rn. 23.
[105] § 7 Abs. 1 GO NRW.
[106] So auch: *Schmidt-Aßmann/Röhl,* in: Schmidt-Aßmann/Schoch (hg.), BesVerwR, 14. Aufl. 2008, 1. Abschnitt, Rn. 96.
[107] Ausführlich zu dem Begriff der Verwaltungsvorschrift: *Wolff/Bachof/Stober/Kluth,* a.a.O., § 24, Rn. 18 ff.; *Maurer,* a.a.O., § 24.
[108] *Maurer,* a.a.O., § 24, Rn. 9.
[109] *Wolff/Bachof/Stober/Kluth,* a.a.O., § 24, Rn. 22.

d.h. außerhalb der öffentlichen Verwaltung stehende Bürger, prinzipiell nur „reflektierend"[110], unmittelbare Außenwirkung ist ihnen abzusprechen. Im Ergebnis können Verwaltungsvorschriften nicht als taugliche Erlaubnistatbestände (*andere Rechtsvorschrift*) angesehen werden. *Geschäftsordnungen* sind Regelungen von Kollegialorganen,[111] die die Organisation und den Verfahrensablauf *innerhalb* dieser Organe betreffen und nur die Mitglieder der jeweiligen Organe binden[112]. Ebenso wie Verwaltungsvorschriften handelt es sich bei Geschäftsordnungen um (organinternes) Innenrecht ohne Außen- und Drittbindung.[113] Somit stellen auch Vorschriften aus Geschäftsordnungen keine tauglichen „anderen Rechtsvorschriften" im Sinne des DSG NRW dar. *Dienstanweisungen*, die für einzelne Funktionen oder Funktionsträger erlassen sind und die dienstliche Aufgabenerfüllung betreffen, verbleiben ebenso wie allgemeine Verwaltungsvorschriften und Geschäftsordnungen im verwaltungs*internen* Bereich, Außenwirkung ist ihnen abzusprechen.[114] Folglich sind auch innerdienstliche Weisungen nicht geeignet, eine Ausnahme zu dem allgemeinen Verbot der Datenverarbeitung zu statuieren.

b) Dienstvereinbarungen

36 Besondere Bedeutung für die Verarbeitung und Nutzung von Personaldaten haben allerdings Betriebs- und Dienstvereinbarungen gewonnen.[115] Deren normativer Teil ist wegen seiner unmittelbaren Außenwirkung als *andere Rechtsvorschrift* zu qualifizieren.[116] Dieser, nunmehr allgemein anerkannten Auffassung hat sich das *BAG* angeschlossen[117] und diesbezüglich ausgeführt, dass der Begriff *andere Rechtsvorschriften* denkbar weit sei; eine Beschränkung auf solche Rechtsvorschriften, die von staatlichen Stellen beschlossen oder erlassen wurde, sei aus den Gesetzgebungsmaterialien (zum BDSG) nicht ersichtlich. Erforderlich ist allerdings, dass die betreffende Norm die Verarbei-

---

[110] *Wolff/Bachof/Stober/Kluth*, a.a.O., § 24, Rn. 26.
[111] Als Geschäftsordnungen werden auch organisatorische Ablauf-Vorgaben innerhalb von Verwaltungseinheiten bezeichnet (z.B. Geschäftsordnung über die Organisation des Datenschutzes).
[112] *Maurer*, a.a.O., § 24, Rn. 12: Der Unterschied zu den Verwaltungsvorschriften ergibt sich daraus, dass Geschäftsordnungen keine heteronome, sondern eine *Selbstbindung* des jeweiligen Organs begründen.
[113] *Wolff/Bachof/Stober/Kluth*, a.a.O., § 25, Rn. 57; *Maurer*, a.a.O., § 24, Rn. 12.
[114] *Maurer*, a.a.O., § 9, Rn. 24.
[115] *Gola/Wronka*, Handbuch zum Arbeitnehmerdatenschutz – Rechtsfragen und Handlungshilfen für die betriebliche Praxis, 5. Aufl. 2010, Rn. 242; *Walz*, in: Simitis (hg.), a.a.O., § 4, Rn. 11, *Gola/Schomerus*, a.a.O., § 4, Rn. 7.
[116] *Walz*, in: Simitis (hg.), a.a.O., § 4, Rn. 11.
[117] *BAG*, Beschl. vom 27.05.1986, DB 1986, 2080 (Zulässigkeit der Telefondatenerfassung) in Bezug auf die Regelung des § 4 Abs. 1 BDSG.

tung und Nutzung von Personaldaten konkret anspricht, d.h. für bestimmte Daten und Verwendungszwecke Erlaubnis- bzw. Verbotsregelungen aufstellt. Es genügt nicht, dass die Verarbeitung bestimmter Informationen „stillschweigend" vorausgesetzt wird bzw. zur Erfüllung von in der Norm aufgestellten Verpflichtungen sinnvoll ist.[118]

c) *Ratsbeschlüsse*

Der Gemeinderat, die unmittelbar gewählte Vertretung der Gemeinde, ist kein Legislativorgan im Sinne der Gewaltenteilung, d.h. er wird zwar wie ein Parlament gewählt und stellt ein Repräsentativorgan dar, ist jedoch kein primär rechtsetzendes, sondern verwaltendes Organ – sieht man von kommunalen Satzungen ab.[119] Als Organ der Exekutive ist der Rat einer Gemeinde unter demokratischen und rechtsstaatlichen Gesichtspunkten nicht befugt, Grundrechte einzuschränken. Ratsbeschlüsse sind keine *anderen Rechtsvorschriften*.

V. Gewohnheitsrecht

Die Entstehung von Gewohnheitsrecht erfordert neben einer lang andauernden tatsächlichen Übung die Überzeugung der beteiligten Verkehrskreise, durch die Einhaltung der Übung bestehendes Recht zu verfolgen.[120] Gewohnheitsrecht stellt keine *andere Rechtsvorschrift* dar. Zwar ist beispielsweise *Gesetz* im Sinne des Bürgerlichen Gesetzbuches *jede Rechtsnorm*, worunter nicht nur das geschriebene, sondern eben auch das Gewohnheitsrecht als ungeschriebene Rechtsquelle zu verstehen ist.[121] Dennoch verbietet sich ein Eingriff in das Recht auf informationelle Selbstbestimmung auf Grund von Gewohnheitsrecht und damit dessen Qualifizierung als „andere Rechtsvorschrift". Rechtsvorschriften, die eine Ausnahme zu dem grundsätzlichen Verbot der Erhebung, Verarbeitung und Nutzung personenbezogener Daten beinhalten, bedürfen einer konkreten Bezeichnung der jeweils zulässigen Phase der Datenverarbeitung und deren Voraussetzungen.[122] Diese Anforderung erfüllen auf lang andauernder Übung basierende Abläufe gerade nicht, das Prinzip des *Vorbehalts des Gesetzes* würde insofern missachtet.

37

VI. Das Auffinden der richtigen Rechtsgrundlage

Wer bei seiner Arbeit in der kommunalen Verwaltung mit datenschutzrechtlichen Fragen konfrontiert wird, hat es oftmals nicht leicht, aus den unter-

38

---

[118] *Gola/Wronka*, a.a.O., Rn. 243.
[119] *Maurer*, a.a.O., § 4, Rn. 21; § 23, Rn. 10a.
[120] *Palandt/Sprau*, BGB-Kommentar, 69. Aufl. 2010, Einl., Rn. 22 m.w.N.
[121] *Palandt/Sprau*, a.a.O., Art. 2 EGBGB, Rn. 1.
[122] *Gola/Schomerus*, a.a.O., § 4, Rn. 7.

schiedlichen Rechtsquellen des Datenschutzes die im jeweiligen Fall anzuwendende Vorschrift aufzufinden. Zur Auswahl stehen die europäischen Datenschutzvorschriften, das Grundgesetz und die Landesverfassung, das Bundes- bzw. Landesdatenschutzgesetz als allgemeine datenschutzrechtliche Rechtsgrundlage sowie zahlreiche bereichsspezifische gesetzliche oder untergesetzliche Rechtsvorschriften.

Europäische Rechtsgrundlagen des Datenschutzes sind bei der konkreten Fallbearbeitung innerhalb kommunaler Aufgabenstellungen grundsätzlich nicht unmittelbar heranzuziehen. Das EU-Primärrecht bindet grundsätzlich nur die Legislative; der Regelungsgehalt der Richtlinien findet sich im nationalen Recht wieder, das die europarechtlichen Vorgaben in aller Regel bereits umgesetzt hat.[123] Auf nationaler Ebene hat das *BVerfG* zwar in seinem „Volkszählungsurteil" das Grundrecht auf informationelle Selbstbestimmung geschaffen, doch hat dies für die Falllösung nur mittelbar Auswirkungen. Die Legislative muss im Gesetzgebungsverfahren verfassungsrechtliche Vorgaben berücksichtigen, wodurch sich diese im einfachen Recht auswirken. Grundrechtliche Erwägungen sind daher im konkreten Fall nur anzustellen, wenn eine konkrete einfachgesetzliche Regelung nicht einschlägig ist.[124] Im Bereich des einfachen Rechts haben die Landesdatenschutzgesetze gegenüber dem BDSG Anwendungsvorrang, soweit es sich zum einen um Behörden, Einrichtungen und sonstigen *öffentlichen Stellen* des Landes, zum anderen um die *Gemeinden und Gemeindeverbände* handelt.[125] Das BDSG ist auf die Arbeit der Kommunalverwaltung selbst grundsätzlich nicht anzuwenden. Für kommunale Wirtschaftsbetriebe und bestimmte öffentlich-rechtliche Unternehmen

---

[123] *Beispiele*: Die Datenschutzrichtlinie 95/46/EG wurde auf Bundesebene durch das Gesetz zur Änderung des Bundesdatenschutzgesetzes und anderer Gesetze v. 23.05.2001 umgesetzt; auf Länderebene wurden die verschiedenen Landesdatenschutzgesetze reformiert. Die Datenschutzrichtlinie für elektronische Kommunikation 2002/58/EG wurde durch Gesetz zur Änderung des TKG v. 22.06.2004 umgesetzt.

[124] *Wohlfarth/Eiermann/Ellinghaus*, a.a.O., S. 20.

[125] § 2 Abs. 1 DSG NRW. Die kommunale Gebietskörperschaft wird insoweit als Einheit behandelt. Das Gesetz behält somit im kommunalen Raum den organisationsrechtlichen Behördenbegriff bei und stellt nicht auf die jeweilige Funktion einer Stelle ab. Dies vermeidet die bei Anwendung des funktionsrechtlichen Behördenbegriffs denkbaren Schwierigkeiten hinsichtlich der Bejahung der Behördenqualität einzelner Stellen der Kommune und trägt zu einem einheitlichen Datenschutzniveau im gemeindlichen Bereich bei: Die kommunale Gebietskörperschaft bleibt im Datenschutz einheitlicher Adressat von Rechten und Pflichten. Dies ist auch für die von der Datenverarbeitung betroffene Person von erheblicher Bedeutung: Sie kann ihre Ansprüche auf Auskunft, auf Berichtigung, Sperrung, Löschung oder Schadenersatz gegenüber der kommunalen Gebietskörperschaft als solcher geltend machen. *Stähler/Pohler*, a.a.O., § 2. Rn. 5.

wird der Anwendungsbereich des Landesdatenschutzgesetzes eingegrenzt;[126] für sie gelten „lediglich" die Verpflichtung zur Erstellung eines Verfahrensverzeichnisses,[127] die Vorschriften des Zweiten Teils über die Zuständigkeit des *LDI*[128] sowie des Dritten Teils über besondere Vorgaben der Datenverarbeitung.[129] Gleichzeitig werden jedoch wesentliche Bestimmungen des BDSG für die Verarbeitung personenbezogener Daten durch nicht-öffentliche Stellen für anwendbar erklärt, was sicherstellen soll, dass für den Geschäftsbetrieb dieser Unternehmen prinzipiell die gleichen Datenschutzbestimmungen gelten wie für die Privatwirtschaft.[130] Die für die Arbeit der Kommunen maßgebenden datenschutzrechtlichen Rechtsgrundlagen finden sich demnach grundsätzlich im DSG NRW, soweit für einen bestimmten Bereich keine besonderen Datenschutzregeln existieren.[131] Grundprinzipien, die allgemein im Datenschutzrecht Gültigkeit besitzen,[132] sind aber immer ergänzend heranzuziehen, auch wenn sie – was regelmäßig der Fall ist – bereichsspezifisch nicht eigens festgeschrieben sind.

Zusammenfassend ist bei datenschutzrechtlichen Fallgestaltungen folgendermaßen vorzugehen: Bearbeiter müssen zunächst nach einer bereichsspezifischen Regelung suchen. Existiert eine solche nicht oder regelt sie den Bereich nur unvollständig, so ist das DSG NRW ergänzend oder ersatzweise hinzuziehen. Erst wenn der Fall auf diese Weise nicht zu lösen ist, kann auf Verfassungsrecht zurückgegriffen werden. Im absoluten Ausnahmefall ist Europarecht unmittelbar anwendbar, wenn ein Umsetzungsdefizit besteht.

VII. Die datenschutzrechtliche Bewertung von Datenübermittlungen

Die Übermittlung personenbezogener Daten einer verantwortlichen Stelle an Dritte oder umgekehrt ist datenschutzrechtlich in *doppelter* Hinsicht zu prüfen. Wenn die übermittelnde Stelle auf Anfrage[133] tätig wird, so erhebt die empfangende Stelle die Daten von ihr. Aus der Perspektive jedes Beteiligten ist also der Datenfluss isoliert zu betrachten. Die Übermittlung darf nur stattfinden, wenn zwei Voraussetzungen erfüllt sind. *Zum einen* muss sie selbst – aus der Sicht der übermittelnden Stelle – zulässig sein. Gleichzeitig muss *zum andern* die mit ihr korrespondierende Datenerhebung – aus der Sicht der emp-

39

---

[126] § 2 Abs. 2 DSG NRW.
[127] § 8 DSG NRW.
[128] §§ 21 ff. DSG NRW.
[129] §§ 28–31 DSG NRW.
[130] *Stähler/Pohler*, a.a.O., § 2, Rn. 10.
[131] § 2 Abs. 3 DSG NRW.
[132] Z.B. Datensparsamkeit (§ 4 Abs. 2 Satz 1 DSG NRW).
[133] Wird die übermittelnde Behörde von sich aus tätig, so muss sie auch prüfen, ob die empfangende Stelle hätte erheben dürfen.

fangenden Stelle – erlaubt sein. Diese beiden Befugnisse bedingen einander nicht, sondern können auseinanderfallen. Das folgende *Beispiel* mag dies verdeutlichen:

Das Ausländeramt kennt die ausländische Adresse eines Ausländers, der im Inland gelebt hat, sich derzeit im Ausland befindet und demnächst zurückkehren will. Die Stadtkasse als Vollstreckungsbehörde möchte zur Wahrung laufender Fristen diese Adresse *erhalten*, um den Ausländer als Schuldner zu mahnen, damit eine Vollstreckungsmaßnahme nach seiner Rückkehr nicht an der Einrede der Verjährung scheitert. Die Stadtkasse dürfte diese Adressdaten bei der Ausländerbehörde zur rechtmäßigen Erfüllung ihrer Aufgaben erheben.[134] Die Ausländerbehörde darf diese Daten aber nicht übermitteln, weil die Voraussetzungen dafür nicht vorliegen.[135] Der alternativ sich anbietende Weg einer Übermittlung von der Ausländerbehörde an die Meldebehörde, wo die Stadtkasse anschließend anfragen und die Adressdaten erhalten könnte,[136] ist auch versperrt.[137] Daher ist eine Übermittlung unzulässig. Es bleibt nur die Möglichkeit, dass das Ausländeramt die Mahnung *für die Stadtkasse* zustellen lässt und ihr die Zustellung – ohne Mitteilung der ausländischen Adresse – bestätigt. Dies ist als *Nutzung* für Aufgaben der öffentlichen Stelle zulässig.[138]

---

[134] §§ 12 Abs. 1 Satz 3 2. HS i.V.m. 13 Abs. 2 Satz 1 lit. i) DSG NRW.
[135] § 90 AufenthG erlaubt diese Übermittlung nicht. Der Weg über § 14 DSG NRW ist wegen § 2 Abs. 3 DSG NRW versperrt.
[136] § 31 Abs. 1 Nr. 10 MG NRW.
[137] Denn § 90a Abs. 2 Nr. 4 AufenthG nennt nur die letzte Anschrift im *Inland*, nicht dagegen im Ausland.
[138] Die Stadt ist als Öffentliche Stelle i.S. des § 2 Abs. 1 DSG NRW gleichsam das Dach für Ausländerbehörde und Stadtkasse, die jeweils verantwortliche Stellen i.S. des § 3 Abs. 3 DSG NRW sind. Die Nutzung für Aufgaben der Öffentlichen Stelle ist gemäß § 13 Abs. 1 Satz 1 DSG NRW zulässig.

KAPITEL 3
Begriffe

Im Folgenden sollen anhand der in den Datenschutzgesetzen des Bundes und der Länder enthaltenden Legaldefinitionen die wichtigsten Begriffe des Datenschutzrechts vorgestellt werden. Der Schwerpunkt liegt hierbei auf der Darstellung des Landesdatenschutzgesetzes Nordrhein-Westfalen; die anderen Landesdatenschutzgesetze verwenden gleiche oder ähnliche Definitionen.[1]

40

I. Verantwortliche Stelle

Angesichts der Vielfältigkeit des Stellenbegriffes im Datenschutzrecht lässt sich die dahinterstehende Systematik nicht sofort und leicht erkennen. In Umsetzung der EU-Datenschutzrichtlinie wurde der Begriff der speichernden Stelle auf Bundesebene durch den der *verantwortlichen Stelle* ersetzt.[2] Die Landesgesetze haben entweder den Begriff der *speichernden Stelle* beibehalten,[3] den der verantwortlichen Stelle übernommen[4] oder ihn durch den Begriff der *datenverarbeitenden Stelle* ersetzt.[5] Verantwortliche Stelle ist jede – öffentliche oder nicht-öffentliche – Person oder Stelle, die personenbezogene Daten für sich selbst verarbeitet oder dies durch Auftrag vornehmen lässt.[6] Daneben kennt das Datenschutzrecht den Begriff der *öffentlichen Stelle*. Auf kommunaler Ebene sind damit die Gemeinden und Gemeindeverbände sowie die sonstigen der Landesaufsicht unterstehenden juristischen Personen des öffentlichen Rechts und deren Vereinigungen gemeint.[7] Soweit die Gemeinde als öffentliche Stelle personenbezogene Daten in ihrer Eigenschaft als Behörde verarbeitet, ist der Behördenbegriff *funktionsbezogen* zu verstehen und an der Aufgabe fest-

---

[1] Z.B. § 3 LDSG B-W; § 4 BayDSG, § 3 NDSG, § 3 SächsDSG.
[2] § 3 Abs. 7 BDSG; § 67 Abs. 9 SGB X.
[3] Art. 4 Abs. 9 BayDSG.
[4] § 3 Abs. 3 DSG B-W/NRW/Saarl; § 2 Abs. 8 DSG S-A. Gleichwohl taucht auch in § 8 Abs. 1 NRW der Begriff der datenverarbeitenden Stelle undefiniert auf; damit soll beispielsweise der Auftragnehmer einer Datenverarbeitung im Auftrag in die Pflicht genommen werden, zu einer Verfahrensbeschreibung beizutragen.
[5] § 2 Abs. 3 DSG S-H; § 3 Abs. 4 Nr. 1 Bbg DSG; § 2 Abs. 3 HDSG; § 3 Abs. 3 NDSG.
[6] § 3 Abs. 7 BDSG; § 3 Abs. 3 DSG NRW.
[7] § 2 Abs. 1 DSG NRW. In § 2 Abs. 2 BDSG wird dieser Begriff ebenfalls definiert.

zumachen, die erfüllt wird.⁸ Deshalb sind unselbständige Organisationseinheiten wie Fachbereiche, Ämter und Personalvertretung etc. als eigene verantwortliche Stellen anzusehen und datenschutzrechtlich im Verhältnis zueinander Dritte. Denn erstens geht der Gesetzeswortlaut nicht von einer Identität zwischen öffentlicher und verantwortlicher Stelle aus.⁹ Zweitens zwingt geradezu das in Kommunen bei der Aufgabenerfüllung anzuwendende, teilweise sehr unterschiedliche und komplexe, bereichsspezifische Datenschutzrecht zu einer separaten Betrachtung jeder einzelnen Einheit, die für die von ihr verarbeiteten Datenbestände die Verantwortung trägt.¹⁰ Und drittens wäre eine Ausnahmevorschrift, wonach ein Leistungsträger des SGB als *eine* verantwortliche Stelle gilt, auch wenn er sich aus mehreren Organisationseinheiten zusammensetzt,¹¹ überflüssig.

Eigenbetriebe und eigenbetriebsähnlich geführte Einrichtungen mit ihrer organisatorischen und finanzwirtschaftlichen Selbstständigkeit sind unstreitig eigene verantwortliche Stellen.¹² Für die Verantwortlichkeit der Stelle als Normadressat ist nicht erforderlich, dass die Stelle die Daten tatsächlich *selbst* erhebt oder verarbeitet; es genügt vielmehr die bloße Entscheidung über die Zwecke und Mittel der Erhebung oder Verarbeitung personenbezogener Daten in Form einer Datenverarbeitung im Auftrag.¹³

II. Betroffene Person

41   Unter „*betroffener Person*"¹⁴ ist die bestimmte oder bestimmbare natürliche Bezugsperson zu verstehen, deren personenbezogene Daten verarbeitet wer-

---

⁸ Datenschutzrechtlich gilt daher nicht der organisationsrechtliche Behördenbegriff des § 1 Abs. 4 VwVfG (NRW); näher dazu *Gola/Schomerus*, BDSG-Kommentar, 10. Aufl. 2010, § 2, Rn. 7; a.A. *Buchner*, in: Taeger/Gabel, BDSG-Kommentar, 1. Aufl. 2010, § 3, Rn. 54; *Weichert*, in: Däubler/Klebe/Wedde/Weichert, BDSG-Kompaktkommentar, 3. Aufl. 2010, § 2, Rn. 4.
⁹ Vielmehr werden diese beiden Stellenbegriffe nebeneinander in § 2 Abs. 1 und § 3 Abs. 3 DSG NRW unterschiedlich definiert. In § 14 Abs. 4 DSG NRW werden für einen Datenumgang innerhalb einer öffentlichen Stelle die Übermittlungsregeln für anwendbar erklärt, die zwischen unterschiedlichen verantwortlichen Stellen gelten.
¹⁰ Die gegenteilige Auffassung von *Stähler/Pohler*, Kommentar zum DSG NRW, 3. Aufl. 2003, § 3 Rn. 18, wonach eine Gemeinde grundsätzlich nur eine verantwortliche Stelle sein kann, wird den Anforderungen der Praxis nicht gerecht. Denn *wer* innerhalb einer Gemeinde soll z.B. für die Erstellung einer Verfahrensbeschreibung nach § 8 DSG NRW verantwortlich sein wenn nicht der jeweilige Fachbereich als verantwortliche Stelle?
¹¹ § 67 Abs. 9 Satz 3 SGB X.
¹² § 2 Abs. 2 Nr. 1 DSG NRW.
¹³ § 11 Abs. 1 Satz 2 DSG NRW.
¹⁴ § 3 Abs. 1 BDSG spricht von „dem Betroffenen".

den oder verarbeitet werden sollen.¹⁵ Im Gegensatz zur verantwortlichen Stelle als Normadressat ist die betroffene Person diejenige, deren Persönlichkeitsrecht geschützt werden soll. Tritt – wie in der Praxis häufig – der Fall auf, dass personenbezogene Daten Informationen über *mehrere* Personen enthalten oder dass es um juristische Personen geht, für die natürliche Personen handeln, so stellt sich die Frage, wer betroffene Person ist. Hier gilt, dass nur derjenige betroffen im Sinne des Gesetzes ist, auf dessen Verhältnisse sich die Daten *unmittelbar* beziehen. So sind Angaben, die die Beziehung einer natürlichen zu einer juristischen Person kennzeichnen, personenbezogene Daten, nicht aber umgekehrt. *Beispiel*: Der Geschäftsführer einer GmbH ist deren Organ, und dieser Umstand ist sein personenbezogenes Datum. Umgekehrt ist es aber kein personenbezogenes Datum der GmbH, dass eine bestimmte natürliche Person ihr Geschäftsführer ist, denn die GmbH ist nicht Grundrechtsträger.

Nicht betroffen sind Personen, über die sich Informationen *nur mittelbar* ergeben, weil sie mit der unmittelbar betroffenen Person in einer bestimmten Beziehung stehen. Anders ist der Fall zu beurteilen, wenn Gegenstand der Angabe von vornherein ein bestimmtes Beziehungsverhältnis zweier Personen zueinander ist; in diesem Fall sind aufgrund des doppelten Personenbezugs beide Beteiligte als Betroffene anzusehen. Das Gesetz geht davon aus, dass in aller Regel nur eine betroffene Person in Aktion tritt. Das DSG NRW enthält daher nur wenige Konfliktlösungsnormen für die Rechte von zwei oder mehr Personen.¹⁶ Ähnliche Abgrenzungsprobleme treten auf, wenn sich Daten neben einer Person auch auf eine Sache beziehen. Hier ist die Angrenzung insbesondere in den Fällen problematisch, in denen es um Angaben geht, die in erster Linie nur eine Sache betreffen, mittelbar aber auch für die Person von Bedeutung sind, die in einer Beziehung zu der Sache steht. Hier ist fraglich, inwieweit es sich bei den Sachangaben überhaupt noch um personenbezogene Daten handelt. Solche Daten dürften jedoch nur dann als personenbezogen anzusehen sein, wenn sie die Sache identifizieren und nach dem jeweiligen Sachzusammenhang einer Person zuordnen.

III. Dritter

Dritter ist grundsätzlich jede Person oder Stelle außerhalb der verantwortlichen Stelle.¹⁷ Nicht Dritte sind Personen oder Stellen, die im Inland oder im übrigen Geltungsbereich der Rechtsvorschriften zum Schutz personenbezogener Daten der Mitgliedsstaaten der Europäischen Union personenbezogene

---

[15] § 3 Abs. 1 DSG NRW, § 3 Abs. 1 LDSG B-W, § 4 Abs. 1 BayDSG, § 3 Abs. 1 NDSG, § 3 Abs. 1 SächsDSG.
[16] Siehe § 18 Abs. 3 Satz 1 lit. c) DSG NRW.
[17] § 3 Abs. 8 Satz 2 BDSG; § 3 Abs. 4 Satz 2 DSG NRW.

Begriffe

Daten im Auftrag erheben, verarbeiten oder nutzen.[18] Dritte sind demnach alle weiteren Privatpersonen. „Außerhalb der verantwortlichen Stelle" bedeutet, dass im Falle der Zugehörigkeit zu einer verantwortlichen Stelle die Qualifizierung als „Dritter" immer dann ausscheidet, wenn der zu beurteilende Vorgang – z.b. die Datenübermittlung – auf dieser Zugehörigkeit beruht. Mitarbeiter können aber dann Dritte sein, wenn sie in ihrer Eigenschaft als Privatperson[19] die Übermittlung von Daten begehren. In Konsequenz zur Klassifizierung der Kommune als einer öffentlichen Stelle mit mehreren verantwortlichen Stellen können unselbstständige Organisationseinheiten im Falle einer Datenweitergabe im Verhältnis zueinander grundsätzlich Dritte sein. Im Verhältnis zur kommunalen Gebietskörperschaft ist auch die Aufsichtsbehörde als andere Behörde „Dritter".

IV. Personenbezogenes Datum

43 Die betroffene Person soll in ihrem informationellen Selbstbestimmungsrecht geschützt werden. Voraussetzung für die Anwendung der Datenschutzgesetze ist daher der Umgang mit personenbezogenen Daten. Nach den übereinstimmenden Definitionen im BDSG und dem DSG NRW[20] sind darunter Einzelangaben über persönliche oder sachliche Verhältnisse einer bestimmten oder bestimmbaren Person zu verstehen. Einzelangaben sind Daten (Informationen), die sich auf eine bestimmte einzelne natürliche Person beziehen oder geeignet sind, zu dieser einen Bezug herzustellen. Da die Form der Einzelangaben unerheblich ist, sind z.B. auch digitalisiert gespeicherte Röntgenbilder Angaben. Nur wenn die Einzelangaben einer *natürlichen* Person zugeordnet sind oder zugeordnet werden können, greift der Schutzbereich der Datenschutzgesetze.[21] Damit scheiden zunächst rein auf eine Sache bezogene Daten aus. Die Person ist bestimmt, wenn feststeht, dass sich die Angaben auf gerade *diese* Person beziehen. Die Bestimmung der natürlichen Person bereitet keine Schwierigkeiten, wenn sie entweder durch ihre direkte Anwesenheit oder Nennung oder durch Merkmale wie Namen oder andere Angaben sofort und ohne zusätzlich Wissen bezeichnet ist. Liegen solche Identifikationsmerkmale nicht vor, bedeutet dies noch nicht, dass keine Einzelangabe über eine natürliche Person vorliegt. Vielmehr liegen personenbezogene Daten auch dann vor, wenn die Bezugsperson *bestimmbar* ist. Bestimmbar ist eine Person, wenn sie zwar nicht durch die Daten allein eindeutig identifiziert wird, ihre Identität

---

[18] § 3 Abs. 4 Satz 3 DSG NRW, § 3 Abs. 8 Satz 3 BDSG.
[19] Zum Beispiel im Rahmen eines Anspruches nach § 4 IFG NRW.
[20] §§ 3 Abs. 2 BDSG, 3 Abs. 1 DSG NRW; für andere Bundesländer siehe § 3 Abs. 1 LDSG B-W, § 4 Abs. 1 BayDSG, § 3 Abs. 1 NDSG, § 3 Abs. 1 SächsDSG.
[21] Zur Anwendbarkeit des informationellen Selbstbestimmungsrechts auch auf *juristische Personen* siehe *OVG Lüneburg*, Beschl. v. 15.05.2009 – 10 ME 385/08 –, NJW 2009, 2697f.

jedoch durch Verbindung mit weiteren Informationen eindeutig festgelegt werden kann. Die Frage der Bestimmbarkeit hängt davon ab, was bekannt ist oder in Erfahrung gebracht werden kann („Zusatzwissen"). Für die Bestimmbarkeit genügt nicht jede bloß theoretische Möglichkeit der Re-Individualisierung durch vereinzeltes Sonderwissen oder spezielle IT-Ausrüstung; vielmehr ist in einer relativen Betrachtungsweise auf die konkreten Kenntnisse und Möglichkeiten der verantwortlichen Stelle abzustellen.

Teilweise wird angenommen, der Personenbezug sei nur beseitigt, wenn es auch mit erheblichem Aufwand nicht mehr möglich sei, die Einzelangaben zuzuordnen.[22] Diese Auslegung erscheint zu weitgehend. Für die Bestimmbarkeit ist ausschlaggebend, ob die verarbeitende Stelle den Bezug mit den ihr üblicherweise zur Verfügung stehenden Mitteln und ohne unverhältnismäßigen Aufwand herstellen kann.[23] Insofern kann auf den Begriff des Anonymisierens verwiesen werden, wonach ein Anonymisieren auch dann vorliegt, wenn die Daten einer Person nur mit unverhältnismäßigem Aufwand (an Zeit, Kosten und Arbeitskraft) zugeordnet werden können.[24] Dies ist unter Beachtung des Verhältnismäßigkeitsgrundsatzes aus der Sicht der verantwortlichen Stelle zu beurteilen, wobei der Wert der zu erlangenden Information im Verhältnis zu dem zu betreibenden Aufwand stehen muss. Zusammengefasste oder aggregierte Daten stellen grundsätzlich keine personenbezogenen Daten dar, weil hierbei im Regelfall der Bezug zum Einzelnen aufgehoben ist. Aggregationen von Einzelangaben liegen vor, wenn eine Merkmalsausprägung nicht mehr einer einzelnen Person zugeordnet werden kann, sondern die Häufigkeit ihres Auftretens bei einer Vielzahl von Personen festgestellt wird oder wenn Merkmalsausprägungen einer Mehrzahl von Personen nur durch eine oder wenige Kennzahlen ausgedrückt werden. Zu beachten ist jedoch, dass eine starke Gliederung der Aggregation dazu führen kann, dass einzelne Ergebnisse mit niedrigen Fallzahlen besetzt werden und somit durch Kombinieren auf eine natürliche Person rückgeschlossen werden kann. Enthalten die statistischen Gruppen Angaben über weniger als drei Personen, dann werden diese wie personenbezogene Daten behandelt. Zusammengefasste Angaben von drei oder mehr Personen stellen umgekehrt keine Einzelangaben mehr dar, soweit einzelne Merkmale nicht mehr auf eine einzelne Person bezogen werden können. Bei Personalplanungsdaten z.B. ist deshalb stets zu prüfen, ob diese schon konkrete Angaben über persönliche Verhältnisse einzelner Menschen enthalten. Nur tatsächlich abstrakte Daten fallen nicht unter den Schutzbereich der Datenschutzgesetze.

44

---

[22] *Dammann,* in: Simitis (hg.), a.a.O., § 3 Rn 32.
[23] In diesem Sinne *Gola/Schomerus,* a.a.O., § 3 Rn. 10.
[24] *Dammann,* in: Simitis (hg.), a.a.O., § 3 Rn. 24.

45 Geschützt werden grundsätzlich nur natürliche, lebende Personen. Für *Verstorbene* fehlt in den meisten Datenschutzgesetzen eine ausdrückliche Regelung. Das BDSG ist nach herrschender Meinung nur auf lebende Personen anwendbar.[25] Begründet wird dies mit dem Schutzzweck des Gesetzes, dem Einzelnen durch das Recht der Teilhabe am Datenverarbeitungsprozess die ungestörte Entfaltung seiner Persönlichkeit zu ermöglichen. Eine aktive Teilnahme daran z.B. durch Einwilligung setzt aber eine *lebende* Person voraus. Im Landesdatenschutzrecht trifft allein das Berliner Datenschutzgesetz eine Aussage über die Einbeziehung Verstorbener. Dort werden auch Daten Verstorbener geschützt, „es sei denn, dass schutzwürdige Belange des Betroffenen nicht mehr beeinträchtigt werden können."[26] Zu dieser Kontroverse ist zu bemerken, dass das *BVerfG* die Schutzfunktion des Grundrechts der allgemeinen Handlungsfreiheit von der Existenz einer *lebenden* Person abhängig gemacht hat.[27] Es hat allerdings das informationelle Selbstbestimmungsrecht nicht ausschließlich aus dem allgemeinen Persönlichkeitsrecht[28] abgeleitet; vielmehr ist dieses Recht Ausfluss des *allgemeinen Persönlichkeitsrechts* und der *Menschenwürde*.[29] Die Menschenwürde jedoch erlischt nicht mit dem Tode, sondern sie bleibt – zumindest für eine gewisse Übergangszeit[30] – geschützt. Aus dieser grundsätzlichen Fortgeltung der Menschenwürde über den Tod hinaus jedoch die Schlussfolgerung zu ziehen, die Daten Verstorbener seien datenschutzrechtlich ebenfalls geschützt,[31] ist nicht schlechthin gerechtfertigt, denn über den Geltungsbereich einzelner spezialgesetzlicher Datenschutzbestimmungen hinaus[32] verlangt die Interessenlage keine grundsätzliche Gleichbehandlung Verstorbener mit Lebenden.[33] Konsequenzen aus der Tatsache des Todes eines Menschen, die Bezug zu seiner Persönlichkeit aufweisen, sind spezialgesetzlich weitgehend differenziert geregelt.[34]

---

[25] Z.B. *Gola/Schomerus*, a.a.O., § 3 Rn. 12; *Dammann*, in: Simitis (hg.), a.a.O., § 3 Rn. 17; a.A. *Bergmann/Möhrle/Herb*, BDSG; § 3 Rn. 6.
[26] § 4 Abs. 1 Satz 2 BlnDSG.
[27] BVerfGE 30,173,194 (sog. „Mephisto-Urteil"): „Das Grundrecht aus Art. 2 Abs. 1 GG setzt die Existenz einer wenigstens potentiell oder zukünftig handlungsfähigen Person als unabdingbar voraus. Die Versagung eines Persönlichkeitsschutzes nach dem Tode stellt keinen Eingriff dar, der die in Art. 2 Abs. 1 GG gewährleistete Handlungs- und Entscheidungsfreiheit beeinträchtigt."
[28] Art. 2 Abs. 1 GG.
[29] BVerfGE 65, 1ff., (sog. „Volkszählungs-Urteil").
[30] Die genaue Dauer ist umstritten; siehe *Dammann*, a.a.O., § 3 Rn. 17 Fn. 39.
[31] So aber *Bergmann/Möhrle/Herb*, a.a.O., § 3 Rn. 5–7.
[32] Z.B. Arzt-, Statistik- und Steuergeheimnis.
[33] Zum postmortalen Persönlichkeitsschutz *Bizer*, DuD 2000, 233; *Lorenz*, in: Bonner Kommentar zum Grundgesetz, Art. 2 Abs. 1, Rn. 387f.
[34] §§ 28–33, 60, 76 PStG; 11 MG NRW; 22f KUrhG; 35 Abs. 5 SGB I. Soweit Träger von Friedhöfen und Feuerbestattungsanlagen ein Bestattungsbuch (z.B. gem. § 5

Ungeborene sind *grundsätzlich nicht* in den Schutzbereich der allgemeinen Datenschutzgesetze einbezogen. Unklar ist noch, inwieweit im Bereich der pränatalen Diagnostik eine Ausnahme gemacht werden soll. Werden z.B. mittels Genomanalyse Erkenntnisse auf Erbinformationen (Gene) wie Krankheiten, Veranlagungen etc. gewonnen, so werden diese Daten teilweise als Daten der Mutter behandelt;[35] teilweise wird jedoch auch vertreten, diese als Datum des Ungeborenen in den Schutzbereich einzubeziehen.[36]

Juristische Personen und Personenmehrheiten sind ebenfalls *nicht* in den Schutzbereich der Datenschutzgesetze einbezogen.[37] Dies gilt zum Beispiel für Kapitalgesellschaften, eingetragene Vereine, Personalgesellschaften, aber auch für Aktiengesellschaften oder Gesellschaften mit beschränkter Haftung, offene Handelsgesellschaften, Kommanditgesellschaften usw. Die Herausnahme von juristischen Personen aus dem Schutzbereich erklärt sich durch deren gesetzlich normierte Publizitätspflicht. Während die natürliche Person im Rahmen der schützenswerten informationellen Selbstbestimmung im Regelfall selbst entscheiden kann, welche personenbezogenen Daten sie preisgibt, unterliegen juristische Personen aus Gründen des Konsumenten-, Anleger- und Gläubigerschutzes zahlreichen Pflichten zur Publizität und Rechnungslegung, welche durch die EG-Bilanzrichtlinie noch erweitert wurden. Diesen speziellen Regelungen Rechnung tragend ergibt sich neben den Pflichten zumeist auch der Schutz der juristischen Personen nur aus den einschlägigen Spezialgesetzen. Denn die Grundrechte gelten auch für inländische juristische Personen nur, soweit sie ihrem Wesen nach auf diese anwendbar sind.[38] Wegen des Menschenwürde-Bestandteils des informationellen Selbstbestimmungsrechts ist aber dieses nur sehr bedingt auf juristische Personen anwendbar,[39] was auch genügt, denn sie werden durch Spezialgesetze, z.B. hinsichtlich Betriebs- und Geschäftsgeheimnissen, ausreichend geschützt.[40] Andererseits können auch juristische Personen des Privatrechts direkt durch den Schutzbereich der Datenschutzgesetze erfasst werden, wenn die Angaben über die juristische Person gleichzeitig persönliche oder sachliche Verhältnisse einer bestimmbaren natür-

46

BestG NRW v. 17.06.2003, GV.NRW, S. 313) führen, muss die Führung sowie die Gewährung von Auskunft und Einsichtnahme datenschutzrechtlichen Anforderungen genügen und die Persönlichkeitsrechte der Bestatteten beachten; zu dieser Frage siehe etwa BayLfD, 22, TB 2007, Punkt 8.10 (Anforderungen an ein Friedhofsinformationssystem).

[35] *Dammann,* in: Simitis (hg.), a.a.O., § 3 Rn. 17.
[36] *Bergmann/Möhrle/Herb,* BDSG, § 3 Rn. 10.
[37] Für das BDSG siehe Begründung des RegE, BT-Drs. 7/1027 Abschn. 3.9.4.
[38] Art. 19 Abs. 3 GG.
[39] *OVG Lüneburg,* Beschl. v. 15.05.2009 – 10 ME 385/08 –, NJW 2009, 2697f.; *Lorenz,* in: Bonner Kommentar (a.a.O.), Rn. 383.
[40] *Ehlers/Hegelmann,* DVBl. 1990, 3.

lichen Person (z. B: des Geschäftsführers, eines Vorstandsmitglieds etc.) beschreiben und damit zu personenbezogenen Daten werden. Dies gilt z.B. für die sog. „Ein-Mann-GmbH". Angaben über die finanzielle Situation einer GmbH, die als Teil der Angaben über die Person des alleinigen Gesellschafters und Geschäftsführers der GmbH für Kreditauskünfte gespeichert sind, sind personenbezogene Daten des Gesellschafters/Geschäftsführers.[41] Auch geschäftliche Daten eines Einzelkaufmanns werden von den Datenschutzgesetzen geschützt, solange der Betrieb nicht in eine offene Handelsgesellschaft umgewandelt wird.[42] Gegen die Einbeziehung von Personenvereinigungen spricht insbesondere, dass Personengruppen, die nicht durch formale Kriterien wie Mitgliedschaft oder Satzung zuverlässig als zusammengehörig einzustufen sind, zu natürlichen Personen schwer abgrenzbar sind. Jedoch findet auch auf diese das Datenschutzrecht zumindest dann Anwendung, wenn die zu der jeweiligen Gruppe gespeicherten Daten zugleich etwas über die Verhältnisse bestimmbarer Mitglieder aussagen.

47 Liegen Einzelangaben über eine natürliche Person vor, so müssen sich diese auf „persönliche oder sachliche Verhältnisse" beziehen. Da es für die Bestimmung des personenbezogenen Datums unerheblich ist, ob es sich um persönliche oder um sachliche Verhältnisse handelt, ist die Abgrenzungsfrage – die durchaus Schwierigkeiten bereiten kann – für die Praxis kaum bedeutsam. *Persönliche Angaben* sind Angaben über die betroffene Person selbst (Daten zur Identifizierung und Charakterisierung). Personenbezogene Einzelangaben über persönliche Verhältnisse sind z.B. Name, Alter, Größe, Gewicht, Geburtsdatum, Familienangaben, Staatsangehörigkeit, Bildungsstand, Beruf, Religionszugehörigkeit, politische Anschauung einschließlich eventueller Parteizugehörigkeit, Vorstrafen, Kenntnisse, besondere Fähigkeiten, ferner Handlungen, Äußerungen und sonstige Verhaltensweisen der Personen. Auch gesundheitliche und psychologische Merkmale einschließlich genetischer Daten fallen unter diesen Begriff; so ist z.B. die Tatsache der Entmündigung einschließlich der dazu führenden Gründe ein personenbezogenes Datum. Auch Röntgenbilder oder Passbilder sind Angaben über persönliche Verhältnisse. *Sachliche Verhältnisse* betreffen Angaben über einen auf die betroffene Person beziehbaren Sachverhalt (z.B. Eigentumsverhältnisse, Vertragsabschlüsse etc.). Als Namensersatz fungierende Identifizierungsmerkmale wie z.B. Geburtsnamen, frühere Namen, Konto-/Kreditkarten-/Sozialversicherungsnummern etc. dienen zwar lediglich zur Identifikation der Person, ohne etwas über die Verhältnisse der Person auszusagen. Da sie jedoch die Verhältnisse der beschreibenden Daten zur zugehörigen Person herstellen, zählen sie zwingend zu den personenbezogenen Daten. Personenbezogene Angaben über sachliche Verhältnisse sind z.B. Grundstückseigentum, Miete, Wohnungsbesitz, Einkom-

---

[41] *BGH,* NJW 1986, 2505
[42] *KG Berlin,* DB 1980,1062.

mensverhältnisse, Vermögensverhältnisse, Steuern, Schulden, Versicherungen oder Bankguthaben. Besonderen Schutz genießen die sog. besonderen Arten personenbezogener Daten;[43] dazu gehören z.B. Daten über Gesundheit und Sexualleben, politische Meinungen und religiöse Überzeugungen.

Als generelle Auslegungshilfe ist ferner zu berücksichtigen, dass über die körperlichen und geistigen Eigenschaften einer Person auch ihre sozialen, wirtschaftlichen und sonstigen Beziehungen zur Umwelt einbezogen sind. Eingeschlossen sind daher auch Angaben über die berufliche und wirtschaftliche Betätigung, über die familiäre Situation oder über Verwandtschafts- oder Wohnverhältnisse. Auch private Aktivitäten und Beziehungen wie z.B. Freizeitverhalten, Mitgliedschaft und Engagement in Organisationen, Konsumverhalten, Aufenthaltsdaten, Reisen oder Kontakte sind erfasst. Umstände über privatrechtliche oder öffentlich-rechtliche Beziehungen gehören ebenfalls dazu, z.B. die Eigenschaft als Vertragspartner, inhaltliche Abwicklung von Verträgen, staatliche Zeugnisse, Anerkennungen, Zulassungen oder Verbote, jeweils einschließlich der näheren Spezifikationen hinsichtlich Raum und Zeit. Darüber hinaus handelt es sich auch bei Werturteilen um personenbezogene Daten, soweit sie insbesondere eine informative Aussage über die betroffene Person enthalten.[44]

V. Automatisiertes Verfahren

Mit Einfügung der Definition des „automatisierten Verfahrens" wurde der Anwendungsbereich der Datenschutzgesetze erheblich ausgeweitet. War früher die Zusammenfassung von Daten in einer *gleichartigen Datei* Voraussetzung für die Anwendbarkeit, so ist heute jede selbsttätig ablaufende Datenverarbeitung unter Einsatz eines *gesteuerten technischen Verfahrens* vom Schutzbereich umfasst.[45] Durch diese weite Definition wird dem besonderen Gefährdungspotential der rasant fortschreitenden technischen Entwicklung Rechnung getragen. War früher zu einer schnellen Auswertbarkeit von Daten noch ein gleichartiger Aufbau der einzelnen Datensätze erforderlich, so ist dies heute nach dem Stand der Technik längst nicht mehr Voraussetzung. Aus diesem Schutzzweck ergibt sich, dass mit der Bezeichnung des selbsttätigen gesteuerten technischen Verfahrens keine konventionelle, in jedem Einzelschritt von Menschen zu bedienende Anlage – wie z.B. eine Schreibmaschine – gemeint ist. Kontrolliert werden sollen vielmehr technische Anlagen[46] zum automatisierten Handhaben von Daten.[47] Technisch muss das Medium über die bloße

48

---

[43] § 3 Abs. 9 BDSG.
[44] *Dammann*, in: Simitis (hg.), a.a.O., § 3 Rn. 12.
[45] § 3 Abs. 5 DSG NRW; § 3 Abs. 2 Satz 1 BDSG, § 3 Abs. 8 LDSG B-W, § 3 Abs. 5 NDSG, § 3 Abs. 5 SächsDSG; nicht definiert im BayDSG.
[46] Der Anlagenbegriff umfasst Hard- und Software.
[47] So *Dammann*, in: Simitis (hg.), a.a.O., § 3 Rn. 79.

Speicherung hinaus zur selbsttätigen Datenverarbeitung imstande sein, das auf einen Befehl hin einen vorhandenen Datenbestand auswertet. Ein Bürokommunikations-Programm (z.B. Groupwise, Outlook, Eudora, Pegasus etc.) – für sich allein betrachtet – kann daher kein automatisiertes Verfahren sein, weil keine automatisierte Verarbeitung personenbezogener Daten damit betrieben wird. Die Office-Programme von Microsoft (z.B. Word, Powerpoint, Excel) enthalten Standard-Software zur Bürokommunikation, mit denen zwar personenbezogene Daten verarbeitet werden können, die aber eine Automatisierung im Sinne der Zielsetzung der Datenschutzgesetze grundsätzlich nicht leisten[48] und deshalb weder einer Vorabkontrolle des behördlichen Datenschutzbeauftragten noch einer Einstellung in das behördliche Verfahrensverzeichnis bedürfen.

VI. Datei und Akte

1. Begriff der Datei im BDSG

49 Infolge der Einführung der vereinfachten Definition des automatisierten Verfahrens hat der Dateibegriff seine ursprüngliche Bedeutung für die Bestimmung des gesetzlichen Anwendungsbereichs des Gesetzes größtenteils verloren. Da – wie dargelegt – im Bereich der automatisierten Datenverarbeitung personenbezogene Daten *immer* in den Schutzbereich der Datenschutzgesetze fallen, ist es allenfalls bei manueller Datenverarbeitung gerechtfertigt, von einer *Datei* zu sprechen.[49] Beim manuellen Umgang mit personenbezogenen Daten ist das BDSG außer bei der Auskunft durch Stellen, die geschäftsmäßig Auskünfte erteilen,[50] nur auf Dateien oder dann anwendbar, wenn Daten einer Datei entnommen sind.[51] Mit dem Begriff der nicht automatisierten Datei[52] ist jede nicht automatisierte Sammlung personenbezogener Daten gemeint, die gleichartig aufgebaut und nach bestimmten Merkmalen zugänglich ist und danach ausgewertet werden kann. Sie kann weitere, auch nicht personenbezogene Daten enthalten. Auch automatisierte Teile von insgesamt untergeordneter Bedeutung ändern nichts an dem Gesamtcharakter der nicht automatisierten Datei.[53] Der Begriff der „Sammlung" stellt darauf ab, dass es sich um eine zielstrebig zusammengetragene oder aufrechterhaltene Mehrheit von Elementen (z.B. Karteikarten) handelt, die in einem inneren und äußeren Zusammenhang

---

[48] Die Auswertbarkeit von Excel-Tabellen bedeutet zwar eine Automatisierung; die daran geknüpften Rechtsfolgen sind aber für diese Anwendung vom Gesetz nicht bezweckt.
[49] Art. 3 Abs. 1 2. Alt. der EG-Datenschutzrichtlinie 95/46/EG des Europäischen Parlaments und des Rates vom 24.10.1995 (ABl. der EG Nr. L 281 v. 23.11.1995, S. 31).
[50] § 34 Abs. 3 Satz 1 BDSG.
[51] § 27 BDSG.
[52] § 3 Abs. 2 Satz 2 BDSG, Art. 2 lit. c) EG-DSRL.
[53] Argument aus § 3 Abs. 2 Satz 1 BDSG.

stehen. Der innere Zusammenhang kann sich daraus ergeben, dass die gesammelten Daten derselben Art angehören (z.B. Arbeitnehmerdaten) und einem gemeinsamen Zweck dienen (z.B. der Gehaltsabrechnung). Der äußere Zusammenhang ergibt sich aus dem weiteren Merkmal der Zugänglichkeit und Auswertbarkeit.

2. Datei und Akte im DSG NRW

Das DSG NRW verzichtet demgegenüber auf eine Legaldefinition des Dateibegriffes.[54] Da unter den sehr weit gefassten Dateibegriff der EG-Datenschutzrichtlinie[55] auch Akten, Aktensammlungen sowie deren Deckblätter fallen,[56] wurde die Legaldefinition der Akte aus Klarstellungsgründen beibehalten. Unter den Begriff der „Akte" fasst das DSG NRW „*jede* der Aufgabenerfüllung dienende Unterlage, die *nicht* Teil der automatisierten Datenverarbeitung ist".[57] Konkret versteht man darunter jede Sammlung von Trägern geschriebener oder gesprochener Texte sowie von Abbildungen, die von einer Person oder Stelle zu bestimmten amtlichen oder dienstlichen Zwecken, etwa als Grundlage für künftige Entscheidungen, geführt wird und deren einzelne Teile auf Dauer in einer bestimmten physischen Ordnung zusammengefasst sind. Vorentwürfe oder persönliche Notizen fallen nur darunter, sofern sie Bestandteil eines Vorganges werden und amtlichen Charakter erhalten. Die Unterlage muss dienstlichen Zwecken dienen. Bloße Hilfsmittel zum Auffinden von Akten oder ihren Bestandteilen (z.B. Fundstellen-Karteikarten) machen die Akte noch nicht zu einer Datei. Für die Übermittlung, Auskunft oder Korrektur bestimmter Daten in einer Akte gilt es im Unterschied zu einer Datei zu beachten, dass in Akten enthaltene personenbezogene Daten Betroffener *untrennbar* mit Daten Dritter verbunden sein können. Dieser Situation trägt eine differenzierte Datenübermittlungsregelung Rechnung.[58]

50

---

[54] Anders § 3 Abs. 9 LDSG B-W; § 3 Abs. 3 BayDSG, § 3 Abs. 7 SächsDSG; ebenso § 3 NDSG.
[55] Art. 2 lit. c) EG-DSRL.
[56] Erwägungsgrund 27 der EG-Datenschutzrichtline bezieht Akten und Aktensammlungen sowie deren Deckblätter dann ein, wenn diese nach bestimmten Kriterien strukturiert sind.
[57] § 3 Abs. 6 DSG NRW; § 3 Abs. 10 LDSG B-W, § 4 Abs. 4 BayDSG, § 3 Abs. 6 NDSG, § 3 Abs. 6 SächsDSG.
[58] § 4 Abs. 6 Satz 2 DSG NRW. Die nicht erforderlichen Daten unterliegen insoweit einem Verwertungsverbot (Satz 3).

VII. Anonymisierung und Pseudonymisierung
1. Anonymisierung

51 Die Option, Daten zu anonymisieren,[59] ist eine Konsequenz aus dem Prinzip der Datenvermeidung, wonach so wenig personenbezogene Daten wie möglich zu erheben und zu verarbeiten sind.[60] Ziel der Anonymisierung ist es, den Personenbezug einer Einzelangabe durch das Weglassen bestimmter Daten aufzuheben und dennoch den inhaltlichen Aussagegehalt zu erhalten. Für die betroffene Person bedeutet der verringerte Informationsgehalt der Daten Schutz vor einem unzulässigen Eindringen in ihre Privatsphäre. Bei einer Anonymisierung sind personenbezogenen Daten dergestalt zu verändern, dass diese sich nicht mehr oder nur mit einem unverhältnismäßig großen Aufwand einer bestimmten oder bestimmbaren Person zuordnen lassen.[61] Die Zuordnung braucht dabei nicht theoretisch ausgeschlossen zu sein; vielmehr genügt es, dass zur Herstellung einer Zuordnung ein Aufwand betrieben werden müsste, der zu den *konkreten* Ressourcen der verarbeitenden Stelle außer Verhältnis stünde, so dass die Bestimmbarkeit wesentlich erschwert ist.[62] Sofern möglich, sollten die Daten bereits anonym erhoben und gespeichert werden;[63] dies geschieht jedoch in der Regel erst nachträglich. In automatisierten Verfahren kann der Personenbezug mit technischen Mitteln auf unterschiedliche Weise beseitigt werden: Je nach Sachverhaltsgestaltung können entweder die der Bestimmbarkeit dienenden Daten gelöscht, durch Bearbeitung ein bereinigter Datenbestand, der die Bezugsdaten nicht mehr enthält, hergestellt oder der Datenbestand getrennt und aufgeteilt werden. In jedem Fall sind die direkten Identifikationsmerkmale (z.B. Name, Personalnummer, Anschrift, Personenstand etc.) zu löschen. Ist darüber hinaus eine Zuordnung dadurch möglich, dass bestimmte Merkmale einzeln oder in Kombination nur bei jeweils *einer* (bekannten) Person aus einer Gruppe vorliegen, so muss auch dieses Merkmal gelöscht bzw. durch das Bilden von größeren Einzelgruppen verallgemeinert werden.[64] Beispielsweise sind die Beihilfekosten für das Sachgebiet Datenschutz einer Kommune nicht hinreichend anonymisiert, wenn dort nur *ein* beihilfeberechtigter Mitarbeiter beschäftigt ist. Welches Verfahren im Einzelfall am besten geeignet ist, hängt vom jeweiligen Datenbestand und vom *Zusatzwissen* ab, also zum Beispiel davon, ob die personenbezogenen Daten bereits

---

[59] § 3 Abs. 7 DSG NRW; § 3 Abs. 6 LDSG B-W; § 4 Abs. 8 BayDSG; § 3 Abs. 2 Nr. 4 SächsDSG, nicht definiert im NDSG.
[60] §§ 3a Abs. 2 Satz 2 BDSG, 4 Abs. 2 DSG NRW.
[61] § 3 Abs. 6 BDSG der lediglich den Begriff des Aufwandes hinsichtlich Zeit, Kosten und Arbeitskraft konkretisiert.
[62] *Dammann*, in: Simitis (hg.), a.a.O., § 3 Rn. 196.
[63] § 13 Abs. 6 TMG.
[64] Jugendhilfeplanung darf gemäß § 64 Abs. 3 SGB VIII nur mit Kathegorien in einer Mindestgröße arbeiten, die Rückschlüsse auf einzelne Hilfeempfänger aus den Planungsdaten ausschließt.

2. Pseudonymisierung

Im Rahmen der Pseudonymisierung[65] werden ebenfalls die zur Identifikation erforderlichen Merkmale der betroffenen Person der Datenverarbeitung entzogen. Im Unterschied zu dem Verfahren der Anonymisierung wird dabei jedoch ein Scheinname (z.B. einer Nummerierung) vergeben. Mit Hilfe einer Zuordnungsregel, die jedem Betroffenen ein individuelles Pseudonym zuweist, kann der Personenbezug wieder hergestellt werden. Der Betroffene wird bei diesem Verfahren am besten dadurch geschützt, dass nur ein vertrauenswürdiger Dritter außerhalb der datenverarbeitenden Stelle Zugriff auf die Zuordnungsfunktion hat. Soweit ein Zugriff auf die Zuordnungsfunktion besteht, handelt es sich um ein *bestimmbares* personenbezogenes Datum. Dieses Verfahren bietet sich zum Beispiel im Bereich der Forschung an: Damit können unter mehreren Probanden einer Studie nach Auswertung ihrer Daten einzelne für ein weiteres Verfahren ausgewählt werden. Studien an bestimmten Datensätzen können über einen längeren Zeitraum hin zu unterschiedlichen Zeitpunkten betrachtet und ausgewertet werden, so dass eine Entwicklung sichtbar wird. Geregelt wird die Pseudonymisierung sowohl im BDSG[66] als auch im DSG NRW.[67] Während der Vorgang der Pseudonymisierung im BDSG lediglich definiert wird als „Ersetzen des Namens und anderer Identifikationsmerkmale durch ein Kennzeichen zu dem Zweck, die Bestimmung des Betroffenen auszuschließen oder wesentlich zu erschweren", formuliert das Landesgesetz darüber hinaus den Verbleib der Zuordnungsfunktion. Nach dem DSG NRW[68] ist unter Pseudonymisieren das „Verändern personenbezogener Daten derart zu verstehen, dass die Einzelangaben über persönliche und sachliche Verhältnisse *ohne Nutzung der Zuordnungsfunktion* nicht oder nur mit einem unverhältnismäßig großen Aufwand einer bestimmten oder bestimmbaren natürlichen Person zugeordnet werden können." Außerdem darf die datenverarbeitende Stelle keinen Zugriff auf die Zuordnungsfunktion haben; diese soll an dritter Stelle (bei einem sog. Datentreuhänder) verwahrt werden.[69]

52

---

[65] § 3 Abs. 8 DSG NRW.
[66] § 3 Abs. 6a BDSG.
[67] § 3 Abs. 8 DSG NRW; § 3 Abs. 7 LDSG B-W; nicht definiert im BayDSG, NDSG, SächsDSG.
[68] § 3 Abs. 8 Satz 1 DSG NRW.
[69] § 3 Abs. 8 Satz 2 DSG NRW. Das BDSG kennt demgegenüber außerdem das durch den Betroffenen selbst generierte Pseudonym und die Pseudonymisierung durch die verantwortliche Stelle zum Zwecke des Schutzes der Identität des Betroffenen gegenüber Dritten; *Dammann*, in: Simitis (hg.), a.a.O., § 3 Rn. 220, 222).

KAPITEL 4
Phasen der Datenverarbeitung

I. Vorbemerkung

Im Zentrum des Datenschutzes stehen weniger die Daten selbst als die hinter den Daten stehende menschliche Persönlichkeit. Der Datenschutz wurde geschaffen, um das informationelle Selbstbestimmungsrecht natürlicher Personen vor einer unzulässigen Datenverarbeitung zu bewahren. Die Dynamik der Informations- und Kommunikationstechnik rückt die Angst vor dem „gläsernen Menschen"[1] immer deutlicher ins Bewusstsein. Von zentraler Bedeutung für das Datenschutzrecht ist daher der Transparenzgedanke. Der Umgang mit den Daten soll so durchschaubar wie möglich gestaltet werden. Die Gesetze regeln die Verarbeitung personenbezogener Daten, um das Recht des Einzelnen zu schützen, selbst über die Preisgabe und die Verwendung seiner Daten zu bestimmen. Damit soll nicht nur Missbrauch kontrolliert, sondern vielmehr allgemein der Umgang mit personenbezogenen und sensiblen Informationen geregelt werden.

Zentraler Begriff der Datenschutzgesetze ist die *Verarbeitung*. Ihre einzelnen Phasen sind allgemein definiert, was von praktischer Bedeutung ist, weil die Zulässigkeit der Datenverarbeitung je nachdem, welche Phase als Verarbeitungsvariante betroffen ist, an unterschiedliche Voraussetzungen geknüpft sein kann. Früher wurden in den Datenschutzgesetzen lediglich die vier Phasen Speichern, Verändern, Übermitteln und Löschen definiert. Der vom BVerfG geforderte umfassende Schutz des informationellen Selbstbestimmungsrechtes verlangt es, Regelungslücken zu vermeiden. Deshalb ist jeder Umgang mit personenbezogenen Daten in den Schutzbereich der Datenschutzgesetze einzubeziehen. So sehen heute die Gesetze als weitere Phasen der Datenverarbeitung die Erhebung, Sperrung und sonstige Nutzung vor. Teilweise treten sie gleichrangig neben die genannten vier Phasen[2] und teilweise werden *Erheben* und *Nutzen* nicht unter den Verarbeitungsbegriff subsumiert, sondern in eigenen

---

[1] Die Bezeichnung „Gläserner Mensch", heute ein Schlagwort des Datenschutzes, wurde erstmals für die in den zwanziger Jahren vom Deutschen Hygiene-Museum entwickelten anatomischen Menschenmodelle aus durchsichtigem Kunststoff benutzt.
[2] § 3 Abs. 2 DSG NRW, § 3 LDSG B-W, § 3 NDSG.

Unterabsätzen³ definiert. *Sachsen* versteht auch das Anonymisieren als Phase der Datenverarbeitung.⁴

54 Bei den begrifflich festgelegten Phasen kommt es auf die bei der Datenverarbeitung verwendeten Methoden nicht an. Sie werden deshalb definiert ungeachtet der Verfahren, die sich ständig technisch weiterentwickeln und verändern. Die Begriffe können sowohl bei der automatisierten als auch bei der herkömmlichen Datenverarbeitung erfüllt sein und sind unabhängig vom Dateibegriff. Erfasst wird sowohl die Verarbeitung personenbezogener Daten auf manuelle Weise, z.B. durch Führung von Akten, als auch durch automatisierte Verfahren. Es ist grundsätzlich auch unerheblich, ob die Daten zur Übermittlung an Dritte bestimmt sind oder zur internen Verarbeitung. Im Folgenden werden die Verarbeitungsphasen definiert. Die Zulässigkeit der Verarbeitung wird gesondert behandelt.

II. Erheben

55 Das *Erheben* wird von den gesetzlichen Bestimmungen als das Beschaffen von Daten über den Betroffenen definiert.⁵ Gesetzestechnisch wurde die Erhebung in der bundesrechtlichen Regelung zunächst nicht als Phase der Datenverarbeitung verstanden, sondern als eigenständiger Begriff davon abgehoben. Das Schutzbedürfnis entsteht jedoch bereits im Augenblick der Datenbeschaffung, die als Grundlage für die weiteren Datenverarbeitungsprozesse dient. Dies folgt zwingend aus der Forderung des *BVerfGs*, personenbezogene Daten möglichst umfassend zu schützen. In den moderneren landesrechtlichen Kodifikationen⁶ wurde diesem Schutzzweck Rechnung getragen, und bereits die Datenerhebung als Datenverarbeitungsphase definiert. Eine dahingehende grundsätzliche Änderung des BDSG wird seit längerem diskutiert.⁷

Von der Erhebungsphase wird jede Form gezielt betriebener Gewinnung personenbezogener Daten erfasst. Entscheidend ist dabei, dass zu dem objek-

---

3 Art. 4 Abs. 6, 7 BayDSG.
4 § 3 Abs. 2 SächsDSG. Das Anonymisieren ist aber – genau genommen – keine eigene Phase der Datenverarbeitung, sondern eine Methode, die bereits bei der Erhebung von Daten angewandt werden.
5 § 3 Abs. 3 BDSG, § 3 Abs. 2 Satz 2 Nr. 1 DSG NRW; § 3 Abs. 2 Nr. 1 LDSG B-W, Art. 4 Abs. 5 BayDSG, § 3 Abs. 2 Nr. 1 NDSG, § 3 Abs. 2 Nr. 1 SächsDSG.
6 § 3 Abs. 2 Satz 2 Nr. 1 DSG NRW.
7 Durch das Erste Gesetz zum Abbau bürokratischer Hemmnisse insbesondere in der mittelständischen Wirtschaft vom 22.08.2006, BGBl. I, S. 1970, wurde – insoweit nicht konsequent – § 4f Abs. 1 Satz 1 BDSG bereits in diesem Sinne geändert, § 3 hingegen nicht. Im Eckpunktepapier der Konferenz der Datenschutzbeauftragten des Bundes und der Länder „Ein modernes Datenschutzrecht für das 21. Jahrhundert", v. 18.03.2010, unter 9., S. 34 taucht dieses Vereinheitlichungsvorhaben wieder auf.

tiven Erhalten einer Information der subjektive Wille der für die Erhebung zuständigen natürlichen Person tritt.[8] Es kommt weder auf den Anlass der Datenbeschaffung, noch auf den Verwendungszweck an. So können die Daten vom Betroffenen selbst erfragt, aber auch bei anderen Behörden oder privaten Dritten in Erfahrung gebracht werden. Sind Daten bei einer dritten Stelle erhoben worden, so handelt es sich zugleich – vom gegenüberliegenden Standpunkt aus betrachtet – um eine Übermittlung dieser Daten. Die zweckgerichtete Beobachtung fällt ebenfalls unter den Erhebungsbegriff, jedoch kommt der Informationsbeschaffung ohne Mitwirkung der Person prinzipiell Ausnahmecharakter zu. Informationelles Selbstbestimmungsrecht bedeutet auch, dass jeder grundsätzlich *selbst* über die Preisgabe seiner Daten bestimmen darf. Hieraus folgt, dass die personenbezogenen Daten in erster Linie beim Betroffenen selbst und mit seiner Kenntnis zu erheben sind. Besonders grundrechtssensible Methoden wie Observation, Telefon- oder Videoüberwachung sind daher an bereichsspezifische Ermächtigungsgrundlagen gebunden.[9] Die systematisch vernetzte Durchsuchung von Datenbeständen (Rasterfahndung) ist ebenfalls an enge Voraussetzungen geknüpft.[10] Daten können beim Betroffenen mündlich oder schriftlich erhoben werden, durch Vorlage von Formularen, Vordrucken oder Fragebögen, durch Augenscheinseinnahme, Messungen, medizinische Untersuchungen, die Abnahme von Fingerabdrücken, die Aufnahme von Lichtbildern oder das Herstellen von Bild- oder Tonaufzeichnungen (heimliche Videoüberwachung).

Die Erhebung setzt nicht voraus, dass die Daten für einen bestimmten Zweck weiterverarbeitet werden sollen. Informationen beispielsweise, die anlässlich eines Einstellungsgesprächs erfragt, aber nicht für diesen Zweck gespeichert werden,[11] werden erhoben. Im Übrigen können die Daten verdeckt oder offen beschafft werden durch:

56

- Schriftliche oder mündliche Befragung
- Zweckgerichtete Beobachtung
- Untersuchungen oder Tests

---

[8] *Dammann*, in: Simitis (hg.), a.a.O., § 3 Rn. 102.
[9] Polizeiliche Datenerhebungen sind, soweit sie präventive Aufgaben verfolgen, in den Polizeigesetzen der Länder, soweit sie repressive Aufgaben wahrnehmen, in der StPO geregelt.
[10] Eine präventivpolizeiliche Rasterfahndung der in § 31 PolG NRW geregelten Art ist mit dem Grundrecht auf informationelle Selbstbestimmung nur vereinbar, wenn eine konkrete Gefahr für hochrangige Rechtsgüter wie den Bestand oder die Sicherheit des Bundes oder eines Landes oder für Leib, Leben oder Freiheit einer Person gegeben ist. Im Vorfeld der Gefahrenabwehr scheidet eine solche Rasterfahndung aus; *BVerfG*, Urt. v. 04.04.2006 – 1 BvR 518/02 –.
[11] Z.B. weil sie für die Auswahlentscheidung keine Rolle spielen dürfen.

Phasen der Datenverarbeitung

– Aufnahmen
– Auskunftsschreiben bei Dritten oder
– Einsicht in Unterlagen

Nicht unter die Erhebungsphase fallen Daten, die vom Betroffenen selbst oder von Dritten ohne konkrete Anforderung geliefert werden. Aufgedrängte oder zufällig erlangte Informationen werden von der Erhebung nicht erfasst.[12]

III. Speichern

57 Mit der Bezeichnung *Speichern* ist gemeint das Erfassen, Aufnehmen oder Aufbewahren von Daten auf einem Datenträger zum Zwecke der weiteren Verarbeitung oder Nutzung.[13] Eine Speicherung liegt vor, wenn Daten auf einen Datenträger erfasst, aufgenommen oder aufbewahrt werden und diese Daten zur weiteren Verarbeitung (Veränderung, Übermittlung, Sperrung, Löschung) oder zur Nutzung bestimmt sind. Datenträger sind alle Varianten von physikalisch greifbaren Medien, auf denen Daten gespeichert und wieder ausgelesen werden können. Man kann hierbei zwischen nur lesbaren, einmalig beschreibbaren und überschreibbaren Datenträgern oder nach der Art der Speicherung (z.B. magnetisch, elektronisch, photographisch etc.) differenzieren. Bis hin zu komplexen elektronischen Speichermodulen sind alle denkbaren Formen von dieser Definition umfasst.[14] Gemeinsames Merkmal dieser unterschiedlichen Methoden ist die Objektivierung der Information, weshalb das menschliche Gedächtnis kein Datenträger in diesem Sinne ist.[15]

58 Die Bedeutung des dauerhaften Speicherns ist angesichts der geringen Halbwertszeit moderner Speichermedien nach wie vor groß. An gedruckter ebenso wie an elektronischer Information nagt der Zahn der Zeit. Während herkömmliche Datenträger (Bücher, Mikrofilme etc.) seit vielen Generationen in Archiven, Museen und Bibliotheken aufbewahrt und erhalten werden, stellen sich im Zeitalter elektronischer Speichermedien ganz neue Herausforderungen. Haben sehr hochwertige Papiersorten (z.B. Pergament) bei fachgerechter Konservierung immerhin eine Lebensdauer von einigen hundert Jahren, halten sich elektronisch gespeicherte Daten auf Festplatten, CD-ROMs oder DVDs nur wenige Jahrzehnte. Hinzu kommt, dass auch die zugehörigen Lesegeräte eine begrenzte Lebensdauer haben, Ersatzteile rar werden und Datenformate im

---

[12] Ein solcher Fall liegt zum Beispiel vor, wenn Personen sich über Gewerbetreibende beschweren und die Ordnungsbehörde aufgrund dieser bekanntgewordenen Daten gegen den Betroffenen ermitteln will.
[13] § 3 Abs. 2 Nr. 2 DSG NRW, § 3 Abs. 2 Nr. 2 LDSG B-W, Art. 4 Abs. 6 Nr. 1 BayDSG, § 3 Abs. 2 Nr. 2 NDSG, § 3 Abs. 2 Nr. 2 SächsDSG.
[14] Gesetze formulieren sich sinnvollerweise *technikneutral*, da Gesetze nicht so schnell angepasst werden können, wie sich die Informationstechnik ändert.
[15] *Dammann*, in: Simitis (hg.), a.a.O., § 3 Rn. 118.

Speichern

ständigen Wandel begriffen sind. Man spricht von *digitalem Vergessen*.[16] Die Speicherung ist eine datenschutzrechtlich besonders relevante Verarbeitungsphase, denn hier gelangen die Daten erstmals in den Prozess der Datenverarbeitung. Die Speicherung beschränkt sich nicht auf das *Aufbewahren* von Daten auf einem Datenträger, sondern bezieht das *Erfassen* und das *Aufnehmen* von Daten ein. Dieser umfassende Speicherbegriff ist sachgerecht, da in der Praxis die drei Vorgänge ineinander übergehen. Speichern heißt letztendlich nichts anderes als das Fixieren der Daten auf einem Datenträger.

Die Datenverarbeitungsphase des Speicherns beginnt mit dem Aufnehmen der Daten (z.B. Ausfüllen eines Formblattes) oder mit der Datenerfassung (Aufbringen auf einen maschinell lesbaren Datenträger, Einpflegen in eine Datenbank). Soweit öffentliche Stellen personenbezogene Daten in Akten speichern, gehört zu den Datenträgern auch das Papier. Lediglich die Datenbeschaffung fällt nicht in den Komplex „Speicherung". Werden Personen befragt, ohne dass die Ergebnisse auf einem Datenträger festgehalten werden, liegt keine Speicherung im Rechtssinne vor. Gegenstand des Speicherns sind personenbezogene Daten. Diese müssen zum Zwecke der Weiterverarbeitung erfasst, aufgenommen oder aufbewahrt werden. In der Verwaltungspraxis werden Daten in der Regel für einen bestimmten Zweck, nämlich für eine *konkrete Aufgabenerfüllung*, gespeichert; Datenspeicherung ist kein Selbstzweck. Andererseits kann eine weitere Verarbeitung aber auch in der bloßen Kenntnisnahme oder sonstigen Nutzung personenbezogener Daten gesehen werden, mit der Folge, dass eine Speicherung im Rechtssinne nur dann nicht vorliegt, wenn von einem Datum tatsächlich keine Kenntnis genommen werden kann und von Anfang an nicht an eine weitere Verarbeitung gedacht ist. Interne Dateien sind ebenfalls grundsätzlich nicht von der Definition der Speicherung ausgenommen. Die Speicherung endet erst mit der Löschung der Daten. Daten auf einer Zwischendatei[17] bleiben ebenso gespeichert wie gesperrte Daten. Andernfalls wäre der umfassende Schutz des Betroffenen nicht gewährleistet. Nicht mehr benötigte Daten bleiben solange gespeichert, bis sie endgültig vernichtet werden. Die verantwortliche Stelle ist verpflichtet, personenbezogene Daten zu löschen, sobald diese für keine Aufgabenerfüllung mehr gebraucht werden.[18]

59

---

[16] Als „Datenträger für die Ewigkeit" versucht die Forschung seit neustem besonders widerstandsfähige Bakterien (*Deinococcus radiodurans*) als Informationsspeicher nutzbar zu machen. Dabei werden den Mikroorganismen Daten in Form von künstlicher DNA eingeschleust, die auf lange Sicht unverändert abrufbar bleiben sollen; http://www.netzeitung.de/qt/222111.html.

[17] Systembedingt kann die Speicherung systemseitig angelegter Zwischendateien (z.B. Arbeitsspeicher RAM) auch vorübergehend sein.

[18] § 19 Abs. 3 Satz 1 lit. b) DSG NRW; § 23 Abs. 1 Nr. 2 LDSG B-W; Art. 12 Abs. 1 Nr. 2 BayDSG; § 17 Abs. 2 S. 1 lit. b) NDSG; § 20 Abs. 1 Nr. 2 SächsDSG.

IV. Verändern

60 Der Begriff der Veränderung wird als das inhaltliche Umgestalten gespeicherter Daten definiert.[19] Entscheidend für das Verändern ist der Informationsgehalt der vorgehaltenen Daten. Im Gegensatz zur äußerlichen Umgestaltung, z.B. Ersatz von Text durch Grafik, Verwendung von Synonymen oder Abkürzungen, sind Veränderungen immer dann gegeben, wenn das personenbezogene Datum nach der Verarbeitung einen *anderen Informationsgehalt* bekommen hat. Die Verarbeitung kann durch Hinzufügen neuer Daten, durch teilweise Löschung oder durch Verknüpfung mit anderen Daten geschehen. Werden Daten aus verschiedenen Dateien zusammengeführt und miteinander verbunden, so werden sie zwar nicht in dem Sinne verändert, dass die einzelne Information einen anderen Inhalt bekommt; eine Veränderung liegt aber darin, dass die Daten durch Zusammenfassung ihren bisherigen Kontext verlieren und durch die Verknüpfung eine neue Qualität erhalten. Veränderungen sind demnach in der Regel das Hinzufügen oder Weglassen von Informationsinhalten sowie Kontextänderungen. Eine Änderung berührt den Wahrheitsgehalt einer Information nicht.

61 Keine Veränderung ist das Umgestalten der Darstellungsweise. Die Abgrenzung einer Veränderung von einer Löschung oder Neuspeicherung kann im Einzelfall schwierig sein. Jedenfalls ist der völlige Ersatz einer Angabe durch eine andere keine Veränderung, sondern die Löschung des „alten" Datums verbunden mit der Speicherung des „neuen" Datums. Soweit der Begriff der „Verarbeitung" in diesem Zusammenhang nicht eindeutig ist, hat dies für die Praxis keine Bedeutung, da für die Speicherung und Veränderung vergleichbare Zulässigkeitsvoraussetzungen gelten.

V. Übermitteln, Weitergeben

62 Unter *Übermittlung* wird die Bekanntgabe gespeicherter oder durch Datenverarbeitung gewonnener Daten an einen Dritten als Empfänger[20] verstanden. Entweder die verantwortliche Stelle übergibt dem Adressaten die Daten, oder dieser sieht die Daten bei ihr ein oder ruft sie im Rahmen eines automatisierten Verfahrens bei ihr ab.[21] *Weitergabe* ist zudem ein *Terminus technicus* des allgemeinen Datenschutzrechts, der die Übermittlung von Daten innerhalb der-

---

[19] § 3 Abs. 2 Nr. 3 DSG NRW; § 3 Abs. 2 Nr. 3 LDSG B-W; Art. 4 Abs. 6 Nr. 2 BayDSG; § 3 Abs. 2 Satz 1 Nr. 3 NDSG; § 3 Abs. 2 Nr. 3 SächsDSG.
[20] § 3 Abs. 4 DSG NRW. Mit dem empfangenden *Dritten* ist jede Person oder Stelle außerhalb der verantwortlichen Stelle gemeint, die nicht Betroffener oder Partner einer Auftragsdatenverarbeitung ist.
[21] § 3 Abs. 2 Nr. 4 DSG NRW, § 3 Abs. 2 Nr. 4 LDSG B-W, Art 4 Abs. 6 Nr. 3 BayDSG, § 3 Abs. 2 Satz 1 Nr. 4 NDSG, § 3 Abs. 2 Nr. 5 SächsDSG.

selben öffentlichen Stelle begrifflich modifiziert.[22] Für Weitergaben gelten dieselben Regeln, die auch für Übermittlungen gelten, entsprechend.

Zur Übermittlung sind die unterschiedlichsten Methoden denkbar, mit denen man Informationen von einem Ort zum anderen transportieren kann.[23] Keine Übermittlung stellt die Übergabe von Daten an den Auftraggeber oder Auftragnehmer einer Datenverarbeitung im Auftrag oder an den Betroffenen selbst dar. Die Einrichtung eines automatisierten Abrufverfahrens ist wegen seiner besonderen Verarbeitungsqualität bereichsspezifisch ausdrücklich geregelt. Vorraussetzung für die Datenübermittlung ist der Datenfluss zwischen mindestens zwei Beteiligten. Mit einer Übermittlung werden gespeicherte oder durch Datenverarbeitung neu gewonnene Daten bekannt gegeben. Letztere sind entweder aus einer Verknüpfung schon gespeicherter Daten neu entstanden. Oder die verantwortliche Stelle erhebt Daten ausschließlich zum Zwecke der Übergabe an Dritte, ohne sie selbst zu speichern. Der Übermittlungsvorgang ist abgeschlossen, wenn die Daten in die Verfügungsgewalt des Empfängers gelangen und dieser sie zur Kenntnis nehmen kann.

Umschrieben wird der Begriff des Übermittelns mit dem des Bekanntgebens. *Bekanntgabe* meint jedes zielbewusste Handeln zum Zwecke der Kenntnisnahme der Daten durch Dritte. Dazu zählen Auskunft – mündlich oder fernmündlich –, Einsichtnahme in Unterlagen, Übergabe von Datenträgern, Übersendung von Daten über Leitungen etc. 63

VI. Sperren

Sperren ist nach der bundesgesetzlichen Regelung das Kennzeichnen gespeicherter Daten, um ihre weitere Verarbeitung oder Nutzung einzuschränken oder zu verhindern.[24] Die Landesgesetze stellen teilweise nur auf die Einschränkung ab, ohne den Begriff des Kennzeichnens aufzunehmen,[25] oder wählen direkt den Begriff des *Verhinderns*.[26] Im Ergebnis bewirkt die Sperrung – abgesehen von der weiteren Speicherung – ein grundsätzliches Verbot des Umgangs mit den gesperrten Daten. Die Sperrung soll erreichen, dass einzelne Daten (*Einzelsperre*), Datensätze (*Datensatzsperre*) oder Dateien (*Sammelsperre*) so gekennzeichnet werden, dass sie nur noch unter bestimmten, abschließend aufgezählten Vorraussetzungen verwendet werden können oder dürfen. Die verantwortliche Stelle entscheidet, wie sie dies technisch realisieren will. In automatisierten Verfahren kann beispielsweise eine Sperrung eingerich- 64

---

[22] § 14 Abs. 4 DSG NRW.
[23] Brieftauben, Rauchzeichen, Fackelsignale, Morsezeichen bis hin zu einem sprachlos „vielsagenden Blick".
[24] § 3 Abs. 4 Nr. 4 BDSG; Art. 4 Abs. 6 Nr. 4 BayDSG.
[25] § 3 Abs. 2 Nr. 6 LDSG B-W; § 3 Abs. 2 Nr. 7 SächsDSG.
[26] § 3 Abs. 2 Satz 2 Nr. 5 DSG NRW.

tet werden, indem ein bestimmtes Datenfeld als gesperrt kennzeichnet wird oder ganze Datensätze herausgenommen und gesondert gespeichert werden. In Akten kann der Vermerk „gesperrt" aufgestempelt werden. Sind Daten in einzelnen Seiten gesperrt, so kann die betreffende Seite vor einem Ersuchen auf Akteneinsicht kopiert, in ihr die gesperrten Daten geschwärzt und das Original für den Vorgang der Einsichtnahme durch die so behandelte Kopie ersetzt werden. Wichtig ist, dass die Sperrung in einer Form stattfindet, die keine Rückschlüsse auf den zu sperrenden Inhalt zulässt.

65 Gesperrte Daten bleiben gespeichert. Sie dürfen aber grundsätzlich nicht mehr verarbeitet, also weder übermittelt, noch nur für interne Zwecke genutzt werden. Die Auskunftspflicht an den Betroffenen besteht dagegen weiter, ebenso die Berichtigungspflicht. Personenbezogene Daten müssen also korrigiert werden, wenn sie während der Zeit der Sperrung unrichtig geworden sind. Die Sperrung verbietet grundsätzlich den weiteren Umgang mit den gesperrten personenbezogenen Daten, es sei denn, ein gesetzlicher Ausnahmezustand lässt dies ausdrücklich zu.[27] Die Voraussetzungen dafür sind abschließend. Die verantwortliche Stelle muss in Zweifelsfällen das Vorliegen eines gesetzlichen Erlaubnistatbestandes nachweisen.

Die Sperrung ist von der *Auskunfts- oder Übermittlungssperre* zu trennen. Dort wird nicht grundsätzlich die Verfügbarkeit oder Nutzbarkeit der personenbezogenen Daten untersagt. Vielmehr hat eine Übergabe personenbezogener Daten an einen bestimmten Empfängerkreis,[28] für bestimmte Zwecke[29] oder auf eine bestimmte Art und Weise[30] aus Gründen des öffentlichen Interesses oder überwiegender Interessen eines Betroffenen zu unterbleiben.

VII. Löschen

66 Das *Löschen* wird als Unkenntlichmachen gespeicherter Daten definiert.[31] Sind Daten zu löschen, so sind sie grundsätzlich aus allen Dateien – auch aus Sicherungs- und Altdateien – zu entfernen. Begrifflich sind gelöschte Daten unwiederbringlich beseitigt. Durch das Löschen muss jede weitere Verarbeitung oder sonstige Nutzung unmöglich gemacht werden, wobei dieses für die Löschung von einzelnen Daten, Datensätzen oder Datenträgern gilt. Die bloße Entziehung der Verfügungsgewalt über die Daten genügt diesen Vorausset-

---

[27] § 19 Abs. 2 DSG NRW; § 24 Abs. 4 LDSG B-W; Art. 12 Abs. 6 BayDSG; § 21 Abs. 4 SächsDSG.
[28] Z.B. im Melderecht § 34 Abs. 6 Satz 1 MG NRW.
[29] Z.B. § 32 Abs. 2 Satz 3 MG NRW.
[30] Z.B. automatisiert (§ 31 Abs. 1a MG NRW).
[31] § 3 Abs. 4 Satz 2 Nr. 5 BDSG; § 3 Abs. 2 Nr. 6 DSG NRW; § 3 Abs. 2 Nr. 7 LDSG B-W; Art. 4 Abs. 6 Nr. 5 BayDSG; § 3 Abs. 2 Nr. 6 NDSG, § 3 Abs. 2 Nr. 8 SächsDSG.

zungen nicht. Eine bestimmte Methode des Löschens schreibt das Gesetz nicht vor. Es kann also sowohl physisch durch Zerstören des Datenträgers gelöscht werden, wie auch durch Überschreiben von Magnetplatten und Magnetbändern.

Je nach Art des Datenträgers bestehen verschiedene Möglichkeiten. Daten auf maschinell lesbaren Datenträgern werden durch Überscheiben oder durch Löschprogramme gelöscht. Die Eingabe des Befehls „Löschen" entfernt in der Regel nicht den Inhalt unwiederbringlich, sondern lediglich die Adressierung der Datei; diese kann durch besondere Programme wieder hergestellt werden. Bei einem Verschieben von Daten beispielsweise in den Windows-Papierkorb und anschließendem Leeren wird nur der entsprechende Verzeichniseintrag entfernt. Die Daten verbleiben jedoch weiterhin auf der Festplatte und können gegebenenfalls wiederhergestellt werden. Ein restloses Löschen ermöglichen geeignete *Shredder-Tools*, die mit unterschiedlichen Methoden Daten mehrfach überschreiben und dadurch ein Rekonstruieren zuverlässig verhindern.[32] 67

Personenbezogene Daten sind dann gelöscht, wenn die verantwortliche Stelle an keinem Ort mehr über Daten und Aufzeichnungen verfügt, die die Rekonstruktion der zu löschenden Daten mit vertretbarem Aufwand gestatten. Von daher genügen der Löschungsverpflichtung weder die Auslagerung von Datenbeständen, noch andere organisatorische oder technische Maßnahmen, die nur verhindern, dass Daten aktuell verarbeitet oder genutzt werden können.

VIII. Nutzen

Die Datenschutzgesetze haben teilweise zusätzlich die Nutzung als eigene Datenverarbeitungsphase aufgenommen. Das BDSG beschreibt diesen Begriff mit „jeder Verwendung personenbezogener Daten, soweit es sich nicht um Verarbeitung handelt."[33] Andere Landesdatenschutzgesetze sehen die Nutzung als „jede sonstige Verwendung personenbezogener Daten."[34] Mit der Einbeziehung der Nutzung in die Verarbeitungsphasen wollte der Gesetzgeber der Forderung des BVerfG entsprechen, das Recht auf informationelle Selbstbestimmung nicht an bestimmte Phasen der Datenverarbeitung zu binden. Auch hier ist darauf hinzuweisen, dass diese definierte Datenverarbeitungsphase ungeachtet der angewandten Verfahren gilt. Bei der Definition der Nutzung handelt es sich um einen Auffangtatbestand. Nutzen ist jede von den Verarbeitungs- 68

---

[32] Detaillierte Hinweise stellt das Bundesamt für Sicherheit in der Informationstechnik auf seiner Internetseite unter dem Stichwort „Sicheres Löschen von Datenträgern" zur Verfügung (www.bsi.bund.de).
[33] § 3 Abs. 5 BDSG; Art. 4 Abs. 7 BayDSG.
[34] § 3 Abs. 2 Nr. 7 DSG NRW; § 3 Abs. 2 Nr. 5 LDSG B-W; § 3 Abs. 2 Satz 1 Nr. 7 NDSG; § 3 Abs. 2 Nr. 6 SächsDSG.

phasen nicht umfasste Verwendung personenbezogener Daten durch die verantwortliche Stelle oder – bei der Auftragsdatenverarbeitung – durch den Auftragnehmer. Der Geltungsbereich ist damit auf *jeden* Gebrauch personenbezogener Daten ausgedehnt. Die Nutzung soll dann greifen, wenn es aufgrund technischer Entwicklungen zu neuen Formen der Datenverarbeitung kommen sollte, die von den vorgenannten Verarbeitungsphasen möglicherweise nicht erfasst werden.

KAPITEL 5
Allgemeine Schutzbestimmungen

I. Datengeheimnis

Die Datenschutzgesetze des Bundes und der Länder enthalten für kommunale Bediensteten, die mit der Verarbeitung personenbezogener Daten befasst sind, die allgemeine Verpflichtung, das *Datengeheimnis* zu wahren.[1] Es handelt sich um eine – bezogen auf personenbezogene Daten *besondere* – Ausprägung der Pflicht zur *Amtsverschwiegenheit*, die auf kommunaler Ebene für Beamte[2] und Angestellte[3] festgelegt ist. Inhalt dieser Verpflichtung ist das Verbot zweckfremder Verarbeitung. Dass im Gesetz *zusätzlich* der Begriff *Offenbarung* genannt wird, ist eigentlich überflüssig und terminologisch nicht mehr systemgerecht, zumal ihm in diesem Zusammenhang kein eigener Aussageinhalt zukommt.

69

Auf dieses Verbot sind die Bediensteten[4] *nicht* eigens in einem förmlichen Akt zu verpflichten; eine derartige Verpflichtung sieht auch das Datenschutzgesetz nicht vor.[5] Gleichwohl empfiehlt es sich, zumindest formlos zu Beginn des Beschäftigungsverhältnisses auf die Beachtung des Datengeheimnisses hinzuweisen; die Kommune kommt damit ihren Aufklärungspflichten nach, die sie als Arbeitgeber/Dienstherrn treffen. Einer *förmlichen* Verpflichtung auf die *"gewissenhafte Erfüllung seiner Obliegenheiten"*,[6] die auch die Beachtung des Datengeheimnisses umfasst, bedarf es nach dem Verpflichtungsgesetz[7] nur für den Personenkreis derjenigen, die bei einer Behörde beschäftigt sind – ohne

---

[1] § 5 BDSG; § 6 DSG NRW; § 9 HessDSG; § 5 NdsDSG; § 6 LDSG B-W; Art. 5 BayDSG; § 5 DSG-LSA; § 6 ThürDSG; § 6 BbgDSG; § 6 SDSG; § 8 LDSG R-P; § 8 BlnDSG; § 6 SächsDSG; § 6 DSG M-V; § 6 BremDSG; § 7 HmbDSG.
[2] § 37 BeamtStG.
[3] §§ 9 BAT, 3 Abs. 1 TVöD.
[4] Neuer Oberbegriff für Beamte und Angestellte; § 74 GO NRW.
[5] *Stähler/Pohler*, a.a.O., § 6 Rn. 7.
[6] Obliegenheit in diesem Sinne ist terminologisch vom zivilrechtlichen Begriff der Obliegenheit zu unterscheiden.
[7] Gesetz v. 02.03.1974, BGBl. I, S. 469, 547; siehe auch die Durchführungshinweise des *Bundesministeriums des Innern* zu diesem Gesetz, Rdschr. v. 25.10.1974 – D III 1 – 220 215/16 –, GMBl. 1974, S. 537; siehe ferner www.verpflichtungsgesetz.de.

Allgemeine Schutzbestimmungen

Beamte oder Angestellte[8] zu sein – oder für sie tätig werden.[9] Beispiele im Arbeitsumfeld der Kommune sind sog. 1-Euro-Kräfte, Kombilohnkräfte, Praktikanten, Fraktionsmitarbeiter – soweit sie nicht als Bedienstete der Kommune abgeordnet sind –, u.a. Personenkreise. Studierende und Doktoranden, die für Studien- und Promotionszwecke Akten und Unterlagen mit vertraulichem Inhalt einsehen und auswerten, sind in entsprechender Anwendung des Verpflichtungsgesetzes zu verpflichten.[10] *Hinweise*[11] auf das Datengeheimnis können beispielsweise in der nachstehend dargelegten Form gegeben werden:

70 **Muster[12] eines Hinweises auf das Datengeheimnis gemäß § 6 DSG NRW**

Ich bin auf folgende gesetzliche Bestimmungen zum Datengeheimnis (§ 6 DSG NRW) hingewiesen worden:

Es ist untersagt, personenbezogene Daten zu einem anderen als dem zur jeweiligen rechtmäßigen Aufgabenerfüllung erforderlichen Zweck zu verarbeiten, insbesondere diese Daten unbefugt dritten Personen bekannt zu geben oder zugänglich zu machen. Dies gilt auch nach Beendigung der Tätigkeit bzw. dem Ende des Arbeits- oder Dienstverhältnisses.

Das Merkblatt zum Datengeheimnis habe ich erhalten und den Inhalt zur Kenntnis genommen.

Ort, Datum, Unterschrift

– Original zur Personalakte
– Kopie und Merkblatt für den/die Unterzeichner/in

71 **Muster eines Merkblattes zum Datengeheimnis gemäß § 6 DSG NRW**

Was bedeutet das Grundrecht auf informationelle Selbstbestimmung?
Das Grundrecht auf informationelle Selbstbestimmung ist aus Art. 1 Abs. 1 und Art. 2 Abs. 1 des Grundgesetzes abgeleitet und in Art. 4 Abs. 2 der Verfassung des Landes NRW ausdrücklich verankert. Es beinhaltet die Befugnis des Einzelnen, grundsätzlich selbst über die Preisgabe und Verwendung seiner Daten

---

[8] Das Gesetz bezieht sich auf alle Personen, die keine Amtsträger i.S. des § 11 Abs. 1 Nr. 2 StGB sind, d.h. auf die *Bediensteten* der Gemeinde (§ 74 GO NRW).
[9] Z.B. im Rahmen von Vergaben.
[10] Dies kann in der Prüfungsordnung der Hochschule verankert sein; die Geheimhaltungspflicht ist strafbewehrt nach § 203 Abs. 2 Nr. 2 StGB.
[11] Derselbe Text kann mit verändertem Einleitungssatz auch für Zwecke einer Verpflichtung nach dem Verpflichtungsgesetz verwendet werden.
[12] Der Formulierungsvorschlag ist nur ein *Muster*. Er ist den Anforderungen des jeweiligen Aufgabenbereiches anzupassen. Dabei sind die für die Tätigkeit der Mitarbeiter maßgeblichen Datenschutzvorschriften zu berücksichtigen.

Datengeheimnis

zu bestimmen. Dieses Recht ist jedoch nicht unbeschränkt. Es findet seine Grenzen in den Rechten Dritter und in den überwiegenden Interessen der Allgemeinheit.

Was folgt daraus für die öffentliche Verwaltung?
Jede Verarbeitung personenbezogener Daten durch einen Mitarbeiter einer öffentlichen Stelle ist ein Eingriff in das Grundrecht auf informationelle Selbstbestimmung und darf nur auf der Basis einer Rechtsvorschrift oder mit Einwilligung des Betroffenen erfolgen. Der Mitarbeiter muss deshalb bevor er Daten verarbeitet (z. B. erhebt, speichert, übermittelt oder nutzt) immer prüfen, aufgrund welcher Rechtsnorm er handelt. In Frage kommen bereichsspezifische Vorschriften, wie das Landesmeldegesetz, das Sicherheits- und Ordnungsgesetz oder das Landeskrankenhausgesetz, und die allgemeinen Bestimmungen des Landesdatenschutzgesetzes. Der Einzelne hat einen Anspruch darauf, dass die öffentlichen Stellen des Landes mit seinen personenbezogenen Daten sorgsam umgehen.

Welche Regelungen enthält das Datenschutzgesetz NRW?
Das Datenschutzgesetz NRW regelt die Verarbeitung personenbezogener Daten durch öffentliche Stellen (hier: Kommunen), unabhängig davon, in welcher Form (Dateien oder Akten) sie gespeichert sind und ob es sich um automatisierte oder nicht-automatisierte Verfahren handelt. Das Datenschutzgesetz NRW ist ein Auffanggesetz, das heißt, seine Vorschriften sind immer dann anzuwenden, wenn die konkrete Datenverarbeitung nicht durch eine bereichsspezifische Rechtsvorschrift geregelt ist. Jede darüber hinausgehende Verarbeitung personenbezogener Daten ist unzulässig, es sei denn, der Betroffene hat eingewilligt.

Wer kontrolliert die Einhaltung der datenschutzrechtlichen Vorschriften?
Öffentliche Stellen sind verpflichtet, einen behördlichen (hier: kommunalen) Datenschutzbeauftragten zu bestellen. Dieser berät in allen Datenschutzfragen und kontrolliert die Einhaltung der datenschutzrechtlichen Bestimmungen. Vor der Einrichtung oder wesentlichen Änderung eines automatisierten Verfahrens zur Verarbeitung personenbezogener Daten prüft er, ob die Datenverarbeitung zulässig ist und Maßnahmen zum Schutz der Daten ausreichend getroffen wurden. Er führt ein Verzeichnis aller bei der öffentlichen Stelle eingesetzten Verfahren. Unabhängig von der Tätigkeit des behördlichen Datenschutzbeauftragten kontrolliert die Landesbeauftragte für Datenschutz und Informationsfreiheit NRW alle öffentlichen Stellen. Mitarbeiter einer öffentlichen Stelle können sich in allen Angelegenheiten des Datenschutzes ohne Einhaltung des Dienstweges an den behördlichen Datenschutzbeauftragten und/oder an die Landesbeauftragte für Datenschutz und Informationsfreiheit NRW wenden.

Welche Pflichten hat die Kommune als öffentliche Stelle?
Die Verarbeitung personenbezogener Daten ist auf das zur rechtmäßigen Aufgabenerfüllung erforderliche Maß zu beschränken. Unrichtige, unzulässig erhobene oder gespeicherte sowie nicht mehr erforderliche Daten sind von Amts

wegen zu berichtigen bzw. zu sperren oder zu löschen. Die Organisationseinheiten der Kommune (Ämter, Institute und Einrichtungen) sind als verantwortliche Stellen Herr der Daten, die sie zu ihrer Aufgabenerfüllung verwalten. Sie müssen geeignete technische und organisatorische Maßnahmen treffen, um die Einhaltung der Datenschutzvorschriften sicherzustellen. Soweit die verantwortlichen Stellen personenbezogene Daten selbst verarbeiten, haben sie eine Beschreibung für jedes von ihnen dazu eingesetzte Verfahren zu erstellen und dem kommunalen Datenschutzbeauftragten zum Zwecke der Vorabkontrolle und Aufnahme in das kommunale Verfahrensverzeichnis zu übersenden. Lassen sie die Daten in ihrem Auftrag verarbeiten, so hat der Auftragnehmer das von ihm eingesetzte Verfahren in ein eigenes Verfahrensverzeichnis aufzunehmen.

Die öffentliche Stelle (hier: Kommune) hat umfangreiche Aufklärungspflichten gegenüber dem Betroffenen. Sofern Daten beim Betroffenen mit seiner Kenntnis erhoben werden, ist er in geeigneter Weise über den Zweck der Erhebung, die Art und den Umfang der Verarbeitung, etwaige Datenempfänger sowie bestehende Auskunfts- oder Berichtigungsansprüche zu informieren. Dabei ist auf einschlägige Rechtsgrundlagen, alternativ auf die Freiwilligkeit seiner Auskünfte hinzuweisen; er ist über mögliche Folgen einer Auskunftsverweigerung aufzuklären. Werden die Daten nicht beim Betroffenen erhoben, so hat die öffentliche Stelle ihn hierüber nachträglich zu unterrichten.

Welche Rechte hat der Betroffene?
Um sein Recht auf informationelle Selbstbestimmung wahrnehmen zu können, muss der Betroffene wissen, welche Stellen Daten über ihn gespeichert haben und woher diese Daten stammen. Deshalb hat jeder das Recht auf Auskunft über seine gespeicherten Daten, deren Herkunft und Empfänger regelmäßiger Übermittlungen sowie über Zweck und Rechtsgrundlagen der Verarbeitung. Dem Betroffenen kann alternativ Einsicht in seine Daten gewährt werden. Er kann sich jederzeit an die Landesbeauftragte für Datenschutz und Informationsfreiheit NRW wenden (Anrufungsrecht) und hat bei Schäden, die aufgrund von Verstößen gegen datenschutzrechtliche Vorschriften eingetreten sind, unter bestimmten Voraussetzungen Anspruch auf Schadensersatz. Er kann eine Berichtigung, ggfs. auch eine Sperrung seiner Daten verlangen. Darüber hinaus steht einem Betroffenen in Einzelfällen ein Widerspruchsrecht gegen eine sonst zulässige Verarbeitung seiner Daten zu, wenn hierfür ein besonderes Interesse vorliegt, das diese Beschränkung rechtfertigt.

Was geschieht bei einer Verletzung datenschutzrechtlicher Vorschriften?
Verstöße gegen datenschutzrechtliche Vorschriften können als Ordnungswidrigkeit oder als Straftat geahndet werden. Wer schuldhaft gegen das DSG NRW verstößt, kann in bestimmten Fällen mit einer Geldstrafe und in schweren Fällen mit bis zu zwei Jahren Freiheitsstrafe bestraft werden. Verstöße werden nur auf Antrag verfolgt. Unabhängig davon kann ein Verstoß auch zu dienst- oder arbeitsrechtlichen Konsequenzen führen.

II. Geheimnisschutz und Datenschutz
1. Inhalte des Geheimnisschutzes
a) Begriff

Unter den Begriff des Geheimnisses fallen *nicht offenkundige* Tatsachen, die nur einem eng begrenzten Personenkreis bekannt sind und an deren Geheimhaltung derjenige, den sie betreffen, ein von seinem Standpunkt aus sachlich begründetes Interesse hat. Maßgeblich für eine Einordnung als Geheimnis sind die charakteristischen Elemente der Unbekanntheit der Tatsache außerhalb des begrenzten Kreises der Geheimnisträger, sowie der Geheimhaltungswille und das Geheimhaltungsinteresse des Geheimnisherrn.[13]

72

b) Geheimnisherr und Geheimnisträger

Als *Geheimnisherr* wird diejenige Person bezeichnet, welche die Verfügungsberechtigung über die im Geheimnis enthaltenen Informationen besitzt. Es handelt sich hierbei in der Regel um denjenigen, dessen Lebens- oder Wirkungsbereich von den geheim zuhaltenden Tatsachen betroffen ist und dessen Interessen durch die Geheimhaltung geschützt werden sollen. Der Geheimnisherr muss den Willen und ein begründetes Interesse hinsichtlich der Geheimhaltung der Tatsachen aufweisen. Als *Geheimnisträger* werden sonstige eingeweihte Personen bezeichnet, welche von den geschützten Tatsachen Kenntnis haben und grundsätzlich zur Verschwiegenheit verpflichtet sind.[14]

73

c) Wesen und Schutzgut

In Abgrenzung zum Datenschutz erfasst der Geheimnisschutz seinem Wesen nach weniger die Frage nach der Verfügbarkeit von Daten, sondern vielmehr jene nach dem Schutz des Vertrauens betroffener Personen. Geschützt werden nicht nur oder in erster Linie Individualinteressen, sondern *das allgemeine Vertrauen in die Verschwiegenheit der Verwaltung oder bestimmter Berufe* als Voraussetzung dafür, dass diese ihre im Interesse der Allgemeinheit liegenden Aufgaben sachgerecht erfüllen können.[15]

74

d) Funktion und Schutzzweck

Ein unbefugter Eingriff in ein fremdes Geheimnis ist von *außen* denkbar durch Personen, die sich unbefugt Kenntnis verschaffen, und von *innen* durch be-

75

---

[13] *Kloepfer*, Informationsrecht, 2002, § 9, Rn. 1; *Zilkens*, Datenschutz und Informationsfreiheit in der Kommune, 3. Aufl. 2009, S. 49.
[14] *Kloepfer*, Informationsrecht, 2002, § 9, Rn. 7.
[15] *Lenckner/Eisele*, in: Schönke/Schröder, StGB-Kommentar, 28. Aufl. 2010, § 203, Rn. 3.

rechtigte Personen, welche anderen unberechtigt Kenntnis verschaffen. Die Vorschriften des Geheimnisschutzes haben so zunächst die Funktion, die Respektierung des fremden Geheimnisses durch den Geheimnisträger (Geheimhaltung) zu gewährleisten, indem eine Offenbarung, Weiterverbreitung und Verwendung der betroffenen Informationen reglementiert werden (Pflicht zur Verschwiegenheit).[16] Darüber hinaus ist häufig ein aktives präventives Handeln von Geheimnisherrn und -trägern in Form von positiven Abwehrmaßnahmen Ziel des Geheimnisschutzes, um ein unbefugtes Eindringen und Auskundschaften durch Dritte zu verhindern. Ferner dient der Geheimnisschutz über konkrete Beziehungen hinaus der Stärkung bestehender Vertrauensverhältnisse im Allgemeinen. Um die Funktionsfähigkeit des Staates und seiner Organe einerseits bzw. bestimmter Berufsstände andererseits zu gewährleisten, soll sich der Betroffene darauf verlassen können, dass seine Geheimnisse gewahrt werden.

2. Kategorien des Geheimnisschutzrechts

76 Nach der Art der geheim zu haltenden Tatsachen sowie nach den Interessen, denen die Geheimhaltung dient, lässt sich eine Unterscheidung vornehmen. Die sog. *privaten* Geheimnisse als erste Kategorie betreffen den persönlichen Lebensbereich einer natürlichen Person; dazu gehören auch betriebs-, geschäfts-, und berufsbezogene Geheimnisse. Träger dieser Geheimnisse können auch kommunale Bedienstete sein.[17] Schutzziel ist das Vertrauensverhältnis. Abzugrenzen sind hiervon als zweite Kategorie die *staatlichen* Geheimnisse, d.h. solche, die auf den hoheitlich handelnden Staat im weiteren Sinne[18] bezogen sind. Hierunter fallen einerseits Staatsgeheimnisse im Sinne des Staatsschutzrechts, andererseits Amtsgeheimnisse. Sie dienen sowohl öffentlichen Interessen an einem ungestörten Funktionieren der Behörde, als auch dem Schutz des Vertrauens der Allgemeinheit in die Verschwiegenheit amtlicher Stellen.[19]

3. Rechtsgrundlagen

Eine strukturierte Regelungssystematik der den Schutz von Geheimnissen betreffenden Vorschriften besteht nicht. Im Grundgesetz sowie in einfachgesetzlichem Bundesrecht findet sich zu jedem besonderen Geheimnis ein teilweise komplexes Regelungsgeflecht.

---

[16] *Kloepfer*, Informationsrecht, 2002, § 9, Rn. 16.
[17] Z.B. Amts- und Betriebsärzte, Sozialarbeiter, Psychologen etc.
[18] Einschließlich des Handelns der Kommune auf ihren jeweiligen Aufgabenfeldern.
[19] *Kloepfer*, Informationsrecht, 2002, § 9, Rn. 2.

Geheimnisschutz und Datenschutz

a) Wichtige Amtsgeheimnisse im kommunalen Kontext

Kommunale Bedienstete haben je nach Art ihrer Aufgabenerfüllung eine Vielzahl von Geheimnissen zu beachten und zu wahren, von denen hier nur einige exemplarisch aufgezählt werden sollen: 77

– *Brief- und Postgeheimnis, Art. 10 GG*
  Art. 10 Abs. 1 GG gewährleistet das Geheimnis des Briefinhalts und der äußeren Umstände des Briefverkehrs.[20] Ein Beispiel: Dem kommunalen Arbeitgeber/Dienstherrn ist es grundsätzlich nicht gestattet, zur Sachverhaltsermittlung und Entscheidungsfindung Zugriff auf brieflichen Verkehr kommunaler Bediensteter mit Dritten zu nehmen. Registratur oder Vorgesetzte dürfen verschlossene Briefe nur öffnen, wenn – nicht die Adressierung ergibt, dass der Brief an den Bediensteten persönlich – privat oder dienstlich vertraulich – gerichtet ist; Ist der Funktionsbereich des Empfängers in der Adressierung genannt, oder hat der Absender zum Namen des Empfängers einen Zusatz wie „z. Hd." bzw. „o.V. i.A." beigefügt, so darf der Brief geöffnet werden.[21]

– *Fernmeldegeheimnis, § 88 TKG*
  Diensteanbieter[22] sind zur Wahrung des Fernmeldegeheimnisses verpflichtet. Ein *Beispiel*: Gestattet eine Gemeinde ihren Bediensteten, vom Dienstapparat aus private Telefongespräche entgeltlich zu führen, so kann sie als Arbeitgeber/Dienstherr ausschließlich die Richtigkeit der Abrechnung organisieren.[23]

– *Steuergeheimnis, § 30 AO*
  Das Steuergeheimnis schützt die Verhältnisse eines anderen vor unbefugter Offenbarung, Verwertung oder Abruf in einem automatisierten Verfahren. Es ist auch im Rahmen kommunaler Aufgabenerfüllung zu beachten.[24] Für den Bereich der Gewerbesteuer und Grundsteuer, die in der Gesetzgebungskompetenz des Bundes liegen, ist § 30 AO – Wahrung des Steuergeheimnis-

---

[20] Näheres z.B. bei *Pagenkopf*, in: Sachs (hg.), GG–Kommentar, 5. Aufl. 2009, Art. 10, Rn. 12.
[21] *LAG Hamm*, Urt. v. 19.02.2003 – AZ: 14 Sa 1972/02 –, Entscheidungsgründe, Nr. 3.
[22] Definition siehe § 3 Nr. 6 TKG.
[23] Daten sowohl des Anrufenden (A-Teilnehmer) als auch des Angerufenen (B-Teilnehmer) sind geschützt (*Klesczewski*, in: Berliner Kommentar zum TKG, § 88, Rn. 10). Diese Feststellung ist Inhalt vieler kommunaler Dienstvereinbarungen zur TK-Nutzung.
[24] Art. 106 Abs. 6 GG; dazu *Siekmann*, in: Sachs (hg.), GG-Kommentar, 5. Aufl. 2009, Art. 106 Rn. 41.

ses – unmittelbar anwendbar;[25] für die örtlichen Verbrauchs- und Aufwandssteuern (z.B. die Vergnügungs- und die Hundesteuer) wird die Anwendbarkeit über eine Verweisung auf die bundesrechtlichen Vorschriften der Abgabenordnung in den Kommunalabgabengesetzen[26] hergestellt. Bei der Verwaltung dieser kommunalen Steuern unterliegen alle hiermit befassten Bediensteten, die Amtsträger im Sinne des § 30 AO sind, dem Steuergeheimnis. Zur seiner Sicherstellung und Wahrung sind sie auf ihre diesbezügliche Verpflichtung ausdrücklich hinzuweisen und mit der Rechtsmaterie vertraut zu machen.

Dem Steuergeheimnis unterliegende Daten, zu denen Name, Anschrift und Steuernummer des Steuerpflichtigen gehören, dürfen nur in den im Gesetz genannten Fällen offenbart werden. Für den Bereich der *Hundesteuer* darf ausschließlich im Schadensfall Name und Anschrift des Hundehalters offenbart werden, nicht jedoch im Falle der Verfolgung einer Ordnungswidrigkeit, wie z.B. einer Verunreinigung öffentlicher Strassen durch Hundekot. Für den Bereich der *Gewerbe- und Grundsteuer* dürfen durch § 30 AO geschützte Daten nicht an andere Dienststellen der Stadtverwaltung weitergegeben werden, auch wenn eine Information über die steuerlichen Verhältnisse im Rahmen der Aufgabenerfüllung dieser Stellen hilfreich wäre, z.B. für den Abschluss von Miet- oder Pachtverträgen.

– *Statistikgeheimnis, § 16 BStatG*
Kommunen haben nach landesgesetzlichen Vorgaben[27] Statistikstellen eingerichtet, in denen personenbezogene Daten nach den gesetzlichen Bestimmungen des Statistikgeheimnisses[28] für statistische Zwecke verarbeitet und nach ihrer Auswertung vernichtet werden. Die Bediensteten der Statistikstelle werden vor Aufnahme ihrer Tätigkeit schriftlich auf das Statistikgeheimnis verpflichtet; jährlich wird diese Verpflichtung in Erinnerung gerufen. Neben ihrer Tätigkeit in der Statistikstelle dürfen sie nicht mit anderen Aufgaben des Verwaltungsvollzugs betraut werden, um mögliche Interessenkonflikte zu vermeiden. Die vom Gesetz verlangte organisatorische und räumliche Absonderung von anderen Verwaltungsstellen kann dadurch realisiert werden, dass der Zutritt kontrolliert und Maßnahmen baulicher Art getroffen werden.

---

[25] § 30 AO gilt für diese Steuern gemäß §§ 1 Abs. 2 Nr. 1, 3 Abs. 2 AO; *Alber*, in: Hübschmann/Hepp/Spitaler, AO/FGO-Kommentar, 208. Lfg. Stand Aug. 2010, AO § 30, Rn. 10.

[26] Sie werden in Art. 105 Abs. 2a GG durch Landesrecht festgelegt; Siehe auch § 12 KAG NRW.

[27] § 32 Abs. 2 DSG NRW; in anderen Ländern ist das Abschottungsgebot teilweise in Landesstatistikgesetzen verankert, so z.B. in: § 7 Abs. 4 LStatG S-H; § 16 Abs. 6 HessLStatG; Art. 20 Abs. 2 BayStatG; § 9 Abs. 1 NdsStatG.

[28] § 16 BStatG.

b) Betriebs- und Geschäftsgeheimnisse

Als Betriebs-[29] und Geschäftsgeheimnisse[30] werden alle auf ein Unternehmen bezogenen Tatsachen, Umstände und Vorgänge verstanden, an deren Geheimhaltung der Unternehmer ein schutzwürdiges wirtschaftliches Interesse hat. Hat die Kommune aus Rechtsverhältnissen mit Unternehmen berechtigt Kenntnis von derartigen Geheimnissen, so muss und darf sie Offenbarungswünsche Dritter zurückweisen. 78

c) Berufsgeheimnisse

– *Dienst- und arbeitsrechtliche Verschwiegenheitspflichten* 79
Das Dienstgeheimnis, das sich für den kommunalen Bereich aus dem Beamtenrecht[31] ergibt, verpflichtet den Bediensteten, über die ihm bei seiner amtlichen Tätigkeit bekanntgewordenen Angelegenheiten Verschwiegenheit zu bewahren.

– *Geheimhaltungspflichten gegenüber Patienten/Klienten*
In Kommunen sind in unterschiedlicher Funktion[32] Tierärzte und Ärzte tätig, z.B. als Amtsarzt oder als Betriebsarzt. Sozialarbeiter und Sozialpädagogen erfüllen Aufgaben im Sozial- und Jugendhilfebereich. Schulpsychologen beraten Schüler. Sie alle unterliegen einer strafbewehrten Schweigepflicht.[33] Soweit eine Befugnis zur Offenbarung aufgrund einer gesetzlichen Mitteilungspflicht,[34] einer Spezialvorschrift[35] oder eines Rechtfertigungsgrundes[36] besteht, scheidet eine Strafbarkeit aus. Der Grundsatz der Rechts- und Amtshilfe gegenüber anderen Behörden hingegen rechtfertigt weder eine Offenbarung noch eine datenschutzrechtliche Übermittlung.

4. Verhältnis zum Datenschutzrecht

Die Regelungsbereiche von Geheimnisschutzrecht und Datenschutzrecht überschneiden sich teilweise. Einerseits ist der Bereich des Geheimnisschutzes 80

---

[29] Technisches Wissen im weitesten Sinne, wie z.B. Produktionsmethoden und Verfahrensabläufe.
[30] Kaufmännisches Wissen, wie z.B. Umsätze, Ertragslagen, Geschäftsbücher, Kundenlisten, Bezugsquellen, Konditionen, Marktstrategien, Kalkulationsunterlagen, Patentanmeldungen.
[31] Z.B. § 37 BeamtStG; Entsprechendes gilt im Angestelltenbereich (z.B. §§ 9 BAT, 3 Abs. 1 TVöD).
[32] Ob begutachtend oder therapierend, ist an dieser Stelle ohne Bedeutung.
[33] § 203 Abs. 1 StGB.
[34] Z.B. §§ 138, 139 Abs. 3 Satz 2 StGB, §§ 11 Abs. 2, 12, 13 GeschlechtskrankheitenG; Regelungen in den gerichtlichen Verfahrensordnungen.
[35] Z.B. §§ 23 Abs. 2, 24 Abs. 3 GDSG NRW.
[36] Z.B. § 34 StGB.

weiter gefasst, da auch die vom Datenschutzrecht nicht in den Blick genommenen betrieblichen und geschäftlichen Informationen ohne Bezug auf eine natürliche Person Gegenstand eines Geheimnisses sein können. Andererseits betrifft der Datenschutz nicht nur (personenbezogene) Geheimnisse, sondern *alle* personenbezogenen Daten, die der Betroffene möglicherweise gar nicht geheim behandelt wissen will oder kann. Die gemeinsame Schnittmenge beider Schutzbereiche bilden die personenbezogenen geheimen Daten.

In diesem Bereich war das Verhältnis von Geheimnis- und Datenschutz lange Zeit umstritten. Nach der *Zwei-Schranken-Theorie* gelten standesrechtliche Regelungen und strafbewehrter Geheimnisschutz einerseits und datenschutzrechtliche Übermittlungsbefugnisse andererseits parallel.[37] Diese Ansicht würde in der Praxis dazu führen, dass der Geheimnisträger bei Offenlegung eines Geheimnisses zwei Schranken zu beachten hätte: den speziellen Geheimnisschutz und den allgemeinen Datenschutz. Trotz vorhandener Übermittlungsnormen wäre regelmäßig eine Entbindungserklärung des Betroffenen erforderlich, und eine Datenübermittlung müsste vielfach unterbleiben.

81 Aus praktischen Gründen müssen Geheimhaltungsinteressen aber durch datenschutzrechtliche Mitteilungsbefugnisse überdeckt werden können, denn Datenschutz und Geheimnisschutz können keine im Ergebnis unterschiedlichen Aussagen treffen. Bereits der Grundsatz der Einheit der Rechtsordnung gebietet es, allgemeine Datenschutzgesetze, soweit sie Übermittlungsbefugnisse für personenbezogene Daten enthalten, als Befugnisnorm im Sinne des § 203 StGB zu verstehen, denn es kann nicht bei Strafe verboten sein, was datenschutzrechtlich erlaubt, oder aufgrund von Übermittlungsverpflichtungen sogar geboten ist. Insoweit lassen sich Geheimnisschutz und Datenschutz miteinander in Einklang bringen, also *harmonisieren*.[38] In der *Praxis* lässt sich ein rechtmäßiges Verhalten und zugleich eine Harmonisierung erreichen, indem bei der Frage nach der Unbefugtheit der Offenbarung einer Information die datenschutzrechtliche Seite gleichsam inzident geprüft wird. Dies hat zur

---

[37] Die Datenschutzgesetze stellen hiernach lediglich einen Minimalstandard dar, der vom Geheimnisschutz nicht unterschritten werden darf; sie verändern aber nicht den durch § 203 StGB gewährleisteten Umfang der Schweigepflicht; siehe dazu die Nachweise bei *Walz*, in: Simitis (hg.), BDSG-Kommentar, a.a.O., § 1 Rn. 186 Fn. 444. Ob man dies als eine Frage des *Schutzniveaus* (Gola/Schomerus, BDSG–Kommentar, 10. Aufl. 2010, § 1 Rn. 25) oder des *Normzwecks* (Weichert, in: Däubler/Klebe/Wedde/Weichert, Kompaktkommentar, 3. Aufl. 2010, § 1 Rn. 14) betrachtet, führt zu demselben Ergebnis.

[38] So im Ergebnis seit der 25. Aufl. auch *Lenckner (28. Aufl. Lenckner/Eisele)*, in: Schönke/Schröder, StGB-Kommentar, 28. Aufl. 2010, § 203, Rn. 53c; *Fischer*, StGB-Kommentar, 57. Aufl. 2010, § 203 Rn. 43; ausdrücklich auch *Heckel*, Behördeninterne Geheimhaltung, NVwZ 1994, 224 ff., 228.

Folge, dass eine besondere Entbindungserklärung des Betroffenen nur erforderlich ist, soweit Datenübermittlungsbestimmungen nicht eingreifen.

Ob freilich einschlägige besondere Geheimnisoffenbarungs-Vorschriften, deren Voraussetzungen erfüllt sind, auch umgekehrt eine Datenübermittlung legitimieren oder nur die Voraussetzungen dafür bilden, dass Daten aus dem eigentlich geheimnisgeschützten Bereich aufgrund einer *anderen* Datenübermittlungsnorm – des allgemeinen oder bereichsspezifischen *Datenschutzrechts* – übermittelt werden dürfen, ist nicht einheitlich zu beurteilen. Terminologie-Wechsel des Gesetzgebers zu Datenschutz- und Geheimnisschutznormen tragen zu einem nicht systematisch differenzierenden Erscheinungsbild beider Materien bei.[39]

82

Beispiele:

– Dem *Steuergeheimnis* unterliegende Tatsachen dürfen offenbart werden, wenn dies *durch Gesetz ausdrücklich zugelassen* ist.[40] Das gilt etwa für geheimnisgeschützte personenbezogene Daten im Rahmen von Kontrollmaßnahmen des BfDI.[41] Landesgesetze können aber nur zur Offenbarung befugen, soweit die Landes-Gesetzgebungskompetenz reicht.[42] Eine Datenübermittlungsnorm des Landesdatenschutzgesetzes genügt dafür nicht.

– Der Schutz dem *Telekommunikationsgeheimnis* unterliegender personenbezogener Daten wird im TKG geregelt.[43] Hier kann von bereichsspezifischem TK-Datenschutz gesprochen werden. Das Gleiche gilt für den dem *Sozialgeheimnis* untergeordneten Sozialdatenschutz.[44]

5. Verhältnis zum Informationszugangsrecht

Geheimnisschutz steht Informationszugang bereits begrifflich entgegen.[45] Bestimmte Geheimhaltungsinteressen sind mit der Befriedigung von Offen-

83

---

[39] So wurde das *Sozialgeheimnis* in § 35 Abs. 1 SGB I *früher* (ab 01.01.1981) mit *geheimnisschutzbezogener* Terminologie definiert („Wahrung, keine unbefugte Offenbarung"; siehe. Gesetz v. 8.08.1980, BGBl. I, S. 1469), während *heute* (ab dem 01.07.1994) mit *datenschutzbezogener* Terminologie von „nicht unbefugter Sozialdatenverarbeitung" gesprochen wird (Gesetz v. 13.06.1994, BGBl. I, S. 1229).
[40] § 30 Abs. 4 Nr. 2 AO.
[41] § 24 Abs. 2 Nr. 2 BDSG. Dazu *Drüen*, in: Tipke/Kruse, AO/FGO – Kommentar, Loseblatt-Ausgabe, 123. Lfg., Stand: Juni 2010, § 30 AO, Rn. 86. Für den *LDI NRW* gelten §§ 24 Abs. 6 BDSG, 22 Abs. 2 Satz 2 DSG NRW.
[42] *Drüen*, in: Tipke/Kruse, a.a.O., Rn. 71 unter Hinweis FG Münster EFG 03, 499 ff., 501, das dem IFG NRW eine wirksame Offenbarungsbefugnis i.S. der AO abspricht.
[43] §§ 88, 91 ff. TKG.
[44] §§ 35 SGB I, 67 ff. SGB X.
[45] *Seidel*, in: Franßen/Seidel, Das IFG NRW – Ein Praxiskommentar, 2007, Rn. 827.

legungswünschen grundsätzlich unvereinbar.⁴⁶ Insoweit ist in den Informationsfreiheitsgesetzen der Länder geregelt, dass die vormals geltende Amtsverschwiegenheit im Rahmen der Anwendung des IFG entfällt.⁴⁷ *Betriebs- und Geschäftsgeheimnisse* dagegen fungieren als Ausschlussgründe für Informationszugangsansprüche.

III. Automatisierte Abrufverfahren und regelmäßige Datenübermittlung

84 Die Einrichtung eines automatisierten Verfahrens, welches die Übermittlung personenbezogener Daten per Abruf ermöglicht, sowie die Zulassung regelmäßiger Datenübermittlungen sind in den Landesdatenschutzgesetzen an besondere Bedingungen geknüpft.⁴⁸ Soweit die Daten im Rahmen des Abrufs oder der regelmäßigen Übermittlung die Kommune verlassen, darf sich die empfangende Stelle ihrer nur bedienen, soweit sich aus einer bundes- oder landesrechtlichen Vorschrift eine ausdrückliche Befugnis dazu ergibt.⁴⁹ Solche Vorschriften sind Gesetze und Rechtsverordnungen, nicht aber Verwaltungsvorschriften, Erlasse oder Richtlinien.⁵⁰ Die konkreten Anforderungen an ein Abrufverfahren divergieren in den einzelnen Ländern. Bei Abruf oder regelmäßiger Übermittlung innerhalb *derselben öffentlichen Stelle* ist neben der Datenübermittlungsbefugnis lediglich eine Angemessenheitsprüfung vorzunehmen, die positiv ausfällt, wenn die Übermittlungsfälle gleichartig sind und so häufig anfallen, dass die angestrebte technische Aufgabenerfüllung der Kommune einen Abruf organisatorisch als sinnvoll erscheinen lässt.

IV. Straf- und Bußgeldvorschriften

85 Bei vorsätzlich unbefugtem Umgang mit personenbezogenen Daten sehen die Datenschutzgesetze der Länder besondere Sanktionen vor.⁵¹ Unter Strafe werden dabei Tathandlungen gestellt, die mit Bereicherungs- oder Schädigungsab-

---

⁴⁶ Grundlegend dazu Kloepfer, DÖV 2003, 221 ff., 224 f.
⁴⁷ Z.B. § 4 Abs. 2 Satz 2 IFG NRW.
⁴⁸ § 9 DSG NRW; § 8 LDSG S-H; § 15 HDSG; § 12 NDSG; § 8 LDSG B-W; Art. 8 BayDSG; § 7 DSG-LSA; § 7 ThürDSG; § 9 BbgDSG; § 10 SDSG; § 7 LDSG R-P; § 15 BlnDSG; § 8 SächsDSG; § 17 DSG M-V; § 14 BremDSG; § 11 HmbDSG.
⁴⁹ Z.B. § 9 DSG NRW; § 12 NDSG; § 9 BbgDSG.
⁵⁰ *Stähler/Pohler*, DSG NRW, 3. Aufl. 2003, Erl. § 9 DSG, Rn. 3.
⁵¹ § 33 DSG NRW; § 40 HDSG; § 28 NDSG; § 41 LDSG B-W; Art. 37 Bay DSG; § 31 DSG-LSA; § 43 ThürDSG; § 38 BbgDSG; § 35 SDSG; § 37 LDSG R-P; § 33 BlnDSG; § 39 SächsDSG; § 42 M-V; § 37 BremDSG; § 32 HmbDSG. Straf- und Ordnungswidrigkeitenrecht ist Gegenstand der konkurrierenden Gesetzgebung (Artt. 72 Abs. 1, 74 Abs. 1 Nr. 1 GG); dazu *Degenhart*, in: Sachs (hg.), GG-Kommentar, a.a.O., Art. 74, Rn. 10 ff.

Straf- und Bußgeldvorschriften

sicht begangen werden. Sonstiger Datenmissbrauch wird als Ordnungswidrigkeit mit Geldbuße geahndet.[52] Liegt ein einschlägiger Sachverhalt vor, so stellt sich in der Praxis die Frage, unter welche Vorschriften zu subsumieren ist. Hier finden die Sanktionsnormen desjenigen Gesetzes Anwendung, dem der verfügte Datenbestand, nicht der verfügende Täter, verwaltungsrechtlich zuzuordnen ist. Ruft ein schleswig-holsteinischer Privatmann vorsätzlich unbefugt Daten aus der Datenbank einer Kommune in NRW ab, so ist das DSG NRW anwendbar.[53]

Es sind kaum Gerichtsentscheidungen zu Strafverfahren wegen Datenmissbrauchs veröffentlicht. Das Potential, Beschäftigtendaten oder Daten in kommunalen Registern widerrechtlich und vorsätzlich für fremde Zwecke zu nutzen, ist dabei zweifellos vorhanden. Zur offiziellen Einleitung eines Strafverfahrens und schließlich zu einem rechtskräftigen Urteil kommt es in der kommunalen Praxis erfahrungsgemäß eher selten.

---

[52] § 34 DSG NRW; § 44 LDSG S-H; § 41 HDSG; § 29 NDSG; § 40 LDSG B-W; Art. 37 Bay DSG; § 31a DSG-LSA; § 39 BbgDSG; § 36 SDSG; § 38 SächsDSG; § 38 BremDSG; § 33 HmbDSG.
[53] Fall nach *Ehmann*, in: Simitis (hg.), BDSG-Kommentar, a.a.O., § 43, Rn. 14.

KAPITEL 6
Allgemeine Rechtsprinzipien und Instrumente

I. Zweckbindungsgrundsatz
1. Begriff

Die *Zweckbindung* gehört zu den datenschutzrechtlichen Grundlagen und folgt zwingend aus den Ausführungen des *BVerfG* in der Volkszählungsentscheidung.[1] Verfassungsrechtlich einzuordnen ist der Zweckbindungsgrundsatz im Verhältnismäßigkeitsprinzip. Der Grundrechtseingriff darf nach seiner Intensität nicht außer Verhältnis zum angestrebten Ziel stehen.[2] Die Datenschutzgesetze schreiben die Zweckbindung bei der weiteren Verwendung personenbezogener Daten vor.[3] Daten dürfen grundsätzlich nur für den ursprünglich im Rahmen der Aufgabenerfüllung vorgesehenen Zweck verarbeitet und ohne Wissen des Betroffenen nicht zu anderen Aufgaben genutzt werden. Das Zweckbindungsprinzip bedeutet daher, dass eine multifunktionale Datennutzung ausgeschlossen ist.

86

2. Zweckidentität

Personenbezogene Daten dürfen grundsätzlich nur für den Zweck verarbeitet werden, für den sie erhoben und erstmals gespeichert worden sind.[4] Dieser dem Betroffenen bekanntzugebende Erhebungszweck ist Zulässigkeitsvoraussetzung und materielle Schranke für die weitere Datenverarbeitung. Je nach Anwendungsfall können auch *mehrere* Zwecke vereinbart werden.[5] Als Erhebungszweck gilt das von beiden Seiten Vereinbarte. Fehlt eine Absprache, ist die *objektive* Zweckbestimmung ausschlaggebend.

87

---

[1] BVerfGE 65, 1 ff.
[2] *Tinnefeld/Ehmann/Gerling*, Einführung in das Datenschutzrecht, 4. Aufl. 2005, S. 149 f.
[3] § 14 BDSG; § 11 BlnDSG; § 12 BremDSG; § 13 HmbDSG; § 13 HDSG; § 13 DSG NRW; § 15 LDSG B-W; Art. 17 BayDSG; § 9 NDSG; § 12 SächsDSG; § 13 LDSG R-P; § 13 SDSG; § 12 BremDSG; § 9 DSG M-V; § 12 BbgDSG; § 20 ThürDSG; § 10 DSG LSA; § 13 LDSG S-H.
[4] Art. 6 Abs. 1 lit. b) EU-DSRL.
[5] Z.B. *Stähler/Pohler*, DSG NRW, 3. Aufl. 2003, § 13 Rn. 3.

a) Umfang und Feststellung des Verwendungszwecks

Der Grundsatz der Verhältnismäßigkeit erfordert, dass der Verwendungszweck in sachlicher und zeitlicher Hinsicht möglichst *konkret* gefasst ist. Die Zweckbindung verlangt, dass der Verwendungszweck nicht zu weit gefasst wird. Er darf deshalb nicht nur auf eine allgemeine Zielsetzung abstellen, sondern muss sich auf den konkreten Verwaltungsvorgang beziehen. Ein zu hoher Abstraktionsgrad würde der verfassungskonformen Einschränkung des Selbstbestimmungsrechts des Betroffenen nicht gerecht. Die Datenerhebung einer Kommune muss den Zweck verfolgen, eine bestimmte *einzelne* Aufgabe zu erfüllen. Es wäre daher verfehlt, z.B. im Ordnungsrecht generell von dem Erhebungszweck „Gefahrenabwehr" auszugehen und nicht auf den jeweiligen *ordnungsrechtlichen Sachverhalt* abzustellen. Bei freiwilligen Angaben kommt es in erster Linie auf den Umfang der Einwilligung der betroffenen Person an. Die Behörde, die die Daten verarbeiten will, hat zu prüfen, ob die Einwilligung zum Zwecke der *konkreten* Verarbeitung gegeben werden muss. Die Einwilligungserklärung hat sich deshalb auf einen konkret beschriebenen Sachverhalt zu beziehen. Einwilligungsformulare, die ganz allgemein – evtl. sogar ohne Betreffzeile – gehalten sind oder womöglich vorsorglich – ohne tatsächlich eingetretene Verarbeitungssituation – die Zustimmung einholen, sind mangels Bestimmtheit unwirksam.

Im Einzelfall kann die Feststellung der Zweckidentität auf Schwierigkeiten stoßen. Eine gesetzliche Formulierung kann die Grenze zwischen dem, was noch und was nicht mehr vom Zweck erfasst ist, nicht abschließend ziehen. Die erforderliche – justitiable – Abgrenzung in besonderen Fallkonstellationen nimmt die Verwaltung vor. Es besteht jedoch auch keine Veranlassung, die Zweckidentität nach zu engen Kriterien zu bestimmen. Da jede Datenverarbeitung fachliche Ziele erreichen will, muss die Zweckidentität nach der Eigenart der fachlichen Aufgabe bestimmt und fachbezogen eingegrenzt werden.

b) Beispiele für bestehende Zweckidentität

88 Zweckidentität besteht beispielsweise in den folgenden Fallgestaltungen:

- Vorrangig zu nennen sind die *Annexfälle*. In den Zusammenhang derselben fachlichen Aufgabe gehören z.B. die Abwicklung von Schadensersatzansprüchen aus Anlass dieser Tätigkeit, die Beauftragung und Information von Rechtsanwälten, die Hinzuziehung von Sachverständigen, die Abrechnung von Kosten eines Verwaltungs- oder Gerichtsverfahrens.
- In behördlichen Abstimmungsverfahren haben mehrere öffentliche Stellen ihre fachlichen Ziele und Erfahrungen zu einem gemeinsamen Zweck zusammenzufassen, um einheitlich vorzugehen.
- Zweckidentität kann bestehen zwischen der Gewerbeanmeldung einer Person für ein bestimmtes Jahr und ihrer erneuten Anmeldung für ein anderes Gewerbe in einem anderen Jahr.

Zweckbindungsgrundsatz

– Ein Betrieb mit mehreren Produktgruppen ist auf Grund unterschiedlicher Rechtsvorschriften[6] zu überwachen. Die aus diesem Anlass – zu den einzelnen Rechtsbereichen – zu verarbeitenden Daten dienen demselben Zweck, soweit die Zuverlässigkeit des Betreibers zu beurteilen ist.
– Zu dem behördlichen Zweck, Sorge für eine handlungsunfähige Person zu tragen, gehört die Information der Angehörigen über Aufenthalt und Zustand der Person.
– Streifenbeamte der Polizei verarbeiten Daten auch für Zwecke derjenigen Ordnungsbehörden, die fachliche Aufgaben im Zusammenhang mit der festgestellten Gefahr für die öffentliche Sicherheit und Ordnung wahrnehmen.
– Bei Dienstleistungen der Gesundheitsverwaltung ist den Umständen zu entnehmen, zu welchem konkreten Zweck – z.B. Feststellung des Grades der Fehlsichtigkeit, der Fahrtauglichkeit, umfassender Gesundheitscheck – der Bürger die Verwaltung in Anspruch nimmt.

Die öffentliche Stelle muss im konkreten Einzelfall prüfen und durch Auslegung ermitteln, ob personenbezogene Daten für bestimmte Zwecke aufgrund vorhandener Zweckidentität genutzt werden dürfen.

c) Zweckbindung ohne vorherige Erhebung

Informationen, die der Kommune unveranlasst zugehen – z.B. aufgrund von Hinweisen aus der Bevölkerung –, dürfen für eigene Aufgabenerfüllungen – auch zu mehreren unterschiedlichen Zwecken – verarbeitet werden. Insoweit wird der Zweck nach Vorliegen der Information verwaltungsintern festgelegt, so dass die Zweckbindung erst danach einsetzt.

89

3. Ausnahmen

Die ausnahmslose Beachtung des Zweckbindungsgebots kann aus der Sicht sowohl der öffentlichen Stelle als auch des Betroffenen zu unvertretbaren Ergebnissen führen. Die Gesetze lassen daher im überwiegenden Allgemeininteresse Ausnahmen vom Zweckbindungsprinzip in bestimmten Grenzen zu.[7] Bei Vorliegen dieser Ausnahmetatbestände ist eine Verarbeitung auch dann zulässig, wenn mit ihr notwendigerweise eine Zweckänderung verbunden ist. Eine solche liegt vor, wenn die Daten zu Zwecken weiterverarbeitet werden sollen, für

90

---

[6] Z.B. GewO, BauO NRW etc.
[7] Diese sind enumerativ aufgeführt so z.B.: § 13 Abs. 2 S. 1 lit. a) – h), sowie Abs. 3 DSG NRW; § 13 Abs. 2 HmbDSG; § 12 Abs. 2 BremDSG; § 15 Abs. 2 LDSG B-W; Art. 17 Abs. 2 BayDSG; § 10 Abs. 2 NDSG; § 13 Abs. 3 LDSG S-H; § 10 DSG LSA; § 13 Abs. 2 BbgDSG; § 20 Abs. 2 ThürDSG; § 10 Abs. 3 DSG M-V; § 13 Abs. 2 HDSG; § 13 Abs. 2 SDSG; § 13 Abs. 2 LDSG R-P; § 11 Abs. 2 BlnDSG; § 13 Abs. 2 SächsDSG.

die sie nicht erhoben oder erstmals gespeichert worden sind. Die Ausnahmetatbestände sind in den Landesgesetzen sehr unterschiedlich normiert. Sie unterschieden sich sowohl in ihrer Systematik als auch in ihrem Umfang. Eine Zweckänderung ist in folgenden typischen Konstellationen denkbar:

a) Zweckänderung aufgrund Rechtsvorschrift

Jede bereichsspezifische Sondervorschrift kann eine Zweckänderung festlegen. Diese Ausnahmeregelung, die die Landesdatenschutzgesetze ausdrücklich vorsehen, ist nach dem Grundsatz *lex specialis derogat legi generali*[8] eigentlich überflüssig und hat eine rein deklaratorische Bedeutung.

b) Zweckänderung zur Wahrnehmung zugewiesener Einzelaufgaben

91   Das Zweckbindungsgebot gilt auch dann nicht, wenn die Wahrnehmung einer durch Gesetz oder Rechtsverordnung zugewiesenen Einzelaufgabe die Verarbeitung dieser Daten zwingend erforderlich macht. Hierdurch wird der öffentlichen Stelle nicht prinzipiell die Möglichkeit gegeben, personenbezogene Daten im Rahmen ihrer allgemeinen Zuständigkeit zu anderen Zwecken zu verarbeiten. Sie ist vielmehr nur dann legitimiert, wenn ihr durch oder aufgrund eines Gesetzes eine bestimmte abgegrenzte Aufgabe übertragen ist, zu deren Wahrnehmung die Daten verarbeitet werden müssen. Denn wären die Daten nicht schon vorhanden, so dürften sie erhoben werden.

c) Einwilligung

92   Im Falle der Einwilligung ist eine Zweckänderung immer zulässig.[9] Der Betroffene kann eine Datenverarbeitung immer dann legitimieren, wenn die Voraussetzungen[10] dafür vorliegen.

d) Mutmaßliche Einwilligung

Manche Landesdatenschutzgesetze haben den im Zivilrecht geltenden Rechtsgedanken der Geschäftsführung ohne Auftrag aufgenommen.[11] Hierdurch soll der Erkenntnis Rechnung getragen werden, dass die Verwaltungen „Bürgerserviceleistungen" erbringen. Eine Zweckänderung soll deshalb auch dann gestattet sein, wenn sie im Interesse des Betroffenen liegt und dieser hierfür seine

---

[8] Grundsatz der Spezialität: z.B. *Rüthers/Fischer*, Rechtstheorie, 5. Aufl. 2010, Rn. 771.
[9] Z.B. § 13 Abs. 2 lit. b) DSG NRW; § 15 Abs. 2 Nr. 2 LDSG B-W.
[10] Z.B. § 4 Abs. 1 DSG NRW.
[11] § 13 Abs. 2 lit. e) DSG NRW; § 15 Abs. 2 Nr. 2 LDSG B-W; Art. 17 Abs. 2 Nr. 3 BayDSG.

Einwilligung geben würde. Maßstab ist die *Offensichtlichkeit des überwiegenden Interesses.* Danach darf darauf verzichtet werden, die Einwilligung einzuholen, wenn dies erstens unmöglich oder der Aufwand dafür unverhältnismäßig hoch[12] ist und zweitens die Beeinträchtigung durch die Zweckänderung gering ist, so dass Aufwand und Erfolg außer Verhältnis zueinander stehen. Die Verwaltung hat zu prüfen, ob ein mögliches hypothetisches Interesse des Betroffenen an der Zweckänderung vorliegt. Fälle, in denen sich die hypothetische Einwilligung für den Betroffenen nachteilig auswirken könnte, sind damit ausgeschlossen.

e) Anhaltspunkte für Unrichtigkeiten

Eine Zweckänderung ist weiterhin erlaubt, wenn die Kommune mit personenbezogenen Daten, die zu einem andern Zweck gespeichert sind, Angaben des Betroffenen auf ihre Richtigkeit hin überprüfen will.[13] Voraussetzung hierfür ist, dass objektive Tatsachen oder Anhaltspunkte die Annahme der Unrichtigkeit begründen. Allein subjektive Vermutungen reichen nicht aus. Um dem Charakter als Ausnahmevorschrift gerecht zu werden, darf die Behörde erst dann tätig werden, wenn der Betroffene auch nach erneuter Befragung bei seinen Angaben bleibt. In diesem Fall hat der Grundsatz der Gesetzmäßigkeit der Verwaltung Priorität.[14]

93

f) Allgemein zugängliche Daten

Einige Landesdatenschutzgesetze sehen eine Ausnahme vom Zweckbindungsgrundsatz für solche personenbezogenen Daten vor, die der Öffentlichkeit zur Verfügung stehen oder gestellt werden dürfen.[15] Soweit eine Behörde berechtigt ist, Informationsquellen – wie Adress- und Telefonbücher oder allgemein zugängliche Register – selbst auszuwerten, dürfen diese Informationen grundsätzlich zu *jedem* Zweck verarbeitet werden, außer wenn das Interesse des Betroffenen an dem Ausschluss der Datenverarbeitung offensichtlich überwiegt. Soweit es sich um allgemein zugängliche Quellen[16] handelt, ist mangels entgegenstehender Anhaltspunkte das Fehlen eines derartigen Ausschlussinteresses zu unterstellen.

94

---

[12] Z.B. wenn langwierige Nachforschungen über den Verbleib des Einwilligungsberechtigten angestellt werden müssten.
[13] Z.B. § 13 Abs. 2 lit. c) DSG NRW; § 15 Abs. 2 Nr. 4 LDSG B-W; Art. 17 Abs. 2 Nr. 5 BayDSG.
[14] *Stähler/Pohler*, a.a.O., § 13 Rn. 6.
[15] Z.B. § 13 Abs. 2 lit. f) DSG NRW; § 15 Abs. 2 Nr. 7 LDSG B-W; Art. 17 Abs. 2 Nr. 8 BayDSG.
[16] Dies sind z.B. Zeitungen, Zeitschriften und Bücher, Internet.

g) Gemeinwohlbelange

95 Die Durchbrechung des Zweckbindungsgebots ist in einigen Ländern zur Gefahrenabwehr möglich.[17] Personenbezogene Daten dürfen zu anderen Zwecken verarbeitet werden, wenn dadurch mit hinreichender Wahrscheinlichkeit verhindert wird, dass ein nicht unerheblicher Schaden für die Allgemeinheit eintritt. Der drohende Nachteil muss bedeutsam sein, also z.B. staatspolitisch wichtige Angelegenheiten oder wesentliche individuelle Rechtsgüter[18] betreffen. Die Anwendung der Ausnahmevorschrift verlangt eine Abwägung zwischen dem Recht des Einzelnen auf informationelle Selbstbestimmung und dem Recht der Allgemeinheit auf grundsätzlichen Rechtsgüterschutz. Der Begriff der öffentlichen Sicherheit ist dabei mit dem im Ordnungsrecht verwendeten Begriff identisch.[19]

h) Repressive Maßnahmen des Straf- und Ordnungsrechts

96 Die Landesdatenschutzgesetze lassen außerdem Ausnahmen vom Zweckbindungsgrundsatz im Interesse der Strafverfolgung zu.[20] Normadressaten sind alle Behörden, die nicht für die Strafverfolgung oder Strafvollstreckung zuständig sind. Für die Organe der Rechtspflege sind die Vorschriften der StPO maßgeblich. Die eigentliche Bedeutung dieser Ausnahmevorschrift liegt in der Zulässigkeit der Datenübermittlung z.B. für die Erstattung einer Strafanzeige. Handelt eine Behörde im Rahmen ihrer rechtmäßigen Aufgabenerfüllung und ergeben sich bei dieser Gelegenheit objektive Anhaltspunkte für Straftaten oder Ordnungswidrigkeiten, darf die öffentliche Stelle die für Verfolgung oder Vollstreckung zuständigen Behörden über die ihr zur Verfügung stehenden Daten unterrichten. Zur Durchsetzung des staatlichen Strafanspruchs darf der Zweckbindungsgrundsatz durchbrochen werden.

i) Wissenschaft und Forschung

97 Manche Landesdatenschutzgesetze sehen Ausnahmen vom Zweckbindungsgrundsatz vor, sofern dies zur Durchführung wissenschaftlicher Forschung erforderlich ist.[21] Das wissenschaftliche Interesse an der Durchführung des For-

---

[17] Z.B. § 13 Abs. 2 lit. d) DSG NRW; Art. 17 Abs. 2 Nr. 9 BayDSG; § 15 Abs. 2 Nr. 5 LDSG B-W.
[18] Z.B. Leib, Leben, Gesundheit oder Eigentum.
[19] Der Schutz umfasst die objektiven Rechtsordnung, die subjektiven Rechte und Rechtsgüter des Einzelnen sowie den Bestand des Staates und die Funktionsfähigkeit seiner Einrichtungen; z.B. *Dietlein/Burgi/Hellermann*, ÖR in NRW, 3. Aufl. 2009, § 3 Rn. 49ff.
[20] Z.B. § 13 Abs. 2 lit. h) DSG NRW; § 15 Abs. 2 Nr. 8 LDSG B-W; Art. 17 Abs. 2 Nr. 10 BayDSG; § 10 Abs. 2 Nr. 3 NDSG.
[21] Art. 17 Abs. 2 Nr. 11 BayDSG; § 20 Abs. 2 Nr. 9 ThürDSG; § 10 Abs. 2 Nr. 9 DSG LSA; § 13 Abs. 2 Nr. 3 LDSG R-P.

schungsvorhabens muss jedoch das Interesse des Betroffenen an dem Ausschluss der Zweckänderung *erheblich überwiegen,* und der Zweck der Forschung darf auf keine andere Weise oder jedenfalls nur mit unverhältnismäßigem Aufwand erreichbar sein.

j) Datennutzung zur Wahrnehmung von Aufsichts- und Kontrollbefugnissen sowie zu Ausbildungs- und Prüfungszwecken

Die Landesgesetze ermöglichen die Nutzung personenbezogener Daten zu Aufsichts- und Kontrollzwecken bei Rechnungsprüfungen oder Organisationsuntersuchungen.[22] Gesetzestechnisch arbeiten die Normen hier mit der Fiktion, dass in diesen Fällen schon keine Zweckänderung vorliegt. Voraussetzung dieser Fiktion bleibt allerdings, dass die Übermittlung der Daten zur rechtmäßigen Aufgabenerfüllung der empfangenden Behörde unverzichtbar ist. Die Daten dürfen auch für – interne oder externe – Organisationsuntersuchungen übermittelt bzw. weitergegeben werden.

98

Einige Landesdatenschutzgesetze erlauben die Verarbeitung personenbezogener Daten zu Ausbildungs- und Prüfungszwecken.[23] In Betracht kommt hier vor allem die Nutzung von Akten. Diese dürfen im Rahmen eines Ausbildungs- oder Prüfungsvorganges verwendet werden, da vielfach eine Anonymisierung der in ihnen enthaltenen personenbezogenen Daten kaum möglich ist. Regelmäßig hat auch die Verarbeitung keinen unverhältnismäßigen Eingriff in das informationelle Selbstbestimmungsrecht des Betroffenen zur Folge. Dennoch ist zu prüfen, ob nicht berechtigte Interessen des Betroffenen an der Geheimhaltung seiner Daten offensichtlich überwiegen. Dies kann theoretisch – ausnahmsweise – bei besonders sensitiven Daten der Fall sein.

4. Besonderer Geheimnisschutz schränkt Zweckänderungen ein

Berufs- oder Amtspflichten werden durch die normierten Ausnahmen vom Zweckbindungsgrundsatz nicht berührt.[24] Diese Rückausnahme gilt nicht für alle Ausnahmetatbestände, sondern lässt Zweckänderungen durch ausdrückliche Rechtsvorschrift oder durch Einwilligung zu. Dies verstärkt im Ergebnis den Datenschutz im Interesse des Betroffenen.[25] Zu den wichtigsten Berufsgeheimnisträgern im kommunalen Umfeld zählen beispielsweise Ärzte, Apotheker, Berufspsychologen, Ehe-, Familien-, Erziehungs- und Jugendberater

99

---
[22] § 13 Abs. 3 DSG NRW; § 15 Abs. 3 LDSG B-W; Art. 17 Abs. 3 BayDSG; § 10 Abs. 3 NDSG.
[23] § 13 Abs. 3 Satz 2 DSG NRW; Art. 17 Abs. 3 Satz 2 BayDSG; § 15 Abs. 3 Satz 2 LDSG B-W; § 10 Abs. 3 Satz 2 NDSG.
[24] Z.B. § 13 Abs. 2 Satz 3 DSG NRW; § 11 Abs. 2 Satz 2 BlnDSG; § 13 Abs. 2 Satz 2 BbgDSG.
[25] *Stähler/Pohler,* a.a.O., § 13 Rn. 7.

sowie der Sozialarbeiter. Amtsgeheimnisse können aufgrund besonderer Rechtsvorschriften zusätzlich auferlegte Geheimhaltungspflichten sein wie z.B. Statistikgeheimnis, Steuergeheimnis, Post- und Fernmeldegeheimnis, Sozialgeheimnis etc.[26]

5. Beispiel: Zweckänderung von Autobahnmaut-Daten?

100 Nachdem die Erhebung von Autobahnnutzer-Daten für Mautzwecke in einem Datenschutzkonzept unter Festlegung automatisierter Löschungen genau definiert wurde,[27] wird immer wieder über die Nutzung erhobener Mautdaten *auch für Zwecke der Strafverfolgung und der Gefahrenabwehr* diskutiert.[28] Das ABMG sieht in seiner derzeit geltenden Fassung aus guten Gründen eine enge Zweckbindung für die dort genannten Datenkategorien vor.[29] Die Mautdaten dürfen ausschließlich für die Zwecke des ABMG verarbeitet und genutzt werden.[30] Die Überlegung, das Gesetz zu ändern, stößt auf scharfe Kritik.[31] Es ist zu befürchten, dass bei den Mautdaten eine Durchbrechung der Zweckbindung der Beginn ihrer völligen Auflösung sein wird. Die Erfahrung zeigt, dass die Begehrlichkeit nach Information steigt, wenn diese technisch zur Verfügung steht.

II. Verhältnismäßigkeitsprinzip

1. Verfassungsmaßstab für die gesetzlichen Datenverarbeitungsregelungen

101 Die Verarbeitung und Nutzung personenbezogener Informationen ist unerlässliche Voraussetzung des gesellschaftlichen Zusammenlebens. Der Staat benötigt die Daten der Bürger, um seine Aufgaben wirksam erfüllen zu können. Die Wirtschaft ist auf personenbezogene Daten angewiesen, um Vertragsverhältnisse abzuwickeln. Im überwiegenden Allgemeininteresse muss der Einzelne daher Einschränkungen seiner informationellen Selbstbestimmung hinnehmen.

Diese Einschränkungen sind auf gesetzlicher Grundlage formuliert, wobei die Gesetze den rechtsstaatlichen Geboten der *Normenklarheit* und der *Verhältnismäßigkeit* genügen müssen. Das Gebot der Normenklarheit besagt, dass sich aus der grundrechtseinschränkenden Regelung hinreichend klar und er-

---

[26] Dazu eingehend in Kap. 5.
[27] *Otten*, DuD 2005, 657 ff.
[28] Ablehnend z.B. *Niehaus*, NZV 2004, 502 ff.; *Göres*, NJW 2004, 195 ff.; *Fraenkel/Hammer*, DuD 2006, 497 ff.
[29] § 7 Abs. Satz 2 und 3 ABMG.
[30] *LG Magdeburg*, DuD 2006, 375 ff.
[31] Etwa *Pfab*, NZV 2005, 506 ff.

kennbar ergeben muss, für welchen konkret *erforderlichen* Zweck des Verwaltungsvollzuges die personenbezogenen Daten bestimmt sind.[32] Die Vorgabe der Verhältnismäßigkeit bedeutet, dass die gesetzlichen Bestimmungen zur Erreichung des angestrebten Zwecks geeignet und erforderlich sein müssen und der gesetzlich geregelte Eingriff nicht außer Verhältnis zur Bedeutung der Sache und zu den vom Bürger hinzunehmenden Einbußen stehen darf. Daraus folgt, dass nicht normenklare oder unverhältnismäßige Datenverarbeitungsbestimmungen verfassungswidrig sind und für nichtig erklärt werden müssen.[33]

2. Erforderlichkeitsgrundsatz

Der Verhältnismäßigkeitsgrundsatz wird aus dem Rechtsstaatsprinzip abgeleitet und bindet die gesamte Staatsgewalt.[34] Nicht nur das angewendete Gesetz, sondern auch das auf ihm beruhende konkrete Verwaltungshandeln muss verhältnismäßig sein. Die Vorgabe der Verhältnismäßigkeit bedeutet, dass auch die Datenverarbeitung selbst zur Erreichung des angestrebten Zwecks geeignet und erforderlich sein muss. Darüber hinaus darf sie nicht außer Verhältnis zur Bedeutung der Sache und zu der vom Bürger hinzunehmenden Beeinträchtigung stehen. Datenverarbeitungen sind also immer an dem Zweck zu messen, für den sie durchgeführt werden. Werden Daten verarbeitet, um damit einen angestrebten Zweck zu erreichen, so muss sich diese Handlung selbstverständlich dafür *eignen*, den gewünschten Erfolg zu erzielen, also *tauglich* sein: Untaugliche Datenverarbeitungen kommen nicht vor und sind nicht praxisrelevant. Wesentlich für die Relation zwischen Handlung und Zweckerreichung ist aber die *Erforderlichkeit* der Datenverarbeitung. Erforderlichkeit ist ein unbestimmter Rechtsbegriff[35] und bedeutet, dass zur Verwirklichung des Erfolges von mehreren gleich effektiven Mitteln das mildeste, am wenigsten beeinträchtigende eingesetzt werden muss.[36] Der Eingriff in das informationelle Selbstbestimmungsrecht des Betroffenen darf nicht über das unverzichtbare Mindestmaß hinausgehen. Der Erforderlichkeitsgrundsatz im Datenschutz-

102

---

[32] BVerfGE 65, 1 ff., 62.
[33] Über die Nichtigkeit entscheidet das *BVerfG* (sog. Verwerfungsmonopol des *BVerfG*); Art. 93 Abs. 1 Nr. 2 GG i.V.m. §§ 13 Nr. 6, 76–79 BVerfGG; Art. 100 Abs. 1 GG i.V.m. §§ 13 Nr. 11, 80–82 BVerfGG. Das bedeutet, dass, solange das *BVerfG* die entsprechende Norm nicht für nichtig erklärt hat, diese grds. anzuwenden ist. Zu diesem Thema *Maurer*, AllgVerwR, 17. Aufl. 2009, § 4 Rn. 52 ff.
[34] *Sachs*, in: Sachs (hg.), GG-Kommentar, 5. Aufl. 2009, Art. 20, Rn. 146 ff.
[35] Darunter versteht man Begriffe mit Auslegungsspielräumen (Beurteilungsspielraum) der Verwaltung auf der Tatbestandsseite der Norm; siehe *Maurer*, AllgVerwR, 17. Aufl. 2009, § 7, Rn. 27 ff.; *Wolff/Bachof/Stober/Kluth*, Verwaltungsrecht I, 12. Aufl. 2007, § 24, Rn. 13. Sie können u.U. mit dem verfassungsrechtlichen Bestimmtheitsgebot kollidieren: dazu *Sachs*, a.a.O., Art. 20, Rn. 127.
[36] BVerfGE 100, 313 ff., 375.

recht ist eng auszulegen; stets sind Alternativen mit geringerer Eingriffsintensität zu prüfen. So können z.B. durch organisatorische Umgestaltung des Arbeitsablaufes[37] bestimmte Datenverarbeitungsprozesse – ggfs. teilweise – entbehrlich werden; sie sind dann nicht mehr erforderlich. Eine *Datenverarbeitung auf Vorrat* wird durch den Erforderlichkeitsgrundsatz ausgeschlossen.[38] Der Grundrechtseingriff muss schließlich *angemessen* sein, d.h. in seiner konkreten Intensität darf er nicht außer Verhältnis zum angestrebten Zweck stehen.[39] Die geförderten Belange und das Ausmaß des angestrebten Nutzens sind den beeinträchtigten Rechtspositionen und dem Gewicht ihrer Verkürzung unter Berücksichtigung aller erkennbaren Konsequenzen – einschließlich etwaiger Kompensation und relevanter Besonderheiten des Einzelfalls – gegenüberzustellen.[40]

3. Datenvermeidung und Datensparsamkeit

103 Eine spezielle Ausprägung des Verhältnismäßigkeitsprinzips ist der Grundsatz der Datenvermeidung und Datensparsamkeit.[41] Dieser ist in den Datenschutzgesetzen verankert.[42] Die Gefahren für das informationelle Selbstbestimmungsrecht sollen damit durch den gezielten Einsatz datenschutzfreundlicher Technik[43] reduziert werden. Systeme sind so zu strukturieren, dass die Erhebung, Verarbeitung und Nutzung personenbezogener Daten vermieden wird, soweit der Zweck auch anders erreicht werden kann. Datensparsam und datenvermeidend wirken beispielsweise eine Anonymisierung oder Pseudonymisierung,[44] eine Reduzierung der Datenarten, Datenmenge oder des Umfangs der Datenverarbeitungsschritte sowie eine Einstellung im System, Daten automatisiert zum frühestmöglichen Zeitpunkt zu löschen. Datenschutzfreundlich in diesem Sinne ist u.a. der Einsatz von sog. *Prepaid-Verfahren*, mit deren Hilfe öffentliche Einrichtungen anonym genutzt werden können.[45]

---

[37] Datenschutz ist insoweit Organisationsaufgabe.
[38] *BVerfG*, Urt. v. 02.03.2010, 1 BvR 256/08; *Tinnefeld/Ehmann/Gerling*, a.a.O., S. 149.
[39] Verhältnismäßigkeit im engeren Sinne; *Maurer*, a.a.O., § 10, Rn. 17.
[40] *Sachs*, a.a.O., Art. 20, Rn. 154.
[41] Zur Abgrenzung *Gola/Klug*, Grundzüge des Datenschutzrechts, 2003, S. 47; *Stähler/Pohler*, a.a.O., § 4, Rn. 9.
[42] So z.B. § 4 Abs. 2 DSG NRW; § 10 Abs. 2 HDSG; § 7 Abs. 4 NDSG; § 4 LDSG S-H; § 5 Abs. 4 HmbDSG; § 5a BlnDSG; § 7 BremDSG; § 5 DSG M-V; § 4 Abs. 4 SDSG; § 11b Abs. 2 BbgDSG; ebenso § 3a BDSG; § 78b SGB X.
[43] *Datenschutz durch Technik* ist administrativen Regelungen vorzuziehen, weil automatisiert ablaufende Prozesse weniger fehleranfällig sind.
[44] Definitionen in §§ 3 Abs. 6 u. 6a BDSG, 3 Abs. 7 u. 8 DSG NRW; *Klöpfer*, Informationsrecht, 2002, § 8, Rn. 68f.
[45] Beispiele: Fahrkarten für ÖPNV, Eintrittskarten für Schwimmbäder, Museen etc.

III. Trennungsgebot

104 Personenbezogene Daten sollen nach Betroffenen und nach unterschiedlichen Erforderlichkeiten *getrennt* verarbeitet werden.[46] Nach dieser organisatorischen Vorgabe müssen automatisierte Datenverarbeitungsprozesse – insbesondere durch Auftragnehmer einer Auftragsdatenverarbeitung – nach Möglichkeit mit physisch getrennten Datenbeständen arbeiten. Auch die Aktenführung ist grundsätzlich getrennt zu organisieren. Betroffenen- und Informationszugangsrechte müssen jedoch auch dann gewährleistet werden können, wenn im Aktenbestand diese Trennung nicht berücksichtigt wurde und mit vertretbarem Aufwand auch nicht nachträglich hergestellt werden kann. In diesem Fall dürfen – nach einer Interessenabwägung – ausnahmsweise auch die nicht zur Aufgabenerfüllung erforderlichen Daten, die dabei einem Verwertungsverbot unterliegen, zur Kenntnis genommen oder übermittelt werden. Ein Beispiel ist die Führung sog. *Hausakten* im Bau(aufsichts)amt der Kommune: Sie sind regelmäßig so alt wie das Gebäude selbst und enthalten nicht nur Sachinformationen (Pläne etc.), sondern häufig Schriftverkehr betreffend Personen, die – wenn auch nur für einen kleinen Zeitraum – in einem Zusammenhang mit dem Gebäude gestanden haben oder stehen. Wegen des oft erheblichen Umfangs dieser Akten ist eine Aufbereitung durch Abtrennen oder Unkenntlichmachen sehr arbeitsintensiv, so dass Einsichtsersuchen in der Praxis regelmäßig nur den jeweiligen Eigentümern zugestanden wird.[47]

IV. Transparenzgebot

105 Die Transparenz ist eines der zentralen Ziele datensicherer Verarbeitung personenbezogener Daten.[48] Der Betroffene kann seine Rechte ausüben und die Rechtmäßigkeit der Datenverarbeitung überprüfen, wenn er nachvollziehen kann, welche Daten verarbeitet werden oder wurden. Deshalb muss der Vorgang der Datenverarbeitung vollständig und aktuell dokumentiert werden. Ein Beispiel sind Personalakten: Mit ihnen ist transparent umzugehen.[49] Die aktenführende Stelle hat den Betroffenen bei der Aufnahme von Vorgängen zu benachrichtigen, anzuhören und ihm Einsicht zu gewähren oder Auskunft zu erteilen. Auch in anderen kommunalen Verwaltungsbereichen sind Akten transparent zu führen, beispielsweise im Sozial- und Jugendamt.[50] Informa-

---

[46] § 4 Abs. 6 DSG NRW; § 11 Abs. 4 LDSG S-H; § 5 Abs. 3 DSG M-V.
[47] Für die Rechtslage vor Inkrafttreten des IFG NRW noch *LfD NRW*, 11. Tätigkeitsbericht, 1991/92, Punkt 5.4.2, S. 27f.
[48] § 10 Abs. 2 Nr. 6 DSG NRW; § 21 Abs. 2 Nr. 6 DSG M-V; § 9 Abs. 2 Nr. 9 LDSG R-P; § 9 Abs. 2 Satz 1 Nr. 6 ThürDSG.
[49] Z.B. *Gola/Klug*, Grundzüge des Datenschutzrechts, 2003, S. 158.
[50] Dazu etwa *Jugendamt Essen (hg.)*, Aktenführung und Methodisches Arbeiten in den Sozialen Diensten, 3. Aufl. 2004.

tionszugangsrechte sind nur realisierbar, wenn Verwaltungsabläufe, die mit der Verarbeitung personenbezogener Daten einhergehen, transparent sind.

V. Herstellung praktischer Konkordanz

106 Die extensive Umsetzung von Wertevorstellungen der Verfassung führt zur Notwendigkeit der Harmonisierung augenscheinlich gegenläufiger, sich widersprechender Verfassungsgehalte.[51] Soweit die Bestimmungen in ihrer sachlichen Reichweite einander überschneiden oder miteinander kollidieren, ist die *Herstellung praktischer Konkordanz*[52] geboten. Es handelt sich um eine Auslegungsmethode, mit deren Hilfe verfassungsrechtliche Rechtsgüter nicht gegeneinander ausgespielt, sondern einander so zugeordnet werden, dass sie gleichermaßen zur optimalen Wirksamkeit gelangen. Da die Grundrechte – auch insoweit sie unter Gesetzesvorbehalt stehen – zu den Wesensbestandteilen der verfassungsmäßigen Ordnung gehören, darf diese Verhältnisbestimmung niemals in einer Weise vorgenommen werden, die eine grundrechtliche Gewährleistung mehr als notwendig oder gar gänzlich ihrer Wirksamkeit im Leben des Gemeinwesens beraubt.[53] Ein *Beispiel* für die Herstellung praktischer Konkordanz im Bereich des Datenschutzes bildet das Urteil des BVerfG zu *heimlichen Vaterschaftstests*.[54] Darin hat das Gericht das im allgemeinen Persönlichkeitsrecht des Vaters wurzelnde Recht auf Kenntnis eigener Vaterschaft mit den Grundrechten des Kindes und der Mutter abgewogen und ist so zu einem austarierten Ergebnis gekommen. Es hat klargestellt, dass das Persönlichkeitsrecht der Mutter hinter dem Interesse des Vaters, die Wahrheit über die biologische Herkunft seines Kindes zu erfahren, zurücktritt. Darüber hinaus hatte das BVerfG die Kollision zwischen dem informationellen Selbstbestimmungsrecht des Kindes und dem Persönlichkeitsrecht des Vaters zu lösen. Das Gericht hat zwar dem Recht des Vaters auf Abstammungskenntnis einen grundsätzlichen Vorrang eingeräumt. Gleichwohl kann das Persönlichkeitsrecht des Kindes der Klärung der Abstammung im Einzelfall entgegenstehen. Dieser Grundrechtskonflikt ist im Rahmen einer umfassenden Abwägung unter Herstellung praktischer Konkordanz zu lösen.

---

[51] *Sachs*, a.a.O., Einf., Rn. 50.
[52] Grundlegend *Hesse*, Grundzüge des Verfassungsrechts der Bundesrepublik Deutschland, 20. Aufl. 1999, Rn. 317; Andere sprechen heute von „Grundrechtsoptimierung" oder vom „Grundsatz des schonenden Ausgleichs", *Hufen*, Staatsrecht II – Grundrechte, 2. Aufl. 2009, § 9 Rn. 31.
[53] *Hesse*, a.a.O., Rn. 318.
[54] *BVerfG*, Urt. v. 13.02.2007 – Az. 1 BvR 421/05 –, NJW 2007, 753 ff. = RDV 2007, 117 f.; dazu z.B. *Brosius-Gersdorf*, NJW 2007, 806 ff.; *Balthasar*, JZ 2007, 635 ff.

VI. Audit und Zertifizierung

1. Begriffe

Im Bereich des Datenschutzes werden „Zertifikate" und „Audits" als Elemente der *Selbstregulierung* zur Auszeichnung guter Lösungen vergeben. Zwischen den beiden Begriffen ist zu unterscheiden. Beim *Zertifizierungsverfahren* wird ein Produkt zur automatisierten Verarbeitung personenbezogener Daten[55] auf die Vereinbarkeit mit den gesetzlichen Bestimmungen hin überprüft. Die Zertifizierung hat *statischen* Charakter, d.h. eine neue Produktversion verlangt eine neue Prüfung, welche vom jeweiligen Hersteller zu veranlassen ist. Genügt das Produkt den Anforderungen, erhält es ein Gütesiegel. Im Rahmen eines *Datenschutzaudits* wird die Funktions- und Zweckmäßigkeit des internen Datenschutzmanagements einer öffentlichen Stelle[56], eines Produktes oder eines Verfahrens[57] überprüft. Das Verfahren hat dynamischen Charakter, d.h. es zielt auf die Fähigkeit ab, das Datenschutzmanagement ständig zu verbessern, wobei das Datenschutzaudit von der öffentlichen Stelle selbst zu veranlassen ist. Sein Gegenstand und Umfang unterliegen vollständig der Dispositionsfreiheit der öffentlichen Stelle.

107

Nach seiner Konzeption ist das Datenschutzaudit darauf angelegt, in nachprüfbarer Weise mit Datenschutz und Datensicherheit zu werben.[58] Das Audit soll diejenigen Stellen belohnen, die bei der Konzeption ihrer Datenverarbeitung – eventuell auch bei der Entwicklung der Soft- und Hardware – datenschutzrechtliche Belange berücksichtigen und damit einen *marktgerechten Anreiz* schaffen. Das Audit soll zur Stärkung der Selbstverantwortung und zur Stimulierung des Wettbewerbs beitragen. Das Image der auditierten Stelle wird unter Bezugnahme auf eine externe Bewertung als besonders datenschutzgerecht aufgewertet. Das kann auch für Kommunen ein interessanter Anreiz sein. Denn im Datenschutzmanagement besteht tendenziell ein Vollzugsdefizit. Durch den beim Auditverfahren geschaffenen Anreiz zur Selbstkontrolle sollen die Defizite bei der Einhaltung des geltenden Datenschutzrechts verringert werden. Das Verfahren etabliert neue Formen und Instanzen der Datenschutzkontrolle, indem es interne Kontrollverfahren vorsieht, externe private Gutachter einbezieht und der kritischen Öffentlichkeit Kontrollinformationen bietet und so für Betroffene eigene Bewertungsmöglichkeiten eröffnet.

Für Kommunen bestehen – für sich genommen – kaum Anreize dazu, eigene Anstrengungen zur Verbesserung des Datenschutzes und der Datensicherung zu ergreifen, wenn nicht ausnahmsweise nach Kontrollbesuchen der Aufsichtsbehörde konkrete Defizite zur Behebung anstehen. Dies könnte ein Auditver-

---

[55] Z.B. Hardware, Software.
[56] § 10a DSG NRW.
[57] § 4 Abs. 2 Satz 2 DSG NRW/DSG S-H.
[58] *Bäumler/v. Mutius*, Datenschutz als Wettbewerbsvorteil, 2002.

fahren ändern. Die auditierte kommunale Stelle kann auch für besondere Anstrengungen zur Realisierung datenschutzgerechter Verarbeitung personenbezogener Daten ausgezeichnet werden. So lässt sich mittel- und langfristig eine kontinuierliche Verbesserung des tatsächlich praktizierten Datenschutzes erreichen. Eine Annäherung an das Ziel einer kontinuierlichen Verbesserung ist nur möglich, wenn die Dynamik des Prozesses, Abläufe datenschutzgerecht zu gestalten, verstanden und beherzigt wird.

2. Kritik

108 In der Wirtschaft wird das Datenschutzaudit teilweise kritisch bewertet und sogar als Schwächung des innerbetrieblichen Datenschutzes betrachtet.[59] Problematisch sind – besonders im Hinblick auf kleinere Unternehmen – die erheblichen Kosten, die Auditverfahren verursachen. Teilweise müssen externe Kontrollen[60] durchgeführt werden, so dass Wettbewerbsvorteile kaum sichtbar werden. Darüber hinaus ist bedenkenswert, dass die Durchführung eines Datenschutzaudits zu einer Abwertung der betrieblichen Selbstkontrolle führen kann. Dies betrifft insbesondere den betrieblichen Datenschutzbeauftragten.

3. Aktuelle Rechtslage

109 Ein bundeseinheitliches Gesetz zum Datenschutzaudit wird seit Jahren von Datenschützern gefordert.[61] Der Gesetzgeber hat sich 2001 dazu verpflichtet, ein Auditgesetz zu erlassen.[62] Nachdem die diesbezüglichen Beratungen zunächst nicht zu einem Ergebnis geführt hatten, kam es im Rahmen einer gesetzgeberischen Reaktion auf die Datenschutzskandale des Jahres 2008[63] zum Referentenentwurf eines Bundesdatenschutzauditgesetzes.[64] Der Bundesrat bemängelte daran fehlende Transparenz, Kostenträchtigkeit sowie überflüssige Bürokratie,[65] was dazu führte, dass dieser Gesetzentwurf aus dem BDSG-Novellierungspaket herausgenommen wurde und damit gescheitert ist.[66] Die Bun-

---

[59] *Drews/Kranz*, DuD 1998, 93 ff.; differenzierend: *Sievers/Weber*, DuD 2002, 342 f.
[60] Z.B. § 80 Abs. 3 BetrVG.
[61] Entschließung der 70. Konferenz der Datenschutzbeauftragten des Bundes und der Länder am 27./28. November 2005 in der Hansestadt Lübeck.
[62] § 9a Satz 2 BDSG; BT-Drs. 14/4329, S. 11 (zur Entstehungsgeschichte *Bizer*, in: Simitis (hg.), a.a.O., § 9a, Rn. 16ff.). Entsprechende Bestimmungen sind auch in den Ländern erlassen worden (z.B. § 10a DSG NRW).
[63] Dazu z.B. *Manager Magazin*, Artikel v. 11.10.2008: http://www.manager-magazin.de/unternehmen/it/0,2828,583513,00.html; *LfD Rh-Pf:* http://www.datenschutz.rlp.de/de/presseartikel.php?pm=pm2008120801.
[64] Entwurf eines Gesetzes zur Regelung des Datenschutzaudits und zur Änderung datenschutzrechtlicher Vorschriften; BT-Drs. 16/12011 v. 18.02.2009.
[65] Stellungnahme des Bundesrates vom 13.02.2009; BR-Drs. 4/09 (B).
[66] BT-Drs. 16/13657.

desregierung plant derzeit,[67] eine Stiftung ins Leben zu rufen, die den Auftrag erhalten wird, Produkte und Dienstleistungen auf Datenschutzfreundlichkeit hin zu prüfen und ein Datenschutzaudit zu entwickeln.[68] Es soll u.a. ein Gütesiegel etabliert werden. Die Stiftung soll nach dem Vorbild der Stiftung Warentest arbeiten und Web-Angebote mit einem Prädikat versehen, ohne den Eindruck einer Zensur vermitteln zu wollen.

4. Sonderweg von Schleswig-Holstein

In Schleswig-Holstein haben öffentliche Stellen seit geraumer Zeit die Möglichkeit, ihr Datenschutzkonzept durch das Unabhängige Landeszentrum für Datenschutz (ULD) überprüfen zu lassen.[69] Hierbei handelt es sich um die weltweit ersten hoheitlichen Auditverfahren.[70] Aufgrund begrenzter Gesetzgebungszuständigkeit muss sich das hoheitliche Auditverfahren auf Verfahren beschränken, an denen öffentliche Stellen beteiligt sind, oder auf Produkte, die dort eingesetzt werden können. Das DSG S-H sieht keine konkrete gesetzliche Regelung für die nähere Ausgestaltung eines Datenschutzaudit vor;[71] diese bleibt im Ergebnis dem *ULD* überlassen und ist in einer Verordnung festgehalten.[72] Die Nachfrage nach dem Audit ist – nach Angaben des *ULD* – groß. Der schleswig-holsteinische Landesgesetzgeber kann jedoch keine allgemeinen Audits und Gütesiegel für den Bereich der Privatwirtschaft zulassen.[73]

110

Zu den Grundlagen des Datenschutzaudit in Schleswig-Holstein gehört der Abschluss einer *schriftlichen* Vereinbarung zwischen auditierter Behörde und auditierendem *ULD*, in der Art, Umfang und konkreter Ablauf des Audits festzulegen ist. Auditiert werden können auch Verfahren, die sich erst in der Planung oder Entwicklung befinden. Das *ULD* führt ein Register, in dem die durchgeführten Auditverfahren sowie die dazu erstellten Kurzgutachten eingesehen werden können.[74]

---

[67] 17. Legislaturperiode (seit 2009).
[68] Koalitionsvertrag der 17. Legislaturperiode zwischen CDU, CSU und FDP, S. 98, Zeile 4878 ff.
[69] § 43 Abs. 2 DSG S-H.
[70] *Bäumler*, RDV 2001, 167.
[71] § 43 Abs. 2 LDSG S-H.
[72] Zur Durchführung eines Datenschutzaudits nach § 43 Abs. 2 LDSG S-H sind Anwendungsbestimmungen erlassen; abrufbar unter https://www.datenschutzzentrum.de/material/recht/audit.htm.
[73] Die Gesetzgebungskompetenz dafür steht nach Artt. 72 Abs. 2, 74 Abs. 1 Nr. 11 GG dem Bund zu; BT-Drs. 16/12011, Begründung S. 2.
[74] https://www.datenschutzzentrum.de/audit/register.htm

Allgemeine Rechtsprinzipien und Instrumente

a) Ablauf des Datenschutzaudits

111 Das Datenschutzaudit besteht aus mehreren Schritten:

- Bestandsaufnahme,
- Festlegung der Datenschutzziele,
- Einrichtung eines Datenschutzmanagementsystems durch den behördlichen Datenschutzbeauftragten,
- Begutachtung durch das *ULD S-H*,
- Verleihung des Datenschutzaudit-Zeichens.

Im Rahmen der *Bestandsaufnahme* werden u.a. der Zweck des Verfahrens, die Datenkategorien, die Phasen der Datenverarbeitung (insbesondere die Übermittlungen an andere Stellen) und mögliche Schadenspotenziale im Hinblick auf Datenschutz und Datensicherheit festgehalten. Daran anschließend legt die verantwortliche Stelle ihre *Datenschutzziele* schriftlich fest und bestimmt, in welchen Teilen des Verfahrens der Datenschutz verbessert werden soll. Für diese Teile werden konkrete Maßnahmen benannt und ein Zeitrahmen für deren Umsetzung festgelegt. Das *Datenschutzmanagementsystem* sieht verschiedene Verfahrensweisen u.a. zur Dokumentation der Datenschutzziele und zur Überwachung des laufenden Verfahrens vor, das Gegenstand des Behördenaudits ist.

Das *ULD* begutachtet die auditierte Stelle daraufhin, ob die in einer schriftlichen Datenschutzerklärung aufgezeigten dokumentierten Schritte nachvollziehbar und schlüssig sind. Soweit erforderlich, kann das *ULD* auch das Verfahren prüfen. Das *ULD* fasst das Ergebnis seiner Mitwirkung anschließend in einem Kurzgutachten zusammen. Ist die Datenschutzerklärung nachvollziehbar und schlüssig, verleiht das *ULD* der auditierten Stelle ein *Datenschutzaudit-Zeichen* für den Zeitraum von höchstens drei Jahren. Die Verleihung wird widerrufen, falls innerhalb dieses Zeitraums Änderungen des Verfahrens nachgemeldet werden, die zur Folge haben, dass die Datenschutzerklärung in wesentlichen Teilen nicht mehr zutrifft. Der auditierten Stelle steht es frei, ihrerseits im Zusammenhang mit dem Datenschutzauditzeichen auf das Gutachten und die Datenschutzerklärung zu verweisen oder dies zu veröffentlichen.

b) Zertifizierung von Produkten

112 Das Land Schleswig-Holstein hat eine spezielle Verordnung zum Datenschutzaudit erlassen,[75] wonach auch *Produkte* mit einem Gütesiegel versehen werden können. Der Begriff der Produkte ist weit zu fassen und umfasst Hardware, Software sowie automatisierte Verfahren. Ziel dieses Verfahrens ist es, den Herstellern von Datenverarbeitungsprogrammen und -systemen die Mög-

---

[75] § 4 Abs. 2 DSG S-H.

Audit und Zertifizierung

lichkeit zu geben, ihre Produkte durch unabhängige Gutachter prüfen und bewerten zu lassen. Das Ergebnis kann später veröffentlicht werden. Die Gutachter untersuchen einige zentrale Anforderungen, die das Produkt erfüllen muss, bevor das Gütesiegel verliehen wird. Das *ULD* hat einen Katalog erstellt, in dem beispielhaft Datenschutzanforderungen aufgezählt werden. IT-Produkte müssen beispielsweise folgende Kriterien erfüllen:

– Es darf kein Verstoß gegen datenschutzrechtliche Bestimmungen vorliegen,
– Die Datenschutz- und Datensicherheitsziele müssen durch Technikgestaltung unterstützt werden,
– Die Grundsätze der Datenvermeidung und Datensparsamkeit müssen gewahrt sein,
– Die Revisionsfähigkeit muss gewährleistet sein,
– Die Rechte der Betroffenen müssen gewahrt sein.

Da sich Anforderungsprofile und Datenarten voneinander unterscheiden können, darf der Katalog nicht als Checkliste verstanden werden. Das Gesetz verlangt den vorrangigen Einsatz zertifizierter Produkte.[76] Diese Regelung führt zu einem Wettbewerbsvorteil[77] der zertifizierten Produkte und schafft einen besonderen Anreiz dafür, sie einzusetzen. Vom *ULD* anerkannte Sachverständige verleihen die Gütesiegel befristet für 2 Jahre; danach besteht die Möglichkeit der Re-Zertifizierung.

c) Zertifizierung von Sachverständigen

Die *ULD* bietet die Möglichkeit, sich als Sachverständiger anerkennen zu lassen.[78] Der Sachverständige muss die erforderliche Fachkunde, Zuverlässigkeit und Unabhängigkeit nachweisen. Die Sachverständigen stammen nicht nur aus Schleswig-Holstein, sondern auch aus anderen Bundesländern. Die Anerkennung kann auf einen Teilbereich beschränkt und im Bedarfsfall widerrufen werden. Das *ULD* veröffentlicht eine Liste mit den Namen der Sachverständigen.[79]

113

d) Bremen

Bremen war somit nach Schleswig-Holstein das zweite Bundesland mit einem Datenschutzaudit.[80] Öffentliche Stellen – nicht hingegen Unternehmen –[81]

114

---

[76] § 4 Abs. 2 Satz 2 DSG S-H/DSG NRW.
[77] Zu wettbewerbsrechtlichen Problemen beim vorrangigen Einsatz auditierter Produkte *Petri*, DuD 2001, 150 ff.
[78] § 3 Datenschutzaudit-Verordnung Schleswig Holstein (DS-AVO S-H).
[79] https://www.datenschutzzentrum.de/guetesiegel/registga.htm.
[80] BremDSAuditV v. 15.10.2004 (Brem. GBl. S. 515).
[81] Dafür hat der Bund die Gesetzgebungskompetenz, s.o.

141

Allgemeine Rechtsprinzipien und Instrumente

können zur Verbesserung des Datenschutzes und der Datensicherheit ihre Verfahren oder technischen Einrichtungen durch unabhängige externe Gutachter prüfen und bewerten lassen. Der Inhalt der bremischen Datenschutzaudit-Verordnung deckt sich weitestgehend mit der schleswig-holsteinischen. Insoweit kann auf die obigen Ausführungen verwiesen werden.

5. Fazit

115 Bindende Wirkung hat das vergebene Gütesiegel nur für Behörden in Schleswig-Holstein und Bremen. Die wirtschaftliche und datenschutzpolitische Bedeutung des Siegels reicht jedoch weit über die Grenze dieser Länder hinaus.[82] Weil ein Produkt nur zur Nutzung durch öffentliche Stellen geeignet sein muss, um zertifiziert zu werden,[83] kann das Gütesiegel auch von Anbietern und Herstellern aus anderen Bundesländern erworben werden. Es bietet so eine zentrale Orientierung auf dem Markt datenschutzfreundlich gestalteter Produkte.

---

[82] *Bizer*, in: Simitis (hg.), BDSG–Kommentar, 6. Aufl. 2006, § 9a, Rn. 33.
[83] § 4 Abs. 2 DSG S-H.

KAPITEL 7
Rechte des Betroffenen

Die von der Verarbeitung ihrer personenbezogenen Daten betroffene Person ist nicht schutzlos gestellt. Der Gesetzgeber hat ihr die Möglichkeit eingeräumt, die Datenverarbeitung der Kommune in einem näher konkretisierten Umfang zu überwachen und erforderlichenfalls Maßnahmen einzuleiten.[1]

I. Auskunft und Einsichtnahme

1. Auskunft

Betroffene haben höchstpersönlich[2] das Recht, von der verantwortlichen Stelle Auskünfte zu Daten einzuholen, die über die eigene Person dort verarbeitet werden. Als Ausfluss des zentralen datenschutzrechtlichen Transparenzgebotes gilt dieser Anspruch nahezu ausnahmslos und ist unentziehbar. Er betrifft die Herkunft der Daten, Zweck und Rechtsgrundlage ihrer Verarbeitung, die Empfänger von Übermittlungen[3] sowie die allgemeinen technischen Bedingungen der Verarbeitung. Er ist im geltenden Bundes-[4] und Landesdatenschutz-

116

---

[1] § 5 Satz 1 DSG NRW; §§ 26 ff. LDSG S H; § 8 HDSG; §§ 16 ff. NDSG; § 5 LDSG BW; Artt. 9 ff. BayDSG; §§ 15 ff. DSG-LSA; § 5 ThürDSG; § 5 BbgDSG; §§ 19 ff. SDSG; § 6 LDSG RP; § 7 BlnDSG; § 5 SächsDSG; §§ 24 ff. DSG M-V; § 4 BremDSG; §§ 18 ff. HmbDSG.

[2] Der Anspruch ist nicht übertragbar (*Stähler/Pohler*, § 18 DSG NRW, Rn. 1), kann aber einem Dritten – z.B. dem eigenen Anwalt – zur Ausübung überlassen werden. Seltene Ausnahmen ergeben sich in bestimmten, eng begrenzten Fallkonstellationen, z.B. wenn durch Selbstauskünfte aus der eigenen Patientenakte ein psychisch Kranker suizidgefährdet wäre (*BVerfG* NJW 1999, 1777 f. = RDV 1999, 216 f. bestätigt insoweit st. Rspr. des *BGH*; zum allgemeinen Thema auch *BVerfG* NJW 2006, 1116 ff.) oder im Falle von Adoptionsvermittlungsfällen vor Erreichen des 16. Lebensjahres; § 62 Abs. 1 Satz 3 PStG; auch *OLG München* NJW 2005, 1667 f. Das Auskunftsrecht kann z.B. auch aus Gründen des Informantenschutzes eingeschränkt werden; hierzu: *Zilkens*, JuS 2001, 370 ff.

[3] Bei Melderegister-Auskünften, die im Tagesgeschäft Massenübermittlungen sind, müssen nur die Empfänger *erweiterter* Auskünfte mitgeteilt werden; etwa § 34 Abs. 2 Satz 2 MG NRW.

[4] § 34 BDSG.

recht⁵ ebenso verankert wie in bereichsspezifischen datenschutzrechtlichen Normen. Regelungen zu Akteneinsichts- und Auskunftsrechten finden sich in zahlreichen Vorschriften.⁶ Die schlüssige Darlegung eines schutzwürdigen Auskunftsinteresses ist nicht erforderlich, da das Gesetz ein solches Interesse des Einzelnen von vornherein anerkennt. Für ein Ermessen der Behörde bei der Entscheidung, ob sie Akteneinsicht gewährt, verbleibt kein Raum.⁷ Gesetzliche Formvorschriften für den *Antrag*, mit dem Auskunft begehrt wird, existieren nicht. Er kann mündlich (auch telefonisch), schriftlich oder elektronisch gestellt werden; sein Urheber aber muss authentifiziert werden können. Eine Stellvertretung ist grundsätzlich zulässig und nicht gesetzlich ausgeschlossen.⁸ Der Antrag auf Auskunft muss Angaben über die begehrten Daten enthalten, die das Auffinden für die Behörde mit angemessenem Aufwand ermöglichen.

Die Form der *Auskunftserteilung* ist im Gesetz nicht geregelt; es gelten insoweit die allgemeinen Regeln.⁹ Es empfiehlt sich, diejenige Form zu wählen, in der auch der Antrag gestellt wurde. Die Ablehnung eines Auskunftsbegehrens sollte eine Begründung enthalten. Gebühren werden für die Erteilung von Auskünften an Betroffene grundsätzlich nicht erhoben; Auslagenerstattung ist möglich¹⁰ und richtet sich in der Höhe regelmäßig nach der einschlägigen kommunalen Verwaltungsgebührensatzung.

2. Einsichtnahme in Akten

117   Zwar gelten für die Akteneinsicht die zur Auskunft gemachten Ausführungen entsprechend, jedoch sind einige Besonderheiten zu beachten. Verlangt der Betroffene Akteneinsicht, so muss er so substantiierte Angaben machen, dass die entsprechenden Vorgänge ohne unverhältnismäßig großen Aufwand aufgefunden werden und ggf. Passagen aufgrund des Informantenschutzes entfernt oder geschwärzt werden können. Das Ausmaß der Substantiierung der Angaben hängt vom Einzelfall ab. Das Akteneinsichtsrecht wird grundsätzlich

---

⁵ § 18 DSG NRW; § 27 LDSG S-H; § 18 HDSG; § 16 NDSG; § 21 LDSG B-W; Art. 10 BayDSG; § 15 DSG- LSA; § 13 ThürDSG; § 18 BbgDSG; § 20 SDSG; § 18 LDSG R-P; § 16 BlnDSG; § 18 SächsDSG; § 24 DSG M-V; § 21 BremDSG; § 18 HmbDSG.
⁶ Auf Bundesebene z.B.: § 19 BDSG; § 29 Abs. 1 VwVfG; §§ 25, 83 SGB X; § 100 VwGO; § 147 StPO. Auf Landesebene seien z.B. § 9 GDSG NRW, § 8 Nr. 1, 9 MG NRW – Melderegister –, § 50 GewO – Gewerbezentralregister –, § 12 VermKatG NRW – Liegenschaftskataster – und § 33, 39 StVG – Fahrzeugregister – erwähnt.
⁷ BVerwG, Urt. v. 3.9.1991, NJW 1992, 451ff., 452.
⁸ § 14 Abs. 1 Satz 1 VwVfG NRW.
⁹ Z.B. § 40 VwVfG NRW.
¹⁰ Z.B. § 18 Abs. 2 Satz 2 DSG NRW.

in Spezialgesetzen¹¹ näher geregelt, die den allgemeinen Bestimmungen vorgehen.¹² Das Gesetz erwähnt lediglich, dass ein Einsichtnahmerecht bestehen *kann*,¹³ oder sieht eine Einsichtnahmemöglichkeit unter bestimmten Voraussetzungen explizit vor.¹⁴ Das BDSG kennt für den Betroffenen kein Einsichtnahme-, sondern lediglich ein Auskunftsrecht, das in bestimmten Fällen eingeschränkt werden kann.¹⁵ Eine Einsichtnahme in Akten kann auf Akteteile beschränkt werden; zur Abwicklung kann ein Bediensteter der Behörde abgestellt werden, um die Beschränkung der Einsichtnahme zu gewährleisten.

3. Verhältnis von Auskunft und Einsichtnahme

Auskünfte werden durch kommunale Bedienstete erteilt, die das Auskunftsersuchen bearbeiten. Sie besitzen Zugang zu den einschlägigen Informationsquellen, setzen das Anliegen eigenständig um und geben Informationen in dem Umfang heraus, den sie aufgrund des Antrags für geboten halten. Bei der *Einsichtnahme* in Akten oder Unterlagen steht die gezielt angefragte Informationsquelle dem Antragsteller originär zur Verfügung; die Richtigkeit und Vollständigkeit seiner Kenntnisnahme hat er selbst in der Hand. Auskunft und Einsichtnahme bilden danach *gesonderte, alternative Rechte*. Die Feststellung, dass eines von beiden weitergehender sei und damit das andere als *minus* umfasse, lässt sich nicht generell treffen, da es je nach Sachverhaltsgestaltung gerade umgekehrt sein kann. Insoweit muss der antragstellende Bürger entscheiden, von welchem Recht er Gebrauch machen will; soweit ihm dieses Recht nach dem Wortlaut des Gesetzes zusteht, sollte es von der Verwaltung dann auch nicht umgedeutet werden dürfen.¹⁶

118

---

¹¹ Wie z.B. in der StPO, ZPO, BGB, BetrVG, SGB X, usw. Das Akteneinsichtsrecht kann auch aufgrund eines Vertrages gegeben sein wie z.B. bei der Einsichtnahme in Krankenunterlagen; siehe dazu *BGH* RDV 2003, 292. Auch als Vorbereitung für die Durchsetzung eines Schadensersatzanspruches gem. § 823 Abs. 1 und 2 BGB.
¹² § 2 Abs. 3 DSG NRW.
¹³ Z.B. § 18 Abs. 2 DSG NRW.
¹⁴ So z.B. in § 27 Abs. 2 LDSG S-H, § 18 Abs. 5 HDSG, § 16 NDSG, § 21 Abs. 3 LDSG B-W, § 18 Abs. 4 BbgDSG, § 20 Abs. 2 SDSG, § 18 Abs. 3 LDSG R-P, § 16 Abs. 4 BlnDSG.
¹⁵ § 34 BDSG.
¹⁶ Entsprechend dem sonst allgemein gültigen Prinzip, dass eine falsche Bezeichnung unschädlich ist. Nach *VG Gießen*, Urt. v. 19.3.1991, NVwZ 1992, 401 dagegen soll dem Antragsteller ein Recht auf Auskunft aus den Akten als wesensgleiches Minus (,argumentum a maiore ad minus') zur ausdrücklich genannten Akteneinsicht zustehen; das überzeugt nicht.

4. Akteneinsicht im Verwaltungs- und im Verwaltungsgerichtsverfahren
a) Verwaltungsverfahren

119 Die Akteneinsicht von Beteiligten während eines Verwaltungsverfahrens[17] regelt das VwVfG NRW als in seinem eigenen begrenzten Anwendungsbereich gegenüber den allgemeinen datenschutzrechtlichen Bestimmungen speziellere Übermittlungsvorschrift.[18] Das Recht auf Akteneinsicht besteht jedoch nur, *soweit* die Einsichtnahme für die Geltendmachung oder Verteidigung der rechtlichen Interessen der Beteiligten erforderlich ist,[19] wenn also die Kenntnis des Akteninhalts der Klärung der Voraussetzungen für ein rechtlich relevantes Verhalten dient oder eine gesicherte Grundlage für die Verfolgung eines Anspruchs schafft.[20] Damit erfasst der Informationsanspruch Umstände, die für die Rechtsstellung der betroffenen Person im konkreten Verwaltungsverfahren von Bedeutung sind. Insoweit dient das Akteneinsichtsrecht der Verbesserung der Rechtsstellung des Betroffenen im Verfahren. Entscheidend ist also, dass das Einsichtnahmeinteresse im Zusammenhang mit dem Verwaltungsverfahren steht.[21] Hinsichtlich der Bekanntgabe der Identität und Angaben des Informanten ist diese Voraussetzung nicht erfüllt: Die Entscheidung über mögliche behördliche Maßnahmen beruht nicht auf den Angaben des Informanten, sondern allein auf dem von der Behörde ermittelten Sachverhalt.[22] Daher kann die Kenntnis der betroffenen Person über die Identität des Hinweisgebers keinerlei Einfluss auf den Ausgang des Verfahrens nehmen. Ein beabsichtigtes zivil- oder strafrechtliches Vorgehen liegt außerhalb des Verwaltungsverfahrens und kann das rechtliche Interesse folglich nicht begründen, da der Anspruch auf Akteneinsicht die Förderung eines anderen Verfahrens gerade nicht bezweckt.[23] Ist das Ausgangsverfahren bereits abgeschlossen, ergeht die Entscheidung über die Einsichtnahme in einem eigenständigen Verfahren.[24]

---

[17] §§ 13 Abs. 1, 29 VwVfG NRW (dazu *Ritgen*, in: Knack/Henneke, Kommentar zum VwVfG, 9. Aufl. 2010, § 29 Rn. 18f.) bzw. – im Sozialverwaltungsverfahren – §§ 12 SGB X, 25 SGB X; Sonderregelungen finden sich u.a. in (29 Abs. 1 Satz 3 VwVfG NRW für Masseverfahren i.S.d. §§ 17,18 VwVfG NRW, in (72 Abs. 1, letzter Halbsatz VwVfG NRW und in § 73 Abs. 3 Satz 1 VwVfG NRW für das Planfeststellungsverfahren sowie in den §§ 9 HGB, 79 und 1563 BGB, 12 GBO, 147 StPO.
[18] *Schoenemann*, Akteneinsicht und Persönlichkeitsschutz, DVBl. 1988, 520 ff., 523.
[19] § 29 Abs. 1 VwVfG NRW, 25 SGB X.
[20] *Kopp/Ramsauer*, VwVfG–Kommentar, 11. Aufl. 2010, § 29 Rn. 18.
[21] *Schoenemann*, DVBl. 1988, 520 ff., 523.
[22] *VG Gießen*, Urt. v. 19.03.1991, NVwZ 1992, 401.
[23] *Bonk*, in: Stelkens/Bonk/Sachs, VwVfG–Kommentar, 7. Aufl. 2008, § 29 Rn. 42.
[24] *BVerwG*, Urt. v. 23.6.1982, NJW 1983, 2954 (zu § 25 Satz 2 VwVfG a.F.); § 29 VwVfG NRW findet insoweit keine Anwendung.

b) Verwaltungsgerichtsverfahren

Nach der VwGO können Beteiligte eines verwaltungsgerichtlichen Prozesses die Akten ohne Einschränkung einsehen.[25] Geht der Betroffene gegen die behördliche Entscheidung des Ausgangsverfahrens (z.B. die Entziehung der Fahrerlaubnis) vor, so richtet sich der Umfang der von der Behörde vorzulegenden Akten nach ihrer Bedeutsamkeit für die Sachentscheidung.[26] Die Identität des Hinweisgebers spielt für die Rechtmäßigkeit der Verwaltungsentscheidung selbst keine Rolle. Deshalb müssen Dokumente, die über sie Auskunft geben, in der Regel nicht vorgelegt werden. Will der Betroffene gerichtlich gerade den Einsichtnahme-Anspruch durchsetzen, so kann die Behörde die Vorlage der Akten an das Gericht insoweit verweigern,[27] als durch eine Akteneinsicht die Klageforderung erfüllt und die Entscheidung in der Hauptsache damit vorweggenommen werden würde.[28] Der Anspruch auf Einsichtnahme hilft in diesen Fällen nicht weiter.

120

5. Akteneinsicht aus Art. 19 Abs. 4 GG

Das Grundgesetz garantiert die Eröffnung des Rechtsweges gegen Verletzungen materieller Rechte durch die öffentliche Gewalt.[29] Will der Betroffene die Sachentscheidung der Behörde anfechten, so kann er sich auf die verfassungsrechtlich verbürgte Effektivität des Rechtsschutzes stützen, wenn er ohne Kenntnis der begehrten Informationen an einer Rechtsverfolgung gehindert wäre. Insofern gewährt diese Rechtsschutzgarantie jedoch keinen eigenständigen Anspruch, sondern wirkt sich lediglich auf die Ausformung des sich aus einfachgesetzlichen Rechtsnormen ergebenden Auskunftsrechts aus.[30] Ein Auskunftsersuchen zur Vorbereitung eines straf- oder zivilrechtlichen Vorgehens gegen einen Informanten betrifft nur ein Rechtsverhältnis zwischen Privatpersonen. Es fehlt insoweit also bereits an einer (möglichen) Rechtsverletzung durch die öffentliche Gewalt.

121

---

[25] § 100 VwGO.
[26] *Schoenemann*, DVBl. 1988, 520ff., 525; *Krause*, in: Abel (hg.), Datenschutz in Anwaltschaft, Notariat und Justiz, 2. Aufl. 2003, § 12 Rn. 10ff.
[27] § 99 Abs. 1 Satz 2 VwGO.
[28] *VGH München*, Beschl. v. 12.2.1990, NVwZ 1990, 778ff., 779.
[29] Art. 19 Abs. 4 GG.
[30] BVerwGE 89, 14, 21f.; *BVerwG*, Urt. v. 20.02.1990, NJW 1990, 2761ff., 2762; *VG Gießen*, Urt. v. 19.3.1991, NVwZ 1992, 401; *Knemeyer*, JZ 1992, 348ff., 349.

II. Informantenschutz

1. Problemstellung

122 In fast allen Zweigen der Kommunalverwaltung kommt es vor, dass Bürger eine Behörde auf (vermeintlich) rechtwidriges Verhalten oder rechtswidrige Zustände hinweisen, woraufhin diese unter Verwendung der erhaltenen Informationen Maßnahmen einleitet. Beispiele hierfür sind etwa die Entziehung einer Fahrerlaubnis,[31] die Veranlassung einer nervenärztlichen Untersuchung[32] oder die Einleitung eines Verfahrens wegen Steuerhinterziehung.[33] Im Ordnungswidrigkeitenverfahren spielt die Übermittlung personenbezogener Daten eines Informanten eine besondere Rolle. So sind im Bußgeldbescheid[34] die Beweismittel für die zur Last gelegte Ordnungswidrigkeit zu benennen. Fungiert der Informant also als *Zeuge* für die begangene Ordnungswidrigkeit, so sind in dem Bescheid sein Name und dessen Wohnort anzugeben. Als einziges datenschutzrechtliches Zugeständnis soll die Angabe einer Adresse unterbleiben.

Diese Vorgabe erscheint vor dem Hintergrund, dass selbst ohne Angabe einer Adresse bei seltenen Namen bzw. kleineren Ortschaften eine personenscharfe Identifizierung des Anzeigenerstatters ohne weiteres möglich ist, bedenklich. Ist die Beweissituation eindeutig, so ist die nähere Bezeichnung der Person des Anzeigeerstatters nicht erforderlich. Zudem soll für den Fall, dass das Drittschutzinteresse des Anzeigenerstatters aufgrund einer konkreten Gefährdung für Leib, Leben, Freiheit oder Eigentum, Besitz oder Hausfrieden überwiegt, eine Übermittlung seiner personenbezogenen Daten unterbleiben;[35] jedoch sind die Reaktionen des Angezeigten kaum vorhersehbar. Andererseits ist die Schutzwürdigkeit des Anzeigeerstatters fraglich, wenn aufgrund der Quantität seiner Anzeigen ein persönlicher Bezug zum konkreten Delikt nicht herstellbar ist. Unterbleibt die Angabe des Informanten vollständig bzw. führen gemachte Angaben nicht zu einer eindeutigen Identifizierung, so stellt sich die Frage, ob der Betroffene von der Behörde verlangen kann, ihm die Identität des Informanten bekannt zu geben. Dem Interesse des von der behördlichen Maßnahme überraschten Betroffenen steht regelmäßig das Geheimhaltungsinteresse des Hinweisgebers gegenüber, da dieser – insbesondere im steuerrechtlichen Bereich – nicht selten aus dem privaten oder beruflichen Umfeld der betroffenen Person stammt.[36] Der daraus erwachsende Konflikt wirft die Frage auf, ob der Betroffene seine Forderung mit rechtlichen Mitteln durchsetzen kann.[37]

---

[31] *VG Gießen*, Urt. v. 19.3.1991, NVwZ 1992, 401.
[32] *VGH München*, Urt. v. 5.9.1989, NVwZ 1990, 775.
[33] *VerfGH Rh.-Pf.*, Urt. v. 4.11.1998, DuD 1999, 105 ff.
[34] § 66 Abs. 1 Nr. 4 OWiG.
[35] RdErl. des IM NRW v. 27.01.2004.
[36] *VerfGH Rh.-Pf.*, DuD 1999, 105 ff, 107.
[37] *Knemeyer*, Auskunftsanspruch und behördliche Auskunftsverweigerung, JZ 1992, 348; siehe auch *VG Bremen*, Beschl. v. 25.03.2010 – 2 K 548/09 –.

2. Geheimhaltung wegen Gefährdung der behördlichen Aufgabenerfüllung

Die Möglichkeit zur Auskunftsverweigerung besteht nach den Landesdatenschutzgesetzen zunächst dann, wenn die Bekanntgabe von Informantendaten die ordnungsgemäße Aufgabenerfüllung der verantwortlichen Stelle erheblich gefährden würde.[38] Die Bedeutung des Informationsrechts für den Anspruchsinhaber verlangt eine enge, verfassungskonforme Auslegung solcher Beschränkungen.[39]

a) Geheimhaltungsinteresse der Verwaltung

Eine Gefährdung der Aufgabenerfüllung kann in den Umständen der Auskunftserteilung – etwa übermäßig hohe Belastung, z.B. in Massenverfahren –[40] sowie in dem Inhalt der begehrten Auskunft liegen. Gegenstand der Auskunft ist hier der Name des Informanten. Eine effektive Gesetzesanwendung der Behörde setzt voraus, dass ihr tatsächliche Anhaltspunkte dazu Veranlassung geben, diesen Punkt zu prüfen. Dabei haben Hinweise aus der Bevölkerung eine große Bedeutung, da in den meisten Bereichen eigenständige Nachforschungen weder Aufgabe der Verwaltung sind, noch dafür personelle Ressourcen zur Verfügung stehen. Könnten sich Hinweisgeber nicht mehr auf die vertrauliche Behandlung ihrer Angaben verlassen, so wäre mit einem starken Rückgang solcher Mitteilungen zu rechnen, insbesondere wenn die Informationen aus dem näheren Umfeld der betroffenen Person stammen. Damit wäre die Funktionsfähigkeit der Verwaltung bei der Ermittlung von Gesetzesverstößen erheblich beeinträchtigt.[41]

b) Güterabwägung

Die Einsicht in Verwaltungsakten darf nicht mit dem pauschalen Hinweis verweigert werden, die Aufgabenerfüllung der Verwaltung werde behindert. Dem behördlichen Geheimhaltungsinteresse stehen die Rechte der betroffenen Person gegenüber, so dass eine umfassende Güterabwägung im Einzelfall durchgeführt werden muss.[42] Dem Geheimhaltungsinteresse der Behörde steht auf Seiten der betroffenen Person die Gewichtung eines tangierten Schutzgutes

---
[38] Z.B. § 18 Abs. 3 lit. a) DSG NRW. Dort wurde das Kriterium der *Erheblichkeit* neu eingef. durch Gesetz zur Änderung des Datenschutzgesetzes v. 13.04.2000 (GV. NRW. S. 452): Der Schutz des Informanten hat damit eine Einschränkung erfahren.
[39] *Kopp/Ramsauer*, a.a.O., (29 Rn. 27.
[40] § 17ff. VwVfG NRW.
[41] h.M.: *BVerwG*, Urt. v. 03.09.1991, NJW 1992, 451ff., 452; *VerfGH Rh.-Pf.*, Urt. v. 4.11.1998, CR 1999, 354ff., 356; *VGH München*, Urt. v. 30.7.1979, NJW 1980, 198ff., 199; NVwZ 1990, 775ff., 778; *Kopp/Ramsauer*, a.a.O., § 29 Rn. 32.
[42] *BVerwG*, Urt. v. 03.09.1991, NJW 1992, 451ff., 453; der insoweit eindeutige Gesetzeswortlaut des § 19 Abs. 4 BDSG ist allerdings in § 18 DSG NRW nicht enthalten.

– z. B. persönliche Freiheit in einem Unterbringungsverfahren –, gegenüber. Ein beabsichtigtes straf- oder zivilrechtliches Vorgehen rechtfertigt eine Preisgabe der Identität des Informanten nicht: Glaubt die betroffene Person sich zu Unrecht verdächtigt, kann sie Strafanzeige gegen Unbekannt erstatten mit dem Hinweis, die Behörde kenne den Namen des Täters.[43] Im Hinblick auf das Rechtsstaatsprinzip[44] ist dies nur anders zu beurteilen, wenn ernstzunehmende Anhaltspunkte für eine vorsätzliche oder grob fahrlässige[45] Falschinformation vorliegen.[46] In diesem Fall wird die Funktionsfähigkeit der Verwaltung durch die Nennung des Namens des Hinweisgebers nicht gefährdet. Solche Personen können nicht mit der Diskretion rechnen, die anderen entgegenzubringen ist.[47] Würde bekannt, dass die Verwaltung kriminelle Falschinformanten nicht deckt, so darf dies ihr Ansehen bei einem redlichen Hinweisgeber nicht beeinträchtigen;[48] Öffentlichkeitsarbeit muss plausibel deutlich machen, dass Anzeigen mit verifizierbarem Inhalt willkommen sind und Anzeigende Vertraulichkeit beanspruchen können.

3. Geheimhaltung wegen berechtigter Interessen dritter Personen

125 Da es sich beim Namen des Informanten ebenfalls um ein personenbezogenes Datum handelt, muss ein Ausgleich zwischen dem Grundrecht der betroffenen Person und den Geheimhaltungsinteressen des Dritten stattfinden.[49] Dieses die Auskunftsverweigerung wegen berechtigter Interessen dritter Personen anordnende Gebot ist im DSG NRW geregelt.[50] *Dritte Person*[51] ist jeder Träger berechtigter Geheimhaltungsinteressen, unabhängig von seiner Rechtspersönlichkeit. Ein berechtigtes Geheimhaltungsinteresse besteht unter anderem an Vorgängen, Informationen etc. aus dem privaten und beruflichen Bereich.[52] Dazu kann neben der Identität des Hinweisgebers auch der Inhalt seiner Mitteilung an die Behörde zählen, wenn daraus Rückschlüsse auf seine Person gezogen werden können.[53] Das Gebot zur Auskunftsverweigerung ist nicht abhängig von einer ausdrücklichen Bitte um vertrauliche Behandlung.[54] Die

---

[43] *VG Gießen*, Urt. v. 19.03.1991, NVwZ 1992, 401 ff., 402.
[44] Art. 20 Abs. 3 GG.
[45] Leichte Fahrlässigkeit dürfte wohl nicht genügen; BVerwGE 89, 14 ff., 19.
[46] *BVerwG*, NJW 1992, 451 ff., 452 f.
[47] *BVerwG*, Beschl. v. 02.03.2003 – Az.: 2 C 10.02 –.
[48] BVerwGE 89, 14 ff., 20; *VerfGH Rh.-Pf.*, Urt. v. 04.11.1998, CR 1999, 354 ff., 357.
[49] *Schoenemann*, DVBl. 1988, 520 ff., 525; siehe auch das in § 16 Abs. 1 Satz 1 Buchst. c) DSG NRW a.E. kodifizierte Abwägungsgebot.
[50] § 18 Abs. 3 Buchst. c), 2 Fall DSG NRW; Fall 1, die Geheimhaltungspflicht aufgrund einer Rechtsvorschrift, spielt für die hier behandelte Fragestellung keine Rolle.
[51] § 3 Abs. 4, Sätze 2 u. 3 DSG NRW.
[52] *Kopp/Ramsauer*, a.a.O., § 29 Rn. 38; *Ritgen*, in: Knack/Henneke, a.a.O., § 29 Rn. 33.
[53] *VGH München*, Urt. v. 05.09.1989, NVwZ 1990, 775 ff., 778.
[54] *VerfGH Rh.-Pf.*, Urt. v. 04.11.1998, CR 1999, 354 ff., 356.

erforderliche Güterabwägung kann vielmehr schon aufgrund der Umstände des Falles zur Geheimhaltungspflicht führen. So kann zu befürchten sein, dass der Auskunftssuchende gegen den Informanten tätlich vorgeht.[55] Weiterhin spricht eine finanzielle oder soziale Abhängigkeit von der betroffenen Person für die Wahrung der Vertraulichkeit, wenn Hinweisgeber aus dem beruflichen oder privaten Umfeld stammen.[56] Die Grenze liegt wiederum bei böswilligen oder wissentlich falschen Verdächtigungen.

4. Drittinteressen in bereichsspezifischen Regelungen

a) Personalakten im öffentlichen Dienst

Beamte[57] dürfen jederzeit Einsicht in ihre Personalakten nehmen.[58] Dieses Recht erstreckt sich auf die eigene sowie auf andere Akten, soweit sie personenbezogene Daten über ihn enthalten.[59] Anstelle einer Einsichtnahme kann ausnahmsweise Auskunft verlangt werden, wenn die eigenen Daten nicht oder nur unter unverhältnismäßig großem Aufwand von Daten Dritter oder sonstigen geheimhaltungsbedürftigen nicht personenbezogenen Daten getrennt werden können. Dem Akteneinsichtsrecht entgegenstehende Interessen Dritter werden im Rahmen einer einzelfallbezogenen Abwägung berücksichtigt.[60]

b) Sicherheitsakten

Auch über die im Rahmen einer Sicherheitsüberprüfung gesammelten Daten kann sich der Betroffene Kenntnis durch Einsichtnahme verschaffen.[61] Vertraulichkeit für Hinweisgeber wird aber auch hier zugunsten der Aufgabenerfüllung der verantwortlichen Stelle oder überwiegender Drittinteressen gewährleistet. Vertraulichkeitszusagen bewirken, dass die Auskünfte über Informanten sogar gegenüber dem *LDI NRW* verweigert werden können.

126

III. Verfahrensverzeichnis

Öffentliche Stellen sind nach den Landesdatenschutzgesetzen zur Führung eines Verzeichnisses verpflichtet, in dem alle Verfahren abstrakt verzeichnet sind,

127

---

[55] *VGH München*, Urt. v. 30.09.1979, NJW 1980, 198ff., 199, *VGH München*, Urt. v. 05.09.1989, NVwZ 1990, 775ff., 778; *VG Gießen*, Urt. v. 19.03.1991, NVwZ 1992, 401.
[56] *VerfGH Rh.-Pf.*, Urt. v. 04.11.1998, CR 1999, 354ff., 356.
[57] In NRW finden diese Regelungen auf Angestellte gemäß § 29 Abs. 2 DSG NRW entsprechende Anwendung.
[58] § 87 Abs. 1 LBG NRW.
[59] § 87 Abs. 4 LBG NRW.
[60] *Kunig*, in: Schmidt-Aßmann (hg.), Bes. Verwaltungsrecht, 14. Aufl. 2008, 6. Kap. Rn. 164 m.w.N.
[61] § 24 SÜG NRW.

mit denen personenbezogene Daten einer *datenverarbeitenden Stelle* automatisiert verarbeitet werden.[62] Das Verzeichnis dient als Grundlage für die Erfüllung der Auskunftsverpflichtung, die den jeweiligen verantwortlichen Stellen innerhalb der Kommune als öffentlicher Stelle auferlegt ist.[63] Es gibt einen Überblick über die eingesetzte Software und stellt damit ein Führungsinstrument dar, mit dem die eigene Organisation für den Verwaltungsvorstand, aber auch für den Bürger transparent gemacht wird. Nicht zuletzt dient es auch zur Information bei der internen Kontrolle durch den behördlichen – *kommunalen* – Datenschutzbeauftragten oder im Falle von Kontrollbesuchen der Aufsichtsbehörde.

128   Grundsätzlich stehen die Angaben im Verfahrensverzeichnis jeder Person zur Einsichtnahme offen.[64] Verwunderlich erscheint es in dem Zusammenhang, dass dem Betroffenen anstelle von Einsichtnahme anscheinend nur ein Recht auf *Auskunft* zusteht.[65] In der Praxis würde indes eine Auskunft, von der erwartet wird, dass sie die tatsächlich vorhandene Information umsetzt – also filtert –, Betroffenenwünsche nicht befriedigen. Aufgrund des sehr abstrakten Inhalts des Verfahrensverzeichnisses, das keine konkreten Informationen bereitstellt, dürften Auskünfte der Verwaltung daraus bei rechtsunkundigen Bürgern eher den Argwohn wecken, es würden vorhandene Tatsachen verschwiegen. Deshalb ist die Gewährleistung einer unmittelbaren *Einsichtnahme* geboten.

1. Historie

129   Von der früheren Vorstellung, Beschreibungen aller Dateien einer Stelle seien dem Landesdatenschutzbeauftragten zu melden und von diesem in ein nach Dateiregisterverordnungen zu führenden Dateienregister einzustellen, haben sich die Gesetzgeber der Landesdatenschutzgesetze längst verabschiedet.[66] Die aufgrund der technischen Entwicklung exponentielle Zunahme elektronischer Datenbestände hätte heute die Übersichtsfunktion eines solchen Registers konterkariert. Abgesehen davon haben Dateiregister nie effektiv funktioniert, da in der Praxis der Grad ihrer Richtigkeit nicht zuletzt aufgrund der geringen Anzahl eingehender Meldungen, aufgrund deren Unvollständigkeit sowie Kurzlebigkeit weit unter den Erwartungen geblieben war. Zur Unpraktikabi-

---

[62] § 8 DSG NRW/Nds/Bbg/Brem; § 6 HDSG; § 7 DSG S-H; § 9 DSG Hbg/Saarl; § 10 DSG Sächs/Thür/R-P; § 11 DSG B-W; Art. 27 DSG By; § 14 Abs. 3 DSG S-A; § 18 DSG M-V.
[63] § 18 DSG NRW.
[64] §§ 8 Abs. 2 Satz 1, 32a Abs. 3 Satz 3 DSG NRW.
[65] § 5 Satz 1 Nr. 7 DSG NRW.
[66] Für NRW seit Neufassung des Datenschutzgesetzes NRW v. 31.05.2000 (GV. NRW. S. 452).

2. Gesetzliche Grundlagen

In das Zentrum der Bemühungen, organisatorisch Transparenz in automatisierte Datenverarbeitung zu bringen, hat der Landesgesetzgeber den Begriff des *Verfahrens* gestellt.[67] Im Unterschied zur Meldepflicht, die *nicht-öffentlichen* Stellen in bestimmten Fällen[68] gegenüber der Aufsichtsbehörde obliegt und deren Inhalt[69] vom betrieblichen Datenschutzbeauftragten in einer Übersicht jedermann zugänglich zu machen ist,[70] ist das Verfahrensverzeichnis einer Kommune ausnahmslos für *alle* Verfahren und mit umfangreichen Inhalten[71] zu führen. Allerdings sind die Angaben zur Technik des Verfahrens und zu den getroffenen technischen und organisatorischen Maßnahmen einschließlich der Ergebnisse der Vorabkontrolle grundsätzlich für öffentliche Einsichtnahmen gesperrt.[72]

130

3. Führung

Die Verantwortlichkeit für die Erstellung des Verfahrensverzeichnisses weist das Gesetz der *datenverarbeitenden Stelle* zu.[73] Gemeint ist grundsätzlich[74] die *verantwortliche Stelle*[75] (Fachbereich oder Amt), die innerhalb der öffentlichen Stelle „Gemeinde" Herrin der Daten ihres Bereichs ist; hat diese einen Auftragnehmer[76] eingeschaltet, so gehören dessen Verfahren in sein eigenes Verfahrensverzeichnis. Diese Verpflichtung wird dadurch erfüllt, dass die jeweiligen amtsinternen Verfahrensverantwortlichen[77] dem kommunalen behördlichen Datenschutzbeauftragten eine Beschreibung über das eingesetzte Verfahren vorlegen,[78] der diese dann in das (Gesamt-) Verzeichnis auf der Ebene der Kommune als öffentlicher Stelle aufnimmt.

131

---

67 In NRW wurde auf den Dateibegriff im DSG NRW völlig verzichtet.
68 § 4d Abs. 1 BDSG, soweit nicht Abs. 2 bis 4 vorliegen.
69 § 4e BDSG.
70 § 4g Abs. 2 BDSG.
71 Im Einzelnen in § 8 Abs. 1 Nrn. 1-11 DSG NRW aufgezählt.
72 § 8 Abs. 2 Satz 1 HS. 2 DSG NRW.
73 § 8 Abs. 1 DSG NRW.
74 *Stähler/Pohler*, a.a.O., § 8 Rn. 2
75 § 3 Abs. 3 DSG NRW.
76 § 11 DSG NRW.
77 I.d.R. die IT-Koordination; je nach Größe und Organisationsstruktur der Kommune kann diese Aufgabe auch von dem Datenschutzverantwortlichen des Bereichs wahrgenommen werden.
78 § 32a Abs. 3 Satz 1 DSG NRW.

Ein Verfahrensverzeichnis kann auf Papier oder in Form einer Sammlung von elektronischen Einzeldokumenten geführt werden. Der zugrundeliegende Fragebogen – als Anlage angefügt – ist in NRW standardisiert.[79] Aus einer *manuellen* Führung ergeben sich eine Reihe von Nachteilen: Der umfangreiche auszufüllende Vordruck muss verwaltungsweit zur Verfügung gestellt werden. Der Rücklauf kann nicht in andere Anwendungen integriert werden; ergeben sich Änderungen, so muss der Vordruck neu ausgefüllt werden. Daher ist die Neigung, die Daten zu liefern und vor allem laufend auf Aktualität hin zu kontrollieren, erfahrungsgemäß gering. Die Verpflichtung zur Abgabe der Meldungen wird in der Praxis vernachlässigt, weil sie unter Berücksichtigung des Umstandes, dass der Aussage- und Recherchewert der Datensammlung relativ ist, als entbehrlicher bürokratischer Aufwand betrachtet wird.

132 Daher empfiehlt sich die Führung des Verfahrensverzeichnisses mittels eines geeigneten automatisierten Verfahrens, das Auswerte- und Recherche-Optionen bietet und mit geringem Aufwand aktuell gehalten werden kann. Entsprechende Verfahren externer Anbieter sind am Markt erhältlich,[80] geeignete Eigenprodukte können diesen Zweck allerdings ebenso gut erfüllen. Web-basierte Lösungen können sich bei entsprechender Umgebung empfehlen, weil zur Befriedigung von Einsichtnahme-Ersuchen eines Bürgers der form- und aufwandlose Hinweis auf das entsprechende Web-Portal genügen kann.

4. Zusammenhang mit Vorabkontrollen

133 Neue Verfahren unterliegen vor ihrem Einsatz der *Vorabkontrolle*.[81] Das Ergebnis der Vorabkontrolle ist aufzuzeichnen[82] und wird (nicht öffentlicher)[83] Bestandteil des Verfahrensverzeichnisses. Da für die Durchführung der Vorabkontrolle im Rahmen einer Checkliste Angaben erforderlich sind, die auch im Rahmen des Verfahrensverzeichnisses gebraucht werden, sieht der Workflow-Prozess bei neuen Verfahren eine Lieferung dieser Angaben durch den Verfahrensverantwortlichen vor. Im Falle des Einkaufes extern erstellter Software muss die Lieferung dieser Informationen unbedingt ausdrücklich zum Bestandteil des Kaufvertrages gemacht werden. Ist die Software komplex, so empfiehlt es sich, in den Vertragsverhandlungen vom Verkäufer ein Datenschutz-Zertifikat zu verlangen.[84] Damit wird eine Vorabkontrolle unproblematisch.

---

[79] RdErl. IM NRW v. 12.12.2000 – I A 5 – 1.2.4 – (SMBl. NRW. 20026), Muster 2.
[80] Z.B. der *DVK-Manager* der Fa. VIVETO (www.viveto.de); auch die Fa. UIMC (www.uimc.de) bietet ein entsprechendes Tool für den nicht-öffentlichen Bereich an.
[81] §§ 10 Abs. 3 Satz 1, 32a Abs. 1 Satz 7 a.E. DSG NRW.
[82] § 10 Abs. 3 Satz 2 DSG NRW.
[83] § 8 Abs. 2 Satz 1 HS. 2 DSG NRW.
[84] Das Unabhängige Zentrum für Datenschutz Schleswig-Holstein verleiht Produkten Gütesiegel und akkreditiert Sachverständige, die Software zertifizieren: https://www.datenschutzzentrum.de/guetesiegel/index.htm

Verfahrensverzeichnis

5. Anlage: Der Inhalt des Verfahrensverzeichnisses eines einzelnen Verfahrens nach § 8 DSG NRW

Lfd. Nr: **Neues Verfahren:** ☐   **Änderung:** ☐

☐ Das Verzeichnis ist zur Einsichtnahme bestimmt (§ 8 Abs. 2 Satz 1 DSG NRW)

☐ Das Verzeichnis ist nur teilweise zur Einsichtnahme bestimmt.
Ausgenommen sind die Angaben nach § 8 Abs. 1 Nr. 7, 8 und 11 DSG NRW.

☐ Das Verzeichnis ist nicht zur Einsichtnahme bestimmt (§ 8 Abs. 2 Satz 2 DSG NRW).

☐ Das Verfahren ist Teil eines gemeinsamen oder verbundenen Verfahrens nach § 4 a DSG NRW.
Verantwortliche Stelle:

1. Name und Anschrift der datenverarbeitenden Stelle

1.1	Name und Anschrift
1.2	Organisationskennziffer, Amt, Abteilung, ggf. Sachgebiet

2. Zweckbestimmung und Rechtsgrundlage der Datenverarbeitung

2.1	Zweckbestimmung
2.2	ggf. Bezeichnung des Verfahrens
2.3	Rechtsgrundlage (ggf. nach Art der Datenverarbeitung unterscheiden)

3. Art der gespeicherten Daten

Lfd. Nr.		Daten nach § 4 Abs.3 DSG NRW	
		ja	nein
		☐	☐
		☐	☐
		☐	☐
		☐	☐
		☐	☐
		☐	☐

4. Kreis der Betroffenen

Lfd. Nr.	

Rechte des Betroffenen

5. **Art regelmäßig zu übermittelnder Daten, deren Empfänger sowie Art und Herkunft regelmäßig empfangener Daten**

   5.1 Empfänger der Daten

Lfd. Nr. aus Ziffer 3	Empfänger

   5.2 Herkunft der Daten

Lfd. Nr. aus Ziffer 3	Herkunft

6. **Zugriffsberechtigte Personen oder Personengruppen**

Lfd. Nr.	

7. **Technische und organisatorische Maßnahmen (§ 10 DSG NRW)**

   ☐ Ein Sicherheitskonzept nach § 10 Abs. 3 DSG NRW ist vorhanden

   ☐ Erläuterungen zu den einzelnen Maßnahmen zur Gewährleistung der

   Vertraulichkeit, z.B.
   - Zutrittskontrolle durch technische Maßnahmen in gesicherten Räumen, Einbau von Sicherheitsschlössern
   - Benutzerkontrolle durch Passwortregelung zur Legitimation und durch automatische Bildschirmsperrung
   - Zugriffskontrolle durch Vergabe unterschiedlicher Berechtigungen und differenzierter Zugriffsmöglichkeiten auf einzelne Felder

   Integrität, z.B.
   - Vermeidung unbefugter oder zufälliger Datenverarbeitung durch Sperre des Zugriffs auf Betriebssysteme und/oder Verschlüsselung der Daten
   - Regelmäßige Kontrolle der Aktualität

   Verfügbarkeit, z.B.
   - klare und übersichtliche Ordnung des Datenbestandes
   - Vergabe von Zugriffsbefugnissen im erforderlichen Umfang (unter Abwägung gegenüber dem Gebot der Vertraulichkeit)

   Authentizität, z.B.
   - Dokumentation der Ursprungsdaten und ihrer Herkunft
   - Nachvollziehbarkeit der Verarbeitungsschritte

Verfahrensverzeichnis

Revisionsfähigkeit, z.B.
- Festlegung klarer Zuständigkeiten und Verantwortlichkeiten
- Protokollierung der Eingabe und weiteren Verarbeitung der Daten
- Aufbewahrung der Protokolldaten

_____
_____

Transparenz, z.B.
- vollständige, übersichtliche und jederzeit nachprüfbare Dokumentation aller wesentlichen Datenverarbeitungsvorgänge

_____
_____

8. Technik des Verfahrens

8.1 ☐ **Verfahren für Einzelplatzsystem**
Betriebssystem:
☐ Unix ☐ Windows NT ☐ Windows ☐ anderes: _____

8.2 ☐ **Client - Server – Verfahren**
Client (Datenendgerät):
☐ Terminal / Netz-PC (ohne Laufwerke / Festplatten)
☐ PC (Arbeitsplatzrechner / Workstation)

Betriebssystem des Servers (z.B. Windows NT): _____

Client - Server Kommunikation erfolgt über
☐ geschlossenes Netz innerhalb der Behörde (LAN)
☐ Netz über externe Leitungen innerhalb eines geschlossenen Benutzerkreises:

☐ Landesverwaltungsnetz ☐ Sonstiges _____

☐ offenes Netz (z.B. Internet) _____
☐ sonstige eingesetzte Hardware (z.B. Chipkarte, Kartenlesegeräte, Videogeräte)
_____

Datenspeicherung erfolgt auf
☐ Server innerhalb der Behörde
☐ Server bei anderen Institutionen
☐ PC / Arbeitsplatzrechner
Art der Daten (lfd. Nr. aus Ziffer 3) _____

8.3 ☐ **Großrechner – Verfahren**
Client (Datenendgerät):
☐ Terminal / Netz-PC (ohne Laufwerke / Festplatten)
☐ PC (Arbeitsplatzrechner / Workstation)

Betriebssystem des Großrechners (z.B. UNIX/OS): _____

Kommunikation zwischen Client und Großrechner erfolgt über
☐ geschlossenes Netz innerhalb der Behörde (LAN)
☐ Netz über externe Leitungen innerhalb eines geschlossenen Benutzerkreises:

☐ Landesverwaltungsnetz ☐ Sonstiges _____

☐ offenes Netz (z.B. Internet) _____
☐ sonstige eingesetzte Hardware (z.B. Chipkarte, Kartenlesegeräte, Videogeräte)

Rechte des Betroffenen

Datenspeicherung erfolgt auf
☐ Großrechner
☐ Server innerhalb der Behörde
☐ Server bei anderen Institutionen
☐ PC / Arbeitsplatzrechner

Art der Daten (lfd. Nr. aus Ziffer 3):
_____
_____
_____

8.4 Eingesetzte Software (einschl. Standardverfahren)   Version / Stand / Datum:

_____
_____
_____
_____

9. Fristen für die Sperrung und Löschung gemäß §19 Abs. 2 und 3 DSG NRW

Frist für Sperrung (§ 19 Abs. 2 DSG NRW)
- ggf. unterschiedliche Sperrungsfristen für einzelne Datenarten aufführen -

_____
_____
_____
_____
_____
_____
_____
_____

Frist für Löschung (§ 19 Abs. 3 DSG NRW)
- ggf. unterschiedliche Löschfristen für einzelne Datenarten aufführen -

_____
_____

10. Beabsichtigte Datenübermittlung in „Drittstaaten"
    (§ 17 Abs. 1 Satz 2 und Abs. 2 DSG NRW)

Lfd. Nr. aus Ziffer 3	Empfänger

11. Begründetes Ergebnis der Vorabkontrolle gemäß § 10 Abs. 3 DSG NRW

Dokumentation der Vorabkontrolle
_____

IV. Schadensersatz

Ansprüche auf Schadensersatz nach dem BDSG[85] bzw. den Landesdatenschutzgesetzen[86] können auf eine eigenständige Haftungsnorm gestützt werden. Voraussetzung dafür ist, dass die verantwortliche Stelle durch unzulässige oder unrichtige Verarbeitung personenbezogener Daten einen *materiellen* Schaden beim Betroffenen verursacht. Ausnahmsweise wird auch ein *immaterieller* Schaden ersetzt, wenn ein besonders schwerer Eingriff ein falsches oder verzerrtes Bild des Betroffenen in der Öffentlichkeit erzeugt, das sein Ansehen oder seine soziale Position nachhaltig beeinträchtigt.[87] Der Nachteil muss – *haftungsausfüllend* – kausal durch die Verletzung des informationellen Selbstbestimmungsrechts entstanden sein. Da der Geschädigte in der Praxis diesen Nachweis kaum führen kann, sind solche Schadensfälle extrem selten erfolgreich. Bei immateriellen Schäden, deren Höhe durch das Gericht geschätzt wird,[88] ist die besondere Schwere des Eingriffs nachzuweisen. Im Rahmen des Verschuldens ist zu differenzieren: Beruht das schädigende Ereignis auf *automatisierter Datenverarbeitung*, so hat dies eine verschuldensunabhängige Haftung[89] zur Folge. Andernfalls besitzt die verantwortliche Stelle die Möglichkeit, sich vom Verschuldensvorwurf[90] zu entlasten. Der Schadensersatzanspruch ist gegenüber der schädigenden verantwortlichen Stelle geltend zu machen. Soweit diese zu einer Gemeinde gehört, findet die Abwicklung regelmäßig über das zuständige Rechtsamt statt.

134

V. Widerspruch

Einer rechtmäßigen Datenverarbeitung können Betroffene aus besonderem Grund schriftlich widersprechen.[91] Dieses Recht wurde aus der – französischen – Vorstellung eines umfassenden Widerspruchsrechts entwickelt[92] und besitzt in der Rechtspraxis der Kommune praktisch so gut wie keine Bedeutung. Der betroffenen Person steht ein Widerspruchsrecht zu, wenn überwiegende schutzwürdige Gründe aus ihrer besonderen Situation der rechtmäßigen Datenverarbeitung entgegenstehen. Bei der Berücksichtigung des besonderen Individualinteresses der betroffenen Person ist ein *strenger Maßstab* anzulegen.

135

---

[85] §§ 7f. BDSG.
[86] DSG NRW; § 30 LDSG S-H; § 20 HDSG; § 18 NDSG; § 25 LDSG B-W; Art. 14 BayDSG; § 8 ThürDSG; § 23 SächsDSG; § 18 DSG-LSA; § 24 SDSG; § 21 LDSG R-P; § 18 BlnDSG; § 27 DSG M-V; § 23 BremDSG; § 20 HmbDSG; § 20 BbgDSG.
[87] *Stähler/Pohler*, DSG NRW, 3. Aufl. 2003, § 20 Rn. 4.
[88] § 287 ZPO.
[89] Gefährdungshaftung (dazu *Palandt/Sprau*, BGB-Kommentar, 69. Aufl. 2010, vor § 823 Rn. 6) tritt in den Fällen der §§ 8 BDSG, 20 Abs. 2 Satz 1 DSG NRW ein.
[90] Für die Verschuldensfrage gelten §§ 276 ff., 254 BGB entsprechend.
[91] § 5 Nr. 2, 4 Abs. 5 DSG NRW.
[92] Es handelt sich um eine Umsetzung von Art. 14 EG-DSRL.

Wenn die Behörde zu dem Ergebnis kommt, dass diese Interessen überwiegen, muss die Datenverarbeitung unterbleiben. Die Unterrichtung der betroffenen Person hierüber ergeht als Verwaltungsakt, so dass dagegen eine Klage möglich ist.[93] Zur Verbesserung der Regeln über Datenschutz im Internet wird ein zentrales Widerspruchsregister gegen Veröffentlichung personenbezogener Daten im Internet gefordert.[94]

Der mit einem solchen Widerspruch verfolgte Zweck wird indes nicht immer zuverlässig erreicht. Das zeigt das Beispiel der vom Internet-Dienstleister *Google* freiwillig eingeräumten Widerspruchsmöglichkeit gegen eine Datenverwertung seines Dienstes *Google Street View*. Kontrovers wird in diesem Zusammenhang bereits diskutiert, ob die erhobenen Daten Personenbezug besitzen.[95] Die automatisierte Verarbeitung beziehe sich gerade nicht auf Personen, sondern auf die abgebildete Landschaft; Personen und Fahrzeuge seien lediglich „Beiwerk".[96] Übereinstimmung besteht darin, dass im Datenbestand Personen und im Straßenbild vorhandene Objekte mit Personenbezug – wie z.B. Kfz-Kennzeichen – zu anonymisieren sind.[97] *Google* selbst bietet Hinweise und Hilfestellungen zu einem Widerspruch,[98] deren Vertraulichkeit und Effektivität fragwürdig sind, denn zum einen handelt es sich um ein unverbindliches Entgegenkommen ohne Rechtspflicht, zum anderen erzeugt der Widersprechende einen neuen sensiblen Datensatz, dessen bestimmungsgemäße Verwendung einer effektiven staatlichen Kontrolle entzogen ist. Von der Einrichtung eines kommunalen Service zur Weiterleitung von Sammelwidersprüchen ist aus datenschutzrechtlicher Sicht unbedingt abzuraten.[99] Die jüngste Initiative besteht gegenwärtig in einem Entwurf zur Änderung des BDSG.[100]

---

[93] *Stähler/Pohler*, a.a.O., § 4 DSG NRW, Rn. 12. Nach der Änderung von § 6 AG VwGO NRW durch das Bürokratieabbau-Gesetz II v. 09.10.2007, GVBl. NRW. Nr. 21 v. 16.10.2007 ist der Widerspruch nicht mehr statthaft.

[94] So der *BfDI*, abrufbar unter: http://www.bfdi.bund.de/cln_134/DE/Oeffentlichkeitsarbeit/Pressemitteilungen/2010/35_KabinettbeschlussZuGoogleStreetView.html.

[95] In diesem Sinne z.B. Beschl. der obersten Aufsichtsbehörden für den Datenschutz im nicht öffentlichen Bereich v. 13./14.11.2008 (Wiesbaden); *Moritz*, K&R, Beihefter 2/2010, S. 1ff.; zudem kommen weitere Rechtsverstöße in Betracht, dazu *Ernst*, CR 3/2010, 178ff. Siehe auch *Hoffmann*, Die Verletzung informationstechnischer Systeme durch Google Street View, CR 8/2010, 514ff.

[96] *Forgó*, Gutachten zu Google Street View, 2010, S. 1.

[97] *Dreier/Spiecker*, Rechtsgutachten zur Zulässigkeit von „Google Street View", 2010, S. 108.

[98] www.datenschutzzentrum.de/geodaten/20090506-streetview-widerspruch.html.

[99] Diese nicht kommunale Angelegenheit müsste im Verantwortungsbereich der Kommune unter datenschutzgerechten Bedingungen angeboten und auf eigenes Risiko der Kommune an *Google* in der Hoffnung auf datenschutzgerechten Umgang damit übermittelt werden.

[100] Gesetzesantrag von Hbg und Saarl zur Änderung des BDSG, BR-Drs. 259/10 v. 28.04.2010; Empfehlung des BR v. 25.06.2010 – BR-Drs. 259/1/10 –. Der BMI ver-

Unterrichtung

VI. Unterrichtung

In bestimmten Fällen[101] ist der Betroffene von geplanten Datenverarbeitungsvorgängen der Behörde zu *unterrichten*. Durch diese Verpflichtung wird gewährleistet, dass er dem Vorhaben der Behörde widersprechen kann. Das Gesetz schreibt keine besondere Form für die Unterrichtung vor; daher kann sie schriftlich, aber auch elektronisch, telefonisch oder mündlich ergehen. Bei der Datenerhebung[102] wird der Betroffene in der Praxis über ein Merkblatt, Anschreiben oder auf dem Erhebungsformular selbst über einen *Hinweis zum Datenschutz* unterrichtet, der über die Rechtsgrundlagen aufklärt. Im Internet kann die Datenschutzerklärung diese Funktion erfüllen; das Online-Formular selbst kann zusätzlich einen konkreten Hinweis enthalten. Betroffene sind von einer zweckändernden Verarbeitung ihrer Daten nur *in geeigneter Weise* und nur dann zu unterrichten, wenn die *Aufgabenerfüllung nicht wesentlich beeinträchtigt* wird.[103] Schließlich sind Betroffene im Falle der Übermittlung ihrer Daten durch die Kommune in den nichtöffentlichen Bereich hinein unter bestimmten Voraussetzungen[104] zu unterrichten; diese liegen in der Praxis eher selten vor.

136

VII. Berichtigung, Sperrung, Löschung

Normadressaten dieser Rechtsbehelfe[105] sind die in der Kommune als öffentliche Stelle vorhandenen verantwortlichen Stellen. Bei Vorliegen der gesetzlich normierten Voraussetzungen besteht von Amts wegen die Verpflichtung, zu berichtigen, zu sperren oder zu löschen. Daten werden *berichtigt*, wenn der Betroffene oder ein Vertreter[106] auf ihre Unrichtigkeit hinweist. Ein in der kommunalen Praxis vorkommendes Beispiel ist die Unrichtigkeit von Registerinhalten, die aus gegebenem Anlass auffällt. Der Berichtigungsanspruch des Betroffenen bezieht sich in der Regel auf *Tatsachen*; die Berichtigung von *Werturteilen*[107] ist ebenfalls möglich, stellt aber eher die Ausnahme dar. Besteht Anlass zu Zweifeln an der Richtigkeit von Daten, so können diese bis zur

137

---

folgt einen seiner Ansicht nach breiteren Ansatz; seine jüngste Gesetzesinitiative zum *Datenschutz im Internet* soll Schutz vor besonders schweren Eingriffen in das Persönlichkeitsrecht bieten („rote Linie" v. 01.12.2010); siehe unter http://www.bmi.bund.de/SharedDocs/Downloads/DE/Themen/OED_Verwaltung/Informationsgesellschaft/rote_Linie.pdf?__blob=publicationFile.

[101] § 5 Nr. 3 DSG NRW nennt die §§ 12 Abs. 2, 13 Abs. 2 Satz 2, 16 Abs. 1 Satz 2 u. 3 DSG NRW.
[102] § 12 Abs. 2 DSG NRW.
[103] § 13 Abs. 2 Satz 2 DSG NRW.
[104] In § 16 Abs. 1 Satz 2 u. 3 DSG NRW genannt.
[105] Z.B. §§ 5 Nr. 4, 19 DSG NRW.
[106] Unabhängig, ob gesetzlich oder bevollmächtigt; *Stähler/Pohler*, a.a.O., § 19 Rn. 2.
[107] Im Einzelnen *Stähler/Pohler*, a.a.O., § 19 Rn. 4.

Rechte des Betroffenen

Klärung gesperrt werden. Gesperrte Daten können auch berichtigt werden. Dritte, an die unrichtige Daten übermittelt wurden, sind von der Berichtigung zu unterrichten.

138 *Gesperrt* werden können Daten, über deren Richtigkeit ein Klärungsprozess eingeleitet ist. Betroffene können ferner eine Sperrung verlangen, wenn schon die Speicherung unzulässig war. Es kann außerdem im Interesse des Betroffenen liegen, dass die Daten aktuell nicht mehr bestimmungsgemäß verwendet werden können, obwohl sie bei der verantwortlichen Stelle weiter grundsätzlich verfügbar bleiben sollen; hier bedeutet die Sperrung einen Kompromiss. Gesperrte Daten dürfen, außer in den vom Gesetz vorgesehenen Ausnahmefällen,[108] nicht mehr verarbeitet, insbesondere übermittelt oder sonst genutzt werden. Das Recht des Betroffenen auf Auskunfterteilung bleibt unberührt.

139 Das *Löschen* von Daten gehört zu den wichtigsten Betroffenenrechten. Außerhalb von besonderen Löschungsanträgen Betroffener, die in der Praxis eher selten sind, ist eine Löschung von Amts wegen grundsätzlich angebracht, wenn die Kenntnis der Daten für die verantwortliche Stelle zur Aufgabenerfüllung nicht mehr erforderlich ist.[109] Wann, d.h. nach Ablauf welcher Fristen, diese Voraussetzungen gegeben sind, ist für den kommunalen Aufgabenbereich im Einzelfall nicht leicht zu beantworten. Soweit für die Aufbewahrung keine gesetzlichen Vorgaben[110] bestehen, sind organisatorische Vorgaben verwaltungsintern festzulegen, um ein einheitliches Vorgehen sicherzustellen.[111] Der Löschungsvorgang selbst ist datenschutzgerecht, wenn der Datenbestand unwiederbringlich zerstört bzw. die Akten nicht rekonstruierbar vernichtet werden. Vor einer Löschung ist jedoch immer zu prüfen, ob die Daten nicht zu sperren oder einem Archiv zuzuleiten sind.

VIII. Anrufung des Landesbeauftragten für Datenschutz

140 Betroffene haben schließlich die Möglichkeit, sich an die zuständige Landesdatenschutzbehörde zu wenden.[112] Durch diese Regelung erhält der Bürger einen „Ombudsmann", der ihm seine Rechte gegen die verantwortlichen Stellen der öffentlichen Stelle Kommune durchzusetzen hilft. Das Anrufungsrecht

---

[108] Z.B. § 19 Abs. 2 lit. a) bis d) DSG NRW.
[109] Z.B. § 19 Abs. 3 lit. b) DSG NRW.
[110] Als Beispiele für solche Vorgaben im kommunalen Aufgabenbereich seien genannt: 10 Jahre Führerscheinunterlagen (§ 2 Abs. 9 StVG); 6 Jahre Lohnkonteninformationen (§ 41 Abs. 1 Satz 10 EStG); 10 Jahre Haushaltsbücher, 5 Jahre Haushaltsbelege (§ 36 Abs. 2 Satz 2 GemKVO NRW).
[111] Anhaltspunkte können allgemeine organisatorische Hilfen geben; KGSt-Bericht Nr. 4/2006 v. 19.07.2006 zum Thema „Aufbewahrungsfristen für Kommunalverwaltungen"; anforderbar unter www.kgst.de.
[112] Z.B. §§ 5 Nr. 6, 25 Abs. 1 DSG NRW.

steht jedermann zu, der der Ansicht ist, dass ein Datenschutzverstoß vorliegt oder bevorsteht. Die behauptete Rechtsverletzung kann jede bundes- oder landesgesetzliche Regelung mit datenschutzrechtlichem Charakter betreffen und braucht sich nicht ausschließlich auf Landesdatenschutzgesetze zu beziehen. Daneben kann sich der Betroffene auch immer unmittelbar an den behördlichen Datenschutzbeauftragten der Kommune als Ansprechpartner wenden.

KAPITEL 8
Zulässigkeit der Datenverarbeitung

I. Allgemeine Zulässigkeitsvoraussetzungen

Der Umgang mit personenbezogenen Daten ist nach dem Gesetz[1] grundsätzlich unzulässig und nur ausnahmsweise dann rechtens, wenn entweder das Datenschutzgesetz oder eine andere Rechtsvorschrift es erlaubt, anordnet oder die betroffene Person eingewilligt hat. Man spricht insoweit von einem *Verbot mit Erlaubnisvorbehalt*, dem prägenden Grundsatz des Datenschutzrechts.[2] Angesichts der technischen Entwicklung wird zwar bezweifelt, dass der Gesetzgeber die Datenverarbeitung durch dieses Konstrukt noch wirksam kontrollieren kann, zumal die Fülle bereichsspezifischer Regelungen zu einer Unübersichtlichkeit, Unverständlichkeit und Zersplitterung des Datenschutzrechts geführt hat; deshalb werden de lege ferenda andere Formen zur Legitimierung von Datenverarbeitung gefordert.[3] Eine Neuregelung der Materie steht jedoch gegenwärtig noch nicht an. Die Verarbeitung personenbezogener Daten durch öffentliche Stellen stellt regelmäßig einen Eingriff in Grundrechtspositionen des Betroffenen dar und unterfällt daher einem Gesetzesvorbehalt.[4] Um das Recht auf informationelle Selbstbestimmung angemessen zu schützen, ist eine *enge* Auslegung der Erlaubnisvorschriften geboten.[5] Fehlt es an einer Rechtfertigung, sind unzulässig verwendete Daten unverzüglich zu löschen. Eine rechtswidrige Datenverarbeitung kann zudem eine Ordnungswidrigkeit sein,[6]

141

---

[1] Z.B. § 4 Abs. 1 BDSG, § 4 Abs. 1 DSG NRW, § 4 Abs. 1 LDSG B-W, Art. 15 BayDSG, § 4 NDSG, § 4 SächsDSG.

[2] *Weichert*, in: Däubler/Klebe/Wedde/Weichert, Kompaktkommentar zum BDSG, 3. Aufl. 2010, § 2 Rn. 1 sowie § 4 Rn. 1; Zu dieser verwaltungsrechtlichen Konstruktion allgemein z.B. *Maurer*, Allg. Verwaltungsrecht, 17. Aufl. 2009, § 9 Rn. 51. Im Strafrecht gilt das umgekehrte Prinzip der Erlaubnis mit Verbotsvorbehalt.

[3] *Rossnagel/Pfitzmann/Garstka*, Modernisierung des Datenschutzrechts, Gutachten im Auftrag des Bundesministeriums des Innern, 2001, S. 71 ff. Siehe auch http://www.bundestag.de/ausschuesse/a04/anhoerungen/Anhoerung05/index.html.

[4] Dagegen handelt es sich dann schon nicht um einen Eingriff, wenn der Betroffene in die Verarbeitung seiner Daten einwilligt; *Geiger*, Die Einwilligung in die Verarbeitung von persönlichen Daten, NVwZ 1989, 37.

[5] *Stähler/Pohler*, a.a.O., § 4 DSG NRW, Rn. 2.

[6] § 43 BDSG, § 40 LDSG B-W, Art. 37 BayDSG, 28 NDSG, § 38 SächsDSG.

einen Straftatbestand erfüllen[7] oder Schadensersatzansprüche auslösen.[8] Die Zulässigkeitsvoraussetzungen erstrecken sich auf jedes personenbezogene Datum und auf jede Phase der Datenverarbeitung. Der Schutz des einzelnen personenbezogenen Datums bedeutet, dass jede Information über eine natürliche Person unabhängig davon geschützt ist, wie sensitiv sie auch sein mag. Es gibt unter den Bedingungen automatisierter Datenverarbeitung grundsätzlich kein belangloses Datum.[9] Allerdings sehen bereichsspezifische Gesetze für bestimmte sensitive Daten (Gesundheitsdaten,[10] Sozialdaten[11] etc.) verschärfte Regelungen vor.

II. Rangverhältnis zwischen Einwilligung und Rechtsvorschrift

142 Nach dem Gesetzeswortlaut[12] erscheinen der Rückgriff auf eine gesetzliche Ermächtigungsgrundlage und die Einholung der Einwilligung formal als gleichberechtigte Alternativen. Dem hohen Stellenwert, der damit der Einwilligung eingeräumt wird, liegt die datenschutzrechtliche Prämisse zugrunde, jede natürliche Person sei Träger ihres informationellen Selbstbestimmungsrechts und dürfe daher auch selbst entscheiden, inwieweit ihre Daten in öffentliche Verarbeitungsprozesse einfließen. Die europäische Datenschutzrichtlinie behandelt die ausdrückliche Zustimmung als eine von *mehreren* möglichen Grundlagen der Zulässigkeit der Datenverarbeitung.[13]

In der Verwaltungspraxis ist ein echtes Wahlrecht des Betroffenen faktisch die Ausnahme.[14] Gerade im Bereich der Daseinsvorsorge, wo Betroffene auf die Leistungen der öffentlichen Hand angewiesen sind, bleibt in der Regel kein Raum für eine freie Entscheidung über die Datenverarbeitung. Das gilt auch innerhalb des Beschäftigungsverhältnisses. Eine Einwilligung kann deshalb auch nur dort wirksam eingeholt werden, wo kein Erlaubnistatbestand einschlägig ist. Andernfalls kann beim Betroffenen der unrichtige Eindruck ent-

---

[7] § 44 BDSG, 41 LDSG B-W, Art. 37 BayDSG, 29 NDSG, § 39 SächsDSG.
[8] §§ 7, 8 BDSG, § 20 DSG NRW, § 25 LDSG B-W, Art. 14 Bay DSG, § 18 NDSG, § 23 SächsDSG.
[9] BVerfGE 65, 1 ff., 45.
[10] Z.B. das GDSG NRW.
[11] Siehe die besonderen Bestimmungen des Sozialdatenschutzes (allgemein §§ 67 ff. SGB X).
[12] § 4 BDSG; auf Landesebene z.B. § 4 LDSG B-W, § 15 BayDSG, § 4 NDSG, § 4 DSG NRW, § 4 SächsDSG.
[13] Amtliche Begründung zu Artt. 2 u. 7 der EU-Datenschutzrichtlinie; abgedruckt im Amtsblatt der Europäischen Gemeinschaften (Nr. L 281 vom 23/11/95 S. 31).
[14] Beispiele bei *Menzel*, Datenschutzrechtliche Einwilligungen, in: DuD 2008, 400 ff., 401 ff.

stehen, die Datenverarbeitung stehe zu seiner Disposition,[15] obwohl es tatsächlich weder auf die Erteilung der Einwilligung noch auf ihre Verweigerung ankommt. Insoweit hat die Erlaubnis aufgrund einer Rechtsvorschrift *Vorrang* vor der Einwilligung.

III. Verarbeitungserlaubnis durch Datenschutzgesetze oder andere Rechtsvorschriften

Bei der Zulässigkeit nach Maßgabe bestehender Rechtsvorschriften ist zwischen den Zulässigkeitsregelungen einerseits der Datenschutzgesetze und andererseits bereichsspezifischer Rechtsvorschriften zu unterscheiden.

143

1. Das Verhältnis von Bundes- zu Landesdatenschutzrecht

Das Grundgesetz nimmt an keiner Stelle ausdrücklich zur Zuständigkeit für die gesetzliche Regelung der Datenverarbeitung Stellung. Daher können weder der Bund noch die Länder eine ausschließliche Kompetenz in dieser Querschnittsmaterie beanspruchen. Die Kompetenz ergibt sich vielmehr aus der Zuständigkeit des jeweiligen Gesetzgebers für den jeweils betroffenen Sektor.[16] Datenschutz ist also kein einheitliches, einer bestimmten Gesetzgebungszuständigkeit zuzuordnendes Gebiet.

2. Das Verhältnis von allgemeinem zu bereichsspezifischem Datenschutzrecht

a) Bundesrecht bricht Landesrecht?

Innerhalb der Normenhierarchie verdrängt eine höhere Norm eine niedrigere.[17] Die Kollisionsregel des Grundgesetzes[18] wird aber nur dann relevant, wenn zwei Normen unterschiedlicher Stufe den gleichen Sachverhalt regeln. Dieser Konflikt tritt praktisch selten auf, da regelmäßig bereits die Kompetenzvorschriften verhindern, dass Bundes- und Landesgesetzgeber in denselben Regelungsbereichen tätig werden.[19] Sofern eine bundesgesetzliche Regelung abschließend ist, ergibt sich die Verfassungswidrigkeit eines entgegenstehenden Landesgesetzes bereits aus den Kompetenznormen.[20]

144

---

[15] *Gola/Schomerus*, BDSG–Kommentar, 10. Aufl. 2010, § 4 Rn. 16; *Walz*, in: Simitis (hg.), § 4 Rn. 6.
[16] *Simitis*, in: Simitis (hg.), § 1 Rn. 1 f.; *Tinnefeld/Ehmann/Gerling*, Einführung in das Datenschutzrecht, 4. Aufl. 2005, S. 156 ff.
[17] Nach dem Grundsatz „lex superior derogat legi inferiori"; *Rüthers/Fischer*, Rechtstheorie, 5. Aufl. 2010, Rn. 272 f., 773.
[18] Art. 31 GG.
[19] *Maurer*, Staatsrecht I, 6. Aufl. 2010, § 10 Rn. 34 ff.
[20] Artt. 73 ff. GG.

b) Gesetzeskonkurrenz

145 Besondere Rechtsvorschriften zum Datenschutzrecht gehen den allgemeinen Datenschutzgesetzen vor.[21] Damit werden bei einer Normenkollision die Grundsätze von *Spezialität bzw. Subsidiarität*[22] angewandt, die auch für untergesetzliche Rechtsnormen[23] gelten. Eine Kollision setzt Tatbestandskongruenz, d.h. Deckungsgleichheit des Regelungsgehaltes, voraus. Voraussetzung für das Vorliegen einer bereichsspezifischen Rechtsvorschrift ist, dass die Verarbeitung personenbezogener Daten ausdrücklich geregelt wird; rein Aufgaben beschreibende Normen reichen nicht aus. Für die grundlegenden datenschutzrechtlichen Fragen, wie beispielsweise die einzelnen Phasen der Datenverarbeitung, können Spezialgesetze einen Rückgriff auf die allgemeinen Datenschutzgesetze vorsehen.[24] Angesichts der Unübersichtlichkeit datenschutzrechtlicher Normen gibt es in der Literatur Überlegungen dahingehend, im Falle einer Neuregelung das BDSG als einen „Allgemeinen Teil" auszugestalten, der nach den Vorstellungen der Modernisierer[25] bereichsspezifischen Regelungen vorgehen soll.

IV. Verarbeitungserlaubnis durch Einwilligung

1. Rechtsnatur der Einwilligung

146 Die Einwilligung des Betroffenen ist nur dann zu prüfen, wenn im konkreten Fall keine Rechtsvorschrift existiert, die die Datenverarbeitung in dem beabsichtigten, nicht datensparsamer organisierbaren Umfang erlaubt. Nach zivilrechtlicher Terminologie ist die Einwilligung[26] eine rechtsgeschäftliche Erklärung in Form einer einseitigen Willenserklärung. Die *öffentlich-rechtliche* Einwilligung hingegen, mit der auf ein Grundrecht verzichtet wird, ist davon in ihrer Wirkung und ihren Rechtsfolgen zu unterscheiden. Ihre Erteilung hat weitreichende Folgen und bewirkt letztlich die rechtlich verbindliche Aufgabe grundrechtlich gewährleisteter Rechtspositionen.[27] Als „geschäftsähnliche Handlung" mit höchstpersönlichem Einschlag setzt die Disposition über das informationelle Selbstbestimmungsrecht die Einsichtsfähigkeit des Erklärenden – *nicht seine Geschäftsfähigkeit* – voraus. Entscheidend ist, ob der Handelnde die Tragweite seiner Entscheidung zu übersehen vermag; starre Al-

---

[21] Z.B. § 2 Abs. 3 DSG NRW.
[22] *Rüthers/Fischer*, a.a.O., Rn. 771; *Stähler/Pohler*, DSG NRW, 3. Aufl. 2003, § 2 Rn. 12 spricht nur von „Subsidiarität".
[23] Rechtsverordnungen, Satzungen; Zur Rangordnung der Rechtsnormen *Rüthers/Fischer*, a.a.O., Rn. 273.
[24] Z.B. §§ 122 Abs. 1 SchulG NRW, 3 GDSG NRW.
[25] *Rossnagel/Pfitzmann/Garstka*, a.a.O., S. 43.
[26] Darunter versteht man nach § 183 BGB die vorherige Zustimmung.
[27] *Geiger*, NVwZ 1989, 37.

tersgrenzen lassen sich nicht ziehen.[28] Elementare Voraussetzung der Wirksamkeit ist die Freiwilligkeit.[29] Eine *nicht* auf einer freien Entscheidung basierende Erklärung ist *per se unwirksam*; einer Anfechtung, wie sie zivilrechtlich bei Willensmängeln[30] zum Schutz des Rechtsverkehrs vorgesehen ist, bedarf es nicht.[31]

2. Besonderheiten der datenschutzrechtlichen Einwilligung

Aufgrund der bereichsspezifischen Besonderheiten des Datenschutzes, stellt das Gesetz weitere Anforderungen an die Wirksamkeit einer Einwilligung. Die sich an der Vorgabe der EG-DSRL orientierenden Landesdatenschutzgesetze regeln zum Teil ausdrücklich,[32] dass ohne Zwang eingewilligt werden muss, oder enthalten allgemeine Regelungen zu Inhalt und Form der Einwilligung.[33]

147

a) Vorherige Information des Betroffenen

Um dem Einwilligenden die Möglichkeit zu geben, die Konsequenzen einer Datenweitergabe in vollem Umfang zu erfassen, muss der Einwilligung eine Aufklärung, insbesondere über den Zweck der Verarbeitung, vorangehen; man spricht von sog. *informierter* Einwilligung.[34] Die Betroffenen müssen also noch vor der Einwilligung alle Informationen bekommen, die erforderlich sind, um Anlass, Ziel und Folgen der Verarbeitung korrekt abzuschätzen.[35] Zu einer wirksamen Entscheidung gehört auch, dass dem Betroffenen bewusst wird, bei Inkaufnahme der entsprechenden Rechtsfolgen die Einwilligung verweigern oder jederzeit für die Zukunft widerrufen zu können.[36]

---

[28] BVerfGE 10, 302; zur Einwilligungsfähigkeit Minderjähriger z.B. *Ulsenheimer*, in: Laufs/Kern, Handbuch des Arztrechts, 4. Aufl. 2010, § 139 Rn. 45.
[29] Gem. Art. 7 der EG-DSRL muss die Einwilligung „ohne jeden Zweifel" erteilt worden sein.
[30] Nach §§ 119, 123 BGB.
[31] *Gola/Schomerus*, § 4a, Rn. 7; a.A.: *Simitis*, in: Simitis (hg.), a.a.O., § 4a Rn. 25.
[32] Z.B. § 4 Abs. 3 NDSG.
[33] Art. 15 BayDSG, § 4 Abs. 2 LDSG B-W, § 4 SächsDSG, § 4 Abs. 1 DSG NRW.
[34] Die Bezeichnung geht auf den englischen Begriff „*informed consent*" zurück. Das dahinter stehende Prinzip der qualifizierten Zustimmung nach Aufklärung kommt hauptsächlich im Arzthaftungsrecht zur Anwendung. Die Konstruktion ist inzwischen aber auch in anderen gesellschaftlichen Bereichen, oft in Zusammenhang mit Verbraucherschutz, anzutreffen; eingehend dazu *Menzel*, a.a.O., 407f.
[35] *Simitis*, in: Simitis (hg.), a.a.O., § 4a BDSG, Rn. 70.
[36] § 4 Abs. 1 DSG NRW.

b) Bestimmtheit

148 Die der verantwortlichen Stelle erteilte Einwilligung muss sich eindeutig auf einen konkreten Datenverarbeitungsvorgang beziehen, Blanko-Einwilligungen oder pauschale Erklärungen erfüllen diese Voraussetzung jedenfalls nicht.[37] Pauschal gehaltene, allgemeine Geschäftsbedingungen mit einem unzulässigen Überraschungsmoment oder unangemessener Benachteiligung sind nach den Vorschriften über die AGB-Kontrolle unwirksam.[38] Unzulässig sind erst recht Konstruktionen, die eine Einwilligung unterstellen, wenn der Betroffene nicht innerhalb einer vorgegeben Frist der Verwendung seiner Daten widerspricht.[39] Für die Verwendung „sensitiver Daten"[40] ist eine ausdrücklich hierauf gerichtete Einwilligung erforderlich.[41]

c) Form der Einwilligung

149 Die Einwilligung muss von den Betroffenen *höchstpersönlich* abgebe werden; die Einschaltung eines Bevollmächtigten ist nicht zulässig.[42] Diese nicht explizit im Gesetz genannte Voraussetzung ergibt sich zwingend aus dem Sinn und Zweck der Regelung, das vom Gesetzgeber angestrebte, größtmögliche Schutzniveau der informationellen Selbstbestimmung umzusetzen. Die Einwilligung bedarf grundsätzlich der Schriftform,[43] wobei eine elektronische Form unter bestimmten Bedingungen[44] möglich ist. Verlangt wird konsequenterweise auch die eigenhändige Unterschrift oder die elektronische Signatur nach dem Signaturgesetz. Ein Formverstoß führt zur Nichtigkeit der Einwilligung[45] und damit zur Unzulässigkeit der darauf gestützten Datenverarbeitung. Das Schriftformerfordernis ist in erster Linie eine Schutzvorschrift für den Einwilligenden: Dem Betroffenen soll der Inhalt seiner Erklärung deutlich bewusst werden (sog. *Warnfunktion*). Der Beweiswert eines schriftlichen Nachweises ist dabei zweitrangig. Die Ausnahme einer *anderen* aufgrund besonderer Umstände angemessenen Form, etwa einer mündlichen Erklärung, ist äußerst restriktiv anzuwen-

---

[37] *Simitis*, in: Simitis (hg.), a.a.O., § 4a, Rn. 77.
[38] §§ 305c, 397 BGB.
[39] Sog. „*Opt-Out*"-Lösung im Gegensatz zu der zulässigen „*Opt-in*"-Lösung, bei der man beispielsweise der Aufnahme in einen Werbemail-Verteiler im Vorfeld positiv zustimmt.
[40] § 3 Abs. 9 BDSG.
[41] § 4a Abs. 3 BDSG.
[42] *Simitis*, in: Simitis (hg.), a.a.O., § 4a Rn. 31; a.A. *Gola/Schomerus*, a.a.O., § 4a Rn. 10.
[43] § 4a Abs. 1 Satz 3 BDSG; § 4 Abs. 1 Satz 3 DSG NRW.
[44] § 4 Abs. 1 Satz 6 Nrn. 1-5 DSG NRW.
[45] Analog §§ 125, 126 BGB.

den.[46] In Ausnahmefällen besteht auch ein praktisches Bedürfnis, eine *faktische Einwilligung* anzuerkennen.[47]

d) Zeitpunkt

Die Einwilligung muss der Datenverarbeitung *vor*geschaltet sein, ein nachträgliches Einverständnis genügt nicht.[48] Der Zeitpunkt muss jedoch unter Berücksichtigung des jeweiligen Datenverarbeitungsprozesses bestimmt werden. Bei Befragungen wird z.B. notwendigerweise erst nach ihrem Abschluss der für die Einwilligung notwendige Kenntnisstand erreicht, sodass dieser Zeitpunkt als rechtzeitig anzusehen ist. Eine nachträgliche Zustimmung kann unter keinen Umständen eine unrechtmäßige Datenverarbeitung legitimieren; denkbar sind allenfalls Auswirkungen auf eventuelle Schadensersatzforderungen. Wenn eine Datenverarbeitung erst nachträglich durch Verknüpfung mit anderen Daten Personenbezug erhält,[49] ist für die Einwilligung dieser nachträgliche Zeitpunkt maßgeblich. 150

e) Widerruf der Einwilligung

Die meisten Landesgesetze sehen vor, dass die Betroffenen ihre Einwilligung widerrufen können,[50] das BDSG enthält dagegen eine derartige Regelung nicht. Mit der Einräumung eines Widerrufsrechts soll dem Betroffenen die Möglichkeit einer nachträglichen Kontrolle eröffnet werden. Die Stelle wird dadurch in den Stand vor der zu erteilten Einwilligung zurückversetzt. Ein Widerruf setzt eine wirksam erteilte Einwilligung voraus, wirkt *nur für die Zukunft* und kann für einen Verarbeitungsvorgang erklärt werden, soweit dieser *noch nicht begonnen* hat. Die praktische Bedeutung dieses Instruments ist daher gering, da nach erteilter Einwilligung die verantwortliche Stelle in der Regel unmittelbar mit dem Datenverarbeitungsprozess beginnt. 151

---

46 Darunter fällt z.B. eine besondere Privilegierung der Forschung, sofern durch Schriftform der Forschungszweck beeinträchtigt würde. Das entbindet das Forschungsinstitut aber nicht, von Betroffenen die Einwilligung einzuholen, sondern gewährt lediglich eine Befreiung vom Formzwang.
47 Es handelt sich um eine Fiktion, in der Handelnde bewusst und gewollt eintreten lässt, ohne seine Zustimmung ausdrücklich zu erklären. So kann aus praktischen Gründen in einer Dienstvereinbarung klargestellt werden, dass mit der Aufnahme einer Privatnutzung das Einverständnis mit Kontrollmaßnahmen des Dienstherrn/ Arbeitgebers zum Ausdruck gebracht wird.
48 § 4a Abs. 2 BDSG.
49 Es könnten z.B. Mengenbestandsverzeichnisse mit Dienstplänen verknüpft werden.
50 § 4 Abs. 2 Satz 2 LDSG B-W, 4 Abs. 1 Satz 5 DSG NRW, 4 Abs. 3 SächsDSG.

KAPITEL 9
Bereichsspezifischer Datenschutz

I. Datenschutz im Sozialrecht

1. Einleitung

Das informationelle Selbstbestimmungsrecht des Bürgers, das die Verfassung garantiert und durch die datenschutzrechtlichen Regelungen ausgestaltet ist, bedarf im sozialen Bereich besonders ausgewogener eigenständiger Festlegungen. Der Bürger, der Sozialleistungen bezieht, muss dem Sozialleistungsträger eine Fülle von Informationen über seine Lebensumstände und die seiner Angehörigen mitteilen. Die widerstreitende Interessenlage ist dabei zum einen durch die Notwendigkeit, Missbrauch zu verhindern und ausufernde Sozialleistungskosten auf das unverzichtbare Maß zu begrenzen, gekennzeichnet. Zum andern ist gerade der Bürger, dessen wirtschaftliche Situation so schlecht ist, dass ihn das soziale Netz auffangen muss, besonders sensibel dafür, dass ihm ein Rest an Privatheit verbleibt und er sich nicht – gleichsam als Gegenleistung für die wirtschaftliche Unterstützung der Gesellschaft – vollends offenbaren und in jeder Hinsicht als gläsern präsentieren muss.

152

Diesen *Zielkonflikt* hat der Gesetzgeber durch ein besonderes Vorschriftengeflecht ausbalanciert. Seiner Systematik nach enthält es als Basis sehr weitgehend eigene Datenverarbeitungsbestimmungen; darauf aufbauend wird der jeweils besonderen Situation in den einzelnen Büchern des SGB durch wiederum besondere Vorschriften Rechnung getragen, die jeweils die allgemeinen sozialdatenschutzrechtlichen Bestimmungen modifizieren. Dadurch ergibt sich freilich ein dichtes, beinahe nur noch von Fachleuten durchschaubares Geflecht ineinandergreifender Regelungen, die aufgrund gesetzgeberischer Aktualisierungen in kürzesten Abständen und aufgrund einer schwerfälligen bundesgesetzlichen Regelungskompetenz kaum noch eine stringente Systematik aufweisen.

2. Kommunale Anwendungsfelder des Sozialdatenschutzes

Typischerweise werden gegenwärtig auf örtlicher Ebene von den Gemeinden und Kreisen im sozialen Bereich die folgenden Aufgaben erfüllt:

153

– Leistungen der Sozialhilfe als Hilfe zum Lebensunterhalt, Grundsicherung im Alter und bei Erwerbsminderung, Hilfen zur Gesundheit, Eingliede-

rungshilfe für behinderte Menschen, Hilfe zur Pflege, Hilfe zur Überwindung besonderer sozialer Schwierigkeiten und Hilfe in besonderen Lebenslagen.[1]
- Leistungen zur Rehabilitation und Teilnahme behinderter Menschen.[2]
- Leistungen der Kinder- und Jugendhilfe.[3] Dazu gehören:
- Angebote der Jugendarbeit, der Jugendsozialarbeit und des erzieherischen Jugendschutzes,
- Angebote zur Förderung der Erziehung in der Familie,
- Angebote zur Förderung von Kindern in Tageseinrichtungen und in Tagespflege,
- Hilfe zur Erziehung, Eingliederungshilfe für seelisch behinderte Kinder und Jugendliche sowie Hilfe für junge Volljährige.

Andere Sozialleistungen nach dem SGB I werden entweder durch nichtkommunale (freie) oder durch regionale – sog. überörtliche – kommunale Sozialleistungsträger erbracht. Von diesen und den für sie geltenden Sonderbestimmungen soll hier nicht die Rede sein.

154   Organisatorisch werden die genannten Leistungen in Gemeinden oder auf Kreisebene durch *Sozialämter* und *Jugendämter* erbracht.[4] Leistungen nach SGB II werden u.a. durch sog. ARGE (Arbeitsgemeinschaften) erbracht, die aus datenschutzrechtlicher Sicht eigene öffentliche, aber seit 01.08.2006 nicht (mehr) verantwortliche Stellen[5] im Sinne des Datenschutzrechts darstellen und insoweit regelmäßig auf die Datenschutzstrukturen der Bundesagentur für Arbeit (BA), nicht aber der Kommunen, zurückgreifen können, soweit es sich um zentral von der BA zur Verfügung gestellte IT-Verfahren handelt. An dieser Stelle sollen für den kommunalen Sozial- und Jugendbereich und seinen Da-

---

[1] § 28 SGB I.
[2] § 29 SGB I; Diese Aufgaben, die im SGB IX festgeschrieben sind, werden nach der Auflösung der Versorgungsverwaltung gem. Art. 1 § 1 Abs. 1 des 2. Gesetzes zur Straffung der Behördenstruktur in NRW (LT-Drs. 14/4342) seit dem 01.01.2008 in NRW weitgehend von den Kreisen und kreisfreien Städten wahrgenommen. Dazu: http://www.landtag.nrw.de/portal/WWW/dokumentenarchiv/Dokument/XMMGVB0726.pdf?von=481&bis=535.
[3] § 27 SGB I.
[4] Einzelne Aufgaben können aus fachlichen Gründen organisatorisch anderswo erfüllt werden; Beispiel ist der Medizinische Dienst der bisherigen Versorgungsverwaltung.
[5] § 50 Abs. 2 SGB II i.d.F. d. Fortentwicklungsgesetzes v. 28.07.06; werden die Aufgaben nach dem SGB II von einem zugelassenen kommunalen Träger (§ 6b SGB II) oder in getrennter Trägerschaft (§ 6 SGB II) wahrgenommen, so ist die zuständige Kommune verantwortliche Stelle i.S.v. § 67 Abs. 9 SGB X im Rahmen der ihr obliegenden Aufgaben.

tenschutz nur die Grundlagen dargestellt sowie Eckpunkte und Fragestellungen der kommunalen Praxis angesprochen und nur ein knapper, auf das Wesentliche beschränkter Überblick gegeben werden.[6]

3. Grundlagen des allgemeinen Sozialdatenschutzes

a) Sozialgeheimnis

Basis des Sozialdatenschutzes ist das *Sozialgeheimnis*.[7] Es umfasst die Verpflichtung, auch innerhalb des Leistungsträgers sicherzustellen, dass Sozialdaten nur Befugten zugänglich sind oder nur an diese weitergegeben werden. Die Erhebung, Verarbeitung und Nutzung von Sozialdaten durch Sozialleistungsträger ist nur unter den Voraussetzungen des zweiten Kapitels des Zehnten Sozialgesetzbuches zulässig.[8] Das Sozialgeheimnis ist als besondere Amtspflicht des Trägers ausgestaltet, mit dem ein Individualanspruch der betroffenen Person korrespondiert.[9]

155

b) Begriff der Sozialdaten

Sozialdaten sind Einzelangaben über persönliche oder sachliche Verhältnisse eines bestimmten oder identifizierbaren Menschen, die vom Sozialleistungsträger im Hinblick auf die Aufgaben erhoben, verarbeitet oder genutzt werden,[10] unabhängig davon, ob sie sich in Akten, automatisierten Verfahren oder anderen Unterlagen befinden oder nicht. Zum persönlichen Bezug muss also beim Sozialdatum der fachliche Bezug hinzukommen.[11] *Alle* Angaben über einen Betroffenen sind schutzwürdig, sowohl besonders sensitive Daten (wie z.B. medizinische oder finanzielle Umstände) als auch die, die für sich genommen weniger sensibel sind (wie z.B. Name, Geburtsdatum, Anschrift).

156

---

[6] Aus der aktuellen Literatur zum Thema z.B.: *Hauck/Noftz*, SGB-Gesamtkommentar, Loseblatt, Stand: Lfg. 1/10 Feb. 2010; *von Wulffen*, SGB X, 7. Aufl. 2010; *Krahmer/Stähler*, Sozialdatenschutz, 2. Aufl. 2003; *Schoch*, Sozialdatenschutz im Sozialamt, RDV 2000, 152 ff.; *ders.*, Datenschutz in der Sozialhilfe, ZFSH/SGB 2005, 67 ff.; *Stahlmann*, Sozialdatenschutz bei Eingliederung nach SGB II, Info also 2006, 10 ff.; *Elmauer/Schindler*, Datenschutzfragen freier Träger, Sozialrecht aktuell 2007, 81 ff.; *Bress*, Sozialdatenschutz – Ein Überblick, SF-Medien 2007, 89 ff.; *Bieresborn*, Aktuelle Probleme des Sozialdatenschutzes in systematischer Darstellung, ZfSH/SGB 2010, 199 ff.; *Zilkens*, Datenschutz im Sozialrecht, ZfF 2008, 25 ff.; siehe auch die Internetseiten des *BfDI* (http://www.bfdi.bund.de) sowie der Landesbeauftragten.
[7] § 35 Abs. 1 SGB I.
[8] § 35 Abs. 2 SGB I.
[9] Ähnlich *Wohlfarth/Eiermann/Ellinghaus*, Datenschutz in der Gemeinde, 2004, S. 65.
[10] § 67 Abs. 1 SGB X; auch: RegE 93 zu § 35 SGB I in BT-Drs. 12/5187, S. 28 und FN 18.
[11] *Rombach*, in: Hauck/Noftz, a.a.O., § 67 Rn. 11 f.

c) Allgemeine Rechtsprinzipien und Instrumente

157 Die für das allgemeine Datenschutzrecht entwickelten Grundsätze haben über zahlreiche gesetzgeberische Neuerungen auch Eingang in die Kodifikation des Sozialdatenschutzrechts gefunden; insoweit bedarf es an dieser Stelle keiner besonderen Ausführungen. Dazu zählen etwa Verbot mit Erlaubnisvorbehalt,[12] Zweckbindungsgrundsatz,[13] Erforderlichkeitsprinzip[14] und Transparenzgebot.[15] Zu nennen sind z.b. aus jüngster Zeit Datenvermeidung und Datensparsamkeit[16] sowie der gesetzliche Auftrag, technische und organisatorische Maßnahmen[17] zu treffen, sowie die Möglichkeit eines Datenschutzaudits.[18]

d) Erhebung von Sozialdaten

158 Die Daten des Leistungsempfängers gelangen zum Sozialleistungsträger, indem dieser sie aufgrund der Beantragung von Leistungen *erhebt*. Die Begrifflichkeiten bei der Verarbeitung von Sozialdaten entsprechen grundsätzlich der allgemeinen im Datenschutzrecht gebräuchlichen Terminologie. Dem Umstand, dass nach neuerem, stärker die Systematik berücksichtigenden Verständnis, Erhebung sowie Nutzung als Datenverarbeitungsphasen betrachtet und diesem Oberbegriff zugeordnet werden,[19] ist in der Gesetzeskonzeption noch nicht Rechnung getragen.[20]

aa) Erhebung beim Betroffenen

159 Die Zulässigkeit der Erhebung, d.h. der aktiven Datenbeschaffung durch den Leistungsträger,[21] hat sich an der Aufgabenerfüllung des Sozialleistungsträgers zu orientieren:[22] Es dürfen diejenigen Daten erhoben werden, ohne die eine

---

[12] Sozialdatenverarbeitung ist grundsätzlich verboten, es sei denn, das Gesetz erlaubt sie ausdrücklich; § 67d SGB X.
[13] §§ 78 Abs. 1 Satz 1, 67c Abs. 1 SGB X.
[14] §§ 67a Abs. 1 Satz 1, 67c Abs. 1 Satz 1 SGB X.
[15] Dazu z.B. *Krahmer/Stähler*, a.a.O., § 35 SGB I, Rn. 5a.
[16] § 78b SGB X; dazu z.B. *Heinecker*, Modernisierungsansätze, SdL 2004, 297ff., 302ff.
[17] § 78a SGB X.
[18] § 78c SGB X.
[19] Dazu Kap. 4 II und VIII.
[20] § 67 Abs. 5–7 SGB X; differenzierend: *Bieresborn*, in: von Wulffen, SGB X, a.a.O., § 67 Rn. 23, der die Erhebung als Vorphase der Verarbeitung und Nutzung versteht, da es sich nach Ansicht des Gesetzgebers bei der Erhebung noch nicht um Sozialdaten handelt (BT-Drs. 12/5187, S. 63), soweit die zu erhebenden Daten nicht bereits als Sozialdaten bei einer anderen in § 35 SGB I genannten Stelle vorhanden sind und dort bereits unter das Sozialgeheimnis fallen.
[21] § 67 Abs. 5 SGB X.
[22] § 67a Abs. 1 Satz 1 SGB X.

Feststellung, ob der Leistungsanspruch besteht, nicht möglich ist.[23] Diese Daten muss der Betroffene im Rahmen seiner Mitwirkungspflichten auch liefern; andernfalls sind ihm die Sozialleistungen zu versagen oder zu entziehen.[24] Welche Daten im Besonderen erforderlich sind und welche nicht, steht nicht im Ermessen des Leistungsträgers,[25] sondern hängt von den nach fachlichen Maßstäben anzulegenden Kriterien ab und lässt sich – losgelöst vom Einzelfall – nur negativ abgrenzen. Beispielsweise dürfen Kontoauszüge zur Einsichtnahme in die wirtschaftlichen Verhältnisse des Betroffenen aus einem jüngeren Zeitraum verlangt werden; der Betroffene hat aber die Möglichkeit, nicht leistungsrelevante Sollbuchungen, ggfs. auch bestimmte Betreffzeilen, grundsätzlich zu *schwärzen*, wenn nicht ein konkreter Missbrauchsverdacht auszuräumen ist oder ein Darlehen beantragt wird.[26]

Die Daten sind *grundsätzlich* beim Betroffenen zu erheben.[27] Beispielsweise sind Anfragen beim Vermieter daher entbehrlich und somit nicht zulässig, soweit diese Informationen auch vom Betroffenen erlangt werden können.

bb) Hinweispflichten bei der Datenerhebung

Auf gesetzliche Verpflichtungen, alternativ auf Freiwilligkeit einschließlich der Folgen einer Verweigerung von Auskunftserteilungen, hat der Sozialleistungsträger Betroffene[28] bzw. auskunftsverpflichtete Dritte hinzuweisen. Gegenstand des Hinweises sind der Zweck der Datenerhebung und der weiteren Datenverwendung, die empfangende Stelle sowie die einschlägige Rechtsvorschrift. Unzulässig ist es, mit einem Formular Daten des Betroffenen gemeinsam mit Daten dritter Personen zu erheben, ohne dass eine gesetzliche Verpflichtung für die dritte Person besteht, ihre Daten *gegenüber dem Betroffenen* zu offenbaren. Eine solche Verpflichtung kann sich beispielsweise aus dem Un-

160

---

[23] Sozialdatenschutzkonforme Vordrucke für die Erhebung dieser Daten (z.B. Bankauskunft, Hausbesitz-Auskunft, Auskunft über Einkommens- und Vermögensverhältnisse, Verdienstbescheinigung etc. werden i.d.R. überregional erarbeitet; dazu die Arbeit des Dt. Vereins (http://www.deutscher-verein.de/) sowie regionaler „Vordruck-Kommissionen" (z.B. der Vordruck-Kommission von Landkreistag NRW und Städtetag NRW unter (http://www.lkt-nrw.de/).
[24] §§ 60, 66 SGB I.
[25] H. M.; dazu *Rombach*, in: Hauck/Noftz, a.a.O., § 67a, Rn. 37.
[26] Dazu z.B. *LDI NRW* unter „Datenschutzrechtliche Fragen bei der Umsetzung des SGB II, Punkt 1.5 abrufbar im Internet: http://www.such-dir-arbeit.de/gesetze/umsetzung_sgb.pdf; *ULD S-H*, 28. TB 2006, S. 50. Dazu auch https://www.ldi.nrw.de/mainmenu_Datenschutz/submenu_Datenschutzrecht/Inhalt/Soziales/Inhalt/Datenschutz_im_Sozialamt/Datenschutz_Sozialamt.pdf.
[27] § 67a Abs. 2 Satz 1 SGB X; hierzu enthalten jedoch die SGB II u. III differenzierende Normen (z.B. §§ 57, 58 SGB II).
[28] § 67a Abs. 3 SGB X.

terhaltsrecht des BGB oder aus Vertrag ergeben. Soweit in einer Bedarfsgemeinschaft[29] diese Voraussetzung nicht vorliegt (z.B. bei einem Partner in einer eheähnlichen Gemeinschaft oder in einem Fall, in dem nicht mehr unterhaltsberechtigte Kinder mit ihren Eltern in einem Haushalt leben), sollten den einzelnen Betroffenen jeweils individuelle, nur ihre Daten erfassende, Formulare zur Erhebung ihrer wirtschaftlichen Verhältnisse vorgelegt werden. Die Verquickung diverser Informationsabfragen für verschiedene Personen eines Haushaltes in den ersten Anträgen auf *Arbeitslosengeld 2* und den dazugehörigen Zusatzformularen im Herbst 2004 war einer der zentralen Kritikpunkte des *BfDI* an den von der Bundesagentur für Arbeit entworfenen und zu verantwortenden Anträgen.

cc) Erhebung bei Dritten

161 Ausnahmsweise ist es zulässig, Daten bei Dritten[30] und nicht beim Betroffenen zu erheben. Das Gesetz unterscheidet die Erhebung bei *Leistungsträgern nach dem SGB* bzw. bei gleichgestellten Stellen von der Erhebung bei anderen Personen oder Stellen.[31] Der erste Fall (*Nr. 1*) ist unter den drei kumulativen Voraussetzungen *Befugnis* (z.B. Einwilligung im Einzelfall), *Erhebung beim Betroffenen wäre unverhältnismäßig aufwändig* (z.B. gleichgelagerte Fälle einer Vielzahl von Betroffenen)[32] und *keine Beeinträchtigung überwiegender schutzwürdiger Interessen* (z.B. bei sensitiven Daten wie etwa medizinischen Diagnosedaten, Aussagen zur Straffälligkeit o.ä.)[33] zulässig. Die zweite Erhebungsalternative (*Nr. 2*) überlässt die Zulässigkeitsentscheidung *entweder* einer anderen Rechtsnorm, die nicht im BDSG oder einem Landesdatenschutzgesetz kodifiziert sein kann.[34] Hierdurch sollen Widersprüche im Gesetz vermieden werden. *Oder* nach der zweiten Möglichkeit ist die Datenerhebung auch dann rechtmäßig, wenn die Art der Aufgabe eine Dritterhebung erforderlich macht (z.B. bei schwieriger Sachverhaltsaufklärung die Beiziehung von Akten anderer Behörden oder die Einholung ärztlicher Gutachten.[35] Schließlich gibt es eine dritte Möglichkeit: Die *Erhebung beim Betroffenen wäre unverhältnismäßig aufwändig*. Im 2. und 3. Fall der zweiten Erhebungsalternative muss wieder

---

[29] I.S.d. § 7 Abs. 3 SGB II oder § 19 Abs. 1 SGB XII.
[30] § 67 Abs. 10 Satz 3 SGB X.
[31] § 67a Abs. 2 Satz 2 SGB X sieht jeweils unterschiedliche Voraussetzungen für diese beiden Erhebungsarten in den Nrn. 1 und 2 vor.
[32] *Rombach*, in: Hauck/Noftz, a.a.O., § 67a Rn. 76; weitere Einschränkung ist aber, dass dem Informationsgehalt ein niedriger Sensibilitätsgrad zukommt.
[33] *Rombach*, in: Hauck/Noftz, a.a.O., § 67a Rn. 86; allgemein: *Krahmer/Stähler*, a.a.O., § 67a Rn. 8.
[34] BT-Drs. 12/5187, S. 36.
[35] *Rombach*, in: Hauck/Noftz, a.a.O., § 67a Rn. 98.

Datenschutz im Sozialrecht

hinzukommen, dass *keine Beeinträchtigung überwiegender schutzwürdiger Interessen* zu besorgen ist.

Beispiel: Der Sozialleistungsträger darf dem Hilfesuchenden nicht a priori eine Missbrauchsabsicht unterstellen und muss insoweit die Daten grundsätzlich bei ihm als Betroffenen selbst erheben. Nur wenn konkrete Hinweise (z.B. dritter Hinweisgeber) den Verdacht begründen, dass ein Missbrauch vorliegt (z.B. verschwiegenes Arbeitseinkommen), dürfen im Wege einer Überprüfung Daten bei Dritten erhoben werden. Eine von einem Leistungsempfänger vorgelegte, für sich genommen aussagefähige Quittung mit der detaillierten Aufstellung gebraucht angeschaffter Hausratsgegenstände aus einer Haushaltsauflösung darf nicht (ohne Beteiligung des Betroffenen) extern überprüft werden.

dd) Erhebungsmodalitäten

Im Sozialrecht gilt der *Untersuchungsgrundsatz*, nach dem sich die Behörde aller Beweismittel bedienen kann, die sie nach pflichtgemäßem Ermessen zur Ermittlung des Sachverhalts für erforderlich hält.[36] Dazu gehören alle Maßnahmen, die das Verfahrensrecht zur Verfügung stellt: Einholen von Auskünften, Anhören von Beteiligten, Vernehmen von Zeugen und Sachverständigen, Beiziehen von Urkunden und Akten, Augenscheinseinnahme.[37]

162

(1) Auskunftsersuchen

Wenn Daten des Betroffenen bei Dritten erhoben werden, so richtet der Sozialleistungsträger i.d.R. an diesen eine Anfrage. Diese muss die Rechtsgrundlage der Datenerhebung aus der Sicht des anfragenden Trägers enthalten. Die Rechtsgrundlage der Datenübermittlung aus der Sicht der angefragten Person oder Stelle ist von dieser in eigener Verantwortlichkeit zu prüfen. *Gerade im Sozialdatenschutzrecht kann die Frage der Zulässigkeit dieser beiden Phasen auseinanderfallen; dann hat die Übermittlung zu unterbleiben.* Vielfach sind die Rechtsgrundlagen für die Auskunftserteilung als Mitteilungs*pflichten* ausgestaltet, weil im Weigerungsfall die Aufgabenerfüllung des Sozialleistungsträgers blockiert würde.[38] Aber auch im Falle bloßer Mitteilungs*befugnisse* müssen andere öffentliche Stellen die Entscheidung über eine Datenübermittlung nach pflichtgemäßem Ermessen treffen; dabei sind Ermessensfehler uneingeschränkt gerichtlich überprüfbar.

163

---

[36] §§ 20 Abs. 1; 21 Abs. 1 Satz 1 SGB X.
[37] § 21 Abs. 1 Satz 2 Nrn. 1–4 SGB X.
[38] Dies gilt im Besonderen für Auskunftspflichten der Finanzbehörden nach § 21 Abs. 4 SGB X, die eine zulässige Durchbrechung des Steuergeheimnisses nach § 30 Abs. 4 Nr. 2 AO darstellen. Siehe §§ 98–100 SGB X.

(2) Einsatz von Ermittlungspersonen

164 Bedarfs- und Missbrauchsermittler[39] werden von Sozialleistungsträgern eingesetzt, um vor Ort zu überprüfen, ob im Einzelfall gesetzliche Voraussetzungen für einen Leistungsbezug wirklich gegeben sind oder ob es an der Bedürftigkeit fehlt. Dafür muss ein *konkreter Verdacht* schon bestehen; Ermittlungen mit dem Ziel der Verdachtsschöpfung sind unzulässig.[40] Insgesamt ist diese detektivische Tätigkeit nur unter engen Voraussetzungen rechtmäßig.[41]

ee) Unzulässige Datenerhebung

165 Werden Daten erhoben, die nicht hätten erhoben werden dürfen, so ist jede weitere Speicherung, Nutzung und Übermittlung dieser Daten unzulässig.[42] Die Daten sind unverzüglich zu löschen.[43]

e) *Übermittlung von Sozialdaten*

166 Der früher im Sozialdatenschutzrecht verwendete Begriff der „Offenbarung" wurde im Zuge der Harmonisierung mit der allgemeinen datenschutzrechtlichen Terminologie ersetzt;[44] er besitzt heute noch Bedeutung im Rahmen des StGB.[45] Die Datenübermittlung unterliegt als besonders kritische Datenverarbeitungsphase dezidierten Voraussetzungen:[46] Im Grundsatz ist sie neben den Fällen der Einwilligung nur zulässig, soweit eine gesetzliche Übermittlungsbefugnis[47] vorliegt. Die übermittelnde Stelle ist dabei grundsätzlich für das Vorliegen der Voraussetzungen verantwortlich. Da die Übermittlung nach der Gesamtkonzeption des Sozialdatenschutzes eine Ausnahmeregelung darstellt, sind die gesetzlichen Ermächtigungen zur Übermittlung abschließend und eng auszulegen. Mit anderen Worten: Übermittlungsbefugnisse, die sich *außerhalb*

---

[39] Man spricht insoweit auch von „Sozialdetektiven"; z.B. *LDI NRW* unter https://www.ldi.nrw.de/mainmenu_Datenschutz/submenu_Datenschutzrecht/Inhalt/Soziales/Inhalt/Datenschutz_im_Sozialamt/Datenschutz_Sozialamt.pdf.

[40] Näheres z.B. bei *Schoch*, ZfSH/SGB 2005, 67ff., 71. Siehe auch die Fallbearbeitung „Waffenschein für Sozialamtsmitarbeiter" bei *Zilkens*, JuS 2007, 364ff. Detektive sind auch nicht einzusetzen bei einer *reinen Bedarfsfeststellung*, etwa ob eine Wohnung, für die ein Renovierungskostenantrag gestellt wurde, tatsächlich im beantragten Umfang renovierungsbedürftig ist.

[41] *LDI NRW*, a.a.O.

[42] Aus § 78 SGB X ergibt sich ein Verwertungsverbot.

[43] § 84 Abs. 2 SGB X.

[44] *Rombach*, in: Hauck/Noftz, a.a.O., § 67d Rn. 9.

[45] § 203 StGB.

[46] § 67d SGB X.

[47] Nach den §§ 68 bis 77 SGB X oder nach einer anderen Rechtsvorschrift im SGB (gemeint ist das gesamte SGB, also alle Bücher I–XII).

des Sozialrechts in Gesetzen oder untergesetzlichen Rechtsnormen (z.B. Rechtsverordnungen, Satzungen) finden, können die Übermittlung von Sozialdaten *nicht* rechtfertigen, es sei denn, dies wird im Sozialgesetzbuch selbst ausdrücklich zugelassen.

aa) Einzelne Übermittlungstatbestände

Die Übermittlung von Sozialdaten hat der Gesetzgeber im Einzelnen vorgesehen in den folgenden Fällen: 167

– Zur Bekämpfung von Leistungsmissbrauch und illegaler Ausländerbeschäftigung.[48]
– Für Aufgaben der Polizeibehörden, der Staatsanwaltschaften und Gerichte, der Behörden der Gefahrenabwehr, zur Durchsetzung öffentlichrechtlicher Ansprüche.[49]
– Für die Erfüllung sozialer Aufgaben.[50]
– Für die Durchführung des Arbeitsschutzes.[51]
– Für die Erfüllung besonderer gesetzlicher Pflichten und Mitteilungsbefugnisse.[52]
– Für den Schutz der inneren und äußeren Sicherheit.[53]
– Für die Durchführung eines Strafverfahrens.[54]
– Bei Verletzung der Unterhaltspflicht und beim Versorgungsausgleich.[55]
– Für die Forschung und Planung.[56]
– Ins Ausland und an über- oder zwischenstaatliche Stellen.[57]

Die zentrale gesetzliche Übermittlungsbefugnis für örtliche Sozialleistungsträger ist § 69 Abs. 1 SGB X, wobei in sicher 90 % aller Übermittlungsfälle insbesondere Nr. 1 gesetzliche Grundlage ist. Hiernach ist eine Übermittlung zulässig:

– Für die Erfüllung von Zwecken, für die die Daten erhoben worden sind (Alt. 1), *oder*

---

[48] § 67e SGB X.
[49] § 68 SGB X.
[50] § 69 SGB X.
[51] § 70 SGB X.
[52] § 71 SGB X.
[53] § 72 SGB X.
[54] § 73 SGB X.
[55] § 74 SGB X.
[56] § 75 SGB X.
[57] § 77 SGB X.

– für die Erfüllung einer (anderen) Aufgabe der übermittelnden Stelle nach dem SGB (Alt. 2), *oder*

– für die Erfüllung einer solchen Aufgabe eines Dritten, wenn er eine in § 35 SGB I genannte Stelle ist (Alt. 3).

Insofern berücksichtigt diese Rechtsvorschrift, dass die Aufgaben nach dem SGB von einer vielfältig und differenziert gegliederten Sozialverwaltung durchgeführt werden. Diese Vorschrift bezieht sich auf gerichtliche Verfahren einschließlich Strafverfahren, welche im Zusammenhang mit der Erfüllung sozialer Aufgaben[58] stehen, während § 73 SGB X Strafverfahren betrifft, die keinen Bezug zu einer Sozialleistung haben.

In all diesen Fällen ist immer zu prüfen, ob die Datenübermittlung *erforderlich* i.S. des rechtsstaatlichen Verhältnismäßigkeitsgrundsatzes ist. Außerdem ist die besondere Verwendungsschranke[59] zu beachten, die für besonders sensitive Sozialdaten einen besonderen Schutz vorsieht; danach ist eine Übermittlung solcher Sozialdaten möglich, wenn entweder eine aus der Sicht des Strafrechts rechtmäßige Einwilligung des Betroffenen oder ein Rechtfertigungsgrund für die Übermittlung vorliegt.[60] Allerdings enthält das Gesetz von dieser Einschränkung wiederum Rückausnahmen.[61]

bb) *Beispiel*: Übermittlung von Sozialdaten, die zugleich Daten von Nicht-EU-Ausländern sind

168 Für Ausländer, deren personenbezogene Daten außer zur Erfüllung von mit der fremden Staatsangehörigkeit einhergehenden Aufgaben staatlicher Stellen auch für die Erfüllung der Aufgaben von Sozialleistungsträgern benötigt werden, sieht das Aufenthaltsgesetz[62] besondere Bestimmungen zur Datenübermittlung vor. Mit diesen korrespondiert die Vorschrift zur Übermittlung für die Erfüllung besonderer gesetzlicher Pflichten und Mitteilungsbefugnisse im SGB X;[63] darin hat der Gesetzgeber unter Berücksichtigung auch des besonderen Geheimnisschutzes von Gesundheitsdaten Datenverarbeitungsbedarf zur Aufgabenerfüllung und Datengeheimhaltung der verantwortlichen Stellen sorgfältig ausbalanciert.[64]

---

[58] Nach § 69 Abs. 1 Nr. 2 SGB X.
[59] § 76 SGB X.
[60] *Rombach*, in: Hauck/Noftz, a.a.O., § 76 Rn. 2.
[61] § 76 Abs. 2 u. 3 SGB X.
[62] §§ 87ff. AufenthG.
[63] § 71 Abs. 2 u. 2a SGB X.
[64] Zu diesem Konflikt z.B. *Schoch*, a.a.O., ZFSH/SGB 2005, 67ff., 74; zur neueren Literatur siehe *Rombach*, in: Hauck/Noftz, a.a.O., § 71 SGB X unter „Schrifttum".

cc) Datenabgleiche zur Missbrauchsbekämpfung

Um missbräuchliche Inanspruchnahme von Sozialleistungen zu vermeiden, ist im Gesetz vorgesehen, dass regelmäßig automatisierte Datenabgleiche mit Datenbeständen anderer Behörden stattfinden; Überprüfungsbefugnis und Datenübermittlungspflichten werden – als Sondervorschriften[65] und als erlaubte Zweckänderung – zusammen geregelt.[66] Ob und wann derartige Abgleiche stattfinden, muss der Sozialleistungsträger nach pflichtgemäßem Ermessen entscheiden.[67]

169

f) Sonstige Verarbeitung von Sozialdaten

Sozialdaten dürfen zur Erfüllung der in der Zuständigkeit der verantwortlichen Stelle liegenden gesetzlichen Aufgaben nach diesem Gesetzbuch und nur für die Zwecke, für die die Daten erhoben worden sind, gespeichert, verändert oder genutzt werden.[68] Dadurch soll die Zweckidentität zwischen Erhebung und weiterer Verarbeitung geschützt werden. Weiterhin sind Sozialdaten zu löschen bzw. zu sperren, wenn die Voraussetzungen dafür vorliegen.[69]

170

g) Rechte der betroffenen Person

Betroffene können ihre – unabdingbaren[70] – Rechte bei der verantwortlichen Stelle,[71] aber auch bei deren zuständigem Datenschutzbeauftragten[72] geltend machen. Dabei kommen Auskunft[73] und Akteneinsicht[74] – letztere nur innerhalb des Verwaltungsverfahrens unter engen Voraussetzungen – in der Praxis eine wesentliche, auch quantitativ erhebliche Bedeutung zu. Akteneinsichtsrechte Dritter bestehen grundsätzlich nicht:[75] Wer ein rechtliches Interesse geltend macht, muss sich als Beteiligter zum Verfahren hinzuziehen lassen.[76]

171

---

[65] Gemeint sind Sondervorschriften zu § 69 SGB X.
[66] §§ 118 SGB XII, 52 SGB II.
[67] Solche Datenabgleiche können eingerichtet werden für: Gesetzliche Renten- und Unfallversicherung, Bundesagentur für Arbeit, Finanzamt (gemäß § 45d Abs. 1 EStG), andere Sozialleistungsträger, wirtschaftliche Unternehmen der Kommunen betr. Daseinsvorsorge-Leistungen etc.
[68] § 67c Abs. 1 SGB X.
[69] § 84 Abs. 2 u. 3 SGB X.
[70] § 84a SGB X.
[71] § 67 Abs. 9 SGB X.
[72] §§ 81 Abs. 4 SGB X i.V.m. 4f u. 4g BDSG. Die Aufgaben des Sozialdatenschutzbeauftragten können – je nach Größe der Kommune – entweder dem kommunalen Datenschutzbeauftragten oder einem Mitarbeiter des Sozialbereichs übertragen werden.
[73] § 83 SGB X.
[74] § 25 SGB X.
[75] *Vogelgesang*, in: Hauck/Noftz, a.a.O., § 25 Rn. 9.
[76] § 12 Abs. 2 SGB X; danach können Rechte aus § 25 SGB X bestehen.

h) Technische und organisatorische Vorkehrungen

172 Die Sozialleistungsträger haben die Verpflichtung, in organisatorischer und in technischer Hinsicht Maßnahmen zu treffen, die geeignet und erforderlich sind, um das Sozialgeheimnis zu wahren und die gesetzesgerechte Verarbeitung personenbezogener Sozialdaten zu gewährleisten.[77] Beispielsweise können Zutrittskontrollsysteme eingerichtet und Gebäude- bzw. Raumsicherungsmaßnahmen getroffen werden.[78]

i) Sozialdatenverarbeitung im Auftrag

173 Auftragsdatenverarbeitung im Sozialbereich unterliegt zunächst einmal denselben Regeln wie im Bereich der Verarbeitung „normaler" personenbezogener Daten;[79] wesentlich sind insbesondere das Verbleiben der Verantwortlichkeit beim Auftraggeber und das Vorhandensein seines Datenschutzstandards auch beim Auftragnehmer. Da aber nicht alle Aufgaben, die der Sozialleistungsträger fremd erledigen lassen muss, auch von öffentlichen Stellen im seinem Auftrag ausgeführt werden können, ergibt sich die Notwendigkeit, im Einzelfall auch private Stellen als Auftragnehmer einzusetzen.[80] Dies kann den Sozialdatenschutz beeinträchtigen; es ist daher vom Gesetzgeber an einschränkende Voraussetzungen[81] geknüpft, deren restriktive Auslegung durch Landesdatenschutzbehörden[82] zu hohen Hürden führt.

j) Datenschutz bei freien Trägern

174 Leistungserbringer im Bereich der Sozial- und Jugendhilfe sind – neben den öffentlichen – die sog. „freien" Träger.[83] Während für diese selbst, z.B. im Ver-

---

[77] § 78a SGB X.
[78] *Bieresborn*, in: von Wulffen, a.a.O., § 78a Rn. 9; einen Überblick darüber, welche Maßnahmen in Betracht kommen können, findet sich bei *Hückel*, Nachrichten der LVA Hessen 2003, S. 56 f.
[79] Dazu Kapitel 10, I.
[80] Zu denken ist nur an die Ausgliederung von IT-Dienstleistungen, z.B. im Falle der „Regio IT Aachen GmbH" (http://www.regioit-aachen.de).
[81] Kritisch sind insbesondere die in § 80 Abs. 5 Nrn. 1 u. 2 SGB X enthaltenen Tatbestandsmerkmale „Störungen im Betriebsablauf" und „erheblich kostengünstiger". Dazu z.B. *Stahlmann*, Sozialdatenschutz, Info also 2006, 10 ff., 12 f. Online abzurufen unter http://www.info-also.nomos.de/fileadmin/infoalso/doc/Aufsatz_infoalso_06_01.pdf.
[82] Z.B. LDI NRW, Orientierungshilfe „Auftragsdatenverarbeitung" (Stand: 09/2004), S. 33–37.
[83] Sog. Träger der freien Wohlfahrtpflege. In der Bundesarbeitsgemeinschaft der freien Wohlfahrtspflege (http://www.bagfw.de/) sind sechs Trägerverbände organisiert: Deutsches Rotes Kreuz, Arbeiterwohlfahrt, Deutscher Caritasverband, Diakonisches Werk der Evangelischen Kirche in Deutschland, Deutscher Paritätischer Wohlfahrtsverband, Zentralwohlfahrtsstelle der Juden in Deutschland.

hältnis zu ihren Beschäftigten, aufgrund ihrer regelmäßig privatrechtlichen Struktur als Verein oder Stiftung meist das BDSG Anwendung findet, besteht ein Bedürfnis, sicherzustellen, dass die Klienten bei der Hilfeleistung durch freie Träger ebenso wie gegenüber öffentlichen Trägern Sozialdatenschutz genießen.[84] Deshalb werden in Rahmenverträge entsprechende Formulierungen aufgenommen.[85]

Die Zusammenarbeit zwischen dem örtlichen öffentlichen Träger und den freien Trägern ist datenschutzfreundlich zu organisieren. Die Verwendung eingesetzter öffentlicher Finanzmittel muss bedarfsgerecht geplant und kontrolliert werden können. Zur Vermeidung nicht erforderlicher Übermittlungen von Sozialdaten für solche Zwecke sollte die Anmeldung zu konkurrierenden Angeboten mehrerer Träger *zentral* eingerichtet werden;[86] entsprechendes gilt für Angebote aus dem Sozialleistungsbereich.[87]

4. Besondere Problemfelder

a) Aktenführung

Mit Sozialarbeit befasste Behördenmitarbeiter erhalten im Zuge ihrer Arbeit sehr weitgehende Einblicke in private Lebensumstände der Klienten. Daher ist – auch zur Dokumentation der eigenen Arbeit – die Neigung groß, Vermerke und Unterlagen aller Art, ohne Rücksicht auf die Sensibilität der darin enthaltenen Fakten und Bewertungen, in einer Fallakte zu sammeln. Es wird alles zu Papier gebracht, und alles zu Papier Gebrachte wird abgeheftet. Oft wecken erst Wünsche Betroffener nach Einsichtnahme, die – von seltenen Ausnahmen[88] abgesehen – immer berechtigt sind, das Problembewusstsein. Richtig praktizierter Datenschutz beginnt hier bei sorgfältiger Anwendung des Prinzips von Datensparsamkeit und Datenvermeidung. Akten sind so zu führen,

175

---

[84] Dazu näher *Wilmers-Rauschert*, Datenschutz in der freien Jugend- und Sozialhilfe, 2004; *Elmauer/Schindler*, Datenschutzfragen freier Träger, Sozialrecht aktuell 2007, 81 ff.
[85] Der *Passus* im Rahmenvertrag der Stadt Düsseldorf mit freien Trägern lautet z.B.: „In Befolgung des besonderen Gebotes des § 61 Abs. 3 SGB VIII sowie des Zusammenarbeitsauftrags gemäß §§ 5 Abs. 5 SGB XII, 3 ÖGDG NRW verpflichten sich die Verbände der freien Wohlfahrtspflege gegenüber der Stadt, bei jeder Wahrnehmung von Aufgaben nach diesem Vertrag mit personenbezogenen Daten in gleicher Weise umzugehen, wie die Stadt es als öffentlicher Träger nach den bereichsspezifischen sozialdatenschutzrechtlichen (SGB I; SGB VIII und SGB X) und gesundheitsdatenschutzrechtlichen Bestimmungen (GDSG NRW) zu tun hat."
[86] Z.B. sollte die Anmeldung zum *Kindergartenbesuch* zentral beim Jugendamt angesiedelt werden.
[87] Die Anmeldung für eine *Schuldnerberatung* ist ebenfalls zentral beim Sozialamt anzusiedeln.
[88] Z.B. bei konkreter Suizidgefahr.

b) Häufig wiederkehrende Fragestellungen

176 Fragen zu bestimmten Fallkonstellationen, die immer wieder auftauchen, sind auf der Homepage mancher Landesdatenschutzbeauftragten aufgelistet.[90] Hier sollen nur einige Beispiele gegeben werden:

– Bei der Beratung im Sozialamt muss grundsätzlich durch geeignete Maßnahmen das Mithören unbeteiligter Dritter ausgeschlossen sein; dies verlangt das Sozialgeheimnis. Das kann im Einzelfall anders sein, wenn aufgrund besonders aggressiven Auftretens tätliche Übergriffe eines Hilfesuchenden konkret zu befürchten sind.

– Datenerhebungen über Einkommens- und Vermögensverhältnisse[91] müssen sich auf die zur Aufgabenerfüllung des Sozialleistungsträgers erforderlichen Angaben beschränken. Die Vordrucke können sinnvollerweise überregional von Vordruck-Kommissionen erarbeitet und aktualisiert werden.

– Hilfeempfänger, die Kontoauszüge zum Beleg ihres Einkommens vorzulegen haben, können für die Hilfe nicht relevante Positionen[92] darin schwärzen; hierüber sind sie aufzuklären.

– Zahlungen von Sozialleistungen auf ein Konto dürfen nicht ohne Zustimmung des Leistungsberechtigten als „Sozialleistung" gekennzeichnet werden.[93]

– Angaben über den Aufenthaltszeitpunkt eines Bürgers in den Räumen des Sozialamtes oder der Bundesagentur für Arbeit unterliegen dem Sozialdatenschutz.[94]

---

[89] Die Orientierungshilfe und Arbeitsanweisung „Aktenführung und methodisches Arbeiten in den sozialen Diensten (Stadt Essen, Jugendamt)", 3. Aufl. 2004.
[90] Z.B. *LDI NRW* unter https://www.ldi.nrw.de/mainmenu_Datenschutz/submenu_Datenschutzrecht/Inhalt/Soziales/Inhalt/Datenschutz_im_Sozialamt/Datenschutz_Sozialamt.pdf; *ULD S-H* unter https://www.datenschutzzentrum.de/sozialdatenschutz/. Leider sind diese Hinweise nicht immer auf aktuellem Stand.
[91] Z.B. nach §§ 85ff. SGB XII.
[92] Vor allem die Kenntnis von Soll-Positionen ist bezogen auf Empfänger und Verwendungszweck, soweit es sich um kleinere Beträge (bis ca. 50 €) handelt, i.d.R. für die Aufgabenerfüllung des Sozialamtes nicht erforderlich. Größere Beträge lassen Zweifel an der Rechtmäßigkeit des Leistungsbezuges aufkommen und werfen Fragen nach der Herkunft der transferierten Geldbeträge auf.
[93] BVerwGE 96, 147.
[94] *Schoch*, ZfSH/SGB 2005, 67ff., 68; § 68 Abs. 1 SGB X.

Datenschutz im Sozialrecht

– Hausbesuche, soweit sie zulässig sind, müssen mit der notwendigen Diskretion gegenüber der Nachbarschaft durchgeführt werden.

5. Sozialdatenschutzrechtliche Besonderheiten in der Jugendhilfe[95]

a) Grundsätzliches

Im Jugendhilfebereich sind von den Jugendämtern als örtlichen[96] öffentlichen[97] Trägern der Jugendhilfe ergänzend oder abweichend von den allgemeinen sozialdatenschutzrechtlichen Bestimmungen des SGB X weitere Vorschriften[98] zu beachten.

177

b) Besonderheiten bei der Datenerhebung

In der Praxis werden Daten vom Jugendamt ausschließlich nach den Vorgaben des § 62 SGB VIII erhoben.

aa) Mitwirkungspflichten

Werden *Leistungen*[99] beantragt, ist der Antragsteller zur Mitwirkung verpflichtet.[100] Insbesondere muss er alle Tatsachen angeben, die für die Leistung erheblich sind. Er muss auf Verlangen des Jugendamtes der Erteilung der erforderlichen Auskünfte durch Dritte – soweit die Daten in der erforderlichen Klarheit nur von Dritten zu erhalten sind – zustimmen. Er muss unverzüglich eine Veränderung der Verhältnisse mitteilen, die für die Leistung erheblich ist. Das Jugendamt kann Leistungen ganz oder teilweise versagen, wenn der Leistungsberechtigte den zumutbaren[101] Mitwirkungspflichten nicht nachkommt. Über mögliche Konsequenzen einer unzureichenden Mitwirkung muss der Leistungsberechtigte bereits bei der Antragstellung informiert werden. Bei sog. *anderen Aufgaben der Jugendhilfe*[102] sind die Erfordernisse unter fachlich methodischen Gesichtspunkten an den Anforderungen der jeweiligen Aufgaben-

178

---

[95] Beispiele für Speziallliteratur zum Thema „Jugendhilfe und Sozialdatenschutz": *Pluhar*, Datenschutz bei Trägern der freien Jugendhilfe, JAmt 2003, 336 ff.; *Kunkel*, Datenschutz im Jugendamt, JAmt 2002, 442 ff.; *Awenius*, Datenschutz im Jugendamt, JAmt 2001, 522 ff.; *Rauschert*, Sozialdatenschutz in der Jugendhilfe, ZfJ 1996, 414 ff.
[96] Aufgaben der überörtlichen Träger, zuständig nach § 85 Abs. 2 SGB VIII, sollen hier außer Betracht bleiben.
[97] § 3 SGB VIII.
[98] §§ 61 ff. SGB VIII.
[99] § 2 Abs. 2 SGB VIII.
[100] § 60 SGB I.
[101] Grenzen der Mitwirkungspflicht ergeben sich aus § 65 SGB I.
[102] § 2 Abs. 3 SGB VIII.

stellung zu messen. In diesem Rechtsbereich ist ergänzend zu beachten, dass keine Pflicht des Betroffenen zur Mitwirkung besteht. Betroffene sind daher ausdrücklich darauf hinzuweisen, dass ggfs. Angaben *freiwillig* zu machen sind, jedoch verbunden mit dem Hinweis auf die Konsequenzen darauf, dass Angaben verweigert werden können. Beispiel ist die Mitwirkung im Verfahren vor den Vormundschafts- und Familiengerichten.[103] Für die Bereiche Kostenbeitrag und Teilnahmebeitrag in der Jugendhilfe besteht eine Auskunftspflicht.[104]

bb) Datenerhebung auf Einwilligungsbasis

179 Im Jugendhilfebereich werden in der Praxis auch Daten auf der Grundlage einer schriftlich erteilten, einzelfallbezogenen[105] Einwilligung erhoben. Eine andere Form der Einwilligung (z.B. telefonisch) ist nur bei Vorliegen besonderer Umstände zulässig; dies gilt namentlich bei besonderer Eilbedürftigkeit. Die Ausnahmegründe sollten dokumentiert werden. Der Betroffene ist bei einer Einwilligung immer über den Zweck einer vorgesehenen Ermittlung aufzuklären, so dass er sich der Tragweite seiner Entscheidung bewusst ist. Dabei ist auch darüber zu belehren, dass die Einwilligung jederzeit mit Wirkung für die Zukunft widerrufen werden kann, ohne dass dem Erklärenden hierdurch rechtliche Nachteile entstehen.

cc) Datenerhebung ohne Mitwirkung des Betroffenen

180 Ohne Mitwirkung des Betroffenen dürfen Daten nur erhoben werden, wenn die gesetzlichen Voraussetzungen[106] vorliegen. Ohne den erfolglosen Versuch, die Daten beim Betroffenen zu erheben, ist eine Erhebung bei Dritten nur unter bestimmten Voraussetzungen möglich.[107] Zu beachten ist, dass eine Datenerhebung bei Dritten auch zugleich eine Datenübermittlung des Dritten an den Erhebenden darstellt, so dass dem Dritten die Übermittlung gestattet sein muss.[108] Die in der Rechtsvorschrift aufgezählten Ausnahmetatbestände sind abschließend. Sind diese Vorraussetzungen nicht erfüllt, können die Daten nur bei dem Betroffenen selbst oder mit seiner Einwilligung bei Dritten erhoben werden.

Beispielhaft ist die Einrichtung kommunaler *Begrüßungsbesuche*. Als Reaktion der Politik auf die hohe Anzahl von Kindesmissbrauchsfällen und Ver-

---

[103] § 2 Abs. 3 Nr. 6 SGB VIII.
[104] § 97a SGB VIII. Sie geht als Spezialnorm § 60 SGB I vor.
[105] § 67b Abs. 2 Satz 2 und 3 SGB X.
[106] Des § 62 Abs. 3 SGB VIII.
[107] § 62 Abs. 3 Nr. 1 SGB VIII; *Kunkel*, SGB VIII, 3. Auf. 2006, § 62 Rn. 11.
[108] Z.B. aufgrund § 69 Abs. 1 SGB X.

nachlässigung von Kindern in Familien,[109] lassen viele Gemeinden junge Familien nach der Geburt des ersten Kindes besuchen. Bei Gelegenheit des Besuches, mit dem nur das Kind im Namen des Bürgermeisters begrüßt und die Eltern über einschlägige städtische Angebote informiert werden sollen, kann ein Eindruck gewonnen werden, ob sich Anhaltspunkte für eine Gefährdung des Kindeswohls aufdrängen. Wegen des Sachzusammenhanges werden diese Besuche vom Jugendamt durchgeführt. Sobald die familiäre Situation wahrgenommen wird, werden Daten erhoben;[110] dies darf nur entweder aufgrund einer Rechtsgrundlage oder mit wirksamer Einwilligung stattfinden. Zum einen darf das Jugendamt nach dem SGB VIII[111] erst dann ermitteln, wenn gewichtige tatsächliche Anhaltspunkte für eine Kindeswohlgefährdung den Anlass dafür bieten. Die schlichte Tatsache einer Erstgeburt reicht dafür nicht aus. Zum andern ist davon auszugehen, dass die besuchte Familie nur mit der Begrüßung, nicht hingegen zugleich mit einer *Überprüfung* einverstanden ist, schon gar nicht dann, wenn tatsächlich das Kindeswohl in Gefahr ist. Werden die besuchenden Bediensteten deshalb freiwillig in die Wohnung gebeten, so wird mit dieser Freiwilligkeit keine Datenerhebung legitimiert. Sollten allerdings im Einzelfall bei einem Hausbesuch gewichtige Anhaltspunkte für eine Gefährdung des Kindeswohls wahrgenommen werden, so muss das Jugendamt daraufhin die erforderlichen Maßnahmen ergreifen. Es ist zweckmäßig, den Besuch rechtzeitig schriftlich anzukündigen, um Überrumpelungssituationen zu vermeiden, und darauf hinzuweisen, dass der Begrüßungsbesuch freiwillig ist und aus welchen Gründen er durchgeführt wird.[112]

dd) Betroffener ist nicht zugleich Klient

Eine Sonderregelung für den in der Jugendhilfe häufigen Fall, dass der Betroffene nicht zugleich Klient (Leistungsberechtigter) des Jugendamtes ist, findet

---

[109] Artikel auf Spiegel Online vom 07.12.2007: http://www.spiegel.de/panorama/justiz/0,1518,522015,00.html; Artikel in der Frankfurter Allgemeinen Zeitung vom 31.03.2010 abrufbar unter: http://www.faz.net/s/Rub77CAECAE94D7431F9EACD163751D4CFD/Doc~E94F256B398F64D6C9B1D25DE06AF68DE~ATpl~Ecommon~Scontent.html.
[110] § 67 Abs. 5 SGB X. Eine Datenerhebung ist das zielgerichtete Beschaffen von Daten, wobei es auf die Art und Weise der Beschaffung nicht ankommt.
[111] § 8a SGB VIII.
[112] Zu den jüngsten Initiativen zur Vermeidung von Kindesvernachlässigungen zählen die – nicht datenschutzgerechte – *Risikokinder-Informationsdatei (RISKID)* Duisburger Kinderärzte sowie in NRW der Erlass einer – rechtswidrigen – Verordnung zur Datenmeldung der Teilnahme an Kinder-Früherkennungsuntersuchungen *(UTeilnahmeDatVO NRW)*; siehe dazu ausführlich *LDI NRW (hg.)*, 19. Datenschutzbericht 2009, 10.2, S. 96ff..

sich im SGB VIII.¹¹³ So ist es bei einer Hilfe zur Erziehung immer notwendig, dass von dem Klienten auch Angaben über andere Familienmitglieder gemacht werden, die damit datenschutzrechtlich Betroffene sind. In der Praxis bedeutet die Regelung, dass die detaillierten Einschränkungen für die Datenerhebung nur für den Klienten des Jugendamtes gelten.¹¹⁴

c) Besonderheiten bei anderen Datenverarbeitungsphasen

aa) Datenspeicherung

182 Unter den Begriff Speicherung fällt jede Form des Festhaltens einer Information auf Datenträgern zum Zweck der weiteren Verwendung. Sozialdaten dürfen gespeichert werden, soweit dies für die Erfüllung der jeweiligen Aufgabe erforderlich ist.¹¹⁵ Die Pflicht des Jugendamtes zur Dokumentation ergibt sich aus den allgemeinen Grundsätzen einer geordneten Aktenführung.¹¹⁶ Grundsätzlich sind Daten (z.B. in Akten) für jeden einzelnen Fall¹¹⁷ der Jugendhilfe *getrennt* zu speichern.¹¹⁸ Eine Zusammenführung von Unterlagen z.B. des Bezirkssozialdienstes mit solchen der wirtschaftlichen Erziehungshilfe ist daher unzulässig. Ausnahmsweise dürfen Daten zusammengeführt werden, wenn ein unmittelbarer Sachzusammenhang dies erfordert und die jeweilige Aufgabe des Jugendamtes sonst nicht erfüllt werden könnte.

bb) Datenübermittlung

183 Eine Datenübermittlung durch das Jugendamt ist nur zulässig, wenn besonders modifizierte Vorgaben¹¹⁹ erfüllt sind.

(1) Verantwortliche Stelle

Im Sozialdatenschutzrecht wird nicht von einem organisatorischen, sondern funktionalen Stellenbegriff ausgegangen. Stelle ist die kleinste Einheit innerhalb des Jugendamtes, die für die konkrete Aufgabenerledigung funktional zuständig ist. So ist z.B. der Pflegekinderdienst in diesem Zusammenhang Stelle und nicht die gesamte Abteilung Soziale Dienste.

---

113 § 62 Abs. 4 SGB VIII.
114 *Wiesner/Mörsberger*, SGB VIII, 3. Aufl. 2006, § 62 Rn. 29.
115 § 63 Abs. 1 SGB VIII i.V.m. §§ 67b Abs. 1, 67c SGB X.
116 *Kunkel*, a.a.O., § 63 Rn. 2; siehe auch die Publikation des Jugendamtes Essen: Aktenführung und methodisches Arbeiten in den sozialen Diensten, 3. Aufl. 2004.
117 Damit ist die Anwendung einer Aufgabennorm nach § 2 Abs. 2 u. 3 SGB VIII auf eine Person oder Personengruppe in einem Verfahren gemeint.
118 § 63 Abs. 2 SGB VIII.
119 §§ 64 f. SGB VIII.

(2) Grundsätze

Die Verantwortung für die Zulässigkeit einer Übermittlung trägt stets die übermittelnde Stelle. Werden die Daten auf Ersuchen des Empfängers übermittelt, so trägt dieser die Verantwortung für die Richtigkeit der Angaben in seinem Ersuchen.[120] Das Jugendamt hat danach vor einer Übermittlung stets eigenverantwortlich zu prüfen, ob eine gesetzliche Übermittlungsbefugnis besteht oder eine Einwilligung des Betroffenen zur Datenübermittlung vorliegt.

184

(3) Besonderheiten

Im Bereich der Jugendhilfe ist eine Übermittlung[121] an eine andere Stelle nur zulässig, wenn dadurch der Erfolg der gewährten Jugendhilfe nicht gefährdet wird.[122] So wäre z. B. eine Weitergabe von Daten durch einen in einer Jugendhilfeangelegenheit tätigen Mitarbeiter an das Amt für soziale Grundsicherung unzulässig, wenn hierdurch das für die Hilfe notwendige Vertrauensverhältnis zu dem Klienten beeinträchtigt würde. Die Anwendung dieser Vorschrift setzt jedoch immer einen besonders sorgfältigen Abwägungsprozeß voraus. Sollen Daten übermittelt werden, so ist stets sorgfältig auch die Erforderlichkeit zu prüfen, wobei dieses Kriterium – wie stets im Datenschutzrecht – eng auszulegen ist. Hierzu gehört auch die Fragestellung, ob der Betroffene selbst im Rahmen seiner Mitwirkungspflichten die fraglichen Informationen geben oder beschaffen kann.

185

d) Jugendhilfe und Justiz

Bei von der Justiz gegenüber dem Jugendamt ersuchten Datenübermittlungen können sich in der Praxis Rechtsunsicherheiten ergeben. Denn die Ansätze der jeweiligen Aufgabenerfüllung sind sehr unterschiedlich. Während die Justiz zur Aufklärung und Verfolgung einer Straftat z. B. bei einer Kindesmisshandlung tätig wird, steht bei der Aufgabenerfüllung des Jugendamtes stets der Hilfeaspekt im Vordergrund. Dies bedeutet, dass z. B. auch in Fällen von Kindesmisshandlung das Jugendamt nicht verpflichtet ist, Strafanzeige zu erstatten, wenn dies den Hilfeprozess beeinträchtigt. Auch hinsichtlich des Informantenschutzes kommt es häufig zu unterschiedlichen Auffassungen zwischen Justiz und Jugendamt, wenn Strafanzeigen von Betroffenen gegen unbekannte Dritte wegen Verleumdung bzw. übler Nachrede gestellt werden. Wenn der Informant gegenüber dem Jugendamt erklärt hat, anonym bleiben zu wollen, ist für das Jugendamt nach einer entsprechenden Güterabwägung fast immer

186

---

[120] § 67d Abs. 2 Satz 1 SGB X.
[121] § 69 SGB X.
[122] § 64 Abs. 2 SGB VIII.

der Schutz des Informanten vorrangig.[123] Auch bei der Vorladung eines Mitarbeiters des Jugendamtes in einem Strafverfahren als Zeuge vor Gericht, hat der Amtsleiter, bevor er dem Mitarbeiter eine Aussagegenehmigung erteilt stets zu prüfen, ob die Datenübermittlung an das Gericht aufgrund einer Einwilligung des Betroffenen oder einer gesetzlichen Übermittlung zulässig ist. Es besteht nämlich keine Zeugnispflicht, wenn die Datenübermittlung unzulässig ist;[124] dann wird eine Aussagegenehmigung nicht erteilt.

e) Besonderer Vertrauensschutz bei anvertrauten Sozialdaten

187 Die einem Mitarbeiter des Jugendamtes zum Zwecke einer persönlichen oder erzieherischen Hilfe anvertrauten Sozialdaten dürfen nur weitergegeben werden, wenn einer der Ausnahmetatbestände vorliegt.[125] Anvertraut sind Daten dann, wenn sie einem Mitarbeiter des Jugendamtes im Vertrauen auf seine besondere Schutzpflicht in der Erwartung mitgeteilt worden sind, dass sie Dritten nicht zugänglich gemacht werden.[126] Die Bestimmung verfolgt den Zweck, das Vertrauensverhältnis zwischen dem Mitarbeiter des Jugendamtes und dem Klienten, das Grundvoraussetzung für eine erfolgreiche Beratung und Hilfe ist, zu festigen. Dies setzt aber auch eine ausreichende Information über die Grenzen der Geheimhaltungsverpflichtungen voraus. Aufzeichnungen über anvertraute Daten dürfen nicht in die Akte aufgenommen werden, sondern müssen getrennt aufbewahrt werden.[127]

f) Sonderregelungen für die Bereiche Beistandschaft, Amtspflegschaft und Amtsvormundschaft

188 Der bereichsspezifische Datenschutz für die genannten Aufgabenbereiche ist in einer abschließenden Sonderregelung[128] normiert. Die Bestimmung ist vom Gesetzgeber bewusst weit gefasst, weil die mit den Aufgaben betrauten Mitarbeiter vorrangig Interessenvertreter der Kinder und Jugendlichen sind und nicht ein erzieherisches Beratungs- und Hilfeangebot im Vordergrund steht.

---

[123] Ausnahme: Hinreichende Anhaltspunkte für das Vorliegen einer Verleumdung.
[124] § 35 Abs. 3 SGB I.
[125] § 65 Abs. 1 Nr. 1–5 SGB VIII.
[126] *Kunkel*, a.a.O., § 65 Rn. 7.
[127] Dazu auch die Publikation des Jugendamtes Essen: Aktenführung und methodisches Arbeiten in den sozialen Diensten, 3. Aufl. 2004.
[128] § 68 SGB VIII.

II. Datenschutz im öffentlichen Gesundheitsdienst
1. Die besondere Stellung des Gesundheitsamtes
a) Kreis und Kommune – kommunalverfassungsrechtliche Organisation

Der öffentliche Gesundheitsdienst als Teil des Gesundheitswesens gewährleistet eine bedarfsgerechte, wirtschaftliche, in der Wirksamkeit und Qualität dem allgemein anerkannten Stand der gesundheitswissenschaftlichen und medizinischen Erkenntnisse entsprechende Versorgung der Bevölkerung,[129] aus der besonders soziale Randgruppen unterstützt werden. Diese allgemeine Aufgabenzuweisung umfasst insbesondere Beobachtungs-, Überwachungs- und Präventivmaßnahmen, die dem Gesundheitsschutz der Bevölkerung dienen sollen.[130] Behörden des öffentlichen Gesundheitsdienstes sind auf kommunaler Ebene die Kreise und kreisfreien Städte als untere Gesundheitsbehörde.[131] In kreisfreien Städten führt dies dazu, dass Datenübermittlung in vielen Fällen innerhalb einer Behörde und nicht zwischen zwei öffentlichen Stellen stattfindet. Der kommunale Gesundheitsdienst sorgt wesentlich für gesundheitliche Prävention; zudem obliegen ihm die Wahrnehmung der amtsärztlichen Tätigkeit und der damit verbundenen Gesundheitsberichterstattung.[132] Im Rahmen dieser Aufgabenstellung ist vielfach die Verarbeitung personenbezogener Daten erforderlich. So kann insbesondere die Frage auftreten, ob außenstehende Dritte in patientenbezogene Gesundheitsdaten Einsicht nehmen dürfen. Zudem werden zwischen dem öffentlichen Gesundheitsdienst und anderen Stellen Daten zur Aufgabenerfüllung ausgetauscht.

189

b) Abgrenzung zum betriebsärztlichen Dienst

Die Aufgaben des betriebsärztlichen Dienstes sind im Arbeitssicherheitsgesetz (ASiG) geregelt.[133] Der Arbeitgeber/Dienstherr bestellt einen Betriebsarzt,[134] der ihn in allen Fragen des Gesundheitsschutzes beim Arbeitsschutz und bei der Unfallverhütung unterstützt.[135] Insofern betreffen die Aufgaben des Betriebsarztes nur die Belegschaft der Kommune oder einer ihrer Organisationseinheiten. Der öffentliche Gesundheitsdienst hingegen hat sich mit der Gesundheitsvorsorge der gesamten Bevölkerung zu befassen und dient in erster Linie dem öffentlichen Wohl und der Volksgesundheit. Bestimmte Aufgaben

190

---

[129] § 2 Abs. 1 ÖGDG NRW.
[130] § 2 Abs. 2 Nr. 1 ÖGDG NRW.
[131] § 5 Abs. 2 Nr. 1 ÖGDG NRW.
[132] Die Aufgaben der unteren Gesundheitsbehörde sind in § 6 Abs. 1 ÖGDG NRW aufgelistet.
[133] §§ 2–4 ASiG.
[134] Organisatorisch können für diese Aufgabe entweder eigene Bedienstete eingestellt oder eine selbständige Arztpraxis vertraglich verpflichtet werden.
[135] § 3 Abs. 1 ASiG.

– z.B. Diensttauglichkeitsuntersuchungen –[136] werden aber auch für den kommunalen Arbeitgeber/Dienstherrn erfüllt, soweit eine unabhängige ärztliche Begutachtung erforderlich ist. Im Bereich der Kindergemeinschaftseinrichtungen, insbesondere Tageseinrichtungen und Schulen, nimmt der Gesundheitsdienst auch betriebsärztliche Aufgaben wahr.[137]

c) Betroffene

191 Auch personenbezogene Daten von Bürgern, die nicht Patienten[138] sind, werden verarbeitet. Dies kann außer bei Beratungs- und Hilfsangeboten insbesondere dann der Fall sein, wenn der Gesundheitsdienst seine Aufgaben im Bereich der Aufsicht und Überwachung wahrnimmt.[139] Beispiele hierfür sind die Überprüfung der Wasserqualität bei Brunnenbesitzern und in Hotels,[140] Begehungen in städtischen Krankenhäusern zur Überwachung der Hygienevorschriften und der Qualifikation des Personals oder die Abnahme von Prüfungen für medizinische Hilfsberufe.

2. Gesetzliche Aufgabenzuweisung

a) Gesundheitsförderung und Gesundheitsprävention

192 Das Gesundheitsamt hält einen Beratungsdienst vor für Personen in sozialen und gesundheitlichen Problemlagen, insbesondere solche, die aufsuchende Hilfe benötigen.[141] Es fördert die Gesundheit von Kindern und Jugendlichen und schützt sie vor Gesundheitsgefahren. Dazu nimmt der Gesundheitsdienst für Gemeinschaftseinrichtungen – insbesondere Schulen und Tageseinrichtungen für Kinder – betriebsmedizinische Aufgaben wahr und berät Träger, Sorgeberechtigte, Lehrer und Erzieher. Der Gesundheitsdienst führt die schulischen Eingangsuntersuchungen und – soweit erforderlich – weitere Regeluntersuchungen durch und kann Gesundheitsförderungsprogramme anbieten. Ergänzend zu Vorsorgeangeboten kann der Gesundheitsdienst zur Früherkennung von Krankheiten ärztliche Untersuchungen und Impfungen durchführen.[142] Ferner hat der Gesundheitsdienst die Bevölkerung vor gesundheitsge-

---

[136] Z.B. nach § 33 LBG NRW.
[137] § 12 Abs. 2 ÖGDG NRW
[138] *Patient* ist nicht nur, wer an einer Krankheit oder an den Folgen eines Unfalls leidet und deshalb behandelt wird, sondern auch, wer allgemein von Maßnahmen des Gesundheitsdienstes betroffen ist, sei es durch Beratung oder sonstige Hilfestellungen (erweiterter Patientenbegriff; z.B. *Pschyrembel*, Klinisches Wörterbuch, 262. Aufl. 2011).
[139] § 2 Abs. 2 Nr. 3, 4, 6 ÖGDG NRW.
[140] § 39 IfSG i. V. m § 5 Abs. 1 ZVO IfSG NRW.
[141] § 11 ÖGDG NRW.
[142] § 12 ÖGDG NRW.

Datenschutz im öffentlichen Gesundheitsdienst

fährdenden und gesundheitsschädigenden Einflüssen zu schützen und über umweltmedizinische Fragen aufzuklären.[143]

b) Gesundheitsschutz

Ein klassisches Aufgabengebiet des öffentlichen Gesundheitsdienstes ist der Infektionsschutz. Die untere Gesundheitsbehörde hat übertragbare Erkrankungen zu bekämpfen und deren Ausbreitung zu verhindern. Darauf wirkt sie insbesondere durch Aufklärung und Beratung sowie durch die Aufdeckung von Infektionsketten mit dem Ziel ihrer Unterbrechung hin.[144] Besonderes Augenmerk gilt dabei der Sicherheit und Gesundheit gefährdeter Gruppen wie Krankenhauspatienten, Heimbewohner etc.[145] Zum Gesundheitsschutz zählt auch die Hygieneüberwachung. In Krankenhäusern und anderen Einrichtungen werden die Hygienevorschriften durch Begehungen und Proben überwacht.[146] Das Gesundheitsamt stellt sicher, dass notwendige Impfangebote und Impfberatung bestehen, kann beides aber auch selbst durchführen.[147] Hinzu kommen die Geschlechtskrankenfürsorge und Prostituiertenbetreuung, außerdem die Tuberkulosefürsorge, die neben Beratungsangeboten in Einzelfällen auch aufsuchende Behandlung durch einen Arzt des Gesundheitsamtes umfassen kann.[148] Schließlich fällt dem Gesundheitsdienst die Aufsicht und Überwachung von Apotheken, Betäubungs- und Arzneimitteln zu[149] sowie die Erfassung und Überwachung der Berufe des Gesundheitswesens und das Prüfungswesen für nichtärztliche Heilberufe.[150]

193

---

[143] § 10 ÖGDG NRW.
[144] § 9 Abs. 1 ÖGDG NRW.
[145] *Kuschke/Lafontaine/Scharf/Stollmann*, Öffentliches Gesundheitswesen in NRW – ÖGDG –, in: Praxis der Kommunalverwaltung, Landesausgabe Nordrhein-Westfalen, K6 NW, Loseblattsammlung, Stand: Feb. 2006, S. 41.
[146] § 17 ÖGDG NRW. Zu den Einrichtungen zählen u.a. Krankenhäuser und ähnliche Behandlungs-, Vorsorge- und Rehabilitationseinrichtungen, Einrichtungen, in denen überwiegend Säuglinge, Kinder oder Jugendliche betreut werden, Heimen, Ferienlagern, Gemeinschafts- und Massenunterkünfte, Justizvollzugsanstalten, Einrichtungen des Leichen- und Bestattungswesens, Anlagen zur Versorgung mit Trinkwasser und Brauchwasser, Anlagen zur Entsorgung von Abwasser und Abfällen, Badegewässer. Die Einrichtung bzw. Schließung solcher Einrichtung ist meldepflichtig.
[147] § 9 Abs. 2 ÖGDG NRW.
[148] § 19 Abs. 1 IfSG.
[149] § 20 ÖGDG NRW.
[150] § 18 ÖGDG NRW.

c) Gesundheitshilfe

194 Das Angebot der Gesundheitshilfe richtet sich an Personen, die wegen ihres körperlichen, geistigen oder seelischen Zustandes und auf Grund meist sozialer Umstände besonderer gesundheitlicher Hilfen bedürfen. Der Gesundheitsdienst leistet hier Beratung und Unterstützung mit dem Ziel, den Betroffenen ein weitgehend selbständiges Leben zu ermöglichen.[151] Besondere Beratungsangebote richten sich an Personen mit häufigen und schwer wiegenden Krankheiten und Behinderungen und an deren Angehörige. Zudem wirkt der Gesundheitsdienst an der Aufklärung und Beratung der Bevölkerung zu AIDS und anderen sexuell übertragbaren Krankheiten mit und bietet anonyme HIV-Untersuchungen an.[152] Für die Beratung von Menschen mit Körper- und Sinnesbehinderungen, mit geistigen und seelischen Behinderungen, psychisch Kranker, Abhängigkeitskranker und ihrer Angehöriger hält der Gesundheitsdienst einen Sozialpsychiatrischen Dienst vor.[153]

d) Erstellung von Gutachten

195 Der öffentliche Gesundheitsdienst erstellt, soweit Bundes- oder Landesgesetze dies vorsehen,[154] Gutachten und gutachterliche Stellungnahmen, in deren Richtigkeit, Unabhängigkeit und Neutralität ein besonderes Vertrauen besteht. So kann begutachtet werden, ob einem Sozialleistungsempfänger ein Umzug in eine Wohnung mit geringerer Fläche aus medizinischer Sicht zugemutet werden kann oder ob und welche Mobilitätshilfen für Behinderte medizinisch erforderlich sind. Auftraggeber sind Behörden, Gerichte, Ämter, öffentlich rechtliche Institutionen und vergleichbare Einrichtungen.[155] Ausnahmsweise können sich auch Privatpersonen direkt an das Gesundheitsamt wenden; zum Beispiel kann ein Prüfling ein Prüfunfähigkeitszeugnis beantragen, dessen Vorlage von der Prüfungsordnung vorgesehen ist.

e) Sonderstellung Psychiatrie

196 Der sozialpsychiatrische Dienst bietet Menschen mit Sucht- und psychischen Erkrankungen, Angehörigen und Personen des sozialen Umfelds Beratung und Hilfe.[156] Er bietet ärztliche Sprechstunden und Gruppenangebote an und führt

---

[151] § 14 ÖGDG NRW.
[152] § 15 ÖGDG NRW.
[153] § 16 ÖGDG NRW.
[154] Z.B. § 3 Abs. 2 BVO NRW, § 19 Abs. 5 SchulG NRW, §§ 33, 34 Abs. 1, 137 LBG NRW. Zu den Aufgaben des Gesundheitsamtes im Rahmen der Eingliederungshilfe siehe § 59 SGB XII. Eine entsprechende Vorgabe betreffend Gutachten des medizinischen Dienstes der Krankenversicherung enthält § 275 SGB V.
[155] § 19 ÖGDG NRW.
[156] § 16 ÖGDG NRW.

Hausbesuche durch.[157] Über die Beratung hinaus werden auch erste therapeutische Maßnahmen durchgeführt. Der psychiatrische Dienst besitzt im Gesundheitsamt insofern eine Sonderstellung, als seine Tätigkeit Gutachtenerstellung,[158] Gesundheitsschutz, Gesundheitshilfe sowie Gesundheitsförderung und Prävention betrifft.

3. Datenschutzrechtliche Rahmenbedingungen
a) Landesrechtliche Grundlagen der Datenverarbeitung

Die Datenverarbeitungsvorschriften für den Gesundheitsdienst sind unübersichtlich. Sie sind nicht nur von Land zu Land inhaltlich unterschiedlich, sondern finden sich auch an systematisch unterschiedlichen Stellen. Teilweise enthalten Aufgabenzuweisungen für den Gesundheitsdienst Datenschutzvorschriften;[159] teilweise sind diese gesondert,[160] als Annex zum Krankenhausbereich geregelt[161] oder es gibt einen Verweis auf allgemeines Datenschutzrecht.[162] In NRW konkretisiert das GDSG NRW das Recht auf informationelle Selbstbestimmung im Bereich des Gesundheitswesens und behandelt die Verarbeitung von Patientendaten.[163] Es modifiziert einige der allgemeinen Datenschutzregeln für den Gesundheitsbereich.[164] So sind die Vorschriften über die *Einwilligung* abweichend ausgestaltet; ein Widerruf der Einwilligung ist nicht vorgesehen, denn Angaben des Patienten sollen nicht im Nachhinein wieder aus den Unterlagen entfernt werden können. Fehlt die Fähigkeit zur Einwilligung, so soll der gesetzliche Vertreter sie erteilen dürfen.[165] Eine *Datenübermittlung* ist erlaubt, wenn sie aus einer gesetzlichen Verpflichtung resultiert; es genügt grundsätzlich noch nicht, dass sie zur Aufgabener-

197

---

[157] § 8 PsychKG NRW.
[158] § 9 Abs. 5 und 6 PsychKG NRW.
[159] Z.B. §§ 18 Abs. 2, 21 Abs. 3 PsychKG NRW; §§ 14–19 ÖGDG B-W; §§ 31–36a bremÖGDG; § 11 ÖGDG R-P; § 16 GDG S-H. In Bayern findet sich eine Sondervorschrift in Art. 30 bayGDVG.
[160] GSDG NRW; § 19 Abs. 2 GDG Bln.
[161] §§ 27–27b thürKHG, §§ 11, 12 hessKHG; Art. 27 bayKrG; §§ 7–14 hmbKHG; § 33 sächsKHG.
[162] Z.B. § 18 Abs. 4 hessGÖGD. In Niedersachsen wird das NDSG ohne Verweis herangezogen.
[163] *Gesundheitsdatenschutzgesetz NRW* v. 22.02.1994 – SGV. NRW. 21260 –; anwendbar auf die Verarbeitung personenbezogener Daten im Gesundheitswesen, insbesondere in öffentlichen Krankenhäusern und Vorsorge- und Rehabilitationseinrichtungen, bei Personen, die einer Maßnahme nach dem PsychKG unterfallen, bei Personen, die vom Gesundheitsamt untersucht wurden und im Rahmen der Datenerfassung für das Krebsregister bis zum 30.06.2005.
[164] LT-Drs. 11/5705.
[165] § 4 GDSG NRW modifiziert insofern § 4 DSG NRW.

füllung erforderlich ist.[166] Die Datenübermittlung zur Abrechung und Dokumentation ist zulässig für Krankenhäuser und Einrichtungen.[167] Behandelnde Ärzte untereinander sind von der Schweigepflicht durch mutmaßliches oder tatsächliches Einverständnis befreit.[168] Übermittlungsempfänger trifft ein Geheimhaltungsgebot.[169] Bei *Forschungsvorhaben* gibt es eine erleichterte Nutzungserlaubnis für Zugriffsinhaber[170] – eine Referenz an die Universitätskliniken. Die *Datenverarbeitung im Auftrag*[171] und die *Datenlöschung*[172] sind an erschwerte Voraussetzungen geknüpft. Erstere ist nur zulässig, wenn andernfalls Störungen im Betriebsablauf nicht vermieden oder Teilvorgänge der automatisierten[173] Datenverarbeitung hierdurch erheblich kostengünstiger vorgenommen werden könnten. Letztere setzt abgelaufene Aufbewahrungsfristen und eine Prüfung schutzwürdiger Patientenbelange voraus. Subsidiär bleibt das allgemeine Datenschutzrecht anwendbar.[174]

198   Im Zusammenhang mit Hilfen und Schutzmaßnahmen bei psychischen Krankheiten sind Vorgaben zum Umgang mit Patientendaten sondergesetzlich festgelegt.[175] Patientendaten dürfen im Rahmen von Maßnahmen nach dem *PsychKG NRW*, die außerhalb von Krankenhäusern und Einrichtungen durchgeführt werden, erhoben und gespeichert werden, wenn es die Maßnahme erforderlich macht, die Erhebung und Speicherung aufgrund einer Rechtsvorschrift zulässig ist oder eine wirksame Einwilligung des Patienten vorliegt.[176] Die Übermittlung der Patientendaten ist nur in bestimmten Fällen zulässig,[177] insbesondere um die Durchführung von Maßnahmen nach dem PsychKG NRW sicherzustellen oder Gefahren von dem Patienten oder Dritten abzuwenden. Eine Übermittlung zu Abrechnungszwecken ist dafür ebenfalls zu-

---

[166] § 5 GDSG NRW.
[167] §§ 11 Abs. 1, 14 GDSG NRW. Nach dem Wortlaut des § 23 GDSG NRW gilt dies nicht für Maßnahmen des Gesundheitsamtes. Die Übermittlung von Gesundheitsdaten zur Abrechnung von Leistungen des Gesundheitsamtes richtet sich deshalb in NRW nach §§ 5 Abs. 1, 3 GDSG NRW, 14, 16 DSG NRW.
[168] § 5 Abs. 1 Satz 3 GDSG NRW. Soweit dort von *Einverständnis* die Rede ist, ist ein tatbestandlicher Ausschluss des Merkmals *unbefugt* in § 203 StGB gemeint.
[169] § 5 Abs. 2 GDSG NRW.
[170] § 6 GDSG NRW.
[171] § 7 GDSG NRW.
[172] § 8 GDSG NRW.
[173] Im Gesetz steht *automatische*, der korrekte Terminus ist jedoch *automatisierte* Datenverarbeitung.
[174] § 3 GDSG NRW.
[175] § 2 Satz 3 PsychKG NRW enthält eine Dokumentationspflicht für allen Maßnahmen nach diesem Gesetz.
[176] § 13 GSDG NRW. Für Maßnahmen, die in Krankenhäusern und Einrichtungen durchgeführt werden, finden § 10–12 GDSG NRW Anwendung.
[177] § 14 GDSG NRW.

lässig, unabhängig davon, auf welcher Grundlage – PsychKG NRW oder ÖGDG NRW – das Gesundheitsamt tätig wird.

Die Bundesländer haben epidemiologische Krebsregister eingeführt, durch die die Datengrundlage für die Krebsbekämpfung verbessert werden soll. Die Verarbeitung und Nutzung von Daten über das Auftreten bösartiger Neubildungen ist im *KRG NRW* auf Landesebene geregelt. Dort wird zwischen Identitätsdaten, die im Klartext gespeichert und solchen, die nicht gespeichert werden dürfen, epidemiologischen Daten, meldungsbezogenen Daten, Sterbedaten und sterbebezogenen Daten unterschieden.[178] Diagnostizierende und behandelnde Ärzte und Zahnärzte sind verpflichtet, bei jedem Patienten aus dem ersten Kontakt nach gesicherter Krebsdiagnose diese Daten zu erheben und pseudonymisiert auf elektronischem Wege an das Krebsregister zu melden. Über die Meldung ist der Patient zu informieren, es sei denn, es besteht der begründete Verdacht, dass ihm oder nahestehenden Personen durch die Information weitere schwerwiegende gesundheitliche Nachteile entstehen.[179] Die Meldebehörden übermitteln dem Krebsregister Sterbedaten sowie den Zentralen Stellen für Mammographie-Screening bestimmte Daten der weiblichen Bevölkerung.[180] Die Identitätsdaten der Patienten dürfen zu Zwecken des Gesundheitsschutzes und zu Forschungszwecken entschlüsselt und die Patienten kontaktiert werden, wenn sie einer Kontaktaufnahme nicht widersprochen haben.[181]

Die Vorgaben des *KHG NRW* dienen dazu, eine patienten- und bedarfsgerecht gestufte wohnortnahe Versorgung der Bevölkerung durch Krankenhäuser sicherzustellen.[182] Die Zulässigkeit des für die Arbeit im Krankenhaus erforderlichen Datenverkehrs ist speziell geregelt.[183]

Das *HeilBerG NRW* regelt die berufsständische Organisation in allen Heilberufen, insbesondere bei Ärzten und Apothekern. Dazu ist die Bildung von Kammern vorgesehen. Wenn hinreichende Anhaltspunkte für eine Berufspflichtverletzung vorliegen, sind die Kammern berechtigt, zu deren Aufklärung erforderliche personenbezogene Daten bei öffentlichen Stellen zu erheben und zu verarbeiten. Diese kontaktierten Stellen sind verpflichtet, die erforderlichen Angaben zu machen.[184]

---

[178] § 3 KRG NRW.
[179] § 4 KRG NRW.
[180] § 5 KRG NRW.
[181] § 10 KRG NRW
[182] § 1 Abs. 1 KHG NRW.
[183] In NRW §§ 10 ff. GDSG NRW; in anderen Ländern sind diese Fragen vielfach im KHG direkt geregelt (z.B. § 33 sächsKHG).
[184] § 29 Abs. 5 HeilBerG NRW.

b) Bundesrechtliche Grundlagen der Datenverarbeitung

201 Das *IfSG* verfolgt das Ziel, übertragbaren Krankheiten bei Menschen vorzubeugen, Infektionen frühzeitig zu erkennen und ihre Weiterverbreitung zu verhindern.[185] Um dieses Ziel zu erreichen, gibt es für bestimmte Krankheiten eine Meldepflicht.[186] Dabei ist zwischen namentlichen und nicht namentlichen Meldungen zu unterscheiden. Ob bei der Meldung durch die jeweils meldepflichtige Person[187] der Name der betroffenen Person anzugeben ist, richtet sich nach der diagnostizierten Krankheit. Eine namentliche Meldung[188] ist aufgrund des direkten Bezugs zwischen den übermittelten Daten und dem Namen des Patienten datenschutzrechtlich relevant. Das Gesundheitsamt darf gemeldete personenbezogene Daten nur für seine Aufgaben nach dem IfSG verarbeiten und nutzen.[189] Es hat sie zu löschen, wenn ihre Kenntnis zur Erfüllung der in seiner Zuständigkeit liegenden Aufgaben nach dem IfSG nicht mehr erforderlich ist.[190]

202 Wer mit Betäubungsmitteln Handel treibt, bedarf nach dem *BtMG* einer behördlichen Erlaubnis.[191] Die Erlaubnisinhaber, u.a. die rezeptierenden Ärzte, unterliegen strengen Aufzeichnungs- und Meldepflichten.[192] Ebenso bestehen für Behörden, die mit dem Verkehr von Betäubungsmitteln befasst sind, Melde- und Auskunftsregeln.[193] Die für die Überwachung zuständigen Behörden sind die Kreise und kreisfreien Städte.[194] Dabei handelt es sich vornehmlich nicht um personenbezogene Daten; solche können unter Umständen jedoch auch erhoben werden, wenn es darum geht, an wen und zu welchem Zweck Betäubungsmittel abgegeben wurden. Nach der Betäubungsmittel-Verschreibungsverordnung ist zur Abgabe von Betäubungsmitteln an einen Patienten ein besonderes Betäubungsmittelrezept erforderlich, das personenbezogene Daten des Patienten enthält.[195]

203 Apotheker müssen nach der *ApBetrO* alle Aufzeichnungen über die Herstellung, Prüfung, Lagerung, Einfuhr, das Inverkehrbringen und den Rückruf von Arzneimitteln dokumentieren und aufbewahren.[196] Diese Daten sind je-

---

[185] § 1 Abs. 1 IfSG.
[186] §§ 6 ff. IfSG.
[187] § 8 IfSG.
[188] § 9 IfSG.
[189] § 9 Abs. 5 Satz 1 IfSG.
[190] § 9 Abs. 5 Satz 2 IfSG.
[191] § 3 BtMG.
[192] §§ 17, 18 BtMG.
[193] § 27 BtMG.
[194] § 1 Verordnung über Zuständigkeiten im Arzneimittelwesen und nach dem Medizinproduktegesetz NRW.
[195] §§ 8, 9 BtMVV.
[196] § 22 ApBetrO.

doch größtenteils nicht patientenbezogen, sondern konzentrieren sich vielmehr auf die Arzneimittel selbst und auf die Apotheker. Die weitere datenschutzrechtliche Beurteilung in diesem Bereich richtet sich mangels spezieller Vorschriften nach dem DSG NRW.[197]

Nach dem *SchKG* übernimmt das Gesundheitsamt die Funktion einer Beratungsstelle für schwangere Frauen, die einen Schwangerschaftsabbruch erwägen.[198] Auf Wunsch der Schwangeren kann diese anonym bleiben.[199] Dadurch soll das allgemeine Persönlichkeitsrecht der Schwangeren geschützt werden. Die Beratungsstellen sind verpflichtet jährlich einen Bericht über ihre Tätigkeit zu erstellen.[200] Dazu ist über jedes Beratungsgespräch ein Bericht zu verfassen, aus dem die Identität der Schwangeren und weiterer zur Beratung hinzugezogener Personen nicht hervorgehen darf.[201]

Die *RöV* hat zum Ziel, den Menschen vor einer unnötigen Beeinträchtigung durch Röntgenstrahlen zu schützen. Dazu werden Schutzmaßnahmen normiert. Auch im Rahmen der RöV werden Daten erhoben, aufgezeichnet und archiviert.[202] Hinsichtlich dieser Daten gilt eine Vorlagepflicht an die zuständige Behörde;[203] insoweit werden jedoch die medizinischen Befunde von der Vorlagepflicht ausgenommen.

c) Öffentlicher Informationszugang im Gesundheitsamt

Im Rahmen des öffentlichen Gesundheitswesens kommt ein Rekurs auf den allgemeinen Informationszugangsanspruch in Betracht, der die spezifisch den Gesundheitsdatenschutz regelnden Gesetze insoweit erweitern kann. Das Verhältnis zwischen dem allgemeinen Auskunftsanspruch nach dem IFG NRW und den spezialgesetzlichen Auskunftsansprüchen[204] ist insoweit kein ausschließliches. Auch wenn vorrangig ein spezialgesetzlicher Auskunftsanspruch thematisch einschlägig ist, dessen Voraussetzungen aber nicht gegeben sind, so sperrt dies noch nicht den Rückgriff auf den Anspruch aus dem IFG NRW.[205] Eine solche Sperrwirkung ist lediglich dort anzunehmen, wo beide Normen

204

---

[197] Die ApBetrO enthält in beschränktem Umfang Datenschutzvorschriften. ZB § 22 Abs. 1, 1b, 4.
[198] §§ 5f. SchKG i.V.m. § 11 ÖGDG NRW. Diese Funktion nimmt das Gesundheitsamt im Rahmen des § 219 StGB wahr.
[199] § 6 Abs. 2 SchKG.
[200] § 10 Abs. 1 SchKG.
[201] § 10 Abs. 2 SchKG.
[202] § 28 RöV. Die Art der Datenerhebung und die Dauer der Archivierung (30 Jahre nach der letzten Behandlung) sind festgelegt.
[203] § 28 Abs. 1 Satz 2 RöV.
[204] Z.B. § 9 GDSG NRW.
[205] 16. Datenschutzbericht des *LDI NRW*, S. 186 ff.

denselben Regelungsgegenstand haben und das Informationszugangsrecht bereichsspezifisch abschließend geregelt ist. Derselbe Regelungsgegenstand liegt dann vor, wenn beide Normen denselben Adressatenkreis betreffen und zudem denselben Schutzzweck verfolgen.[206] Im Hinblick auf Gesundheitsdaten legitimiert der Auskunftsanspruch nach dem GDSG NRW[207] nur den Patienten als Betroffenen und stellt ihm eine Informationsbasis zur Verfügung. Hingegen wendet sich der Anspruch aus dem IFG NRW an alle Auskunftssuchenden und will die Transparenz der Verwaltung gewährleisten. Die gesundheitsdatenschutzrechtlich speziell geregelten Betroffenenrechte können theoretisch über einen Informationszugangsanspruch ebenfalls erweitert werden, der jedoch aus bestimmten Gründen – wie z.B. Schutz des behördlichen Entscheidungsprozesses, Schutz von Betriebs- und Geschäftsgeheimnissen und Schutz personenbezogener Daten – eingeschränkt sein kann.[208]

d) Bedeutung der Schweigepflicht

205 Ärzte sind schweigepflichtig.[209] Alles, was dem Verpflichteten gerade in seiner beruflichen Eigenschaft – nicht hingegen nur bei Gelegenheit – anvertraut ist oder auf andere Weise bekannt wird, ist grundsätzlich geheim zu halten. Dazu gehören der Bestand eines Behandlungsverhältnisses, die Art der Erkrankung, der Krankheitsverlauf, die Untersuchungsergebnisse sowie die Diagnose, alle angewendeten ärztlichen Maßnahmen sowie sonstige patientenbezogene Umstände, die dem Arzt im Laufe der Behandlung zur Kenntnis gekommen sind. Dies gilt, soweit die Einzelheiten Rückschluss auf eine bestimmte und damit identifizierbare Person zulassen, und auch über den Tod des Patienten hinaus. Das ärztliche Schweigegebot gilt gleichrangig neben den Datenschutzgesetzen, die die Bekanntgabe von personenbezogenen Daten regeln.[210] Von der Schweigepflicht ist der Arzt als Geheimnisträger entbunden, wenn ihm die Offenbarung gesetzlich gestattet ist.[211] In diesem Fall ist eine Entbindung von der Schweigepflicht entbehrlich; es ist sinnvoll, den Patienten darüber zu informie-

---

[206] 17. Datenschutzbericht des *LDI NRW*, S. 158.
[207] § 9 GDSG NRW.
[208] §§ 6 bis 9 IFG NRW.
[209] § 203 StGB i.V.m. den ärztlichen Berufsordnungen; dazu grundlegend *Schlund*, in: Laufs/Kern (hg.), Handbuch des Arztrechts, 4. Aufl. 2010, Kap. 12 m.w.N.
[210] *Schlund*, a.a.O., Kap. 72 Rn. 15 ff.; *Kloppert*, in: Zilkens (hg.), Datenschutz in der Kommune, 2003, S. 180; zum Verhältnis von Schweigepflicht und Datenschutzrecht ausführlich Kap. 5.
[211] Gesetzliche Gestattungen finden sich z.B. im IfSG, § 301 SGB V, § 203 SGB VII, § 100 SGB X sowie den KRG der Länder. Diese Erwägung findet auch in den entsprechenden Berufsordnungen ihren Niederschlag, jeweils § 9 Abs. 2 der oben genannten Berufsordnungen.

ren.²¹² In allen anderen Fällen kann der betroffene Patient ausdrücklich oder konkludent einwilligen.

Ferner kann der Arzt unter dem Gesichtspunkt des rechtfertigenden Not- 206
standes²¹³ zur Weitergabe von Patientendaten befugt sein. Dies setzt eine konkrete, gegenwärtige Gefahr für ein wesentlich überwiegendes Rechtsgut voraus. Eine Verletzung der Schweigepflicht kann für Ärzte neben strafrechtlichen auch berufsrechtliche Konsequenzen haben; denn mit einem Schweigepflichtverstoß geht auch ein Verstoß gegen Berufsrecht einher. Zur Aufklärung von Berufspflichtverletzungen sind die jeweiligen Ärztekammern berufen.²¹⁴ Wird der Arzt im Rahmen eines Arbeitsverhältnisses tätig, so kommen auch arbeitsrechtliche Konsequenzen – wie z. B. eine Kündigung – in Betracht. Daneben können Schadensersatzansprüche des betroffenen Patienten bestehen.

4. Wiederkehrende Standard-Situationen
a) Die Arbeit von Clearingstellen

Clearingstellen werden eingerichtet, um die Arbeit zwischen verschiedenen 207
Behörden zu organisieren und zu koordinieren. Es kann z. B. im Gesundheitsamt eine Clearingstelle für die Beratung und Betreuung von Kindern und deren Eltern eingerichtet werden, bei denen aufgrund der sozialen und familiären Verhältnisse eine konkrete Gefahr für Leib und Leben der Kinder besteht. Insoweit organisiert die Clearingstelle die Zusammenarbeit zwischen den Geburtskliniken, dem Jugend- und dem Gesundheitsamt; sie ist eigenständige verantwortliche Stelle im Sinne des Datenschutzrechts.

Wenn Ärzte oder medizinisches Personal (Hebammen, Pflegepersonal) bei der Entbindung im Krankenhaus feststellen, dass für das neugeborene Kind ein Risikopotential im oben genannten Sinne besteht, so sind sie dazu verpflichtet, das Jugendamt zu informieren;²¹⁵ dort werden dann die erforderlichen Maßnahmen getroffen. Im Falle der Gefährdung des Kindeswohls kommt es auf eine Zustimmung der Personensorgeberechtigten nicht an. Daher werden die Daten nicht unbefugt²¹⁶ übermittelt. Kommt der Arzt zu der Einschätzung, dass zwar ein Risiko für die Entwicklung des Kindes besteht, der gesetzliche Schutzauftrag²¹⁷ aber nicht tangiert ist, kann er die Clearingstelle informieren, den Sorgeberechtigten die Arbeit der Clearingstelle erläutern und sie um ihre

---
212 Z. B. in einer Information für Betroffene über die Grundlagen der Weitergabe gesundheitsamtlicher Begutachtungen, deren Kenntnisnahme gegenzuzeichnen ist.
213 § 34 StGB.
214 § 29 Abs. 5 HeilBerG NRW.
215 Wenn die Gefährdung des Kindeswohls dem Schutzauftrag von § 8a SGB VIII entspricht.
216 Im Sinne des § 203 StGB.
217 § 8a SGB VIII.

Zustimmung bitten, die personenbezogenen Daten ihres Kindes an die Clearingstelle zu übermitteln. Die Personensorgeberechtigten haben die Möglichkeit, eine *Einverständniserklärung* zu unterzeichnen.

Andernfalls darf der Arzt die Daten grundsätzlich weder an die Clearingstelle noch an andere Dritte übermitteln, da er an seine Schweigepflicht gebunden bleibt. Bei Einschaltung der Clearingstelle sichtet die Daten dort ein Kinderarzt, der die Clearingstelle leitet. Um weitere Informationen über die Situation des Kindes zu erlangen, kann die Clearingstelle nun Bedienstete anderer kommunaler Stellen bzw. Dienste (z.B. den Bezirkssozialdienst) damit beauftragen, die Familie aufzusuchen, und ihnen zur Aufgabenerfüllung Daten zur Verfügung stellen. Die beauftragte Person wird für die Clearingstelle, nicht für die Herkunftsdienststelle tätig. Die bei dem Hausbesuch gewonnenen Informationen werden grundsätzlich auch nur an die Clearingstelle, nicht hingegen an die Herkunftsdienststelle, weitergeleitet. Erkennt allerdings der Bedienstete vor Ort eine akute Kindeswohlgefährdung,[218] so kann er alle ihm erforderlich erscheinenden Maßnahmen ergreifen und insoweit auch Daten übermitteln, ohne dass es in diesem Fall der Zustimmung der Personensorgeberechtigten bedarf.

Das Verfahren endet, wenn weder im Hinblick auf den Schutzauftrag bei Kindeswohlgefährdung noch im Hinblick auf sonstige wünschenswerte Maßnahmen im Interesse des Kindeswohls ein Handlungsbedarf besteht. Bietet die Situation allerdings Anlass für sinnvolle Maßnahmen der Clearingstelle, so kann diese den Personensorgeberechtigten Hilfs- und Beratungsmaßnahmen anderer verantwortlicher Stellen empfehlen, die mit deren Einverständnis eingeschaltet werden können. Nicht mehr erforderliche Daten sind zu löschen.

b) Die Einsätze im Rettungsdienst – Protokollierung, Übermittlung von Informationen an Dritte –

208 Im Gesundheitsamt werden nach Rettungsdiensteinsätzen kurze medizinische Behandlungsprotokolle erstellt, in denen patientenbezogen bestimmte Angaben festgehalten werden. Es haben nur die Notärzte (einschließlich ihrer Hilfskräfte) auf diese Protokolle Zugriff. Der Einsatz selbst wird durch die Feuerwehr koordiniert und in Rechnung gestellt. Durch die Behandlungsprotokolle wird zum einen die notärztliche Tätigkeit des jeweiligen Einsatzes abgerechnet. Zum anderen ist es so möglich, auch nach längerer Zeit noch Anfragen von Kranken- und Rentenversicherungsträgern o.ä. durch Einsichtnahme in die Protokolle zu beantworten. Zudem können anonyme Statistiken erstellt und ein Forschungsbedarf ermittelt werden. Nicht zuletzt sind die Protokolle ein Tätigkeitsnachweis für angehende Notärzte, um ihre Einsatzerfahrung zu be-

---

[218] Im Sinne des § 8a SGB VIII.

legen. Die ärztliche Dokumentation, zu der auch Notärzte verpflichtet sind, ist zehn Jahre aufzubewahren.[219]

c) *Amtsärztliche Untersuchungen und Ergebnismitteilungen*
Das Gesundheitsamt prüft z.B. die Arbeitsfähigkeit, die Dienstfähigkeit, Dienstunfallfolgen, Fragen von Beihilfestellen oder der Sozialverwaltung, Prüfungsfähigkeit (wenn in einer Prüfungsordnung das amtsärztliche Zeugnis im Krankheitsfall rechtsverbindlich vorgeschrieben ist). Daneben werden in großer Zahl Einstellungsuntersuchungen für Behörden durchgeführt. Das Gesundheitsamt wird in Einzelfällen auch im Auftrag von Gerichten oder Staatsanwaltschaften tätig zu Fragen wie Verhandlungsfähigkeit oder Haftfähigkeit. Abhängig von den gesetzlichen Vorschriften beziehungsweise der Fragestellung erhält der Auftraggeber der Begutachtung ein sogenanntes Gesundheitszeugnis, eine Stellungnahme oder ein ausführliches Gutachten. Der Regelfall ist jedoch die gutachtliche Stellungnahme, bei der nur Ergebnis der Untersuchung und die dabei festgestellten Risikofaktoren an die veranlassende Stelle übermittelt werden dürfen.[220] Diese Übermittlung ist schon dann zulässig, wenn der Auftraggeber zulässigerweise das Gutachten anfordern durfte.[221] Sonstige Befunde dürfen nur im Einzelfall weitergegeben werden wenn sie zur Aufgabenerfüllung des Gutachtenempfängers erforderlich sind. Bei der Durchführung von amtsärztlichen Untersuchungen dürfen Patientendaten nur im Hinblick auf den angestrebten Untersuchungszweck erhoben und gespeichert werden. Sollen Daten, die zum Zwecke der Eingehung eines Dienst- und Arbeitsverhältnisses erhoben und gespeichert wurden, weiterverarbeitet werden, so ist dies nur mit schriftlicher Einwilligung des Betroffenen zulässig.[222]

209

aa) Haft- und Reisefähigkeit
Das Gesundheitsamt darf die *Haftfähigkeit* betreffende Patientendaten an die Staatsanwaltschaft übermitteln, die diese für ihre Entscheidung benötigt, ob sie eine Strafe vollstrecken oder aussetzen soll.[223] Dazu muss sie jedoch nur wissen, ob der Verurteilte – ggfs. unter den besonderen gesundheitlichen Versor-

210

---

[219] § 10 Abs. 3 (Muster-) Berufsordnung für die deutschen Ärzte; siehe *Laufs*, in: Laufs/Kern, a.a.O., Anh. zu Kap. 1.
[220] § 24 Abs. 3 GDSG NRW.
[221] §§ 19 ÖGDG i.V.m. 24 GDSG NRW.
[222] § 24 GDSG NRW i.V.m. § 1 VO Begutachtung NRW. Dies entspricht inhaltlich der auf Bundesebene geplanten Regelung in § 32a Abs. 1 E-BDSG (Regierungsentwurf v. 25.08.2010, BR-Drs. 535/10). Dazu *Tinnefeld/Petri/Brink*, MMR 2010, 727 ff., 730; kritisch *ULD S-H* (hg.), Stellungnahme zu BR-Drs. 535/10 (www.datenschutzzentrum.de/arbeitnehmer/20101012-stellungnahme.html).
[223] § 455 StPO.

gungsmöglichkeiten des Vollzuges – haftfähig oder haftunfähig ist; die einzelnen Untersuchungsergebnisse bzw. Befunde, auf deren Grundlage der Amtsarzt seine Aussage getroffen hat, sind – soweit sie für die Entscheidung des Staatsanwaltschaft unerheblich sind – nicht zu übermitteln. Entsprechendes gilt für die *Reise- bzw. Transportfähigkeit* eines ausreisepflichtigen Ausländers. Die zu übermittelnden Patientendaten müssen zur ordnungsgemäßen Erfüllung der Aufgaben der Ausländerbehörde erforderlich sein.[224] Das Gesundheitsamt darf Patientendaten übermitteln, wenn dies zur Erfüllung einer gesetzlichen Pflicht erforderlich ist, eine Rechtsvorschrift dies erlaubt oder der Betroffenen im Einzelfall eingewilligt hat.[225] Wie bei anderen Gutachten, für die das Gesundheitsamt gesetzlich zuständig ist, liefert die Aufgabenzuweisung sowohl die Übermittlungsermächtigung – soweit zur Aufgabenerfüllung erforderlich – als auch die Erlaubnis zur Schweigepflichtdurchbrechung. Eine Einwilligung durch den Betroffenen ist daher grundsätzlich nicht erforderlich.

bb) Diensttauglichkeit

211 Ob ein Beamter eingestellt wird, hängt unter anderem von einer gesundheitlichen Überprüfung durch den Amtsarzt ab. Ihr hat sich ein Beamter auch zu unterziehen, wenn Zweifel an seiner Dienstfähigkeit bestehen, und wenn er auf seinen Antrag hin in den Ruhestand versetzt werden soll, weil er aus gesundheitlichen Gründen auf Dauer nicht in der Lage ist, seine Dienstpflichten zu erfüllen.[226] Der Dienstvorgesetzte entscheidet erst, nachdem der Beamte über seinen Gesundheitszustand amtsärztlich begutachtet wurde; andernfalls würde ein Verfahrensfehler[227] begangen. Derartige Tauglichkeitsuntersuchungen gehören zu den wesentlichen Aufgaben der Gesundheitsämter. Die zur Übermittlung an den Auftraggeber bestimmten Informationen werden in einem *amtsärztlichen Gesundheitszeugnis* zusammengefasst. Die Übermittlung der Patientendaten setzt weder eine Einwilligung noch die Entbindung von der ärztlichen Schweigepflicht voraus, da die Übermittlung des Untersuchungsergebnisses an die die Untersuchung veranlassende Stelle gesetzlich gestattet ist.[228] Soweit Einzelergebnisse der Untersuchung übermittelt werden sollen, ist dies zulässig, wenn deren Kenntnis zur Entscheidung über die konkrete Maßnahme, zu deren Zweck die Untersuchung durchgeführt worden ist, erforderlich ist.[229]

---

224 §§ 87 Abs. 1, 86 AufenthG.
225 § 5 Abs. 1 Satz 1 GDSG NRW.
226 §§ 33 LBG NRW.
227 §§ 34 LBG NRW; Der Fehler ist allerdings heilbar; *BVerwG*, NVwZ 1991, 477 ff., 478.
228 § 19 ÖGDG NRW i. Vm. § 33 LBG NRW i.V.m. § 24 Abs. 3 Satz 1 GDSG NRW.
229 § 24 Abs. 3 Satz 2 GDSG NRW.

cc) Prüffähigkeitsatteste

Das amtsärztliche Prüffähigkeitsattest soll Aufschluss darüber geben, ob der Prüfling als prüffähig oder prüfunfähig beurteilt wird. Soweit ihre Mitteilung erforderlich ist, ist die jeweilige Diagnose zu begründen. Mitzuteilen ist, dass und warum ein Kandidat an einer Prüfung nicht oder nur eingeschränkt teilnehmen kann. Weitergehende Hintergrundinformationen zur Persönlichkeit oder Biographie des Prüflings gehören *nicht* zu den Daten, die das Prüfungsamt braucht, um einzuschätzen, ob das Votum des Amtsarztes zutrifft. Nur in Einzelfällen bei begründeten Zweifeln ist es denkbar, weitergehende Krankheitsdaten mit Zustimmung des Prüflings weiterzugeben.[230]

212

d) Die Organisation von Abrechnungen

Das Gesundheitsamt erbringt auch Leistungen, für die ihm Forderungen gegen den Krankenversicherungsträger des Patienten zustehen – z.B. die Belieferung von Rezepten oder Verordnungen zur logopädischen Behandlung und Diagnostik –. Die Einziehung und Abrechnung dieser Forderungen wird häufig Dienstleistern übertragen, denen dazu alle relevanten Informationen übermittelt werden müssen. Krankenhäuser, Versorgungs- und Rehabilitationseinrichtung dürfen Daten zu Abrechnungszwecken übermitteln.[231] Eine vergleichbare Ausnahme gibt es für die Abrechnung von Maßnahmen nach dem PsychKG, die außerhalb dieser Einrichtungen durchgeführt werden.[232] Auf Maßnahmen des Gesundheitsamtes lässt sich diese Ermächtigung zur Datenübermittlung zu Abrechnungszwecken nicht übertragen,[233] so dass allgemeines Datenschutzrecht Anwendung findet.[234] Einer Entbindung des Patienten von der Schweigepflicht bedarf es aber nicht, da die Weitergabe insoweit nicht unbefugt ist; hierüber sollte der Patient informiert werden.[235]

213

e) Schulärztliche Untersuchungen

Im Rahmen der Untersuchung von Vorschulkindern, Schulneulingen und Schülern dürfen Daten erhoben und gespeichert werden, soweit dies zur Durchführung der Untersuchung erforderlich ist oder die Personensorgeberechtigten eingewilligt haben.[236] Eine Nutzung oder Weitergabe der während der Vorschulzeit erhobenen und gespeicherten Daten für die Einschulungsun-

214

---

[230] *LDI NRW*, 10. Tätigkeitsbericht, Punkt 5.14.1, S. 110.
[231] § 11 Abs. 1 lit. d) GDSG NRW.
[232] § 14 lit. c) GDSG NRW.
[233] Anders z.B. nach § 31 Abs. 3 BremÖGDG, wo die Übermittlung zu Abrechnungszwecken des Gesundheitsamtes ausdrücklich vorgesehen ist.
[234] §§ 5 Abs. 1 Satz 1 2. Fall, 3 GDSG NRW i.V.m. 14, 16 DSG NRW.
[235] Zum Verhältnis von Schweigepflicht und Datenschutzrecht ausführlich Kap. 5.
[236] § 25 Abs. 1 GDSG NRW.

tersuchung ist zulässig, wenn diese Daten nach dem GDSG NRW hätten erhoben werden dürfen. Das Gesundheitsamt hat die für seine Aufgaben erforderlichen Daten selbst beim Betroffenen und nicht bei anderen Stellen zu erheben, die aufgrund eigener Zwecke, Aufgaben und Zuständigkeiten bereits im Besitz dieser Informationen sind. Macht die Pflicht zur rechtmäßigen Aufgabenerfüllung es erforderlich, Daten an die Schulleitung weiterzugeben, so ist den Erziehungsberechtigten die Mitteilung in Kopie zu übersenden.[237]

215 Benötigt ein Kind sonderpädagogische Förderung, so muss zunächst sein Förderbedarf ermittelt werden; dies können die Eltern oder die allgemeine Schule beantragen.[238] Eine sonderpädagogische Lehrkraft und ein Lehrer der allgemeinen Schule erarbeiten dann gemeinsam ein Gutachten,[239] dass den Förderbedarf und die für das Kind geeignete Schule feststellt. Die Gutachter stützen sich neben eigenen Beobachtungen auf Testergebnisse und die Ergebnisse der von der Schulaufsichtsbehörde für diesen Zweck veranlassten schulärztlichen Untersuchung.[240] Außerdem laden sie die Eltern zu einem Gespräch ein. Die Schulaufsichtsbehörde informiert die Eltern über die beabsichtigte Entscheidung und versucht in einem weiteren Gespräch, Einvernehmen herzustellen.[241] Sind die Eltern mit der Entscheidung einverstanden, kann das Gespräch über die Schulleitung der aufnehmenden Schule geführt werden. Auf Wunsch gibt die Schulaufsichtsbehörde den Eltern Einsicht in das Gutachten sowie die Unterlagen, auf denen es beruht.[242] Die Entscheidung über sonderpädagogischen Förderbedarf, Förderschwerpunkt und Förderort wird von der Schulaufsichtsbehörde getroffen.[243] Nach der Entscheidung über den Förderort melden die Eltern ihr Kind bei einer der benannten Schulen an, soweit es diese Schule nicht bereits besucht. Andernfalls veranlasst die Schulaufsichtsbehörde die Aufnahme und teilt dies den Eltern schriftlich mit.

f) Amtliche Todesbescheinigungen

216 Ärzte sind verpflichtet, Leichenschauen durchzuführen und Todesbescheinigungen auszustellen.[244] Diese enthalten einen vertraulichen und einen nicht-

---

[237] § 25 Abs. 4 GDSG NRW.
[238] § 11 Abs. 1 AO-SF NRW. Von einem Antrag der Schule müssen die Eltern zuvor informiert werden.
[239] § 12 Abs. 1 AO-SF NRW.
[240] § 12 Abs. 1 i.V.m. Abs. 3 AO-SF NRW.
[241] § 12 Abs. 2 AO-SF NRW.
[242] § 12 Abs. 6 AO-SF NRW.
[243] § 13 AO-SF NRW.
[244] § 9 Abs. 3 BestG NRW. Diese Pflicht kann auch Ärzte des Gesundheitsamtes treffen. Notärzte im öffentlichen Rettungsdienst sind von ihr ausgenommen.

vertraulichen Teil mit persönlichen Daten des Verstorbenen.[245] Die Todesbescheinigungen werden über das Standesamt dem Gesundheitsamt zugeleitet, wo die Daten überprüft und gegebenenfalls weitere Maßnahmen eingeleitet werden. Die Daten des vertraulichen Teils unterliegen der Schweigepflicht.[246] Diese reicht über den Tod hinaus.[247] Ein Arzt, der eine Leichenschau durchführt, darf daher Hinterbliebenen darüber grundsätzlich keine Auskunft erteilen.[248] Die Daten aus Todesbescheinigungen sind von Interesse für wissenschaftliche Beobachtungsstudien. Sie dürfen zu Forschungszwecken übermittelt und verarbeitet werden, sollen aber grundsätzlich anonymisiert oder – soweit dies aus wissenschaftlichen Gründen nicht möglich ist – pseudonymisiert werden.[249] Ist auch dies nicht möglich, muss der Verstorbene eingewilligt haben. Übermittelt werden darf sonst nur, wenn schutzwürdige Belange der betroffenen Person wegen der Art der Daten oder ihrer Verwendung nicht beeinträchtigt werden oder der Zweck der Forschung auf andere Weise nicht oder nur mit unverhältnismäßig großem Aufwand erreicht werden kann. Sobald der Forschungszweck es gestattet, sind die personenbezogenen Daten so zu verändern, dass ein Bezug zu einer bestimmten natürlichen Person nicht mehr erkennbar ist.[250] Der Forschungszweck muss bereits so definiert sein, dass er den Maßstab für die benötigten personenbezogenen Daten darstellt; eine allgemeine wissenschaftliche Zweckbestimmung reicht nicht aus. Weitere Voraussetzung ist, dass das wissenschaftliche Interesse, d.h. das Allgemeininteresse gerade an der Durchführung des Forschungsvorhabens das Geheimhaltungsinteresse des Betroffenen erheblich überwiegt.[251] Hier ist entscheidend, ob abzusehen ist, dass das Forschungsergebnis Anstoß zu Entwicklungen gibt, die der Allgemeinheit förderlich sind. Je bedeutsamer das Rechtsgut ist, auf dessen Förderung das Forschungsvorhaben abzielt, umso gewichtiger ist das wissenschaftliche Interesse. Forschungseinrichtungen, auf die das DSG NRW keine Anwendung findet, müssen sich schriftlich dazu verpflichten, die Daten nur für dieses bestimmte Forschungsvorhaben zu verwenden, die genannten

---

[245] § 9 Abs. 4 BestG NRW: „Die Todesbescheinigung enthält im nichtvertraulichen Teil die Angaben zur Identifikation der Leiche oder Totgeburt einschließlich der bisherigen Anschrift, Zeitpunkt, Art, Ort des Todes, bei möglicher Gesundheitsgefährdung einen Warnhinweis und im vertraulichen Teil insbesondere Angaben zur Todesfeststellung, zur Todesursache sowie zu den weiteren Umständen des Todes."
[246] Zum Thema „Todesbescheinigung" RdErl. d. Ministeriums für Gesundheit, Soziales, Frauen und Familie des Landes NRW v. 25.7.2003 – III 7-0261.1 –, SMBl. NRW. 2127, Punkt 5.1.
[247] *Ulsenheimer*, in: Laufs/Kern, a.a.O., § 66 Rn. 10.
[248] Hinweise der Landesärztekammer Baden-Württemberg „Leichenschau und Schweigepflicht", ÄBW 2004, S. 327.
[249] § 28 Abs. 1 DSG NRW.
[250] § 28 Abs. 3 Satz 1 DSG NRW.
[251] § 28 Abs. 2 DSG NRW.

Bereichsspezifischer Datenschutz

Vorgaben einzuhalten und der für die übermittelnde Stelle zuständigen Datenschutzkontrollbehörde auf Verlangen Einsicht zu gewähren.[252] Auch in der sonstigen Verwaltungspraxis findet eine Datenübermittlung aus dem vertraulichen Teil der Todesbescheinigungen statt; insbesondere werden regelmäßig Kopien der Todesbescheinigungen von Menschen unter 18 Jahren zusätzlich dem Kinderarzt des Kinder- und Jugendgesundheitsdienstes vorgelegt, um diese aus kinderärztlicher Sicht zu beurteilen und statistisch auszuwerten.

5. Datenverarbeitung im Auftrag

217 Grundsätzlich sind Patientendaten von der Einrichtung oder öffentlichen Stelle zu verarbeiten, die sie erhoben hat.[253] Ausnahmsweise ist auch im öffentlichen Gesundheitswesen eine Verlagerung der Datenverarbeitung auf Externe zulässig, wenn sich dies als wirtschaftlicher darstellt oder wenn Störungen im Betriebsablauf nicht vermieden werden können.[254] Die Datenverarbeitung ist organisatorisch so zu gestalten, dass die datenschutzrechtlichen Bestimmungen, insbesondere die ärztliche Schweigepflicht, gewahrt werden.[255] Weder erstreckt sich die Schweigepflicht kraft Gesetzes auf Auftragnehmer, da diese keine Gehilfen sind,[256] noch lässt sie sich vertraglich beim Auftragnehmer begründen[257] oder auf Nichtärzte übertragen. So müssten die betroffenen Patienten der Auftragsdatenverarbeitung zustimmen und von der Schweigepflicht entbinden, was praxisfremd ist. Der Auftragnehmer darf daher *nur ohne Kenntnisnahme schweigepflichtsrelevanter Daten* arbeiten.[258]

6. Resümee

218 Der Datenschutz im öffentlichen Gesundheitsdienst bietet ein breites Spektrum an Fragen und Problemstellungen. Insbesondere aufgrund der hohen Sensibilität der dort verarbeiteten Daten ist besondere Vorsicht im Umgang mit ihnen geboten. Der kommunale Gesundheitsdienst befindet sich insoweit in ei-

---

[252] § 28 Abs. 5 DSG NRW.
[253] § 7 Abs. 1 GDSG NRW.
[254] § 7 Abs. 2 GDSG NRW.
[255] § 7 Abs. 3 Satz 1 GDSG NRW.
[256] Ein dem Arzt gar nicht bekannter Wartungstechniker kann nicht sein Gehilfe i.S. des § 203 Abs. 3 Satz 2 StGB sein; ebenso *Ehmann*, CR 1991, 293 ff., 294 bei Fn. 15; *Otto*, Wistra 1999, 201 ff., 203 bei Fn. 11.
[257] Die vertraglich festzulegende Verpflichtung auf das Datengeheimnis ist davon zu unterscheiden.
[258] *Lenckner/Eisele*, in: Schönke/Schröder, StGB-Kommentar, 28. Aufl. 2010, § 203, Rn. 64a, stellt deshalb allein die Frage, ob der Dritte aufgrund einer besonderen Offenbarungsbefugnis überhaupt hinzugezogen werden durfte; dies ist angesichts des § 7 Abs. 3 Satz 1 GDSG NRW zu verneinen. *Otto*, a.a.O., lässt offen, ob eine Rechtfertigung aus § 34 StGB greift, was aber eher abwegig ist.

ner Gemengelage zwischen der Wahrnehmung seiner Aufgaben zum Gemeinwohl und dem unerlässlichen Schutz der informationellen Selbstbestimmung aller von seinen Maßnahmen Betroffenen. Es ist Aufgabe des Gesundheitsdienstes, die Funktionsfähigkeit aller gesundheitsbezogenen Einrichtungen zu gewährleisten und im öffentlichen Interesse Daten zu erheben und weiterzuleiten. Diesbezüglich ist ein hohes Maß an Transparenz erforderlich, allein schon deshalb, um die notwendigen Kontrollmaßnahmen und die Wahrnehmung von Betroffenenrechten datenschutzgerecht zu gewährleisten.

III. Datenschutzrechtliche Aspekte der Arbeit des betriebsärztlichen Dienstes in der Kommune

1. Einleitung

Wie jeden privatrechtlichen trifft auch den kommunalen Arbeitgeber/Dienstherrn die Pflicht, arbeitsmedizinischen und sicherheitstechnischen Arbeitsschutz für seine Mitarbeiter zu gewährleisten. Zur Erfüllung dieser öffentlich-rechtlichen Pflicht sowie der arbeitsrechtlichen Fürsorgepflicht sieht das Arbeitssicherheitsgesetz[259] vor, dass der kommunale Arbeitgeber/Dienstherr einen betriebsärztlichen Dienst[260] bestellt. Der betriebsärztliche Dienst soll „als Erfüllungsgehilfe"[261] den (kommunalen) Arbeitgeber[262] beim Arbeitsschutz und bei der Unfallverhütung in allen Fragen des Gesundheitsschutzes und der Prävention unterstützen. Der betriebsärztliche Dienst hat unter anderem die Aufgabe, die *Bediensteten*[263] zu untersuchen, arbeitsmedizinisch zu beurteilen und zu beraten, sowie diese Untersuchungsergebnisse zu erfassen und auszuwerten.[264]

Im Rahmen dieser Tätigkeiten des betriebsärztlichen Dienstes werden personenbezogene Daten verarbeitet. Insbesondere zwischen Arbeitgeber und Betriebsarzt bestehen Informationspflichten und Mitteilungsbedürfnisse, die die Übermittlung der personenbezogenen Daten erfordern. Welchen datenschutz-

---

[259] §§ 1 Satz 1, 16 des Gesetzes über Betriebsärzte, Sicherheitsingenieure und andere Fachkräfte für Arbeitssicherheit (ASiG) vom 12.12.1973, BGBl. I, S. 1885. Näheres bei *Laufs/Kern*, Handbuch des Arztrechts, 4. Aufl. 2010, § 12, Rn. 28ff.
[260] Bundeseinheitliche Bezeichnung für die betriebsärztliche Tätigkeit in der öffentlichen Verwaltung; *Ulsenheimer*, ASU 37 (2002), S. 292, 295.
[261] *Ulsenheimer*, ASU 37 (2002), S. 292, 295.
[262] Gemeint ist hier und im Folgenden stets auch die für Beamten korrekte Funktion „Dienstherr".
[263] Oberbegriff für alle Beschäftigten einer Kommune; siehe § 74 GO NRW.
[264] § 3 Abs. 1 ASiG. Der Betriebsarzt in der Variante als (auch therapeutisch tätiger) *Werkarzt* ist der Privatwirtschaft vorbehalten. Manche Kommunen verfügen jedoch über einen Betriebsarzt, dem als sog. *Personalarzt* Aufgaben bei der Einstellung von Bediensteten übertragen sind.

rechtlichen Anforderungen diese Datenverarbeitung unterliegt, richtet sich nach der jeweiligen Organisationsform des betriebsärztlichen Dienstes und nach dem Hintergrund der konkreten Datenerhebung.

2. Organisationsformen im kommunalen Bereich

220 Das Arbeitssicherheitsgesetz hat den Arbeitgebern/Dienstherrn – und damit auch den kommunalen Behörden – für die nach diesem Gesetz zu bewältigenden Aufgaben organisatorische Alternativen hinsichtlich der Bestellung des betriebsärztlichen Dienstes eingeräumt.[265] Neben der Bestellung eines betriebseigenen Arztes kann dies mit einem überbetrieblichen Dienst oder über eine freiberufliche Lösung organisiert werden, bei der einem außerhalb des Betriebes stehenden, niedergelassenen oder angestellten Arzt die Betriebsarztfunktion übertragen wird.[266] Mischformen dieser Organisationsmodelle sind möglich und bieten sich je nach Größe der Kommune an.[267] Im Fall der verwaltungsinternen Eingliederung des Betriebsarztes ist darauf zu achten, dass die betriebsärztlichen Akten getrennt von der allgemeinen Personaldatenverarbeitung zu führen sind. Gesundheitsdaten sind grundsätzlich nicht Bestandteil der Personalakte, und der Zugriff auf diese Daten muss auf den Betriebsarzt und seine Hilfskräfte beschränkt sein.[268] Gleiches gilt beispielsweise für das betriebliche Eingliederungsmanagement.[269] Der Betriebsarzt unterliegt, wie jeder andere Arzt, grundsätzlich einer Dokumentationspflicht; die Unterlagen sind zehn Jahre aufzubewahren.[270] Zu dokumentierende Patientenunterlagen[271] können auch verfilmt oder elektronisch gespeichert werden. Die Dokumentationspflicht obliegt dem jeweiligen Betriebsarzt und nicht dem kommunalen Arbeitgeber.

---

[265] § 19 ASiG.

[266] *Nitschki*, Arbeitssicherheitsgesetz, 5. Aufl. 1985, S. 24; *Fritsche*, Die rechtliche Stellung der Betriebsärzte im Unternehmen, Diss. Bayreuth, 1984, S. 23.

[267] *Beispiel*: In Düsseldorf wird der betriebsärztliche Dienst derzeit wahrgenommen einerseits durch eigene Bedienstete, andererseits (aufgrund Kooperationsvertrag) durch ein externes Institut. Die Zuständigkeit richtet sich nach Fachbereichen und Organisationseinheiten.

[268] *Gola/Wronka*, Handbuch zum Arbeitnehmerdatenschutz, 4. Aufl., 2008, Rn. 462.

[269] In dieses Verfahren nach §§ 81 ff. SGB IX kann der betriebsärztliche Dienst ebenfalls eingebunden werden; vgl. z. B. „Handlungshilfe der freien Hansestadt Bremen zum betrieblichen Eingliederungsmanagement nach § 84 Abs. 2 SGB IX", abrufbar unter http://www.pr-schulen-bremen.de/archiv/Handlungs-hilfe_BEM.pdf.

[270] Nach dem Musterentwurf Bundesärzteordnung; für spezielle Sachlagen sind mitunter längere Aufbewahrungsfristen per Verordnung vorgeschrieben: z. B. 30 Jahre nach BGV A 4, § 41 RöntgenVO, § 64 StrahlenSchVO; hierzu *Sczuka*, VDBW aktuell, Ausgabe 3, 2008, S. 15.

[271] Als Patient wird nicht nur der zu Therapierende, sondern auch der zu Untersuchende bezeichnet; siehe *Pschyrembel*, Klinisches Wörterbuch, 262. Aufl., 2011.

3. Aufgaben und Befugnisse des betriebsärztlichen Dienstes

Die Aufgaben des betriebsärztlichen Dienstes sind vielschichtig und lassen sich schlagwortartig mit den vier Begriffen Beratung, Untersuchung, Beobachtung und Unterweisung kennzeichnen.[272] Arbeitsplatzspezifische Leistungsbeurteilungen können dabei quantitativ im Vordergrund stehen. Therapeutische Maßnahmen werden regelmäßig dem niedergelassenen Haus- oder Facharzt überlassen. Soweit nicht Diensttauglichkeitsuntersuchungen vom Amtsarzt durchzuführen sind,[273] kann auch der Betriebsarzt diese Aufgabe wahrnehmen.[274] Je nach Zielrichtungen lassen sich die Untersuchungen klassifizieren in Einstellungsuntersuchungen, Eignungs- und Tauglichkeitsuntersuchungen, allgemeine und spezielle arbeitsmedizinische Vorsorgeuntersuchungen und Untersuchungen auf Wunsch der Bediensteten.[275]

221

Datenschutzrechtlich relevante Sachverhalte ergeben sich daraus, dass der Betriebsarzt höchstpersönliche Umstände der Bediensteten feststellt. Je nach Hintergrund der Untersuchung haben nicht nur der Betroffene, sondern auch Dritte, allen voran der kommunale Arbeitgeber/Dienstherr, ein aufgabenbedingtes Interesse daran, Untersuchungsinhalte und -ergebnisse zu erfahren. Für die Frage der Zulässigkeit einer Weitergabe der Patientendaten an Dritte kommt es unter anderem darauf an, ob die Untersuchung obligatorisch oder freiwillig ist. Außerhalb gesetzlicher[276] oder tariflicher[277] Untersuchungsvorgaben ist ein Bediensteter rechtlich *nicht verpflichtet*, sich auf Wunsch des Arbeitgebers/Dienstherrn durch einen Betriebsarzt untersuchen zu lassen. Auch eine vertragliche Nebenpflicht zur Mitwirkung an einer betriebsärztlichen Untersuchung besteht nicht.[278] Unabhängig davon, ob der Arbeitgeber/Dienstherr aufgrund konkreter Anhaltspunkte für eine besondere Gefährdung zur

---

[272] § 3 ASiG; dazu *Wunderlich*, Rechtsstellung des Betriebsarztes: Der angestellte Betriebsarzt im Spannungsfeld zwischen Arbeitgeber und Betriebsarzt, Diss. Bonn 1994, S. 40.

[273] So z.B. im Fall des Zurruhesetzungsverfahrens auf Antrag des Beamten nach § 45 Abs. 2 LBG NRW.

[274] Beispiele sind Untersuchungen nach § 45 Abs. 1 LBG NRW, § 7 BAT, § 3 Abs. 4 Satz 2 TVÖD sowie § 10 Manteltarifvertrags für Arbeiterinnen und Arbeiter des Bundes und der Länder (MtArb).

[275] Aufgliederung nach *Graßl/Zakrzewski*, Arbeitssicherheit und Unfallverhütung im öffentlichen Dienst, 3. Aufl. 1999, Punkt 3.4, S. 242.

[276] Durch die Vorschriften von Unfallversicherungsträgern sind Untersuchungen von Angehörigen bestimmter Berufsgruppen vorgesehen, so z.B. durch § 15 SGB VII i.V.m. § 3 der Unfallverhütungsvorschrift (UVV) oder § 2a UVV. Ebenso beim Nachweis krankheitsbedingter Arbeitsunfähigkeit oder Untersuchungen nach § 32 JArbSchG, § 28 Abs. 2 GefStoffV, § 81 Abs. 1 SeemG.

[277] § 7 BAT, § 3 Abs. 4 Satz 2 TVÖD sowie § 10 Manteltarifvertrags für Arbeiterinnen und Arbeiter des Bundes und der Länder (MtArb).

[278] In diesem Sinne etwa *Gola/Wronka*, a.a.O., Rn. 459.

Anordnung einer speziellen Untersuchung der Bediensteten im Rahmen der Fürsorgepflicht berechtigt oder verpflichtet[279] ist, kann der Bedienstete die Untersuchung selbst oder auch die Mitteilung des Untersuchungsergebnisses an den Arbeitgeber/Dienstherr grundsätzlich verweigern.[280] Dieses Recht des Bediensteten folgt aus der allgemeinen Handlungsfreiheit und der Berufsfreiheit[281] in Verbindung mit dem Grundsatz der Verhältnismäßigkeit. Das Recht zur Verweigerung der Untersuchung und Übermittlung des Untersuchungsergebnisses schützt den Bediensteten jedoch nicht vor den Konsequenzen dieser Entscheidung: Im Falle einer Weigerung gefährdet er seinen Arbeitsplatz oder riskiert sogar eine Kündigung. In der Praxis besteht damit außerhalb freiwilliger Untersuchungen ein rein faktischer Zwang zur Duldung der Untersuchung und Ergebnismitteilung. Je nach den Gefahren für ihre Sicherheit und Gesundheit bei der Arbeit steht den Bediensteten das Recht zu, sich regelmäßig arbeitsmedizinisch untersuchen zu lassen, es sei denn, ein Gesundheitsschaden kann aufgrund der existierenden Schutzmaßnahmen ausgeschlossen werden.[282]

4. Zulässigkeit der Verarbeitung von Gesundheitsdaten der Bediensteten durch den Betriebsarzt

222 Bei der Untersuchung der Bediensteten durch den betriebsärztlichen Dienst gelangen sensitive personenbezogene Daten zur Kenntnis des Betriebsarztes. Die konkreten Vorgaben zum Umgang mit diesen ergeben sich aus der Korrelation zwischen Geheimnisschutz und Datenschutz. Die Datenschutzvorgaben können je nach organisatorischer Einbindung des betriebsärztlichen Dienstes in der Kommune unterschiedlich ausgeprägt sein.

a) Grundsätze des betriebsärztlichen Geheimnisschutzes

aa) Schweigepflicht und gesetzliche Mitteilungsbefugnisse

Der Betriebsarzt unterliegt wie jeder andere Arzt der ärztlichen Schweigepflicht,[283] deren Missachtung mit Strafe bedroht ist.[284] Eine Weitergabe der Pa-

---

[279] Mit einer Auflistung typischer Vorsorgeuntersuchungen: *Zschiesche* in: Triebig/Kentner/Schiele, Arbeitsmedizin, 1. Aufl., 2003, S. 85f.
[280] *Wunderlich*, a.a.O., S. 92. Ausnahmen hierzu bilden z.B. obligatorische *amtsärztliche* Untersuchungen nach § 26 des Gesetzes zur Verhütung und Bekämpfung von Infektionskrankheiten beim Menschen (IfSG) i.d.F. vom 05.11.2001, BGBl. I, S. 2960.
[281] Artt. 2 Abs. 1, 12 GG.
[282] § 11 Arbeitsschutzgesetz (ArbSchG).
[283] § 9 (Muster-)Berufsordnung der deutschen Ärztinnen und Ärzte (MBO-Ä-2006), abgedruckt z.B. in *Laufs/Kern*, Handbuch des Arztrechts, 4. Aufl. 2010, Anhang zu Kap. 1.
[284] § 203 Strafgesetzbuch (StGB).

tientendaten an den Arbeitgeber/Dienstherrn oder an Dritte ist ihm daher grundsätzlich versagt. In den Fällen gesetzlich gestatteter oder sogar verpflichtender Mitteilungen[285] wird die Pflicht zur Geheimhaltung durchbrochen, so dass die Offenbarung der Daten dem Betriebsarzt in dem konkret festgelegten Umfang erlaubt ist.[286] Aus dem generellen Gebot des Arbeitssicherheitsgesetzes,[287] dass der Betriebsarzt den kommunalen Arbeitgeber/Dienstherrn in Belangen der Unfallverhütung und des Arbeitsschutzes zu unterstützen hat, lässt sich keine Ermächtigung zur Weitergabe der Ermittlungsergebnisse an den Arbeitgeber/Dienstherrn herleiten.[288] Eine generelle Pflicht zur Information des Arbeitgebers/Dienstherrn über die Untersuchungen resultiert hieraus für den Betriebsarzt also nicht. Vielmehr ist diese zugewiesene betriebsärztliche Aufgabe nur unter Beachtung des ärztlichen Schweigegebotes wahrzunehmen.[289]

bb) Ausdrückliche Einwilligung

Von der ärztlichen Schweigepflicht kann der Bedienstete den Betriebsarzt entbinden. Durch diese Erklärung, die eine Einwilligung darstellt, erhält der Betriebsarzt in der Praxis die Befugnis, Untersuchungsinhalte zu offenbaren. Entbindungserklärungen müssen sich *ausdrücklich* auf einen *konkreten* Untersuchungsvorgang und seine Offenbarung gegenüber bestimmten Funktionsträgern oder Personen des kommunalen Arbeitgebers/Dienstherrn beziehen und die zu übermittelnde Information so genau wie möglich beschreiben. Eine Entbindung von der Schweigepflicht bereits *prophylaktisch* durch Vereinbarung im Arbeitsvertrag oder *pauschal* durch eine vom Betriebsarzt formularmäßig eingeholte und ganz allgemein gefasste Erklärung ist nicht zulässig, denn eine wirksame Einwilligung setzt voraus, dass der Erklärende die Tragweite der Erklärung erkennt, also zumindest Anlass und Umfang der konkret vorgesehenen Offenbarung und Datenübermittlung überblickt. Eine pauschale Erklärung würde zu einem intransparenten und unkontrollierbaren Datenfluss zwischen Betriebsarzt und kommunalem Arbeitgeber/Dienstherrn führen, vor dem das Gesetz aber gerade schützen will.[290]

Die Unterzeichnung einer Entbindungserklärung von der ärztlichen Schweigepflicht ist in der Praxis des betriebsärztlichen Ablaufes grundsätzlich üb-

---

[285] Z.B. aufgrund einer Notstandssituation (§ 34 StGB), zur Unfallverhütung nach § 15 Abs. 1 Nr. 6 SGB VII, aufgrund von Gefährdungen Jugendlicher im Arbeitseinsatz (§ 39ff. JArbSchG), aufgrund von Berufskrankheiten wie z.B. Lärmschwerhörigkeit (§§ 9 Abs. 1 und 6, 193 Abs. 8 SGB VII i.V.m. § 4 BKV).
[286] Sie ist insoweit nicht *unbefugt* i.S. des § 203 StGB, so dass das Verbot dieser Vorschrift nicht greift.
[287] § 3 ASiG.
[288] *Wunderlich*, a.a.O., S. 89.
[289] Dies ergibt sich aus der uneingeschränkten Verweisung in § 8 Abs. 1 Satz 3 ASiG.
[290] § 8 Abs. 1 Satz 3 ASiG; *Wunderlich*, a.a.O., S. 91f.

lich.²⁹¹ Der Betroffene legitimiert die Information des kommunalen Arbeitgebers/Dienstherrn durch seine Unterschrift. Unabhängig von ihrer rechtlichen Notwendigkeit dient sie nach dem Selbstverständnis vieler Betriebsärzte im *Verhältnis Betriebsarzt–Bediensteter* als grundlegende Vertrauensbasis, die auch wieder entzogen werden kann.²⁹²

cc) Stillschweigende Einwilligung

224 Unterbleibt eine Entbindung, so könnte es entscheidend darauf ankommen, ob und inwieweit die Bereitschaft, sich einer betriebsärztlichen Untersuchung zu unterziehen, von ihrem Erklärungsgehalt her gleichzeitig als *stillschweigende* Einwilligung in die Weitergabe des Ergebnisses zu verstehen ist. Hinsichtlich des Erklärungsgehalts des Besuchs beim Betriebsarzt ist zwischen speziellen und allgemeinen Vorsorgeuntersuchungen zu unterscheiden.

(1) *Spezielle* arbeitsmedizinische Vorsorgeuntersuchungen

Für bestimmte Arbeitsplätze vorgeschrieben sind arbeitsmedizinische Vorsorgeuntersuchungen, die ihre Rechtsgrundlage in einer *speziellen*, außerhalb des Arbeitssicherheitsgesetzes erlassenen staatlichen Rechtsvorschrift oder einer Unfallverhütungsvorschrift haben und ohne deren Durchführung der kommunale Arbeitgeber/Dienstherr den Bediensteten nicht an dem fraglichen Arbeitsplatz beschäftigen darf.²⁹³ Hier geht die überwiegende Auffassung²⁹⁴ davon aus, dass der Bedienstete bereits mit seinem Erscheinen zugleich stillschweigend seine Zustimmung zur Weiterleitung der Untersuchungsergebnisse an den kommunalen Arbeitgeber/Dienstherrn zum Ausdruck bringt. Der Bedienstete, der zur Duldung solcher Untersuchungen rechtlich nicht verpflichtet sei, wisse, dass das Untersuchungsergebnis dem Arbeitgeber/Dienstherrn als Entscheidungsgrundlage für seinen weiteren Einsatz dient, und sei damit auch

---

²⁹¹ Zur Klarstellung sollte sie *zugleich* als hinreichend konkret gefasste *Einwilligung* in eine *Datenübermittlung* formuliert werden.

²⁹² Der Betriebsarzt gilt als Vertrauensarzt des Bediensteten, der Amtsarzt als Vertrauensarzt des kommunalen Arbeitgebers. Dabei darf indes nicht aus den Augen verloren werden, dass der Betriebsarzt auch im Verhältnis zum kommunalen Arbeitgeber die Aufgabe zu erfüllen hat, als Informationsquelle zu dienen.

²⁹³ *Graßl/Zakrzewski*, a.a.O., Punkt 3.4.4 S. 249; z.B. durch § 15 SGB VII i.V.m. §§ 2a, 3 der Unfallverhütungsvorschrift (UVV). Ebenso beim Nachweis krankheitsbedingter Arbeitsunfähigkeit oder bei Untersuchungen nach § 32 JArbSchG, § 28 Abs. 2 GefStoffV, § 10 DruckluftVO, § 37 RöntgenVO, § 81 Abs. 1 SeemG. Für den kommunalen Bereich sind solche speziellen Vorsorgeuntersuchungen allenfalls marginal relevant.

²⁹⁴ *Eiermann*, BB 1980, 214ff., 215; *Hinrichs*, DB 1980, 2287, 2288; *Spinnarke*, BB 1982, 2114ff., 2116; *Spinnarke/Schork*, Arbeitssicherheitsrecht, 2. Aufl., Loseblatt, 49. Aktualisierung, Juni 2008, § 8 ASiG, Rn. 28, 33ff.; *Schimke*, BB 1979, 1354f., 1355; *Schelter*, ASiG–Kommentar, Loseblatt, Bd. 1, Stand: 01.05.2008, § 8 Anm. IV, S. 6f.

einverstanden. Nach anderer Meinung willigt der Bedienstete durch schlüssiges Verhalten ein, wenn er nach Mitteilung des Ergebnisses der Untersuchung seiner Weiterleitung an die Personalstelle nicht ausdrücklich widerspricht.[295] Schließlich wird vertreten, konkludent willige nur ein, wen das Untersuchungsergebnis begünstige.[296]

(2) *Allgemeine* arbeitsmedizinische Vorsorgeuntersuchungen
In den übrigen Fällen[297] wird vielfach angenommen, im Erscheinen des Bediensteten zur Untersuchung liege zugleich die konkludente Entbindung des Betriebsarztes von seiner Schweigepflicht.[298] Die wohl h.M.[299] lehnt das ab; der Bedienstete habe keine Veranlassung, dem Arbeitgeber/Dienstherrn die Untersuchungsergebnisse zugänglich zu machen. Eine stillschweigende Einwilligung könne nur angenommen werden, wenn der Betriebsarzt mitteilt, dass er beabsichtige, den Arbeitgeber/Dienstherrnzu informieren, und der Bedienstete dem nicht widerspricht.

Zusammenfassend ist also festzuhalten, dass mehrere voneinander unabhängige Möglichkeiten existieren, unter denen eine Befugnis zur Offenbarung an sich schweigepflichtiger Umstände angenommen werden kann.

dd) Umfang der Information
Von den gesetzlichen Mitteilungsbefugnissen bzw. der Einwilligung ist nur die Weiterleitung des Untersuchungs*ergebnisses*[300] gedeckt, denn für den Auf-

---

[295] *Budde*, DB 1985, 1529 ff., 1530 f.
[296] *Wunderlich*, a.a.O., S. 94 ff.
[297] Das sind alle übrigen arbeitsplatzbezogenen ärztlichen Untersuchungen auf der Grundlage des § 3 Abs. 1 Nr. 2 ASiG. Die arbeitsmedizinischen Vorsorgeuntersuchungen basieren im öffentlichen Dienst auf der Vorschrift GUV-V A4 „Arbeitsmedizinische Vorsorge". Die hieraus abzuleitenden berufsgenossenschaftlichen Grundsätze für arbeitsmedizinische Vorsorgeuntersuchungen sind im Anhang 8 aufgeführt. Vorsorguntersuchungen werden im öffentlichen Dienst durchgeführt z.B. nach G 20 „Lärm", G 25 „Fahr-, Steuer- und Überwachungstätigkeiten", G 26 „Atemschutzgeräte", G 37 „Bildschirmarbeitsplätze".
[298] *Eiermann*, BB 1980, 214 ff., 215; *Hinrichs*, DB 1980, 2287 f., 2288; *Radek*, ASP 1979, 44 ff., 48; *Sokoll*, BG 1981, 400 ff., 401.
[299] *ULD Schleswig-Holstein*, Gesundheitsdaten im Arbeitsverhältnis, abrufbar unter: https://datenschutzzentrum.de/material/themen/gesund/gsarbeit.htm (Stand: 15.07.2008); *Wunderlich*, a.a.O., S. 95 m.w.N;. *Giesen*, Ärztliche Untersuchung von Arbeitnehmern, ZBl. Arbeitsmed. 46 (1996), 287 ff., 296; *Zschiesche* in: Triebig/Kentner/Schiele, a.a.O., S. 120 f.
[300] Insoweit vergleichbar ist die datenschutzrechtliche Situation zum amtsärztlichen Gesundheitszeugnis bei § 24 Abs. 3 GDSG NRW und ihre gesetzliche Regelung. Zum Ergebnis zählt nicht die Diagnose; dazu *Zilkens*, Gesundheitswesen 65 (2003), 299 ff., 302.

schluss über die Tauglichkeit des Bediensteten ist allein das Untersuchungsergebnis von Bedeutung. Die Übermittlung detaillierter Befunddaten über seinen Gesundheitszustand ist von der Einwilligung daher nicht erfasst und unterliegt der Schweigepflicht des betriebsärztlichen Dienstes.[301] Der Betriebsarzt darf dem kommunalen Arbeitgeber/Dienstherrn auf dessen Untersuchungsauftrag hin Vollzugsmeldung erstatten,[302] die Tatsache der freiwilligen Konsultation eines Bediensteten jedoch nicht von sich aus mitteilen.

b) Korrelation mit datenschutzrechtlichen Vorgaben

226 Außer zur Einhaltung des Schweigegebots ist der betriebsärztliche Dienst bei der Untersuchung von Bediensteten zur Wahrung der einschlägigen datenschutzrechtlichen Vorgaben verpflichtet. Welche Anforderungen das Datenschutzrecht an den betriebsärztlichen Dienst stellt, differiert nach der jeweils gewählten Organisationsform.

aa) Interner Betriebsarzt

Mangels einschlägiger bereichsspezifischer datenschutzrechtlicher Regelungen finden auf den durch eigene Verwaltungsmitarbeiter gewährleisteten betriebsärztlichen Dienst grundsätzlich *allgemeines* Datenschutzrecht Anwendung.[303] Soweit der betriebsärztliche Dienst als Teil der Verwaltung organisiert ist, ist er aufgrund seiner eigenverantwortlichen Stellung innerhalb der *öffentlichen Stelle „Kommune"*[304] als eigenständige *verantwortliche Stelle*[305] anzusehen.[306] Die Zulässigkeit der Verarbeitung der Patientendaten auch im Verhältnis zum kommunalen Arbeitgeber/Dienstherrn richtet sich damit grundsätzlich nach den Bestimmungen des DSG NRW. Hiernach ist eine Datenverarbeitung zulässig, wenn ein Gesetz oder eine andere Rechtsvorschrift sie erlaubt oder die

---

[301] *Giesen*, a.a.O., S. 287, 296.
[302] *Giesen*, a.a.O., S. 287, 296.
[303] Die Pflichten, die in § 13 ASiG (allgemeiner Auskunftsanspruch der Behörden zur Überprüfung der Einhaltung der Schutzvorschriften) und § 23 ArbSchG (Bestimmungen zur Überwachung und Sicherstellung der Betriebssicherheit) geregelt sind, betreffen nur den Arbeitgeber, nicht den betriebsärztlichen Dienst. Das GDSG NRW ist nicht einschlägig (vgl. § 2 GDSG NRW), da der betriebsärztliche Dienst organisatorisch nicht dem Gesundheitsamt angehört. Die sich aus § 24 GDSG ergebenden zulässigen Datenverarbeitungsvorgänge beziehen sich nur auf die Tätigkeit des Amtsarztes.
[304] § 2 Abs. 1 Satz 1 DSG NRW.
[305] I. S. d. § 3 Abs. 3 DSG NRW.
[306] Anscheinend a.A. (wohl für die Privatwirtschaft) *Bizer*, in: Simitis, BDSG, § 3 Rn. 236; ebenso *Gola/Wronka*, a.a.O., Rn. 460, wonach der Betriebsarzt nicht als Dritter im Sinne des § 3 Abs. 8 BDSG anzusehen sei, sondern als Teil der „speichernden Stelle *Unternehmen*".

betroffene Person schriftlich eingewilligt hat.[307] Personenbezogene Daten der Bediensteten darf der Betriebsarzt nur insoweit erheben und an öffentliche Stellen übermitteln, als ihre Kenntnis zur rechtmäßigen Erfüllung *seiner* Aufgaben oder derjenigen *der empfangenden Stelle* erforderlich[308] und der Bezug zum Arbeits-/Dienstverhältnis gegeben[309] ist. Erforderlich ist regelmäßig nur die Übermittlung des Untersuchungs*ergebnisses*, nicht jedoch einzelner Befunddaten. Damit bestätigen die Bestimmungen des DSG NRW die Auslegung des Umfangs[310] und der Grenzen der betriebsärztlichen Aufgabe: Eine Weitergabe von Daten, die der verwaltungsinterne Betriebsarzt bei Untersuchungen zu speziellen Zwecken erhebt, ist an den Arbeitgeber/Dienstherrn insoweit zulässig, als die Frage beantwortet wird, ob und unter welchen objektiven und subjektiven Bedingungen der Betroffene auf seinem Arbeitsplatz einsetzbar ist. Die Erhebung der privaten Telefonnummer oder der Kontaktdaten des Hausarztes des Bediensteten ist grundsätzlich nicht erforderlich. Der Betriebsarzt bedarf insoweit der schriftlichen Einwilligung des Betroffenen, nachdem er ihn umfassend über den Zweck *dieser* Datenverarbeitung aufgeklärt hat.[311] Im Übrigen steht es dem Betriebsarzt frei, von ihm ausgewertete Untersuchungsergebnisse in anonymisierter Form an den kommunalen Arbeitgeber weiterzuleiten, um geeignete Maßnahmen zur Hebung der Arbeitssicherheit anzuregen.

bb) Externer Betriebsarzt

Soweit der betriebsärztliche Dienst über niedergelassene Arztpraxen organisiert ist, gilt für die Zulässigkeit der Datenverarbeitung durch ihn das BDSG.[312] Der externe Betriebsarzt ist *nicht* als Auftragnehmer einer *Datenverarbeitung im Auftrag* einzuordnen,[313] so dass sich daraus die Anwendbarkeit des DSG NRW[314] nicht begründen lässt. Eine solche Auftragsdatenverarbeitung setzt voraus, dass sich eine öffentliche Stelle einer anderen Stelle bedient, welche in Abhängigkeit von Vorgaben bezüglich Art und Umfang der Datenverarbeitung diese für sie betreibt.[315] Charakteristische Indizien, die auf diese Rechtskonstruktion hinweisen, sind beispielsweise[316]

227

---

[307] § 4 Abs. 1 DSG NRW.
[308] §§ 12, 14 DSG NRW.
[309] § 29 Abs. 1 Satz 1 DSG NRW.
[310] Geregelt in § 3 Abs. 1 Nr. 2 ASiG.
[311] *BremLfD*, 23. TB, 2001, Kap. 16.1.2.
[312] Gemäß § 1 Abs. 2 Nr. 3 BDSG.
[313] Daraus ergäbe sich die Konsequenz, dass nach § 11 Abs. 1 DSG NRW die für die Datenverarbeitung im Auftrag *verantwortliche Stelle* im Sinne des DSG NRW die zuständige Organisationseinheit der öffentlichen Stelle *Kommune* als Auftraggeberin wäre.
[314] Über § 11 Abs. 3 Satz 1 DSG NRW.
[315] *Stähler/Pohler*, Datenschutzgesetz NRW – Kommentar, 3. Aufl., 2003, § 11, Rn. 1.
[316] Zu § 11 BDSG *Gola/Wronka*, a.a.O., Rn. 886 f.

– eine fehlende Entscheidungsbefugnis des Auftragnehmers über die Daten,
– ein Auftragsschwerpunkt, der in der technischen Durchführung des Datenverarbeitungsprozesses besteht,
– das Fehlen einer eigenständigen rechtlichen Beziehung des Auftragnehmers zu Betroffenen.

228 In einer solchen Unselbständigkeit und Weisungsabhängigkeit von der öffentlichen Stelle *Kommune* steht der externe Betriebsarzt aber nicht. Der ihm von der Kommune erteilte Auftrag erschöpft sich auch nicht in der Verarbeitung personenbezogener Daten. Vielmehr ist ihm primär die Funktion der arbeitsmedizinischen Beratung und Untersuchung der Bediensteten übertragen. Auf einzelne Phasen und Inhalte der Verarbeitung und Nutzung der Daten im Rahmen dieser Tätigkeit kann die Kommune keinen Einfluss nehmen, und die Verantwortlichkeit für die Zulässigkeit und Richtigkeit der Datenverarbeitung durch den Betriebsarzt liegt einzig bei ihm. Das bei einer Konsultation entstehende Arzt-Patienten-Verhältnis ist eine eigenständige rechtliche Beziehung zwischen Betriebsarzt und Betroffenem. Der externe Betriebsarzt ist deshalb bezüglich der von ihm verarbeiteten Daten als eigenständig *verantwortliche Stelle* tätig.[317] Als zugleich nicht-öffentliche Stelle unterliegt er den Vorschriften des BDSG, jedenfalls soweit – wovon in der Praxis inzwischen standardmäßig auszugehen ist – eine automatisierte Verarbeitung[318] personenbezogener Daten geschäftsmäßig stattfindet.[319] Eine Datenverarbeitung des Betriebsarztes zur Erfüllung seiner Aufgaben – insbesondere die Übermittlung von Untersuchungsergebnissen an den kommunalen Arbeitgeber/Dienstherrn – ist zulässig, wenn sie im betriebsärztlichen Interesse liegt und das schutzwürdige Interesse des Betroffenen dadurch nicht verletzt wird.[320] Für den betriebsärztlichen Dienst als verantwortliche Stelle ergibt sich ein *berechtigtes* Interesse an der Verarbeitung der Daten aus seiner vertraglichen Verpflichtung gegenüber dem

---

[317] I. S. des § 3 Abs. 7 BDSG. A. A. *Wedde* in: Roßnagel, Handbuch Datenschutzrecht, 2003, Kap. 4.3 Rn. 13; *ULD S-H (hg.)*, Übergabe einer Arztpraxis mit Patientenakten und zum Wechsel von Betriebsärzten, https://www.datenschutzzentrum.de/material/themen/gesund/uebergab.htm (Stand: 01.08.2008). Dieser Rechtskonstruktion, die der Nähe des Betriebsarztes zum kommunalen Arbeitgeber geschuldet ist, kann nicht beigepflichtet werden: Denn es werden einerseits beim betriebsärztlichen Dienst und andererseits bei der zuständigen Organisationseinheit des kommunalen Arbeitgebers (Personalverwaltung) unterschiedliche Aufgaben erfüllt, für die die eigenständige Verarbeitung unterschiedlicher personenbezogener Beschäftigtendaten erforderlich ist.

[318] In kleineren und mittleren arbeitsmedizinischen Zentren wird von Betriebsärzten bundesweit u.a. das Verfahren AMEVIS (Arbeitsmedizinisches Verwaltungs- und Informationssystem) eingesetzt, das u.a. Inhalte verschlüsselt und über Berechtigungsstufen verfügt.

[319] Womit dann insoweit die Voraussetzungen des § 27 BDSG erfüllt sind.

[320] § 28 Abs. 1 Nr. 2 BDSG.

kommunalen Arbeitgeber/Dienstherrn. Ein Interesse des Betroffenen daran, dass die Kommune das Ergebnis der Untersuchung nicht erhält, ist zwar denkbar. Soweit aber die Frage beantwortet werden soll, ob und unter welchen objektiven und subjektiven Bedingungen der Betroffene auf seinem Arbeitsplatz einsetzbar ist, entfällt die *Schutzwürdigkeit* dieses Interesses, weil der kommunale Arbeitgeber/Dienstherr zur Erfüllung seiner Schutzpflichten nach dem ASiG auf die notwendigen Informationen angewiesen ist.

cc) Überlagerung der ärztlichen Schweigepflicht

Die durch standesrechtliche Regelungen und Strafvorschriften bewehrten Geheimnisschutznormen im Bereich betriebsärztlicher Tätigkeit werden durch die genannten datenschutzrechtlichen Mitteilungsbefugnisse überdeckt, denn Datenschutz und Geheimnisschutz können keine im Ergebnis unterschiedlichen Aussagen treffen. Bereits der Grundsatz der Einheit der Rechtsordnung gebietet es, allgemeine Datenschutzgesetze, soweit sie Übermittlungsbefugnisse für personenbezogene Daten enthalten, als Befugnisnormen i.S.d. § 203 StGB zu verstehen, denn es kann nicht bei Strafe verboten sein, was datenschutzrechtlich erlaubt ist.[321]

229

dd) Adressat der Datenübermittlung

Grundsätzlich übermittelt der Betriebsarzt im Rahmen seiner Aufgabenerfüllung Bedienstetendaten an die zuständige Personalstelle,[322] von der er auch beauftragt wurde. Soweit die Personalvertretung ein Beteiligungsrecht[323] hat, ist sie von der beteiligenden Stelle umfassend zu informieren.[324] Wird ein Personalratsmitglied auf Wunsch eines Bediensteten hinzugezogen, so muss es auch von diesem oder auf der Basis einer Einwilligungserteilung mit den notwendigen Informationen ausgestattet werden. Daneben können sich im Einzelfall – u.U. auch mit einem geringstmöglichen unvermeidlichen Personenbezug – besondere Unterrichtungsrechte ergeben.[325]

c) *Wechsel des betriebsärztlichen Dienstes*

Beim Wechsel der Person des Betriebsarztes sind die datenschutzrechtlichen Vorgaben einzuhalten.[326] Je nach Organisationsform ist unterschiedlich vor-

230

---
[321] Ausführlich Kap. 5.
[322] Diese ist insoweit *verantwortliche Stelle* gemäß § 3 Abs. 3 DSG NRW.
[323] Z.B. aufgrund § 72 Abs. 1 Nr. 5 LPVG NRW.
[324] § 65 Abs. 1 LPVG NRW.
[325] Z.B. § 21 GefStoffV; *Graßl/Zakrzewski*, a.a.O., Punkt 3.3.2.6, S. 240f.
[326] Zum Ganzen *ULD S-H (hg.)*, Übergabe einer Arztpraxis mit Patientenakten und zum Wechsel von Betriebsärzten; abrufbar unter: https://www.datenschutzzentrum.de/material/themen/gesund/uebergab.htm (Stand: 21.07.2008).

zugehen: Beim Wechsel des *internen* Betriebsarztes verbleiben die Patientenunterlagen beim kommunalen Arbeitgeber/Dienstherrn. Dieser hat die Unterlagen – allerdings ohne einen Einblick hierein nehmen zu dürfen[327] – dem Nachfolger auszuhändigen.[328] Im Fall des *externen* Betriebsarztes sollten die patientenbezogenen Unterlagen vom ausscheidenden unmittelbar an den nachfolgenden Betriebsarzt übergeben werden. Hierdurch wird ein Zugriff des kommunalen Arbeitgebers von vornherein ausgeschlossen, und die ärztliche Obhutspflicht[329] wird gewahrt. Eine „Mitnahme" der Unterlagen ist dem ausscheidenden Betriebsarzt verwehrt, denn die Daten wurden in seiner Funktion als Betriebsarzt der Kommune verarbeitet und müssen dem jeweiligen Funktionsinhaber weiterhin zur Verfügung stehen.[330] Deshalb muss der Umgang mit Patientenunterlagen beim Wechsel des Betriebsarztes notwendigerweise im Vertrag zwischen externem Betriebsarzt und Kommune geregelt werden.

Über einen Wechsel des betriebsärztlichen Dienstes sind alle Bediensteten rechtzeitig und umfassend zu informieren. Eine Fortführung und Weiternutzung der bisherigen Dokumentation ist dem nachfolgenden Betriebsarzt nur gestattet, soweit eine ausdrückliche Einwilligung des Betroffenen vorliegt.[331] Bediensteten muss die Möglichkeit eingeräumt werden, im Einzelfall der weiteren Nutzung solcher Patientenunterlagen zu widersprechen, die nicht im Rahmen von Pflichtuntersuchungen entstanden sind. Soweit sich jemand *freiwillig* der Untersuchung des ausscheidenden Betriebsarztes unterzogen hat, muss es ihm möglich sein, diese Daten dem neu bestellten Betriebsarzt vorzuenthalten. Dies kann nur im Wege einer *Sperrung*[332] – nicht aber durch eine unmittelbare Löschung oder Herausgabe – geschehen, damit die Dokumentationspflicht des ausscheidenden Betriebsarztes weiterhin erfüllt werden kann. Die gesperrten Daten haben bis zum Ablauf der Sperrfrist besonders gesichert beim kommunalen Arbeitgeber zu verbleiben.

5. Fazit

231 Je nach konkret gewählter Organisationsform unterscheiden sich die an den betriebsärztlichen Dienst gestellten datenschutzrechtlichen Anforderungen nur hinsichtlich ihrer Rechtsgrundlagen, nicht hingegen im Ergebnis. Der

---

[327] Dies gebietet die weiterhin geltende ärztliche Schweigepflicht, siehe § 8 Abs. 1 Satz 3 ASiG; *Laufs/Kern*, Handbuch des Arztrechts, 4. Aufl. 2010, § 12, Rn. 31.
[328] *Sczuka*, a.a.O., S. 15, 16.
[329] Verpflichtung aus § 10 Abs. 4 (Muster-)Berufsordnung der deutschen Ärztinnen und Ärzte (MBO-Ä-2006), abgedruckt z.B. in *Laufs/Kern*, Handbuch des Arztrechts, 4. Aufl. 2010, Anhang zu Kap. 1.
[330] Nach der Auffassung des *ULD S-H* (a.a.O.) gehören sie – auch beim Einsatz externer Betriebsärzte – der Kommune als zuständiger verantwortlicher Stelle.
[331] *Sczuka*, a.a.O., S. 15, 16.
[332] §§ 19 Abs. 2 DSG NRW, 20 Abs. 3 BDSG.

kommunale Arbeitgeber/Dienstherr muss zur Erfüllung seiner Verpflichtungen nach dem Arbeitssicherheitsgesetz vom Betriebsarzt eine Antwort auf die Frage erhalten dürfen, ob und unter welchen objektiven und subjektiven Bedingungen der Betroffene auf seinem Arbeitsplatz einsetzbar ist. Hierüber hat der Betriebsarzt die Betroffenen in geeigneter Weise zu informieren; einer Entbindung von der Schweigepflicht bedarf es aus rechtlicher Sicht nicht. Wird ein externer Betriebsarzt bestellt, so sollte der Umgang mit Patientenunterlagen nach Bestellungsende vertraglich geregelt werden. Wechselt die Person des Betriebsarztes, so sind alle Bediensteten hierüber in geeigneter Weise zu informieren. Eine weitere Nutzung vorhandener Patientenunterlagen, die aus freiwilliger Konsultation resultieren, durch den betriebsärztlichen Nachfolger ist nur mit Einwilligung der Betroffenen zulässig.

IV. Datenschutz im Ausländerwesen

1. Vorbemerkung

Das Ausländerrecht ist in Deutschland zentraler Gegenstand politischer und gesellschaftlicher Diskussionen. Die Argumente für eine erleichterte Einwanderung betreffen die Notwendigkeit der Zuwanderung vor dem Hintergrund des demografischen Wandels und der Anpassung an die Erfordernisse moderner Arbeitsverhältnisse, die auf weltweite Mobilität ausgerichtet sind. Die Gegner weisen darauf hin, dass viele Ausländer mangelhaft integriert sind und die dadurch entstehende Parallelgesellschaft ein erhebliches Potential für Konflikte birgt. Sie führen die Bedrohung durch internationalen Terrorismus ins Feld. In diesem Spannungsfeld steht der Gesetzgeber vor ständig neuen Herausforderungen.[333] Dabei erhält der Datenschutz insbesondere bei bundesweiten Verfahren wie dem Ausländerzentralregister und modernen Fahndungsmethoden auf der Grundlage des „Antiterrorgesetzes" besondere Bedeutung.[334]

232

---

[333] Es gibt kein einheitliches „Ausländergesetzbuch"; vielmehr sind die Regelungen zum Ausländerrecht in einzelnen Gesetzen enthalten. Von besonderer Bedeutung sind das *Aufenthaltsgesetz* und das *Freizügigkeitsgesetz/EU*. Das Asylrecht beruht auf Art. 16a GG und wird durch das *Asylverfahrensgesetz* konkretisiert. Spezielle Durchführungsverordnungen für das Ausländerrecht haben das Bundesministerium des Inneren (Aufenthaltsverordnung, Integrationskursverordnung) und das Bundesministerium für Wirtschaft und Arbeit (Beschäftigungsverordnung, Beschäftigungsverfahrensverordnung) erlassen.

[334] Zum Ganzen *Zilkens*, Datenschutz im Ausländerwesen, DuD 2010, 229ff.

2. Grundlagen

a) Umgang mit personenbezogenen Daten durch die Ausländerbehörden

233 Daten von Ausländern werden grundsätzlich genauso behandelt wie Daten deutscher Staatsbürger. Zusätzlich werden sie aber in einem speziellen Register gespeichert, dass von den *Ausländerbehörden* geführt wird. Dies sind üblicherweise die Kreisverwaltungsbehörden oder die Verwaltungen der kreisfreien Städte, in einigen Ländern auch zentrale Ausländerbehörden. Dort werden die Akten zur Person des Ausländers und die „Ausländerdateien A und B" geführt.[335] Grundlage der Ausländerdatei A ist der Indentifizierungsdatensatz des jeweiligen Ausländers, also Name, Geburtsdatum, Geschlecht, Staatsangehörigkeit und das Aktenzeichen der Ausländerakte.[336] Darüber hinaus enthält die Ausländerdatei A Angaben, die den Aufenthalt betreffen. Dies sind Anträge des Ausländers an die entsprechende Behörde, z.B. Antrag auf Erteilung oder Verlängerung eines Aufenthaltstitels oder Stellung eines Asylantrags. Darüber hinaus vermerkt die Behörde auch Hinweise, die die rechtlichen Bedingungen des Aufenthaltes betreffen, wie z.B. Ablehnung eines Asylantrags, räumliche oder nachträgliche zeitliche Aufenthaltsbeschränkung, Ausweisung, Beschränkung der politischen Betätigung. Ist der Ausländer verstorben oder aus dem Postbereich der Ausländerbehörde verzogen, werden die Daten aus der Ausländerdatei A in die Ausländerdatei B übernommen. Bei einem Umzug wird in der Ausländerdatei B zusätzlich vermerkt, an welche andere Ausländerbehörde die Ausländerakte abgegeben worden ist.

b) Ausländerzentralregister

234 Das Bundesamt für Migration und Flüchtlinge führt zusätzlich zu den bei den Ausländerbehörden geführten Dateien das Ausländerzentralregister (AZR).[337] Das AZR teilt sich auf in einen allgemeinen Datenbestand und eine gesondert geführte Visa-Datei. Das Register soll öffentliche Stellen unterstützen. Im *allgemeinen Datenbestand* werden grundsätzlich Daten von Ausländern gespeichert, die nicht nur vorübergehend ihren Aufenthalt in der Bundesrepublik Deutschland haben. Darüber hinaus werden Daten von Ausländern gespeichert, die sich vorübergehend im Bundesgebiet aufhalten, wenn z.B. ein Asylantrag gestellt wird, in Fällen der Ausweisung oder Abschiebung, bei bestehenden Einreisebedenken, bei einer Ausschreibung zur Festnahme oder zum

---

[335] §§ 62 ff. AufenthVO.
[336] Weitere Daten, die in die Ausländerdatei A aufgenommen werden sollen, sind in §§ 64 f. AufenthV aufgeführt.
[337] Rechtsgrundlage ist das Ausländerzentralregistergesetz (AZRG) v. 02.09.1994, BGBl. I S. 2265, zuletzt geändert durch Art. 4 Abs. 3 des Gesetzes zur Verfolgung der Vorbereitung von schweren staatsgefährdenden Straftaten v. 30.07.2009, BGBl. I S. 2437; zur Erweiterung im Rahmen der Antiterrorgesetze: *Streit*, ZAR 2002, S. 237 ff.

Datenschutz im Ausländerwesen

Zwecke einer polizeilichen Aufenthaltsermittlung. In der *Visa-Datei* werden die Daten von Ausländern gespeichert, die ein Visum beantragt haben. Dabei werden Grundpersonalien, Aliaspersonalien, Bearbeitungsvermerke (u.a. zuständige Ausländerbehörde und Aktenzeichen), Ausweisungen, Abschiebungen, Zurückweisungen, Auflagen, Beschränkungen gespeichert. Darüber hinaus führen die deutschen Auslandsvertretungen eigenständige Visa-Dateien über die von ihnen ausgestellten Sichtvermerke (Visa und Transitvisa). Die Daten werden vom Bundesverwaltungsamt im Auftrag und nach Weisung des Bundesamtes für Migration und Flüchtlinge verarbeitet und genutzt.[338]

Die Vorschriften zum AZR waren Gegenstand eines Vorabentscheidungsverfahrens des *EuGH*.[339] Dieser entschied, dass ein zentrales Ausländerregister nur solche personenbezogenen Daten enthalten darf, die zur Anwendung aufenthaltsrechtlicher Vorschriften unbedingt erforderlich sind. Zudem verstößt es gegen das Diskriminierungsverbot,[340] wenn ein Mitgliedstaat zur Bekämpfung der Kriminalität ein System zur Verarbeitung personenbezogener Daten errichtet, das nur Unionsbürger erfasst, die keine Staatsangehörigen dieses Mitgliedstaats sind. Im Einzelnen dürfen Mitgliedsstaaten grundsätzlich ein System einrichten und betreiben, dass die personenbezogenen Daten von Unionsbürgern enthält, die keine Staatsangehörigkeit des betreffenden Mitgliedstaates haben, soweit diese für die Anwendung der entsprechenden Vorschriften durch die genannten Behörden erforderlich sind und soweit sein zentralisierter Charakter eine effizientere Anwendung dieser Vorschriften in Bezug auf das Aufenthaltsrecht von Unionsbürgern erlaubt. Aufgrund des Freizügigkeitsrechts[341] der Unionsbürger sind daher von diesen regelmäßig weniger Daten erforderlich, als von Ausländern aus Drittstaaten.[342] Die Auswertung des AZR

235

---

338 Jeder ausländische Bürger kann einen Antrag auf Auskunft über die eventuell über ihn gespeicherten Daten beim Bundesverwaltungsamt – Ausländerzentralregister – stellen. Weitere Hinweise finden sich unter www.bamf.de und www.bundesverwaltungsamt.de.
339 Rechtssache C-524/06 – Huber/Bundesrepublik Deutschland. Dazu auch *Zerdick*, RDV 2009, S. 61.
340 Art. 18 AEUV.
341 Art. 21 Abs. 1 AEUV.
342 Die Speicherung der Daten von Unionsbürgern ist auch unter Berücksichtigung der EuGH-Entscheidung Huber legitim, wenn sie zur Anwendung aufenthaltsrechtlicher Vorschriften für Unionsbürger (RL 2004/38/EG) unbedingt erforderlich ist und nicht statistischen Zwecken oder der Bekämpfung der Kriminalität dient. Zur Führung der Ausländerdatei A werden von Unionsbürgern daher regelmäßig dieselben Daten erhoben wie von Drittstaatsangehörigen. Allerdings dürfen nur Behörden mit ausländerrechtlichen Befugnissen Zugang zu den im AZR gespeicherten Daten von Unionsbürgern haben. Die Übermittlung ist auch nur zur Anwendung aufenthaltsrechtlicher Vorschriften zulässig, nicht jedoch zu statistischen Zwecken oder zur Bekämpfung der Kriminalität.

zu statistischen Zwecken ist unter dem Erforderlichkeitsgrundsatz ebenfalls eingeschränkt worden: Eine anonyme Auswertung erfüllt bereits den Zweck Migrationsbewegungen im Hoheitsgebiet festzuhalten. Damit ist eine personenbezogene Auswertung nicht erforderlich und somit nicht mit EU-Recht vereinbar.[343]

c) Betroffenenrechte

236 Im Ausländerrecht wurden die datenschutzrechtlichen Ansprüche der Betroffenen nicht spezialgesetzlich festgeschrieben. Es gelten daher die allgemeinen datenschutzrechtlichen Vorschriften.[344] Soweit öffentliche Stellen eines Landes bzw. einer Kommunalen Ausländerbehörde die Daten verarbeiten, sind die Regelungen der Landesdatenschutzgesetze anwendbar. Die betroffenen Ausländer haben gegenüber der jeweiligen verantwortlichen Stelle Ansprüche auf:

– Auskunft und Akteneinsicht[345]
– Benachrichtigung[346]
– Berichtigung, Löschung und Sperrung von Daten zur eigenen Person[347]
– Anrufung der öffentlichen Datenschutzbeauftragten[348] und
– Schadensersatz[349]

Gegen die Nutzung der Daten eines Ausländers zu ausländerrechtlichen Zwecken findet kein Widerspruch statt.[350]

3. Erhebung personenbezogener Daten

a) Rechtsgrundlagen

237 Daten dürfen *erhoben* werden, wenn dies zum Zweck der Ausführung ausländerrechtlicher Bestimmungen erforderlich ist und innerhalb der Aufgaben nach den ausländerrechtlichen Bestimmungen der verantwortlichen Stelle liegt.[351] Über diesen Grundtatbestand der Datenerhebung hinaus finden die Erhebungsvorschriften des allgemeinen Datenschutzrechts Anwendung, so-

---

[343] Das *OVG NRW* hat mit Urt. v. 24.6.2009 (Az. 17 A 805/03) einen Löschungsanspruch des Klägers verneint.
[344] Insbesondere § 6 BDSG.
[345] § 19 BDSG; § 18 DSG NRW.
[346] § 19a BDSG; § 13 DSG NRW.
[347] § 20 BDSG; § 19 DSG NRW.
[348] § 21 BDSG; § 25 DSG NRW.
[349] § 7 BDSG; § 20 DSG NRW.
[350] § 91 Abs. 3 AufenthG i.V.m. §§ 5 Nr. 2, 4 Abs. 5 DSG NRW, 20 Abs. 5 BDSG.
[351] § 86 AufenthG.

weit keine bereichsspezifischen Regelungen in anderen Gesetzen einschlägig sind. Die erforderlichen Daten erhebt die Ausländerbehörde grundsätzlich beim Betroffenen. Nur ausnahmsweise werden Daten ohne seine Mitwirkung bei einer anderen Stelle erhoben, insbesondere zur Überprüfung von Angaben des Ausländers oder zur Vermeidung eines unverhältnismäßigen Aufwandes.

b) Aufgabenerfüllung

Für die Aufgabenerfüllung der Ausländerbehörden werden Daten benötigt, deren Kenntnis für eine beabsichtigte ausländerrechtliche Entscheidung oder Maßnahme erforderlich ist. Dies können unter anderem auch Angaben zu Personalien und Aufenthaltstiteln von Familienangehörigen, Mitgliedschaften in Vereinen und sonstigen Organisationen, früheren Aufenthalten im Bundesgebiet, Passbesitz, Rückkehrberechtigungen und Vorstrafen im In- oder Ausland sein. Die Erhebung von Daten auf Vorrat zu unbestimmten oder noch nicht bestimmbaren Zwecken ist unzulässig; es gilt der Grundsatz der Zweckbindung. Eine Datenerhebung zu einem unbestimmten Zweck ist nicht erforderlich und deshalb abzulehnen. *238*

Entscheidungen oder Maßnahmen in diesem Sinne sind insbesondere:
– Die Erteilung oder Verlängerung eines Aufenthaltstitels,[352]
– Entscheidungen über die Begründung und Durchsetzung der Ausreisepflicht und alle in diesem Zusammenhang erforderlichen Maßnahmen,[353]
– Die räumliche Beschränkung eines Aufenthaltstitels oder einer Duldung, die Anordnung von Auflagen, Bedingungen oder sonstigen Nebenbestimmungen,
– Die Zurückweisung an der Grenze,[354]
– Die Zurückschiebung nach unerlaubter Einreise,[355]
– Die Ausstellung eines Passersatzes[356] oder eines Ausweisersatzes,[357]
– Die Durchsetzung der Verlassenspflicht,[358]
– Die Passvorlageanordnung[359] oder
– Die Identitätsfeststellung und -sicherung.[360]

---

[352] §§ 4–38 AufenthG.
[353] §§ 50-62 AufenthG.
[354] § 15 AufenthG.
[355] § 57 AufenthG.
[356] §§ 4ff. AufenthV.
[357] § 48 Abs. 2 AufenthG.
[358] § 12 Abs. 3 AufenthG.
[359] § 48 Abs. 1 AufenthG.
[360] § 49 AufenthG.

239 Sensitive Daten[361] sind Angaben über die ethnische Herkunft, politische Meinungen, religiöse oder philosophische Überzeugungen, Gewerkschaftszugehörigkeit, Gesundheit oder Sexualleben. Sie stehen aufgrund ihrer großen Relevanz für den einzelnen Betroffenen abstrakt, d. h. unabhängig vom Zweck der Verarbeitung, unter dem Primat der Datensparsamkeit. Dies verdeutlicht der Gesetzgeber, indem er die Zulässigkeit der Erhebung und Verarbeitung erneut an die Erforderlichkeit knüpft.[362] Die erhebende Behörde muss deshalb in Hinblick auf das konkrete Verwaltungshandeln die Erforderlichkeit gesondert erwägen.[363] Einzelfälle, in denen die Erhebung dieser Daten zulässig sein kann, sind etwa Entscheidungen über die Gewährung von Aufenthaltstiteln aus humanitären Gründen oder die Aussetzung von Abschiebung oder Ausweisung.[364] Zu beachten ist die Vorschrift des Art. 8 EU–Datenschutzrichtlinie, die wegen mangelnder nationaler Umsetzung direkt bei der Anwendung des Ausländerrechts zu berücksichtigen ist: danach werden sensitive Daten gesondert aufbewahrt oder gekennzeichnet, um eine zweckwidrige Nutzung dieser Angaben auszuschließen.

c) *Hinweispflichten*

Werden personenbezogene Daten beim Betroffenen erhoben, so ist er auf die erhebende Stelle, den Zweck der Verarbeitung und voraussichtliche Empfänger einer Datenübermittlung hinzuweisen. Werden Daten aufgrund einer Rechtsvorschrift erhoben, so muss über sie, andernfalls über die Freiwilligkeit der Mitwirkung aufgeklärt werden.[365]

4. Übermittlung personenbezogener Daten im Einzelfall

a) *Übermittlungen an Ausländerbehörden*

240 Unter bestimmten Voraussetzungen müssen andere öffentliche Stellen die Ausländerbehörden über Umstände unterrichten, die im Zusammenhang mit Ausländern stehen.[366] Die Verpflichtung zur Mitteilung betrifft insbesondere folgende öffentliche Stellen:[367]

---

[361] § 3 Abs. 9 BDSG.
[362] § 86 Satz 2 AufenthG.
[363] *Kloesel/Christ/Häußer*, Deutsches Aufenthalts- und Ausländerrecht, Band 1, Stand Juli 2009, § 86 AufenthG.
[364] §§ 25, 60, 60a AufenthG.
[365] §§ 12, 4 DSG NRW.
[366] § 87 AufenthG.
[367] Nr. 87.1.1.1 der Allgemeinen Verwaltungsvorschrift zum Aufenthaltsgesetz – AVwV – vom 26. 10. 2009, in Kraft getreten am 31. 10. 2009.

Datenschutz im Ausländerwesen

- die Polizei des Bundes und der Länder, die Ordnungsbehörden, die Strafverfolgungs-, Strafvollstreckungs- und Strafvollzugsbehörden sowie die Gerichte,
- die Auslandsvertretungen,
- das Bundesamt für Migration und Flüchtlinge,
- die für die Verfolgung und Ahndung von Ordnungswidrigkeiten zuständigen Behörden,
- die Meldebehörden,
- die Vertriebenenbehörde(n), wenn die Ausstellung einer Bescheinigung[368] abgelehnt oder eine erteilte Bescheinigung zurückgenommen wird,
- das Bundesverwaltungsamt, wenn ein Aufnahmebescheid nach der Einreise zurückgenommen worden ist,
- die Standesämter,
- die Finanzämter,
- die Bundesagentur für Arbeit,
- die Träger der Sozialhilfe und der Grundsicherung für Arbeitsuchende,
- die für die Durchführung des AsylbLG zuständigen Behörden und Kostenträger,
- die Jugendämter und öffentliche Stellen in den Bereichen Erziehung, Bildung und Wissenschaft.

aa) Übermittlung auf Ersuchen

Ausländerbehörden können andere öffentliche Stellen ersuchen, Umstände, die diesen bekannt geworden sind, an die Ausländerbehörde zu übermitteln. Diese Form der Datenerhebung ist zulässig, wenn die Kenntnis der Umstände zur Erfüllung der Aufgaben der ersuchenden Stelle erforderlich ist und die Daten ohne Mitwirkung des Betroffenen verarbeitet werden dürfen.[369] Die Rechtmäßigkeit der Übermittlung bestimmt sich aus der Sicht der ersuchten Behörde. Die Ausländerbehörde hat im Einzelnen darzulegen, welche Daten sie für welche Aufgabenerfüllung benötigt – wobei in eindeutigen Fällen die Angabe der Rechtsvorschrift genügt – und aus welchen Gründen die Daten ohne Mitwirkung des Betroffenen erhoben werden müssen. Ein *fernmündliches* Übermittlungsersuchen ist nur zulässig, wenn die mit einem *schriftlichen* Übermitt-

241

---

[368] nach § 15 BVFG.
[369] Hierbei handelt es sich um eine nach § 13 Abs. 2 lit. a) DSG NRW erlaubte Zweckänderung: Die ersuchte Stelle hat die Daten zu einem bestimmten Zweck erhoben. Die Ausländerbehörde verfolgt nun einen anderen Zweck. Das ist ausnahmsweise zulässig.

lungsersuchen verbundene zeitliche Verzögerung nicht zu vertreten ist.[370] Sollte das Ersuchen der Ausländerbehörde Sozialdaten des Ausländers[371] betreffen, so ist konkret anzugeben, für welche der in dieser Norm genannten ausländerrechtlichen Entscheidungen die Auskunft benötigt wird.

bb) Übermittlung ohne Ersuchen

242 In einigen Fällen[372] sind öffentliche Stellen zur unverzüglichen Unterrichtung der Ausländerbehörden verpflichtet, wenn ihnen bestimmte Sachverhalten bekannt werden. Der Empfang dieser „aufgedrängten Daten" ist keine Datenerhebung.[373] Die Zulässigkeit der Unterrichtung bestimmt sich deshalb nur aus Sicht der Stelle, die über diese Umstände berichtet. Sie beurteilt selbst, ggf. nach Absprache mit der örtlich zuständigen Ausländerbehörde, ob eine Datenübermittlung erforderlich ist. Die Zulässigkeit einer weiteren Datenverarbeitung – insbesondere einer Speicherung – beurteilt dann wieder die Ausländerbehörde. Auch hier muss eine Zweckänderung nach dem jeweils einschlägigen Recht zulässig sein. Ob und welche weitergehenden Maßnahmen aufgrund der übermittelten Umstände getroffen werden und ob diese Maßnahmen gerechtfertigt sind, entscheidet die Ausländerbehörde in eigener Verantwortung. Die Übermittlungspflicht ist nicht auf den Zweck beschränkt, eine Ausweisung zu ermöglichen; weiterhin ist sie nicht durch Bestimmungen über den besonderen Ausweisungsschutz[374] eingeschränkt. Haben öffentliche Stellen die Ausländerbehörde bereits unterrichtet, sind weitergehende Datenübermittlungen zur Vorbereitung von Entscheidungen und Maßnahmen auf *Ersuchen* der Ausländerbehörde[375] unter Berücksichtigung der für die datenübermittlungspflichtigen Stellen geltenden speziellen Regelungen zulässig. Von einer Unterrichtung ist nur abzusehen, wenn der öffentlichen Stelle bekannt ist oder aus ihrer Sicht kein ernsthafter Zweifel daran besteht, dass die Ausländerbehörde oder die zuständige Polizeibehörde bereits über die Anschrift, den gewöhnlichen bzw. tatsächlichen (derzeitigen und künftigen) Aufenthalt des Ausländers unterrichtet ist.

(1) Unterrichtung über illegalen Aufenthalt

243 Sobald öffentliche Stellen Kenntnis davon erlangen, dass sich ein Ausländer im Bundesgebiet aufhält, ohne einen erforderlichen Aufenthaltstitel zu haben, und dass seine Abschiebung ausgesetzt wurde, haben sie die Ausländerbehörden

---

[370] Nr. 87.1.3.1 der AVwV.
[371] § 71 Abs. 2 Nr. 1 SGB X.
[372] § 87 Abs. 2 Satz 2 Nr. 1–4 AufenthG.
[373] *Stähler/Pöhler*, Datenschutzgesetz NRW, 3. Aufl., § 3 Rn. 10.
[374] § 56 AufenthG.
[375] § 87 Abs. 1 AufenthG.

unverzüglich zu unterrichten. Dies gilt aber nur, soweit sie die Kenntnis im Zusammenhang mit ihrer Aufgabenerfüllung erlangt haben.[376]
Nicht jeder Ausländer braucht einen Aufenthaltstitel. Keinen Aufenthaltstitel benötigen:
- heimatlose Ausländer, die als solche durch ihren Pass ausgewiesen sind,
- Ausländer, auf die das AufenthG keine Anwendung findet,[377] (insbesondere EU-Bürger)
- Ausländer, die vom Erfordernis eines Aufenthaltstitels befreit sind[378], sowie
- Ausländer, die eine Aufenthaltsgestattung nach dem AsylVfG besitzen.

(2) Unterrichtung über den Verstoß gegen eine räumliche Beschränkung und sonstige Ausweisungsgründe

Eine Unterrichtungspflicht besteht auch, wenn die Stelle *erstmalig* erfährt, dass ein Ausländer mehrmals gegen eine räumliche Beschränkung verstoßen hat. Die sonstigen Ausweisungsgründe sind alle im AufenthG[379] genannt. Eine Unterrichtungspflicht besteht ferner, wenn die öffentliche Stelle Kenntnis von Tatsachen erlangt, aus denen auf einen solchen Ausweisungsgrund zu schließen ist.

244

(3) Unterrichtung bei Vaterschaftsanfechtungsrecht der zuständigen Behörde

Erlangen öffentliche Stellen von konkreten Tatsachen Kenntnis, die die Annahme rechtfertigen, dass die Voraussetzungen für eine behördliche Vaterschaftsanfechtung[380] vorliegen, müssen sie die Ausländerbehörden ebenfalls unverzüglich unterrichten. Die zuständige Behörde kann die Vaterschaft nur anfechten, wenn der Mann seine Vaterschaft *anerkannt* hat. Ist der Mann zum Zeitpunkt der Geburt mit der Mutter verheiratet oder wurde seine Vaterschaft gerichtlich festgestellt, so besteht kein behördliches Anfechtungsrecht, und die Ausländerbehörden werden nicht unterrichtet. Diese spezielle Unterrichtungspflicht tritt ergänzend neben die allgemeine Unterrichtungspflicht öffentlicher Stellen.[381] Erkennt ein deutscher Mann die Vaterschaft für ein ausländisches Kind an, kann dieses Kind die deutsche Staatsbürgerschaft erlangen. Die (deutsche) Staatsangehörigkeit des Kindes ist wesentliche Voraussetzung dafür, dass

245

---
[376] § 87 Abs. 2 Satz 1 Nr. 1 AufenthG.
[377] § 1 Abs. 2 AufenthG.
[378] §§ 15 ff. AufenthV.
[379] Die sonstigen Ausweisungsgründe sind in den §§ 53–55 AufenthG aufgezählt.
[380] § 1600 Abs. 1 Nr. 5 BGB.
[381] *Kloesel/Christ/Häußer*, Deutsches Aufenthalts- und Ausländerrecht, Band 1, Stand Juli 2009, § 87 AufenthG, S. 4.

der Mutter eine Aufenthaltserlaubnis erteilt wird. Dieser Zusammenhang kann in der Praxis missbraucht werden, um – gegen Geldzahlung oder sonstige Vorteile – ausländischen Müttern einen Aufenthaltstitel zu verschaffen. Sollte die Stelle, die die Vaterschaftsanerkennung und Zustimmung der Mutter beurkundet hat, konkrete Tatsachen erkennen, die dafür sprechen, dass ein solcher Missbrauch vorliegt,[382] so unterrichtet sie die Ausländerbehörde. Bloße Vermutungen genügen nicht. Mit dieser Unterrichtungspflicht soll verhindert werden, dass Ausländerbehörden, sobald Vaterschaftsanerkennungen mit Auslandsbezug im Raum stehen, regelmäßig die zuständigen Behörden ersuchen, Informationen zum Anerkennungsverfahren zu übermitteln, um jeden Verdacht eines Missbrauchs auszuschließen.[383] Beteiligte Behörden arbeiten dadurch effektiver zusammen. Vor diesem Hintergrund können Jugendämter in einen Konflikt geraten: Auf der einen Seite müssen sie die Ausländerbehörden unterrichten, auf der anderen Seite müssen sie nach gesetzlichem Auftrag Kinder und Eltern bei der Erziehung unterstützen.[384] Dem trägt das Gesetz Rechnung und beschränkt die Mitteilungspflicht des Jugendamtes zu Gunsten des Erziehungsauftrages.[385]

(4) Unterrichtungspflicht bei besonderem Integrationsbedarf

246 Soweit öffentliche Stellen im Zusammenhang mit ihrer Aufgabenerfüllung von einer besonderen Integrationsbedürftigkeit Kenntnis erlangen, *sollen* sie die Ausländerbehörde unverzüglich davon informieren.[386] Die Integrationsbedürftigkeit richtet sich nach der hierzu erlassenen Rechtverordnung des Bundes.[387] In Integrationskursen sollen Ausländer die deutsche Sprache in ausreichendem Maß erlernen. Dieses Kursziel ist erreicht, wenn sich ein Kursteilnehmer im täglichen Leben in seiner Umgebung selbständig sprachlich zurechtfinden und entsprechend seinem Alter und Bildungsstand ein Gespräch führen und sich schriftlich ausdrücken kann. Zusätzlich sollen Alltagswissen und Kenntnisse der Rechtsordnung, der Kultur und der Geschichte Deutschlands vermittelt werden. Insbesondere zählen dazu die Demokratie als Grundprinzip der deutschen Gesellschaft, sowie die Prinzipien der Rechtsstaatlichkeit, Gleichberechtigung, Toleranz und Religionsfreiheit. Ein Integrationsbedarf besteht, soweit ein Ausländer die deutsche Sprache nicht in ausreichendem Maß beherrscht oder Mängel im Alltagswissen bzw. zum demokratischen Grundverständnis

---

[382] Z.B. Mehrfache Vaterschaftsanerkennungen mit Auslandsbezug bei unterschiedlichen Müttern, Geldzahlungen.
[383] BT-Drs. 16/3291, Begründung zu Art. 2 Abs. 2 Nr. 2 des Entwurfs des Gesetzes zur Ergänzung des Rechts zur Anfechtung der Vaterschaft.
[384] § 1 SGB VIII.
[385] § 87 Abs. 2 Satz 1, 2 Halbsatz AufenthG.
[386] § 87 Abs. 2 Satz 2 AufenthG.
[387] § 43 Abs. 4 AufenthG i.V.m. Integrationskursverordnung (IntV).

der Bundesrepublik erkennbar sind. Die Ausgestaltung als Soll-Vorschrift verdeutlicht, dass die öffentlichen Stellen immer unterrichten müssen, es sei denn, im Ausnahmefall tritt ein Konflikt mit ihrem gesetzlichen Auftrag ein. Dann darf eine Unterrichtung unterbleiben.[388]

(5) Mitteilungs- und Unterrichtungspflichten der Beauftragten der Bundesregierung für Migration, Flüchtlinge und Integration

Die Beauftragte der Bundesregierung für Migration, Flüchtlinge und Integration hat unter anderem die Aufgaben, die Integration zu fördern und die Voraussetzungen für ein möglichst spannungsfreies Zusammenleben zwischen Ausländern und Deutschen sowie unterschiedlichen Gruppen von Ausländern weiterzuentwickeln, Verständnis füreinander zu fördern und der Fremdenfeindlichkeit entgegenzuwirken.[389] Sie ist in einem Spannungsfeld tätig, in dem die unterschiedlichsten Interessen aufeinander treffen. Deshalb ist es für den Erfolg ihrer Aufgabe immanent wichtig, dass das Vertrauen aller Beteiligter gewinnen kann und die Bedeutung und Wirksamkeit ihres Amtes nicht angegriffen ist. Dem trägt das Gesetz Rechnung, indem die Beauftragte nur zu einer Mitteilung verpflichtet ist, soweit dadurch die Erfüllung der eigenen Aufgaben nicht gefährdet wird. Eine Gefährdung könnte vorliegen, wenn das Vertrauen in ihre Amtsführung oder in die Bedeutung oder Wirksamkeit ihres Amtes beeinträchtigt wird. Das gilt für Ausländerbeauftragte der Länder und Integrationsräte[390] der Gemeinden entsprechend, wenn die Landesregierung dies durch eine Rechtsverordnung bestimmt hat.[391]

247

(6) Unterrichtung über Straf- und Bußgeldverfahren

Die für die Einleitung und Durchführung eines Straf- oder eines Bußgeldverfahrens zuständigen Stellen müssen die Ausländerbehörden unverzüglich über die Einleitung eines solchen Verfahrens unterrichten.[392] Diese Pflicht kann insbesondere auch die für Steuerstrafsachen zuständigen Finanzbehörden bis zur Erhebung der öffentlichen Klage oder einer ihr gesetzlich gleichgestellten Verfahrenshandlung[393], sowie die Vollstreckungsleiter als Vollstreckungsbehörde nach der Rechtskraft der Entscheidung in Strafsachen gegen Jugendliche und Heranwachsende[394] treffen. Die Unterrichtung ist aktenkundig zu machen. Die

248

---

[388] *Kloesel/Christ/Häußer*, Deutsches Aufenthalts- und Ausländerrecht, Band 1, Stand Juli 2009, § 87 AufenthG, S. 2.
[389] § 93 AufenthG.
[390] Z.B. § 27 GO NRW.
[391] § 87 Abs. 3 Satz 2 AufenthG.
[392] § 87 Abs. 4 AufenthG.
[393] §§ 414 Abs. 2 Satz 1, 418 Abs. 3 Satz 1 StPO, § 76 JGG.
[394] §§ 82, 110 JGG.

Bereichsspezifischer Datenschutz

für die Ahndung und Verfolgung von Ordnungswidrigkeiten zuständigen Verwaltungsbehörden müssen die Ausländerbehörde nur unterrichten, wenn die Ordnungswidrigkeit mit einer Geldbuße von mehr als 1 000 Euro geahndet werden kann.[395] Ist die Ausländerbehörde nicht von einer anderen Stelle über die Einleitung eines strafrechtlichen Ermittlungsverfahrens unterrichtet worden, so hat die Staatsanwaltschaft sie zu informieren. Ist die Ausländerbehörde unterrichtet worden, so muss ihr auch über die Aufhebung oder Aussetzung dieser Entscheidung bzw. über eine Wiederaufnahme des Verfahrens berichtet werden.[396]

Ein *Beispiel* für die weitreichenden Folgen dieser behördlichen Zusammenarbeit in Strafsachen ist die Einleitung einer länderübergreifenden Personenfahndung. Schreiben Ausländerbehörden über die Datenstationen der Polizei ausgewiesene und abgeschobene Ausländer in SIS[397] und INPOL[398] zur Personenfahndung aus, führt dies praktisch zu einem Einreiseverbot der Ausländer in die Staaten der EU. Fehler bei der Datenverarbeitung führen in diesem Bereich zu gravierenden Rechtsverletzungen der Betroffenen.

b) Übermittlungen bei besonderen gesetzlichen Verwendungsregelungen

249 Die Übermittlungspflicht besteht nicht schrankenlos. In einzelnen Fällen wird das Geheimhaltungsinteresse des Ausländers höher gewertet. Besondere Verwendungsregeln stehen dann einer Übermittlung entgegen.[399] Zu nennen sind insbesondere die Vorschriften über die Verletzung von Privatgeheimnissen[400] und über die Wahrung des Steuergeheimnisses.[401] Dennoch ist eine Übermittlung ausnahmsweise auch dann zulässig, wenn eine besondere Verwendungsregel entgegensteht. Dies gilt insbesondere, wenn der Ausländer die öffentliche Gesundheit gefährdet[402] oder gefährliche Betäubungsmittel gebraucht.[403] Dem

---

[395] § 87 Abs. 4 Satz 3 AufenthG.
[396] § 20 EGGVG. Bei Datenübermittlungen sind die §§ 12, 18–22 EGGVG zu beachten.
[397] Das Schengener Informations System ist eine nichtöffentliche Datenbank, in der Personen und Sachen eingetragen sind, die im Schengen-Raum zur Fahndung ausgeschrieben sind. Zugriffsberechtigt sind nur Sicherheitsbehörden in Schengen-Ländern. Rechtsgrundlage ist das Schengener Durchführungsübereinkommen (SDÜ) und die dazugehörigen Durchführungsvereinbarungen.
[398] **INPOL** ist das bundesweit einheitliche polizeiliche Informationssystem der deutschen Polizeien. Es bietet u.a. Schnittstellen zu den in SIS und dem AZR gespeicherten Daten und wird technisch laufend weiterentwickelt. Die neueste Version ist grafikfähig und kann so z.B. Bilddateien von Personen wiedergeben.
[399] § 88 AufenthG.
[400] § 203 StGB.
[401] § 30 AO.
[402] § 88 Abs. 2 Nr. 1 AufenthG bzw. § 71 Abs. 2 Nr. 2 SGB X.
[403] § 88 Abs. 2 Nr. 2 AufenthG.

Steuergeheimnis unterfallende personenbezogene Daten dürfen in engen Grenzen übermittelt werden.⁴⁰⁴

c) Verfahren bei identitätssichernden und feststellenden Maßnahmen

Spezielle Vorschriften bestehen für die Behandlung erkennungsdienstlicher Unterlagen.⁴⁰⁵ Die *Amtshilfe* des Bundeskriminalamtes bei der Auswertung besteht darin, dass es die ihm übermittelten Informationen⁴⁰⁶ über erkennungsdienstliche Maßnahmen mit bereits vorliegenden erkennungsdienstlichen Unterlagen vergleicht, um die Identität oder Staatsangehörigkeit einer Person festzustellen. Amtshilfe durch das Bundeskriminalamt ist nur zulässig, wenn die ersuchende Stelle Identität, Lebensalter oder Staatsangehörigkeit nicht selbst feststellen kann. Um Amtshilfe dürfen nur bestimmte Behörden ersuchen.⁴⁰⁷ Die Nutzung der erkennungsdienstlichen Unterlagen ist auch zur Strafverfolgung und zur polizeilichen Gefahrenabwehr zulässig.⁴⁰⁸ Innerhalb dieser Aufgabenbereiche dürfen sie allein verwendet werden, um die Identität einer Person festzustellen oder Beweismittel zuzuordnen. Die Unterlagen sind grundsätzlich mit Fristablauf zu vernichten. Für die Dauer eines Strafverfahrens oder von Maßnahmen zur Wahrung der öffentlichen Sicherheit und Ordnung dürfen sie länger aufbewahrt werden.⁴⁰⁹

250

d) Übermittlungen durch Ausländerbehörden

Auch die mit der Ausführung des Aufenthaltsgesetzes betrauten Behörden sind in bestimmten Fällen dazu verpflichtet, andere Stellen zu unterrichten. Die Übermittlungsvorschrift ist jedoch nicht abschließend; die Ausländerbehörden können auch in anderen Fällen Daten an andere Stellen übermitteln. Die Rechtmäßigkeit solcher Übermittlungen richtet sich – soweit vorhanden – nach bereichsspezifischen Bundes- oder Landesregelungen, ergänzend nach den Vorschriften des Bundesdatenschutzgesetzes bzw. der Datenschutzgesetze der Länder. Sie ist nur insoweit zulässig, als sie zur Erfüllung der Aufgaben des Dritten, an den übermittelt wird, erforderlich ist.⁴¹⁰

251

---

404 § 88 Abs. 3 Satz 1 AufenthG. Anders als bei § 87 Abs. 2 AufenthG liegt hier keine Übermittlungspflicht vor. Es wird lediglich der Schutz des Steuergeheimnisses aufgehoben und die pb Daten dürfen an die Ausländerbehörde übermittelt werden. Eine Unterrichtungspflicht der Finanzbehörden bestimmt sich unabhängig vom Steuergeheimnis nach § 87 Abs. 2 AufenthG.
405 § 89 AufenthG.
406 Unterlagen der mit dem Vollzug des Ausländerrechts zuvor betrauten Behörden, § 49 Abs. 2 AufenthG.
407 § 71 Abs. 4 AufenthG.
408 § 89 Abs. 2 AufenthG.
409 § 89 Abs. 3 AufenthG.
410 § 14 Abs. 1 DSG NRW.

aa) Unterrichtungspflichten

252 Die Ausländerbehörde muss die zuständige Stelle unterrichten, wenn der Aufenthaltstitel nicht erkennen lässt, dass die Ausübung einer Beschäftigung erlaubt oder erlaubnisfrei[411] ist. Ausländer, denen nach Gemeinschaftsrecht Freizügigkeit innerhalb der Europäischen Union gewährt wird, bedürfen keines Aufenthaltstitels. Verletzt ein Ausländer gegenüber Leistungsträgern seine Mitwirkungspflicht bei Änderungen in den Verhältnissen, die für die Leistung erheblich sind, so hat die Ausländerbehörde dies der zuständigen Behörde mitzuteilen.[412] Liegen konkrete Anhaltspunkte für bestimmte Verstöße gegen das Schwarzarbeitsbekämpfungsgesetz[413] vor, so unterrichten die Ausländerbehörden die zuständigen Stellen.

bb) Zusammenarbeit der Behörden

253 Die mit der Ausführung des Aufenthaltsgesetzes betrauten Behörden arbeiten insbesondere mit der Bundesagentur für Arbeit und den Behörden der Zollverwaltung zusammen sowie mit den:[414]

– Finanzbehörden,

– der Bundesnetzagentur für Elektrizität, Gas, Telekommunikation, Post und Eisenbahnen,

– Einzugsstellen,[415]

– Trägern der Rentenversicherung,

– Trägern der Unfallversicherung,

– Trägern der Sozialhilfe,

– Nach dem AsylbLG zuständigen Behörden,

– dem Bundesamt für Güterverkehr,

– für den Arbeitsschutz zuständigen Landesbehörden,

– Polizeivollzugsbehörden der Länder auf Ersuchen im Einzelfall und

– Nach Landesrecht für die Verfolgung und Ahndung von Ordnungswidrigkeiten nach dem Schwarzarbeitsbekämpfungsgesetz zuständigen Behörden.

---

[411] Die Erteilung eines Aufenthaltstitels zum Zwecke der Beschäftigung (§ 17 Satz 1, § 18 Abs. 2 Satz 1, § 19 Abs. 1 Satz 1 AufenthG) bedarf in den Fällen der §§ 2 bis 16 BeschV nicht der Zustimmung der Bundesagentur für Arbeit gemäß § 39 AufenthG.

[412] § 90 Abs. 1 AufenthG.

[413] § 6 Abs. 3 Nr. 1-4 SchwarzArbG.

[414] Die Aufzählung ergibt sich aus Nr. 90.2.1 der AVwV.

[415] § 28i SGB IV.

Die Zusammenarbeit besteht in der gegenseitigen Unterrichtung und in der Amtshilfe, die sich nach den dafür geltenden Vorschriften richtet. Darüber hinaus sollen die Behörden gemeinsame Maßnahmen zur gezielten Überprüfung verdächtiger Sachverhalte durchführen und ihre Ermittlungen koordinieren.

cc) Datenübermittlungen der Ausländerbehörden an die Meldebehörden

Die Ausländerbehörden unterrichten die Meldebehörden unverzüglich, wenn sie Anhaltspunkte dafür haben, dass Angaben im Melderegister, die einen meldepflichtigen Ausländer betreffen, unrichtig oder unvollständig sind.[416] Darüber hinaus gleichen die Ausländer- und die Meldebehörde einmal im Jahr ihre Datenbestände in Hinblick auf Familienname, Geburtsname und Vornamen, Tag, Ort und Staat der Geburt, Staatsangehörigkeit, letzte Anschrift im Inland sowie Datum der Ausreise miteinander ab.[417] Ziel ist es, die Inhalte der Datenbanken kongruent zu halten, um Widersprüche bei amtlichen Statistiken, die auf der Grundlage der jeweiligen Datenbestände erstellt werden, zu vermeiden.[418]

254

dd) Datenübermittlungen an die für die Durchführung des AsylbLG zuständigen Behörden

Zur Mitteilung von Umständen, deren Kenntnis für die gesetzlichen Leistungen erforderlich sind, sind die Ausländerbehörden verpflichtet.[419] Dazu zählen alle Entscheidungen, Maßnahmen und Ereignisse, die den ausländerrechtlichen Status des Betroffenen bestimmen, verändern oder Einfluss auf Art und Umfang der Leistungen haben. Mitzuteilen ist außerdem die Zustimmung zur Aufnahme einer Beschäftigung von Leistungsberechtigten, sowie Erlöschen, Widerruf oder Rücknahme der Zustimmung. Adressat der Mitteilung und damit Empfänger der zu übermittelnden Daten ist die zuständige Behörde.[420] Die Zuständigkeit im Einzelnen richtet sich nach dem Landesrecht; sie liegt in der Regel bei den Trägern der Sozialhilfe.[421]

255

---

[416] § 90a AufenthG.
[417] § 90b AufenthG.
[418] *Kloesel/Christ/Häußer,* Deutsches Aufenthalts- und Ausländerrecht, Band 1, Stand Juli 2009, § 90a AufenthG.
[419] § 90 Abs. 3 AufenthG.
[420] § 10 AsylbLG.
[421] § 1 AG AsylbLG NRW.

5. Übermittlung personenbezogener Daten in besonderen Fällen

a) Fundpapier-Datenbank

256 Auf Ersuchen kann das Bundesverwaltungsamt bestimmte Daten[422] mit der Fundpapier-Datenbank[423] abgleichen, um Zweifel an der Identität oder Staatsangehörigkeit eines Ausländers durch Zuordnung zu einem aufgefundenen Papier auszuräumen.[424] Es genügt, wenn ausländische Stellen solche Zweifel äußern.[425] Nur die Behörden, die für identitätsfeststellende Maßnahmen zuständig sind,[426] können den Abgleich veranlassen. Zum Vergleich werden biometrische Daten (Lichtbild, Fingerabdrücke) übermittelt,[427] da diese weitgehend unveränderlich sind. Soweit das Bundesverwaltungsamt die Identität des Ausländers nicht eindeutig feststellen kann, übermittelt es die gefundenen Datensätze ähnlicher Personen an die ersuchende Stelle. Diese kann dann selbst einen Vergleich anstellen. Eine Übermittlung unterbleibt, wenn nicht zu erwarten ist, dass die aufgefundenen Daten die Identitätsfeststellung ermöglichen würden.[428]

b) Register zum vorübergehenden Schutz

257 Sobald ein Massenzustrom von Vertriebenen, die nicht in ihr Herkunftsland zurückkehren können, durch den *Europäischen Rat* festgestellt wurde, genießen diese Ausländer vorübergehenden Schutz in der Europäischen Union.[429] Die Mitgliedsstaaten haben sich dazu verpflichtet, dann eine bestimmte Anzahl von Vertriebenen aufzunehmen. Diesen wird eine Aufenthaltserlaubnis erteilt.

---

[422] Daten, die nach § 49 AufenthG erhoben wurden.
[423] Durch § 49a AufenthG wurde ab dem 01.10.2005 eine *Fundpapierdatenbank* eingerichtet, die vom Bundesverwaltungsamt geführt wird. Die Datensammlung enthält Informationen zu in Deutschland aufgefundenen, von ausländischen öffentlichen Stellen ausgestellten Identifikationspapieren. Die Einrichtung geht zurück auf eine Anregung der Innenminister der Länder.
[424] § 89a AufenthG.
[425] *Kloesel/Christ/Häußer*, Deutsches Aufenthalts- und Ausländerrecht, Band 1, Stand Juli 2009, § 89a AufenthG, Seite 2.
[426] Dies folgt aus dem Verweis auf die nach § 49 AufenthG erhobenen Daten. Welche Behörden gemeint sind, ergibt sich aus § 71 Abs. 4 AufenthG (z.B. Ausländerbehörden, Polizei und Behörden, die den grenzüberschreitenden Verkehr überwachen)
[427] § 89a Abs. 2 AufenthG.
[428] § 89a Abs. 4 AufenthG.
[429] Art. 34 der Richtlinie 2001/55/EG v. 20.07.2001 über Mindestnormen für die Gewährung vorübergehenden Schutzes im Falle eines Massenzustroms von Vertriebenen und Maßnahmen zur Förderung einer ausgewogenen Verteilung der Belastungen, die mit der Aufnahme dieser Personen und den Folgen dieser Aufnahme verbunden sind, auf die Mitgliedstaaten.

Das Bundesamt für Migration und Flüchtlinge (BAMF) führt ein Register über diese Vertriebenen.[430]

c) Datenverarbeitung im Asylverfahren

Im Asylverfahren dürfen die Behörden personenbezogene Daten nur zum Zwecke der Aufgabenerfüllung erheben.[431] Von Ausländern, die um Asyl nachsuchen, können Fingerabdrücke aller zehn Finger genommen oder ein Lichtbild erstellt werden, um ihre Identität nachzuweisen. Die Fingerabdruck-Daten werden beim Bundeskriminalamt in dem System „AFIS"[432] gespeichert. Weitere erkennungsdienstliche Maßnahmen können vorgenommen werden, soweit dafür eine andere Rechtsgrundlage besteht; die asylrechtlichen Vorschriften dürfen nicht umgangen werden. Außerdem ist zu beachten, dass weder die Einreise ohne Visum bzw. gültige Reisedokumente, noch die Stellung eines Folgeantrags eine Straftat darstellen, die Ermittlungsmaßnahmen rechtfertigt. Soweit besondere gesetzliche Verwendungsregelungen oder überwiegende schutzwürdige Interessen des Ausländers nicht entgegenstehen, bestehen Mitteilungspflichten.[433]

258

d) Datenverarbeitung nach dem „Antiterrorgesetz"

Vernetzte Datensammlungen zur Bekämpfung des internationalen Terrorismus haben zwar keinen spezifisch ausländerrechtlichen Bezug, betreffen fremde Staatsangehörige aber in besonderem Maße. Durch Gesetz[434] wurden die rechtlichen Grundlagen für die Errichtung einer zentralen Antiterrordatei sowie einzelner Projektdateien von Polizeien und Nachrichtendiensten geschaffen.[435] Durch gemeinsame Datenbanken soll die Zusammenarbeit der Sicherheitsbehörden gezielt unterstützt und der Informationsaustausch verbessert werden. Standort dieser neuen Informationszentrale ist das Bundeskriminalamt. Als beteiligte Behörden erhalten die Bundespolizeidirektion, die Landeskriminalämter, die Verfassungsschutzbehörden des Bundes und der Länder, der militärische Abschirmdienst, der Bundesnachrichtendienst und das Zollkriminalamt lesenden und schreibenden Zugriff. In der Antiterrordatei werden Informationen zu – mutmaßlichen – Mitgliedern oder Unterstützern terroris-

259

---

[430] § 91a AufenthG.
[431] § 7 Abs. 1 AsylVfG.
[432] **A**utomatisiertes **F**ingerabdruck **I**dentifizierungs **S**ystem.
[433] § 8 Abs. 1 AsylVfG
[434] Gesetz v 22. 12. 2006 zur Errichtung gemeinsamer Dateien von Polizeibehörden und Nachrichtendiensten des Bundes und der Länder, BGBl. I 2006 Nr. 66, S. 3409.
[435] Systematisch wurde das Antiterrordatei-Gesetz neu erlassen und für die Einführung der „Projektdateien" das Bundesverfassungsschutz-Gesetz, das Bundesnachrichtendienst-Gesetz und das Bundeskriminalamt-Gesetz geändert und ergänzt.

tischer Vereinigungen sowie zu gewaltbereiten Extremisten gespeichert.[436] Das Gesetz unterscheidet zwischen *Grunddaten* und *erweiterten Grunddaten*.[437] Bei letzteren kann die Behörde aus Geheimhaltungsgründen von einer Speicherung absehen. Ferner wirkt sich die Unterscheidung beim Zugriff auf die Daten aus. Zu den erweiterten Grunddaten zählen Informationen aus unterschiedlichen Lebensbereichen, u. a. genutzte Telekommunikationsanschlüsse, E-Mail-Adressen, Bankverbindungen, zugelassene sowie sonstige genutzte Fahrzeuge, Volkszugehörigkeit, Schulabschluss, ausgeübter Beruf sowie Fahr- und Flugerlaubnis. Die Sensibilität dieser Daten macht umfangreiche datenschutzrechtliche Kontrollmechanismen erforderlich.[438] Während die Antiterrordatei nur Eingaben zulässt, die durch Datenfelder vorgegeben sind, ist es im Rahmen der Projektdateien auch möglich, freie Texte zu speichern, wobei der Grundsatz der Datensparsamkeit besonders zu berücksichtigen ist.

6. Speicherdauer und Löschung personenbezogener Daten

a) Vernichtung von Unterlagen über Ausweisung, Zurückschiebung und Abschiebung

260 Die zehnjährige[439] Frist für die Vernichtung der zu den Ausländerakten gehörenden Unterlagen über Ausweisung, Zurückschiebung und Abschiebung beginnt mit Ablauf der Sperrwirkung, die als Rechtsfolge eintritt und in der Regel auf Antrag befristet wird.[440] Dürfen die Unterlagen zu Lasten des Ausländers nicht mehr verwertet werden, so sind sie vor Fristablauf zu löschen.[441] Bei unbefristeter Sperrwirkung besteht keine Pflicht zur Vernichtung. Das Vernichten von Unterlagen umfasst auch die Löschung von nach der Aufenthaltsverordnung gespeicherten Daten.[442] Ist die Behörde, die die Abschiebung veranlasst hat, nicht mit der Behörde identisch, die die Ausweisung verfügt hat, so ist die Akte an letztere zur Vernichtung zurückzugeben.

b) Vernichtung von Mitteilungen

261 Die Behörde, der die Mitteilung zuständigkeitshalber übersandt[443] worden ist, hat unverzüglich zu prüfen, ob die Daten für die anstehende ausländerrechtliche Entscheidung noch erheblich sind oder für eine spätere ausländerrecht-

---

[436] § 2 Satz 1 ATDG.
[437] § 3 Abs. 1 Nr. 1 ATDG.
[438] §§ 9 ff. ATDG.
[439] § 91 Abs. 1 Satz 1 AufenthG.
[440] § 11 Abs. 1 Satz 3 AufenthG.
[441] § 91 Abs. 1 Satz 2 AufenthG. Beispiel für ein Verwertungsverbot ist die Tilgung einer Verurteilung nach § 51 BZRG.
[442] § 68 Abs. 2 AufenthV.
[443] § 87 AufenthG.

liche Entscheidung noch erheblich werden können. Diese Prüfung ist aktenkundig zu machen. Wird die Entscheidungserheblichkeit verneint, so ist die Mitteilung zu vernichten;[444] dies ist zu vermerken. Die Vernichtung unterbleibt, soweit die Mitteilung für ein bereits eingeleitetes datenschutzrechtliches Kontrollverfahren benötigt wird. Das Gleiche gilt, wenn Umstände ohne Ersuchen mitgeteilt wurden.

V. Datenschutz im Melderecht

1. Vorbemerkung

Das Meldewesen ist Kern der staatlichen Verwaltung und betrifft jeden *Einwohner*.[445] Mit dem Bezug einer neuen Wohnung wird die allgemeine Meldepflicht ausgelöst.[446] Eine Abmeldung ist nur verpflichtend, sofern keine neue Wohnung im Inland bezogen wird. Im Zuge der Elektronifizierung von Verwaltungsabläufen (*e-Government*) erfordern Datenschutz und Datensicherheit in diesem Bereich ein besonderes Augenmerk. Zwischenzeitlich ist die Möglichkeit der Anmeldung über das Internet eröffnet, und den Bürgern kann ein Online-Zugriff auf im Melderegister gespeicherte Daten zur Verfügung gestellt werden.[447] Die Meldebehörden unterrichten sich gegenseitig auf elektronischem Wege über Zu- und Fortzüge, Personenstandsänderungen etc. Der elektronische Datenaustausch zwischen den Behörden ist mittlerweile verbindlich vorgeschrieben.[448] Um den datenschutzrechtlichen Anforderungen gerecht zu werden, stehen neue Technologien, wie insbesondere die elektronische Signatur und der Standard OSCI (Online Service Computer Interfaces), zur Verfügung.[449]

262

---

[444] § 91 Abs. 2 AufenthG.
[445] Zum Begriff: § 21 GO NRW.
[446] *Bünz*, Melderecht des Bundes und der Länder, Kommentar, Loseblatt, 14. Lfg. Dez. 2006, § 13 MG NRW, Rn. 3.
[447] Hessen, Bayern und Baden-Württemberg betreiben ein gemeinsames Internet-Portal für die zentrale einfache Melderegisterauskunft (ZEMA), über das in die Register mehrerer Kommunen online eingesehen werden kann.
[448] Seit dem 01.01.2007.
[449] Online Services Computer Interface (OSCI) ist der Name eines Protokollstandards für die deutsche Kommunalwirtschaft. Über das Internet können private und öffentliche Dienstleister mit ihren Kunden rechtlich anerkannte, elektronisch signierte und chiffrierte Dokumente sicher austauschen. OSCI wurde unter Federführung der OSCI-Leitstelle in Bremen entwickelt und mit dem Bundesamt für Sicherheit in der Informationstechnik (BSI) abgestimmt. Einzelheiten und aktuelle Informationen zu OSCI finden sich unter der Adresse: www.osci.de. Im Melderecht gilt der Standard XMeld. Bei vielen Meldebehörden sind überregional vereinheitlichte Programm-Standards im Einsatz, z.B. OK EWO.

2. Grundlagen

a) Aufgaben der Meldebehörden

263 Im Meldegesetz finden sich die gesetzliche Definition der Aufgaben der Meldebehörden[450] und Regelungen zu Zweckbindung und Verarbeitung der Meldedaten. Die Meldebehörden haben die in ihrem Zuständigkeitsbereich Wohnenden zu registrieren, um deren Identität und Wohnung feststellen und nachweisen zu können, erteilen Melderegisterauskünfte, wirken bei der Durchführung von Aufgaben anderer Behörden oder sonstiger öffentlicher Stellen mit und übermitteln Daten. Zur Erfüllung ihrer Aufgaben führen die Meldebehörden Melderegister. Darin werden die Grunddaten des Einwohners[451] sowie weitere sog. *indirekte* Meldedaten gespeichert,[452] die zur eigentlichen Aufgabenerfüllung der Kommunen benötigt und in Annexzuständigkeit im Meldeamt verarbeitet werden. Die „indirekten" Daten sind für die jeweils im Gesetz genannte Zweckbestimmung gesondert zu speichern und dürfen nicht mit anderen Daten verknüpft werden.

b) Richtigkeit und Vollständigkeit des Melderegisters

264 Die kommunalen Melderegister sind in der Praxis teilweise unrichtig oder unvollständig.[453] Seit in Nordrhein-Westfalen bei Ein- und Auszug keine Bestätigung des Wohnungsgebers mehr der Meldebehörde vorgelegt werden muss,[454] ist auch die Gefahr von Scheinanmeldungen größer geworden. Die Behörde hat von Amts wegen das Melderegister zu berichtigen oder zu ergänzen.[455] Damit enthält das Meldegesetz NRW neben einer Befugnis- zugleich eine Verpflichtungsnorm. Die Meldebehörden haben Daten zu berichtigen oder zu ergänzen, bei denen ihre Richtigkeit aufgrund tatsächlicher Anhaltspunkte bezweifelt werden muss. Zu einer eigenen Überprüfung melderechtlich relevanter Informationen, insbesondere auf Veranlassung der Polizei, ist die Meldebehörde grundsätzlich nicht verpflichtet. Wenn Bedienstete einer Meldebehörde aufgrund eines polizeilichen Hinweises eine Person unzutreffend als „unbekannt verzogen" registrieren, verletzen sie ihre Amtspflichten nicht,

---

[450] § 2 MG NRW; *Bünz*, a.a.O., § 2, Rn. 1.
[451] § 3 Abs. 1 MG NRW: Diese bestehen aus insgesamt 19 Titeln und reichen vom Namen bis zum Sterbetag.
[452] § 3 Abs. 2 MG NRW; dazu *Stollenwerk*, Meldegesetz für das Land Nordrhein-Westfalen, Kommentar, in: Praxis der Kommunalverwaltung – K8 NW, Loseblatt, Stand: Nov. 2006, § 3, S. 41 f.
[453] Diese Registerlücken werden in Großstädten auf ca. 2,4 % geschätzt und sind in der Regel auf Melderechtsverstöße bzw. -versäumnisse der Bürger zurückzuführen.
[454] Wurde zum 1. Juli 2004 im Zuge der Novellierung des Melderechtsrahmengesetzes für NRW abgeschafft.
[455] § 4a Abs. 1 Satz 1 MG NRW.

Datenschutz im Melderecht

soweit keine besonderen Umstände Zweifel an der Richtigkeit des Hinweises nahelegen.[456]

c) Meldegeheimnis

Bei Meldebehörden beschäftigte Personen dürfen personenbezogene Daten nur befugt verarbeiten;[457] diese Selbstverständlichkeit wird vom Gesetz als *Meldegeheimnis* bezeichnet.[458] Eine Verletzung dieser Vorschrift kann Konsequenzen insbesondere unter dem Gesichtspunkt der Amtshaftung nach sich ziehen.[459] Den Betroffenen[460] stehen Schutzrechte zu, zu denen u. a. Auskunft, Berichtigung, Sperrung, Löschung usw.[461] gehören. Schutzwürdige Interessen werden insbesondere beeinträchtigt, wenn die Verarbeitung der Meldedaten – gemessen an ihrer Eignung und Erforderlichkeit zu dem vorgesehenen Zweck – den Betroffenen unverhältnismäßig belastet; diese Prüfung entfällt, wenn die Verarbeitung durch Rechtsvorschrift vorgeschrieben ist.[462] Materiell ist Melderecht kein Geheimnisschutzrecht, sondern bereichsspezifisches Datenschutzrecht.[463] Datenschutzrechtlich relevant sind insbesondere die Regelungen über Melderegisterauskünfte, die grundsätzlich auch im Wege des Abrufs über das Internet erteilt werden können.[464] Die Zulässigkeit der Übermittlung von Meldedaten wird vom Landesmeldegesetz abschließend geregelt.

265

d) Zensus 2011

Entscheidend ist die Richtigkeit und Vollständigkeit des Melderegisters auch vor dem Hintergrund des für 2010/2011 in Deutschland geplanten *Zensus*, der nicht mehr als klassische Volkszählung, sondern als Registerzensus durchgeführt wird. Die EU hat alle Mitgliedstaaten zur europaweiten Zensusrunde 2011 verpflichtet.[465] Zu erfassende Grundmerkmale sind: Aufenthaltsort, Geschlecht, Alter, Familienstand, Geburtsland/-ort, Staatsangehörigkeiten, frühere Aufenthaltsorte, Ankunft am Aufenthaltsort, Beziehungen zwischen den Haushaltsmitgliedern. Mit dem Zensus 2011 wird in Deutschland ein neues Verfahren eingeführt, das sich erheblich von einer traditionellen Volkszählung

266

---

[456] *OLG Köln*, Urt. v. 18.03.1999 – Az.: 7 U 160/98, abgedruckt z.B. in MDR 2000, 766 f.
[457] § 6 Abs. 1 MG NRW.
[458] Näheres bei *Stollenwerk*, a.a.O., § 6, S. 49 f.
[459] *Bünz*, a.a.O., § 6, Rn. 5; *Stollenwerk*, a.a.O., § 6, S. 49.
[460] Der Begriff bezieht sich – anders als im allgemeinen Datenschutzrecht – auch auf verstorbene Personen; *Bünz*, a.a.O., § 7, Rn. 5 m.w.N.
[461] § 8 MG NRW fasst die Rechte des Betroffenen katalogartig zusammen.
[462] § 7 Satz 3 MG NRW.
[463] Dazu oben, Kap. 5 II.
[464] § 34 Abs. 1b, 1c MG NRW.
[465] EU-Zensusverordnung Nr. 763/2008 v. 09.07.2008, Abl. EU Nr. L 218 S. 14.

unterscheidet: Beim registergestützten Zensus werden hauptsächlich vorhandene Verwaltungsregister – vor allem Melderegister und Register der Bundesagentur für Arbeit –[466] genutzt. Informationen über die Gebäude und Wohnungen, die nicht flächendeckend durch die Verwaltung erfasst sind, werden daneben per Post bei den Gebäude- und Wohnungseigentümern erhoben.[467] Andere Fragen – wie etwa zu Bildung, Ausbildung oder Erwerbstätigkeit – werden nur bei einem kleinen Teil der Einwohner in Form repräsentativer Stichproben erhoben.[468] Zur Durchführung der Erhebung können die Länder Erhebungsstellen einrichten[469] und Erhebungsbeauftragte einsetzen.[470] Inhaltlich ist das Zensusgesetz datenschutzrechtlichen Gesichtspunkten verpflichtet. Daher sind die gewonnenen Hilfsmerkmale,[471] welche für die technische Zuordnung benötigt werden, nach Überprüfung auf ihre Schlüssigkeit und Vollständigkeit, spätestens jedoch vier Jahre nach dem Berichtszeitpunkt, zu löschen. Die Erhebungsdaten[472] werden hingegen dauerhaft genutzt. Eine Einschränkung besteht insoweit, als personenbezogene Daten aus der Zensuserhebung nicht in die Verwaltung zurück fließen dürfen. Bei der Datenfernübertragung sind Maßnahmen zu treffen, um insbesondere Vertraulichkeit, Integrität und Authentizität der Daten zu gewährleisten.[473]

3. Rechte der Betroffenen

267 Die Meldebehörde hat dem Betroffenen grundsätzlich über alle zu seiner Person gespeicherten Daten einschließlich der zum Nachweis ihrer Richtigkeit gespeicherten Hinweise sowie über den Zweck und die Rechtsgrundlage der Speicherung Auskunft zu erteilen.[474] Diese Information muss auf Antrag kostenlos gegeben werden.[475] Eine Auskunftsverweigerung kommt nur in den ge-

---

[466] Gesetz zur Anordnung des Zensus 2011 (ZensG 2011) v. 08.07.2009, BGBl. I, S. 1781ff., §§ 2 Abs. 1ff.
[467] § 6 Abs. 1; § 14 Abs. 1, 3 i.V.m. § 18 Abs. 2 ZensG 2011.
[468] § 7 ZensG 2011 i.V.m. der Stichprobenverordnung v. 25.06.2010, BGBl. I S. 830ff.
[469] § 10 ZensG 2011.
[470] § 11 ZensG 2011 i.V.m. § 14 BStatG. Näheres im Zensus 2011–Ausführungsgesetz NRW, LT-Drs. 15/15 v. 29.06.2010.
[471] Damit wird das Anschriften- und Gebäuderegister aus dem Zensusvorbereitungsgesetz 2011 v. 08.12.2007, BGBl. I S. 2808, aktualisiert; siehe § 3 Abs. 1 ZensG 2011.
[472] Dies sind z.B. Wohnort, Geburtsort und Geburtsmonat/Jahr, Geschlecht, Familienstand, Zuzugsdaten.
[473] § 20 Abs. 2 ZensG 2011. Die Norm ist auch im Fall der Nutzung allg. zugänglicher Netze einschlägig und verlangt dem jeweiligen Stand der Technik entsprechende Verschlüsselungsverfahren.
[474] § 9 Abs. 1 MG NRW.
[475] Die Auskunft kann auch im Wege des automatisierten Abrufs über das Internet erfolgen, § 9 Abs. 2a MG NRW.

setzlich normierten Fallgruppen in Betracht⁴⁷⁶ und ist für jeden Einzelfall zu begründen, es sei denn, der durch die Verweigerung verfolgte Zweck würde gefährdet.⁴⁷⁷ Abgelehnt wird die Auskunftserteilung durch einen mit Rechtsmitteln angreifbaren belastenden Verwaltungsakt.⁴⁷⁸ Der Betroffene kann sich unabhängig davon an den *LDI* wenden, dem die Auskunft zu übermitteln ist.⁴⁷⁹ Er hat ferner das Recht auf Berichtigung und Ergänzung unrichtiger oder unvollständiger Daten zu seiner Person;⁴⁸⁰ dies lässt sich aus dem informationellen Selbstbestimmungsrecht herleiten.⁴⁸¹ Die Daten des Betroffenen müssen gelöscht werden, sofern sie nicht mehr zur Aufgabenerfüllung der Meldebehörden benötigt werden oder die Speicherung unzulässig war.⁴⁸² Datenspeicherungen sind nicht Selbstzweck, sondern stets an die Erfüllung der den Meldebehörden obliegenden Aufgaben gebunden.⁴⁸³ Dieser Zweck entfällt mit dem Wegzug oder dem Tod des Einwohners.⁴⁸⁴ Verschiedene Speicherzwecke führen allerdings zu unterschiedlichen Aufbewahrungsfristen, die landesrechtlich festgelegt sind.⁴⁸⁵ Vor der Löschung ist die Weitergabe der Daten an ein kommunales oder staatliches Archiv vorgesehen.⁴⁸⁶

4. Einfache Melderegisterauskunft

Personen, die nicht Betroffene sind sowie Behörden oder öffentliche Stellen⁴⁸⁷ erhalten auf schriftlichen⁴⁸⁸ oder automatisierten Antrag Auskunft über personenbezogene Daten eines Einwohners.⁴⁸⁹ Ein Rechtsanspruch auf Meldere-

---

476 § 9 Abs. 3, 3a MG NRW. Siehe aber *BVerwG*, Urt. v. 21.06.2006 – 6 C 5/05 – Unzulässigkeit einer einfachen Melderegister-Auskunft für Zwecke der Direktwerbung, wenn der Betroffene der Weitergabe seiner Daten für solche Zwecke zuvor ausdrücklich widersprochen hat. Ebenso *Vahle*, Datenschutzberater 11/2008, S. 14.
477 § 9 Abs. 4 MG NRW.
478 *Bünz*, a.a.O., § 9, Rn. 13; *Wohlfarth/Eiermann/Ellinghaus*, Datenschutz in der Gemeinde, 2004, S. 42.
479 § 9 Abs. 5 Satz 1 MG NRW.
480 § 10 MG NRW.
481 *Bünz*, a.a.O., § 10, Rn. 2.
482 § 11 Abs. 1 MG NRW.
483 *Bünz*, a.a.O., § 11, Rn. 1.
484 § 11 Abs. 1 MG NRW.
485 *Wohlfarth/Eiermann/Ellinghaus*, a.a.O., S. 43.
486 § 12 MG NRW.
487 Zur Begriffsbestimmung § 34 Abs. 1 Satz 1 MG NRW i.V.m. § 31 Abs. 1 MG NRW.
488 Die Schriftform ist gesetzlich nicht vorgeschrieben, weshalb auch nach § 3a Abs. 2 VwVfG NRW keine qualifizierte elektronische Signatur erforderlich ist. Schriftlichkeit ist aber grundsätzlich geboten, da nur so eine präzise Zweckbezeichnung möglich ist.
489 Zur Auskunft § 34 Abs. 1, 1a, 1b, 1c MG NRW.

Bereichsspezifischer Datenschutz

gisterauskunft besteht nicht,[490] außer wenn die Datenübermittlung durch Rechtsvorschrift vorgeschrieben oder Amtshilfe geboten ist.[491] Die *einfache Melderegisterauskunft*[492] umfasst Vor- und Familiennamen, Doktorgrad sowie aktuelle Anschriften.[493] Eine Anfrage muss genaue Suchangaben enthalten, an die hinsichtlich ihres Bestimmtheitsgrades jedoch keine allzu hohen Anforderungen gestellt werden dürfen. Erst nach Bezahlung einer Gebühr, die auch bei negativer Auskunft fällig ist, wird die Information erteilt.[494] Dadurch soll u.a. willkürlichen Abfragen vorgebeugt werden. Bei der Auskunftserteilung wird ausschließlich auf die im Melderegister gespeicherten Daten zurückgegriffen.

269 Die Behörde erteilt von Amts wegen keine Auskunft, wenn ihr gesetzliche Ausschlussgründe bekannt sind oder der Betroffene selbst[495] einen Antrag gestellt hat. Ein Ausschlussgrund liegt vor, wenn Tatsachen die Annahme rechtfertigen, dass dem Betroffenen oder einer anderen Person durch die Weitergabe der Daten eine Gefahr für Leben, Gesundheit, persönliche Freiheit oder vergleichbar schutzwürdige Interessen erwachsen kann.[496] Zu diesen schutzwürdigen Interessen kann auch ein Vorgehen gegen gezielte Direktwerbung zählen. Es ist mit dem allgemeinen Informationsrecht vereinbar, durch eine meldebehördliche Übermittlungssperre erkennbar auf Direktwerbung abzielende Auskunftsbegehren bereits an der Quelle abfangen zu lassen.[497] Im Rahmen ihres Ermessens trägt die Behörde nach Anhörung des Betroffenen die Sperre in das Melderegister ein. Diese endet zunächst mit Ablauf des zweiten Jahres nach Eintragung, kann jedoch auf Antrag verlängert werden.[498] Die Weitergabe ist ferner unzulässig, soweit die Einsicht in ein Geburten- oder Familienbuch nach dem PStG nicht gestattet werden darf, sowie in Adoptionsfällen.[499] Liegen keine besonderen Umstände vor, kann gegen die Weitergabe der Daten im Rahmen der einfachen Melderegisterauskunft kein Widerspruch

---

[490] *Bünz*, a.a.O., § 31, Rn. 3.
[491] Dabei darf der durch § 31 MG NRW gewährleistete Datenschutz nicht unter Hinweis auf zu gewährende Amtshilfe unterlaufen werden.
[492] So bezeichnet, da sie an keine besonderen Voraussetzungen gebunden ist.
[493] § 34 Abs. 1 MG NRW.
[494] Die Landeshauptstadt Düsseldorf erhebt z.B. für eine einfache Melderegisterauskunft 7?, im Onlineverfahren 4? und für eine Auskunft aus den älteren mikroverfilmten Unterlagen 15?: www.duesseldorf.de (Stichwort: Melderegisterauskunft). Andere Städte haben ähnliche Preisregelungen.
[495] Die Selbstauskunft ist in § 9 Abs. 1 MG NRW geregelt.
[496] § 34 Abs. 6 MG NRW.
[497] *BVerwG*, Urt. v. 21.06.2006 – Az.: 6 C 5/05 – BVerwGE 126, 140ff. (Auskunftssperre).
[498] *Stollenwerk*, a.a.O., § 34, S. 108.
[499] § 34 Abs. 7 MG NRW.

5. Erweiterte Melderegisterauskunft

Frageberechtigt ist der Personenkreis der einfachen Meldeauskunft. Für die Auskunftserteilung muss jedoch zusätzlich ein *berechtigtes Interesse*[500] an den jeweils weiterzureichenden Daten glaubhaft gemacht werden.[501] Dieses Interesse ist nicht mit einem Rechtsanspruch gleichzusetzen. Geschützt werden vielmehr rein tatsächliche Interessen, die sowohl rechtlicher als auch wirtschaftlicher oder ideeller Natur sein können.[502] Im Rahmen der erweiterten Meldeauskunft können weit mehr personenbezogene Daten als bei der einfachen Meldeauskunft abgefragt werden.[503] Es werden nur solche Daten übermittelt, für die der Antragsteller ein berechtigtes Interesse glaubhaft gemacht hat.[504] Die Erteilung einer erweiterten Melderegisterauskunft ist ausgeschlossen, soweit die Behörde Kenntnis von Ausschlussgründen hat.

270

Wurde über eine betroffene Person eine erweiterte Melderegisterauskunft erteilt, so ist diese grundsätzlich unter Angabe des Empfängers von der Meldebehörde unverzüglich zu unterrichten.[505] Ausnahmsweise – in der Praxis regelmäßig[506] – unterbleibt eine Unterrichtung des Betroffenen, wenn der Datenempfänger ein *rechtliches* Interesse – insbesondere durch die Behauptung, Rechtsansprüche geltend machen zu wollen – glaubhaft gemacht hat.[507]

---

[500] Anerkannte Interessen sind beispielsweise die Suche nach ehemaligen Mitschülern zur Organisation eines Klassentreffens oder die Ahnenforschung zur Erstellung eines Familienstammbaums.

[501] § 34 Abs. 2 MG NRW: Glaubhaftmachen ist das Darlegen von Voraussetzungen, die die Annahme der überwiegenden Wahrscheinlichkeit, dass der behauptete Sachverhalt zutrifft, rechtfertigen.

[502] *Bünz*, a.a.O., § 34, Rn. 11; *Stähler/Pohler*, Kommentar zum DSG NRW, 3. Aufl. 2003, § 16 Rn. 3 lit. d).

[503] § 34 Abs. 2 MG NRW; z.B. frühere Anschriften, Staatsangehörigkeiten, Sterbetag etc.

[504] *Bünz*, a.a.O., § 34 Rn. 11. Die Uhrzeit der Geburt ist kein Meldedatum, kann jedoch vom Betroffenen aus der beim Geburtsstandesamt geführten Original-Geburtsurkunde erfragt werden.

[505] § 34 Abs. 2 Satz 2 MG NRW; *Stollenwerk*, a.a.O., § 34, S. 106.

[506] In Großstädten handelt es sich um ein „Massengeschäft"; Auskunfterteilungen werden daher aus praktischen Gründen nicht protokolliert.

[507] § 21 Abs. 2 MRRG; *Bünz*, a.a.O., § 34, Rn. 11.

6. Datenübermittlung an Behörden oder sonstige öffentliche Stellen

271 Die Meldebehörde darf an andere Behörden oder sonstige öffentliche Stellen im Inland aus dem Melderegister Daten übermitteln, soweit dies zur Erfüllung von in ihrer Zuständigkeit oder in der Zuständigkeit des Empfängers liegenden Aufgaben erforderlich ist.[508] Die Datenarten sind abschließend aufgezählt.[509] Ob der Empfänger aufgrund seiner Aufgabenstruktur solche Daten üblicherweise benötigt, unterliegt grundsätzlich einer Plausibilitätskontrolle der Meldebehörde.[510] Die Weitergabe *zusätzlicher Daten* ist an enge Voraussetzungen geknüpft. So muss die öffentliche Stelle ohne Kenntnis der angeforderten Meldedaten zur Erfüllung einer ihr durch Rechtsvorschrift übertragenen Aufgabe nicht in der Lage sein.[511] Darüber hinaus darf die Datenerhebung beim Betroffenen für den Empfänger nur mit unverhältnismäßigem Aufwand möglich oder wegen der Art der zu erfüllenden Aufgabe unmöglich sein.[512] Daten über eine Vielzahl nicht namentlich bezeichneter Einwohner dürfen zur Aufgabenerfüllung übermittelt oder weitergegeben werden, ohne dass es darauf ankommt, ob ein öffentliches Interesse besteht.[513]

272 Wird die Meldebehörde von der Polizei, den Staatsanwaltschaften, den Gerichten, den Justizvollzugsbehörden sowie den Landesbehörden für Verfassungsschutz, von dem Bundesamt für Verfassungsschutz, dem Bundesnachrichtendienst, dem Militärischen Abschirmdienst, dem Bundeskriminalamt, dem Bundesgrenzschutz, dem Zollfahndungsdienst oder dem Generalbundesanwalt um Datenübermittlung ersucht, entfällt die Prüfung durch die Meldebehörde.[514] Verantwortlich für die Rechtmäßigkeit der Datenübermittlung ist ausschließlich die ersuchende Behörde. Aufgrund ihrer spezifischen Aufgaben, erhalten die aufgezählten Behörden zusätzlich noch besondere Meldedaten, nämlich Ausstellungsbehörde, -datum, Gültigkeitsdauer und Seriennummer des Personalausweises bzw. Passes.[515] Gegen die Weitergabe dieser Daten kann seitens der Betroffenen kein Widerspruch erhoben werden.

---

[508] § 31 Abs. 1 MG NRW; Z.B. werden regelmäßig Daten an die Finanzämter, Schulen, Versorgungsämter, Ausländerbehörden oder Jugendämter weitergegeben. Zur automatisierten Übermittlung § 31 Abs. 1a MG NRW.
[509] § 31 Abs. 1 MG NRW; z.B. Ordens- und Künstlernamen, Geschlecht, gesetzliche Vertreter etc.
[510] *Stollenwerk*, a.a.O., § 31, S. 91. Eine derartige Kontrolle ist in vielen Fällen praktisch kaum durchführbar. Sie entfällt ohnehin bei bereichsspezifisch geregelten Anfragen (z.B. betreffend Personalausweisdaten, § 2b Abs. 3 Satz 1 PersAuswG), bei denen die Verantwortung für die Rechtmäßigkeit der Anfrage normenklar zugewiesen ist.
[511] § 31 Abs. 2 Nr. 1 MG NRW.
[512] § 31 Abs. 2 Nr. 2 MG NRW.
[513] Die Voraussetzungen des § 34 Abs. 3 MG NRW brauchen in diesem Fall nicht erfüllt zu sein; § 31 Abs. 1 Satz 4 MG NRW.
[514] § 31 Abs. 3 MG NRW.
[515] § 31 Abs. 1 Satz 3, Abs. 3 MG NRW i.V.m. § 3 Abs. 1 Nr. 17 MG NRW.

7. Regelmäßige Datenübermittlung in automatisierter Form

Regelmäßige Datenübermittlungen an andere Behörden oder sonstige öffentlichen Stellen – insbesondere im Wege automatisierter Abrufverfahren – sind auf Bundesebene grundsätzlich zulässig,[516] in NRW ebenfalls.[517] Es werden z.B. fortwährend Daten an die Finanzbehörden, die Ausländerbehörden, die Polizeibehörden, die Staatsanwaltschaften, die Straßenverkehrsbehörden und die Gerichte weitergeleitet. Der automatisierte Datenzugriff muss aber den Vorgaben des MG NRW genügen.[518] In der Praxis darf nur zur Erfüllung bestehender Aufgaben tatsächlich zugegriffen werden.

273

Eine in der Öffentlichkeit kritisch gesehene Ausprägung dieser Übermittlungsbefugnisse ist die regelmäßige Datenübertragung zwischen Meldebehörde und Gebühreneinzugszentrale (GEZ) bei Umzug und Tod eines volljährigen Einwohners.[519] Während die reine Übermittlung von Meldedaten von der Übermittlungsbefugnis gedeckt ist, bewegen sich andere Erhebungsmethoden der GEZ zur Verbesserung ihrer Einnahmesituation – insbesondere großangelegte zufällige Datenabgleiche – in einer rechtlichen Grauzone.[520]

8. Datenübermittlung an öffentlich-rechtliche Religionsgemeinschaften

Den öffentlich-rechtlichen Religionsgemeinschaften werden auf schriftlichen Antrag Meldedaten zur Erfüllung ihrer Aufgaben übermittelt.[521] Die Anfrage ist auch elektronisch möglich.[522] Daten eigener Mitglieder können umfassend weitergegeben werden.[523] Bezüglich Familienangehöriger (Ehegatten, minderjährige Kinder, Eltern der Mitglieder), die einer anderen oder gar keiner öffentlich-rechtlichen Religionsgemeinschaft angehören, ist die Möglichkeit der Datenübermittlung auf die im Gesetz genannten Fallgruppen beschränkt.[524] Der betroffene Familienangehörige kann jedoch verlangen, dass seine Daten nicht übermittelt werden.[525] Bei der Datenweitergabe zum Zwecke der Kir-

274

---

516 §§ 18 Abs. 4, 20 MRRG i.V.m. der 1. und 2. BMeldDÜV.
517 § 31 Abs. 5 MG NRW i.V.m. der MeldDÜV NRW.
518 §§ 30 ff. MG NRW.
519 § 14 MeldDÜV NRW.
520 Ein solcher Abgleich wird zum Beispiel mit den bei KfZ-Zulassungsbehörden geführten Halterlisten praktiziert. Ausgehend von der Annahme, dass üblicherweise jedes Fahrzeug mit einem Autoradio ausgestattet ist, sollen dadurch „Schwarzhörer" gezielt entdeckt werden.
521 § 32 MG NRW. Die Vorschrift trägt der Verpflichtung aus Art. 140 GG i.V.m. Art. 137 WRV Rechnung.
522 § 32 Abs. 5 MG NRW i.V.m. § 31 Abs. 1a MG NRW.
523 § 32 Abs. 1 MG NRW; z.B. Geschlecht, Doktorgrad, Zahl der minderjährigen Kinder etc.
524 § 32 Abs. 2 MG NRW; z.B. Familienname, Vorname, Tag der Geburt etc.
525 *Stollenwerk*, a.a.O., § 32, S. 99.

chensteuererhebung wird heute datenschutzkonform verfahren.[526] Aus Datenschutzgründen ist eine Übermittlung nur dann gestattet, wenn sichergestellt ist, dass bei dem Datenempfänger ausreichende Maßnahmen zur Gewährleistung der Datensicherheit getroffen sind. Die Feststellung hierüber trifft das Innenministerium.[527]

9. Datenübermittlung an den Suchdienst

275 Durch das neue *SDDSG* wird eine bereichsspezifische Grundlage für den Umgang der nationalen Suchdienste mit personenbezogenen Daten geschaffen.[528] Der nationale Suchdienst des *Deutschen Roten Kreuzes* und der *Kirchliche Suchdienst* führen aufgrund von Suchdienstvereinbarungen Aufgaben im Auftrag der Bundesregierung durch. Dabei speichern und erheben sie seit Kriegsende personenbezogene Daten, obgleich eine bereichsspezifische Grundlage bisher fehlte. Durch das Gesetz werden weder für die Wirtschaft, die Bürgerinnen und Bürger noch für die Verwaltung Informationspflichten neu eingeführt, geändert oder aufgehoben. Im Rahmen seiner Aufgabenerfüllung darf der Suchdienst umfangreiche Daten erheben wie z.B. Familienname, frühere Namen, Vornamen, Tag der Geburt und Geburtsort, gegenwärtige und frühere Wohnanschriften, bildliche Darstellungen, körperliche Merkmale, Zugehörigkeit zu militärischen Einrichtungen, Einreisedaten, Hinweise zu Flucht und Vertreibung sowie Hilfsleistungen.[529] Es liegt in der Natur der Sache, dass eine vorherige Einwilligung des Betroffenen nicht erforderlich ist.

276 Der Suchdienst des Deutschen Roten Kreuzes forscht unter anderem nach Personen, die aus den Vertreibungsgebieten stammen (Verschollene). Welche Gebiete davon erfasst sind, richtet sich nach dem Bundesvertriebenengesetz.[530] Darüber hinaus forscht er nach Kriegs- und Zivilgefangenen, Wehrmachtsvermissten und Zivilverschleppten des Zweiten Weltkrieges sowie Familien, die während oder als Folge des Zweiten Weltkrieges durch Flucht oder Vertreibung den Kontakt zueinander verloren haben.[531] Zu seiner Aufgabenerfüllung erhält der Suchdienst von der Meldebehörde folgende Daten: Familienname, frühere Namen, Vornamen, Tag der Geburt und Geburtsort, gegenwärtige Anschrift und aufgrund einer besonderen Stichtagsregelung die Anschrift am

---

[526] Das Kirchensteuermerkmal wird nur bei konfessionsverschiedenen Eheleuten bescheinigt (Schreiben des Bundesministeriums für Finanzen v. 27.07.2009 – IV C 5 – S 2363/07/0001 –).
[527] § 32 Abs. 4 Sätze 1 u. 2 MG NRW; In NRW erfüllen die Voraussetzungen: Die römisch – katholische Kirche, die evangelischen Landeskirchen, die Synagogengemeinde Köln und die Landesverbände NRW der Jüdischen Kultusgemeinden.
[528] Suchdienste-Datenschutzgesetz v. 02.04.2009, BGBl. I S. 690.
[529] § 3 SDDSG.
[530] § 1 Abs. 2 Nr. 3 BVFG.
[531] § 2 Abs. 1 SDDSG.

01.09.1939.[532] Die Daten werden nicht übermittelt, wenn ein Einwohner gegenüber der Meldebehörde schon im Vorfeld glaubhaft gemacht hat, dass dadurch ein Schaden entstehen könnte; denn dann besteht ein schutzwürdiges Interesse am Ausschluss der Datenübermittlung.[533]

10. Melderegisterauskunft an Parteien und Wählergruppen

Im Zusammenhang mit Parlaments,- Kommunal- oder unmittelbaren Wahlen von Bürgermeistern bzw. Landräten können Parteien,[534] Wählergruppen[535] und andere Träger von Wahlvorschlägen Meldedaten erhalten.[536] Die Auskunft wird ausschließlich in den sechs der Wahl vorangehenden Monaten erteilt. Eine Verpflichtung der Behörde zur Auskunftserteilung besteht nicht.[537] Wenn sie sich allerdings aufgrund einer Ermessensentscheidung zur Weitergabe von Daten entscheidet, gilt für sämtliche Antragsteller der Gleichbehandlungsgrundsatz.[538] Der vom Gesetzgeber bezeichnete Anlass – Wahlen und Abstimmungen – darf nicht auf allgemeine politische Kampagnen ausgedehnt werden.

277

Im Zusammenhang mit Volksbegehren, Volks- und Bürgerentscheiden erhalten sowohl Parteien als auch andere Träger von Wahlvorschlägen eine Melderegisterauskunft.[539] Bei *Volksbegehren* dürfen Auskünfte frühestens ab dem Tag der Bekanntmachung über die Zulassung der Listenauslegung und längstens bis zum Ablauf der Eintragungsfrist erteilt werden. Bei *Volksentscheiden* dürfen Auskünfte erst ab dem Tag der Bekanntmachung des Abstimmungstages und nur bis zum Tag vor der Abstimmung erteilt werden. Bei *Bürgerentscheiden* ist die Datenweitergabe von dem Tag an erlaubt, ab dem einem zulässigen Bürgerbegehren nicht entsprochen wird. Auskünfte dürfen hier bis zum Tag vor der Abstimmung gegeben werden.[540] Die Daten werden gruppenweise nach dem Lebensalter der Betroffenen zusammengestellt. Die Aus-

---

532 § 33 MG NRW.
533 § 4 Abs. 2 Satz 2 SDDSG.
534 Zum Begriff: § 2 Abs. 1 PartG.
535 Laut *BVerfG* handelt es sich hierbei um lose politische Zusammenschlüsse von Wahlberechtigten ohne Parteicharakter auf kommunaler, regionaler oder überregionaler Ebene.
536 § 35 Abs. 1 MG NRW.
537 *Bünz*, a.a.O., § 35, Rn. 3.
538 Dieser Grundsatz der Selbstbindung der Verwaltung wird aus Art. 3 GG hergeleitet; zu ihm *Wolff/Bachof/Stober/Kluth*, AllgVerwR I, 12. Aufl. 2007, § 24 Rn. 27 m.w.N.
539 § 35 Abs. 2 MG NRW.
540 Anders beurteilt sich z.B. die Auskunft an eine Ratsfraktion, wenn diese im Rahmen der ihr durch die Gemeindeverfassung eingeräumten Befugnisse tätig wird und nicht in parteipolitischer Funktion. Im ersteren Fall richtet sich die Weitergabe nach § 31 MG NRW, im letzteren nach § 35 Abs. 1 MG NRW.

kunft ist auf zwei Gruppen beschränkt, wobei die Gruppen nicht mehr als zehn Geburtsjahrgänge umfassen dürfen.[541] Das genaue Geburtsdatum darf jedoch nicht mitgeteilt werden. Folgende Daten werden weitergeben: Vor- und Familiennamen, Doktorgrad und aktuelle Anschriften.[542]

Auskünfte sind ausgeschlossen, wenn ein Betroffener widersprochen hat.[543] Auf das Widerspruchsrecht ist bei der Anmeldung sowie mindestens einmal jährlich durch öffentliche Bekanntmachung der Meldebehörde hinzuweisen. Dabei können für die Ausübung des Widerspruchsrechts angemessene Fristen festgesetzt werden.[544] Die Daten müssen unter Berücksichtigung des Zweckbindungsgebots spätestens einen Monat nach der Wahl oder der Abstimmung von den Datenempfängern gelöscht werden;[545] eventuell übergebene Datenträger sind zu vernichten. Hierzu muss sich der Empfänger schriftlich verpflichten.[546]

11. Melderegisterauskünfte an Adressbuchverlage sowie bei Alters- und Ehejubiläen

278 Adressbuchverlage dürfen zum Zwecke der Veröffentlichung in gedruckten Adressbüchern[547] lediglich einzelne Daten[548] aller volljährigen Einwohner von der Meldebehörde erhalten.[549] Die Übermittlung der Daten ist nur zulässig, sofern die Betroffenen zuvor schriftlich eingewilligt haben.[550] Eine Verknüpfung der Meldedaten mit anderen personenbezogenen Daten ist unzulässig.[551] Mit schriftlichem Einverständnis der Betroffenen darf die Meldebehörde bei Alters- und Ehejubiläen Daten von Einwohnern an parlamentarische und kommunale Vertretungskörperschaften sowie an Presse und Rundfunk weiterreichen.[552] Im Sinne des Melderechts sind Altersjubiläen Geburtstage, die auf das 70., 75., 80.,

---

[541] § 35 Abs. 1 MG NRW.
[542] § 34 Abs. 1 MG NRW.
[543] § 35 Abs. 6 Satz 1 MG NRW.
[544] Muster bei *Stollenwerk*, a.a.O., Anhang 5, S. 135f.
[545] § 35 Abs. 1 Satz 4 MG NRW; *Stollenwerk*, a.a.O., § 35, S. 113.
[546] *Bünz*, a.a.O., § 35, Rn. 12.
[547] Sie dienen dem berechtigten anerkannten öffentlichen Informationsbedürfnis der Öffentlichkeit, Namen und Anschriften der Einwohner in einem allg. zugänglichen Werk nachschlagen zu können.
[548] § 35 Abs. 4 Satz 1 MG NRW: Vor- und Familiennamen, Doktorgrad und Anschriften.
[549] § 35 Abs. 4 Satz 1, 2 MG NRW: Diese sog. Einwilligungslösung hat seit der Entschließung der 56. Konferenz der Datenschutzbeauftragten des Bundes und der Länder vom 05./06.10.1998 gegenüber der vorher üblichen Widerspruchslösung dazu geführt, dass *kaum noch* Adressen aus dem Melderegister übermittelt werden.
[550] Anlage 1.6 zur DVO MG NRW; *Stollenwerk*, a.a.O., § 35, S. 119.
[551] § 35 Abs. 4 Satz 2, 3 MG NRW.
[552] § 35 Abs. 3 Satz 1 MG NRW.

85., 90., 95. und das 100. Lebensjahr und auf jedes weitere Lebensjahr nach dem 100. entfallen. Ehejubiläen sind Hochzeitstage, die sich zum 50., 60., 65., 70. oder 75. Mal jähren.[553] Weitergegeben werden dürfen nur die mit diesem besonderen Zweck in unmittelbarem Zusammenhang stehenden Daten.[554]

12. Gruppenauskünfte

Grundsätzlich kann jeder unter bestimmten Vorraussetzungen Interesse an gruppenspezifischen Auskünften haben. Darunter sind Auskünfte über eine Vielzahl namentlich nicht bezeichneter Einwohner zu verstehen, die einer Gruppe angehören, also gleiche Merkmale aufweisen.[555] Ein Antrag auf Erteilung einer Gruppenauskunft ist schriftlich zu stellen und zu begründen. Die vom Gesetz verlangte Glaubhaftmachung des Interesses verlangt ein hohes Maß an Wahrscheinlichkeit, ist aber nicht an bestimmte Beweismittel oder Förmlichkeiten gebunden.[556] Die Gruppenauskunft darf nur erteilt werden, wenn daran ein *öffentliches Interesse* besteht.[557] Dabei ist das Interesse der Allgemeinheit an der Erteilung der Auskunft gegen das schutzwürdige Interesse des Einzelnen, seine Daten geheim zu halten, abzuwägen.[558] Praktisch häufig erhalten Kommunen Anträge auf Erteilung einer solchen Gruppenauskunft zu *Forschungszwecken*. Diese sind nicht allein deshalb begründet, weil sie von einer Hochschule stammen. Denn gerade dort werden datenschutzrechtliche Vorgaben nicht immer professionell beachtet. Kann belegt werden, dass Forschungsvorhaben von öffentlichen Stellen[559] in Auftrag gegeben, finanziert oder bezuschusst werden, so kann ein öffentliches Interesse indiziert sein. Das gilt auch im Falle der Vorlage eines schlüssigen Datenschutzkonzeptes oder einer Befürwortung des behördlichen Datenschutzbeauftragten der Hochschule. Steht hingegen erkennbar ein kommerzielles oder privates Interesse[560] hinter dem Antrag, werden Datenschutzmängel in der Planung des Vorgehens deutlich oder kann der beabsichtigte Zweck des Forschungsvorhabens auf anderem Wege[561] vertretbar erreicht werden, ohne dass ein wesentlich höherer finanzi-

279

---

[553] VV MG NRW Nr. 15.4.1 unter Hinweis auf § 3 MeldDÜV NRW.
[554] § 35 Abs. 3 Satz 2 MG NRW: Vor- und Familiennamen, Doktorgrad, aktuelle Anschriften und der Tag und Art des Jubiläums.
[555] VV MG NRW Nr. 14.3.2–14.3.8.
[556] *Wohlfarth/Eiermann/Ellinghaus*, a.a.O., S. 44.
[557] *Stollenwerk*, a.a.O., § 34, S. 106.
[558] *Bünz*, a.a.O., § 34, Rn. 12.
[559] Bundes- oder Landesministerien, kommunale Spitzenverbände oder vergleichbare Stellen, die plausibel ein Ziel verfolgen, das dem öffentlichen Wohl dient.
[560] Z.B. Werbung von Käufern oder Versicherungsnehmern, Mitglieder- oder Spendenwerbung.
[561] Z.B. durch Werbung von Probanden über Postwurfsendungen, Plakate oder Presseveröffentlichungen.

eller oder zeitlicher Aufwand betrieben werden müsste, so ist ein öffentliches Interesse regelmäßig zu verneinen.[562] Für die Zusammensetzung einer Personengruppe dürfen von der Meldebehörde nur die gesetzlich normierten Merkmale herangezogen werden.[563] Zur Bestimmung einer Gruppe ist auch eine Kombination einzelner Merkmale möglich.[564] Von den Personen, die zu einer solchen Gruppe gehören, können Vor- und Familiennamen, Doktorgrad, Alter, Geschlecht, Staatsangehörigkeiten, Anschriften und gesetzliche Vertreter minderjähriger Kinder (Vor- und Familienname, Anschrift) mitgeteilt werden.[565]

Die Auskunft wird auf Antrag des Betroffenen oder von Amts wegen nicht erteilt, wenn der Behörde Tatsachen vorliegen, die die Annahme rechtfertigen, dass durch die Weitergabe dem Betroffenen oder einer anderen Person eine Gefahr für Leben, Gesundheit, persönliche Freiheit oder ähnliche schutzwürdige Interessen erwachsen kann, oder wenn ein anderer Ausschlussgrund[566] vorliegt. Davon abgesehen, kann gegen die Weitergabe der Daten im Zusammenhang mit Gruppenauskünften kein Widerspruch erhoben werden.

13. Ausblick

280 Durch die sog. *Föderalismus-Reform*[567] hat sich die Gesetzgebungszuständigkeit für das Melderecht verändert. Im Zuge der Abschaffung der Rahmengesetzgebung, zu der bisher das Meldewesen gehörte, wurde diese Materie nunmehr in die ausschließliche Gesetzgebungskompetenz des Bundes überführt. Inhaltlich gibt es Reformüberlegungen dahin, das Meldewesen zu zentralisieren und möglicherweise ein zentrales Melderegister aufzubauen.[568] Welche ge-

---

[562] *Stollenwerk*, a.a.O., § 34, S. 107.
[563] § 34 Abs. 3 Satz 2 MG NRW; z.B. Tag der Geburt, Anschriften, Geschlecht etc.
[564] Z.B. Vor- und Familiennamen aller deutschen Männer eines bestimmten Geburtsjahrganges in einem Stadtbezirk.
[565] § 34 Abs. 3 Satz 3 MG NRW.
[566] § 34 Abs. 7 MG NRW; zur Unbedenklichkeitsbescheinigung: VV MG NRW Nr. 13.2, 14.3.9.
[567] Gesetz zur Änderung des GG v. 28.08.2006, BGBl. I, S. 2034.
[568] So beispielsweise in Österreich geregelt. Dort werden die Meldedaten seit 2002 im elektronischen Zentralen Melderegister (ZMR) geführt. Der *BfDI* Peter Schaar hat sich dazu *auf der „5. RISER Konferenz zum europäischen Meldewesen" am 6. Mai 2010 in Berlin* kritisch geäußert: „Die Einführung eines zentralen umfänglichen Bundesmelderegisters (BMR) wäre mit **erheblichen verfassungsrechtlichen Risiken** behaftet. Nach ständiger Rspr. des BVerfG darf es keine Datenspeicherung auf Vorrat für unbestimmte Zwecke geben. Deshalb müssen gerade bei einem Register, das von einer Vielzahl öffentlicher und nicht-öffentlicher Stellen für unterschiedliche Verwendungszwecke zugänglich sein soll, hohe Anforderungen hinsichtlich des Umfangs der erfassten personenbezogenen Daten, der Verwendungszwecke und der Definition von Zugriffsrechten, der Form der Speicherung und der Maßnahmen zur Gewährleistung des Datenschutzes gestellt werden."

naue Ausformung die Materie durch den Bundesgesetzgeber erfahren wird, lässt sich derzeit noch nicht absehen. Bis zum Inkrafttreten eines neuen Bundesgesetzes gilt weiterhin die alte Rechtslage fort.[569]

VI. Datenschutz im Pass- und Personalausweiswesen

1. Vorbemerkung

Im Zuge der internationalen Sicherheitsdebatte sind die herkömmlichen Ausweispapiere um eine digitale Komponente erweitert worden, die einen erheblichen Eingriff in das Recht auf informationelle Selbstbestimmung darstellt.[570] Nach Belgien, Schweden und Norwegen hat Deutschland als viertes europäisches Land[571] einen „biometrischen Pass" (*ePass*) eingeführt.[572] Ebenso wird ab 2010 der „E-Personalausweis" (*eID*) ausgegeben. Neu ausgestellte Ausweispapiere enthalten einen so genannten *RFID*-Chip[573], der dazu bestimmt ist, kontaktlos ausgelesen zu werden. Beim ePass speicherte dieser Chip zunächst das biometriefähige Passfoto;[574] neuerdings sind zusätzlich die Abdrücke einzeln zu benennender Finger erfasst.[575] Die *eID* bietet drei Funktionen: Sie dient als biometrischer Identitätsnachweis, zur elektronischen Authentisierung sowie – optional – zur Speicherung einer qualifizierten elektronischen Signatur. *Ziele* der Digitalisierung sind es, die Authentizität des Dokuments zu garantieren und seinen Missbrauch durch Personen mit ähnlichem Aussehen zu verhindern. Auf herkömmliche Weise durchgeführte Grenzkontrollen werden durch die biometrischen Daten unterstützt: In einem ersten Schritt werden die

281

---

[569] Artt. 125a, 125b GG.
[570] Die nachfolgend zitierten Bestimmungen des PassG und des PAuswG verstehen sich bereits in der Fassung des Gesetzes v. 18.06.2009 (BGBl. I, S. 1346ff.), das am 01.11.2010 in Kraft tritt.
[571] Entsprechend des EU Ratsbeschlusses Nr. 2252/2004 vom 13.12.2004: http://europa.eu/legislation_summaries/justice_freedom_security/free_movement_of_persons_asylum_immigration/l14154_en.htm.
[572] *Biometrie* wird als Lehre von der Anwendung mathematisch-statistischer Methoden auf die Mess- und Zahlenverhältnisse von Lebewesen definiert (…). Mit diesen Methoden können physische oder verhaltenstypische Merkmale von Lebewesen erfasst und ausgewertet werden. In der für die Ausstellung von Pässen und die Kontrolle an Grenzstellen maßgeblichen Informationstechnologie bedeutet Biometrie das Erkennen von Benutzern aufgrund ihrer persönlichen Eigenschaften.
[573] Der Begriff **R**adio **F**requency **Id**entification (**RFID**) bedeutet Identifizierung über Radiowellen. RFID ist ein Verfahren zur automatisierten Identifizierung von Gegenständen und Lebewesen. Neben der kontaktlosen Identifizierung und der Lokalisierung von Gegenständen steht RFID auch für die automatisierte Erfassung und Speicherung von Daten.
[574] Bei bis zum 30.10.2007 ausgegebenen e-Pässen.
[575] Seit dem 01.11.2007; siehe § 4 Abs. 1 Satz 1, Abs. 4 PassG.

im Chip enthaltenen Daten ausgelesen und maschinell auf Manipulation geprüft. Neben der Sichtkontrolle durch den Beamten wird zusätzlich ein Foto aufgenommen oder ein Fingerabdruck abgenommen und mit dem Referenzbild bzw. -abdruck im ePass-Chip abgeglichen.[576] Neben den technischen Fehlerquellen, die u.a. eine automatisierte Gesichtserkennung mit sich bringt, ist dieses neue Verfahren datenschutzrechtlich brisant. Datenschutzgerechter wären datensparsame Verfahren, bei denen sich aus den Identifikationsdaten kein *überschießender* Informationsgehalt ergibt, der für den eigentlichen Zweck der Authentisierung nicht notwendig ist.[577] So lassen sich Mißbrauchsrisiken reduzieren. Die von Kritikern gefürchtete Zentraldatei, die in Kombination mit Videoüberwachung theoretisch eine flächendeckende Identifikation jedes Menschen ermöglicht, ist – ebenso wie die Anlage von Referenz-Dateien überhaupt – vom Gesetzgeber ausdrücklich nicht vorgesehen.[578]

2. Allgemeines

282 Auf dem Gebiet des Pass- und Personalausweisrechts hat der Bund die ausschließliche Gesetzgebungskompetenz.[579] Ausgeübt hat er sie im *Passgesetz* und im *Personalausweisgesetz*. Danach[580] bestimmen die Länder die zuständigen Pass- und Personalausweisbehörden, i.d.R. als Ordnungsbehörden.[581] Im Folgenden soll dargestellt werden, wie Kommunen im Pass- und Personalausweiswesen mit personenbezogenen Daten umzugehen haben.

---

[576] FAQ auf der Website des BMI: http://www.epass.de/. Mit dem herkömmlichen Personalausweis konnte dieser dem Besitzer nur zugeordnet werden, indem seine Person mit dem aufgedruckten Foto verglichen wurde. So blieben teilweise Zweifel bestehen, ob das Dokument richtig zugeordnet worden war. Durch Fingerabdrücke oder andere biometrische Merkmale können nunmehr die Richtigkeit der Zuordnung weiter überprüft und Missbrauchsmöglichkeiten reduziert werden.
[577] Rückschlüsse auf den gesundheitlichen Zustand des Merkmalsträgers, der u.a. für die Versicherungsbranche oder den Arbeitgeber von großem Interesse ist, sollten daher von vornherein technisch nicht möglich sein. Schwierigkeiten ergeben sich insoweit, als der Informationsgehalt aufgrund einzelner biometrischer Verfahren gewonnener Daten noch nicht abschließend wissenschaftlich erforscht ist und daher auch mögliche, erst in der Zukunft entdeckte Zusatzinformationen, berücksichtigt werden müssen.
[578] §§ 4 Abs. 3 Satz 3, 16 Abs. 2 Satz 1 PassG.
[579] Art. 73 Abs. 1 Nr. 3 GG.
[580] §§ 19 PassG, 7 PAuswG.
[581] In NRW § 48 OBG NRW.

3. Der Reisepass
a) Passdaten

Deutsche Staatsangehörige, die aus dem Bundesgebiet ausreisen oder aus dem Ausland einreisen, sind verpflichtet, einen gültigen Reisepass mitzuführen.[582] Der Reisepass ist in insgesamt drei Bereiche aufgeteilt mit sichtbar aufgebrachten, maschinenlesbaren sowie auf dem RFID-Chip gespeicherten Daten. Diese sind teilweise identisch.

283

aa) Sichtbar aufgebrachte Angaben

Neben der Seriennummer, dem Lichtbild und der Unterschrift des Passinhabers enthält der Pass folgende Angaben über den Inhaber:

284

– Name, Vornamen, ggf. Geburtsname
– Doktorgrad
– Tag und Ort der Geburt
– Geschlecht
– Größe
– Augenfarbe
– Wohnort
– Staatsangehörigkeit

Diese Angaben sind auf der Personalienseite des Reisepasses im Klartext lesbar eingearbeitet.

bb) Maschinenlesbarer Teil

Die Dokumente enthalten außerdem eine maschinenlesbare Zone. Diese ist nicht mit dem RFID-Chip identisch und keine Neuerung des aktualisierten Passgesetzes. In dem Bereich werden ausschließlich folgende Daten wiedergegeben:

285

– Abkürzung „P" für Reisepass[583]
– Abkürzung „D" für Bundesrepublik Deutschland
– Name und Vornamen
– Seriennummer, die sich aus der Behördenkennzahl der Passbehörde und einer Passnummer zusammensetzt (ePass)

---

[582] § 1 PassG.
[583] Bzw. „PC" für Kinderreisepass, „PP" für vorläufigen Reisepass, „PO" für Dienstpass und vorläufigen Dienstpass und, „PD" für Diplomatenpass und vorläufigen Diplomatenpass.

- Abkürzung „D" für die Eigenschaft als Deutscher
- Geburtsdatum
- Abkürzung für das Geschlecht des Passinhabers
„F" = weiblich, oder „M" = männlich (ePass und vorläufiger Reisepass)
- Gültigkeitsdauer
- Prüfziffern
- Leerstellen

cc) Elektronisches Speicher- und Verarbeitungsmedium (*RFID-Chip*)

286 Auf dem *RFID-Chip* in neu[584] ausgestellten Pässen sind das Lichtbild, die Fingerabdrücke, die Bezeichnung der erfassten Finger, die Angaben zur Qualität der Abdrücke sowie die Angaben der maschinenlesbaren Zone gespeichert. Diese Angaben sind zwingend.[585] Der **Inhalt** des Chip kann mit einem **besonderen Lesegerät** angezeigt werden. Der Inhaber muss kontrollieren können, ob die über ihn gespeicherten Daten zutreffen. Deshalb hat er einen gesetzlichen Anspruch darauf, die im Chip gespeicherten Daten einzusehen.[586] Die Passbehörde ist verpflichtet, dem Inhaber mittels eines Lesegerätes Einsicht zu gewähren.

b) Speichern von Passdaten im Passregister

287 Die Passbehörden führen ein Passregister.[587] Hierin dürfen neben dem Lichtbild und der Unterschrift des Inhabers folgende Daten gespeichert werden:

- Name, Vornamen, ggf. Geburtsname
- Doktorgrad
- Tag und Ort der Geburt
- Geschlecht
- Größe
- Augenfarbe
- gegenwärtige Anschrift

---

[584] Seit dem 01.11.2007. Der frühere Kinderausweis ist seit dem 01.01.2006 durch den neuen Kinderreisepass abgelöst worden. Dieses maschinenlesbare Dokument wird für Kinder bis 12 Jahre ausgestellt. Die bisher ausgestellten Kinderausweise sind bis zu ihrem Ablaufdatum noch gültig, soweit die Einreisebestimmungen die Einreise mit einem Kinderausweis zulassen.
[585] § 4 Abs. 3 PassG.
[586] § 16 Abs. 6 PassG.
[587] § 21 Abs. 1 PassG.

- Staatsangehörigkeit
- Seriennummer
- Gültigkeitsdauer
- Name, Vornamen, Tag und Ort der Geburt und Unterschrift von gesetzlichen Vertretern
- ausstellende Behörde
- Vermerke über die Anordnung der Passversagung, Passentziehung oder Untersagung der Ausreise aus dem Bundesgebiet
- Angaben zur Erklärungspflicht des Ausweisinhabers über einen ggf. eingetretenen Verlust der deutschen Staatsangehörigkeit

Das Passregister dient dazu, Pässe auszustellen, ihre Echtheit zu verifizieren sowie die Identität zwischen Inhaber und Besitzer festzustellen. Die Passdaten sind mindestens bis zur Ausstellung eines neuen Passes und höchstens bis zu fünf Jahre nach dem Ablauf der Gültigkeit des Passes zu speichern und dann zu löschen.[588] Die für die Beantragung, Ausstellung und Ausgabe erforderlichen Angaben dürfen bei den Passbehörden gespeichert werden. Darüber hinaus darf die Bundesdruckerei GmbH als Herstellerin der Ausweisdokumente Daten verarbeiten, soweit und solange dies für die Herstellung notwendig ist.[589] Alle personenbezogenen Daten müssen gelöscht werden, sobald das Dokument hergestellt wurde. Eine Ausnahme gilt für die Seriennummern. Ausschließlich die Bundesdruckerei GmbH ist berechtigt, alle Seriennummern zum Nachweis des Verbleibs der Pässe zu speichern. Fingerabdrücke darf selbst die Passbehörde nicht dauerhaft speichern; spätestens nach der Aushändigung des Passes sind sie zu löschen.[590] Ein zentrales (oder mehrere dezentrale) Register mit einem – unveränderlichen – Merkmal jedes Bürgers wird so verhindert, das rechtsstaatliche Übermaßverbot damit gewahrt.

288

c) Sonstige Verarbeitung von Passdaten

Die Passbehörde darf die personenbezogenen Daten nur nach Maßgabe des Passgesetzes bzw. anderer Gesetze oder Rechtsverordnungen erheben, verarbeiten oder nutzen.[591] So erhalten andere Behörden auf deren Ersuchen Daten aus dem Passregister, wenn diese aufgrund von Gesetzen oder Rechtsverordnungen berechtigt sind, solche Daten zu erhalten, ohne Kenntnis dieser Daten nicht in der Lage wären, ihre Aufgaben zu erfüllen *und* die Daten beim Be-

289

---

[588] § 21 Abs. 4 PassG.
[589] § 16 Abs. 3 Satz 2 PassG.
[590] § 16 Abs. 2 Satz 3 PassG.
[591] § 22 PassG (durch Gesetz vom 18.06.2009 (BGBl. I, S. 1346) mit Wirkung ab dem 01.11.2010 neu gefasst).

troffenen nur mit unverhältnismäßig hohem Aufwand erhoben werden könnten oder nach Art der Aufgabe, zu deren Erfüllung die Daten erforderlich sind, von der Erhebung der Daten beim Betroffenen abgesehen werden muss. Die ersuchende Behörde trägt die Verantwortung dafür, dass die Voraussetzungen zur Datenübermittlung gegeben sind.[592] Darüber hinaus werden nach melderechtlichen Vorschriften, im Rahmen des Nachrichtenaustauschs zwischen den Meldebehörden, zusammen mit den danach zu übermittelnden Personendaten die Ausstellungsbehörde, das Ausstellungsdatum, die Gültigkeitsdauer und die Seriennummer des Reisepasses übermittelt. Die Erteilung von Auskünften aus dem Passregister an Privatpersonen ist nicht zulässig.

d) *Automatisierter Abruf*[593] *von Passdaten*

aa) Öffentlicher Bereich

290 Der Reisepass darf von Behörden und sonstigen öffentlichen Stellen grundsätzlich nicht zum automatisierten Abruf personenbezogener Daten verwendet werden. Ausnahmen hiervon bestehen, wenn die abzurufenden Daten in einem Fahndungsbestand geführt bzw. von Polizeibehörden und Polizeidienststellen des Bundes, soweit diese Aufgaben der Grenzkontrolle wahrnehmen, verwendet werden. Das gilt auch für Zollbehörden zum Zwecke der Grenzkontrolle, der Fahndung oder Aufenthaltsfeststellung aus Gründen der Strafverfolgung, Strafvollstreckung und der Abwehr von Gefahren für die öffentliche Sicherheit.[594] Werden die Daten des Reisepasses *automatisch* gelesen, so dürfen sie nicht abgespeichert werden. Darüber hinaus sind die Polizeibehörden und Polizeidienststellen des Bundes und der Länder zum Abruf der gespeicherten Seriennummer der für ungültig erklärten, abhanden gekommenen oder möglicherweise durch Nichtberechtigte genutzten Pässe berechtigt.[595]

bb) Nicht-Öffentlicher Bereich

291 Der Reisepass kann auch im privaten Bereich als Ausweisdokument benutzt werden; allerdings darf die Seriennummer nicht dergestalt verwendet werden, dass mit ihrer Hilfe personenbezogene Daten (aus Verfahren) abgerufen oder miteinander verknüpft werden. Nicht zulässig ist es bei der Verwendung im privaten Bereich, den Pass zum Abruf oder zur Speicherung personenbezoge-

---

[592] § 22 Abs. 3 Satz 1 PassG. Dies gilt schon deshalb, weil der ersuchten Behörde die für eine Rechtmäßigkeitsprüfung erforderliche Tatsachenkenntnis regelmäßig fehlt.
[593] Die vormalige Bezeichnung „*automatisch*" wurde vom Gesetzgeber entsprechend der aktuell korrekten datenschutzrechtlichen Terminologie zu „*automatisiert*" hin verändert.
[594] § 17 Abs. 1 Satz 2 PassG.
[595] § 16 PassG.

ner Daten zu verwenden.⁵⁹⁶ Damit enthält das Passgesetz an versteckter Stelle nicht öffentliches, mithin das BDSG modifizierendes, Datenschutzrecht.

e) Straf- und Ordnungswidrigkeiten

Eine nach Vorwerfbarkeit und objektivem Unwertgehalt abgestufte Verletzung der dargestellten datenschutzrechtlichen Verbote und Begrenzungen des Verwendungszwecks wird über bereichsspezifische Normen mit Sanktionen versehen.⁵⁹⁷

292

4. Der Personalausweis

a) Allgemeines

Die seit 2010 ausgegebene *eID* bietet weitere Funktionalitäten. Die Authentisierungsfunktion soll Personen eindeutig über das Internet identifizierbar machen. Mit der Option, eine qualifizierte elektronische Signatur zu speichern, können Verträge, die der Schriftform bedürfen, elektronisch geschlossen werden. Ebenso wie der EU-Führerschein wird die *eID* im Scheckkartenformat ausgegeben. Die *eID* ist zehn Jahre lang gültig. Bei Personen unter 24 Jahren beträgt die Gültigkeit sechs Jahre.⁵⁹⁸ Nicht vorgesehen ist eine Umtauschpflicht für noch gültige Personalausweise: Die *eID* wird auf Antrag ausgestellt, wenn der alte Ausweis abgelaufen oder verlorengegangen ist.

b) Funktion als Identitätsnachweis

Jeder deutsche Staatsangehörige, der das 16. Lebensjahr vollendet hat, ist verpflichtet einen Personalausweis zu besitzen und ihn auf Verlangen einer zur Prüfung der Personalien ermächtigten Behörde vorzulegen (*Ausweispflicht*). Die Ausweispflicht kann auch durch Vorlage eines Reisepasses erfüllt werden.

293

aa) Sichtbar aufgebrachte Angaben

Der Personalausweis – und der vorläufige Personalausweis – enthält neben der Seriennummer, dem Lichtbild und der Unterschrift des Passinhabers folgende Angaben über die Person des Inhabers:⁵⁹⁹

– Name, Vornamen, ggf. Geburtsname

– Doktorgrad

– Tag und Ort der Geburt

---

⁵⁹⁶ § 18 PassG.
⁵⁹⁷ §§ 24–26 PassG.
⁵⁹⁸ § 6 Abs. 1 und 3 PAuswG.
⁵⁹⁹ § 5 Abs. 2 PAuswG.

- Größe
- Augenfarbe
- Gegenwärtige Anschrift, bei Anschrift im Ausland die Angabe „keine Hauptwohnung in Deutschland" (der Reisepass nennt nur den Wohnort)
- Staatsangehörigkeit
- Ordens- und Künstlername.

Das Geschlecht wird abweichend zum Reisepass nicht genannt.

bb) Maschinenlesbarer Teil

294 Im maschinenlesbaren Bereich werden ausschließlich folgende Daten wiedergegeben:

- die Abkürzung „IDD" für Identitätskarte der Bundesrepublik Deutschland bzw. „ITD" für den vorläufigen Personalausweis
- Name und Vornamen
- die Seriennummer des Personalausweises, die sich aus der Behördenkennzahl der Personalausweisbehörde und einer fortlaufend (unpersonalisierten) zu vergebenden Ausweisnummer zusammensetzt
- die Abkürzung „D" für die Eigenschaft als Deutscher
- den Tag der Geburt
- die Gültigkeitsdauer des Personalausweises
- die Prüfziffern
- Leerstellen

Auch hier wird das Geschlecht nicht ausgewiesen.

cc) Elektronisches Speicher- und Verarbeitungsmedium (*RFID-Chip*)

295 Der RFID-Chip speichert zusätzlich alle vorgenannten Angaben. Darüber hinaus können zwei Fingerabdrücke gespeichert werden; im Gegensatz zum ePass ist die Abgabe aber *freiwillig*[600] Bedenklich ist diese Freiwilligkeit allerdings unter praktischen Gesichtspunkten. Ein faktischer Zwang zur Abgabe des Fingerabdruckes, etwa durch höheren Zeitaufwand bei Kontrollen oder durch ungünstigere Konditionen im Geschäftsleben für Personen mit Ausweis ohne Fingerabdruck, muss ausgeschlossen werden. Die informationelle Selbstbestimmung verlangt eine Entscheidungsalternative, die keine rechtlichen Nachteile birgt.[601] In der Privatwirtschaft wird der Ausweis zum Nachweis der

---

[600] § 5 Abs. 9 PAuswG.
[601] *HessDSB*, 37. Bericht 2008, 3.1.2.1., S. 43.

Identität oder zum Abgleich der Unterschrift verwendet. Aus datenschutzrechtlicher Sicht kann es bedenklich sein, wenn der Geschäftspartner Einblick in *sämtliche* auf dem Ausweis aufgedruckten Daten erhält. Die Speicherung auf dem Chip erlaubt es hier dem Ausweisinhaber, die Einsicht des Geschäftspartners über das Lesegerät auf die *erforderlichen* Daten zu begrenzen. Bei der Altersverifikation beispielsweise muss nicht das vollständige Geburtsdatum offenbart, sondern lediglich bestätigt werden, dass eine bestimmte Altersgrenze eingehalten ist.[602] Unter dem Aspekt der Datensparsamkeit ist diese Entwicklung zu begrüßen.

Das System setzt voraus, dass der Chip manipulationssicher vom Lesegerät ausgelesen werden kann. Hier muss das Risiko beherrscht werden, dass Dritte unkontrolliert auf den Chip zugreifen oder unbemerkt mitlesen können, wenn der Chip ausgelesen wird.[603] Das Bundesamt für Sicherheit in der Informationstechnik hat deshalb das *PACE*-Protokoll[604] entwickelt. Es verschlüsselt die Verbindung, so dass ein Mitlesen im Klartext von Außen verhindert wird. Die Verschlüsselung gewährleistet jedoch nicht, dass der Kommunikationspartner der richtige ist. Um *Phishing* durch sog. *Man-in-the-Middle-Attacken*[605] zu verhindern, authentisieren sich die Kommunikationspartner über eine PIN.[606] Dieses Verfahren wird grundsätzlich als sicher betrachtet.[607] Die IT-Sicherheit des CHIPs wird durch eine private PIN gewahrt, die nur dem Ausweisinhaber bekannt ist. Um einen unabhängigen behördlichen Zugriff zur Personenkontrolle zu ermöglichen, werden aber zwei weitere PIN angebracht: Eine wird aufgedruckt, die andere im maschinenlesbaren Teil verschlüsselt. Hoheitliche Lesegeräte können damit den Chip auslesen, wodurch die Integrität des Ausweises nachgewiesen werden kann.[608] Die Identität des Besitzers jedoch muss durch Sichtvergleich bestätigt werden. 296

Einzelheiten zum Verfahren der Datenverarbeitung und zu technischen Anforderungen regelt eine Rechtsverordnung.[609]

---

[602] *Bender/Kügler/Margraf/Naumann*, DuD 2008, 177.
[603] *Roßnagel*, DuD 2009, 403. Die Terminals haben je nach Bauart bis zu mehren Metern erfassende Lesereichweiten.
[604] „Password Authentification Connection Establishment", siehe *Bender/Kügler/Margraf/Naumann*, DuD 2008, 174.
[605] Vereinfacht erklärt tritt dabei ein Dritter unbemerkt zwischen die beiden Kommunikationspartner und täuscht jeweils die Identität des Adressaten vor.
[606] Vertiefend zu der hier verkürzten Darstellung: *Bender/Kügler/Margraf/Naumann*, DuD 2008, 173; *Roßnagel/Hornung/Schnabel*, DuD 2008, 168.
[607] *Roßnagel*, DuD 2009, 408.
[608] *Bender/Kügler/Margraf/Naumann*, DuD 2008, 175.
[609] Verordnung über Personalausweise und den elektronischen Identitätsnachweis – Personalausweisverordnung – v. 01.11.2010, BGBl. I, S. 1460.

c) Authentisierungsfunktion

297 Die *eID* wurde nicht nur vor dem Hintergrund der Sicherheitsdebatte entwickelt. Die Bundesregierung will den Bürgern eine sichere Nutzung des Internet näherbringen.[610] Die *eID* erlaubt es, sich über das Internet elektronisch auszuweisen (*Authentisierungsfunktion*),[611] denn bei elektronischer Kommunikation muss verbindlich festgestellt werden können, ob der Partner derjenige ist, für den er sich ausgibt. Das wird erreicht durch Zusammenspiel zweier unabhängiger Faktoren: Besitz des Ausweises und Kenntnis der privaten PIN.[612] Der Ausweisinhaber liest den Chip über ein Lesegerät ein.[613] Der Geschäftspartner erhält von einer staatlichen Stelle[614] nach dem Nachweis seiner Identität ein Berechtigungszertifikat, das es ihm erlaubt, nach Einwilligung des Ausweisinhabers durch Eingabe seiner privaten PIN auf die eingelesenen Daten zuzugreifen.[615] Nicht nur die Identität, sondern auch weitere Merkmale des Inhabers können über die Authentisierungsfunktion nachgewiesen werden. Neben dem Alter kann auch der Wohnort – um ortsbezogene Online-Dienste zu nutzen – eindeutig festgestellt werden.

d) Qualifizierte elektronische Signatur

298 Die beschleunigte und medienbruchfreie Abwicklung von Rechtsgeschäften über das Internet setzt neben einer sicheren Authentifizierung der Geschäftspartner den rechtssicheren Nachweis des Vertragsinhaltes voraus. Diesen gewährleistet die qualifizierte elektronische Signatur, die Voraussetzung für die Gleichstellung der elektronischen mit der Schriftform ist.[616] Der Ausweisinhaber kann seinen Personalausweis damit ausstatten lassen. Dazu muss er sich an einen Zertifizierungsdiensteanbieter wenden, der ihm diese Funktion einrich-

---

[610] Siehe z.B. auch die Entwicklung der „DE-Mail" http://www.cio.bund.de/cae/servlet/contentblob/78162/publicationFile/40451/ueberblick_vo_download.pdf.
[611] § 18 Abs. 1 Satz 1 PAuswG.
[612] *Bender/Kügler/Margraf/Naumann*, DuD 2008, 175.
[613] Der sog. Bürgerclient, die Anwendungssoftware zur Identifizierung im Internet, wird von Siemens (*Siemens IT Solutions*) und dem schweizerischen Software Unternehmen *Openlimit* entwickelt. So auch: http://www.heise.de/newsticker/meldung/Elektronischer-Personalausweis-Buerger-Client-auf-dem-Weg-zum-Nutzer-860574.html
[614] *Reisen*, Innovative Verwaltung, Sonderdruck 3/2009, S. 2; *Roßnagel/Hornung/Schnabel*, DuD 2008, 169. Das Zugriffszertifikat wird (anfangs noch) von staatlicher Stelle vergeben und beschränkt den Zugriff des Geschäftspartners auf die für den konkreten Geschäftszweck erforderlichen Daten. Somit wird dem datenschutzrechtlichen Grundsatz der Erforderlichkeit der Datenerhebung und der Datensparsamkeit Genüge getan.
[615] *Schulz*, CR 2009, 269.
[616] § 126a BGB.

tet. Dadurch hofft man, die Akzeptanz dieses bisher praktisch kaum genutzten Verfahrens zu erhöhen. Vom Standpunkt des Datenschutzes und der IT-Sicherheit ist diese Funktion weitgehend unbedenklich.[617]

e) Verarbeitung und automatisierter Abruf von Personalausweisdaten, Ordnungswidrigkeiten

Die Personalausweisbehörden führen ein Personalausweisregister,[618] dessen Regeln denen des Passregisters entsprechen. Entsprechend wurden die Regelungen für die Verwendung[619], den automatisierten Abruf von Personalausweisdaten[620] und die Verfolgung von Ordnungswidrigkeiten[621] inhaltlich weitgehend dem PassG angepasst.

299

5. Keine Verfielfältigung von Ausweispapieren

Die Verfielfältigung von Pässen und Personalausweisen durch Fotokopien, Scannen oder sonstige Ablichtung ist grundsätzlich unzulässig. Das Verfielfältigungsverbot ergibt sich aus dem *Eigentum* des Bundes an Pässen und Personalausweisen. Aus der Eigentümerstellung folgt, dass die Dokumente nur innerhalb der vom Bund eingeräumten Benutzungsbefugnisse verwendet werden dürfen.[622] Weder aus dem Passgesetz noch aus dem Personalausweisgesetz ergibt sich das Recht, die Dokumente durch Kopieren, Scannen etc. zu vervielfältigen. Deshalb kommt eine solche Nutzung nur dann in Betracht, wenn diese in anderen (Spezial-)Gesetzen zugelassen ist oder der Bund dieser Nutzung zugestimmt hat. Von einer durch den Bund (stillschweigend) erteilten generellen Befugnis zur Vervielfältigung von Pässen und Personalausweisen kann indes insbesondere für den nichtöffentlichen Bereich nichtg ausgegangen werden; dem stehen erhebliche sicherheitsrechtliche, sicherheitspolitische und datenschutzrechtliche Bedenken entgegen.

300

6. Zusammenfassung

Fingerabdrücke und andere biometrische Daten auf Reisepass und Personalausweis zu speichern, schränkt den Missbrauch dieser Dokumente durch ähnliche Personen ein, erhöht ihre Fälschungssicherheit und schafft damit ein besseres Datenschutz-Niveau. Gleichwohl müssen staatliche Stellen und Bürger

301

---

[617] *Roßnagel*, DuD 2009, 408.
[618] § 23 PAuswG.
[619] § 24 PAuswG.
[620] § 25 PAuswG.
[621] § 32 PAuswG.
[622] *Süßmuth/Koch*, Pass- und Personalausweisrecht, Stand: 1/2010, Erl. PassG, § 1 Rn. 16.

zusammenwirken, um den neuen Sicherheitsattributen dauerhaft Erfolg zu verschaffen. Die Integrität des Datenchip hängt wesentlich von der verwendeten Technik ab, deren Standards derzeit als sicher bewertet werden. Die technische Weiterentwicklung kann allerdings dieses Urteil in Zukunft relativieren. Nicht nur um Angriffe abzuwehren, sondern auch namentlich um neue, bessere Sicherheitsstandards präventiv zu integrieren, muss die technische Entwicklung beobachtet und gefördert werden. Die Akzeptanz der Bürger gegenüber den neuen Dokumenten hängt wesentlich auch davon ab, inwieweit es gelingt, durch sachgerechte und umfassende Aufklärung die Datenverarbeitungsvorgänge und ihre Datensicherheit transparent zu machen, Misstrauen zu zerstören, Vertrauen zu schaffen und Überprüfungsmöglichkeiten zu verbessern. Die Nutzung von Lesegeräten muss dem Bürger erklärt, solche Geräte müssen zur Nutzung öffentlich bereitgestellt und für den sorgfältigen Umgang mit der privaten PIN muss sensibilisiert werden. Kommunen müssen die zuständigen Beschäftigten schulen und Regelungen darüber treffen, wer welche Funktion – namentlich auch bei der Übermittlung der Antragsdaten an die Bundesdruckerei – übernimmt und wie das Verfahren abläuft.[623] Im System gespeicherte biometrische Daten sind zum frühestmöglichen Zeitpunkt vollständig und nachweisbar zu löschen.[624] Schließlich müssen die Antragssteller, wenn sie den Personalausweis beantragen und abholen, eine Vielzahl von Erklärungen abgeben, die von der Behörde einzufordern und zu speichern sind. Dies erhöht den Verwaltungsaufwand.

VII. Datenschutz in der Schule

1. Einleitung

302 Im Schulbereich herrscht verbreitet Unsicherheit bei datenschutzrechtlichen Fragestellungen, so dass Schulen bei Datenschutzbeauftragten immer wieder Beratungsbedarf anmelden. Dabei ist gerade im Schulbereich ein funktionierender Datenschutz von besonderer Bedeutung. Auch wenn die Hauptgefahren für den Datenschutz im Schulbereich nicht von den modernen Datenverarbeitungstechnologien ausgehen[625], machen doch der rasch vorangeschrittene Ausbau weltweiter Datennetze sowie die damit einhergehenden neuen Anwendungen im elektronischen Datenverkehr einen verantwortungsvollen Umgang mit personenbezogenen Daten heutzutage erforderlicher denn je. Den Schulen kommt insoweit die Verantwortung zu, nicht nur die Anwendung moderner Techniken zu vermitteln, sondern auch eine Sensibilisierung der Schülerinnen

---

[623] *LDI NRW*, 19. Bericht 2009, S. 20.
[624] § 16 Abs. 2 und 3 PassG.
[625] Die Hauptgefahr ist laut *Oeynhausen*, Rechtshandbuch Schule Nordrhein-Westfalen, 1994, Rn. 606, in einer zweckwidrigen Datenerhebung und -verwendung zu sehen.

und Schüler beim Umgang mit personenbezogenen Daten zu erreichen. Eine solche Sensibilisierung sollte zum einen Bestandteil des Unterrichts oder von Projekten wie „Schulen ans Netz"[626] sein; zum anderen sollte den Schülern der richtige Umgang mit personenbezogenen Daten bereits frühzeitig durch einen funktionierenden Datenschutz in der Schule vorgelebt werden. Gegenstand der nachfolgenden Ausführungen ist ein genereller Überblick über die Rechtslage sowie die Erörterung ausgewählter Problemfälle. Es geht namentlich um den Schutz personenbezogener Daten von Schülern und Eltern nach dem Schulgesetz für das Land Nordrhein-Westfalen.[627] Das Gesetz fasst die bisherigen sieben Schulgesetze Nordrhein-Westfalens[628] zu einem einheitlichen Landesschulgesetz zusammen.[629]

2. Entwicklung des Datenschutzrechts im Schulbereich

Ausgangspunkt für den heutigen Datenschutz im Schulbereich ist – ebenso wie für den Datenschutz im Allgemeinen – die Verabschiedung des Bundes- und der Landesdatenschutz-gesetze in den 80er Jahren sowie die Volkszählungsentscheidung des *BVerfG* im Jahre 1983.[630]

303

Obgleich im Rahmen eines Schulbesuchs zwangsläufig Daten aus dem persönlichen Bereich der Schüler und deren Erziehungsberechtigter verarbeitet werden, gab es in vielen Ländern auch lange Zeit nach dem Volkszählungsurteil noch keine bereichsspezifischen gesetzlichen Bestimmungen, die diese Verarbeitung regeln.[631] Erst nach und nach haben die Landesgesetzgeber die Vorgaben des *BVerfG* nach bereichsspezifischen Ermächtigungsnormen umgesetzt. So wurden in Nordrhein-Westfalen 1994 durch das Rechtsgrundlagen-

---

[626] Zu den rechtlichen Aspekten bei der Nutzung des Internets durch Schulen *Hörz*, SchVG NRW 2000, 25 ff.; *LDI NRW*, Orientierungshilfe „Schulen ans Netz" – www.lfd.nrw.de; Auf dieser Grundlage die Überarbeitung des Landesbeauftragten für den Datenschutz Niedersachsen abrufbar unter http://cdl.niedersachsen.de/blob/images/C299131_L20.pdf; siehe auch http://www.wubis.de/infos/ThemenLiteratur/SchuleundInternet.
[627] SchulG NRW v. 15.02.2005 (GV. NRW. S. 102) i.d.F. der Änderungsgesetze v. 17.12.2009 (GV. NRW. S. 863).
[628] Schulordnungsgesetz (SchOG, 1952), Schulverwaltungsgesetz (SchVG, 1958), Schulfinanzgesetz (SchFG, 1958), Ersatzschulfinanzgesetz (EFG, 1961), Schulpflichtgesetz (SchpflG, 1966), Lernmittelfreiheitsgesetz (LFG, 1973) und Schulmitwirkungsgesetz (SchMG, 1977), siehe § 130 Abs. 1 u. 2 SchulG NRW.
[629] Genauso wurden Rechtsverordnungen zu den bisherigen Gesetzen soweit wie möglich aufgehoben; dies gilt auch für die Allgemeine Schulordnung, deren Kernregelungen in das SchulG einbezogen sind, siehe § 130 Abs. 3 SchulG NRW.
[630] BVerfGE 65, 1 ff.
[631] Obwohl dies in der Literatur immer wieder gefordert wurde; dazu nur *Wedler*, RdJB 1985, 387 ff.; *Schwarz*, RdJB 1990, 287 ff.

gesetz[632] bereichsspezifische Regelungen für den Datenschutz im Schulbereich eingeführt.[633] Die Vorschriften regeln die Verarbeitung personenbezogener Daten von Schülern, Erziehungsberechtigten und Lehrern bereichsspezifisch, jedoch nicht abschließend und erschöpfend; vielmehr wird ergänzend auf die allgemeinen Vorschriften zum Datenschutz verwiesen.[634] Für öffentlich-rechtliche Schulen ist insoweit auf das DSG NRW zurückzugreifen, da die Schulen der Gemeinden und Gemeindeverbände, soweit sie in *inneren Schulangelegenheiten* Daten verarbeiten, als eigenständige öffentliche Stellen im Sinne des DSG NRW gelten.[635] Dabei sind alle schulischen Maßnahmen mit unmittelbarem Bezug zum Bildungs- und Erziehungsauftrag der Schule zu den inneren Schulangelegenheiten zu zählen.[636] Auf private Schulen finden die Regelungen des BDSG Anwendung.

304 Details werden durch zwei Rechtsverordnungen geregelt, die die Verarbeitung zum einen von Schüler- und Elterndaten (*VO DV I*),[637] zum anderen von Lehrerdaten (*VO DV II*)[638] festlegen. Diese Regelungswerke dürften den Vorgaben des *BVerfG* genügen, da der Gesetzgeber alle notwendigen Leitentscheidungen getroffen hatte, und durch das vorgesehene Zustimmungserfordernis des für Schulen zuständigen Landtagsausschusses eine hinreichende Kontrollmöglichkeit beim Landtag verblieben war. Andere Länder regeln die Fragen ähnlich.[639]

---

[632] GV. NRW. 1994, S. 243.
[633] Rechtsgrundlage für die Datenverarbeitung in nordrhein-westfälischen Schulen waren dort die §§ 19ff. SchVG NRW, welche nunmehr von den §§ 120ff. SchulG NRW abgelöst worden sind.
[634] § 122 Abs. 1 SchulG NRW, wie bereits zuvor § 19b Abs. 1 SchVG NRW.
[635] § 2 Abs. 2 Satz 3 DSG NRW.
[636] *Oeynhausen*, a.a.O., Rn. 609.
[637] Verordnung über die zur Verarbeitung zugelassenen Daten von Schülerinnen, Schülern und Eltern v. 14.06.2007, SGV. NRW. 223. Ermächtigungsgrundlage war ihrem erstmaligen Erlass (24.03.1995) war die Vorschrift des § 19b Abs. 3 SchVG NRW. Die Verordnung galt gemäß § 131 Abs. 1 SchulG NRW auch nach dem 01.08.2005 – dem Zeitpunkt der Aufhebung des SchVG NRW – fort. Mit der Neufassung gibt sie nunmehr § 122 Abs. 4 SchulG NRW als Rechtsgrundlage an.
[638] Verordnung über die zur Verarbeitung zugelassenen Daten der Lehrerinnen und Lehrer v. 22.07.1996, GV. NRW, S. 310, i.d.F. v. 20.12.2006, SGV. NRW. 223. Auch diese Verordnung galt gemäß § 131 Abs. 1 SchulG NRW nach dem 01.08.2005 – und damit der Aufhebung des SchVG NRW – fort und gilt jetzt ebenfalls aufgrund § 122 Abs. 4 SchulG NRW.
[639] Siehe z.B.: *Verordnung zur Durchführung des Art. 28 Abs. 2 des Bayerischen Datenschutzgesetzes vom 23.03.2001*; dagegen wurde in Niedersachsen die *Verordnung über die Verarbeitung personenbezogener Daten von Schülerinnen und Schülern sowie ihrer Erziehungsberechtigten vom 30.09.1994* im Jahre 2004 aufgehoben, weil „sich die detaillierte Aufzählung aller für zulässig gehaltenen Daten für die Praxis als zu starr erwiesen hat" (Landeselternrat Niedersachsen, „Datenschutz in der Schule" I. 2., www.elternrat-niedersachsen.info).

3. Datenverarbeitung

a) Datenverarbeitung in der Schule

Die Datenschutzvorschriften[640] finden unabhängig von der Form der Datenverarbeitung Anwendung.[641] Eine automatisierte Datenverarbeitung in der Schule hat jedoch grundsätzlich auf den Datenverarbeitungsanlagen der Schule stattzufinden.[642] Soweit auch den Schülern in der Schule Computer zu Lernzwecken zur Verfügung stehen, ist darauf zu achten, dass diese nicht mit den Verwaltungsrechnern der Schule vernetzt sind.[643] Bereits im Hinblick auf die Gefahr von „Hacker-Angriffen" durch Schüler ist ein geschlossenes Verwaltungssystem angezeigt.

305

aa) Verarbeitung personenbezogener Daten

Die Schulen sind berechtigt, die zur Aufgabenerfüllung[644] erforderlichen personenbezogenen Daten der Schüler und Eltern[645] zu verarbeiten.[646] Mit der Geltung des SchulG NRW müssen die Schulen keine Schülerstammblätter für jeden Schüler anlegen;[647] es besteht allerdings eine dahingehende Sollvorschrift.[648] Das Schülerstammblatt enthält *Individualdaten* (u.a. Name, Anschrift der Schüler sowie der Erziehungsberechtigten), Organisations- und Schullaufbahndaten (u.a. Einschulung, Klassenlehrer, schulbezogene Funktionen) und *Leistungsdaten* (u.a. Zeugnisnoten, Angaben bei gefährdeter Versetzung).[649] Nicht zur *automatisierten* Verarbeitung zugelassene Daten sind Verhaltensdaten von Schülern, Daten über gesundheitliche Auffälligkeiten, Er-

306

---

[640] §§ 120ff. SchulG NRW; Art. 85 BayEUG; § 115 Abs. 3 SchulG B-W; § 31 NSchG.
[641] Zu den §§ 19ff. SchVG NRW *Jülich*, Grundriss des Schulrechts NRW, 2. Aufl., 1998, V. 24. In Betracht kommt neben einer automatisierten Datenverarbeitung auch die herkömmliche Datenverarbeitung auf Papier bzw. in Akten.
[642] § 2 Abs. 1 Satz 1 VO-DV I NRW.
[643] § 2 Abs. 1 Satz 1 VO-DV I NRW.
[644] Zum Begriff der Aufgabenerfüllung siehe auch *Stähler/Pohler*, a.a.O., § 12, Rn. 2.
[645] Der Begriff der „Eltern" wird in § 123 Abs. 1 SchulG NRW näher bestimmt.
[646] § 120 Abs. 1 SchulG NRW i.V.m. § 1 Abs. 1 VO-DV I NRW. Daneben ist die Schule nach §§ 121, 122 Abs. 4 SchulG NRW i.V.m. der VO-DV II v. 22.07.1996, SGV. NRW. 223, auch zur Verarbeitung der Daten der Lehrer, Lehramtsanwärter und Studienreferendare berechtigt.
[647] § 5 Abs. 4 AschO NRW trat nach § 130 Abs. 3 Nr. 1 SchulG NRW mit Inkrafttreten des SchulG NRW außer Kraft. Eine entsprechende Regelung wurde nicht in das SchulG NRW aufgenommen. Der Gesetzgeber äußerte sich nicht dazu, ob dies zu einer Änderung der gegenwärtigen rechtlichen Lage führen solle (siehe LT-Drs. 13/5394, 13/6384, 13/6358, 13/6475).
[648] § 122 Abs. 4 SchulG NRW i.V.m. § 4 VO-DV I NRW i.V.m. Anlage 1.
[649] § 4 VO-DV I NRW i.V.m. Anlage 1.

gebnisse aus bestimmten Tests[650] sowie aus psychologischen und ärztlichen Untersuchungen.[651] Das heißt: Das Verarbeiten solcher Daten ist nicht generell untersagt; sie dürfen erhoben und gespeichert werden. Ausgeschlossen wird lediglich eine selbsttätig ablaufende Verarbeitung dieser Daten durch den Einsatz eines gesteuerten technischen Verfahrens.[652] Dies ist der Fall, wenn die wesentlichen Datenverarbeitungsphasen mit Hilfe programmgesteuerter Geräte ablaufen und die Daten dadurch automatisiert auswertbar sind.[653] Bei diesen Techniken handelt es sich im Ergebnis um moderne Formen der Datenerfassung. Die angesprochenen Gesundheitsdaten dürfen nicht wie andere Daten des Schülerstammblattes in einer elektronischen Datenbank gespeichert werden. Die bloße Tatsache, ob eine ärztliche Untersuchung[654] stattgefunden hat, kann hingegen automatisiert verarbeitet werden. Für den Fall, dass die Erfüllung der den Schulen übertragenen Aufgaben im Einzelfall die Verarbeitung von in den Anlagen zur VO-DV I NRW nicht genannten Daten erforderlich macht, gelten die allgemeinen datenschutzrechtlichen Vorschriften, d.h. das DSG NRW.[655]

Neben dem Schülerstammblatt führen die Schulen den *„sonstigen Datenbestand"* (u.a. Klassen- und Kursbücher, Prüfungsakten und -listen, Schülerakten, Notenlisten).[656] Auch hier ist zu beachten, dass die nicht im Schülerstammblatt enthaltenen, getrennt und verschlossen aufzubewahrenden Beratungsunterlagen sonderpädagogischer, medizinischer, psychologischer und sozialer Art[657] ebenfalls nicht automatisiert verarbeitet werden dürfen.[658]

bb) Mitwirkungspflicht der Betroffenen

307 Schüler und Eltern sind bei der Erhebung zur Auskunft über bestimmte Daten verpflichtet.[659] Hierauf sind die Betroffenen vor der Datenerhebung durch die Schule hinzuweisen. Andere Daten dürfen nur mit schriftlicher Einwilligung gegenüber der Schulleitung erhoben werden.[660] Insoweit können auch Minder-

---

650 § 120 Abs. 3 Satz 1 SchulG NRW.
651 § 1 Abs. 2 VO-DV I NRW.
652 Entsprechend der Legaldefinition in § 3 Abs. 5 DSG NRW.
653 *Stähler/Pohler*, a.a.O., § 3, Rn. 19.
654 Z.B. Reihenuntersuchungen nach § 54 Abs. 2 Nr. 1 SchulG NRW
655 § 1 Abs. 2 Satz 3 VO-DV I NRW.
656 Anlage 2 zur VO-DV I NRW.
657 Dazu Anlage 2 II. Nr. 2 VO-DV I NRW.
658 Hier gilt das zuvor zur Speicherung ärztlicher Befunde Gesagte entsprechend.
659 §§ 120 Abs. 2 Satz 1 SchulG NRW, 3 Abs. 1 VO-DV I NRW. Die Daten sind in der Anlage 1 zur VO-DV I NRW genannt.
660 §§ 120 Abs. 2 Satz 2 SchulG NRW, 3 Abs. 2 VO-DV I NRW. Das Schriftformerfordernis kommt darüber hinaus auch wegen § 4 Abs. 1 Satz 3 DSG NRW zum Tragen.

jährige einwilligungsfähig sein, wenn sie die Bedeutung und Tragweite einer Einwilligung und ihrer rechtlichen Folgen erfassen können.[661] Eine Vorschrift, wonach selbst mit Einwilligung keine unzumutbaren, nicht zweckdienlichen oder sachfremde Daten erhoben werden durften,[662] wurde nicht in das SchulG NRW übernommen.[663]

cc) Zugangsberechtigung

Die Schulleitung hat beim Einsatz automatisierter Verfahren die Grundsätze der Integrität, Verfügbarkeit, Authentizität, Revisionsfähigkeit und Transparenz sowie *insbesondere die Vertraulichkeit* zu gewährleisten.[664] Das einzelne Schülerstammblatt wird in der Verantwortlichkeit der Schulleitung angelegt.[665] Es wird in einfacher Ausfertigung geführt; bei automatisierter Verarbeitung muss zusätzlich ein Exemplar in Papierform existieren. Die Aktualisierung der einzelnen Schülerstammblätter ist Aufgabe des Klassenlehrers; daneben sind aber auch die Schulleitung sowie von ihr beauftragte Personen eintragungsberechtigt.[666] Die in den Stammblättern und dem sonstigen Datenbestand gespeicherten personenbezogenen Daten in der Schule dürfen nur den Personen zugänglich gemacht werden, die sie zur Erfüllung ihrer Aufgaben benötigen.[667] Dies sind in jedem Fall die Schulleitung – die die Genehmigung zur Einsichtnahme erteilt –, außerdem die Lehrkräfte – soweit dies konkret zu ihren Aufgaben gehört –, jedoch nicht die Schüler, der Hausmeister oder die Sekretärin in der Mittagspause. Vor dem Zugriff unbefugter Personen sind die Daten durch entsprechende *Sicherheitsmaßnahmen* zu schützen: Klassenbücher dürfen nicht unbeaufsichtigt in den Klassenräumen ausliegen; elektronisch gespeicherte Daten sind durch Passwörter zu schützen; Akten sind in verschlossenen Schränken aufzubewahren.

308

dd) Beispiele aus der Praxis

In der Praxis haben sich verschiedene Fallgruppen herausgebildet, die bei Schülern, Eltern und Lehrern immer wieder Fragen aufwerfen. Hierzu ein kurzer Überblick:

---

[661] § 120 Abs. 2 Satz 3 SchulG NRW.
[662] Dazu zählen Daten, die für den Bildungs- und Erziehungsauftrag der Schule nicht erforderlich sind (z.B. wird die Frage nach der beruflichen Tätigkeit der Eltern regelmäßig für die Aufgabenerfüllung durch die Schule ohne Belang sein).
[663] Früher befand sich eine derartige Vorschrift § 19 Abs. 2 Satz 4 SchVG NRW.
[664] § 2 Abs. 1 VO-DV I.
[665] § 4 Abs. 3 Satz 1 VO-DV I NRW.
[666] § 4 Abs. 4 VO-DV I NRW.
[667] §§ 120 Abs. 1 Satz 2 SchulG NRW, 4 Abs. 6 VO-DV I NRW.

Bereichsspezifischer Datenschutz

– Öffentliche Bekanntgabe von Noten

309 Vielerorts hält sich in Schulen noch die Praxis, Noten schriftlicher Arbeiten namentlich vor der Klasse bekanntzugeben. Bei den Ergebnissen von Klassenarbeiten handelt es sich jedoch um personenbezogene Daten, deren Übermittlung – von dem betreffenden Lehrer an die anwesenden Schüler – der Einwilligung des Betroffenen für den Einzelfall bedarf. Wenn sich Schüler über ihre Noten austauschen wollen, so sollte dies – soweit es die Praxis erlaubt – ihnen selbst überlassen bleiben. Ein Verlesen der Noten vor der versammelten Klasse erscheint aus pädagogischer Sicht nicht erforderlich, die Bekanntgabe eines anonymen Klassendurchschnitts ist ausreichend.[668]

– Elternsprechtage

310 Datenschutzrechtlich bedenklich erscheint oftmals auch der Ablauf von Elternsprechtagen, gerade wenn Eltern, die einen Lehrer sprechen möchten, sich in eine öffentlich ausgehangene Liste eintragen sollen. Allein die Tatsache, ob und mit wem ein Gesprächstermin stattfinden soll, stellt ein personenbezogenes Datum[669] dar – auf die Kenntnis des Grundes eines geplanten Lehrerbesuchs kommt es nicht an. Alternativen zu dem hier genannten Verfahren können etwa so aussehen, dass – wie in vielen Schulen üblich – die Lehrkräfte eine persönliche Terminvergabe über die Schüler im Vorfeld des Elternsprechtages organisieren, oder dass Gesprächszeiträume über eine Liste vergeben werden, die nur der Lehrer sieht, nicht aber Unbeteiligte. Denkbar ist auch eine Nummernvergabe.

– Auskünfte an Eltern Volljähriger

311 Häufig stellt sich die Frage, unter welchen Voraussetzungen die Schulen Auskünfte an Eltern volljähriger Schüler erteilen dürfen. Dies ist nun im SchulG NRW eindeutig geregelt worden. Die volljährigen Schüler nehmen die geregelten Rechte und Pflichten der Eltern selbst wahr.[670] Die Schule kann jedoch die Eltern volljähriger Schüler über wichtige Angelegenheiten wie die Nichtversetzung, die Nichtzulassung oder das Nichtbestehen einer Abschlussprüfung, den vorübergehenden Ausschluss vom Unterricht über eine Woche hinaus, die Entlassung von der Schule oder deren Androhung und die Verweisung von allen öffentlichen Schulen oder deren Androhung und über sonstige schwerwiegende Sachverhalte informieren, wenn diese das Schulver-

---

[668] Hierzu *ULD S-H*, „Häufig gestellte Fragen (FAQ) zum Bereich Schule", Punkt II.4. www.datenschutzzentrum.de/faq/schule2.htm; *Katernberg*, in: Gesamtkommentar zum SchulG NRW, Loseblattsammlung, 4. Lfg., März 2008, § 120 S. 28f.
[669] I.S.d. § 3 Abs. 1 DSG NRW.
[670] § 123 Abs. 2 SchulG NRW. Dies entspricht § 3 Abs. 5 Satz 1 AschO NRW.

hältnis wesentlich beeinträchtigen.[671] Die Schüler sind in jedem Fall über die beabsichtigten Auskünfte in Kenntnis zu setzen.[672]

Die Problematik, dass eine Auskunft der Lehrkräfte an Erziehungsberechtigte erlaubt war, „soweit das grundsätzliche Einverständnis des Volljährigen besteht",[673] fiel mit Inkrafttreten des SchulG NRW weg,[674] was – insbesondere im Hinblick auf Art. 4 Verf NRW – als verfassungsmäßig anzusehen ist. Jeder hat Anspruch auf Schutz seiner personenbezogenen Daten, und Eingriffe sind nur in überwiegendem Interesse der Allgemeinheit auf Grund eines Gesetzes zulässig.[675] Der sachliche Schutzbereich des Grundrechts auf informationelle Selbstbestimmung erfasst nicht etwa nur Informationen, die mit Hilfe der Datenverarbeitung gewonnen, gespeichert und weitergegeben werden[676], sondern alle personenbezogenen Informationen[677]. Das spezielle Sorgerecht der Eltern für ihre minderjährigen Kinder[678] ist als Rechtfertigung gerade nicht einschlägig.[679] Die Vorschrift ist vielmehr eine Reaktion auf den Amoklauf eines 19-jährigen Ex-Schülers im Erfurter Gutenberg-Gymnasium im Jahre 2002.[680] Er hatte seine schlechten Noten den ihm nahestehenden Personen verheimlicht und sich selbst damit immer mehr in die Isolation getrieben. Ein Interesse der Allgemeinheit[681] besteht – nach den Erfahrungen aus dem tragischen Ereignis in Erfurt – vor allem in der aus dem Bildungsauftrag folgenden Fürsorgepflicht der Schule gegenüber ihren Schülern, der Fürsorge gegenüber den Bediensteten und dem staatlichen Auftrag zur Gefahrenabwehr für das Leben und die Gesundheit.

Der *VerfGH Rh-Pf* hat sich ebenfalls mit der Problematik befasst[682] und erklärt, dass die Verfassung für Rheinland-Pfalz[683] einer Regelung nicht entgegenstünde, wonach die Eltern auch volljähriger Schüler über schwerwiegende

312

---

[671] § 120 Abs. 8 SchulG NRW.
[672] § 120 Abs. 8 Satz 2 SchulG NRW.
[673] § 3 Abs. 5 Satz 3 ASchO NRW.
[674] Die Vorschrift des § 120 Abs. 8 SchulG NRW stellt eine Erlaubnisnorm i.S. des § 4 Abs. 1 Satz 1 lit. a) DSG NRW dar.
[675] Art. 4 Abs. 2 Verf NRW.
[676] BVerfGE 78, 77 (84) = NJW 1988, 2031.
[677] *Hufen*, JuS 2005, 555. Damit auch Informationen im Sinne von § 120 Abs. 8 Satz 1 SchulG NRW.
[678] Art 6 GG bzw. Art. 5 Verf NRW.
[679] Insoweit gilt die Grenze des § 1626 BGB: Eltern haben das Recht und die Pflicht, für das *minderjährige* Kind zu sorgen. Siehe dazu auch: BVerfGE, 59, 360 (382) = NJW 1982, 1375.
[680] *Jülich/van den Hövel/Packwitz*, a.a.O., § 120, Rn. 16.
[681] I. S. d. Art. 4 Abs. 2 Verf NRW.
[682] *VerfGH Rh.-Pfalz*, Urt. v. 22.6.2004, NJW 2005, 410; siehe auch *Hufen*, JuS 2005, 554ff.
[683] Insb. Art. 4a Verf Rh-Pf.

schulische Vorkommnisse unterrichtet werden sollen, um das Risiko von Selbst- und Fremdgefährdungen zu vermindern. Die Unterrichtung der Eltern volljähriger Schüler ist grundsätzlich geeignet, zur Risikoverringerung von selbst- oder fremdgefährdenden Handlungen, die aus schulischen Entscheidungen resultieren, beizutragen. Es ist anzunehmen, dass das Eltern-Kind-Verhältnis über den Zeitpunkt der Volljährigkeit hinaus wirkt, nämlich als Pflicht zu Beistand und Rücksichtnahme.[684] Neben der gemeinsamen Verantwortung von Schule und Eltern für die Erfüllung des Bildungsauftrags[685] sind außerdem die speziellen Verhältnisse junger Erwachsener zu berücksichtigen. Sie befinden sich in einer Umbruchphase. Die Entwicklung zum Erwachsenen verläuft fließend und muss nicht mit dem 18. Lebensjahr abgeschlossen sein. So privilegieren etwa Regelungen im Strafverfahrensrecht[686] Personen zwischen 18 und 21 Jahren als so genannte Heranwachsende, auf welche nach einer Gesamtwürdigung ihrer Persönlichkeit die Vorschriften des Jugendstrafrechts anzuwenden sind, wenn sich ergibt, dass sie zur Zeit der in Rede stehenden Tat nach ihrer sittlichen und geistigen Entwicklung noch einem Jugendlichen gleich standen.[687]

313 Es sind natürlich auch Fälle denkbar, in denen sich die Unterrichtung der Eltern als untaugliches Mittel zur Einflussnahme auf den Schüler erweist. Das ist z. B. der Fall, wenn augenscheinlich kein Grund zur Annahme besteht, dass sich der einzelne Schüler in einer Krisensituation befindet oder aber, wenn Eltern gar nicht bereit sind, unterstützend auf ihr Kind einzuwirken. Zudem kann es sein, dass die Unterrichtung der Eltern eine vorhandene Konfliktlage noch verschärft, etwa weil diese selbst maßgeblich an der Entstehung des Konflikts beteiligt sind.[688] Die Schule hat also das Für und Wider einer Unterrichtung sorgfältig gegeneinander abzuwägen und davon abzusehen, wenn diese für den Schutz der Allgemeinheit nicht als geeignet bzw. erforderlich erscheint. Mithin ist die Einschätzung des Gesetzgebers, dass für den Schutz der Allgemeinheit die Einführung einer derartigen Regelung erforderlich ist, verfassungsrechtlich nicht zu beanstanden.[689] Es handelt sich bei den dort aufgezählten Fällen, in denen Benachrichtigungen erfolgen können, um gravierende schulische Entscheidungen, welche im Leben eines jungen Erwachsenen erhebliche Auswirkungen haben und deshalb zu außergewöhnlichen Reaktionen führen können.

---

[684] BVerfGE 57, 170 ff.; *Jülich/van den Hövel/Packwitz*, a.a.O., § 120 Rn. 16.
[685] § 2 Abs. 2 Satz 2 SchulG NRW.
[686] §§ 105 Abs. 1, 1 Abs. 2 JGG.
[687] § 105 Abs. 1 JGG.
[688] Solchen Fällen wurde aber insofern Rechnung getragen, als § 120 Abs. 8 SchulG als Ermessensvorschrift („kann") ausgestaltet ist.
[689] *VerfGH Rh.-Pfalz*, Urt. v. 22. 6. 2004, NJW 2005, 410 zur Gesetzeslage in Rheinland-Pfalz.

– Videoüberwachung auf dem Schulhof
Ein ständig wiederkehrendes Thema in der öffentlichen Diskussion ist die 314
Frage nach der Zulässigkeit der Videoüberwachung an öffentlichen Schulen. So wird der Ruf derer fortwährend lauter, die der Ansicht sind, eine ständige und generelle Überwachung von öffentlichen Straßen, Wegen und Plätzen, Bahnhöfen, Ladenpassagen oder eben auch Schulhöfen erhöhe die Sicherheit der Bürgerinnen und Bürger und verringere die Anzahl von Straftaten und Ordnungswidrigkeiten. Gerade die Videoüberwachung an öffentlichen Schulen stellt jedoch ein sensibles Thema dar, welches einer näheren Betrachtung bedarf.[690] Jede Videoüberwachung greift in das Grundrecht der betroffenen Personen auf informationelle Selbstbestimmung ein, d.h. das Recht selbst über die Preisgabe und Verwendung ihrer personenbezogenen Daten zu bestimmen. Bei personengenauer Beobachtung und/oder Aufzeichnung handelt es sich um eine Datenverarbeitung, die entweder der Einwilligung[691] der betroffenen Person bedarf oder aber durch das DSG NRW oder eine andere Rechtsvorschrift erlaubt sein muss.

In NRW enthält das Schulrecht keine speziellen Vorschriften zur Video- 315
überwachung in Schulen. Insofern ist auf die allgemeinen datenschutzrechtlichen Vorschriften des DSG NRW zurückzugreifen.[692] Danach ist die „optisch-elektronischen Überwachung", d.h. die nicht mit einer Speicherung verbundene Beobachtung öffentlich zugänglicher Bereiche mit optisch-elektronischen Einrichtungen zulässig, soweit dies der Wahrnehmung des Hausrechts dient und keine Anhaltspunkte dafür bestehen, dass schutzwürdige Interessen betroffener Personen überwiegen. Zulässiger Zweck der Videoüberwachung ist damit einzig die Wahrnehmung des Hausrechts, also die Befugnis, die sich im Schulgebäude aufhaltenden Personen vor Gefahren für Leib und Leben zu schützen sowie erhebliche Eigentumsbeeinträchtigungen zu verhindern. Eine abstrakte Gefahrenvorsorge reicht dabei nicht aus, sondern es müssen belegbare Vorkommnisse in der Vergangenheit die Annahme rechtfertigen, dass auch künftig schwerwiegende Beeinträchtigungen der durch das Hausrecht geschützten Interessen drohen.[693] Damit scheidet eine generelle und dauernde Überwachung von Schulen bereits aus. Eine Videoüberwachung kann nur *in*

---

[690] Näher dazu *Suttmann*, NWVBl. 2008, 405 ff., *ULD S-H*, Praxishandbuch Schuldatenschutz, S. 69 ff. abrufbar unter: https://www.datenschutzzentrum.de/schule/praxishandbuch-schuldatenschutz.pdf; *Faber*, Eildienst Städtetag NRW, 05/2009, S. 157 f.
[691] § 4 Abs. 1 DSG NRW.
[692] §§ 122 SchulG NRW i.V.m. 29b Abs. 1 DSG NRW.
[693] *LDI NRW (hg.)*, Orientierungshilfe zur Videoüberwachung an und in Schulen, Stand 12/06, S. 6. www.lfd.nrw.de; *hbgDSB*, 20. Tätigkeitsbericht (2004), 12.2. www.datenschutz-hamburg.de.

begründeten Einzelfällen auf Antrag der Schulleitung (welche bei inneren Schulangelegenheiten das Hausrecht wahrnimmt)[694] stattfinden.

316   Überdies dürfen keine Anhaltspunkte dafür bestehen, dass schutzwürdige Interessen der betroffenen – videoüberwachten – Personen überwiegen,[695] d. h. der Einsatz einer Überwachungseinrichtung muss zur Wahrnehmung des Hausrechts geeignet und erforderlich sein und darf die Betroffenen nicht unverhältnismäßig belasten. Hier liegt das eigentliche Problem einer Videoüberwachung an Schulen: Der Überwachung von Schülerinnen und Schüler öffentlicher Schulen wird die allgemeine datenschutzrechtliche Erlaubnisnorm nicht gerecht. Denn bei der Abwägung mit den Interessen der Schüler ist zum einen deren sich aus der Schulpflicht ergebender Sonderstatus zu beachten. Schülerinnen und Schüler befinden sich einem besonderen Näheverhältnis zum Staat und haben auf Grund der allgemeinen Schulpflicht[696] nicht die Möglichkeit, diesem Näheverhältnis auszuweichen. Zum anderen ist der besondere Erziehungs- und Bildungsauftrag der Schule mit einzubeziehen. Der schwerwiegende Eingriff in das informationelle Selbstbestimmungsrecht der Schüler, der von der Videoüberwachung ausgeht, verträgt sich grundsätzlich nicht mit dem Auftrag der Schulen, die Entwicklung der Schülerinnen und Schüler zu selbstbestimmten mündigen Persönlichkeiten zu fördern. Die Schule unterrichtet und erzieht junge Menschen auf Grundlage des *GG* und der *Verf NRW*.[697] Dazu gehört insbesondere auch die Erziehung im Geiste der Freiheit und Demokratie.[698] Diesem Ziel liefe es zuwider, wenn Schülerinnen und Schüler in bestimmten Bereichen der Schule permanent durch Videokameras beobachtet, kontrolliert und überwacht würden.[699] Schließlich bedeutet eine Videoüberwachung auch deshalb einen schwerwiegenden Eingriff in die Rechte der Schülerinnen und Schüler und stellt damit hohe Anforderungen an die Verhältnismäßigkeit, weil sie durch eine ständige Kontrolle erheblich in ihrer Freiheit eingeschränkt werden, sich in der Schule – und dabei insbesondere in den Pausen auf dem Schulhof – frei zu bewegen.

317   Zusammenfassend lässt sich feststellen, dass eine Videoüberwachung an Schulen nur ausnahmsweise gerechtfertigt sein kann.[700] In einem solchen Fall

---

[694] § 59 Abs. 2 Satz 1 Nr. 6 SchulG NRW.
[695] § 29b DSG NRW.
[696] Art. 8 Abs. 2 Verf NRW.
[697] § 2 Abs. 1 Satz 1 SchulG NRW.
[698] Art. 7 Abs. 1 Verf NRW.
[699] *LDI NRW*, a.a.O., S. 7.
[700] Bsp. bei *ULD S-H*, 26. Tätigkeitsbericht (www.datenschutzzentrum.de): Der Physikraum einer Berufsschule ist mit hochwertigen Arbeitstischen ausgestattet, die von Schülerinnen und Schülern durch unauslöschbare Kritzeleien und Einritzungen wiederholt beschädigt wurden. Die Verantwortlichen konnten trotz Anwesenheit einer Lehrkraft nicht ausgemacht werden. Die Schulleitung versuchte erfolglos, unter Ein-

ist ein begründeter Antrag der Schulleitung an den Schulträger erforderlich, zudem sollten zuvor alle Schulgremien mit einer beabsichtigten Videoüberwachung befasst werden.[701] Erforderlich sind außerdem Hinweisschilder, die die Betroffenen auf die stattfindende Videoüberwachung aufmerksam machen.[702] Die Aufzeichnungen dürfen nur zur Täterfeststellung und/oder zur Beweissicherung ausgewertet werden und sind schnellstmöglich zu Löschen, sobald sie hierzu nicht mehr erforderlich sind. Als Rechtsgrundlage scheidet das PolG NRW[703] für die Videoüberwachung aus, da es sich bei Schule und Schulhof nicht um öffentliche Orte handelt, an denen wiederholt Straftaten begangen werden und deren Beschaffenheit die Begehung von Straftaten begünstigt. Bei Orten im Sinne dieser Vorschrift handelt es sich um so genannte Kriminalitätsschwerpunkte, zu denen Schulen nicht zu zählen sind – schon deshalb, weil es sich bei den in Schulen überwiegend begangenen Delikten wie etwa Sachbeschädigungen nicht um solche handelt, die – unter Wahrung des Verhältnismäßigkeitsgrundsatzes – eine permanente und generelle Überwachung durch die Polizei rechtfertigen. Im Ergebnis bleibt festzustellen, dass eine generelle und dauernde Videoüberwachung nicht zulässig ist. Erforderlich – jedoch aus datenschutzrechtlicher Sicht nicht wünschenswert – wäre insofern eine die besondere Situation in Schulen berücksichtigende bereichsspezifische Rechtsgrundlage im Schulgesetz NRW.

b) Datenverarbeitung durch die Lehrkräfte[704]

Die Lehrkräfte erheben in der Regel einen Teil der Schüler- und Elterndaten für die Schule. Insofern ist danach zu unterscheiden, ob die Datenverarbeitung handschriftlich oder auf dem privaten PC einer Lehrkraft stattfindet. Eine Verarbeitung personenbezogener Daten der Schüler auf privaten Computern der Lehrkräfte für dienstliche Zwecke bedarf der schriftlichen, im Verfahrensverzeichnis[705] aufgeführten Genehmigung durch die Schulleitung.[706] Eine solche Genehmigung ist zu erteilen, wenn die Datenverarbeitung nach Art und Um-

318

---

schaltung der Schüler- und Elternvertretung, die Sachbeschädigungen zu unterbinden. Videoüberwachung zum Zwecke der Identifizierung der Täter (nicht etwa zur Überwachung bei Klassenarbeiten!) ist zulässig.

[701] *HbgDSB*, a.a.O.
[702] § 29b Abs. 1 Satz 2 DSG NRW. Da oftmals datenschutzrechtlich nicht hinreichend einsichtsfähige Minderjährige betroffen sind, sind die Erziehungsberechtigten über die Videoüberwachung in geeigneter (schriftlicher) Form zu unterrichten.
[703] § 15a Abs. 1 PolG NRW.
[704] Dazu *ULD S-H* a.a.O. S. 135 ff.
[705] § 8 DSG NRW.
[706] § 2 Abs. 2 VO-DV I NRW. In anderen Bundesländern ist die Datenverarbeitung auf häuslichen ADV-Anlagen der Lehrkräfte wegen der nur mangelhaften Kontrollmöglichkeiten durch die Schulleitung bzw. dem DSB zum Teil ausdrücklich untersagt.

fang für die Erfüllung der schulischen Aufgaben erforderlich ist und ein angemessener technischer Zugangsschutz nachgewiesen wird (z.B. Zugriffssicherung durch Passwortschutz, abschließbares Arbeitszimmer).[707] Aber selbst nach erteilter Genehmigung dürfen nur bestimmte Daten – soweit erforderlich – verarbeitet werden,[708] also *insbesondere grundsätzlich nicht Anschrift und Telefonnummer der Schüler*. In der Anlage nicht aufgeführte Daten dürfen nur mit *schriftlicher und freiwillig erteilter* Einwilligung der Betroffenen verarbeitet werden.

319 Etwas anderes gilt für handschriftliche Notizen der Lehrkräfte, insbesondere bei der Erfassung von Daten im sog. Lehrerkalender.[709] Die Schule darf der einzelnen Lehrkraft jedoch die personenbezogenen Daten der ihr zugeteilten Schüler (welche dem Schülerstammblatt zu entnehmen sind) zugänglich machen, soweit die Daten zur Erfüllung der Aufgaben des betreffenden Lehrers erforderlich sind.[710] Diese Daten darf sich die Lehrkraft zweckmäßigerweise notieren (z.B. im Lehrerkalender); zumindest untersagt oder reglementiert das Gesetz solche privaten Notizen nicht.[711] Allerdings muss auch die einzelne Lehrkraft dafür Sorge tragen, dass die notierten Daten vor dem Zugriff unbefugter Personen geschützt werden. Außerdem werden die gesammelten Daten spätestens dann nicht mehr zur Aufgabenerfüllung benötigt, wenn der betroffene Schüler nicht mehr von der Lehrkraft unterrichtet wird. Folglich ist die „private Datensammlung" ab diesem Zeitpunkt nicht mehr für die Aufgabenerfüllung erforderlich und deshalb zu vernichten.

320 Ebenfalls problematisch ist die Verarbeitung von solchen Daten in der „privaten Datensammlung" der Lehrkraft, die nicht von der Schule erhoben werden.[712] Solche Daten darf die Lehrkraft allenfalls mit Einwilligung der Betroffenen erheben, wobei diese ausdrücklich über die Freiwilligkeit solcher Angaben bzw. die Folgenlosigkeit der Verweigerung einer Einwilligungserklärung zu belehren sind. Zu bedenken gilt es außerdem, dass es sich bei den von der Schule zu erhebenden Daten bereits um einen sehr umfassenden Datenkatalog handelt.[713] Schließlich sind solche Datensammlungen bereits deshalb

---

[707] Siehe dazu das vom *LDI NRW* erstellte Antragsformular: https://www.ldi.nrw.de/mainmenu_Datenschutz/submenu_Datenschutzrecht/Inhalt/BildungundForschung/Inhalt/4_Nutzung_privater_PC_im_Schulbereich/antrag.pdf. Die Situation ähnelt insoweit den Anforderungen an Telearbeitsplätze.
[708] § 2 Abs. 2 Satz 4 VO-DV I i.V.m. der Anlage 3 der VO-DV I.
[709] Folglich findet auch die abschließende Datenaufzählung in der Anlage 3 zur VO-DV I NRW keine Anwendung.
[710] §§ 120 Abs. 1 Satz 2 (wortgleich mit dem früher geltenden § 19 Abs. 1 Satz 2 SchVG NRW), § 4 Abs. 6 VO-DV I NRW.
[711] Ein Verbot kann auch nicht im Umkehrschluss aus § 2 Abs. 2 VO-DV I NRW hergeleitet werden.
[712] § 120 Abs. 1 Satz 1 SchulG NRW i.V.m. der VO-DV I NRW.
[713] Siehe Anlage 1 zur VO-DV I NRW.

nicht zu empfehlen, weil sie sehr schnell unrichtig werden können und unrichtige Daten vorzuhalten ist unzulässig. Es gilt insoweit der Grundsatz der Datenvermeidung.[714]

4. Datenübermittlung (-austausch)

Die Übermittlung personenbezogener Daten an Behörden und Personen außerhalb der Schule ist ebenfalls geregelt.[715] Generell gilt, dass Gegenstand einer Übermittlung grundsätzlich nur die im SchulG NRW[716] genannten personenbezogenen Daten sein können, wobei die Datenübermittlung schriftlich, mündlich, automatisiert oder auf Datenträgern stattfinden kann. Hinsichtlich des Adressaten einer Datenübermittlung ist zwischen bestimmten, abschließend aufgeführten öffentlichen Stellen, anderen öffentlichen Stellen sowie an Personen oder Stellen außerhalb des öffentlichen Bereichs zu unterscheiden.[717]

321

a) Übermittlung an bestimmte öffentliche Stellen

Daten u.a. dürfen einer (anderen) Schule, der Schulaufsichtsbehörde, dem Schulträger, der unteren Gesundheitsbehörde, dem Jugendamt, dem Landesjugendamt sowie den Ämtern für Ausbildungsförderung übermittelt werden, soweit sie von diesen Stellen zur Erfüllung der ihnen durch Rechtsvorschrift übertragenen Aufgaben benötigt werden. Beispielhaft sollen im Folgenden die Gesundheits- und Jugendämter als Empfänger von Schuldaten näher betrachtet werden:

322

– Gesundheitsämter

Die unteren Gesundheitsbehörden (Gesundheitsämter der Kreise und kreisfreien Städte) sind dafür zuständig, Kinder und Jugendliche vor Gesundheitsgefahren zu schützen und ihre Gesundheit zu fördern.[718] Benötigt das jeweilige Gesundheitsamt zur Durchführung des Gesundheitsdienstes Daten der Schüler, und erhält es diese Daten nicht von dem Betroffenen selbst, hat die Schule die jeweiligen Daten an das Gesundheitsamt zu übermitteln. Daneben sind Lehrkräfte, die bei ihren Schülern eine nicht bekannte oder drohende Behinderung wahrnehmen,[719] verpflichtet, die jeweiligen Erziehungsberechtigten auf

323

---

[714] § 4 Abs. 2 Satz 1 DSG NRW.
[715] § 120 Abs. 5 SchulG NRW; entspricht dem früher geltenden § 19 Abs. 5 SchVG NRW.
[716] § 120 Abs. 1 Satz 1 SchulG NRW.
[717] § 120 Abs. 5 Sätze 1–3 SchulG NRW.
[718] § 12 ÖGDG NRW.
[719] Bei einer solchen Behinderung i.S.d. § 2 Abs. 1 SGB IX handelt sich nicht um Daten im Sinne des § 120 Abs. 1 Satz 1 SchulG NRW.

die Behinderung und auf Beratungsangebote hinzuweisen.[720] Weiterhin dürfen die Schulen Daten (Vor- u. Familienname, Geburtsdatum und -ort, Anschrift sowie Name, Anschrift und Erreichbarkeit der Erziehungsberechtigten) für die Durchführung von Reihenuntersuchungen (Gesundheitspflege) an das Gesundheitsamt übermitteln.[721]

– Jugendämter

324 Von den Trägern der öffentlichen Jugendhilfe zu errichtende Jugendämter[722] sind für die Wahrnehmung der Jugendhilfe zuständig. Die Jugendhilfe umfasst insoweit Leistungen und andere Aufgaben zum Schutz und zur Förderung junger Menschen.[723] Diese weitreichende Aufgabe können die Jugendämter aber letztlich nur mit Hilfe personenbezogener Daten der Kinder und Jugendlichen erfüllen. Dabei hat das Jugendamt das Sozialgeheimnis[724] zu wahren sowie die bereichsspezifischen Regelungen[725] zu beachten. Wie bereits erwähnt, sind Sozialdaten[726] grundsätzlich beim Betroffenen selbst zu erheben. Demnach benötigt das Jugendamt keine Daten von der Schule, soweit die Daten auch durch Erhebung beim Betroffenen erlangt werden können. Ist dies nicht möglich, kann das Jugendamt ohne Mitwirkung des Betroffenen Daten bei der Schule erheben,[727] muss dabei jedoch abwägen und darf vom Grundsatz der Datenerhebung beim Betroffenen nur abweichen, wenn dies im Einzelfall geboten ist.[728] Eine Prüfung hinsichtlich dieser Abwägungsentscheidung steht der Schule indes nicht zu.[729] Folglich hat die Schule Daten im Falle einer Anfrage an das Jugendamt zu übermitteln, sofern das Jugendamt darlegt, dass es

---

[720] §§ 60, 61 Abs. 2 SGB IX. Der frühere § 124 Abs. 2 Satz 2 BSHG, nach welchem der Lehrer das Gesundheitsamt zu benachrichtigen hatte, soweit die Erziehungsberechtigten – trotz wiederholtem Hinweis der Lehrkraft – der Sache nicht nachgingen (und z.B. einen Arzt aufsuchten), ist mit der Fassung des Gesetzes zur Einordnung des Sozialhilferechts in das Sozialgesetzbuch vom 27. 12. 2003 (BGBl. I S. 3022) weggefallen und wurde nicht in das SGB IX übernommen.
[721] § 8 VO-DV I NRW.
[722] § 69 SGB VIII.
[723] §§ 1f. SGB VIII.
[724] § 35 SGB I.
[725] §§ 61ff. SGB VIII, 67ff. SGB X.
[726] § 62 Abs. 2 SGB VIII.
[727] Die Regelung des § 120 Abs. 5 Satz 1 SchulG NRW stellt eine gesetzliche Regelung im Sinne von § 62 Abs. 3 SGB VIII dar.
[728] Die Ausnahmetatbestände des § 62 Abs. 3 SGB VIII stellen einen Eingriff in das informationelle Selbstbestimmungsrecht der Betroffenen dar. Ein solcher Eingriff kann aber nur dann zulässig sein, wenn er auch geboten ist, so ausdrücklich *Maas/Törnig*, in: Jans/Happe/Saurbier/Maas, Kinder- und Jugendhilferecht, 3. Aufl., 44. Lfg., Stand: Mai 2009, § 62, Rn. 45.
[729] Ein gesetzmäßiges Handeln der anfragenden öffentlichen Stelle ist nicht zuletzt wegen des Vorrangs des Gesetzes nach Art. 20 Abs. 3 GG zu unterstellen.

diese Daten für die Ausübung der Jugendhilfe nach dem SGB VIII benötigt. Hat eine Lehrkraft z.B. detaillierte Familienkenntnisse über einen Schüler (etwa Gewalt in der Familie, Drogen etc.) erlangt, so handelt es sich weder um Daten im Sinne des SchulG NRW,[730] noch wurden diese Daten von der Schule „erhoben"; sie wurden der Lehrkraft nur bei Gelegenheit ihrer Lehrtätigkeit bekannt. Ein Schutz des Schülers gegen eine Übermittlung dieser Daten an das Jugendamt besteht in diesen Fällen nicht, da das Gesetz eine solche Bekanntgabe nicht untersagt,[731] sondern im Gegenteil eine Übermittlung erlaubt,[732] ohne dazu zu verpflichten. Der Lehrer muss abwägen und dabei berücksichtigen, ob ihm die Daten persönlich anvertraut sind (Reichweite der Einwilligung) oder ob Gefahr im Verzug besteht. Wegen des Grundsatzes der Datenerhebung beim Betroffenen ist zudem die Übermittlung solcher Daten ausreichend, die das Bestehen einer Problemlage für das Jugendamt erkennen lassen; eine sofortige Übermittlung *aller* dem Lehrer bekannten Informationen ist dagegen *nicht* erforderlich.[733]

b) Übermittlung an sonstige öffentliche Stellen

Die Übermittlung von Daten an andere öffentliche Stellen nur zulässig, wenn sie zur Erfüllung einer gesetzlichen Auskunfts- oder Meldepflicht erforderlich ist, ein Gesetz sie erlaubt oder der Betroffene im Einzelfall eingewilligt hat. 325

– Sozialamt
Eine gesetzliche Auskunftspflicht der Schule gegenüber dem Sozialamt ergibt sich weder aus dem SGB X[734] noch aus dem SGB XII,[735] da die Schulen in den genannten Vorschriften nicht als Übermittlungsstellen vorgesehen sind. Darüber hinaus benötigt das Sozialamt für die Erfüllung seiner Aufgaben die im Schulbereich gespeicherten[736] Daten nicht. Daten können grundsätzlich beim Betroffenen selbst erhoben werden, und im Falle mangelnder Mitwirkung des Betroffenen besteht die Möglichkeit, Leistungen zu versagen.[737] Erforderlich

---

[730] § 120 Abs. 1 Satz 1.
[731] Der Lehrer ist nicht wegen unbefugter Geheimnisoffenbarung nach § 203 Abs. 2 StGB strafbar, weil er zu einer entsprechenden Mitteilung befugt ist.
[732] § 69 Abs. 1 Nr. 1 3. Alt. SGB X.
[733] Zu diesem Fall *LDI NRW*, 13. Tätigkeitsbericht, 16.1, S. 106.
[734] §§ 67aff. SGB X.
[735] § 117 SGB XII.
[736] Soweit in der Schule überhaupt Sozialdaten gespeichert sind. Für die Aufgabe „Schülerfahrtkostenerstattung" nach § 97 Abs. 4 SchulG NRW i.V.m. der SchfkVO NRW und dort für die Frage des Wegfalls des Eigenanteils kann der Umstand des Sozialleistungsbezuges notwendiges Verarbeitungsdatum beim Schulverwaltungsamt sein.
[737] § 66 Abs. 1 SGB I.

für eine Datenübermittlung an das Sozialamt ist somit stets eine Einwilligung des Betroffenen.

– Krankenkassen und Stellen im Gesundheitsbereich

326 Krankenkassen dürfen Sozialdaten bei Schulen erheben, soweit diese zur Abrechnung mit anderen Leistungsträgern (z.B. Abrechnung zwischen Krankenkasse und Unfallversicherung) erforderlich sind.[738] Die Schule ist insoweit zur Übermittlung der erforderlichen Daten, die im Fall eines Schulunfalls ja auch nur ihr bekannt sind, verpflichtet. In diesem Zusammenhang ist auch von Bedeutung, inwieweit Krankenkassen bei den Schulen die Erforderlichkeit einzelner medizinischer Maßnahmen abfragen dürfen (z.B. Notwendigkeit eines bestimmten Hörgeräts). Eine Übermittlung solcher Daten ist nicht durch das SchulG NRW gedeckt, da es sich hierbei nicht um Schülerdaten handelt. Zwar ist den Krankenkassen die Erhebung von Daten zur Prüfung ihrer Leistungspflicht erlaubt.[739] Diese Daten sind aber direkt beim Betroffenen zu erheben.[740] Allerdings ist zur Verfolgung von Ordnungswidrigkeiten,[741] eine Datenerhebung bei Dritten zulässig. Da die Aufzählung der potentiellen Datenquellen im SGB V[742] nicht abschließend ist, kommt in diesen Fällen auch eine Datenerhebung bei der Schule des Betroffenen in Betracht.

327 Sofern Ärzte und Psychologen Daten von Schulkindern bei der Schule abfragen, die sich bei ihnen in Behandlung befinden, ist zu berücksichtigen, dass den Behandlungen privatrechtliche Behandlungsverträge zu Grunde liegen. Demnach sind Datenübermittlungen der Schule an den jeweiligen Therapeuten nur mit Einwilligung des Betroffenen zulässig, zumal es sich auch in diesen Fällen regelmäßig nicht um Daten im Sinne des SchulG NRW[743] handeln wird. Anders als bei einer Anfrage durch eine andere Behörde muss der Therapeut der Schule die schriftliche Einwilligung des Betroffenen vorlegen.

c) *Übermittlung an Personen oder Stellen außerhalb der Verwaltung*

328 Eine Datenübermittlung an Personen oder Stellen ist außerhalb der öffentlichen Verwaltung zulässig, wenn ein rechtlicher Anspruch auf die Bekanntgabe der Daten besteht und schutzwürdige Belange der oder des Betroffenen nicht beeinträchtigt werden oder wenn die oder der Betroffene im Einzelfall eingewilligt hat. Einige typische Fallkonstellationen seien hier genannt:

---

[738] § 284 Abs. 1 Nr. 10 SGB V.
[739] § 284 Abs. 1 Nr. 4 SGB V.
[740] Anders als bei § 284 Abs. 1 Nr. 10 SGB V folgt dies u.a. aus § 206 SGB V.
[741] I.S.v. §§ 306f. SGB V (worunter auch ein Verstoß gegen § 206 SGB V fällt).
[742] § 306 SGB V.
[743] § 120 Abs. 1 Satz 1 SchulG NRW.

– Telefonlisten
Telefonlisten enthalten zwangsläufig personenbezogene Daten der Schüler und der Erziehungsberechtigten. Hier ist nicht die Schule übermittelnde Stelle; vielmehr werden die Listen regelmäßig in Eigeninitiative der Schüler oder Erziehungsberechtigten selbst (bzw. mit Unterstützung der Lehrkraft) erstellt und weitergegeben. Fehlende Angaben dürfen nicht von der Schule ergänzt werden; vielmehr basieren solche Listen immer auf der Einwilligung der Betroffenen. Soweit lediglich Daten der Schüler betroffen sein sollten, kann gegebenenfalls eine Einwilligung der Schüler ausreichend sein; regelmäßig werden aber auch Daten der Erziehungsberechtigten betroffen sein (z.B. Anschrift, Telefonnummer).

– Nicht erziehungsberechtigte Personen
Entsprechendes gilt für die Weitergabe von Daten an nicht erziehungsberechtigte Verwandte oder Bekannte (z.B. Mitteilung von Klausurnoten an Großeltern, Mitteilung einer neuen Anschrift an geschiedene Elternteile). Auch insoweit ist eine Übermittlung ausschließlich auf der Grundlage einer Einwilligung des Betroffenen zulässig.

329

– Geltendmachung von Ansprüchen
Anders ist dagegen die Situation zu bewerten, wenn die Datenweitergabe der Durchsetzung rechtlicher Interessen dienen soll. Beispielsweise wollen Eltern eines Schülers Daten eines anderen Schülers erfahren, um diesen wegen einer unerlaubten Handlung vor einem Zivilgericht zu verklagen. Der betroffene Schüler bzw. seine Erziehungsberechtigten werden im Zweifel in eine Datenübermittlung durch die Schule nicht einwilligen. Erforderlich ist daher ein Anspruch auf Bekanntgabe, wobei die schutzwürdigen Belange des Betroffenen nicht beeinträchtigt werden dürften.[744] Dem Wortlaut zufolge genügt ein rechtliches Interesse an der Bekanntgabe nicht.[745] Eine solche, am Wortlaut orientierte und enge Auslegung der Vorschrift vermag aber nicht zu überzeugen. Denn die Schule kann faktisch nicht prüfen, ob ein solcher Anspruch tatsächlich besteht, und das gehört auch nicht zu ihren Aufgaben. Es muss genügen, dass der Informationsbegehrende einen Sachverhalt vorträgt, aus dem sich ein rechtlicher Anspruch schlüssig ergibt.[746] Denn der Gesetzgeber wollte mit

330

---

[744] § 120 Abs. 5 Satz 3 Alt. 1 SchulG NRW.
[745] Wie z.B. bei der subsidiären Regelung des § 16 Abs. 1 Satz 1 lit. c) DSG NRW. So auch ausdrücklich *Oeynhausen*, a.a.O., Rn. 654, der aus diesem Grund einen Auskunftsanspruch für den Beispielsfall verneint (Rn. 657).
[746] Wenn Auskunft nur gegeben werden dürfte, nachdem zuvor rechtlich geprüft und festgestellt worden ist, dass ein Anspruch (d.h. ein Recht, von einem anderen ein Tun oder Unterlassen zu verlangen, siehe Legaldefinition in § 194 Abs. 1 BGB) tatsächlich begründet ist, dann würde die Alt. 1 des § 120 Abs. 5 Satz 3 SchulG NRW *leerlaufen*.

dieser Bestimmung den Schüler nur davor schützen, dass durch die Verarbeitung seiner personenbezogenen Daten sein Persönlichkeitsrecht beeinträchtigt wird. Dieser Datenschutz darf nicht als Instrument der Anspruchs- und/oder Vollstreckungsvereitelung missbraucht werden. Würde die Schule in dem genannten Beispiel eine Auskunft unter Hinweis auf den Datenschutz verweigern, so würde die Geltendmachung (möglicherweise berechtigter) zivilrechtlicher Ansprüche der Auskunftsbegehrenden verhindert, obwohl sie ein rechtliches Interesse an der Kenntnis glaubhaft machen können, welches das Geheimhaltungsinteresse des Betroffenen klar übersteigt.[747] Es bedarf daher einer *teleologischen* Auslegung, mit der Folge, dass als Voraussetzung für eine Übermittlung nicht ein Anspruch, sondern ein rechtliches Interesse[748] zu fordern ist, zumal kein Grund dafür ersichtlich ist, warum für Schulen etwas anderes als für sonstige öffentliche Stellen gelten soll. Durch ein solches Normverständnis wird auch nicht unverhältnismäßig in die Rechte des Betroffenen eingegriffen. Schließlich soll nicht jedes, sondern ausschließlich ein rechtliches Interesse einen Auskunftsanspruch begründen. Dies setzt aber einen unmittelbaren Zusammenhang zwischen den Rechtsverhältnissen des Auskunftsbegehrenden und den begehrten Daten voraus.[749] Ein bloß praktisches Interesse des Auskunftsbegehrenden – wie bei den Telefonlistenfällen – reicht dagegen nicht aus. Selbstverständlich sind Daten nur in dem Umfang zu übermitteln, der erforderlich ist, um den (vermeintlichen) rechtlichen Anspruch auch verfolgen zu können.

– Klassenfoto

331 Möchte der Fotograf bei Klassenfotos die Namen der fotografierten Kinder mit aufführen, so darf die Schulleitung die Daten nur mit der Einwilligung des Betroffenen übermitteln.

– Sportveranstaltungen außerhalb der Schule[750]

Möchte die Schule an einen Veranstalter einer Sportveranstaltung, welche nicht zum schulischen Bereich gehört, Schülerdaten übermitteln, so ist das nur mit der Einwilligung der Betroffenen möglich. Außerdem muss hier besonders darauf geachtet werden, ob die Teilnehmerliste der Sportveranstaltung im Internet veröffentlicht wird. Darauf müssen die Eltern von der Schule hingewiesen werden.[751]

---

[747] Vor Verabschiedung des Rechtsgrundlagengesetzes hatte das *VG Gelsenkirchen*, NJW 1991, 3298f., in dem genannten Beispielsfall einen Auskunftsanspruch aus § 16 Abs. 1 Satz 1 lit. c) DSG NRW hergeleitet.
[748] I.S.d. § 16 Abs. 1 Satz 1 lit. c) DSG NRW.
[749] *Stähler/Pohler*, a.a.O., § 16, Rn. 3.
[750] Näher zu diesem Thema *ULD S-H*, a.a.O., S. 88ff.
[751] § 4 Abs. 1 Satz 5 DSG NRW.

– Veröffentlichung von Klassenfotos auf der Homepage der Schule[752]
Die Schule kann Klassenfotos oder Einzelfotos von Schülern nur mit der Einwilligung des Betroffenen auf ihrer Homepage veröffentlichen.[753] Eine Verbreitung von Bildnissen ohne Einwilligung ist strafbar.[754] Mit der Verbreitung ist wiederum eine Datenübermittlung an private Stellen verbunden, für welche ebenfalls die Einwilligung des Betroffenen erforderlich ist.

5. Einsichts- und Auskunftsrecht

Erziehungsberechtigte und Schüler (und *nur* diese)[755] sind berechtigt, Einsicht in die sie betreffenden Unterlagen zu nehmen und Auskunft darüber zu erhalten, an welche Stellen (Empfänger) die Daten übertragen wurden.[756] Soweit durch die Einsicht Geheimhaltungsinteressen Dritter beeinträchtigt werden würden, ist keine Einsicht, sondern lediglich eine Auskunft über die gespeicherten Daten zu erteilen. Zwischenbewertungen des Lernverhaltens sowie persönliche Aufzeichnungen der Lehrkräfte über Schüler und deren Eltern sind von dem Recht auf Einsichtnahme und Auskunft ausgenommen.[757] Darüber hinaus kann Schulen ausnahmsweise ein Recht zur Einsichts- und Auskunftsverweigerung zustehen.[758] Dieser Rückgriff auf die allgemeinen Vorschriften war vor Inkrafttreten des SchulG NRW erforderlich, da keine Regelung getroffen war, nach denen eine Auskunft ausnahmsweise zu unterbleiben hatte.[759] Denn auch nach Inkrafttreten des SchulG NRW sind Fälle denkbar, in denen es erforderlich ist, Schülern oder Erziehungsberechtigten eine Auskunft über sie betreffende Daten auf Grund fremder besonderer Geheimhaltungsinteressen oder wegen einer Gefahr für die öffentliche Sicherheit zu verweigern.[760] Ein solcher Fall liegt z.B. vor, wenn ein erziehungsberechtigter Vater von der Schule erfahren möchte, wo und wie er seine samt Kind ins Frauenhaus geflohene Ehefrau erreichen kann. Bei der neuen Anschrift der

332

---

[752] Dazu *ULD S-H*, a.a.O., S. 133f.
[753] § 22 Abs. 1 KunstUrhG.
[754] § 33 Abs. 1 KunstUrhG.
[755] Dies wird durch das SchulG NRW gegenüber der Vorgängerregelung des § 19 Abs. 6 SchVG NRW klargestellt.
[756] § 120 Abs. 7 SchulG NRW.
[757] § 120 Abs. 7 Satz 3 SchulG NRW.
[758] § 122 Abs. 1 SchulG NRW i.V.m. § 18 Abs. 3 DSG NRW. Zum Auskunfts- statt Einsichtsrecht sowie zum Verweigerungsrecht der Schule siehe Katernberg a.a.O. § 120 S. 84ff.
[759] Siehe dazu *Oeynhausen*, a.a.O., Rn. 660.
[760] Solch ein Erfordernis sehen *Margies/Roeser*, a.a.O., § 19, Rn. 12, schon nach dem SchVG NRW nicht, weshalb sie ein Auskunftsverweigerungsrecht der Schule ablehnen.

Ehefrau handelt es sich zwar nicht um eigene Daten des Mannes.[761] Jedoch könnte der erziehungsberechtigte Vater berechtigt sein, den Aufenthaltsort seines Kindes zu erfahren.[762] Weil in einem solchen Fall aber regelmäßig eine Einwilligung der Ehefrau in die Datenübermittlung nicht vorliegt, könnten schutzwürdige Interessen der Ehefrau sowie eine Gefährdung der öffentlichen Sicherheit einer Auskunft entgegenstehen.[763] Deshalb darf in dem Beispiel die Schule die Auskunft über den Aufenthaltsort von Frau und Kind gegenüber dem Vater verweigern. Da der Schule nicht aufgebürdet werden kann, die Gründe für den zugrundeliegenden Streit zu prüfen, ist für Auskünfte ein richterlicher Beschluss zu verlangen.

6. Behördlicher Datenschutzbeauftragter der Schule[764]

333   Schulen haben – wie alle öffentlichen Stellen, die personenbezogene Daten verarbeiten –[765] einen behördlichen Datenschutzbeauftragten zu bestellen,[766] der unter anderem die Einhaltung der datenschutzrechtlichen Vorschriften für den Schulbereich kontrolliert. Der kommunale bDSB ist dafür grundsätzlich nicht zuständig.[767] Innerhalb eines Schulaufsichtsbezirks bestellt das Schulamt für seine öffentlichen Schulen in kommunaler und staatlicher Trägerschaft einen Datenschutzbeauftragten.[768] Die erforderliche Sachkunde ist ggf. durch Schulungen herzustellen.

---

[761] Deshalb könnte man hier an eine Übermittlung nach § 120 Abs. 5 Satz 3 SchulG NRW denken.

[762] § 120 Abs. 7 SchulG NRW.

[763] Der Wortlaut des § 122 Abs. 1 SchulG NRW steht einem solchen Ergebnis nicht entgegen, weil danach ergänzend auf die allgemeinen datenschutzrechtlichen Vorschriften zurückgegriffen werden kann. Es ergibt sich auch nicht, dass die nach dem SchVG NRW vorhanden gewesene Regelungslücke mit Inkrafttreten des SchulG NRW nun nicht mehr vorhanden ist, was ein möglicher Umkehrschluss aus § 120 Abs. 7 Satz 3 SchulG NRW nahelegen könnte. Vielmehr wurde diese Frage während des Gesetzgebungsverfahrens überhaupt nicht angesprochen (Siehe *LT-Drs.* 13/5394, 13/6384, 13/6358, 13/6475). Infolgedessen kann von einer Regelungslücke ausgegangen werden, die der Gesetzgeber nicht beabsichtigt hat; daher kann auf die allgemeinen Vorschriften zurückgegriffen werden.

[764] Dazu *Katernberg*, a.a.O., vor § 120, S. 14.

[765] § 32a DSG NRW.

[766] § 1 Abs. 6 VO-DV II i.V.m. § 1 Abs. 3 Satz 2 VO-DV I.

[767] Er erfüllt kommunale Aufgaben, während die Datenverarbeitung in der Schule Landesangelegenheit ist. Sollen ihm die Aufgaben des schulischen bDSB per Rechtsverordnung des Landes übertragen werden, so ist dies nur möglich, wenn zugleich geregelt wird, wer die Kosten trägt; siehe dazu § 3 Abs. 4 GO NRW.

[768] § 1 Abs. 6 Satz 3 VO-DV II.

7. Fazit

Das neue Schulgesetz für Nordrhein-Westfalen hat in datenschutzrechtlicher Hinsicht kaum Änderungen mit sich gebracht. Neu ist im Abschnitt über den Datenschutz lediglich, dass der Gesetzgeber mit dem SchulG NRW Rechtsgrundlagen schafft, die es ermöglichen, Untersuchungen zum Zwecke der Qualitätsentwicklung und Qualitätssicherung durchzuführen[769] oder sog. Bildungsindikatoren zu entwickeln und zu nutzen, anhand derer die Qualität schulischer Arbeit abgelesen werden kann.[770] Generell bedarf der Datenschutz im Schulbereich – wie im Allgemeinen – einer gesteigerten Aufmerksamkeit. Vielfach werden die datenschutzrechtlichen Anforderungen an den Umgang mit den als besonders sensibel zu betrachtenden personenbezogenen Daten von Schülerinnen und Schülern nicht hinreichend beachtet. Dies zeigt sich anschaulich in der Vielzahl der praktischen Fälle, in denen der schulische Datenschutz zu kurz kommt, und die deshalb immer wieder in den Jahresberichten der Landesdatenschutzbeauftragten[771] mitgeteilt werden müssen.

334

VIII. Schulpsychologische Beratung und Datenschutz

1. Rechtsgrundlagen

Schulpsychologie ist – aufbauend auf der Aufgabe *Schule* – in Deutschland grundsätzlich Länderangelegenheit und entsprechend in Gesetzen und Erlassen geregelt.[772] In NRW existieren über einen Erlass[773] hinaus Vereinbarungen zwischen Land und kommunalen Stellen über die Durchführung der Aufgabe *Schulpsychologie* in kommunaler Trägerschaft.

335

---

[769] § 120 Abs. 3 SchulG NRW.
[770] § 120 Abs. 6 SchulG NRW.
[771] Die meisten Datenschutzbeauftragten der Länder widmen dem Bereich „Schule/Bildung" in ihren Tätigkeitsberichten eigene Kapitel. Eine Übersicht über die Datenschutzbeauftragten samt ihrer Web-Adressen findet sich unter www.duesseldorf. de/datenschutz/links.shtml sowie www.datenschutz.de/institutionen/adressen/.
[772] § 44 SchulG NRW; § 95 Abs. 3 HSchG; § 19 Abs. 2 SchG B-W; 21 Abs. 1 Satz 2 Nr 1 SchulG Rh.-Pf.; §§ 128f. SchulG S-H; Art. 78 Abs. 1 Satz 2 BayEUG; § 52 Abs. 2 SchulG Bln; § 53 Abs. 3 ThürSchulG; § 17 Abs. 2 SchulG SN; § 45 Abs. 2 Bbg-SchulG; § 83 Abs. 1 Nr. 8 SchulG LSA; § 58 Abs. 1 SchulG M-V; § 34 Abs. 1 HmbSG; § 14 Abs. 1 BremSchVwG; § 56 Abs. 4 Satz 1 NSchG; § 20a Abs. 1 SchoG Srl.
[773] *Ministerium für Schule und Weiterbildung NRW*, Erl. v. 08.01.2007 – 515 6.08.01.17 – 37334 –, abrufbar unter: http://schulpsychologie.nrw.de/cms/front_content.php?idcat=49.

2. Aufgaben der schulpsychologischen Beratung und Formen der Hilfe durch die schulpsychologischen Dienste

336 Die datenschutzrechtlichen Vorgaben, die schulpsychologische Dienste zu beachten haben, hängen davon ab, welche Aufgaben in welcher Form wahrgenommen werden. Schwerpunkt der Aufgaben der schulpsychologischen Dienste ist die Hilfe für Schüler, die unmittelbar oder mittelbar geleistet werden kann. *Unmittelbare* Hilfeleistung besteht in Untersuchungen der Schüler, Beratungen von Eltern und Lehrern, Behandlungen aufgedeckter Probleme sowie in der Zusammenarbeit mit anderen Einrichtungen, die unterstützend hinzugezogen werden können.[774] *Mittelbar* kann durch Mitarbeit der schulpsychologischen Dienste bei Lehrerfortbildungen, durch Beratung der Schulaufsicht, der kommunalen bildungspolitischen Entscheidungsgremien (Rat, Schulausschuss) und der Schulverwaltung geholfen werden. Forschungsarbeit im schulischen Bereich zählt ebenfalls dazu.

3. Rechtlicher Rahmen des Beratungsverhältnisses

337 Je nachdem, ob einzelfallbezogen oder einzelfallübergreifend unterstützt wird, ist der rechtliche Rahmen des Beratungsverhältnisses, das die Psychologen des schulpsychologischen Dienstes eingehen, zu bewerten.[775]

a) Beratungsverhältnis bei schülerbezogener Einzelfallberatung

Schulpsychologische Dienste in kommunaler Trägerschaft üben keine hoheitliche Gewalt aus.[776] Ratsuchende nehmen sie grundsätzlich[777] freiwillig in Anspruch. Wer bei schulpsychologischen Diensten Rat sucht, will sich von seiner Zielsetzung her nicht unbedingt einem individuellen Berater anvertrauen, sondern eher eine Beratungsleistung der Stelle „schulpsychologischer Dienst" in Anspruch nehmen. Innerhalb des Dienstes übernimmt dann ein bestimmter Psychologe die Betreuung, der fachlich geeignet, gerade verfügbar oder für diesen Themenbereich grundsätzlich zuständig ist. Es entsteht dann bei längerer Beratung ein besonderes Vertrauensverhältnis zwischen Beratenem und Psychologen, das durch einen persönlichen vertraulichen Bezug geprägt wird. Bei fortgeschrittener Betreuung ist der Ansprechpartner der in Anspruch ge-

---

[774] Z.B. Erziehungsberatungsstellen, Arbeitsämter, Jugendämter oder Gesundheitsämter.
[775] *Habermalz*, Rechtsfragen der Schulpsychologie, in: SchulRecht 2002, S. 181 ff.
[776] Die schulpsychologischen Dienste sind „verantwortliche Stelle" im Sinne der Datenschutzgesetze, dazu unten 4.
[777] Fälle unfreiwilliger Inanspruchnahme schulpsychologischer Hilfe sind etwa dann denkbar, wenn die Schulleitung mit einem Schulverweis für den Fall androht, dass eine schulpsychologische Beratung nicht in Anspruch genommen wird.

nommenen Institution nicht mehr beliebig austauschbar.[778] Das Beratungsverhältnis zwischen Schulpsychologen und Schülern ist als privatrechtlicher Vertrag mit dienstvertraglicher Prägung einzuordnen. Da der kommunale Träger die Kosten für den schulpsychologischen Dienst übernimmt,[779] ist die Beratung für die Schüler kostenlos. Aufgrund seiner Unentgeltlichkeit ist der Beratungsvertrag für den Schüler rechtlich lediglich vorteilhaft. Daher kann auch der minderjährige Schüler ab seinem siebenten Lebensjahr ohne elterliche Einwilligung einen Beratungsvertrag mit dem Schulpsychologen abschließen.[780]

b) Beratungsverhältnis bei lehrerbezogener Beratung

Lehrer können sich vom schulpsychologischen Dienst bezogen auf einzelne Schüler und zu allgemeinen Fragen beraten lassen, etwa wenn eine Evaluation des Verhältnisses zu einer bestimmten Klasse vorgenommen werden soll. Die schulpsychologischen Dienste können ferner einzelfallübergreifende Lehrerfortbildung anbieten. Vertragliche Beziehungen entstehen zwischen Schulpsychologen und Lehrer nur in Ausnahmefällen, wenn Einzelberatungen gewünscht werden. *338*

c) Krisenintervention

Der schulpsychologische Dienst kann sinnvoll auch Unterstützungsarbeit leisten, wenn ein Ereignis eintritt, bei dem eine konkrete Gefahr für Leib oder Leben von Schülern und Lehrern in der Schule entsteht.[781] Hier kann die Zulässigkeit des Umgangs mit den erforderlichen Daten nicht davon abhängen, dass betroffene oder verursachende Schüler oder deren Eltern ihre Zustimmung erteilen.[782] *339*

4. Organisation schulpsychologischer Beratungsstellen in NRW

In Nordrhein-Westfalen existieren verschiedene Organisationsformen für die schulpsychologischen Dienste. Es gibt *340*

---

[778] So auch der Bericht zur Untersuchung bei psychologischen Beratungsstellen der Evangelischen Landeskirche in Württemberg, erhältlich unter http://ilias-elk-wue.de/drupal6/node/34 .
[779] Allein in NRW und in wenigen Kommunen im Saarland und in Bayern bestehen noch kommunale Trägerschaften. In NRW bestehen seit 2007 ausschließlich gemischte Dienste, d.h., das Land stellt zusätzliches Personal in den Diensten zur Verfügung. Siehe: www.schulministerium.nrw.de/BP/Presse/Meldungen/Archiv/PM_2007/pm_09_07_2007.html.
[780] § 107 BGB
[781] Z.B. Amoklauf eines Schülers, Bombendrohung etc.
[782] Ist die schulpsychologische Intervention geeignet, die Gefahr abzuwehren, so ist sie jedenfalls durch § 34 StGB gerechtfertigt.

- schulpsychologische Dienste in kommunaler Trägerschaft mit Landesbeamten zusätzlich zu den kommunalen wissenschaftlichen Mitarbeitern unter *kommunaler Leitung* („Regionalen Beratungsstellen"),
- schulpsychologische Dienste in kommunaler Trägerschaft mit Landesbeamten zusätzlich zu den kommunalen wissenschaftlichen Mitarbeitern unter *Leitung eines staatlichen Schulpsychologen* („Regionalen Beratungsstellen"),
- schulpsychologische Dienste in kommunaler Trägerschaft mit ausschließlich staatlichem Personal in Form der „Regionalen Beratungsstellen" sowie
- Schulpsychologen als staatliche Beamte an Gesamtschulen.[783]

Die Gemeinden richten die Dienste als Teil der Daseinsvorsorge für ihre Bürger ein.[784] Der schulische Erfolg der Schüler der Gemeinde soll durch die Dienste gewährleistet werden. Unabhängig von der konkreten Ausgestaltung der Organisation der schulpsychologischen Dienste sollen diese jedenfalls nicht in das unmittelbare Weisungsrecht der Schulaufsicht eingebunden werden.[785] Hierdurch soll die Unabhängigkeit des schulpsychologischen Dienstes von weiteren staatlichen Institutionen sichergestellt und die Bereitschaft der Schüler und Eltern gesteigert werden, die Hilfe der Dienste in Anspruch zu nehmen.[786]

5. Datenerhebung – Einführungsgespräch

341 Die einzelfallbezogene schulpsychologische Beratung setzt voraus, dass die beratenen Personen vertrauensvoll Informationen über persönliche und sachliche Verhältnisse an den Schulpsychologen weitergeben können. Einer vertrauensvollen Offenbarung persönlicher Daten kann entgegenstehen, dass für den Ratsuchenden nicht transparent und damit ungewiss ist, inwieweit Informationen, die er dem beratenden Schulpsychologen mitteilt, schriftlich oder in Datenver-

---

[783] Zukunft der schulpsychologischen Dienste in Nordrhein-Westfalen (1982), in: Der Arbeitskreis der Leiterinnen und Leiter kommunaler schulpsychologischer Dienste beim Städtetag Nordrhein-Westfalen informiert, 5. Aufl., Köln 2002, S. 11 ff., 13. In der Praxis liegt dies nur noch vor, wenn die Schulpsychologen kurz vor der Pensionierung stehen. Ansonsten wurden diese Personen alle in die gemischten Dienste versetzt.
[784] Seit 2007 geschieht dies auf Grundlage einer Vereinbarung zwischen dem Schulministerium und der Kommune mit einem gemeinsamen Einsatzmanagement.
[785] Arbeitskreis der Leiterinnen und Leiter kommunaler schulpsychologischer Dienste beim Städtetag NRW (überarbeitete Fassung 2002), in: Der Arbeitskreis der Leiterinnen und Leiter kommunaler schulpsychologischer Dienste bei Städtetag Nordrhein-Westfalen informiert, 5. Aufl., Köln 2002, S. 1.
[786] Zukunft der schulpsychologischen Dienste in Nordrhein-Westfalen (1982), in: Der Arbeitskreis der Leiterinnen und Leiter kommunaler schulpsychologischer Dienste beim Städtetag Nordrhein-Westfalen informiert, 5. Aufl., Köln 2002, S. 11 ff., 12.

arbeitungsanlagen erfasst werden. Es kann sich als Belastung erweisen, wenn die Umstände der Datenerhebung und Weiterverarbeitung einschließlich der Aufbewahrung und Löschung sowie der getroffenen Maßnahmen zur Gewährleistung von Datensicherheit dem Betroffenen nicht bekanntgegeben werden.

Den rechtlichen Rahmen für die Datenverarbeitung bietet das Datenschutzgesetz NRW. Es findet Anwendung auf die Datenverarbeitung durch schulpsychologische Dienste. Zwar sind diese nicht der (hoheitlichen) Schulverwaltung des Landes angegliedert, sie werden aber von den Kommunen in Wahrnehmung ihrer freiwilligen Selbstverwaltungsaufgaben geführt. Träger der schulpsychologischen Dienste in NRW sind also die Gemeinden.[787] Für die Datenerhebung gelten die allgemeinen Regeln.[788] Danach ist das Erheben personenbezogener Daten „zulässig, soweit ihre Kenntnis zur rechtmäßigen Erfüllung der Aufgaben der erhebenden Stelle erforderlich" ist. Mangels Rechtsgrundlage ist auf die Freiwilligkeit der Datenerhebung hinzuweisen. Der ratsuchende Schüler ist als betroffene Person über den Verwendungszweck und mögliche beabsichtigte Übermittlungen der Daten an andere Stellen oder Personen aufzuklären. Schon aus psychologischen Gründen kann sich dabei das erste Einführungsgespräch auf einen allgemeinen Informationsaustausch über die Ziele der Beratung beschränken. Bevor jedoch tatsächlich mit schriftlicher Dokumentation begonnen wird, muss über die Art und den Umfang von Datenerhebung und Aktenführung aufgeklärt werden.

6. Interne Informationsweitergabe – Vorgaben durch Schweigepflicht und Datenschutzrecht

Für Führungs- und Leitungsaufgaben schulpsychologischer Beratungsstellen kann es besondere Bedeutung erlangen, inwieweit Informationen, die aus Beratungstätigkeiten gewonnen werden, intern weitergegeben werden dürfen. Dies berührt den Ablauf von Supervisionen und Fallbesprechungen, wer innerhalb eines schulpsychologischen Dienstes welche Informationen weiterleiten oder einsehen darf. Es geht darum, ob Vorgesetzte Einsicht in die von Schulpsychologen geführten Akten nehmen dürfen, ob Kollegen einander in der Weise vertreten dürfen, dass sie die Akten des Kollegen vor der Stellvertretung einsehen oder ob bei Fallbesprechungen im Kollegenkreis Fälle unter Namensnennung der Beratenen im Klartext zulässig sind.

342

---

[787] Nach § 2 DSG NRW gelten die Regelungen des Gesetzes auch für die Gemeinden und ihre Einrichtungen.
[788] § 12 DSG NRW.

a) Weitergabe personenbezogener Informationen aus Einzelfallberatungen

343 Die Möglichkeit Informationen weiterzugeben, die ein Mitarbeiter des schulpsychologischen Dienstes im Beratungsgespräch erlangt, wird durch die strafrechtlich sanktionierte Schweigepflicht eingeschränkt,[789] wonach sich ein Berufspsychologe strafbar macht, wenn er *unbefugt* ein fremdes Geheimnis, das ihm in seiner beruflichen Stellung anvertraut worden ist, offenbart.[790] Ein solcher Geheimnisträger ist nur in einem eng begrenzten Rahmen dazu befugt, Informationen, die er in Ausübung seiner beruflichen Tätigkeit erlangt hat, weiterzugeben. Die Befugnis kann sich einerseits aus der Einwilligung des Betroffenen ergeben. Andererseits ist ein Schulpsychologe in die öffentliche Verwaltung eingegliedert, so dass sich bereits daraus eine Befugnis zur Weitergabe von Daten ergeben kann. Ist eine Übermittlung personenbezogener Daten nach Datenschutzrecht zulässig, so ist der Geheimnisträger zugleich zu einer damit einhergehenden Schweigepflicht-Durchbrechung befugt.[791]

b) Weitergabe anonymisierter Informationen aus Einzelfallberatungen

344 Die Weitergabe von Informationen aus den Beratungsgesprächen der Schulpsychologen bereitet keine Probleme, wenn der Personenbezug entfernt und die Aufzeichnungen anonymisiert werden.[792] Derart anonymisierte Aufzeichnungen enthalten keine personenbezogenen Daten mehr und unterliegen deshalb nicht mehr datenschutzrechtlichen Vorgaben. Sie enthalten auch keine Geheimnisse[793], weil sie sich keinem Geheimnisträger mehr zuordnen lassen.

c) Weitergabe von Informationen aus einzelfallübergreifenden Beratungen

345 Daten, die von Schulpsychologen im Rahmen einzelfallübergreifender Beratungen z.B. in Form von Lehrerfortbildungen erhoben werden, fallen regelmäßig nicht in den strafrechtlich geschützten Bereich, weil die beratenen Personen an der Geheimhaltung der Tatsachen, die sie mitteilen, kein berechtigtes Interesse haben. Soweit ausnahmsweise doch Geheimhaltungsbedarf entsteht – etwa bezüglich Erfahrungen mit einem bestimmten identifizierbaren Schüler

---

[789] § 203 Abs. 1 Nr. 2 StGB.

[790] Die Mitarbeiter des schulpsychologischen Dienstes als Angestellte im öffentlichen Dienst fallen darüber hinaus unter § 203 Abs. 2 StGB, der in Nr. 2 eine besondere Verschwiegenheitspflicht für den öffentlichen Dienst besonders verpflichteter Personen vorsieht.

[791] Im Ergebnis z.B. *Lenckner/Eisele*, in: Schönke/Schröder, StGB, 28. Aufl. 2010, § 203 Rn. 53c m.w.N.; das Thema ist in Kap. 5 näher behandelt.

[792] Gemäß § 3 Abs. 7 DSG NRW ist Anonymisieren das Verändern personenbezogener Daten derart, dass die Einzelangaben über persönliche oder sachliche Verhältnisse nicht mehr oder nur mit einem unverhältnismäßigen Aufwand einer bestimmten oder bestimmbaren natürlichen Person zugeordnet werden können.

[793] I. S. d. § 203 StGB.

oder betreffend ein Einzelfallerlebnis eines Lehrers –, gelten die oben genannten Grundsätze.

d) Zwischenergebnis

Daten, die im Rahmen einzelfallbezogener Beratung gewonnen werden, dürfen entweder mit Einwilligung des Betroffenen oder – unabhängig davon – zur Ausübung von Aufsichtsaufgaben weitergegeben werden. Im Falle der Vertretung eines beratenden Schulpsychologen bedeutet dies, dass der Stellvertreter ohne Einwilligung des Beratenen nicht in die Beratungsakte Einsicht nehmen darf. Selbst im Falle der Einwilligung muss sich die Einsichtnahme zur Wahrung des Verhältnismäßigkeitsgrundsatzes auf das erforderliche Maß beschränken. 346

Die evangelische Landeskirche in Württemberg[794] schlägt ihren psychologischen Beratungsstellen bei Vertretungsfällen eine abgestufte Prüfungsfolge vor:

1. Ist es vertretbar, auf eine Weitergabe der Beratungsunterlagen zu verzichten und das Beratungsanliegen nochmals zu explorieren?
2. Soweit 1. nicht vertretbar ist: Ist es ausreichend, die Weitergabe auf die für die Beratungsstatistik erhobenen Angaben zu beschränken?
3. Soweit 1. und 2. nicht ausreichend sind: Genügt eine Beschränkung auf objektive persönliche oder sachliche Verhältnisse?

Vermutungen, vorläufige Diagnosen oder persönliche Einschätzungen des früheren Beraters sollten nur ausnahmsweise weitergegeben werden, z.B. bei vermuteter Suizidgefährdung.

7. Übermittlung schülerbezogener Informationen an externe Stellen
a) Übermittlung an Eltern Minderjähriger

In welchem Umfang die strafbewehrte Schweigepflicht[795] auch gegenüber den Eltern betroffener Minderjähriger gilt, hängt davon ab, ob Einsichtsfähigkeit besteht, d.h. ob der Betroffene Bedeutung und Tragweite des Geheimnisses erkennen kann. Eine starre Altersgrenze gilt hier nicht. Es ist aber davon auszugehen, dass ab einem Alter von *fünfzehn* Jahren in der Regel die erforderliche Einsichtsfähigkeit vorhanden ist.[796] Der beratende Psychologe muss aber im 347

---

[794] http://ilias-elk-wue.de/drupal6/node/35.
[795] § 203 StGB
[796] Zur Parallelproblematik bei der ärztlichen Schweigepflicht, Landesärztekammer Baden-Württemberg mit den Bezirksärztekammern, Merkblatt zur ärztlichen Schweigepflicht, Stand: 10/2009, III Nr. 5: fünfzehn Jahre (http://www.aerztekammer-bw.de/20/merkblaetter/schweigepflicht.pdf).

Einzelfall abwägen und gewissenhaft prüfen, wessen Interessen vorgehen, das Geheimhaltungsinteresse des Minderjährigen, dass seine Eltern nicht erfahren, dass er schulpsychologische Beratung in Anspruch nimmt, oder das über die Grundsätze der elterlichen Sorge[797] begründbare Interesse der Erziehungsberechtigten und -verpflichteten, zu wissen, ob ihr Kind eine schulpsychologische Beratung in Anspruch nimmt. Eine Mitteilung an die Eltern ist aus Gründen des Kindeswohls[798] jedenfalls dann erforderlich, wenn nur durch das Zusammenwirken mit den Eltern eine erfolgreiche Beratung und ggfs. Therapie des Kindes gewährleistet ist. Etwas anderes kann allenfalls dann gelten, wenn der Minderjährige sein Leben bereits autonom führt, d.h. über eigenes Einkommen verfügt und nicht mehr unter einem gemeinsamen Dach mit den Eltern wohnt.[799]

b) Übermittlung an andere Stellen

348 Die Übermittlung personenbezogener Informationen aus Beratungsgesprächen der Schulpsychologie an andere externe Stellen[800] hängt nach den vorstehenden Ausführungen grundsätzlich von der Einwilligung des Betroffenen ab. Unabhängig von ihr ist eine Übermittlung nur denkbar, wenn die tatsächlichen Voraussetzungen eines anerkannten Rechtfertigungsgrundes erfüllt sind, also etwa bei Gefahr im Verzug.

8. Verarbeitung von Daten zu wissenschaftlichen Zwecken

349 Für wissenschaftliche Zwecke dürfen Daten, die mit Personenbezug erhoben wurden, nur in anonymisierter oder pseudonymisierter Form verarbeitet werden. Eine Verarbeitung in anderer Form bedarf grundsätzlich der Einwilligung des Betroffenen. Ohne Einwilligung ist eine Verarbeitung personenbezogener Daten nur zulässig, wenn *entweder* schutzwürdige Belange der betroffenen Person wegen der Art der Daten oder der Art ihrer Verwendung nicht entgegenstehen oder wenn ausnahmsweise *erstens* das öffentliche Interesse an der Durchführung des Forschungsvorhabens die Belange des Betroffenen erheblich überwiegt und *zweitens* der Zweck der Forschung auf andere Weise nicht oder nur mit unverhältnismäßig großem Aufwand erreicht werden kann.[801]

---

[797] § 1626 BGB.
[798] § 8a SGB VIII.
[799] So für die Parallelsituation einer ärztlichen Behandlung: *Ulsenheimer*, in: Laufs/Kern, Handbuch des Arztrechts, 4. Aufl. 2010, § 139, Rn. 43 ff; *Katzenmeier*, in: Laufs/Katzenmeier/Lipp, Arztrecht, 6. Aufl. 2009, V., Rn. 42 ff. Eine starre Altersgrenze lässt sich nicht annehmen.
[800] Z.B. Polizei, Jugendamt.
[801] § 28 Abs. 1 und 2 DSG NRW.

9. Aktenführung

Klientenunterlagen schulpsychologischer Beratungsstellen bestehen im Wesentlichen in der Führung von Aufzeichnungen[802] über die stattgefundene Beratung. Sie sind vor allem deshalb hochsensibel, weil sie soziale Beziehungen, psychische Zustände oder Testergebnisse in Schriftform fixieren und so perpetuieren. Der besonderen Sensibilität der Klientenunterlagen muss bei der Führung der Akten Rechnung getragen werden.

a) Anlage und Ordnung der Akten

Gesprächsunterlagen können abdiktiert und in Textverarbeitung umgesetzt werden, wenn eine dauerhafte Lesbarkeit und Effektivität dies sinnvoll erscheinen lassen. Auch dient die Dokumentation immer zugleich einer möglichen fachlichen Rechtfertigung. Den Verfassern sollte aber bewusst sein, dass Zugriffs- und Auswertungsmöglichkeiten so gering wie möglich zu halten sind. Daher sollten die Daten anonymisiert unter Verwendung von Kennziffern gespeichert werden. Der Schlüssel zu den Kennziffern sollte getrennt gespeichert werden und nur dem Zugriff der Leitung bzw. besonders beauftragter Bediensteter unterliegen. In besonders gelagerten Fällen ist zu prüfen, ob die Unterlage als Original in handschriftlicher Form verbleiben kann. Die Aktenführung selbst sollte sich eng am Erforderlichkeitsgrundsatz orientieren und von dem Bemühen getragen sein, so wenige Informationen wie möglich zu Papier zu bringen.[803]

b) Aktenablage

Sind in Klientenunterlagen personenbezogene Daten erfasst, so muss bei der Registratur der Unterlagen den Anforderungen an den Datenschutz Rechnung getragen werden. Die Unterlagen sind gegen Zugriffe von außen zu sichern. Daher ist eine Unterbringung in verschließbaren sicheren Schränken aus datenschutzrechtlichen Gründen erforderlich. Zentrale Aktenräume sollten eine Zugangssicherung aufweisen. Unbefugten Zugriffen innerhalb der schulpsychologischen Dienste wird entgegengewirkt, wenn der Aktendeckel anstelle des Namens des Klienten nur eine Registriernummer enthält. Die zentrale Zuordnungsdatei bleibt der Leitung bzw. besonders beauftragten Mitarbeitern vorbehalten; ansonsten kennt jeder Bearbeiter nur die Nummern seiner eigenen Klienten.

---

[802] Dazu gehören auch Unterlagen über Intelligenz-/Persönlichkeitstests und fachliche Beurteilungen.
[803] Eine Analyse der Frage, welche Daten im Rahmen psychosozialer Diagnosen erforderlich sind, findet sich bei *Gärtner-Harnach/Maas*, „Psychosoziale Diagnose und Datenschutz in der Jugendhilfe", Landeswohlfahrtsverband Baden, Karlsruhe 1987.

c) Akteneinsicht und Informationszugang

352 Gesprächsnotizen schulpsychologischer Einzelberatungen unterliegen dem grundsätzlichen Anspruch des Betroffenen auf Auskunftserteilung bzw. Einsichtnahme.[804] Ausnahmsweise entfällt der Anspruch, wenn die personenbezogenen Daten oder die Tatsache ihrer Speicherung wegen Gefahr im Verzug[805] oder wegen der überwiegenden berechtigten Interessen einer dritten Person geheimgehalten werden müssen.[806] Dritte in diesem Sinne sind auch die Lehrkräfte, deren Aussagen dokumentiert sein können. In diesen Fällen sind dem Betroffenen nur tatsächliche Angaben aus der Akte mitzuteilen, nicht hingegen Kurzdiagnostiken und persönliche Bewertungen. In jedem einzelnen Fall muss aus Rücksicht auf berechtigte Interessen Betroffener eine sorgfältige Abwägung vorgenommen werden. Informationszugangsansprüche Nichtbetroffener (z.B. von Eltern) auf der Grundlage des Informationsfreiheitsgesetzes NRW kommen allenfalls zum Zuge, wenn der Betroffene vorher einwilligt.[807]

d) Akten- und Datenvernichtung

353 Personenbezogene Daten sind zu löschen, sobald ihre Kenntnis für die speichernde Stelle zur Aufgabenerfüllung nicht mehr erforderlich ist.[808] Der beratende Schulpsychologe hat somit dafür Sorge zu tragen, dass die Daten in den von ihm geführten Akten nach endgültiger Beendigung des Beratungsverhältnisses, wenn keine weiteren Beratungsgespräche zu erwarten sind, in der Regel also spätestens mit Ende der Schulzeit des Betroffenen, unkenntlich gemacht werden. Sind die Akten (teilweise) als Textdokumente in einer elektronischen Datei gespeichert worden, so wird die Erforderlichkeit der Speicherung in aller Regel wesentlich früher entfallen sein; sie sind dann unverzüglich zu löschen.

Als technische Vorgabe für die Vernichtung von Papierunterlagen gilt die DIN-Norm 32757.[809] In dieser Norm werden fünf Sicherheitsstufen unterschieden, die nach der (theoretischen) Reproduktionsfähigkeit unterscheiden und für die verschiedenen Sicherheitsstufen die zulässige Teilchengröße nach der Vernichtung festlegen. Für besonders sensitive Daten, zu denen personenbezogene Daten aus schulpsychologischen Beratungen zählen, lässt es sich ver-

---

[804] §§ 5 Satz 1 Nr. 1, 18 Abs. 1 und 2 DSG NRW.
[805] Z.B. bei konkreter Suizidgefährdung; . § 18 Abs. 3 lit. a) oder b) DSG NRW.
[806] § 18 Abs. 3 lit. c) DSG NRW. Das Thema behandelt auch die Fallbearbeitung bei *Zilkens*, JuS 2001, 368 ff.
[807] §§ 4 Abs. 1, 9, 10 IFG NRW; zum Thema etwa *Zilkens*, Zur Bedeutung des neuen IFG NRW für die kommunale Rechtspraxis, RDV 2002, 300 ff.
[808] § 19 Abs. 3 lit. b) DSG NRW.
[809] Dazu *Zilkens*, Kommunaler Datenschutz in Nordrhein-Westfalen, 2002, S. 47; Näheres in Kap. 14.

treten, dass mindestens die Sicherheitsstufe 4 zu beachten ist.[810] Papiermaterial in kleinen Mengen, wie z.B. Entwürfe, Notizen etc., sollte vor Ort zeitnah durch Zerreißgeräte zerkleinert werden. Größere Vernichtungen ganzer Aktenbestände nach Ablauf von Aufbewahrungsfristen können an Dritte vergeben werden. In diesen Fällen handelt es sich um eine Auftragsdatenverarbeitung.[811] In diesen Fällen bleibt die öffentliche Stelle für den Datenschutz verantwortlich.[812] Die schulpsychologischen Dienste müssen darauf achten, dass das beauftragte Unternehmen sorgfältig ausgewählt und seine Pflichten in einem Vertrag geregelt werden.[813] Bei der Vernichtung beratungsbezogener Unterlagen, die auf einem Datenträger gespeichert wurden, sind die notwendigen technischen Voraussetzungen für eine endgültige Löschung der Daten zu beachten.[814] Die bloße Ausführung der etwa von Windows-Betriebssystemen vorgesehenen Löschfunktion entfernt nicht physisch die Informationen von dem physikalischen Datenspeicher (der Festplatte oder Diskette). Vielmehr wird lediglich im Dateisystem der für die gelöschte Datei freigehaltene Eintrag[815] beseitigt, während die Informationen der Datei selber auf dem Datenträger weiterbestehen und mit entsprechenden handelsüblichen Programmen sichtbar gemacht werden können. Es sollte daher zur wirksamen Löschung ein Programm eingesetzt werden, das die Sektoren des Datenträgers, auf denen die zur Löschung bestimmten Informationen gespeichert sind, mehrfach mit zufälligen Daten überschreibt.

10. IT-Einsatz

a) Zugriff und Verschlüsselung

Schriftverkehr, Protokolle und sonstige Dokumente können – außer in Akten – auch elektronisch abgelegt werden. Geschieht dies vom Büroarbeitsplatz aus auf dem Serverlaufwerk, so ist der Zugriff auf die Ordner so zu organisieren, dass nur die jeweils bearbeitenden Personen berechtigt sind. Bei der Ablage auf einem Standalone-Rechner oder Laptop ist eine geeignete Verschlüsselungssoftware einzusetzen, mit der der Speicherort virtualisiert und nur nach Passworteingabe für den Benutzer sichtbar wird. Alle Daten, die auf den Sektoren der Festplatte gespeichert werden, die für diese virtuellen Laufwerke re-

354

---

[810] *Zilkens*, a.a.O., S. 47.
[811] *Zilkens*, a.a.O., S. 48.
[812] § 11 Abs. 1 Satz 1 DSG NRW. Zur Handhabung der Verantwortung . die „Orientierungshilfe Datenverarbeitung im Auftrag" der *LDI NRW*, Stand 09/04.
[813] Zum Inhalt des Vertrags den Mustervertrag über die Vernichtung von Schriftgut unter www.lfd.niedersachsen.de.
[814] Für die Löschung magnetischer Datenträger sieht die DIN-Norm 33858 Anforderungsstufen vor, die mit denen der DIN-Norm 32757 für Papier vergleichbar sind.
[815] Es handelt sich um den Eintrag im sog. *File Allocation Table* (FAT).

Bereichsspezifischer Datenschutz

serviert sind, werden schon beim Speichervorgang verschlüsselt[816] und sind nur im Arbeitsspeicher des Rechners unverschlüsselt vorhanden. Der Arbeitsspeicher wird beim Ausschalten des Geräts gelöscht und die verschlüsselten Laufwerke wieder geschlossen. Darüber hinaus kann der Nutzer die verschlüsselten virtuellen Laufwerke jederzeit, etwa beim kurzzeitigen Verlassen seines Arbeitsplatzes schließen. Für ihn ergeben sich beim Speichern und Verwalten der Dateien keine Besonderheiten, wenn er ein verschlüsseltes virtuelles Laufwerk durch Eingabe der Passwörter geöffnet hat. Der Verschlüsselungsvorgang geschieht für ihn unsichtbar im Hintergrund.

b) Datensicherheit

355 Bei der Verarbeitung personenbezogener Daten durch schulpsychologische Beratungsstellen sind Maßnahmen zu treffen, die geeignet sind zu gewährleisten, dass nur Befugte personenbezogene Daten zur Kenntnis nehmen können (Vertraulichkeit). Personenbezogene Daten müssen während der Verarbeitung unversehrt, vollständig und aktuell bleiben (Integrität) sowie zeitgerecht zur Verfügung stehen und ordnungsgemäß verarbeitet werden können (Verfügbarkeit). Es ist sicherzustellen, dass sie jederzeit ihrem Ursprung zugeordnet werden können (Authentizität).[817] Insoweit bedarf es der Aufstellung und Pflege eines zu dokumentierenden Sicherheitskonzeptes.

c) Online-Beratung

356 Die zeitliche und räumliche Unabhängigkeit, die vermeintliche *Anonymität* elektronischer Kommunikation und die hohe Technik-Affinität des jungen Klientels bieten Vorteile, die dazu geführt haben, schulpsychologische Beratung auch *online* anzubieten.[818] Diese Anonymität beseitigt Hemmschwellen bei Schülern, die den persönlichen Kontakt einer Beratung andernfalls vermieden hätten. Soll dabei via E-Mail zwischen Klient und Berater ein Dialog ge-

---

[816] Bei der Konfiguration der Anwendersoftware muss allerdings darauf geachtet werden, dass die von diesen Programmen in regelmäßigen Abständen angelegten temporären Dateien, die Ausschnitte der aktiven Dateien enthalten, ebenfalls in dem virtuellen Laufwerk und nicht im unverschlüsselten Systemlaufwerk abgelegt werden. Alternativ können Optionen wie automatisches Zwischenspeichern abgeschaltet werden.
[817] § 10 Abs. 2 Nrn. 1–4 DSG NRW. Auf diese Aspekte müssen die Anwender vorrangig selbst achten, während Revisionsfähigkeit und Transparenz (Nrn. 5–6) vorrangig durch die IT-Koordination zu gewährleisten sind.
[818] http://www.duesseldorf.de/schulpsychologie/schueler/online_beratung.shtml. Das kann ggfs. auch über einen externen Dienstleister (hier: Beranet – *zone35 GmbH & Co. KG*, http://www.beranet.de/) realisiert werden; die Voraussetzungen der Datenverarbeitung im Auftrag (§ 11 DSG NRW) sind zu beachten.

führt werden,[819] so muss das Verfahren Anonymität und Vertraulichkeit wahren. In einem Anmeldevorgang[820] wird passwortgeschützt ein Pseudonym[821] und die E-Mailadresse erfragt, die – für den Beratenden unsichtbar – im System hinterlegt wird und nur der Übermittlung dient. So können Informationen ohne direkten Personenbezug ausgetauscht werden. Der Inhalt des Beratungsdialoges kann datenschutzkonform intern zum Gegenstand von Supervision oder statistischer Auswertung gemacht werden. Eine festgelegte Zeit nach Ende der Beratung[822] wird der Dialog gelöscht.

11. Ergebnis – Leitlinien für den Inhalt eines Informationsblattes

Schulpsychologische Dienste sollten Ratsuchende darüber aufklären, in welchem informationsrechtlichen Rahmen sich das eingegangene Beratungsverhältnis bewegt. Es empfiehlt sich, im Rahmen des Einführungsgesprächs ein *Informationsblatt* zu übergeben, das Klienten insbesondere die folgenden Punkte transparent macht:

– *welche* Unterlagen werden *(warum)* geführt und *wie lange* werden sie aufbewahrt,

– *wer* kann *unter welchen Umständen* Einsicht nehmen,

– personenbezogene Daten aus dem persönlichen Lebensbereich der Klienten werden nur mit ihrer Zustimmung anderen Beratern oder anderen Stellen offenbart,

– Fallbesprechungen im Team werden ohne Namensnennung durchgeführt,

– Aufzeichnungen über Gespräche werden grundsätzlich ohne personenidentifizierende Angaben angefertigt. Die Zuordnung, welche Aufzeichnungen zu welchem Klienten gehören, ist grundsätzlich nur den Beratern möglich, die die Beratung durchgeführt haben,

– das Sekretariat erhält über die Abwicklung von Schreibarbeiten hinaus nur Informationen, die zur Organisation der Beratung erforderlich sind,

– *wie* wird mit den Klientenunterlagen nach Beratungsende oder im Falle eines Beratungsabbruches verfahren,

– wird IT eingesetzt,

– *welche* Maßnahmen wurden zur Sicherheit der Klientendaten getroffen.

---

[819] Eine andere Möglichkeit ist die Einrichtung eines *Chat*, der allerdings aus datenschutzrechtlicher Sicht einen erhöhten technischen Aufwand erfordern würde.
[820] Die Login-Daten werden zentral auf einem Server verschlüsselt übermittelt und gespeichert.
[821] *Nickname*, vom User selbst vergeben.
[822] Empfohlen wird maximal 1 Jahr.

358 Es bietet sich an, den Beratenen ein solches Informationsblatt am Ende eines Einführungsgesprächs mitzugeben. So lässt sich in der Regel gewährleisten, dass Ratsuchende von einer Weiterführung der Beratung nicht abgeschreckt werden. Die Klienten erkennen, dass der Schutz ihrer Daten einen hohen Stellenwert hat, so dass sich Vertrauen entwickeln kann. Bestimmte Problemgruppen könnten jedoch schon dadurch abgeschreckt werden, dass die Beratungsstelle sie darauf hinweist, dass bestimmte Informationen gespeichert werden, gleichgültig, welche Schutzmaßnahmen getroffen wurden. Wird dies erkannt, sollte geprüft werden, ob eine behutsame Erläuterung durch den Berater oder die Beraterin nicht besser angebracht ist als das Überlassen eines Informationsblattes. Wird begründeterweise davon Abstand genommen, sollte eine Aktennotiz angefertigt und die Unterrichtung zu einem geeignet erscheinenden Zeitpunkt nachgeholt werden.[823] Unabhängig davon, ob die Information über den Umgang mit den Klientendaten schriftlich oder mündlich erteilt wird, muss dann, wenn personenbezogene Daten in einer Weise verarbeitet werden, die nur mit Einwilligung des Betroffenen zulässig ist, diese Einwilligung ausdrücklich erteilt und zumindest schriftlich dokumentiert werden. Schließlich sollten die Beschäftigten des schulpsychologischen Dienstes zu Beginn ihrer Tätigkeit eine Erklärung unterzeichnen, mit der sie auf den Datenschutz ausdrücklich verpflichtet werden.

IX. Datenschutz bei der Ratsarbeit

359 Bei der Arbeit in den Gremien der kommunalen politischen Vertretung kommen deren Mitglieder ständig mit personenbezogenen Daten in Berührung. Das bringt die Vielfalt an Lebenssachverhalten, die hier auf der Tagesordnung stehen, mit sich und lässt sich hinsichtlich einiger Themenbereiche – etwa bei Personal- und Grundstücksangelegenheiten – kaum völlig vermeiden. Die einzelnen Mitglieder der Vertretungskörperschaft trifft dabei – gerade auch auf Grund ihrer besonderen Vertrauensstellung gegenüber den Bürgerinnen und Bürgern ihrer Gemeinde – die Verantwortlichkeit für die Erfüllung der datenschutzrechtlichen Vorgaben für den Umgang mit personenbezogenen Daten in besonderem Maße.

1. Ausschluss der Öffentlichkeit

360 Ratssitzungen sind grundsätzlich öffentlich.[824] Dies ergibt sich aus dem im Grundgesetz verankerten Demokratieprinzip.[825] Das Öffentlichkeitsgebot ist wegen der allgemeinen staatsrechtlichen Bedeutung für parlamentarische Gre-

---

[823] Leitlinien übernommen aus: http://ilias-elk-wue.de/drupal6/node/34.
[824] § 48 Abs. 2 Satz 1 GO NRW; in anderen Ländern: Art. 52 Abs. 2 Satz 1 GO Bay, § 35 Abs. 1, Satz 1 GO B-W; § 35 NdsGO; § 37 Abs. 1 Satz 1 SächsGemO.
[825] Art. 20 Abs. 2 GG.

mien einer der tragenden Grundsätze des Kommunalrechts.[826] Demokratische Legitimation setzt einen freien und offenen Meinungsbildungsprozess voraus, der nur durch Transparenz und Öffentlichkeit gewährleistet werden kann. Demokratische Kontrolle kann nur dann funktionieren, wenn im Rahmen der parlamentarischen Auseinandersetzung die einzelnen Positionen ständig sichtbar gemacht werden, um sie für die Öffentlichkeit verständlich, nachvollziehbar und damit auch kontrollierbar zu machen.[827] Ein Verstoß gegen den Öffentlichkeitsgrundsatz führt zu einem einklagbaren Anspruch des einzelnen Ratsmitglieds auf Einhaltung der Sitzungsöffentlichkeit sowie zur formellen Rechtswidrigkeit und damit Nichtigkeit der gefassten Beschlüsse.[828] Der Grundsatz der Öffentlichkeit umfasst nicht nur das Recht, als Zuhörer an Sitzungen teilzunehmen, sondern erstreckt sich grundsätzlich auch auf die Befugnis zur Anfertigung – und späteren Veröffentlichung – persönlicher Mitschriften von öffentlich erörterten Tagesordnungspunkten.[829] In der Praxis werden Sitzungsvorlagen für Tagesordnungspunkte der öffentlichen Sitzung Zuhörern oder der Presse ausgehändigt. Durch die Öffentlichkeit der Sitzung können nicht nur die behandelten Angelegenheiten während der Sitzung wahrgenommen werden; vielmehr werden zusätzlich Informationen über die erörterten Tagesordnungspunkte in der Öffentlichkeit verbreitet, z.B. durch Berichterstattung der Presse. Dem öffentlichen Informationsinteresse können jedoch Individualinteressen gegenüberstehen, die eine Beratung in öffentlicher Sitzung verbunden mit öffentlicher Diskussion verbieten, z.B. wenn schützenswerte persönliche Angelegenheiten behandelt werden. Daher kann die Öffentlichkeit für Angelegenheiten bestimmter Art durch die Geschäftsordnung[830] und für einzelne Angelegenheiten auf Antrag eines Ratsmitgliedes oder auf Vorschlag des Bürgermeisters durch Beschluss[831] ausgeschlossen werden

---

[826] *Held/Becker* (u.a.), Kommunalverfassungsrecht Nordrhein-Westfalen, Band I, Stand: Juni 2010, § 48, Nr. 9.1; *Sachs*, in: Sachs (hg.), GG-Kommentar, 5. Aufl. 2009, Art. 20, Rn. 17f.

[827] *OVG NRW*, Urt. v. 19.12.1978 – XV A 1031/77, teilw. abgedruckt in StT 1979, 528; dazu auch *VerfGH NRW*, OVGE 31, 309.

[828] *Rehn/Cronauge*, Gemeindeordnung für das Land Nordrhein-Westfalen – Kommentar, Loseblattsammlung, 34. Lfg., Stand: Nov. 2009, § 48 GO Erl. IV 1; *Dietlein/Burgi/Hellermann*, Öffentliches Recht in Nordrhein-Westfalen, 3. Aufl. 2009, § 2, Rn. 225f.

[829] *BayLfD*, 18. Tätigkeitsbericht, 8.9. (zur Veröffentlichung persönlicher Berichte über Ratssitzungen im Internet); unzulässig ist hingegen die Anfertigung nicht genehmigter Tonbandaufnahmen durch Zuhörer (*OLG Köln*, Urt. v. 01.03.1978 – 2 U 133/77, DVBl. 1979, S. 532).

[830] § 48 Abs. 2 Satz 2 GO NRW; siehe u.a. auch § 29 Abs. 5 Satz 3 GO M-V; § 35 Abs. 1 Satz 2 GemO Rhl.-Pf.

[831] § 48 Abs. 2 Satz 3 GO NRW; siehe. u.a. auch § 35 Abs. 1 Satz 2, 3 GO B-W; Art. 52 Abs. 2, 3 GO Bay.

kann. Darüber hinaus ist bei bestimmten Angelegenheiten Geheimhaltung per Gesetz vorgeschrieben.[832]

a) Keine inhaltlichen Vorgaben

361 Explizit ist weder enumerativ aufgezählt noch überhaupt geregelt, unter welchen konkreten Voraussetzungen eine Sitzung nicht-öffentlich stattzufinden hat. Wann die Öffentlichkeit auszuschließen ist, bleibt vielmehr verwaltungsrechtlichen Regelungen in Form einer Satzung oder Geschäftsordnung – die sich der Rat aufgrund seiner Organisationshoheit geben kann –[833] oder einem Beschluss des Vertretungsgremiums im Einzelfall vorbehalten. Dabei ist eine Interessenabwägung zwischen dem Anspruch des Betroffenen auf Schutz seiner personenbezogenen Daten und dem Öffentlichkeitsgrundsatz vorzunehmen:[834] Nur das Überwiegen besonders schutzwürdiger persönlicher Interessen rechtfertigt den Ausschluss der Öffentlichkeit.

b) Generalklausel zur Interessenabwägung[835]

362 Seit 1994 enthält die GO NRW eine gegenüber dem DSG NRW bereichsspezifische Datenschutznorm, welche den Umgang mit personenbezogenen Daten in kommunalen Gremien regelt.[836] Sie regelt ausschließlich den Umgang mit Daten im Verhältnis zur Öffentlichkeit, nicht aber den Umgang personenbezogener Daten durch Rats- und Ausschussmitglieder innerhalb kommunaler Vertretungsgremien. Personenbezogene Daten dürfen danach nur *offenbart* werden, soweit nicht schützenswerte Interessen einzelner oder Belange des öffentlichen Wohls überwiegen. Sofern erforderlich, ist die Öffentlichkeit auszuschließen.[837] Nach Wortlaut und Zweck der Vorschrift können sowohl das Interesse Einzelner als auch das Wohl der Öffentlichkeit Schutzziel der Norm sein. Das Abwägungsgebot der Norm ist inhaltlich nicht konkretisiert; insbesondere lässt sich aus ihr nicht entnehmen, *wann* schützenswerte Interessen Einzelner oder Belange des öffentlichen Wohls einen Ausschluss der Öffentlichkeit rechtfertigen. Sie dient vielmehr der Klarstellung, dass datenschutz-

---

[832] § 12 I Nr. 1 c) KAG NRW i.V.m. § 30 AO.
[833] *Dietlein/Burgi/Hellermann*, a.a.O., § 2, Rn. 203.
[834] *Articus/Schneider*, Gemeindeordnung Nordrhein-Westfalen, 3. Aufl., Erl. § 48, S. 267.
[835] § 48 Abs. 3 GO NRW.
[836] Die GO NRW i.d.F. v. 14.07.1994 (SGV. NRW. 2023) ist seit dem 17.10.1994 in Kraft. Bis zu dieser Neufassung war – im Anschluss an *OVG NRW*, Beschl. v. 19.12.1978, OVGE 35, 8 – darauf abzustellen, ob die öffentliche Behandlung mit den wohlverstandenen Interessen entweder der Gemeinde oder des einzelnen Betroffenen unvereinbar ist.
[837] *Dietlein/Burgi/Hellermann*, a.a.O., § 2, Rn. 223.

rechtliche Gründe nur dann eine Ausnahme vom Grundsatz der Sitzungsöffentlichkeit rechtfertigen, wenn die in Frage stehenden Daten nicht durch weniger einschneidende Maßnahmen geschützt werden können.[838] Ungeachtet der damit verbundenen verfassungsrechtlichen Bedenken gegen eine Generalklausel, die nicht dem rechtsstaatlichen Bestimmtheitsgebot entspricht,[839] führt das Fehlen gesetzlicher Abwägungsvorgaben in der Praxis oft zu erheblichen Unsicherheiten, ob im Einzelfall der Ausschluss der Öffentlichkeit erforderlich und damit zulässig ist oder nicht.

aa) Einwilligung des Betroffenen

Ausgangspunkt jeder datenschutzrechtlichen Abwägung ist die Befugnis des Einzelnen, grundsätzlich selbst zu entscheiden, wann und innerhalb welcher Grenzen persönliche Lebenssachverhalte offengelegt werden dürfen.[840] Dieses Grundrecht auf informationelle Selbstbestimmung[841] ist eine Ausprägung des allgemeinen Persönlichkeitsrechts.[842] Eine *Offenbarung*[843] personenbezogener Daten ist folglich zulässig, wenn der Betroffene eingewilligt hat. Die Behandlung personenbezogener Daten in öffentlicher Sitzung ist daher grundsätzlich datenschutzrechtlich unbedenklich, wenn sich der Betroffene mit der Offenbarung seiner Daten einverstanden erklärt. Eine Ausnahme liegt aber dann vor, wenn Belange des öffentlichen Wohls entgegenstehen oder die Behandlung in nichtöffentlicher Sitzung durch zwingendes Recht vorgeschrieben ist.[844]

363

bb) Ausschluss der Öffentlichkeit für bestimmte Angelegenheiten

Die öffentliche Erörterung ist unzulässig, wenn die Öffentlichkeit im Rahmen der Geschäftsordnung für Angelegenheiten einer bestimmten Art generell ausgeschlossen ist.[845] So sind vielfach *Personalangelegenheiten*[846], die regelmäßig mit einer eingehenden Würdigung von Fähigkeiten und Charaktereigenschaf-

364

---

[838] *Rehn/Cronauge*, a.a.O., § 48 GO, Erl. VI.
[839] *Zilkens*, DVBl. 1998, 164 (165).
[840] BVerfGE 65, 1 ff., 43 (= NJW 1984, 419 ff., 421).
[841] Art. 2 Abs. 1 GG i.V.m. Art. 1 Abs. 1 GG.
[842] BVerfGE 54, 148 ff. (153 f.). Art. 4 Abs. 2 Verf NRW normiert einen ausdrücklichen Anspruch des Einzelnen auf Schutz seiner personenbezogenen Daten. Eingriffe sind nur im überwiegenden Interesse der Allgemeinheit auf Grund eines Gesetzes zulässig.
[843] Nach der Terminologie des allgemeinen Datenschutzrechts stellt die *Offenbarung* i.S.v. § 48 Abs. 3 GO NRW eine *Übermittlung* personenbezogener Daten an Dritte dar.
[844] *Held/Becker*, a.a.O., § 48, Nr. 12.
[845] § 48 Abs. 2 Satz 2 GO NRW.
[846] Näher hierzu: *LDI Saarland*, Merkblatt zur Behandlung personenbezogener Daten in Zusammenhang mit der Tätigkeit als Mitglied eines kommunalen Vertretungsorgans, v. 29.11.2006; S. 3f., siehe unter www.lfdi.saarland.de.

ten einer bestimmten Person verbunden und daher vertraulich zu behandeln sind, nach der Geschäftsordnung generell einer nichtöffentlichen Sitzung vorbehalten.[847] Da das in der Geschäftsordnung geregelte Verfahrensrecht den Rat und seine Mitglieder bindet, sind diese verpflichtet, Personalangelegenheiten im nichtöffentlichen Teil der Sitzung zu behandeln. Dies gilt selbst dann, wenn der Betroffene mit einer öffentlichen Beratung einverstanden ist.[848] Die Öffentlichkeit kann auch nicht durch einen entgegenstehenden Beschluss wieder hergestellt werden. Ein solcher Beschluss wäre als Verstoß gegen das *geltende Recht* vom Bürgermeister[849] zu beanstanden und könnte von der allgemeinen Kommunalaufsichtsbehörde aufgehoben werden.[850] Gleiches gilt für die öffentliche Behandlung von Angelegenheiten, für die durch spezialgesetzliche Vorschriften ausdrücklich eine Geheimhaltung vorgeschrieben ist, wie z.B. die Behandlung von steuerrechtlichen Angelegenheiten.[851]

Außerhalb dieser gesetzlich normierten Sonderfälle ist eine Abwägung zwischen dem Grundsatz der Sitzungsöffentlichkeit und dem Schutzinteresse des Betroffenen, dessen personenbezogene Daten behandelt werden, erforderlich. Dabei ist zu beachten, dass der in der GO NRW[852] normierte Grundsatz der Sitzungsöffentlichkeit im Falle der Behandlung personenbezogener Daten einen Eingriff in den Schutzbereich des Grundrechts auf informationelle Selbstbestimmung darstellt. Ein derartiger Eingriff muss dem verfassungsrechtlichen Gebot der Verhältnismäßigkeit genügen.[853] In der kommunalen Praxis haben sich hierzu verschiedene Fallgruppen herausgebildet:

365 – Bei *Grundstücksangelegenheiten* besteht regelmäßig ein Bezug zu einem bestimmten oder bestimmbaren Grundstück. Gegen eine öffentliche Beratung über den Erwerb oder die Anmietung eines Grundstücks durch die Gemeinde spricht bereits, dass durch die mögliche Preisspekulation die (öffentlichen) Interessen der Gemeinde gefährdet sein können. Umstritten ist jedoch, ob die Frage des Verkaufs oder der Vermietung gemeindlicher Grundstücke in öffentlicher Ratssitzung behandelt werden darf, wenn bereits ein konkreter Vertragspartner feststeht. Hierzu wird vertreten, die Transparenz der Entscheidungsfindung des Gremiums genieße Vorrang vor

---

[847] Datenschutzrechtlich unbedenklich ist hingegen die öffentliche Behandlung von Personalangelegenheiten, die keinen konkreten Personenbezug aufweisen, wie etwa gruppenbezogene Beratungen, Stellenplanberatungen o.ä.
[848] *Rehn/Cronauge* a.a.O., § 48 GO Erl. V 1; *Held/Becker*, a.a.O., § 48 Nr. 12 a.E.; siehe auch *OVG R-P*, NVwZ 1988, 80; *VG Gelsenkirchen*, Urt. v. 21.11.1990; Eildienst Städtetag NRW 1991, 215, 216.
[849] § 54 Abs. 2 Satz 1 GO NRW; *Dietlein/Burgi/Hellermann*, a.a.O., § 2, Rn. 253 ff.
[850] § 119 Abs. 1 GO NRW.
[851] § 12 Abs. 1 Nr. 1 c) KAG NRW i.V.m. § 30 AO.
[852] § 48 Abs. 1 Satz 1 und Abs. 3 GO NRW.
[853] BVerfGE 19, 342 ff. (348); *Zilkens*, DVBl. 1998, 164 (165).

dem Schutz der Erwerber oder Mieter. Dies gilt insbesondere im Hinblick darauf, dass nur in seltenen Fällen die Vermögensverhältnisse der Betroffenen von Bedeutung seien.[854] Die – aus datenschutzrechtlicher Sicht vorzugswürdige – Gegenansicht stellt darauf ab, dass allein die Tatsache, Käufer oder Mieter zu sein, ein personenbezogenes Datum darstellt und daher solche Punkte in nichtöffentlicher Sitzung zu behandeln sind.[855] Hierfür spricht, dass der Erwerb oder die Anmietung eines Gemeindegrundstücks regelmäßig Rückschlüsse auf die Vermögensverhältnisse, Kreditwürdigkeit und ggfs. auf die Geschäftsabsichten des Erwerbers/Mieters zulässt. Hieraus ergibt sich ein schutzwürdiges Interesse, so dass diese Punkte nicht Gegenstand öffentlicher Behandlung werden dürfen.

– Bei der Behandlung von *Bauvoranfragen* und *Bauanträgen* wird die Ansicht vertreten, dass eine nicht-öffentliche Sitzung nicht notwendig sei. Bauvorbescheide und Baugenehmigungen seien ausschließlich objektbezogene Verwaltungsakte. Die persönlichen Verhältnisse des Antragstellers seien ohne Bedeutung, und ein Rückschluss auf sie sei auch nicht möglich.[856] Daher sei die Erörterung von Bauvoranfragen und -anträgen generell in öffentlicher Sitzung durchzuführen.[857] Dem kann allerdings so pauschal nicht zugestimmt werden. Allein die Tatsache, dass ein Dritter bauen will und eine Baugenehmigung für ein bestimmtes Grundstück beantragt hat, ist ein personenbezogenes Datum, das auch Rückschlüsse über die wirtschaftliche Leistungsfähigkeit des Betroffenen zulässt. Diese Daten würden in öffentlicher Sitzung auch öffentlich bekannt gemacht. Nur unter der Voraussetzung, dass in der öffentlichen Sitzung keine Namen bzw. andere Daten genannt werden, durch die mit geringem Zusatzwissen ein Rückschluss auf die Person möglich ist, bestehen keine schutzwürdigen Interessen des Betroffenen. Sonst ist eine nicht-öffentliche Sitzung erforderlich.

366

– Bei der *Vergabe von Aufträgen an natürliche Personen* sind ebenfalls die wirtschaftlichen und geschäftlichen Verhältnisse der Bewerber vom Rat zu diskutieren. Hierbei handelt es sich typischerweise um besonders sensitive Daten, deren Offenbarung gegenüber Konkurrenten zu vermeiden ist. Deshalb sind diese Aspekte ebenfalls im nicht-öffentlichen Teil der Sitzung zu behandeln.[858]

---

[854] *Held/Becker*, a.a.O., § 48, Anm. 12d).
[855] *Rehn/Cronauge*, a.a.O., § 30, Erl. II 2 a.
[856] *Held/Becker*, a.a.O., § 48, Anm. 12f).
[857] *VG Köln*, Urt. v. 25.01.1985 – 4 K 3729/84, MittNWStGB 1985, 314.
[858] *Held/Becker*, a.a.O., § 48, Anm. 12e).

c) Sitzungsteilnahme bei Nichtöffentlichkeit[859]

367 Ist die Öffentlichkeit ausgeschlossen, stellt sich die Frage, welchen Personen die Teilnahme an der Sitzung zu gestatten ist. Grundsätzlich dürfen neben der zuständigen Fachverwaltung an nicht-öffentlichen Sitzungen nur Personen teilnehmen, die der Verwaltung angehören und deshalb über unbegrenzte Informationsrechte bezüglich der zu behandelnden Tagesordnungspunkte verfügen. Jedoch müssen unter gewissen Umständen auch anderen Personen Informationsrechte eingeräumt werden, die sich nicht nur auf öffentliche, sondern auch auf nicht-öffentliche Sitzungen erstrecken. Diesem Gedanken wird dadurch Rechnung getragen, dass durch Regelung in der jeweiligen Geschäftsordnung[860] den Mitgliedern der Bezirksvertretungen und Ausschüsse das Recht eingeräumt wird, an nicht-öffentlichen Ratssitzungen als Zuhörer teilnehmen zu können. Ein Anspruch auf Teilnahme besteht hingegen nicht.[861] Ausschussmitglieder, die nicht zugleich Ratsmitglieder sind, haben ein Recht darauf, sich in nicht-öffentlichen Sitzungen zu unterrichten, da dies für eine sachgerechte und kompetente Tätigkeit in den Ausschüssen grundsätzlich erforderlich ist. An nicht-öffentlichen Ausschusssitzungen können stellvertretende Ausschussmitglieder, alle Ratsmitglieder und nach Maßgabe der Geschäftsordnung auch die Mitglieder der Bezirksvertretung sowie Mitglieder anderer Ausschüsse teilnehmen,[862] soweit deren Aufgabenbereich durch den Beratungsgegenstand berührt wird. Diese Regelung beruht auf der Erwägung, dass Mitglieder anderer Ausschüsse die für ihre Aufgabenerledigung nötigen Informationen auf diese Weise erhalten. Auch die Mitglieder des Rates müssen sich in nicht-öffentlichen Ausschusssitzungen informieren können. In diesen Sitzungen werden die oft auch im Rat zu behandelnden Angelegenheiten ausführlich und sachnah vordiskutiert.[863]

d) Verschwiegenheitspflicht von Rats- und Ausschussmitgliedern

368 Ergänzt werden die Normen über die Nichtöffentlichkeit von Rats- und Ausschusssitzungen durch die Regelungen über die Verschwiegenheitspflicht in der Gemeindeordnung.[864] Zur Verschwiegenheit sind neben den Rats- und

---

[859] §§ 48 Abs. 4, 58 Abs. 1 Satz 4 GO NRW.
[860] § 48 Abs. 4 Satz 1 GO NRW.
[861] *Articus/Schneider*, a.a.O., Erl. § 49, S. 267.
[862] § 58 Abs. 1 Satz 4 GO NRW.
[863] Vertretern der Aufsichtsbehörde muss ebenfalls die Möglichkeit offenstehen, sich zur Ausübung der Kommunalaufsicht ggfs. auch durch Teilnahme an nichtöffentlichen Sitzungen umfassend zu informieren. Dieses Informationsrecht ergibt sich aus § 118 GO NRW; die Anwesenheit ist allerdings nur verhältnismäßig, wenn sie auch erforderlich ist.
[864] §§ 43 Abs. 2 i.V.m. 30 Abs. 1 GO NRW.

Ausschussmitgliedern auch die Fraktionsmitarbeiter verpflichtet.[865] Verschwiegenheit bedeutet in diesem Zusammenhang, dass alle Angelegenheiten, deren Mitteilung an andere „dem Gemeinwohl, dem Wohle der Gemeinde oder dem berechtigten Interesse Einzelner zuwiderlaufen" würde[866], geheim zu halten sind. Die Preisgabe datenschutzrechtlich relevanter Informationen widerspricht dem Schutz des Einzelnen, weil dieser grundsätzlich einen Anspruch auf Achtung seines informationellen Selbstbestimmungsrechts hat. Die Regelung über die Verschwiegenheitspflicht korrespondiert mit der Vorschrift über die Offenbarung personenbezogener Daten. Wenn „schützenswerte Interessen" des Einzelnen einen Ausschluss der Sitzungsöffentlichkeit erfordern (s.o.), würde die Mitteilung an außenstehende Dritte dem „berechtigten Interesse" des Betroffenen zuwiderlaufen.[867] Die Missachtung der Verschwiegenheitspflicht kann durch Verwaltungsakt des Gemeinderats als sog. self-executing-Beschluss zu einer Ahndung mit Ordnungsgeld führen.[868]

e) *Weitere datenschutzrechtliche Vorgaben*

aa) Öffentliche Bekanntmachung der Tagesordnung[869]

Ort und Zeit von anberaumten Ratssitzungen, sowie die Tagesordnung sind rechtzeitig öffentlich bekannt zu machen.[870] Dies gilt unabhängig davon, ob es sich um eine öffentliche oder nichtöffentliche Sitzung handelt. Die gesetzlich nicht geregelte Frist zwischen Bekanntgabe und eigentlicher Sitzung sollte 3 bis 7 Tage betragen.[871] Aus den vorgenannten datenschutzrechtlichen Gründen müssen jedoch die Tagesordnungspunkte sowohl der öffentlichen als auch der nicht-öffentlichen Sitzung so formuliert sein, dass keine personenbezogenen Daten aufgeführt werden.

bb) Transparenz von Beschlussinhalten[872]

Um die Transparenz von Ratsbeschlüssen zu gewährleisten, wird über die im Rat getroffenen Entscheidungen, einschließlich der Abstimmungsergebnisse, vom Schriftführer eine Niederschrift angefertigt.[873] Auch für die Niederschrif-

---

[865] Arg. § 56 Abs. 5 GO NRW; *Articus/Schneider*, a.a.O., Erl. § 56, S. 298.
[866] *Rehn/Cronauge*, a.a.O., § 30, VV zu § 22 a.F. Nr. 1.
[867] § 30 Abs. 1 Satz 2 GO NRW; *Rehn/Cronauge*, a.a.O., § 48 GO, Erl. V 1. a.E.
[868] § 30 Abs. 6 Satz 1, 2 GO NRW i.V.m. § 29 Abs. 3 GO NRW; in Bayern: Art. 20 Abs. 3, 4 GO Bay.
[869] § 48 Abs. 1 Satz 4 GO NRW.
[870] § 48 Abs. 1 Satz 4 GO NRW; in anderen Ländern u.a. Art. 52 Abs. 1 GO Bay; § 34 Abs. 1 GO B-W; § 41 Abs. 4 NdsGO; § 36 Abs. 4 SächsGemO; *Burgi*, Kommunalrecht, 2. Aufl. 2008, § 12, Rn. 28.
[871] *Tettinger/Erbguth/Mann*, BesVerwR, 9. Aufl. 2007, § 4, Rn. 142.
[872] § 52 Abs. 1, 2 GO NRW.
[873] § 52 Abs. 1 GO NRW.

ten gilt, dass sie Dritten durch Ratsmitglieder nicht zugänglich werden dürfen, sicher aufzubewahren, später datenschutzgerecht zu vernichten und bei einer Veröffentlichung in elektronischen Medien besonders auf Datensparsamkeit hin zu kontrollieren sind.

370 Der wesentliche Inhalt der Beschlüsse soll grundsätzlich in öffentlicher Sitzung oder in anderer geeigneter Weise der Öffentlichkeit zugänglich gemacht werden, soweit nicht im Einzelfall etwas anderes beschlossen wird.[874] Zur öffentlichen Bekanntgabe genügen das Verlesen in öffentlicher Sitzung, ein Aushang oder eine Pressemitteilung.[875] Mit dieser Bestimmung gibt der Gesetzgeber dem Rat lediglich eine Empfehlung[876] und macht zugleich deutlich, dass die öffentliche Bekanntmachung zur Wirksamkeit des Beschlusses regelmäßig nicht erforderlich ist.[877] Insoweit liegt eine bloße Ordnungsvorschrift ohne verpflichtenden Charakter vor.[878] Folglich ist den vorgenannten datenschutzrechtlichen Interessen auch bei der Bekanntgabe von Beschlüssen Rechnung zu tragen. Da nur der *wesentliche Inhalt*, nicht jedoch der Wortlaut der Beschlüsse bekanntzugeben ist,[879] können datenschutzrechtliche Belange berücksichtigt werden, indem gefasste Beschlüsse hinreichend abstrakt formuliert werden. So kann sich etwa bei Beschlüssen über Grundstücksverkäufe die Bekanntgabe auf die Tatsache beschränken, dass ein bestimmtes, näher bezeichnetes gemeindliches Grundstück verkauft wird.[880] Die Nennung der Personalien des Erwerbers gehört hingegen nicht zum „wesentlichen Inhalt" des Beschlusses über den Verkauf; insoweit ist eine öffentliche Bekanntgabe entbehrlich.[881] Damit begrenzt das datenschutzrechtliche Schutzinteresse, das die Behandlung in nicht-öffentlicher Sitzung erforderlich gemacht hat, zugleich auch die Bekanntgabe der in nicht-öffentlicher Sitzung gefassten Beschlüsse.

---

[874] § 52 Abs. 2 GO NRW; anders etwa Art. 52 Abs. 3 GO Bay: „Die in nichtöffentlicher Sitzung gefassten Beschlüsse sind der Öffentlichkeit bekannt zu geben, sobald die Gründe für die Geheimhaltung weggefallen sind."; § 38 Abs. 2 Satz 4 GO B-W: „Die Einsichtnahme in die Niederschriften über die öffentlichen Sitzungen ist den Einwohnern gestattet."
[875] *Articus/Schneider*, a.a.O., Erl. § 53, S. 284.
[876] *Held/Becker*, a.a.O., § 52, Anm. 4.3.
[877] *OVG NRW*, Beschl. v. 23.12.1991, DVBl. 1992, 448.
[878] *Rehn/Cronauge*, a.a.O. § 52 GO, Erl. II a.E.
[879] *Rehn/Cronauge*, a.a.O., § 52 GO, Erl. II.
[880] Auch sonstige wesentliche Vertragsbestandteile (etwa der erzielte Verkaufserlös) können öffentlich bekannt gemacht werden, soweit kein Personenbezug besteht.
[881] Ist der Vertragspartner keine natürliche, sondern eine juristische Person, so ist der Name kein personenbezogenes Datum. Eine öffentliche Bekanntgabe ist insoweit *datenschutzrechtlich* unbedenklich; allerdings kann sich für die Gemeinde aus dem Kaufvertrag eine *vertragliche* Verschwiegenheitspflicht (Betriebs-/Geschäftsgeheimnis) über die Person des Erwerbers ergeben.

Scheidet auch eine abstrakte Bekanntgabe des wesentlichen Inhalts eines Beschlusses ohne Offenbarung geheimhaltungsbedürftiger Daten aus, eröffnet der Gesetzgeber dem Rat die Möglichkeit, „im Einzelfall" zu beschließen, Beschlussinhalte *nicht-öffentlich* bekannt zu machen.[882] So kann die Bekanntmachung des Inhalts von Beschlüssen, die in nicht-öffentlicher Sitzung gefasst wurden, auch in einer solchen erfolgen.[883] Das aus dem Gebot der Normenklarheit abzuleitende Transparenzprinzip erfordert jedoch, dass die Öffentlichkeit weitestgehend zu unterrichten ist. Daher muss zumindest die Tatsache, dass eine nicht-öffentliche Sitzung stattgefunden hat, sowie in der Regel der – nicht geheimhaltungsbedürftige – abstrakte Tagesordnungspunkt des Beschlusses öffentlich bekannt gemacht werden.

cc) Datenübermittlung an Fraktionsmitglieder und Fraktionsmitarbeiter[884]

Fraktionen sind Teile der kommunalen politischen Vertretung[885] und deshalb am kommunalen Informations- und Entscheidungsprozess zu beteiligen. Es besteht Personenidentität zwischen Mitgliedern von Rat und Ausschüssen. Bereits auf diesem Weg erhalten in Fraktionssitzungen grundsätzlich alle Fraktionsmitglieder Kenntnis von personenbezogenen Daten, die in nicht-öffentlichen Sitzungen der kommunalen Vertretungsgremien behandelt werden. Zwar sind auch Sitzungen der Fraktionen grundsätzlich nicht-öffentlich, so dass personenbezogene Daten über eine Behandlung in Fraktionssitzungen der Öffentlichkeit nicht bekannt gemacht werden. Allerdings nehmen an Fraktionssitzungen üblicherweise auch Personen teil, die nicht dem Rat oder einer Bezirksvertretung[886] angehören, wie z.B. Fraktionsmitarbeiter oder Funktionsträger politischer Parteien, die weder Fraktionsmitarbeiter noch Mitglieder der jeweiligen Vertretung sind. Nach dem Wortlaut des Erlaubnistatbestands[887] gilt dieser nur für die Datenübermittlung an Fraktionsmitarbeiter, nicht aber für die Bekanntgabe personenbezogener Daten aus nicht-öffentlichen Rats- oder Ausschusssitzungen an andere Personen, die zwar an Fraktionssitzungen teilnehmen, aber keine Fraktionsmitarbeiter sind.[888] Da Fraktionen rechtsstaatlichen Grundsätzen entsprechen müssen,[889] haben sie auch

371

---

[882] § 52 Abs. 2 GO NRW.
[883] *Held/Becker*, a.a.O., § 52, Anm. 4.3.
[884] § 56 Abs. 4, 5 GO NRW.
[885] *Burgi*, a.a.O., § 12, Rn. 12ff.; *Dietlein/Burgi/Hellermann*, a.a.O., § 2, Rn. 213f.
[886] § 56 Abs. 1 Satz 1 GO NRW.
[887] § 56 Abs. 5 GO NRW.
[888] *LT-Drs.* 11/2088, S. 17.
[889] Art. 21 Abs. 1 Satz 3 GG; *Tettinger/Erbguth/Mann*, a.a.O., Rn. 148.

datenschutzrechtliche Vorgaben zu beachten.[890] Die hieraus resultierenden Grenzen einer Übermittlung an Dritte sind auch in der Geschäftsordnung (des Rates)[891] zu beachten, in der der Umgang mit personenbezogenen Daten innerhalb der Fraktionen zu regeln ist.[892] Daraus folgt, dass in Gegenwart Dritter in Fraktionssitzungen keine Angelegenheiten aus nicht-öffentlichen Rats- oder Ausschusssitzungen mit Personenbezug erörtert werden dürfen. Hierfür spricht auch, dass sich Fraktionen ausschließlich aus Mitgliedern einer kommunalen Vertretung zusammensetzen.[893] Nur dieser Personenkreis ist – wie dargelegt – zur Teilnahme an nicht-öffentlichen Rats- und Ausschusssitzungen berechtigt. Der Schutzzweck des Ausschlusses der Öffentlichkeit in Rats- und Ausschusssitzungen würde unterlaufen werden, wenn die schützenswerten personenbezogenen Daten in Fraktionssitzungen an Dritte übermittelt werden würden, die nicht zum Kreis der zur Verschwiegenheit verpflichteten Fraktionsmitarbeiter zählen. Personenbezogene Daten, die auch an Mitglieder des Rates oder einer Bezirksregierung übermittelt werden dürfen, dürfen an Fraktionsmitarbeiter nur übermittelt werden, wenn diese zur Verschwiegenheit verpflichtet sind.[894]

f) Öffentlichkeit durch Übertragungen in Medien

372 Gemeinderatssitzungen können, wenn der Rat dies einstimmig beschließt, im *Internet* übertragen werden.[895] Ob die grundgesetzlich garantierte Pressefreiheit und die Freiheit der Berichterstattung durch Rundfunk und Film[896] einer Rundfunkanstalt oder einem privaten Sender das Recht vermittelt, öffentliche

---

[890] Die explizite Bezugnahme auf „rechtsstaatliche Grundsätze" als Merkmal der inneren Verfassung von Fraktionen spricht gegen die in der Literatur vertretene Annahme, dass Fraktionen als notwendige Einrichtungen des kommunalen Verfassungsrechts datenschutzrechtlich nicht Dritte, sondern Teil der öffentlichen Stelle „Gemeinde" seien (so etwa ohne nähere Begründung *Held/Becker*, u.a., a.a.O., § 56 GO, Anm. 1.

[891] Nach dem Willen des Gesetzgebers bezieht sich § 56 Abs. 4 Satz 3 GO NRW auf die Geschäftsordnung des Rates; dazu *Zilkens*, DVBl. 1998, 164 (166).

[892] Zu den verfassungsrechtlichen Bedenken gegen die Verlagerung datenschutzrechtlicher Normen in die Geschäftsordnung. *LT-Drs.* 11/2088, S. 16 f.; § 56 Abs. 4 Satz 2 GO NRW.

[893] Das gilt auch für die in § 56 Abs. 4 Satz 3 GO NRW eingeräumte Möglichkeit, Hospitanten aufzunehmen, die keiner anderen Fraktion angehören, jedoch „Mitglieder der Vertretung" sein müssen.

[894] Soweit es sich nicht um Bedienstete der Gemeinde handelt, ist eine Verpflichtung nach dem VerpflG vorzunehmen; siehe Kap. 5 I.

[895] Wohl erstmals praktiziert in Bonn: http://www.bonn.de/rat_verwaltung_buergerdienste/presseportal/pressemitteilungen/09713/index.html; siehe auch die Berichterstattung darüber: http://www.freiehonnefer.de/live-video-ratssitzungen.htm.

[896] Art. 5 Abs. 1 Satz 2 GG.

Gemeinderatssitzungen aufzuzeichnen und zeitgleich oder zeitversetzt zu senden, wird kontrovers diskutiert. Dabei wird vertreten, das Funktionsinteresse an einem geordneten Sitzungsbetrieb des Gemeinderates[897] müsse hinter dem Informations- und Verbreitungsinteresse des Senders zurücktreten, denn demokratische Kontrolle könne nur funktionieren, wenn im Rahmen der parlamentarischen[898] Auseinandersetzungen die einzelnen Positionen ständig sichtbar gemacht werden, um sich für die Öffentlichkeit verständlich, nachvollziehbar und damit kontrollierbar zu machen. Mit Blick auf die veränderte Informationsgesellschaft müssten Ratsmitglieder die optisch-elektronische Aufzeichnung von Ratssitzungen hinnehmen.[899] Nach der Gegenmeinung findet die Rundfunkfreiheit ihre Grenze in der rechtmäßigen – ermessensfehlerfreien – Ausübung der Sitzungsgewalt. Die Herstellung einer Öffentlichkeit, die mit der Übertragung in Medien erst entsteht, könne verweigert werden, wenn das *öffentliche Interesse an der unbeeinflussten Funktionsfähigkeit des Gemeinderates* höher bewertet werde. Persönlichkeits- oder Mitgliedschaftsrechte einzelner Ratsmitglieder reichten jedoch nicht aus, um sie der Rundfunkfreiheit wirksam entgegenzuhalten.[900]

2. Behandlung personenbezogener Daten innerhalb kommunaler Vertretungsgremien

Der Ausschluss der Öffentlichkeit dient dem Schutz vor einer Offenbarung personenbezogener Daten an *außerhalb* der Verwaltung stehende Dritte. Doch auch der Umgang mit personenbezogenen Daten *innerhalb* der kommunalen Vertretungsgremien bedarf einer datenschutzrechtlichen Betrachtung. Dabei ist in den Blick zu nehmen, unter welchen Voraussetzungen und in welchem Umfang eine Übermittlung personenbezogener Daten an Rats- und Ausschussmitglieder zur Vorbereitung der Rats- und Ausschusssitzungen sowie zur Kontrolle der Verwaltung zulässig ist.

373

a) Rechtsgrundlage

Da die Übermittlung und Verwendung personenbezogener Daten grundsätzlich den Schutzbereich des Grundrechts der informationellen Selbstbestim-

---

[897] Dieses war vom *BVerwG* (Urt. v. 03.08.1990 – 7 C 14/90 –, z.B. NJW 1991, 118f.) für vorrangig gehalten worden, damit die Ratsarbeit in einer „von psychologischen Hemmnissen möglichst unbeeinträchtigten Atmosphäre" stattfinden kann.
[898] Allerdings ist ein Gemeinderat kein Parlament: Er ist das zentrale Leitungsorgan einer Gemeinde, hat jedoch keine Gesetzgebungskompetenzen; *Tettinger/Erbguth/Mann*, Besonderes Verwaltungsrecht, 9. Aufl. 2007, Rn. 132.
[899] *VG des Saarlandes*, Beschl. v. 08.06.2010 – 11 L 502/10 –, abgedruckt z.B. in LKRZ 2010, 302f. (nicht rechtskräftig).
[900] *OVG des Saarlandes*, Beschl. v. 30.08.2010 – 3 B 203/10 –.

mung berührt, bedarf es entweder einer Einwilligung der Betroffenen oder einer gesetzlichen Ermächtigung, aus der sich die Voraussetzungen und der Umfang für die Verwendung personenbezogener Daten ergeben.[901]

aa) Bereichsspezifische Vorgaben[902]

374 Wie ausgeführt, enthält die Gemeindeordnung NRW eine bereichsspezifische Regelung, die in ihrem Anwendungsbereich den subsidiären Vorschriften des DSG NRW vorgeht.[903] Allerdings betrifft diese Norm nur die Offenbarung personenbezogener Daten im Zusammenhang mit der Öffentlichkeit bzw. Nichtöffentlichkeit von Sitzungen. Das folgt bereits aus dem insoweit eindeutigen Wortlaut, wonach „erforderlichenfalls" die Öffentlichkeit auszuschließen ist. Auch die systematische Einordnung als Konkretisierung des Grundsatzes der Sitzungsöffentlichkeit belegt, dass diese Norm lediglich die Offenbarung personenbezogener Daten an die Öffentlichkeit regelt, zum Umgang mit personenbezogenen Daten durch Rats- und Ausschussmitglieder *innerhalb* öffentlicher Sitzungen jedoch keine Aussage trifft. Die Vorschrift kann auch nicht als Rechtsgrundlage für die Weitergabe personenbezogener Daten von der Verwaltung an Rats- und Ausschussmitglieder herangezogen werden. Das informationelle Verhältnis zwischen Verwaltung und Rat (und seinen Ausschüssen) richtet sich vielmehr nach der kommunalverfassungsrechtlichen Organisation der Aufgabenwahrnehmung innerhalb der Gemeinde.[904] Die Verwaltung muss die Vertretung unterrichten und wird von ihr überwacht; die Vertretung – auch einzelne Ratsmitglieder – können Auskunft und Akteneinsicht verlangen. Obgleich die Ausübung dieser Kontrollbefugnisse der politischen Vertretung regelmäßig die Übermittlung personenbezogener Daten erforderlich macht, gibt es keine bereichsspezifische Vorschrift, die den Umfang und die datenschutzrechtlich gebotenen Grenzen der Datenweitergabe an Rats- und Ausschussmitglieder regelt.[905] Gleiches gilt für die Unterrichtungspflicht des Bürgermeisters gegenüber dem Rat.[906] Unbeschadet des den Ratsmitgliedern zustehenden Fragerechts gegenüber dem Bürgermeister, ist dieser verpflichtet, von sich aus die Vertretung über alle wichtigen Angelegenheiten zu unterrichten.

---

[901] *Zilkens*, DVBl. 1998, 164 (164).
[902] Z.B. § 48 Abs. 3 GO NRW.
[903] § 2 Abs. 3 DSG NRW.
[904] § 55 GO NRW.
[905] Zu den verfassungsrechtlichen Bedenken hinsichtlich der bestehenden Regelungsdefizite in der GO NRW und zu den Voraussetzungen einer Lückenfüllung durch Satzungsregelung *Zilkens*, DVBl. 1998, 164 (166) m.w.N.
[906] § 62 Abs. 4 GO NRW.

bb) Allgemeines Datenschutzrecht

Mangels bereichsspezifischer Rechtsgrundlagen in der GO NRW ist auf das allgemeine Datenschutzrecht zurückzugreifen.[907] Das DSG NRW findet Anwendung auf Behörden, Einrichtungen und sonstige öffentliche Stellen des Landes, die Gemeinden und Gemeindeverbände sowie die sonstigen der Aufsicht des Landes unterstehenden juristischen Personen des öffentlichen Rechts und deren Vereinigungen (öffentliche Stellen), soweit diese personenbezogene Daten verarbeiten.[908] Grundsätzlich verwendet das Gesetz den organisationsrechtlichen Behördenbegriff und vermeidet den funktionalen.[909] Die Ausschüsse und bis auf wenige Ausnahmen auch der Rat sind aber keine Behörden im organisationsrechtlichen Sinne.[910] Sie nehmen gerade nicht mit Außenzuständigkeit Aufgaben der öffentlichen Verwaltung wahr.[911] Allerdings spricht das DSG NRW nicht von „Behörden einer Gemeinde", sondern lediglich von den „Gemeinden" im Sinne kommunaler Gebietskörperschaften.[912] Rat und Ausschüsse sind somit nicht selbstständige Adressaten der Normen des DSG NRW. Als einheitlicher Adressat im Datenschutz verbleibt daher die kommunale Gebietskörperschaft.[913] Innerhalb der Gebietskörperschaften finden die materiellen Regelungen des allgemeinen Datenschutzrechts[914] auf ihre Organe[915] (Rat und Ausschüsse) Anwendung. Dort ist die Datenweitergabe innerhalb derselben öffentlichen Stelle geregelt.[916] Voraussetzung für eine rechtmäßige Weitergabe ist, dass sie zur rechtmäßigen Aufgabenerfüllung erforderlich ist und der Zweckbindungsgrundsatz beachtet wird; im Übrigen gel-

375

---

[907] Zur Anwendbarkeit des DSG NRW in kommunalrechtlichen Regelungssituationen *Zilkens*, DVBl. 1998, 164 (167).
[908] § 2 Abs. 1 DSG NRW.
[909] *Stähler/Pohler*, DSG Nordrhein-Westfalen, 3. Aufl. 2003, § 2, Rn. 5.
[910] D.h. i.S. des § 1 VwVfG NRW.
[911] *Erlenkämper*, in: Articus/Schneider, a.a.O., § 40 Anm. 1.3; *Held/Becker*, a.a.O., § 40, Anm. 2.
[912] Anders hingegen § 2 Abs. 2 BDSG.
[913] *Stähler/Pohler*, a.a.O., § 2, Rn. 5; § 3 Rn. 18.
[914] Einschließlich des Rechts der Verarbeitung von *Personaldaten* nach § 29 DSG NRW, § 37 SächsDSG etc.
[915] *Held/Becker*, a.a.O., § 40 Anm. 2: "Organe sind solche Personen oder Personenmehrheiten, deren Wollen und Handeln unmittelbar der juristischen Person als deren eigenes Wollen und Handeln rechtlich zugerechnet werden kann".
[916] Eine *Datenübermittlung* innerhalb derselben öffentlichen Stelle wird rein terminologisch als *Weitergabe* bezeichnet, ohne dass andere Regeln dafür gelten (§ 14 Abs. 4 DSG NRW); in anderen Ländern: § 16 LDSG B-W; Art: 18 BayDSG; § 11 NdsDSG; § 14 SächsDSG.

ten die allgemeinen datenschutzrechtlichen Grundsätze.[917] Dabei ist grundsätzlich für jeden Einzelfall zu prüfen, ob die Weitergabe und Verwendung personenbezogener Daten zur rechtmäßigen Erfüllung der gesetzlichen Aufgaben des Rates erforderlich ist. Dazu einige *Beispiele*:

376 — Die Verwaltung darf personenbezogene Daten der Bediensteten zur Behandlung von *Personalangelegenheiten* an die Vertretung geben.[918] Dies betrifft vor allem Fälle der Ernennung, Beförderung und Entlassung. So ergibt sich, dass eine Datenweitergabe innerhalb des öffentlichen Bereichs zulässig ist, wenn in einem Verwaltungsverfahren die Beteiligung der empfangenden Stelle erforderlich ist. Nach der GO NRW ist zwar grundsätzlich der Bürgermeister für beamten-, arbeits- und tarifrechtliche Entscheidungen zuständig. Allerdings kann der Rat unter Ausübung pflichtgemäßen Ermessens in der Hauptsatzung eine andere Regelung treffen und sich oder dem Personalausschuss eine Entscheidung für bestimmte Personalangelegenheiten vorbehalten. Ist dies der Fall, so ist der Rat am Verwaltungsverfahren notwendig zu beteiligen. Er hat dann einen Anspruch auf Kenntnisnahme der Daten, deren Übermittlung ohne Einwilligung des Betroffenen datenschutzrechtlich zulässig ist.

— Die Zuständigkeit des Rates für *Grundstücksangelegenheiten* sowie für Auftragsvergaben ergibt sich aus seiner Allzuständigkeit.[919] Infolge dessen ist eine Datenweitergabe an die Rats- bzw. Ausschussmitglieder zulässig.[920]

— Bei der *Vergabe von Auszeichnungen und Ehrungen* folgt die datenschutzrechtliche Zulässigkeit der Weitergabe der Daten an den Rat bzw. den zuständigen Ausschuss ebenfalls aus der genannten Ermächtigungsgrundlage.[921]

---

[917] Nach der in § 13 DSG NRW normierten Zweckbindung ist die Verarbeitung personenbezogener Daten grundsätzlich nur für die Zwecke zulässig, für die die Daten (zulässigerweise) erhoben wurden. § 13 Abs. 2 DSG NRW enthält eine enumerative Aufzählung von Erlaubnistatbeständen, die eine Durchbrechung dieser Zweckbindung erlauben.
[918] Z.B. §§ 29 DSG NRW, 37 SächsDSG.
[919] § 41 Abs. 1 Satz 1 GO NRW.
[920] § 14 Abs. 1 Satz 2 DSG NRW; Die Zulässigkeit ergibt sich im Übrigen auch aus dem Gesichtspunkt, dass sich Grundstückskäufer bzw. -verkäufer und potentielle Auftragnehmer mit ihren Angeboten an die Gemeinde wenden, denn darin ist eine Einwilligung in die Übermittlung an alle am Verfahren beteiligten Stellen gem. §§ 14 Abs. 1 Satz 1 i.V.m. § 13 Abs. 2 lit. b) DSG NRW zu sehen.
[921] § 14 Abs. 1 i.V.m. § 13 Abs. 2 lit. g) DSG NRW.

cc) Einwilligung

Soweit im Einzelfall eine gesetzliche Ermächtigungsgrundlage für die Übermittlung und Nutzung personenbezogener Daten vorliegt, ist eine Einwilligung des Betroffenen nicht erforderlich. Andernfalls ist die Datenübermittlung nur zulässig, wenn der Betroffene freiverantwortlich eingewilligt hat, ohne dass ihm – trotz fehlender Erforderlichkeit – die Einwilligung von der Kommune abverlangt wurde. Informationen, die vom Betroffenen aufgedrängt werden und in einem sachlichen Zusammenhang mit der Beratung in den Vertretungsgremien stehen, dürfen verwendet werden. Eine (ggfs. konkludente) Einwilligung kann im Einzelfall angenommen werden, wenn sich entweder ein Bürger mit einem Antrag oder ein Unternehmer mit einem Angebot an die Gemeinde als Körperschaft wendet und zur Sachentscheidung mehrere Stellen zu beteiligen sind,[922] oder wenn es dem Bürger auf die Weitergabe bestimmter Informationen zu Beratungszwecken gerade ankommt, ohne dass diese aus objektiver Sicht zur Entscheidungsfindung unabdingbar erforderlich sind.

377

b) Grundsatz der Datenvermeidung: Verzichtbarkeit personenbezogener Daten

Sofern die Übermittlung und Verwendung personenbezogener Daten durch einen gesetzlichen Erlaubnistatbestand oder durch Einwilligung des Betroffenen im Einzelfall legitimiert ist, stellt sich die Frage, *in welchem Umfang* personenbezogene Daten in den jeweilgen politischen Gremien genutzt werden dürfen.

378

aa) Identität der Angelegenheiten in Rat und Ausschuss

Ratsbeschlüsse werden in den Ausschüssen vorbereitet.[923] Die Bedeutung der Ausschüsse liegt darin, dass in einem kleinen Gremium wichtige Fragen der Gemeindeverwaltung sachverständig vorbereitet werden und der Rat dadurch entlastet wird.[924] Daraus ergibt sich eine personale und thematische Überschneidung von Rat und Ausschüssen. Inhaltlich sind die behandelten Angelegenheiten grundsätzlich identisch,[925] so dass sich bei der Frage, welche Daten in den Sitzungen unverzichtbar sind, keine Unterschiede zwischen Rat und

---

922 Freilich erstreckt sich eine solche Einwilligung grundsätzlich nur auf die Übermittlung der zur Sachentscheidung *erforderlichen* Daten an die *zuständigen* Stellen.
923 *Tettinger/Erbguth/Mann*, a.a.O., § 4, Rn. 150ff.; In einzelnen Fällen kann der Rat dem Ausschuss gem. § 41 Abs. 2 GO NRW allerdings auch die Entscheidungsbefugnis für bestimmte Angelegenheiten übertragen.
924 *Rehn/Cronauge*, a.a.O., § 57 GO NRW, Erl. I.
925 Insofern bestimmte Angelegenheiten mangels Bedeutung bereits in den Ausschüssen abschließend beraten und entschieden werden, ohne noch den Rat passieren zu müssen, besteht zumindest Teilidentität.

Ausschüssen ergeben.[926] Es gibt in der Praxis nur wenige Angelegenheiten, die sich nur mit Kenntnis personenbezogener Daten sachgerecht behandeln lassen. Obwohl es zulässig ist, personenbezogene Daten in nicht-öffentlichen Sitzungen einzubringen, gilt auch im Falle der Ermächtigung durch eine Rechtsgrundlage der Grundsatz der Datenvermeidung.[927] Daraus folgt, dass in jeder Sitzung personenbezogene Daten nur in einem Umfang verwendet werden dürfen, der unbedingt erforderlich ist, um einen Sachverhalt angemessen und umfassend zu behandeln. Die personenbezogenen Daten dürfen nicht nur bloße Hintergrundinformationen darstellen.

bb) Erforderliche Daten

379 Grundsätzlich hat sich die Übermittlung und Nutzung personenbezogener Daten am Verhältnismäßigkeitsgrundsatz zu orientieren. Es dürfen nur solche Daten übermittelt werden, deren Kenntnis zur konkreten Aufgabenerfüllung erforderlich sind.[928] Die nachfolgende Übersicht soll einen exemplarischen Überblick über Daten geben, deren Kenntnis für die Behandlung des jeweiligen Sachthemas in den Ausschüssen im Einzelfall erforderlich sein kann:

– Im Personalausschuss kann im Zusammenhang mit *Personalangelegenheiten* insbesondere die Verwendung von Organisationsnummern, Stellennummern, Funktionen, Aufgabenbeschreibungen, Stellenbewertungen, Stunden/Wochen, Tarifverträgen/Besoldungsgruppen oder Stelleninhaber notwendig sein. In beamtenrechtlichen Angelegenheiten sind Angaben zur Person, evtl. Familienstand, Beamtenstatus und Beihilfesachen von Bedeutung. Bei einer Einstellung ist der vollständige Lebenslauf unverzichtbar.

– Bei *Grundstücksangelegenheiten* wird in der (nicht-öffentlichen) Sitzung von Rat und Ausschuss grundsätzlich darauf verzichtet, Eigentümerdaten mündlich zu erwähnen. Es wird auf Vorlagen/Drucksachen Bezug genommen. In diesen Vorlagen befinden sich oftmals umfangreiche personenbezogene Daten. So können z.B. beim An- und Verkauf von Grundstücken der Name des Erwerbers bzw. Verkäufers sowie Preis und Verwendungszweck des Objekts und Angaben zur Kostentragungspflicht notwendig sein. Per-

---

[926] Hier ist nur auf die Themen einzugehen, die üblicherweise in Rats- und Ausschusssitzungen behandelt werden. Eine abschließende Aufzählung kann an dieser Stelle nicht vorgenommen werden, da sich im Rahmen der Tätigkeit von Rat und Ausschüssen eine Vielzahl von Themen und Fragestellungen ergeben, deren Unverzichtbarkeit im Einzelfall zu prüfen ist.
[927] § 4 Abs. 2 Satz 1 DSG NRW; § 3a BDSG.
[928] Auch der Grundsatz der Datenvermeidung ist eine Ausprägung des Verhältnismäßigkeitsgrundsatzes, der den zur Zweckerfüllung geringsten („erforderlichen") Eingriff in das Grundrecht der informationellen Selbstbestimmung durch die verantwortliche Stelle gebietet.

sonenbezogene Daten müssen hier eingeführt werden, soweit sie für die Bewertung der einzelnen Vorhaben unerlässlich sind.

Mitunter enthalten Akten in der Praxis auch personenbezogene Daten, die für die Entscheidung entbehrlich sind. So können beispielsweise der Familienstand des Betroffenen oder die Anzahl der Kinder angegeben sein. Diese Daten dürfen keinesfalls pauschal in Vorlagen erscheinen und sollten nur in denjenigen Fällen, in denen sie ausnahmsweise unbedingt erforderlich sind, angegeben werden

380

- Bei der Behandlung von *Mieteinnahmen* sind der Name des Mieters sowie die Höhe einzelner Mietzahlungen entbehrlich.
- Im Rahmen von *Auftragsvergaben* sind die Namen der Firmen, welche auch Einzelkaufleute sein können, sowie das Auftragsvolumen unverzichtbar.
- Bei *Schenkungen und Vermächtnissen* (dies kann etwa in einem Krankenhausausschuss relevant sein) sind der Name des Schenkenden und der/des Begünstigten von Bedeutung.
- Für die Vergabe von *Stipendien* bzw. die Ablehnung von Anträgen für Stipendien bedarf es personenbezogener Daten, wie z.B. Name des Betroffenen, Höhe des Preisgeldes und Angabe des Zwecks.
- Für die Vergabe von *Ehrenauszeichnungen* sind in der Ratssitzung der Name des Preisträgers sowie seine Verdienste von Bedeutung.
- Bei der Auswertung von *Statistiken*[929] ist weitestgehend auf personenbezogene Daten zu verzichten. Dies lässt sich dadurch realisieren, dass die personenbezogenen Daten pseudonymisiert werden und allenfalls unter Zuhilfenahme von Spezialwissen Rückschlüsse auf die einzelnen Personen möglich sind.
- Im Ausschuss für Anregungen und Beschwerden sollten Angelegenheiten, die personenbezogene Daten enthalten, grundsätzlich in nichtöffentlicher Sitzung behandelt werden. Dies kann praktisch dazu führen, dass nahezu alle Sitzungen des Anregungs- und Beschwerdeausschusses nicht-öffentlich stattzufinden haben. Bezüglich der eingereichten Beschwerden ist die Kenntnis der Sitzungsteilnehmer von personenbezogenen Daten (Angabe von Name und Adresse des Petenten sowie seinem Anliegen) unerlässlich.

381

- In anderen Ausschüssen (z.B. Finanzausschuss, Ausschuss für Wohnungswesen und Modernisierung, Frauenausschuss) sind aller Erfahrung nach keine personenbezogenen Daten notwendig. Allerdings ist auch hier denk-

---

[929] *Beispiele:* Statistik über Anzahl und Umstände von Drogensterbefällen. Es wurden Wohnort, Altersgruppe, Geschlecht, Fundort des Toten und die Teilnahme an einem Methadon-Programm aufgeführt.

bar, dass in Einzelfällen die Verwendung personenbezogener Daten zur sachgerechten Aufgabenerfüllung erforderlich ist.

c) Datensicherheitsmaßnahmen

382 Sofern unter den vorgenannten Voraussetzungen die Übermittlung und Nutzung personenbezogener Daten in politischen Gremien zulässig ist, ist auch der Eingriff in das Grundrecht auf informationelle Selbstbestimmung grundsätzlich gerechtfertigt. Die Eingriffsintensität und die Gefahr einer zweckwidrigen Nutzung sind jedoch durch geeignete organisatorische Maßnahmen möglichst gering zu halten.[930]

aa) Tagesordnungen

In den Tagesordnungen der Rats- und Ausschusssitzungen, unabhängig von Öffentlichkeit oder Nichtöffentlichkeit, sollte auf die Aufnahme personenbezogener Daten sowie solcher Daten, die Rückschlüsse auf natürliche Personen zulassen, gänzlich verzichtet werden. Die Aufnahme personenbezogener Daten in die Tagesordnung ist für eine angemessene Vorbereitung auf die Sitzung in der Regel weder geeignet noch erforderlich. Daher ist z.B. bei Grundstücksankäufen die Hausnummer des Grundstücks nicht in die Tagesordnung aufzunehmen, soweit hierdurch Rückschlüsse auf den verkaufenden Eigentümer möglich sind (s.o.).

bb) Vorlagen/Drucksachen

383 In der Praxis sind schriftliche Sitzungsvorlagen alltäglich. In ihnen befinden sich regelmäßig personenbezogene Daten in erheblichem Umfang. Bei schriftlichen Vorlagen besteht jedoch immer die Gefahr, dass deren Inhalt auch von Nichtberechtigten zur Kenntnis genommen wird. Erfahrungsgemäß können durch optische Wahrnehmung weit mehr sensitive Daten aufgenommen werden als z.B. durch eine mündliche Übermittlung. Durch die schriftliche Fixierung steigt demnach auch die Gefahr, dass durch unberechtigtes Erlangen oder Vervielfältigen der Vorlage eine Rechtsgutsverletzung perpetuiert wird und so eine gesteigerte Qualität erlangt.[931]

---

[930] Auch dies ist Ausfluss des Verhältnismäßigkeitsgrundsatzes, der durch die in § 10 DSG NRW normierten technischen und organisatorischen Datensicherheitsmaßnahmen konkretisiert wird.

[931] Die Praxis hat gezeigt, dass vor allem in kleineren Gemeinden ein gesteigertes Interesse an den Inhalten nichtöffentlicher Sitzungen besteht. Eine schriftliche Fixierung der Daten in Vorlagen, die bereits geraume Zeit vorher den einzelnen Sitzungsteilnehmern zugehen, kommt dieser Neugier sehr entgegen und gefährdet den Schutz personenbezogener Daten in gesteigertem Maße.

Es ist gesetzlich nicht vorgeschrieben, dass Vorlagen und Anträge in schriftlicher Form vor der Sitzung vorzuliegen haben.[932] Lediglich die Einladung selbst bedarf der Schriftform und ist den Ratsmitgliedern innerhalb der angesetzten Frist zu übermitteln. Dem Ratsmitglied muss daher nicht zu jedem Tagesordnungspunkt eine schriftliche Unterlage vorab überreicht werden.[933] Auf der anderen Seite aber haben die Rats- und Ausschussmitglieder das Recht und die Pflicht, sich umfassend auf eine Sitzung vorzubereiten. Allein anhand einer, wenn auch spezifizierten, Tagesordnung ist dies in der Regel kaum möglich. Deshalb ist es grundsätzlich empfehlenswert, Berichte und Vorschläge schriftlich auszuarbeiten und den Rats- und Ausschussmitgliedern zukommen zu lassen.[934] Als Kompromiss zwischen dem Informationsbedürfnis der Rats- und Ausschussmitglieder und dem Interesse der Betroffenen an dem Schutz ihrer persönlichen Daten bietet sich als Lösung die Pseudonymisierung[935] der Vorlagen an. Dies kommt immer dann in Betracht, sofern keine vollständige Datenvermeidung möglich ist. Allerdings kann die Bereinigung der betroffenen Akten von personenbezogenen Daten unverhältnismäßig aufwendig sein, und ihr Informationsgehalt könnte darunter leiden. Hier ist im Einzelfall zu entscheiden,[936] ob diese Gegebenheiten es unter Berücksichtigung des erhöhten Gefahrenpotentials schriftlicher Vorlagen erlauben, auf das Anonymisieren der Daten zu verzichten. Ist das beschriebene Verfahren unverhältnismäßig, dann muss bei sensitiven personenbezogenen Daten auf eine Integration in die Vorlage verzichtet werden. In diesem Fall können und müssen aufgrund des Informationsbedürfnisses der Rats- und Ausschussmitglieder die Daten entweder in der Sitzung mündlich bekanntgegeben werden, oder eine Tischvorlage sollte die Unterlagen ergänzen.

384

Gegen die mündliche Ergänzung der schriftlichen Vorlagen in den Sitzungen bestehen grundsätzlich keine Bedenken. Die Zulässigkeit von Tischvorlagen, unabhängig davon, ob sie mündlich oder schriftlich erbracht werden, ist allerdings umstritten. Letztlich ist eine Tischvorlage unzulässig, wenn sie allein dazu dienen soll, ein bereits bestehendes rechtswidriges Informationsdefizit auszugleichen, also eine unzureichende Tagesordnung erweitert.[937] Sie ist dagegen zulässig, wenn sie lediglich den Informationsstand zu einem bereits vor-

385

---

[932] So der *HessVGH* für die HGO, die ebenfalls keine Formerfordernisse vorsieht, *HessVGH*, Beschl. v. 05.01.1988, in DÖV 1988, 469.
[933] *Schmitz*, VR 1990, 266 ff., 268.
[934] *Foerstermann*, in: Handbuch der kommunalen Wissenschaft und Praxis, 2. Aufl. 1982, S. 93, 96.
[935] Diese Möglichkeit sieht § 3 Abs. 8 DSG NRW vor.
[936] Es ist im Wege praktischer Konkordanz ein Ausgleich zwischen den dargestellten betroffenen Interessen zu schaffen, dazu: etwa *Manssen*, Staatsrecht II–Grundrechte, 7. Aufl. 2010, Rn. 143.
[937] *Articus/Schneider*, a.a.O., § 48, S. 265 f.

handenen Tagesordnungspunkt zeitlich aktuell ergänzt.[938] In diesem Zusammenhang ist darauf zu achten, dass alle Vorlagen grundsätzlich nur in der Anzahl der Empfänger erstellt bzw. verteilt werden. Dies gilt sowohl für die Vorlagen, die den Rats- und Ausschussmitgliedern bereits einige Zeit vor der Sitzung zugehen, als auch für die schriftlichen Tischvorlagen, die erst in der Sitzung verteilt werden. Darüber hinaus dürfen die Vorlagen nur befugten Empfängern zugehen.

386 Die Rats- und Ausschussmitglieder sind schließlich darauf hinzuweisen, dass sie Vorlagen, die personenbezogene Daten enthalten, nach der Sitzung oder spätestens nach Zweckerfüllung entweder vernichten oder aber so aufbewahren müssen, dass Unbefugte keinen Zugriff nehmen können. Werden die Vorlagen entsorgt, so hat dies datenschutzgerecht zu geschehen.[939] Die Aufbewahrung ist nur zulässig, wenn dies zu einer weiterhin andauernden Aufgabenerfüllung notwendig ist. Die Mitglieder von Rat und Ausschüssen sind insoweit auch auf ihre Verschwiegenheitspflicht hinzuweisen (s.o.).[940]

cc) Niederschriften

387 Niederschriften aus nichtöffentlichen Sitzungen müssen umfassend und vollständig sein. Auch hier gilt, dass personenbezogene Daten nur in dem Maße aufgenommen werden, in dem sie für die ordnungsgemäße Behandlung der Angelegenheit notwendig sind. Dem Schutz der Betroffenen wird darüber hinaus dadurch Rechnung getragen, dass die Niederschriften und Protokolle nur in nichtöffentlichen Sitzungen verlesen werden dürfen (s.o.).

d) Ratsinformationssysteme

388 Der kommunale Sitzungsdienst wird heutzutage vielfach über Ratsinformationssysteme (RIS) gesteuert. Die technische Entwicklung hat die Möglichkeiten solcher Systeme ständig erweitert. Sämtliche Arbeiten der politischen Vertretung von der Entscheidungsvorbereitung in der Verwaltung bis hin zur Beschlusskontrolle und Archivierung können abgedeckt werden.[941] Durch Volltext-Recherche von Protokollen und Sitzungsunterlagen können benötigte Informationen jederzeit gefunden und effizient weiterverarbeitet werden. Da-

---

[938] *Schmitz*, a.a.O.
[939] Die Verwaltungen könnten dazu als Serviceleistung anbieten, Vorlagen mit personenbezogenen Daten unmittelbar nach der Sitzung oder auf Anforderung des Mitglieds einzusammeln und zu vernichten. Es ist ebenfalls ratsam, von ausscheidenden Mitgliedern, für die eine weitere eigene Aufbewahrung nicht mehr erforderlich und deshalb unzulässig ist, eine Bestätigung über die ordnungsgemäße Vernichtung zu fordern. *LDI Saarland*, a.a.O., S. 9f.
[940] § 43 Abs. 2 i.V.m. § 30 Abs. 1 GO NRW.
[941] *Zilkens*, DuD 2005, 18ff.

rüber hinaus steht den Mandatsträgern durch den (Online-) Zugriff eine größere Datenmenge zur Verfügung. Das RIS führt weiterhin zu einer dauerhaften Senkung der Druck-, Kopier- und Versandkosten, was mittelbar zu einer Entlastung des Bürgers führt. Schließlich besteht die Möglichkeit der Langzeitarchivierung sämtlicher Sitzungsunterlagen und Beschlüsse, was die Transparenz erhöht. Da bei der Verwendung eines intra- bzw. internetbasierten RIS für kommunale politische Vertretungen und Bürger Informationen über das kommunale Geschehen im Intra- oder Internet bereitgestellt werden, kann damit die Offenlegung personenbezogener Daten des jeweils betroffenen Bürgers verbunden sein. Es gilt dann den datenschutzrechtlich zulässigen Rahmen abzustecken. Dabei ist festzulegen, welche Daten verarbeitet werden dürfen, wer Zugang zu diesen Daten erhält und wie der Zugriff auf diese Daten auf den Kreis der Berechtigten beschränkt werden kann. Darüber hinaus muss entschieden werden, welche Informationen elektronisch bereit gehalten werden dürfen, wenn die Öffentlichkeit von der Rats- oder Ausschusssitzung, in der persönliche Daten behandelt werden, auszuschließen ist.

aa) Rechtliche Anforderungen

Im Unterschied zur klassischen Papierform stellen Ratsinformationssysteme nur ein anderes Kommunikationsmedium dar. Deshalb sind die zuvor zur Arbeit in den kommunalen Vertretungsgremien dargestellten datenschutzrechtlichen Grundsätze auf die rechtliche Betrachtung des Datenschutzes in Ratsinformationssystemen der Sache nach anwendbar. Dabei ist jedoch zu berücksichtigen, dass mit einem Auftritt im Netz wegen des großen potentiellen Nutzerkreises nicht unerhebliche Gefahren von Ausspähungen oder Manipulationen von Daten einhergehen. Den Gefahren kann jedoch durch Verwendung einer Vielzahl sogenannter *„Security Tools"*[942] begegnet werden. Der Verhältnismäßigkeitsgrundsatz verlangt, dass mit zunehmender Gefahr für Integrität und Authentizität personenbezogener Daten die Anforderungen an die zu treffende Maßnahmen gleichfalls steigen. Vereinfachungsstrukturen setzen besondere Sicherungsvorkehrungen voraus, um den Eingriff in das informationelle Selbstbestimmungsrecht des Betroffenen verfassungsrechtlich zu rechtfertigen. Es ist bestmögliche („optimale") Datensicherheit zu gewährleisten.[943] Datenschutzgerecht konzipierte Ratsinformationssysteme müssen damit nicht nur über ein ausgereiftes *Zugriffskonzept* verfügen, sondern sich vor allem hinsichtlich des Inhaltes der eingestellten Dokumente streng und konsequent am Prinzip der *Datensparsamkeit* orientieren.[944]

---

[942] Zusammenfassend *Kloepfer*, a.a.O.; § 1, Rn. 44.
[943] Hierzu § 10 DSG NRW, der dieses Gebot konkretisiert.
[944] *Stähler/Pohler*, a.a.O. § 4, Rn. 9.

bb) Datenschutz im Verhältnis Öffentlichkeit – Betroffener

389 Sollen über ein Ratsinformationssystem zugleich auch der Öffentlichkeit Informationen zur Verfügung gestellt werden, so muss das öffentliche Informationsinteresse einerseits gegen den Schutz der personenbezogenen Daten des Betroffenen andererseits abgewogen werden. Im Internet dürfen die Tagesordnungspunkte – allgemein und ohne Personenbezug formuliert –[945] und die in den Sitzungen gefassten Beschlüsse[946] mitgeteilt werden. Beschlüsse können datenschutzgerecht veröffentlicht werden, indem sie auf den Beteiligten bekannte Beschlussentwürfe in der Sitzungsunterlage Bezug nehmen. Im Internet verfügbare Sitzungsunterlagen sollten keine personenbezogenen Daten enthalten.[947]

cc) Datenschutz innerhalb der Rats- und Ausschussarbeit

390 Ein zunehmend festzustellendes Bedürfnis, Sitzungsunterlagen *online* recherchieren zu können, eröffnet eine neue Qualität des Zugriffs auf Informationen. Dies gilt vor allem hinsichtlich solcher Datenbereiche, die tiefgreifende Erkenntnisse über persönliche Verhältnisse, Eigenschaften und Lebensumstände Betroffener zulassen. Dabei ist der Austausch von Informationen zwischen Verwaltung und Vertretung nicht als Datenübermittlung oder Datenweitergabe[948] zu qualifizieren. Die Tatsache, dass in Ratsinformationssystemen der dargestellte Informationsfluss *online* stattfindet, bedarf unter datenschutzrechtlichen Aspekten keiner eigenständigen gesetzlichen Erlaubnis. Dies ist damit zu begründen, dass der durch die Datenverarbeitung gewonnene Informationsgehalt derselbe bleibt.

391 Einen wichtigen Bestandteil von Ratsinformationssystemen bildet ein elektronisch nutzbares *Archiv*, in dem Unterlagen auf Dauer recherchierbar bleiben. Es befähigt die Rats- und Ausschussmitglieder, sich über frühere Entscheidungen der politischen Vertretung zu bestimmten Problempunkten zu informieren und sich damit auf anstehende Sitzungen adäquat vorzubereiten. Durch solche Recherchemöglichkeiten wird die Vorbereitung erheblich verbessert. Die Archivierung personenbezogener Daten stellt eine Speicherung[949]

---

[945] Soweit das Gesetz in § 48 Abs. 1 Satz 4 GO NRW eine öffentliche Bekanntmachung der Tagesordnung verlangt, ist es heute gängige Praxis, diese über das Internet vorzunehmen.

[946] Die Veröffentlichung von Beschlüssen ist vom Gesetz in § 52 Abs. 2 GO NRW nur als Sollvorschrift formuliert, unterliegt einem Beschlussvorbehalt im Einzelfall und eröffnet durch die Formulierung „in geeigneter Weise" einen Handlungsspielraum.

[947] *Landtag NRW*, Antwort v. 04.04.2006 (*LT-Drs.* 14/1593) auf die kleine Anfrage Nr. 569 v. 23.02.2006 (*LT-Drs.* 14/1390).

[948] § 14 Abs. 1 u. 4 DSG NRW.

[949] § 3 Abs. 2 Nr. 2 DSG NRW; § 3 Abs. 2 Satz 2 Nr. 2 LDSG B-W; Art. 4 Abs. 6 Satz 2 Nr. 1 BayDSG; § 3 Abs. 2 Satz 2 Nr. 2 NDSG; § 3 Abs. 2 Satz 2 Nr. 2 SächsDSG.

Datenschutz bei der Ratsarbeit

im Sinne des Datenschutzgesetzes dar, die erlaubt ist.[950] Eine Löschung ist erst erforderlich, wenn die Unterlagen für keine Aufgabenerfüllung mehr erforderlich sind.[951] Das ist dann der Fall, wenn eine wertende Betrachtung nach Abwägung des verbleibenden Ausmaßes des Personenbezugs einerseits und ihrer Bedeutung für die Ratsarbeit andererseits zu diesem Ergebnis führt. Bei Einhaltung wichtiger Sicherheitsvorkehrungen ist der *Online-Abruf* von personenbezogenen Daten durch Rats- bzw. Ausschussmitglieder zulässig. Da an die Erforderlichkeit ein strenger Maßstab anzulegen ist, dürfen jedoch nur solche personenbezogenen Daten zur Verfügung gestellt werden, die für eine angemessene aufgabenspezifische Sitzungsvorbereitung unerlässlich sind. Der Grundsatz der Datenvermeidung verlangt, dass die Unterlagen nach Möglichkeit von Personenbezug befreit sind. Sollte dies aus Gründen der inhaltlichen Verständlichkeit nicht sinnvoll sein, so sind personenbezogene Daten zu pseudonymisieren. Bei Tagesordnungen ist auf personenbezogene Daten immer, bei Sitzungsunterlagen grundsätzlich zu verzichten. Sollte dies nicht möglich sein, so können die Daten wiederum pseudonymisiert werden.[952]

dd) Datensicherheitsmaßnahmen

Das Medium Intranet/Internet kann den rechtlichen Anforderungen nur dann genügen, wenn entsprechende Sicherheitsvorkehrungen getroffen werden. Vor der Einführung eines Ratsinformationssystems ist zunächst eine umfassende Gefahrenanalyse[953] vorzunehmen, um adäquate Sicherungsmaßnahmen vornehmen zu können. Der Zugriff auf das System muss so konfiguriert werden, dass der einzelne Mandatsträger nur auf solche Daten zugreifen darf, deren Kenntnis für seine individuelle Aufgabenstellung erforderlich ist (Zugriffskontrolle). Es ist deswegen ein Zulassungsverfahren zu etablieren, welches nach dem Kreis der Berechtigten abgestuft ist.[954] Vor diesem Hintergrund bietet es sich an, eine Einteilung vorzunehmen, welche die Schreib- oder Leseberechtigung einer Person nach ihrer Funktion festlegt. Eine solche Funktionstrennung gibt der Software eine Berechtigungsstruktur, die mit konkret bezeichneten Nutzern, Benutzergruppen und Zuordnungsobjekten arbeitet. Um Zugang zum Informationssys-

392

---

[950] § 13 Abs. 1 DSG NRW; § 15 Abs. 1 LDSG B-W; Art. 17 BayDSG; § 10 Abs. 1 NDSG; § 13 Abs. 1 SächsDSG.
[951] § 19 Abs. 3 lit. b) DSG NRW; insbesondere auch nicht für eine Übernahme ins Stadtarchiv nach dem ArchivG NRW.
[952] *Landtag NRW*, Antwort v. 04.04.2006 (*LT-Drs.* 14/1593) auf die kleine Anfrage Nr. 569 v. 23.02.2006 (*LT-Drs.* 14/1390).
[953] Eingehend zu Risikoanalyse und Vorabkontrolle *Schaar*, Datenschutz im Internet, 2002, S. 195 ff.
[954] Durch ein solches Verfahren wird sichergestellt, dass die *Veränderung* von Daten im *intranet*basierten Ratsinformationssystem allein von den zuständigen Stellen vorgenommen werden kann. Zum berechtigten Personenkreis zählen Schriftführer, Vorlagenersteller sowie Administratoren.

Bereichsspezifischer Datenschutz

tem zu erhalten, hat sich der Nutzer mit seiner dienstlichen Kennung zu autorisieren (Name, Dienststellennummer/ID, o.ä.). So wird die Nutzung personenbezogener Daten aus dem System an die Aufgabe geknüpft. Da diese Kennung keiner besonderen Geheimhaltung unterliegt, sondern regelmäßig einer Systematik folgt, ist zu verlangen, dass sich der Mandatsträger zusätzlich mit einem Passwort anmeldet und dieses im System ablegt.[955] Die Anzahl der Fehlversuche bei der Anmeldung ist dabei zu begrenzen. Die Zugriffe und auch etwaige Missbrauchsversuche sind zu protokollieren und in regelmäßigen – zeitnahen – Abständen auszuwerten.[956] Das Passwort ist geheimzuhalten und verschlüsselt abzulegen, muss einem Sicherheitsstandard genügen[957] und ist nach systemseitiger Aufforderung regelmäßig zu ändern.

393 Dokumente aus der nichtöffentlichen Arbeit des Rates bzw. der Ausschüsse sind im Falle ihrer Übertragung über das Internet zu verschlüsseln. Für die Rechner (Client, Server, Datenbankserver) sind technisch-organisatorische Maßnahmen zu treffen, um den üblichen Sicherheitsstandards zu genügen.[958] Um wirksam ausschließen zu können, dass ungefugte Dritte auf dienstliche Unterlagen im privateigenen Computer zugreifen können, müssen sie in einem verschlüsselten Bereich der Festplatte abgelegt werden.[959] Internetspezifische *Security Tools* sind zu verwenden. Hierzu zählen unter anderem Virenerkennungssysteme und Firewalls. Alle beteiligten Komponenten – falls möglich automatisiert – auf dem aktuellen Stand zu halten, um das Ausnutzen von Sicherheitslücken zu vermeiden.

3. Jugendparlamente

394 In der kommunalen Praxis etabliert sich seit geraumer Zeit der Trend hin zur Beteiligung Jugendlicher am politischen Entscheidungsprozess. Dementsprechend ist bereits in vielen Städten und Gemeinden ein *Jugendparlament* oder *Jugendrat* eingeführt worden, dem je nach Größe der Kommune eine bestimmte Anzahl an jugendlichen Mitgliedern im Alter zwischen 14 und 21 Jahren angehören. Nach ständiger Rechtsprechung des *BVerfG* verleiht die kommunale Selbstverwaltungsgarantie den Kommunen das Recht, bislang unbesetzte Aufgaben in ihrem Bereich an sich zu ziehen.[960] Dieser Grundsatz der

---

[955] *BayLfD*, 22. TB 2007, 8.5.
[956] Hierzu auch *Ernestus*, in: Simitis (hg.), a.a.O., § 9, Rn. 108.
[957] Mindestlänge 8 Zeichen, einschließlich Ziffern und Sonderzeichen; näheres im Grundschutzkatalog unter https://www.bsi.bund.de/cln_174/ContentBSI/grundschutz/kataloge/m/m02/m02011.html.
[958] IT-Grundschutz ist z.B. nach den Standards des Bundesamtes für Sicherheit in der Informationstechnik (https://www.bsi.bund.de/cln_183/DE/Themen/ITGrundschutz/itgrundschutz_node. htm) zu realisieren.
[959] Verschlüsselung ist z.B. herzustellen durch betriebssystemeigene Komponenten („bitlocker") oder *open- source Produkte* („Truecrypt").
[960] *BVerfG*, NVwZ 2003, 850f.; *Burgi*, a.a.O., § 6, Rn. 27.

Allzuständigkeit wird als identitätsbestimmendes Merkmal der Selbstverwaltung verstanden und gibt den Gemeinden die Zugriffsmöglichkeit auf alle Aufgaben, die als örtliche Angelegenheit zu qualifizieren sind.[961] Sie sind insoweit für das *Ob* und *Wie* der Aufgabenerfüllung zuständig, wobei sie dort nach pflichtgemäßem Ermessen, das im Einzelfall auf Null reduziert sein kann[962], handeln müssen. In diesen Bereich fällt auch die Schaffung eines Jugendparlaments. Neben der Einrichtung des Jugendparlaments kann die Kommune auch Detailfragen regeln, da dies als Annex zu ihrem Recht, neue Aufgaben zu finden, gehört. Datenschutzgerecht kann das Vorhaben allerdings nur durchgeführt werden, wenn die folgenden Voraussetzungen erfüllt sind:

– Die Regelungen, die „Wahlordnung" und „Geschäftsordnung" enthalten, müssen als Satzung[963] beschlossen werden, weil mangels Verankerung der Aufgabe „Jugendparlament" in der Gemeindeordnung nur über die allgemeine Satzungsermächtigung[964] eine Rechtsgrundlage geschaffen werden kann, die i.V.m. dem DSG NRW zur Grundrechtseinschränkung des informationellen Selbstbestimmungsrechts der durch die Regelung betroffenen Personen berechtigt.

395

– Ferner ist ein zentrales *Wählerverzeichnis* aufzustellen, für das der Meldedatenbestand der KOmmune die Grundlage bildet.[965] Schülerdaten dürfen für diesen – nicht schulischen – Zweck nicht verarbeitet werden, soweit dies durch oder aufgrund schulrechtlicher Gesetze nicht erlaubt ist. Die Schulen können aber als Wahllokale genutzt werden. Gesonderte Wählerverzeichnisse oder Auszüge aus dem zentralen Wählerverzeichnis mit vorhandenen Schülerdaten für jede einzelne Schule sind nicht erforderlich, weil durch technische Vorkehrungen in jedem einzelnen Wahllokal ein eindeutiger lesender und schreibender Zugriff auf das zentrale Vezeichnis eingerichtet werden kann. Die Satzungsbestimmungen zum Wählerverzeichnis müssen denjenigen Regelungen entsprechen, die bei anderen Wahlen existieren, und auf einer unmittelbaren gesetzlichen Legitimationskette beruhen.[966] Insbesondere in der KWahlO NRW sind Einzelheiten zum Wählerverzeichnis geregelt, nach denen auch die Datenweiterleitung zulässig ist.

396

---

[961] *Dietlein/Burgi/Hellermann*, a.a.O., § 2, Rn. 69.
[962] *Karas*, Freiwillige und Pflichtaufgaben der Gemeinden und Landkreise in Sachsen, zu finden unter: http://www.kommunalforum-sachsen.de/index.php?menuid=35.
[963] Beispielhaft die Satzung bzgl. des Jugendstadtrates Pirmasens unter http://jugendstadtrat-ps. de/satzung. html?PHPSESSID=d962b6d88e18365454e7457d47d9620d; ferner diejenige der Stadt Mülheim a. d. Ruhr (im Internet nicht verfügbar).
[964] §§ 7 i.V.m. 41 Abs. 1 Satz 2 lit. f) GO NRW; zum Ganzen *Dietlein/Burgi/Hellermann*, a.a.O., § 2, Rn. 286 ff.
[965] § 31 MG NRW.
[966] § 42 Abs. 1 GO NRW i.V.m. § 10 KWahlG NRW; § 51 KWahlG NRW i.V.m. §§ 11 ff. KWahlO NRW.

- Sollen sich die Wahlbewerber im Internet den Wählern präsentieren dürfen, so muss dies in der Satzung festgelegt werden.
- Die Mitglieder des „Jugendparlamentes" können Bürgerdaten im Rahmen von Mitwirkungsbefugnissen zur Kenntnis nehmen und verarbeiten, soweit dies auch jedem Bürger im Rahmen seines Rechts auf Teilnahme an öffentlichen Sitzungen der kommunalen politischen Vertretung möglich ist.[967]
- Im Rahmen von eigenen, gesonderten Sitzungen des „Jugendparlamentes" dürfen personenbezogene oder personenbeziehbare[968] Daten von Bürgern grundsätzlich nicht Gegenstand von Beratungen oder Beschlussfassungen sein. Eine Ausnahme von diesem Grundsatz gilt nur dann, wenn die betroffenen Personen freiwillig[969] ihr Einverständnis dazu erteilt hätten. Eine etwa in der Satzung verankerte Befugnis hierzu verstieße gegen die Wesentlichkeitstheorie des Bundesverfassungsgerichts[970], wonach wesentliche Entscheidungen im grundrechtsrelevanten Bereich vom Gesetzgeber selbst getroffen werden müssen und nicht von der Exekutive.

4. Integrationsrat/-ausschuss, Seniorenbeirat, Behindertenbeirat

397 Ebenfalls beruhend auf ihrem Aufgabenfindungsrecht kann die Kommune weitere Vertretungsgremien bilden. Ein *„Integrationsrat"* oder ein entsprechender Ausschuss ist unter bestimmten Voraussetzungen zu wählen, der sich mit allen gemeindlichen Angelegenheiten befassen kann.[971] Ob ein *Seniorenbeirat* und/oder ein *Behindertenbeirat* eingerichtet werden, kann die Gemeinde frei entscheiden. Enthalten die Beratungsgegenstände dieser Gremien personenbezogene Daten, so muss als Verarbeitungsgrundlage eine Satzung dafür verabschiedet werden. Im Einzelfall können mit Einwilligung des Betroffenen auch individuelle Informationen zu einem Beratungspunkt gegeben werden. Unter der Voraussetzung der zwingenden Erforderlichkeit zur konkreten Aufgabenerfüllung können in engen Grenzen personenbezogene Daten von der Verwaltung[972] an den Beirat weitergeleitet werden. Gruppenauskünfte aus dem Melderegister können erteilt werden, da ein öffentliches Interesse angenommen werden kann.[973] Ein Hinweis an die Mitglieder der Beiräte auf ihre

---

[967] Arg. aus § 48 Abs. 3 GO NRW.
[968] § 3 Abs. 1 DSG NRW.
[969] § 4 Abs. 1 Satz 2 DSG NRW.
[970] *BVerfG*, Beschl. v. 09.05.1972 – 1 BvR 518/62, Rn. 106 (Facharztbeschluss), *BVerfG*, Beschl. v. 08.08.1978 – 2 BvL 8/77, Rn. 77 („Kalkar I").
[971] Die Voraussetzungen und Rahmenbedingungen dazu enthält (für NRW) der im Juni 2009 neu gefasste § 27 GO NRW.
[972] Die Geschäftsstelle des Integrationsrates ist i.d.R. beim Ausländeramt angesiedelt. Der Seniorenbeirat und der Behindertenbeirat wird i.d.R. vom Sozialamt betreut; sein Umgang mit personenbezogenen Daten richtet sich nach Sozialdatenschutzrecht (§§ 67ff. SGB X).
[973] § 34 Abs. 3 MG NRW.

bestehende Verpflichtung zur Verschwiegenheit[974] sowie auf die Wahrung des Datengeheimnisses[975] ist sachgerecht.

5. Zusammenfassung

Obwohl personenbezogene Daten im Kommunalrecht nur rudimentär und lückenhaft geschützt werden, sind Kommunen in der Gestaltung ihrer Ratsarbeit für die informationelle Selbstbestimmung vielfach sehr einfühlsam geworden. Die Regeln des allgemeinen Datenschutzrechts werden weitgehend beachtet. Kommunale Vertretungen sind für eine ordnungsgemäße Erfüllung ihrer Aufgaben auf die Kenntnis bestimmter personenbezogener Daten angewiesen, z.B. im Rahmen von *Personal- und Grundstücksangelegenheiten*. Hier gilt in besonderem Maße der Grundsatz der Datenvermeidung. Dabei ist erkennbar, dass sich die kommunalen Vertretungen durchaus bemühen, die Vorgaben des Datenschutzes einzuhalten. Mit zunehmender Sensibilisierung für das Thema wird der Schutz personenbezogener Daten bei der Arbeit der politischen Vertretung deutlich verbessert. Wo allerdings technische Ausstattung, technischer Support oder technisches Anwenderverständnis fehlen oder die für die Organisation innovativer technischer Lösungen nötige Kreativität in einer festgelegten IT-Umgebung fehlen, bestehen weiterhin datenschutzrechtliche Vollzugsdefizite, die angegangen werden müssen.

398

X. Datenschutz im Straßenverkehrswesen

1. Einleitung

Im Straßenverkehrswesen ist es durch Einsatz von IT möglich geworden, große Datenmengen über und aus Fahrzeugen zu erfassen, zu verwalten und auszuwerten. Gegenwärtig werden aktuelle Fragestellungen von überregionaler Bedeutung mit Bezug zum Straßenverkehr diskutiert, wie z.B. die Verwendung von Mautdaten für abrechnungsfremde Bereiche,[976] die Anwendung von Videoscanning bei Nummernschildern[977] oder die Nutzung von GPS-Daten

399

---

[974] Die Verschwiegenheitspflicht ergibt sich aus §§ 30 f, 43 GO NRW, worauf für den Integrationsrat § 27 Abs. 7 GO NRW, für den Senioren- und Behindertenbeirat die entsprechende Satzung hinzuweisen hat.
[975] § 6 DSG NRW.
[976] Z.B. die Nutzung von Strafverfolgungsbehörden der Mautdaten, *AG Friedberg*, Urt. v. 15.03.2006 – 40a Gs 301 Js 43229/06 –; *Niehaus*, Erhebung von Mautdaten durch Strafverfolgungsbehörden? in: NZV 2004, 502-504.
[977] http://www.sueddeutsche.de/digital/automatische-kennzeichenerfassung-spione-auf-der-strasse-1.343725. Das *BVerfG* hat die hessischen und schleswig-holsteinischen Vorschriften zur automatisierten Erfassung von KFZ-Kennzeichen für nichtig erklärt: *BVerfG*, Urt. v. 11.03.2008 – 1 BvR 2074/05 –.

bei der Beobachtung verdächtiger Personen.[978] Es bestehen Befürchtungen, dass durch breite Anwendung von Datenerfassungsgeräten in Fahrzeugen ein „gläserner Autofahrer"[979] geschaffen werden könnte.[980] Auf kommunaler Ebene[981] werden im Fahrerlaubnis- und KFZ- Zulassungswesen eine Reihe von persönlichen Daten der Bürger verarbeitet.[982]

2. Kommunales Führerscheinwesen

400 Das Führerscheinwesen wird in Straßenverkehrsgesetz (StVG) und Fahrerlaubnisverordnung (FeV) geregelt. Die gegenwärtig gültige FeV basiert auf der zweiten EU-Führerschein-Richtlinie.[983] Ermächtigungsgrundlagen bezüglich Vorschriften der FeV über Datenverarbeitung befinden sich in §§ 6, 63 StVG. Die am 19.01.2007 in Kraft getretene „Dritte Führerscheinrichtlinie"[984] ist bis 19.01.2011 in nationales Recht der Mitgliedsstaaten umzusetzen und ab 19.01.2013 anzuwenden.[985] Die Richtlinie vereinheitlicht Führerscheinmuster: In den EU-Mitgliedstaaten sollen die mehr als 110 vorhandenen Führerscheinmuster durch ein einheitliches Muster ersetzt werden, das für ab 19.01.2013 neu auszustellende Führerscheine ausschließlich zu verwenden ist. Eine Option für die Umsetzung besteht darin, ein Speichermedium in Form eines Mikrochip zu integrieren.[986] Ein solcher „elektronischer Führerschein" bedarf

---

[978] *BVerfG*, Urt. v. 12.04.2005 – 2 BvR 581/01 –, BVerfGE 112, 304.
[979] Pressemitteilung des *BfDI*, 38/2006, v. 28.09.2006.
[980] Neuwagen der gehobenen Mittelklasse werden zunehmend mit elektronischen Systemen zur Aufzeichnung von Fahrdaten versehen. Diese Technik bietet die Möglichkeiten, zum einen sämtliche Fahrzeugdaten während der Autofahrt zu speichern, zum anderen das individuelle Fahrverhalten der Betroffenen zu überwachen. Diese elektronischen Systeme müssen Modifikationen enthalten, um den datenschutzrechtlichen Anforderungen zu entsprechen; *LDI NRW*, 18. TB 2007, S. 80f.
[981] Gegenstand der Untersuchung ist das Strassenverkehrswesen als Aufgabe der (Land-)Kreise gemäß § 73 Abs. 1 FeV (Fahrerlaubnisrecht) bzw. § 46 Abs. 1 Satz 1 FZV (Zulassungsrecht), jeweils i.V.m. – z.B. für NRW – § 59 Abs. 3 KrO NRW. So auch für die KFZ-Zulassung die Verordnung über die Bestimmung der zuständigen Behörden nach der StVZO v. 06.01.1999 – GV. NRW. S. 32 –; für das Fahrerlaubnisrecht die Verordnung über die Bestimmung der zuständigen Behörden nach der FeV vom 06.01.1999 – GV. NRW. S. 33 – und die Verordnung über die Bestimmung der zuständigen Behörden nach dem StVG und der FeV vom 23.02.1999 – GV. NRW. S. 57 –.
[982] Siehe auch *Zilkens*, Datenschutz im Straßenverkehrswesen, in: DÖV 2008, 670ff.
[983] Richtlinie 91/439/EWG des Rates vom 29.07.1991; http://eur-lex.europa.eu/LexUriServ/LexUriserv.do?uri=CELEX:31991L0439:DE:HTML; aktuell ist die FeV v. 13.12.2010, BGBl. I, S. 1980.
[984] Richtlinie 2006/126/EG des Europäischen Parlaments und des Rates; http://eur-lex.europa.eu/LexUriServ/LexUriServ.do?uri=OJ:L:2006:403:0018:01:DE:HTML .
[985] *Hentschel/Dauer*, Straßenverkehrsrecht, 40. Aufl. 2009, § 1 FEV Rn. 1.
[986] Art. 2 Abs. 4 der 2. FS-Richtlinie verbot solche Datenspeicher. Mit Wirkung vom 19.01.2007 wurde diese Bestimmung aufgehoben.

allerdings im Hinblick auf den Datenschutz einer gesetzlichen Regelung bezüglich der zu treffenden technischen und organisatorischen Vorkehrungen.[987] Es muss in einem Sicherheitskonzept festgelegt werden, welche Daten auf dem Speicher hinterlegt werden, welche Stelle diese auslesen darf und wie diese Daten vor Zugriffen geschützt werden.

a) Verkehrszentralregister und Fahrerlaubnisregister

Das Kraftfahrtbundesamt in Flensburg führt das Verkehrszentralregister[988] und das Zentrale Fahrerlaubnisregister; darüber hinaus werden bei den örtlichen Fahrerlaubnisbehörden auch örtliche Fahrerlaubnisregister geführt.[989]

401

aa) Verkehrszentralregister

Hier werden personenbezogene Daten gespeichert, die für den Nachweis einer *Berechtigung* und für die Beurteilung der *Eignung* und *Befähigung* zum Führen von Kraftfahrzeugen erforderlich sind.[990] Es werden rechtskräftige Entscheidungen der Gerichte und Informationen über zurückliegende Straftaten, Ordnungswidrigkeiten und strafrechtliche vorläufige Führerscheinmaßnahmen eingetragen, um aktuelle Verstöße angemessen ahnden zu können.[991]

402

bb) Zentrales Fahrerlaubnisregister

Das Zentrale Fahrerlaubnisregister (ZFER) wurde durch den Vollzug der 2. EG- Führerscheinrichtlinie[992] notwendig und 1998 in das StVG eingefügt.[993]

403

---

[987] Diese wird auch bei der elektronischen Gesundheitskarte im Gesetz getroffen (§ 291a SGB V). Bei dem Gesundheitskartenmodell hat der Patient – anders als beim elektronischen Führerschein – über die Pflichtdaten hinaus Einfluss auf zusätzliche Verarbeitung freiwilliger Daten. Beide Modelle setzen in technischer Hinsicht voraus, dass eine Vielzahl von Daten und Dokumenten auf der einzelnen Karte abgespeichert, schnell ausgelesen oder kopiert werden kann. Persönliche Daten, auch aus sensiblen Bereichen, werden nicht mehr an zentralen Orten hinterlegt, sondern *auch* auf dem einzelnen Führerschein gespeichert.

[988] VZR; §§ 28 ff. StVG.

[989] ZFER; §§ 48 ff. StVG.

[990] Das Register dient auch zur Beurteilung, ob Personen zum Begleiten eines Kraftfahrzeugführers gemäß einer nach § 6e Abs. 1 StVG erlassenen Rechtsverordnung berechtigt sind.

[991] Weiter werden eingetragen, Erklärungen über den Verzicht auf die Fahrerlaubnis, Maßnahmen der Fahrerlaubnisbehörden bei Fahrerlaubnis auf Probe und im Rahmen eines Punktsystems, Teilnahme an Aufbauseminaren und verkehrspsychologischer Beratung; *Hentschel/Dauer*, a.a.O., § 28 Rn. 5.

[992] Richtlinie 1991/439/EWG des Europäischen Rates; http://eur-lex.europa.eu/LexUriServ/LexUriServ.do?uri=CELEX:31991L0439:DE:HTML.

[993] Durch Gesetz v. 24.04.1998, BGBl. I S. 747.

Im ZFER werden Daten über Art, Umfang und Geltungsdauer der allgemeinen Fahrerlaubnis gespeichert. Zusätzlich werden auch Daten über sog. Dienst-Fahrerlaubnisse[994] registriert. Damit sind alle Fahrerlaubnisinhaber an einer Stelle zentral erfasst. Die notwendige Verknüpfung zwischen dem ZFER und dem Verkehrszentralregister (VZR) stellen einzelne Schnittstellen beim Kraftfahrbundesamt sicher.[995]

cc) Örtliche Fahrerlaubnisregister

404 Im örtlichen Fahrerlaubnisregister werden Daten über Bestehen, Art und Umfang von Fahrerlaubnissen, ggfs. über Auflagen, Beschränkungen und Zusatzangaben sowie über gestohlene oder in Verlust geratene Führerscheine gespeichert.[996] Das örtliche Fahrerlaubnisregister enthält über die Datenlage im zentralen Register hinausgehende Informationen. Zwischen den örtlichen und dem zentralen Register ist eine Schnittstelle zu bilden.[997] Die Fahrerlaubnisbehörden haben dem Kraftfahrtbundesamt unverzüglich Daten mitzuteilen, die in die örtlichen Fahrerlaubnisregister neu aufgenommen werden und Auswirkungen auf das ZFER haben, d.h. dort zu einer Änderung oder Löschung führen.[998]

b) Inhalt der Fahrerlaubnisregister

405 Es werden Daten von Fahrerlaubnisbewerbern, -inhabern und darüber hinaus von Personen erfasst, denen das Verbot erteilt wurde, ein Fahrzeug zu führen.[999] Als *Personendaten* werden Familienname, Geburtsname, sonstige frühere Namen, Vornamen, Ordens- oder Künstlernamen, Doktorgrad, Geschlecht, Tag und Ort der Geburt gespeichert.[1000] Eine Speicherung der Wohnanschrift ist im ZFER nicht zulässig.[1001] Als *sachbezogene Fahrerlaubnisdaten* werden Bestand, Art, Umfang, Gültigkeitsdauer, Verlängerung und Änderung

---

[994] Bundeswehr, Bundespolizei und Polizei können durch ihre Dienststellen Fahrerlaubnisse für das Führen von Dienstfahrzeugen erteilen; § 2 Abs. 10 StVG.
[995] BR-Drs. 443/98 S. 298.
[996] Rechtsgrundlage für die Datenverarbeitung sind §§ 57, 58 FeV.
[997] § 51 StVG.
[998] Ein weiteres Beispiel für eine Schnittstelle zwischen Verkehrszentralregister und zentralem Fahrerlaubnisregister einerseits sowie örtlichem Fahrerlaubnisregister andererseits stellt § 2c StVG dar, wonach das Kraftfahrt-Bundesamt die zuständigen Fahrerlaubnisbehörden zu unterrichten hat.
[999] §§ 49, 57 FeV, 50 StVG.
[1000] §§ 50 Abs. 1 Nr. 1 StVG, 57 Nr. 1 FeV.
[1001] BR-Drs. 443/98 S. 298; das zentrale Fahrerlaubnisregister ist kein Ersatz für ein zentrales Melderegister.

der Fahrerlaubnis hinterlegt, ferner Datum des Beginns und des Ablaufs der Probezeit, Nebenbestimmungen zur Fahrerlaubnis, Daten der ausgestellten Führerscheine, Ausschreibung zur Sachfahndung, sonstige Berechtigungen, ein Kraftfahrzeug zu führen sowie Hinweise auf Eintragungen im VZR.[1002] Im örtlichen Fahrerlaubnisregister darf unter den Personendaten zusätzlich die *Anschrift des Betroffenen gespeichert* werden.[1003] Darüber hinaus werden weitere Informationen bezüglich der Fahrerlaubnis[1004] und über Führerscheindokumente, deren Beschlagnahme, Sicherstellung und Verwahrung gespeichert. Zudem befinden sich in diesem Register Daten über Fahrverbote, Maßnahmen bei Fahrerlaubnis auf Probe,[1005] nach dem Punktesystem[1006] sowie Verbote oder Beschränkungen, ein Fahrzeug zu führen.[1007] Der Eintrag eines Fahrverbotes im VZR wird in das Fahrerlaubnisregister übernommen. So kann bei einer Verkehrskontrolle nicht nur geprüft werden, ob ein Kraftfahrer im Besitz der Fahrerlaubnis ist, sondern auch, ob gegen ihn ein Fahrverbot besteht.

c) Verhältnis von örtlichen und dem zentralen Fahrerlaubnisregister

Durch die Existenz eines zentralen Fahrerlaubnisregisters und gleichzeitig mehrerer örtlicher Fahrerlaubnisregister ist eine Parallelstruktur entstanden. Dies hat zur Folge, dass teilweise die gleichen personenbezogenen Daten in zwei Registern verarbeitet werden. Die nicht erforderliche Doppelspeicherung widerspricht dem Grundsatz der Datensparsamkeit, so dass zukünftig entsprechende doppelte Datensätze aus örtlichen Registern zugunsten des zentralen Fahrerlaubnisregisters wegfallen werden. Daten über Besitz der Fahrerlaubnis und die in diesem Zusammenhang relevanten Negativdaten sollen dann allein im zentralen Register geführt werden. Auf diese Daten können die kommunalen Fahrerlaubnisbehörden dann im Rahmen ihrer Tätigkeit zurückgreifen. Damit werden die datenschutzrechtlichen Bedenken auf Grund der dezentralen Doppelspeicherung und Inaktivitäten der dezentralen Register beseitigt.[1008]

406

[1002] § 63 Abs. 1 Nr. 2 StVG.
[1003] §§ 50 Abs. 2 Nr. 1, 59 Abs. 1 Nr. 1 FeV.
[1004] Die Erteilung, Registrierung, Versagung Entziehung, deren Verzicht, Widerruf, Rücknahme und isolierte Fahrerlaubnissperre, einschließlich Umtauschs oder Registrierung einer deutschen Fahrerlaubnis im Ausland; §§ 50 Abs. 2 StVG, Abs. 1 StVG, 57 Nr. 16 ff. FeV.
[1005] § 2a Abs. 2 StVG.
[1006] § 4 Abs. 3 StVG.
[1007] §§ 50 Abs. 2 Nr. 2 lit. b) StVG, 57 Nr. 22 ff. FeV.
[1008] BR-Drs. 443/98 S. 307.

d) Auskunft und Datenübermittlung aus Fahrerlaubnisregistern

407 aa) Auskunft von Privatpersonen

Privatpersonen wird gebührenfrei, auf ihren Antrag unter Beifügung eines Identitätsnachweises, schriftlich Auskunft über den sie betreffenden Inhalt des örtlichen oder zentralen Fahrerlaubnisregisters erteilt.[1009]

bb) Datenübermittlung aus Fahrerlaubnisregistern

408 Der Umfang der Datenübermittlung von Personendaten und sachbezogenen Daten aus Fahrerlaubnisregistern ist *vom angegeben Zweck abhängig*.[1010] Werden die Daten für die Ahndung von Straftaten oder Ordnungswidrigkeiten sowie zur Vollstreckung von Strafen oder Bußgeldbescheiden samt Nebenfolgen angefordert, so dürfen diese an die bezeichneten Stellen übermittelt werden.[1011] Eine Übermittlung von für die Erteilung, Verlängerung, Entziehung oder Beschränkung einer Fahrerlaubnis notwendigen Daten darf dabei zwischen verschiedenen Fahrerlaubnisbehörden vorgenommen werden. Dies gilt ebenso für Daten zur Aberkennung oder Einschränkung des Rechts, von einer ausländischen Fahrerlaubnis Gebrauch zu machen, einem Verbot, ein Fahrzeug zu führen oder einer Anordnung von Auflagen zu einer Fahrerlaubnis. Daten zur Feststellung über Besitz von Fahrerlaubnissen und Führerscheindokumenten dürfen zudem für Verkehrs- und Grenzkontrollen übermittelt werden, soweit diese zur Erfüllung der den zuständigen Stellen obliegenden Aufgaben dienen.[1012] Das Kraftfahrtbundesamt und die örtlichen Fahrerlaubnisbehörden haben Aufzeichnungen über die Übermittlung zu führen. Es müssen die übermittelten Daten, Zeitpunkt der Übermittlung, Empfänger der Daten und der vom Empfänger angegebene Zweck aufgeführt sein. Diese Aufzeichnungen dürfen nur zur Kontrolle der Zulässigkeit der Übermittlung verwertet werden und sind durch technische und organisatorische Maßnahmen gegen Missbrauch zu schützen.[1013] Insbesondere dürfen die Behörden Fahrerlaubnisdaten an einzelne gesetzlich oder amtlich anerkannte beziehungsweise beauftragte Stellen oder Personen im Straßenverkehrswesen senden. Es handelt sich dabei um Stellen und Personen, die die Eignung oder Befähigung zur Teilnahme am Straßenverkehr beurteilen oder prüfen müssen, solche die Ortskenntnisse zwecks Vorbereitung einer verwaltungsbehördlichen Entscheidung zu bewerten haben und solche, die in der Versorgung Unfallverletzter im Straßenverkehr oder erster Hilfe ausbilden. Es dürfen nur Daten zur notwendigen Auf-

---

[1009] § 58 StVG.
[1010] Geregelt in § 52 StVG, bezogen auf die örtlichen Fahrerlaubnisregister in § 58 FeV.
[1011] § 52 Abs. 1 Nrn. 1 und 2 StVG.
[1012] §§ 58 Abs. 4, 52 Abs. 2, 49 Abs. 1, 2 Nr. 2 StVG.
[1013] §§ 52 Abs. 3, 51 Abs. 1, Nr. 1, 35 Abs. 6 Satz 2, 1 StVG.

gabenerfüllung übersandt werden. Die bei der Aufgabenerfüllung weiter anfallenden Daten dürfen schließlich verarbeitet und genutzt werden.¹⁰¹⁴

cc) Abruf im automatisierten Verfahren

Die zuvor genannten Daten dürfen zum Teil auch im automatisierten Verfahren abgerufen werden.¹⁰¹⁵ Ein solcher Abruf muss unter Verwendung der Angaben zur Person, der Fahrerlaubnisnummer oder der Führerscheinnummer vorgenommen werden. Es müssen zuvor *Vorkehrungen gegen Missbrauch* getroffen und *Sicherungen*, unter Verwendung von Kennungen und Passwörtern, eingebaut werden.

409

dd) Datenübermittlung an die Fahrerlaubnisbehörde

Fahrerlaubnisbehörden sind für ihre eigenen Ermittlungen zum Beispiel im Zusammenhang mit einem Fahrerlaubnisantrag auf Daten anderer Behörden angewiesen. Die Fahrerlaubnisbehörde hat zu ermitteln, ob der Antragsteller zum Führen von beantragten Kraftfahrzeugen geeignet und befähigt ist oder bereits eine Fahrerlaubnis besitzt. Die Behörde hat dazu Auskünfte aus dem VZR und dem ZFER einzuholen. Zusätzlich hat sie die Möglichkeit weitere Informationen bei ausländischen Stellen und Registern einzuholen.¹⁰¹⁶ Werden Tatsachen bekannt, die Bedenken gegen die Eignung oder Befähigung des Bewerbers begründen, so kann die Fahrerlaubnisbehörde anordnen, dass der Antragsteller Gesundheitsnachweise in einer angemessenen Frist beibringt. Dies kann ein Gutachten oder Zeugnis eines Fach- oder Amtsarztes sowie ein Gutachten einer amtlich anerkannten Begutachtungsstelle für Fahreignung beziehungsweise eines amtlich anerkannten Sachverständigen oder Prüfers für den Kraftfahrzeughalter sein.¹⁰¹⁷

410

Polizeibehörden haben Informationen über Tatsachen, die auf nicht nur vorübergehende Mängel hinsichtlich der Eignung oder auf Mängel hinsichtlich der Befähigung einer Person zum Führen von Kraftfahrzeugen schließen lassen, den Fahrerlaubnisbehörden zu übermitteln, soweit dies für die Überprüfung der Eignung oder Befähigung aus der Sicht der übermittelnden Stelle erforderlich ist.¹⁰¹⁸ Mitgeteilte Informationen, die für die Beurteilung der Eignung oder Befähigung nicht erforderlich sind, sind unverzüglich aus den Unterlagen zu vernichten. Die Staatsanwaltschaft darf auf Anforderung der Fahrerlaubnis-

411

---

¹⁰¹⁴ § 2 Abs. 14 StVG.
¹⁰¹⁵ §§ 53, 36 StVG, 51 FeV.
¹⁰¹⁶ § 2 Abs. 7 StVG; Die Ermittlungsmöglichkeiten sind nicht abschließend aufgeführt.
¹⁰¹⁷ § 2 Abs. 8 StVG.
¹⁰¹⁸ § 2 Abs. 12 StVG; Insbesondere bekannt gewordene Eignungsmängel, die auf Alkohol- oder Drogengenuss beruhen, können für die Frage der Eignung beim Führen fahrerlaubnisfreier Fahrzeuge von großer Bedeutung sein.

behörde eine Abschrift eines Strafurteils übersenden, wenn im Rahmen einer Überprüfung der Fahreignung eines Fahrerlaubnisbewerbers von der Verurteilung als solcher in zulässiger Weise Kenntnis erlangt wurde.[1019]

412 Sozialleistungsträger dürfen die Führerscheinstelle nur in einzelnen Ausnahmefällen über die gesundheitsbedingte Untauglichkeit eines Betroffenen[1020] zum Führen eines KFZ unterrichten, wenn konkrete Gefahren für Leib und Leben Dritter zu erwarten sind.[1021] Grundsätzlich ist eine Übermittlung von Sozialdaten nur mit gesetzlicher Übermittlungsbefugnis zulässig.[1022] Eine Befugnisnorm für eine Datenübermittlung von dem Sozialleistungsträger an die Führerscheinstelle existiert nicht, denn die Information der Führerscheinstelle durch den Sozialleistungsträger zählt nicht zu den gesetzlichen Aufgaben nach dem SGB. Demgegenüber lässt sich eine Ermächtigung in seltenen und besonders gelagerten Ausnahmefällen, in denen sich dem Sozialleistungsträger nach sorgfältiger Einschätzung des jeweiligen Einzelfalls aufdrängt, dass sich aus einer Krankheit oder einem Gebrechen des betroffenen Antragstellers bzw. Leistungsbeziehers konkrete Gefahren für Leib und Leben Dritter ergeben herleiten. Die Rechtfertigung ist der Pflicht des Staates, das menschliche Leben umfassend zu schützen und es vor rechtswidrigen Eingriffen von Seiten anderer zu bewahren, zu entnehmen.[1023] Demnach besteht in extremen Ausnahmefällen nach dem Prinzip der Einheit der Rechtsordnung ein rechtfertigender Notstand auch für Staatsorgane. Wenn aber die nach dem Erkenntnisstand des Sozialleistungsträgers resultierende Fahruntüchtigkeit eine gegenwärtig, nicht anders abwendbare Gefahr für Leben bzw. Gesundheit Dritter ergibt, ist eine konkrete Gefahr allenfalls anzunehmen, wenn davon auszugehen ist, dass der Betroffene nicht für die Dauer seiner Fahruntüchtigkeit vom Führen eines KFZ absieht. Die Registerauskünfte, Führungszeugnisse, Gutachten und Gesundheitszeugnisse dürfen dabei ausschließlich zur Feststellung oder Überprüfung der Eignung oder Befähigung verwendet werden. Eintragungen sind nach spätestens 10 Jahren zu vernichten, wenn nicht Bestimmungen des VZR oder ZFER abweichende Tilgungsfristen festlegen. Sind Eintragungen von Bedeutung für Entscheidungen, die im VZR oder im ZFER einzutragen sind, z.B. die Entziehung einer Fahrerlaubnis oder eine Beschränkung einer Fahrerlaubnis, müssen sie so lange aufbewahrt werden wie die Entscheidungen im Register stehen. Das hat zur Folge, dass in Zusammenhang stehende Informationen

---

1019 *VGH B-W*, Urt. v. 14.09.2004, Az. 10 S 1283/04.
1020 Z.B. Epilepsie, starke Diabetes oder eine Behinderung.
1021 *BayLfD*, 20. TB 2002, Rn. 5.2.
1022 § 67d Abs. 1 SGB X i.V.m. §§ 68 bis 77 SGB X oder einer anderen Rechtsvorschrift im SGB.
1023 *BayLfD*, 20. TB 2002, Rn. 5.2.: diese ist entweder aus § 34 StGB oder aus Art. 2 Abs. 2 Satz 1 i.V.m. Art. 1 Abs. 1 Satz 2 GG abzuleiten.

auch mehr als 10 Jahre im Register verbleiben.[1024] Die Vernichtung nach Zeitablauf muss mit angemessenem Aufwand möglich sein. Andernfalls tritt an ihre Stellung die Sperrung der in den Unterlagen befindlichen Daten.[1025]

ee) Auskunft an Stellen außerhalb der Bundesrepublik Deutschland

Deutsche Autofahrer, die im Ausland gegen Straßenverkehrsgesetze und Verordnungen verstoßen und deren Autokennzeichen festgehalten wird, sind vor Bußgeldbescheiden per Post nicht sicher.[1026] Die personenbezogenen Daten, die sich hinter dem Autokennzeichen verbergen, dürfen aus dem Fahrerlaubnisregister an zuständige Stellen anderer Staaten übermittelt werden, wenn dies für einzelne Zwecke erforderlich ist.[1027] Die Daten dürfen ausschließlich zum Zweck der Durchführung von Verwaltungsmaßnahmen auf dem Gebiet des Straßenverkehrs, zur Verfolgung von Zuwiderhandlungen gegen Rechtsvorschriften auf dem Gebiet des Straßenverkehrs oder zur Verfolgung von Straftaten[1028] in diesem Bereich weitergegeben werden. Die deutsche Registerbehörde hat vor der Datenweitergabe eine Kontroll- und Hinweisfunktion wahrzunehmen. Sie muss einerseits den Empfänger darauf hinweisen, dass die übermittelten Daten ausschließlich zweckgebunden verarbeitet oder genutzt werden dürfen und andererseits feststellen, ob im Empfängerland ein angemessener Datenschutzstandard gewährleistet wird. Eine Übermittlung hat zu unterbleiben, wenn durch die Übermittlung schutzwürdige Interessen des Betroffenen beeinträchtigt werden.[1029]

413

Der Abruf solcher Daten aus dem ZFER durch die dafür zuständigen öffentlichen Stellen in einem Mitgliedstaat der EU oder einem anderen Vertragsstaat des Abkommens über den Europäischen Wirtschaftsraum ist im automa-

414

[1024] § 2 Abs. 9 StVG; Die Zehnjahresfrist beginnt mit der rechts- oder bestandskräftigen Entscheidung oder mit der Rücknahme des Antrags durch den Antragsteller. Anstelle einer Vernichtung der Unterlagen sind die darin enthaltenen Daten zu sperren, wenn die Vernichtung wegen der besonderen Art der Führung der Akten nicht oder nur mit unverhältnismäßigem Aufwand möglich ist.

[1025] Begründung zur Neufassung durch ÄndG v. 24.04.1998, BR-Drs. 821/96.

[1026] *LfD B-W*, 19. TB 1998, 5. Teil, 3. Abschn. Nr. 2 – Ein Fahrzeughalter erhielt Post von der Gemeindepolizei einer Stadt in Südtirol/Italien, die von ihm wegen Mißachtung eines Parkverbots ein Bußgeld in Höhe von 59.000 Lire haben wollte.

[1027] §§ 50, 55 StVG. Siehe den EU-Rahmenbeschluss 2005/214/JI des Rates v. 24.02. 2005 über die Anwendung des Grundsatzes der gegenseitigen Anerkennung von Geldstrafen und Geldbußen; zu seiner Umsetzung siehe einen entsprechenden Gesetzentwurf, BR-Drs. 34/10 v. 22.01.2010.

[1028] Zu den Straftaten im Zusammenhang mit dem Straßenverkehr gehören solche, die sich auf Kraftfahrzeuge, Anhänger, Fahrzeugpapiere, Fahrerlaubnisse oder Führerscheine beziehen.

[1029] § 55 Abs. 3 StVG.

tisierten Verfahren möglich.[1030] Neben den üblichen Voraussetzungen zum Abruf im automatisierten Verfahren muss diese Form der Datenübermittlung die schutzwürdigen Interessen der Betroffenen berücksichtigen und wegen der Vielzahl der Übermittlungen oder wegen ihrer besonderen Eilbedürftigkeit angemessen sein. Der Empfängerstaat hat zudem entsprechende RL anzuwenden.[1031]

e) *Übermittlung und Nutzung von Daten für wissenschaftliche, statistische und gesetzgeberische Zwecke*

aa) Wissenschaftliche Zwecke

415 Die gespeicherten Fahrerlaubnisdaten dürfen an Hochschulen, andere Einrichtungen, die wissenschaftliche Forschung betreiben, und öffentliche Stellen übermittelt werden.[1032] Voraussetzung ist, dass die Daten für die Durchführung wissenschaftlicher Forschungsarbeiten erforderlich sind, eine Nutzung anonymisierter Daten zu diesem Zweck nicht möglich ist und das öffentliche Interesse an der Forschungsarbeit das schutzwürdige Interesse des Betroffenen an dem Ausschluss der Übermittlung erheblich überwiegt. Die Daten werden übermittelt, wenn hierdurch der Zweck der Forschungsarbeit erreicht werden kann und die Erteilung keinen unverhältnismäßigen Aufwand erfordert. Empfänger sind Amtsträger oder für den öffentlichen Dienst zur Geheimhaltung besonders verpflichtete Personen.[1033] Die personenbezogenen Daten dürfen nur für die Forschungsarbeit genutzt werden, für die sie übermittelt worden sind. Die Verwendung für andere Forschungsarbeiten oder die Weitergabe bedarf der Zustimmung der Stelle, die die Daten übermittelt hat. Die Daten sind gegen unbefugte Kenntnisnahme durch Dritte zu schützen. Die wissenschaftliche Forschung betreibende Stelle hat dafür zu sorgen, dass die Nutzung der personenbezogenen Daten räumlich und organisatorisch getrennt von der Erfüllung solcher Verwaltungsaufgaben oder Geschäftszwecke erfolgt, für die diese Daten gleichfalls von Bedeutung sein können. Sobald der Forschungszweck es erlaubt, sind die personenbezogenen Daten zu anonymisieren. Solange dies noch nicht möglich ist, sind die Merkmale gesondert aufzubewahren, mit denen Einzelangaben über persönliche oder sachliche Verhältnisse einer bestimmten oder bestimmbaren Person zugeordnet werden können. Sie dürfen mit den Einzelangaben nur zusammengeführt werden, soweit der Forschungszweck dies erfordert. Wer personenbezogene Daten erhalten hat, darf diese nur veröffentlichen, wenn dies für die Darstellung von Forschungsergeb-

---

[1030] § 56 StVG.
[1031] RL 95/46/EG; RL des Rates vom 24.10.1995 (Abl. EG Nr. L 281 S. 31).
[1032] §§ 57, 38 StVG.
[1033] § 1 Abs. 2, 3, 4 Nr. 2 VerpflG findet auf die Verpflichtung zur Geheimhaltung entsprechende Anwendung.

nissen über Ereignisse der Zeitgeschichte unerlässlich ist. Für Zwecke der Evaluation des Modellversuchs „Begleitetes Fahren ab 17" dürfen personenbezogene Daten der teilnehmenden Fahranfänger und Begleiter erhoben und verwendet werden.[1034]

bb) Statistische Zwecke

Die gespeicherten Fahrerlaubnisdaten dürfen zur Vorbereitung und Durchführung von Statistiken, soweit sie durch Rechtsvorschriften angeordnet sind, übermittelt werden, wenn die Vorbereitung und Durchführung des Vorhabens allein mit anonymisierten Daten nicht möglich ist.[1035] Es finden die Vorschriften des Bundesstatistikgesetzes und der Statistikgesetze der Länder Anwendung.

416

cc) Gesetzgeberische Zwecke

Weiter dürfen entsprechende Fahrerlaubnisdaten für im öffentlichen Interesse liegende Verkehrsplanungen an öffentliche Stellen übermittelt werden, wenn die Durchführung des Vorhabens allein mit anonymisierten Daten nicht oder nur mit unverhältnismäßigem Aufwand möglich ist und der Betroffene eingewilligt hat oder schutzwürdige Interessen des Betroffenen nicht beeinträchtigt werden.[1036] Der Empfänger der Daten hat sicherzustellen, dass die Kontrolle zur Sicherstellung schutzwürdiger Interessen des Betroffenen jederzeit gewährleistet wird, die Daten nur für das betreffende Vorhaben genutzt werden, zu den Daten nur die Personen Zugang haben, die mit dem betreffenden Vorhaben befasst sind, diese Personen verpflichtet werden, die Daten gegenüber Unbefugten nicht zu offenbaren und die Daten anonymisiert oder gelöscht werden, sobald der Zweck des Vorhabens dies gestattet.

417

f) Datenschutzrechtliche Mängel bei Führerscheinstellen

Die Aufbewahrung belastender Daten über einen für die Aufgabenerfüllung erforderlichen Zeitraum hinweg ist datenschutzrechtlich nicht zulässig.

418

Bei vielen Führerscheinstellen werden belastende Informationen über Jahrzehnte aufbewahrt, auch wenn sie durch Aktenrückhalt nicht mehr belegt werden können und im Bundes- und Verkehrszentralregister längst gelöscht sind.[1037] Vielfach steht die Führerscheinstelle vor der Entscheidung, ob sie jemanden, der wegen Alkohol oder Drogenkonsum im Straßenverkehr aufgefal-

---

[1034] § 48b FeV.
[1035] §§ 57, 38a StVG.
[1036] §§ 57, 38b StVG.
[1037] *LfD B-W*, 18. TB 1998, 3. Abschn., Nr. 4; VG Darmstadt Az. 6 G 935/03 (1) dokumentieren Fälle, bei denen auf 14 Jahre alte Verfahren zurückgegriffen wurde.

len ist oder zu viele Punkte in Flensburg angesammelt hat, die Fahrerlaubnis entziehen bzw. wieder erteilen soll. Für die Entscheidung ist die Vorgeschichte mit Hilfe der entsprechenden Fahrerlaubnisakte einzubeziehen. Führerscheinakten sind dabei zum Teil recht dick und enthalten Unterlagen über weit zurückliegende Delikte, die in einigen Registern längst gelöscht sind. Das liegt mitunter daran, dass früher in keiner Weise geregelt war, wie lange solche belastenden Unterlagen in der Fahrerlaubnisakte bleiben und verwertet werden dürfen. Mittlerweile sind Löschfristen von in der Regel 10 Jahren vorgeschrieben.[1038] Soweit die Behörde die Akten aus bestimmten Gründen dennoch benötigt, muss sie die betreffenden Informationen „sperren". Daten dürfen nach der Sperrfrist nicht an eine medizinisch-psychologische Untersuchungsstelle deren Begutachtung sich der Betroffene zu unterziehen hat weitergegeben werden.[1039] Die Führerscheinstellen müssen ihre Lösch- und Sperrfristen auch bei einer Altakte erfüllen, wenn sie sich mit ihr befassen. Im Falle der erforderlichen Weiterleitung von Führerscheinakten an medizinische Gutachter ist der Betroffene umfassend über seine Rechte aufzuklären. Er hat darüber hinaus das Recht Einsicht in die für die Untersuchung erforderlich gehaltenen Unterlagen zu nehmen. Zudem ist ihm die Möglichkeit zu gewähren, Einwendungen gegen Inhalt und Umfang der zu übersendenden Verwaltungsvorgänge schriftlich bei der Verkehrsbehörde festhalten zu lassen.[1040] Insbesondere sind *Informationen über Verkehrsordnungswidrigkeiten*, die nicht in das VZR einzutragen sind, aus der Führerscheinakte zu entfernen, wenn der Vorgang abgeschlossen ist bzw. diese Daten zur Aufgabenerfüllung nicht mehr erforderlich sind.[1041] Darüber hinaus sollen lediglich Daten mit eindeutig interpretierbarem Inhalt, die auch belegt werden können, gespeichert werden. Die Daten sind aktuell zu halten, sinnlose Datenspeicherung ist zu vermeiden. Bei einer Führerscheinstelle wurde über Jahre hinweg in einem Datenfeld ein „E" sowohl als Kürzel für die Entziehung einer Fahrerlaubnis als auch für die Erteilung eines Ersatzführerscheins gespeichert. Betroffene hatten mehrere Eintragungen mit „E" in ihren Akten. Diese Daten konnten nicht mit Akten belegt werden und öffneten Fehlinterpretationen Tür und Tor. Es ließen sich nur Vermutungen anstellen, ob es sich bei der Eintragung um eine Entziehung oder die Erteilung eines Ersatzführerscheines handelt.[1042] Daneben gab es einen Vorfall, bei dem die Fahrerlaubnisbehörde nur über die Information verfügte, dass ein Führerschein

---

[1038] § 2 Abs. 9 StVG; abweichende kürzere Tilgungsfristen werden unter anderem in § 29 Abs. 1 Nr. 1 und 2 StVG bestimmt.
[1039] *LfD B-W*, 18. TB 1998, 3. Abschn. Nrn. 4, 5; *VG Darmstadt*, Urt. v. 24.06.2003, Az. 60935/05.
[1040] *LfD S-H*, 17. TB 1995, Nr. 4.6.2.
[1041] *LfD S-H*, 19. TB 1997, Nr. 4.6.4; Verkehrsverstöße, die im Verwarnverfahren gerügt werden können, sind grundsätzlich bei der Prüfung der Eignung eines Kraftfahrers nicht zu berücksichtigen.
[1042] *LfD S-H*, 17. TB 1995, Nr. 4.6.1.

vorläufig beschlagnahmt worden war. Das Gericht hat den Betroffenen freigesprochen und den Führerschein wieder ausgehändigt, jedoch versäumt den Fahrerlaubnisbehörden diesen Umstand mitzuteilen. Als der Betroffene seinen Führerschein verlor und einen neuen beantragte, verweigerte die Behörde dies zunächst aufgrund der Eintragung. Der Betroffene musste daraufhin erst einen Nachweis seiner Unschuld liefern, mit er einen neuen Führerschein ausgehändigt bekam.[1043]

Ein weiterer datenschutzrechtlicher Mangel besteht in der Weitergabe von Daten für die INPOL-Fahndung. Daten von Führerscheinbewerbern, deren Fahrerlaubnis wegen gesundheitlicher Bedenken oder charakterlicher Mängel entzogen wurde, werden in die polizeiliche Fahndungsdatei eingebunden, wenn der betreffende Führerschein nicht abgeliefert wird. Es werden danach Daten über entzogene Fahrerlaubnisse zusammen mit Daten, die der Fahndung von Schwerverbrechern dienen, gespeichert. Auf diesem Weg können hochsensitive Daten in das INPOL-System gelangen.[1044]

419

3. KFZ-Zulassungswesen

a) Fahrzeugregister

420

Der Bereich der KFZ-Zulassung ist datenschutzrechtlich besonders geregelt.[1045] Die Fahrzeugregister werden aufgrund gesetzlich festgelegter Zweckbestimmung geführt.[1046] Hierbei wird zwischen den örtlichen Fahrzeugregistern und dem zentralen Register des Kraftfahrt- Bundesamtes (ZFZR) unterschieden.[1047] Die sich aus der parallelen Führung von örtlichem und zentralem Register nebeneinander ergebende redundante Datenhaltung ist dauerhaft nicht erforderlich und nur für eine Übergangszeit akzeptabel; zumindest im Überschneidungsbereich muss technisch sichergestellt werden, dass die Datenbestände keine sich widersprechenden Inhalte aufweisen. Praktische Gründe dafür, weshalb die örtlichen Register bisher nicht aufgelöst wurden, liegen zum einen in historischen Datenbeständen, die die örtlichen, nicht aber das zentrale Register aufweisen, und zum andern in der besseren Verfügbarkeit, falls ein Zugriff auf die Daten des Kraftfahrtbundesamtes ausfällt und nicht zur Verfügung steht.

421

[1043] *LfD S-H*, 19. TB 1997, Nr. 4.6.3.
[1044] *LfD S-H*, 17. TB 1995, Nr. 4.6.1.
[1045] §§ 31–47 StVG.
[1046] § 32 StVG.
[1047] § 31 StVG. Details regeln §§ 30 ff. FZV (Fahrzeug-Zulassungsverordnung). Sie ersetzt seit 01.03.2007 im Wesentlichen die vormals geltende StVZO (BGBl. I Nr. 21, S. 988).

aa) Zweckbestimmung

422 Die Fahrzeugregister werden zur Speicherung von Daten für die Zulassung und Überwachung von Fahrzeugen nach dem StVG bzw. den darauf beruhenden Rechtsvorschriften geführt. Im Einzelnen dienen die Fahrzeugregister der Gewährleistung des Versicherungsschutzes im Rahmen der Kraftfahrzeughaftpflichtversicherung, der Durchführung des Kraftfahrzeugsteuerrechts sowie weiterer gesetzlich[1048] genannter Bereiche. Des Weiteren werden Daten in den Fahrzeugregistern gespeichert, um Auskünfte zu erteilen oder Personen in ihrer Eigenschaft als Halter von Fahrzeugen, Fahrzeuge eines Halters oder Fahrzeugdaten feststellen oder bestimmen zu können.

bb) Führung, d.h. Erhebung, Speicherung und Löschung von Registerdaten

423 Die Zulassungsbehörde führt das örtliche Fahrzeugregister[1049] mit den Fahrzeugen, für die im jeweiligen Bezirk ein Kennzeichen ausgegeben wurde. Das Kraftfahrt-Bundesamt führt das Zentralregister (ZFZR)[1050] über alle Fahrzeuge, für die im Geltungsbereich des StVG ein Kennzeichen zugeteilt oder ausgegeben wurde. Die Register werden nach Kennzeichen geführt, nicht nach Halterdaten. So ist es möglich, jedes Fahrzeug einem Halter zuzuordnen, aber nicht, alle jemals auf eine Person zugelassenen Fahrzeuge zu ermitteln. Halterdaten natürlicher Personen werden mit den Meldedaten eines Antragstellers abgeglichen und dann erfasst. Stellt eine juristische Person einen Antrag, so werden die Daten mit denen der Gewerbemeldestelle oder des Handelsregisters abgeglichen. Weitere Schnittstellen zur Datenerfassung für die Fahrzeugregister sind das Zentrale Verkehrsinformationssystem des Kraftfahrt-Bundesamtes[1051] und das seit dem 01.03.2008 mögliche Verfahren der elektronischen Versicherungsbestätigung.[1052] Technische Daten können über die *Dekra* oder den *TÜV* erfasst werden. Die Zulassungsbehörden arbeiten die von ihnen erfassten Daten auf ihrem örtlichen Register ein und speichern das Ergebnis unmittelbar auf dem System des Kraftfahrt-Bundesamtes. Sie haben seit dem 21.09.2009[1053] nicht mehr nur lesenden, sondern auch schreibenden Zugriff auf das ZFZR. Die Daten in den örtlichen Registern sind spätestens ein Jahr nach Ausserbetriebsetzung des Fahrzeuges zu löschen.[1054] Für das ZFZR

[1048] § 32 StVG.
[1049] § 31 Abs. 1 StVG.
[1050] § 31 Abs. 2 StVG.
[1051] ZEVIS. Darüber greifen die Polizeibehörden vor Ort zu, soweit sie Fahrzeuge aus Zulassungsbereichen kontrollieren, deren örtliche Register ihnen keinen Zugang eingeräumt haben.
[1052] Nachfolgemodell der früheren Versicherungsdoppelkarte.
[1053] 2. Stufe der FZV.
[1054] §§ 44 StVG, 45 FZV.

gilt eine Löschungsfrist von sieben Jahren;[1055] diese längere Frist soll eine eventuelle Wiederzulassung von Fahrzeugen erleichtern.

b) *Registerauskünfte*

aa) Einfache Registerauskunft

Die Zulassungsbehörde oder das Kraftfahrt-Bundesamt dürfen unter bestimmten Bedingungen gespeicherte Fahrzeugdaten und Halterdaten übermitteln.[1056] Hierzu muss der Empfänger unter Angabe des Kennzeichens oder der Fahrzeug-Identifizierungsnummer darlegen, dass er die Daten zur Geltendmachung, Sicherung, Vollstreckung oder zur Befriedigung oder Abwehr von Rechtsansprüchen im Zusammenhang mit der Teilnahme am Straßenverkehr benötigt. Weiter ist eine einfache Registerauskunft zu erteilen, wenn die Daten für die Erhebung einer Privatklage wegen im Straßenverkehr begangener Verstöße notwendig sind. Zu diesen Daten zählen beispielsweise Familienname, Vornamen, Anschrift, Art, Hersteller und Typ des Fahrzeugs, Name und Anschrift des Versicherers oder Kennzeichen.[1057] Die persönlichen Daten des Halters und das Kraftfahrzeugkennzeichen dürfen außerdem dann übermittelt werden, wenn der Empfänger unter Angabe von Fahrzeugdaten oder Personalien des Halters *glaubhaft macht*, dass er die Daten zur Geltendmachung, Sicherung oder Vollstreckung von *nicht mit der Teilnahme am Straßenverkehr im Zusammenhang stehenden öffentlich-rechtlichen Ansprüchen* benötigt. Zudem muss er *glaubhaft machen*, dass er auf die Kenntnis der Daten angewiesen ist und sie auf andere Weise entweder nicht oder nur mit unverhältnismäßigem Aufwand erlangen könnte. Die Behörde hat Aufzeichnungen über das Ersuchen mit einem Hinweis auf dessen Anlass zu führen.[1058] Die Aufzeichnungen sind aufzubewahren, durch technische und organisatorische Maßnahmen zu sichern und am Ende des Kalenderjahres, das dem Jahr der Erstellung der Aufzeichnung folgt, zu vernichten. Die Aufzeichnungen dürfen nur zur Kontrolle der Zulässigkeit der Übermittlungen verwendet werden.

Ein **Beispiel**: Der *Süddeutsche Rundfunk* beantragte Mitte der 90er Jahre bei einer Kraftfahrzeugzulassungsstelle eine Halterauskunft zu bestimmten Kennzeichen und wollte wissen, ob und ggf. welche Fahrzeuge auf eine bestimmte Firma und deren Inhaber zugelassen sind. Begründung: „Wir haben in einer Rundfunkgebühren-Angelegenheit zu ermitteln. Bitte geben sie uns den Halter des Kraftfahrzeugs mit dem amtlichen Kennzeichen [...] bekannt. Diese Auskunft wird ausschließlich zur Ermittlung des Rundfunkteilnehmers sowie zur Durchführung eines Ordnungswidrigkeitsverfahrens benötigt und ist damit zu

---
[1055] §§ 44 StVG, 44 FZV.
[1056] § 39 Abs. 1 und Abs. 3 StVG.
[1057] § 39 Abs. 1 StVG.
[1058] §§ 39 Abs. 3 Satz 2, 35 Abs. 3 Satz 2 und 3 StVG.

übermitteln.¹⁰⁵⁹" Eine Inanspruchnahme der Kraftfahrzeugzulassungsbehörde scheiterte jedoch an dem Tatbestandserfordernis der Verfolgung von Rechtsansprüchen im Zusammenhang mit der Teilnahme am Straßenverkehr.¹⁰⁶⁰ Der Aspekt der Verfolgung von Ordnungswidrigkeiten¹⁰⁶¹ greift nicht, da eine öffentlich-rechtliche Rundfunkanstalt nicht für die Verfolgung von Ordnungswidrigkeiten wegen Verstoßes gegen die Anmelde- und Gebührenpflicht zuständig ist; diese Aufgabe obliegt den unteren Verwaltungsbehörden.¹⁰⁶² Der Antrag war deshalb abzulehnen.¹⁰⁶³

426   Umstritten ist, ob die unbefugte Übermittlung von Fahrzeug- oder Halterdaten im Rahmen einer einfachen Registerauskunft¹⁰⁶⁴ als Verletzung von Privatgeheimnissen¹⁰⁶⁵ strafbar ist. Dies hängt davon ab, ob die Daten als fremdes Geheimnis einzuordnen sind, oder ob sie als offenkundig zu gelten haben; die Offenkundigkeit schließt ein Geheimhaltungsbedürfnis aus. Offenkundig ist eine Information, wenn sie einer ungewissen Vielzahl von Personen bekannt ist oder die Zahl der Unterrichteten nicht mehr kontrolliert oder gesteuert werden kann. So liegt es insbesondere, wenn das Gesetz jedermann ein uneingeschränktes Einsichtsrecht in öffentliche Register gewährt.¹⁰⁶⁶ Ob die bei einer einfachen Registerauskunft abgefragten Daten offenkundig sind, ist zweifelhaft, da sie zwar für jedermann im Rahmen einer Halteranfrage zugänglich sind, der Empfänger jedoch ein berechtigtes Interesse an der Registerauskunft darlegen muss. Dazu wird vertreten, Fahrzeug- und Halterdaten seien offenkundig, da der Anfragende ein derartiges berechtigtes Interesse nur behaupten, im Gegensatz zu einer erweiterten Registerauskunft¹⁰⁶⁷ jedoch nicht glaubhaft machen müsse.¹⁰⁶⁸ Überwiegend wird jedoch eine *normative Betrachtung* für erforderlich gehalten.¹⁰⁶⁹ Ist die Übermittlung von Halterdaten von bestimmten Voraussetzungen abhängig, so erlangt die begehrte Information nur, wer diese rechtliche Hürde überwindet. Der Fahrzeughalter, der die Speicherung seiner Daten in den Fahrzeugregistern hinzunehmen hat, darf erwarten, dass

---
1059 Gemäß § 35 Abs. 1 Nr. 3 i.V.m. § 33 Abs. 1 sowie § 39 Abs. 1 StVG.
1060 Siehe § 39 Abs. 1 StVG.
1061 § 35 Abs. 1 Nr. 3 StVG.
1062 Dies ergibt sich für NRW aus § 36 Abs. 2 Satz 1 OWiG i.V.m. § 1 der VO zur Bestimmung der für die Verfolgung von Ordnungswidrigkeiten nach dem Rundfunkgebührenstaatsvertrag zuständigen Verwaltungsbehörden v. 30.11.1993, SGV. NRW. Nr. 45.
1063 *LfD B-W*, 18. TB 1998, 5. Teil, 3. Abschn., Ziffer 3., S. 101f.
1064 § 39 Abs. 1 StVG.
1065 Nach § 203 Abs. 2 Satz 2 StGB.
1066 *Lenckner/Eisele*, in: Schönke/Schröder, StGB–Kommentar, 28. Aufl. 2010, § 203, Rn. 6
1067 § 39 Abs. 2 StVG.
1068 *OLG Hamburg*, NStZ 1998, 358
1069 BGHSt 48, 28; ihm folgend *Lenckner/Eisele*, a.a.O., § 203, Rn. 6.

die zuständigen Behörden Halteranfragen dahingehend prüfen, ob die gesetzlichen Voraussetzungen für die Erteilung einer Auskunft erfüllt sind. Soweit faktisch die Möglichkeit des Missbrauchs besteht, kann dies nicht zur Bewertung der Fahrzeugregister als allgemein zugänglich führen. Auch ist es mit dem Sprachgebrauch nicht zu vereinbaren, solche öffentlichen Register als allgemein zugänglich einzuordnen, auf die der Informationsbegehrende – von Anmeldung oder Gebühren abgesehen – nicht uneingeschränkt zurückgreifen kann.

Neben der einfachen Registerauskunft besteht eine weitere Möglichkeit, Fahrzeug- oder Halterdaten zu erlangen. Der Zentralruf der Autoversicherer erteilt im Falle eines Verkehrsunfalls dem Geschädigten nicht nur Auskunft über den Versicherer des schädigenden Fahrzeuges, sondern übermittelt als Auskunftsstelle auch Namen und Anschrift des Halters des schädigenden Fahrzeuges.[1070] Die inhaltlichen Voraussetzungen für die Auskunftserteilung über den Zentralruf der Autoversicherer und der Rechtsrahmen entsprechen denen der einfachen Registerauskunft. *427*

bb) Erweiterte Registerauskunft

Weitere Fahrzeug- und *Halterdaten* werden nur nach Maßgabe der erweiterten Registerauskunft übermittelt.[1071] Hierzu muss der Empfänger unter Angabe von Tatsachen, die diese Auskunft möglich machen, *glaubhaft darlegen*, dass er die Daten zur Geltendmachung, Sicherung oder Vollstreckung, zur Befriedigung oder Abwehr von Rechtsansprüchen im Zusammenhang *mit der Teilnahme am Straßenverkehr* benötigt. Ferner kann bei Diebstahl, sonstigem Abhandenkommen des Fahrzeugs oder zur Erhebung einer Privatklage wegen im Straßenverkehr begangener Verstöße eine erweiterte Registerauskunft erteilt werden. Schließlich ist eine Übermittlung möglich, wenn der Empfänger ohne Kenntnis der Daten zur Verfolgung seiner Rechte nicht in der Lage wäre und die Daten auf andere Weise entweder nicht oder nur mit unverhältnismäßigem Aufwand erlangen könnte. *428*

c) *Datenübermittlung*

aa) An Behörden oder sonstige öffentliche Stellen

Die gespeicherten Fahrzeug- und Halterdaten dürfen an Behörden und sonstige öffentliche Stellen zur Erfüllung der Aufgaben der Zulassungsbehörde oder des Kraftfahrt-Bundesamtes oder der Aufgaben des Empfängers übermit- *429*

[1070] Aufgrund des Gesetzes zur Änderung des Pflichtversicherungsgesetzes und anderer versicherungsrechtlicher Vorschriften (BGBl. I 2002, S. 2586) wurde § 8a PflVG eingefügt.
[1071] § 39 Abs. 2 StVG.

Bereichsspezifischer Datenschutz

telt werden, wenn dies für die jeweiligen Zwecke erforderlich ist.[1072] Das Gesetz enthält einen Katalog an Sachverhalten, bei denen die Übermittlung von Fahrzeug- und Halterdaten zulässig sein soll. So ist beispielsweise eine Übermittlung zum Zwecke der Strafverfolgung oder des Strafvollzuges möglich. Weiter soll die Verfolgung von Ordnungswidrigkeiten oder die Abwehr von Gefahren für die öffentliche Sicherheit oder Ordnung unterstützt werden. Für die Erfüllung der gesetzlichen Mitteilungspflichten zur Sicherung des Steueraufkommens,[1073] zur Feststellung der Maut für die Benutzung von Bundesautobahnen[1074], Bundesfernstraßen[1075] und Straßen nach Landesrecht[1076] ist eine Datenübermittlung ebenfalls vorgesehen. Zur Überprüfung von Personen, die Sozialhilfe, Leistungen der Grundsicherung für Arbeitsuchende oder Leistungen nach dem Asylbewerberleistungsgesetz beziehen, können Halterdaten und Fahrzeugdaten ebenfalls übermittelt werden, soweit es zur Vermeidung rechtswidriger Inanspruchnahme solcher Leistungen erforderlich ist.

430   Ob Bankverbindungsdaten zur Vollstreckung von Forderungen der Kommunen übermittelt werden dürfen, ist umstritten. Ein Fahrzeughalter muss bei der Zulassung seines Fahrzeuges seine Bankverbindung mit der Ermächtigung zum Einzug der Kraftfahrzeugsteuer angeben.[1077] Bei den Zulassungsstellen ist vor diesem Hintergrund ein Datenbestand über Bankverbindungen entstanden, der Begehrlichkeiten bei den Vollstreckungsstellen der Verwaltungen weckt. In NRW wird eine Vollstreckung von Forderungen der Kommunen mit Hilfe der von den Registerbehörden übermittelten Daten für möglich gehalten, wenn zur Durchsetzung öffentlich-rechtlicher Geldforderungen ein rechtliches Interesse an der Kenntnis der zu verarbeitenden Daten vorliegt und kein Grund zur Annahme besteht, dass das schutzwürdige Interesse der betroffen

---

[1072] § 35 Abs. 1 StVG. Dies ist bei den in § 32 Abs. 1 StVG angeführten Aufgaben der Fall.

[1073] Nach §§ 93 AO, 32 Abs. 1 Nr. 3, 35 Abs. 1 Nr. 9 StVG sind Datenübermittlungen im Einzelfall an Steuerbehörden zulässig. Die Befugnis zur Einrichtung eines automatisierten Online-Zugriffes der Finanzverwaltung hingegen müsste sich ausdrücklich aus einer Rechtsnorm ergeben (siehe *Stähler/Pohler*, DSG NRW, 3. Aufl. 2003, § 9 Rn. 3), die aber – wie der Wortlaut des § 36 StVG zeigt – bisher nicht existiert.

[1074] Zur Verfolgung von Ansprüchen nach dem Autobahnmautgesetz für schwere Nutzfahrzeuge vom 05.04.2002 (BGBl. I, S. 1234) in der jeweils geltenden Fassung.

[1075] Zur Verfolgung von Ansprüchen nach dem Fernstraßenbaufinanzierungsgesetz vom 30.08.1994 (BGBl. II, S. 1765) in der jeweils geltenden Fassung.

[1076] Zur Verfolgung von Ansprüchen nach den Gesetzen der Länder über den gebührenfinanzierten Neu- und Ausbau von Straßen.

[1077] Dies verlangt § 13 Abs. 1 Satz 2 Nr. 1 lit. b) Kraftfahrzeugsteuergesetz i. V. mit § 1 der VO über die Mitwirkung der Zulassungsbehörden bei der Verwaltung der KFZ-Steuer.

Person überwiegt.[1078] Die Zulassungsstelle gelangt an die Bankverbindungsdaten über eine Einzugsermächtigung und wird nach dieser Ansicht nicht als Finanzbehörde tätig, weshalb die Bankdaten nicht unter das Steuergeheimnis fallen. In Hessen dagegen wird eine solche Übermittlung als zweckwidrige Verwendung der Daten bewertet, die das Steuergeheimnis verletze, da die Daten ausschließlich für die Finanzverwaltung bestimmt seien.[1079]

bb) An Stellen *außerhalb* der Bundesrepublik Deutschland

Die gespeicherten Fahrzeug- und Halterdaten dürfen von den Registerbehörden an die zuständigen Stellen anderer Staaten übermittelt werden, soweit dies für Verwaltungsmaßnahmen[1080] auf dem Gebiet des Straßenverkehrs, zur Überwachung des Versicherungsschutzes im Rahmen der Kraftfahrzeughaftpflichtversicherung, zur Verfolgung von Zuwiderhandlungen gegen Rechtsvorschriften auf dem Gebiet des Straßenverkehrs oder zur Verfolgung von Straftaten, die im Zusammenhang mit dem Straßenverkehr oder sonst mit Kraftfahrzeugen, Anhängern, Kennzeichen oder Fahrzeugpapieren, Fahrerlaubnissen oder Führerscheinen stehen, erforderlich ist.[1081] Der Empfänger wird darauf hingewiesen, dass die übermittelten Daten nur zu dem Zweck genutzt werden dürfen, zu dessen Erfüllung sie ihm übermittelt werden. Die Übermittlung unterbleibt, wenn durch sie schutzwürdige Interessen des Betroffenen beeinträchtigt würden, insbesondere, wenn im Empfängerland ein angemessener Datenschutzstandard nicht gewährleistet ist. Eine Übermittlung an Stellen außerhalb der Bundesrepublik kann auch zum Zwecke der Verfolgung von Ordnungswidrigkeiten und Straftaten außerhalb des Straßenverkehrs und zur Abwehr von Gefahren für die öffentliche Sicherheit vorgenommen werden.[1082] Damit wurde der Prümer Vertrag zwischen Belgien, Deutschland, Spanien, Frankreich, Luxemburg, den Niederlanden und Österreich umgesetzt, der Massnahmen zur besseren Bekämpfung von Terrorismus, grenzüberschreitender Kriminalität und illegaler Migration vereinbart.[1083] Ein Problem

431

[1078] So unter Hinweis auf die eine Zweckänderung gestattende Vorschrift des § 13 Abs. 2 Satz 1 lit. i) DSG NRW der Finanzminister NRW, Erl. v. 14.12.2006 – AZ S 0130 – und ihm folgend der *LDI NRW* (in einer internen Stellungnahme).
[1079] *HessLfD*, 34. TB 2005, 5.5.2 (S. 88) mit zustimmender Stellungnahme der hess. Landesregierung. Insbesondere § 17a HessVwVG enthalte keine Rechtsgrundlage dafür.
[1080] Entweder der übermittelnden oder der empfangenden Stelle.
[1081] § 37 Abs. 1 StVG.
[1082] § 37 Abs. 1a StVG.
[1083] http://www.bmj.bund.de/files/-/974/Pr%FCmer_Vertrag.pdf: Vertrag über die Vertiefung der grenzüberschreitenden Zusammenarbeit, insbesondere zur Bekämpfung des Terrorismus, der grenzüberschreitenden Kriminalität und der illegalen Migration.

stellt die im Ausland gängige Praxis dar, Verwaltungsaufgaben an private Unternehmen zu übertragen. Diese Privatunternehmen treten den Behörden der Bundesrepublik als Auskunftsersuchende gegenüber. Ob eine Übermittlung der Fahrzeug- und Halterdaten auch an ein beauftragtes, ausländisches Privatunternehmen erfolgen darf, sollte davon abhängig gemacht werden, dass die Wahrnehmung von Verwaltungsaufgaben hinreichend glaubhaft gemacht werden kann.

cc) Für wissenschaftliche, statistische und gesetzgeberische Zwecke

432 Die Zulässigkeit der Übermittlung gespeicherter Fahrzeug- und Halterdaten für wissenschaftliche Zwecke an Hochschulen, andere Einrichtungen, die wissenschaftliche Forschung betreiben, und öffentliche Stellen, sowie die Übermittlung für statistische Zwecke und für im öffentlichen Interesse liegende Verkehrsplanungen, richtet sich nach den gesetzlichen Voraussetzungen.[1084]

dd) Übermittlungssperren

433 Die Anordnung von Übermittlungssperren in den Fahrzeugregistern ist zulässig, wenn erhebliche öffentliche Interessen gegen die Offenbarung der Halterdaten bestehen. Außerdem sind Übermittlungssperren auf Antrag des Betroffenen anzuordnen, wenn er glaubhaft macht, dass durch die Übermittlung seine schutzwürdigen Interessen beeinträchtigt würden. In der Praxis werden Sperren für Mitarbeiter des Polizeidienstes in risikorelevanten Bereichen oder für Mitarbeiter des Ordnungsamtes eingerichtet. Die beantragte Sperre gilt automatisch für beide betroffenen Register. Die Übermittlung trotz bestehender Sperre ist im Einzelfall gleichwohl zulässig, wenn an der Kenntnis der gesperrten Daten ein überwiegendes öffentliches Interesse, insbesondere an der Verfolgung von Straftaten, besteht. Über die Aufhebung entscheidet die für die Anordnung der Sperre zuständige Stelle. Will diese an der Sperre festhalten, weil sie das die Sperre begründende öffentliche Interesse für überwiegend hält oder weil sie die Beeinträchtigung schutzwürdiger Interessen des Betroffenen als vorrangig ansieht, so führt sie die Entscheidung der obersten Landesbehörde herbei. Vor der Übermittlung ist dem Betroffenen Gelegenheit zur Stellungnahme zu geben, es sei denn, die Anhörung würde dem Zweck der Übermittlung zuwiderlaufen. Die Übermittlung trotz bestehender Sperre ist im Einzelfall außerdem zulässig, wenn die Geltendmachung, Sicherung oder Vollstreckung oder die Befriedigung oder Abwehr von Rechtsansprüchen sonst nicht möglich wäre. Vor der Übermittlung ist dem Betroffenen Gelegenheit zur Stellungnahme zu geben.

[1084] §§ 38 ff. StVG

d) KFZ-Zulassung über das Internet

Die An- und Abmeldung eines Kraftfahrzeuges ist trotz des verbreiteten Einsatzes automatisierter Verfahren[1085] für die Bürgerinnen und Bürger bisher mit einem nicht unerheblichen Zeitaufwand verbunden. Daher soll das Verfahren zur Zulassung von KFZ bürgerfreundlicher gestaltet werden. So bieten viele Kommunen bereits den Service, Wunschkennzeichen via Internet reservieren zu lassen. Auch besteht bereits in einigen Gemeinden die Möglichkeit, eine KFZ-Zulassung im Internet vorzubereiten.[1086] Aus Gründen einer schnelleren und effizienteren staatlichen Verwaltung soll es in Zukunft möglich sein, die Zulassung vollständig über das Internet abzuwickeln und Gebühren elektronisch zu bezahlen. Ein Besuch bei der Zulassungsbehörde wäre nur noch zur Abholung von Papieren und Kennzeichen notwendig.

434

Bei einer elektronischen Übermittlung von Anträgen an die Zulassungsbehörden bestehen aus datenschutzrechtlicher Sicht Risiken für die Vertraulichkeit und Authentizität. Bei der Übertragung der Daten von den Privatcomputern der Antragsteller auf den Behördencomputer kann es aufgrund vorhandener Schnittstellen zum Internet zur Verfälschung oder zum Verlust von Daten kommen. Auch bereitet die zweifelsfreie Feststellung der Identität der Kunden Probleme. Die Übermittlung der Antragsdaten an die Zulassungsbehörde erscheint aus Sicht des Datenschutzes vertretbar, wenn geeignete Schutzmaßnahmen getroffen werden, um den genannten Risiken zu begegnen. Hierzu muss eine geeignete Sicherheitsinfrastruktur geschaffen werden, die eine sichere Verwaltung der Kommunikation zwischen Behörde und Kunde gewährleistet. Die Vertraulichkeit der verarbeiteten Daten muss ebenso garantiert werden wie die Authentizität der beteiligten Kommunikationspartner.[1087] Solange ausreichende Mechanismen zum Schutz der behördlichen Datenverarbeitung nicht bestehen, müssen sich im Internet angebotene Verwaltungsleistungen, wie die Zulassung eines KFZ, auf die vorbereitende Bereitstellung von Informationen und Formularen beschränken.

435

4. Fazit

Der staatliche Schutz-, Kontroll- und Überwachungsauftrag im Straßenverkehrswesen ist mit der Privatsphäre des Bürgers in Einklang zu bringen. Um den Datenschutzrechtlichen Regelungen zu entsprechen und Datenfriedhöfe mit ungeregeltem Zugang zu vermeiden, sind Fahrerlaubnis- und Fahrzeugregister auf einem aktuellen Stand zu halten und Zugriffsregelungen einzuhalten. Für die Datenerfassung und Verwaltung sind klare technische und organisatorische Regeln, gerade auch in Bezug auf zentrale und dezentrale Speicherorte,

---

[1085] *Bizer*, DuD 2008, 479.
[1086] http://www.zollernalbkreis.de/servlet/PB/menu/1211550_l1/index.html.
[1087] *HbgDSB*, 17. TB 1999, 1.3.1, S. 12.

zu schaffen und einzuhalten. Es muss festgelegt werden, welche Daten auf dem Speicher hinterlegt werden, welche öffentliche Stelle diese Auslesen darf und wie diese Daten vor Zugriffen geschützt werden. Von einer Sammelwut ist abzusehen und im Rahmen einer Datenaskese sind nur erforderliche Daten zu sammeln. Es müssen vor allem verbindliche Löschfristen beachtet werden. Schließlich muss der Zugriff vor allem auf sensitive Daten ausschließlich unter Erforderlichkeitsgesichtspunkten nur für gesetzlich normierte, bestimmte Zwecke zulässig sein. Dezentrale Strukturen bedürfen besonderer Schutzvorrichtungen und Sicherung vor unbefugtem Auslesen gespeicherter Daten. Die Daten sind gegen unbefugte Kenntnisnahme durch Dritte zu schützen.

KAPITEL 10
Beschäftigtendatenschutz

I. Datenschutz im Personalwesen

1. Einleitung

Schon lange bevor der Begriff „Datenschutz" mit der Einführung der ersten Landesdatenschutzgesetze[1] nach und nach den Stellenwert eines eigenen Rechtsgebietes erhielt, achteten Bedienstete sehr genau darauf, welche Informationen der Arbeitgeber/Dienstherr über sie archivierte. Das Bild, das die Personalakte eines Bediensteten zeichnet, kann über seine Karriere entscheiden und bedarf einer sorgfältigen Kontrolle. Angefangen bei der Bewerbungsphase, über die berufliche Entwicklung bis zum Ende eines Beschäftigungsverhältnisses, sammeln sich im Laufe eines Arbeitslebens eine Vielzahl von personenbezogenen Daten an: ein modernes Personalwesen ist daher ohne sorgfältigen Datenschutz nicht denkbar. Dieser Beitrag gibt einen Überblick über datenschutzrechtliche Kernfragen, die sich im Personalwesen einer Kommune stellen. Behandelt werden die Phase der Einstellung – insbesondere vor dem Hintergrund des AGG – sowie das zentrale Thema des Personalaktenrechts.

436

Das Recht des öffentlichen Dienstes steht seit geraumer Zeit auf dem Prüfstand. Viele Länder wünschen sich ein einheitliches Dienstrecht für Angestellte und Beamte. Es soll eine Kombination von gesetzlichen und tarifvertraglichen Regelungen für alle Bediensteten des öffentlichen Dienstes vorgeschlagen werden. Besondere Rechte und Loyalitätspflichten (Kündigungsschutz, Streikverbot) sollen nur noch Bediensteten bei Polizei, Justiz und Finanzverwaltung zustehen. In welcher Form die geforderte Vereinheitlichung des Dienstrechtes und die Angleichung an das allgemeine Arbeitsrecht in Zukunft umgesetzt werden wird, hängt nicht zuletzt von der europäischen Entwicklung ab.[2]

437

---

[1] Das erste allgemeine Datenschutzgesetz der Welt verabschiedete das Land Hessen im Jahre 1970; näheres z.B. bei *Gola/Schomerus*, BDSG–Kommentar, 10. Aufl. 2010, Einl., Rn. 1.
[2] Zum Stand der Reformdiskussion, *Kunig*, Das Recht des Öffentlichen Dienstes, in: Schmidt-Aßmann/Schoch (hg.), BesVerwR, 14. Aufl. 2008, Kap. 6, Rn. 24 ff.

2. Rechtsgrundlagen

438 Personenbezogene Daten der Bediensteten werden von der Personalverwaltung der Kommune nach Vorgaben verarbeitet, die im DSG NRW,[3] im LBG NRW,[4] im AGG, in Tarifverträgen sowie – nach den Regelungen des LPVG NRW[5] auf der Ebene der Dienststelle – in *Dienstvereinbarungen*[6] zu finden sind. Die Verarbeitung muss zur Eingehung, Durchführung, Beendigung oder Abwicklung des Dienst- oder Arbeitsverhältnisses oder organisatorischer, personeller und sozialer Maßnahmen, insbesondere auch zu Zwecken der Personalplanung und des Personaleinsatzes, erforderlich oder aufgrund einer besonderen Rechtsvorschrift erlaubt sein. Eine Einwilligung sollte die Datenverarbeitung im Beschäftigungsverhältnis nur ganz ausnahmsweise legitimieren.[7] Die Regelungen des BDSG zum Beschäftigtendatenschutz[8] finden keine unmittelbare Anwendung für Kommunen,[9] können jedoch eine Auslegungshilfe sein. Eine umfangreiche und differenzierte, in vielen Fragen einzelfallbezogene Rechtsprechung ergänzt diese Grundlagen;[10] ihre Ergebnisse werden von den neuen Regelungen zum Beschäftigtendatenschutz auf Bundesebene widergespiegelt.

3. Allgemeines Gleichbehandlungsgesetz

439 Das AGG[11] ist kein bereichsspezifisches Datenschutzgesetz und enthält keine eigenständigen Regelungen zur Datenverarbeitung; es wirkt sich im Bereich des Personalwesens jedoch in vielerlei Hinsicht aus. Angesichts von Formulie-

---

[3] § 29 Abs. 1 Satz 1 DSG NRW.
[4] § 84 Abs. 4 LBG NRW.
[5] §§ 64 Nr. 2, 70 LPVG NRW
[6] Z.B. über Telekommunikations-Datenverarbeitung, die ihrerseits wiederum den Vorgaben des TKG entsprechen müssen.
[7] Denn es können immer Zweifel an der Freiverantwortlichkeit bestehen. Siehe auch Gesetzentwurf der Bundesregierung zur Änderung des BDSG, mit dem der § 32 BDSG geändert und insgesamt zwölf neue Bestimmungen (§§ 32 a–32 l BDSG) eingefügt werden sollen, dort insbesondere § 32 l E-BDSG 2010. (Regierungsentwurf v. 25.08.2010, BR-Drs. 535/10 mit Änderungsvorschlägen des Bundesrates v. 25.10.2010, BR-Drs. 535/2/10). Dazu *Tinnefeld/Petri/Brink*, MMR 2010, 727 ff.; kritisch *ULD S-H* (hg.), Stellungnahme zu BR-Drs. 535/10 (www.datenschutzzentrum.de/arbeitnehmer/20101012-stellungnahme.html).
[8] § 32 BDSG in der derzeitigen Fassung. Siehe jedoch die vorstehende Fußnote.
[9] Nach § 1 Abs. 2 Nr. 2 BDSG wäre das BDSG nur in Abwesenheit von Landesdatenschutzgesetzen anwendbar, die es aber flächendeckend gibt.
[10] Einen aktuellen Überblick geben *Gola/Klug*, NJW 2010, 2483 ff.
[11] In Kraft seit dem 18.08.2006.

rungen im AGG,[12] die einen weiten Interpretationsspielraum eröffnen, wird erst die Rechtsprechung für endgültige Klarheit sorgen können. Der Bund hat eine Antidiskriminierungsstelle eingerichtet,[13] die Ansprechpartner für Menschen sein soll, die sich aus den im Gesetz genannten Gründen benachteiligt fühlen.

a) Vorgeschichte

Das Verbot der Diskriminierung, die Gleichheit vor dem Gesetz, ist im GG[14] verankert. Über die Konstruktion der mittelbaren Drittwirkung entfaltet es auch im Arbeitsrecht seine Wirkung, jedoch nicht per se in allen privaten Rechtsbeziehungen. Vier umzusetzende europäische Diskriminierungsrichtlinien[15] waren der Stein des Anstoßes für eine kontrovers geführte politische und gesellschaftliche Diskussion. Umstritten war insbesondere, ob man über die Minimalvorgaben hinaus eine umfassende Regelung schaffen sollte. Von Befürwortern als Chance für eine klare gesetzgeberische Aussage zu einer „fairen" Vertragsgestaltung gelobt, von Kritikern als Untergang der Privatautonomie bezeichnet,[16] entschied sich der Gesetzgeber für das umfassende Konzept. Das Gesetz gilt nicht nur im „arbeitsrechtlichen" Bereich, sondern darüber hinaus für den „Zugang und die Versorgung mit Gütern und Dienstleistungen, die der Öffentlichkeit zur Verfügung stehen, einschließlich von Wohnraum."[17]

440

---

[12] So ist z.B. nach § 8 AGG „eine unterschiedliche Behandlung wegen eines in § 1 genannten Grundes zulässig, wenn dieser Grund wegen der Art der auszuübenden Tätigkeit oder der Bedingungen ihrer Ausübung eine *wesentliche* und *entscheidende* berufliche Anforderung darstellt, sofern der Zweck rechtmäßig und die Anforderung *angemessen* ist."

[13] Gemäß § 25 Abs. 1 AGG. Die Antidiskriminierungsstelle des Bundes ist erreichbar unter poststelle@ads.bund.de.

[14] Art. 3 GG.

[15] **RL 2000/43 EG** (Gleichbehandlungsgrundsatz ohne Unterschied von Rasse oder ethnischer Herkunft); **RL 2000/78/EG** (Gleichbehandlung in Beschäftigung und Beruf); **RL 2000/73/EG** (Gleichbehandlung von Männern und Frauen bei Zugang zur Beschäftigung, Berufsbildung, Aufstieg und Arbeitsbedingungen); **RL 2004/113/EG** (Gleichbehandlung von Männern und Frauen bei Zugang und Versorgung mit Gütern und Dienstleistungen).

[16] Die *FDP-Bundestagsfraktion* stellte im Dez. 2006 mit BT-Drucks. 16/3725 eine „große Anfrage" mit kritischen Anmerkungen zu den Missbrauchsgefahren des Gesetzes.

[17] § 2 Abs. 1 Nr. 8 AGG.

b) Verbotene Benachteiligungen

441 Das Gesetz gewährt mit den sieben Diskriminierungsmerkmalen Rasse, ethnische Herkunft, Religion und Weltanschauung,[18] Behinderung,[19] Alter,[20] sexuelle Identität und Geschlecht einen umfassenden Schutz gegen Benachteiligungen.[21] Eine solche liegt dann vor, wenn eine Person in einer vergleichbaren Situation eine weniger günstige Behandlung erfährt als eine andere.[22] Auch auf den ersten Blick neutral gefasste Kriterien können mittelbar benachteiligen, wenn sie sich potentiell diskriminierend auf eine bestimmte Gruppe auswirken. Im Beschäftigungsverhältnis ergeben sich Benachteiligungskonflikte sowohl bei der Einstellung, als auch im laufenden Beschäftigungsverhältnis, z.B. bei der Beförderung, bei Aus- und Weiterbildungsmaßnahmen und bei Fragen rund um Lohn/Gehalt und Gratifikationen. Für die Beendigung des Arbeitsverhältnisses finden ausschließlich die Kündigungsschutzvorschriften Anwendung.[23] Die Geltung des AGG für den öffentlichen Dienst ist gesondert geregelt.[24] Die Vorschriften sind unter Berücksichtigung ihrer besonderen Rechtsstellung entsprechend anwendbar für Beamte des Bundes, der Länder, der Gemeinden, der Gemeindeverbände sowie der sonstigen der Aufsicht des Bundes oder eines Landes unterstehenden Körperschaften, Anstalten und Stiftungen des öffentlichen Rechts. Der Anwendungsbereich erstreckt sich auch auf Richter, Zivildienstleistende und anerkannte Kriegsdienstverweigerer, soweit ihre Heranziehung zum Zivildienst betroffen ist. Der sachliche Anwen-

---

[18] Der Begriff „Weltanschauung" wird in den einzelnen Mitgliedstaaten unterschiedlich weit ausgelegt und wird daher besonders in Grenzfällen, wie z.B. der Mitgliedschaft bei Scientology, weiterhin Konfliktstoff liefern; dazu *Thüsing*, NZA 2004, Sonderbeilage zu Heft 22.
[19] Der *EuGH* äußert sich in seiner Entscheidung v. 11.07.2006 – C 13/05 – in der Rechtssache *Navas, Chacón Navas* (NJW 2006, 839) erstmals zum Begriff „Behinderung" im Sinne der Richtlinie: Demnach fallen unter den Begriff grundsätzlich keine Krankheiten.
[20] Der Begriff „Alter" bezieht sich generell auf das Lebensalter, erfasst also nicht ausschließlich den Schutz älterer Menschen, siehe BT-Drucks, 14/5741 S. 45. Zur Entschädigung wegen altersbezogener Benachteiligung *BAG*, Urt. v. 18.03.2010 – 8 AZR 1044/08 –, NJW 2010, 2970 ff.
[21] § 1 AGG.
[22] Das Gesetz fasst unter Benachteiligungen unmittelbare (§ 3 Abs. 1 AGG) und mittelbare (§ 3 Abs. 2 AGG) Benachteiligungen, sowie Belästigungen im Sinne des § 3 Abs. 3 AGG.
[23] § 2 Abs. 4 AGG. Die Änderung war umstritten, da sie einen Verstoß gegen Art. 3 Abs. 1 lit. c) der Richtlinie 2000/78/EG darstellen kann. Die Diskriminierungsverbote (u.a. wegen der sexuellen Ausrichtung) gelten dem Wortlaut nach für „die Entlassungsbedingungen", unter die auch Kündigungen fallen. So auch *EuGH*, Große Kammer, Urt. v. 11.07.2006 – C 13/05 –, Rs. *Navas, Chacón Navas*, NJW 2006, 839.
[24] § 24 AGG.

dungsbereich[25] umfasst die Zugangsbedingungen zur Erwerbstätigkeit, die Beschäftigungs- und Arbeitsbedingungen, sowie den beruflichen Aufstieg.

c) Rechtfertigungsgründe
Zum Ausgleich bestehender Nachteile sind sog. „positive Maßnahmen" zulässig.[26] Während bisher der Gesetzgeber in dieser Richtung tätig wurde, steht nun auch privaten Vertragsparteien ein Beurteilungsspielraum zu und damit die Möglichkeit zur Verfügung, „Missständen" entgegenzuwirken.[27] Eine unterschiedliche Behandlung ist zulässig, wenn sie eine „wesentliche und *entscheidende* berufliche Anforderung darstellt, sofern der Zweck rechtmäßig und die Anforderung *angemessen* ist".[28] Abgesehen von diesem allgemeinen Rechtfertigungstatbestand gibt es eine Sonderregelung für Religionsgemeinschaften (sog. „Kirchenklausel")[29] sowie eine spezielle Regelung für zulässige Altersbeschränkungen.[30]

442

d) Rechtsfolgen
Eine ungerechtfertigte Benachteilung stellt stets eine Vertragsverletzung dar.[31] Der Arbeitgeber/Dienstherr muss bei Verstößen durch eigene Bedienstete die geeigneten, erforderlichen und angemessenen Maßnahmen zur Unterbindung der Benachteiligung ergreifen;[32] bei einer Benachteiligung durch Dritte muss er Schutzmaßnahmen für die Mitarbeiter treffen.[33] Die Betroffenen haben ein Beschwerderecht.[34] Belästigungen können darüber hinaus ein Leistungsverweigerungsrecht nach sich ziehen.[35] Wer davon Gebrauch macht, hat keine negativen Auswirkungen auf den Arbeitsentgeltanspruch zu befürchten. Daneben hat ein diskriminierter Bediensteter einen Schadensersatzanspruch,[36] der auf den Ersatz von Vermögensschäden zielt, soweit den Arbeitgeber/Dienst-

443

---

[25] In § 2 AGG festgelegt.
[26] Gem. § 5 AGG; Z.B. Frauenförderungsmaßnahmen wie subventionierte Kinderbetreuungsplätze; *EuGH*, Urt. v. 19.03.2002 – C 476/99; NJW 2002, 1859) oder Eingliederungsprojekte für Behinderte etc.
[27] In Hinblick auf die Risiken einer Fehleinschätzung kritisch *Biester*, JurisPR- ArbR 35/2006.
[28] § 8 AGG.
[29] § 9 Abs. 2 AGG.
[30] § 10 AGG.
[31] § 7 Abs. 3 AGG.
[32] Z.B. durch Abmahnung, Versetzung oder – im äußersten Fall – durch Kündigung; § 12 Abs. 3 AGG.
[33] § 12 Abs. 4 AGG.
[34] § 13 AGG.
[35] § 14 AGG.
[36] § 15 Abs. 1 AGG.

herrn ein zurechenbares Verschulden trifft. Für Nichtvermögensschäden haftet er verschuldensunabhängig.[37] Die „angemessene" Höhe des Ausgleichsanspruchs soll von den Arbeitsgerichten unter Berücksichtigung verschiedenen Faktoren wie Intensität und Dauer der Interessensschädigung festgelegt werden und eine „abschreckende Wirkung" haben.[38] Das Gesetz sieht für den Fall einer diskriminierenden Nichteinstellung eine Entschädigung in Höhe von höchstens drei Monatsgehältern vor.[39] Die Ansprüche müssen innerhalb von zwei Monaten schriftlich geltend gemacht werden.

e) Auswirkungen auf den Datenschutz

444 Im Personalwesen müssen neben den allgemeinen datenschutzrechtlichen Vorgaben auch die des AGG berücksichtigt werden. Das zieht umfangreiche Organisations- und Dokumentationspflichten des Arbeitgebers/Dienstherrn nach sich. Zum einen müssen die mit Personalaufgaben betrauten Bediensteten speziell geschult werden; zum anderen müssen aufgrund der Beweislastumkehr zusätzliche Daten aufbewahrt werden. Gelingt es dem potenziell Diskriminierten, einen Indizienbeweis zu führen, der darauf schließen lässt, dass eine unzulässige Benachteiligung stattgefunden hat, so muss der Arbeitgeber/Dienstherr beweisen, dass dies nicht der Fall ist oder dass die Benachteiligung nach dem AGG gerechtfertigt ist. Zu diesem Zweck muss dokumentiert sein, aus welchem Grund eine Maßnahme abgelehnt wurde, und dass über Benachteiligungsverbote aufgeklärt wurde.

4. Bewerberdatenschutz

445 In der Phase zwischen Stellenausschreibung und Einstellungsentscheidung ist der Umgang mit Bewerbungsunterlagen abgelehnter Kandidaten und die Erhebung von Personaldaten neuer Bediensteter datenschutzrechtlich in den Blick zu nehmen.[40] Die Daten werden in der Regel mittels eines Vordrucks erhoben. Die Ausgestaltung eines standardisierten Fragekatalogs muss arbeits- und datenschutzrechtlichen Anforderungen genügen.

a) Korrekte Stellenausschreibungen

Stellenausschreibungen und online bereitgestellte Bewerbungsformulare dürfen nicht gegen das Benachteiligungsverbot verstoßen.[41] Die Ausweitung auf sämtliche Diskriminierungsmerkmale erfordert daher ein sensibles Gespür für

---

[37] § 15 Abs. 2 AGG.
[38] BT-Drucks. 16/1780, S. 38.
[39] § 15 Abs. 2 Satz 2 AGG.
[40] *Moos/Bandehzadeh/Bodenstedt*, DB 2007, 1194ff.
[41] § 11 AGG.

die korrekte Formulierung einer Anzeige.⁴² Die Qualifikationen, die ein Bewerber für die Stelle mitbringen muss, sind in neutraler und objektiver Form zu umschreiben. Lautete der Text „junger dynamischen Mitarbeiter" gesucht, würden ältere Frauen per se aus dem Bewerberkreis ausschlossen und somit diskriminiert. Praktisch kann es hilfreich sein, auf allgemeine Textbausteine zurückzugreifen, die juristisch unbedenklich sind, selbst wenn dies zu Lasten der Originalität der Ausschreibung geht.⁴³

b) Der richtige Umgang mit Bewerberdaten

Ein Bewerber gibt in der Absicht, seine Eignung für die ausgeschriebene Stelle darzustellen, zahlreiche persönliche Daten preis. Gerade wenn es nicht zu einer Anstellung kommt, ist mit seinen Unterlagen datenschutzgerecht umzugehen. Das *BAG* hat festgestellt, dass Bewerberdaten einer konkreten Zweckbestimmung unterfallen.⁴⁴ Eine eigenständige Erhebung zusätzlicher Bewerberdaten mittels Internet-Recherche ist grundsätzlich zu unterlassen.⁴⁵ Wenn die Entscheidung gefallen ist, einen Kandidaten abzulehnen, müssen seine Unterlagen vernichtet oder zurückgesandt und sämtliche Informationen über ihn gelöscht werden. Es ist nicht zulässig, die Unterlagen innerhalb der Behörde unaufgefordert weiterzureichen oder sie an externe Stellen zu übermitteln.⁴⁶ Konfliktpotential entfaltet in diesem Punkt das *AGG*. Solange von abgewiesenen Bewerbern eine Klage zu befürchten ist, muss es zum Zwecke potenzieller Beweisführung gestattet sein, Bewerbungsunterlagen aufzubewahren, obwohl der ursprüngliche Erhebungszweck nicht mehr besteht. Deshalb sind Klagen zeitnah zu erheben, so dass sich die Aufbewahrungsfristen in einem noch vertretbaren Rahmen bewegen. Wichtig ist, dass Art und Dauer der Aufbewahrung klar geregelt sind und in den Bewerbervorgängen auch nur die „fachli-

446

---

⁴² Projekte in der Wirtschaft, mit *anonymen* Bewerbungen eine Diskriminierungsfreiheit zu erreichen, werden eher skeptisch beurteilt; siehe etwa http://www.vnr.de/b2b/kommunikation/bewerbungen/bewerbungsunterlagen/blindbewerbung-pro-und-contra-anonymer-bewerbungen.html.

⁴³ Eine Checkliste zur Stellenausschreibung bringt *Drescher*, Die professionelle Personalauswahl in der öffentlichen Verwaltung, S. 38f.

⁴⁴ BAG NJW 1984, 2910.

⁴⁵ *Gola*, CuA 2010, 31f. sieht eingeschränkte Recherche-Möglichkeiten; diese können indes nur für den nicht-öffentlichen Bereich gelten. Siehe auch § 32 Abs. 6 E-BDSG 2010 (Regierungsentwurf v. 25.08.2010; BR-Drs. 535/10 mit Änderungsvorschlägen des Bundesrates v. 25.10.2010, BR-Drs. 535/2/10). Dazu *Tinnefeld/Petri/Brink*, MMR 2010, 727ff.; kritisch *ULD S-H* (hg.), Stellungnahme zu BR-Drs. 535/10 (www.datenschutzzentrum.de/arbeitnehmer/20101012-stellungnahme.html), wonach Daten beim Beschäftigten zu erheben sind und eine Recherche in Sozialen Netzwerken weitgehend unzulässig sein soll. Siehe dazu auch die jüngere Literatur bei *Gola/Klug*, NJW 2010, 2483ff., 2486 bei Fußnoten 62–64.

⁴⁶ *Gola/Wronka*, Handbuch zum Arbeitnehmerdatenschutz, 5. Aufl. 2010, Rn. 956f.

chen Ablehnungsgründe", die zur Beweisführung geeignet sind, aufbewahrt werden. Das können über die schriftlichen Bewerbungsunterlagen hinaus auch das offizielle Ablehnungsschreiben oder Vermerke aus Telefoninterviews sein. In der Praxis wird bei einer erfolgreichen Bewerbung eines Bediensteten neben den relevanten Bewerbungsunterlagen mit dessen Zustimmung auch die Vorakte – also die in einem anderen Dienstverhältnis entstandene Personalakte – angefordert und ggf. weitergeführt.[47]

c) Datenschutzkonformer Personal(frage)bogen

447 Mithilfe eines Personalfragebogens[48] möchte sich der Arbeitgeber/Dienstherr in übersichtlicher und für alle Bediensteten einheitlicher Form über persönliche Verhältnisse, beruflichen Werdegang und fachliche Qualifikationen informieren und dieses Profil auch für die Zukunft dokumentieren. Die Datenfelder sind regelmäßig vom Betroffenen selbst auszufüllen. Die vom Gesetz vorgesehene[49] Zustimmung der obersten Dienstbehörde besitzt im kommunalen Bereich keine praktische Bedeutung. Für Arbeitnehmer nicht-öffentlicher kommunalnaher Stellen gilt ein vergleichbares Mitbestimmungsrecht durch die Mitarbeitervertretung.[50] Der Personalfragebogen gehört in die Grundakte der Personalakte. Nicht zuletzt deshalb darf er nur die relevanten Daten von einer gewissen Dauerhaftigkeit enthalten. Einzelne Seiten sollten ausgetauscht werden können, wenn sich wesentliche Daten ändern. Oft wird auf demselben Formular z.B. die *Bankverbindung* zur Abwicklung der Bezüge oder die *private E-Mail-Adresse* abgefragt. Diese Informationen haben nicht den geforderten Bezug zum Beschäftigungsverhältnis und besitzen grundsätzlich eine gewisse Kurzlebigkeit. Bereits nach dem Gebot der Richtigkeit der Akteninhalte sollten sie daher gesondert[51] erhoben werden. Vergleichbar mit den Anforderungen an ein Bewerbungsgespräch darf auch der Personalfragebogen *keine verbotenen Fragen* enthalten. Zu diesem Komplex gibt es eine umfassende Rechtsprechung.[52] Lag der Schwerpunkt bisher auf geschlechtsspezifi-

---

[47] Der Hintergrund ist versorgungsrechtlicher Natur. Ziel ist es einen möglichst lückenlosen Überblick über die anrechenbaren Zeiten zu erhalten.
[48] Besser als *Personalbogen* bezeichnet, da es nicht um die Fragen, sondern um die wesentlichen Angaben zur Person mit zeitlich unabhängigem Bestand geht.
[49] § 84 Abs. 4 Satz 2 LBG NRW.
[50] Gemäß § 94 Abs. 1 BetrVG.
[51] Formlos, ggfs. mündlich oder fernmündlich.
[52] Insbesondere die Frage nach einer bestehenden Schwangerschaft ist unzulässig; *BAG*, NJW 1993, 1154 und *EuGH*, DB 2001, 2451; *Gola/Wronka*, a.a.O., Anh. Nr. 41. Fragen nach einer evtl. beantragten Privatinsolvenz oder nach einem laufenden Straf- oder Ermittlungsverfahren (*BAG*, Urt. v. 20.05.1999 – 2 AZR 320/98 –) können die Eignung für einen vorgesehenen Arbeitsplatz in Frage stellen und sind deshalb nicht grundsätzlich unzulässig (*Gola/Wronka*, a.a.O., Rn. 620ff., 639ff.). Nach § 32 Abs. 3

schen Diskriminierungsmerkmalen, so spielen seit Geltung des AGG auch diskriminierende Fragen z.B. in Bezug auf das Alter eines Bewerbers verstärkt eine Rolle. Konfliktpotential beinhaltet auch das Diskriminierungsverbot wegen Religion und Weltanschauung, das z.B. Fragen nach der Bereitschaft, am Wochenende zu arbeiten, problematisch erscheinen lässt.[53]

d) Bewerbung auf Vorrat
Keine Datenerhebung liegt vor, wenn dem Arbeitgeber unaufgefordert ohne Bezug zu einer freien Stelle Bewerbungsunterlagen zugesandt werden.[54] Im Umgang mit solchen Unterlagen empfiehlt es sich, diese entweder an den Betroffenen zurückzusenden oder – bei Benachrichtigung des Betroffenen – zu vernichten. Für einen eventuellen künftigen Bedarfsfall sollten sie nicht aufbewahrt werden, da zweifelhaft ist, ob die Unterlagen dann noch relevant, richtig und vorhanden sind und dann überhaupt eine konkrete Bewerbungsabsicht besteht.

448

e) Bewerberauswahlverfahren
Stellen werden heute vielfach nach einem verhaltens- und situationsbezogenen Gruppenauswahl-Verfahren besetzt, in dem Selbstpräsentation, Gruppendiskussion, Rollenspiel und Problemlösungsszenarien geübt werden.[55] Der Bewerber soll seine Organisationskompetenz, Kommunikationsfähigkeit und Durchsetzungskraft zeigen. Er gibt im Verlauf eines evtl. mehrtägigen Assessmentcenters eine Vielzahl personenbezogener Daten preis. Unter dem Aspekt, in einer Stresssituation eine Entscheidung zu seinen Gunsten zu erreichen zu wollen, und angesichts der Tatsache, dass die Informationen auch Mitbewerbern offenbart werden (die ihrerseits im Verfahren zur Verschwiegenheit verpflichtet werden sollten), sind an Dokumentation und Datenerhebung besondere Anforderungen zu stellen. Eine Dokumentation ist erforderlich, um eine gerichtliche Überprüfung des Ergebnisses des Assessmentcenters zu ermöglichen. Es muss erkennbar werden, welche Aufgaben der Bewerber zu bewältigen hatte und welche Ergebnisse er hierbei im Vergleich zu seinen Mit-

449

E-BDSG 2010 (Reg. Entw. v. 25.08.2010, BR-Drs. 535/10 mit Änderungsvorschlägen des Bundesrates v. 25.10.2010, BR-Drs. 535/2/10). Dazu *Tinnefeld/Petri/Brink*, MMR 2010, 727ff.; kritisch *ULD S-H* (hg.), Stellungnahme zu BR-Drs. 535/10 [www.datenschutzzentrum.de/arbeitnehmer/20101012-stellungnahme.html]) darf nicht nach einer Schwerbehinderung gefragt werden; http://www.bmi.bund.de/cln_156/SharedDocs/Downloads/DE/Gesetzestexte/Entwuerfe/Entwurf_Beschaeftigtendatenschutz.html?nn=109628).

53 *Biester*, JurisPR- ArbR 35/2006, Teil 3, S. 3.
54 *Gola/Wronka*, a.a.O., Rn. 390.
55 Sog. *Assessment-Center*; dazu näher *Drescher*, a.a.O., S. 96ff.

bewerbern erzielt hat. Das Auswahlergebnis ist zu begründen und auf arbeitsplatzrelevante Merkmale zu begrenzen. Ton- und Videoaufnahmen dürfen nur mit Einverständnis des Bewerbers angefertigt werden. Alle Unterlagen sind alsbald zu löschen, wenn der Auswahlprozess abgeschlossen und unanfechtbar ist.

f) Bewerbungsspiegel

450 Gehen auf eine Stellenausschreibung hin mehrere Bewerbungen ein, so kann ein Bewerberverzeichnis erstellt werden, um mit einer Übersicht die am Einstellungsprozess beteiligten Entscheidungsträger – Fachamt, personalbewirtschaftende Stelle, Personalrat,[56] Frauenbüro,[57] Vertrauensperson der Schwerbehinderten,[58] politische Entscheidungsträger[59] etc. – zu informieren. In diesen *Bewerbungsspiegel* dürfen nur die für den Auswahlprozess unverzichtbaren Daten aufgenommen werden;[60] Angaben zu Alter, Geschlecht oder Familienstand sind zu vermeiden.[61] Der Zweck einer solchen Zusammenstellung ist nach getroffener Stellenbesetzungsentscheidung erfüllt; sämtliche Exemplare müssen dann vernichtet werden, was sicherzustellen ist.

g) Online-Bewerbungen – E-Recruitment

451 Geeignetes Personal kann auch über das Internet geworben werden, und die Bewerbung kann *online* entgegengenommen werden. Die Vorteile liegen in der Kostenersparnis, in hoher Aktualität der Angebote und in der Möglichkeit, einen großen Bewerberkreis auch für gesuchte differenzierte Qualifikationen zu erreichen. Während in der Privatwirtschaft die Möglichkeit, auf den Unternehmenswebseiten Stellenangebote abzurufen und sich auf diese zu bewerben, weit verbreitet ist, beginnen Kommunen gerade erst damit, derartige Angebote zu entwickeln. Die erfragten Bewerberdaten können sehr sensitive Informationen enthalten, weshalb Vorkehrungen zur Datensicherheit und allgemeine datenschutzrechtliche Prinzipien eingehalten werden müssen.[62] Bewerber fühlen sich dazu aufgefordert, jede nachgefragte Angabe zu beantworten, da die Vorstellung besteht, fehlende Angaben könnten für die Bewerbung von Nachteil sein. Die verantwortliche Stelle muss daher den Grundsatz der *Datenspar-*

---

[56] Das Informationsrecht der Personalvertretung ergibt sich aus § 65 Abs. 1 LPVG NRW.
[57] § 18 Abs. 2 LGG NRW.
[58] § 95 Abs. 2 SGB IX.
[59] Im Falle der Besetzung politischer Stellen.
[60] Die Erforderlichkeit i.S. des § 29 Abs. 1 DSG NRW ist zu beachten.
[61] Mit Blick auf das AGG.
[62] Für die Privatwirtschaft siehe *BremLDI*, Datenschutz bei Online-Bewerbungen; abrufbar unter: http://www.datenschutz-bremen.de/pdf/Onlinebewerbungen.pdf.

samkeit beachten. Es sollten in diesem Erstkontakt nur Daten erhoben werden, aus denen sich die grundsätzliche *Eignung* des Bewerbers für die konkrete Stelle ergibt, wie z.b. Hoch-/Schulabschluss, Anschreiben, Lebenslauf. Weitere Daten – wie z.b. Arbeits-/Hochschulabschluss-/Zeugnisse, Zusatzqualifikationen – sollten erst im Rahmen des weiteren Bewerbungskontaktes erhoben werden. Außerdem ist es nicht notwendig, dass der Bewerber schon beim Erstkontakt seine sämtlichen Kontaktdaten angibt. Da es sich um eine Online-Bewerbung handelt, sollte die *E-Mail-Adresse* ausreichen, um den Wunsch nach weiterem Kontakt zu kommunizieren. Werden dem Bewerber zusätzliche Angaben freigestellt, so ist ausdrücklich darauf hinzuweisen, dass ihr Fehlen keine negativen Auswirkungen hat. Die Datenschutzerklärung, die ein solches Portal auf jeden Fall aufweisen muss, hat darüber Auskunft zu geben, für welchen Zweck welche Daten in welcher Form gespeichert und verwendet werden. Der Bewerber ist auch darüber aufzuklären, wer Zugriff auf die Daten erhält und sie verarbeitet. Der Bewerber muss seine Daten einsehen, je nach Status bearbeiten oder die Bewerbung zurücknehmen und die Daten löschen können. Im Rahmen der Datensicherheit sind Verschlüsselungen – wie z.B. SSL – für die Übertragung der Daten und die weitergehende Kommunikation als unverzichtbarer Standard zu verwenden.

5. Personalaktenrecht

a) Vorbemerkung

Grundlegende Bereiche der Personalaktenführung wie die Erhebung von Personalaktendaten, die Pflicht zur Aktenführung, Gliederung und inhaltliche Gestaltung, Einsichts- und Auskunftsrechte, Tilgung sowie Vorgaben zu Aufbewahrung und automatisierter Verarbeitung sind gesetzlich geregelt.[63] Mit der Umsetzung in den Landesbeamtengesetzen gelang auch schrittweise die Vereinheitlichung der Rechtslage für Bundes- und Landesbeamte. Auf kommunaler Ebene wirken sich die strengeren Vorgaben auf die Organisationshoheit im Personalbereich aus und müssen insbesondere bei Dezentralisierungsansätzen berücksichtigt werden.[64]

452

---

[63] Das BRRG wurde zum 01.04.2009 durch das BeamtStG ersetzt. Die personalaktenrechtlich relevante Vorschrift findet sich in § 50 BeamtStG. Zeitgleich trat in vielen Ländern – mit Relevanz auch für die Kommunen – ein *neues Landesbeamtenrecht* in Kraft, mit dem auch die Personalaktenführung auf eine neue gesetzliche Grundlage gestellt wurde (so z.B. §§ 84ff. LBG NRW). Zum Gesetzgebungsverfahren *Rescher*, Das neue LBG NRW, NWVBl. 2009, 255ff.; *Auerbach*, Das Beamtenstatusgesetz in der Praxis, ZBR 2009, 217ff. Auch das BBG wurde zum 12.02.2009 neu gefasst; das Personalaktenrecht ist dort in den §§ 106ff. BBG geregelt.

[64] Zum Thema Dezentralisierung kommunaler Personalarbeit, *v. Mutius/Behrndt*, ZBR, 1997 S. 65ff.

b) Unterschiedliche Rechtsquellen

453 Personalaktenrecht ist materielles Beamtenrecht, wobei die klassische dienstrechtliche Unterteilung in Beamte, Angestellte und Arbeiter für den Umgang mit Bedienstetendaten weitgehend ohne praktische Bedeutung ist, da die für die einzelnen Bedienstetengruppen geltenden Vorschriften zumindest in ihren Grundaussagen übereinstimmen.[65] Bei der Anwendbarkeit der Vorschriften ist nach geltender Rechtslage grundsätzlich zwischen Beamten/Angestellten auf Bundes-,[66] Landes- bzw. Gemeindeebene[67] und Bediensteten außerhalb des öffentlichen Dienstes zu unterscheiden. Soweit keine spezialgesetzliche Vorschrift einschlägig ist, so ist auf das allgemeine (Personal-)Datenschutzrecht[68] zurückzugreifen.

c) Pflicht zur Führung einer Personalakte

454 Die Pflicht zum Anlegen einer Personalakte ist für Beamte gesetzlich vorgeschrieben.[69] Der Begriff der Personalakte[70] meint kein einzelnes, im technischen Sinn verbundenes „Aktenstück", sondern einen inhaltlich zusammenhängenden Vorgang, der auch die organisatorische Untergliederung in Teil- und Nebenakten mit einschließt.[71] Dennoch ist die Personalakte vertraulich zu behandeln und vor unbefugter Einsicht zu schützen. Obwohl das Gesetz derzeit noch keine Grundlage enthält, die eine vollständige Digitalisierung der Personalakte erlauben würde,[72] können bestimmte Personalaktendaten in elektronischer Form in modernen IT-basier-ten Personalinformationssystemen[73] geführt werden. Verantwortlich für die Personalakte ist grundsätzlich der

---

[65] So auch die explizite Regelung in § 29 Abs. 2 DSG NRW und § 36 Abs. 2 LDSG B-W; dort wird klargestellt, dass die Vorschriften über die Führung von Personalakten (§§ 84 ff. LBG NRW) auch auf nicht beamtete Beschäftigte einer Kommune – soweit keine tarif- oder arbeitsrechtlichen Besonderheiten entgegenstehen – sinngemäß anzuwenden sind.

[66] Hier gelten die §§ 106 ff. BBG.

[67] Hier gelten die §§ 50 ff. BeamtStG, §§ 84 ff. LBG NRW.

[68] § 29 DSG NRW.

[69] §§ 50 Satz 1 BeamtStG, 106 Abs. 1 Satz 1 BBG; die §§ 84 ff. LBG NRW setzen dies voraus.

[70] In der alten Fassung der Norm war der Begriff im Plural verwendet worden, was zu unterschiedlichen Auffassungen führte.

[71] *Kunig*, a.a.O., Kap. 6 Rn. 164; *Tadday/Rescher*, Beamtengesetz für das Land NRW, 129. Lfg. Nov. 2009, § 84 Erl. 1 ff.

[72] Im Bundesbeamtenrecht dagegen ist die Personalaktenführung in vollständiger elektronischer Form ausdrücklich gestattet; siehe § 106 Abs. 1 Satz 3 BGB.

[73] Z.B. betreffend Arbeitszeiterfassung, Urlaubs- und Krankheitskontrolle, Beihilfegewährung etc.

Dienstvorgesetzte, der sich allerdings von Mitarbeitern unterstützen lassen kann.[74]

d) Zweck

Die Personalakte dient einer effektiven Personalplanung und stellt ein unverzichtbares Hilfsmittel beim sachgerechten Einsatz der Bediensteten dar; um diese Funktion erfüllen zu können, soll sie ein möglichst vollständiges Bild über den beruflichen Werdegang eines Beamten liefern und insoweit auch Aussagen über dessen Persönlichkeit treffen.[75]

e) Struktur und Gliederung

aa) Grund- Teil-, und Nebenakte

Für Beamte ist eine Gliederung der Personalakte in Grundakte und Teilakte vorgesehen.[76] Die Grundakte weist alle wesentlichen Informationen zur Person des Bediensteten selbst auf (Personenstandsurkunden, Unterlagen über die Staatsangehörigkeit, Nachweis einer Schwerbehinderteneigenschaft etc.). Sie enthält insbesondere Dokumente über die Begründung des Arbeitsverhältnisses (Bewerbungsunterlagen wie Lebenslauf, Zeugnisse), den Werdegang, Aus- und Fortbildungsnachweise und den konkreten Einsatz des Bediensteten.[77] Dienstliche Beurteilungen und darin förmlich integrierte Leistungsberichte sowie Mitarbeitergespräche über konkrete Zielvereinbarungen werden ebenfalls zur Grundakte genommen. Enthalten sind auch grundsätzliche Aussagen zum Arbeitszeitstatus, wie beispielsweise eine Vereinbarung über abweichende Arbeitszeit oder Teilzeitbeschäftigung.[78]

455

Die Teilakte besteht regelmäßig aus solchen Unterlagen, die im Gegensatz zur übrigen Personalakte nur kurzfristig aufzubewahren sind.[79] Diese zweckmäßige Organisationsform hat sich praktisch bewährt und ist daher allgemein für eine datenschutzgerechte Personalaktenführung zu empfehlen. Sofern sich Vorgänge sowohl in der Grundakte als auch in der bei einer anderen Stelle geführten Teilakte befinden, handelt es sich um eine Nebenakte, die im Beam-

---

[74] Zur alten Rechtslage *Schütz/Maiwald*, § 102 Rn. 17 verbunden mit der Klarstellung, dass die Führung der *eigenen* Personalakte ausgeschlossen ist.
[75] BT-Drucks. 12/544 S. 11.
[76] §§ 106 Abs. 2 BBG, 84 Abs. 1 Satz 1 LBG NRW.
[77] BT-Drucks. 12/544 S. 16.
[78] Unterlagen, die allein der Feststellung und Einhaltung der regelmäßigen Arbeitszeit dienen, wie z.B. Gleitzeitnachweise, gehören aufgrund ihrer Kurzlebigkeit nicht in die Grundakte.
[79] Z.B. Vorgänge über arbeitsrechtliche Maßnahmen, Unterlagen zu Arbeitszeiterfassung, Urlaub oder Erkrankungen.

tenrecht nur unter bestimmten Voraussetzungen geführt werden darf.[80] Solch ein Vorgehen ist notwendig, wenn bei einem mehrstufigen Verwaltungsaufbau unterschiedliche personalverwaltende Stellen zuständig bzw. Beschäftigungs- und Personalstelle nicht identisch sind.[81] Aus Gründen der Übersichtlichkeit ist es ratsam, ein (aktuelles und zutreffendes) Verzeichnis aller Teil- und Nebenakten in der Grundakte zu führen.[82]

bb) Sonderfall: Beihilfeakte

456 Nicht alle Teile einer Personalakte unterliegen notwendigerweise demselben Grad an Vertraulichkeit. Zu den besonders sensitiven und damit in hohem Maße schutzwürdigen Daten gehören insbesondere solche über den körperlichen, geistigen und allgemeinen Gesundheitszustand. In der Vergangenheit äußerten Bedienstete häufig Bedenken, die in Beihilfeanträgen offenbarten Gesundheitsdaten könnten auf Personalentscheidungen Einfluss nehmen.[83] Auf diesen Einwand hat der Gesetzgeber reagiert. Für Beihilfeakten und Unterlagen über Heilfürsorge und Heilverfahren gelten besondere Vorschriften. Im Sinne einer strikten organisatorischen Trennung sind Beihilfeakten stets als gesonderte Teilakte zu führen;[84] Die Beihilfeakte *soll* darüber hinaus von einer getrennten Organisationseinheit bearbeitet werden, um die Trennung auch praktisch zu realisieren.[85] Da diese Vorgänge regelmäßig intime Gesundheitsdaten, ggfs. auch ärztliche Gutachten enthalten, kann deren Bekanntwerden in unsachgemäßem Zusammenhang empfindliche Konsequenzen für den Betrof-

---

[80] § 84 Abs. 1 Satz 3 LBG NRW; zu den Nebenakten gehören auch sog. *Duploakten*, die aus Kopien der originalen Grund- und Teilakten zusammengestellt werden, wenn diese aus organisatorischen Gründen an anderer Stelle untergebracht sind, an der bisherigen Stelle aber immer noch der Zugriff gewährleistet sein muss. Zur alten Rechtslage *Schütz/Maiwald*, § 202 LBG NRW, Rn. 127a.
[81] *Kessler*, Personalaktenrecht, S. 21.
[82] Für Beamte ist das in §§ 106 Abs. 2 Satz 4 BBG bzw. 84 Abs. 1 Satz 4 LBG NRW vorgeschrieben.
[83] Bereits 1981 machte der damalige *BfD* auf diesen Zusammenhang aufmerksam, siehe *Bergauer*, Führung von Personalakten, S. 32.
[84] § 85 Satz 1 LBG NRW. Ansätze zur Elektronifizierung des Verfahrens enthält § 13 Abs. 11 BVO NRW, wonach Belege elektronisch gelesen (gescannt) und gespeichert werden dürfen; allerdings muss eine solche zentrale Scan-Stelle für Beihilfe (z.B. Detmold, siehe http://www.lz-online.de/lokales/detmold_augustdorf/3507976_ Innenminister_eroeffnet_Scanstelle.html) die Anforderungen an zuverlässige Datensicherheit erfüllen, so dass sie als Teil der jeweiligen Beihilfestelle (§ 13 Abs. 12 BVO NRW) angesehen werden kann.
[85] Bei kleineren Personalverwaltungsstellen lässt sich das nicht immer realisieren, sodass mit Rücksicht auf übliche Praxis auf eine zwingende Anordnung verzichtet wurde. Kritisch dazu *Kessler*, Personalaktenrecht, S. 24, der den Schutzzweck dadurch erheblich gemindert sieht.

fenen haben. An ein Datenschutzkonzept zur Sicherung gegen unbefugten Zugriff (Abschottung) sind hier besonders hohe Anforderungen zu stellen.[86]

f) Inhalt der Personalakte

Zum Inhalt einer Personalakte gehören alle Unterlagen, die mit dem Arbeitsverhältnis in einem *unmittelbaren Zusammenhang* stehen.[87] In der Praxis herrscht dennoch oft Unklarheit darüber, was zwingender Bestandteil der Personalakte ist. 457

aa) formeller und materieller Personalaktenbegriff

Nach der Rechtsprechung des *BVerwG* sind Personalakten nicht lediglich die vom Arbeitgeber/Dienstherrn so gekennzeichneten Akten (*formeller* Personalaktenbegriff), sondern vielmehr alle den Bediensteten betreffenden Vorgänge unabhängig von ihrer Aufnahme in die ausdrücklich als Personalakte gekennzeichneten Ordner. Alles, was der Arbeitgeber/Dienstherr in Akten festhält, ist in *materiellem* Sinne insoweit Personalakte, als es in einem inneren Zusammenhang mit dem Beschäftigungsverhältnis steht.[88] Die Akten führende Stelle kann also nicht durch die Benennung einer Akte Rechte des Bediensteten umgehen. Vorgänge, die bei sachgemäßer Bearbeitung in der Personalakte hätten abgelegt werden müssen, fallen daher unter den *materiellen* Personalaktenbegriff. Das Kriterium des unmittelbaren Zusammenhangs ist letztlich eine Ausprägung des allgemeinen datenschutzrechtlichen Erforderlichkeitsgrundsatzes, nach dem nur Daten erfasst werden dürfen, die für den Zweck – das Arbeitsverhältnis und seine aktuelle Abwicklung – rechtlich erheblich sind. 458

bb) Sachakten

Alle anderen, auch dienstlichen Vorgänge, zählen zu den Sachakten. Für Prüfungs-, Sicherheits- und Kindergeldakten ist die Sachaktenqualität bereits vom Gesetzgeber festgelegt;[89] in anderen Fällen muss eine Abgrenzung vorgenommen werden. In Grenzfällen gilt, dass der detaillierte Vorgang in der Sachakte verbleibt, und nur das konkrete Ergebnis in die Personalakte aufgenommen werden darf. Deutlich wird diese Unterscheidung am Beispiel eines Dienstunfalls. In die Personalakte gehört nur der beweiskräftige Schriftverkehr, der den 459

---

[86] Es empfiehlt sich, die Aufbewahrung in speziell versiegelten Umschlägen, die nur bei berechtigtem Interesse im Einzelfall geöffnet werden, wobei jede Öffnung und anschließende Neuversiegelung nachvollziehbar zu dokumentieren ist.
[87] So die Legaldefinition von „Personalaktendaten" in § 106 Abs. 1 Satz 4 BBG. *Kunig*, a.a.O., 6. Kap. Rn. 164ff.
[88] *BVerwG*, Urt. v. 15.10.1970 – II C 36.66 –, BVerwG E 36, 134ff., Rn. 40.
[89] In § 106 Abs. 1 Satz 6 BBG, 84 Abs. 3 LBG NRW.

Unfallhergang dokumentiert, nicht jedoch die mit der Verletzung des Bediensteten zusammenhängenden Atteste, Rezepte oder Beihilfeanträge. Auch Unterlagen über Abwesenheitszeiten und -gründe wie Krankheit oder Urlaub gehören grundsätzlich nicht in die Personalakte, sondern sind bei Bedarf gesondert aufzubewahren. Ihre Relevanz ist nur von kurzfristiger Natur; sie sind daher zeitnah – i.d.R. spätestens nach Ablauf des Jahres, das auf das Urlaubs- bzw. Krankheitsjahr folgt – zu vernichten.

Bereits wegen mangelnden inneren Bezuges zum Beschäftigungsverhältnis sind Vermerke über der Mitgliedschaft in einer Gewerkschaft oder religiöse bzw. weltanschauliche Überzeugungen nicht personalaktenfähig. Eine Interessenkollision besteht bei Fragen der Stellenbesetzung. Nicht berücksichtigte Bewerbungen auf eine Stellenausschreibung berühren zwar das dienstliche Verhältnis, stehen aber in einem engeren Zusammenhang zu der zu besetzenden Stelle und gehören daher zu den Sachakten. Die Vorbereitung der Organisationsentscheidung in Hinblick auf das Leistungsprinzip ist das vorrangige Ziel.[90] Auch während eines Bewerbungsverfahrens gewonnene Erkenntnisse, z.B. Mitschriften aus einem Assessment-Center, sind reine Sachaktenunterlagen, schon weil nach der einmal getroffenen Auswahlentscheidung ihr Zweck erfüllt ist.

Besonderes Augenmerk ist auf sog. lose Personalvorgänge zu richten. So gehören zwar Notizen eines Vorgesetzten über die Arbeitsweise und das Verhalten eines Mitarbeiters materiell zu den Personalaktenunterlagen, sie sollten aber dennoch wegen ihrer Angreifbarkeit und der mangelnden Außenwirkung nicht in die Akte aufgenommen werden. Außerhalb der Akte hängt ihre Existenzberechtigung davon ab, ob noch ein zeitlicher Zusammenhang besteht oder sie noch als Gedächtnisstütze des Verfassers dienen können. Sie sind sorgfältig gegen unbefugten Zugriff zu sichern.

g) Grundsätze der Personalaktenführung – vier Prinzipien

460 Das Prinzip einer korrekten Personalaktenführung erwächst unmittelbar aus dem Persönlichkeitsrecht des Bediensteten. Den privaten Arbeitgeber trifft eine Fürsorgepflicht und Beamte können sich gegenüber ihrem Dienstherrn auf die hergebrachten Grundsätze des Berufsbeamtentums[91] berufen. Eine rechtstaatliche Personalaktenführung hat sich an den klassischen Grundsätzen der *Vertraulichkeit*, *Transparenz*, *Wahrheit* und *Vollständigkeit* zu orientieren.

---

[90] Zur alten Rechtslage *Schütz/Maiwald*, § 102 Rn. 31; BVerwGE 67, 300.
[91] *Battis*, in: Sachs (hg.), GG-Kommentar, 5. Aufl. 2009, Art. 33 Abs. 5 GG, Rn. 65ff.

aa) Vertraulichkeit der Personalakte

Stellvertretend für dieses Prinzip steht der Begriff „*Personalaktengeheimnis*", wonach Personalakten vertraulich zu behandeln und vor unbefugter Einsicht zu schützen sind.[92] Vorsichtsmaßnahmen sind gegenüber den eigenen Bediensteten ebenso zu treffen wie gegenüber unbefugten Dritten. Datenschutzrechtlich setzt dies ein schlüssiges Sicherheitskonzept voraus, das je nach Sensibilität der Information die geeigneten Maßnahmen vorsieht. Intern ist zunächst darauf zu achten, den Kreis der Mitarbeiter, die uneingeschränkten Zugriff haben, so klein wie organisatorisch möglich zu halten.[93] Gesundheitsdaten – wie ärztliche Gesundheitszeugnisse, Atteste etc. – sind innerhalb der Personalakte besonders geschützt, z.B. in einem verschlossenen und gesiegelten Umschlag, aufzubewahren.[94] Die Handhabung der Personalakte ist den im Rahmen der Personalverwaltung mit der Bearbeitung von Personalangelegenheiten beauftragten Bediensteten vorbehalten.[95] Den exklusiven Kreis der Zugriffsbefugten trifft eine absolute Verschwiegenheitspflicht. Angriffen von Außen ist durch die gängigen Einbruchssicherungsmaßnamen vorzubeugen. Der Aufbewahrungsraum muss bei jeder auch nur kurzfristigen Abwesenheit der Verantwortlichen verschlossen sein, und die Schriftstücke selbst sollten in einem separat gesicherten Aktenschrank untergebracht werden. Idealerweise dient dieser Raum ausschließlich dem Aufbewahrungszweck und wird so wenig wie möglich frequentiert. Werden Personalakten elektronisch geführt und verwaltet, so sind zusätzlich die erforderlichen Datensicherungsmaßnahmen zu treffen.[96]

bb) Transparenz der Personalakte

Eine verschlossene Personalakte oder in der Schublade versteckte „geheime Dossiers" über einen Mitarbeiter sind rechtswidrig. Keinem Bediensteten darf der Blick in seine eigene Akte verwehrt werden.[97] Das Einsichtsrecht gilt als

461

---

[92] Während dies in den §§ 106 Abs. 1 Satz 2 BBG, 50 Satz 3 BeamtStG ausdrücklich geregelt ist, finden die Anforderungen an eine rechtsstaatliche Personalaktenführung (Pflicht zur Verschwiegenheit, Beschränkung der Weitergabe der Personalakte etc.) in § 84 Abs. 2 LBG NRW Ausdruck in der Konkretisierung des Umfanges des Zugangsrechts zu Personalakten. Diese Normen gelten nach ständiger Rechtsprechung für alle Arbeitnehmer gleichermaßen; *BVerwG*, NJW 1987, 1214; BAG, NJW 1988, 791.
[93] *BVerwGE* 75, 17.
[94] *BAG*, Urt. v. 12.09.2006 – 9 AZR 271/06 –.
[95] § 84 Abs. 2 LBG NRW.
[96] Nicht einsehbare Bildschirme, Sicherung durch Passwörter, Dokumentation der einzelnen Zugriffe etc.
[97] Die Abschaffung der geheimen Personalakten ist eine historische Errungenschaft aus der Weimarer Zeit. Während die Aufzeichnungen über die preußischen „Staatsdie-
(Fortsetzung S. 366)

hergebrachter Grundsatz des Berufsbeamtentums.[98] Der Transparenzgrundsatz steht in engem Zusammenhang zum Prinzip der Wahrheit: nur wer Aufzeichnungen kennt, kann Falsches berichtigen und sich gegenüber Nachteiligem zur Wehr setzen. Der Bedienstete kann jederzeit ohne Angabe besonderer Gründe Einsicht in alle Inhalte der über ihn geführten Personalakte[99] nehmen. Er kann auch eine andere Person schriftlich zur Einsichtnahme bevollmächtigen. Aus organisatorischen Gründen darf vom Bediensteten lediglich verlangt werden, die dienstlichen Belange zu berücksichtigen und sich mit dem Vorgesetzten abzustimmen. Erlaubt ist auch die Anfertigung von Notizen bzw. Kopien (gegen Kostenerstattung) einzelner Bestandteile, sofern dienstliche Gründe nicht entgegenstehen.[100] Grundsätzlich sollte das Einsichtsrecht unter Aufsicht gewährt werden, um eine Manipulation auszuschließen; aus diesem Grund besteht auch kein Recht auf Überlassung der Personalakte.[101] Die Einsicht in Disziplinarvorgänge richtet sich bis zum Abschluss des Verfahrens nach den Vorschriften der jeweils einschlägigen Disziplinarordnung.[102]

cc) Wahrheit der Personalakte

462 Das Prinzip der Richtigkeit der Personalakte verlangt, dass die Angaben in der Personalakte ein wahrheitsgetreues Profil des Bediensteten zeichnen und sein Persönlichkeitsrecht nicht durch Unzutreffendes beeinträchtigen.[103] Er hat das Recht, die unverzügliche Entfernung oder Korrektur *unrichtiger Angaben* zu verlangen;[104] notfalls kann er dies auch auf dem Klageweg durchsetzen. Um diesen Rechten auch in der Praxis zu ihrer Durchsetzung zu verhelfen, werden Beurteilungen grundsätzlich mit den Betroffenen besprochen.[105] Vertritt der

---

ner" noch uneinsehbar waren (siehe BVerwG 7, 153 = NJW 1958, 796), kodifizierte die Weimarer Reichsverfassung in Art. 129 WRV ausdrücklich sowohl ein Einsichts- als auch Anhörungsrecht des Beamten. Im Dritten Reich entzogen, wurde dieses Recht nach Kriegsende wieder vollkommen hergestellt.

[98] Zur alten Rechtslage *Schütz/Maiwald*, § 102c Rn. 5. Das Einsichtsrecht ergibt sich aus § 87 Abs. 1 LBG NRW.

[99] Das Einsichtsrecht besteht für alle Akten, also Grund- und Teilakte, sowie Sachakten.

[100] Wenn z.B. die fraglichen Stellen auch schützenswerte Informationen über andere Bedienstete enthalten; BT-Drucks. 12/544 S. 19.

[101] *Kessler*, Personalaktenrecht, S. 27.

[102] Z.B. DO NRW.

[103] *Gola/Wronka*, a.a.O., Rn. 159ff.

[104] Unrichtige Tatsachenbehauptungen müssen entfernt werden; so z.B. *BAG*, Urt. v. 27.11.1985 – 5 AZR 101/84 –; Das ergibt sich im Übrigen schon aus dem datenschutzrechtlichen Berichtigungsanspruch des § 19 Abs. 1 Satz 1 DSG NRW.

[105] Der Erläuterung und Erörterung bei Angestellten (§ 82 Abs. 2 BetrVG) steht bei Beamten das Anhörungsrecht (§ 86 LBG NRW) gegenüber. Danach ist der Beschäftigte berechtigt, zum Inhalt der Personalakte Erklärungen abzugeben, die den jeweiligen Vorgängen hinzugefügt werden müssen.

Betroffene eine abweichende Meinung zur Tatsachengrundlage oder hat sonstige Zweifel an der Bewertung, so kann er den Vorgang überprüfen lassen; seine Gegenäußerung wird zur Personalakte genommen. Sofern unrichtige Angaben in der Personalakte enthalten sind, hat der Bedienstete einen Anspruch auf ihre Entfernung. Ob das auch für Beschwerden, Behauptungen und ähnlichen Unterlagen gilt, die für ihn ungünstig, gleichwohl aber berechtigt sind, hängt von seinem Status ab. Bei Beamten sind sie nach Ablauf von *zwei Jahren* zu entfernen und zu vernichten.[106] Dies betrifft z.B. Hinweise auf Minderleistungen, Fehlleistungen und Verfehlungen, die nicht zu einem Disziplinarverfahren geführt haben. Für nicht beamtete Bedienstete gelten die genannten Vorschriften zur Tilgung entsprechend.[107] Die Tilgung von Disziplinarvorgängen wird durch eine Rechtsverordnung geregelt.[108]

dd) Vollständigkeit der Personalakte

Für die Personalaktenführung gilt der Grundsatz der Vollständigkeit und Kontinuität. Die Akte muss komplett sein und ohne Unterbrechung geführt werden. Ist ein Vorgang einmal in die Akte aufgenommen worden, so darf er nicht ohne weiteres entfernt werden.[109] Auf der anderen Seite darf die Personalaktenführung in der Praxis auch nicht in eine „Sammelwut"[110] ausarten und zu einem Überwachungsinstrument missbraucht werden. Die Grenze ist hier beim Persönlichkeitsrecht des Betroffenen zu ziehen.[111]

463

Die äußere Gestaltung der Aktenführung kann die Vollständigkeit der Akte unterstützen. So kann die aktenführende Stelle nach ihrem Ermessen die Personalakten *paginieren*, d.h. mit einer fortlaufenden Seitenzahl versehen.[112] Schwierigkeiten dieser Methode ergeben sich jedoch daraus, dass manche Unterlagen nach einer gewissen Zeit zu tilgen sind. Die fehlenden Seiten fallen dann sofort als Lücken in der Paginierung auf und unterwandern den Sinn und Zweck der Löschung. Im Falle einer Durchnummerierung ist von Anfang an darauf zu achten, dass Unterlagen, die der Tilgung unterliegen, in eine (nicht paginierte) Teilakte aufgenommen werden. Ebenso muss das Inhaltsverzeich-

---

[106] §§ 89 Abs. 1 Nr. 2 LBG NRW, 112 Abs. 1 Nr. 2 BBG.
[107] Die genannten beamtenrechtlichen Vorschriften sind über § 29 Abs. 2 DSG NRW entsprechend anzuwenden.
[108] Verordnungsermächtigung in § 89 Abs. 2 LBG NRW.
[109] Diese Frage war früher umstritten. Während das BVerwG unter Betonung des Grundsatzes der Vollständigkeit hohe Anforderungen an eine Entfernung stellte, vertraten BGH und BAG etwas großzügigere Auffassungen. Die Entfernung ist inzwischen in § 89 LBG NRW gesetzlich geregelt.
[110] *Bergauer*, Führung von Personalakten, S. 22.
[111] Für die Wahrung des Verhältnismäßigkeitsgrundsatzes in diesem Zusammenhang siehe *BVerfGE* 27, 345 und BVerfGE 34, 205.
[112] Dazu *BAG*, Urt. v. 16.10.2007 – 9 AZR 110/07 –.

nis gegebenenfalls neu angelegt werden, wenn sich der Akteninhalt nachträglich ändert.

h) Vorlage und Auskunft

464 Unter *Vorlage* versteht man dabei die vollständige Übersendung einer Akte, während der Begriff *Auskunft* als vergleichsweise milderes Mittel nur die Übermittlung von Einzelinformationen umfasst.[113] Bei einer postalischen Versendung sollte aus datenschutzrechtlichen Gesichtspunkten eine möglichst sichere Beförderungsvariante, z.B. die Aufgabe als Wertsendung oder per Kurier, gewählt werden, damit man im Falle eines Abhandenkommens die einzelnen Stationen nachvollziehen kann. Wichtig ist auch, dass durch eine separate Versiegelung und Kennzeichnung als Personalakte die Vorlage auf Empfängerseite in die richtigen Hände gelangt und auch dort gegen unberechtigte Einblicke geschützt bleibt.[114]

Die Personalakte und die in ihr enthaltenen persönlichen Daten werden ohne Zustimmung des Betroffenen[115] grundsätzlich nicht an Dritte weitergegeben. Das gilt auch für die Einsichtnahme durch einen künftigen Arbeitgeber/Dienstherrn.[116] Eine Ausnahme gilt für die Vorlage zu Zwecken der Personalverwaltung und Personalwirtschaft der obersten Dienstbehörde oder einer im Rahmen der Dienstaufsicht weisungsbefugten Behörde.[117] Sonderbestimmungen gelten nach den jeweiligen Verfahrensordnungen für die Vorlage an Untersuchungsausschüsse[118] und Gerichte.[119] Die Weitergabe an andere Behörden ist zum Schutz des Persönlichkeitsrechts so gering wie möglich zu halten.[120] Bei Konkurrentenklagen wird man in der Einreichung der Klage die Zustimmung des betroffenen Beamten zur Vorlage seiner Personalakte sehen können.[121]

i) Besonderheiten bei automatisierter Verarbeitung

465 Die automatisierte Datenverarbeitung ist unverzichtbares Instrument einer leistungsstarken öffentlichen Verwaltung geworden. IT kommt außer bei der Zahlung der Bezüge auch immer mehr in der originären Personalplanung zum

---

[113] *Tadday/Rescher*, a.a.O., § 88, vor Erl. 1.
[114] *Kessler*, Personalaktenrecht, S. 36.
[115] § 50 Satz 4 BeamtStG.
[116] § 29 Abs. 1 Satz 3 DSG NRW.
[117] §§ 50 Satz 5 BeamtStG, 88 Abs. 1 Satz 1 LBG NRW.
[118] Art. 44 Abs. 2 und 3 GG.
[119] Z.B. in Strafsachen, § 96 StPO oder in Verwaltungsrechtsstreitigkeiten, § 99 VwGO.
[120] *Kathke*, Personalaktenrecht, Rn. 300.
[121] Zur alten Rechtslage *Schütz/Maiwald*, § 102d Rn. 27.

Einsatz.[122] Die datenschutzrechtliche Problematik der automatisierten Verarbeitung liegt darin, dass damit für sich genommen relativ unbedeutende Einzelangaben über persönliche und sachliche Verhältnisse einer bestimmten Person zu einem Persönlichkeitsbild zusammengefügt werden können. Daher bestehen besondere rechtliche Anforderungen an die Zulässigkeit der automatisierten Datenverarbeitung. Sie ist nur zum Zwecke der Personalverwaltung oder -wirtschaft zulässig.[123] Ein automatisierter Datenabruf durch andere Behörden ist unzulässig, soweit nicht durch eine besondere Rechtsvorschrift – z.B. eine Dienstvereinbarung – etwas anderes bestimmt ist.[124] Eine zentrale Bedeutung kommt dem Erforderlichkeitsgrundsatz zu: Eine Verarbeitung ist zulässig, soweit dies zur Begründung, Durchführung, Beendigung oder Abwicklung des Arbeitsverhältnisses oder zur Durchführung organisatorischer, personeller oder sozialer Maßnahmen erforderlich ist oder durch eine Rechtsvorschrift erlaubt wird.[125] Den Betroffenen müssen in verständlicher Form vor der Speicherung Tatsache, Umfang, Zweck und Verarbeitungsmöglichkeiten allgemein bekannt gegeben werden.[126] Zugang zu den Daten sollte ausschließlich die Personalsachbearbeitung haben, die sich mit einer personalisierten *Benutzerkennung* und einem individuellen *Passwort* einloggen kann. Alle Eingaben sind zur Fehlerkontrolle mittels Eingabeprotokollen zu erfassen und dadurch nachvollziehbar zu machen.

j) Aufbewahrungsfristen

Die Aufbewahrungsdauer von Personalakten orientiert sich zum einen an der Verjährung möglicher Ansprüche aus dem Dienstverhältnis, berücksichtigt aber auch das eventuelle Interesse Hinterbliebener, nach dem Tod eines Bediensteten Einsicht nehmen zu können.[127] Auf der anderen Seite darf auch der dahinterstehende Personalaufwand und die Notwendigkeit der Freihaltung geeigneter Lagerungsräume der aufbewahrenden Stelle nicht außer Acht gelassen werden.[128] Der Gesetzgeber hat sich für eine 5-jährige Aufbewahrungsfrist

466

---

[122] Zur Frage der Zulässigkeit eines *Outsourcing* (Auftragsdatenverarbeitung) an externe IT-Unternehmen plädiert das *OVG NRW*, Urt. v. 23.09.2003 ES/D I 1 Nr. 14, für ein reines IT-Outsourcing, das dem Dienstanbieter keinen Zugang zu den Daten eröffnet.
[123] §§ 114 BBG, 90 LBG NRW.
[124] § 90 Abs. 1 Satz 3 LBG NRW.
[125] §§ 29 Abs. 1 Satz 1 DSG NRW, 84 Abs. 4 Satz 1 LBG NRW.
[126] § 90 Abs. 5 Satz 2 LBG NRW. Als mögliche Kommunikationsmittel kommen Merkblätter, Hausmitteilungen oder Rundschreiben ebenso in Betracht wie die Einrichtung eines elektronischen schwarzen Brettes, auf das alle Mitarbeiter zugreifen können. Auch das Verfahrensverzeichnis kann eine solche Informationsquelle sein.
[127] § 87 Abs. 2 Satz 2 LBG NRW.
[128] *Thiele* DÖD, 1992, 121 (126 f.); *Kathke*, Personalaktenrecht, Rn. 371.

entschieden, mit der die regelmäßig zu erwartenden Ansprüche erfüllt werden können.[129] Nach Ablauf dieser Frist sind die Akten zu vernichten, sofern sie nicht nach einer Archivwürdigkeitsprüfung in ein Archiv übernommen werden.[130]

6. Betriebliches Eingliederungsmanagement und Datenschutz

a) Einleitung

467 Zur Vorbeugung des Verlusts von Arbeitsplätzen infolge gesundheitlicher Einschränkungen der Arbeitnehmer verpflichtet eine Neuregelung im Sozialgesetzbuch[131] seit Mai 2004 alle Arbeitgeber zur Durchführung eines betrieblichen Eingliederungsmanagements (BEM). Der (kommunale) Arbeitgeber muss nunmehr nach sechs Wochen zusammenhängender oder unterbrochener Arbeitsunfähigkeit[132] eines Bediensteten aktiv werden und mit dessen Zustimmung gemeinsam Möglichkeiten zur Vermeidung/Überwindung der Arbeitsunfähigkeit und zur Sicherung des Bedienstetenverhältnisses klären. Obwohl im Schwerbehindertenrecht geregelt, gilt diese rechtliche Vorgabe für alle Bediensteten und ist nicht auf schwerbehinderte Arbeitnehmer limitiert.[133]

Da bei der Durchführung eines betrieblichen Eingliederungsverfahrens verschiedene Stellen mit personenbezogenen, vorwiegend sogar sensitiven, Daten arbeiten, stellt sich die Frage nach der datenschutzrechtlich zulässigen Ausgestaltung des BEM.

b) Ziel

468 Ziel des BEM ist es, möglichst frühzeitig mit langzeiterkrankten Bediensteten gemeinsam zu klären,

---

[129] § 91 Abs. 1 LBG NRW. Kommunale Verwaltungen können darüber hinaus eigene Aktenaufbewahrungsordnungen erlassen – *KGSt-Bericht* Nr. 4/2006 „Aufbewahrungsfristen für Kommunalverwaltungen" –, solange sie den gesetzlichen Mindeststandard nicht unterschreiten. In der Regel werden zumindest die Akten von Amts- und Institutsleitern im Interesse der Vollständigkeit städtischer Archive dauerhaft aufbewahrt.
[130] § 91 Abs. 4 Satz 1 LBG NRW; die Vorgaben dazu enthält das einschlägige Landes-Archivgesetz.
[131] § 84 Abs. 2 SGB IX in der Fassung vom 01.05.2005, neugeregelt durch das Gesetz zur Förderung der Ausbildung und Beschäftigung schwerbehinderter Menschen vom 23.04.2004, veröffentlicht im BGBl. I S. 606ff. vom 28.04.2004.
[132] Abzustellen ist insoweit nicht auf das Kalenderjahr, sondern auf die letzten 12 Monate beginnend mit dem ersten Krankheitstag.
[133] *Knittel*, SGB IX – Rehabilitation und Teilhabe behinderter Menschen – Kommentar, Loseblatt-Ausgabe, 32. Erg. Lfg., Stand: April 2008, § 84 Rn. 60.

– wie die Arbeitsunfähigkeit überwunden und damit Fehlzeiten verringert werden können,
– mit welchen Maßnahmen einer erneuten Arbeitsunfähigkeit wirksam vorgebeugt werden kann und
– wie der Arbeitsplatz gesichert, die Fähigkeiten des Arbeitnehmers weiter genutzt und seine Einsatzfähigkeit und Produktivität sukzessive erhöht werden können.

c) Beteiligte Personen/Funktionseinheiten

In die Durchführung einer betrieblichen Eingliederung können bzw. müssen neben dem betroffenen Bediensteten und der für die Durchführung verantwortlichen Organisationseinheit weitere Funktionsträger involviert sein. Hierzu zählen insbesondere der Personalrat, bei schwerbehinderten Betroffenen und Gleichgestellten die Schwerbehindertenvertretung, die Dienstherren/Vorgesetzten, der betriebsärztliche Dienst, die Sozialberatung, die Fachkräfte für Arbeitssicherheit, die Gleichstellungsbeauftragte und diverse externe Stellen (Unfallversicherungsträger, Krankenkassen, Rentenversicherung, Agentur für Arbeit, Integrationsamt).[134]

469

d) Datenschutzrechtliche Fragestellungen

Im Rahmen des betrieblichen Eingliederungsmanagements müssen, um dem Betroffenen konkret erfolgversprechende Maßnahmen anbieten zu können, vielfältige personenbezogene und sensitive Daten des Bediensteten verarbeitet werden. Erfasst werden zum Beispiel die Tatsache der Arbeitsunfähigkeit an sich, Ursachen der Erkrankung im betrieblichen und/oder persönlichen Umfeld und nähere Angaben über persönliche Umstände. Aus der Zielsetzung des betrieblichen Eingliederungsmanagements – dem Erhalt des Arbeitsplatzes – muss in datenschutzrechtlicher Hinsicht sichergestellt werden, dass diese Informationen nur zweckgerichtet zu Gunsten des Betroffenen verwendet werden (können).

470

aa) Erhebung und Weiterverarbeitung personenbezogener Daten

Zu Beginn des BEM steht daher immer eine Datenerhebung bei dem betroffenen Bediensteten. Zu dieser bedarf es in jedem Fall der Einwilligung des Betroffenen, andernfalls kommt es schon nicht zur Einleitung betrieblicher Eingliederungsmaßnahmen.[135] Die Wirksamkeit der Einwilligung setzt neben der

471

---

[134] § 84 Abs. 2 Sätze 1, 2 und 4 SGB IX; *Knittel*, a.a.O., § 84 Rn. 72ff.
[135] *Gundermann/Oberberg*, Datenschutzkonforme Gestaltung des Eingliederungsmanagements, RDV 2007, 103 ff., 107.

Schriftlichkeit[136] voraus, dass der Bedienstete zuvor auf die Ziele des BEM und auf Art und Umfang der hierfür erhobenen und verwendeten Daten hingewiesen worden ist.[137] Die Einwilligung umfasst sodann auch nur die im Rahmen der betrieblichen Eingliederung erforderliche und zweckgerichtete Datenverarbeitung, also nur solcher Daten, die zum Erhalt und Bestand des Arbeitsverhältnisses notwendigerweise erhoben, gespeichert und übermittelt werden müssen. Eine Verwendung der Daten über den von der Einwilligung umfassten Zweck hinaus ist nicht zulässig. Für andere allgemeine arbeitsvertragliche Zwecke oder gar zur Erleichterung einer krankheitsbedingten Kündigung scheidet die Verarbeitung der im BEM-Verfahren erhobenen Daten aus.[138] Der Betroffene stellt die Daten gerade zum Erhalt und der Sicherung seines Bedienstetenverhältnisses zur Verfügung. Dann würde aber der Sinn des BEM geradezu konterkariert, wenn der (kommunale) Arbeitgeber die derart erworbenen Daten mit konträrer Absicht verwenden dürfte.[139] Der Bedienstete kann seine Einwilligung während und auch nach Abschluss einer betrieblichen Eingliederungsmaßnahme widerrufen.[140] Hieraufhin ist das Verfahren unverzüglich zu beenden und bereits vorhandene Daten sind zu löschen. Es wird damit die gleiche Situation geschaffen, die bestünde, wenn der Bedienstete das BEM-Angebot bereits zu Anfang abgelehnt hätte.[141]

bb) Zuständigkeit für die Verarbeitung der Daten

472 Die jeweils unterschiedliche Zweckrichtung einer Maßnahme im Rahmen des BEM einerseits und der Durchführung des Arbeitsverhältnisses andererseits muss sich auch in der organisatorischen Abwicklung widerspiegeln. Die Sorge des Bediensteten, der Dienstherr könne die Gesundheitsdaten zweckwidrig zu einer krankheitsbedingten Kündigung heranziehen, ist insoweit zu berücksichtigen, als dass die Durchführung des BEM und die hiermit verbundene Datenverarbeitung zwingend nicht der Personalabteilung, sondern einer gesonderten

---

[136] *Gundermann/Oberberg*, RDV 2007, 103 ff., 107.
[137] § 84 Abs. 2 Satz 3 SGB IX.
[138] Ausführlich hierzu: *Gundermann/Oberberg*, RDV 2007, S. 103 (108); *ULD Schleswig-Holstein*, Datenschutz-fachliche Implikationen des Betrieblichen Eingliederungsmanagements, abrufbar unter: https://www.datenschutzzentrum.de/wirtschaft/eingliederungsmanagement.htm.
[139] *Gundermann/Oberberg*, RDV 2007, 103 ff., 108.
[140] *Gundermann/Oberberg*, RDV 2007, 103 ff., 108.
[141] Mit dem Widerruf riskiert der Bedienstete folglich die gleichen arbeitsrechtlichen Konsequenzen wie bei einer direkten Verweigerung der BEM-Maßnahme, insbesondere kann er in einem krankheitsbedingten Kündigungsprozess nicht anführen, das BEM sei nicht ordnungsgemäß durchgeführt worden.

Organisationseinheit, obliegen muss.¹⁴² Aufgrund der medizinischen Komponenten des BEM bietet sich die Übernahme der Aufgabe durch den kommunalen betriebsärztlichen Dienst an. Dieser ist aufgrund seiner betriebsärztlichen Tätigkeit unter fachlichen und organisatorischen Gesichtspunkten zur Durchführung des BEM besonders geeignet.¹⁴³ Aber auch die Einrichtung einer Ad-hoc-Organisationseinheit, die sich aus Vertretern des Arbeitgebers und Interessenvertretungen¹⁴⁴ zusammensetzt, begegnet dann keinen Bedenken, wenn das im BEM-Verfahren erworbene Wissen nicht unmittelbar Personalentscheidungen beeinflusst.¹⁴⁵

cc) Aufbewahrung der Daten

Die strikte Trennung der im Rahmen des BEM-Verfahrens erhobenen Daten und der sonstigen Personaldaten kann nur dadurch gewährleistet werden, dass die Daten über die Langzeiterkrankung keinen Eingang in die Personalakte finden. Diese Daten sind vielmehr in einer separaten Akte zu führen, ähnlich wie die Patientenakten des Betriebsarztes.¹⁴⁶ In die Personalakte darf einzig ein Vermerk darüber aufgenommen werden, dass die Durchführung eines BEM angeboten wurde, ob der Bedienstete hiermit einverstanden war oder nicht, welche konkreten Maßnahmen angeboten wurden und ob eine Umsetzung des Bediensteten mit dessen Einverständnis möglich war oder nicht. Medizinische Einzelheiten, z.B. Angaben über die Art und Schwere der Erkrankung, sind hier hingegen nicht zu vermerken; sie sind einzig Bestandteil der BEM-Akte.¹⁴⁷

473

Die im Rahmen eines BEM erhobenen Daten dürfen nur solange aufbewahrt werden, wie sie für die Durchführung des BEM selbst Bedeutung haben und für die zukünftige Entwicklung des Arbeitsverhältnisses noch eine Rolle spielen können. Wird nach erfolgreicher Überwindung einer Dauererkrankung das Arbeitsverhältnis wieder in einen Normalzustand gebracht und kann dieser Zustand über einen längeren Zeitraum, z.B. von 3 Jahren, stabilisiert werden, so entfällt die Notwendigkeit, die Gesundheitsdaten länger aufzubewahren. Sie sind dann zu löschen.

---

142 *ULD Schleswig-Holstein*, Datenschutzfachliche Implikationen des Betrieblichen Eingliederungsmanagements, abrufbar unter: https://www.datenschutzzentrum.de/wirtschaft/eingliederungsmanagement.htm (Stand: 04.09.2008).
143 *Gundermann/Oberberg*, RDV 2007, 103ff., 109.
144 In § 84 Abs. 2 SGB IX genannt.
145 Dies sollte durch eine Dienstvereinbarung, welche vorgibt, dass kein Informationsfluss dieser Personen an die Personalabteilung stattfindet, sichergestellt werden.
146 *Knittel*, a.a.O., § 84 Rn. 99f.; *ULD Schleswig-Holstein*, Datenschutzfachliche Implikationen des Betrieblichen Eingliederungsmanagements, abrufbar unter: https://www.datenschutz-zentrum.de/wirtschaft/eingliederungsmanagement.htm.
147 *Knittel*, a.a.O., § 84 Rn. 99f.

e) Fazit

474 Das betriebliche Eingliederungsmanagement kann nur gelingen, wenn bei den Bediensteten das begründete Vertrauen besteht, dass ihnen aus der Inanspruchnahme dieses Angebots in arbeitsrechtlicher Hinsicht keinerlei Nachteile entstehen können. Um dies zu gewährleisten muss das BEM insoweit organisatorisch getrennt vom allgemeinen Arbeitsverhältnis durchgeführt werden, als dass die Gesundheitsdaten separat erhoben und aufbewahrt werden. Der kommunale Arbeitgeber darf auf diese Daten keinen Zugriff haben. Die zu beachtenden Einzelregelungen einer datenschutzrechtlichen Ausgestaltung des BEM sollten in einer Vereinbarung zwischen dem Dienstherrn/Arbeitgeber und dem Betroffenen geregelt werden.

7. Resümee

Obgleich sich die dargestellten Vorgaben zur Personaldatenverarbeitung inzwischen etabliert haben dürften, treten im kommunalen Personalwesen neben Datenschutz-Pannen, die sich nie vermeiden lassen, immer wieder auch strukturelle Mängel auf, die mit Defiziten in der Personalqualifikation und -kapazität einhergehen. Regelmäßige Fortbildungen in Datenschutzfragen bilden daher einen wichtigen Baustein der sachgerechten Aufgabenwahrnehmung, der nicht vernachlässigt werden darf.

II. Datenschutz am Arbeitsplatz

1. Einleitung

Wer Informations- und Kommunikationstechnologie an seinem Arbeitsplatz in der Kommune nutzt, muss damit leben, dass über seine Tätigkeit eine Reihe personenbezogener Daten erhoben werden. Sowohl aus datenschutzrechtlicher als auch aus arbeitsrechtlicher Sicht ergibt sich eine Vielzahl von Fragestellungen. Dabei stehen die Unterscheidung zwischen dienstlicher und privater Nutzung und das Recht des Arbeitgebers/Dienstherrn, die Einhaltung seiner insoweit geforderten Vorgaben zu kontrollieren, im Vordergrund.

2. Rechtsgrundlagen

475 Grundsätzlich steht es dem Arbeitgeber/Dienstherrn frei, ob und zu welchen Zwecken er Kommunikationstechnik zur Verfügung stellt. Dabei kann er auch frei entscheiden, ob er eine private Nutzung gestattet,[148] ist aber andererseits bei der Kontrolle der Einhaltung des von ihm gesteckten Erlaubnisrahmens an

---

[148] *Gola/Wronka*, Handbuch Arbeitnehmerdatenschutz, 5. Aufl., 2010, Rn. 730; *Beck-schulze*, DB 2009, 2097. Einen Überblick über die neueste Rechtsprechung zum Thema geben *Gola/Klug*, NJW 2010, 2483 ff., 2486.

die einschlägigen Rechtsvorschriften gebunden. Kommunalen Arbeitgebern ist die Verarbeitung von Beschäftigtendaten zur Durchführung des Dienst- oder Arbeitsverhältnisses erlaubt.[149] Die Grenze dieser Kontrolle zieht insbesondere der Anspruch des Bediensteten auf Persönlichkeitsrechtsschutz,[150] die Regelungen des Personalaktenrechts für Beamte,[151] sowie das auch strafrechtlich geschützte Fernmeldegeheimnis.[152] Auch die Personalvertretung ist mit im Boot, da es zu ihren Aufgaben zählt, die zugunsten der Bediensteten ergangenen Gesetze zu überwachen.[153] Regelmäßig werden Dienstvereinbarungen zur Telefonnutzung geschlossen. Gestattet der Arbeitgeber/Dienstherr dem Bediensteten die private Nutzung von Telefon, E-Mail oder Internet am Arbeitsplatz, so erbringt er ihm gegenüber geschäftsmäßig Telekommunikations- und Telemediendienste.[154] Auf den Inhalt privater Kommunikation über Telefon, E-Mail und Internet findet Telemedienrecht Anwendung.[155] Es ist in absehbarer Zeit nicht zu erwarten, dass diese vielschichtige Rechtslage künftig dadurch vereinfacht wird, dass auf EU-Ebene eine Richtlinie zum Schutz personenbezogener Daten am Arbeitsplatz erlassen wird. Derzeit wird auf Bundesebene ein Gesetzesentwurf zur Regelung von Grundlagen des Arbeitnehmerdatenschutzes erarbeitet.[156] Konsequenzen daraus für die Gesetzgebung auf Länderebene zeichnen sich noch nicht ab.

3. Nutzung des Diensttelefons

Von der am Arbeitsplatz vorhandenen Technik ist an erster Stelle die Nutzung des vom Arbeitgeber/Dienstherrn zur Verfügung gestellten Telefons zu betrachten.

a) Telefondatenerfassung bei dienstlicher Nutzung

Grundsätzlich darf der Arbeitgeber/Dienstherr, dessen Bedienstete am Arbeitsplatz telefonieren, die Verkehrsdaten abgehender Dienstgespräche erhe-   476

---

149 § 29 DSG NRW.
150 § 75 Abs. 2 BetrVG.
151 §§ 50 BeamtStG, 84ff. LBG NRW; dazu *Rieß*, in: Roßnagel (hg.), Handbuch Datenschutzrecht, 2003, Kap. 6.4, Rn. 31.
152 § 88 Abs. 3 TKG, § 206 StGB
153 § 64 Nr. 2 LPVG NRW.
154 Darüber hinaus besteht ein Anbieter-Nutzer-Verhältnis (§§ 3 Nr. 6 TKG, 11 TMG). Der ArbG/Dienstherr ist ferner an das Fernmeldegeheimnis gebunden (§ 88 Abs. 3 TKG).
155 § 11 Abs. 3 TMG.
156 Gedacht ist an ergänzende Vorschriften zu § 32 BDSG; http://www.bmi.bund.de/cae/servlet/contentblob/941830/publicationFile/60604/-eckpunkte_an_datenschutz.pdf.

ben, speichern und die nach Zeitpunkt und Dauer des Telefonates aufgeschlüsselten Daten zu einem Kostenmanagement nutzen und kontrollieren.[157] Problematisch ist dabei die Speicherung der *vollständigen* Zielrufnummer. Die von einem Dienstanschluss aus angewählte Zielrufnummer ist immer auch ein Datum des Angerufenen. Die Rechtsprechung hat bisher das schutzwürdige Interesse des Angerufenen gegenüber dem Kosten- und Kontrollinteresse des Arbeitsgebers/Dienstherrn des Anrufenden abgewogen und dabei als Lösung für die Praxis die Kürzung der Zielrufnummer um die letzten drei Ziffern empfohlen.[158] Allerdings wird dies gesetzlich nicht vorgegeben.[159] Bei bestimmten Berufsgruppen[160] gelten Sonderregelungen; hier muss auf die Speicherung der Zielrufnummer komplett verzichtet werden, da ansonsten Rückschlüsse auf die betreuten Personen möglich wären.[161] Grenzen sind dem Arbeitgeber/Dienstherrn für die Nutzung der Verkehrsdaten gezogen: Im Rahmen der Zweckbestimmung des Arbeitsverhältnisses darf er die Daten nur zur Missbrauchskontrolle – Dauer, Kosten etc. – nutzen, nicht aber zur Leistungs- und Verhaltenskontrolle. Derartige Maßnahmen unterliegen der Mitbestimmung der Personalvertretung.[162] Regelmäßig werden Auswertungen, die eine Leistungs- und Verhaltenskontrolle des Telefonierenden möglich machen würden, im Wege einer Dienstvereinbarung ausgeschlossen. Der Anspruch des Bediensteten auf freie Entfaltung seiner Persönlichkeit im Dienst geht insoweit vor.[163]

---

[157] *Gola/Wronka*, a.a.O., Rn. 753; *Gola*, Datenschutz und Multimedia am Arbeitsplatz, 3. Aufl. 2010, Rn. 203; eine grundlose vollständige Überwachung des Inhalts der Gespräche ist hingegen nicht zulässig; *Rieß*, in: Roßnagel (hg.), a.a.O., Kap. 6.4, Rn. 31 f. Der Kostenaspekt kann im Falle einer mit dem Provider vollständig oder teilweise vereinbarten *Flatrate* an Bedeutung verlieren; Missbrauchskontrolle kann unter dem Aspekt versäumter Arbeitszeit trotzdem sinnvoll sein.
[158] BAG, Beschl. v. 27.05.1986, SAE 1989, 283; BAG, RDV 1991, 79; zur vorzunehmenden Abwägung grundlegend *BVerfG*, NJW 1992, 815.
[159] § 97 Abs. 3 und 4 TKG.
[160] Z.B. Betriebsarzt, Betriebspsychologe, Telefonseelsorge etc.
[161] BAG, DB 1987, 1153; *Büllesbach*, in: Roßnagel (hg.), a.a.O., Kap 6.1, Rn. 52; *Däubler*, Internet und Arbeitsrecht, 3. Aufl. 2004, Rn. 263; *Gola/Wronka*, a.a.O., Rn. 761.
[162] §§ 72 Abs. 3 Nr. 2 LPVG NRW; dazu *Rieß*, in: Roßnagel (hg.), a.a.O., Kap. 6.4, Rn. 31 f.; *Däubler*, a.a.O., Rn. 143 ff.
[163] Siehe auch Gesetzentwurf der Bundesregierung (Regierungsentwurf v. 25.08.2010, BR-Drs. 535/10 mit Änderungsvorschlägen des Bundesrates v. 25.10.2010, BR-Drs. 535/2/10). Dazu *Tinnefeld/Petri/Brink*, MMR 2010, 727 ff.; kritisch *ULD S-H* (hg.), Stellungnahme zu BR-Drs. 535/10 (www.datenschutzzentrum.de/arbeitnehmer/20101012-stellungnahme.html) zur Änderung des BDSG, mit dem der § 32 BDSG geändert und insgesamt zwölf neue Bestimmungen (§§ 32 a–32 l BDSG) eingefügt werden sollen, dort insbesondere § 32 i E-BDSG 2010 (Nutzung von TK-Diensten).

Die Erfassung von Standortdaten mobiler Bediensteter durch einen speziellen Service eines Dienste-Anbieters und ihre Nutzung durch den Arbeitgeber/ Dienstherrn *(Handyortung)* wirft gesonderte Probleme auf.[164]

b) Telefondatenerfassung bei privater Nutzung
aa) Unterscheidung zwischen Dienstlichkeit und Privatheit
Die Unterscheidung zwischen dienstlichen und privaten Telefongesprächen wird üblicherweise daran festgemacht, ob ein Gespräch auf einem dienstlichen Umstand beruht oder nicht.[165] Sofern Telefonate aus dienstlich-privatem Anlass geführt werden – Verabredung mit Kollegen zum Mittagessen, Anruf zu Hause, dass es später werde –, überwiegt die dienstliche Komponente, so dass diese Telefonate als dienstliche zu behandeln sind.[166]

477

bb) Gestattung von Privatgesprächen
Auch ohne ausdrückliches Verbot ist eine private Nutzung des Telefons am Arbeitsplatz grundsätzlich nicht gestattet. Der Bedienstete muss – wie bei anderen zur Erledigung der Arbeit zur Verfügung gestellten Arbeitsmitteln – auch beim Telefon selbstverständlich davon ausgehen, dass diese Infrastruktur nicht für private Zwecke zur Verfügung gestellt wurde. Privatgespräche sind nur erlaubt, wenn entweder der Arbeitgeber/Dienstherr sie ausdrücklich oder stillschweigend gestattet hat oder eine betriebliche Übung vorliegt. Der Arbeitgeber/Dienstherr kann eine einmal erteilte Erlaubnis, privat zu telefonieren, zurücknehmen, wenn der Bedienstete keinen Anspruch auf Privatnutzung erworben hat, d.h. wenn die Leistung des Arbeitgebers/Dienstherrn als freiwillig aufgefasst werden muss und unter Widerrufsvorbehalt steht. Andernfalls bedarf es einer Änderung des Arbeitsvertrages; eine Änderungskündigung dürfte selten gerechtfertigt sein.[167]

478

Die Dienstlichkeit der Nutzung des Telefons darf vom Arbeitgeber/Dienstherrn anhand der Verkehrsdaten kontrolliert werden.[168] Ist eine private Nutzung des dienstlichen Telefons gestattet, so entsteht daraus ein Anbieter-

---

[164] *Gola*, Datenschutz bei der Kontrolle mobiler Arbeitnehmer – Zulässigkeit und Transparenz, NZA, 2007, 1139 (1142); *Ders.*, Datenschutz und Multimedia, 3. Aufl. 2010, Rn. 86. Siehe auch § 32g E-BDSG 2010 – Ortungssysteme – (Regierungsentwurf v. 25.08.2010, BR-Drs. 535/10).
[165] *BAG*, NJW 1987, 674 (678).
[166] *Gola/Wronka*, a.a.O., Rn. 737; *Däubler*, a.a.O., Rn. 178.
[167] *Däubler*, a.a.O., Rn. 188; a.A. wohl *Gola/Wronka*, a.a.O., Rn. 747.
[168] Einzelverbindungsnachweise werden zur Kostentransparenz für Gespräche erstellt, die als dienstlich deklariert wurden. Sie dienen der internen Verrechnung und dürfen nur die für diesen Zweck erforderlichen Daten enthalten.

Nutzer-Verhältnis zwischen Arbeitgeber/Dienstherrn und Bediensteten.[169] Bezüglich der Privatgespräche ist es dem Arbeitgeber/Dienstherrn nur gestattet, die für den technischen Betrieb und zur Gewährleistung der Datensicherheit benötigten Daten vorübergehend zu speichern und für den Fall, dass der Bedienstete die Kosten der privaten Gespräche tragen muss, die Abrechnungsdaten festzuhalten.[170] Anhand der Verkehrsdaten von Privatgesprächen wird nicht kontrolliert, wie lange und wie oft telefoniert wurde.

c) Praktische Lösungen

aa) Telefonanschlüsse

479 Bei normalen Telefonanschlüssen fehlen in der Regel Möglichkeiten, auf technischem Wege zwischen dienstlichen und privaten Telefonaten zu unterscheiden. Die Privatnutzung kann in diesem Fall datenschutzgerecht gestaltet werden, indem die Bediensteten auf der Basis der durchschnittlichen Anzahl der monatlich verbrauchten Abrechnungseinheiten eine generelle *Selbsteinschätzung* des Anteils ihrer Privatnutzung beim Arbeitgeber/Dienstherrn abgeben; dieser Betrag wird monatlich von den Bezügen einbehalten. Als Alternative steht nur das Führen von *Telefonlisten* für Privatgespräche und die Installation von *Zählern* zur Verfügung. Das ist aber nur datenschutzgerecht, wenn Zeitpunkt, Dauer und Kosten der Privatgespräche Kollegen nicht offenbart werden. Die Aufzeichnung der Verkehrsdaten – Datum, Uhrzeit, Dauer, gekürzte Zielrufnummer und Betrag – der von diesen Anschlüssen aus geführten Gespräche müssen datenschutzgerecht organisiert werden.

bb) Telekommunikationsanlagen

480 Viele Arbeitgeber/Dienstherren verfügen über eine Telekommunikationsanlage. Darin lassen sich regelmäßig dienstliche und private Nutzung auf technischem Wege unterscheiden, indem verschiedene Kennziffern vor der Wahl der Zielrufnummer eingebbar sind. Nutzt ein Bediensteter den Apparat für ein *Privatgespräch*, so ist zusätzlich eine private Kennnummer zu wählen. Sollen die Kosten für Privatgespräche von den monatlichen Bezügen einbehalten werden, so unterliegen die beim Arbeitgeber/Dienstherrn auflaufenden Verkehrsdaten einer strengen Zweckbindung:[171] Sie dienen nur der Berechnung des einzubehaltenden Betrages und der Erstellung eines für den Bediensteten

---

[169] Der Bedienstete ist darin frei, das Angebot zur Privatnutzung anzunehmen oder abzulehnen. Deshalb gelten die Vorgaben des TKG und TMG, während sie für die rein dienstliche Telekommunikation ausgeschlossen sind. Das stellt der Gesetzgeber für die Telemediennutzung in § 11 Abs. 1 Nr. 1 TMG ausdrücklich klar; siehe ferner § 3 Nrn. 6 lit. a), 24 TKG . Siehe dazu *Gola/Wronka*, a.a.O., Rn. 738 f.
[170] Zur Gestattung von Privatgesprächen *Gola/Wronka*, a.a.O., Rn. 744 ff.
[171] *Gola/Wronka*, a.a.O., Rn. 744.

bestimmten Einzelverbindungsnachweises. Datenschutzfreundlich sind insoweit Prepaid- oder Postpaid-Lösungen, bei denen Geldkarten zur Abrechnung von Privatgesprächen eingesetzt werden; es gelangen dabei keine Verkehrdaten zum Arbeitgeber/Dienstherrn. Der Bedienstete kann – je nach Ausgestaltung des Vertrages mit dem Kartenanbieter – von diesem einen Einzelverbindungsnachweis erhalten. Die Verkehrsdaten der *Dienstgespräche* hingegen – Nebenstelle, Zielrufnummer, Kosten, Gesprächszeitpunkt und Gesprächsdauer – werden gespeichert und stehen dem Arbeitgeber/Dienstherrn für Zwecke des Kostenmanagements und der Missbrauchskontrolle zur Verfügung. Wer private Telefongespräche durch unberechtigte Eingabe der dienstlichen Kennziffer führt, macht sich eines Betruges zu Lasten des Arbeitgebers/Dienstherrn strafbar.[172]

cc) Mobilfunk-Geräte

Bediensteten, die aus dienstlichen Gründen ein Mobilfunkgerät vom Arbeitgeber/Dienstherrn erhalten haben, kann ebenfalls die private Nutzung gestattet sein. Die datenschutzgerechte Lösung, die hierfür zur Verfügung steht, trennt zwischen dienstlichen und privaten Gesprächen auf technischem Wege: Das Gerät erhält zwei logische SIM-Karten mit unterschiedlichen Rufnummern – eine für die betriebliche und eine zweite für die private Nutzung. Letztere beruht auf einem privaten Vertrag zwischen dem Bediensteten und dem Mobilfunkanbieter. Der Bedienstete erhält einen Einzelverbindungsnachweis seiner privat geführten Telefongespräche und eine Rechnung an seine Privatadresse. Der Arbeitgeber/Dienstherr hingegen erhält den Einzelverbindungsnachweis über die dienstlich geführten Telefonate. Man spricht vom sog. „*Duo-Bill*"- oder „*Twin-Bill*"-*Verfahren*.

481

d) Mithören und Aufzeichnen von Gesprächsinhalten

Der Arbeitgeber/Dienstherr darf ohne oder gegen den Willen des Bediensteten und seines Gesprächspartners vom Inhalt eines Gespräches nicht Kenntnis nehmen; dies gilt für dienstliche und private Gespräche gleichermaßen[173] und folgt aus dem Persönlichkeitsrecht sowie aus dem Fernmeldegeheimnis.[174] Der Bedienstete und sein Gesprächspartner haben das Recht, selbst zu bestimmen,

482

---

[172] Zur Frage eines angemessenen Disziplinarmaßes beim Führen von privaten Telefongesprächen unter Kennzeichnung als Dienstgespräch *OVG Koblenz*, Urt. v. 16.09.2005 – 3 A 10933/05 –, NVwZ-RR 2007, 44.
[173] *BVerfG*, NJW 1992, 815; *BGH*, NJW 1988, 1016; *Büllesbach*, in: Roßnagel (hg.), a.a.O., Kap 6.1, Rn. 55.
[174] *Gola/Wronka*, a.a.O., Rn. 732, 770 ff.; zu Persönlichkeitsrecht und Fernmeldegeheimnis ausführlich *Elschner*, Rechtsfragen der Internet- und E-Mail-Nutzung am Arbeitsplatz, 2004, S. 97 ff., 127 ff.; *Rieß*, in: Roßnagel (hg.), a.a.O., Kap 6.4, Rn. 6 ff.

ob ihre Worte vertraulich bleiben oder Dritten zugänglich sein bzw. auf Tonträger aufgenommen werden sollen. Die Vertraulichkeit des Wortes verlangt es auch, den Gesprächspartner eines Telefonates zu informieren, wenn der Lautsprecher eingeschaltet wird. Unbefugtes Aufzeichnen und Abhören ist strafbar.[175] Ausnahmen bestehen dann, wenn eine Rechtsgüterabwägung ergibt, dass das Interesse des Staates an der Gewinnung von Beweismitteln überwiegt. Dies ist grundsätzlich nur bei der Aufklärung schwerer Straftaten oder erheblicher Schädigung des Arbeitgebers/Dienstherrn (z.B. Erpressung, Verrat von Betriebsgeheimnissen etc.) der Fall. Erforderlich ist ein vorher bestehender konkreter Verdacht. Allein das Interesse, Beweismittel für zivilrechtliche Ansprüche zu sichern, genügt nicht.[176]

e) Kontrollen des Arbeitgebers/Dienstherrn

aa) Vorgaben

483 Verkehrsdaten dürfen zur Störungsbeseitigung und Missbrauchsbekämpfung, grundsätzlich auch vorsorglich sechs Monate lang, gespeichert werden. Die Auswertung zu Missbrauchszwecken setzt allerdings voraus, dass tatsächliche Anhaltspunkte vorliegen und dokumentiert werden, die auf einen Missbrauch schließen lassen.[177] Die Nutzung des Telefons am Arbeitsplatz sollte in einer Dienstvereinbarung, alternativ in einer Dienstanweisung oder Geschäftsordnung, geregelt werden.[178] Auf diese Weise kann ein internes Verfahren entwickelt werden, welches den Arbeitgeber/Dienstherrn dazu veranlasst, Missbrauchskontrollen datenschutzgerecht zu organisieren. Dem Verhältnismäßigkeitsgrundsatz genügende Kontrollen sind anlassbezogen oder stichprobenartig möglich.[179] Einer Erweiterung der Kontrollbefugnis des Arbeitgebers/Dienstherrn durch Einwilligung[180] des Bediensteten bedarf es nicht.

bb) Nutzungsbeschränkung

484 Der Arbeitgeber/Dienstherr entscheidet im Rahmen seines Direktionsrechts frei darüber, welche Kommunikationstechniken er zur Verfügung stellen will.

---

[175] § 201 StGB.
[176] *Büllesbach*, in: Roßnagel (hg.), a.a.O., Kap 6.1, Rn. 56; *Gola/Wronka*, a.a.O., Rn. 774.
[177] § 100 Abs. 3 TKG; dazu *Wittern*, in: Geppert/Piepenbrock/Schütz/Schuster (hg.), Beck'scher TKG-Kommentar, 3. Aufl. 2006, § 100, Rn. 9 ff.
[178] *Büllesbach*, in: Roßnagel (hg.), a.a.O., Kap 6.1, Rn. 54; für die Landesverwaltung Nordrhein-Westfalens gelten *Vorschriften über die Einrichtung und Benutzung dienstlicher Telekommunikationsanlagen* (Dienstanschlussvorschrift), RdErl. d. Finanzministeriums NRW v. 01.07.2007 –B 2740–0.1.1–IV A 3 –.
[179] *Gola/Wronka*, a.a.O., Rn. 757.
[180] Näher zur Problematik *Gola*, a.a.O., Rn. 310 ff.

Er kann die Art der Kommunikation von vornherein beschränken. So kann es zweckmäßig sein, z.B. Mehrwertnummern (z.B. 0900, 0137) zu sperren oder nur Ortsgespräche zu erlauben. Für derartige Sperren empfiehlt sich eine technische Umsetzung. Dadurch werden nach den Grundsätzen der Datenvermeidung und Datensparsamkeit[181] Missbrauchsmöglichkeiten ausgeschlossen und zugleich der Kontrollbedarf reduziert.[182]

cc) Konsequenzen unerlaubter privater Nutzung

Hat der Arbeitgeber/Dienstherr in rechtmäßiger Weise Kenntnis davon erlangt, dass ein Bediensteter das Diensttelefon unbefugt benutzt hat, sind Sanktionen möglich. Grundsätzlich bedarf eine ordentliche Kündigung einer vorherigen Abmahnung, wenn keine ausdrückliche Verbotsregelung seitens des Arbeitgebers/Dienstherrn besteht und der Bedienstete unbefugt oder missbräuchlich das Diensttelefon genutzt hat.[183] Eine fristlose Kündigung ohne Abmahnung ist nur bei Hinzutreten besonderer Umstände möglich, welche das Vertrauen zwischen Arbeitgeber/Dienstherrn und Bedienstetem empfindlich stören, so dass dem Arbeitgeber/Dienstherr die Fortsetzung des Arbeitsverhältnisses nicht zumutbar ist. Dies ist der Fall, wenn ein ausdrückliches Verbot besteht und der Bedienstete gleichwohl das Telefon in erheblichem Umfang unbefugt nutzt.[184] Ein nur geringfügiger Verstoß hingegen muss abgemahnt werden, außer wenn der Bedienstete in betrügerischer Absicht handelt, also z.B. Privatgespräche als Dienstgespräche tarnt.[185] Gleiches gilt, wenn weitere, mit den arbeitsvertraglichen Pflichten nicht zu vereinbarende Aspekte hinzutreten, z.B. Schädigung des Arbeitgebers/Dienstherrn durch Anwahl von Mehrwertdiensten oder Ausübung eines Nebenjobs vom Diensttelefon aus.[186]

485

4. Nutzung des dienstlichen Web-Zugangs

In der kommunalen Praxis gehört es längst zum Standard, das Internet zu nutzen. Die im Verhältnis zum Telefon abweichende rechtliche Bewertung ergibt

486

---

[181] § 4 Abs. 2 DSG NRW.
[182] *Gola/Wronka*, a.a.O., Rn. 799.
[183] *LAG Niedersachsen*, RDV 1998, 221.
[184] *ArbG Düsseldorf*, RDV 2002, 134; BAG, 2 AZR 581/04 (für den Bereich der Internet-Nutzung).
[185] Auch hier kann aber in einzelnen Fällen eine Abmahnung erforderlich sein, *LAG Sachsen-Anhalt*, RDV 2001, 28.
[186] *ArbG Frankfurt a.M.* – 14 Ca 891/95 –: Wer vom Telefon seines Arbeitgebers aus einem Nebenjob nachgeht, der kann entlassen werden; *BAG*, Urt. v. 05.12.2002 – 2 AZR 478/01 –: Führen umfangreicher Telefongespräche ist grundsätzlich Kündigungsgrund.

sich vor allem daraus, dass eine technische Unterscheidung zwischen dienstlicher und privater Nutzung des Accounts in der Regel (noch) nicht möglich ist.

a) Gestattung von Privatnutzung

aa) Grundsatz

Ebenso wie das Telefonieren ist auch die Nutzung des Web-Zugangs am Arbeitsplatz grundsätzlich nicht gestattet.[187] Denn der Arbeitgeber/Dienstherr ist in seiner Entscheidung darüber frei, ob und in welchem Umfang er den Bediensteten eine Privatnutzung seiner dienstlichen Ressourcen gestatten will.[188] Er kann auch den Zugriff auf bestimmte Inhalte sperren, deren Nutzung strafbar ist, die keinen dienstlichen Bezug aufweisen oder die wegen ihrer Anstößigkeit sein Ansehen beeinträchtigen würden. Eine Gestattung kann sich allerdings aus ausdrücklicher verwaltungsinterner Regelung oder daraus ergeben, dass der Arbeitgeber/Dienstherr die Nutzung duldet oder die Voraussetzungen für eine betriebliche Übung vorliegen.[189] Wenn den Bediensteten privates Telefonieren gestattet ist, können sie – mangels ausdrücklicher Regelung – grundsätzlich auch davon ausgehen, dass sie in diesem Umfang auch das Internet und den E-Mail-Account zu privaten Zwecken nutzen dürfen.[190] Ob es heute sinnvoll ist, in Behörden oder Betrieben Privatnutzung zu verbieten, ist vielfach eine Frage des Standpunktes und richtet sich nach den konkreten Umständen des betroffenen Arbeitsplatzes und der nachzugehenden Arbeit.

bb) Die Perspektive des Arbeitgebers/Dienstherrn

487 Aus der Sicht des Arbeitgebers/Dienstherrn bringt die Privatnutzung des *Web* zahlreiche Gefahren mit sich. Zum einen ist zu befürchten, dass die Arbeitsleistung der Bediensteten durch eine exzessive Internetnutzung eingeschränkt wird. Deshalb wird teilweise dazu übergegangen, private Internetnutzung nur in Pausen oder außerhalb der Arbeitszeit zu gestatten. Zum anderen besteht die Gefahr, dass das behördliche Netz durch das private Herunterladen von Video- oder Musikdateien überlastet wird. Abgesehen davon, dass hier ohne-

---

[187] Es handelt sich um ein dienstliches Arbeitsmittel, dessen korrekte Nutzung nur für dienstliche Zwecke erlaubt ist; z.B. *Gola*, Datenschutz und Multimedia am Arbeitsplatz, 3. Aufl. 2010, Rn. 287ff. Zum Vergleich mit der Privatwirtschaft: Nach einer neueren Studie von *PricewaterhouseCoopers* verbietet jedes vierte deutsche Großunternehmen die private Telefon- und Internetnutzung (Datenschutz-Berater 6/2010, S. 5).

[188] Ausnahmen können sich allerdings aus der Fürsorgepflicht des Arbeitgebers/Dienstherrn ergeben, z.B. in Notfällen, so *Däubler*, a.a.O., Rn. 180f.

[189] *Beckschulze*, Internet-, Intranet- und E-Mail-Einsatz am Arbeitsplatz, Der Betrieb 2003, 2777ff.; *Gola/Wronka*, a.a.O., Rn. 733; *Däubler*, a.a.O., Rn. 183f.

[190] *Däubler*, a.a.O., Rn. 184.

hin häufig Urheberrechtsverstöße vorliegen, an denen der Arbeitgeber/Dienstherr durch Gestattung der Privatnutzung Gefahr läuft, beteiligt zu werden, steht eine solche Nutzung am Arbeitsplatz im deutlichen Gegensatz zu den Pflichten des Bediensteten, seine Arbeitsleistung zu erbringen. Weiterhin wirkt der mit dem Internet verbundene Computer wie ein virtuelles Werkstor. Durch Dateianhänge kann Schad-Software ins Intranet gelangen. Vertrauliche Dokumente und Daten könnten ausspioniert werden oder versehentlich nach außen gelangen. Viren und Würmer könnten Betriebsstörungen hervorrufen. Zwar bestehen die letztgenannten Gefahren auch bei dienstlicher Nutzung des Internet; doch wird die Problematik durch zusätzliche Privatnutzung verstärkt. Schließlich kann aus der Sicht des Arbeitgebers/Dienstherrn ein rechtswidriges Handeln des Bediensteten zu einer straf- bzw. zivilrechtlichen Mitverantwortlichkeit führen. Diese kann neben dem bereits genannten Verstoß gegen Urheberrechte durch Herunterladen bzw. Vervielfältigung von geschützten Inhalten auch darin liegen, dass der Bedienstete strafrechtlich relevante Seiten[191] abruft. Selbst wenn Inhalte nicht unter strafrechtliche Verbote fallen,[192] besteht vor dem Hintergrund der Notwendigkeit eines unbelasteten Betriebsklimas und einer Konzentration der Bediensteten auf die zu erfüllenden Arbeitsaufgaben an der Pflichtwidrigkeit des Aufrufens solcher Seiten am Arbeitsplatz kein Zweifel.[193]

cc) Die Perspektive der Bediensteten

Aus der Perspektive der Bediensteten erscheint ein privat nutzbarer betrieblicher Internetzugang attraktiv, zumal in der Regel eine Standleitung oder Flatrate besteht, deren private Nutzung keine zusätzlichen Kosten verursacht. Jedoch bestehen für den Bediensteten auch nicht zu übersehende Gefährdungen seines Persönlichkeitsrechts, seines Rechts auf informationelle Selbstbestimmung und des Fernmeldegeheimnisses.[194] So ist es – mag dies auch rechtswidrig und nicht zulässig sein – für den Arbeitgeber/Dienstherrn technisch ohne weiteres möglich, das dienstliche und soziale Verhalten und die Leistung der Bediensteten anhand der zwischengespeicherten, gegebenenfalls archivierten Nutzungs- und Inhaltsdaten der jeweiligen Internetzugänge zu überwachen.[195] Hierdurch kann sich der Arbeitgeber/Dienstherr gegenüber dem Bediensteten einen Informationsvorsprung verschaffen, so dass der Bedienstete sprichwörtlich *gläsern* erscheint und gleichsam in seinem Verhalten durchleuchtet wird.[196]

488

---

[191] Gewaltverherrlichung, Kinderpornografie etc.
[192] Z.B. Pornografie.
[193] *Däubler*, a.a.O., Rn. 193.
[194] Eingehend zum grundrechtlichen Schutz der Privatsphäre am Arbeitsplatz *Elschner*, a.a.O., S. 97ff.; *Bizer*, Private Internetnutzung am Arbeitsplatz, DuD 2004, 432.
[195] *Däubler*, a.a.O., Rn. 36ff.
[196] *Elschner*, a.a.O., S. 16f.

Ferner muss sich der Bedienstete auch darüber im Klaren sein, dass er bei unaufmerksamem Verhalten im Internet und daraus resultierenden Schädigungen des Arbeitgebers/Dienstherrn Schadensersatzansprüchen ausgesetzt sein kann. Diese können insbesondere bei fahrlässiger Verletzung von Urheberrechten oder bei Weitergabe vertraulicher Dokumente und Daten entstehen.

dd) Der Interessenkonflikt

Zusammenfassend betrachtet enthält die Gestattung der privaten Nutzung des Internet am Arbeitsplatz ein hohes Konfliktpotential. Dem berechtigten Interesse des Arbeitgebers/Dienstherrn, die eigenen Informationen und die Funktionsfähigkeit des eigenen Netzes zu schützen und Missbrauch zu verhindern, stehen die Rechte des Bediensteten gegenüber, die sich aus Persönlichkeitsrecht, informationeller Selbstbestimmung und Fernmeldegeheimnis ergeben. Auf dieser Grundlage muss der Arbeitgeber/Dienstherr die Entscheidung treffen, ob er die private Internetnutzung zulässt oder nicht. Davon hängt ab, welche Rechtsvorschriften in der Konsequenz Anwendung finden.

b) Lösungen für die Praxis

aa) Alternative Möglichkeiten

489 Zur Lösung dieses Interessenkonfliktes bieten sich in der Praxis im Wesentlichen drei Varianten an:

Erstens können die Bedingungen der privaten Internetnutzung und die zur Wahrung der Interessen des Arbeitgebers/Dienstherrn angemessen erscheinenden Kontrollmechanismen dezidiert im *Arbeitsvertrag* geregelt werden. Der Bedienstete erwirbt hierdurch einen Anspruch auf Privatnutzung des Internetzugangs, dessen spätere inhaltliche Abänderung nur im beiderseitigen Einvernehmen möglich ist. Alternativ kann der Arbeitgeber/Dienstherr versuchen, seine Zusage mit dem Mittel der Änderungskündigung rückgängig zu machen.[197] *Zweitens* kann Grundlage einer Gestattung privater Internetnutzung und ihrer Kontrollbedingungen eine datenschutzrechtlich wirksame *Einwilligung* außerhalb des Arbeitsvertrages sein. Sie muss freiwillig erklärt werden, d.h. dem Bediensteten muss eine echte Handlungsalternative zur Verfügung stehen. Das ist insbesondere dann nicht der Fall, wenn die Erteilung der Einwilligung in die Kontrolle vom Arbeitgeber/Dienstherrn zur Voraussetzung für den Erwerb oder Behalt des Arbeitsplatzes gemacht wird; denn in diesem Fall bestünde eine Zwangssituation. Im Streitfall liegt die Darlegungs- und Beweislast für die Freiwilligkeit der Einwilligung beim Arbeitgeber/Dienstherrn. Es ist zu empfehlen, dass die Privatnutzung des Internet nur unter Vereinba-

---

[197] *Beckschulze*, DB 2003, 2777 ff.; kritisch *Däubler*, a.a.O., Rn. 188; allgemein auch *Elschner*, a.a.O., S. 37 ff.

rung eines Widerrufsvorbehaltes erlaubt wird, damit sie gegebenenfalls später problemlos wieder entzogen werden kann.[198] Die Praxis wählt zur Konfliktlösung regelmäßig eine *dritte* Variante und regelt die Internetnutzung und -kontrolle in einer Dienstvereinbarung[199] als Grundlage für die Datenverarbeitung. Hierdurch wird eine Gleichbehandlung aller Bediensteten[200] gewährleistet, Rechtssicherheit geschaffen und den Anforderungen der behördlichen Mitbestimmung Rechnung getragen.

bb) Gestattung von Privatnutzung in geringfügigem Umfang

Es ist empfehlenswert, in einer Dienstvereinbarung die private Internetnutzung in *geringfügigem Umfang* für zulässig zu erklären, „soweit die dienstliche Aufgabenerfüllung sowie die Verfügbarkeit des IT-Systems für dienstliche Zwecke nicht beeinträchtigt werden und haushaltsrechtliche Grundsätze nicht entgegenstehen." Diese Formulierung trägt dem eigentlichen Zweck des Arbeitsmittels *Internet* insofern Rechnung, als es dem Bediensteten zur Aufgabenerfüllung und zur Verbesserung der internen und externen Kommunikation zur Verfügung gestellt ist und Arbeitsprozesse effizienter machen und Informationsbeschaffung beschleunigen soll. Mit der Zulassung der Privatnutzung *in geringfügigem Umfang* wird ein unbestimmter Rechtsbegriff eingeführt, dessen Auslegung sich an der arbeitsrechtlichen, einzelfallbezogenen Rechtsprechung orientiert. Die Arbeitsgerichte haben stets entschieden, dass für arbeitsrechtliche Konsequenzen grundsätzlich eine private Internetnutzung des betroffenen Bediensteten vorliegen muss, die einen geringfügigen, nicht unerheblichen Umfang übersteigt. Selbst bei einem völligen ausdrücklichen Verbot privater Nutzung muss der Arbeitgeber/Dienstherr den Bediensteten – außer im Fall einer offensichtlich nicht mehr hinnehmbaren Privatnutzung – vor einer Kündigung abmahnen.[201] Sofern kostenpflichtige Informationen für *dienstliche* Zwecke abgerufen werden, sollte dies für private Zwecke verboten werden. Eigene kommerzielle Zwecke sollten bei der Internetnutzung nicht verfolgt werden dürfen. Der Arbeitgeber/Dienstherr unterscheidet auf technischem Wege in der Regel nicht zwischen dienstlicher und privater Nutzung. Protokollierung und Kontrolle der Internetaktivitäten der Bediensteten beziehen sich deshalb automatisch auch auf die Bereiche der Privatnutzung. Soweit aber die Privatnutzung kontrolliert wird, wird wegen des bestehenden Anbieter-Nutzer-Verhältnisses in das Fernmeldegeheimnis des Bediensteten eingegriffen, was nur durch seine

490

---

[198] *Däubler*, a.a.O., Rn. 187f.
[199] *Bier*, DuD 5/2004, 277, 280.
[200] *Däubler*, a.a.O., Rn. 93.
[201] *ArbG Wesel*, TDV 2001, 291; *ArbG Frankfurt*, RDV 2002, 1956; *LAG Niedersachsen*, RDV 1998, 221; *Gola/Wronka*, a.a.O., Rn. 735f.; *Däubler*, a.a.O., Rn. 189; *Elschner*, a.a.O., 89ff.; *Beckschulze*, DB 2003, 2777, 2781f.

Einwilligung legitimiert werden kann.²⁰² Unter praktischen Gesichtspunkten wird diese Einwilligung faktisch²⁰³ mit Aufnahme der Privatnutzung erteilt; denn der Nutzer weiß aufgrund vorhandener veröffentlichter Dienstvereinbarung, dass der Arbeitgeber/Dienstherr die Privatnutzung nur unter der Bedingung einer verhältnismäßigen Kontrolle gestattet.

c) Datensicherheit

491 Als Betreiber von Telekommunikationsanlagen wird der Arbeitgeber/Dienstherr, der Privatnutzung gestattet, dazu verpflichtet, angemessene technische Vorkehrungen zu treffen zum Schutze einerseits des Fernmeldegeheimnisses und der personenbezogenen Daten seiner Bediensteten und andererseits der Telekommunikations- und Datenverarbeitungs-Systeme gegen unerlaubte Zugriffe.²⁰⁴ Dabei ist der Stand der technischen Entwicklung zu berücksichtigen.²⁰⁵

d) Konsequenzen unerlaubter Privatnutzung

492 Gegenüber der unerlaubten Privatnutzung des dienstlichen Telefons ergeben sich hier kaum Besonderheiten. Im Falle exzessiver Internetnutzung bei bestehender Standleitung oder *Flatrate* besteht allerdings der Schaden des Arbeitgebers/Dienstherrn nicht in den verursachten Kosten, sondern in erster Linie im Ausfall von Arbeitszeit, ggfs. im Imageverlust des Arbeitgebers/Dienstherrn. Neben den arbeitsrechtlichen Konsequenzen sind hier Schadensersatz- und/oder Unterlassungsansprüche des Arbeitgebers/Dienstherrn relevant, wenn finanziell messbare Schäden durch Beeinträchtigung des arbeitgebereigenen Netzes oder durch Verletzung von Betriebsgeheimnissen entstehen.²⁰⁶

e) Kontrollen des Arbeitgebers/Dienstherrn

493 Die Kontrollen, mit denen der Arbeitgeber/Dienstherr die Einhaltung der von ihm gesetzten Vorgaben überprüft, unterliegen dem Verhältnismäßigkeits-

---

202 § 88 Abs. 3 TKG.
203 Eine fehlende Schriftform der Einwilligung steht ihrer Wirksamkeit nicht entgegenstehen; insoweit ist wegen besonderer Umstände eine andere Form angemessen (§ 4 Abs. 1 Satz 3 2. Halbsatz DSG NRW). So auch der *BfDI*, http://www.bfdi.bund. de/cln_136/SharedDocs/Publikationen/Arbeitshilfen/LeitfadenInternetAmArbeitsplatzneu.html?nn=409168.
204 Gemäß § 109 TKG.
205 Siehe die Vorgaben des Bundesamtes für Sicherheit in der Informationstechnik https://www.bsi.bund.de/cln_174/DE/Themen/InternetSicherheit/ISiReihe/isireihe_node.html .
206 Zu den Konsequenzen unerlaubter privater Nutzung des dienstlichen Internetanschlusses *Däubler*, a.a.O., Rn. 173ff.; *Elschner*, a.a.O., S. 89ff.

grundsatz. Insbesondere dürfen technisch mögliche Auswertungen kein Verhaltensprofil des Bediensteten erstellen.[207] Missbrauchskontrollen sind möglich, wenn sich tatsächliche Anhaltspunkte für eine rechtswidrige Inanspruchnahme von Telekommunikationsdienstleistungen ergeben und diese im Vorfeld der Kontrolle dokumentiert werden,[208] oder wenn die Kontrolle als Stichprobe durchgeführt wird und sich dabei ein Anfangsverdacht ergibt. Das Kontrollverfahren selbst und insbesondere das Verbot, Verhaltens- und Leistungskontrollen automatisiert als Vollkontrolle durchzuführen, unterliegt der Mitbestimmung[209] und gehört in die Dienstvereinbarung.

Eine datenschutzgerechte Kontrolle kann folgendermaßen ablaufen: An der Schnittstelle des Netzwerkes des Arbeitgebers/Dienstherrn mit dem Internet – am sogenannten Proxy – werden Verkehrsdaten erhoben, indem alle Seitenaufrufe der Nutzer aus dem internen Netzwerk protokolliert werden. Über die UserID, mit der sich der Nutzer am Proxy angemeldet hat, ist zurückverfolgbar, wer die Seite aufgerufen hat. Als Stichprobe werden z.B. monatlich zehn UserIDs zufällig ausgewählt, deren Seitenaufrufe auf Plausibilität ihrer Dienstlichkeit geprüft werden. Ergibt sich dabei ein Missbrauchsverdacht, so wird die Pseudonymisierung unter Beteiligung der Personalvertretung aufgehoben, der Betroffene angehört und ggfs. das arbeits-/dienstrechtliche Verfahren durchgeführt. Andernfalls werden die bei der Stichprobe erhobenen Verkehrsdaten unverzüglich gelöscht.[210]

f) Konsequenzen unerlaubter Kontrollen
Überzogene, unverhältnismäßige und damit rechtswidrige Kontrollen führen zu einem unzumutbaren Überwachungsdruck, der nicht hingenommen werden muss. Den Bediensteten steht ein Anspruch auf Unterlassung der Kontrollen zu.[211] Waren zumutbare Kontrollen vorgesehen, so verstößt deren Überschreitung gegen die Dienstvereinbarung, woraus sich personalvertretungsrechtliche Konsequenzen ergeben können. Im Arbeitsprozess führt die rechtswidrige Erhebung von Daten dazu, dass diese als Beweismittel gegen den Bediensteten nicht verwertet werden können.[212]

494

---

[207] Näheres bei *Däubler*, a.a.O., Rn. 212 ff.
[208] § 100 Abs. 3 TKG.
[209] § 72 Abs. 3 Nr. 1 LPVG NRW.
[210] Ein weitere Empfehlung, nach der vier Eskalationsstufen in einer Dienstvereinbarung verankert werden, findet sich in: *ULD*, Private oder dienstliche Internet- und E-Mail-Nutzung?, abrufbar unter https://www.datenschutzzentrum.de/internet/private-und-dienstliche-internetnutzung.pdf.
[211] Nach §§ 823 Abs. 1, 1004 BGB analog; *Elschner*, a.a.O., S. 309 ff.
[212] *Beckschulze*, DB 2003, 2777, 2782 f.

5. Nutzung des dienstlichen E-Mail-Accounts

495 Aus dem Arbeitsablauf des modernen Büros ist heute die elektronische Post nicht mehr wegzudenken. Damit einher gehen datenschutzrechtliche Fragestellungen, die die Frage der Zulässigkeit der Privatnutzung einschließen.

a) Rechtsnatur und gegenwärtiger Standard

496 Als E-Mail bezeichnet man begrifflich eine Textmitteilung, die innerhalb eines Kommunikationsverbundes – Online-Dienst, Firmennetz, Internet – von dem Computer eines Teilnehmers zu demjenigen eines anderen geschickt werden kann. Sie besteht aus Steuerungsinformationen und einem Nachrichteninhalt, der wiederum in der Nachricht selbst und/oder einem Anhang dazu besteht. Wie eine E-Mail rechtlich zu qualifizieren ist, hängt davon ab, welchen Inhalt der Empfänger mit ihr verbindet und welchem Sicherheitsstandard sie entspricht. Grundsätzlich gilt, dass eine E-Mail, die eine Willenserklärung enthält, als Erklärung unter Abwesenden einzuordnen ist. Das unterscheidet sie vom Telefongespräch, das als Erklärung unter Anwesenden zu behandeln ist.[213] Verlangt das Gesetz für eine Willenserklärung das Vorliegen der Schriftform, so genügt eine E-Mail diesem Erfordernis nur, wenn sie mit einer qualifizierten Signatur versehen ist;[214] eine einfache E-Mail reicht dann nicht aus.

b) Gefahren bei der E-Mail-Nutzung

497 Eine unverschlüsselte E-Mail ist der Sache nach einer mit Bleistift geschriebenen Postkarte vergleichbar.[215] Das hat zur Folge, dass jeder, der auf dem Transportweg der E-Mail Zugriff auf sie erlangt, die E-Mail lesen und sogar verändern kann. Das lässt sich zuverlässig nur durch Einsatz von Verschlüsselungstechnik und digitaler Signatur verhindern.[216] Der leichtfertige Versand von E-Mails an eine Vielzahl von Empfängern[217] mit sichtbaren Adresslisten verstößt gegen datenschutzrechtliche Normen, weil Daten unzulässig übermittelt und die Datensicherheit beeinträchtigt wird.[218]

---

[213] § 147 Abs. 1 Satz 2 BGB.
[214] § 126a BGB.
[215] Z.B. *Däubler*, a.a.O., Rn. 39.
[216] Z.B. *Zilkens*, Kommunaler Datenschutz in Nordrhein-Westfalen, 2002, S. 51ff.; *Schaar*, Datenschutz im Internet, 2002, Rn. 571, 902ff. Zur ZIP-Verschlüsselung bei Dateiaustausch via E-Mail *Kramer/Probst*, Datenschutz-Berater 6/2010, S. 16.
[217] Z.B. Newsletter, Einladungen etc.
[218] http://www.datenschutz-praxis.de/fachwissen/fachartikel/versand-von-mails-mit-sichtbaren-adresslisten-2013-ein-datenschutzverstos

c) Sicherheitsmaßnahmen

aa) Verschlüsselung

Zur E-Mail-Verschlüsselung stehen symmetrische oder asymmetrische Verfahren zur Verfügung. Bei der symmetrischen Verschlüsselung nutzen Absender und Empfänger den gleichen Schlüssel, um den Inhalt der E-Mail zu ver- und entschlüsseln. Der Nachteil dieses Verfahrens besteht darin, dass der Absender dem Empfänger den Schlüssel sicher übermitteln muss. Zudem kann dieses Übermittlungsverfahren nur die Identität der Nachricht sicherstellen, die Identität des Absenders hingegen nicht.[219] Bei einem asymmetrischen Verfahren hingegen benutzt der Absender einen privaten Schlüssel, um die Nachricht zu verschlüsseln, und der Empfänger benutzt einen dem Absender zugeordneten öffentlichen Schlüssel, um die Nachricht zu entschlüsseln. Das funktioniert auch umgekehrt: Der Absender verschlüsselt mit dem öffentlichen Schlüssel des Empfängers, und der Empfänger benutzt seinen eigenen privaten Schlüssel zur Entschlüsselung.[220] Eine Kombination von symmetrischen und asymmetrischen Verfahren stellt das sogenannte Hybridverfahren (z.B. SSL-Verfahren) dar. Hierbei wird für die Verschlüsselung der Nachricht das symmetrische Verfahren verwendet, wobei der Schlüssel jedoch nach jeder Sitzung gelöscht wird. Für die Übermittlung des symmetrischen Schlüssels an den Empfänger zur Entschlüsselung der Nachricht wird das asymmetrische Verfahren verwendet.

498

bb) Digitale Signaturen

Digitale Signaturen geben der Nachricht eine Art Siegel, d.h. es können zum einen Manipulationen am Inhalt erkannt und zum anderen Sender und Empfänger einer Nachricht eindeutig identifiziert werden.[221] Eine digitale Signatur wird erstellt, indem der Absender einer E-Mail die Prüfsumme (Hash-Wert) einer Nachricht ermittelt. Diesen Hash-Wert verschlüsselt der Absender mit einem privaten Schlüssel und verbindet ihn mit der E-Mail. Der Empfänger entschlüsselt die Signatur mit dem öffentlichen Schlüssel des Absenders. Zugleich wird der Hash-Wert der empfangenen Nachricht ermittelt und mit der entschlüsselten Signatur verglichen. Sind Hash-Wert und Signatur identisch, so ist klar, dass die E-Mail nicht manipuliert wurde. Die digitale Signatur verhindert also keine Manipulation, sondern bestätigt die Manipulationsfreiheit.[222] Das Signaturgesetz unterscheidet aufgrund einer Vorgabe der EU-Signaturrichtlinie zwischen fortgeschrittenen und qualifizierten elektronischen Signa-

499

---

[219] *Tinnefeld/Ehmann/Gerling*, Einführung in das Datenschutzrecht, 4. Aufl., 2005, S. 652.
[220] *Tinnefeld/Ehmann/Gerling*, a.a.O., S. 653 ff.
[221] *Zilkens*, a.a.O., S. 52.
[222] *Tinnefeld/Ehmann/Gerling*, a.a.O., S. 655 ff.

turen. Fortgeschritten ist die soeben beschriebene elektronische Signatur; qualifiziert ist sie, wenn sie auf einem qualifizierten Zertifikat beruht, das ein Zertifizierungsdienste-Anbieter ausgestellt hat, der die Anforderungen des Signaturgesetzes erfüllt.[223]

cc) Praktische Probleme

500 Das Problem der oben aufgezeigten Möglichkeit, E-Mails zu verschlüsseln, besteht in der praktischen Umsetzung. Sowohl Absender als auch Empfänger müssen dieselbe Verschlüsselungstechnik verwenden. Zu dieser technischen Hürde treten noch weitere hinzu: Verschlüsselungstechnik erscheint als komplexe Technologie, deren Anwendung schwierig und aufwändig ist. Dies verträgt sich nicht mit dem Ziel „einfach schnell eine E-Mail zu schicken". Ein einheitlicher Verschlüsselungsstandard hat sich noch nicht durchgesetzt.[224] Aus diesen Gründen wird Verschlüsselungstechnik in der Praxis derzeit noch kaum angewandt. Dazu kommt eine verbreitete Einstellung der Nutzer, „es werde schon gut gehen." Angesichts dieser Tatsache besteht eine hohe Gefahr, dass sensible Korrespondenz von Unbefugten gelesen und ggf. manipuliert wird. Es ist daher dringend erforderlich, die Nutzer für diese Sicherheitsfragen und Risiken beim E-Mail-Versand zu sensibilisieren.

501 Einen möglichen Aufschwung für die bisher wenig verbreiteten Sicherheitsmaßnahmen kann der ab 01.10.2010 verfügbare neue Personalausweis bedeuten, auf dem eine elektronische Identifikationsfunktion standardmäßig enthalten ist.[225] Damit wird eine elektronische Authentifizierung des Benutzers über eine PIN möglich. Allerdings ist zur Nutzung dieser Funktion weiterhin die Ausstattung der Arbeitsplätze mit Kartenlesegeräten erforderlich. Darüber hinaus ist der neue Personalausweis für die Aufnahme von qualifizierten elektronischen Signaturen nach dem Signaturgesetz vorbereitet. Diese werden jedoch nicht von der ausstellenden Behörde, sondern von nach dem Signaturgesetz zertifizierten Trustcentern kostenpflichtig auf das Ausweis-Dokument aufgebracht. Ob hiermit ein höherer Verbreitungsgrad der qualifizierten Signatur erreicht werden kann, bleibt abzuwarten.

502 Parallel zu diesen Entwicklungen besteht ein steigendes Bedürfnis, sicher und nachweisbar E-Mails zu verschicken. Als ein Bestandteil sogenannter Bürgerportale,[226] die einen vertrauenswürdigen Geschäftsverkehr im Internet er-

---

[223] *Schaar*, a.a.O., Rn. 571.
[224] https://www.bsi.bund.de/cln_165/ContentBSI/Themen/VPS/TechnDetails/VPS-Architektur/VPSMail/tech_julia.html
[225] Gesetz über Personalausweise und den elektronischen Identitätsnachweis vom 18.06.2009 (BGBl. I S. 1346).
[226] Rechtliche Grundlage soll das *Bürgerportalgesetz* werden (Entwurf vom 04.02.2009 abrufbar unter http://www.bmi.bund.de/cae/servlet/contentblob/327724/publicationFile/16676/Entwurf_Buergerportalgesetz.pdf).

möglichen sollen, entstand das Bundesprojekt *DE-Mail*, das diese Anforderungen erfüllen können soll. *DE-Mail* wird von zertifizierten Privatfirmen kostenpflichtig betrieben. Registrierte Teilnehmer wie Behörden, Firmen und Privatpersonen können untereinander verschlüsselte Nachrichten versenden und empfangen. Darüber hinaus wird eine beweissichere Abholbestätigung eingeführt, die die elektronische förmliche Zustellung[227] künftig verbessern soll. Es wird damit faktisch eine *geschlossene Benutzergruppe* geschaffen. Mit den bisher bekannten und international verbreiteten E-Mails im Internet hat diese Technologie nichts gemein. Mit der Registrierung wird die Identität des Benutzers, durch die eigene Infrastruktur der authentische und nachweisbare Versand bzw. Empfang sichergestellt. In Kombination mit den Funktionen des elektronischen Personalausweises, z.B. für die Anmeldung, ergibt sich ein durchgängiges Verfahren zur sicheren elektronischen Kommunikation. Empfänger außerhalb der Benutzergruppe von *DE-Mail* können über *Gateways* erreicht werden; allerdings mit den bisher üblichen Einschränkungen von E-Mails.[228] Der Erfolg dieses Projektes hängt wesentlich von der Akzeptanz und damit von den entstehenden Kosten ab. Sind die Kosten für die Benutzer zu hoch, wird das Projekt aufgrund mangelnder Teilnehmer scheitern. Das Pilotprojekt in Friedrichshafen fand durchweg positiven Zuspruch.[229]

d) SPAM

Unter SPAM[230] versteht man eine E-Mail an eine Vielzahl von Empfängern, die Werbung enthält und ohne Verlangen oder Zustimmung des Empfängers an diesen versandt wurde. Bei SPAM handelt es sich um Datenmüll, dessen Anteil am E-Mail-Verkehr ständig steigt. Die Versender von SPAM-Mails nutzen Datenbanken mit mehreren Millionen Adressen, die sie durch gezieltes automatisiertes Absuchen von Newsgroups, Hompages, E-Mail-Verzeichnissen, durch Probieren gängiger E-Mail-Adressen oder durch deren Ankauf gesammelt haben. Da E-Mails mithilfe des SMT-Protokoll[231] verschickt werden, das die Zahl der Empfänger nicht beschränkt, kann der Absender eine E-Mail ohne großen Aufwand gleichzeitig an Hunderte Adressaten verschicken. Durch den

503

---

[227] Im Sinne des VwZG.
[228] Technische Informationen zu DE-Mail sind auf den Seiten der Beauftragten der Bundesregierung für Informationstechnik zu finden, abrufbar unter http://www.cio.bund.de/cln_164/sid_C4F9E93E2F077E5272B2C668EF265D09/DE/IT-Projekte/De-Mail/demail_node. html.
[229] Informationsseite des Pilotprojektes (2009-2010): http://www.fn.de-mail.de/cln_164/DeMail/DE/Home/home_node.html.
[230] Die Bezeichnung geht auf eine Dosenfleischmarke „SPAM" („Spiced pork and meat") deren unablässige Erwähnung in einem Monty-Python-Sketch jegliche Kommunikation in einem Restaurant unmöglich machte.
[231] SMTP bedeutet *Simple Mail Transfer Protocol;* Voss, PC-Lexikon 2010.

Download von SPAM-Mails entstehen bei Providern und Empfängern jährlich Kosten in Milliardenhöhe.[232] Weiterhin kann es beim Empfänger zu Verzögerungen und Ausfällen bei der Zustellung von E-Mails kommen, da SPAM-Mails die Warteschleife beim Mailserver blockieren. Werden als Reaktion auf diese Datenflut SPAM-Mails vor deren Zustellung beim Empfänger systematisch gelöscht, so besteht aus datenschutzrechtlicher Sicht das Risiko, dass dabei auch solche Mails gelöscht werden, die relevante Informationen enthalten.

Moderne Lösungen analysieren eingehende E-Mails auf SPAM-typische Merkmale wie Sprache, Absenderadresse, Schlüsselwörter, hohes Aufkommen von Sonderzeichen oder Vergleichbarkeit mit bekanntem SPAM. Bei SPAM-Verdacht wird die E-Mail nicht im Posteingang, sondern in einem Ordner „Junkmail" abgelegt oder anderweitig als SPAM gekennzeichnet. Dadurch bleibt die Anzahl der Nachrichten zwar gleich hoch, aber die unerwünschten Nachrichten verstopfen nicht mehr die Mailbox, und die Anwender können selbst wählen, ob und wann sie ihren Ordner „Junkmail" durchsehen und aufräumen wollen.[233]

e) Gestattung von Privatnutzung

aa) Gefährdungspotenzial

504 Privater E-Mail-Verkehr am Arbeitsplatz ist grundsätzlich nicht gestattet.[234] Privatnutzung ist – sowohl für den Arbeitgeber/Dienstherrn als auch für den Bediensteten – mit einer Reihe von möglichen Gefährdungen verbunden. Für den Arbeitgeber/Dienstherrn erhöht sich das Risiko: Durch besondere Dateianhänge, die bei dienstlicher Nutzung so nicht üblich sind, können Viren oder Würmer auf die *Workstation* gelangen und die Funktionstüchtigkeit des gesamten Behörden-Netzwerks beeinträchtigen. Die Arbeitsproduktivität kann sinken. Vertrauliche Daten können ausgespäht werden. Gegen diese Gefahren schützen am besten technische Vorkehrungen wie Virenscanner und die Blockierung ausführbarer Programme in Dateianhängen. Auf der anderen Seite besteht für den Bediensteten und seinen Kommunikationspartner das Risiko, dass der Arbeitgeber/Dienstherr vom Inhalt des privaten E-Mail-Verkehrs Kenntnis nimmt. Dazu ist er bei dienstlichen E-Mails aufgrund seines Direk-

---

[232] Nach einer Statistik des US-amerikanischen Sicherheitsdienstleisters M 86 Security stieg das SPAM-Volumen im US-amerikanischen Raum in der zweiten Jahreshälfte 2009 auf über 200 Mrd. E-Mails pro Tag. http://www.m86security.com/news-images/trace/M86_Labs_Report_Jan2010.pdf

[233] Z.B. *Koecher*, Zentrale Spam- und Virenfilterung, Datenschutz und Datensicherheit 5/2004, 272ff.

[234] Nach einer jüngeren Studie von *Steria Mummert Consulting* kontrolliert in der Privatwirtschaft jedes vierte Unternehmen das Verbot privater E-Mails am Arbeitsplatz; siehe Datenschutz-Berater 3/2009, S. 5.

tionsrechts und zur Gewährleistung des ordnungsgemäßen Verwaltungsablaufs berechtigt. Der E-Mail-Verkehr ist grundsätzlich so zu behandeln wie der gewöhnliche Postverkehr. Der Absender einer Nachricht kann nicht davon ausgehen, dass eine E-Mail, die erkennbar an einen behördlichen Account – ob sach- oder personenbezogen – gesandt wird, nur von dem Adressaten gelesen wird.

bb) Konsequenzen
Einer E-Mail kann nicht immer angesehen werden, ob sie dienstlichen oder privaten Charakter hat. Ähnlich wie beim Telefonieren, können E-Mails dienstlich veranlasst sein, aber einen persönlichen Inhalt haben, auf den der Arbeitgeber/Dienstherr keinen Zugriff haben darf. Dies ist z.B. der Fall bei einer Kommunikation zwischen Bediensteten und Betriebsarzt. Um einerseits den Interessen der Bediensteten am gelegentlichen Verschicken privater E-Mails vom Arbeitsplatz aus und andererseits dem Kontrollinteresse des Arbeitgebers/Dienstherrn an einer Kontrolle der Arbeitsleistung ausreichend Rechnung zu tragen, bedarf es im Einzelfall einer Abwägung zwischen dem Interesse des Arbeitgebers/Dienstherrn und dem allgemeinen Persönlichkeitsrecht des Bediensteten und seiner Kommunikationspartner.

cc) Lösungsvorschläge
Zur Lösung werden in der Praxis im Wesentlichen *vier Wege* diskutiert.   505

(1) Passwortgeschützte Ordner
Im dienstlichen E-Mail-Account werden passwortgeschützte Ordner eingerichtet, die als privat gekennzeichnet sind. Hier können private E-Mails nach ihrem Eingang eingestellt und aufbewahrt werden. Dies setzt die formale und zeitnahe Trennung von privaten und dienstlichen E-Mails nach ihrem Eingang durch den Bediensteten voraus, was eher unrealistisch ist.

(2) Getrennte E-Mail-Adressen
Der Arbeitgeber/Dienstherr stellt den Bediensteten ein privates und ein dienstliches E-Mail-Konto zur Verfügung. Er erklärt dadurch, auf welche Nachrichten er Zugriff haben will. Private Korrespondenzpartner erhalten die private E-Mail-Adresse, so dass das Risiko von Angriffen gegen den dienstlichen Account gemindert wird. Diese Lösung begegnet jedoch zahlreichen Nachteilen: Für den Arbeitgeber/Dienstherrn entsteht zusätzlicher Verwaltungsaufwand. Zudem werden Verkehrsdaten protokolliert. Durch die Vergabe einer zweiten E-Mail-Adresse wird das System zusätzlich belastet. Gerade im Hinblick auf die SPAM-Problematik müssen mehr E-Mails auf Schadprogramme untersucht werden. Es kann zu erheblichen Verzögerungen bei der Zustellung von

E-Mails kommen. Die Zuweisung einer zweiten E-Mail-Adresse verhindert nicht, dass den Bediensteten private E-Mails an ihre dienstliche Adresse geschickt werden.

(3) Web-Mail

506 Eine oft vorgeschlagene Lösung besteht darin, die Bediensteten anzuhalten, für den privaten E-Mail-Verkehr *ausschließlich einen Web-Mail-Dienst* zu verwenden. Aufgrund bestehender Internet-Standleitung ist dies am Arbeitsplatz meist problemlos möglich. Dadurch wird ausgeschlossen, dass der Arbeitgeber/Dienstherr vom Inhalt, Absendern oder Empfängern privater Nachrichten Kenntnis nimmt, da keine Daten hierüber gespeichert werden. Außerdem ist der Sicherheitsstandard von Web-Mail-Programmen regelmäßig geringer.[235] Wenn Dateianhänge ins System übernommen werden, kann bei unterlassener Virenscannung das Netzwerk des Arbeitgebers/Dienstherrn infiziert werden.[236] Zusätzlich sollte daher das Speichern bestimmter ausführbarer Dateianhänge technisch unterbunden werden. Selbst wenn die private Nutzung des dienstlichen E-Mail-Accounts untersagt ist, wird man Dritte nicht davon abhalten können, private E-Mails an den dienstlichen Account eines Bediensteten zu senden. Einer formalen Trennung zwischen privaten und dienstlichen E-Mails bedarf es also weiterhin.

(4) Akzeptanz der Privatnutzung des dienstlichen Account

Diese naheliegende Lösung würde es entbehrlich machen, die sehr formale und oft nicht eindeutig vollziehbare Trennung zwischen privater und dienstlicher E-Mail durchzuführen. Es ist Sache des Bediensteten, private Korrespondenzpartner darauf hinzuweisen, dass eingehende E-Mails möglicherweise von Vorgesetzten gelesen werden können.[237] Kontrollen der E-Mails oder der Protokolldaten unter dem Aspekt der Dienstlichkeit oder Privatheit entfallen damit. Herausgefiltert werden dürfen private E-Mails nicht.[238] Die Gleichbehandlung privater und dienstlicher E-Mails wird durch die *Einwilligung* des Bediensteten (und seines Kommunikationspartners) in Kenntnisnahme sowie in mögli-

---

[235] http://www.heise.de/security/meldung/Auch-Google-Mail-Yahoo-und-AOL-von-Phishing-Angriff-betroffen-814225.html.
[236] Instruktiv zum technischen Aufbau von EDV-Sicherheitssystemen *Arbeitskreis Technik der Datenschutzbeauftragten des Bundes und der Länder*, a.a.O., S. 29ff.
[237] Hierauf kann beispielsweise durch einen Anhang an die eigenen E-Mails hingewirkt werden, z.B. mit der folgenden Formulierung: *Dies ist ein persönlicher, jedoch gleichwohl dienstlicher Account. Falls ein nicht dienstlicher Kontakt gewünscht ist, kann die private E-Mail-Adresse telefonisch erfragt werden.*
[238] *Schmidl*, E-Mail-Filterung am Arbeitsplatz, MMR 2005, 343 ff.; *ders.*, Private E-Mail-Nutzung – Der Fluch der guten Tat, DuD 2005, 267 ff.

che Kontrollen des Arbeitgebers/Dienstherrn gedeckt, die mit der Aufnahme der Privatnutzung schlüssig zum Ausdruck gebracht wird.²³⁹ Hierauf wird ausdrücklich in der einschlägigen Dienstvereinbarung hingewiesen.²⁴⁰ Außerdem sind grundsätzliche Regeln (z.B. keine Gewerbsmäßigkeit) einzuhalten.

6. Ausblick

Die formale, vorgeblich notwendige Unterscheidung zwischen dienstlicher und privater Nutzung des Internet wird in der Zukunft praktisch immer weiter verschwimmen, je mehr das Internet zur selbstverständlichen Informationsquelle und zum selbstverständlichen Kommunikationsmedium wird. Solange verbindliche Rechtsregeln zum Arbeitnehmerdatenschutz noch fehlen, wird diese Trennung mit den wenig bedienstetenfreundlichen rechtlichen Konsequenzen des TK-Rechts begründet. Wie dargelegt, lassen sich jedoch Lösungen finden, mit denen vermeintlich im Wege stehende Rechtspositionen der Bediensteten durch ausdrücklichen Rechtsverzicht in ihrem wohlverstandenen Interesse relativiert werden können, so dass einer maßvollen und vernünftigen privaten Nutzung der Kommunikationstechnik am Arbeitsplatz keine Hemmnisse mehr entgegenstehen. Es wäre zu begrüßen, wenn künftige Rechtsanpassungen zum Arbeitnehmerdatenschutz auf europäischer, nationaler und regionaler Ebene für Klarstellungen sorgen würden.²⁴¹

507

III. Datenschutzgerechte Telearbeit

1. Einleitung

Kommunalverwaltungen sehen aus traditionellen Gründen die Notwendigkeit, zentral ansässig zu sein. Büroflächen in der City sind gefragt. Beschäftigung verlangt in immer stärkerem Maße Mobilität und Wegezeiten von täglich zwei

508

---

239 Diese Lösung wird aus Rechtsgründen mit dem (beachtlichen) Argument abgelehnt, der auf den dienstlichen Account zugreifende Arbeitgeber/Dienstherr verletze mit der Kenntnisnahme privater E-Mails das Fernmeldegeheimnis der privaten Kommunikationspartner des Bediensteten, das nicht zur Disposition des Bediensteten und schon gar nicht des Arbeitgebers/Dienstherrn stehe, also nicht über eine Dienstvereinbarung aufgehoben werden könne (ULD, 27. Bericht 2005, Ziffer 7.1; 29. Bericht 2007 Ziffer 7.3)

240 Z.B. *Bier*, DuD 5/2004, 277, 280; Beispiel bei *Däubler*, a.a.O., Rn. 662ff.; *Bizer*, DuD 7/2004, 432; *Tinnefeld/Ehmann/Gerling*, a.a.O., S. 735. Behördeninterne Regelungen der privaten E-Mail- und Internetnutzung dürfen derzeit gemäß § 88 Abs. 3 Satz 3 TKG ohne gesetzliche Grundlage nicht in das Fernmeldegeheimnis eingreifen.

241 Siehe Eckpunkte eines Gesetzentwurfs zum Beschäftigtendatenschutz, die als Ergänzung des § 32 BDSG derzeit erarbeitet werden: http://www.bmi.bund.de/cae/servlet/contentblob/941830/publicationFile/60604/-eckpunkte_an_datenschutz.pdf.

Stunden sind keine Seltenheit mehr. Pendlerströme verstopfen zur *Rush-Hour* die Hauptverkehrsadern der Städte und verursachen hohe Umweltbelastungen. Vor diesem Hintergrund ist seit einigen Jahren der Trend zu beobachten, bestimmte Arbeitsplätze in die Wohnung des Bediensteten zu verlegen. Seine persönliche Abwesenheit kann bei der Erledigung vieler Aufgaben durch jederzeit aufnehmbare Kommunikation ersetzt werden. Dies erspart Wegezeiten, schont die Umwelt und ermöglicht eine flexible Arbeitszeitgestaltung sowie eine bessere Vereinbarkeit von Familie und Beruf. Gestützt wird diese Entwicklung von den Fortschritten in der Telekommunikationstechnik sowie dem abnehmenden Preisniveau der zur Telearbeit notwendigen Hard- und Software. Die Telearbeit hat sich so international als eine neue Beschäftigungsform etabliert.

Auch Kommunalverwaltungen haben die Auslagerung bestimmter Arbeitsplätze als willkommene Ressource zur Kostenreduktion erkannt. Im kommunalen Bereich wird Telearbeit bereits seit langem in Pilotprojekten erprobt.[242] Das erhebliche Interesse der Bediensteten an solchen Pilotprojekten hat gezeigt, dass der Wunsch nach mehr Flexibilität, größerer Ortsunabhängigkeit und Selbstständigkeit sowie besserer Vereinbarkeit von Beruf und Familie vorhanden ist. Darüber hinaus bietet die Telearbeit jedoch auch ein probates Mittel für Einsparungen ohne Qualitätsverlust. Denn in Zeiten einer kundenorientiert arbeitenden Verwaltung steigen die Ansprüche des Bürgers an bürgerorientierte Verwaltungsleistungen, die dennoch kostengünstig sind. Im Folgenden werden die Konsequenzen behandelt, die sich aus den gesetzlichen Vorgaben von Datenschutz und Datensicherheit für Telearbeit in Kommunalverwaltungen ergeben.

2. Begriff und Formen der Telearbeit

509 Telearbeit ist jede auf Informations- und Kommunikationstechnik gestützte Tätigkeit, die ausschließlich oder zeitweise an einem außerhalb der zentralen Betriebsstätte liegenden Arbeitsplatz verrichtet wird. Dieser Arbeitsplatz ist mit der zentralen Betriebsstätte durch elektronische Kommunikationsmittel verbunden.[243] Je nach Tätigkeitsschwerpunkt lassen sich mehrere Gestaltungsformen von Telearbeit unterscheiden:

a) Isolierte Telearbeit

Bei der ausschließlichen (isolierten) Telearbeit erbringt der Bedienstete seine Arbeitsleistung ausschließlich zu Hause bzw. an einem anderen Ort. Über

---

[242] Siehe hierzu die im KGSt-Bericht, Telearbeit, 1998, S. 17 genannten Projekte.
[243] Bundesministerium für Bildung und Forschung (BMBF) „Telearbeit. Ein Leitfaden für die Praxis", Stand Februar 2001, S. 8.

einen eigenen Arbeitsplatz beim Arbeitgeber/Dienstherrn verfügt er nicht mehr. Die Arbeitsergebnisse werden über das Internet bzw. andere Kommunikationsmittel weitergeleitet. Diese Arbeitsform eignet sich namentlich für Programmierungs- und Texterfassungsaufgaben, da hierfür wenig Kommunikation erforderlich ist. Als ausschließliche Telearbeiter kommen Personen in Betracht, die permanent an ihre Wohnung gebunden sind, etwa aufgrund der Erziehung von Kleinkindern oder aufgrund einer Behinderung.

b) Alternierende Telearbeit
Kennzeichnend für alternierende Telearbeit ist, dass der Bedienstete zum Teil von zu Hause aus und zum Teil an einem Arbeitsplatz in der Behörde arbeitet. So kann er seinen Arbeitsort entsprechend dem Bedarf wählen. Der jeweilige Büroplatz kann in Abwesenheit des Bediensteten von anderen alternierenden Telearbeitern genutzt werden.[244] Diese Form wird bei kommunalen Pilotprojekten am häufigsten eingesetzt.[245]

c) Satelliten- oder Nachbarschaftsbüros
Eine weitere Variante bilden sog. Satelliten- oder Nachbarschaftsbüros; dies sind gemeinsame Büros für eine Gruppe von Bediensteten, meist in Wohnortnähe. Satellitenbüros können als Profit-Center ausgestaltet oder als juristisch selbstständige Einheit organisiert sein.[246] Diese Variante betrifft den kommunalen Bereich jedoch kaum.

3. Geeignete Tätigkeitsbereiche

Zu Hause lassen sich Tätigkeiten ausführen, bei denen die zur Aufgabenerfüllung erforderlichen Informationen am Bildschirm verfügbar sind und zusammen mit Arbeitsergebnissen durch Telekommunikation ausgetauscht werden können.[247] Daher kommen insbesondere Arbeitsbereiche in Betracht, die Informationstechniken nutzen und deren Kommunikationsbedarf weitgehend durch Telekommunikation gedeckt werden kann. Solche Tätigkeiten finden sich häufig in der Kommunalverwaltung. Beispielsweise richtete die Bezirksregierung Düsseldorf in den Jahren 2001/2002 aufgrund positiver Erfahrungen mit einem vorangegangenen Pilotprojekt insgesamt 100 Telearbeitsplätze im Bereich der Informationstechnik, der Organisation sowie der Abfallplanung

510

---

[244] Sog. *desksharing*.
[245] Abschlussbericht V für das Pilotprojekt der Regionsverwaltung Hannover; http://www.hannover.de/data/download/gesundheit_soziales/tele/tele5.pdf
[246] *Wedde*, WSI-Mitteilungen 3/1997, 206.
[247] *BMBF*, Telearbeit, a.a.O., S. 48.

ein. Doch auch hochqualifizierte Arbeiten, wie z.B. die Erstellung von Gutachten und Berichten, eignen sich für die Erledigung an Telearbeitsplätzen.[248]

4. Die besondere datenschutz- und sicherheitsrelevante Problematik

511 Die Gewährleistung von Datenschutz und -sicherheit bildet die ‚Achillesferse' des Telearbeitsverhältnisses.[249] Durch die Datenverarbeitung außerhalb der Behörde werden Kontroll- und Einflussmöglichkeiten des Vorgesetzten erschwert und zugleich Einwirkungs- bzw. Missbrauchsmöglichkeiten Dritter erhöht. Der Telearbeitende, der nicht mehr in unmittelbarer räumlicher Nähe zu seinem Vorgesetzten arbeitet, ist dessen Kontroll- und Einflussbereich faktisch stärker entzogen. Er wird zu Hause in räumlicher Nähe zu Familienangehörigen und anderen vertrauten Personen tätig. Dadurch, dass die Arbeitsleistung im Privatbereich erbracht wird, wächst die Gefahr, dass datenschutzrechtliche Anforderungen relativiert und vernachlässigt werden. Wie oft zwischen vertrauten Personen Geheimhaltungspflichten in den Hintergrund treten, zeigt die auch im Büro leider weit verbreitete Sorglosigkeit im Umgang mit dem Passwort. Am Telearbeitsplatz fehlt die Datenschutzfachkraft ‚vor Ort', die sicherstellt, dass datenschutzrechtliche Vorgaben auch eingehalten werden.[250] Anders als Arbeitsplätze im Betrieb sind Telearbeitsplätze, die sich in privaten Räumen befinden, weniger geschützt; Dritte können diese Räume betreten, so dass auch insofern das Missbrauchs- und Diebstahlsrisiko erhöht ist. Beim Transport von Dokumenten, Datenträgern oder Akten zwischen Dienststelle und häuslichem Arbeitsplatz können Unterlagen auf dem Transportweg verloren gehen, entwendet, gelesen, manipuliert oder dem falschen Empfänger übergeben werden.[251] Zudem sind am häuslichen Arbeitsplatz meist keine Möglichkeiten vorhanden, um Datenträger und Dokumente in geeigneter Form zu entsorgen. Schließlich geht ein erhebliches Risiko für die Integrität gespeicherter Daten von privater Software[252] aus, die – pflichtwidrig – auf dem dienstlichen Rechner installiert wird. Angesichts solcher besonderen Risiken verlangt die Einhaltung

---

[248] Das bei der „Behörde für Geoinformation, Landentwicklung und Liegenschaften (GLL)" in Hannover beheimatete „Servicezentrum Landentwicklung" entwickelt Fachanwendungen für Agrarförderung und Landentwicklung. Entsprechend spezialisiert ist die Arbeit der rund 120 Bediensteten. Um Ausschreibung, Informationen, technische Fragen und vieles mehr kümmert sich seit 2002 die Arbeitsgruppe Telearbeit, zu der neben den Interessenvertretungen auch IuK-Experten gehören. Nachdem zunächst fünf Plätze in verschiedenen Dezernaten eingerichtet wurden wird nunmehr eine Quote von über zehn Prozent der Mitarbeiter angestrebt (ReformZeit, Zeitschrift für die Mitarbeiter der Landesregierung, Nr. 1 März/2006).
[249] *Albrecht*, NZA 1996, 1240 (1242).
[250] *Wedde*, WSI-Mitteilungen 3/1997, 206 (208).
[251] *BSI*, Sichere Telearbeit, 1998, S. 5.
[252] Z.B. Computerspiele, Homebanking-Programme.

der bestehenden Datenschutz- und Datensicherheitsbestimmungen geeignete und erforderliche Vorsorge. Diese auch von Kommunalverwaltungen zu beachtenden Maßnahmen sollen im Folgenden behandelt werden.

5. Technische und organisatorische Maßnahmen zur Datensicherheit

Da Gesetze mit bereichsspezifischen Regelungen zu Telearbeit nicht existieren, muss sich das mit der Auslagerung von Arbeitsvorgängen geschaffene erhöhte Risiko für Datenschutz- und -sicherheit an den bestehenden gesetzlichen Vorgaben messen lassen. Die Gemeinden haben im Rahmen ihrer Beschäftigungsverhältnisse für die Sicherstellung des Datenschutzes zu sorgen.[253] Sie sind verpflichtet, Telearbeitsplätze, auf denen personenbezogene Daten unmittelbar oder nach Zugriff auf betriebliche Systeme verarbeitet werden, so zu gestalten, dass die datenschutzrechtlichen Vorgaben eingehalten werden.[254] Es sind technische und organisatorische Maßnahmen zu treffen, um ein ausreichendes Sicherheitsniveau zu gewährleisten.[255] Da diese Vorschrift nicht bezüglich verschiedener Arbeitsformen differenziert, gelten die Vorgaben uneingeschränkt auch für Telearbeit im kommunalen Bereich.[256]

512

Die Kommune, ggfs. ihr IT-Dienstleister, kann in eigener Verantwortung die Maßnahmen festlegen, die – jeweils zur unterschiedlichen Aufgabenerfüllung – den Sicherheitsrahmen ausfüllen. Umzusetzen sind nur diejenigen Maßnahmen, die zur Erreichung des angestrebten Schutzniveaus angemessen sind und das verbleibende Restrisiko tragbar machen; insgesamt also verhältnismäßig sind.[257] Dies bedeutet aber nicht, dass z. B. allein aus *Kostengründen* technisch-organisatorische Schutzstandards reduziert werden dürften.[258] Denn die Zielvorgaben des Gesetzes sind in jedem Fall verbindlich; es entspräche nicht der Intention des Gesetzgebers, zwischen dem durch die Datenschutzgesetze gewährleisteten Recht auf informationelle Selbstbestimmung und den Kosten der Datensicherung abzuwägen.[259] Daher ist der speichernden Stelle nur erlaubt,

513

---

253 § 7 DSG NRW.
254 Zur Verantwortung privater Arbeitgeber *Wedde*, WSI-Mitteilungen 3/1997, 206 (209).
255 § 10 Abs. 1 DSG NRW; § 9 Abs. 2 DSG B-W; Art. 7 Abs. 2 BayDSG; § 5 Abs. 2 BlnDSG; § 10 Abs. 2 BbgDSG; § 7 Abs. 2 BremDSG; § 8 HmbDSG; § 10 Abs. 3 HDSG; § 17 Abs. 2 DSG M-V; § 7 NDSG; § 9 Abs. 2 DSG R-P; § 11 Abs. 2 SDSG; § 9 Abs. 2 SächsDSG; § 6 Abs. 2 DSG S-A; § 9 Abs. 2 ThürDSG. Eine Gegenüberstellung bringt *Münch*, RDV 2003, 223 ff., 226 f.
256 *Wedde*, in: Däubler/Klebe/Wedde/Weichert, BDSG–Kompaktkommentar, 3. Aufl. 2010, § 9 Rn. 32.
257 *Stähler/Pohler*, a. a. O., § 10 Rn 5.
258 *Ernestus*, in: Simitis (hg.), Kommentar zum BDSG, 6. Aufl. 2006, § 9 Rn. 46.
259 *Wedde*, WSI-Mitteilungen 3/1997, 206 (209) m. w. N.

das „Wie" dem Primat der Verhältnismäßigkeit zu unterwerfen; ein Auswahlermessen hinsichtlich des „Ob" der Datensicherung besteht nicht.[260]

a) Vertraulichkeit

514 Zunächst sind Maßnahmen zu treffen, die geeignet sind zu gewährleisten, dass nur Befugte personenbezogene Daten zur Kenntnis nehmen können.[261] Dadurch soll verhindert werden, dass übermittelte oder gespeicherte Informationen von nicht autorisierten Personen zur Kenntnis genommen werden. Vertraulichkeit ist im Regelfall nur auf Informationen (Daten) zu beziehen, schließt aber im Einzelfall auch Verfahren, Prozesse und Rechenvorgänge ein.[262] Zur Gewährleistung der Vertraulichkeit sollte für den häuslichen Telearbeitsplatz ein separates, abschließbares Arbeitszimmer zur Verfügung stehen. Zumindest aber muss der Arbeitsplatz durch eine abschließbare Tür von der übrigen Wohnung getrennt sein.[263] Auf sichere Aufbewahrung dienstlicher Unterlagen und Datenträger ist zu achten. Zu diesem Zweck sind dem Telearbeitenden verschließbare Büroschränke zur Verfügung zu stellen, in die Arbeitsunterlagen außerhalb der Nutzungszeit einzuschließen sind.[264] Der Zugang zu dem dienstlich genutzten PC sollte mittels User-ID und Passworteingabe geschützt werden. Ein Passwort sollte aus Zahlen- und Zeichenkombinationen bestehen und nach einer gewissen Zeit gewechselt werden.[265] Auch der Bildschirmschoner sollte passwortgeschützt sein, damit Dritte bei kurzzeitiger Abwesenheit des Telearbeitenden nicht zugreifen können.[266] Die Anzahl der Passwort-Fehleingaben ist zu beschränken. Biometrische Verfahren[267] sind zur sicheren Identifikation zwar geeignet; allerdings kann von dem jeweiligen biometrischen Merkmal unmittelbar und dauerhaft auf die Person rückgeschlossen werden. Die zentrale Speicherung dieser Daten auf dem Server birgt eine Gefahr für das informationelle Selbstbestimmungsrecht der Betroffenen, weshalb gegebenenfalls nur solche biometrischen Verfahren eingesetzt werden sollten, die eine Speicherung der biometrischen Referenzdaten ausschließlich auf einem im Besitz der Nutzerin oder des Nutzers verbleibenden Speichermedium – zum Beispiel einer Chipkarte – vorsehen.[268] Auf seine Geheimhal-

---

[260] *Fischer/Schierbaum*, CR 6/1998, 321 (324).
[261] § 10 Abs. 2 Nr. 1 DSG NRW.
[262] *Stähler/Pohler*, a.a.O., § 10 Rn. 6.
[263] BSI, Sichere Telearbeit, 1998, S. 10.
[264] *Kordey/Korte*, Telearbeit erfolgreich realisieren, 2. Aufl. 1998, S. 146.
[265] Moderne Systeme fordern in Abständen automatisch zur Passwortänderung auf.
[266] *Weber*, IT-Sicherheit 6/1998, S. 3 (6); *LDI NRW*, Datenschutzbericht 1999, S. 135, abrufbar unter: https://www.ldi.nrw.de/mainmenu_Service/submenu_Berichte/Inhalt/14_DSB/14__Datenschutzbericht.pdf).
[267] Z.B. Iriserkennung, elektronischer Fingerabdruck etc.
[268] https://www.datenschutzzentrum.de/projekte/biometrie/biometkk.htm#24.

tungspflicht und darauf, dass Passwörter nicht schriftlich niedergelegt werden dürfen, ist der Telearbeitende ausdrücklich hinzuweisen. Er hat seine Arbeitsergebnisse grundsätzlich auf dem zuständigen Rechner des Arbeitgebers/Dienstherrn im Wege der Datenfernübertragung abzuspeichern.

b) Integrität

Der Grundsatz der Integrität[269] soll sicherstellen, dass Programme und Daten bestimmungsgemäß in ihrer richtigen (ursprünglichen) Form zur Verfügung stehen und nicht unbefugt modifiziert werden können. Personenbezogene Daten sollen während ihrer Verarbeitung unversehrt, vollständig und aktuell bleiben.[270] Zu verhindern ist also einerseits, dass Daten bei Fernübertragung oder beim Transport der Datenträger verfälscht oder gelöscht werden. Andererseits gilt es, einer falschen Weiterverarbeitung vorzubeugen. Dazu sind zunächst die zur Übermittlung bzw. zum Transport Befugten (Absender, Empfänger, Transporteur) sowie ihre Legitimierung z.B. durch eine elektronische Signatur festzulegen. Zur Sicherung des postalischen Transports der Daten sind Verpackung und Versand zu regeln. Bei elektronischer Übermittlung bestehen spezifische Gefahren von Eingriffen und Manipulationen auf dem Übertragungsweg. Vor und nach jeder Übertragung sind daher die Daten auf Vollständigkeit und Richtigkeit zu überprüfen. Zur Risikominimierung sind Daten grundsätzlich kryptisiert zu verschicken. Hierbei empfiehlt sich das sog. *end-to-site-tunneling*. Die zu übermittelnden Datenpakete werden dazu kryptografisch verpackt, mit einem zusätzlichen *Header* versehen und durch einen „getunnelten" Datenstrom von der jeweiligen Arbeitsstation zu dem *Tunnel-Gateway* des Zielnetzes geschickt; über diese Verbindung ist es dem Mitarbeiter nun möglich, so zu arbeiten, als ob er im lokalen Netz der Firma wäre. Die Adressierung innerhalb des Unternehmensnetzes oder das intern verwendete Übertragungsprotokoll spielen dabei keine Rolle, da lokale Netze gekoppelt werden, ohne dass Inhalt und Endteilnehmer der Kommunikation auf der *WLAN*-Verbindungen erkennbar sind.[271] Darüber hinaus kann durch die Verwendung einer asymmetrisch verschlüsselten, qualifizierten elektronischen Signatur festgestellt werden, ob die Daten nachträglich verändert wurden. Zur Vorbeugung möglicher Manipulationen an Programmen und Hardware ist besonderer Wert auf den Einsatz aktueller Sicherheitssoftware zu legen. *CD-ROM*-Laufwerke sind verschließbar zu gestalten, um u.a. das Einspielen von Fremd-Software zu unterbinden.[272]

515

---

[269] § 10 Abs. 2 Nr. 2 DSG NRW.
[270] *Stähler/Pohler*, a.a.O., § 10 Rn 6.
[271] Orientierungshilfe zum Einsatz kryptografischer Verfahren; Arbeitskreis für technische und organisatorische Fragen des Datenschutzes der Konferenz der Datenschutzbeauftragten des Bundes und der Länder (hg.), Stand März 2003.
[272] Jede Benutzung von Fremdsoftware ist zu untersagen; dazu *Weber*, IT-Sicherheit 6/1998, S. 3 (7).

c) Verfügbarkeit

516 Weiterhin ist zu gewährleisten, dass personenbezogene Daten zeitgerecht zur Verfügung stehen und ordnungsgemäß verarbeitet werden können.[273] Es ist also sicherzustellen, dass sämtliche Arbeitsmaterialien funktionsbereit und verfügbar sind, wenn sie benötigt werden.

d) Authentizität

517 Die *Authentizität*[274] betrifft die Herkunft von Daten und wird insbesondere bei elektronischer Übertragung wichtig. Es ist bei der Telearbeit sicherzustellen, dass an der richtigen Herkunft dieser Daten kein Zweifel besteht und die Urheber der Daten korrekt identifiziert werden können. Dies bezüglich empfiehlt sich die Verwendung einer qualifizierten, elektronischen Signatur durch den die Daten Erstellenden.

e) Revisionsfähigkeit

518 Die Revisionsfähigkeit automatisierter Verfahren soll die Geltendmachung von Rechten einer betroffenen Person wegen eines möglichen Datenschutzverstoßes erleichtern. Zur Wahrung der Rechtswegsgarantie[275] ist die Möglichkeit zu schaffen, sich über die eventuelle Verletzung eigener Rechte zu informieren. Hierzu müssen alle Aktivitäten der technischen Systeme, die den Zugriff auf entsprechende Daten ermöglichen, protokolliert und dokumentiert werden.[276] Elemente einer Protokollierung sind:

– Art des Vorganges

– Zeitpunkt der Aktivität bzw. des Ereignisses

– Merkmale der Maßnahme (z.B. Eingabewerte)

– ausführende Person

Aus den Protokollen muss sich die Frage beantworten lassen: *Wer hat wann mit welchen Mitteln was veranlasst bzw. worauf zugegriffen?* Außerdem müssen sich Systemzustände ableiten lassen: *Wer hatte von wann bis wann welche Zugriffsrechte?* Die Protokolle müssen vollständig und die Einträge manipulationssicher sein. Entsprechend der Zweckbindung der Datenbestände müssen wirksame Zugriffsbeschränkungen eingerichtet werden. Die Protokolle müssen so gestaltet sein, dass seitens der Revisoren eine effektive Überprüfung möglich ist. Die Auswertungsmöglichkeiten sollten abgestimmt und festgelegt sein. Kontrollen sollten nach dem 4-Augen-Prinzip erfolgen und es sollte

---

[273] § 10 Abs. 2 Nr. 3 DSG NRW.
[274] § 10 Abs. 2 Nr. 4 DSG NRW.
[275] Art. 19 Abs. 4 GG.
[276] *Stähler/Pohler*, a.a.O., § 10 Rn 6.

vorab definiert werden, welche Konsequenzen sich aus Verstößen ergeben, die durch die Kontrolle von Protokollen aufgedeckt werden. Für Routinekontrollen sollten automatisierte Verfahren (z.B. sog. *watch dogs*) verwendet werden. Die Aufbewahrungsdauer der Protokolle richtet sich, da es sich um personenbezogene Daten handelt, nach den allgemeinen Löschungsregeln der Datenschutzgesetze. Maßstab ist die Erforderlichkeit zur Aufgabenerfüllung. Gibt es keinen zwingenden Grund für das weitere Vorhalten von Protokolldateien, so sind die Daten zu löschen.[277] Für Daten, die nach den Vorgaben nicht mehr hätten vorhanden sein dürfen, aber noch verfügbar sind, ist im Einzelfall ein Verwertungsverbot zu prüfen.

f) Sicherheitskonzept
Die zu treffenden technischen und organisatorischen Maßnahmen sind auf Grundlage eines zu dokumentierenden Sicherheitskonzeptes zu ermitteln.[278] Zu den Bestandteilen dieses Sicherheitskonzeptes gehört auch eine Vorabkontrolle hinsichtlich der Einführung bzw. der Änderung automatisierter Verfahren.[279] Nur wenn diese Kontrolle zu dem ebenfalls zu dokumentierenden Ergebnis kommt, dass Gefahren entweder nicht bestehen oder durch die entsprechenden Maßnahmen verhindert werden können, kann das jeweilige automatisierte Verfahren eingeführt werden.

519

6. Administrative Maßnahmen zum Datenschutz
Trotz umfassender technischer Schutzvorkehrungen darf nicht übersehen werden, dass ein wesentliches Sicherheitsrisiko für die Integrität der verarbeiteten Daten von den Telearbeitenden selbst ausgeht.[280] Überlegungen zur Eingrenzung dieses Risikos gehen deshalb zunächst dahin, Bereiche von Telearbeit generell auszunehmen, in denen besonders sensitive personenbezogene Daten verarbeitet werden. Ferner sind den Sicherheitsbedürfnissen des Einzelfalles Rechnung tragende Verhaltenspflichten des Telearbeitenden in einer verbindlichen Vereinbarung festzulegen.

520

a) Eignung sensitiver Daten zur Verarbeitung an Telearbeitsplätzen
In Fachkreisen wird diskutiert, ob sensitive[281] personenbezogene Daten an Telearbeitsplätzen verarbeitet werden dürfen, oder ob dies unzulässig ist, weil

521

---
[277] § 19 Abs. 3 lit. b) DSG NRW.
[278] § 10 Abs. 3 Satz 1 DSG NRW.
[279] § 10 Abs. 3 Satz 2 DSG NRW.
[280] *Johanning*, Telearbeit, 1997, S. 132.
[281] Damit sind beispielsweise gemeint: Sozial-, Personal-, Steuer- sowie medizinische Daten.

außerhalb konventioneller Betriebsstätten das gesetzlich geforderte Schutzniveau nicht gewährleistet werden kann.[282] Zum Teil wird vertreten, es sei faktisch unmöglich, einen gesetzeskonformen Zustand am Telearbeitsplatz zu schaffen.[283] Folglich seien sowohl die Verarbeitung sensitiver personenbezogener Daten als auch der Zugriff auf dienstliche Systeme, in denen sensitive personenbezogene Daten verarbeitet werden, von Telearbeit auszunehmen. Eines derartigen generellen Verarbeitungsverbots für solche sensitiven personenbezogenen Daten bedarf es aber nicht.[284] Sinnvoller ist es, für jeden Einzelfall die konkreten Bedingungen am Arbeitsplatz an der Sensibilität der zu verarbeitenden Daten zu messen und danach zu entscheiden, ob und unter welchen Voraussetzungen eine Verarbeitung in Telearbeit vertretbar ist.[285] Bezüglich dieser Aufgabenfelder muss sich jede Dienststelle sehr genau überlegen, ob diese Tätigkeiten aufgrund ihrer besonderen Sensibilität überhaupt einer Telearbeit zugänglich sein sollten. Entscheidet die Dienststelle gleichwohl, dass derartige Daten in Telearbeit verarbeitet werden können, dann sind besonders hohe Anforderungen an die zu treffenden Sicherheitsmaßnahmen zu stellen. Das heißt, der bereits genannte Kriterienkatalog muss komplett umgesetzt sein. Auch müssen die Räumlichkeiten *adäquat* sein. So kann im Rahmen einer *Risikoanalyse* zu berücksichtigen sein, ob dem Telearbeitenden ein eigenes, abschließbares Arbeitszimmer zur Verfügung steht oder nicht; Sozialdatenverarbeitung kann höhere Sicherheitsanforderungen verlangen als einfache Meldedatenverarbeitung. Lässt sich indes nach Lage der Bedingungen im Einzelfall ein hohes Sicherheitsniveau erreichen, das mit demjenigen des dienstlichen Arbeitsplatzes vergleichbar ist, so sind die datenschutzrechtlichen Voraussetzungen als erfüllt anzusehen. Dieses Niveau erscheint umso eher erreichbar, als nach dem Stand der Technik effektive Sicherungseinrichtungen zur Verfügung stehen.

b) Vereinbarungen und Regelungen zum Datenschutz

522 Nur wenn der Telearbeitende vereinbarte Schutzmaßnahmen auch konsequent umsetzt, kann ein akzeptabler Schutzstandard erreicht werden. Um die Mitwirkungspflichten des Telearbeiters verbindlich festzulegen, bedarf es einer Vereinbarung zwischen Telearbeitendem und Arbeitgeber/Dienstherrn, deren Rahmen zuvor unter Beteiligung der Personalvertretung verbindlich festzulegen ist.

---

[282] Differenzierend *BfDI*, 18. TB 1999/2000, Punkt 18.9.
[283] *Wedde*, WSI-Mitteilungen 3/1997, S. 206, 210; *Wank*, Telearbeit 1997, 491.
[284] In diesem Sinne Bundesministerium für Bildung und Forschung, Telearbeit, a.a.O., S. 48.
[285] *BremLfD*, 20. Tätigkeitsbericht, S. 36.

Datenschutzgerechte Telearbeit

aa) Regelungsgegenstand

Um allgemein zu regeln bzw. für den Einzelfall zu vereinbaren, wie der Datenschutz sicherzustellen ist, bedürfen die gesetzlichen Anforderungen näherer Konkretisierung. Zunächst ist klarzustellen, dass die in den verwaltungsinternen Bestimmungen enthaltenen Vorgaben auch für den Telearbeitenden Anwendung finden. Vorgaben, die die besondere Arbeitsform der Telearbeit betreffen, sind gemeinsam für alle Telearbeitenden zu regeln. Diese werden dann durch Einzelvereinbarung zwischen Arbeitgeber/Dienstherrn und Telearbeitendem umgesetzt. Die dargestellten technischen und organisatorischen Maßnahmen zur Datensicherheit können in den Kommunen in Geschäftsordnungen, Dienstanweisungen oder Dienstvereinbarungen konkretisiert sein. Speziell für die Telearbeit empfiehlt sich zusätzlich, folgendes zu regeln.[286]

– Protokolldaten, die der Nachvollziehbarkeit dienen, sind nicht zu Zwecken der Verhaltens- oder Leistungskontrolle auszuwerten.
– Regelungen über die Aufbewahrung sowie den Transport von Unterlagen und Datenträgern sind zu treffen.
– Die Anbindung des Telearbeitsplatzes an die Verwaltung und die einzusetzenden Sicherungsmechanismen (z.B. *Call-back-Verfahren*) sind festzulegen.
– Der Zutritt zum häuslichen Arbeitsplatz zu datenschutzrechtlichen Kontrollzwecken ist zu vereinbaren.

Ferner bedarf es einer Regelung darüber, unter welchen Voraussetzungen ein Telearbeitsplatz wieder in behördliche Räume zurückzuverlegen ist.

bb) Regelungsformen
(1) Mitbestimmung und Dienstvereinbarungen

Die Einrichtung von Telearbeitsplätzen in Kommunalverwaltungen unterliegt unter verschiedenen Aspekten der Mitbestimmung der Personalvertretung.[287] Dies schließt die erforderlichen Regelungen zu Datenschutz und -sicherheit ein, soweit Personaldaten betroffen sind. Der Personalrat überwacht die Beachtung des Beschäftigtendatenschutzes in der Kommune.[288] Da bei Telearbeit immer Personaldaten verarbeitet werden, ist der Abschluss einer Dienstvereinbarung[289] sinnvoll. Alternativ kann die Behörde die Form einer Dienstanwei-

523

---

[286] *BMBF*, Telearbeit, a.a.O., S. 118.
[287] § 72 Abs. 3 Nr. 1, Abs. 4 Nrn. 1, 10 LPVG NRW.
[288] § 64 Nr. 2 LPVG NRW; *Neubert/Sandfort/Lorenz/Kochs*, LPVG NRW, Kommentar, 10. Aufl. 2008, § 64 Bem. 2, S. 273.
[289] § 70 LPVG NRW.

sung²⁹⁰ wählen; zu dieser einseitigen Regelung ist dann die Zustimmung der Personalvertretung erforderlich.²⁹¹ Gerade bei einem so sensitiven Regelungsgegenstand wie Telearbeit liegen die Vorzüge einer gegenseitig verpflichtenden, vertraglichen Vereinbarung auf der Hand.

(2) Einzelvereinbarung zwischen Arbeitgeber/Dienstherrn und Telearbeitendem

524 Neben der für alle Telearbeitenden einer Gemeinde gültigen verwaltungsinternen allgemeinen Regelung muss mit jedem Telearbeitenden eine einzelvertragliche Vereinbarung geschlossen werden, um dem speziell im Einzelfall bestehenden datenschutz- und -sicherheits-rechtlichen Risiko Rechnung zu tragen. Hierin hat der Telearbeitende den datenschutzrechtlichen Kontrollorganen ein Zutrittsrecht zu seiner Wohnung einzuräumen; dieser Grundrechtsverzicht bedarf einer Einzelvereinbarung. Die Personalvertretung kann die einzelvertragliche Einräumung von Zutrittsrechten zur Voraussetzung für die abzuschließende Dienstvereinbarung machen.²⁹²

(3) Keine abweichenden Rechtsfolgen trotz unterschiedlicher Beschäftigungsverhältnisse

Bedienstete in Kommunalverwaltungen können unterschiedlichen Mitarbeiterstatus haben.²⁹³ In die bisherigen Pilotprojekte zu Telearbeit auf Bundes-²⁹⁴, Landes-²⁹⁵ sowie kommunaler Ebene²⁹⁶ wurden, soweit erkennbar, alle Beschäftigtengruppen einbezogen. Eine Differenzierung nach Angestellten und Beamten ist bei Telearbeit aus Rechtsgründen auch nicht geboten. Der Rechtscharakter der jeweiligen Einzelvereinbarung hängt zwar vom Beschäf-

---

²⁹⁰ Auch bezeichnet als Geschäftsanweisung oder Geschäftsordnung; *Maurer*, Allg-VerwR, 17. Aufl. 2009, § 24 Rn. 12.
²⁹¹ Dieses stärkste Beteiligungsrecht gibt der Personalvertretung die Möglichkeit, bei Meinungsverschiedenheiten mit der Dienststellenleitung ein Mitbestimmungsverfahren (§ 66 LPVG NRW) durchzuführen.
²⁹² *Wedde*, Forschungsbericht BMA+S, 1997, S. 150.
²⁹³ Gewöhnlich bestehen Dienstverhältnisse mit Beamten, Angestellten und Arbeitern; z.B. § 74 GO NRW, § 5 LPVG NRW.
²⁹⁴ Moderner Staat – Moderne Verwaltung, Initiative Telearbeit der Bundesregierung, *BMI (hg.)*, S. 8ff.
²⁹⁵ Z.B. das Projekt „Mobile Telearbeit NRW" http://www.lds.nrw.de/informationstechnik/IT_Veroeffentlichungen/Ausgabenarchiv/ausgabe1_2006/schwerpunkte/z091200651_s8.pdf.
²⁹⁶ Derzeit laufen entsprechende Vorhaben u.a. in der Stadtverwaltung Hamburg, innerhalb der Fachhochschule Bonn-Rhein-Sieg und in der Stadtverwaltung Heilbronn.

tigtenstatus ab,[297] ohne dass sich jedoch insoweit daraus unterschiedliche Konsequenzen ergeben. Die Vereinbarung verlegt im Wesentlichen nur den Ort der Leistungserbringung.[298] Der Arbeitsvertrag bei Angestellten[299] wird dadurch nicht berührt. Im Rahmen eines Beamtenverhältnisses wird ebenfalls nur ein Bereich konkretisiert, der ein bestehendes Direktionsrecht[300] des Dienstherrn betrifft. Das öffentlich-rechtliche Dienst- und Treueverhältnis wird daher durch die Vereinbarung zusätzlicher (nicht gesetzlich festgelegter) Rechte und Pflichten in zulässiger Weise verändert.[301]

7. Einsatz geeigneter Kontrollmechanismen

Telearbeit in der Kommunalverwaltung stellt die zuständigen Kontrollorgane vor besondere Schwierigkeiten. Trotz räumlicher Distanz zu dem Telearbeitenden hat der Arbeitgeber/Dienstherr darauf zu achten, dass bestehende Vorgaben zu Datenschutz und -sicherheit eingehalten werden. 525

a) Kontrollorgane

Zur Erfüllung dieser Verpflichtung genügt es nicht allein, Vorgaben technischer und administrativer Art zu statuieren bzw. zu implementieren. Vielmehr hat der Arbeitgeber/Dienstherr darüber hinaus bei konkretem Missbrauchsverdacht, ferner routinemäßig in regelmäßigen Zeitabständen, zu kontrollieren, ob die Vorgaben auch eingehalten werden. 526

b) Gewährung eines Zutrittsrechts

Zur Durchführung solcher Kontrollen müssen Privaträume des Telearbeitenden in gleicher Weise wie behördliche Diensträume[302] betreten werden dürfen. Andernfalls ließen sich gesetzliche Kontrollpflichten des kommunalen Arbeit-

---

[297] Mit Beamten wird ein öffentlich-rechtlicher Vertrag (gem. §§ 54 ff. VwVfG) geschlossen, während mit Angestellten eine privatrechtliche Vereinbarung getroffen wird.
[298] Für die Privatwirtschaft: *Albrecht*, NZA 1996, 1240 ff. (1241).
[299] Für Arbeiter der Gemeinde besitzt Telearbeit kaum Relevanz.
[300] Nach den Beamtengesetzen hat der Beamte seinen Dienst am Ort der (vom Dienstherrn bestimmten) Dienststelle zu verrichten.
[301] Nach der Rspr. des *BVerwG* ist das Beamtenverhältnis in seinem Kernbereich grundsätzlich vereinbarungsfeindlich; BVerwGE 91, 200 ff. (203); *Kopp/Ramsauer*, VwVfG, 11. Aufl. 2010, § 54, Rn. 53. Der Kernbereich dürfe indes nicht betroffen sein.
[302] In NRW räumt (22 Abs. 1, Nr. 2 DSG NRW dem *LDI* ein Zutrittsrecht zu allen Diensträumen ein. Entsprechende Kontrollbefugnisse, vor allem für den behördlichen Datenschutzbeauftragten, fehlen in der Bestimmung des § 32a DSG NRW, sind jedoch intern, etwa in Geschäftsordnungen, regelbar.

gebers/Dienstherrn nicht erfüllen.³⁰³ Nun steht die Unverletzlichkeit des häuslichen Bereichs³⁰⁴ Zutrittsrechten Dritter grundsätzlich entgegen. Der Einzelne hat ein Grundrecht, in seiner Wohnung „in Ruhe gelassen zu werden."³⁰⁵ Ob dies auch an seinem häuslichen Telearbeitsplatz gilt, der als „betrieblicher Arbeitsplatz"³⁰⁶ qualifiziert wird, ist umstritten; es besteht aber Einigkeit darüber, dass ein Zutrittsrecht und ein damit einhergehender Verzicht auf das Grundrecht der Unverletzlichkeit der Wohnung vertraglich vereinbart werden kann.³⁰⁷

c) Ausgestaltung des Zutrittsrechts

527 Vereinbarungen zur Ausübung von Telearbeit sind an den Verhältnismäßigkeitsgrundsatz gebunden. Daher scheidet mit Rücksicht auf die Unverletzlichkeit der Wohnung ein jederzeitiges Zutrittsrecht aus.³⁰⁸ Es besteht nur nach vorheriger Anmeldung und ist an die Ausübung datenschutzrechtlicher Kontrollen gebunden. Weigert sich der Telearbeitende, ein Zutrittsrecht einzuräumen, oder hält er sich nicht an die getroffene Vereinbarung, so ist vertraglich vorzusehen, dass sein Arbeitsplatz alsbald in behördliche Räume zurückverlegt wird.³⁰⁹ Andernfalls würde Telearbeit außerhalb des gesetzlich zwingenden Rahmens praktiziert, was ihre Unzulässigkeit zur Folge hätte.³¹⁰

8. Ausblick

528 In Deutschland waren im Jahr 2008 6,8 Prozent aller Arbeitnehmer Telearbeiter; der Anteil in Großbritannien beträgt bereits 8,6 Prozent, in Frankreich hingegen lediglich 4,6 Prozent.³¹¹ Ob sich Telearbeit auch in Kommunalverwaltungen „im großen Stil" durchsetzen wird, ist angesichts zahlreicher Unwägbarkeiten noch offen. Zwar ist die Resonanz derjenigen, die Telearbeit er-

---

[303] *BMBF*, Telearbeit, a.a.O. S. 119.
[304] Art. 13 GG.
[305] *BVerfGE* 27, 1 (6).
[306] *BMBF*, Telearbeit, a.a.O. S. 119.
[307] *Wedde*, Forschungsbericht BMA+S, 1997, S. 135.
[308] Dies gilt auch für „Notfälle", etwa bei „Hackertätigkeit" vom Telearbeitsplatz aus. So auch *Hall*, „Rechtliche Rahmenbedingungen für Telearbeit", Vortrag vom 08.11.2005, abrufbar unter http://www.vdb-online.org/landesverbaende/sw/berichte/2005-fortbildung-ludwigsburg/hall.pdf
[309] Die Vereinbarung kann aus diesem Grund *fristlos gekündigt* werden; *Wedde*, Forschungsbericht BMA+S, 1997, S. 150.
[310] *Wedde*, Forschungsbericht BMA+S, 1997, S. 148.
[311] http://www.heise.de/tr/artikel/Arbeitsleben-2020-Voellig-losgeloest-277713.html.

proben überwiegend positiv.³¹² Allerdings wird auch Kritik geäußert,³¹³ und Pilotprojekte sind schon gescheitert.³¹⁴ Gegenwärtig erproben zahlreiche Kommunen Telearbeit; doch ist bisher von einem „Durchbruch" noch nichts bekannt geworden. Unabhängig davon, wie sich der Anteil der Telearbeit innerhalb öffentlicher Verwaltungen in Zukunft entwickeln wird, bestehen jedenfalls aus der Sicht des Datenschutzes keine grundsätzlichen Bedenken, die einen generellen Verzicht auf Telearbeit zur Folge haben müssten.

IV. Datenschutz bei Zeiterfassungssystemen

1. Einleitung

Die Erfassung der Arbeitszeiten von Beschäftigen ist fester Bestandteil des Alltags der Kommunalverwaltungen. Sie wird umgesetzt in IT-gestützten Gleitzeitsystemen. Eine genaue Zeiterfassung ist heute für eine funktionierende (und Vergütungsgrundlagen schaffende) Verwaltung von Fehlzeiten und Überstunden unabdingbare Voraussetzung. Dem Interesse der Kommunen an effizientem Arbeitseinsatz, Arbeitskontrolle und rationeller Aufgabenerfüllung der Bediensteten dient die betriebliche Zeiterfassung als wichtiges Überwachungsinstrument. Die technische Entwicklung hat Methoden und Inhalte von Zeiterfassung, zu denen sichere Authentifizierung der Bediensteten ebenso gehört wie datenschutzgerechte Verarbeitung der erfassten Daten, neu definiert.

Früher waren „Stech-" oder „Stempelkarten" üblich, welche der Person des Bediensteten zuzuordnen waren und bei Dienstbeginn und -ende durch einen mechanischen Zeitstempelautomaten bedruckt wurden.³¹⁵ Heute authentifizieren sich Bedienstete an Zeiterfassungsterminals beim Betreten und Verlassen der Arbeitsplätze. Auch das Diensttelefon oder der Computer werden über ein bestimmtes Login-Verfahren dafür genutzt. Eine Identitätsprüfung lässt sich besonders effizient mittels Chip- oder Transponderkarten durchführen, die in-

---

312 Für die Stadtverwaltung Hamburg: http://www.hamburg.de/personalamt/veroeffentlichungen/504986/stichwortsuche-blickpunkt-telearbeit.html .
313 *Peter*, The Future Impact of ICTs on Environmental Sustainability. Sevilla 2004; Schriftenreihe der Bundesanstalt für Arbeitsschutz und Arbeitsmedizin, Forschungsbericht Fb 973 „Auswirkungen von Telearbeit auf Gesundheit und Wohlbefinden", 2000.
314 *Grell*, Telearbeitsplätze – Bilanz eines gescheiterten Projektes, in: Verwaltung und Management 1995, S. 50 ff.
315 Die „Stechuhr" für Fabrikarbeiter wurde in Deutschland Mitte des 19. Jahrhunderts mit der beginnenden Industrialisierung eingeführt. Die Idee einer technisch realisierten Arbeitszeiterfassung kam aber bereits im preußischen Verwaltungsstaat auf, siehe zur kulturhistorischen Entstehung, Kopf, „Zeit-Ordnung: eine Geschichte der Stechuhr", 2002, online abrufbar unter http://www.uhrenstiftung.org/download/zeit-ordnung.pdf.

zwischen Strichcode oder Magnetkartensysteme fast vollständig abgelöst haben.³¹⁶ So kann die Zeiterfassung mit einem betrieblichen Zutrittskontrollsystem kombiniert und zur Identifizierung auf individuelle biometrische Daten zurückgegriffen werden, etwa auf den Fingerabdruck oder auf Gesichtsmerkmale.³¹⁷

Die fortschreitende Verbreitung und die zahlreichen Varianten der betrieblichen Zeit-erfassung werfen wiederkehrende datenschutzrechtliche Fragestellungen nach Sinn und Zulässigkeit der konkreten Kontrollbedürfnisse und der konkreten Methoden der Arbeitszeitkontrollen auf. In diesem Kapitel wird das Thema der betrieblichen Zeiterfassung ausgehend von allgemeinen Grundsätzen des Datenschutzrechts anhand praxisbezogener Beispiele beleuchtet und verschiedene sach- und datenschutzgerechte Lösungen vorgestellt.

2. Behördliche Zeiterfassung als Gestaltungselement des Arbeitnehmerdatenschutzes

a) Maßstab

530 Die Registrierung und Auswertung von Beginn und Ende der Dienstzeiten in Zeiterfassungssystemen ist aus rechtlicher Sicht als in der Regel automatisierte³¹⁸ Erhebung, Verarbeitung und Nutzung (notwendigerweise) von Personaldaten einzuordnen. Die Frage nach ihrer Rechtmäßigkeit beurteilt sich nach den Regeln des Arbeitnehmerdatenschutzrechtes, welches sich mangels eigener Kodifikation als eine Mischmaterie einander ergänzender Rechtssätze darstellt, die ihre Grundlage in allgemeinen und speziellen Datenschutzvorschriften des Bundes und der Länder³¹⁹ sowie im öffentlichen und privaten, kollektiven und individuellen Arbeitsrecht finden – Tarifverträge und Dienstvereinbarungen eingeschlossen.³²⁰

b) Zeiterfassungsdaten als Sachakten-Daten

531 Personenbezogene Daten in Arbeitsverhältnissen werden unterteilt in Personalakten-Daten und Sachakten-Daten, deren Handhabung sich aufgrund un-

---

³¹⁶ Transponderkarten, die teilweise auch als „kontaktlose Chipkarten" bezeichnet werden, kombinieren zwei Technologien zur elektronischen Identifikation und Datenerfassung: das Prinzip einer Chipkarte in Verbindung mit RFID (*radio frequency identification*). Diese Technik lässt sich auf kleinstem Raum unterbringen und kann beispielsweise den Mitarbeitern in Form eines Schlüsselanhängers zur Verfügung gestellt werden.
³¹⁷ Z.B. *Retina-Scan*.
³¹⁸ Ausnahme ist die Zeiterfassung mittels mechanischer Stempelkarten.
³¹⁹ §§ 3aff., 12 Abs. 4, 32ff. BDSG; 29 DSG NRW; 36 LDSG B-W.
³²⁰ § 29 Abs. 1 DSG NRW. Im Einzelnen dazu *Gola/Wronka*, Handbuch zum Arbeitnehmerdatenschutz, 5. Aufl. 2010, Rn. 183 f.; *Stähler/Pohler*, a.a.O., § 29 Rn. 4.

terschiedlicher Schutzstandards voneinander unterschieden. So gelten für die Personalakten-Daten einer Kommune die speziellen Normen der Landesbeamtengesetze,[321] wohingegen die Erhebung und Verarbeitung von Sachakten-Daten nicht dem arbeits- und dienstrechtlichen Datenschutz, sondern „lediglich" dem allgemeinen Datenschutz unterliegen.[322]

Nach der Rechtsprechung des *BVerwG*[323] und des *BAG*[324] zählen zu den *Personalakten-Daten* nicht lediglich diejenigen beschäftigtenbezogenen Informationen, die Bestandteil der *formalen* Personalakte sind. Zur Umschreibung des Begriffes der Personalakten-Daten ist vielmehr von einem *materiellen* Verständnis auszugehen, wonach alle Aufzeichnungen gemeint sind, die sich mit der Person des Bediensteten und mit Inhalt und Verlauf seines Beschäftigungsverhältnisses befassen. Die Akten sind in der Kommunalverwaltung grundsätzlich herkömmlich, d. h. nicht elektronisch, zu führen.[325] Erforderlich ist ein innerer Zusammenhang mit dem Dienstverhältnis.[326] Demgegenüber können *Sachakten* personenbezogene Daten der Bediensteten enthalten, die arbeits-/dienstrechtliche Beziehungen zwar berühren, jedoch nicht, wie die Personalakten-Daten, in einem inneren und unmittelbaren Zusammenhang mit Inhalt und Verlauf des Beschäftigungsverhältnisses stehen.[327] Sie haben (noch) keine unmittelbaren Auswirkungen auf die Rechtsstellung des Bediensteten, sondern können dem Arbeitgeber/Dienstherrn die Grundlage zu einer späteren Entscheidungsfindung liefern.

Für die Einordnung von *Zeiterfassungsdaten* besitzt insbesondere das letztgenannte Kriterium Relevanz. Der materielle Betriff der Personalakten-Daten wird von der höchstrichterlichen Rechtsprechung restriktiv ausgelegt.[328] Für sich genommen besitzen Zeiterfassungsdaten keine unmittelbare Bedeutung für das Beschäftigungsverhältnis; erst ihre Auswertung kann den Arbeitgeber/Dienstherrn zu weiteren Maßnahmen veranlassen. Insofern sind sie keine „grundlegenden" Daten und daher als Sachakten-Daten anzusehen.[329] Sofern allerdings Zeiterfassungsdaten automatisiert zur Aktualisierung der Fehlzei-

---

[321] §§ 84ff. LBG NRW.
[322] *Hartig*, in: Roßnagel (hg.), Handbuch Datenschutzrecht, 2003, Kap. 6.2 Rn. 45.; *Gola/Wronka*, a.a.O., Rn. 112.
[323] BVerwGE 35, 255; 36, 134; 50, 304; *BVerwG*, DVBl. 1984, 53 (54).
[324] *BAG*, ArbUR 1981, 124.
[325] Dies ergibt sich aus dem Akten-Begriff (z.B. § 3 Abs. 6 DSG NRW) sowie aus der fehlenden Ausnahme in §§ 84ff. LBG NRW.
[326] *Gola/Wronka*, a.a.O., Rn. 105f.
[327] *Gola/Wronka*, a.a.O., Rn. 112.
[328] *BAG*, RDV 1993, 171f. (Chefarztentscheidung).
[329] *LfD S-A*, 6. Tätigkeitsbericht 2003, Kap. 16.2, S. 56, anders *ULD S-H*, 25. Tätigkeitsbericht 2003, Kap. 4.11.3, S. 71.

ten- und Urlaubsnachweise des jeweiligen Bediensteten verwendet werden[330], ist der Bereich der Personalakten-Daten eröffnet.

3. Datenschutzrechtliche Fragestellungen der behördlichen Zeiterfassung im Einzelnen

a) Einführung behördlicher Zeiterfassungssysteme

532 Nicht erst beim endgültigen Einsatz, sondern bereits vorab in der Test- und Entwicklungsphase ist die frühzeitige Einbindung des behördlichen Datenschutzbeauftragten geboten. Öffentlichen Stellen des Landes ist aufgegeben, auf der Grundlage eines zu erstellenden Sicherheitskonzeptes angemessene technische und organisatorische Maßnahmen zur Sicherstellung eines hinreichenden Datenschutzes durchzuführen, zu dessen Bestandteilen auch die *Vorabkontrolle* hinsichtlich möglicher Gefahren für das informationelle Selbstbestimmungsrecht gehört. Dieser Gesetzeswortlaut[331] setzt Vorgaben der Europäischen Datenschutzrichtlinie[332] in nationales Recht um. Checklisten und Ablaufschemata für datenschutzrechtliche Vorabkontrollen sind veröffentlicht,[333] die eine Orientierung bieten, jedoch stets im Einzelfall auf das jeweils zu prüfende Verfahren abzustimmen ist.[334] Für die Erstellung und Dokumentation des Sicherheitskonzeptes ist die verantwortliche Stelle innerhalb der Kommune zuständig. Automatisierte Zeiterfassungssysteme müssen in ein behördliches Verfahrensverzeichnis aufgenommen werden.

b) Beteiligung der Personalvertretung

533 Neben den dargelegten, spezifisch datenschutzrechtlich vorgeschriebenen Verfahren besteht eine arbeitnehmerdatenschutzrechtliche Präventivkontrolle für einzuführende Zeiterfassungssysteme durch Beteiligungsrechte der Personalvertretung. Zu deren Aufgaben gehört es, die zugunsten der Arbeitnehmer geltenden Gesetze zu überwachen;[335] darunter fallen auch die Bestimmungen zum Arbeitnehmerdatenschutz. Es handelt es sich bei der Zeiterfassung um eine Maßnahme, die das Arbeitsverhalten – nicht das Ordnungsverhalten – der

---

[330] Entsprechende Schnittstellen sind in den gebräuchlichen IT-Systemen i.d.R. vorgesehen.
[331] Z.B. § 10 Abs. 3 DSG NRW.
[332] Art. 20 der Richtlinie 95/46/EG des Europäischen Parlaments und des Rates vom 24.10.1995 zum Schutz natürlicher Personen bei der Verarbeitung personenbezogener Daten und zum freien Datenverkehr.
[333] RdErl. d. Innenministeriums NRW v. 12.12.2000, MBl. NRW. 2001 S. 50, SMBl. NRW 20026 S. 16.
[334] *Stähler/Pohler*, a.a.O., § 10 Rn. 7.
[335] § 64 Nr. 2 LPVG NRW.

Bediensteten betrifft und schon aus diesem Grund mitbestimmungsfrei ist.³³⁶ Zeiterfassungsanlagen sind auch nicht technische Einrichtungen, die dazu *bestimmt* wären, das Verhalten oder die Leitung der Bediensteten zu überwachen.³³⁷ Ob die Personalvertretung ein Initiativrecht zur Einführung eines automatisierten Zeiterfassungssystems oder zur Abschaffung eines bestehenden Systems hat, ist im Einzelnen fraglich und umstritten. Das *BAG* hat ein Mitbestimmungsrecht bei der Abschaffung eines Zeiterfassungssystems verneint.³³⁸

c) *Unterschiedliche Zeiterfassungssysteme in der Praxis*
Wie dargelegt, bietet der gegenwärtige Stand der Technik unterschiedliche Möglichkeiten, um eine automatisierte betriebliche Zeiterfassung umzusetzen. Es obliegt dem Arbeitgeber/Dienstherrn, ein für die betroffenen Arbeitsplätze angemessenes Verfahren zu wählen. Zwischen seinem Sicherheitsinteresse bzw. dem Bestreben nach Verhinderung von Missbrauch einerseits und dem Interesse der Bediensteten auf Persönlichkeitsrechtsschutz andererseits ist ein sachgerechter Ausgleich zu finden.

534

aa) Verwendung von Personalkenn-Nummern (PIN)
Eine naheliegende Möglichkeit der elektronischen Zeiterfassung besteht in der Vergabe individueller Personalkenn-Nummern an die Bediensteten, die diese verwenden, um sich bei Betreten und Verlassen des Betriebes oder des Arbeitsplatzes (Büro) zu registrieren. Als Eingabegeräte kommen zentrale Eingabeterminals oder individuelle Stationen in Betracht, wie etwa das eigene Diensttelefon oder der eigene Computer. Die datenschutzrechtlichen Risiken solcher Zeiterfassungssysteme liegen auf der Hand. Durch Weitergabe oder Ausspionieren der Personalkenn-Nummer und ihrer Eingabe durch Unbefugte kann es zu Manipulationen von Zeitkonten kommen. Ein weiterer – praktischer – Nachteil kann entstehen, wenn die Eingabe der Kenn-Nummer verhältnismäßig lange dauert und z.B. in großen Dienstgebäuden mit vielen Bediensteten dadurch „Staus" an den Eingabeterminals auftreten.

bb) Verwendung von Transponderkarten
Die Verwendung von Transponderkarten zur Arbeitszeiterfassung weist gegenüber der Verwendung von Personalkenn-Nummern nur wenige Unter-

---

³³⁶ Zur Abgrenzung von Ordnungs- und Arbeitsverhalten *Gola/Wronka*, a.a.O., Rn. 1745 ff.
³³⁷ Nur in diesem Fall aber bestünde eine Mitbestimmungspflicht; Z.B. § 72 Abs. 3 Nr. 1 LPVG NRW.
³³⁸ *BAGE* 63, 283 = DB 1990, 743 (744) = NZA 1990, 406 (407) = RDV 1990, 88.

schiede auf: An Stelle der Eingabe der Personalkenn-Nummer lassen die Bediensteten zu Beginn und Ende der Arbeitszeit die ihnen individuell zugewiesene Transponderkarte an einem Automaten registrieren. Auch bei diesem System können Manipulationen zum Nachteil des Arbeitgebers/ Dienstherrn durch Weitergabe der Karte an Unbefugte auftreten. Ein Vorteil der Transponderkarten besteht jedoch darin, dass bei ihrer Verwendung im Unterschied zur Vergabe von Kenn-Nummern fehlerhafte manuelle Eingaben ausgeschlossen sind. Vor dem Hintergrund des datenschutzrechtlichen Zieles (auch) der Vermeidung unrichtiger Daten sind sie den Personalkenn-Nummern insoweit vorzuziehen.[339]

cc) Verknüpfung von Zeiterfassungssystemen und Zutrittskontrollsystemen

535 In Kommunalverwaltungen werden zur Sicherung von Betriebsmitteln und Datenbeständen computergestützte Zutrittskontrollsysteme verwendet, welche es erlauben, für die einzelnen Bediensteten entsprechend ihren Aufgaben und dem betrieblichen Schutzbedarf individuelle Bewegungszonen innerhalb der betrieblichen Gebäude zu definieren. Mittels zur Verfügung stehender Chip- oder Transponderkarten können die Bediensteten nur diejenigen Räumlichkeiten betreten, für die sie eine Freigabe erhalten haben, wobei die Karten als elektronischer Schlüssel fungieren. Aus Praktikabilitätsgründen wird die Struktur des behördlichen Zutrittskontrollsystems häufig auch für die Zeiterfassung genutzt, indem zusammen mit der Zutrittskontrolle an den Ein- und Ausgängen der Verwaltungsgebäude bzw. der Büros zugleich die Anwesenheitszeit als Arbeitszeit erfasst wird.

Aus datenschutzrechtlicher Sicht ist bei einer solchen Koppelung von Zutrittskontroll- und Arbeitszeiterfassungssystemen darauf zu achten, dass beide Systeme ihrem Zweck entsprechend strikt voneinander getrennt betrieben werden. Das Zutrittskontrollsystem dient allein der Verhinderung unberechtigter Zutritte und fällt somit in den Aufgaben- und Zugriffsbereich des betrieblichen

---

[339] Im Zusammenhang mit der behördlichen Zeiterfassung durch Kartenlesegeräte ist ein Bericht des *ULD S-H* zu erwähnen, in dem es um eine Anfrage geht, ob die Zeiterfassung zulässigerweise auch unter Verwendung der Krankenversichertenkarten der Bediensteten organisiert werden dürfe (http://www.datenschutzzentrum. de/material/tb/tb19/kap9.htm#+Tz9.7.). Eine solche Verwendung der Krankenversichertenkarte ist nicht zulässig (§ 291 Abs. 1 Satz 3 SGB V). Der Gesetzgeber hat dort den Schutz der Krankenversichertenkarte, welche in naher Zukunft nach dem Willen des Gesetzgebers als „elektronische Gesundheitskarte" (§ 291a SGB V) zum Träger durchaus sensitiver Daten werden wird, bereichsspezifisch geregelt und klargestellt, dass die Krankenversichertenkarte *nur* für den Nachweis der Berechtigung zur Inanspruchnahme von Leistungen im Rahmen der vertragsärztlichen Versorgung sowie für die Abrechnung mit den Leistungserbringern verwendet werden darf.

Datenschutz bei Zeiterfassungssystemen

Sicherheitsbeauftragten, wohingegen das Zeiterfassungssystem grundsätzlich nur dem Zugriff der personalverwaltenden Stelle unterliegt. Materiellrechtlich folgt dieses Gebot der Systemabschottung aus dem *Zweckbindungsgrundsatz*.[340]

dd) Verwendung biometrischer Daten

Um Manipulationen von Zeiterfassungssystemen zu begegnen, welche zur Identifikation der Bediensteten auf die Eingabe von Personalkenn-Nummern oder von Bedienstetenkarten zurückgreifen (s.o.), bietet es sich für den Arbeitgeber bzw. Dienstherrn an, auf individuelle biometrische Daten der Bediensteten zurückzugreifen. In Frage kommen für Zeiterfassungssysteme gegenwärtig insbesondere Fingerabdruck oder Gesichtsmerkmale.[341] Das Interesse des Arbeitgebers bzw. Dienstherrn an der Vermeidung manipulierter Eingaben ist als Streben nach objektiver Richtigkeit der erhobenen Daten aus datenschutzrechtlicher Sicht zu begrüßen,[342] was zunächst für die Verwendung biometrischer Daten auch im Rahmen der betrieblichen Zeiterfassung spricht. Problematisch ist die Erhebung und Verarbeitung biometrischer Daten im Rahmen von Zeiterfassungssystemen deshalb, weil biometrische Daten mitunter Informationen liefern, die über die reine Identifikation der Person hinausgehen, also überschießenden Informationsgehalt besitzen, und weil sie ihrem Wesen nach dauerhaft mit der betroffenen Person verbunden bleiben, wodurch ein gegen-

536

---

[340] Technisch-organisatorisch ist es durch Abschottung der jeweiligen Datenverarbeitungsanlage – in der Regel des PC – des Sicherheitsbeauftragten und der personalverwaltenden Stelle mittels Zutritts-, Zugangs- und Zugriffskontrollen sicherzustellen. Zutrittskontrollen regeln dabei die räumliche Annäherung von Personen zu Datenverarbeitungsanlagen (z.B. gesicherter Eingang, einbruchshemmende Fenster etc.), Zugangskontrollen regeln die Benutzung von Datenverarbeitungsanlagen (z.B. Zuordnung bestimmter PCs zu bestimmten Funktionen, „abhörsichere" Geräte und Leitungen, Passwörter etc.) und Zugriffskontrollen regeln den Umfang des befugten Zugriffs auf die in der Datenverarbeitungsanlage vorhandenen Daten (z.B. Archivierung von Daten im Panzerschrank, Verschlüsselung einer Festplatte oder von Partitionen, Beschränkung der Menüsteuerung etc.), *Ernestus/Geiger*, in: Simitis (hg.), a.a.O., § 9, Rn. 68 ff., 88 ff., 99 ff.

[341] Zu den gegenwärtig auswertbaren biometrischen Merkmalen gehören weiterhin Handflächenabdruck, Handvenenmuster, Handgeometrie, Ohrgeometrie, Irismuster (Regenbogenhaut), Retinamuster (Augenhintergrund), Stimme, Lippenbewegung, Unterschrift, Tippverhalten auf einer Tastatur und wohl auch Gang und Geruch; siehe *Gundermann/Probst*, in: Roßnagel (hg.), a.a.O., Kap. 9.6, Rn. 5. Stimmen „aus der Praxis" zur Zeiterfassung mittels biometrischer Daten (Fingerabdruckscannung) finden sich in der Forumsdiskussion unter: http://www.123recht.net/forum_topic.asp?topic_id=16694&ccheck=1.

[342] Z.B. §§ 20 BDSG; 10 Abs. 2 Nr. 4, 19 DSG NRW; § 22 LDSG B-W; Art. 11 BayDSG; § 19 SächsDSG.

über nicht-biometrischen Daten deutlich gesteigertes Missbrauchspotential besteht.

Es wird behauptet, dass sich aus dem Fingerabdruck eines Menschen statistik-gestützte Prognosen hinsichtlich Erkrankungen wie chronischen Magen-Darm-Beschwerden, Leukämie oder Brustkrebs herleiten lassen – Informationen, die für den Bediensteten durchaus abträgliche Folgen haben können. Ein solcher überschießender Informationsgehalt besteht bei der Identifizierung der Bediensteten mittels Gesichtszugerkennung zwar nicht; hier kann allenfalls auf Alter, Geschlecht und ethnische Herkunft geschlossen werden, womit der Bedienstete in der Regel kein Problem haben dürfte.[343] Doch liegt die Gefahr der Gesichtszugidentifizierung darin, dass sie weitgehend unbemerkt mittels versteckter *thinking cameras* erfolgen kann, so dass sich über den Anwendungsbereich der Zeiterfassung hinaus unschwer innerbetriebliche Bewegungsprofile erstellen lassen.[344]

Der Ausgleich zwischen dem Interesse des Arbeitgebers/Dienstherrn an der Authentizität der von ihm erhobenen Zeiterfassungsdaten und dem Interesse der Bediensteten an der Verhinderung eines Missbrauchs seiner biometrischen Informationen ist über die konsequente Anwendung allgemeiner datenschutzrechtlicher Grundsätze zu erreichen. Zunächst haben sich Datenverarbeitungsvorgänge von vornherein an dem Ziel auszurichten, so wenig wie möglich personenbezogene Daten zu erheben und weiterzuverarbeiten. Dieser Grundsatz der *Datenvermeidung und Datensparsamkeit* ist vor allem als Gestaltungsauftrag an die Einrichtung von IT-Systemen zu verstehen;[345] schon bei der Einrichtung von Datenverarbeitungsvorgängen ist zu prüfen, ob die zu erhebenden Daten für die zu erfüllende Aufgabe – hier die Identifizierung/Authentisierung – überhaupt erforderlich sind. Für den Bereich der biometrischen Daten bedeutet dies, dass überschießender Informationsgehalt möglichst zu vermeiden ist,[346] was bedeutet, dass der Identifizierung anhand von Gesichtsmerkmalen – abstrakt betrachtet – grundsätzlich der Vorrang vor anderen Verfahren – auch dem Fingerabdruckverfahren – einzuräumen ist.[347] Wird ein Verfahren zur Identifizierung der Bediensteten anhand ihrer Gesichtszüge installiert, ist aus datenschutzrechtlicher Sicht weiterhin wünschenswert, dass die Authentifizierung nicht automatisch schon beim bloßen Passieren einer be-

---

[343] *Gundermann/Probst*, in: Roßnagel (hg.), a.a.O., Kap. 9.6, Rn. 26.
[344] Nachweise bei *v. Zezschwitz*, in: Roßnagel (hg.), a.a.O., Kap. 9.3, Rn. 95 ff.; zur Funktionsweise von Gesichtserkennungsverfahren *Gundermann/Probst*, in: Roßnagel (hg.), a.a.O., Kap. 9.6, Rn. 11 ff.
[345] *Bizer*, in: Simitis (hg.), a.a.O., § 3a Rn. 1 ff., 57 ff., 69 ff.; *Stähler/Pohler*, a.a.O., § 4 Rn. 9.
[346] *ULD S-H*, Datenschutzgerechter und datenschutzfördernder Einsatz von biometrischen Verfahren, abrufbar unter https://www.datenschutzzentrum.de/projekte/biometrie/bsipabio.htm.

stimmten Stelle durchgeführt wird, sondern dass es stets der Mitwirkung des Betroffenen bedarf, etwa indem das Gesicht einer bestimmten Kamera aktiv zugewendet werden muss. Derartige Anforderungen an ein solches Verfahren sind im Hinblick auf das datenschutzrechtliche Transparenzgebot[348] zu verlangen.

d) Die Auswertung der erhobenen Arbeitszeitdaten
aa) Auswertung durch die personalverwaltenden Stelle
Die Erhebung, Kontrolle und Auswertung der Arbeitszeitdaten gehört zu den Aufgaben der personalverwaltenden Stelle. Der Umfang der von ihr im Zusammenhang mit der Zeiterfassung rechtmäßigerweise zu erhebenden und zu speichernden Daten richtet sich nach den im Gesetz festgeschriebenen Grundsätzen der Zweckbindung und Erforderlichkeit der Datenverarbeitung: Die personalverwaltende Stelle darf nur diejenigen Daten erheben, speichern und auswerten, die im Einzelfall zur Erfüllung ihrer Aufgaben – i.d.R. Arbeitszeitverwaltung, Fehlzeitüberwachung und Urlaubsverwaltung – zweckmäßig und erforderlich sind. Um ein funktionierendes Zeiterfassungs- und -managementsystem aufzubauen, sind „Grund-Daten" zur Identifikation der Bediensteten erforderlich, also Name, Vorname und Geburtsdatum, Personalnummer, individuelle Sollarbeitszeiten und Urlaubsansprüche.

537

Hierauf aufbauend können dann die jeweils aktuellen, täglichen Arbeitszeitdaten statistisch aufbereitet werden. Übersichten über die tägliche An- und Abwesenheit und eine monatliche Zusammenfassung des jeweiligen Arbeitszeitstandes (Resultatsliste) sind zu erstellen, welche vornehmlich den Bediensteten zur Selbstkontrolle dient, aber unter gewissen Umständen auch dem Fachvorgesetzten zugeleitet werden kann. Anlassbezogen können halb- und ganzjährige Einzelausdrucke der personenbezogenen Fehlzeiten für die Personalakte zur Fehlzeitenüberwachung angefertigt werden.[349] Auch der Ort der Datenverarbeitung bzw. der Speicherung erstellter Statistiken muss den datenschutzrechtlichen Anforderungen und Grundsätzen entsprechen, insbesondere im Hinblick auf die Persönlichkeitsrechte der Bediensteten angemessen sein. Zur Aufbewahrung der erstellten Statistiken kommt insbesondere der systeminterne Server, externe elektronische Speichermedien (z.B. CD-ROM, Streamer)

---

[347] Zuzugeben ist jedoch sicherlich, dass unter praktischen Gesichtspunkten die überschießenden Informationen, die dem Fingerabdruck eines Bediensteten entnommen werden können, in den Händen des Arbeitgebers, der sie nicht speichert, als nicht allzu gravierend und folgenreich anzusehen sind.
[348] §§ 6, 33 BDSG; 10 Abs. 2 Nr. 6 DSG NRW.
[349] *Warga*, Handbuch Dienstvereinbarung, 2009, Punkt 12.2, S. 288 ff.: Muster-Dienstvereinbarung zur Einführung der elektronischen Zeiterfassung bei gleitender Arbeitszeit, § 7.

oder herkömmliche Speichermedien (z.B. Ausdruck) in Frage. Die Aufbewahrung „im System" kommt dabei den Interessen der personalverwaltenden Stelle entgegen, da sie einen schnellen und unkomplizierten Zugriff ermöglicht. Die Speicherung der Daten auf externen Datenträgern ist ebenfalls möglich; jedoch müssten diese sicher vor dem Zugriff Unbefugter verwahrt werden. Vor dem Hintergrund des Verhältnismäßigkeitsgrundsatzes dürfen die Daten im System nur so lange aufbewahrt werden, wie der eigentliche Auswertungsvorgang anhält; im Anschluss daran sind die Arbeitszeitdaten aus dem System zu löschen und gegebenenfalls – sofern noch ein legitimer Zweck besteht – extern zu speichern.

538 Zeiterfassungsdaten sind zu löschen, sofern der mit ihnen verfolgte Zweck erreicht ist und sie insofern verbraucht sind. Dieser Grundsatz ergibt sich allgemein aus dem Gedanken der Zweckbindung und ist zudem gesetzlich ausdrücklich geregelt.[350] Gleichwohl wird gerade die Löschungspflicht in der Praxis oftmals vernachlässigt. Um einer solchen Vernachlässigung vorzubeugen und das Problem zu umgehen, im Einzelfall stets prüfen zu müssen, ob die Aufbewahrung von Zeiterfassungsdaten noch dem ursprünglichen Zweck dient, ist zu empfehlen, in einer Dienstvereinbarung feste Aufbewahrungs-Fristen festzulegen, welche die Nutzungshöchstdauer der Daten berücksichtigen. Zeiterfassungsdaten können grundsätzlich (außer bei festgestellter vorsätzlicher Manipulation) nach Ablauf von drei Monaten als anerkannt gelten und dürfen dann nicht mehr geändert werden können. Nach Ablauf des Jahres, das auf das Jahr folgt, in dem die Buchung durchgeführt wurde, sollten die Daten automatisch (bei Speicherung auf externen Datenträgern manuell) gelöscht werden. Im Einzelfall gilt dies nicht bei Fortbestehen eines legitimen Zweckes, der der Personalvertretung mitzuteilen ist.

bb) Information der betroffenen Bediensteten

539 Wie bereits erwähnt, werden Bedienstete regelmäßig am Ende eines Monats von der Personalstelle mittels eines Ausdruckes über den Inhalt ihres Zeitarbeitskontos informiert, was der Transparenz dient und datenschutzrechtlichen Anforderungen entspricht. Die Ausdrucke müssen dabei datenschutzgerecht an die betroffenen Bediensteten weitergeleitet werden. Werden sie mit der Hauspost in nicht verschlossenen Sammelumschlägen versandt, so bietet das keine ausreichende Sicherheit vor der Kenntnisnahme unbefugter Dritter. Es ist daher stets auf eine hinreichende Vertraulichkeit zu achten. Sofern möglich, sollte ganz auf eine Versendung von Ausdrucken der Arbeitszeitdaten verzichtet und Bediensteten die Möglichkeit eingeräumt werden, von ihrem Arbeits-

---

[350] §§ 35 Abs. 2 Satz 2 BDSG; 19 Abs. 3 lit. b) DSG NRW; § 23 Abs. 1 Nr. 2 LDSG B-W; Art. 12 Abs. 1 Nr. 2 BayDSG; § 17 Abs. 2 Satz 1 Nr. 2 NDSG; § 20 Abs. 1 Nr. 2 SächsDSG.

platz aus *online* geschützt (z.B. unter Verwendung eines Passwortes) auf ihr Konto zuzugreifen.

cc) Auswertung durch den Fachvorgesetzten

Fachvorgesetzte benötigen im Rahmen ihrer Aufgabe, für eine sinnvolle Personalplanung und einen sinnvollen Personaleinsatz zu sorgen, einen Lesezugriff auf die Arbeitszeitkonten ihrer unmittelbar nachgeordneten Bediensteten. Daher ist es oft üblich, auch ihnen am Monatsende eine Information über den Arbeitszeitstand zukommen zu lassen und sie zusätzlich anlassbezogen zu unterrichten, wenn das Zeitkonto eines nachgeordneten Bediensteten eine auffällige Über- oder Unterschreitung im *Soll* aufweist. Die Rechtmäßigkeit der Information von Fachvorgesetzten orientiert sich an den Grundsätzen von Zweckbindung und Erforderlichkeit. Der jeweilige Fachvorgesetzte darf nur diejenigen Daten erhalten, die im Einzelfall zur Erfüllung seiner Aufgabe (z.B. Personalplanung, Personaleinsatz, ggfs. Personalführungsmaßnahmen usw.) zweckmäßig und erforderlich sind. Das ist der Fall, wenn der Vorgesetzte seine Aufgabe ohne Kenntnis der Arbeitszeitdaten nicht sachgerecht erfüllen kann. Vor diesem Hintergrund ist die gängige Praxis einer grundsätzlichen regelmäßigen monatlichen Information aller Fachvorgesetzten über die Arbeitszeitkonten Bediensteter als rechtswidrig anzusehen, wenn sie keinen sachgerecht zu begründenden Einfluss auf deren Personaleinsatz nehmen können;[351] lediglich wenn die Gefahr besteht, dass durch Auffälligkeiten der Arbeitszeiten Einzelner die Diensterfüllung beeinträchtigt wird, ist der Fachvorgesetzte anlassbezogen zu informieren. Zudem ist es vertretbar, auch nicht-anlassbezogen Arbeitszeitkonten *stichprobenweise* zu kontrollieren.[352] 540

dd) Zugriff der Personalvertretung

Neben Personalstelle und Fachvorgesetzten hat die Personalvertretung grundsätzlich *keinen* Zugang zu den Arbeitszeitdaten der Bediensteten ohne deren Zustimmung. Zwar gehört es zu ihren gesetzlichen Aufgaben, über die Einhaltung der Rechtsvorschriften zum Schutze der Belegschaft – im vorliegenden Falle Arbeitszeitgesetz, Arbeitszeitverordnung Bund, Arbeitszeitverordnung NRW – zu wachen.[353] Zur Wahrnehmung dieser Aufgaben genügt es allerdings grundsätzlich, wenn die Daten in statistisch aufbereiteter Form zur Verfügung gestellt werden; solche Aufbereitungen können auch für Kleingruppen erstellt 541

---

[351] *LDI S-A*, 6. Tätigkeitsbericht 2003, Kap. 16.2; a.A. *ULD S-H*, 25. Tätigkeitsbericht 2003, Kap. 4.11.3.
[352] Zutreffend *LDI S-A*, a.a.O.
[353] § 64 Nr. 2 LPVG NRW.

werden.³⁵⁴ Die Personalvertretung muss – ebenso wie der Arbeitgeber/Dienstherr – das Persönlichkeitsrecht der Bediensteten achten.³⁵⁵

4. Vorgaben für eine Dienstvereinbarung

542 Die Bedingungen automatisierter Arbeitszeiterfassung auf Behördenebene sind zweckmäßigerweise in einer ausführlichen, transparenten Dienstvereinbarung zu regeln. Eine solche sorgt für ausreichende Rechtssicherheit auf Seiten sowohl des Arbeitgeber/Dienstherrn als auch der Bediensteten, trägt der Mitbestimmung Rechnung und bildet eine eigenständige Rechtsgrundlage für die Datenerhebung und -verarbeitung. Die Vereinbarung ist jedem Bediensteten zugänglich zu machen.³⁵⁶ Inhaltlich bieten sich insbesondere folgende Regelungsgegenstände an: Die Verarbeitung personenbezogener, gegebenenfalls biometrischer Daten ist normenklar konkretisierend festzulegen. Es ist die eingesetzte Software zu bezeichnen und es sind Regelungen vorzusehen, wie das System geändert werden kann. Auf die Mitbestimmungsrechte ist hinzuweisen. Die für die Wartung des Systems verantwortlichen Stellen sind zu benennen sowie die Datensätze und anzulegenden Konten zu beschreiben. Es sind aus Klarstellungsgründen ausdrückliche Fristenregelungen zur Datenlöschung, ggfs. einschließlich Verwertungsverboten, zu treffen. Standards zur Datensicherheit sind festzulegen; auf das Prüfungsrecht des behördlichen Datenschutzbeauftragten sollte hingewiesen werden.

V. Die Datenschutzfunktion der Personalvertretung

543 Die Personalvertretung der Kommune nimmt als Wächterin des Datenschutzes ihrer Arbeitnehmer eine wichtige Rolle ein. Da es zu ihren Aufgaben gehört, darüber zu wachen, dass die „zugunsten der Bediensteten geltenden Gesetze – zu denen auch das allgemeine sowie die bereichsspezifischen Datenschutzgesetze gehören – durchgeführt"³⁵⁷ werden, ist sie ein wichtiger Verbündeter des behördlichen Datenschutzbeauftragten. Zugleich ist sie berufen, an den Rechtsgrundlagen innerbetrieblicher Personaldatenverarbeitung mitzuwirken, da mit dem Dienstherrn *Dienstvereinbarungen* geschlossen werden können,³⁵⁸ die als Rechtsvorschriften die Verarbeitung personenbezogener Daten der Bediensteten erlauben können.³⁵⁹ Als Kontrollorgan kommt der Personalvertretung schließlich selbst Vorbildfunktion zu.

---

[354] *BAG*, Beschl. v. 3. 6. 2003 – 1 ABR 19/02 –, RDV 2004, 24 ff. (= DUD 2003, 773 ff.).
[355] *Büllesbach*, in: Roßnagel (hg.), a.a.O. Kap. 6.1 Rn. 76 ff.; *Simitis*, in: Simitis (hg.), a.a.O., § 28 Rn. 52 ff.
[356] Die Aushändigung einer Kopie wird heute i.d.R. durch Intranet-Veröffentlichung ersetzt.
[357] Z.B. § 64 Nr. 2 LPVG NRW.
[358] Nach § 70 LPVG NRW.
[359] Gemäß §§ 4, 29 DSG NRW.

Die Datenschutzfunktion der Personalvertretung

1. Der Personalrat als Organisationseinheit der Verwaltung

Der von den Dienststellen der Gemeinden und der Gemeindeverbände zu bildende Personalrat[360] besteht aus Vertretern der Bediensteten, die von diesen gewählt werden. Hierbei sind die unterschiedlichen Gruppen – Beamte, Angestellte, Arbeiter – ihrer Stärke entsprechend zu berücksichtigen. Der Personalrat entspricht dem Betriebsrat auf der Ebene der Privatwirtschaft. Er ist unabhängig, an Weisungen nicht gebunden,[361] und handelt in eigenem Namen und in eigener Verantwortlichkeit auf Kosten der Dienststelle.[362] Er wird bei der Einhaltung des Datenschutzes durch den behördlichen DSB unterstützt,[363] der auf eine datenschutzgerechte Verfahrensweise hinwirken soll, ihn jedoch nicht überwacht.[364]

544

2. Datenschutzgerechtes Handeln des Personalrates

Auch der Personalrat hat im Rahmen seiner Aufgabenerfüllung datenschutzrechtliche Bestimmungen einzuhalten.

545

a) Organisation

Ein ordnungsgemäßer Umgang mit personenbezogenen Daten setzt voraus, dass geeignete organisatorische Strukturen für die Arbeit des Personalrates bestehen.[365]

aa) Räumliche Gegebenheiten

Im Hinblick auf die datenschutzgerechte Aufbewahrung personenbezogener Unterlagen sind dem Personalrat separate Räumlichkeiten zur Verfügung zu stellen, die eigenverantwortlich gegen den Zutritt Unbefugter gesichert werden müssen.

bb) Ausstattung der Arbeitsplätze

Hinsichtlich der Aufbewahrung und Vernichtung von Unterlagen mit personenbezogenen Daten sowie der Nutzung von Telefon, Telefax und PC gelten die allgemeinen datenschutzrechtlichen Vorgaben, die die gesamte Verwaltung

---

360 Gemäß § 1 Abs. 1 LPVG NRW.
361 BVerwGE 69, 222 ff., 223.
362 § 40 LPVG NRW.
363 § 32a Abs. 1 Satz 8 i.V.m. Satz 5 DSG NRW.
364 Für den betrieblichen DSB siehe *BAG*, Beschl. v. 11.11.1997 – 1 ABR 21/97 –; *Stähler/Pohler*, a.a.O., § 32a, Rn. 3.
365 *LDI NRW (hg.)*, Orientierungshilfe „Datenschutz im Personalrat", (09/2005), S. 3 ff.

zu beachten hat. Insbesondere die Aktenführung im Personalrat hat sich nach den Grundsätzen der Erforderlichkeit, der Zweckbindung, der Datenvermeidung und der Transparenz zu richten.

b) Der Umgang mit den Daten der Bediensteten

546 Der Personalrat erhält durch die Dienststelle im Rahmen des Unterrichtungsrechtes[366] regelmäßig Einblick in Unterlagen mit personenbezogenen Bewerber- oder Beschäftigtendaten. Zweck dieser Unterrichtung ist die Durchführung des Beteiligungsverfahrens im Einzelfall, nach dessen Abschluss die Unterlagen zurückzugeben oder zu vernichten sind; mit einer dauerhaften Aufbewahrung würden Personalvorgänge nebenaktenähnlich gesammelt, was unzulässig ist.[367] Personenbezogene Daten können ferner in Personallisten, Sitzungsunterlagen oder Niederschriften[368] enthalten sein. Unabhängig davon, ob sie elektronisch gespeichert oder nur in Papierform vorhanden sind, dürfen diese Unterlagen nur für die Zeit aufbewahrt werden, die ihr als Entscheidungsgrundlage in beteiligungspflichtigen Angelegenheiten dienen.[369] Spätestens am Ende der Amtszeit des Personalrates sind sie zu vernichten. Ob die jeweiligen Daten noch zur Aufgabenerfüllung erforderlich sind, hat der Personalrat regelmäßig zu prüfen. Bereits entstandene Datensammlungen sind zunächst zu sichten. Sodann sind die Vorgänge mit beschäftigtenbezogenen Daten zu sperren und bis zu ihrer Vernichtung vom Personalratsvorsitzenden zu verwahren. Den Betroffenen ist innerhalb einer angemessenen Frist Gelegenheit zur Einsichtname zu gewähren, damit sie etwaige Ansprüche genügend begründen können. Die Frist kann variieren bei derzeit noch Bediensteten und bereits ausgeschiedenen Bediensteten. Bei letzteren ist eine Frist von ca. zwei Jahren zu gewähren.

Einsichtnahme in Unterlagen ist dem Personalrat nur mit Zustimmung der Bediensteten erlaubt; dies gilt jedoch nicht für in Listen aufgeführte Personaldaten, wie z.B. Name, Geburtsjahr, Ausbildung.[370] Hinsichtlich letzterer Daten dürfen zudem in größeren Dienststellen auch sog. „Vorratsspeicherungen" vorgenommen werden.[371] Das Anlegen von Datensammlungen zur Wahrnehmung von Repräsentationsaufgaben (wie z.B. Glückwünsche zum Geburtstag o.ä.) ist mangels Rechtsgrundlage unzulässig. Insofern hat der Bedienstete ein Recht darauf, selbst zu entscheiden, ob und wem diese Daten zugänglich sein sollen.

---

[366] § 65 LPVG NRW.
[367] *Gola/Wronka*, Handbuch des Arbeitnehmerdatenschutzes, 5. Aufl. 2010, Rn. 359.
[368] § 37 LPVG NRW. Es ist nur *eine* Sitzungsniederschrift anzufertigen; Vervielfältigungen sind nicht zulässig; *VG Düsseldorf*, PersR 2000, 521.
[369] *BVerwG*, NJW 1991, 375.
[370] Nach § 65 Abs. 3 Satz 1 LPVG NRW.
[371] *Gola/Wronka*, a.a.O., Rn. 359, 1632.

Die Datenschutzfunktion der Personalvertretung

Allen Personalratsmitgliedern obliegt eine Schweigepflicht hinsichtlich sämtlicher Interna, die den Personalrat und die Dienststelle betreffen;[372] dies umfasst allerdings keine offenkundigen Tatsachen. Scheiden Personalratsmitglieder aus ihrer Tätigkeit aus, so haben sie alle Unterlagen mit personenbezogenen Daten zurückzugeben oder in Anwesenheit des Personalratsvorsitzenden zu vernichten.[373]

3. Beaufsichtigung der Beachtung des Datenschutzes in der Dienststelle
Eine wesentliche und zentrale Funktion weist das Gesetz dem Personalrat insoweit zu, als er datenschutzrechtliche Bestimmungen innerhalb der Dienststelle wesentlich mitgestaltet und ihre Einhaltung beaufsichtigt.

547

a) Kontrollbefugnis
Zu den Kontrollaufgaben des Personalrates gehört es, darüber zu wachen, dass die zugunsten der Bediensteten geltenden Gesetze, Verordnungen, Tarifverträge, Dienstvereinbarungen eingehalten und Verwaltungsanordnungen durchgeführt werden.[374] Dazu gehören auch diejenigen datenschutzrechtlichen Bestimmungen, die arbeitnehmerschützenden Charakter haben.[375] Um diese Kontrollbefugnis wahrnehmen zu können, besteht zugunsten des Personalrats eine Unterrichtungspflicht seitens des Dienststellenleiters.[376] Hinsichtlich datenschutzrechtlich relevanter Vorgänge ist es nunmehr aufgrund der komplexen technischen Zusammenhänge unerlässlich, dass der Personalrat nicht nur über einzelne Softwarelösungen unterrichtet wird, sondern vielmehr aktuell und laufend Einblick in die gesamte Strategie und Ausrichtung der gesamtbehördlichen Datenverarbeitung erhält.

b) Beteiligungsrechte
Personaldatenverarbeitung wird in der Kommune heute weitreichend durch Technik gestaltet. Der Mitbestimmung unterliegen Maßnahmen im Hinblick auf technische Einrichtungen, die *bestimmt* sind, das Verhalten oder die Leistung der Bediensteten zu überwachen.[377] Eine Überwachung findet statt, wenn

548

---

[372] Nach § 9 LPVG NRW.
[373] Das ergibt sich aus § 65 Abs. 4 LPVG NRW.
[374] § 64 Nr. 2 LPVG NRW.
[375] Z.B. §§ 29 DSG NRW, 32 ff. BDSG sowie bereichsspezifische Normen; *Gola/Schomerus*, a.a.O., § 1, Rn. 5 m.w.N.
[376] Gemäß § 65 Abs. 1 LPVG NRW.
[377] § 72 Abs. 3 LPVG NRW ist neugefasst durch Gesetz v. 09.10.2007, GV. NRW. S. 394, 460. Die Regelung entspricht der Rechtslage auf Bundesebene (§ 75 Abs. 3 Nr. 17 BPersVG).

Informationen beschafft, gespeichert und zur späteren Entscheidung ausgewertet werden. Die Leistung und das Verhalten der Bediensteten wird kontrolliert, wenn die in Erfüllung der vertraglich geschuldeten Arbeitspflicht erbrachte Leistung und das Tun und Unterlassen des Bediensteten und sein Verhalten im Betrieb überprüft wird. Eine Kommunalverwaltung besitzt eine Vielzahl technischer Einrichtungen, die zur Überwachung geeignet sind. Aufgrund objektiv-finaler Betrachtungsweise *genügt* nach der Rechtsprechung diese *Eignung* zur Annahme eines Mitbestimmungstatbestandes nach dieser Bestimmung.[378] Nachdem die Informations- und Kommunikationstechnologie als etablierter und fester Bestandteil der Kommunalverwaltung anzusehen ist, hatte mit diesem – reduzierten – Tatbestand dem Schutzbedürfnis der Bediensteten hinreichend Rechnung getragen werden sollen;[379] angesichts der Rechtsprechung muss die Änderung indes als wirkungslos bezeichnet werden.

4. Dienstvereinbarungen

549 Personalvertretung und Dienststelle haben die Möglichkeit, Dienstvereinbarungen zu schließen, die in einem beteiligungspflichtigen Bereich für Normenklarheit sorgen.[380] Sie binden die Beteiligten bis zu ihrem Außerkrafttreten und legen ihre Rechte und Pflichten konkret fest. Einer solchen Dienstvereinbarung dürfen allerdings gesetzliche oder tarifliche Regelungen nicht entgegenstehen. In der Praxis existieren in vielen Kommunalverwaltungen Dienstvereinbarungen beispielsweise zur Internetnutzung am Arbeitsplatz, zur Telekommunikation, zur Personaldatenverarbeitung, zur Videoüberwachung und zu Verfahren, mit denen sensitive Personaldaten verarbeitet werden.[381]

---

[378] *BVerwG*, Beschl. v. 26.09.2006 – 6 PB 10.06 –, ergangen zu § 75 Abs. 3 Nr. 17 BPersVG.
[379] Novellierung des LPVG NRW; LT-Drs. 14/4239 v. 24.04.2007, Begründung S. 99.
[380] *Cecior/Vallendar/Lechtermann/Klein*, Das Personalvertretungsrecht im Land NRW, Loseblattsammlung, 46. Lfg. Aug. 2009, § 70 Rn. 15.
[381] Siehe *Warga*, Handbuch Dienstvereinbarung, 2009, mit Beispielen.

KAPITEL 11
Datenschutz bei kommunalen Belangen

I. Die Kommune im Internet

1. Kommunale *e-Government*-Anwendungen

a) Einleitung

In der heutigen Zeit verfügt fast jeder Bürger über einen Zugang zum Internet. 550
Damit einher geht der Wunsch, bürgernah und einfach Verwaltungsleistungen über das Internet in Anspruch nehmen zu können. Sog. *e-Government*-Anwendungen gewinnen immer mehr an Bedeutung. Unter *e-Government* (*deutsch: „elektronische Regierung"*) wird im engeren Sinne die Abwicklung geschäftlicher Prozesse über elektronische Medien im Zusammenhang mit Regieren und Verwalten unter Verwendung von Informations- und Kommunikationstechniken verstanden. Im weiteren Sinne versteht man darunter die Vereinfachung und Durchführung von Prozessen zur *Information*, *Kommunikation* und *Transaktion* innerhalb und zwischen staatlichen Institutionen, sowie zwischen diesen Institutionen und Bürgern bzw. Unternehmen durch den Einsatz von Informations- und Kommunikationstechnologien.[1]

Der Einsatz von *e-Government*-Anwendungen bringt für alle Beteiligten erhebliche Vorteile mit sich: 551

- Für den *Bürger* besteht der entscheidende Vorteil darin, dass er in einem engeren und dadurch besseren Kontakt mit den Behörden stehen kann. Durch die Möglichkeit der „Kontaktaufnahme" über das Internet eröffnen sich für ihn neue Kommunikations- und Interaktionswege mit der Verwaltung. Informationen der Behörden sind für den Bürger „rund um die Uhr" erreichbar, wodurch auch die Kommunikationsmöglichkeiten nicht mehr von Öffnungszeiten abhängig sind und mithin erheblich ausgeweitet werden können.

- Für die *Wirtschaft* kann der Einsatz von bestimmten *e-Government*-Anwendungen zu einer Verbesserung des Kontaktes mit den Kommunalbehörden und damit zu Kostenreduktion führen. Dies stärkt sowohl die einzelnen Unternehmen als auch den gesamten europäischen Wirtschaftsraum im inter-

---

[1] http://www.t-systems.de/tsi/de/25890/Startseite/Glossar/A–F.

nationalen Konkurrenzkampf. Außerdem werden durch ständig verfügbare Behördendienste Warenverkehrsfreiheit und Niederlassungsfreiheit gefördert und unterstützt.

– Für die *Verwaltung* entsteht durch *e-Government* ein nicht zu vernachlässigender Vorteil: die Kostenersparnis. Durch neue elektronische und oft automatisierte Abläufe kann Zeit und damit Geld gespart werden. Gleichzeitig werden in den Behörden durch den Einsatz dieser neuen technischen Möglichkeiten viele Abläufe vereinfacht und oft automatisiert, so dass mehr Kapazitäten für „Sonderfälle" zur Verfügung stehen, was wiederum dem Bürger zugute kommt. Gleichzeitig wird die Transparenz der Behörde erhöht, da einzelne Bearbeitungsschritte oder Informationswege für den Bürger besser erkennbar werden. Unter Bedingungen der höheren Transparenz lässt sich zudem Korruptionsversuchen besser entgegenwirken.

Durch die rapide Zunahme von *e-Government*-Anwendungen der Kommunen entsteht jedoch auch ein erhebliches Gefahrenpotential für die informationelle Selbstbestimmung des Bürgers, auf das reagiert werden muss. Es ist erforderlich, dass Konzepte entwickelt werden, um die Anwendungen datensicher anbieten zu können.

b) Erscheinungsformen von e-Government

552 *e-Government*-Anwendungen weisen, abhängig vom Grad der Beteiligung des Bürgers, im Wesentlichen drei Erscheinungsformen auf:

– Bei der *e-Information* werden für einen unbekannten und unbezifferbaren Nutzerkreis (für Bevölkerung, Wirtschaft und andere Bereiche der Gesellschaft) Inhalte von der Kommune bereitgestellt. Diese können dann ohne Kontaktaufnahme zur Verwaltung anonym abgerufen werden. Auf dieser Stufe nimmt der Nutzer lediglich die Rolle eines Informationsempfängers ein. Dieser Bereich ist am weitesten entwickelt. Nahezu alle Kommunen sind im Internet durch umfangreiche Web-Angebote präsent.

– Bei der *e-Kommunikation* liegt der Schwerpunkt auf dem Austausch von Informationen durch Kommunikationsprozesse wie Online-Verbindungen, Videokonferenzen, web-basierten Diskussionsforen, Internetchats oder E-Mails. Hier kommt es im Gegensatz zur *e-Information* darauf an, dass die Daten sensibel behandelt werden und die Teilnehmer registriert sind. Auch hier sind die Angebote der deutschen Kommunen weit entwickelt.

– Der Bereich der *e-Transaktion* betrifft die Ebene, auf der der Bürger mit der Kommune interaktiv in Kontakt tritt, woraufhin die Kommune auf elektronischem Wege ihre Dienstleistung für ihn erbringt. Die am Computer auf bereitgestellten Formularen ausgefüllten Anträge werden der kommunalen Behörde über das Internet zugesandt, dort entgegengenommen und an zuständiger Stelle bearbeitet. Bisher werden nur wenige Transaktionsdienstleistungen angeboten.²

Um Authentizität und Vertraulichkeit der zwischen den einzelnen Beteiligten übermittelten Daten sicherzustellen, sind *Public Key Infrastructures* (PKIs) eine wichtige Voraussetzung. Vor allem der rechtsverbindliche elektronische Austausch von Dokumenten stellt die öffentliche Verwaltung sowohl vor technische als auch vor organisatorische Herausforderungen, die bisher nicht flächendeckend realisiert worden sind. Hinzu kommt die mangelnde Verbreitung der elektronischen Signatur im Rechtsleben. Im Bereich der Abwicklung von Transaktionen muss noch Pionierarbeit geleistet werden.³

c) Bedrohungen für und durch e-Government-Anwendungen

Aufgrund der Anwendung elektronischer Medien im *e-Government* entstehen Gefahren, über die im Folgenden ein knapper Überblick gegeben werden soll.

aa) Generelle Gefahren

– Gespeicherte Daten sind ohne technische Hilfsmittel nicht lesbar (Gefahr einer fehlerhaften oder unvollständigen Interpretation).

– Gefahr des Datenverlustes ohne Verbleiben irgendwelcher Spuren (z.B. durch eine Alterung der Speichermedien, durch Entmagnetisierung, durch Überhitzung, durch versehentliches oder durch vorsätzliches Löschen).

– Zugriff auf gespeicherte Daten unabhängig vom Standort des Zugreifenden (Gefahr der Umgehung nationaler Regelwerke und Gefahr der strafbaren Handlung).⁴

– Abhängigkeit von Datenverarbeitungssystemen.

– Gefahr durch fehlende Revision: Für die Revision der Datenverarbeitungsvorgänge sind Protokolle von entscheidender Bedeutung. Solange diese Protokolle jedoch nur in elektronischer Form vorliegen, unterliegen sie mit Blick auf die beschriebene *Unsichtbarkeit und Flüchtigkeit* elektronisch ge-

---

2 Einen Überblick über die jüngsten Entwicklungen und geplante kommunale Vorhaben gibt *Te Reh*, „Großbaustelle e-Government", Eildienst Städtetag NRW, 2007, S. 179 ff.
3 Standards und Architekturen für e-Government-Anwendungen, Version 4.0, Publikation der Beauftragten der Bundesregierung für Informationstechnik, 2008, http://www.cio.bund.de; http://www.cio.bund.de/cae/servlet/contentblob/77116/publicationFile/3995/saga_4_0_download.pdf.
4 *Mocker/Ahlreep*, Handbuch E-Communication, S. 234 ff. „Hacking und Cracking" ist jetzt in §§ 202a, 202b und 202c StGB unter Strafe gestellt.

speicherter Informationen den gleichen Gefährdungen wie die verarbeiteten Daten selbst.
- Gefahr der erschwerten oder unmöglichen Beweisführung bei elektronischen Dokumenten (Problem der Authentizität und Integrität der Daten).

bb) Spezielle Gefahren

554 – Zunahme personenbeziehbarer Daten (Problem bei der Unterscheidung der Notwendigkeit für die Datenverarbeitung).
- Gefahr der Automatisierung von Einzelentscheidungen, die jedoch einer gesonderten, individuellen Prüfung bedurft hätten.
- Beeinträchtigung der eigenen verwaltungsinternen Infrastruktur (z.B. durch eigenes Personal, mangelhafte Hard- und Software, durch externe Dritte, usw.).
- Gefahren der Beeinträchtigung des *e-Government*-Angebotes (z.B. durch Hacking, Cracking).
- Bedrohungen beim Transport der Daten (z.B. Sniffing, Phishing).
- Gefahren bei der Datenverarbeitung durch Dritte.

d) *Rahmenbedingungen für e-Government-Anwendungen*

555 Die Einhaltung der rechtlichen und technischen Vorgaben zur Gewährleistung einer rechtsverbindlichen und sicheren elektronischen Kommunikation und Leistungsbeziehung mit dem Bürger sowie mit der Wirtschaft ist eine Grundvoraussetzung für die notwendige Akzeptanz von *e-Government*. Dem Datenschutz kommt die Aufgabe zu, die informationelle Selbstbestimmung technikorientiert und risikoadäquat zu gewährleisten.

aa) Personenbezogene Daten im e-Government

Beim *e-Government* fallen mehrere Arten von personenbezogenen Daten an, z.B. Name, Adresse, Eigenschaften einer Person, aber auch ihre Beziehungen zur Umwelt, Eigentumsverhältnisse etc. Einerseits stellen Kommunen in ihre Angebote Bedienstetendaten mit Funktionsbezeichnung ein. Andererseits werden Bürgerdaten bei der Kommunikation mit der Verwaltung und bei der Vorgangsbearbeitung zur Erledigung von Verwaltungsaufgaben verarbeitet. Es ist zu unterscheiden:

- *Bestandsdaten*: Bestandsdaten sind personenbezogene Angaben, die dem Betroffenen auf Dauer zugeordnet sind. Dazu zählen Daten, die für die Nutzung von angebotenen *e-Government*-Anwendungen erforderlich sind. Dies können z.B. sein: Name, Anschrift, E-Mail-Adresse, Telefon- oder Telefaxnummer, Geburtsdatum, Bankverbindung, Kreditkartennummer, öffentlicher Schlüssel, User-ID, statische IP-Adressen und ähnliche Angaben. Welche Bestandsdaten im Einzelnen verarbeitet werden dürfen, ist im Wesentlichen von der technischen Ausgestaltung des Dienstes und von dem Inhalt der jeweiligen *e-Government*-Anwendung abhängig.

– *Nutzungsdaten:* Nutzungsdaten sind Daten, die erforderlich sind, um die Inanspruchnahme von Telemedien zu ermöglichen und abzurechnen.[5] Es handelt sich hierbei insbesondere um Merkmale zur Identifikation des Nutzers, Angaben über Beginn und Ende sowie Umfang der jeweiligen Nutzung und Angaben über die vom Nutzer in Anspruch genommenen Telemediendienste.

– *Verkehrsdaten:* Bei Angeboten, die sich auf die reine Übermittlung von Daten beschränken (z.B. E-Mails), handelt es sich um Telekommunikationsdienste. Die bei der Erbringung dieser Dienste anfallenden Daten sind Verkehrsdaten im Sinne des Telekommunikationsrechts.[6] Verkehrsdaten bei E-Mail-Diensten sind insbesondere E-Mail-Adressen (die auch Bestandsdaten sein können), Zeitpunkte der Sendung bzw. Zustellung und Routing-Informationen (Angaben über diejenigen Rechner, die eine E-Mail durchgeleitet haben).[7] Nicht zu den Verkehrsdaten gehören Angaben mit Bezug zum Inhalt, also auch Bezeichnungen von Datei-Anlagen und über den Betreff.

– *Inhaltsdaten:* Die Beurteilung der Rechtmäßigkeit der Verarbeitung von Inhaltsdaten bei Telekommunikations- oder Telemediendiensten, also der eigentlichen vorgangsbezogenen personenbezogenen Daten des Bürgers, richtet sich nach den Vorschriften des allgemeinen Datenschutzrechts, soweit nicht spezialgesetzliche Regelungen (z.B. die Erhebung von Sozialdaten nach den Vorschriften des Sozialgesetzbuches, Auskünfte zum Meldewesen nach dem Meldegesetz etc.) einschlägig sind.[8] Die Frage, ob IP-Adressen personenbezogen sind, ist von großer Bedeutung, weil an verschiedenen Stellen des Internets IP-Adressen – teilweise zusammen mit anderen Nutzungsdaten – protokolliert werden und durch Zusammenführen dieser Daten *Profile* über das Nutzungsverhalten erstellt werden können. Auf jeden

---

[5] § 15 Abs. 1 TMG. Dazu *Zscherpe*, in: Taeger/Gabel (hg.), Kommentar zum BDSG, 1. Aufl. 2010, § 15 TMG, Rn. 1ff.
[6] § 3 Nr. 30 TKG.
[7] Ob Daten, die durch E-mails entstehen, als *Verkehrsdaten* angesehen werden können, ist umstritten, wird aber von der h.M. bejaht. Für diese Ansicht spricht auch das am 01.01.2008 in Kraft getretene Gesetz *zur Neuregelung der Telekommunikationsüberwachung und anderer verdeckter Ermittlungsmaßnahmen sowie zur Umsetzung der Richtlinie 2006/24/EG* (BT-Drs. 16/5846).
[8] Schichtenmodell bei *Schaar*, Datenschutz im Internet, 2002, S. 84, Rn. 247f., das vor Inkrafttreten des TMG entwickelt wurde, aber in der veränderten Gesetzessituation von TKG und TMG nach wie vor seine Berechtigung hat.

Fall sind statische IP-Adressen personenbezogene Daten, da diese einen direkten und andauernden Bezug zum Nutzer enthalten und Rückschlüsse auf ihn ohne weiteres möglich sind. Mit Hilfe Dritter ist es darüber hinaus aber bereits jetzt in vielen Fällen möglich, Internet-Nutzer auch bei nicht-statischen IP-Adressen zu identifizieren. Dynamische IP-Adressen müssen daher ebenfalls als personenbezogene Daten behandelt werden, da sie durch Zusammenführung mit den dahinter stehenden Zuordnungstabellen den Rückschluss auf bestimmbare Personen zulassen. Als Folge dieser Zuordnung sind für das Verarbeiten von IP-Adressen die Vorschriften über Verkehrs- bzw. Nutzungsdaten anzuwenden.

bb) Rechtliche Rahmenbedingungen

556 Für den Schutz dieser personenbezogenen Daten beim *e-Government* sind die folgenden Grundsätze zu beachten:

(1) Allgemeine Grundsätze

Zunächst gelten bei der Bereitstellung etwaiger *e-Government*-Anwendungen die allgemeinen Grundsätze des Datenschutzes.

– *Zulässigkeit:* Die Verarbeitung personenbezogener Daten stellt nach der Rechtsprechung des *BVerfG* einen Eingriff in das Grundrecht auf informationelle Selbstbestimmung dar, der entweder einer gesetzlichen Regelung oder der Einwilligung des Betroffenen (die auch elektronisch erteilt werden kann)[9] bedarf.

– *Erforderlichkeit*: Eine Verarbeitung personenbezogener Daten ist nur erforderlich, wenn die jeweilige Aufgabe ohne das konkrete Datum nicht oder nicht vollständig erfüllt werden kann. Die Erforderlichkeit setzt auch Geeignetheit voraus. Daraus folgt, dass Daten, die zur Erreichung des Verarbeitungszieles ungeeignet sind, nicht erforderlich sind.

– *Datenvermeidung/Datensparsamkeit*: Der Grundsatz der Datenvermeidung und Datensparsamkeit gebietet, schon im Vorfeld bei der Entwicklung und Auswahl von Datenverarbeitungssystemen und bei der Ausgestaltung der konkreten Datenverarbeitungsprozesse darauf hinzuwirken, dass keine oder möglichst wenig personenbezogene Daten verarbeitet werden.

– *Zweckbindung*: Das Gebot der Zweckbindung soll sicherstellen, dass Daten nur für den Zweck verarbeitet werden, für den sie erhoben worden sind (Zweckidentität). Der Zweck der Datenverarbeitung folgt aus der jeweiligen Fachaufgabe, zu deren Erfüllung die Daten erhoben wurden. Eine verstärkte

---

[9] Z.B. §§ 4 Abs. 1 lit. b) DSG NRW, 13 Abs. 2 TMG.

Zweckbindung besteht für Daten, die einem Berufs- oder besonderen Amtsgeheimnis unterliegen.

- *Transparenzpflichten*: Das informationelle Selbstbestimmungsrecht für Betroffene setzt Kenntnis über die Struktur der Datenverarbeitung, über die Datenverarbeitungsprozesse, über die eingesetzte Technik und über die Datenströme voraus. Jede *e-Government*-Anwendung muss die Betroffenen über die Verarbeitung ihrer personenbezogenen Daten und über die Daten verarbeitenden Stellen informieren. Das Transparenzgebot differenziert sich in

  - Hinweispflichten über die Erhebung, Verarbeitung und Nutzung personenbezogener Daten,
  - Unterrichtungspflichten über die Möglichkeit anonymen und pseudonymen Handelns, über Profilbildungen,
  - Informationspflichten über die Identität der verantwortlichen Stelle (Anbieterkennzeichnung, Impressum) und über die Auskunftsansprüche der Betroffenen. Diese Informationen sollten in einer Datenschutzerklärung zusammengefasst werden.

- *Korrekturrechte*: Zu den Korrekturrechten der Betroffenen gehört der Anspruch auf Berichtigung, Sperrung und Löschung der zu ihrer Person gespeicherten Daten. Unrichtige Daten beeinträchtigen das Recht auf informationelle Selbstbestimmung genauso wie unrechtmäßig erhobene Daten und sind daher unverzüglich zu berichtigen.

(2) Spezielle Grundsätze

Des Weiteren existieren zahlreiche bundes- und landesgesetzliche Regelungen für den Datenschutz, die auf *e-Government*-Applikationen Anwendung finden. Hier kann zwischen drei Ebenen unterschieden werden:[10]

- *Transportebene*: Damit ein Telemediendienst angeboten werden und ein Nutzer ihn in Anspruch nehmen kann, muss eine technische Verbindung zwischen Anbieter und Nutzer hergestellt werden. Hierzu bedient man sich der Dienste eines Telekommunikationsdiensteanbieters. Bei der Bereitstellung der notwendigen TK-Dienste fallen beim TK-Diensteanbieter Bestands-, Verkehrs- und Abrechnungsdaten an. Beim Umgang mit diesen Daten hat der TK-Diensteanbieter das TKG[11] zu beachten.

- *Transportbehälterebene*: Hier greift der Nutzer unter Verwendung der Telekommunikationsverbindung auf das Angebot des Telemediendiensteanbie-

---

[10] So das vorgenannte *Schichtenmodell*.
[11] Insbesondere §§ 85 und 89 TKG.

ters zu. Dieser benötigt für das Bereitstellen seines Dienstes vom Nutzer eine Reihe von personenbeziehbaren Daten und erhebt weitere Daten im Zusammenhang mit der Nutzung des Dienstes. Es fallen also Bestands-, vorgangsbezogene Nutzungs- und Abrechnungsdaten des Nutzers an. Der rechtmäßige Umgang mit diesen Daten und die Rechte der Nutzer sind im TMG geregelt.

– *Inhaltsebene:* Wenn ein Telemediendienst genutzt wird, werden hierbei Informationen und vielfach auch personenbezogene Daten an den Nutzer weitergegeben oder ausgetauscht. Der Nachrichteninhalt ist in einer eigenen Ebene mit vielfältigen Rechtsvorschriften geregelt. Für den Inhalt der Kommunikation sind die Telekommunikation und die Tele- und Mediendienste nur „Trägermedien". Zunächst gilt entsprechend dem Gegenstand der betreffenden *e-Government*-Anwendung das jeweilige Fachrecht (Inhaltsebene = Offline-Recht); so gilt zum Beispiel für die Erhebung, Verarbeitung und Nutzung der personenbezogenen Daten bei einer elektronischen Melderegisterauskunft das jeweilige Landesmelderecht. Soweit das Fachrecht keine bereichsspezifischen Regelungen zum Datenschutz enthält, gelten die Regelungen des jeweiligen Landesdatenschutzgesetzes.

Für bestimmte Onlineangebote der Verwaltung ist eine *elektronische Signatur* unerlässlich. Eine rechtliche Regelung trifft das SigG. Hiernach werden unter elektronischen Signaturen Daten in elektronischer Form verstanden, die anderen elektronischen Daten beigefügt oder logisch mit ihnen verknüpft sind und die zur Authentifizierung dienen.[12] Aufgrund dieser Beifügung oder Verknüpfung der Daten mit einer elektronischen Signatur ist es möglich, Daten zu verifizieren. Der Bundesgesetzgeber hat überdies hinaus die Gültigkeit elektronischer Signaturen im Verwaltungsverfahren gesetzlich verankert.[13]

cc) Technische und organisatorische Rahmenbedingungen

558 Für die Nutzung von *e-Government*-Anwendungen, müssen Grundvoraussetzungen geschaffen worden sein; z.B. muss die Kommune für Nutzer ohne Internet-Zugang Terminals aufstellen;[14] denn jeder Bürger muss die Möglichkeit haben, das Onlineangebot wahrzunehmen.[15]

– **Technischer Rahmen**: Die *technische Sicherheit* muss auf Seiten der Verwaltung und auf Seiten des Bürgers gewährleistet werden. Hierzu ist erforderlich, dass die Server, die die *e-Government*-Anwendung bereitstellen, ausreichend gesichert sind, sichere Datenverbindungen aufgebaut werden

---

[12] Legaldefinition des § 2 SigG.
[13] § 3a Abs. 2 VwVfG.
[14] Sog. *KIOSK*-Systeme; sie stehen mittlerweile in jedem Bürgerbüro.
[15] Das ist Art. 20 Abs. 2 GG zu entnehmen („Demokratie-Gebot").

können und einheitliche Audits und Zertifizierungen bestehen. Die Server sind regelmäßig zu warten; die Software ist zu aktualisieren. Es ist zu gewährleisten, dass Hard- und Software fehlerfrei miteinander operieren können (Problem der Standardisierung). „Sensible" Bereiche der e-*Government*-Anwendungen sind mit Zutrittsicherungen (Passwörtern usw.) zu versehen. Eine *Pseudonymisierung*[16] *des Nutzers* ist hierbei zu empfehlen. Dem Bürger muss es ermöglicht werden, eigene Mittel zum Schutz seiner informationellen Selbstbestimmung zu ergreifen und zu nutzen, da die Verwaltungen in globalen Netzen nur begrenzt in der Lage sind, die informationelle Selbstbestimmung ihrer Nutzer umfassend zu schützen. Hierzu muss dem Bürger die Möglichkeit der *Anonymisierung*[17] aufgezeigt und nach Möglichkeit auch angeboten werden. Bei dem Einsatz von e-*Government*-Anwendungen ist es unerlässlich, dass „*intelligente" Formulare* eingesetzt werden, die den Bürger Punkt für Punkt durch das Formular führen und auf eventuelle Fehleingaben reagieren. Ein positiver Aspekt ist hierbei, dass damit auch die Bearbeitungszeit erheblich gesenkt wird und die zur Sachbearbeitung verantwortliche Stelle bei Erfassung der erforderlichen Angaben entlastet wird.

— **Organisatorischer Rahmen:** Bei dem Einsatz von e-*Government*-Anwendungen ist immer im Vorfeld das *Risiko* durch eine *Vorabkontrolle* abzuschätzen. Sie dürfen nur eingesetzt werden, soweit die Gefahren durch technische und organisatorische Maßnahmen wirksam beherrscht werden können. Die Art der in der einzelnen Anwendung verarbeiteten Daten bestimmt auch, in welche *Sicherheitsstufe (nach datenschutzrechtlicher Relevanz)* sie einzuordnen ist. Die Ausgestaltung der Schutzmaßnahmen muss sich daran orientieren, welche Folgen für einen Betroffenen durch die Beeinträchtigung des informationellen Selbstbestimmungsrechts entstehen können und welcher potentielle Schaden für den Betreiber eintreten kann. Für einen reibungslosen Ablauf muss *klar definiert* sein, wer und in welchem Rahmen für die personenbezogenen Daten *zuständig* ist. Personen, die Daten verarbeiten, sind zu schulen und für den Umgang mit Daten zu sensibilisieren.

e) Einzelbeispiele

e-*Government*-Konzepte sind mittlerweile in einigen *typischen* Aufgabenfeldern standardisiert oder zumindest weitgehend angeglichen realisiert. Weitere komplexe Anwendungen stehen unmittelbar bevor.[18]

---

16 Hierbei wird dem Benutzer ein Benutzername zugewiesen, der nur durch Zusatzwissen mit dem Benutzer in Verbindung zu bringen ist.
17 Hinweise auf mögliche Wege der legalen Anonymisierung z.B. Proxynutzung, VPN-Server und Ähnliches.
18 Einen Überblick über die jüngsten Entwicklungen und geplante kommunale Vorhaben gibt *Te Reh*, a.a.O., S. 179ff.

aa) Onlinezugriff auf das Melderegister

Viele Kommunen bieten für ihre Bürger eine Melderegisterauskunft via Internet an. Grundlage hierfür ist das Landes-Meldegesetz.[19] Die Anwendung „*Einfache Melderegisterauskunft*" unterscheidet grundsätzlich drei Fallkonstellationen: *Erstens* können Auskünfte an jedermann aufgrund anonymer Anfrage gegen vorherige Bezahlung der Gebühren erteilt werden. Die anbietenden Kommunen können den Online-Zugriff von der Nutzung bestimmter vorgegebener Bezahlverfahren[20] abhängig machen. *Zweitens* können Auskünfte alternativ auf Anfrage registrierter privater Stellen (Firmen, Freiberufler usw.) bei nachträglicher Sammelabrechnung der entstehenden Gebühren erteilt werden. *Drittens* können Auskünfte schließlich auf Anfrage öffentlicher Stellen kostenlos erteilt werden. Anfragende der Fallgruppen 2 und 3 müssen sich durch elektronische Signatur zur Feststellung der Kostenübernahmepflicht der registrierten privaten Stelle bzw. zur Klärung der Eigenschaft als Bedienstete authentifizieren. Die Meldestelle verarbeitet stets nur solche Daten des Anfragenden, die erforderlich sind, um die jeweilige Dienstleistung auszuführen und abzurechnen; zu anderen Zwekken werden erhobene Daten nicht genutzt. Zur Übertragung der Daten wird üblicherweise eine SSL-Verbindung aufgebaut.

bb) Reservierung von KFZ-Wunschkennzeichen

560 Manche Kommunen bieten die Möglichkeit an, *online* ein Wunschkennzeichen für das eigene Fahrzeug reservieren zu lassen.[21] Dabei wird geprüft, ob eine gewünschte Buchstaben- und Zahlenkombination frei ist; diese wird für einen bestimmten Zeitraum dem Halter auf dessen Namen und Adresse reserviert. Die eingetragenen Daten werden regelmäßig[22] über eine SSL-gesicherte Verbindung übertragen. Eine Kontoverbindung wird nicht erfragt, da bei Abholung des Kennzeichens bei der KFZ-Zulassungsstelle bezahlt wird. Teilweise wird auch ein Bearbeitungstermin vergeben. Straßenverkehrsbehörden bieten weitere Dienstleistungen *online* an.[23]

---

[19] Z.B. § 33 Abs. 2 NdsMG; § 34 Abs. 1a–1c MG NRW normiert dafür eine Reihe von Voraussetzungen.
[20] Z.B. Geldkarte i.V.m. beim Abfragenden vorhandenem Kartenlesegerät; Abrechnung über Kreditkarte o.ä.
[21] Z.B. http://www.duesseldorf.de/kfz/zulassung/dienste/wkz.shtml.
[22] Ausnahme ist derzeit z.B. Berlin, wo dem Anfragenden eine Verschlüsselung zur Disposition gestellt wird: http://www.berlin.de/labo/kfz/wunschkennzeichen/index.html.
[23] Z.B. www.rhein-kreis-neuss.de/de/themen/strassen_verkehr/index.html.

cc) Bücherei-Nutzungen

Städtische Bibliotheken bieten vielfach elektronischen Zugang zur Ausleihe an.[24] Es besteht die Möglichkeit einer *Online-Fernleihe*, die eine Transaktionsnummer erfordert, die in der Zentralbibliothek oder in den Stadtteilbüchereien erhältlich ist. Der Bürger kann ferner in den Katalog einsehen und *online* prüfen, ob bestimmte Bücher in der örtlichen Ausleihstelle verfügbar oder ausgeliehen sind. Er kann über sein Bücherei-Konto Bücher *online* verlängern oder bei einer *Online-Fernleihe* den Bearbeitungsstand seiner „Bestellung" abfragen. Zur Authentifizierung muss der Benutzer seine Ausweisnummer,[25] sowie sein Geburtsdatum als Passwort[26] in eine Anmelde-Maske eintragen. Die Daten werden über eine gesicherte SSL-Verbindung an das Bücherei-Verfahren übertragen. Die dabei anfallenden Daten der *Online-Sitzung* werden in der URL anonymisiert.[27] Das zugehörige SSL-Zertifikat ist im Rechenzentrum des Bücherei-Verfahrens hinterlegt.

561

dd) Elektronische Strafanzeige

Polizeistationen bieten in NRW die Möglichkeit an, über das Internet vom heimischen, betrieblichen oder behördlichen PC aus *online* Strafanzeige zu erstatten. Diese wird an das Polizeiportal des Landes NRW gesandt. Das angebotene Formular bietet bereits eine Auswahl von bestimmten Delikten[28] an, wodurch erreicht wird, dass das Anzeigeformular dem Delikt angepasst und somit für den Bürger leichter ausfüllbar ist. Im Formular werden die Personalien der anzeigenden Person (Name, Geschlecht, Geburtsdatum, -ort, Wohnort, Telefon), die Beschreibung des Tatorts und Angaben zur Tatzeit, zu Tatverdächtigen und Zeugen mit Name und Anschrift sowie eine Sachverhaltsbeschreibung abgefragt. Automatisiert wird die IP-Adresse mit übertragen. Auf dem E-Mail-Server werden die eingegangenen e-Mails zur Missbrauchskontrolle befristet[29] gespeichert. Nach Ausfüllen des Formulars werden alle Einträge auf einer Bestätigungsseite angezeigt, die für die persönlichen Unterlagen ausgedruckt wer-

562

---

[24] Z.B. www.duesseldorf.de/stadtbuechereien/.
[25] Diese kann im Verfahren als Benutzername vorgesehen werden.
[26] Es ist empfehlenswert, das Geburtsdatum durch ein generiertes zufälliges Schlüsselwort zu ersetzen, da das Geburtsdatum kein sicheres Passwort ist. Es kann in vielfältigem Kontext mit dem Namen in Verbindung gebracht und so leicht ausgespäht bzw. durch Unbefugte in Erfahrung gebracht werden.
[27] Hierbei handelt es sich um das sog. modifizierte GET-Verfahren: Dabei werden die Sitzungsdaten verschlüsselt in der URL dargestellt.
[28] Derzeit sind Diebstahl, Betrug und weitere Eigentumsdelikte, Körperverletzung und Beleidigung, Straßenverkehr, Internet oder sonstige Delikte auswählbar: https://service.polizei.nrw.de/egovernment/service/anzeige.html.
[29] Maximal 1 Jahr erscheint vertretbar und angemessen.

den kann. Anschließend wird das Formular verschlüsselt[30] übertragen und bei der Polizei intern durch E-Mail, die zentral abgerufen werden kann, zugeordnet und weitergeleitet. Der Sachbearbeiter der zuständigen Polizei-Dienststelle kann dann bei Bedarf mit dem Anzeigeerstatter telefonisch oder auf anderen Wege Kontakt aufnehmen.

f) Zusammenfassung

Immer mehr *e-Government*-Verfahren werden in der Kommunalverwaltung eingesetzt. Für künftige Anwendungen muss besonderes Augenmerk darauf gelegt werden, durch transparente Maßnahmen zur Gewährleistung von Sicherheit und Vertraulichkeit die Akzeptanz zu steigern. Nur bei hoher Akzeptanz sind entbürokratisierende Synergie-Effekte zu erwarten.

2. Gestaltung von Webseiten

563 Will eine Kommune eine Internetpräsenz erstellen und anbieten, so sind datenschutzrechtliche Vorgaben insbesondere des Telemediengesetzes (TMG) einzuhalten.[31] Bei Internet-Angeboten kommunaler Stellen handelt es sich um sog. geschäftsmäßige Telemedien.[32] Mit der Bereitstellung dieses Telemediums wird die Kommune zu einem „Diensteanbieter"[33] und muss damit speziellen technisierten Datenschutzbestimmungen genügen. Kernpunkte sind dabei die Anbieterkennzeichnung[34] sowie die Unterrichtung und Einwilligung des Nutzers.[35] Im Folgenden sollen diese Kernpunkte sowie weitere einschlägige datenschutzrechtliche Fragestellungen vorgestellt und anhand praktischer Umsetzungsbeispiele verdeutlicht werden.

a) Impressum

Das Impressum einer Webseite hat entscheidende Informationsfunktion. Enthalten sein müssen umfassende Angaben zu dem jeweiligen Seitenbetreiber sowie zur Einhaltung der Datenschutzvorschriften.

---

[30] SSL-Verbindung mit Server-Zertifikat.
[31] Dazu *Moos*, in: Taeger/Gabel (hg.), a.a.O.; *Hoeren*, Das Telemediengesetz, NJW 2007, 801 ff.
[32] § 1 TMG.
[33] § 2 Abs. 1 Nr. 1 TMG.
[34] § 5 TMG.
[35] § 13 Abs. 1 und 2 TMG.

aa) Anbieterkennzeichnung

Als „Diensteanbieter"[36] trifft die Kommune eine allgemeine Pflicht,[37] sich als Anbieter zu kennzeichnen.[38] Für öffentliche Stellen ist es im Allgemeinen ausreichend, wenn folgende Kernangaben angegeben werden:[39]

– Name und Anschrift der Verwaltung[40]
– Name(n) der vertretungsberechtigten Person(en)[41]
– Dienstliche Telefonnummern und E-Mail-Adressen[42]
– Die Umsatzsteueridentifikationsnummer[43]

Die Informationen sind leicht erkennbar, unmittelbar erreichbar und ständig verfügbar zu halten. Nur wenn dem Betroffenen bekannt ist, wer seine Daten erhebt, verarbeitet oder nutzt, kann er diesem gegenüber seine Rechte geltend machen. Ihm stehen Auskunfts-, Berichtigungs-, Löschungs- und Sperrungsrechte zu. Zudem kann die Kenntnis der für die Datenverarbeitung verantwortlichen Person dem Betroffenen die Einschätzung der Vertrauenswürdigkeit der verantwortlichen Stelle erleichtern. Die Anbieterkennzeichnung kann realisiert werden:

– im Impressum auf der Startseite
– im Impressum in einem statischen Bereich, der auf jeder Web-Seite angezeigt wird
– als Verweis (Link)
– bei sonstigen interaktiven Angeboten durch einen Hinweis zu Beginn des Dialogs

564

---

[36] § 2 Abs. 1 Nr. 1 TMG.
[37] geregelt in § 5 TMG.
[38] BT-Drs. 16/3078 vom 23.10.2006, S. 18ff.
[39] Dazu im Einzelnen: *Hoeren*, Das Telemediengesetz, NJW 2007, 801ff.; *Spindler*, Das neue Telemediengesetz – Konvergenz in sachten Schritten, CR 2007, 239ff., 244f.; *Lorenz*, Die Anbieterkennzeichnung im Internet, 2007, S. 137ff.
[40] § 5 Abs. 1 Nr. 1 TMG.
[41] § 5 Abs. 1 Nr. 1 TMG; dies ist die Person, die die Kommune nach außen hin vertritt, also z.B. der Bürgermeister oder ein Mitglied des Verwaltungsvorstandes; nicht ausreichend ist die Angabe des „Webmasters".
[42] § 5 Abs. 1 Nr. 2 TMG.
[43] § 5 Abs. 1 Nr. 6 TMG; näher *Lorenz*, a.a.O., S. 200f. Obwohl die Kommune als Körperschaft des öffentlichen Rechts ihren Kunden (den Bürgern) gegenüber nicht gewerblich, d.h. in Gewinnerzielungsabsicht, tätig und nur durch sog. „Betriebe gewerblicher Art" (z.B. Hallenvermietung, Sportstättenvermietung etc.) unternehmerisch aktiv ist, und obwohl die Gefahr missbräuchlicher Verwendung nicht ausgeschlossen ist (z.B. bei Einkäufen im Ausland), verlangt das Gesetz wohl die Bekanntgabe der städt. Umsatzsteuer-Identifikationsnummer auf der Homepage.

bb) Datenschutzerklärung

565 Die Nutzer von Telemedien sind zu Beginn der Nutzung über Art, Umfang und Zweck der Erhebung, Verarbeitung und Nutzung ihrer personenbezogenen Daten zu unterrichten.[44] Allerdings erhebt in aller Regel der Diensteanbieter schon in dem Moment des Besuches der Homepage personenbezogene Daten der Nutzer. Denn meist wird beim Betrieb einer Internetseite schon serverseitig in den *Logfiles* eine Reihe von Daten, insbesondere die IP-Adressen[45] der Nutzer erfasst. Diese sind zumindest personenbeziehbar, da sie bestimmten Benutzern zugeordnet werden können. Dass dies der Webseitenbetreiber nicht selbst kann, sondern hierfür weitere Informationen, etwa vom Provider der Nutzer, benötigen würde, spielt dabei keine Rolle. Hinzu kommt, dass viele Seiten auf den Rechnern der Nutzer sog. Cookies setzen, Adressdaten für Newsletter sammeln o. ä. Auch hierbei handelt es sich in aller Regel jeweils um personenbezogene Daten. Diese technischen Besonderheiten machen eine *allgemeine Datenschutzerklärung* des Diensteanbieters notwendig.

Die Erklärung kann in das Impressum aufgenommen werden und sollte die folgenden Angaben enthalten:

– die Aufklärung darüber, dass von dem Diensteanbieter personenbezogene Daten nach Maßgabe der Bestimmungen des TMG sowie des anwendbaren Datenschutzgesetzes erhoben und verarbeitet werden,

– den Hinweis auf die Bindung der Datenverarbeitung an den Zweck der Erhebung,

– die Empfehlung, die angebotenen Verschlüsselungsmöglichkeiten zur elektronischen Kommunikation zu nutzen,

– die Angabe, wann die Daten gelöscht werden,

– den Hinweis auf Auskunfts- und Berichtigungsrechte des Nutzers unter Nennung des zuständigen Ansprechpartners.

b) Bedienstetendaten im Internet

566 Der mit einer kommunalen Internetpräsenz verfolgte Zweck, verwaltungsrelevante Informationen serviceorientiert bereitzustellen, wirft regelmäßig die Frage auf, ob personenbezogene Daten der Bediensteten als Ansprechpartner auf der Homepage bereitzustellen sind oder nicht. Aus *datenschutzrechtlicher* Sicht muss der „Dienstverkehr" dies „erfordern".[46] Das ist der Fall bei Personen, deren Tätigkeit nach außen wirkt, so dass ihre Kommunikationsdaten von

---

[44] § 13 Abs. 1 TMG; dazu *Moos*, in: Taeger/Gabel (hg.), a.a.O., § 13 TMG, Rn. 8.
[45] Kennzeichnungen der Rechner, die auf die Seite zugreifen.
[46] Z.B. für Niedersachsen: Gemeinsamer Runderlass v. 28.05.2001 – Nds. MBl. Nr. 25/2001, S. 571. Subsumierbar auch für NRW unter § 29 DSG NRW.

Die Kommune im Internet

ihren (potentiellen) Kommunikationspartnern benötigt werden. Das dürfte für die meisten Sachbearbeitungen im kommunalen Bereich zutreffen.

Allerdings gilt in vielen Ländern zwischenzeitlich ein *IFG*. Nach seinem Sinn und Zweck muss dem Bedürfnis der Gesellschaft nach Information und dem Transparenzgebot der öffentlichen Verwaltung Rechnung getragen werden. Nicht nur Transparenz des behördlichen Handelns, sondern auch Nachvollziehbarkeit und Akzeptanz behördlicher Entscheidungen und das Ziel bürgerlichen Mitwirkens erfordern, dass die zur Verfügung gestellten Informationen möglichst originär, direkt und unverfälscht sind. Es besteht die rechtliche Verpflichtung der öffentlichen Stelle, ihre bisher üblichen und vorhandenen Geschäftsverteilungspläne, Organigramme und Aktenpläne nach Maßgabe dieses Gesetzes allgemein zugänglich zu machen[47] und – soweit möglich – in elektronischer Form zu veröffentlichen. Ziel ist es, eine aktive Informationspolitik bei öffentlichen Stellen zu erreichen. Den Bürgerinnen und Bürgern soll damit ein Überblick des Aufbaues, der Kommunikationsbeziehungen, Weisungsbefugnisse, Zuständigkeiten und Aufgabenwahrnehmung innerhalb einer öffentlichen Stelle ermöglicht werden. Die vorhandene elektronische Informationstechnik bei den öffentlichen Stellen ist zur Erfüllung dieser Veröffentlichungspflichten zu nutzen, etwa durch Veröffentlichung im Internet.[48]

Die Geschäftsverteilungspläne und Organisationspläne werden nach Maßgabe dieses Gesetzes mit Namensnennung der für die jeweilige Aufgabenerfüllung eingesetzten Bediensteten veröffentlicht. In gewissem Umfang ist die Offenbarung von Daten der betroffenen Personen zulässig. Zu veröffentlichen sind Namen (Vor- und Familienname), Titel, akademischer Grad, Berufs- und Funktionsbezeichnung, Büroanschrift und Rufnummer der Bediensteten. Unter Büroanschrift ist auch – sofern vorhanden – die dienstliche E-Mail-Adresse zu verstehen. Die Angabe der dienstlichen E-Mail-Adresse stellt zudem neben der Angabe von Namen, Dienstanschrift und dienstlicher Telefonnummer keinen weiterreichenden Eingriff in das Persönlichkeitsrecht der Bediensteten dar. Die Bediensteten müssen der Veröffentlichung ihrer Daten nicht zustimmen. Insoweit schränkt das *IFG NRW* das Recht auf informationelle Selbstbestimmung ein. Daten der Bediensteten werden nur dann nicht veröffentlicht, wenn ihrer Offenbarung schutzwürdige Belange von einzelnen Bediensteten entgegen stehen.[49] Ob dies der Fall ist, muss im Einzelfall geprüft und entschieden werden. Ein solcher Fall kann etwa dann bejaht werden, wenn schwerwiegende Gründe vorgetragen werden, z.B. bei drohender konkreter Gefahr für Leben, Gesundheit oder persönliche Freiheit der Bediensteten.[50]

567

---
[47] § 12 IFG NRW.
[48] LT-Drs. 13/1311, Gesetzesbegründung zu § 12.
[49] § 9 Abs. 3 IFG NRW.
[50] Zum Ganzen: *LDI NRW*, 16. Tätigkeitsbericht 2003, 22.6, S. 200.

Datenschutz bei kommunalen Belangen

c) *Weiterleitung an Dritte (externe Links)*

aa) Kennzeichnung

568 Die Weiterleitung zu einem anderen Diensteanbieter ist dem Nutzer anzuzeigen.[51] Der Hinweis auf eine Weiterleitung kann gegeben werden durch:

– ein Icon vor dem Linktext,

– ein sich öffnendes Hinweisfähnchen,

– eine eingefügte Extra-Seite oder ein eingeblendeter Erläuterungstext, worin auf das Verlassen des Online-Angebots ausdrücklich hingewiesen wird.

Im Idealfall sollte hierbei auch der Name des Anbieters des vermittelten Angebots genannt werden. Unzureichend ist es, Links lediglich optisch hervorzuheben bzw. pauschal darauf hinzuweisen, dass das Angebot Weiterleitungen enthält. Sollten auf den Internetseiten Werbebanner o. Ä. gesetzt werden, so müssen diese durch Hinweise wie „Werbung" oder „sponsered by" deutlich als solche gekennzeichnet werden.

bb) Haftungsausschluss durch Verwendung eines „Disclaimers"

569 Eine spezialgesetzliche Regelung für die Haftung für verlinkte Inhalte gibt es in Deutschland nicht. Nach einhelliger Meinung war bereits die Haftungsprivilegierung für fremde Inhalte des durch das TMG abgelösten TDG[52] nicht entsprechend auf Hyperlinks anwendbar.[53] Dieser Auffassung schloss sich auch der *BGH* in seiner Entscheidung „Schöner Wetten" an, bei der es darum ging, dass in der Online-Ausgabe einer Zeitung neben dem redaktionellen Artikel über einen österreichischen Glückspielveranstalter ein Hyperlink zu der Homepage dieses Unternehmens angebracht war.[54] Auch für einen Werbebanner ohne Link (dieser war separat angebracht) hat das *OLG Hamburg* in seiner Entscheidung „Hundewetten" das TDG nicht für anwendbar gehalten.[55] Auch das TMG sieht keine Haftungsprivilegierung für Hyperlinks vor; vielmehr wurden die Vorschriften des TDG unverändert in das TMG übernommen.[56] Somit haftet derjenige, der einen Link auf eine fremde Webseite setzt, in glei-

---

[51] Gemäß § 13 Abs. 5 TMG.
[52] §§ 9–11 TDG.
[53] *OLG Hamburg*, Beschl. v. 02.09.2004 – 5 W 106/04 – MMR 2005, 53 = NJW-RR 2004, 1688ff.; *LG Berlin*, Urt. v. 22.02.2005 – 27 O 45/05 – MMR 2005, 324ff. = K&R 2005, 334f.; *LG München*, Beschl. v. 02.12.2003 – 33 O 21461/03 – MMR 2004, 261 = CR 2004, 704.
[54] *BGH*, Urt. v. 01.04.2004 – I ZR 317/01 – BGHZ 158, 343 ff. = NJW 2004, 2158ff.
[55] *OLG Hamburg*, Urt. v. 05.06.2002 – 5 U 74/01, NJW-RR 2003,760.
[56] §§ 7–10 TMG und §§ 9–11 TDG. Näheres bei *Moos*, in: Taeger/Gabel (hg.), a.a.O. Einf. zum TMG.

cher Weise wie für eigene Informationen[57] und ist für den Inhalt der verlinkten Seiten nach den allgemeinen Gesetzen in Form des BGB, StGB, UrhG etc. verantwortlich.

Als eine Möglichkeit für die Minimierung rechtlicher Risiken wird dabei häufig ein Haftungsausschluss („Disclaimer") auf der jeweiligen Homepage eingefügt, in dem sich der jeweilige Diensteanbieter von den Inhalten der verlinkten Seiten distanziert. Inwieweit es möglich sein soll, sich durch entsprechende Erklärungen tatsächlich der Haftung zu entziehen, wird in der Rechtsprechung uneinheitlich entschieden. Ein rein formaler Hinweis soll den Linkprovider jedenfalls nicht von der Haftung befreien können. So hat das *LG Hamburg* in einem vielbeachteten Urteil entschieden, dass durch das Setzen eines Links die Inhalte der gelinkten Seite gegebenenfalls mitzuverantworten seien. Dies könne – so das Gericht – nur so vermieden werden, dass eine *ausdrückliche* Distanzierung von fremden Inhalten erfolge. Eine allgemeine Haftungsfreizeichnungsklausel wie z.B. in den allgemeinen Geschäftsbedingungen könne jedoch gerade nicht von der Haftung für die verlinkten Inhalte befreien.[58] Auch können heute gängige Disclaimer mit der Aussage „die verlinkten Seiten wurden zum Zeitpunkt der Verlinkung auf mögliche Rechtsverstöße überprüft" das Gegenteil des Gewünschten bewirken. Die derzeitige Tendenz der Rechtsprechung lässt erkennen, dass man nur dann sicher sein kann, sich fremde Beiträge nicht im haftungsrechtlichen Sinne zu Eigen zu machen, wenn die Beiträge auf der Webseite weder vorab kontrolliert noch ausgewählt werden. Allein die nach außen beworbene Vorabkontrolle soll hingegen für eine Haftung genügen.[59] Bei Verwendung eines Disclaimers kann dieser im Impressum platziert werden. Inhaltlich sollten *pauschale* Distanzierungserklärungen *vermieden* werden. Aus dem Erklärungsinhalt muss vielmehr *ausdrücklich* hervorgehen, dass man sich die verlinkten Inhalte gerade nicht in haftungsrelevanter Weise zueigen machen möchte. Sofern die kommunale Website auch Werbeanzeigen enthält, so ist darauf zu achten, den Haftungsausschluss auch auf Inhalte zu erstrecken, zu denen die jeweilige Werbeanzeigen führen. Die Verwendung eines Disclaimers, der eine Vorabkontrolle der Seiteninhalte garantiert, erscheint vor dem Hintergrund der einschlägigen Rechtsprechung wenig empfehlenswert. Wird ein solcher dennoch verwendet, sollte zumindest ein Hinweis aufgenommen werden, dass trotz der Kontrollen eine inhaltliche Verantwortung nicht übernommen wird.

570

---

[57] Nach § 7 Abs. 1 TMG.
[58] *LG Hamburg*, Urt. v. 12.05.1998 – 312 O 85/98 – NJW 1998, 3650 ff. = K&R 1998, 367 ff. = RDV 1998, 263 ff.
[59] *LG Köln*, Urt. v. 26.11.2003 – 28 O 706/02 – CR 2004, 304 = MMR 2004, 183 = DuD 2004, 437 f.; *LG München*, Urt. v. 30.03.2000 – 7 O 3625/98 – NJW 2000, 2214 ff. = ZUM 2000, 418 ff.

3. Die Virtuelle Poststelle

a) Idee

571 Bereits seit längerer Zeit kann der Bürger mit der Verwaltung auf elektronischem Wege per E-Mail kommunizieren. Soweit der Gesetzgeber keine bestimmte Form in der Kommunikation vorschreibt, können eine Reihe von Diensten und Auskünften, wie z.B. die Reservierung von Wunschkennzeichen oder der Online-Katalog der Bücherei, elektronisch bereitgestellt werden. Die Kommunikation steht wegen der fehlenden Rechtsverbindlichkeit des Inhaltes bei E-Mails auf dem Niveau eines Telefonanrufes.

Die Idee hinter einer virtuellen Poststelle liegt in der Möglichkeit für Bürger oder Unternehmen, auf digitalem Weg rechtsverbindlich, d.h. sicher, nachvollziehbar und vertraulich, mit der Verwaltungsbehörde zu kommunizieren. Der Bürger soll die Möglichkeit erhalten, unstrukturierte[60] Nachrichten, die bisher in Briefform an die Behörde gesendet wurden, zukünftig rechtsverbindlich elektronisch einzusenden. Eine virtuelle Poststelle dient aber nicht nur zur Kommunikation des Bürgers mit der Behörde. Auch die Kommunikation zwischen Behörden untereinander, z.B. zum Austausch personenbezogener Daten zwischen Kommune und ARGE, ist aufgrund der gewährleisteten sicheren Kommunikation im Zielkatalog der virtuellen Poststelle enthalten. Auf diesem Wege trägt die virtuelle Poststelle zum medienbruchfreien Dialog zwischen Bürgern und Verwaltung, bzw. Verwaltung und anderen Behörden bei. Der virtuellen Poststelle gegenüber steht die sichere, rechtsverbindliche Übersendung strukturierter Informationen in Form elektronischer Formulare. Die Inhaltsdaten aus den Formularen sollen nach Möglichkeit im Optimalfall direkt in ein dazugehöriges elektronisches Verfahren einfließen. So kann eine maximale Durchgängigkeit in der Kommunikation erreicht werden. Eine virtuelle Poststelle ist für diese Art der Kommunikation nicht erforderlich.

b) Rechtliche Grundlage

572 Bedingung für die Einrichtung einer virtuellen Poststelle bei einer kommunalen Verwaltungsbehörde ist die sog. Zugangseröffnung durch die Kommune.[61] Der Zugang wird auf der Homepage eröffnet. Obwohl der Gesetzeswortlaut eindeutig ist, wird auch diskutiert, dass bei Behörden und Firmen durch die bloße Nennung einer E-Mail-Adresse der Zugang bereits per Gesetz eröffnet ist. Geht man davon aus, so kann nur eine explizite Zugangsverweigerung den

---

[60] Gemeint ist jede Kommunikation ausserhalb förmlicher Verwaltungsverfahren.
[61] § 3a Abs. 1 VwVfG (Bund, v. 23.01.2003) i.V.m. den Vorgaben des SigG v. 16.05.2001, BGBl. I, S. 876, zuletzt geändert durch Art. 4 des Gesetzes vom 26.02.2007, BGBl. I S. 179. Die Frage, wann eine Zugangseröffnung anzunehmen ist, wird landesrechtlich z.T. modifiziert; dazu *Kopp/Ramsauer*, VwVfG, 11. Aufl. 2010, § 3a Rn. 2a.

Zugang zur Behörde verhindern.[62] Für NRW stellen die bloße Nennung von E-Mail-Adressen und Kontaktformularen einer Behörde *keinen* Zugang für elektronisch signierte und verschlüsselte Dokumente dar, wenn dieser Zugang nicht ausdrücklich in vollem Umfang unter Angabe der technisch-organisatorischen Rahmenbedingungen eröffnet ist.[63] Bei der Zugangseröffnung in NRW sind die technischen und organisatorischen Rahmenbedingungen der Kommunikation, wie z.B. Dateiformate, Datenmenge und verwendetes Signaturverfahren, zu nennen.[64]

c) *Verschiedene Arten der Signatur und ihre Qualität*

aa) Fortgeschrittene Signatur

Die fortgeschrittene Signatur[65] wird i.d.R. nur für die Transportsicherung verwendet. Sie ermöglicht es dem Empfänger, die Integrität (Unversehrtheit) und Authentizität der Nachricht zu überprüfen. Fortgeschrittene Signaturen müssen technisch mit Signaturschlüsseln erstellt werden und mit Signaturprüfschlüsseln überprüfbar sein. Dabei ist für die Identifizierung des Signaturerstellers die Zuweisung des Signaturschlüssels an ihn möglich, jedoch nicht gesetzlich zwingende Voraussetzung; es können auch andere Identifikationsmerkmale genutzt werden. Der Prüfprozess muss vor Manipulation geschützt und revisionsfähig sein.

573

bb) Qualifizierte Signatur

Die qualifizierte elektronische Signatur[66] setzt voraus, dass dem Signaturinhaber ein asymmetrisches Schlüsselpaar per Zertifikat zugewiesen ist. Das Zertifikat muss zum Zeitpunkt der Verwendung der Signatur gültig sein. Die Signatur muss mit einer Umgebung erzeugt werden, deren Sicherheit wiederum zertifiziert ist. Insbesondere verlangt das Signaturgesetz, dass der private Schlüssel nur in einem abgekapselten Bereich, z.B. einer Chipkarte, verwendet wird. Die Auswahl der jeweiligen Signaturstufe orientiert sich am Schutzbedarf, am Beweiswert (gegenüber Dritten) oder an Formerfordernissen der zu übertragenden Daten.[67] Qualifizierte Signaturen (bestehend aus Signaturkarte

---

62 *Kintz*, NVwZ 2005, 1429 ff., 1431.
63 Diese wird ebenso wie die Zugangseröffnung auf der Homepage erklärt; siehe z.B. § 3a Abs. 1 Satz 2 VwVfG NRW.
64 Zur Frage des Zugangs *Skrobotz*, Zugang elektronischer Nachrichten im Verwaltungsverfahren, VR 2003, 397 ff.
65 § 2 Nr. 2. lit. a)–d) SigG.
66 § 2 Nr. 3 SigG.
67 *LfD Niedersachen*, Die virtuelle Poststelle im datenschutzgerechten Einsatz, Stand: 22.04.2004, S. 25.

und PIN) sind *personengebunden*, d.h. die Bediensteten sind mit eigenen Signaturkarten und -lesern auszustatten. Dies führt beim Einsatz solcher Signaturen am Arbeitsplatz zu einem erheblichen finanziellen und organisatorischen Aufwand. Eine „pragmatische" Regelung i.S. der Weitergabe der Signaturfunktionen im Rahmen der Zeichnungsbefugnis widerspricht den Anforderungen des Signaturgesetzes. Die Verwendung eines Zertifikatattributes „Pseudonym", das die Identifikation des Signaturinhabers versteckt, ist verboten.[68] In der Regel bedürfen unstrukturierte Mitteilungen an die Verwaltungsbehörde – im Gegensatz zu strukturierten Mitteilungen in Form von Anträgen in Formularen – keines Formerfordernisses. Ein elektronisch eingelegter Widerspruch kann als formgerecht angesehen werden.[69]

d) Systemarchitektur

aa) Verschlüsselung und Signatur

574 Verschlüsselung und Signatur werden oft synonym behandelt, obwohl es – technologisch betrachtet – zwei voneinander unabhängige Vorgänge sind. Für jeden dieser Vorgänge wird ein Zertifikat benötigt, das den Eigentümer des öffentlichen Schlüssels durch Abgleich des beim Diensteanbieter hinterlegten persönlichen Schlüssel bestätigt. Im ersten Schritt wird ein Zertifikat zur Verschlüsselung des Inhaltes von Nachrichten (Schutz der Integrität und der Vertraulichkeit) verwendet. In einem zweiten Schritt wird ein weiteres – oder auch das gleiche – Zertifikat zur Anbringung einer Signatur an die Nachricht verwendet (Schutz der Authentizität).

bb) Qualifizierte Signatur und Behördenzertifikat

Das gesetzliche Schriftformerfordernis[70] führt dazu, dass ausgehende Dokumente einer Verwaltungsbehörde, die diesem Erfordernis unterliegen, vom Behördenleiter zu unterzeichnen sind. Unterschrieben werden diese Dokumente regelmäßig nach der in der Behörde geltenden Zeichnungsbefugnis im Auftrag (i.A.) des Behördenleiters. Im Rahmen der elektronischen Signatur darf jedoch im Sinne des Signaturgesetzes *nicht* die zur Signatur gehörende Karte inkl. PIN des Behördenleiters weitergegeben werden. Folglich sind Attribute und Attributszertifikate auf der Signaturkarte zu verwenden, die die Zugehörigkeit zu einer bestimmten Behörde sowie Zeichnungsbefugnis oder/und Vertretungsrechte glaubhaft machen. Dadurch wird im Behördenumfeld die Funktionsidee

---

[68] § 3a Abs. 2 Satz 3 VwVfG NRW: „Die Signierung mit einem Pseudonym, das die Identifizierung der Person des Signaturschlüsselinhabers nicht ermöglicht, ist nicht zulässig."
[69] § 70 Abs. 1 VwGO. Voraussetzung ist aber, dass § 3a VwVfG im Vorverfahren ergänzend Anwendung findet. Dazu *Kintz*, a.a.O., 1429ff., 1430.
[70] Z.B. § 20 Abs. 1 Satz 1 OBG NRW.

der Signatur modifiziert. Es gibt aktuell überhaupt nur wenige frei zugängliche Trustcenter, die Karten mit qualifizierten Signaturen ausstellen.[71] Diese stellen jedoch keine Signaturen mit den für die Abwicklung des Dienstbetriebes einer Kommune notwendigen Attributen aus. Ein eigenständiges kommunales Trustcenter ist aufgrund der gesetzlichen Vorraussetzungen[72] derzeit nicht realisierbar.

e) Begriffe

aa) OSCI

Bei OSCI[73] handelt es um eine Sammlung von Übertragungsprotokollen, deren Gemeinsamkeit die besondere Eignung für *e-Government*-Anwendungen ist. OSCI-Transport steht dabei für die sichere, vertrauliche und rechtsverbindliche Übertragung digitaler *Nachrichten* über das Internet. Darüber hinaus gibt es eine Reihe weiterer Protokolle (z.B. OSCI-X-Meld, OSCI-X-Bau, OSCI-X-Justiz) für den Austausch fachlicher *Inhaltsdaten* zwischen Kunden und Behörden oder zwischen Behörden untereinander. Besondere Anwendung findet OSCI in Kommunalbehörden. Für die Pflege und Weiterentwicklung von OSCI Transport sowie für die Koordination der Entwicklung fachlicher Standards ist die OSCI-Leitstelle[74] zuständig. Die OSCI-Leitstelle ist als Organisationseinheit bei der Senatorin für Finanzen in Bremen angesiedelt.

575

Die Entwicklung von OSCI begann im Rahmen des *Media@Komm – Städtewettbewerbs*.[75] Über OSCI können zwar u.a. auch Nachrichten transportiert werden; für Nachrichten gilt jedoch weiterhin als Standard das E-Mail-Protokoll SMTP.[76] Technologisch betrachtet, haben OSCI-Transportnachrichten einen zweistufigen Sicherheitscontainer. Die Inhalts- und Nutzdaten werden getrennt voneinander verschlüsselt. Der Absender einer solchen Nachricht verschlüsselt die Inhaltsdaten so, dass nur der berechtigte Empfänger sie wieder entschlüsseln kann. Für den zwischen Sender und Empfänger geschalteten In-

---

[71] Frei zugängliche Trustcenter sind: TeleSec der Deutschen Telekom AG in Nethpen; D-Trust GmbH in Berlin; Deutsche Post Com GmbH, Geschäftsfeld Signtrust, in Bonn; TC TrustCenter GmbH in Hamburg.
[72] Verordnung zur elektronischen Signatur (Signaturverordnung – SigV) vom 16.11. 2001.
[73] OSCI = engl. für Online Services Computer Interface.
[74] Homepage der OSCI-Leitstelle unter http://www.osci.de.
[75] *Media@Komm* ist ein 1998 gestartetes und 2002 beendetes Projekt der Bundesregierung zur Entwicklung von e-Goverment-Anwendungen. Das Nachfolge-Projekt Media@Komm-Transfer ist Teil der bundesweiten e-Goverment-Initiative „Deutschland-Online".
[76] SMTP = engl. für Simple Mail Transfer Protokoll: weltweit gültiges Protokoll zur E-Mail-Übertragung; 1982 veröffentlicht unter RFC 821 (RFC = eine Reihe von technischen und organisatorischen Dokumenten zu Standards im Internet).

termediär[77] werden die Nutzdaten zusätzlich verschlüsselt. Der Intermediär nimmt die Nachricht entgegen, entschlüsselt und verwendet die Nutzdaten zur Zustellung, hat jedoch – aufgrund der separaten Verschlüsselung – keinen Zugriff auf die Inhaltsdaten. Deswegen hat ein potentieller Angreifer keinen Zugriff auf Nutz- oder Inhaltsdaten (*Prinzip des doppelten Umschlags*).

bb) Governikus

576 *Governikus*[78] ist die Serverkomponente der Virtuellen Poststelle. Das Produkt übernimmt die Rolle des Intermediärs zwischen den Klienten (Clients) in einer auf dem OSCI-Tansportprotokoll basierenden Kommunikation. Governikus ist mandantenfähig. Aufgrund des erhöhten Aufwandes in der Implementierung und der zentralen Position innerhalb der OSCI-Kommunikation im *e-Government*-Umfeld wird Governikus in aller Regel von Rechenzentren für Ihre Kunden betrieben. Governikus ist modular aufgebaut. Das Kernmodul enthält die OSCI-Kommunikationskomponenten; über weitere Module sind Zusatzfunktionen wie Signaturprüfung, Zeitstempeldienste etc. implementierbar. Governikus ist komplett in Java[79] programmiert und gilt allgemein als sicher.

cc) Govello

577 Bei *Govello* handelt es sich um die Client-Komponente einer OSCI-Nachrichten-Kommunikation. Um dem Anwender ein möglichst bekanntes Umfeld zur Kommunikation zu bieten, wurde Govello nah an bekannte E-Mail-Produkte[80] angelehnt. Govello ist, wie Governikus auch, komplett in Java programmiert und daher betriebssystemübergreifend lauffähig. Mit Govello wird der Anwender in die Lage versetzt, an einer OSCI-basierenden Kommunikation (OSCI-Transport) teilzunehmen. Govello ist dabei an einen Verzeichnisdienst angebunden, aus dem sich ein vorgegebenes Adressbuch ableitet. Auf

---

[77] Unter Intermediär wird ein vermittelndes Serversystem (=*Middleware*) zwischen Sender und Empfänger verstanden, das Mehrwerte wie Signaturprüfung erbringen kann.
[78] Governikus ist ein Produkt der „bremen online services Entwicklungs- und Betriebsgesellschaft mbH & Co. KG", kurz *bos KG*. Die Entwicklung von Governikus im Rahmen des Media@Komm-Projektes wurde vom Bundesamt für Sicherheit in der Informationstechnik unterstützt. Die vollständige Bezeichnung lautet „Governikus – Teil der virtuellen Poststelle des Bundes".
[79] Java ist eine objektorientierte betriebssystemübergreifende Programmiersprache der Fa. SUN. Der eigentliche Programmcode wird in betriebssystemspezifischen Java-VM (virtuellen Maschinen) ausgeführt. Java-VM existieren für nahezu alle gängigen Betriebssysteme.
[80] Etwa Microsoft Outlook.

diesem Wege ist es möglich, Govello auf einen engen, spezifizierten Empfängerkreis einzuschränken. Bei der Implementierung einer zentralen, virtuellen Poststelle in einer Kommunalverwaltung ist das Postfach der virtuellen Poststelle der einzige Eintrag im Adressbuch; alle Kommunikation ist an diese zentrale virtuelle Poststelle zu richten.

Govello unterstützt eine Reihe von zertifizierten Kartenlesern und Signaturkarten, mit denen eine Verschlüsselung (über ein auf der Signaturkarte enthaltenes Verschlüsselungszertifikat) und eine qualifizierte Signatur an einer Nachricht angebracht werden können. Über Vorgaben in Konfigurationsdateien kann die Größe von Nachrichten und ihr Dateiformat vom Betreiber der virtuellen Poststelle vorgegeben werden. So ist sichergestellt, dass nur verarbeitbare Dokumente die virtuelle Poststelle erreichen. Mit Anpassungen wird Govello innerhalb des „Elektronischen Gerichts- und Verwaltungspostfaches" (EGVP)[81] zur Kommunikation von teilnehmenden Gerichten und Behörden verwendet.[82]

dd) Julia-Mail-Gateway

Neben dem eigenständigen und grundsätzlich nicht in den internen Workflow der Behörde integrierten Govello-Client ist auch der Einsatz des Produktes „Julia-Mail-Gateway" im Rahmen der virtuellen Poststelle und unabhängig von ihr möglich. Mit dem Julia-Mail-Gateway ist die ausgehende und eingehende regelbasierte Ver- und Entschlüsselung sowie die Signatur-Prüfung bei „Standard"-E-Mails[83] möglich. Das Produkt kann die Gültigkeit der Signatur entweder selbst oder mit den Modulen eines bereits vorhandenen Governikus-Intermediärs prüfen. Großer Vorteil der Lösung ist die zentrale Position im bereits etablierten (E-Mail-) Workflow; nachteilig sind die hierfür – im Gegensatz zu dem bereits miterworbenen Govello-Client – zusätzlich anfallenden Kosten. Das Anbringen qualifizierter elektronischer Signaturen an E-Mails ist auch mit dieser Lösung nur durch den Sender und der ihm zugeordneten Signatur mit PIN möglich. 578

f) Beschreibung des Verfahrens

In der Praxis wird die virtuelle Poststelle i.d.R. als Kombination aus den Produkten Govello/Governikus implementiert, wobei Sender (Bürger/Kunde der Kommune) sowie Empfänger (Verwaltung) das Govello-Produkt nutzen. Der 579

---
[81] http://www.egvp.de/.
[82] Gesetz über die Verwendung elektronischer Kommunikationsformen in der Justiz (Justizkommunikationsgesetz – JKomG) v. 22.03.2005, BGBl. I, S. 837; dazu *Viehues*, NJW 2005, 1009 ff.
[83] Basierend auf dem SMTP-Protokoll.

Governikus-Intermediär wird in aller Regel für mehrere Mandanten in einem Rechenzentrum betrieben. Der Govello-Client wird für den Bürger/Kunden auf der Homepage der betreibenden Kommune der virtuellen Poststelle zum Download angeboten. Der Download enthält die Konfigurationsdateien, mit denen die Formate und Volumen der Nachrichten individuell von der betreibenden Kommune festgelegt werden. Nach Einrichtung eines Postfaches auf dem Governikus-Intermediär kann der Benutzer an der Kommunikation teilnehmen. Bei der Einrichtung wird der öffentliche Teil der Signatur zur Verifikation auf dem Governikus-Intermediär abgelegt. Im Rahmen des angebundenen Verzeichnisdienstes wird dem Benutzer beim Versand eine Auswahl an möglichen Empfängern einer Nachricht angeboten.[84] Der Absender erzeugt ein elektronisches Dokument und fügt es einer Nachricht innerhalb von Govello bei. Diese Nachricht wird mittels Kartenleser und PIN qualifiziert signiert. Die Nachricht wird in einem Transportumschlag verschlüsselt verpackt und an den Governikus-Intermediär übergeben.[85] Von dort erhält der Absender eine Empfangsbestätigung, die Einlieferungsdatum und -uhrzeit[86] beinhaltet (*Einschreiben-mit-Rückschein-Funktion*). Im Rahmen der Verarbeitung ist die Einlieferungszeit für Sender und Empfänger verbindlich. Der Intermediär öffnet den äußeren Umschlag der Nachricht, der die Nutzdaten enthält, und leitet die Nachricht an das Postfach des Empfängers weiter. Der Empfänger holt die Nachricht mit dem eigenen Govello-Client ab und öffnet den verschlüsselten inneren Umschlag, der die eigentliche Nachricht und die Signatur enthält. Zur Entschlüsselung und zur Überprüfung der Signatur werden die vom Sender abgelegten öffentlichen Teile der Schlüssel verwendet. Zur Überprüfung der Signatur wendet sich der Govello-Client an das Signaturmodul des Governikus-Intermediärs, der die Signatur beim Aussteller (Trustcenter) verifiziert. Das Ergebnis der Signaturprüfung wird dokumentiert und an den Empfänger als Prüfprotokoll-Anlage zur Nachricht übermittelt. Die Bediensteten in der virtuellen Poststelle nehmen die entschlüsselte und auf Signatur-Gültigkeit hin überprüfte Nachricht entgegen und ermitteln aus dem Inhalt den zuständigen Fachbereich innerhalb der Behörde. Ist die Ermittlung abgeschlossen, wird die Nachricht mit dem Prüfprotokoll an das interne Postfach der virtuellen Poststelle des Fachbereiches und anschließend – entsprechend der Organisation der Dienststelle – an die zuständige Sachbearbeitung weitergeleitet. Erst hier wird die Nachricht inhaltlich ausgewertet, das Ergebnis der durchgeführten Signaturprüfung bewertet und ggf. die Einhaltung von Fristen geprüft.

---

[84] Bei einer zentralen virtuellen Poststelle besteht diese Auswahl nur aus dem Postfach der zentralen virtuellen Poststelle der betreibenden Kommune.

[85] Prinzip des doppelten Umschlags.

[86] Normalerweise wird die Serverzeit als Datum und Uhrzeit übernommen. Bei besonders zeitkritischen Verwendungen kann auch ein externer Dienstleister als von der Bundesnetzagentur zertifizierter Zeitstempeldienst modular eingebunden werden.

g) Organisatorische Maßnahmen

Für eine reibungslose Bearbeitung von Posteingängen in der virtuellen Poststelle müssen feste Kommunikationsregeln aufgestellt werden. Hierbei sind die Rahmenparameter der Daten (Format und Größe der mitgeschickten Dateien) sowie die unterstützte Technologie (kompatible Signaturkarten und Kartenlesegeräte) zu benennen.[87]

580

Diese Regeln sind in engerem Zusammenhang mit der Zugangseröffnung auf der Homepage zu hinterlegen. Es bietet sich an, sie in einer für alle Bediensteten verbindlichen Dienstanweisung zu fixieren.[88] Weiterhin sollte – am besten auf der Homepage – geklärt werden:

- Die Funktionalität und Qualität der *Benachrichtigung* für den Absender (Einschreiben-mit-Rückschein-Funktion),
- Der *Geltungsbereich*, mit dem klargestellt wird, für welchen Teil der Behörde der Zugang verbindlich ist,[89]
- Die an die Beschreibung der Situation bei rechtsverbindlicher Kommunikation angepasste *Datenschutzerklärung* sowie eine
- *Haftungsbeschränkung*, mit der die Verantwortung nur für den näher definierten Bereich übernommen wird.

Innerhalb der Verwaltung sind die Abläufe von der Entgegennahme der signierten Nachricht bis zur Übergabe an die sachbearbeitende Stelle zu klären. Aus datenschutzrechtlicher Sicht gelten dieselben rechtlichen Vorgaben wie im Falle der Übermittlung personenbezogener Daten durch die herkömmliche Post. Insbesondere erbringt die öffentliche Stelle mit der Virtuellen Poststelle für den Bürger weder einen Telekommunikationsdienst, noch einen *Teledienst*.[90]

Das Basismodul Governikus wird den Anforderungen eines wirksamen Datenschutzes aus folgenden Gründen gerecht:

581

---

[87] Siehe beispielhaft die „Rahmenbedingungen für die elektronische Kommunikation mit der Landeshauptstadt Düsseldorf" unter http://www.duesseldorf.de/vps/rahmenbedingungen.shtml.
[88] Siehe bei der Stadtverwaltung Düsseldorf „Dienstanweisung für die Annahme signierter elektronischer Nachrichten" vom 01.09.2005.
[89] Bei einer Kommunalverwaltung gelten die Regeln z.B. grundsätzlich nicht für Eigenbetriebe, Tochtergesellschaften (Stadtwerke), etc.
[90] Näheres siehe *LfD Nds (hg.)*, Die virtuelle Poststelle im datenschutzgerechten Einsatz, a.a.O.; gemeint ist heute „Telemedien-Dienst" i.S. des TMG v. 26.02.2007 (BGBl. I S. 179).

- Die *Vertraulichkeit* der personenbezogenen Daten bei der Nachrichtenübermittlung wird durch die Verwendung starker Verschlüsselungsverfahren sichergestellt.[91]
- Die *Zweckbindung* personenbezogener Daten gelingt durch die strikte Trennung von Nutz- und Inhaltsdaten, durch die der von mehreren Mandanten genutzte Intermediär Governikus nicht in der Lage ist, die Inhaltsdaten zu interpretieren.
- Die *Integrität* und *Authentizität* personenbezogener Daten wird durch den Einsatz elektronischer Signaturen gewährleistet.
- Die sichere Protokollierung wird durch die unanfechtbare Ausstellung eines Laufzettels[92] (Einschreiben-mit-Rückschein-Funktion) sichergestellt.

4. Datenverarbeitungsregeln

a) Einleitung

582 Soweit der Bürger das Internetangebot der Kommune interaktiv nutzt, ergeben sich im Telemediengesetz geregelte Rechtsfolgen hinsichtlich der Erhebung und Verarbeitung seiner personenbezogenen Daten. Die Schwerpunkte liegen hier bei der Information des Nutzers, der wirksamen Einwilligung in die Datenverarbeitung sowie dem Erfordernis der Datenverschlüsselung.

b) Anonyme und pseudonyme Nutzungsmöglichkeiten

aa) Gesetzliche Vorgaben

Es gilt der Grundsatz der Datensparsamkeit, d.h. personenbezogene Daten sollen nur erhoben und verwendet werden, sofern dies erforderlich ist, um die Inanspruchnahme von Telemedien zu ermöglichen und abzurechnen.[93] Die damit beschriebenen Nutzungsdaten sind insbesondere:

- Merkmale zur Identifikation des Nutzers
- Angaben zu Beginn und Ende sowie des Umfangs der jeweiligen Nutzung
- Angaben über die vom Nutzer in Anspruch genommenen Telemedien

Diesem Grundsatz entsprechend hat der Diensteanbieter die Nutzung von Telemedien und ihre Bezahlung anonym oder unter einem Pseudonym zu ermöglichen, soweit dies technisch möglich und zumutbar ist.[94] Über diese Möglichkeit ist der Nutzer zu informieren.

---

[91] Verwendet werden ausschließlich allgemein anerkannte Krypto-Algorithmen wie Triple-DES, RSA.
[92] Zur Verwendung elektronischer Dokumente vor Gericht *Berger*, NJW 2005, 1016 ff.
[93] § 15 Abs. 1 TMG.
[94] § 13 Abs. 6 TMG.

bb) Umsetzung

Denkbar ist es, einen kommunalen Informationsdienst ohne Individualisierung und Personalisierung des Nutzenden anzubieten und lediglich Online-Anträge von einer Personalisierung abhängig zu machen. Darüber hinaus kommt eine Vergabe der Kennung durch den Nutzer (als Pseudonym) ohne Abfrage von Identifikationsdaten in Betracht. Unzulässig ist demgegenüber eine obligatorische Personalisierung, soweit dies nicht zur Erbringung des jeweiligen Dienstes erforderlich ist. Auszuschließen ist die Verwendung von Pseudonymen, die ihren Trägern ohne weiteres zugeordnet werden können[95] oder aber die *nachträgliche* Zuordnung eines Pseudonyms zu Daten über seinen Träger ohne Einwilligung.

c) *Unterrichtung des Nutzenden*

Werden bei der Nutzung des Internet-Angebotes personenbezogene Daten verarbeitet, so muss dies in transparenter Weise geschehen.

583

aa) Gesetzliche Vorgaben

Die Nutzer von Telemedien sind zu Beginn der Nutzung über den konkreten Nutzungsvorgang zu unterrichten.[96] Handelt es sich um ein automatisiertes Verfahren, das eine spätere Identifizierung des Nutzers ermöglicht und eine Erhebung oder Verwendung personenbezogener Daten vorbereitet, so ist der Nutzer zu Beginn des Verfahrens darüber zu informieren.[97] Dabei kann ein Nutzer im Sinne des Datenschutzes nur eine natürliche Person sein.[98] Zu informieren ist über die Art, den Umfang und den Zweck der Datenverarbeitung sowie eine eventuelle Datenverarbeitung außerhalb der europäischen Union. Die Unterrichtung über Art und Umfang der Datenverarbeitung muss zunächst die allgemeinen Informationen im Rahmen eines Internetangebots wie z.B. Art und Weise der Weitergabe von Daten an Dritte, Protokollierung der Zugriffe auf das Angebot, Verwendung von Cookies oder SSL-Verschlüsselung der Verbindung enthalten. Sollte darüber hinaus die Verarbeitung von Daten in dem individuell vom Nutzer angestrebten Dienst von den allgemeinen Vorgaben abweichen, so ist über diese Abweichungen ebenfalls zu unterrichten.

Der Diensteanbieter darf zum Zwecke der Werbung, der Marktforschung oder zur bedarfsgerechten Gestaltung der Telemedien bei Verwendung von Pseudonymen Nutzungsprofile erstellen.[99] Dem kann der Nutzer widerspre-

---
[95] Definition in § 3 Abs. 8 DSG NRW.
[96] § 13 Abs. 1 TMG.
[97] § 13 Abs. 1 Satz 2 TMG.
[98] § 11 Abs. 2 TMG.
[99] § 15 Abs. 3 Satz 1 TMG.

chen, worauf in allgemein verständlicher Form hinzuweisen ist.[100] Der Hinweis muss so konkret wie möglich sein und dem Betroffenen ermöglichen, nachzuvollziehen, welche Daten für welche Zwecke durch wen erhoben, verarbeitet und genutzt werden sollen.

bb) Umsetzung

584   Bei einer kommunalen Service-Homepage, bei der der Nutzer regelmäßig Daten eingibt, mit denen die Kommunalverwaltung dann arbeitet, sind die Anforderungen an die Unterrichtung im Vergleich zu einer bloß informierenden Homepage besonders hoch, so dass auf den Inhalt der Unterrichtung besondere Sorgfalt verwandt werden sollte. Die Unterrichtung kann auf mehreren Wegen visualisiert werden:

Möglich ist es, einen „Datenschutz-Button" oder ausdrückliche Links, die auf eine andere Seite verweisen, einzufügen. Man kann aber auch in dem jeweiligen elektronischen Formular auf die Erhebung personenbezogener Daten hinweisen. Die Unterrichtung in einem Pop-Up- Fenster vor Absenden des Erhebungsformulars dürfte im Hinblick darauf, dass neuere Browser sog. „Pop-Up-Blocker" standardmäßig aktiviert haben, jedoch nicht mehr ausreichen. Ebenfalls nicht ausreichend ist ein pauschaler Hinweis, dass „dem Datenschutz selbstverständlich Rechnung getragen wird" oder dass personenbezogene Daten verwendet werden.

Grundsätzlich sollte die Unterrichtung hinreichend auffällig, z.B. durch Fettdruck oder farbige Unterlegung, gestaltet sein und sich in einem ohne Blättern oder Scrollen sichtbaren Bereich der Homepage befinden. Sie muss in deutscher Sprache und zusätzlich in den Fremdsprachen angeboten werden, in denen auch Informationen abrufbar sind. Soweit auf Datenschutzanforderungen durch einen Link hingewiesen werden soll, gelten die genannten Anforderungen auch für diesen Verweis. Der Link muss in verständlicher Weise als Hinweis für den Datenschutz erkennbar sein; der Gegenstand der Unterrichtung muss für den Nutzer zweifelsfrei aus der Bezeichnung des Links hervorgehen. Sofern die Daten des Nutzers in Staaten außerhalb des europäischen Wirtschaftsraums verarbeitet werden, ist dies gesondert zu verdeutlichen. Hinsichtlich des Erfordernisses der jederzeitigen Abrufbarkeit ist zu beachten, dass bei einer längerfristigen Speicherung personenbezogener Daten einhergehend mit eventuellen Änderungen der Unterrichtung Vorversionen der Unterrichtung bereitzuhalten sind.

---

[100] § 13 Abs. 1 Satz 1 TMG.

d) Einwilligung

aa) Gesetzliche Vorgaben

Der Diensteanbieter darf personenbezogene Daten zur Bereitstellung von Telemedien nur erheben und (für andere Zwecke) verwenden, soweit dieses Gesetz oder eine andere Rechtsvorschrift, die sich ausdrücklich auf Telemedien bezieht, es erlaubt oder der Nutzer (nach entsprechender Unterrichtung) wirksam eingewilligt hat.[101] Er kann unter bestimmten Voraussetzungen auf elektronischem Weg einwilligen. Zunächst ist es verboten, die Bereitstellung von Telemedien von einer Einwilligung abhängig zu machen, wenn dem Nutzer ein anderer Zugang zu diesen Telemedien nicht oder in nicht zumutbarer Weise möglich ist.[102] Damit soll vermieden werden, dass durch die Gefahr einer Benachteiligung des Nutzers die Einwilligungserteilung *faktisch erzwungen* wird. Es muss darüber hinaus sicher gestellt sein, dass:[103]

585

– Die Einwilligung bewusst und eindeutig erklärt wurde,
– die Einwilligung protokolliert wird,
– der Nutzer den Inhalt seiner Einwilligung jederzeit abrufen kann,
– er diese jederzeit mit Wirkung für die Zukunft widerrufen kann.

Der Nutzer ist vor Erklärung der Einwilligung auf sein Widerrufsrecht hinzuweisen.[104]

bb) Umsetzung

Die Anforderungen an eine bewusste und eindeutige Erklärung im Internet sind im TMG nicht näher geregelt. Jedoch wird ein bloß zufälliges Anklicken regelmäßig dann ausgeschlossen sein, wenn aufgrund der technischen Gestaltung der Homepage die Einwilligungserklärung zur Voraussetzung für die spätere Dateneingabe gemacht wird. Die elektronische Einwilligung kann zum einen dadurch geschehen, dass der Anbieter dem Nutzer auf dessen Wunsch den Einwilligungstext per E-Mail schickt, die dieser dann wiederum per E-Mail bestätigt. (*Double Opt-In*). Eine andere Möglichkeit besteht darin, dass der Nutzer durch Anklicken eines eindeutig beschrifteten Auswahlfeldes sein Einverständnis erklärt, welches der Anbieter dann bestätigt (*Confirmed Opt-In*).

586

Unzureichend ist eine Umgehung der Einwilligung durch die Einräumung eines Widerspruchsrechts statt einer Einwilligung (*Opt-Out*), das Einblenden einer Einwilligungserklärung ohne ausdrückliche Bestätigung oder der man-

---

[101] § 12 Abs. 1 TMG.
[102] § 12 Abs. 3 TMG.
[103] § 13 Abs. 2 TMG.
[104] § 13 Abs. 3 TMG.

gelnde Hinweis darauf, dass bestimmte Angaben freiwillig sind.[105] Ziel der Protokollierung der Erklärung ist es, nachzuvollziehen, wann und mit welchen Angaben ein Bildschirmformular ausgefüllt wurde. Die Art und Weise der Protokollierung ist weitestgehend freigestellt. Die Nachvollziehbarkeit muss jedoch für die Dauer der Speicherung der jeweiligen personenbezogenen Daten möglich sein. Da die Widerrufsunterrichtung ständig abrufbar sein muss,[106] empfiehlt sich auch hier das Vorhalten von Vorversionen.

e) E-Mail

587 Bei der Kommunikation über E-Mail sollte vor dem Versand der jeweiligen E-Mail darauf hingewiesen werden, dass die Informationen auf dem Transportwege von Unbekannten zur Kenntnis genommen,[107] verfälscht oder gelöscht werden können, dieser Transportweg also sehr unsicher ist. Bei vertraulichen Daten sollte deshalb die Möglichkeit zumindest einer SSL-Verschlüsselung bestehen. Auf diese Verschlüsselungsmöglichkeit ist hinzuweisen. Fehlt eine Verschlüsselungsmöglichkeit, so ist darauf hinzuweisen, dass bei vertraulichen Daten besser der Briefweg genutzt werden sollte. Mittelfristig ist zu erwarten, dass neben der Verschlüsselung auch eine elektronische Signatur eingesetzt und genutzt werden kann. Bis dahin ist jedoch eine Aufklärung erforderlich; allerdings genügt hierzu ein Hinweis im Impressum.

f) Elektronische Antragsstellung

588 Die Anforderungen, die an die elektronische Antragsstellung gestellt werden, sind im TMG geregelt.[108]

Die Bereitstellung von Telemedien auf elektronischen Antrag des Nutzers bedarf seitens des Diensteanbieters technischer und organisatorischer Schutzmaßnahmen. Falls also die Möglichkeit der elektronischen Antragsstellung angeboten wird, muss eine Verschlüsselungsmöglichkeit (z.B. SSL) angeboten werden.[109] Wenn Dateien zum Download angeboten werden, die nach dem Ausfüllen per Post oder per Fax zurückgesandt werden können, oder wenn der Bürger elektronische Anträge stellen kann, ist der Diensteanbieter verpflichtet, den Nutzer über Verschlüsselungsmöglichkeiten zu informieren und ihm diese zur Verfügung zu stellen. Auf diese Verschlüsselungsmöglichkeiten sollte im Bereich der elektronischen Downloads hingewiesen werden. So kann

---

[105] Zur Unzulässigkeit einer derartigen Klausel in den AGB eines Unternehmens *BGH*, Urt. v. 16.07.2008 – VIII ZR 348/06.
[106] § 13 Abs. 3 Satz 2 TMG.
[107] Sog. *Sniffing*.
[108] § 13 Abs. 4 Nr. 3 TMG.
[109] § 13 Abs. 4 Nr. 3 TMG.

g) Auskunftsrechte

aa) Gesetzliche Vorgaben

Der Diensteanbieter hat dem Nutzer – auf Wunsch auch elektronisch – auf Verlangen Auskunft über die zu seiner Person oder zu seinem Pseudonym gespeicherten Daten zu erteilen.[110] Dieses Recht kann nicht ausgeschlossen oder beschränkt werden.[111] Das Recht auf Auskunft erstreckt sich auch auf den logischen Aufbau der automatisierten Verarbeitung der betreffenden Daten.[112]

589

bb) Umsetzung

Dem Auskunftsrecht des Nutzers kann zum einen *online* auf der Homepage Rechnung getragen werden, nachdem dieser sich – unter Verwendung von Kennung und Passwort – authentifiziert hat. Ebenfalls denkbar ist eine E-Mail-Auskunft (in verschlüsselter Form), die an die E-Mail-Adresse des Nutzers versandt wird. Schließlich kann die Auskunft auch in nicht elektronischer (dann mindestens schriftlicher) Form erteilt werden.

II. Auftragsdatenverarbeitung

1. Die besondere Situation

a) Gegenstand und Ziele

Datenverarbeitung im Auftrag umfasst die Verarbeitung personenbezogener Daten für öffentliche und nicht-öffentliche Stellen durch Externe. Sie hat mehrere Aspekte und reicht von der schlichten Datenerfassung über das Bereitstellen von Rechenleistung, von der Verarbeitung im Rahmen eines umfassenden Hardware- und Softwarekonzepts bis hin zur individuellen Entwicklung und Implementierung komplexer automatisierter Verfahren. Sie wird vor allem angewendet, um Verwaltungskosten zu senken. Ferner wird dadurch erreicht, dass die Verwaltung sich auf Kernbereiche ihrer gesetzlichen Aufgabenzuweisung konzentriert und dort ihre Bearbeitungsmethoden und deren Effizienz optimiert. Dies gilt ebenso für den Auftragnehmer, der zudem auch noch auf die Wahrung seines Rufes im Hinblick auf die Datensicherheit bedacht ist.[113]

590

---

[110] §§ 13 Abs. 7 TMG i.V.m. 34 BDSG, 5 und 18 DSG NRW.
[111] §§ 6 Abs. 1 BDSG, 5 Satz 2 DSG NRW.
[112] § 6a Abs. 3 BDSG.
[113] Orientierungshilfe des LfD NdS „Auftragsdatenverarbeitung", Stand: 02.12.2002; Orientierungshilfe des *LDI NRW* „Auftragsdatenverarbeitung", Stand: 09/2004; *ULD S-H*, Kontrollpflichten des Auftraggebers bei Outsourcing/Auftragsdatenverarbeitung, Stand: 09.09.2004.

Zudem ist es in der Verwaltung nicht mehr erforderlich, eigenes teures Knowhow bereitzustellen (sog. *Lean Management*), was ebenfalls erheblich zur Senkung der Verwaltungskosten beiträgt. Weiterhin trägt die Auftragsdatenverarbeitung dazu bei, die Kostentransparenz zu erhöhen. Aus datenschutzrechtlicher Sicht ermöglicht die Auftragsdatenverarbeitung auch eine Trennung der Datenverarbeitung und der damit verbundenen personenbezogenen Daten von behördlichen Interessen.[114]

b) Outsourcing

591 Die Auftragsdatenverarbeitung ist Teil oder besondere Erscheinungsform dessen, was heute als *Outsourcing*[115] bezeichnet wird. Dabei lässt ein Unternehmen seine ehemals eigenen Leistungen nunmehr durch einen Dritten erbringen.[116] Der Begriff entstammt der Ökonomie und hat sich ursprünglich auf die Abgabe von Unternehmensaufgaben und -strukturen an Drittunternehmen bezogen. Damit ist eine spezielle Form des Fremdbezugs bisher intern erbrachter Leistungen gemeint, wobei Verträge die Dauer und den Gegenstand der Leistung fixieren.

Die Kommunen haben das Thema längst aufgegriffen. Kostendruck, Rationalisierung der Arbeitsabläufe, Effizienzsteigerung und Nutzung moderner Technologien haben zur Konsequenz, dass vermehrt insbesondere Aufgaben der Kommune auf private Wirtschaftsunternehmen übertragen werden.[117] Ein solches *Outsourcing* führt allerdings nicht notwendigerweise auch zur Anwendung der Regeln über die Datenverarbeitung im Auftrag;[118] insoweit können beide Begriffe nicht gleichgesetzt werden. Im Rahmen der Auslagerung einer Aufgabe auf eine andere Stelle kann es jedoch vielfach notwendig und sinnvoll sein, personenbezogene Daten zur Wahrnehmung der übertragenen Aufgabe weiterzuleiten. Diese Datenverarbeitung im Auftrag ist Teil des *Outsourcing*-Prozesses.

---

[114] Siehe das aktuelle Arbeitspapier des Arbeitskreises *Grundsatzfragen der Verwaltungsmodernisierung* (AK GdV) der Konferenz der Datenschutzbeauftragten des Bundes und der Länder v. 08./09.10.2008, abrufbar unter: http://cdl.niedersachsen.de/blob/images/C51851267_L20.pdf .
[115] **Out**side **Res**ources **Us**ing.
[116] *Tinnefeld/Ehmann/Gerling*, Einführung in das Datenschutzrecht, 4. Aufl. 2005, S. 406.
[117] Arbeitspapier des AKGdV, Datenschutzrechtliche Grundlagen bei Auftragsdatenverarbeitung in der öffentlichen Verwaltung, S. 1.
[118] *Wohlgemut/Gerloff*, Datenschutzrecht, 3. Aufl. 2005, S. 111.

c) Beispiel Aktenvernichtung

Aktenvernichtung und andere Arten der Datenträgervernichtung,[119] bei der Zweifel entstehen können, ob sie nach ihrem Wortlaut unter das gesetzliche Merkmal *Verarbeitung* von Daten fällt, ist ein Beispiel für Auftragsdatenverarbeitung, soweit sie an eine andere Stelle übertragen wird und diese den Weisungen des Auftraggebers unterliegt.[120]

2. Gesetzliche Grundlagen

a) Allgemeine Grundsätze

Die Datenverarbeitung im Auftrag ist in den Datenschutzgesetzen[121] definiert. Die Kommune als Auftraggeber darf sich grundsätzlich durch andere Stellen bei der Datenverarbeitung unterstützen lassen. Sie bleibt als abgebende Stelle jedoch weiter gegenüber dem Betroffenen verantwortlich; die Auslagerung verlagert nicht die Verantwortung. Nur wenn die abgebende Stelle die Datenverarbeitung weiterhin dem Betroffenen gegenüber rechtlich zu verantworten hat, wird sie bei Auswahl, rechtlicher Ausgestaltung des Auftragsverhältnisses und Kontrolle die erforderliche Sorgfalt walten lassen.[122] Die Auslagerung des Datenverarbeitungsprozesses darf allerdings nicht zu einer *Funktionsübertragung* führen; in diesem Fall – seine Zulässigkeit unterstellt – wären besondere Rechtsgrundlagen für die Überlassung der Daten erforderlich, die dann *übermittelt* würden.

592

b) Abgrenzung zur Funktionsübertragung

Weil Aufgaben und Zuständigkeit einer verantwortlichen Stelle durch Rechtsvorschrift zugeordnet sind, ist Datenverarbeitung im Auftrag von *Funktionsübertragung* abzugrenzen. Eine *Funktionsübertragung* liegt regelmäßig dann vor, wenn einem Dritten im Rahmen des *Outsourcing* die Kompetenz, eigene Sachentscheidungen zu treffen, vollständig und restlos übertragen wird.[123] Insoweit wird der Dritte zum alleinigen „Herrn des Geschehens",[124] der für die datenschutzrechtliche Zulässigkeit seines Handelns verantwortlich ist.[125] Die Datenübermittlung, die im Rahmen einer *Funktionsübertragung* zwischen der

593

---

[119] Wie z.B. die Vernichtung von CD-ROM/DVD, Festplatten etc.
[120] *Tinnefeld/Ehmann/Gerling*, a.a.O., S. 405; https://www.datenschutzzentrum.de/wirtschaft/vertrgav.htm.
[121] § 11 BDSG; § 11 DSG NRW; § 7 LDSG B-W; Art. 6 BayDSG; § 6 NDSG; § 7 SächsDSG.
[122] Arbeitspapier des *AKGdV*, Datenschutzrechtliche Grundlagen bei Auftragsdatenverarbeitung in der öffentlichen Verwaltung, S. 2.
[123] *Wohlgemut/Gerloff*, a.a.O., S. 111.
[124] *Tinnefeld/Ehmann/Gerling*, a.a.O., S. 404.
[125] *Gola/Wronka*, Handbuch zum Arbeitnehmerdatenschutz, 5. Aufl. 2010, Rn. 989.

öffentlichen Stelle und dem Dritten stattfindet, benötigt demgemäß einen speziellen Erlaubnistatbestand. Die Privilegierungen aus dem Bereich der Auftragsdatenverarbeitung sind hier nicht anwendbar.[126] Ein Auftragsverhältnis im Sinne von Auftragsdatenverarbeitung erfordert ein inhaltliches Weisungsrecht des Auftraggebers gegenüber dem Auftragnehmer, das so weitreichend ist, dass der Auftraggeber weiterhin als Hauptverantwortlicher des Prozesses auftritt.[127] Somit ist der Anwendungsbereich der Vorschriften über die Datenverarbeitung im Auftrag eigentlich relativ begrenzt. Dennoch ist eine ständig wachsende Tendenz festzustellen, den Anwendungsbereich sehr weit auszudehnen. Dies geschieht vor allem dadurch, dass das zugrunde liegende Auftragsverhältnis nicht nur auf die Datenverarbeitung im engen, technischen Sinn bezogen wird, sondern stillschweigend auch auf eine inhaltliche Aufgabenübertragung. Um von einer rechtmäßigen Auftragsdatenverarbeitung ausgehen zu können, soll es genügen, einer anderen Stelle den Auftrag zu erteilen, bestimmte Aufgaben auch inhaltlich wahrzunehmen. Die für die Datenverarbeitung im Auftrag einschlägigen Normen mutieren so zu einer allgemeinen Rechtsgrundlage für *Outsourcing* und Aufgabenübertragung auf Dritte, obwohl sie von Wortlaut und Zweck her eine ganz andere Fallgestaltung regeln sollen. Deswegen erscheint es erforderlich, diese Vorschriften auf ihren ursprünglichen Regelungsgehalt zurückzuführen und ausschließlich als Rechtsgrundlage für Aufträge zur Datenverarbeitung zu verstehen. Für eine inhaltliche Aufgabenverlagerung können sie demnach niemals eine rechtliche Grundlage sein.[128]

c) Fallgruppen

594 Datenschutzrechtlich lassen sie die unterschiedlichen Formen der Zusammenarbeit zwischen mehreren Verwaltungen oder zwischen Verwaltung und nichtöffentlichen Stellen in folgende Fallgruppen einteilen:

aa) Auslagerung der Datenverarbeitung[129]

Zieht eine Kommune als öffentliche Stelle eine andere öffentliche oder nichtöffentliche Stelle ausschließlich zur *technischen* Abwicklung der für ihre Aufgaben erforderlichen Datenverarbeitung heran, so stellt dies den typischen Fall der Auftragsdatenverarbeitung dar. Hierbei bezieht sich der erteilte Auftrag

---

[126] *Gola/Klug*, Grundzüge des Datenschutzrechts, 2003, S. 39.
[127] *Wedde*, in: Däubler/Klebe/Wedde/Weichert, Kompaktkommentar zum BDSG, 3. Aufl. 2010, § 11, Rn. 22 ff.
[128] Arbeitspapier des *AKGdV*, Datenschutzrechtliche Grundlagen bei Auftragsdatenverarbeitung in der öffentlichen Verwaltung, S. 3 f.
[129] Z. B.: Entsorgung von Datenträgern; Virtuelle Poststelle (soweit nur die Technik ausgelagert ist); Nutzung externer Rechenzentren oder externer Speicherkapazitäten (soweit rein technische Vorgänge ausgelagert werden).

nur auf die Durchführung der eigentlichen technischen Abwicklung der Datenverarbeitung nach einem vorgegebenen Algorithmus.[130] Ein eigener Entscheidungsspielraum des Auftragnehmers besteht nicht. Ausgenommen ist folglich die Übertragung von Aufgaben, bei denen nicht alle vorzunehmenden Verarbeitungsschritte von vornherein festgelegt sind.

bb) Auslagerung von Aufgaben

Immer häufiger sind die Fälle, in denen durch *Outsourcing* Aufgaben oder Teilbereiche der Aufgabenerfüllung *inhaltlich* auf eine andere öffentliche oder nicht-öffentliche Stelle übertragen werden. Unter dem Begriff der Aufgabe ist jede nach allgemeiner Auffassung eine Einheit bildende funktionale Tätigkeit der Verwaltung zu sehen, die von anderen Tätigkeitsbereichen abgrenzbar und für die Verarbeitung personenbezogener Daten erforderlich ist.[131] Der damit verbundene *elektronische* Verarbeitungsprozess spielt im Verhältnis zur eigentlichen Aufgabenverlagerung nur eine untergeordnete Rolle. Soll in diesem Sinne die inhaltliche Wahrnehmung von Aufgaben vollständig oder in Teilbereichen auf eine andere Stelle übertragen werden, so scheiden die Vorschriften über die Auftragsdatenverarbeitung als rechtliche Grundlage aus, auch wenn die andere Stelle keinen eigenen Entscheidungsspielraum hat und bei der inhaltlichen Auftragserfüllung vollständig von den Weisungen des Auftraggebers abhängig ist. Voraussetzung ist vielmehr, dass eine solche Aufgabenverlagerung auf anderer Grundlage, wie etwa kraft gesetzlicher Regelungen, Satzungen oder Verwaltungsvereinbarungen zulässig ist. Denkbar sind zwei Varianten:

(1) Vollständige Überleitung einer Aufgabe in die Zuständigkeit einer anderen Stelle[132]

Sofern eine Stelle eine Aufgabe *vollständig* in die Zuständigkeit einer anderen Stelle überträgt, gehen sowohl die inhaltliche wie auch die datenschutzrechtliche Verantwortung auf die neue Stelle über. Die Vorschriften der Auftragsdatenverarbeitung finden insoweit keine Anwendung. Als Rechtsgrundlage kommen daher gesetzliche Regelungen oder Organisationserlasse der jeweils zuständigen obersten Behörde in Betracht. Datenschutzrechtlich ist dies in der Regel kein Problem, da die Zulässigkeit der Datenverarbeitung grundsätzlich

595

---

[130] Arbeitspapier des *AKGdV,* Datenschutzrechtliche Grundlagen bei Auftragsdatenverarbeitung in der öffentlichen Verwaltung, S. 4.
[131] Arbeitspapier des *AKGdV,* Datenschutzrechtliche Grundlagen bei Auftragsdatenverarbeitung in der öffentlichen Verwaltung, S. 5
[132] Z.B.: Zentrale Bearbeitung von Reisekostenabrechnungen für mehrere Dienststellen; Zentralisierte Festsetzung von Dienstbezügen für die Beschäftigten mehrerer Dienststellen; Privatisierung von Staatsaufgaben auf gesetzlicher Grundlage.

mit der zugrundeliegenden Aufgabe verbunden ist. Die entsprechenden Datenbestände bei der bisherigen Stelle sind an die neue Stelle nach den einschlägigen Vorschriften[133] zu übermitteln, soweit dies für die künftige Aufgabenerfüllung erforderlich ist. Im Übrigen sind sie zu löschen.

(2) Öffentliche Stelle bleibt Trägerin der Aufgabe und benutzt zu ihrer Erfüllung private Stellen

596 In den Fällen, in denen die öffentliche Stelle Träger der Aufgabe bleibt und sie zur ihrer Erfüllung private Stellen benutzt, muss unterschieden werden, ob und in welchem Umfang dies zulässig ist. Private Stellen können ohne gesetzliche Regelung (Beleihung) keine *hoheitlichen* Tätigkeiten[134] ausüben, da es im Bereich der Hoheitsverwaltung immer eines formalen Aktes auf gesetzlicher Grundlage bedarf. Handelt es sich um Aufgaben nicht-hoheitlicher Art,[135] können diese grundsätzlich ganz oder teilweise auch von privaten oder öffentlichen Stellen durchgeführt werden. Aber auch hier bedarf es einer rechtlichen Basis.[136] Bei rein fiskalischem Handeln[137] können durch Vereinbarung andere Stellen mit bestimmten Aufgaben betraut werden.

597 Sind nach alledem von einer verantwortlichen Stelle im Rahmen ihrer Aufgaben einzelne Tätigkeiten oder Teilaufgaben zulässigerweise und in rechtlich korrekter Form auf andere öffentliche oder private Stellen übertragen worden, so kann die damit einhergehende Datenverarbeitung parallel dazu nach den jeweiligen Vorschriften zur Auftragdatenverarbeitung übertragen und abgewickelt werden. Dies gilt selbst dann, wenn der Auftragnehmer im Rahmen seines Auftrages auch inhaltlich eigenverantwortlich tätig wird.[138] Eine solche Konstruktion wahrt auf der einen Seite für den Betroffenen die Vorteile, die mit der Anwendung der der Vorschriften zur Datenverarbeitung im Auftrag verbunden sind, denn dieser kann sich hinsichtlich seiner Rechte ausschließlich an die verantwortliche Stelle wenden. Zugleich wird verhindert, dass die aus-

---

[133] §§ 14ff. DSG NRW; §§ 14ff. SächsDSG; §§ 16ff. LDSG B-W.
[134] Z.B.: Bearbeitung von Beihilfeangelegenheiten; Privatisierung des Maßregelvollzuges; Parkraumbewirtschaftung (hinsichtlich einer vollständigen Verlagerung, der Feststellung von Ordnungswidrigkeiten oder der Gebührenfestsetzung).
[135] Z.B.: Callcenter mit bloßer Weiterleitungsfunktion; Virtuelle Poststelle (inhaltliche Bearbeitung); Betriebsführungsgesellschaften von Zweckverbänden (ohne Übertragung hoheitlicher Befugnisse); Parkraumüberwachung (nur Abrechnung).
[136] Arbeitspapier des *AKGdV*, Datenschutzrechtliche Grundlagen bei Auftragsdatenverarbeitung in der öffentlichen Verwaltung, S. 7.
[137] Z.B.: Verwaltung von Liegenschaften; Betreiben einer Stadtgärtnerei.
[138] Ein Beispiel dafür sind große Rechenzentren, die für Kommunen tätig werden, z.B. im Rheinland die ITK Rheinland: http://www.itk-rheinland.de/kommunen/kdvz/eredaktion/content.nsf.

schließlich datenschutzrechtlichen Regelungen als allgemeine Rechtsgrundlage für Aufgabenübertragung und *Outsourcing* zweckentfremdet werden.[139]

cc) Sonderfälle

Einen Sonderfall in diesem Zusammenhang bilden *Wartung* und *Fernwartung*. Dabei handelt es sich um Fälle der Pflege und Funktionsfähigkeitsprüfung von IT-Systemen wie beispielsweise um die Weitergabe defekter Datenträger an ein Wartungsunternehmen, um vorhandene Daten wieder lesbar zu machen. Nach den Regelungen der Datenschutzgesetze[140] handelt es sich weder um eine Übermittlung von Daten noch um einen Fall von Auftragsdatenverarbeitung. Die Wartung wird jedoch wie eine Auftragsdatenverarbeitung behandelt, so dass sich rechtlich keine Besonderheiten ergeben. 598

Einen weiteren Sonderfall stellen die *Online-Verbindungen*[141] dar: Sie betreffen automatisierte Abrufverfahren, die grundsätzlich über gesicherte Verbindungen einzurichten sind. Auch hier ist nach den dargelegten Kriterien zwischen Auftragsdatenverarbeitung und Funktionsübertragung abzugrenzen.

d) *Bereichsspezifische Sonderregeln – insbesondere für Sozial- und Gesundheitsdaten*

Die Verarbeitung von Sozialdaten im Auftrag ist besonders geregelt.[142] Sie ist nur zulässig, wenn es andernfalls zu einer Störung von Betriebsabläufen bei der Datenverarbeitung kommen könnte. So wird die eigene Sozialdatenverarbeitung der Behörde zum Regelfall gemacht, wohingegen die Datenverarbeitung im Auftrag bezüglich Sozialdaten den Ausnahmefall darstellt.[143] Bereichsspezifische Sonderregelungen bestehen ebenfalls bei der Verarbeitung von Gesundheitsdaten.[144] Danach ist die Auftragsdatenverarbeitung im Gesundheitswesen nur in Ausnahmefällen zulässig;[145] dazu darf eine Störung im Betriebsablauf anders nicht vermeidbar sein, oder die Auftragsdatenverarbeitung muss erheblich kostengünstiger sein.[146] 599

---

[139] Arbeitspapier des *AKGdV*, Datenschutzrechtliche Grundlagen bei Auftragsdatenverarbeitung in der öffentlichen Verwaltung, S. 8.
[140] § 11 Abs. 5 BDSG, § 11 Abs. 4 DSG NRW, § 7 Abs. 5 LDSG B-W, Art. 6 Abs. 4 BayDSG, § 7 Abs. 5 SächsDSG.
[141] § 9 DSG NRW, § 8 LDSG B-W, Art. 8 BayDSG, § 8 SächsDSG.
[142] § 80 SGB X.
[143] Orientierungshilfe des *LDI NRW*, a.a.O., S. 33.
[144] Diese finden sich für Nordrhein-Westfalen in § 7 GDSG NRW. In anderen Bundesländern richtet sich die Behandlung von Gesundheitsdaten größtenteils nach den allgemeinen Datenschutzgesetzen.
[145] § 7 Abs. 1 GDSG NRW.
[146] § 7 Abs. 2 GDSG NRW.

e) Europarechtliche Rahmenbedingungen

Auf europäischer Ebene richtet sich die Rechtslage nach der europäischen Datenschutzrichtlinie.[147] Die getroffenen Regelungen haben in die deutschen Datenschutzgesetze Eingang gefunden.[148] Die Auftragsdatenverarbeitung setzt demnach eine vertragliche oder sonstige als Rechtsakt festgehaltene Vereinbarung voraus, durch die der Auftragnehmer den Weisungen des Auftraggebers unterliegt. Für die geeigneten technischen Sicherheitsmaßnahmen hat grundsätzlich der Auftraggeber zu sorgen. Auftragnehmer können neben inländischen auch Stellen anderer Mitgliedstaaten sein. Bei einer Funktionsübertragung von Aufgaben auf der Grundlage eines Rechtsaktes sind allerdings (ebenso wie zwischen Bund und Ländern im Inland) die jeweiligen Hoheitsrechte zu beachten. So ist es dem nationalen Gesetzgeber mangels Zuständigkeit nicht ohne Weiteres möglich, eine Stelle in einem anderen Mitgliedstaat der EU mit der Wahrnehmung öffentlicher Aufgaben einer nationalen Stelle zu betrauen.[149]

3. Beteiligte

a) Auftraggeber

600 In der kommunalen Praxis tritt als Auftraggeber einer Datenverarbeitung hauptsächlich die Kommune auf, die Teile ihrer Aufgaben durch einen anderen erfüllen lässt. Nur zum Teil hat sie dabei hinsichtlich des Auftragnehmers faktisch eine Wahlmöglichkeit, die ihre Verpflichtung, Sorgfalt bei der Auswahl walten zu lassen,[150] begründet. Vielfach hingegen – so z.B. im Falle einer Funktionsprivatisierung – steht von vorneherein fest, bei wem die Verarbeitung der Daten in Auftrag gegeben wird,[151] so dass die Verantwortlichkeit des Auftraggebers für den ordnungsgemäßen Datenverarbeitungsprozess noch stärkeres Gewicht erhält.

b) Auftragnehmer

Auftragnehmer[152] kann sein, wer nach Weisung des Auftraggebers im Inland tätig wird. In Betracht kommen sowohl öffentliche Stellen[153] als auch nicht-

---

[147] *EG-DSRL*, RL 95/46/EG.
[148] Art. 17 Abs. 3 und 4 der EG-DSRL.
[149] Arbeitspapier des *AKGdV*, Datenschutzrechtliche Grundlagen bei Auftragsdatenverarbeitung in der öffentlichen Verwaltung, S. 8.
[150] § 11 Abs. 1 Satz 4 DSG NRW.
[151] Gebietsrechenzentren beispielsweise gelten (automatisch) als sorgfältig ausgewählt; *Stähler/Pohler*, DSG NRW, 3. Aufl. 2003, § 11 Rn. 6.
[152] § 11 DSG NRW; § 7 LDSG B-W; Art. 6 BayDSG; § 6 NDSG; § 7 SächsDSG.
[153] In öffentlich-rechtlicher Rechtsform geführte selbständige Organisationseinheiten (z.B. das Universitätsklinikum Düsseldorf, Körperschaft des öffentlichen Rechts).

öffentliche Stellen.¹⁵⁴ Obwohl für letztere wegen ihrer Rechtsform grundsätzlich das (liberalere) BDSG Anwendung findet, müssen sie sich dann, wenn sie für eine Kommune Daten verarbeiten, den (strengeren) Datenschutzbestimmungen des Landesrechts unterwerfen.¹⁵⁵ Im Rahmen der Datenverarbeitung im Auftrag ist der Auftragnehmer nicht „Dritter" im Sinne der jeweiligen Datenübermittlungsvorschriften.¹⁵⁶ Aufgrund der EG-DSRL werden nunmehr auch solche Stellen als potentielle Auftragnehmer angesehen, die dem Geltungsbereich der Richtlinie unterfallen.¹⁵⁷

4. Die vertragliche Regelung

a) Vertragstyp

Der Auftragsdatenverarbeitung liegt in der Regel eine vertragliche Vereinbarung zu Grunde. Es ist ein schriftlicher Auftrag zu erteilen.¹⁵⁸ Durch die Schriftform soll erreicht werden, dass der Auftraggeber auch tatsächlich Weisungen erteilt und der Auftragnehmer nachweisen kann, dass er weisungsgemäß gehandelt hat.¹⁵⁹ Auf die Art des zugrunde liegenden Rechtsverhältnisses – regelmäßig Dienst-, Werk-, Geschäftsbesorgungs- oder Wartungsverträge – kommt es nicht an.¹⁶⁰ Der Begriff „Auftrag" ist also nicht ausschließlich im Sinne des BGB¹⁶¹ zu verstehen.¹⁶² 601

b) Verantwortlichkeit des Auftraggebers

Das BDSG und die Datenschutzgesetze der Länder gehen davon aus, dass die verantwortlichen Stellen die Datenverarbeitung grundsätzlich selbst und in eigener Verantwortung betreiben. Daraus folgt, dass der Auftraggeber tatsächlich und rechtlich in der Lage sein muss, den auszulagernden Teil auch selbst zu erfüllen sowie nach der Übertragung jederzeit wieder an sich zu nehmen. Der Auftraggeber bleibt weiterhin (mit-) verantwortlich für die Wahrung des 602

---

154 In privatrechtlicher Rechtsform geführte (z.B. als GmbH organisierte) ausgegliederte kommunale Rechenzentren, Krankenhäuser, Altenheime o.ä.
155 § 11 Abs. 3 Satz 1 DSG NRW.
156 §§ 3 Abs. 9 BDSG; § 3 Abs. 2 Satz 2 Nr. 4 DSG NRW; § 3 Abs. 2 Satz 2 Nr. 4 LDSG B-W; Art. 4 Abs. 6 Satz 2 Nr. 3 BayDSG; § 3 Abs. 2 Satz 2 Nr. 4 NDSG; § 3 Abs. 2 Satz 2 Nr. 5 SächsDSG.
157 § 3 Abs. 8 Satz 2 BDSG.
158 §§ 11 Abs. 2 Satz 2 BDSG; 11 Abs. 1 Satz 4 DSG NRW; § 7 Abs. 2 Satz 2 LDSG B-W; Art. 6 Abs. 2 Satz 2 BayDSG; § 6 Abs. 3 Satz 2 NDSG; § 7 Abs. 2 Satz 2 SächsDSG.
159 *Gola/Wronka*, a.a.O., Rn. 1012.
160 *Tinnefeld/Ehmann/Gerling*, a.a.O., S. 399.
161 § 622 BGB.
162 *Gola/Wronka*, a.a.O., Rn. 958.

Datenschutzes[163] und ist Adressat von Ansprüchen auf Information, Berichtigung oder Haftung.[164]

603 Der Auftraggeber muss bei der Auswahl potentielle Auftragnehmer sorgfältig auf ihre Eignung überprüfen. Als Faustregel gilt: Er muss verlangen, dass beim Auftragnehmer die Datenschutzvorkehrungen getroffen werden, die er selbst vornehmen müsste, wenn er die Daten in eigener Regie verarbeiten würde.[165] Schon bei Vertragsschluss ist die zukünftige Einhaltung der Datenschutzvorgaben sicherzustellen, indem die Maßnahmen zur Wahrung von Datenschutz und Datensicherheit vertraglich festgelegt werden und der Auftragnehmer auf das Datengeheimnis verpflichtet wird. Daneben muss der Auftraggeber während der Vertragslaufzeit die Durchführung des Auftrages überwachen und die Einhaltung der Datenschutzvorgaben und des Sicherungskonzepts des Auftragnehmers überprüfen. Wird ein Auftragnehmer mit Datenerarbeitung beauftragt, auf den das Datenschutzgesetz des jeweiligen Landes keine Anwendung findet – etwa bei öffentlichen Auftragnehmern mit Sitz in einem anderen Bundesland oder privaten Auftragnehmern –, so muss festgelegt werden, dass das für den Auftraggeber geltende Landesdatenschutzgesetz anzuwenden und die Datenverarbeitung der Kontrolle des für den Auftraggeber zuständigen Landesbeauftragten für den Datenschutz zu unterstellen ist.

604 Der Auftragnehmer hat die Weisungen des Auftraggebers zu befolgen. Hält er eine Weisung für datenschutzwidrig, so ist er verpflichtet, den Auftraggeber darauf hinzuweisen.[166] Dieser braucht dem Hinweis nicht zu folgen, und der Auftragnehmer darf – und ist je nach Ausgestaltung des zugrunde liegenden Rechtsverhältnisses auch dazu verpflichtet – den „beanstandeten" Auftrag gleichwohl auszuführen. Wie die bloße Hinweisregelung deutlich macht, hat der Gesetzgeber eine generelle Pflicht, jede als rechtswidrig vermutete oder erkannte Verarbeitung abzulehnen, nicht gewollt.[167] Ohnehin wird dem Auftragnehmer häufig die Kenntnis der näheren Hintergründe fehlen, ohne die sich die Zulässigkeit der Datenverarbeitung kaum verlässlich beurteilen lässt. Seine Hinweispflicht kommt daher in der Regel nur bei groben, unschwer zu erkennenden Datenschutzverstößen zum Tragen.[168]

---

[163] *Gola/Klug*, a.a.O., S. 39.
[164] § 11 Abs. 1 Satz 2 BDSG; § 11 Abs. 1 Satz 2 DSG NRW; § 7 Abs. 1 LDSG B-W; Art. 6 Abs. 1 BayDSG; § 6 Abs. 1 NDSG; § 7 Abs. 1 Satz 2 SächsDSG.
[165] *Gola/Wronka*, a.a.O., Rn. 1016.
[166] § 11 Abs. 3 Satz 2 BDSG; § 7 Abs. 2 Satz 6 SächsDSG; § 7 Abs. 3 Satz 3 LDSG B-W; § 6 Abs. 3 Satz 3 BayDSG; Im DSG NRW ist dies nicht ausdrücklich geregelt, jedoch ergibt die Auslegung der Norm, dass dies auch dort entsprechend geltend muss. Sinn und Zweck der Hinweispflicht ist die Verhinderung unzulässiger Datenverarbeitung.
[167] *Gola/Wronka*, a.a.O., Rn. 1022.
[168] *Gabel*, in: Taeger/Gabel, a.a.O., § 11, Rn. 57.

Auftragsdatenverarbeitung

Sonderregelungen gelten für die öffentlichen Rechenzentren als Auftragnehmer. Sie gelten als sorgfältig ausgewählt, sind aber zugleich auch direkte Normadressaten verschiedener Datenschutzpflichten. Sie unterliegen zum einen dem Datengeheimnis.[169] Zum anderen unterliegen sie selbst und unmittelbar der Verpflichtung, die entsprechenden technischen und organisatorischen Maßnahmen[170] zu ergreifen. Ferner unterstehen auch sie der Kontrolle des zuständigen Landesbeauftragten für Datenschutz.[171] Auch die Straf- und Bußgeldvorschriften gelten für sie direkt.[172]

605

c) Datenschutzrechtliche Leistungspflichten der Vertragsparteien

Da der Auftraggeber Normadressat bleibt, treffen ihn alle datenschutzrechtlichen Pflichten. Dementsprechend ist es erforderlich, sicherzustellen, dass andere Auftraggeber desselben Auftragnehmers nur auf ihre eigenen Daten zugreifen können. Deshalb ist folgendes als Vertragsgegenstand wesentlich:[173] Der Vertrag ist, wie bereits erwähnt, schriftlich – mit einer genauen Bezeichnung der Parteien – abzuschließen. Darüber hinaus sollte das Personal, welches mit den Daten umgeht, namentlich – oder mit Öffnungsklausel – im Vertrag aufgeführt werden. Um sich von einer *Funktionsübertragung* abzugrenzen, müssen Art und Umfang der Datenverarbeitung genau konkretisiert werden. Nur so kann sichergestellt werden, dass es sich auch tatsächlich um eine zulässige Auftragsdatenverarbeitung handelt. Konstitutiv für die Auftragsdatenverarbeitung ist das *Weisungsrecht* des Auftraggebers: Allein die seiner Aufgabenerfüllung dienende Datenverarbeitung ist Gegenstand der Beauftragung. Die Erhebung und Verarbeitung weiterer Daten bei Gelegenheit der Auslagerung, die von den vertraglich fixierten Weisungen nicht gedeckt ist, ist unzulässig. Die durchzuführenden Datenverarbeitungsprozesse sind also genau zu benennen und hinreichend zu konkretisieren, da sich darüber das Wesen des Auftrags bestimmt.

606

Der Vertrag sollte festlegen, wo Daten verarbeitet werden, um unter anderem den späteren Zugriff im Rahmen der Ausübung von Kontrollrechten zu ermöglichen. Die Dokumentationspflicht der Verfahren zur Datenverarbeitung obliegt grundsätzlich dem Auftraggeber. Da der Auftragnehmer jedoch

607

---

[169] § 5 BDSG für Rechenzentren in privatrechtlichen Organisationsformen; für öffentlich-rechtlich organisierte Rechenzentren gelten die Landesnormen: § 6 DSG NRW; § 6 LDSG B-W; Art. 5 BayDSG; § 5 NDSG; § 6 SächsDSG.

[170] § 10 DSG NRW, § 9 LDSG B-W, Art. 7 BayDSG, § 7 NDSG, § 9 SächsDSG.

[171] §§ 22, 24 und 25 DSG NRW; §§ 27, 28, 30, 31 und 32 LDSG B-W; Art. 30 und 31 BayDSG; §§ 22 und 23 NDSG; §§ 26, 27 und 29 SächsDSG.

[172] §§ 33, 34 DSG NRW; §§ 40, 41 LDSG B-W; Art. 37 BayDSG; §§ 28, 29 NDSG; §§ 38, 39 SächsDSG.

[173] *Tinnefeld/Ehmann/Gerling*, a.a.O., S. 400; Checkliste des *Nds LfD*, „Auftragsdatenverarbeitung"; Orientierungshilfe des *LDI NRW*, S. 18 ff.

unmittelbar mit der Datenverarbeitung befasst ist, bietet es sich an, diese Pflicht auf ihn zu übertragen, wobei der Umfang der Dokumentation im Rahmen der Weisung zu konkretisieren ist. Es ist weiterhin zu vereinbaren, welche Daten und Unterlagen wann und wie lange bei dem Auftragnehmer vorgehalten werden sollen. Es sollte zu jeder Zeit feststehen, dass die Daten bzw. Unterlagen im Eigentum und Besitz des Auftraggebers stehen, um zu vermeiden, dass im Fall der Insolvenz des Auftragnehmers die Unterlagen zur Insolvenzmasse gezogen werden. Der Auftraggeber sollte sich das Recht vorbehalten, jederzeit die Daten bzw. Unterlagen wieder an sich zu nehmen und die Datenverarbeitung selbst zu betreiben. Die Daten bzw. Unterlagen dürfen nur solange dem Zugriff des Auftragnehmers unterliegen, wie dies für die Erledigung der Datenverarbeitung im Auftrag unbedingt notwendig ist. Danach sollte im Einzelfall nur noch in Kenntnis und mit Zustimmung des Auftraggebers zugegriffen werden, falls ein solcher Zugriff nachträglich notwendig wird.

608   Die technischen und organisatorischen Maßnahmen zur Sicherstellung der Datenschutzvorgaben müssen konkret festgehalten werden. Insbesondere müssen der Auftragnehmer und seine Bediensteten – sofern gesetzlich vorgesehen – auf das Datengeheimnis verpflichtet werden. Daneben sollte festgeschrieben werden, wer Zugriff auf die personenbezogenen Daten hat, um den Kreis der einsichtsberechtigten Personen klein und das Missbrauchsrisiko damit gering zu halten. Von zentraler Bedeutung ist auch die Datensicherheit. Die Parteien sollten vereinbaren, dass ein IT-Konzept beim Auftragnehmer die Vertraulichkeit, Authentizität und Verfügbarkeit der personenbezogenen Daten gewährleistet. Um die Vorschriften zur Archivierung[174] einzuhalten, sollte gleichzeitig festgehalten werden, unter welchen Voraussetzungen der Auftragnehmer Daten löschen darf oder muss. Zudem sind Vorkehrungen zu vereinbaren, die bei mehreren Auftragsverhältnissen des Auftragnehmers eine auftragsbezogene Trennung der jeweiligen Datenverarbeitungsprozesse und vor allem der Zugriffe auf personenbezogene Daten sicherstellen.

609   Das Recht des Betroffenen auf Auskunft[175] ist gegenüber dem Auftraggeber geltend zu machen.[176] Deshalb muss vertraglich sichergestellt werden, dass der Auftraggeber auch in diesem Umfang zeitgerecht auf die Datenverarbeitung des Auftragnehmers zugreifen kann. Bei personenbezogenen Daten, die einem besonderen Geheimnisschutz unterliegen, ist darauf zu achten, dass Entbindungserklärungen – soweit rechtlich erforderlich – bezogen auf den Auftragnehmer abgegeben werden.

---

[174] § 19 Abs. 3 und 4 DSG NRW; §§ 22 – 24 LDSG B-W; Art. 11 und 12 BayDSG; § 17 NDSG; §§ 19 – 21 SächsDSG.
[175] § 5 DSG NRW; § 5 LDSG B-W; Art. 10 BayDSG; § 16 NDSG; § 18 SächsDSG.
[176] § 11 Abs. 1 Satz 2 2. HS DSG NRW; § 7 Abs. 1 LDSG B-W; Art. 6 Abs. 1 BayDSG; § 6 Abs. 1 NDSG; § 7 Abs. 1 SächsDSG.

Auftragsdatenverarbeitung

Um die erforderliche fortlaufende Kontrolle auf datenschutzgerechte Auftragsdurchführung zu gewährleisten, müssen Kontrollmechanismen und -rechte vereinbart werden. Jedes Unternehmen, das im Auftrag einer anderen Stelle personenbezogene Daten verarbeitet, hat einen behördlichen oder betrieblichen Datenschutzbeauftragten zu bestellen. Eine Kontrolle durch den Auftraggeber oder durch dessen behördlichen Datenschutzbeauftragten setzt voraus, dass dem Auftraggeber konkret ein Zugriff auf die bei dem Auftragnehmer vorhandenen Unterlagen, ein Betretungsrecht der entsprechenden Gebäude und Räume, ein Benutzungsrecht der IT-Anlagen zur Überprüfung der Datenverarbeitung sowie die Möglichkeit der Kontrolle der Datensicherheitsmaßnahmen eingeräumt wird. Auch die damit korrespondierenden Duldungs- und Unterstützungspflichten des Auftragnehmers sollten festgeschrieben werden. Damit Funktionen nicht kontrollfrei übertragen werden, muss *beim Auftraggeber fachkundiges Personal vorgehalten* werden. Unter bestimmten Voraussetzungen[177] hat sich der Auftragnehmer der Kontrolle der Landesbeauftragten für den Datenschutz zu unterwerfen.

Ebenso sind Regelungen hinsichtlich einer evtl. beabsichtigten *Unterbeauftragung* zu treffen. Es ist sicherzustellen, dass Unterauftragnehmern keine über die Rechte des Auftragnehmers hinausgehenden Befugnisse eingeräumt wird und dass sie verpflichtet werden, die Datenschutzvorgaben in gleichem Umfang zu wahren wie der Auftragnehmer dies zu tun hat; sie unterliegen gleichermaßen den Weisungen des Auftraggebers.

610

Für den Fall von *Pflichtverletzungen* der Parteien sollten bereits im Vorfeld Sanktionen vereinbart werden. Um auszuschließen, dass der Auftraggeber bei einer mangelnden Befolgung seiner Weisungen auf den Klageweg angewiesen ist, empfiehlt es sich, Schiedsvereinbarungen zu treffen. Verletzt der Auftraggeber eine Pflicht aus dem Auftragsverhältnis, so sind die Rechte des Auftragnehmers an gespeicherten Daten und maschinell gewonnenen Ergebnissen zu regeln. In Betracht kommen darüber hinaus Haftungsregelungen hinsichtlich eines Durchgriffs von Ansprüchen wegen Verletzung der Datenschutzvorgaben.

d) Vertragsbeendigung

Mögliche Gründe für eine fristlose Kündigung sollten in den Vertrag ebenso aufgenommen werden wie die Modalitäten der ordentlichen Kündigung. Bei Vertragsbeendigung ist die *vollständige Rückgabe* der im Zusammenhang mit dem Auftrag gespeicherten Daten sicherzustellen. Durch Vorhalten personeller Ressourcen und entsprechender Software muss der Auftraggeber dafür Sorge

611

---

[177] § 11 Abs. 3 DSG NRW; §§ 7 Abs. 4, 27 LDSG B-W; Art. 6 Abs. 3, 29ff. BayDSG; § 6 Abs. 4 NDSG; § 7 Abs. 3 SächsDSG.

Datenschutz bei kommunalen Belangen

tragen, die Datenverarbeitung *jederzeit wieder selbst* übernehmen zu können. Die außerordentliche Kündigung kann nicht ausgeschlossen werden;[178] es sollte der Ausschluss eines Zurückbehaltungsrechtes hinsichtlich der eingebrachten Daten vereinbart werden. Im Falle der Insolvenz des Auftragnehmers sind die datenschutzrechtlichen Risiken so groß, dass für diesen Fall eine sofortige Rückverlegung der Datenverarbeitung zum Auftraggeber unbedingt vereinbart werden sollte.

e) Praktische Beispiele der Vertragsgestaltung im kommunalen Bereich

aa) Private Auftragnehmer

612 Eine Gemeinde hat die Möglichkeit, eine Aufgabe – z.B. die Abfallentsorgung und Straßenreinigung – auf eine private Stelle (z.B. eine GmbH) zu übertragen. Wenn diese nicht *beliehen* wird, verbleibt der hoheitliche Teil dieser Aufgabe bei der Kommune. Die im Rahmen einer solchen Konstellation erforderlichen personenbezogenen Daten einzelner Bürger können hierbei an den Privaten in Form der Datenverarbeitung im Auftrag weitergegeben werden. In diesem Zusammenhang muss im Vertrag zwischen der Gemeinde und dem Privaten eine Regelung zur Datenverarbeitung getroffen werden, die den Anforderungen[179] genügt. Eine durch den Bürger erteilte Einzugsermächtigung zugunsten der Gemeinde kann nicht unter den Voraussetzungen der Auftragsdatenverarbeitung weitergegeben werden; es bedarf vielmehr ihrer Neuerteilung gegenüber dem neuen Gläubiger.

Auch die Vernichtung von Datenträgern kann als Auftragsdatenverarbeitung auf eine andere Stelle übertragen werden. Eine Gemeinde kann etwa mit einer privatrechtlichen GmbH einen Vertrag über die sichere Vernichtung von Datenträgern auf der Grundlage des einschlägigen Datenschutzrechts[180] schließen. Darin sind Abholung, Transport und Entsorgung der Datenträger sowie Fragen der Gegenleistung, Haftung der Parteien und datenschutzrechtliche Kontrolle des Auftragnehmers durch den Auftraggeber zu regeln.

bb) IT-Rechenzentren

613 Eine weitere Möglichkeit der Datenverarbeitung im Auftrag besteht darin, dass der Auftraggeber unabhängig von einer sonstigen Beauftragung oder Beleihung des Auftragnehmers diesem personenbezogene Daten lediglich für einen

---

[178] Orientierungshilfe des *LDI NRW*, S. 16.
[179] § 11 DSG NRW; § 7 LDSG B-W; Art. 6 BayDSG; § 6 NDSG; § 7 SächsDSG.
[180] In privatrechtlicher Rechtsform geführte Entsorgungsunternehmen arbeiten grundsätzlich nach dem BDSG; werden Aufträge für öffentliche Stellen durchgeführt, so ist vertraglich auch von ihnen das für die öffentlichen Auftraggeber maßgebliche Landesdatenschutzgesetz einzuhalten.

Verarbeitungsprozess übermittelt. Auftragnehmer eines solchen Prozesses können *IT-Rechenzentren* sein, die auf Datenverarbeitung spezialisiert sind und effizient, sicher und kostengünstig arbeiten. Beispielsweise kann eine Fachhochschule die Daten ihrer Studierenden vom Rechenzentrum einer in derselben Gemeinde ansässigen Universität verarbeiten lassen, damit so den Studierenden ein passwortgeschützter E-Mail-Account zur Verfügung gestellt und ein sicherer Zugang zu personalisierten Web-Angeboten ermöglicht werden kann. Hier finden Sondervorschriften Anwendung,[181] wonach das Rechenzentrum bereits als sorgfältig ausgewählt gilt.[182]

Ein anderes *Beispiel*: Eine Gemeinde hat eine Bürgerhotline zu einem kommunalen Thema (z. B. Abwassergebühren) eingerichtet und möchte die dadurch gewonnenen personenbezogenen Daten verarbeiten lassen. Im Rahmen einer Vereinbarung kann hier dem Auftragnehmer ein Zugriffsrecht auf den entsprechenden Sektor des gemeindlichen Datennetzes eingeräumt werden. Insoweit müssen zum einen das Weisungsrecht des Auftraggebers und zum anderen die Pflicht des Auftragnehmers, alle datenschutzrechtlich relevanten Vorschriften einzuhalten, besonders beachtet werden. Die Löschung vom Auftragnehmer evtl. zwischengespeicherter Daten nach Beendigung des Vertragsverhältnisses ist sicherzustellen; ein Kontrollrecht durch die Datenschutzbeauftragten des Auftraggebers bzw. des Landes ist vorzusehen.

cc) Wartungs- und Fernwartungsverträge

Ein anderer Anwendungsbereich der Datenverarbeitung im Auftrag besteht in der Wartung von Softwaresystemen, die nach ihrer Einführung nur im sog. „Echtbetrieb", d.h. unter Verarbeitung von Bürger- bzw. Bedienstetendaten, funktionsgerecht überprüft werden können. Wartungsfirmen dürfen immer nur auf konkrete Weisung der verantwortlichen Stelle tätig werden. Art und Umfang der Service-Tätigkeit bestimmt stets der Auftraggeber. Er unterscheidet, ob und in welcher Weise Dritte im System tätig werden können. Wartungsarbeiten sind *möglichst ohne Kenntnisnahme* personenbezogener Daten durchzuführen.[183] Ist dies nicht möglich, so ist die Kenntnisnahme personenbezogener Daten externen Dritten nach vorheriger Risikoabschätzung nur in dem Umfang erlaubt, wie dies für die konkreten Arbeiten im Einzelfall unerlässlich ist. Die zur Kenntnis gelangten Daten unterliegen einer strengen Zweckbindung und dürfen nicht weitergegeben werden.

614

---

[181] § 11 Abs. 2 DSG NRW; § 7 Abs. 3 LDSG B-W; Art. 6 Abs. 3 BayDSG; § 7 Abs. 3 SächsDSG.
[182] *Stähler/Pohler*, DSG NRW, 3. Aufl. 2003, Erl. § 11, Rn. 6.
[183] Nach dem Grundsatz der Datenvermeidung, der auch hier entsprechend gilt; z.B. § 4 Abs. 2 DSG NRW.

Die Kommune hat technisch und organisatorisch sicherzustellen, dass nur mit ihrem Einverständnis vor Ort oder aus der Ferne gewartet wird. In der Praxis können die Wartungsarbeiten beispielsweise durch einen Bediensteten begleitet werden (4-Augen-Prinzip). Denn es ist sicherzustellen, dass der Auftraggeber kontrollieren kann, was bei einer Wartung oder Fernwartung im Einzelnen geschieht, insbesondere, welche Zugriffe auf personenbezogene Daten stattfinden. Bei Systemen mit sensitiven personenbezogenen Daten[184] hat sie diese Kontrolle in jedem Einzelfall durchzuführen. Das setzt voraus, dass eigenes Personal vorhanden und entsprechend geschult ist, um diese Aufgabe zuverlässig erledigen zu können. Schließlich muss das (Fern-)Wartungsunternehmen angemessene technische, organisatorische und personelle Sicherheitsanforderungen erfüllen.

5. Gefahren und Risiken in der Praxis

615 Es liegt in der Natur der Sache, dass die Missbrauchswahrscheinlichkeit sich erhöht, je mehr Personen am Datenverarbeitungsvorgang beteiligt sind. Die Datenschutzkontroll-Organisation verliert an Wirksamkeit, so dass personenbezogene Daten mit hohem Schutzbedürfnis Dritten bekannt werden können. Zudem ist die Entscheidung, bestimmte Datenverarbeitungen nicht mehr selbst durchzuführen, häufig nur mit beträchtlichem Aufwand wieder rückgängig zu machen. Denn zum einen wird die Datenverarbeitung oftmals zu dem Zweck ausgelagert, Kapazitäten freizumachen, um diese anderweitig zu nutzen, so dass Kapazitäten bei Rücknahme der Datenverarbeitung erst wieder neu geschaffen werden müssen. Und zum andern geht in hohem Umfang *Know-How* verloren, wenn Aufgabenfelder eine Zeitlang nicht selbst durchgeführt werden.

Folglich können in vielerlei Hinsicht Mängel in der Praxis auftreten: Bedienstete werden unzureichend geschult. Die Vorgaben zur Nutzung von Passworten sind häufig mangelhaft und die Bediensteten pflegen einen sorglosen Umgang mit ihnen. Auch die Benutzer- und Zugangsrechte werden konzeptlos organisiert und der Zugang wird in jeder Hinsicht unzulänglich geregelt oder nicht wirksam kontrolliert. Es fehlt vielfach an konkreten Weisungen des Auftraggebers hinsichtlich der Datenverarbeitung oder der Auftragnehmer kommt seiner Pflicht, einen betrieblichen oder behördlichen Datenschutzbeauftragten zu bestellen, nicht oder nur unzureichend nach.

---

[184] Bei Gesundheitsdaten gelten besondere Voraussetzungen (z.B. § 7 GDSG NRW); bei Sozialdaten ebenfalls (§ 80 Abs. 5 SGB X).

III. Videoüberwachung

1. Einleitung

Für unser Land fordern Politiker das, was in Großbritannien schon flächendeckend Wirklichkeit ist:[185] Die Überwachung der gesamten Bevölkerung mit Hilfe von Videokameras.[186] Datenschützer warnen und zweifeln an der Wirksamkeit für die Verbrechensbekämpfung. Elektronische Augen sehen uns überall zu. Beim Einkaufen, am Geldautomaten, auf dem Bahnsteig, sogar in der Straßenbahn. Braucht die Polizei nur noch fern zu sehen, um zu fahnden? Darf (oder sollte) der Staat durch öffentliche Stellen verstärkt Videokameras einsetzen?

616

a) Begriffsbestimmung

Mit dem Begriff „Videoüberwachung" wird die Beobachtung mit optisch-elektronischen Einrichtungen verstanden.[187] Dabei werden die Bilder entweder nur übertragen, ohne aufgezeichnet zu werden, oder sie werden aufgezeichnet und gespeichert. Dies kann auch nur selektiv geschehen, beispielsweise für den Vorgang des Geldabhebens am Automaten. Unerheblich ist die Technik der Videokamera (analog oder digital); es muss sich jedoch um eine fest installierte Einrichtung handeln.[188]

b) Utopische Literatur

In seinem 1949 veröffentlichten Roman „1984" beschreibt *George Orwell* eine totale Überwachung, der sich fast niemand entziehen kann. Zitat: „Sie konnten bis zur letzten Einzelheit alles aufdecken, was man getan, gesagt oder gedacht hatte". Diese Überwachung wird hauptsächlich mit Hilfe von Teleschirmen ausgeübt. Der Teleschirm ist sowohl Sende- als auch Empfangsgerät, das in jedem Haus der inneren und äußeren Partei, an öffentlichen Plätzen und bei der Arbeit die Bürger Ozeaniens überwacht. Niemand weiß, ob man gerade beobachtet wird oder nicht und man kann nur darüber spekulieren, wie oft oder nach welchem System sich die Gedankenpolizei in die Privatsphäre einschaltet. Darum ist es sogar denkbar, dass sie ständig alle beobachtet.

617

---

[185] London ist Welthauptstadt der Videobeobachtung; http://www.spiegel.de/panorama/gesellschaft/0,1518,704269,00.html.
[186] Spiegel Online v. 19.07.2010, abrufbar unter: http://www.spiegel.de/panorama/gesellschaft/0,1518,701536,00.html.
[187] § 6b BDSG, § 29b DSG NRW. Für Nds siehe die aktuelle Orientierungshilfe zur Videoüberwachung, Stand: April 2010: http://www.lfd.niedersachsen.de/download/40843.
[188] „Achtung Kamera", Information zum Datenschutz herausgegeben von *LDI NRW*, Stand März 2004.

Einige technische Mittel (z. B. Überwachungskameras, Wanzen) hat Orwell schon 1948 – lange vor ihrer massiven Nutzung – vorhergesehen. Andere Aspekte von die Privatsphäre verletzenden Maßnahmen wurden zwar erahnt, aber da „1984" lange vor der heutigen Konsum- und Internet-Welt erschien, konnte Orwell nicht vorhersehen, dass nicht nur der Staat, sondern auch Privatfirmen, oft in dessen Auftrag, sensitive Kundendaten, die man z. b. mittels RFID[189] ausspioniert hat, verwalten und verknüpfen würden.

c) Teil der deutschen Geschichte

618 Die flächendeckende Überwachung von fast allem und fast jedem gehörte zum Alltag der DDR, wo Staat und Partei danach strebten, alles unter Kontrolle zu halten. Eine flächendeckende Videoüberwachung im öffentlichen Bereich diente vor allem dazu, die Staatsfeinde zu überwachen, also westliche Journalisten, Bürgerrechtler, Demonstranten und andere missliebige Personen. Dieses Überwachungssystem war verhasst und gefürchtet. Viele Menschen trauten sich nur in den eigenen vier Wänden offen und frei zu sprechen. Und gerade hier wurden viele belauscht. So erhielten Bürgerrechtler gelegentlich unvermutet einen Telefonanschluss, damit auf diese Weise stärker in ihren Privatbereich eingedrungen werden konnte.[190] Diese Methoden werden in dem preisgekrönten Film „Das Leben der Anderen" eindringlich geschildert.

Plätze, Bahnhöfe und wichtige Punkte des Innenstadtbereichs von Ostberlin wurden durch Videokameras überwacht, so namentlich der Alexanderplatz, wo es seit Mitte 1989 an jedem 7. eines Monats zu Demonstrationen gegen die Wahlfälschungen kam. Das Material diente dazu, dem Ministerium für Staatssicherheit und der Volkspolizei die für ihre Bespitzelungen notwendigen Informationen zu liefern. Die Öffentlichkeit wurde – wie nachträglich bewiesen ist – bewusst mit der Aussage belogen, die öffentlich sichtbaren Videokameras seien nur zur Verkehrsüberwachung installiert.[191]

2. Die aktuelle Realität

a) Öffentliche Forderungen

619 Als am 31.07.2006 in den Regionalzügen nach Hamm und Koblenz platzierte Sprengstoffladungen nicht explodierten und als – dank der Videoüberwachung auf dem Kölner Hauptbahnhof – die mutmaßlichen Bombenleger identifiziert wurden, reihte sich dieses Ereignis nahtlos in eine Reihe internationaler terro-

---

[189] Radio Frequency Identification.
[190] Sendung „Kontraste" vom 06.02.1990, Druckversion auf http://www.bpb.de/themen/M2NCPV.html.
[191] Beitrag vom 13.01.2000 bei Rundfunk Berlin-Brandenburg, Druckversion auf http://www.rbb-online.de/kontraste/beitrag/2000/videoueberwachung.html.

Videoüberwachung

ristischer Attentate (Madrid, London, New York) ein. Fahndungserfolge der Polizei beruhten maßgeblich auf der Auswertung von Videoaufzeichnungen. So war es nicht verwunderlich, dass bei Blitzumfragen im August 2006 80% der befragten deutschen Bürger eine Erweiterung der Videoüberwachung in Zügen und Bussen befürworteten und nur 17% nicht.[192]

b) Objektive Geeignetheit zur Wahrung von Sicherheit
Dabei wird übersehen, dass Überwachung generell nicht geeignet ist, einen wesentlichen Beitrag zur Kriminalitätsvorbeugung und Kriminalitätsbekämpfung zu leisten. An bestimmten kriminalitätsgefährdeten Orten kann Videoüberwachung wohl aber einen wirksamen präventiven wie repressiven Sicherheitseffekt erfüllen (Bankautomaten, Tiefgaragen, Bahnhofsschließfächer). Als verlängertes technisches Auge kann Videoüberwachung beim Objektschutz von Gebäuden oder bei der Überwachung von gefährlichen Vorgängen das Sicherheitspersonal unterstützen. Dabei kommt es nicht unbedingt darauf an, dass Einzelpersonen erkennbar sind. Im Einzelfall können durch zufällig erfasste Videobilder Ermittlungsansätze für die Aufklärung von Straftaten erlangt werden. Bei entsprechender Fallkonstellation kann allgemeine Videoüberwachung in öffentlichen Räumen sogar einen konkreten Beitrag zur Gefahrenabwehr geben, wenn hierüber Hilfe rechtzeitig mobilisiert werden kann. Allerdings lehrt die Erfahrung, dass organisiert und planend vorgehende Kriminelle durch Videoüberwachung kaum vom Begehen von Straftaten abgeschreckt oder aus sonstigen Gründen abgehalten werden.[193]

c) Subjektive Wahrnehmung von Videoüberwachung in der Bevölkerung
Demgegenüber vermittelt das Vorhandensein von Videoüberwachung subjektiv ein Gefühl von Sicherheit für einen nicht geringen Teil der Bevölkerung. Durch Videoüberwachung in allgemein zugänglichen Räumen erleben allerdings auch Bürger eine Beeinträchtigung der eigenen Freiheiten und der individuellen Unbefangenheit. Videoüberwachung wird durchaus differenziert wahrgenommen im Hinblick auf ihren Einsatzort. So wird sie generell weitgehend abgelehnt in Umkleidekabinen, Toiletten, Parks, Gaststätten, Freizeiteinrichtungen. Weitgehend akzeptiert wird sie an gefährlichen oder gefährdeten Orten wie Bahnsteigen, Rolltreppen, Banken etc. In Fußgängerzonen und Schulen wird sie differenzierend wahrgenommen. Sie führt dazu, dass im Zweifel auf anonyme Hilfe vertraut und in Gefahrensituationen nicht selbst helfend interveniert wird.[194] Der Grad der persönlichen Betroffenheit des Bür-

620

---

[192] Abrufbar unter https://www.spiegel.de/panorama/0,1518,433497,00.html.
[193] Süddeutsche Zeitung, Samstag, 5.09.2006, S. 4., Kommentar.
[194] *Weichert*, Thesen zur Videoüberwachung, abrufbar unter: https://www.datenschutzzentrum.de/video/workshop_hh_thesen.htm.

gers beeinflusst stark seine eigene Bewertung und Akzeptanz von Videoüberwachung, insbesondere bei auftretenden Konflikten im Verhältnis Arbeitgeber – Arbeitnehmer, Vermieter – Mieter oder im Nachbarschaftsverhältnis. Der hohe Symbolwert für das Sicherheitsengagement von Politikern steht in einem deutlichen Missverhältnis zum tatsächlichen Einsatz von Videoüberwachung durch die Polizei, der nur in gezielten Einzelsituationen effektiv eingesetzt wird.

d) Technische Entwicklungen

621 Videoüberwachung ist in unseren Tagen auch deshalb ein so besonders brisantes Thema, da die technischen Möglichkeiten zur Identifizierung von Personen immer vielfältiger und genauer werden. Videoaufzeichnungen sind nicht lediglich ein Stummfilm, der ein Geschehen nur aufzeichnet, sondern können zugleich mit einer akustischen Aufnahmefunktion gekoppelt werden. Aufzeichnungsgeräte können mittels hoher optischer und digitaler Zoom-Funktion und gekoppelt mit Software zur automatischen Gesichtserkennung oder durch biometrische Verfahren gesuchte Personen auch automatisiert identifizieren. Zwar sind hier die Fehlerquoten noch inakzeptabel hoch, doch wird mit Hochdruck an technischen Weiterentwicklungen gearbeitet. *Thinking Cameras* können heute schon erkennen, wie Menschen sich in bestimmten Situationen üblicherweise verhalten. Auf diese Weise kann „gutes" von „bösem" Verhalten automatisiert unterschieden werden. Durch Eingabe von Suchkriterien können entsprechende Szenen vom Gesamtmaterial getrennt werden. Dadurch lässt sich z.B. ein mit Hausverbot belegter Ladendieb ohne Weiteres erkennen.

3. Der rechtliche Rahmen

622 Die rechtliche Bewertung von Videoüberwachung hängt davon ab, ob öffentliche Plätze oder privates Eigentum im öffentlichen Raum (Bahnhöfe, Flughäfen, Kaufhäuser, Banken, Einkaufspassagen etc.) überwacht werden, ob der Verkehr kontrolliert oder Maut berechnet werden soll oder ob im privaten Umfeld oder am Arbeitsplatz Überwachungskameras platziert werden sollen.

a) Maßnahmen der Polizei

aa) Strafverfolgung

Videoüberwachung zur Strafverfolgung erlaubt die Strafprozessordnung ausdrücklich. Es dürfen ohne Wissen des Betroffenen Videoaufzeichnungen hergestellt werden, wenn die Erforschung des Sachverhalts oder die Ermittlung des Aufenthaltsortes des Täters auf andere Weise weniger erfolgversprechend oder erschwert wäre und bestimmte Tatsachen den Verdacht auf eine im Einzelnen dort genannte schwere Straftat begründen.¹⁹⁵ Die so gewonnenen Informationen dürfen von der Polizei für ihre Arbeit verarbeitet werden.¹⁹⁶

bb) Gefahrenabwehr

Bei oder im Zusammenhang mit öffentlichen Versammlungen dürfen Bildaufnahmen von Teilnehmern angefertigt werden, wenn tatsächliche Anhaltspunkte die Annahme rechtfertigen, dass von ihnen erhebliche Gefahren für die öffentliche Sicherheit und Ordnung ausgehen. Dies gilt auch dann, wenn (unbeteiligte) Dritte unmittelbar betroffen werden.¹⁹⁷ Ferner können in Nordrhein-Westfalen einzelne öffentliche Plätze, an denen wiederholt Straftaten von erheblicher Bedeutung begangen werden, videoüberwacht werden, wenn dies entsprechend (z.B. durch Schilder oder Symbole) kenntlich gemacht wird.¹⁹⁸ Aufgezeichnet werden dürfen die Aufnahmen, wenn der Verdacht einer begonnenen oder unmittelbar bevorstehenden Straftat besteht und zwar zu Strafverfolgungszwecken. Eine Pflicht zur Benachrichtigung Betroffener besteht grundsätzlich. 623

b) Videoüberwachung öffentlich zugänglicher Räume

Abhängig von der Rechtsnatur anderer verantwortlicher Stellen sind im Datenschutzrecht Rechtsgrundlagen geschaffen worden, die eine Videoüberwachung unter bestimmten Voraussetzungen erlauben.¹⁹⁹ 624

aa) § 6b BDSG²⁰⁰

Videoüberwachung in öffentlich zugänglichen Räumen darf durch öffentliche Stellen des Bundes oder durch nichtöffentliche Stellen durchgeführt werden, zu denen auch die mehrheitlich der Kommune gehörenden Gesellschaften zäh-

---

195 § 100 h StPO.
196 §§ 481, 485 StPO, 29, 35 BPolG.
197 §§ 12a, 19a VersammlG.
198 § 15a PolG NRW.
199 Ohne solche Rechtsgrundlagen ist eine Videoüberwachung *verfassungswidrig*; BVerfG, NVwZ 2007, 688 ff. mit Anmerkung *Fetzer/Zöller*, NVwZ 2007, 775 ff.
200 Nach dem Gesetzentwurf der BReg. zur Änderung des BDSG, mit dem der § 32 BDSG geändert und insgesamt zwölf neue Bestimmungen (§§ 32 a–32 l BDSG) eingefügt werden sollen, soll eine Videoüberwachung, die zur Erhebung von Beschäftigtendaten geeignet ist, nur unter eingeschränkten Voraussetzungen zulässig sein; siehe § 32 f E-BDSG 2010. (Regierungsentwurf v. 25.08.2010, BR-Drs. 535/10 mit Änderungsvorschlägen des Bundesrates v. 25.10.2010, BR-Drs. 535/2/10). Dazu *Tinnefeld/Petri/Brink*, MMR 2010, 727 ff.; kritisch *ULD S-H* (hg.), Stellungnahme zu BR-Drs. 535/10 (www.datenschutzzentrum.de/arbeitnehmer/20101012-stellungnahme.html).

Datenschutz bei kommunalen Belangen

len, die in privatrechtlicher Rechtsform geführt werden.[201] Öffentlich zugängliche Räume sind Bereiche, die dem öffentlichen Verkehr gewidmet sind oder nach dem Willen des Inhabers des Hausrechts von einem unbestimmten Personenkreis genutzt oder betreten werden können; auch nach allgemein erfüllbaren Voraussetzungen (z. B. mit Eintrittskarte). Dazu zählen unter anderem Bahnhofshallen, Tankstellen, Cafés, Verkaufsräume eines Kaufhauses, Publikumsbereiche von Banken, Hotelfoyers, Museen, Kinos und vieles mehr. Dazu zählen nicht die nichtöffentlichen Bereiche, die nur bestimmten Personenkreisen zugänglich sind, also Firmengelände, Vorgärten, Eingangsbereiche von reinen Wohngebäuden.

Diese Videoüberwachung muss zur Aufgabenerfüllung dienen und zur Wahrung des Hausrechts oder anderer berechtigter Interessen erforderlich sein, die ideeller, wirtschaftlicher oder rechtlicher Art sein können. Dazu zählen u. a. der Schutz vor Diebstahl im Kaufhaus, das Vermeiden von Graffiti oder Vandalismus in öffentlichen Verkehrsmitteln etc. Der Zweck besteht in der Nachweisbarkeit der Verstöße vor Gericht; er muss konkret vor der Überwachung schriftlich festgelegt werden.[202] Erforderlich ist eine solche Videoüberwachung nur, wenn das festgelegte Ziel mit ihr erreicht werden kann und es dafür kein weniger einschneidendes Mittel gibt, das verhältnismäßig (tauglich, angemessen) ist, also etwa häufigere Kontrollgänge durch Bewachungspersonal. Trotz Erforderlichkeit ist Videoüberwachung nach dieser Vorschrift unzulässig, wenn schutzwürdige Interessen der Betroffenen höher zu bewerten sind. Der Schutz der Privat- und Intimsphäre sowie das Recht am eigenen Bild überwiegen, wenn beispielsweise sensitive Daten (z. B. Religionszugehörigkeit, Gesundheitsdaten) erhoben werden und dadurch die Intimsphäre verletzt wird (beispielsweise die Überwachung von Toiletten oder Umkleidekabinen). Ferner ist dort, wo die Entfaltung der Persönlichkeit im Vordergrund steht, weil kommuniziert, gegessen, getrunken und sich erholt wird, Videoüberwachung unzulässig (z. B. in Restaurants oder Wartebereichen).[203] Vor ihrer Anordnung ist also eine Überwachungsmaßnahme umfassend zu bewerten. Dabei hat eine dauerhafte und flächendeckende Videoüberwachung größeren Eingriffscharakter als eine nur punktuelle Überwachung bei gleichzeitiger Schaffung überwachungsfreier Räume (z. B. einer Wartelounge).

625 Der Umstand der Beobachtung und die verantwortliche Stelle sind durch geeignete Maßnahmen erkennbar zu machen[204]; dies kann durch textlichen Hinweis oder – besser – durch eindeutiges Kamerasymbol geschehen.[205] Weiterhin

---

[201] § 6b BDSG.
[202] Entschließung der 59. Konferenz des Bundes und der Länder, abrufbar unter: www.datenschutz.thueringen.de/veroeffentlichungen/entschliessungen/entschliessung_59.htm.
[203] „Achtung Kamera", a.a.O.
[204] § 6b Abs. 2 BDSG.

Videoüberwachung

bedarf die Einrichtung einer Videoüberwachung eines Sicherheitskonzeptes, das mittels datenschutzrechtlicher Vorabkontrolle zu prüfen ist; dabei ist der Zweck der Videoüberwachung vor ihrem Beginn schriftlich zu dokumentieren, wenn Bilder einer bestimmten natürlichen Person zugeordnet werden sollen. Diese Person ist dann zu unterrichten.[206] Diese Unterrichtungspflicht birgt bei moderner Videoüberwachung Probleme. Wenn über biometrische Mustererkennungen die Bilder einer konkreten Person zugeordnet werden können, so muss diese nach dem Gesetz grundsätzlich davon Kenntnis erhalten. Dem kann schon dadurch Genüge getan sein, dass durch ein aushängendes Symbol auf die Videoüberwachung hingewiesen wird.

Die Verarbeitung oder Nutzung der durch Videoüberwachung gewonnenen Daten ist zulässig, wenn sie zum Erreichen des verfolgten Zwecks erforderlich ist und schutzwürdige Interessen der Betroffenen nicht überwiegen, oder wenn die Daten zur Gefahrenabwehr oder Strafverfolgung erforderlich sind.[207] Die Daten sind unverzüglich zu löschen, wenn die Erreichung des Zwecks nicht mehr erforderlich ist. Das gilt z.B. für die Videoüberwachung in einem Kaufhaus dann, wenn feststeht, dass kein Ladendiebstahl begangen wurde. Die Abhebung am Geldautomaten einer Bank kann erst nach mehreren Wochen gelöscht werden, wenn feststeht, dass kein Widerspruch gegen die Kontobelastung mehr eingelegt werden kann. Automatisierung bei der Videodatenerfassung erfordert ebenfalls Automatisierung bei der Löschung.

bb) § 29b DSG NRW[208]

Öffentliche Stellen des Landes und der Gemeinden dürfen öffentlich zugängliche Bereiche videoüberwachen, sofern dies zur Wahrung ihres Hausrechts geschieht und kein überwiegendes schutzwürdiges Interesse der Betroffenen entgegensteht.[209] Eine Speicherung ist nur bei konkreter Gefahr zu Beweiszwecken zulässig; wenn die Erforderlichkeit zu diesen Zwecken nicht mehr besteht, sind die Daten unverzüglich zu löschen.[210] Lassen sich die Videoaufnahmen einer bestimmten Person zuordnen, so besteht eine Informations-

626

---

[205] Inzwischen gibt es, veranlasst durch die Frankfurter *Fraport AG*, eine DIN-Norm für den Pictogramm-Hinweis auf Videoüberwachung (DIN 33450:2004-12 Video-Infozeichen), das auch der Deutsche Bundestag auf Empfehlung des *BfDI* als Hinweis auf die Videoüberwachung seiner Liegenschaften verwendet; *BfDI*, 21. Tätigkeitsbericht 2005/06, 4.2.3, S. 41.
[206] § 6b Abs. 4 BDSG.
[207] § 6b Abs. 3 BDSG.
[208] Die meisten Datenschutzgesetze sehen dies mittlerweile vor.
[209] Siehe auch die Orientierungshilfe des *LfD Nds* zum Thema, Stand: April 2010, abrufbar unter: http://www.lfd.niedersachsen.de/live/live.php?navigation_id=12908 &_psmand=48 .
[210] § 29b Abs. 2 DSG NRW.

pflicht, es sei denn, das öffentliche Interesse an der Strafverfolgung überwiegt das Benachrichtigungsinteresse des Betroffenen erheblich. Insoweit ist – der systematischen Unterscheidung zwischen öffentlichem und privatem Datenschutzrecht entsprechend – die landesrechtliche Regelung enger. Videoüberwachung ist hier nur unter engeren Voraussetzungen zulässig als nach Bundesdatenschutzrecht.

c) Videoüberwachung privater Bereiche durch Kommunen

627 Außerhalb öffentlich zugänglicher Räume ist Videoüberwachung, wenn mit ihr personenbezogene Daten erhoben werden, nur aufgrund allgemeinen Datenschutzrechts zulässig. Ob allgemeine Datenerhebungsnormen Videoüberwachung erlauben können, ist fraglich. Wegen der besonderen Qualität der erhobenen Daten und wegen des Automatisierungsprozesses, der in der Beobachtung und Aufzeichnung mit optisch-elektronischen Einrichtungen besteht und Recherchierbarkeiten eröffnet, werden von Rechtsprechung und Literatur besondere Befugnisnormen verlangt. Daher wird Videoüberwachung durch öffentliche Stellen aufgrund deren besonderen Bindung an die Grundrechte von betroffenen Bürgern nicht immer akzeptiert. Ein *Beispiel* bildet die Videoüberwachung von Klausuren in Hochschul- und Staatsprüfungen. Obwohl zur Einsparung von Aufsichtspersonal und zur besseren Rekonstruierbarkeit prüfungswidrigen Verhaltes von Prüfungsteilnehmern der Einsatz von Videoüberwachung möglich erscheint, ist eine solche in Ermangelung sondergesetzlicher Regelungen nach geltendem Recht nicht zulässig.[211]

d) Abwägungsmaßstab „Allgemeines Persönlichkeitsrecht"

628 Das von der Rechtsprechung des *BVerfG* entwickelte *Allgemeine Persönlichkeitsrecht*[212] ist in jedem Falle einer Videoüberwachung tangiert. Wenn die Interessen des Gefilmten die Interessen des Filmenden im konkreten Einzelfall überwiegen, ist der Eingriff nicht gerechtfertigt, und es besteht ein Anspruch auf Löschung, Unterlassung oder Entschädigung.[213] Das Allgemeine Persönlichkeitsrecht stellt den Abwägungsmaßstab dar, an dem sich die Berechtigung des Eingriffs messen lassen muss.

---

[211] *Knauf*, NWVBl. 2006, S. 449ff. Das *OVG NRW* hat die Video-Überwachung einer Hochschulbibliothek zum Zwecke der Verhinderung von Diebstählen und Beschädigungen von Büchern für zulässig gehalten; Urt. v. 08.05.2009 – 16 A 3375/07 –.

[212] Dazu im Einzelnen *Pagenkopf*, in: Sachs (hg.), GG-Kommentar, 5. Aufl. 2009, Art. 10, Rn. 6ff.

[213] Hierzu *BGH*, NJW 1995, 1955; *OLG Karlsruhe*, WuM 2000, 128 (139) m. w. Nachw. zur Rspr. des *BGH*.

Beispiele:

– **Gezieltes Beobachten eines Nachbargrundstücks:** 629

Dient diese Beobachtung dem reinen Ausspähen aus voyeuristischen Gründen bzw. aus Schikane, so ist sie unzulässig. Die Videoüberwachung eines Nachbargrundstücks zum Nachweis von Straftaten ist ebenfalls unzulässig. Es gibt keine Ermächtigungsnormen, die im Rahmen einer eigenen Strafverfolgung den Einsatz von Videoüberwachungssystemen rechtfertigen würde. Denn die Rechtfertigungsnormen des BGB setzen eine bereits eingetretene Gefahr voraus.[214]

– **Überwachung des eigenen Grundstücks**

Die Rechtsprechung betrachtet es als allgemein zulässig, wenn nur das eigene Grundstück videoüberwacht wird und hierbei weder Teile eines öffentlichen noch mit dem Nachbarn gemeinsam benutzten privaten Weges in den Bereich der Kameras geraten.[215]

– **Überwachung von gemeinsamen Zugangswegen**

Die Beurteilung der Videoüberwachung gemeinsamer Zugangswege folgt derjenigen der Videoüberwachung fremder Grundstücke. Entscheidend ist, dass der Nachbar bei der Ausübung eines eigenen Nutzungsrechts eingeschränkt wird. Dies gilt auch für Mietshäuser. Wenn ein Mieter der Videoüberwachung nicht ausweichen kann, so ist diese regelmäßig unzulässig.[216]

– **Kamera-Attrappe**

Eine Kamera-Attrappe ist wie eine echte Videoüberwachung zu bewerten. Der Überwachungsdruck beim Gefilmten und seine entsprechende Verhaltensausrichtung entstehen unabhängig von der tatsächlichen Funktionsfähigkeit der Kamera.[217]

– **Familienfilme**

Bei einmaligen Aufnahmen zu rein privaten Zwecken, bei denen im Hintergrund weitere Personen zu sehen sind, ist deren allgemeines Persönlichkeitsrecht regelmäßig nicht verletzt.

---

[214] *LG Bonn*, Urt. v. 16.11.2004, Az 8 S 139/04.
[215] *BGH*, NJW 1995, 1955; *OLG Nürnberg*, Beschl. v. 30.10.1995- 13 W 1699/95.
[216] *BGH*, NJW 1995, 1955 m. Anm. *Helle*, JZ 1995, 1115 (1117ff.).
[217] *LG Darmstadt*, NZM 2000, 360; *AG Berlin-Wedding*, WuM 1998, 342, *LG Berlin*, GE 1991, 405.

e) Videoüberwachung am Arbeitsplatz

630 Bei der Videoüberwachung am Arbeitsplatz stehen sich das Interesse des Unternehmers an der Überwachung und das Allgemeine Persönlichkeitsrecht des Arbeitnehmers gegenüber. Welches der beiden Interessen im Wege der Abwägung als schutzwürdiger anzusehen ist, hängt vom Zweck der Überwachung ab. Bei der Überwachung zum Zwecke der Gefahrenabwehr oder einer Zugangskontrolle überwiegt das Arbeitgeberinteresse regelmäßig. Bei der Überwachung sensible Bereiche (z.B. Umkleideräume) und bei der Überwachung zu disziplinärer Verhaltens- und Leistungskontrolle der Arbeitnehmer überwiegt grundsätzlich deren Allgemeines Persönlichkeitsrecht, so dass Videoüberwachung unzulässig ist.[218] Im Übrigen sind die mitbestimmungsrechtlichen Beteiligungsverfahren einzuhalten. Ist die Mitaufzeichnung der Arbeitnehmer nur Nebenfolge und steht ein anderer anzuerkennender Zweck im Vordergrund (z.B. Gefahrenabwehr), so ist Videoaufzeichnung zulässig (z.B. bei der Steuerung technischer Verfahren, dem Schutz der Kunden und des Personals in Parkhäusern, Fußballarenen, Schwimmbädern etc. sowie beim Schutz von Sachwerten gegen Diebstahl oder Beschädigung). In jedem Fall ist es erforderlich, den konkreten Überwachungszweck vorab festzulegen und die Datenerhebung offen zu gestalten.

4. Sicherheitskonzeptionen

631 Werden mit Videoaufzeichnungen personenbezogene Daten automatisiert erhoben (und ggf. gespeichert), so bedarf es nach den Datenschutzgesetzen eines Sicherheitskonzeptes. Es ist für jede einzelne Videoüberwachung konkret festzulegen, zu welchen Zwecken sie geschieht und wie die Modalitäten gestaltet sind.

Solche Konzeptionen können auch im Rahmen einer Dienst- oder Betriebsvereinbarung mit der Bedienstetenvertretung geregelt werden. Wenn auch der Gegenstand solcher Vereinbarungen vielfach deklaratorisch sein wird, da die Rechtslage aufgrund von Rechtsprechung und höherrangigen Bestimmungen feststeht, so kann doch eine solche Dienstvereinbarung für die (rechtsunkundigen) Bediensteten nützlich sein, indem sie Rechtsicherheit schafft. Zudem können in Anlagen zu dieser Vereinbarung bestehende Videoüberwachungsanlagen und ihre Modalitäten in einem Bestandsverzeichnis festgeschrieben werden. Dies setzt allerdings voraus, dass sich ändernde Situationen zeitnah eingepflegt werden; denn ein unrichtiges Bestandsverzeichnis schafft eher Misstrauen als Nutzen.

---

[218] *BAG*, Beschl. v. 29.06.2004, AZ 1 ABR 21/03. Siehe auch *Maties*, Arbeitnehmerüberwachung mittels Kamera? NJW 2008, 2219ff.

5. Ausblick

In Deutschland sind wir von den Verhältnissen im Lande des Videoüberwachungs-Weltmeisters England scheinbar noch weit entfernt, tatsächlich ist es aber nur ein Katzensprung. Zu den Kunden englischer Videofirmen gehört seit Jahren die Volksrepublik China, die den Platz des himmlischen Friedens, und nicht nur diesen, mit umfassender Videotechnik beglückt hat. Noch heute, so kann man lesen, werden einzelne Aktivisten des Studentenaufstandes von 1989 mit Hilfe der Videobänder identifiziert. In unserem Land sollte trotz notwendiger und sinnvoller Möglichkeiten des Einsatzes moderner Videoüberwachung immer im Auge behalten werden, dass die Persönlichkeitsrechte der freien Bürger unseres Rechtsstaates nicht leichtfertig aufs Spiel gesetzt werden dürfen.

632

IV. Datenschutzgerechte Befragungen

Um Erkenntnisse zu gewinnen, die Voraussetzung für die Optimierung der eigenen Arbeit sind, und um die Bedürfnisse der Praxis besser berücksichtigen zu können, führen Kommunen verbreitet im Rahmen von Umfragen Datenerhebungen durch. Dabei werden zum einen den Bürgerinnen und Bürgern als *Kunden* der Verwaltung Fragebögen vorgelegt, um Erfahrungen, Wünsche, Beurteilungen oder Anregungen im Umgang mit der jeweils besuchten Institution zu hinterfragen. Eine andere Fallkonstellation bilden *Bediensteten*befragungen, mit denen der Arbeitgeber/Dienstherr Rückschlüsse auf die Zufriedenheit mit den Tätigkeiten am Arbeitsplatz, auf die Probleme, Belastungen und Schwierigkeiten bei der Arbeitsbewältigung sowie auf Qualifizierung und Personalentwicklung ziehen kann. Im Rahmen einer solchen systematischen Informationsgewinnung geht es aus datenschutzrechtlicher Sicht in erster Linie darum, eine mögliche (Re-)Individualisierung der Befragten zu verhindern. Qualität und Aussagekraft der erhaltenen Informationen müssen sich eng am Befragungszweck orientieren. Um den Schutz der personenbezogenen Daten der Befragungsteilnehmer zu gewährleisten, müssen sowohl die inhaltliche Gestaltung der jeweiligen Befragung als auch deren Organisation und Ablauf auf datenschutzrechtliche Vorgaben abgestimmt werden.

633

1. Datenschutzrechtliche Grundlagen

Datenschutzrechtliche Grundprinzipien sind bei jeglicher Art von Befragungen – Evaluation, Kunden- und Bedienstetenbefragungen – zu beachten.

a) Freiwilligkeit

In Ermangelung einer Rechtsgrundlage, aus der sich eine Pflicht zur Teilnahme an Umfragen ergeben könnte, werden diese grundsätzlich auf freiwilliger Basis

634

Datenschutz bei kommunalen Belangen

durchgeführt. Ausnahmen stellen insoweit die Volkszählung[219] und der Mikrozensus[220] dar. Gerade im Fall von Bedienstetenbefragungen besteht bei Erfragung von subjektiven Einschätzungen und Bewertungen des Arbeitsumfeldes generell keine arbeitsvertragliche Verpflichtung zur Teilnahme.[221]

Die Durchführung von Bediensteten- und Kundenbefragungen durch die Kommunen stellt dabei aus datenschutzrechtlicher Sicht eine Datenerhebung – das Beschaffen von Daten über die betroffene Person – dar.[222] Die Befragten sind zunächst ausdrücklich auf die Freiwilligkeit ihrer Mitwirkung hinzuweisen.[223] Damit korrespondiert das Erfordernis, die Befragten darüber aufzuklären, dass sich im Falle der Verweigerung einer Einwilligung keine nachteiligen Folgen für sie persönlich ergeben[224] – dies ist naturgemäß gerade im Falle von Bedienstetenbefragungen durch den Arbeitgeber/Dienstherrn besonders bedeutsam. Denn eine Einwilligung kann aus datenschutzrechtlicher Sicht nur dann wirksam abgelehnt oder akzeptiert werden, wenn sich der Betroffene *nicht* in einer Situation befindet, in welcher er faktisch dazu genötigt wird, sich mit der Erhebung der jeweils verlangten Daten einverstanden zu erklären.[225]

---

[219] Siehe Volkszählungsgesetz 1987 vom 08.11.1985 (BGBl. I, S. 2078). Um verlässliche Bevölkerungszahlen für politische und wirtschaftliche Planungen zu erhalten, ist eine neue Volkszählung erforderlich. Deshalb beteiligt sich Deutschland mit dem *Zensus 2011* an der nächsten EU-weiten, europarechtlich geforderten Volkszählung (VO EG Nr. 763/2008 v. 09.07.2008). Es wurde ein neuartiges, registergestütztes Verfahren gewählt, bei dem ein Großteil der Daten aus staatlichen Registern übernommen werden soll. Datenschutzrechtliche Aspekte werden besonders beachtet, indem Identifizierungsdaten nach der Datenerhebung so früh als möglich gelöscht werden und damit der konkrete Personenbezug aufgelöst wird (näheres in Kap. 9 V Meldewesen).

[220] Der *Mikrozensus* ist eine gesetzlich festgelegte, jährliche statistische Erhebung über die Struktur der Bevölkerung, die Entwicklung des Arbeitsmarktes und die Art der Erwerbsbeteiligung im gesamten Bundesgebiet, bei der im Gegensatz zur Volkszählung nur nach bestimmten Zufallskriterien ausgewählte Haushalte beteiligt sind. Die Anzahl der Haushalte wird so gewählt, dass die Repräsentativität der Ergebnisse statistisch gesichert ist. Der Mikrozensus dient dazu, die im Rahmen von umfassenden Volkszählungen erhobenen Daten in kurzen Zeitabständen mit überschaubarem organisatorischem Aufwand zu überprüfen und gegebenenfalls zu korrigieren. In Deutschland wird die statistische Erhebung durch das Statistische Bundesamt und die Statistischen Landesämter durchgeführt (siehe auch: Mikrozensusgesetz 2005 [MZG 2005], BGBl. I, S. 1350).

[221] *LDI NRW*, 18. Tätigkeitsbericht (2007), S. 131.

[222] § 12 DSG NRW, § 13 BDSG; § 13 LDSG B-W; Art. 16 BayDSG; § 9 NDSG; § 12 SächsDSG.

[223] § 12 Abs. 2 Satz 3, 2. Alt. DSG NRW.

[224] § 4 Abs. 1 Satz 4, 2. HS DSG NRW.

[225] Zur Problematik der Einwilligung im Beschäftigungsverhältnis siehe *Taeger*, in: Taeger/Gabel, a.a.O., § 4a, Rn. 58 ff.; *Däubler*, in: Däubler/Klebe/Wedde/Weichert, Kompaktkommentar zum BDSG, 3. Aufl. 2010, § 4a Rn. 21.

Bereits diese grundlegende Anforderung an die Rechtmäßigkeit einer Befragung wird in der Praxis oftmals missachtet,[226] weshalb gerade Privatpersonen bei Anfragen öffentlicher Stellen oftmals dem Irrglauben unterliegen, zur Preisgabe ihrer Daten verpflichtet zu sein. Dabei ist eine Aufklärung über die Freiwilligkeit mit geringem Aufwand zu bewerkstelligen – der Hinweis muss lediglich klar und verständlich sein –; nur ist sie oftmals vom Fragenden nicht gewünscht.

b) Datenvermeidung

Wie bei jeder Form der Datenverarbeitung, so gilt auch bei der Durchführung von Befragungen der Grundsatz der Datenvermeidung,[227] d.h. es sind so wenig personenbezogene Daten wie möglich zu erheben und weiter zu verarbeiten. So muss etwa die namentliche Nennung der Befragten grundsätzlich unterbleiben, weil sie nicht erforderlich ist. Für Befragungen zu rein statistischen Zwecken genügt eine anonymisierte Form. Nur wenn der spätere Kontakt zu den Befragten unumgänglich ist – so z.B. bei Langzeitstudien, die wiederholte Befragungen oder Erhebungen über eine bestimmte Person erfordern –, dürfen Angaben, die eine Identifizierung der hinter pseudonymisierten[228] Daten stehenden Person ermöglichen, erhoben und zeitweise gespeichert werden. Schließlich ist auch die Tatsache, ob jemand an einer Befragung nicht teilgenommen hat, ein personenbezogenes Datum.

635

c) Zweckbindung

Jede Form der Datenverarbeitung unterliegt dem Grundsatz der Zweckbindung, d.h. sie ist an einem von vorneherein festgelegten, klar erkennbaren

636

---

[226] Hierzu finden sich Hinweise in zahlreichen Tätigkeitsberichten der Datenschutzbeauftragten der Länder, beispielhaft der 28. Jahresbericht des *BremLDI* (2005), Punkt 12.1. – in welchem die datenschutzrechtlich bedenkliche Datenerhebung bei ALG II-Empfängern durch Call Center erläutert wird. http://www.datenschutz-bremen.de/.

[227] Der Grundsatz der Datenvermeidung/-sparsamkeit, wie er in z.B. in §§ 3a BDSG, 4 Abs. 2 DSG NRW normiert ist, verpflichtet die verantwortlichen Stellen vor allem unter dem Aspekt des „*Systemdatenschutzes*". Bereits durch die Gestaltung technischer Systeme soll die Erhebung und Verwendung personenbezogener Daten begrenzt und ggf. ganz vermieden werden. Siehe *Gola/Schomerus*, BDSG–Kommentar, 10. Aufl. 2010, § 3a, Rn. 4.

[228] § 3 Abs. 8 DSG NRW: Pseudonymisieren ist das Verändern personenbezogener Daten derart, dass die Einzelangaben über persönliche oder sachliche Verhältnisse ohne Nutzung der Zuordnungsfunktion nicht oder nur mit unverhältnismäßigem Aufwand einer bestimmten oder bestimmbaren natürlichen Person zugeordnet werden können. Die Daten verarbeitende Stelle darf keinen Zugriff auf die Zuordnungsfunktion haben; diese ist an dritter Stelle zu verwahren.

Datenschutz bei kommunalen Belangen

Zweck auszurichten. Es dürfen nur solche Fragen gestellt werden, die für das Befragungsziel notwendig sind. Werden bei Gelegenheit einer Erhebung zusätzlich Daten erfasst, die nicht ausdrücklich Untersuchungs- bzw. Erhebungsgegenstand sind, ist ihre Erhebung rechtswidrig.[229] Deshalb ist auf abrundende und lediglich wünschenswerte Fragen zu verzichten; Fragen sollten sich restriktiv auf die Punkte beschränken, die zur Zweckerreichung unbedingt erforderlich sind. Werden bei längeren Befragungen Kontrollfragen gestellt, die vorangegangene Antworten auf ihrer Wahrhaftigkeit überprüfen sollen, können diese nur dann als datenschutzrechtlich unbedenklich eingestuft werden, wenn sie methodisch zutreffend eingesetzt und von dem Zweck der Untersuchung abgedeckt sind.[230]

d) Keine Re-Identifizierung

637 Unbedingt zu vermeiden ist die Möglichkeit einer (Re-) Identifizierung der an der Umfrage teilnehmenden Betroffenen. Dieser Notwendigkeit wird eine Umfrage dann am ehesten gerecht, wenn eine namentliche Nennung der Befragten unterbleibt und Daten damit von vorneherein anonym verarbeitet werden. Zusätzlich muss bei anonymen Befragungen gesichert sein, dass unzulässige Rückschlüsse auf antwortende Einzelpersonen vermieden werden.[231] Dementsprechend ist bereits bei der Fragestellung und der beabsichtigten Statistik besonderes Augenmerk auf eventuelle Rückschlussmöglichkeiten zu richten.[232] Daneben ist darauf zu achten, dass ein Personenbezug auch durch Kombination mehrerer Antworten nicht hergestellt werden kann. In diesem Zusammenhang empfiehlt sich die Abfrage von bereits aggregierten Größen.[233] Die anschließende Auswertung muss gewährleisten, dass selbst bei vorhandenem Zusatzwissen keine Rückschlüsse auf die Identität des Befragten gezogen werden können. Fragen, die ihrem Inhalt nach solche Rückschlüsse nahelegen, sind zu vermeiden. Demgemäß empfiehlt es sich, möglichst *geschlossene* Fragestellungen zu verwenden und *offene* zu vermeiden. Geschlossene Fragen, also solche, bei denen die Antwortmöglichkeiten vorgegeben sind (z.B. Alternativfragen), erleichtern nicht nur die Auswertung einer Befragung, sondern

---

[229] *hbgDSB*, Empfehlungen zum Datenschutz bei Bedienstetenbefragungen (08/2006), S. 3, www.datenschutz-hamburg.de.
[230] *hbgDSB*, a.a.O., S. 3.
[231] § 3 Abs. 7 DSG NRW; § 3 Abs. 6 BDSG; § 3 Abs. 6 LDSG B-W; Art. 4 Abs. 8 BayDSG.
[232] Wenn sich unter den Befragten nur *eine* Frau befindet, darf das Geschlecht nicht abgefragt werden; allerdings bedarf die Frage nach dem Geschlecht ausnahmsweise keines Bezuges zum Zweck der Befragung, sondern findet ihre Rechtfertigung im LGG NRW.
[233] *hbg DSB*, a.a.O., S. 4. Bsp.: Alter: 20 bis 30; Einkommen: 1 000 € bis 2.000 €; Gehalts- und Besoldungsstufen nach Laufbahnen zusammengefasst, u.ä.

Datenschutzgerechte Befragungen

vereinfachen auch die Gewährleistung des Datenschutzes. Die auf offene Fragen frei formulierten Antworten dagegen müssen unter Umständen erst von unerwünschtem Personenbezug befreit und zusammengefasst werden; ihre standardisierte Auswertung ist schwer oder gar nicht möglich.

Aus dem Blickwinkel des Datenschützers gestalten sich solche Befragungen als komplexer, die mit *pseudonymisierten* Daten arbeiten. Pseudonymisierung hat das Ziel, die unmittelbare Kenntnis der vollen Identität des Betroffenen während solcher Verarbeitungsvorgänge, bei denen ein Personenbezug nicht erforderlich ist, auszuschließen. Bei der Pseudonymisierung werden die eine Person unmittelbar identifizierenden Daten durch eine für das Einzelvorhaben zu bildende Zuordnungsvorschrift derart verändert, dass das so gebildete Pseudonym nur mit Kenntnis dieser Zuordnungsvorschrift wieder einer natürlichen Person zugeordnet werden kann. Diesbezüglich ist zunächst zu klären, ob die den Betroffenen identifizierenden Daten durch eine *Nummer* ersetzt werden können oder ob sie *verschlüsselt*[234] werden sollen und wer unter welchen rechtlichen Voraussetzungen Pseudonym und Identifikationsdaten zusammenführen darf. Schließlich ist – wie beim anonymisierten Verfahren – zu gewährleisten, dass ein Rückschluss auf bestimmte Einzelpersonen, sei es auf Grund der Fragestellung oder durch vorhandenes Zusatzwissen, möglichst vermieden wird. Ein *Beispiel*: Werden Fragebögen mit einer Kennzahl versehen, um genaue Aussagen bezogen auf einen räumlichen Bereich zu erhalten (z.B. Stadtteil-Kennzahl), so muss gewährleistet sein, dass die räumliche Zuordnung so groß ist, dass sie nicht zu einer Re-Individualisierbarkeit führen kann.

638

e) Befristete Nutzung

Schließlich sind Fragebögen nach Erreichung des Ziels der Befragung und Auswertung des Ergebnisses[235] zu vernichten; im Zuge der Auswertung gespeicherte Daten, die nicht unmittelbar zum Auswertungsergebnis gehören, sind zu löschen.

639

f) Erforderlichkeit der Übermittlung

Für die etwaige Übermittlung personenbezogener Daten von Bürgerinnen und Bürgern der Kommune an Forschungseinrichtungen – ob öffentlich oder nicht-öffentlich – gelten die allgemeinen[236] oder besonderen (z.B. gesundheitsdatenschutzrechtliche) Voraussetzungen. Maßgeblich ist, dass die Übermitt-

---

[234] Zu Verschlüsselungstechniken: Bundesamt für Sicherheit in der Informationstechnik (BSI), Faltblatt „Sicherheit durch Verschlüsselung". www.bsi-fuer-buerger.de.
[235] § 19 Abs. 3 Satz 1 lit. b) DSG NRW; § 23 Abs. 1 Satz 1 Nr. 2 LDSG B-W; Art. 12 Abs. 1 Nr. 2 BayDSG; § 17 Abs. 2 Satz 1 Nr. 2 NDSG; § 20 Abs. 1 Nr. 1 SächsDSG.
[236] z.B. §§ 14ff. DSG NRW; §§ 16ff. LDSG B-W; Artt. 18ff. BayDSG; §§ 13ff. NDSG; §§ 14ff. SächsDSG.

lung personenbezogener Daten zur rechtmäßigen Erfüllung der Aufgaben entweder der übermittelnden Stelle oder des Empfängers erforderlich ist. Werden Daten übermittelt, die der Empfänger zu wissenschaftlichen Zwecken verarbeiten will, sind weitere Voraussetzungen zu beachten.[237]

2. Befragungselemente

a) Aufklärung und Einwilligung

640 Befragungen sollten grundsätzlich von einem *Anschreiben* begleitet werden. Darin sollte zur Erreichung größtmöglicher Akzeptanz die Art und Weise der Datenverarbeitung detailliert und abschließend erklärt und für den Betroffenen transparent und nachvollziehbar gemacht werden. Zunächst sind Anlass und Ziel der Befragung darzulegen und die als Teilnehmer in Betracht kommenden Bürgerinnen und Bürger bzw. Bedienstete der kommunalen Verwaltung über den Zweck der Befragung sowie über eine etwaige beabsichtigte Übermittlung von personenbezogenen Daten aufzuklären. Es muss ersichtlich sein, welche konkrete Nutzung der Daten geplant ist. Schließlich sind die Freiwilligkeit der Teilnahme sowie die Folgenlosigkeit ihrer Verweigerung deutlich zu machen.[238] Verlangt die Größe der Zielgruppe eine Auswahl, so müssen die zu befragenden Personen nach dem Zufallsprinzip ausgewählt und hierüber aufgeklärt werden. Die Befragung bedarf der schriftlichen Einwilligung der Teilnehmer, soweit nicht wegen besonderer Umstände eine andere Form angemessen ist.[239] Ausnahmsweise kann eine Datenschutzrelevanz fehlen, wenn die Umstände der Befragung einen Personenbezug von vornherein ausschließen (z.B. bei manchen Passanten- oder Telefonbefragungen), es sich also um so genannte Sammelangaben (statistische Angaben) handelt, die Einzelangaben in aggregierter und anonymisierter Form zusammenfassen.

b) Fragebögen

641 Die inhaltliche Ausgestaltung von Fragebögen[240] muss grundsätzlich den Anforderungen der Datenerhebungsvorgaben[241] entsprechen, weil die Daten im

---

[237] § 28 DSG NRW.
[238] § 12 Abs. 2 Satz 1 DSG NRW.
[239] § 4 Abs. 1 Satz 3 DSG NRW. Im Rahmen von Bedienstetenbefragungen kann von der Schriftform der Einwilligung abgesehen werden, wenn im Rahmen einer mündlichen Informationsveranstaltung oder in Form eines Umlaufs aufgeklärt und dies dokumentiert ist (Anwesenheitsliste, Abzeichnen des Umlaufs); *hbg DSB*, a.a.O., S. 3.
[240] Welche Befragungs-Methode (konventionell „Paper-Pencil", elektronisch per Internet o.ä.) zum Einsatz kommt, ist – bezogen auf die inhaltliche Ausgestaltung der Befragung – unerheblich.
[241] Z.B. § 12 Abs. 2 DSG NRW.

Datenschutzgerechte Befragungen

Zeitpunkt ihrer Erhebung noch Personenbezug haben. Es ist sicherzustellen, dass Vertraulichkeit und Anonymität gewahrt bleiben. So dürfen die Interviewer bei mündlichen Befragungen die Dokumentation der Befragung nicht individualisierbar kennzeichnen. Bei schriftlichen Befragungen darf der Fragebogen keinen Hinweis auf die Identität des Befragten enthalten.

c) Rückantwortschreiben (Adressbogen)

Grundsätzlich zu klären ist die Frage, ob bzw. wann eine Re-Identifizierung von pseudonymisierten Daten erforderlich ist. Falls pseudonymisierte, d. h. mit Kennzahlen versehene Fragebögen später re-individualisiert werden sollen, ist ein Rückantwortschreiben erforderlich. Neben dem Zuordnungsmerkmal (Pseudonym) muss es die zur Kontaktaufnahme erforderlichen personenbezogenen Daten enthalten. Es ist getrennt vom Fragebogen zu kuvertieren und nur bei Erforderlichkeit zu nutzen. Anderenfalls ist es unverzüglich zu vernichten.

d) Abgabeverfahren

Bei Befragungen zur Erzielung rein statistischer Ergebnisse müssen ausgefüllte Fragebögen anonym (z.B. Urneneinwurf) abgegeben werden können. Bei Rücksendung von Fragebögen auf dem Postweg sollten neutrale Umschläge Verwendung finden. Der Rücklauf von ausgegebenen Fragebögen darf nicht personenbezogen nachgehalten werden, da bereits die Tatsache der Teilnahme bzw. Nichtteilnahme an einer Befragung ein personenbezogenes Datum ist. Bei Befragungen zur Erzielung personenbezogener Ergebnisse sind die Rückläufe der Fragebögen und Antwortschreiben voneinander zu trennen.

642

e) Auswertung

Die Auswertung muss gewährleisten, dass selbst bei vorhandenem Zusatzwissen keine Rückschlüsse auf die Identität Betroffener gezogen werden können. Die kleinste statistische Auswertungsgröße sollte daher 5 grundsätzlich nicht unterschreiten. Eine Re-Identifizierung ist nur zulässig, solange sie erforderlich ist, um das Ziel der Befragung zu erreichen und die Betroffenen vorher zugestimmt haben.

f) Datenvernichtung

Jede Befragung endet mit der Vernichtung der nicht mehr benötigten Unterlagen. Fragebögen und Rückantwortschreiben müssen nach Auswertung physisch zerstört werden,[242] sofern nicht – entsprechend einem transparent ge-

---

[242] § 19 Abs. 3 lit. b) DSG NRW; § 23 Abs. 1 Nr. 2 LDSG BW; Art. 12 Abs. 1 Nr. 2 BayDSG; § 17 Abs. 2 Nr. 2 NDSG; § 20 Abs. 1 Nr. 2 SächsDSG.

Datenschutz bei kommunalen Belangen

machten Befragungsplan – in einer Folgebefragung die zuvor ermittelten Daten personengenau zugeordnet werden müssen oder sofern noch Kontakt zum Befragten aufgenommen werden muss.

3. Ablauf von Befragungen

643 Im Folgenden soll der Ablauf einer datenschutzgerechten Befragung geschildert werden, welche dazu dienen soll, aus einem potentiell geeigneten Personenkreis solche Personen auszuwählen, denen ein Hilfeangebot[243] unterbreitet wird, weil sie geeignet sind, an einer Langzeitstudie teilzunehmen. Es handelt sich um das Beispiel einer Befragung, bei der personenbezogene Daten pseudonymisiert erhoben werden, um dann im weiteren Verlauf gegebenenfalls wieder re-individualisiert zu werden.

a) Organisatorische Maßnahmen im Vorfeld

Zunächst ist das Ziel der Befragung zu identifizieren und klar zu definieren. Dieses ist – entsprechend den Grundsätzen der Datenvermeidung und der Zeckbindung – bei der Erstellung des Fragebogens in den Vordergrund zu stellen. Daneben ist ein Adressbogen erforderlich. Beide erhalten die gleiche Kennnummer (das gleiche Pseudonym). Das Anschreiben muss Ziel und Ablauf der Befragung, die Freiwilligkeit der Teilnahme und das Widerrufsrecht[244] eindeutig darlegen. Schließlich sind sämtliche Unterlagen zusammen zu stellen: Anschreiben, Fragebogen, Adressbogen, (z.B. farbig) markierte Umschläge für Frage- und Adressbogen sowie einen Umschlag, der beide vorgenannten Umschläge aufnimmt.

b) Befragung und Auswertung

644 Die Unterlagen werden an den potentiell geeigneten Personenkreis übersandt. Dabei darf nicht aufgelistet werden, wer welche Nummer erhalten hat; eine Re-Identifizierung darf bei der fragenden Stelle nicht möglich sein. Die Befragten füllen Frage- und nummerierten Adressbogen aus und legen diese Bögen getrennt in die markierten Umschläge. Letztere werden dann in dem gemeinsamen Umschlag an einen Treuhänder[245] versandt. Der Treuhänder trennt die farbig markierten Umschläge, der Umschlag mit dem Adressbogen bleibt

---

[243] Ein *Beispiel*: Soll besonders belasteten alleinerziehenden Müttern die Teilnahme an einer Unterstützungsgruppe ermöglicht werden, so könnte die Auswahl der für das Projekt geeigneten Personen mit Hilfe einer Befragung durchgeführt werden.
[244] § 4 Abs. 1 Satz 5 2. HS DSG NRW; § 4 Abs. 2 Satz 3 LDSG B-W; Art. 15 Abs. 2 BayDSG; § 4 Abs. 2 Satz 5 NDSG; § 4 Abs. 3 Satz 2 SächsDSG.
[245] Als Treuhänder kommt jede vertrauenswürdige, organisatorisch von der fragenden getrennte Stelle (z.B. der zuständige Datenschutzbeauftragte) in Betracht.

ungeöffnet. Der Umschlag mit dem Fragebogen wird an die fragende Stelle übersandt. Diese wertet die ausgefüllten Fragebögen aus und wählt den geeigneten Personenkreis aus. Danach werden die Fragebögen der nicht geeigneten Personen physisch vernichtet und die Nummern der Fragebögen der geeigneten Personen an den Treuhänder übersandt. Dieser vernichtet die Umschläge mit den Adressbögen der nicht geeigneten Personen und übersendet dann die Umschläge mit den Adressbögen der geeigneten Personen an die fragende Stelle. Diese ist nun in der Lage, die geeigneten Personen anzuschreiben und ihnen – dem Zweck der Befragung entsprechend – z.B. ein Hilfeangebot zu unterbreiten und ihnen mitzuteilen, dass sie als Teilnehmer einer geplanten Langzeitstudie in Betracht kommen. Die Frage- und Adressbögen der geeigneten Personen sind ebenfalls zu vernichten, gegebenenfalls nach Abschluss des Projektes.

c) Folgebefragungen im Rahmen einer Langzeitstudie

Im Rahmen von Langzeitstudien ist jede Folgebefragung als eigenständig zu betrachten und bedarf der gleichen Sensibilität bezüglich des Datenschutzes wie die Ursprungsbefragung.

4. Besonderheiten bei der Beauftragung Dritter

Gerade Bedienstetenbefragungen werden heutzutage vermehrt von externen Beratungsunternehmen durchgeführt. Dies darf allerdings nicht dazu führen, dass die zuvor dargestellten Grundsätze des Datenschutzes verkürzt werden. Demgemäß sind die Vorschriften über die Verarbeitung personenbezogener Daten im Auftrag[246] zu beachten. Für den Fall, dass die Vorschriften des Landesdatenschutzgesetzes auf den Auftragnehmer keine Anwendung finden, ist die auftraggebende Kommune verpflichtet, sicher zu stellen, dass der Auftragnehmer die Bestimmungen des DSG des Landes befolgt und sich, sofern die Datenverarbeitung in dessen Geltungsbereich durchgeführt wird, der Kontrolle des Landesdatenschutzbeauftragten unterwirft.[247]

645

Die Fragekataloge sollten vor Durchführung der Befragung verantwortlich zwischen Auftraggeber und -nehmer abgestimmt werden. Des Weiteren ist sicherzustellen, dass der Auftragnehmer die Aufklärungs- und Anonymisierungsanforderungen einhält. Schließlich hat der Auftragnehmer Stillschweigen zu bewahren und für eine fachgerechte Löschung nach Beendigung des Auftrages zu sorgen, eine zweckwidrige weitere Verwendung der erhobenen Daten

---

[246] § 11 DSG NRW; § 7 LDSG B-W; Art. 6 BayDSG; § 6 NDSG; § 7 SächsDSG.
[247] Z.B. § 11 Abs. 3 DSG NRW.

Datenschutz bei kommunalen Belangen

ist auszuschließen. An Dokumenten oder Datenträgern dürfen keine Zurückbehaltungs- oder Herausgabeansprüche vereinbart werden.[248]

5. Besonderheiten bei elektronischer Befragung

646 Die Vorgehensweise bei einer elektronischen Befragung unterscheidet sich grundsätzlich nicht von der einer schriftlichen Befragung. Auch hier ist es ratsam, den Kontakt gegebenenfalls über einen Treuhänder herzustellen, da so die Geheimhaltung gegenüber der fragenden Stelle einfach realisiert werden kann. Darüber hinaus sind Schutzmaßnahmen für die Gewährleistung von IT-Sicherheit zu beachten.[249]

a) Verschlüsselung

Bei Übermittlung von Daten über das Internet sind die maßgeblichen Sicherheitsstandards zu beachten, um zu verhindern, dass Unbefugte Einsicht in die personenbezogenen Daten der Befragungsteilnehmer nehmen. Deshalb ist für eine elektronische Befragung die Verwendung eines zeitgemäßen Verschlüsselungsstandards[250] unverzichtbar.

b) Cookies

647 Bei umfangreicheren Befragungen sollte den Befragten die Möglichkeit gegeben werden, die Befragung zu unterbrechen. Auf dem lokalen Rechner des Befragten werden die Daten üblicherweise unter Verwendung von Cookies[251] abgelegt. Darin dürfen auf keinen Fall Name und Kennnummer zusammen gespeichert sein. Nach Beendigung der Befragung müssen die Cookies *automatisch* gelöscht werden.

c) Speicher- und Ablageort

Alle Medien, auf denen Unterlagen zu der Befragung liegen, müssen vor unberechtigtem Zugang und Zugriff geschützt werden. Gerade bei der Beauftragung eines privaten Unternehmens zur Durchführung von (Bediensteten-)

---

[248] Zur Auftragsdatenverarbeitung im Rahmen von Bedienstetenbefragungen: *hbgDSB*, a.a.O., S. 5.
[249] Das Bundesamt für Sicherheit in der Informationstechnik (BSI) hat IT-Grundschutz-Kataloge als Leitfäden erstellt und bietet ein IT-Sicherheitshandbuch (Handbuch für die sichere Anwendung der Informationstechnik) an: www.bsi.bund.de.
[250] SSL-Verschlüsselung.
[251] Ein Cookie ist eine kleine Textdatei, die von einem Web-Browser auf dem PC eines Web-Besuchers angelegt und beim Aufruf weiterer Seiten eines Web-Angebotes oder bei späteren Besuchen einer Website wieder ausgelesen werden kann; z.B. *Voss*, Das grosse PC-& Internet-Lexikon, 14. Aufl. 2009, S. 197f.

Datenschutzgerechte Befragungen

Befragungen sollte die Kommune verstärkt darauf achten, dass die nötigen Sicherheitsstandards durch ein datenschutzkonformes Sicherheitskonzept umgesetzt werden, so dass wirksame Vorkehrungen dafür getroffen sind, Unbefugte auszuschließen.

KAPITEL 12
Datenschutzkontrolle und Aufsicht

I. Behördlicher Datenschutzbeauftragter

Der behördliche Datenschutzbeauftragte (*bDSB*) fungiert seit dem Volkszählungsurteil des *BVerfG* als von der Exekutive unabhängige Kontrollinstanz für die Wahrung des Rechts auf informationelle Selbstbestimmung.[1] Die meisten Landesgesetze sehen die Bestellung eines *bDSB* verpflichtend vor;[2] teilweise wird sie auch in das Ermessen der öffentlichen Stelle gelegt.[3] Der *bDSB* soll Motor des Datenschutzes in der Behörde sein und die Mitarbeiter zu einem sensiblen Umgang mit personenbezogenen Daten motivieren. Allerdings lassen die Regelungen Spielraum für unterschiedliche Organisationsmodelle in Abhängigkeit von Größe und Struktur der öffentlichen Stelle, die in einer *Geschäftsordnung Datenschutz* geregelt werden können.

648

1. Bestellung und Aufgaben eines Datenschutzbeauftragten

Der Leiter der öffentlichen Stelle überträgt mittels förmlicher Funktionsverfügung einem Bediensteten[4] die Funktion des Datenschutzbeauftragten.[5] Diese Tätigkeit wird Teil des Inhalts des Arbeitsvertrags.[6] Sie ist verbunden mit der Aufgabe, zentral dafür Sorge zu tragen, dass die gesetzlichen Vorgaben des Da-

---

[1] *Riegel*, Datenschutzbeauftragte als Essentialie des Selbstbestimmungsrechts, BayVBl. 1998, 523 (524).
[2] So z.B.: § 32a DSG NRW; § 19a BlnDSG; § 10a HmbDSG; § 20 DSG M-V; § 7a BbgDSG; § 10a ThürDSG; § 10 LDSG S-H; § 8a NdsDSG; praktisch auch Art. 25 BayDSG; für Bundesbehörden §§ 4f, 4g BDSG.
[3] Z.B. § 10 DSG B-W; § 11 SächsDSG; § 8 SaarlDSG; differenzierend § 11 DSG R-P.
[4] Eine öffentliche Stelle kann sich unter besonderen Umständen Datenschutz-„Knowhow" auch von außen holen und nach § 32a Abs. 1, Satz 3 DSG NRW einen Datenschutzbeauftragten bestellen, der zugleich auch Datenschutzbeauftragter einer anderen öffentlichen Stelle ist. Die Effektivität der Aufgabenerfüllung wird aber nur sicherzustellen sein, wenn enge Korrespondenz mit den Bediensteten und räumliche Nähe gewährleistet ist.
[5] Muster solcher Bestellungsschreiben finden sich im RdErl. des IM NRW, MinBl. NRW 2001, 50 ff., 52 f. Die Bestellung des Datenschutzbeauftragten ist nicht nach dem LPVG NRW mitbestimmungspflichtig.
[6] *BAG*, BB 2007, 1115 ff., 1116.

tenschutzes beachtet werden können. Der Datenschutzbeauftragte ist zur Beantwortung aller Fragen, die Datenschutz und Datensicherheit betreffen, zuständig. Es ist neben dem Datenschutzbeauftragten auch ein Stellvertreter zu bestellen.[7] Von der (einseitigen) Bestellung des Datenschutzbeauftragten ist die vertragliche Abrede[8] zwischen ihm bzw. seinem Arbeitgeber/Dienstherrn und der bestellenden Stelle zu unterscheiden, durch die die Verpflichtung übernommen wird, die Funktion des Datenschutzbeauftragten für den Vertragspartner wahrzunehmen. Denn mehrere Stellen können einen gemeinsamen Datenschutzbeauftragten bestellen;[9] insoweit ist der Datenschutzbeauftragte nicht mehr notwendigerweise Bediensteter der öffentlichen Stelle.[10] Die Bestellung kann schriftlich aus wichtigem Grund[11] widerrufen werden;[12] die Notwendigkeit eines Widerrufes gilt auch im Falle des Ausscheidens des Datenschutzbeauftragten aus Altersgründen. Werden mehrere Datenschutzbeauftragte bestellt,[13] so ist entweder eine Hierarchie zwischen diesen oder eine Zuständigkeitsaufteilung geboten.

a) Aufgaben

649 Der Blickwinkel der behördlichen Datenschutzbeauftragten geht in zwei Richtungen: zum einen sollen sie die Mitarbeiterinnen und Mitarbeiter auf allen Ebenen motivieren, sensibel mit den ihnen anvertrauten Daten umzugehen;

---

[7] § 32a Abs. 1 Satz 1 DSG NRW; im nicht-öffentlichen Bereich ist ein Stellvertreter nicht vorgesehen, vgl. § 4f Abs. 1 BDSG. In süddeutschen Ländern ist die Bestellung teilweise nur fakultativ (z.B. § 11 Abs. 1 Satz 1 sächsDSG, § 10 Abs. 1 Satz 1 LDSG B-W).

[8] Solche Kooperationsverträge können als öffentlichrechtliche Verträge nach § 56 VwVfG geschlossen werden; entsprechende Zusammenarbeit wird sondergesetzlich teilweise ausdrücklich zugelassen oder begünstigt (vgl. z.B. § 77 Abs. 3 Satz 1 HG NRW).

[9] Die Gemeinsamkeit des Bestellungsaktes, die der Wortlaut des § 32a Abs. 1 Satz 3 DSG NRW nahelegt, ist dafür nach Sinn und Zweck der Vorschrift eher nicht erforderlich, da die Übernahme beider Funktionen in der Praxis meist schon zeitlich nicht zusammenfällt.

[10] Wo die Bestellung des behördlichen Datenschutzbeauftragten fakultativ ist (z.B. § 11 Abs. 1 Satz 1 sächsDSG, § 10 Abs. 1 Satz 1 LDSG B-W), kann theoretisch die Aufgabe auch *ehrenamtlich* wahrgenommen werden; aus fachlicher Sicht empfiehlt sich das kaum.

[11] Entsprechend § 626 BGB; es gilt grundsätzlich die dort vorgesehene 2-Wochen-Frist.

[12] Beispiele: Wahl des DSB in den Personalrat (Interessenskonflikt); Übernahme eines bestellten DSB (nach Auflösung einer Landesbehörde und Kommunalisierung der Aufgaben) in den Personalbestand einer Kommune, wo bereits ein DSB bestellt ist.

[13] Möglich z.B. nach § 32a Abs. 1 Satz 4 DSG NRW; dies kommt in der Praxis so gut wie nicht vor.

Behördlicher Datenschutzbeauftragter

und zum anderen sollen sie die Behördenspitze veranlassen, die Leitungsverantwortung auf dem Gebiet des Datenschutzes problembewusst und informiert wahrzunehmen. Der Datenschutzbeauftragte hat insbesondere folgende Aufgaben:[14]

– Beratung der Verwaltungsspitze in Grundsatzfragen zum Datenschutz; Beratung und Unterstützung der Fachbereiche einschließlich der Personalvertretung[15] in allen Fragen des Datenschutzes und der Datensicherheit,

– Unmittelbare Ansprechperson aller Beschäftigten der öffentlichen Stelle in Angelegenheiten des Arbeitnehmerdatenschutzes,[16] ggf. der politischen Vertretung sowie aller Bürgerinnen und Bürger in Fragen zu Datenschutz und Datensicherheit,

– Federführung in der Korrespondenz mit dem Landesbeauftragten für den Datenschutz,

– Führung des Verzeichnisses automatisiert geführter Verfahren[17] für die Gesamtverwaltung und Gewährung von Einsicht durch berechtigte Personen.[18] Zweckmäßig ist es, ein solches Verzeichnis programmgesteuert zu führen, damit Aktualität und Vollständigkeit besser gewährleistet werden können,

– Beteiligung bei Planung, Entwicklung (sog. *Vorabkontrolle*), Einführung und Betrieb von IT-Verfahren zur Verarbeitung personenbezogener Daten (z.B. Beratung und Mitarbeit bei der Erstellung einer Risikoanalyse,[19] Abschätzung der Folgen und Prüfung der rechtlichen Zulässigkeit des Verfah-

---

[14] § 32a DSG NRW; § 5 HDSG (v. 11.11.1986); § 10 LDSG B-W; Art. 24 DSG Bay; § 19 DSG Bln; § 7a DSG Bbg; § 10a DSG Hbg; § 11 DSG R-Pf; § 10 DSG Schl-H; § 11 SächsDSG. Siehe dazu *Zilkens*, Behördlicher Datenschutzbeauftragter, RDV 2001, 128 ff., 129.

[15] Bezüglich der Personalvertretung besteht nur eine Beratungspflicht (§§ 32a Abs. 1, S. 8 i.V.m. S. 5 DSG NRW, 65 Abs. 4 LPVG NRW); eine Überwachungs- und Kontrollbefugnis hingegen sieht das Gesetz im Einklang mit der Rechtsprechung (z.B. *BAG*, Beschl. v. 11.11.1997, NJW 1998, 2466 ff.) nicht vor.

[16] Die Überwachung des Arbeitnehmer-Datenschutzes (§ 29 DSG NRW) gehört zudem zu den allgemeinen Aufgaben der Personalvertretung gemäß § 64 Nr. 2 LPVG NRW.

[17] Der Verfahrensbegriff ist der gleiche wie in § 4 Abs. 2 DSG NRW: In automatisierten Verfahren können Auswertungen selbsttätig ablaufen. Kein Verfahren in diesem Sinne ist sog. Bürokommunikations-Standardsoftware wie z.B. die Office-Produkte von Microsoft.

[18] Gemäß § 32a Abs. 3 DSG NRW.

[19] Siehe dazu die IT-Grundschutz-Kataloge des Bundesamtes für Sicherheit in der Informationstechnik (BSI): https://www.bsi.bund.de/cln_156/DE/Themen/ITGrundschutz/StartseiteITGrundschutz/startseiteitgrundschutz_node.html.

rens); Zusammenarbeit mit der Fachkraft für IT-Sicherheit,[20] soweit bestellt; Beteiligung bei der Erarbeitung von Konzepten zur Datensicherheit im IT-Bereich,[21]

- Durchführung von sog. Datenschutzaudits (Prüfung und Bewertung von Datenschutzkonzepten durch unabhängige Gutachten, ggfs. auch deren Veröffentlichung),[22]

- Mitwirkung in Projekten mit datenschutzrelevanten Komponenten, insbesondere bei der Erarbeitung von Dienstvereinbarungen sowie von Satzungen[23] und internen Regelungen wie z.B. Geschäftsordnungen, Geschäftsanweisungen, Dienstanweisungen, Richtlinien, Runderlassen oder Rundschreiben,

- Mitwirkung bei der Entwicklung von Formularen und Makros, mit denen personenbezogene Daten verarbeitet (v. a. erhoben und übermittelt) werden, und bei der Formulierung von Verträgen, deren Gegenstand die Verarbeitung personenbezogener Daten ist (z.B. Datenverarbeitung im Auftrag),

- Überwachung der Fachbereiche auf die Einhaltung der Vorgaben zu Datenschutz und Datensicherheit; ggf. Auswertung von Protokolldateien; Überwachung von Auftragnehmern im Rahmen von Datenverarbeitung im Auftrag,

- Teilnahme an internen Arbeitskreisen; Vertretung der öffentlichen Stelle in externen Arbeitskreisen und Gremien,

- Entwicklung von Schulungskonzepten und Durchführung von Schulungen zu datenschutzrechtlichen Themen, ggf. in Zusammenarbeit mit anderen Stellen,

- Mitwirkung bei der *Öffentlichkeitsarbeit* der Verwaltungsspitze.

---

[20] Nach den Vorgaben des BSI sollte die Fachkraft für IT-Sicherheit unmittelbar der Leitung der öffentlichen Stelle unterstellt sein. In der Praxis ist die Überschneidung der Aufgabenfelder des Datenschutzbeauftragten einerseits und der IT-Fachkraft andererseits zur Vermeidung von Reibungsverlusten zu harmonisieren.

[21] Als Beispiel sei eine kommunale Organisationseinheit (z.B. im Kulturbereich) genannt, deren IT-gestützte Verarbeitung von Kunden- und Beschäftigtendaten (Abonnenten, Künstler etc.) durch ein vorabkontrolliertes Verfahren abgewickelt wird, die ein differenziertes Zugriffskonzept aufgestellt hat, die Maßnahmen zur Sicherstellung der Verfügbarkeit ihrer Daten getroffen hat etc.

[22] In § 10a DSG NRW schon vorgesehen, jedoch bisher nur in S-H gesetzlich konkretisiert.

[23] Aufgrund der allgemeinen kommunalen Satzungsbefugnis nach § 7 GO NRW oder aufgrund sondergesetzlicher Normen, z.B. im BauGB oder im KAG NRW; siehe dazu *Burgi*, in: Dietlein/Burgi/Hellermann, Öffentliches Recht in NRW, 3. Aufl. 2009, § 2 Rn. 290 ff.; *Tettinger/Erbguth/Mann*, Besonderes VerwaltungsR, 9. Aufl. 2007, Rn. 216 ff.

Diese Aufgaben gibt das Gesetz nicht im Einzelnen vor; sie sind sinnvoller- 650
weise als individuelle Lösung für die öffentliche Stelle in einer Dienstanweisung oder *Geschäftsordnung Datenschutz* zu konkretisieren. Der Aufgabenschwerpunkt liegt bei den unterstützenden und beratenden Tätigkeiten. Der behördliche Datenschutzbeauftragte versteht sich in erster Linie als Partner aller Behördenbediensteten. Erst in zweiter Linie kommt die Kontroll- und Überwachungsfunktion zum Tragen. Diese ist für eine umfassende Sicherstellung des Datenschutzes zwar unumgänglich, kann aber bei entsprechend guter und vertrauensvoller Zusammenarbeit bei der Planung und Realisierung der Vorhaben flexibel gehandhabt werden („so viel Unterstützung und Beratung wie möglich, so viel Kontrolle wie nötig"). Der dritte Aspekt ist der Außenkontakt zu den Bürgerinnen und Bürgern, z.B. im Zusammenhang mit der Führung des Verfahrensverzeichnisses, das grundsätzlich von jeder Person unentgeltlich eingesehen werden kann, oder als Ansprechpartner für Beschwerden oder Eingaben.

Zum Aufgabenspektrum des behördlichen Datenschutzbeauftragten gehört grundsätzlich auch die Planung und regelmäßige Durchführung von Fortbildungsveranstaltungen.

b) Befugnisse

Dem Datenschutzbeauftragten ist zur Durchführung seiner Aufgaben Zugang 651
zu allen Räumen und Einsicht in alle Akten und Dateien zu gewähren; die Einsicht in Personalakten bedarf dabei grundsätzlich der Zustimmung des Betroffenen.[24] Das gilt ebenfalls für die Akteneinsicht des Personalrates in Personalakten, ist hier jedoch normenklar geregelt.[25] Andere Einsichtsverbote können sondergesetzlich bestehen.[26] Stellt der Datenschutzbeauftragte Verstöße gegen Vorgaben zu Datenschutz und Datensicherheit fest, kann er diese beanstanden und den betroffenen Fachbereich zu einer Stellungnahme auffordern; mit der Beanstandung können Vorschläge zur Beseitigung der Mängel und zur sonstigen Verbesserung des Datenschutzes verbunden werden.

c) Unterrichtungspflicht der Organisationseinheiten

Der Datenschutzbeauftragte ist aus allen Anlässen, die Gesetze, Rechtsvor- 652
schriften und verwaltungsinterne Regelungen – soweit sie die Verarbeitung

---

[24] Z.B. RdErl. IM NRW, MinBl. NRW 2001, 50ff., 51 Ziffer 2 klar; *HessLfD*, 28. Tätigkeitsbericht, Kap. 3.31.
[25] § 65 Abs. 3 Satz 1 LPVG NRW.
[26] Zu nach § 203 StGB geheimnisgeschützten Daten (ärztliche Unterlagen, Beihilfeakten) *HessLfD*, 28. Tätigkeitsbericht, Kap. 3.32. Siehe auch *Stähler/Pohler*, DSG NRW, 3. Aufl. 2003, Erl. § 32 a Rn. 3. Im Standesamtsbereich und bei Sicherheitsvorgängen können ebenfalls vorrangige Hinderungsgründe bestehen.

personenbezogener Daten betreffen – festlegen, insbesondere bei Vorhaben von Software-Einsatz, Datenverarbeitung im Auftrag, Outsourcing (Funktionsübergang) oder Fremdnutzung zu übermittelnder Daten, sowohl vom IT-Bereich als auch vom betroffenen Fachbereich aktuell unaufgefordert, rechtzeitig und umfassend zu informieren.[27]

d) Organisatorische und fachliche Anbindung

653 Der Datenschutzbeauftragte ist organisatorisch der Verwaltungsspitze zugeordnet und aus der Über-/Unterordnungsstruktur des normalen Verwaltungsaufbaus herausgenommen.[28] In dieser Eigenständigkeit kann er seine Aufgaben effektiv erfüllen. Die öffentliche Stelle und alle ihre verantwortlichen Organisationseinheiten sind verpflichtet, ihn in seiner Tätigkeit zu unterstützen. Der Datenschutzbeauftragte ist an Weisungen nicht gebunden. Wegen der Erfüllung seiner Aufgaben darf er nicht benachteiligt werden.[29]

e) Datenschutz-Service für andere Stellen

654 Die Zuständigkeit eines *bDSB* kann durch Abschluss einer öffentlich-rechtlichen Vereinbarung vertraglich ausgeweitet werden.[30] In Betracht kommt seitens einer öffentlichen Stelle eine Aufgabenwahrnehmung für benachbarte kleinere Kommunen, für kommunale Schulen oder für privatrechtliche Unternehmen mit kommunaler Beteiligung. Es wäre in diesem Zusammenhang durchaus ein Kompetenzzentrum „Kommunaler Datenschutz" auf regionaler Ebene denkbar, ohne dass es für diesen Datenschutz-Service einer Genehmigung des *LDI* bedürfte.

f) Persönliche Voraussetzungen

655 Das Erfordernis der *Sachkunde*[31] wird erfüllt, wenn der Datenschutzbeauftragte dem Organisations- oder Rechtsbereich angehört. Er muss über organi-

---

[27] Es empfiehlt sich in der Praxis sehr, diese Unterrichtungspflicht verwaltungsintern schriftlich festzulegen, da in der Praxis die Gefahr besteht, dass dem Datenschutzbeauftragten Informationen vorenthalten werden.
[28] Das Gesetz spricht in § 32a Abs. 2 DSG NRW von „Leitung der öffentlichen Stelle," und lässt damit Raum für unterschiedliche organisatorische Lösungen, wenn die Leitung eine Personenmehrheit ist, z.B. bei einer Kommune der Verwaltungsvorstand; § 70 GO NRW. Gesetzesintention war jedoch die geschlechtsneutrale Formulierung der Spitzenfunktion. Damit ist eine Anbindung an *den Leiter oder die Leiterin* der öffentlichen Stelle vorzunehmen; genauso § 10 Abs. 3 Satz 1 LDSG S-H. v. 09.02.2000; siehe auch RdErl. IM NRW, MBl. NRW 2001, 50 ff., (SMBl. 20026).
[29] § 32a Abs. 2 Satz 2 DSG NRW.
[30] Gemäß §§ 32a Abs. 1 DSG NRW, 4f Abs. 2 BDSG.
[31] § 32a Abs. 1 Satz 2 DSG NRW.

satorische, technische und rechtliche Kenntnisse verfügen, Fachverstand besitzen und sich bei der Behördenleitung durchsetzen können.[32] Zur Vermeidung von Interessenkollisionen[33] dürfen ihm gleichzeitig andere Aufgaben in der Verwaltung nur übertragen werden, wenn diese es nicht erschweren oder verhindern, dass der Datenschutz gewahrt wird.[34] Er kann Personalratsmitglied sein;[35] der Personalratsvorsitz sollte allerdings nicht gleichzeitig ausgeübt werden. Ferner unterliegen folgende Aufgaben einer derartigen Unvereinbarkeit:

- Mitarbeiter, die überwiegend mit Personalangelegenheiten befasst sind
- Mitarbeiter aus dem IT-Bereich
- Geheimschutzbeauftragte.

2. Dezentrale Unterstützung datenschutzgerechten Handelns

Unabhängig von der Größe einer öffentlichen Stelle[36] lässt sich der Datenschutz nur im Fachbereich selbst verantwortlich[37] unterstützen. Dem Datenschutzbeauftragten kommt lediglich die Funktion zu, diese dezentrale Aufgabenerfüllung ggfs. beratend zu begleiten. So empfiehlt es sich, ein System dezentraler Verantwortlichkeit zu implantieren, in dem die Leitungen der Fachbereiche in ihrer Zuständigkeit und Verantwortlichkeit für den Datenschutz mindestens einer Person die Aufgabe übertragen, die Vorgaben des Datenschutzes vor Ort umzusetzen und die dazu erforderlichen technischen und organisatorischen Maßnahmen zur Datensicherheit zu veranlassen. Das Aufgabenvolumen und der Stelleninhalt richten sich insoweit nach Größe und Aufgabe der Organisationseinheit. Für die Aufgabenerfüllung nach dem Sozialgesetzbuch ergibt sich eine eigene Verpflichtung zur Bestellung eines fachbereichsinternen Datenschutzbeauftragten,[38] für den Krankenhausbereich

656

---

[32] Hinzu kommt das Kriterium der *Zuverlässigkeit*; dazu etwa *Giesen*, Die Zuverlässigkeit interner Datenschutzbeauftragter, CR 2007, 202 ff. (203).
[33] § 32a Abs. 2 Satz 3 DSG NRW.
[34] *Rieger*, a.a.O., S. 523 (525).
[35] *Stähler/Pohler*, a.a.O., § 32a Rn. 3; *Simitis*, in: Simitis (hg.), BDSG-Kommentar, 6. Aufl. 2006, § 4f Rn. 108 bei Fn. 204 m.w.N.: Das Ganze ist **streitig** und hängt der tatsächlichen Überschneidung der Aufgabenbereiche im konkreten Einzelfall ab; siehe auch *Gola/Schomerus*, BDSG–Kommentar, 10. Aufl. 2010, § 4f Rn. 28).
[36] Kleinere öffentliche Stellen können Datenschutzbeauftragte bestellen, die ihre Funktion nur mit einem Bruchteil ihrer Arbeitskraft ausüben. Hier ist aber darauf zu achten, dass diese Personen, wenn sie im Übrigen in Bereichen wie Rechnungsprüfung, Personal, Organisation oder Recht beschäftigt sind, dort keine Tätigkeit ausüben, die mit ihrer Datenschutzbeauftragten-Funktion unvereinbar ist.
[37] Eine zentral angesiedelte Verantwortung für die gesetzeskonforme Verarbeitung personenbezogener Daten dürfte sich in der Praxis kaum durchführen lassen.
[38] §§ 81 Abs. 4 SGB X, 4f Abs. 1 BDSG.

ebenfalls.³⁹ Unternehmen, die unter Beteiligung der öffentlichen Stelle in privatrechtlicher Rechtsform geführt werden, haben nach anderen Vorgaben einen Datenschutzbeauftragten zu bestellen.⁴⁰ Diese Person sollte zur Vermeidung von Interessenkonflikten nicht Systemadministrator sein. Sie ist Ansprechperson des Fachbereichs für Belange des Datenschutzes und wird dem Datenschutzbeauftragten gemeldet.⁴¹ Im Einzelfall kann es sinnvoll sein, die Aufgabenwahrnehmung zwischen Datenschutzbeauftragtem und fachbereichsinterner Datenschutz-Fachkraft per verwaltungsinterner Regelung voneinander abzugrenzen.

3. Der Beauftragte für IT-Sicherheit

657 Die Einrichtung der Funktion des Beauftragten für *IT-Sicherheit* wird durch das Bundesamt für Sicherheit und Informationstechnik (*BSI*) empfohlen.⁴² Er berät die Verwaltung in Fragen der *IT-Sicherheit* und entwickelt Rahmen- und Teilkonzepte dazu. In diesem Zusammenhang schlägt er strategische und operationale Maßnahmen vor, die der sicheren Aufgabenerfüllung auf elektronischem Wege dienen sollen. Zudem prüft und kontrolliert er die Umsetzung dieser Maßnahmen und entwickelt Schulungskonzepte zum Thema *IT-Sicherheit*. Seine Zusammenarbeit mit dem behördlichen Datenschutzbeauftragten ist reibungslos zu gestalten; wegen der großen Überschneidung mit den Aufgaben der *Datensicherheit*⁴³ empfiehlt sich grundsätzlich die organisatorische Anbindung in einer gemeinsamen Organisationseinheit.

4. Aufgaben in Querschnittsbereichen, die besonders den Datenschutz berühren

658 In Querschnittsbereichen der öffentlichen Stelle berühren einige Aufgaben besonders den Datenschutz, wobei die nachfolgende Aufzählung nur beispielhaft ist:

– Die Führung der zentralen Abrechnungsdatei der Beschäftigten und das Anlegen, Verwalten, Führen und Vernichten (Tilgen) von Personalakten oder Teilen davon muss den Vorgaben zum Datenschutz⁴⁴ entsprechen.

---

³⁹ Z.B. § 12 GDSG NRW; in anderen Ländern ergibt sich dies z.T. aus den Krankenhausgesetzen.
⁴⁰ § 4f Abs. 1 BDSG.
⁴¹ Dies gilt auch für eigenständige Stellen außerhalb der Kommune, wenn eine Kooperation mit dem Datenschutzbeauftragten der öffentlichen Stelle vereinbart ist; das kann sich aus Gründen der Bündelung der Sachkunde anbieten.
⁴² https://www.bsi.bund.de/ContentBSI/grundschutz/kataloge/m/m02/m02193.html.
⁴³ Dazu Kap. 14 I.
⁴⁴ Z.B. §§ 84ff. LBG NRW etc.

– Bei der Begründung von Beschäftigungs- und Ausbildungsverhältnissen werden nicht in einem öffentlichrechtlichen Dienstverhältnis stehende Personen nach dem Verpflichtungsgesetz förmlich verpflichtet.
– Bei Verstößen gegen Vorgaben zum Datenschutz können arbeitsrechtliche Maßnahmen, bei Beamtinnen und Beamten disziplinarrechtliche Schritte eingeleitet werden.
– Im Rahmen seiner Beteiligung an Entwicklung und Einsatz automatisierter Verfahren ist der IT-Bereich für die Gewährleistung von IT-Sicherheit[45] durch technische und organisatorische Maßnahmen nach den Vorgaben des Bundesamtes für Sicherheit in der Informationstechnik (BSI) zuständig und verantwortlich. Für diese Aufgabe kann eine Fachkraft für IT-Sicherheit[46] bestellt werden.
– Verträge, mit denen die Verarbeitung personenbezogener Daten ausgelagert wird, müssen so gestaltet werden, dass Datenschutzbelange gewahrt werden.[47]
– Software muss den Anforderungen des Datenschutzrechts des Landes NRW entsprechen. Ein Datenschutzzertifikat oder eine externe Datenschutzauditierung ist erwünscht.[48] Im Rahmen von Beschaffungen datenschutzrelevanter Produkte und Verfahren müssen die Bieter mit der Angebotsabgabe schriftlich zusichern, dass ihre Software die Datenschutzanforderungen schon erfüllt oder in der Endfassung erfüllen wird.[49] Vergabeverfahren, die der Beschaffung datenschutzrelevanter Produkte oder Verfahren dienen, sowie die diesen zu Grunde liegenden Liefer- und/oder Dienstleistungsverträge sind so zu gestalten, dass der vergebenden Kommune das Recht eingeräumt wird, auf Kosten des Auftragnehmers die Vereinbarkeit der Software mit den Vorschriften über Datenschutz und Datensicherheit in einem extern durchzuführenden förmlichen Verfahren (Datenschutzaudit) überprüfen zu lassen, soweit nicht dem bDSB aufgrund der vom Auftragnehmer mitgelieferten Informationen eine Überprüfung der Software mit vertretbarem Aufwand ohne weiteres möglich ist.[50] Für den Fall, dass das Datenschutzaudit oder die Vorabkontrolle negativ ausfallen, behält sich die vergebende Kommune in den betroffenen Liefer- und/oder Dienstleistungsverträgen Rechte wie Nachbesserung, Kündigung, Rücktritt und Vertragsstrafe vor.

659

---

[45] § 2 Abs. 2 BSI-Gesetz.
[46] Es empfiehlt sich, diese Regelungen in einer Dienstanweisung/Geschäftsordnung zu treffen.
[47] § 11 DSG NRW.
[48] § 4 Abs. 2 Satz 2 DSG NRW; § 4 Abs. 2 DSG S-H i.V.m. der Datenschutzaudit-Verordnung S-H.
[49] § 97 Abs. 4 GWB.
[50] Im Rahmen der *Vorabkontrolle* nach §§ 10, 8 DSG NRW.

- Rechtsfragen, die den Datenschutz wesentlich berühren, sollten in der ausschließlichen Zuständigkeit des Datenschutzbeauftragten beantwortet werden, wenn dieser eine juristische Ausbildung besitzt.[51] Die Bearbeitung von Strafanzeigen, Strafanträgen und Schadensersatzansprüchen sowie die Einleitung von Ordnungswidrigkeitenverfahren im Zusammenhang mit Verstößen gegen datenschutzrechtliche Vorgaben sollten in der Zuständigkeit und Verantwortlichkeit des Rechtsamtes verbleiben.

- Vergaben und Aufträge erteilende Fachbereiche weisen Bieter bzw. Auftragnehmer auf das Datengeheimnis hin und verpflichten sie zur Verschwiegenheit, soweit im Rahmen zu erteilender Vergaben und Aufträge personenbezogene Daten verarbeitet werden sollen. Werden bei zentralen Vergaben personenbezogene Daten von mehreren Stellen verarbeitet, so ist die Beachtung der Vorgaben zu Datenschutz und Datensicherheit durch alle beteiligten Stellen sicherzustellen. Der auftraggebenden öffentlichen Stelle sowie dem *LDI* muss die Möglichkeit eingeräumt werden, die Einhaltung der Vorgaben zu Datenschutz und Datensicherheit zu kontrollieren. Auftragnehmer, die im Hinblick auf die Vorgaben des Datenschutzes nicht geeignet erscheinen, sind von den Vergaben und Aufträgen auszuschließen.

In den genannten Bereichen ist der Datenschutzbeauftragte besonders aufgefordert, die Aufgabenerfüllung zu begleiten.

5. Fachbereichsinterne Systemadministration

660 Fachbereichsintern setzt die Systemadministration die Vorgaben des technischen Datenschutzes nach Weisung der fachbereichsinternen Datenschutz-Fachkraft um (z.B. von Passwörtern etc.). Sie unterstützt den Datenschutzbeauftragten bei der Führung des Verfahrensverzeichnisses. Generell darf die Systemadministration den Inhalt von Dateien weder lesen noch auswerten oder verändern. Ausnahmen zur Missbrauchskontrolle sollten durch organisatorische Regelung festgelegt werden.

6. Tätigkeitsbericht

661 Die Praxis hat gezeigt, dass es sich nicht empfiehlt, dem behördlichen Datenschutzbeauftragten intern die Verpflichtung aufzuerlegen, in festgelegten Abständen Tätigkeitsberichte anzufertigen.[52] Dies bindet in erheblichem Umfang Arbeitspotential, ohne dass daraus für die Aufgabenerfüllung nützliche Effekte

---

[51] Ggfs. kann das Justiziariat vom behördlichen Datenschutzbeauftragten mit der Klärung von Rechtsfragen beauftragt werden.
[52] Näher zum Thema: *v. Lewinski*, Tätigkeitsberichte im Datenschutz, RDV 2004, 163 ff.

entstehen.⁵³ Solche Berichte sind schon deshalb entbehrlich, weil sie nicht dem Auffinden von Informationen dienen (und sich dazu i.d.R. auch nicht eignen), sondern nur eine Existenzrechtfertigungsfunktion erfüllen, deren es unter keinem Aspekt bedarf.

7. Kommunale Eigenbetriebe und eigenbetriebsähnliche Einrichtungen

In Ansehung der Verpflichtung, einen behördlichen Datenschutzbeauftragten und einen Stellvertreter zu bestellen, gelten kommunale Eigenbetriebe und wie Eigenbetriebe geführte Einrichtungen als *öffentliche* Stellen.⁵⁴ Dagegen werden Tochterunternehmen, die in privatrechtlicher Rechtsform geführt werden, als *nicht öffentliche* Stellen behandelt.⁵⁵   662

8. Schulen

Schulen in kommunaler Trägerschaft gelten als öffentliche Stellen,⁵⁶ soweit sie in inneren Schulangelegenheiten personenbezogene Daten verarbeiten. Daher gilt die Pflicht zur Bestellung eines behördlichen Datenschutzbeauftragten auch für sie. Verantwortlich ist der Schulleiter.⁵⁷ Durch Rechtsverordnung des Landes anzuordnen, dass der kommunale Datenschutzbeauftragte auch für Schulen in kommunaler Trägerschaft zuständig sein soll, wäre nur möglich, wenn zugleich die Aufbringung der Mittel dafür geregelt werden würde.⁵⁸ In der Praxis wird sich ein angemessenes Datenschutzniveau in Schulen erst herstellen und beibehalten lassen, wenn es gelingt, über die rein formelle Überbürdung der Funktion des behördlichen Datenschutzbeauftragten an ein Mitglied des Lehrerkollegiums hinaus ein entsprechendes Bewusstsein auf breiter Basis bei allen verantwortlichen Personen zu schaffen.   663

II. Allgemeine Datenschutzaufsicht

Nach der Rechtsprechung des *BVerfG*⁵⁹ ist wesentliche Voraussetzung für eine wirksame Kontrolle des Datenschutzes die Bestellung unabhängiger Daten-   664

---

⁵³ Es wurde zu Recht darauf verzichtet, eine Berichtspflicht in § 32a DSG NRW aufzunehmen.
⁵⁴ In NRW nimmt die Sondervorschrift für kommunale Eigenbetriebe (§ 2 Abs. 2 DSG NRW) ausdrücklich auf § 32a DSG NRW Bezug. Auch ein eigenes Verfahrensverzeichnis gemäß § 8 DSG NRW ist zu führen.
⁵⁵ Es gelten deshalb §§ 4f, 4g BDSG.
⁵⁶ I.S. z.B. des § 2 Abs. 2 Satz 3 DSG NRW.
⁵⁷ Die Bestellung wird in NRW durch § 1 Abs. 6 VO DV II i.d.F. v. 20.12.2006 (bzgl. Lehrerdaten) und durch § 1 Abs. 3 Satz 2 VO DV I i.d.F. v. 14.06.2007 (bzgl. Schüler- und Elterndaten) vorgeschrieben. Beide Verordnungen sind unter SGV. NRW. 223 zu finden.
⁵⁸ Z.B. § 3 Abs. 4 GO NRW.
⁵⁹ Volkszählungsurteil des *BVerfG*, Urt. v. 15.12.1983 – Az: 1 BvR 209/83, Rn. 193.

schutzbeauftragter. Nur so wird der Bedeutung des Rechts auf informationelle Selbstbestimmung hinreichend Rechnung getragen. Die obersten Landesbehörden, die Gemeinden und Gemeindeverbände sowie die juristischen Personen des öffentlichen Rechts und deren Vereinigungen setzen den Datenschutz in eigener Verantwortung um.[60] Im nicht-öffentlichen Bereich gilt dies in gleicher Weise für die Unternehmen der Privatwirtschaft. Über die Einhaltung der Datenschutzvorschriften im öffentlichen Bereich wacht der Landesbeauftragte für den Datenschutz[61] als Aufsichtsbehörde.[62] Die Aufsicht über den nicht-öffentlichen Bereich ist von den Ländern im Hinblick auf die Zuständigkeit unterschiedlich ausgestaltet.[63]

1. Der öffentliche Bereich

665 Der Kontrolle des *LDI* unterliegen zunächst alle öffentlichen Stellen;[64] darüber wird alle zwei Jahre dem Landtag berichtet.[65] Davon ausgenommen sind die Gerichte im Rahmen ihrer rechtsprechenden Tätigkeit und – auf Grund spezieller Regelung –[66] der Westdeutsche Rundfunk. Auch kommunale Eigenbetriebe und der Aufsicht des Landes unterstehende juristische Personen des öffentlichen Rechts, die am Wettbewerb teilnehmen,[67] werden vom LDI überwacht. Nicht öffentliche Stellen, die im Rahmen von Auftragsdatenverarbeitung für öffentliche Stellen tätig werden, werden vom *LDI* kontrolliert, nachdem sie sich dieser Kontrolle ausdrücklich unterwerfen.[68] Kontrolliert wird vorbeugend oder im Nachhinein[69], wobei das Hauptaugenmerk auf der vorbeugenden Kontrolle liegt; Verstöße sollen von vornherein vermieden wer-

---

[60] § 7 DSG NRW.
[61] In den Ländern, in denen ein IFG erlassen ist, ist der LfD zugleich Informationsbeauftragter. Das gilt auch für den BfDI.
[62] § 22 DSG NRW; § 28 LDSG B-W; Art. 30 BayDSG; § 22 NDSG; § 27 SächsDSG; § 21 HDSG.
[63] § 38 Abs. 6 BDSG i.V.m. (z.B.) § 22 Abs. 6 Satz 3 DSG NRW.
[64] §§ 2 Abs. 1 i.V.m. 22 DSG NRW.
[65] § 27 DSG NRW; § 31 Abs. 1 LDSG B-W; Art. 30 Abs. 5 BayDSG; § 22 Abs. 3 NDSG; § 30 Abs. 1 SächsDSG; § 30 HDSG.
[66] §§ 48ff. des Gesetzes über den Westdeutschen Rundfunk. Ebenso z.B. in Baden-Württemberg: Dort regelt § 38 LDSG die Bestellung und die Aufgaben des Rundfunkbeauftragten für den Datenschutz. Für den NDR wird die Bestellung eines eigenen Datenschutzbeauftragten in § 41 NDR-Staatsvertrag festgeschrieben, der von den an diesem Vertrag beteiligten Ländern im jeweiligen Landesrecht umgesetzt wurde.
[67] § 2 Abs. 2 DSG NRW.
[68] § 11 Abs. 3 DSG NRW; anders § 7 Abs. 3 und 4 LDSG B-W, wonach nur beauftragte *öffentliche* Stellen oder Personen des Privatrechts, an denen dem Land oder der Aufsicht des Landes unterstehenden juristischen Personen des öffentlichen Rechts die *Mehrheit der Anteile* gehört oder die *Mehrheit der Stimmen* zusteht.
[69] *Stähler/Pohler*, a.a.O., § 22 Erl., Rn. 2.

den. Insoweit sind insbesondere die Empfehlungen, die der *LDI* bei der Beratung der Exekutive oder im Rahmen von Gutachten gibt, von Bedeutung. Die nachgehende Kontrolle findet typischerweise dann statt, wenn eine betroffene Person sich wegen möglicher Verstöße gegen das Datenschutzrecht an ihn wendet.[70]

a) Aufgaben

Der *LDI* überwacht die Einhaltung aller Datenschutzvorschriften im Landesbereich. Insoweit beschränkt sich seine Tätigkeit auf den Bereich des Verwaltungshandelns, wozu auch der Erlass neuer Rechtsnormen zählt.[71] Im Einzelnen hat er folgende Aufgaben:[72]

666

– Beratung, Empfehlung und Beanstandung festgestellter Verletzungen von Datenschutzvorschriften[73]
– Durchführung von Kontrollbesuchen[74]
– Bearbeitung der Eingaben von Betroffenen[75]
– Berichterstattung[76]
– Kontrolle der Einhaltung der Datenschutzvorschriften im nicht öffentlichen Bereich[77]
– Erstellung von Gutachten und Stellungnahmen sowie Durchführung von Untersuchungen auf Anforderung von Landtag und Landesregierung[78]
– Zusammenarbeit mit anderen Datenschutzkontrollbehörden[79]

b) Kontrollbefugnis

Der *LDI* kann seine zentralen Aufgaben nur mit Unterstützung der Behörden und öffentlichen Stellen erfüllen. Dafür muss er umfassend informiert werden.

667

---

[70] § 25 DSG NRW; für andere Länder: § 27 LDSG B-W, Art. 9 BayDSG, § 19 NDSG, § 24 SächsDSG, § 28 HDSG.
[71] Die Beteiligung in Gesetzgebungsverfahren mit Datenschutz-Bezug sowie in Verfahren beim Erlass von Rechtsverordnungen mit Datenschutz-Bezug ist Voraussetzung für eine datenschutzgerechte Rechtsanwendung der nachgeordneten Verwaltung.
[72] Beispielhaft die Aufgabenaufzählung des Landesbeauftragten für Datenschutz und Informationsfreiheit NRW unter http://www.ldi.nrw.de/mainmenu_Ueberuns/submenu_UnsereAufgaben/index.php.
[73] §§ 22 Abs. 1 Satz 2, Abs. 3, 24 DSG NRW.
[74] § 22 Abs. 2 DSG NRW.
[75] § 25 DSG NRW.
[76] § 27 DSG NRW.
[77] § 22 Abs. 6 Satz 2 DSG NRW i.V.m. § 38 BDSG.
[78] § 22 Abs. 4 DSG NRW.
[79] § 22 Abs. 6 DSG NRW.

Die Unterstützungspflicht ist gesetzlich normiert.[80] Er erhält auf sein Verlangen alle begehrten Auskünfte. Alle Vorgänge und Aufzeichnungen, auch die nicht erwähnten Datenverarbeitungsprogramme, sind ihm zur Einsicht vorzulegen. Darüber hinaus hat der *LDI* jederzeitigen – unangemeldeten und ungehinderten – Zutritt zu *allen* Diensträumen, also auch zu solchen, die nicht ausschließlich zur Datenverarbeitung zur Verfügung stehen.

Dieses Informationsrecht unterliegt grundsätzlich keinen Einschränkungen. Eine Auskunftsverweigerung kommt nur zur Wahrung wesentlicher Interessen der Verwaltung im Hinblick auf die ordnungsgemäße Erfüllung ihrer Aufgaben in Betracht.[81] Hierfür ist dann eine schriftliche Begründung erforderlich. Damit soll sichergestellt werden, dass geheimhaltungsbedürftige Daten nicht uneingeschränkt für den externen Gebrauch zur Verfügung gestellt werden müssen, da die Behörde die Gewähr für die Vertraulichkeit dieser Daten nicht mehr übernehmen könnte. Insoweit kann jedoch auf diese Daten in den Diensträumen der öffentlichen Stelle zugegriffen werden. Auch gesetzliche Geheimhaltungsvorschriften stehen den Verpflichtungen zur Auskunfts- oder Einsichtsgewährung nicht entgegen; die Datenschutzkontrolle geht dem Geheimnisschutz grundsätzlich vor.[82]

c) Beanstandung

668 Stellt der *LDI* eine Verletzung von Vorschriften über den Datenschutz fest, so hat er – neben einer vorausgehenden Beratung – äußerstenfalls nur die Möglichkeit, den Verstoß förmlich zu beanstanden.[83] Er kann der betroffenen öffentlichen Stelle weder Weisungen erteilen, noch ihr gegenüber Zwangsmaßnahmen anordnen, da die Einhaltung des Datenschutzes der öffentlichen Stelle selbst obliegt.[84] Eine Beanstandung kann sich auf Verstöße gegen Datenschutzbestimmungen – wie z.B. auf das Fehlen der Einwilligung bei einer nicht durch Rechtsnorm erlaubten Datenverarbeitung – oder auf *sonstige Mängel* bei der Verarbeitung beziehen, die allerdings i.d.R. auch Rechtsnormverstöße bilden. Der *LDI* ist zur Beanstandung nicht nur berechtigt, sondern verpflichtet; dabei genügt es, wenn der objektive Tatbestand erfüllt ist. Voraus geht regelmäßig der Versuch, die verantwortliche Stelle zur Behebung des Verstoßes zu veran-

---

[80] § 22 Abs. 2 Satz 1 DSG NRW; die Aufzählung in § 22 Abs. 2 Satz 3 DSG NRW ist nur beispielhaft.
[81] *Stähler/Pohler*, a.a.O., § 22 Erl., Rn. 3.
[82] § 22 Abs. 2 Satz 2 DSG NRW. Auf der Ebene des Bundesrechts bestehen gesetzlich geregelte Einschränkungen für den Bereich des Art. 10 GG (Brief- Post- und Fernmeldegeheimnis), soweit dort eine Kontrolle durch die Kommission nach § 15 des Art. -10-Gesetzes stattfindet, und für den Fall des Widerspruchs des Betroffenen gegen eine Kontrolle personenbezogener Daten in Akten über die Sicherheitsprüfung.
[83] § 24 DSG NRW.
[84] § 7 DSG NRW.

lassen. Handelt es sich bei den festgestellten Mängeln um solche von untergeordneter Bedeutung, kann der *LDI* von einer Beanstandung absehen und ihre Beseitigung einfordern.[85] Ein Anspruch der betroffenen Person auf Beanstandung – insbesondere im Falle einer vorausgegangenen Eingabe – besteht nicht.[86] Die Adressaten der Beanstandung sind diejenigen Stellen, die in ihrem Bereich die datenschutzrechtliche Verantwortung tragen.[87] Die Beanstandung unterliegt zwar keiner Formvorschrift, ergeht aber wegen ihrer Bedeutung im Regelfall schriftlich. In ihr müssen die Verstöße im Einzelnen nach Ort und Zeit beschrieben und rechtlich bewertet werden. Der *LDI kann* auch gleichzeitig einen Vorschlag zur rechtmäßigen Vorgehensweise unterbreiten.[88] Er fordert zugleich zur Stellungnahme innerhalb einer angemessenen Frist auf. Widerspricht die verantwortliche Stelle oder weigert sie sich, ausreichende Maßnahmen zur Abhilfe zu treffen, so kann sich der *LDI* an die zuständige Aufsichtsbehörde[89] wenden. Im Übrigen kann der *LDI* jederzeit bei gegebenem Anlass auch den Landtag einschalten.[90]

d) Anrufung durch Bürger

Der *LDI* fungiert ferner als *Vertrauensanwalt*[91] der Bürger. Seine Anrufung 669 ist neben den formellen und formlosen Rechtsbehelfen möglich, schränkt diese aber nicht ein. Das Anrufungsrecht steht jedermann zu, der der Ansicht ist, dass ein Datenschutzverstoß vorliegt oder bevorsteht. Dies gilt unabhängig davon, ob der Bürger behauptet, in eigenen oder fremden Rechten betroffen zu sein. Auch die Staatsangehörigkeit und der Wohnsitz sind insoweit nicht von Bedeutung. Neben Rechtsverletzungen durch eine Datenverarbeitung können auch alle Verletzungen durch andere, im Zusammenhang mit der Verarbeitung stehende Aktivitäten oder Unterlassungen geltend gemacht werden, solange ein Bezug zum Recht auf informationelle Selbstbestimmung besteht. Die behauptete Rechtsverletzung kann sich auf jede Rechtsnorm mit Datenschutzcharakter stützen. Es genügt die Behauptung einer Rechtsverletzung; ob eine solche objektiv vorliegt, wird erst bei der Bearbeitung der Eingabe geprüft. Eine Rechtsverletzung muss noch nicht eingetreten sein; es genügt, wenn sie bevorsteht oder zu befürchten ist. Der *LDI* muss allen behaupteten Rechtsverstößen nachgehen, die Behörden seines Zuständigkeitsbereichs betreffen. Sind öffentliche Stellen außerhalb des Landes NRW betroffen, so leitet er die Eingabe mit

---
[85] § 24 Abs. 2 DSG NRW.
[86] *Stähler/Pohler*, a.a.O., § 24, Rn. 2.
[87] § 24 Abs. 1 Nr. 1 DSG NRW.
[88] § 24 Abs. 3 DSG NRW.
[89] § 24 Abs. 1 Satz 2 DSG NRW.
[90] § 21 Abs. 6 DSG NRW.
[91] *Stähler/Pohler*, a.a.O., § 25, Rn. 1.

Datenschutzkontrolle und Aufsicht

Benachrichtigung des Petenten an die zuständige Stelle weiter.[92] Wird der *LDI* angerufen, so ist er dazu verpflichtet, tätig zu werden, da dem Petenten ein Anspruch auf Bearbeitung zusteht. Nur so kann eine effektive Datenschutzkontrolle auch für den Bürger stattfinden. Dieser Anspruch umfasst die Entgegennahme, die sachliche Prüfung und die Bescheidung. Danach ist dem Petenten ein Bescheid zu erteilen, der das Ergebnis der Überprüfung enthält. Dieser entfaltet allerdings keine unmittelbaren Rechtswirkungen. Da die Behörde selbst zur Einhaltung der datenschutzrechtlichen Vorschriften verpflichtet ist[93] und dem *LDI* keine eigenen Mittel zur Verfügung stehen, um eine rechtmäßige Situation herzustellen, muss der Betroffene selbst gegenüber der Behörde tätig werden und seine Rechte gegebenenfalls auf dem Rechtsweg durchsetzen. Dem *LDI* steht es dabei offen, den Fall seinerseits zum Gegenstand einer Beanstandung zu machen. Wer sich an den *LDI* wendet, darf deswegen nicht benachteiligt oder von seinem Arbeitgeber/Dienstherrn gemaßregelt werden;[94] insbesondere braucht in Behörden der Dienstweg nicht eingehalten zu werden.

e) Datenschutzbericht

670 Der *LDI* hat alle zwei Jahre einen Datenschutzbericht zu erstellen, in dem er die wesentlichen Ergebnisse seiner Arbeit vorlegen kann.[95] Hierin spiegelt sich wieder, wie sich die datenschutzrechtliche Situation in Verwaltung und Wirtschaft[96] im Berichtszeitraum entwickelt hat. Sowohl positive Beispiele im Bereich des Datenschutzes als auch Beanstandungen können darin genannt werden. Auch Verbesserungsvorschläge zur Datensicherung gewinnen durch die Datenschutzberichte an Bedeutung, da sich der Gesetzgeber bei der Umsetzung neuer Gesetzesvorhaben daran orientieren kann. Aber auch die Öffentlichkeit erfährt von der datenschutzrechtlichen Lage.[97] Adressat des Berichts

---

[92] Siehe hierzu auch die Hinweise des *LDI NRW* unter: http://www.ldi.nrw.de/mainmenu_Ueberuns/submenu_UnsereAufgaben/Inhalt2/Datenschutz/Datenschutz.php.
[93] § 7 DSG NRW.
[94] § 25 Abs. 2 DSG NRW.
[95] § 27 DSG NRW.
[96] So nur dann, wenn der *LDI* zugleich für den nicht-öffentlichen Bereich zuständig ist (wie in NRW, anders z.B. gegenwärtig noch in Hessen).
[97] Bislang wurden die Datenschutzberichte als Parlamentsdrucksachen veröffentlicht. Mittlerweile ist dies nicht mehr überall der Fall. Die Tätigkeitsberichte der einzelnen Datenschutzbeauftragten sind in der Regel in elektronischer Form im Internetauftritt des jeweiligen Landesbeauftragten abrufbar, z.B. für NRW unter http://www.ldi.nrw.de/mainmenu_Service/submenu_Berichte/Inhalt/18_DIB/18__Datenschutz-_und_Informationsfreiheitsbericht.pdf, oder gesammelt im Zentralarchiv für Tätigkeitsberichte des Bundes- und der Landesbeauftragten und der übrigen Aufsichtsbehörden für den Datenschutz (ZAfTDa), abrufbar unter http://www.fh-giessen-friedberg.de/zaftda. Die Berichte dürfen aber nicht nur für Internet-Zugangsinhaber zugänglich sein. Über öffentliche Bibliotheken (und ggfs. deren Internet-Zugang) kann jedermann Einsicht nehmen.

ist die Landesregierung, die dann unmittelbar an den Landtag berichtet. So soll eine direkte Verbindung des *LDI* zur Legislative gewährleistet werden.[98]

Allerdings scheint die Sinnhaftigkeit eines Datenschutzberichts in der bisherigen Form fraglich.[99] Denn zum einen wird der Datenschutzbericht im Parlament erst *nach* einer Stellungnahme der Regierung erörtert. Daher hat die öffentliche Aufmerksamkeit schon durch die Vorlage und die Veröffentlichung erheblich abgenommen. Allerdings kann auf diese Weise die öffentliche Meinung in die Debatte einbezogen werden. Zum anderen sind mittlerweile auch für den nicht-öffentlichen Bereich Berichte vorgeschrieben.[100] Diese erscheinen neben den Datenschutzberichten meist als eigene Berichte. Zu der Berichtsflut kommen noch die Hinweise des Innenministeriums von Baden-Württemberg als Sprachrohr des *Düsseldorfer Kreises* hinzu.[101] Darüber hinaus haben die Arbeitspapiere der *Art. 29-Gruppe* an Bedeutung und Zahl zugenommen.[102] Vielfach haben Berichte des *LDI* auch ihren Charakter gewandelt: Waren sie früher als Nachschlagewerke für datenschutzgerechtes Vorgehen in beispielhaften Bereichen öffentlichen Stellen nützlich, so nehmen heute datenschutzpolitische Bekenntnisse großen Raum ein, die für die tägliche Arbeit der kommunalen Verwaltungen eher wenig hilfreich sind.[103]

f) Beauftragter für Informationsfreiheit

Neben der Kontrolle der Einhaltung des Datenschutzes ist der *LDI* in Ländern mit Informationsfreiheitsgesetzen auch mit der Sicherstellung des Rechts auf Information[104] befasst. Die diesbezügliche Aufgabenstellung entspricht derjenigen im Datenschutz.

671

2. Der nicht-öffentliche Bereich

Die Verarbeitung personenbezogener Daten im nicht-öffentlichen Bereich – also der Privatwirtschaft – richtet sich nach dem BDSG.[105] Danach ist es den

672

---

[98] Anders z.B. in Baden-Württemberg: Dort erstattet der *LfD B-W*, der nur für den öffentlichen Bereich zuständig ist, direkt dem Landtag Bericht, § 31 Abs. 1 LDSG B-W. Ebenso wird Niedersachsen verfahren, § 22 Abs. 3 NDSG.
[99] Neue Ansätze dazu bringen *v. Lewinski/Köppen*, Tätigkeitsberichte der Datenschutzbehörden, RDV 2009, 267ff.
[100] § 38 Abs. 1 Satz 5 BDSG.
[101] http://www.innenministerium.baden-wuerttemberg.de/de/Infomaterial/83471.html.
[102] http://ec.europa.eu/justice_home/fsj/privacy/workinggroup/annual_reports_de.htm.
[103] Neuerdings stellt die Fachhochschule Gießen-Friedberg im Internet ein Zentralarchiv zur Verfügung, das das in Tätigkeitsberichten der Datenschutz-Aufsichtsbehörden vorhandene Wissen suchbar und auffindbar machen will (http://www.fh-giessen-friedberg.de/zaftda/); dazu *v. Lewinski/Köppen*, RDV 2009, 267ff.
[104] §§ 13 IFG NRW; 16 IFG S-H; 14 IFG M-V; 18 IFG Bln; 11 AIG Bbg; 12 BremIFG; 1 Abs. 1 HmbIFG i.V.m. 12 IFG (Bund).
[105] § 1 Abs. 2 Nr. 3 BDSG, vorbehaltlich bereichsspezifischer Normen.

Ländern überlassen, die hierfür zuständige Datenschutzaufsichtsbehörde zu bestimmen.[106] Die Datenschutzaufsicht im nicht-öffentlichen Bereich ist für Kommunen insoweit relevant, als dass es ihnen im Rahmen der kommunalen Selbstverwaltung offensteht, ihre Aufgaben in den Rechtsformen des Privatrechts zu erfüllen. Gründet eine Kommune eine GmbH – z.B. zur Abfallentsorgung –, so unterliegt diese den Rechtsvorschriften des Privatrechts. Datenschutzaufsichtsrechtliche Fragen fallen somit ebenfalls in den nicht-öffentlichen Bereich.

In NRW umfasst diese Aufsicht zunächst sowohl die Fach- als auch die Rechtsaufsicht.[107] Zwischen dem Innenministerium NRW und dem *LDI NRW* besteht allerdings eine Vereinbarung,[108] die die Wahrnehmung der Aufsicht auf die Rechtsaufsicht beschränkt.[109] Insofern untersteht der nicht-öffentliche Bereich der Aufsicht des Innenministeriums, das gegebenenfalls Weisungen erteilen kann.[110] Aufgrund der jüngsten Rechtsprechung des *EuGH* zur Unabhängigkeit der Datenschutzaufsicht müssen allerdings diese Rechtsvorschriften und die darauf beruhende Organisation der Aufsicht angepasst werden.[111]

a) Weisungsgebundenheit und Unabhängigkeit

673 Europarechtlich ist vorgegeben, dass die Datenschutzkontrolle völlig unabhängig sein muss.[112] Darunter ist allerdings eine rein *funktionelle Unabhängigkeit* zu verstehen: Die Kontrolleure dürfen nicht von den Kontrollierten abhängig sein. Im öffentlichen Bereich ist daher die Weisungsfreiheit des *LDI* zur Vermeidung einer *In-Sich-Kontrolle* notwendig. Im nicht-öffentlichen Bereich hingegen besteht keine Identität zwischen Kontrollierenden und Kontrollier-

---

[106] § 38 Abs. 6 BDSG. Dies ist in NRW gemäß § 22 Abs. 6 DSG NRW die *LDI NRW*. So ist dies auch in Sachsen geregelt, § 30a SächsDSG. Dies kann sich in anderen Ländern allerdings anders darstellen; so ist z.B. in Hessen das Regierungspräsidium Darmstadt gemäß § 38 Abs. 6 BDSG i.V.m. § 1 Nr. 1 der VO zur Regelung der Zuständigkeiten nach dem Bundesdatenschutzgesetz und anderen Gesetzen zum Datenschutz für die Datenschutzaufsicht im nicht-öffentlichen Bereich zuständig. In Bayern ist insoweit die Regierung von Mittelfranken zuständig, § 1 DSchV (Bay).
[107] § 22 Abs. 6 Satz 3 DSG NRW.
[108] § 22 Abs. 6 Satz 7 DSG NRW.
[109] *Stähler/Pohler*, a.a.O., § 22 Erl., Rn. 6.
[110] § 22 Abs. 6 Satz 3 und 4 DSG NRW.
[111] *EuGH*, Urt. v. 09.03.2010, – 518/07 –, RDV 2010, 121 ff.
[112] Art. 28 Abs. 1 Satz 2 der EG-DSRL fordert eine „völlige Unabhängigkeit" der Datenschutzkontrolle. Dies ist auch in Art. 77a Verf NRW festgeschrieben. Der EuGH hat festgestellt, dass diese Vorgabe in deutsches Recht (BDSG, Landes-DSG) mangelhaft umgesetzt ist und insofern gegen EU-Recht verstoßen wurde (EuGH, Urt. v. 09.03.2010 – C 518/07 –).

ten, so dass die dort bestehende Weisungsgebundenheit dem Unabhängigkeitsgebot nicht widerspricht. Ohne staatliche Aufsicht über die Datenschutzkonformität privatwirtschaftlichen Handelns entstünde ein ministerialfreier Raum. Dies ist aber wegen der Bedeutung des Datenschutzes nicht mit dem Demokratieprinzip und dem Gewaltenteilungsgrundsatz vereinbar.[113] Auch wegen der massiven Eingriffsrechte darf dieser Bereich nicht der Regierungsverantwortung entzogen sein. Dieses Ergebnis wird durch die Entstehungsgeschichte der DSRL bestätigt. Im Gegensatz zu früheren Formulierungen, die von einer „unabhängigen staatlichen" Behörde sprachen, bezieht die jetzige Fassung die Unabhängigkeit eindeutig auf die Wahrnehmung der zugewiesenen Aufgaben und soll nur die *fachliche* Unabhängigkeit der Kontrolle gewährleisten. Diese Interpretation wird dadurch gestützt, dass in Nr. 49 der Erwägungsgründe[114] der interne Datenschutzbeauftragte, der unstreitig keine institutionelle Unabhängigkeit besitzt, ebenfalls seine Aufgabe in völliger Unabhängigkeit ausüben können soll.

b) Datenschutzkontrolle

Die Aufsichtsbehörde kontrolliert im nicht-öffentlichen Bereich die Umsetzung der datenschutzrechtlichen Vorgaben, soweit diese die automatisierte oder nicht automatisierte Verarbeitung oder Nutzung personenbezogener Daten regeln.[115] Sie führt ferner ein öffentlich einsehbares Register für meldepflichtige Datenverarbeitungsvorgänge.[116] Da allerdings die Vor-abkontrolle im Falle der Bestellungspflicht eines betrieblichen Datenschutzbeauftragten auf diesen vorverlagert wurde, bestehen Meldepflichten nur für Betriebe, die keinen betrieblichen Datenschutzbeauftragten bestellt haben und bestimmte Grenzen überschreiten.[117] Das Register ist damit nicht umfangreich. Auch Kontrollbesuche fallen in den Aufgabenbereich der Datenschutzaufsicht im nicht-öffentlichen Bereich.[118] Ferner wird auch hier alle zwei Jahre ein Tätigkeitsbericht angefertigt, der die Kontrolltätigkeit im nicht-öffentlichen Bereich umfasst. Die Datenschutzaufsichtsbehörde unterstützt schließlich die betrieblichen Datenschutzbeauftragten und wirkt bei der Erstellung eines Sicherheitskonzepts im Rahmen einer Vorabkontrolle zur Vermeidung möglicher Gefahren mit.

674

---

[113] *BVerfG*, Urt. v. 27.04.1959, Az: 2 BvF 2/58, Rn. 64.
[114] Zu finden unter: http://www.dsk.gv.at/31995L0046de. htm; darin heißt es: „Ein solcher Beauftragter, ob Angestellter des für die Verarbeitung Verantwortlichen oder externer Beauftragter, muss seine Aufgaben in vollständiger Unabhängigkeit ausüben können."
[115] § 38 Abs. 1 Satz 1 BDSG.
[116] §§ 38 Abs. 2, 4d, 4e BDSG.
[117] § 4d Abs. 2 bis 4 BDSG.
[118] *Seiffert*, Datenschutzprüfung durch die Aufsichtsbehörden, 2. Aufl. 2009, S. 28 ff.

c) Sanktionsmöglichkeiten

675 Der Gesetzgeber räumt der Aufsichtsbehörde umfassende Anordnungs- und Untersagungsrechte ein. Sie kann Maßnahmen *anordnen*, um Verstöße gegen Datenschutzbestimmungen zu beseitigen.[119] Wiegen solche Verstöße besonders schwer, so kann sie darüber hinaus eine Datenverarbeitung *untersagen*, wenn die Beseitigungsanordnung nicht erfolgreich war.[120] Ferner darf die Aufsichtsbehörde einen Verstoß gegen Datenschutzrecht dem Betroffenen und anderen für die Verfolgung und Ahndung zuständigen Stellen *anzeigen*;[121] dazu zählt auch die Leitung der verantwortlichen Stelle als Arbeitgeber, die zur Ahndung von Datenschutzverstößen ihrer Mitarbeiter zuständig ist.[122] Die Aufsichtsbehörde kann die Abberufung des betrieblichen Datenschutzbeauftragten verlangen,[123] wenn bei Kontrollen die Unzuverlässigkeit oder die fehlende Fachkunde des Datenschutzbeauftragten festgestellt wird. Das Abberufungsverlangen ist ein Verwaltungsakt, gegen den die verantwortliche Stelle oder der betroffene betriebliche Datenschutzbeauftragte Widerspruch einlegen können.[124] Der Aufsichtbehörde steht neben dem Betroffenen, der verantwortlichen Stelle und dem *BfDI* ein eigenes Strafantragsrecht zu.[125]

3. Der Bundesbeauftragte für Datenschutz und Informationsfreiheit
a) Amt

676 Der *BfDI* wird auf Vorschlag der Bundesregierung durch den Bundestag gewählt und danach durch den Bundespräsidenten ernannt. Voraussetzung für die Inhaberschaft dieses Amtes ist neben dem Lebensalter[126] die allgemeine Befähigung zur Bekleidung öffentlicher Ämter. Die Amtszeit beträgt fünf Jahre, nach der eine einmalige Wiederwahl möglich ist.[127] So soll einerseits gewährleistet sein, dass die Tätigkeit für den Amtsinhaber nicht zur Routine wird. Andererseits stellt die Höchstdauer von zehn Jahren einen angemessenen Zeitraum dar, in dem diese Tätigkeit kontinuierlich ausgeübt werden sollte. Für das Amt besteht eine Unvereinbarkeit mit anderen Ämtern, Tätigkeiten und Funktionen.[128] Der Bundesbeauftragte ist in der Ausübung seines Amtes fachlich unabhängig und nur dem Gesetz unterworfen.[129] Er ist zur Verschwiegen-

---

[119] § 38 Abs. 5 Satz 1 BDSG.
[120] § 38 Abs. 5 Satz 2 BDSG.
[121] § 38 Abs. 1 Satz 6 BDSG.
[122] *Gola/Schomerus*, a.a.O., § 38, Rn. 11.
[123] §§ 38 Abs. 5 Satz 3 BDSG.
[124] *Weichert*, in: Däubler/Klebe/Wedde/Weichert, a.a.O., § 38, Rn. 33.
[125] § 44 Abs. 2 BDSG.
[126] Vollendung des 35. Lebensjahres.
[127] § 22 Abs. 3 BDSG.
[128] § 23 Abs. 2 BDSG.
[129] § 22 Abs. 4 Satz 2 BDSG.

heit verpflichtet[130] und untersteht der Rechtsaufsicht der Bundesregierung[131] sowie der Dienstaufsicht des Bundesministeriums des Innern.[132] Der *BfDI* verfügt über eine eigene, ebendort angebundene Dienststelle.[133] Diese gliedert sich in acht Fachreferate, deren Zuständigkeit sich auf einzelne Behörden der Bundesverwaltung oder auf Aufgabenbereiche einzelner Ressorts der Bundesregierung erstreckt.[134]

b) Aufgaben

Die Befugnisse des *BfDI* entsprechen in ihrem Inhalt für die Bundesverwaltung im Wesentlichen denjenigen, die der *LDI* für die Landesverwaltung besitzt. Danach soll der *BfDI* hauptsächlich eine Kontrolle ausüben; die Beratungsfunktion gewinnt daneben zunehmend an Bedeutung. Der Bundesbeauftragte überwacht die Einhaltung des Datenschutzes bei den öffentlichen Stellen des Bundes.[135] Er leistet einen wichtigen Beitrag zur Sicherung und Weiterentwicklung des Datenschutzes auf nationaler, europäischer und internationaler Ebene. Im Vordergrund steht die Daten- und Informationsverarbeitung aller öffentlichen Stellen des Bundes. Daneben berät und kontrolliert er auch bestimmte nicht-öffentliche Stellen wie z.B. die Telekommunikations- und die Postdienstunternehmen sowie private Unternehmen, die unter das Sicherheitsüberprüfungsgesetz fallen. Der *BfDI* hat den Deutschen Bundestag und die Öffentlichkeit über wesentliche datenschutzrelevante Entwicklungen im privatwirtschaftlichen Bereich zu unterrichten. Er berät auf Ersuchen im Rahmen von Gesetzgebungsverfahren, gibt Empfehlungen und erstellt Gutachten und Berichte.[136] Von besonderer Bedeutung ist sein Tätigkeitsbericht, den er alle zwei Jahre für den Deutschen Bundestag erstellt.[137] Schließlich wirkt der Bundesbeauftragte in nationalen, europäischen und internationalen Gremien, Konferenzen und Arbeitskreisen mit. Hierzu gehören zum Beispiel die sog. *Artikel-29-Datenschutzgruppe* der Europäischen Union und die Aufsichtsgremien von Europol und Schengen.

677

Jedermann kann sich an den *BfDI* wenden, wenn er der Auffassung ist, dass die von ihm kontrollierten öffentlichen und nicht-öffentlichen Stellen sein Persönlichkeitsrecht oder sein Recht auf Informationszugang nicht hinreichend beachtet haben.[138]

---

[130] *OVG NRW*, Beschl. v. 25.03.2009 – 5 B 1184/08 –, NVwZ-RR 2009, 635.
[131] § 22 Abs. 4 Satz 3 BDSG.
[132] § 22 Abs. 5 Satz 2 BDSG.
[133] § 22 Abs. 5 Satz 1 BDSG.
[134] Der Geschäftsverteilungsplan des BfDI ist abrufbar unter: http://www.bfdi.bund.de/cln_134/DE/Dienststelle/Organisation/organisation_node.html.
[135] § 24 Abs. 1 BDSG.
[136] § 26 Abs. 2 und 3 BDSG.
[137] § 26 Abs. 1 BDSG.
[138] § 21 BDSG.

KAPITEL 13
Dienstanweisung/Geschäftsordnung

I. Notwendigkeit

Nach dem Datenschutzrecht des Bundes und der Länder ist der Datenschutz insbesondere auch durch *organisatorische* Maßnahmen sicherzustellen.[1] Es handelt sich um eine der drei[2] Säulen des Datenschutzes, die zu wenig beachtet, oft gar ignoriert wird. Für den kommunalen Bereich bedeutet das: Aus der gemeindlichen Selbstverwaltung[3] resultiert als eine der sog. Gemeindehoheiten die *Organisationshoheit;* damit ist die Befugnis zur Ausgestaltung der inneren Organisation und zur Festlegung der Abläufe und Entscheidungszuständigkeiten für die Aufgabenwahrnehmung gemeint.[4] Die Organisationsgewalt ist dem Bürgermeister kraft Gesetzes zugewiesen;[5] sie kann vom Rat nur in Bezug auf die Festlegung des Geschäftskreises der Beigeordneten und die Bestellung des *allgemeinen Vertreters* beschränkt werden und stellt insoweit eine grundsätzlich unentziehbare gesetzliche Ausnahme von der Allzuständigkeit des Rates dar.[6] Im Geschäftsgang der einzelnen Gemeinde muss datenschutzgerecht gehandelt werden, der handelnde Bedienstete muss die rechtlichen und technischen Vorgaben beachten. Jeder, der personenbezogene Daten verarbeitet, ist für die Rechtmäßigkeit seines Handelns selbst verantwortlich; die Organisationsverantwortung liegt bei der Verwaltungsspitze. Die Bediensteten müssen sich an allgemeinen Regeln orientieren können, ohne in jeder auftretenden Frage den Datenschutzbeauftragten zu bemühen. Die Verwaltungsspitze kann

678

---
[1] § 9 BDSG; § 10 DSG NRW; § 9 LDSG B-W; Art. 7 BayDSG; § 7 NDSG; § 9 SächsDSG; § 5 BInGSG; § 9 LDSG R-P; § 7 SDSG; § 8 HmbDSG; § 10 HDSG; § 7 BremDSG; § 7 BbgDSG; § 9 ThürDSG; § 6 DSG-LSA; § 6 DSG M-V; § 5 LDSG S-H.
[2] Datenschutz hat eine rechtliche, eine technische und eine organisatorische Seite; siehe die *Untertitel* bei *Wohlfarth/Eiermann/Ellinghaus,* Datenschutz in der Gemeinde, 2004.
[3] Verankert in Artt. 28 Abs. 2 GG, 78 Verf NRW.
[4] Rspr.-Nachweise z.B. bei *Tettinger/Erbguth/Mann,* BesVerwR, 9. Aufl. 2007, Rn. 55 bei Fn. 30.
[5] § 62 Abs. 1 Sätze 2 u. 3 GO NRW.
[6] Im Einzelnen: *Rehn/Cronauge,* Kommentar zur GO NRW, Loseblattsammlung, 2. Aufl., Loseblatt-Ausgabe, Stand: 34. Lfg. 11/2009.

solche internen Informationen und Festlegungen in Hinweisen,[7] Rundschreiben, Richtlinien oder Mitteilungen treffen; Erlasse bzw. innerdienstliche Weisungen betreffen in der Praxis eher die Landes-, weniger die kommunale Ebene. Dabei muss der verbindliche Charakter deutlich werden, so dass sich eine grundsätzliche förmliche Regelung empfiehlt.

II. Rechtscharakter

679 Sinnvoll ist der Erlass einer Verwaltungsvorschrift[8] zur Organisation des Datenschutzes. Die Terminologie ist sehr vielfältig und in der Praxis nicht einheitlich: Es wird von Dienstanweisungen, Dienstordnungen, Anordnungen, Zuständigkeitsordnungen oder von Geschäftsanweisungen, besser noch von Geschäftsordnungen gesprochen.[9] Letzterer Begriff trifft die Angelegenheit am besten; Dienstanweisungen – in Abgrenzung dazu – werden eher als eine Anweisung verstanden, die sich an einen bestimmten Funktionsträger richtet und diesem eine bestimmte Art der Aufgabenerfüllung vorgibt. Es sollen hier aber *nicht für den Datenschutzbeauftragten* Vorgaben gemacht werden, sondern es sollen *für alle Bediensteten* organisatorische Rahmenbedingungen geschaffen werden, die beim Umgang mit datenschutzrelevanten Sachverhalten von allen zu beachten sind. Deshalb soll hier die Empfehlung gegeben werden, die Fragen im Zusammenhang mit der für die Gemeinde notwendigen Datenschutzorganisation in einer *Geschäftsordnung* festzulegen.[10] Es handelt sich um eine Verwaltungsvorschrift *eigener Art*.

III. Struktur und Umfang

680 Eine Geschäftsordnung Datenschutz als gemeindeinternes Regelungswerk sollte sinnvollerweise *materielle Inhalte nur in wesentlichen Eckpunkten* enthalten. Einerseits kann darauf nicht vollkommen verzichtet werden; die Bestimmungen sollen die – zum weitaus überwiegenden Teil nur in Grundzügen juristisch geschulten – Mitarbeiter anleiten und ihnen zugleich die rechtlichen Grundlagen des Datenschutzes vermitteln. Insoweit können rein deklaratorische Formulierungen auch Schulungs- und Wiederholungsfunktion erfüllen.

---

[7] Hinweise können papiern als Rundläufe kursieren; besser ist ein *mailing* an alle Bediensteten, am besten eine Veröffentlichung im Intranet.
[8] Verwaltungsvorschriften sind generell-abstrakte Anordnungen einer Behörde oder eines Vorgesetzen an die ihm unterstellten Verwaltungsbediensteten; *Maurer*, Allg-VerwR, 17. Aufl. 2009, § 24 Rn. 1, 8.
[9] Z.B. *Wolff/Bachof/Stober/Kluth*, VerwR I, 12. Aufl. 2007, § 24, Rn. 21.
[10] Die – begriffsidentische – Bezeichnung für eine Regelung zu Organisation und Verfahrensablauf innerhalb von Kollegialorganen oder Gremien, die nur Bindungswirkung für diese entfaltet, sollte damit nicht verwechselt werden (z.B. GO Bundestag, GO Bundesrat, GO Landtag, GO des Gemeinderates etc.).

Struktur und Umfang

Andererseits sind die Datenschutzgesetze überaus komplex und zudem einem steten Wandel unterworfen, der es notwendig macht, die Aktualität der Geschäftsordnung in immer kürzer werdenden Abständen zu überprüfen. Daher sind Redundanzen, mit denen in einer Geschäftsordnung wiederholt würde, was ohnehin gesetzlich festgelegt ist, großenteils besser zu vermeiden. Angesichts der Vielgestaltigkeit des geltenden Datenschutzrechts wäre es schwierig, allgemeingültige Regelungen für die Gesamtverwaltung in einem Regelungswerk zusammenzufassen, das unter dem Primat permanenter Gesetzeskonformität stehen müsste. Stattdessen sollten in regelmäßigen Zyklen spezielle Schulungen stattfinden, die die Sonderbereiche der Kommunalverwaltung in Datenschutzfragen fit machen.

Wichtiger Regelungsgegenstand einer Geschäftsordnung ist sodann, welche Funktionen innerhalb der Verwaltung *datenschutzrechtliche Verantwortung* tragen. Die Konsequenzen, die sich aus einer Vernachlässigung dieser Verantwortlichkeit ergeben, sollten klar benannt werden. Die *Aufgaben* des behördlichen (kommunalen) Datenschutzbeauftragten, die weitgehend in Eckpunkten bereits im Datenschutzrecht des betreffenden Landes verankert sind, sollten *detailliert festgelegt* werden; dieser Regelungsaspekt ist ein Schwerpunkt der Geschäftsordnung. Da die gesetzliche Regelung immer als Kompromiss unterschiedlicher Interessen formuliert wurde, ist den öffentlichen Stellen ein breiter Spielraum eingeräumt, den sie je nach ihrer personellen Ausstattung, Größe und Situation ausfüllen können. Beispielsweise macht die juristische Ausbildung eines behördlichen Datenschutzbeauftragten eine qualitativ andere – eher abgrenzende – Zusammenarbeit mit dem kommunalen Rechtsamt notwendig, als dies bei einem Funktionsträger mit technischer oder mit Verwaltungsausbildung der Fall ist – der entsprechende Unterstützung nötig hat –. 681

Die öffentliche Stelle „Gemeinde" vereinigt heute als Gebietskörperschaft[11] eine Vielzahl von „Organisationseinheiten"; gleichwohl unterliegen eine Ausgliederung einzelner Organisationsteile im Rahmen einer Funktionsprivatisierung[12] oder eine entsprechende Wiedereingliederung als politische Entscheidungen einem steten Wandel. Zur Vermeidung unklarer Verhältnisse bedarf aber die wichtige Frage, wofür der behördliche Datenschutzbeauftragte jeweils zuständig ist und wofür nicht, einer eindeutigen aktuell gültigen *Zuständigkeitsabgrenzung* in der Geschäftsordnung. Eine kommunale Eigengesellschaft in privatrechtlicher Rechtsform beispielsweise ist datenschutzrechtlich eigenständig und folgt anderen gesetzlichen Vorgaben als öffentliche Stellen; sie 682

---

[11] Gebietskörperschaften sind juristische Personen des öffentlichen Rechts und im Sinne des Datenschutzrechts „öffentliche Stellen"; insoweit stehen sie – wie bereits ausgeführt – in der Pflicht, einen Datenschutzbeauftragten (und einen Stellvertreter) zu bestellen; siehe z.B. § 32a DSG NRW.
[12] Oft als „Outsourcing" bezeichnet: dazu näher *Büllesbach/Ries*, NVwZ 1995, 444 ff.

muss ggfs. einen eigenen Datenschutzbeauftragten bestellen.[13] Ob diese Aufgabe auch vom kommunalen Datenschutzbeauftragten mitzuerledigen ist, kann die Geschäftsordnung festlegen.

683 Neben der Geschäftsordnung Datenschutz können weitere verwaltungsinterne Regelungen datenschutzrechtlichen Bezug aufweisen. So kann es beispielsweise sinnvoll sein, bei Telefon-, Internet- und E-Mail-Nutzung, Telearbeit oder in weiteren Bereichen verwaltungsinterne Abläufe und Vorgehensweisen zu ordnen oder Beteiligungspflichten der Personalvertretung durch Dienstvereinbarung auszugestalten und festzuschreiben. Dabei müssen im Besonderen datenschutzrechtliche Belange der Bediensteten Berücksichtigung finden. Da diese Regelungswerke häufig Kompromissformulierungen aus Arbeitsergebnissen von Projektgruppen[14] enthalten, ist sorgfältig darauf zu achten, dass keine Widersprüche auftreten. Am besten wird in der Geschäftsordnung Datenschutz darauf hingewiesen, dass bestehende und künftige verwaltungsinterne Regelungen insoweit, als sie datenschutzrechtlich relevante Sachverhalte betreffen, der Geschäftsordnung Datenschutz anzupassen sind.

IV. Regelungsinhalte

1. Rahmenvorgaben

684 Nach dem Prinzip vom Vorbehalt des Gesetzes[15] darf die Verwaltung jedenfalls im grundrechtsrelevanten Bereich nur tätig werden, wenn sie durch Gesetz, im Bereich des informationellen Selbstbestimmungsrechts alternativ auch aufgrund eines Gesetzes, dazu ermächtigt wurde. Wie schon dargelegt, genügen Verwaltungsvorschriften, mithin auch eine Geschäftsordnung Datenschutz, diesen Anforderungen nicht. Damit taugt eine Geschäftsordnung Datenschutz nicht als Rechtsgrundlage für die Verarbeitung personenbezogener Daten; solche Inhalte scheiden aus.

Anweisungen für (konkret individuelle) Einzelfälle sollten in der Geschäftsordnung ebenfalls nicht gegeben werden. Sie würden eine abstrakt generelle Regelung, die sich auf das wesentliche konzentrieren muss, klar überfrachten. Zudem ist die Relevanz von Einzelfällen begrenzt und kürzer als die veranschlagte Geltungsdauer einer Geschäftsordnung. Auch konkrete, personenbezogene Vorgaben für einzelne Funktionsträger empfehlen sich in der Geschäftsordnung nur bedingt, weil diese dann wieder den engen Charakter einer

---

[13] Abhängig von den Voraussetzungen des § 4f BDSG.
[14] Zu ihren Sitzungen sollte der behördliche Datenschutzbeauftragte immer eingeladen werden.
[15] Näheres u.a. bei *Wolff/Bachof/Stober/Kluth*, VerwR I, 12. Aufl. 2007, § 30 Rn. 28; *Maurer*, AllgVerwR, 17. Aufl. 2009, § 6 Rn. 3.

Regelungsinhalte

Dienstanweisung bekäme. Wesentlich ist vielmehr, dass die *Geschäftsordnung Datenschutz* grundsätzliche Bedeutung für die Gesamtverwaltung besitzt, indem sie häufig wiederkehrende Fallkonstellationen ordnet und das Ziel verfolgt, Abläufe, Beteiligungen und Verfahren zu vereinheitlichen.

2. Hinweise zum Inhalt

In diesem Rahmen lassen sich unter grundsätzlichen Aspekten die folgenden inhaltlichen Eckpunkte aufzeigen. Sie erheben keinen Anspruch auf Vollständigkeit, sondern sollen nur die Bereiche nennen, die in der Praxis vielfach Regelungsgegenstand sind. Dabei soll nicht verkannt werden, dass abhängig von Größe und Struktur einer Gemeinde ihre Bedürfnisse nach Regelung dieses Themas und seiner inhaltlichen Ausgestaltung durchaus unterschiedlich sein können. 685

a) Allgemeines

Grundlage der Geschäftsordnung Datenschutz ist namentlich das jeweilige Landesdatenschutzgesetz sowie die für die Arbeit der Gemeinde einschlägigen bereichsspezifischen Rechtsvorschriften. Das BDSG zählt nur bedingt dazu, insoweit durch ihr Handeln in privatrechtlichen Rechtsformen eigene Rechtspersönlichkeiten[16] geschaffen werden, für die Landesrecht nicht gilt.[17] In einem ersten Teil der Geschäftsordnung sollte der Regelungs- und Geltungsbereich der Geschäftsordnung fixiert werden. Hier kann auch eine Schnittstelle für den Fall einer Kooperation mit anderen stadtnahen Stellen formuliert werden. Geltung beansprucht die Geschäftsordnung im Rahmen des Tätigkeits- und Zuständigkeitsbereichs der sie erlassenden Stelle.

b) Datenschutz-Zuständigkeit und -Verantwortlichkeit

In einer grundsätzlichen Erklärung sollte zunächst darauf hingewiesen werden, dass alle Organisationseinheiten, die personenbezogene Daten verarbeiten, für die Einhaltung der einschlägigen Vorschriften zuständig und verantwortlich sind. Ob die amts- und institutsinterne Gewährleistung – gemeint ist Beratung und Kontrolle – des Datenschutzes dezentral organisiert oder ausschließlich zentral eine Datenschutzfunktion implementiert wird, ist eine Frage der Zweckmäßigkeit. Die Zweckmäßigkeit der Organisationsform hängt maßgeblich von der Größe der jeweiligen Organisationseinheit ab. Für den Sozialbe- 686

---

[16] Juristische Personen des Privatrechts: z.B. GmbH, AG, e.V. etc.
[17] Ausnahme ist z.B. § 3 Abs. 1 Nr. 2 DSG S-H, wonach es nicht auf die Rechtsform, sondern auf die Wahrnehmung von Aufgaben der öffentlichen Verwaltung ankommt; dies führt freilich nicht selten zu Abgrenzungsproblemen (so *ULD S-H*, 26. TB 2004, Punkt 4.1.1., S. 17).

reich allerdings ist eine dezentrale Organisation vorgeschrieben.[18] Diese bereichsspezifische Sonderzuständigkeit darf für den damit betrauten Mitarbeiter nicht zu einer Konfliktsituation mit anderen Aufgaben führen. Je nach Größe können seine Aufgaben vom kommunalen DSB oder von einem Mitarbeiter des Fachbereichs übernommen werden.

687 Zu den Aufgaben des kommunalen DSB zählt es im Besonderen, die Leitung der Behörde in die Lage zu versetzen, ihre Verantwortung auf dem Gebiet des Datenschutzes problembewusst und informiert wahrzunehmen. In der *Geschäftsordnung Datenschutz* sind diese *Aufgaben* des DSB über die ohnehin gesetzlich fixierten Eckpunkte hinaus zu konkretisieren und in einem Gesamtkatalog aufzulisten. Darin sollten die folgenden Aspekte aufgenommen werden:

– Die vorrangige Aufgabe des behördlichen DSB ist die umfassende Beratung und Unterstützung aller Organisationseinheiten. Hierzu zählen auch die Unternehmen, die unter kommunaler Beteiligung in privatrechtlicher Rechtsform geführt werden, soweit sie auf vertraglicher Grundlage mit dem kommunalen Datenschutz kooperieren. Der DSB berät und unterstützt in allen Fragen des Datenschutzes und der Datensicherheit. Es genügt nicht, dass der DSB im Einzelfall – ggfs. nachträglich nach Eintritt einer Panne – tätig wird; durch die Beratung und Unterstützung sollen vielmehr Strukturen geschaffen werden, die den Einzelnen losgelöst vom Einzelfall generell davor schützen, durch Verwaltungshandeln in seinem Persönlichkeitsrecht verletzt zu werden.

– Der DSB ist die Ansprechperson der politischen Vertretung, sowie aller Bürger und Bürgerinnen der Kommune in Fragen des Datenschutzes und der Datensicherheit. In Angelegenheiten des Arbeitnehmerdatenschutzes ist der Datenschutzbeauftragte – neben der Personalvertretung – auch die unmittelbare Ansprechperson aller Bediensteten der Kommune.

– Durch seine Tätigkeit, hat der DSB einen Überblick über die datenschutzrechtliche Gesamtsituation innerhalb der Behörde. Es ist daher sinnvoll, ihm die federführende Korrespondenz mit dem Landesbeauftragten für Datenschutz zu übertragen.

– Im Gesetz ist die *Führung eines Verzeichnisses der automatisiert geführten Verfahren*[19] vorgeschrieben. Sofern die Führung des Verzeichnisses dem Da-

---

[18] In §§ 81 Abs. 4 SGB X, 4f, 4g BDSG. Das Gleiche gilt in NRW für den Gesundheitsdatenschutzbeauftragten, den die Kommune als Krankenhausträger nach § 12 GDSG NRW zu bestellen hat.
[19] § 8 DSG NW; § 11 LDSG BW; Art. 21 BayDSG; § 19 BlnDSG; § 10 Abs. 2 LDSG RP; § 48 NDSG; § 9 HmbDSG; § 6 HDSG; § 8 BremDSG; § 18 DSG M-V; § 9 SDSG; § 8 BbgDSG; § 10 ThürDSG; § 14 Abs. 3 S. 1 DSG-LSA; § 7 DSG S-H; § 10 Abs. 1 SächsDSG.

Regelungsinhalte

tenschutzbeauftragten zugewiesen ist[20], sollte dies in der Geschäftsordnung erwähnt werden.

– Die Landesgesetze schreiben zum Teil vor, dass vor dem erstmaligen Einsatz automatisierter Verfahren eine *Vorabkontrolle* durchzuführen ist. In dieser Vorabkontrolle sind die Gefahren, die durch die Datenverarbeitung für das informationelle Selbstbestimmungsrecht erwachsen können, eingehend zu prüfen; es ist zu entscheiden, ob trotz bestehender Gefahren aufgrund getroffener Gegenmaßnahmen der Einsatz des Verfahrens verantwortet werden kann. Diese Aufgabe besitzt im Zuge zunehmender Technisierung die Tendenz, in hohem Maße Arbeitskraft zu binden; abhängig von der technischen Qualifikation des DSB ist sie von diesem ggfs. nur bedingt leistbar. Deshalb ist beim Kauf von Fremdsoftware vorzugsweise die Vorlage eines Datenschutzzertifikates anzustreben, alternativ vorzusehen, dass die Grundlagen der Vorabkontrolle im Lieferumfang enthalten sind. Andernfalls sind diese Grundlagen dem DSB durch den Verfahrensverantwortlichen[21] zu liefern.

688

– Einige Landesdatenschutzgesetze sehen die Möglichkeit der Durchführung sogenannter Datenschutzaudits vor.[22] Ein solches Datenschutzaudit eröffnet öffentlichen Stellen die Möglichkeit, ihr Datenschutzkonzept von unabhängigen Gutachtern beurteilen und bewerten zu lassen. Es war beabsichtigt, die Durchführung von Audits in einem Bundesgesetz[23] zu regeln, dieses Ansinnen ist jedoch auf Anregung des Bundesrates gescheitert.[24] Die Rolle des DSB innerhalb eines Datenschutzaudits ist noch zu klären.

– Die grundsätzliche Beratungspflicht des DSB ist in der Geschäftsordnung weiter konkretisierbar. So kann seine Mitwirkung in allen Projekten mit datenschutzrelevanten Komponenten, insbesondere bei der Erarbeitung von Satzungen, Dienstvereinbarungen, Geschäftsordnungen, Richtlinien und Rundschreiben statuiert werden. Gleiches gilt für die Mitwirkung des DSB bei der Erstellung von Formularen und Makros, mit denen personenbezogene Daten verarbeitet werden, sowie bei der Formulierung von Verträgen, deren Gegenstand die Verarbeitung personenbezogener Daten ist.

---

20 § 32a DSG NRW; § 19a BlnDSG; § 10a Abs. 5 Nr. 2 HmbDSG; § 20 Abs. 3 Nr. 3 DSG M-V.
21 I.d.R. aus dem Fachbereich oder aus dem IT-Bereich der Verwaltung.
22 Z.B. § 10a DSG NRW; § 5 DSG M-V; § 4 DSG S-H.
23 Entwurf eines Gesetzes zur Regelung des Datenschutzaudits und zur Änderung datenschutzrechtlicher Vorschriften, BT-Drs. 16/12011 v. 18.02.2009,
24 Kritische Stellungnahme des Bundesrates, BR-Drs. 04/09 v. 13.02.2009, der in dem Gesetz zu große Bürokratie zu erkennen glaubte. Ablehnung durch Empfehlung des Innenausschusses des Bundestages (BT-Drs. 16/13657 vom 01.07.2009), der vor einer gesetzlichen Regelung ein Modellprojekt für eine Branche durchführen will.

Dienstanweisung/Geschäftsordnung

– Um einen möglichst effektiven Datenschutz sicherzustellen, sollten die verarbeitenden Stellen regelmäßig überwacht werden. Dies gilt ebenso für die Überwachung von Auftragnehmern im Rahmen von Datenverarbeitung im Auftrag. Die Durchführung dieser Kontrollen obliegt dem DSB.

– Zu den Aufgaben des DSB zählen sinnvollerweise auch die Entwicklung von Schulungskonzepten, sowie die Durchführung von Schulungen zu datenschutzrechtlichen Themen.

689   Um Missverständnissen vorzubeugen, ist es zweckmäßig, das umfassende Einsichtsrecht des DSB in der Geschäftsordnung klarzustellen. Das Einsichtsrecht in Personalakten sowie in Personenstandsurkunden gilt vorbehaltlich der Einwilligung des Betroffenen. Verstöße gegen Vorgaben von Datenschutz oder Datensicherheit hat der Datenschutzbeauftragte zu beanstanden und die betroffene Stelle zu einer Stellungnahme aufzufordern. Der Datenschutzbeauftragte kann seine Aufgabe nur dann wirkungsvoll erfüllen, wenn er von den datenverarbeitenden Stellen umfassend über Datenverarbeitungsvorgänge unterrichtet wird. Die teilweise landesrechtlich vorgeschriebene *Unterrichtungspflicht*[25] ist daher zumindest aus deklaratorischen Gründen ebenfalls in der *Geschäftsordnung Datenschutz* zu erwähnen. Um Irrtümern vorzubeugen, ist die organisatorische und fachliche *Anbindung* des Datenschutzbeauftragten in der Geschäftsordnung anzusprechen. Der Datenschutzbeauftragte ist organisatorisch dem Büro des Hauptgemeindebeamten zuzuordnen.[26]

c) Amtsinterne Datenschutz-Relevanz

690   Nach den allgemeinen Vorgaben können nun spezielle Festlegungen für datenschutzrechtlich relevante Abläufe einzelner kommunaler Stellen erfolgen. Beispiele sind etwa Hauptamt, Rechtsamt, Stellen, die Vergaben und Aufträge erteilen sowie die amts- und institutsinterne IT- Koordination.

3. Anlagen

Schließlich macht es Sinn, aus deklaratorischen Gründen für das bessere Verständnis einer überwiegend nicht juristisch ausgebildeten Leserschaft Grundbegriffe des Datenschutzrechts beispielsweise in einem Anhang zu erläutern. Legt es die Größe einer Gemeinde nahe, in den einzelnen Organisationseinheiten Ansprechpartner für den Datenschutz zu bestimmen, so empfiehlt es sich, deren Zusammenarbeit mit dem kommunalen DSB festzulegen; eine übersichtlich gestaltete Anlage dazu ist hilfreich.

---

[25] § 32a Abs. 3 DSG NRW; § 19a Abs. 3 BlnDSG.
[26] § 32a Abs. 2 DSG NRW; § 20 Abs. 1 DSG M-V; 10a Abs. 2 ThürDSG; § 10 Abs. 3 LDSG S-H.

V. Beispiel einer Geschäftsordnung Datenschutz

Im Folgenden ist das Beispiel einer *Geschäftsordnung Datenschutz*, bezogen auf die Rechtslage in NRW, abgedruckt. Es soll eine für die Praxis taugliche Vorstellung von der Gestaltung einer solchen Regelung vermitteln, wobei eine Anpassung auf die jeweiligen Bedingungen vor Ort vorzunehmen ist; insoweit handelt es sich nicht um ein *Muster*. Das Anpassungserfordernis gilt insbesondere für kleinere Gemeinden, da sich das Beispiel auf eine größere Kommune bezieht.

691

Muster einer Geschäftsordnung über die Organisation des Datenschutzes in nordrhein-westfälischen Kommunen

Inhalt

1	**Allgemeines**
1.1	Grundlage
1.2	Zweck
1.3	Regelungsbereich
1.4	Geltungsbereich
1.5	Begriffsbestimmungen
2	**Allgemeine Regelung über die Zuständigkeit und Verantwortlichkeit**
2.1	Grundsatz
2.2	Dezentrale Gewährleistung des Datenschutzes (amts- und institutsinterne Datenschutzfunktion)
2.3	Zentrale Gewährleistung des Datenschutzes (Datenschutzbeauftragte/-beauftragter)
2.31	Bestellung
2.32	Aufgaben
2.33	Unterrichtungspflicht
2.34	Organisatorische und fachliche Anbindung
2.4	Abgrenzung der Aufgaben
3	**Besondere Zuständigkeiten**
3.1	Hauptamt
3.1.1	Personalservice
3.1.2	Organisation und IT
3.2	Rechtsamt
3.3	Organisationseinheiten (Ziffer 1.4), die Vergaben und Aufträge erteilen
3.4	Amts- und institutsinterne IT-Koordination
4	**Inkrafttreten**

Anlage 1 Definitionen zum Datenschutz
Anlage 2 Abgrenzung der Aufgaben der/des Datenschutzbeauftragten von der amts-/institutsinternen Datenschutzfunktion

Dienstanweisung/Geschäftsordnung

Wortlaut

1. Allgemeines

1.1 Grundlage

Grundlagen dieser Geschäftsordnung sind:

a) das Datenschutzgesetz des Landes Nordrhein Westfalen (DSG NRW) in der aktuell gültigen Fassung,
b) das Bundesdatenschutzgesetz (BDSG) in der aktuell gültigen Fassung,
c) bereichsspezifische Rechtsvorschriften des Bundes oder Landes mit vorrangiger Geltung.

1.2 Zweck

Zweck dieser Geschäftsordnung ist es, die rechtmäßige Verarbeitung personenbezogener Daten einschließlich der Datensicherheit (*Datenschutz*) durch die zuständigen Stellen der Stadt ... zu gewährleisten. Damit soll das Recht der Person gewahrt werden, im Rahmen des geltenden Rechts selbst über Preisgabe und Verwendung sie betreffender Informationen zu bestimmen (*Informationelles Selbstbestimmungsrecht*).

1.3 Regelungsbereich

Diese Geschäftsordnung regelt Zuständigkeiten und Aufgaben im Bereich des Datenschutzes. Bestehende und künftige verwaltungsinterne Regelungen, soweit sie den Datenschutz betreffen, sind dieser Geschäftsordnung anzupassen.

1.4 Geltungsbereich

Diese Geschäftsordnung gilt für alle städtischen Organisationseinheiten (Ämter und Institute) sowie für die städtischen Eigenbetriebe und wie ein Eigenbetrieb geführten Einrichtungen, die personenbezogene Daten selbst oder durch Einschaltung Dritter verarbeiten. Sie kann ferner in Unternehmen, die unter städtischer Beteiligung in privatrechtlicher Rechtsform geführt werden, bei einer Kooperation mit dem gesamtstädtischen Datenschutz auf vertraglicher Grundlage für sinngemäß anwendbar erklärt werden.

1.5 Begriffsbestimmungen

Für die in dieser Geschäftsordnung verwendeten Begriffe gelten die Definitionen, die in den ihre Grundlage bildenden Gesetzen (1.1) verankert sind. Wesentliche Definitionen sind beispielhaft als **Anlage 1** aufgeführt.

2 Allgemeine Regelung über die Zuständigkeit und Verantwortlichkeit

2.1 Grundsatz

Die Organisationseinheiten (Ziffer 1.4) sind für die Einhaltung der jeweils anzuwendenden Vorschriften über den Datenschutz zuständig und verantwortlich, soweit sie im Rahmen ihrer bestehenden Aufgaben

- personenbezogene Daten beschaffen, z.B. über Vordrucke oder Makros von der/dem Betroffenen bzw. aus automatisiert geführten Dateien anderer Stellen,
- Akten bzw. Dateien, die personenbezogene Daten enthalten, anlegen, verwalten, führen, nutzen oder vernichten bzw. löschen,

Beispiel einer Geschäftsordnung Datenschutz

- Akten und Vorgänge im Rahmen von Amtshilfe versenden,
- Auskünfte erteilen und Einsicht gewähren.

2.2 Dezentrale Gewährleistung des Datenschutzes (amts- und institutsinterne Datenschutzfunktion)

In ihrer Zuständigkeit und Verantwortlichkeit für den Datenschutz übertragen die Leitungen der Organisationseinheiten (Ziffer 1.4) mindestens einer Person die Aufgabe, die Vorgaben des Datenschutzes vor Ort umzusetzen und die dazu erforderlichen technischen und organisatorischen Maßnahmen zur Datensicherheit zu veranlassen. Für den Sozialbereich ergibt sich dies bereits aus §§ 81 Abs. 4 SGB X, 4f, 4g BDSG. Die Erfüllung dieser Aufgabe darf der Person, die sie wahrnimmt, keinen Konflikt mit anderen Aufgaben, die sie zu erfüllen hat, aufbürden. Sie ist Ansprechperson der Organisationseinheit für Belange des Datenschutzes und wird der/dem Datenschutzbeauftragten gemeldet, die/der die Fachaufsicht ausübt.

2.3 Zentrale Gewährleistung des Datenschutzes (Datenschutzbeauftragte/ -beauftragter)

2.31 Bestellung

Der Bürgermeister der Stadt ... überträgt einer Mitarbeiterin oder einem Mitarbeiter die Funktion der/des Datenschutzbeauftragten (DSB) und bestellt eine allgemeine Vertreterin oder einen allgemeinen Vertreter. Die Funktion ist verbunden mit der Aufgabe, zentral dafür Sorge zu tragen, dass die Organisationseinheiten (Ziffer 1.4) die gesetzlichen Vorgaben des Datenschutzes beachten können.

2.32 Aufgaben

Die/Der DSB ist zur Beantwortung aller Fragen, die Datenschutz und Datensicherheit betreffen, zuständig. Sie/Er hat gemäß § 32a DSG NRW insbesondere folgende Aufgaben:

- Beratung des Verwaltungsvorstandes in Grundsatzfragen zum Datenschutz; Beratung und Unterstützung der Organisationseinheiten (Ziffer 1.4) einschließlich der Personalvertretung sowie der Unternehmen, die unter städtischer Beteiligung in privatrechtlicher Rechtsform geführt werden, soweit sie auf vertraglicher Grundlage mit dem gesamtstädtischen Datenschutz kooperieren, in allen Fragen des Datenschutzes und der Datensicherheit,
- Unmittelbare Ansprechperson aller Bediensteten der Stadt ... in Angelegenheiten des Arbeitnehmerdatenschutzes, ferner der politischen Vertretung sowie aller Bürgerinnen und Bürger in Fragen zu Datenschutz und Datensicherheit,
- Federführung in der Korrespondenz mit der/dem Landesbeauftragten für Datenschutz und Informationsfreiheit NRW (LDI NRW),
- Führung des Verzeichnisses automatisiert geführter Verfahren für die Gesamtverwaltung gemäß § 32a Abs. 3 DSG NRW; Gewährung von Einsicht durch berechtigte Personen,
- Beteiligung bei Planung, Entwicklung (sog. Vorabkontrolle gemäß § 10 Abs. 3 DSG NRW), Einführung und Betrieb von IT-Verfahren zur Verarbeitung personenbezogener Daten (z.B. Beratung und Mitarbeit bei der Erstellung einer Risikoanalyse, Abschätzung der Folgen und Prüfung der rechtlichen Zulässigkeit des Verfahrens);

Überwachung der Fachkraft für IT-Sicherheit; Beteiligung bei der Erarbeitung von Konzepten zur Datensicherheit im IT-Bereich,

- Veranlassung von sog. Datenschutzaudits gemäß § 10a DSG NRW (Prüfung und Bewertung von Datenschutzkonzepten durch unabhängige Gutachten, Veröffentlichung),
- Mitwirkung in Projekten mit datenschutzrelevanten Komponenten, insbesondere bei der Erarbeitung von Satzungen, Dienstvereinbarungen, Geschäftsordnungen, Richtlinien und Rundschreiben,
- Mitwirkung bei der Entwicklung von Formularen und Makros, mit denen personenbezogene Daten verarbeitet werden, und bei der Formulierung von Verträgen, deren Gegenstand die Verarbeitung personenbezogener Daten ist (z.B. Datenverarbeitung im Auftrag),
- Überwachung der Organisationseinheiten (Ziffer 1.4) auf die Einhaltung der Vorgaben zu Datenschutz und Datensicherheit; ggf. Auswertung von Protokolldateien; Überwachung von Auftragnehmern im Rahmen von Datenverarbeitung im Auftrag,
- Teilnahme an internen Arbeitskreisen; Vertretung der Stadt in externen Arbeitskreisen und Gremien,
- Entwicklung von Schulungskonzepten und Durchführung von Schulungen zu datenschutzrechtlichen Themen, ggf. in Zusammenarbeit mit anderen Stellen,
- Beratung in Angelegenheiten des Öffentlichen Informationszugangs von allgemeiner Bedeutung sowie in besonders gelagerten Einzelfällen,
- Mitwirkung bei der Öffentlichkeitsarbeit des Bürgermeisters.

Der/Dem DSB ist zur Durchführung seiner Aufgaben Einsicht in alle Räume, Akten und Dateien zu gewähren; die Einsicht in Personalakten bedarf grundsätzlich der Zustimmung der/des Betroffenen. Stellt die/der DSB Verstöße gegen Vorgaben zu Datenschutz und Datensicherheit fest, kann sie/er diese beanstanden und die betroffene Organisationseinheit (Ziffer 1.4) zu einer Stellungnahme auffordern; mit der Beanstandung können Vorschläge zur Beseitigung der Mängel und zur sonstigen Verbesserung des Datenschutzes verbunden werden.

2.33 Unterrichtungspflicht

Die/Der DSB ist aus allen Anlässen, die Gesetze, Rechtsvorschriften und verwaltungsinterne Regelungen – soweit sie die Verarbeitung personenbezogener Daten betreffen – festlegen, insbesondere bei Vorhaben von Software-Einsatz, Datenverarbeitung im Auftrag, Outsourcing (Funktionsübergang) oder Fremdnutzung zu übermittelnder Daten, sowohl vom Hauptamt als auch von der betreffenden Organisationseinheit (Ziffer 1.4) aktuell unaufgefordert, rechtzeitig und umfassend zu informieren.

2.34 Organisatorische und fachliche Anbindung

Die/Der DSB ist gemäß § 32a Abs. 2 DSG NRW organisatorisch dem Büro des Bürgermeisters zugeordnet. Fachlich untersteht sie/er unmittelbar dem Bürgermeister.[27]

---

[27] Die Weisungsfreiheit ist gesetzlich geregelt und durch Geschäftsordnung nicht einschränkbar.

Beispiel einer Geschäftsordnung Datenschutz

2.4 Abgrenzung der Aufgaben

Die Abgrenzung der Aufgaben von amts- und institutsinterner Datenschutzfunktion einerseits und DSB andererseits ergibt sich aus der als **Anlage 2** beigefügten Beschreibung. Entsprechend der Fortentwicklung von Rechtsgrundlagen und Techniken der Datenverarbeitung sind die Aufgaben fortzuschreiben.

3 Besondere Zuständigkeiten

Für einige der Organisationseinheiten (Ziffer 1.4)[28] ist die Umsetzung datenschutzrechtlicher Vorgaben unmittelbar Teil ihrer Aufgabenstellung. Ihre Zuständigkeiten berühren den Datenschutz insbesondere in folgenden Punkten:

3.1 Hauptamt

3.1.1 Personalservice

Das *Hauptamt/Personalservice* ist für die Führung der zentralen Abrechnungsdatei der Bediensteten und, soweit es personalverwaltende Stelle ist, für das Anlegen, Verwalten, Führen und Vernichten (Tilgen) von Personalakten oder Teilen davon gemäß den Vorgaben zum Datenschutz (z.B. §§ 84 ff. LBG NRW etc.) zentral verantwortlich. Bei der Begründung von Beschäftigungs- und Ausbildungsverhältnissen werden Bedienstete (Amtsträger i.S. des § 11 Abs. 1 Nr. 2 StGB) auf das Datengeheimnis (§ 6 DSG NRW) hingewiesen. Auf die gewissenhafte Erfüllung ihrer Obliegenheiten nach dem Verpflichtungsgesetz werden Personen verpflichtet, die, ohne Amtsträger zu sein, bei der Stadt Düsseldorf tätig sind (z.B. 1-Euro-Kräfte, Kombilohnkräfte, Praktikanten, etc.). Ggf. werden im Falle von Verstößen gegen Vorgaben zum Datenschutz arbeitsrechtliche Maßnahmen, bei Beamtinnen und Beamten disziplinarrechtliche Schritte eingeleitet.

3.1.2 Organisation und IT

Im Rahmen seiner Beteiligung an Entwicklung und Einsatz automatisierter Verfahren ist das *Hauptamt/Organisation und IT* für die Gewährleistung von IT-Sicherheit zuständig und verantwortlich. Für diese Aufgabe ist eine Fachkraft für IT-Sicherheit bestellt, die mit der/dem DSB vertrauensvoll zusammenarbeitet. Zur Gewährleistung von IT-Sicherheit sind Maßnahmen zu treffen, die geeignet sind, zu gewährleisten, dass

– nur Befugte personenbezogene Daten zur Kenntnis nehmen können (*Vertraulichkeit*),
– personenbezogene Daten während der Verarbeitung unversehrt, vollständig und aktuell bleiben (*Integrität*),
– personenbezogene Daten zeitgerecht zur Verfügung stehen und ordnungsgemäß verarbeitet werden können (*Verfügbarkeit*).

Ergänzend sind zur Gewährleistung von Datensicherheit nach § 10 Abs. 2 Nrn. 4–6 DSG NRW Maßnahmen zu treffen, die geeignet sind, zu gewährleisten, dass

– jederzeit personenbezogene Daten ihrem Ursprung zugeordnet werden können (*Authentizität*),

---

[28] Aufgeführt sind nur die wichtigsten Querschnittsämter; es kann aber Sinn machen, Aufgaben weiterer Querschnittsämter aufzuführen (z.B. Amt für Statistik und Wahlen).

– festgestellt werden kann, wer wann welche personenbezogenen Daten in welcher Weise verarbeitet hat (*Revisionsfähigkeit*),
– die Verfahrensweisen bei der Verarbeitung personenbezogener Daten vollständig, aktuell und in einer Weise dokumentiert sind, dass sie in zumutbarer Zeit nachvollzogen werden können (*Transparenz*).

Beim Kauf von Fremd-Software unter Beteiligung des Hauptamtes ist dieses für das Vorhandensein der die Datensicherheit gewährleistenden Eigenschaften zuständig und verantwortlich.

Software muss den Anforderungen des Datenschutzrechts des Landes entsprechen. Ein Datenschutzzertifikat oder eine externe Datenschutzauditierung ist erwünscht. Im Rahmen von Beschaffungen datenschutzrelevanter Produkte und Verfahren müssen die Bieter mit der Angebotsabgabe schriftlich zusichern, dass ihre Software die Datenschutzanforderungen schon erfüllt oder in der Endfassung erfüllen wird. Vergabeverfahren, die der Beschaffung datenschutzrelevanter Produkte oder Verfahren dienen, sowie die diesen zu Grunde liegenden Liefer- und/oder Dienstleistungsverträge sind so zu gestalten, dass der vergebenden Kommune das Recht eingeräumt wird, auf Kosten des Auftragnehmers die Vereinbarkeit der Software mit den Vorschriften über Datenschutz und Datensicherheit in einem extern durchzuführenden förmlichen Verfahren (*Datenschutzaudit*) überprüfen zu lassen, soweit nicht dem bDSB aufgrund der vom Auftragnehmer mitgelieferten Informationen eine Überprüfung der Software mit vertretbarem Aufwand ohne weiteres möglich ist. Für den Fall, dass das Datenschutzaudit oder die Vorabkontrolle negativ ausfallen, behält sich die vergebende Kommune in den betroffenen Liefer- und/oder Dienstleistungsverträgen Rechte wie Nachbesserung, Kündigung, Rücktritt und Vertragsstrafe vor.

3.2 Rechtsamt

In Rechtsfragen, die den Datenschutz oder das Recht auf Informationszugang wesentlich berühren, liegt die Bearbeitung von Strafanzeigen, Strafanträgen und Schadensersatzansprüchen sowie die Einleitung von Ordnungswidrigkeitenverfahren im Zusammenhang mit Verstößen gegen datenschutzrechtliche Vorgaben in der Zuständigkeit und Verantwortlichkeit des Rechtsamtes. Die Führung von Rechtsstreitigkeiten vor Gerichten obliegt dem Rechtsamt. Im Übrigen ist die/der bDSB ausschließlich zuständig. Sie/Er kann das Rechtsamt einschalten, wenn zu besonderen Rechtsfragen betreffend Datenschutz und Datensicherheit Rechtsgutachten einzuholen sind.

3.3 Organisationseinheiten (Ziffer 1.4), die Vergaben und Aufträge erteilen

Organisationseinheiten (Ziffer 1.4), die Vergaben und Aufträge erteilen, weisen Bieterinnen und Bieter bzw. Auftragnehmerinnen und Auftragnehmer auf das *Datengeheimnis* hin und *verpflichten* sie nach dem Verpflichtungsgesetz zur *Verschwiegenheit*, soweit im Rahmen zu erteilender Vergaben und Aufträge personenbezogene Daten verarbeitet werden sollen. Werden bei zentralen Vergaben personenbezogene Daten von mehreren Stellen verarbeitet, so ist die Beachtung der Vorgaben zu Datenschutz und Datensicherheit durch *alle beteiligten* Stellen sicherzustellen. Der Stadt ... als Auftraggeberin sowie der/dem *LDI NRW* muss die Möglichkeit eingeräumt werden, die Einhaltung der Vorgaben zu Datenschutz und Datensicherheit zu kontrollieren. Auftragnehmerinnen und Auftragnehmer, die im Hinblick auf die Vorgaben des Daten-

Beispiel einer Geschäftsordnung Datenschutz

schutzes *nicht geeignet* erscheinen, sind von den Vergaben und Aufträgen auszuschließen.

3.4 Amts- und institutsinterne IT-Koordination

Amts- und institutsintern setzt die IT-Koordination die Vorgaben des technischen Datenschutzes nach Weisung der amts- und institutsinternen Datenschutz-Fachkraft um. Generell darf die IT-Koordination aus Gründen des Datenschutzes den Inhalt von Dateien weder lesen noch auswerten oder verändern. Ausnahmen zur Missbrauchskontrolle kann der Dienstvorgesetzte unter den Voraussetzungen der dafür geltenden Rechtsvorschriften anordnen. Theoretisch kann eine Löschung zur Behebung von Fehlfunktionen erforderlich werden.

4 Inkrafttreten

...

Anlage 1 zum Muster einer Geschäftsordnung über die Organisation des Datenschutzes in nordrhein-westfälischen Kommunen

Definitionen zum Datenschutz (Ziffer 1.5)

(1) *Datenschutz* ist der Schutz einer betroffenen Person vor einer unzulässigen Einschränkung ihres Rechts, selbst über die Preisgabe und Verwendung ihrer Daten zu bestimmen (*Informationelles Selbstbestimmungsrecht*).

(2) *Personenbezogene Daten* sind Einzelangaben über persönliche oder sachliche Verhältnisse einer bestimmten oder bestimmbaren natürlichen Person (*Betroffene Person*).

(3) *Datenverarbeitung* umfasst als Oberbegriff das Erheben, Speichern, Verändern, Übermitteln, Sperren, Löschen sowie Nutzen personenbezogener Daten in Dateien und Akten. Im einzelnen ist

a) Erheben (*Erhebung*) das Beschaffen von Daten über den Betroffenen,

b) Speichern (*Speicherung*) das Erfassen, Aufnehmen oder Aufbewahren von Daten auf einem Datenträger zum Zwecke ihrer weiteren Verarbeitung,

c) Verändern (*Veränderung*) das inhaltliche Umgestalten gespeicherter Daten,

d) Übermitteln (*Übermittlung*) das Bekanntgeben personenbezogener Daten an einen Dritten durch Weitergeben, Gewähren der Einsichtnahme oder Gestatten des Abrufes in einem automatisierten Verfahren,

e) Sperren (*Sperrung*) das Verhindern weiterer Verarbeitung gespeicherter Daten,

f) Löschen (*Löschung*) das Unkenntlichmachen gespeicherter Daten,

g) Nutzen (*Nutzung*) jede sonstige Verwendung personenbezogener Daten, ungeachtet der dabei angewendeten Verfahren.

(4) *Anonymisieren* (Anonymisierung) ist das Verändern personenbezogener Daten derart, dass die Einzelangaben über persönliche oder sachliche Verhältnisse nicht mehr oder nur mit einem unverhältnismäßigen Aufwand einer bestimmten oder bestimmbaren natürlichen Person zugeordnet werden können.

(5) *Pseudonymisieren* (Pseudonymisierung) ist das Verändern personenbezogener Daten derart, dass die Einzelangaben über persönliche oder sachliche Verhältnisse ohne Nutzung der Zuordnungsfunktion nicht oder nur mit einem unverhältnismäßigen Auf-

wand einer bestimmten oder bestimmbaren natürlichen Person zugeordnet werden können. Die datenverarbeitende[29] Stelle darf keinen Zugriff auf die Zuordnungsfunktion haben; diese ist an dritter Stelle zu verwahren.

(6) *Dritter* ist jede Person oder Organisationseinheit außerhalb der verantwortlichen Stelle; ausgenommen sind die betroffene Person sowie diejenigen Personen oder Stellen, die im Inland oder im übrigen Geltungsbereich der Rechtsvorschriften zum Schutz personenbezogener Daten der Mitgliedstaaten der Europäischen Union personenbezogene Daten im Auftrag verarbeiten.

(7) Eine *Datei* ist jede Datensammlung, die nicht Akte ist.[30]

(8) Eine *Akte* ist jede der Aufgabenerfüllung dienende Unterlage, die nicht Teil der automatisierten Datenverarbeitung ist.

(9) *Automatisiert* ist eine Datenverarbeitung, wenn sie durch Einsatz eines gesteuerten technischen Verfahrens selbsttätig abläuft.

Anlage 2 zum Muster einer Geschäftsordnung über die Organisation des Datenschutzes in nordrhein-westfälischen Kommunen

Abgrenzung der Aufgaben (Ziffer 2.4)	
Aufgaben der *zentralen* Datenschutzfunktion (Datenschutzbeauftragte/-beauftragter)	Aufgaben in *dezentraler* Datenschutzfunktion (amts- und institutsintern)

Verzeichnis automatisiert geführter Verfahren	
	– Erstellen einer Beschreibung der amts- und institutsintern genutzten, automatisiert geführten Verfahren, in denen personenbezogene Daten verarbeitet werden
	– Melden der Beschreibung sowie jeder Veränderung an die/den DSB im Rahmen eines dafür bereitgestellten automatisierten Verfahrens
– Führen des Verfahrensverzeichnisses für die Gesamtverwaltung – Gewährung von Einsicht in das Verfahrensverzeichnis	

---

[29] Der moderne Begriff lautet *verantwortliche* Stelle; Z.B. § 3 Abs. 3 DSG NRW.
[30] Der Dateibegriff im Datenschutzgesetz Nordrhein-Westfalen nicht mehr enthalten; der Gesetzgeber hielt ihn für überflüssig; *Stähler/Pohler*, DSG NRW, 3. Aufl. 2003, § 3 Rn. 20.

Beispiel einer Geschäftsordnung Datenschutz

Maßnahmen zu Datenschutz und Datensicherheit

- Erarbeitung von fachbereichsübergreifenden Vorschriften zu Datenschutz und Datensicherheit
- Beratung und Unterstützung aller Bediensteten in Angelegenheiten des Arbeitnehmerdatenschutzes

- Beratung und Unterstützung des Verwaltungsvorstandes und aller Organisationseinheiten (Ziffer 1.4) einschließlich der Personalvertretung bei Maßnahmen zur Gewährleistung von Datenschutz und Datensicherheit
- Beratung von Unternehmen, die unter städtischer Beteiligung in privatrechtlicher Rechtsform geführt werden, soweit sie mit dem gesamtstädtischen Datenschutz kooperieren, in allen Fragen des Datenschutzes und der Datensicherheit
- Beteiligung bei besonderen (z.B. Volkszählung) und fachbereichsübergreifenden Maßnahmen (z.B. automatisierte Abrufverfahren)
- Überwachung der zur Datensicherheit getroffenen Maßnahmen in den Organisationseinheiten (Ziffer 1.4) (Stichproben)

- Erarbeitung von amts- und institutsinternen Regelungen zu Datenschutz und Datensicherheit
- Wenden sich Bedienstete unmittelbar an eine Organisationseinheit (Ziffer 1.4), so ist diese zuständig und verantwortlich für die Gewährleistung des Arbeitnehmerdatenschutzes
- Erarbeitung von organisatorischen Lösungen zu amts- und institutsinternen Fragen von Datenschutz und Datensicherheit

- Rechtzeitiges Einschalten der/des DSB

- Unterstützung und Information bei Überwachungsbesuchen der/des DSB

Informationszugang

- Beratung und Entscheidung in Rechtsfragen, die das Recht auf Informationszugang wesentlich berühren
- Führung der Statistik (derzeit nicht erforderlich)

- Beratung des Fachamtes

Dienstanweisung/Geschäftsordnung

Information und Schulung	
– Durchführung von Informations- und Schulungsveranstaltungen, ggf. in Zusammenarbeit mit anderen Stellen	– Freistellung der Bediensteten für Informations- und Schulungsveranstaltungen

Auftragsdatenverarbeitung	
– Beratung der Organisationseinheiten (Ziffer 1.4) – Überwachung von Auftragnehmern (Stichproben)	– Formulierung von Verträgen und Controlling bei der Durchführung

Zusammenarbeit mit der/dem Landesbeauftragten für Datenschutz und Informationsfreiheit Nordrhein-Westfalen (LDI NRW)	
– Federführung in der Korrespondenz mit der/dem LDI NRW	– Weiterleitung aller Schreiben der/des LDI NRW an die/den DSB
– Einholung von Stellungnahmen der Organisationseinheiten (Ziffer 1.4)	– Erarbeitung von Stellungnahmen gegenüber der/dem DSB
– Prüfung und Beantwortung ausgesprochener Empfehlungen und Beanstandungen der/des LDI NRW	– Mitwirkung
– Bei Informations- und Kontrollbesuchen der/des LDI NRW Betreuung der Organisationseinheiten (Ziffer 1.4)	– Mitwirkung

Zusammenarbeit mit externen Stellen	
– Vertretung der Stadt in externen Arbeitskreisen und Gremien (z.B. Kommunale Spitzenverbände etc.)	
– Umsetzung und Weitergabe der gewonnenen Erkenntnisse	– Mitwirkung und amts- und institutsinterne Umsetzung
– Federführung in der Datenschutzfragen betreffenden Korrespondenz mit externen Stellen (z.B. Ministerien, BezReg, BfDI, DSB anderer öffentlicher und privater Stellen etc.)	– Mitwirkung

Beispiel einer Geschäftsordnung Datenschutz

Auskünfte und Bürgerkontakte

– Auskünfte an Bürgerinnen und Bürger bei fach-bereichs*übergreifenden* Anfragen zu gespeicherten Daten – Unmittelbare Ansprechperson in Fragen von Datenschutz und Datensicherheit für Bürgerinnen und Bürger sowie für externe Stellen – Ansprechperson der politischen Vertretung in Fragen von Datenschutz und Datensicherheit	– Stellungnahmen gegenüber der/dem DSB bei fachbereichs*übergreifenden* Anfragen – Wenden sich Bürgerinnen und Bürger unmittelbar an eine Organisationseinheit (Ziffer 1.4), so ist diese zuständig und verantwortlich für die – Erteilung von Auskünften, – Bearbeitung von Anträgen auf Berichtigung, Sperrung oder Löschung gespeicherter Daten – Entscheidung über die Zulässigkeit von Datenübermittlungen an Dritte innerhalb und außerhalb der Verwaltung – Gewährung von Akteneinsicht nach den einschlägigen Bestimmungen

Kontakte mit der Presse

– Auskünfte gegenüber der Presse zu aktuellen, den gesamtstädtischen Datenschutz berührenden Themen erteilt grundsätzlich der Bürgermeister – Mitwirkung bei der Öffentlichkeitsarbeit des Bürgermeisters – Erstellung von Publikationen (Büchern, Broschüren und Faltblättern usw.) zum gesamtstädtischen Datenschutz	– Auskünfte gegenüber der Presse zu aktuellen, den fachbereichsinternen Datenschutz betreffenden Themen erteilen grundsätzlich die zuständigen Dezernate (siehe verwaltungsinterne Verfügungen)

KAPITEL 14
Technischer Datenschutz: Datensicherheit

I. Datensicherheit und IT-Sicherheit

1. Bedeutung

IT-Systeme tragen heute die Hauptlast bei der Abwicklung der Geschäftsprozesse einer kommunalen Behörde. Große Mengen von Informationen werden digital gespeichert, elektronisch verarbeitet und in lokalen und globalen sowie in privaten und öffentlichen Netzen übermittelt. Das einwandfreie Funktionieren der IT-Infrastruktur hat grundlegende Bedeutung für die privatwirtschaftliche und öffentliche Aufgabenerfüllung, weil Daten und Informationen das „Gut" der Informationsgesellschaft geworden sind. Stehen die gespeicherten Daten nicht mehr zur Verfügung, wurden sie unbefugt verändert oder sind sie ihrem Ursprung nicht mehr zuzuordnen, kann die Fähigkeit zu sachgerechter Wahrnehmung öffentlicher Aufgaben auf dem Spiel stehen. Die Abhängigkeit von der Informationstechnik wird zukünftig mit der fortschreitenden Entwicklung der Informationsgesellschaft weiter zunehmen. Die Gewährleistung der *IT-Sicherheit* ist das oberste Gebot im digitalen Verwaltungsverkehr und unerlässlicher Bestandteil jeder Organisation geworden.

692

Die Ausgestaltung einer sicherheitskonformen Organisation in der Gemeinde muss die Zuständigkeiten für IT-Sicherheit und Datenschutz sachgerecht anordnen. Nach dem Selbstverständnis beider Aufgabenbereiche und ihrer Schnittstellen werden im Folgenden die in der Praxis angewandten Methoden zur Schaffung eines angemessenen Niveaus der Informationssicherheit skizziert. Anhand der IT-Grundschutzkataloge und der Vorgaben der Datenschutzgesetze wird als Lösung für große Kommunen die organisatorische Ansiedlung des IT-Sicherheitsbeauftragten in einer datenschutzkonformen Organisation vorgeschlagen.

2. Begriffe

a) IT-Sicherheit

Sicherheit in der Informationstechnik meint Sicherheitsvorkehrungen in informationstechnischen Systemen oder Komponenten, mit denen definierte Sicherheitsstandards eingehalten werden, die auf bestimmte Sicherheitsziele hin-

693

wirken.¹ Es sind Maßnahmen zu treffen, mit denen Bedrohungen für die Sicherheitsziele der Vertraulichkeit, Integrität und Verfügbarkeit² begegnet werden soll. Ähnliche Begriffsbestimmungen finden sich in den Regelwerken der technischen Normierungsgremien. So definiert etwa die Norm *DIN ISO/ IEC 2382* den Begriff der Datensicherheit: „Datensicherheit ist eine Sachlage, bei der Daten unmittelbar oder mittelbar so weit wie möglich vor Beeinträchtigung bewahrt sind, und zwar unter Berücksichtigung verarbeitungsfremder Risiken wie auch im Verlauf auftrags- und ordnungsgemäßer Erbringung der Datenverarbeitungsleistung." Daten dürfen also weder bei datenverarbeitenden Prozessen oder auftragsbedingten Vor- und Nacharbeiten beeinträchtigt werden. Noch dürfen sie in Funktionseinheiten zur Abwicklung auftragsbedingter Arbeiten oder durch Handlungen von daran beteiligten Personen missbraucht werden.³ Angesichts der Internationalität des Themas finden sich in der einschlägigen Literatur weitere Begriffsbestimmungen.⁴

694 Neuerdings wird in der Informatik eine Definition verwendet, die sich aus zwei Komponenten zusammensetzt. Die sog. technische Sicht der IT–Sicherheit – als Verlässlichkeit des Systems bezeichnet – umfasst die Gewährleistung des Zugangs zu der Information (Verfügbarkeit des IT–Systems), die Integrität (Schutz vor inhaltlicher Manipulation) und die Vertraulichkeit (Schutz vor unbefugter Kenntnisnahme) der Daten. Diese wird um die Sicht des Betroffenen ergänzt. Die sog. Beherrschbarkeit des Systems soll gewährleisten, dass die Ergebnisse der Verarbeitung zuzuordnen sind (Zurechenbarkeit), der Veranlasser feststellbar ist (Verbindlichkeit) und die Aufzeichnung der Ergebnisse nachweisbar ist (Revisionssicherheit).⁵ Beide Sichten ergänzen einander und sind zueinander komplementär. Erst gemeinsam machen sie den Bedeutungsinhalt des Begriffs IT-Sicherheit aus. Es wird von einer dualen Sicherheit gesprochen.

---

1 § 2 Abs. 2 BSIG (Gesetz über die Errichtung des Bundesamtes für Sicherheit in der Informationstechnik i.d.F. v. 14.08.2009); *Reinhard/Pohl/Capellaro*, IT–Sicherheit und Recht, 2007, Rn. 1.
2 Unter anderem in § 10 Abs. 2 Nrn. 1–3 DSG NRW legaliter definiert.
3 *Holznagel*, Recht der IT-Sicherheit, 2003, S. 11.
4 Die Internationale Organisation für Standardisierung (ISO) verwendet als Bestandteil des Standards für die OSI–Sicherheitsarchitektur folgende Begriffsbestimmung: *"The term of security is used in the sense of minimizing the vulnerabilities of assets and resources. An asset is anything of value. A vulnerability is any weakness that could be exploited to violate a system or the information it contains. A threat is a potential violation of security. Threats can be classified as accidental or intentional and may be active or passiv. [They] include the following: Destruction of information and/ or other resources, Corruption or modification of information, Theft, removal or loss of information and/or other resources, Disclosure of information, Interruption of services." Holznagel,* a.a.O., S. 12.
5 *Reiländer*, IT-Sicherheit und Datenschutz, S. 4; abrufbar unter http://www.infodas. de/download/it-sicherheit_und_datenschutz_v2_2006.pdf.

Datensicherheit und IT-Sicherheit

Da die IT–Sicherheit als ein Prozess der fortlaufenden Risikoerkennung und -bewertung zu begreifen ist, wird ihr Begriffsinhalt zusätzlich um das Element der Qualitätsprüfung bzw. -Bestätigung ergänzt.

Im Mittelpunkt aller dargestellten Definitionen steht die Sicherheit der Informationen. Der Schutz der Systeme und Anwendungen stellt nur ein Mittel zum Ziel dar. Der im IT–Grundschutz verwendete Begriff der IT–Sicherheit umfasst alle Informationen und erstreckt sich auch auf Bereiche, die in keinem Zusammenhang mit der elektronischen Verarbeitung stehen. Aufgrund der heute in allen Lebensbereichen allgegenwärtigen elektronischen Verarbeitung wird die Unterscheidung, ob Informationen über Informationstechnik, Kommunikationstechnik oder Papier verarbeitet werden, als nicht mehr zeitgemäß angesehen.[6] Umgekehrt sind elektronische Informationen nicht nur Gefahren ausgesetzt, die aus der Technik ihrer Verarbeitung resultieren. Sie werden ähnlich wie Informationen, die nicht elektronisch erfasst sind, durch allgemeine Gefahren bedroht, z.B. höhere Gewalt, Datenveränderung,[7] Diebstahl.[8] Aufgrund häufiger synonymer Verwendung beider Begriffe wird in den IT-Grundschutzkatalogen des Bundesamtes für Sicherheit in der Informationstechnik der Begriff *IT–Sicherheit* mit dem inhaltlichen Gehalt des Begriffes der Informationssicherheit verwendet.[9]

b) Datensicherheit (technischer Datenschutz)

Früher wurde teilweise nur von Datensicherung gesprochen,[10] was jedoch nur   695
den Schutz vor Datenverlust meint – etwa durch Erstellen vollständiger Kopien der Daten in einem Computersystem auf ein anderes Speichermedium.[11] Mittlerweile wird jedoch weitgehend dieselbe Terminologie verwendet.[12] Bezogen auf die Verarbeitung personenbezogener Daten wird unter Datensicherheit die Gesamtheit der Maßnahmen verstanden, die im Hinblick auf gesetz-

---

[6] BSI-Standard 100-1: Managementsysteme für Informationssicherheit, Version 1.5, 2008, S. 8.
[7] § 303a StGB.
[8] BSI- Standard 100-1, a.a.O., S. 8.
[9] BSI- Standard 100-1, S. 8.
[10] Das ist teilweise heute noch aus der Kommentierung ersichtlich; *Gola/Schomerus*, BDSG–Kommentar, 10. Aufl. 2010, § 9 Rn. 10.
[11] engl. *backup.*
[12] *Ernestus*, in: Simitis (hg.), BDSG-Kommentar, 6. Aufl. 2006, § 9 Rn. 2, der Datensicherheit offenbar ebenfalls als den korrekten Oberbegriff verwenden will; *Schaffland/Wiltfang*, BDSG-Kommentar, Loseblatt, Lfg. 1/2009, § 9 Rn. 7a. Siehe auch den Gesetzeswortlaut der §§ 9a BDSG, 10a DSG NRW, beide Gesetze sprechen von *Datensicherheit*. Siehe auch *Wedde*, in: Däubler/Klebe/Wedde/Weichert, Kompaktkommentar zum BDSG, 3. Aufl. 2010, § 9 Rn. 1 m.w.N.

liche Sicherheitsziele[13] getroffen werden. Anstelle von Sicherheitszielen sind dagegen auf Bundesebene im BDSG[14] noch acht sog. Gebote der Datenverarbeitung aufgeführt. Nach deren ausdrücklichen Wortlaut sind die dort genannten Maßnahmen auf die automatisierte Verarbeitung und Nutzung anzuwenden; die ausdrücklichen gesetzlichen Vorgaben zur Datensicherheit für nicht automatisierte Verarbeitungen fehlen hingegen. Aus dem Normzusammenhang ist jedoch zu entnehmen, dass die Vorgaben als Mindeststandard auf nicht automatisierte Datenverarbeitung ebenfalls Anwendung finden, soweit dies aus technischer Sicht sinnvoll und machbar ist. Gesetzestechnisch ist die Definition von Schutzzielen der Benennung von Maßnahmen vorzuziehen, da diese technologieunabhängig definierbar sind und einen allgemeingültigen Sicherheitsrahmen bilden, der umfassend ist und auch bei neuen Formen der Datenverarbeitung Bestand hat.[15] Diese Ziele sollen nach dem jeweiligen Stand der Technik erfüllt werden.[16] Damit wird ein dynamischer Maßstab zur Erreichung von Schutzzielen eingeführt, der in einschlägigen Normen und in der Fachliteratur dokumentiert ist. Die Wahl der Maßnahmen hat sich außer am Stand der Technik an einer Risikobewertung im Rahmen von Sicherheitskonzepten zu orientieren.[17]

Maßnahmen zur Datensicherheit können entweder technischer Natur sein oder sich in organisatorischen Regelungen und modernen Ansätzen wie Datensparsamkeit, frühzeitiger Anonymisierung oder Pseudomisierung ausdrücken. Hierzu gehören Vorkehrungen baulicher (z.B. Gestaltung von Wänden, Türen oder Fenstern) oder personeller (z.B. restriktive Gestaltung von Zugangsrechten) Art.[18] Geeignet sind Maßnahmen, die den Bestand aller gespeicherten Daten sichern. Art und Umfang der Maßnahmen, die im Einzelfall tatsächlich getroffen werden, sind am Grundsatz der Verhältnismäßigkeit auszurichten.

3. Gemeinsamkeiten von IT-Sicherheit und Datensicherheit

a) Identität der Maßnahmen

696 IT-Sicherheit und Datenschutz verfolgen unterschiedliche Zwecke. IT-Sicherheit soll dem Eigeninteresse der Behörde an der Sicherung eigener Datenbe-

---

[13] Festgelegt z.B. in § 10 Abs. 2 Satz 1 Nrn. 1–6 DSG NRW.
[14] *In der Anlage zu § 9 BDSG und außerdem* im Rahmen des Sozialdatenschutzes im § 78a SGB X mit Anlage.
[15] *Roßnagel/Pfitzmann/Garstka*, Gutachten zur Modernisierung des Datenschutzes, 2001, S. 131.
[16] *Roßnagel/Pfitzmann/Garstka*, Gutachten zur Modernisierung des Datenschutzes, 2001, S. 132.
[17] § 10 Abs. 3 DSG NRW.
[18] *Wedde*, in: Däubler/Klebe/Wedde/Weichert, a.a.O., § 9 Rn. 17ff.

stände dienen; die Sicherheit personenbezogener Daten wird dagegen dem Interessenbereich des Betroffenen zugeordnet.[19] In beiden Bereichen ergeben sich Übereinstimmungen in Bezug auf die jeweils erforderlichen Maßnahmen: der IT-Sicherheit dienende Maßnahmen sind weitgehend identisch mit solchen, die für Datensicherheit getroffen werden. Für den Bereich automatisierter Verarbeitung personenbezogener Daten bedeutet das: Das Ziel einer sicheren Verarbeitung stellt Grundanforderungen, die durch bestimmte Grundfunktionen von Datenverarbeitungssystemen umgesetzt werden. Beispiele:

– *Funktion der Identifikation* (Zugang zum System nur unter Angabe der Anmeldedaten)
– *Funktion der Authentifizierung* (Bestätigung der Identifikation durch zusätzliche Angabe z.B. Passwortes)
– *Funktion der Rechteverwaltung* (Zuweisung bestimmter Rechte zum Nutzen des Systems)
– *Funktion der Rechteprüfung* (Prüfung der Rechte bei der Nutzung des Systems)
– *Funktion der Beweissicherung* (Protokollierung bestimmter automatisierter Abläufe, berechtigter Zugriffe, unberechtigter, fahrlässiger oder vorsätzlicher Zugriffsversuche)
– *Funktion der Protokollauswertung* (Software zum Recherchieren nach bestimmten Merkmalen)
– *Funktion der Wahrung der Integrität* (Prüfung, ob während der Verarbeitung die Daten nicht verfälscht wurden).

Außer technischen Methoden, Verfahren und Algorithmen werden zusätzlich organisatorische Sicherheitsmaßnahmen verwendet. Hierzu gehören z.B. Schulungen der Mitarbeiter, Datenbestandssicherung (*backup*), sichere Aufbewahrung der Datenträger und die Zutrittskontrolle in Gebäude und Räume.

b) Teilidentität der Aufgaben

IT-Sicherheit im häufig verwendeten Sinne beschäftigt sich vordringlich mit dem Schutz *automatisiert* verarbeiteter Daten. Bezieht man alle schützenswerten Daten in die Betrachtung ein, so zeigt sich, dass es Datensicherheit gibt, die nicht IT-Sicherheit ist, z.B. die sichere Aufbewahrung von papiernen Unterlagen (Akten) mit personenbezogenen Daten. Aber es gibt auch IT-Sicherheit, die nicht Datensicherheit ist: Hier geht es um die Sicherheit von Hard- und Software, die nichts mit personenbezogenen Daten zu tun hat, z.B. Verkehrsrechner, Ampelanlagen oder rein kartographische Verfahren. Jedoch

697

---
[19] *Stähler/Pohler*, DSG NRW, 3. Aufl. 2003, § 10 Rn. 1.

ebenso, wie der quantitative Anteil nicht automatisierter Verarbeitung personenbezogener Daten in der Kommunalverwaltung – geradezu drastisch – zurückgeht, so ist der Anteil von IT-Verfahren, die ohne personenbezogene Daten auskommen, rein quantitativ betrachtet, verschwindend gering.

4. Schlussfolgerung

IT-Sicherheit betrifft damit zum größten Teil auch personenbezogene Daten, so dass IT-Sicherheit und Datensicherheit *materiell* kaum zu trennen sind. Versteht man IT-Sicherheit im Sinne der IT-Grundschutz-Kataloge,[20] so zeigt sich, dass Datensicherheit und IT-Sicherheit gleichermaßen in den Begriffsinhalt der *Informationssicherheit* einfließen. Daraus folgt, dass beide Bereiche der Sache nach nicht nur zusammengehören, sondern dass vielmehr beide Begriffsinhalte weitgehend identisch verwendet werden.

II. Organisatorischer und technischer Datenschutz: Parameter

698 Das BDSG enthält die Pflicht, organisatorische und technische Maßnahmen zu treffen, die zum Schutz personenbezogener Daten erforderlich sind.[21] Der Gesetzgeber nennt acht konkret zu treffende Kontroll-Maßnahmen:

– Zutrittskontrolle

– Zugangskontrolle

– Zugriffskontrolle

– Weitergabekontrolle

– Eingabekontrolle

– Auftragskontrolle

– Verfügbarkeitskontrolle und

– Trennungsgebot

Die ursprünglichen sog. zehn wurden zu *acht Geboten der Datenverarbeitung* verdichtet,[22] in Wirklichkeit sind es jedoch – aufgrund ungeschickter Zusammenführung – zwölf Maßnahmen.[23] Datenschutz und Datensicherheit in konkreten, gesetzlich normierten Maßnahmen festzulegen, ist nicht aber sinnvoll.

---

[20] Die IT-Grundschutz-Kataloge enthalten seit der Version 2007 auch einen speziellen Baustein *Datenschutz*, der sich allerdings nur auf die Regelung des BDSG für den nicht-öffentlichen Bereich bezieht; https://www.bsi.bund.de/cln_165/ContentBSI/grundschutz/baustein-datenschutz/html/index_htm.html; siehe dazu auch *LDA Bbg*, 14. Tätigkeitsbericht 2006/07, Punkt 2.11.

[21] § 9 Satz 1 BDSG nebst Anlage.

[22] Durch BDSG-Novelle von Mai 2001; *Wedde*, in: Däubler/Klebe/Wedde/Weichert, a.a.O., § 9 Rn. 7.

[23] *Münch*, Technischer und Organisatorischer Datenschutz, 4. Aufl. 2010, S. 65.

Damit wird eine starke Abhängigkeit vom aktuellen technologischen Entwicklungsstand festgeschrieben. Technologischer Fortschritt verlangt aber, Maßnahmen zeitnah anzupassen.[24] Etwa die Hälfte der Länder richtet sich in ihrem Datenschutzgesetz noch nach diesem maßnahmeorientierten Modell des BDSG.[25]

Das Gegenmodell der Kodifikation des technischen und organisatorischen Datenschutzes besteht in der Festlegung international standardisierter und technikunabhängiger *Datenschutzziele* im Datenschutzgesetz:

– Vertraulichkeit
– Integrität
– Verfügbarkeit
– Authentizität
– Revisionsfähigkeit
– Transparenz.

Damit verfügen Spezialisten aus unterschiedlichsten Bereichen über eine gemeinsame Terminologie und sind damit unabhängig von der technologischen Entwicklung, da die Art der Zielerreichung nicht in der Norm festgelegt ist. Diesen – moderneren und gesetzestechnisch vorzuziehenden – Weg geht die andere Hälfte der Länder in ihren Datenschutzgesetzen.[26]

III. Sicherheitskonzeptionen

Das Bedürfnis nach Sicherheit des Datenverarbeitungsprozesses ist in dem Maße bewusst geworden, in dem zunehmend die *IT* die Verarbeitung personenbezogener Daten in der Kommune bestimmt hat. Für die Privatwirtschaft sind in den vergangenen Jahren mehrere Rechtsvorschriften erlassen worden, aus denen sich zu Fragen der *IT-Sicherheit* unmittelbare Handlungs- und Haftungsverpflichtungen der Geschäftsführer und des Vorstands ableiten lassen. Zu nennen ist hier insbesondere das *KonTraG* (Gesetz zur Kontrolle und Transparenz im Unternehmensbereich), mit dem GmbHG[27] und AktG[28] ge-

---

[24] Ähnlich *Ernestus*, in: Simitis (hg.), a.a.O., § 9 Rn. 1.
[25] § 9 LDSG B-W; Art. 7 BayDSG; § 7 BremDSG; § 10 HDSG; § 7 NDSG; § 9 LDSG R-P; § 11 SDSG; differenzierend § 5 LDSG S-H.
[26] § 10 DSG NRW; § 10 Bbg DSG; § 5 BlnDSG; § 8 HmbDSG; § 9 ThürDSG; § 9 SächsDSG; § 6 DSG LSA; § 21 DSG M-V.
[27] Z.B. § 43 Abs. 1
[28] §§ 91 Abs. 2, 93 Abs. 2 AktG, siehe auch Bundesamt für Sicherheit in der Informationstechnik (BSI), Leitfaden IT-Sicherheit – IT–Grundschutz kompakt, 2009, S. 9, abrufbar unter https://www.bsi.bund.de/cae/servlet/contentblob/540280/publication File/34662/GS-Leitfaden_pdf.pdf; *Keller*, IT-Security und die Haftung der Unternehmensleitung, ZRFG 2007, 24ff.; *Heckmann*, Rechtspflichten zur Gewährleistung von IT-Sicherheit im Unternehmen, MMR 2006, 280ff.

ändert wurden. Gemeinden hingegen müssen aufgrund der einschlägigen Gesetze ein (IT-) Sicherheitskonzept aufstellen und umsetzen. Ein *IT-Sicherheitskonzept* dient der Umsetzung der *IT-Sicherheitspolitik* und beschreibt die geplante Vorgehensweise, um die Sicherheitsziele einer Gemeinde zu erreichen. Im *IT-Sicherheitsprozess* einer Behörde ist das Sicherheitskonzept *das* zentrale Dokument, auf das sich jede konkrete Maßnahme letztlich zurückführen lassen muss.

1. Erfordernis eines IT-Sicherheitskonzeptes

700 Rechtlich leitet sich der Grundsatz der Gesetz- und Rechtmäßigkeit der Verwaltung aus dem Grundgesetz ab. Der Vorbehalt und der Vorrang des Gesetzes bestimmen, dass die Gesetzgebung an die verfassungsmäßige Ordnung, die vollziehende Gewalt und die Rechtsprechung an Gesetz und Recht gebunden sind.[29] Zu den Vorschriften, die die Verwaltung einzuhalten hat, gehören insbesondere auch diejenigen über den Datenschutz. Mit anderen Worten: Auch wer Datenschutzgesetze missachtet, handelt *rechtswidrig*.

Die Datenschutzgesetze schützen den Einzelnen vor einer Beeinträchtigung seines Persönlichkeitsrechts durch verbotenen Umgang mit seinen personenbezogenen Daten. Sie sehen vor, dass technische und organisatorische Maßnahmen den Datenverarbeitungsprozess sichern sollen.[30] Zum Teil bestehen in Landesgesetzen weitere Normen, die die Verpflichtung zur Erstellung von Sicherheitskonzepten betreffen.[31] Um sowohl den Datenschutz für betroffene Personen als auch die Verarbeitungssicherheit gewährleisten zu können, müssen Gemeinden Maßnahmen ergreifen, um die klassischen Ziele der *IT-Sicherheit*[32] einzuhalten. Dazu ist ein *IT-Sicherheitskonzept* zu erstellen und umzusetzen. Auch für kleinere Gemeinden ist ein Sicherheitskonzept nicht nur obligatorisch, sondern auch zur Bewältigung der Aufgaben äußerst hilfreich, weil damit viele Prozesse, Verantwortlichkeiten und Aufgabenbeschreibungen kritisch überprüft und verbessert, teilweise sogar den Bediensteten erstmals erläutert werden.[33]

---

[29] Art. 20 Abs. 3 GG; *Sachs*, in: Sachs (hg.), GG-Kommentar, 5. Aufl. 2009, Art. 20 Rn. 103 ff.

[30] Für NRW: § 10 DSG NRW, der sich insoweit technikneutral auf sechs Ziele der Datenverarbeitung beschränkt. Eine Übersicht über die Regelungen in allen Ländern findet sich bei *Münch*, Harmonisieren – dann Auditieren und Zertifizieren, RDV 2003, 223 ff., 226 ff.

[31] Wie z.B. § 5 DSG S-H i.V.m. § 6 der DVO S-H oder auch § 10 Abs. 3 Satz 1 DSG NRW

[32] § 2 Abs. 2 BSIG; *Heckmann*, a.a.O. S. 281.

[33] Bundesamt für Sicherheit in der Informationstechnik (BSI), Leitfaden IT-Sicherheit – IT-Grundschutz kompakt, a.a.O., S. 25.

2. Grundlagen eines IT-Sicherheitskonzeptes
a) Allgemeine Grundstruktur

Die Größe betroffener Städte oder Gemeinden spielt bei der Planung von Sicherheitskonzepten keine Rolle. Unterschiede ergeben sich allerdings im Umfang der auszuführenden Arbeiten, die von Gemeinde zu Gemeinde sehr unterschiedlich ausfallen, je nachdem, welche speziellen Aufgaben wahrgenommen werden. Als Beispiel sei etwa die Übernahme von IT–Aufgaben auch für benachbarte Gemeinden genannt, weil diese nicht über ein eigenes Rechenzentrum verfügen. Verantwortlich für die Gewährleistung von *IT-Sicherheit* ist die Leitung der öffentlichen Stelle,[34] d.h. der Verwaltungsvorstand der Gemeinde. Die Verantwortlichkeit für die datenschutzrechtliche Rechtmäßigkeit des Datenverarbeitungsprozesses hingegen liegt innerhalb der Gemeinde bei den einzelnen verantwortlichen Stellen,[35] d.h. den Ämtern und Organisationseinheiten.

701

Für Gemeinden unabhängig von ihrer Größe ist das Aufstellen eines *IT-Konzeptes* zur Festlegung von Strukturen für die Einführung und den Betrieb ihrer *IT-Systeme* sinnvoll. Inhaltlich umfasst das IT-Konzept im Hinblick auf automatisierte Datenverarbeitung *zumindest*[36] Beschreibungen von:

– Ablauforganisation,
– Bestehenden internen Vorschriften,
– Bestand an Hard- und Software,
– Netzwerkaufbau sowie
– Zukunftsplanungen.

Insoweit kann ein bereits vorhandenes IT-Konzept als Grundlage des zu erstellenden Sicherheitskonzeptes dienen. Für den Fall, dass kein IT-Konzept entwickelt wurde, müssen zumindest die oben genannten einzelnen Beschreibungen vorgenommen und realisiert werden.

b) Konkretisierung

Wie bei jedem Aufbau eines Konzeptes, ist es auch für die Erstellung eines Sicherheitskonzeptes unerlässlich, dass entsprechend den Einzelschritten eines Projektplanes die Rahmenbedingungen festgelegt werden. Hier sind insbeson-

702

---

[34] BSI-Standard 100-1, a.a.O., S. 5; Baustein Datenschutz zum IT-Grundschutzkatalog, M 7.5 i.V.m. Maßnahmentabelle.
[35] Z.B. § 3 Abs. 3 DSG NRW.
[36] Im Einzelnen *Ernestus,* in: Rossnagel (hg.), Handbuch Datenschutzrecht, 3.2, Rn. 32ff.; Zur Planung, Erstellung und Umsetzung von IT-Sicherheitskonzepten siehe *ULD S-H (hg.),* backUP–Magazin für IT-Sicherheit, 2. Aufl. Dez. 2002, abrufbar unter https://www.datenschutzzentrum.de/backup-magazin/backup01.pdf.

dere zu nennen: Benennung der verantwortlichen Funktionsträger, u.a. der *bDSB* einschließlich Stellvertreter, ggfs. externe IT-Dienstleister, Termine für die einzelnen Konzept-Schritte, Konkrete Maßnahmen zur Erreichung der Ziele.

c) Vorgesehene Maßnahmen

703 Der erste Arbeitsschritt ist die Erfassung der automatisierten Arbeitsabläufe. Hier können – wie oben bereits erwähnt – soweit vorhanden, auf die *IT-Konzepte* zurückgegriffen und in einer Bestandsaufnahme alle Sachverhalte detailliert festgehalten werden, die bekannt sein müssen, um die entsprechenden Sicherheitsmaßnahmen sinnvoll festlegen zu können. Wichtig sind insbesondere die Sammlung und Auswertung von internen Unterlagen wie Geschäftsverteilungsplänen und Dienstanweisungen sowie die Prüfung von Zuständigkeiten innerhalb der Organisationseinheit. Daneben müssen die örtlichen Gegebenheiten der *IT-Infrastruktur*[37] begutachtet werden. Dabei festgestellte Schwachstellen müssen aufgenommen werden.

Übersichten, z.B. von Inventarverzeichnissen einschließlich Hard- und Softwarebestandslisten, Fachverfahrenslisten, Benutzer- und Rechtverwaltung, Gebäude- und Verkabelungsplänen sowie Konfigurationsübersichten der eingesetzten *IT-Systeme* müssen ggfs. erstellt und ausgewertet werden. Schließlich müssen die verfahrensbezogenen Datenverwaltungs- und Kommunikationswege gesichert und die von den IT-Betreuern durchgeführten Aufgaben überprüft werden, insbesondere wenn es sich dabei um externe Dienstleister handelt. Hinsichtlich der Schutzbedarfsfeststellung ist es wichtig, dass die Netzwerktopologie[38] aufgezeichnet wird; je größer die Organisationseinheit ist, desto mehr Angriffspunkte auf die verschiedenen Netzwerkkomponenten müssen berücksichtigt werden.

d) Festlegung des IT-Sicherheitsniveaus

704 Zwar ist es unmöglich, eine hundertprozentige Sicherheit für das IT-System zu schaffen, da Sicherheit immer ein relativer Begriff ist. Der Grad der Sicherheit hängt ab von der Höhe der finanziellen Investition sowie der Qualität der Organisation und des *know how*. Gerade im kommunalen Bereich ist auf die Angemessenheit der Relation zwischen Aufwand und Schutzniveau zu achten.[39] *Mit anderen Worten*: Nach der Bestandsaufnahme aller erforderlichen Informationen muss zunächst dasjenige Sicherheitsniveau festgelegt werden,

---

[37] Arbeitsstationen, Server, Netzwerkkomponenten, sonstige IT-Systeme.
[38] Physikalische Vernetzung der Systeme.
[39] BSI-Standard 100-1, a.a.O., Version 1.5, S. 18.

das als ausreichend, aber auch als erforderlich für die Größe der Gemeinde angesehen werden kann. Die hierfür zugrunde zu legenden Kriterien sind:
- der *Wert* der zu schützenden Daten, korrespondierend mit möglichen Schäden bei Verlust von Vertraulichkeit, Integrität oder Verfügbarkeit,
- die *Gefährdungen*, denen die zu schützenden Daten ausgesetzt sind und
- eine durch diverse andere Faktoren bestimmte *Risikobereitschaft* der Gemeinde einschließlich potentieller Auswirkungen auf ihre Aufgabenerfüllung.

Diese abstrakten Kriterien können mit folgenden konkreten Fragen näher eingegrenzt werden:
- Bestehen Regelungen, die den Schutz der Informationen gesetzlich vorschreiben?
- Werden mit den eingesetzten IT-Systemen Informationen verarbeitet, deren Vertraulichkeit besonders zu schützen ist?
- Welche Entscheidungen hängen von der Richtigkeit, Aktualität und Verfügbarkeit der Informationen ab?
- Gibt es Aufgaben oder Massenaufgaben der Gemeinde, die nur mit Hilfe der IT-Systeme erledigt werden können?

Anhand der Antworten kann das festzulegende *IT-Sicherheitsniveau* an den unterschiedlichen Stellen in folgende *Kategorien* eingeordnet werden:

- *Hoch*
An diesen Stellen muss der Schutz vertraulicher Informationen in besonderem Maße gewährleistet sein. Die Informationen müssen in höchstem Maße korrekt sein. Grundsätzlich können nur kurze Ausfallzeiten der automatisierten Datenverarbeitung toleriert werden.

- *Mittel*
An diesen Stellen muss der Schutz von Informationen grundsätzlich gewährleistet sein. Kleinere Fehler können aber toleriert werden. Fehler, die die Aufgabenerfüllung erheblich beeinträchtigen, müssen jedoch erkennbar oder vermeidbar sein. Längere Ausfallzeiten des IT-Systems an dieser Stelle sind nicht zu tolerieren.

- *Normal*
An diesen Stellen ist *keine besondere* Vertraulichkeit von Informationen gefordert. Solange auftretende Fehler des IT-Systems die Erledigung der Aufgaben nicht völlig unmöglich machen, können diese Fehler geduldet werden. Auch längere Ausfallzeiten (länger als 24 Stunden) der IT-Systeme können an diesen Stellen hingenommen werden.

Unabhängig davon, ob die hier vorgeschlagenen Kriterien verwendet werden, ist dieser Schutzbedarfsfeststellung große Bedeutung beizumessen, da anhand dessen über die weitere Vorgehensweise der IT-Konzeption entschieden wird.[40] Das Risiko, durch IT-Sicherheitsvorfälle oder –Pannen Schäden zu erleiden, muss bewertet werden und mit in die Entscheidung einfließen, welches IT-Sicherheitsniveau angestrebt werden soll.[41] Wenn auf diese Weise das jeweils erforderliche Niveau festgelegt ist, kann das IT-Sicherheitskonzept erstellt werden. Als Ausgangsbasis dienen die von der Leitungsebene festgelegten verbindlichen Regeln für die eingesetzten Verfahren und die eingesetzte Hardware.

3. Erstellung des Sicherheitskonzeptes

706 In der Praxis hat sich bewährt, das Konzept in verschiedene Bereiche zu gliedern, wobei gemeindliche Besonderheiten im Einzelfall eine andere Gliederung sinnvoll machen können.

a) Zielrichtung

Dieser Gliederungspunkt sollte die Informationen darüber enthalten, welches Sicherheitsniveau festgelegt wurde, auf welcher Grundlage die Sicherheitsmaßnahmen festgelegt wurden, welche einzelnen organisatorischen Bereiche mit einbezogen sind, welche technischen IT-Systeme aus welchen Gründen nicht mit einbezogen wurden und schließlich welche gesonderten Regelungen zu beachten sind.

Beispiel einer „Präambel":
Gemäß dem von der Gemeinde verabschiedeten Sicherheitskonzept für die Organisation von [...] sollen die Verfügbarkeit der Systeme und der Software sowie die Integrität und Vertraulichkeit der Daten unter Zugrundelegung eines hohen Sicherheitsniveaus gewährleistet werden. Dies gilt für alle technischen Systeme und Verfahrensabläufe, mit deren Hilfe dienstliche Informationen gespeichert und weiterverarbeitet werden können.

Die Darstellung des Sicherheitskonzeptes beschränkt sich auf technische und organisatorische Maßnahmen und basiert auf den in der Bestandsaufnahme vom [...] ermittelten Informationen.

b) Allgemeiner Grundschutz

707 Die Sicherheitsanforderungen für bestimmte Stellen innerhalb einer Gemeinde können unterschiedlich hoch ausfallen. In vielen Fällen sind die eingesetzten

---

[40] *Kongehl*, Datenschutzmanagement, Professionelle Umsetzung und Gestaltung in Unternehmen und Behörden, Loseblatt, Stand: Heft 1/2010, 3.3, S. 12.
[41] BSI-Standard 100-1, a.a.O., S. 27.

Sicherheitskonzeptionen

IT-Systeme so komplex, dass Grundsatzentscheidungen zu treffen sind, die für die gesamte Organisation von Bedeutung sind. Sie sind Ausdruck der von der Gemeinde vertretenen Sicherheitspolitik und geben Auskunft über den allgemeinen Grundschutz der jeweiligen Organisationsbereiche. Im Einzelnen sind dies *Regelungen* über:

– Infrastrukturelle Vorkehrungen (a),
– Einsatz der IT-Systeme (b),
– Betriebssicherheit der IT-Systeme (c),
– Anbindung an externe Dienstleister (d),
– Nutzung der Dienste im Internet (e),
– Art und Weise der Datenhaltung (f),
– Einrichtung von Benutzern und Zuweisung von Rechten (g) *sowie*
– Behandlung von externen Datenträgern und mobilen Computern, (h).

Beispiele für diese Regelungen: 708

Für Infrastruktur: Bereitstellung geeigneter Räume für die zentralen IT-Systeme, Sicherstellung ausreichender Klimatisierung insbesondere der Serverräume, Zutrittsregelungen zu Netzwerkleitungen und Netzwerkverteilern, Abschließbarkeit von Fenster und Türen usw.

Für den generellen Einsatz der IT-Systeme: Kennzeichnung aller IT-Systeme und externer Datenträger; Inventarisierung der IT; Erstellung eines Geräteverzeichnisses und Herstellung eines Gebäude- und Verkabelungsplans.

Für die Betriebssicherheit der IT-Systeme: Einhaltung der von den jeweiligen Herstellern angegebenen Installations- und Betriebsvoraussetzungen, Bevorratung mit ausreichenden Mengen von Ersatzkomponenten; Aufstellung eines Backup-Systems entsprechend dem Stand der Technik, Vorhaltung einer unterbrechungsfreien Stromversorgung.

Für externe Dienstleister: Obligatorisch: Schriftliche Verträge mit konkreter und detaillierter Beschreibung der übernommenen Aufgaben und deren Durchführung, Überwachung der Dienstleister bei der Ausführung ihrer Tätigkeiten, Einholung und Kontrolle von Arbeitsprotokollen der Dienstleister.

Für die Internetnutzung: Einschränkungen auf Einzelplatz-PC sowie auf Nutzung der Internetdienste WWW und E-Mail, einheitliche Regelungen zu Benutzerkennungen, E-Mail-Adressen und Postfächern, Löschregeln für empfangene E-Mails; Dateizugriffsdienste (File Serving etc.) dürfen nur in besonders definierten Fällen angeboten werden.

Für die Datenhaltung: Datenhaltung ausschließlich auf den Hauptservern, Verbot der Speicherung verfahrensbezogener Daten auf lokalen Festplatten oder nicht-gemeindlichen externen Speichermedien, Beachtung des Prinzips der bereichsbezogenen Datenabschottung.

Für die Benutzer- und Rechteverwaltung: Aufstellung einer zu aktualisierenden Liste der PC-Benutzer und deren zugewiesener Rechte, Einrichtung der Benutzer ausschließlich auf dem Hauptserver mit Kategorisierung in logische Benutzergruppen, Erteilung der Zugriffsrechte, Absicherung der Dateien und Verzeichnisse über Lese-, Schreib- und Ausführungsrechten.

Für externe Datenträger: Unter-Verschluß-Haltung der Datenträger der eingesetzten Betriebssystemsoftware und in der Organisation benutzter Anwendungssoftware, Vorratshaltung und Aufbewahrungsvorschriften von Datenträgern zur Datensicherung, obligatorische Virenprüfung bei Nutzung externer Datenträger.

c) Arbeitsplatzebene

709 Die zu treffenden Maßnahmen in der unmittelbaren Umgebung der das System benutzenden Mitarbeiter sollten an deren Sichtweise ausgerichtet sein:
– Beachtung von allgemeinen und bereichsspezifischen Vorschriften,
– Gestaltung der Arbeitsumgebung.

Beispiele:
Schulung der Mitarbeiter, Ausgabe von Benutzerhandbüchern, Aufstellung von Dienstanweisungen zur Nutzung von IT-Systemen, Verbot der Veränderung dienstlicher IT-Systeme und der Verwendung privater Software, Organisation der Anmeldung an den Systemen (Server/Client/E-Mail/Internet), Erstellung einer Richtlinie zur Passwortänderung, einheitliche Gestaltung der Bedieneroberfläche, Sperrung der Zugriffsmöglichkeiten auf externe Datenträger.

d) Zentralrechnerebene

710 Zu dieser Ebene gehören Großrechner, Netzwerkkomponenten sowie mit ihnen verbundene Kommunikationssysteme. Die Festlegung der Sicherheitsmaßnahmen folgt aus der Prüfung *mindestens* folgender Bereiche:
– Konfiguration des zentralen IT-Systems,
– Protokollierung von Systemaktivitäten,
– Art und Weise der Durchführung der Datensicherung,
– Management der einzelnen Netzwerkkomponenten.

Beispiele:
Einheitliche Ausstattung der IT-Systeme, gute Erreichbarkeit bei Ausfällen o.ä., Aufstellung einer Richtlinie zur Protokollierung von Veränderungen

Sicherheitskonzeptionen

der Systemdateien durch die IT-System-Betreuer, Installation von Hard- und Software, Beseitigung von Fehlern und Störungen, Löschung von Daten, Erstellung einer Richtlinie zur Datensicherung, Durchführung der Datensicherung, Erstellung einer detaillierten Dokumentation der Netzwerktopologie inklusive Anschlussdosen, Patchfeldern und Konfiguration aktiver Komponenten.

e) Automatisierte Verfahren

Die hier festzuschreibenden Sicherheitsmaßnahmen beziehen sich insbesondere auf die Einführung und den Betrieb der mit dem Verfahren eingesetzten Software. Dementsprechend müssen Regelungen aufgestellt werden über die

711

– Verwaltung von Benutzerrechten,
– Verwaltung und Löschung der Daten,[42]
– Entwicklung von Anwendungen,
– Zulässigkeit der Datenspeicherung,
– Test- und Freigabeverfahren *sowie*
– Dokumentation des Verfahrens

Beispiele:
Speicherdauer und Zuständigkeit für die Löschung von Daten, bei Einspielung neuer Programmversionen Festlegung seitens der Leitungsebene, ob ein erneutes Test- und Freigabeverfahren durchzuführen ist.

f) Administration

Ebenfalls unter sicherheitstechnischen Aspekten ist die Administration der IT-Systeme zu organisieren. Dafür müssen

712

– Zuständigkeiten festgelegt werden,
– Zugriffsberechtigungen verwaltet werden *und die*
– administrativen Aufgaben zugeordnet werden.

g) Revision und Kontrolle

Da es nicht nur darum geht, ein Sicherheitskonzept aufzustellen und einmalig umzusetzen. Das festgelegte Sicherheitsniveau ist vielmehr dauerhaft zu gewährleisten. In das Konzept müssen Regelungen aufgenommen werden, die die

713

---

[42] Bei umfangreichen automatisierten Datenerhebungen (z.B. für Zwecke der Autobahn-Maut) kann es sinnvoll sein, eigene Löschkonzeptionen zu entwickeln; *Hammer/Fraenkel*, DuD 2007, 905 ff.

Durchführung von Kontrollen der Umsetzung vorgegebener Sicherheitsmaßnahmen definieren.

h) Notfallvorsorge

714 Für den Fall, dass einzelne Teile oder das gesamte IT-System ausfallen, müssen vorbeugend Sicherheitsmaßnahmen vorbereitet werden, die insbesondere Verhaltensregeln für die Mitarbeiter geben sowie die Vorgehensweise zur Beseitigung der Fehler oder Störungen beschreiben. Hierbei müssen die IT-Betreuer eingebunden und in die Pflicht genommen werden, da nur sie den Überblick und das Wissen besitzen, um Notfallhandbücher, Wiederanlaufpläne etc. zu erstellen.

i) Schwachstellen/Risikoanalyse

715 In einer Risikoanalyse sollten die Schwachstellen bzw. Risiken dargestellt werden, die *bewusst* nicht durch Sicherheitsmaßnahmen beseitigt wurden (z.B. wegen unverhältnismäßig hohen finanziellen Aufwandes). Die jeweiligen Schwachstellen müssen konkret bezeichnet und hinsichtlich des möglicherweise auftretenden Schadens bewertet werden. Die *bewusst* nicht ergriffenen Sicherheitsmaßnahmen sind darzustellen und die Gründe zu erläutern, aus denen so entschieden wurde.

j) Fortschreibung

716 Das auf diese Weise erstellte Sicherheitskonzept unterliegt einer *Evaluierung*. Ändern sich beteiligte Personen oder Orte der Datenverarbeitung, so ist es zu überprüfen. Turnusmäßig (z.B. jährlich) oder dann, wenn in der Praxis von den im Sicherheitskonzept festgelegten Maßnahmen abgewichen wird, ist zu kontrollieren, warum sie sich in der Praxis nicht bewährt haben.

Sicherheitskonzepte sind ferner einem sich wandelnden technischen Umfeld anzupassen. Zu Recht wird darauf hingewiesen, dass es sich in immer kürzeren Zeitintervallen ändert, so dass vorhandene Sicherheitskonzepte mit der Entwicklung Schritt halten müssen.[43] Insoweit ist eine kontinuierliche Prüfung als etablierter Prozess sicherzustellen.

4. Umsetzung des Sicherheitskonzeptes

717 Sind alle als erforderlich angesehenen Sicherheitsmaßnahmen in einem Sicherheitskonzept beschrieben, so ist dieses in der Wirklichkeit der Kommune abzubilden. Es empfiehlt sich, einen Projektplan zur Realisierung der Maßnahmen aufzustellen und ausreichend personelle und materielle Ressourcen dafür

---

[43] *Kongehl*, a.a.O., 3.3, S. 27.

vorzusehen. Technische sollten von organisatorischen Schritten getrennt und einzeln abgearbeitet werden. Dadurch wird vermieden, dass sich Abläufe unnötig komplex gestalten. Zuständigkeiten sind zuzuweisen und zeitliche Prioritäten festzulegen.

5. Fazit

Unabhängig davon, wie im kommunalen Umfeld vorgegangen wird, um Sicherheitskonzepte zu planen, zu erstellen und umzusetzen, ist der wichtigste Schritt das Engagement der Leitungsebene. Denn sie besitzt eine maßgebliche Vorbildfunktion für die Mitarbeiter. Eine unsichere IT, die den einschlägigen Gefahren ausgeliefert ist, kann sich heute keine Gemeinde mehr leisten. Die dargelegten Maßnahmen werden dann Erfolg haben, wenn auch die Leitungsebene den Mitarbeitern zeigt, dass sie ihre *Verantwortung für die IT-Sicherheit* kennt und wahrnimmt.

IV. Organisatorische und technische Bedingungen eines datenschutzgerechten technikunterstützten Arbeitsplatzes

1. Arbeitsplatzrechner – Ausstattung, Aufstellung und Betrieb

Die zum Standard gewordene Ausstattung von Arbeitsplätzen mit Personalcomputern (PC) muss unter Datenschutzgesichtspunkten einhergehen mit der Abarbeitung eines Maßnahmenkataloges, um die entstehenden Risiken zu minimieren. Darauf verarbeitete Daten sind gegen Missbrauch, der PC selbst ist gegen Manipulation zu schützen. Grundsätzlich liegt der Schutz dieser Werte im Verantwortungsbereich des PC-Benutzers.[44] Unterschiedliche Einsatzgebiete von PC erfordern im Detail unterschiedliche Ausstattungen. PC werden sowohl an Arbeitsplätzen mit einem starken externen Publikumsverkehr als auch in verhältnismäßig abgeschotteten internen Verwaltungsbereichen eingesetzt. Über die in der Regel vorhandene Netzwerkschnittstelle besteht zumindest eine Kommunikationsverbindung zu sämtlichen übrigen Netzwerkressourcen. Je nach Dichte des Publikumsverkehrs sollten daher die äußeren Schnittstellen – wie USB-Anschlüsse oder Datenträgerlaufwerke[45] – entfernt oder mindestens deaktiviert werden. In sehr stark frequentierten Örtlichkeiten sind die PC durch zusätzliche Maßnahmen wie Festschrauben, Versiegeln oder Verplomben, Einschließen des PC in einen Schrank, Aufbewahrung in einem Sicherheitsbehälter o. ä. vor Diebstahl, unbefugter Benutzung und Manipula-

718

---

[44] Siehe Kap. 8.1 des „IT-Sicherheitshandbuch", i.d. Version 1.0 – März 1992 (noch aktuell), hg. vom Bundesamt für Sicherheit in der Informationstechnik, abrufbar unter https://www.bsi.bund.de/cae/servlet/contentblob/487140/publicationFile/31928/sichhandbuch_zip.zip
[45] Disketten- und/oder CD- bzw. DVD-Laufwerke.

tion zu schützen. Darüber hinaus sollte unter sicherheitstechnischen Aspekten ausschließlich zentral beschaffte und dienstliche notwendige Hard- und Software zum Einsatz kommen. Nur so ist ein flächendeckender, in Teilen automatisierbarer Schutz durch eine zentrale Administrationsstelle zu gewährleisten. Der Einsatz privater Hard- und Software muss zwingend unterbleiben.

719 Nutzer müssen sich mit Benutzerkennung und Passwort am PC anmelden. Diese Authentisierungen, einschließlich misslungener Anmeldeversuche, müssen auswertbar protokolliert werden. Grundsätzlich sollten keine Daten außer solchen, die für den Betrieb erforderlich sind, auf dem PC selbst oder auf externen Datenträgern gespeichert werden. Vielmehr sollten Daten auf zentralen internen Netzwerkservern abgelegt werden, um so einen maximalen Schutz vor Manipulation zu gewährleisten. Sollte doch eine dauerhafte Speicherung von Daten auf dem PC unumgänglich sein, bspw. bei mobilen Endgeräten, so sind diese zu *verschlüsseln*, so dass im Falle eines Diebstahls – entweder des gesamten PC oder auch nur des Datenträgers – nicht unbefugt zugegriffen werden kann. Innerhalb der Arbeitsräume sind PC-Bildschirme so aufzustellen und auszurichten, dass Unbefugte nicht allein durch unbemerktes oder zufälliges Ausspähen der Inhalte Zugang zu Informationen erhalten können. Deshalb sollte der Nutzer nicht mit dem Rücken zur Tür oder zum Fenster im Erdgeschoss platziert werden.[46] Die Sperrung des PC durch den Nutzer sollte mit Verweis auf die Zugangsproblematik durch eine Dienstanweisung für obligatorisch erklärt und offensiv kommuniziert werden. Automatische Sperrungen des PC durch Bildschirmschoner mit Passwortabfrage sollten in der Standardkonfiguration enthalten sein; jedoch besteht in der Kommunalverwaltung regelmäßig ein praktisches Bedürfnis dafür, sie je nach Benutzeranforderung konfigurierbar zu halten.

2. Datenträger

720 Neben einem Netzwerkanschluss ermöglichen auch Datenträger den Austausch von Daten. Sie stellen eine externe Schnittstelle dar, die ein hohes Risikopotential birgt. Moderne Datenträger – wie z.B. DVDs oder USB-Sticks – verfügen über eine hohe Speicherkapazität bei kleiner Bauweise und ermöglichen damit den Transport großer Datenmengen. Erfordert der Arbeitsablauf den Einsatz externer Datenträger zum Datenaustausch, so ist auf eine möglichst starke *Verschlüsselung* der Daten zu achten. Externe Festplatten oder USB-Sticks sind automatisch zu verschlüsseln. Auf diesem Wege wird gewährleistet, dass Unbefugte keinen Zugriff auf die Daten erhalten können. Bei mobilen Endgeräten – wie z.B. Notebooks – müssen auch die internen Datenträger mittels einer geeigneten Verschlüsselung gegen unberechtigten Zugriff geschützt werden, so dass der Verlust des Notebooks nicht notwendigerweise

---

[46] Dies ist auch aus der Sicht der Arbeitssicherheit nicht ergonomisch.

den Zugriff auf die Daten mit sich bringt.[47] Bei der Wahl der eingesetzten Verschlüsselung sollte auf maximalen Benutzerkomfort geachtet werden, um die Akzeptanz der Verschlüsselung durch den Benutzer zu erhöhen und so die tatsächliche Verwendbarkeit sicherzustellen.

3. Drucken – Kopieren – Scannen
a) Druck- und Kopiersysteme

Den wesentlichen Risikofaktor bei Druck- und Kopiersystemen stellt i.d.R. der Nutzer dar. Die Geräte verfügen normalerweise nicht über Schnittstellen zum Datenträgeraustausch. Allerdings werden auf Druck- und Kopiersystemen auch sensitive Daten verarbeitet, d.h. vervielfältigt bzw. ausgedruckt. Soweit ausgedruckte Papiere nicht sofort vom Drucker abgeholt werden, kann es vorkommen, dass Unbefugte von Ausdrucken versehentlich – aufgrund zeitlicher Überschneidung von Druckaufträgen – Kenntnis nehmen können. Daher ist bei der Aufstellung des Druckers darauf zu achten, dass zentral angebotene Drucker wirklich möglichst zentral aufgestellt und in nicht öffentlich zugänglichen Räumen aufgestellt werden. Darüber hinaus sind Druckverfahren zu bevorzugen, die den Ausdruck erst auf direkte Anweisung des Nutzers beginnen.[48] Auf diese Art und Weise wird die Wahrscheinlichkeit, dass ein Ausdruck mit sensitiven Daten an Nichtberechtigte gerät, minimiert. Es ist jedoch zu beachten, dass moderne Drucksysteme Daten auf einer eigenen internen Festplatte zwischenspeichern können, um sie bei Bedarf schnell auszugeben. Deshalb ist sicherzustellen, dass die Daten auf der Festplatte des Drucksystems nach dem Ausdruck sicher gelöscht werden[49] und gleichzeitig nicht Unbefugten in die Hände fallen.[50] Auch bei Kopiersystemen ist die große Schwachstelle der Mensch, der vergisst, seine eben kopierten Originale aus dem Gerät zu entfernen. Eine akustische Warnung kann dem entgegenwirken. Am Aufstellort sowohl von Druckern als auch von Kopierern sollten Aktenvernichter zur datenschutzgerechten Entsorgung von Fehldrucken bzw. Fehlkopien bereitgestellt werden.

721

---

[47] BSI-Maßnahmenkatalog zum IT-Grundschutz, Maßnahme M 4.29 Einsatz eines Verschlüsselungsproduktes für tragbare IT-Systeme unter https://www.bsi.bund.de/cln_165/ContentBSI/grundschutz/kataloge/m/m04/m04029.html.
[48] Durch Eingabe einer Geheimzahl wird das Dokument aus dem Netzwerk abgerufen und ausgedruckt. Eine Kopie des Dokumentes darf nicht auf dem Gerät selbst vorgehalten werden.
[49] Z.B. durch automatisierte Überschreibung nach jedem Druckvorgang.
[50] Z.B. dem Wartungspersonal: Solches Personal darf nur nach Absprache und nur in Begleitung von fachkundigem internen Personal Wartungen vornehmen.

b) Scanner

722 Scanner ermöglichen die Digitalisierung von Daten, die in Papierform vorliegen. Eine Weiterbearbeitung, z.B. durch Texterkennung, kann sich anschließen. Die Digitalisierung hat massive Vorteile in Bezug auf die Wiederauffindbarkeit und Recherchierbarkeit von Daten, sofern *indiziert*, d.h. ein nach bestimmten Kriterien sortierbares Stichwortverzeichnis angelegt, wurde.[51] Der Platzbedarf digitalisierter Daten gegenüber herkömmlicher Datenhaltung in Papierform ist verschwindend gering. Mit einer Digitalisierung besteht jedoch die erleichterte Möglichkeit, die Zweckbindung von Daten zu durchbrechen und sie eher auch anderen Zwecken zuzuführen. Diese Möglichkeit muss organisatorisch unterbunden werden. Die Einführung von *Dokumentenmanagement-Systemen* in Kommunalverwaltungen bedarf daher der sorgfältigen Konzeption datenschutzrechtlicher Schutzmaßnahmen.[52]

c) Multifunktionssysteme

723 Multifunktionsgeräte zeichnen sich durch die Kombination mehrerer Einzelfunktionen in einem Gehäuse aus. So werden bspw. ein Drucker, ein Scanner und ein Fax zu einem Gerät vereinigt, was den notwendigen Platzbedarf massiv verringert. Die Kombination mehrerer Geräte kann für schnellere Arbeitsprozesse sorgen, indem z.B. die verschiedenen Geräte mit ihren Funktionen über eine Netzwerkschnittstelle einer Vielzahl von Nutzern zur Verfügung gestellt werden können. Sie sorgt aber auch für eine Konzentration der Risiken aller Einzelfunktionalitäten auf ein Gerät. Unter Datensicherheitsaspekten gelten demnach für Multifunktionsgeräte in der Summe die Schutzbedarfe und Maßnahmen aller Einzelgeräte. Daher sollten auch Multifunktionsgeräte an zentralen, jedoch nicht öffentlich zugänglichen Stellen aufgestellt werden. Gleichzeitig ist darauf zu achten, dass die durch einen möglichen Fax-Anschluss vorhandene externe Schnittstelle durch ein vorgelagertes System[53] so abgesichert ist, dass nur ausgehende Rufe möglich sind oder nur Fax-Rufe akzeptiert werden. So wird verhindert, dass das Multifunktionsgerät zu einem multifunktionalen Brückenkopf für einen weitergehenden Netzwerkangriff missbraucht werden kann. Hinsichtlich des Betriebs eines Multifunktionsgerätes ist sicherzustellen, dass die auf den Geräten regelmäßig vorhandenen Administrationsmodule gegen einen äußeren oder unberechtigten Zugriff abgesichert sind.

---

[51] *Voss*, Das große PC & Internet-Lexikon 2009, S. 436.
[52] Z.B. die Hinweise des *ULD S-H*, unter https://www.datenschutzzentrum.de/e-government/anforderungen-dms.htm; s. auch *LfD S-A*, unter http://www.sachsen-anhalt.de/LPSA/fileadmin/Elementbibliothek/Bibliothek_Politik_und_Verwaltung/Bibliothek_LFD/PDF/binary/Service/orientierungshilfen/oh-dokumentenmanagementsysteme.pdf
[53] Z.B. eine Telefonanlage.

4. Datenschutzgerechter Umgang mit Telefax

a) Einleitung

Bei einem Telefax werden eine oder mehrere Papierseiten über das Telefonnetz übertragen: Das Original wird mittels einer Optik beim Absender erfasst und in einer Folge von hohen und tiefen Tönen transformiert. Das Wort Telefax ist eine Verkürzung von Tele–Faksimile, also Fernbildabschrift, woher wiederum die – kaum gebräuchliche – deutsche Bezeichnung Fernkopie stammt.[54] Das Telefax ermöglicht eine unmittelbare und originalgetreue Übertragung von Dokumenten auf Papier. Obwohl mit der Verbreitung des Internets der Telefaxdienst zunehmend durch E-Mails verdrängt wird, ist der Einsatz von Telefaxgeräten zur schnellen Übermittlung von Dokumenten aus der heutigen Telekommunikationstechnologie nicht mehr wegzudenken.

724

b) Risiken der Nutzung von Telefaxdiensten

Im Gegensatz zum „normalen" Brief, einer E-Mail oder auch einem Telefongespräch birgt das Telefax jedoch diverse Risiken.

725

aa) Offener Versand

Bei der Versendung personenbezogener Daten ist zu berücksichtigen, dass eine Übermittlungssicherheit bei Telefaxen nicht gegeben ist. Ein per Telefax übersandtes Dokument kann mit einer Postkarte verglichen werden: Jeder, der sich in der Nähe des Telefaxgerätes aufhält, kann ankommende Telefaxe lesen. Daraus ergibt sich die Möglichkeit der Kenntnisnahme durch Unbefugte am empfangenden Faxgerät. Ankommende Telefaxausdrucke können entwendet werden, wenn Telefaxgeräte an allgemein zugänglichen Stellen aufgestellt werden. Verschlüsselungstechniken werden überwiegend (noch) nicht eingesetzt, da diese häufig Mehrkosten verursachen würden.

bb) Irrläufer

Zu Fehlübertragungen von Telefaxen kann es aufgrund von Fehlbedienung, vermeidbaren organisatorischen Mängeln oder Fehlern in der Programmierung kommen. Hinzu kommt, dass die Telekommunikationsanbieter die Nummern von Fax-Anschlüssen, die von anderen Teilnehmern gekündigt wurden, bereits nach wenigen Wochen erneut vergeben.[55] Problematisch ist insbesondere, dass Telefax-Sendungen im Falle einer falschen Verbindung oftmals vollständig übertragen werden, ohne dass der Absender – wie bei einem Telefongespräch –

---

[54] *Voss*, a.a.O., S. 325.
[55] *BayLfD (hg.)*, Orientierungshilfe: Datensicherheit beim Telefax-Dienst, Stand: 06.02.2008, www.datenschutz-bayern.de/technik/orient/telefax.htm.

den Fehler bemerkt. Innerhalb von Netzwerklösungen übermitteln die empfangenden Faxgeräte je nach Einstellung bei ihrer Anwahl die Gerätekennung des Sammelanschlusses (nicht die Nummer der jeweiligen Nebenstelle), so dass es dem Absender nicht möglich ist, die richtige Übermittlung zu prüfen. Dies sind die häufigsten Ursachen für Irrläufer, die gerade beim Umgang mit sensitiven Daten aus datenschutzrechtlicher Sicht absolut zu vermeiden sind. Soweit bei einer Fehlübertragung personenbezogene Daten an den falschen Empfänger gelangen, stellt dies einen Verstoß gegen datenschutzrechtliche Vorschriften dar, da die Daten in die Hände von Personen gelangen, für welche sie nicht bestimmt sind[56]. Eine solche Falschübermittlung kann als unrichtige Datenverarbeitung Schadensersatzansprüche des Betroffenen gegen die verantwortliche Stelle nach sich ziehen.

cc) Manipulation

726 Die Kennung (Telefonnummer, ggf. Adresse, ggf. Zusatztext) am Faxgerät ist vom Bediener frei programmierbar; dadurch besteht – sowohl für Absender als auch Empfänger – die Möglichkeit, dem Kommunikationspartner eine fremde Identität vorzuspiegeln. Namentlich bei Computerfax-Lösungen ist der Faxeingang beim Empfänger vom Kommunikationspartner nicht kontrollierbar.

dd) Kein Abgangs-/Zugangsbeweis

Der unmittelbar nach einer Fax-Sendung ausgedruckte Sendebericht kann mit einfachen Mitteln gefälscht oder entwendet werden. Bei rechnergestützten Faxlösungen werden Sendung und Empfang in einer Datei festgehalten; auch diese kann durch Dritte verändert werden, so dass die Tatsache der Absendung bzw. des Empfanges eines Dokuments oder ihr Zeitpunkt zur Fristwahrung vorgetäuscht werden kann. Dies hat zur Folge, dass Übertragungsprotokolle zwar für interne Beweissicherungszwecke über einen bestimmten Zeitraum[57] aufzubewahren sind, wegen mangelhafter Manipulationssicherheit und des Risikos technischer Übertragungsfehler vor Gericht jedoch keine Beweiskraft entfalten.[58]

---

[56] *LfD B-W*, Hinweis zur Datensicherheit beim Telefax, Stand: 01.03.2006, http://www.baden-wuerttemberg.datenschutz.de/service/lfd-merkblaetter/telefax.htm.
[57] *LfD B-W*, a.a.O.: „Sendeberichte und Kommunikationsjournale sollten für *drei bis sechs Monate* aufbewahrt werden". *BayLfD*, a.a.O., empfiehlt, Sendeberichte mindestens *ein Jahr lang* aufzubewahren.
[58] *BGH* NJW 1996, 665; BAGE 102, 171; *Bbg OLG*, Beschl. vom 26.05.2004, NStZ 2005, 711; *KG Berlin* 1994,155 = NJW 1994, 3172.

Organisatorische und technische Bedingungen

c) *Hinweise zum datenschutzgerechten Umgang mit dem Telefax*

Um den datenschutzgerechten Umgang mit dem Telefax zu gewährleisten, sollte die verantwortlichen Stellen einige grundlegende Sicherheitshinweise beachten.[59]

727

– Bei der Anschaffung eines Telefaxgerätes sollte darauf geachtet werden, dass das Gerät Sendungen *verschlüsselt* versenden und empfangen kann. Verfügen sowohl Absender als auch Empfänger über ein entsprechendes Gerät, so lässt sich verhindern, dass Unbefugte die übertragenen Daten mitlesen oder gar manipulieren. Eine Entschlüsselung ist nur dem rechtmäßigen Empfänger möglich.

– Telefaxgeräte sind so *aufzustellen*, dass es Unbefugten nicht ermöglicht wird, Kenntnis vom Inhalt eingehender Sendungen zu nehmen. Vielfach herrscht die Praxis vor, Faxgeräte in Fluren oder offene Räumen zu platzieren, so dass es jedem Bediensteten oder Besucher möglich ist, Einblick zu nehmen. Die für die Telefaxgeräte benutzten Räume sind nach Dienstschluss zu verschließen, damit später eingehende Dokumente gesichert sind.

– Unbedingt zu beachten ist, dass das eigene Gerät sich bei Anwahl durch ein anderes Gerät mit der gültigen Rufnummer (*Gerätekennung*) meldet. Diese lässt sich einprogrammieren. Eine Änderung der Faxanschlussnummer sollte denjenigen Personen und Stellen, mit denen regelmäßiger Faxverkehr stattfindet, schnellstmöglich mitgeteilt werden, um zu gewährleisten, dass keine Dokumente weiterhin irrtümlich an die bisherige und möglicherweise inzwischen neu vergebene Faxanschlussnummer gesendet werden.

– Diejenigen Mitarbeiter, die das Gerät nutzen, sollten genau eingewiesen werden, bevor sie es bedienen. Zu empfehlen sind ferner schriftliche Bedienungshinweise in Kurzform, welche gut sichtbar in der Nähe des Gerätes ausgehangen werden.

– Das *Deckblatt* einer Telefax-Sendung muss den Absender, den Empfänger, dessen Rufnummer sowie die Anzahl der zu übertragenden Seiten enthalten.

– Wird die *Telefaxnummer des Empfängers* über die Tastatur eingegeben, so sollte diese vor Start der Übertragung mithilfe der Anzeige auf dem Display nochmals überprüft werden. Um Fehler bei der Eingabe der Zielnummern zu vermeiden, können diese bei regelmäßiger Verwendung im Speicher des Telefaxgerätes abgelegt werden.

---

[59] Hierzu ausführlich: Der Landesbeauftragte für Datenschutz Baden-Württemberg, a.a.O., Der Landesbeauftragte für Datenschutz und Informationsfreiheit, Orientierungshilfe „Datensicherheit beim Telefaxverkehr", abrufbar unter https://www.ldi.nrw.de/mainmenu_Datenschutz/submenu_Technik/Inhalt/Kommunikation/Inhalt/070402_Datensicherheit_beim_Telefaxverkehr/Datensicherheit_beim_Telefaxverkehr.php.

- Die Übertragung sollte erst dann stattfinden, wenn die vom angewählten Gerät zurückgesandte Gerätekennung mit den Angaben auf dem Deckblatt übereinstimmt.
- Auf *zeitversetztes Senden* sollte möglichst verzichtet werden, denn bei einer entstehenden Fehlleitung kann die Übertragung vom Absendenden nicht unterbrochen werden.
- Findet trotz vorgenannter Sicherheitsmaßnahmen eine *Fehlübertragung* statt, so sollte der falsche Empfänger aufgefordert werden, das erhaltene Dokument sofort zu vernichten.
- Bei *Veräußerung des Faxgerätes bzw. der Rückgabe geleaster Geräte* ist zu kontrollieren, ob alle Speicher/Faxe, Sendeprotokolle, Kurzwahlnummern) gelöscht wurden, damit diese Informationen nicht unbeabsichtigt an den nächsten Nutzer gelangen.

Wenn diese einfachen Maßgaben beachtet werden, sind die datenschutzrechtlichen Risiken beim Telefax-Versand zumindest verringert. Manipulationen oder die Kenntnisnahme Unbefugter lassen sich jedoch nicht vollständig ausschließen. Deshalb sollte man sich, bevor ein Dokument mit sensiblem Inhalt gefaxt wird, zunächst immer fragen, ob dies wirklich erforderlich oder ob nicht eine andere Versandart (Briefpost bei nicht absoluter Dringlichkeit, Versand einer verschlüsselten E-Mail) vorzuziehen ist. Daneben ist jeder Bedienstete aufgefordert, Verantwortungsbewusstsein, Genauigkeit und Konzentration beim Umgang mit dem Faxgerät walten zu lassen. Gerade beim Versand von Dokumenten mit besonders schutzwürdigen Daten (Sozial-, Steuer-, Personal- oder medizinischen Daten) können Fehlzustellungen gravierende Folgen für den Absender, Empfänger oder Betroffene haben.

d) Besonderheit: Verwaltungsakt per Fax?

728 Für Verwaltungen stellt sich in der Praxis hauptsächlich die Frage, ob Bescheide per Fax versendet werden dürfen oder nicht. Für Verwaltungsakte gilt der Grundsatz der Formfreiheit, die Wahl der Form („schriftlich, elektronisch, mündlich oder in anderer Weise") steht grundsätzlich im Ermessen der Behörde.[60] Zahlreiche Sonderbestimmungen verlangen für den Erlass eines Verwaltungsaktes jedoch die Schriftform.[61] Schriftlichkeit bedeutet die Verkörperung einer Gedankenerklärung mit Hilfe von Schriftzeichen auf einem Datenträger in einer ohne Weiteres lesbaren Form.[62] Damit genügen auch Te-

---

[60] Gemäß § 37 Abs. 2 Satz 1 VwVfG NRW; *Kopp/Ramsauer*, VwVfG–Kommentar, 11. Aufl. 2010, § 37, Rn. 18.
[61] So etwa § 10 Abs. 7 BImSchG, § 3 Abs. 1 GastG, § 20 Abs. 1 Satz 1 OBG NRW, § 75 Abs. 1 Satz 2 BauO NRW.
[62] *Kopp/Ramsauer*, a.a.O., § 37, Rn. 28.

lefaxe – unter Beachtung der weiteren Formerfordernisse[63] – der Schriftform.[64] Damit ein Verwaltungsakt rechtliche Existenz erlangt, muss er dem Adressaten bekannt gegeben werden.[65] Der Regelfall der *formlosen Bekanntgabe* kann mittels Telefax stattfinden.[66] Zulässig ist grundsätzlich auch die Bekanntgabe eines *schriftlichen* Verwaltungsaktes durch die Verwendung von Telefaxgeräten, vorausgesetzt der Empfänger hat die Übermittlung durch Telefax zugelassen. Dies ist regelmäßig etwa bei Mitteilung der eigenen Fax-Nummer auf dem Briefkopf anzunehmen.[67] Der Zeitpunkt der Bekanntgabe hängt davon ab, wann Zugang vorliegt. Zugegangen ist der Bescheid, wenn unter gewöhnlichen Umständen mit der Kenntnisnahme durch den Adressaten zu rechnen ist.[68] Dies sind bei Telefaxübermittlung die üblichen Geschäftszeiten. Förmlich zugestellt[69] werden kann jedoch nicht mittels Telefax, da es sich bei einer Fernkopie nicht um eine Urschrift, Ausfertigung oder beglaubigte Abschrift[70] handelt.

5. Altakten- und Datenträgervernichtung

Zerreißen und „ab in den Hausmüll oder ins Altpapier" – auf diese Weise wurden einst und werden gelegentlich noch heute auch in Behörden Schriftstücke mit personenbezogenen und/oder vertraulichen Inhalten entsorgt. Oft befinden sich ungesicherte Papierabfallbehälter neben Kopiergeräten an öffentlich zugänglichen Stellen. So gelangen personenbezogene Daten in den normalen Papiermüll, der spätestens in der Altpapiertonne auch Unbefugten zugänglich ist. Technische Datenträger mit personenbezogenen Daten werden ähnlich unzureichend, häufig genug gar nicht vernichtet. Ein derart sorgloser Umgang mit personenbezogenen Daten ist jedoch mit den datenschutzrechtlichen Bestimmungen zur Datenvernichtung nicht vereinbar.

729

a) Der Begriff der Löschung

Daten sind zu *löschen*, wenn ihre Kenntnis für die speichernde Stelle zur Aufgabenerfüllung nicht mehr notwendig ist.[71] Das *Löschen* von Daten stellt die

730

---

63 § 37 Abs. 3 VwVfG NRW.
64 Insoweit gilt die allgemeine Schriftform-Definition des § 126 BGB als erweitert, zumindest für Rechtsakte des Bürgers gegenüber der Verwaltung.
65 Der Regelung des § 41 VwVfG NRW entsprechend.
66 *Kopp/Ramsauer*, a.a.O., § 41, Rn. 10.
67 *Kopp/Ramsauer*, a.a.O., § 41, Rn. 15.
68 BGHZ 67, 271; BVerwG NJW 1983, 2344.
69 Gemäß § 41 Abs. 5 VwVfG NRW i.V.m. den Vorschriften des Landeszustellungsgesetzes Nordrhein-Westfalen (LZG NRW).
70 I. S. der §§ 1 Abs. 1 LZG NRW, 2 Abs. 1 VwZG.
71 § 20 Abs. 2 Nr. 2 BDSG; 19 Abs. 3 Buchst. b) DSG NRW; § 23 Abs. 1 Nr. 2 LDSG B-W; Art. 12 Abs. 1 Nr. 2 BayDSG, § 17 Abs. 2 Nr. 2 NDSG, § 20 Abs. 1 Nr. 2 SächsDSG.

letzte Phase der Datenverarbeitung dar[72] und hat das Unkenntlichmachen der Daten zum Ziel. Der Vorgang der Datenvernichtung muss aus datenschutzrechtlicher Sicht zwei Voraussetzungen erfüllen. Final muss die verlässliche Unlesbarkeit der Daten gewährleistet sein. Darüber hinaus muss jedoch auch das hierzu eingesetzte *Verfahren* datenschutzrechtlich konform ablaufen. So genügt es selbst bei Gewährleistung der anschließenden Vernichtung nicht, nicht mehr benötigte Unterlagen wie z.B. Altakten, vertippte Briefe, überzählige Durchschläge oder Fotokopien, aber auch CD-ROM, Magnetbänder oder Filmmaterial mit personenbezogenen Daten einfach achtlos in den Papierkorb zu werfen. Genutzt werden muss vielmehr eine der Sensibilität des Datenträgers gemäße Vernichtungsart, um die Daten *ohne Einsichtnahme durch Unbefugte* unkenntlich zu machen.[73]

b) Technische Vorgaben

731 Zu fragen ist, welche technischen Anforderungen an den Begriff des Unkenntlichmachens zu stellen sind.

aa) Vernichtung von Schriftgut

Für die Vernichtung von Informationsträgern aus *Papier* gilt als technische Vorgabe die *DIN-Norm 32757*. Obwohl es sich dabei nicht um eine Rechtsnorm handelt, liefert sie Anhaltspunkte für das im Einzelfall erforderliche Sicherheitsmaß der Vernichtung. Je nach Grad der Schutzbedürftigkeit der enthaltenen Informationen werden fünf Sicherheitsstufen unterschieden, die auf den Grad der (theoretischen) Reproduktionsfähigkeit abstellen und Höchstwerte für unterschiedliche Teilchengrößen vorsehen.

In der öffentlichen Verwaltung sind Informationsträger mit personenbezogenen Daten regelmäßig mindestens der *Sicherheitsstufe 3*[74] zuzuordnen, während im privaten Bereich überwiegend die Sicherheitsstufe 2[75] ausreicht. Fallen ausschließlich besonders sensitive personenbezogene Daten (z.B. Sozialdaten, medizinische Daten) an, so lässt es sich vertreten, mindestens die *Sicherheitsstufe 4*[76] zu verlangen;[77] im kommunalen Bereich kann darauf jedoch aus praktischen Erwägungen regelmäßig verzichtet werden. Üblicherweise tragen Ak-

---

[72] § 3 Abs. 2 Nr. 6 DSG NRW.
[73] § 9 Abs. 1 BDSG; § 10 Abs. 2 DSG NRW.
[74] Die Reproduktion ist nur unter erheblichem Aufwand an Personen, Hilfsmitteln oder Zeit möglich.
[75] Die Reproduktion ist mit Hilfsmitteln und nur mit besonderem Zeitaufwand möglich.
[76] Eine Reproduktion ist dabei nur unter Verwendung gewerbeunüblicher Einrichtungen bzw. Sonderkonstruktionen möglich.
[77] So LfD R-P und Nds in mehreren Organisationshilfen.

tenvernichter eine Bezeichnung, welche die erfüllte Sicherheitsstufe für die Art des Informationsträgers wiedergibt, z.B. Aktenvernichter DIN 32757 – S 3 P (P = Papier).

bb) Vernichtung von Filmen/Mikrofilmen

Auch für Filme oder Mikrofilme, die vertrauliche oder personenbezogene Daten enthalten, gilt die *DIN-Norm 32757*.

cc) Vernichtung von Magnetdatenträgern

Für die Löschung magnetischer Datenträger werden durch die *DIN-Norm 33858* vergleichbare Anforderungsstufen festgelegt. Es wird nicht mehr der Anspruch erhoben, dass eine Reproduktion der Daten unmöglich sein muss. Als Ziel einer Löschung wird definiert, dass der Zustand der physikalischen Darstellung durch äußere Feldeinflüsse (Magnetfeld) so verändert wird, dass eine Reproduktion unmöglich oder wesentlich erschwert wird.

732

Das sog. *„logische Löschen"* erfüllt diese Anforderungen nicht.[78] Bei diesem Vorgang wird lediglich das zur Verwaltung der eigentlichen Nutzdaten auf dem Datenträger befindliche Inhaltsverzeichnis, in dem hinterlegt wird, an welcher Stelle auf dem Datenträger welche Daten gespeichert sind, verändert und der entsprechende Verweis gelöscht. Entweder werden Verzeichniseinträge unkenntlich gemacht, interne Zeiger[79] zurückgesetzt oder ein Löschkennzeichen gesetzt, das bei der Generierung des aktuellen Verzeichnisses den Verweis auf die Daten überschreibt. Die Daten sind dann für den Benutzer nicht mehr sichtbar, obwohl sie faktisch noch vorhanden sind. Sofern es sich um wieder beschreibbare Datenträger handelt, werden die gekennzeichneten Bereiche in der Regel zum Überschreiben freigegeben. Bei einmal beschreibbaren Datenträgern bleiben die Datenbereiche erhalten. Dieses Verfahren wird häufig für große Datenbestände gewählt, bei denen ein Überschreiben zu viel Zeit in Anspruch nehmen würde. Nachteil dieser Behandlung ist, dass die Daten unter Umgehung des Verzeichnisses und direktem Zugriff auf die Nutzdaten prinzipiell rekonstruierbar sind.[80]

---

[78] 1. Tätigkeitsbericht des *Thür DSB*, S. 121.
[79] Sog. Pointer.
[80] Orientierungshilfe „Sicheres Löschen magnetischer Datenträger", erstellt vom Arbeitskreis „Technische und organisatorische Datenschutzfragen" der Konferenz der Datenschutzbeauftragten des Bundes und der Länder Stand: 07.10.2004), abrufbar unter http://www.lda.brandenburg.de/sixcms/media.php/2232/OH_Loeschen_2004.pdf

Technischer Datenschutz: Datensicherheit

Deshalb ist eine sog. *„physische Löschung"* vorzuziehen.[81] Dies kann zum Beispiel durch *Entmagnetisieren des Datenträgers* durch eigens dafür konzipierte Löschgeräte geschehen. Dabei muss die Stärke des Magnetfeldes, mit dem gelöscht wird, in Abhängigkeit vom Material des Datenträgers gewählt werden, um eine Rekonstruktion auszuschließen. Nähere Informationen hierzu findet man in der DIN 33858. Es ist außerdem durch regelmäßige Kontrolle sicherzustellen, dass das Gerät richtig funktioniert. Bei einer Löschung durch *Überschreibung der Daten* bleiben zwar Restinformationen über die vorher gespeicherten Daten erhalten; diese können aber nur mit einem erheblichen technischen Aufwand ausgewertet werden. Dieses Risiko kann durch mehrmaliges Überschreiben minimiert werden.[82] So kann Softwaregesteuertes mehrmaliges Überschreiben mit binären Nullen oder Einsen als verlässliches Verfahren angesehen werden.[83]

733 Eine datenschutzgerechte Löschung von personenbezogenen *Festplatteninhalten* lässt sich mit dem Softwareprodukt *„VS-Clean"* des Bundesamts für Sicherheit und Informationstechnik durchführen.[84] Dabei wird der gesamte Festplatteninhalt unabhängig von der Partitionierung komplett mehrmals mit unterschiedlichen Mustern überschrieben. Das Programm kann für jede vom verwendeten Betriebssystem erkannte Festplatte verwendet werden. Hierbei ist darauf zu achten, dass das Betriebssystem die Größe der Festplatte richtig erkennt. VS-Clean ist vom BSI zum Löschen von Daten bis zur Geheimhaltungsstufe „VS-VERTRAULICH" zugelassen. Für das Löschen *einzelner Dateien* empfiehlt sich ebenfalls der Einsatz eines speziellen Programms. Entsprechende Sorgfalt ist auch bei der *Entsorgung einer defekten Festplatte* anzuwenden. Wird im Garantiefall eine defekte Festplatte von der Vertragsfirma zurückgenommen, so ist zu beachten, dass sich in einer Vielzahl der Fälle solche Festplatten wieder reparieren lassen. Mit einigem Aufwand können dann auch die auf ihr gespeicherten personenbezogenen Daten rekonstruiert werden. Um eine missbräuchliche Nutzung gespeicherter personenbezogener Daten zu verhindern, sollten Daten auf defekten Festplatten daher magnetisch

---

[81] Für eine Erläuterung der Problemstellung sowie ein Konzept für die Durchführung der Datenvernichtung: *BremLDI*, Entwicklung eines Konzeptes zur Löschung und Datenträgervernichtung durch Behörden und Unternehmen, Stand: 05/2007; abrufbar unter: http://www.datenschutz-bremen.de/rtf/datenloeschung.rtf.
[82] So auch die „BSI – Technische Leitlinie – Richtlinien für das Löschen und Vernichten von schutzbedürftigen Informationen auf analogen und digitalen Datenträgern" (BSI-TL 03420), Version 1.0, Stand August 2007, S. 6f.
[83] Dies entspricht der Anforderungsstufe B der DIN 33858.
[84] Dieses Programm ist für die unmittelbare Bundes- oder Landesverwaltung und die Kommunalverwaltungen vom BSI kostenfrei beziehbar, für alle übrigen Stellen ist der Bezug kostenpflichtig. Hochschulen erhalten eine Ermäßigung in Höhe von 50 %, siehe auch https://www.bsi.bund.de/DE/Themen/ProdukteTools/VSClean/vsclean_node.html

gelöscht werden. Ist eine Löschung vor Ort z.b. aus wirtschaftlichen Gründen nicht möglich, so ist hierfür ein geeigneter Auftragnehmer auszuwählen bzw. die Festplatte physikalisch zu zerstören. Die Festplatte sollte zerkleinert und *geschreddert* oder *eingeschmolzen* werden. Durch eine thermische Zerstörung (Temperatur bei Eisen 766 °C) verliert die Festplatte ihre magnetische Eigenschaft und die Daten sind unwiderrufbar gelöscht. Eine bloße Zerkleinerung genügt hingegen nicht, denn sind die Teile zu groß oder nur die Elektronik beschädigt, ist eine Wiederherstellung von Datenfragmenten möglich.

dd) Vernichtung von CD-ROM/DVD-Medien

Für die Vernichtung von DVD/CD-ROM findet sich keine eigene DIN-Norm. Die Grundsätze der DIN 32757 können nicht ohne Weiteres übernommen werden, da diese Speichermedien im Gegensatz zu Papier oder Mikrofilm Datenablagen mit hoher Kapazität bieten. Eine vollständige Löschung der auf CD-Rom/DVD enthaltenen Informationen ist derzeit nur möglich durch Zerstörung der Speicherfläche (Ätzen, Zerkratzen) oder durch physikalische Vernichtung des gesamten Datenträgers (Einschmelzen, Verbrennen, Schreddern).[85]

734

ee) Wechseldatenträger

Dank der raschen technologischen Fortschritte sind Wechseldatenträger (z.B. *USB-Sticks, Speicherkarten, externe Festplatten etc.*) mit extrem hohen Kapazitäten zu immer niedrigeren Preisen erhältlich. Wenige sind sich jedoch bewusst, welche Sicherheitsrisiken im Falle eines Verlustes von diesen ausgehen. Die Geräte werden ständig transportiert und häufig nicht verschlossen aufbewahrt, so dass jedermann gelöschte Informationen z.B. von einem achtlos herumliegenden USB-Stick mit kostenlos erhältlichen Wiederherstellungstools innerhalb von Sekunden wiederherstellen kann.[86] Dieser Gefahr sollte durch mehrfaches Überschreiben bzw. den Einsatz eines speziellen Programms zur Informationszerstörung auf Wechseldatenträgern vorgebeugt werden.[87] Die Überlegungen hinsichtlich eines Defektes während der Garantiezeit lassen sich entsprechend übertragen. Grundsätzlich sollten Daten auf solchen Datenträgern nur verschlüsselt gespeichert werden, so dass der einfache Besitz des Da-

735

---

[85] Orientierungshilfe „Datenschutzrechtliche Aspekte beim Einsatz optischer Datenspeicherung", erstellt vom Arbeitskreis „Technische und organisatorische Datenschutzfragen" der Konferenz der Datenschutzbeauftragten des Bundes und der Länder Stand: 1997), abrufbar unter http://www.datenschutz-bayern.de/technik/orient/akt_cdr.htm.
[86] Zu Möglichkeiten und Gefahren des USB-Sticks siehe *LDA Bbg*, 14. Tätigkeitsbericht 2006/07, 2.6.
[87] *LDI NRW*, 17. Tätigkeitsbericht 2005, 2.7.1.3 Speichermedien in modernen Geräten.

tenträgers nicht ausreicht, um auch auf die Daten zuzugreifen. Damit treten keine Probleme bei der Vernichtung oder beim Verlust des Datenträgers auf.

c) Organisatorische Maßnahmen

736 Wichtige Bedingung dafür, dass datenschutzgerechte Vernichtung flächendeckend funktioniert, ist die Benutzerfreundlichkeit der Vernichtungsmethode und ihre Nähe zum Arbeitsplatz. Der Umfang des zu vernichtenden Schriftgutes bestimmt dabei für den Einzelfall, ob es sinnvoller ist, die Vernichtung dezentral durchzuführen oder ob das Material gesammelt werden soll, um es an zentraler Stelle zu vernichten.

Papiermaterial sofort und vor Ort *dezentral* zu vernichten, ist grundsätzlich der sicherste Weg. Dafür gibt es sog. Schreibtisch- oder Büroaktenvernichter, die arbeitsplatznah für die Entsorgung des täglich anfallenden Papiers mit Datenmüll aufzustellen sind. Nach Zerkleinerung kann das Papier der Altpapierverwertung zugeführt werden. Bei der *zentralen* Entsorgung, die sich besonders für nicht aus Papier bestehende Datenträger sowie für Aktenbestände anbietet, deren Aufbewahrungsfrist abgelaufen ist,[88] werden in der Regel Sammelbehälter eingesetzt. Hier muss sichergestellt werden, dass Unbefugte keinen Zugriff nehmen können[89]. Ferner ist zu beachten, dass jede Weitergabe an andere Personen und lange Wege zum nächstgelegenen Sammelbehälter zusätzliche Sicherheitsrisiken schaffen, die nicht unterschätzt werden dürfen. Insofern sollten Sammelbehälter arbeitsplatznah aufgestellt werden.

737 Für alle regelmäßig und unregelmäßig anfallenden Datenträger ist ein *Vernichtungskonzept*[90] aufzustellen und bekanntzumachen, das eine sichere Entsorgung mit Benutzerfreundlichkeit verbindet und so Akzeptanz bei den Bediensteten findet. In dem Vernichtungskonzept sollte festgelegt werden:

– Wann, wie, wo und was vernichtet wird,
– Ob und wann welcher Bedienstete für eine Vernichtung verantwortlich ist,
– Gegebenenfalls wie das zu vernichtende Schriftgut zu einer zentralen Sammelstelle zu transportieren ist bzw. ob es durch einen Dienst eingesammelt wird,
– Wie das Schriftgut bei einer zentralen Sammelstelle gesichert wird,

---

[88] Bei Altakten würde die Trennung von Fremdmaterialien (Aktendeckeln, Aktenordnern, Schnellheftern etc.), die der Büroaktenvernichter nicht zerstören kann, einen unvertretbaren Aufwand erfordern. Daher ist hier eine Entsorgung über Großschredderanlagen sinnvoll.
[89] Z.B. durch das Anbringen von Vorhängeschlössern.
[90] Dieses ist Teil des aufzustellenden Konzeptes für den Datenschutz der öffentlichen Stelle.

– Wie die Vernichtung dokumentiert werden muss (Art und Umfang des zu vernichtenden Schriftguts/Datenträgers, Aktenzeichen, Datum der Vernichtung).[91]

d) Informationsvernichtung im Auftrag

In Fällen, in denen die Vernichtung nicht selbst durchgeführt wird, sondern Dritte beauftragt werden, handelt es sich um *Auftragsdatenverarbeitung*, bei der die auftraggebende öffentliche Stelle verantwortlich bleibt.[92] Bis zum Abschluss der Vernichtung müssen die Unterlagen in ihrem Eigentum bleiben, über das sie weiterhin uneingeschränkt verfügen kann; insbesondere dürfen sie nicht mit fremdem Material vermischt werden. Das beauftragte Unternehmen ist unter besonderer Berücksichtigung seiner Eignung und der von ihm getroffenen technischen und organisatorischen Maßnahmen zur Datensicherheit sorgfältig auszuwählen. Ein Besuch des behördlichen Datenschutzbeauftragten vor Auftragsvergabe erscheint sinnvoll. Der Auftrag ist schriftlich zu erteilen. Die Übergabe von Unterlagen kann quittiert, die Durchführung jeder Vernichtungsaktion schriftlich bestätigt werden.[93] Der Vertrag sollte mindestens die folgenden Punkte regeln:[94]

738

– Verpflichtung auf das Datengeheimnis,
– Materialübernahme auf Abruf,
– Sicherer Transport,[95]
– Geschützter Vernichtungsort,
– Keine Lagerung, sondern unverzügliche Vernichtung bei Anlieferung,[96]
– Vernichtung nach DIN 32757,
– Ausstellung eines Vernichtungsprotokolls,
– Befugnis des Auftraggebers zu unangemeldeten Kontrollen,[97]
– Überwachung, ggf. Zertifizierung des Auftragnehmers durch die Aufsichtsbehörde,

---
[91] *LDI NRW*, 15. Tätigkeitsbericht 2001, S. 57.
[92] § 11 DSG NRW; § 7 LDSG B-W; Art. 6 BayDSG; § 6 LDSG; § 7 SächsDSG.
[93] Das empfiehlt *LDI NRW*, 15. Tätigkeitsbericht 2001, S. 57. Freilich eröffnet dies ein hohes Täuschungspotenzial.
[94] Mustervertrag über die Vernichtung von Schriftgut unter http://cdl.niedersachsen.de/blob/images/C422235_L20.pdf.
[95] Fahrzeuge mit offener Ladefläche sollten möglichst nicht eingesetzt werden.
[96] Das Material sollte in der Praxis grundsätzlich am Tage seiner Abholung, bei Anlagenstillstand unmittelbar nach dessen Ende vernichtet werden.
[97] Der Auftragnehmer sollte dem Auftraggeber das Recht auf jederzeit durchführbare Stichproben für die Zeit einräumen, in denen sich das zu vernichtende Material in den Geschäftsräumen oder Fahrzeugen des Auftragnehmers befindet.

- Ausschluss der Erteilung von Unterauftragsverhältnissen an Subunternehmer,
- Haftung für Schäden infolge Vertragsverletzungen,
- Kurze Vertragslaufzeit mit Verlängerungsklausel.

Bei der Vernichtung von Sozialdaten oder ärztlichen Unterlagen sind darüber hinaus die spezialgesetzlichen Regelungen zu beachten.[98] Eine Verbrennung von Altakten und Papieren mit personenbezogenen Daten in der nächstgelegenen *Müllverbrennungsanlage* kann eine preiswerte Alternative sein. Sie ist allerdings unter datenschutzrechtlichen Aspekten nur akzeptabel, wenn dort keine Lagerung stattfindet und sowohl Transport als auch Vernichtungsvorgang selbst sorgfältig und zuverlässig überwacht werden; diese Voraussetzungen dürften in der Praxis regelmäßig nicht erfüllt werden.

6. Schulung und Sensibilisierung der Mitarbeiter

739 Die Praxis hat gezeigt, dass die Umsetzung eines jeden Konzeptes insbesondere von der Mitwirkung der Mitarbeiter abhängt. Deren Motivation wiederum hängt insbesondere davon ab, dass Ihnen die Sinnhaftigkeit und Notwendigkeit des umzusetzenden Konzeptes erläutert und ihnen die Möglichkeit gegeben wird, sich mit dem Konzept zu beschäftigen und zu identifizieren. Je größer das Verständnis der Mitarbeiter für die aufgestellten sicherheitsrelevanten Regelungen ist, umso besser, schneller, einfacher und effektiver können die aufbau- und ablauforganisatorischen Veränderungen zur Umsetzung von Sicherheitskonzepten durchgeführt werden. Die Sicherheitspolitik der Gemeinde muss auf *allen* Ebenen vermittelt werden. Ein Mittel dafür, Akzeptanz zu erzeugen, kann ein Schulungs- und Sensibilisierungsprogramm sein, das insbesondere folgende Punkte enthalten sollte:

- Sicherheitsziele der Gemeinde sowie deren Erläuterung,
- Gründe, warum Sicherheit für die Gemeinde wichtig ist,
- Klarstellung der Verantwortlichkeiten,
- Aufgaben der IT-Betreuer, besonders in ihrer Funktion als Dienstleister der Fachbereiche,
- Pläne zur Einführung der Sicherheitsmaßnahmen und zu ihrem Zeitpunkt,
- Vorgehensweise der Überprüfung getroffener Sicherheitsmaßnahmen *sowie*
- Konsequenzen bei Verstößen gegen Sicherheitsvorgaben.

Die Veranstaltungen hierzu sollten in regelmäßigen Zeitabständen wiederholt werden, um nicht nur bei den Mitarbeitern das Wissen aufzufrischen, sondern auch neu hinzugekommene Mitarbeiter zu informieren.

---

[98] §§ 80 SGB X, 7 GDSG NRW.

V. Die datenschutzgerechte IT-Infrastruktur der Kommune

1. Hostsysteme

Hostsysteme, auch bekannt unter dem Begriff „Mainframe", gehören zu den ältesten Datenverarbeitungssystemen in Kommunalverwaltungen. Hostsysteme sind zentralistische Systeme, die von „dummen" Terminals, ohne eigene Speicherkapazitäten und ohne externe Schnittstellen, geprägt sind. Die Terminals dienen vielmehr eher als Datensichtgeräte. Daher entfallen schnittstellenbezogene Sicherheitsaspekte. Das Hostsystem selbst ist gekennzeichnet durch eigenständige, leistungsfähige und groß dimensionierte Hardware.[99] Die Hardware ist mit üblicher PC-Hardware oder -Architektur nicht vergleichbar, was die Kosten verhältnismäßig hoch und die Anzahl der Anbieter überschaubar hält. Auf der Anwendungsseite sind Hostsysteme von großen, fachbereichsübergreifenden Verfahren[100] und großen Datenbanken[101] geprägt. Eine maximale *Verfügbarkeit* dieser Systeme ist für die Arbeit einer Kommunalverwaltung existentiell wichtig.

740

2. Netzwerke/Client-Server-Systeme

In modernen Client-Server-Netzwerken übernehmen die Client-PC mit einer speziellen Software[102] neben anderen Aufgaben auch die Rolle eines Terminals für den Zugriff auf Mainframe-Daten. Sie basieren auf einer Verbindung von (Standard-)PC (Clients) mit einem oder mehreren Servern, die im Wesentlichen ebenfalls aus Standard-PC-Hardware bestehen, nur großzügiger dimensioniert sind. So sind, im Gegensatz zu reinen Hostsystemen, die Kosten für die eingesetzte Hardware überschaubar. Die Clients sind „intelligent" (multifunktional) ausgestattet, in dem sie über eine eigene CPU, Arbeits- und Massenspeicher verfügen. Die eigentliche Rechenleistung findet auf dem Client statt, während der Server für Hintergrunddienste wie Dateiablage, Druckdienste, Datenbankhaltung oder Groupware-System (i.d.R. Mail- und Kalender) verantwortlich zeichnet. Der Client ist in der Lage, über ein definiertes Protokoll[103] einen Dienst von einem Server anzufordern. Die Rolle der Clients geht damit weit über die der Terminals in Hostsystemen hinaus. Eingebettet werden derartige Netzwerke in einen sog. Verzeichnisdienst wie z.B. LDAP[104], der in einer Baumstruktur alle Ressourcen des Netzwerkes abbildet. Auf diesem Wege kann einem Benutzer des Netzwerkes jede zur Verfügung

741

---

[99] CPU (Central Processor Unit), Massenspeicher.
[100] Z.B. Finanz- und Buchhaltungssoftware wie SAP.
[101] Z.B. Meldedatenbanken.
[102] Sie emuliert (= ahmt nach) die Funktion eines Terminals.
[103] I.d.R. TCP/IP-Protokoll.
[104] Engl.: *Lightweight Directory Access Protocol* (weitestgehend standardisierter Verzeichnisdienst).

stehende Ressource, d. h. jeder Drucker, jedes Verzeichnis, unabhängig von einem örtlichen Zusammenhang zur Verwendung und zum Zugriff zugeordnet werden. Die Anmeldung des Benutzers findet nicht an einem speziellen Endgerät, sondern am Verzeichnisdienst statt, der die notwendigen Berechtigungen und Verbindungen herstellt. Die wachsende Leistungsfähigkeit von Serversystemen und die zunehmende Geschwindigkeit der Clientanbindung haben zu einer Renaissance von terminalartigen Clients geführt. Dabei handelt es sich um Geräte mit PC-Technik, die aber nicht mehr über einen eigenen internen Massenspeicher verfügen. Sämtliche benötigten Daten, auch das Betriebssystem, werden beim Start von einem oder mehreren Servern geladen. Auf diese Art und Weise wird der Administrationsaufwand an den Clients deutlich verringert. Eine besondere Unterform dieser Architektur stellen die sog. *Terminal-Services* dar. Hierbei wird die Bildschirmein- und -ausgabe einer einzelnen Anwendung von einem Server aus auf einen oder mehrere Clients im Netzwerk umgeleitet, so dass die Anwendung gleichsam ferngesteuert wird. Auch hier entfällt ein erheblicher Administrationsaufwand, da die Anwendung nicht auf jedem Client installiert werden muss, sondern nur zentral auf einem Server.

Eine Besonderheit der Client-/Serversysteme stellt das aktuell sehr beliebte „Cloud-Computing" dar. Dabei werden Programme oder ganze IT-Infrastrukturen zu einem Dienstleister im Internet ausgelagert.[105] Die Clients, also die Arbeitsplatz-PCs, werden nicht mehr wie bei traditionellen Client-/Serversystemen mit Servern im eigenen Netzwerk verbunden, sondern arbeiten ausschließlich mit Serversystemen des Anbieters im Internet zusammen. So können bspw. Office-Anwendungen wie Textverarbeitungs-, Tabellenkalkulations- oder Präsentationsprogramme im Webbrowser aufgerufen werden und müssen nicht mehr von der lokalen Festplatte des PCs oder eines Servers im Netz gestartet werden (SaaS); die erzeugten Dateien werden auf Serversystemen im Internet gespeichert (IaaS). Möglich wird dies durch massive Virtualisierung von IT; das bedeutet, dass mehrere, eigentlich hardwarebasierte Serversysteme durch spezielle Software auf einer Hardwareressource zusammengefasst werden. Dadurch lassen sich die genannten Dienste sehr preisgünstig und sehr skalierbar anbieten, orientiert am konkreten Bedarf des Kunden. *Cloud-Computing* ist aus datenschutzrechtlicher Sicht problematisch, da der konkrete Speicherort der Daten nicht präzise bestimmt werden kann.[106] Clouds werden von den Anbietern weltweit dort platziert, wo der nachgefragte Dienst gerade am günstigsten eingekauft werden kann. Die Ziele „Vertraulichkeit", „Revisionsfähigkeit" und „Transparenz" werden nicht erreicht.[107]

---

[105] Software-as-a-Service (SaaS) oder Infrastructer-as-a-Service (IaaS)
[106] *Weichert,* Cloud Computing und Datenschutz, DuD 2010, 679 ff.
[107] *Breinlinger,* Bericht über das Symposium 2010 des *LDI NRW,* „Privatsphäre mit System – Datenschutz in einer vernetzen Welt", RDV 2010 S. 42 ff.

3. Das Intranet

Intranets stellen behördeninterne Informationen mittels der im Internet verwendeten Technologien[108] den Bediensteten zur Verfügung. Dabei kann auf die Informationen vom Büro, via VPN[109] vom heimischen PC oder vom Mobilgerät aus zugegriffen werden. Wer nicht zum Kreis der Bediensteten gehört, ist grundsätzlich vom Zugriff ausgeschlossen. Ratsmitgliedern und sachkundigen Bürgern wird aufgrund ihrer Nähe zur Kommunalverwaltung regelmäßig Zugriff eingeräumt. Üblicherweise werden im Intranet allgemeine aktuelle Informationen aus allen Teilen der Verwaltung für die Bediensteten veröffentlicht. Ein behördenweites Intranet kann auch untergliedert werden, so dass ein Teil der Informationen nur einer bestimmten geschlossenen Benutzergruppe passwortgeschützt zur Verfügung gestellt wird. Neben solchen aktuellen Informationen dient ein Intranet zu Archiv-[110] und Recherchezwecken. Auch das interne Telefonbuch kann dort veröffentlicht werden. Die verwendete Technik sorgt dabei für einen höheren Aktualisierungs- und Verbreitungsgrad als traditionelle Veröffentlichungsmethoden. Jedoch wird damit auch die Verpflichtung, zu informieren, von einer Bring- zu einer Holschuld durch die Bediensteten gewandelt. Im Intranet können Foren Bediensteten eine Plattform zur Kommunikation über fachbereichs-übergreifende dienstliche Belange bieten und als zusätzliche Informationsbörse dienen. Sie erfüllen außerdem private Bedürfnisse, wie z.B. nach einen Markt für An- und Verkäufe, soweit die Kommune als Arbeitgeber/Dienstherr hierzu bereit ist. Mit der Teilnahme am Forum verbunden ist der Umstand, dass Beschäftigtendaten auf freiwilliger Basis verarbeitet werden. Die Authentifizierung der Bediensteten ist i.d.R. an Benutzerkennung und Passwort gebunden. Da die Inhalte eines Intranets vom Schutzbedarf als eher niedrig einzustufen sind, ist dies akzeptabel.

742

4. Einsatz datenschutzgerechter Software

Im Umfeld kommunaler Aufgabenwahrnehmung, die stark technikgeprägt ist, findet sich ein umfassender Katalog unterschiedlichster Softwareprodukte. Die maßgeschneiderte Softwarelösung des einzelnen Fachbereichs – ob selbsterstellt oder von kleineren IT-Anbietern erworben – gehört weitgehend der Vergangenheit an. Die Herausforderungen der Gegenwart, Datenverarbeitung massenhaft in großen Bereichen zuverlässig und wirtschaftlich zu betreiben, lassen sich nur mit interkommunalen standardisierten Lösungen sinnvoll bewältigen. Hier zu gewährleisten, dass diese Anwendungen datenschutzrechtlichen Anforderungen genügen, kann die einzelne Kommune überfordern, bie-

743

---

[108] Wie TCP/IP-Netzwerkprotokoll, Webserver und Browser.
[109] Virtuelles Privates Netzwerk, meint: gesichertes externer Zugriff über öffentliche Leitungen auf interne Ressourcen.
[110] Z.B. Archiv des veröffentlichten Mitteilungsblattes.

tet aber zugleich die Chance, den Datenschutz großflächig zur Geltung zu bringen. Innerhalb der Gemeinde ist deshalb der Gedanke zu befördern, dass auditierte und zertifizierte[111] Software für datenschutzgerechte Datenverarbeitung bürgt. Es ist deshalb daran zu arbeiten, diese Eigenschaften als Vergabekriterien im Sinne einer bevorzugten Berücksichtigung anzuerkennen, was einer Rechtsgrundlage bedarf.[112]

Heutzutage werden in Kommunalverwaltung und Privatwirtschaft vielfach identische Softwareprodukte eingesetzt; speziell für Kommunen entwickelte Programme sind die Ausnahme.

Das Verständnis bei kommerziellen Softwareanbietern für kommunale Datenschutzbelange wie Vorabkontrolle ist jedoch praktisch nicht vorhanden, da im für die Privatwirtschaft geltenden Bundesdatenschutzrecht weder eine Vorabkontrolle noch ein Verfahrensverzeichnis vorgesehen ist.[113] Aus diesem Grund stößt die Forderung kommunaler Datenschützer nach erforderlichen Informationen zur Vorabkontrolle bei den Firmen regelmäßig auf Unverständnis. Eingekaufte Großverfahren bedürfen vor ihrem Einsatz einer Anpassung an die individuellen Verhältnisse der einzelnen Anwender-Kommune,[114] so dass die gesetzliche Verpflichtung zur Prüfung auf Datenschutzkonformität hin individuell umgesetzt werden muss.

a) Grundsätzliches zur Vorabkontrolle

744 Unter *Vorabkontrolle* ist eine Untersuchung darüber zu verstehen, ob durch automatisierte Datenverarbeitung das Grundrecht der informationellen Selbstbestimmung möglicherweise gefährdet wird. Sie soll insbesondere eine unzulässige Datenverarbeitung verhindern und die Möglichkeit der Durchsetzung der Rechte der Betroffenen im Verfahren sicherstellen. Vor dem Einsatz oder der wesentlichen Änderung eines Verfahrens zur automatisierten Verarbeitung

---

[111] Z.B. Verleihung eines Gütesiegels durch das ULD S-H.
[112] Nach § 97 Abs. 4 Satz 3 GWB darf eine entsprechende Anforderung an eine Software-Vergabe nur gestellt werden, wenn dies gesetzlich vorgesehen ist. Eine solche Vorgabe bietet bisher nur § 4 Abs. 2 DSG S-H i.V.m. der Datenschutzauditverordnung S-H (DSAVO v. 18.11.2009, GVOBl. 2009, S. 742). § 4 Abs. 2 Satz 2 DSG NRW verweist ebenfalls auf auditierte Produkte; jedoch fehlt in NRW die notwendige Beschreibung zur Durchführung des förmlichen Verfahrens.
[113] Nach § 4d BDSG ist eine mit einer Vorabkontrolle vergleichbare Meldung an die Aufsichtbehörde nur dann erforderlich, wenn die nicht-öffentliche Stelle keinen eigenen betrieblichen Datenschutzbeauftragten bestellt hat. Nach 4g Abs. 2 BDSG führt der betriebliche Datenschutzbeauftragte nur eine Übersicht über die Verfahren mit denen personenbezogene Daten verarbeitet werden.
[114] Sog. Customizing.

personenbezogener Daten ist die Vorabkontrolle durchzuführen.[115] Die Vorabkontrolle ist Teil des Sicherheitskonzepts, mit dem die technischen und organisatorischen Maßnahmen ermittelt werden, die zur Erreichung der Sicherheitsziele erforderlich sind. Erst wenn sichergestellt ist, dass von der vorgesehenen Datenverarbeitung keine besonderen Risiken für die Rechte und Freiheiten der Betroffenen ausgehen oder diese durch technische und organisatorische Maßnahmen beherrscht werden können, darf die Unbedenklichkeit der entsprechenden Verfahren erklärt werden.[116] Zur Durchführung der Vorabkontrolle ist eine **Check-Liste** entwickelt worden, die wesentliche Aspekte aufzeigen und so für die meisten Fälle eine gute Orientierung bieten soll.[117] Sie kann jedoch nicht alle denkbaren Risikofaktoren abdecken. Die Check-Liste beinhaltet ein Schema, nach dem eine solche Kontrollprüfung beispielhaft ablaufen kann. Sie ist auf eine Vielzahl von Prüfungen automatisierter Verfahren anwendbar, z.B. wenn es um die datenschutzrechtliche Prüfung im Rahmen der Auswahl zwischen verschiedenen Softwareprodukten geht.

b) Besonderheiten

Es gibt besondere Fälle, bei denen vorhersehbar ist, dass eine Vorabkontrolle von diesem Schema abweichen kann:

– Bei *Verfahren*, die *speziell* für die Verarbeitung personenbezogener Daten im Rahmen einer bestimmten Aufgabenstellung *neu entwickelt* werden, ist die Check-Liste parallel zur Entwicklung abzuarbeiten und dabei sind die in Betracht gezogenen Verfahrensalternativen datenschutzrechtlich zu bewerten. Dabei empfiehlt es sich, den Kauf bei privaten Softwareanbietern von der Vorlage einer datenschutzrechtlichen Zertifizierung oder Auditierung abhängig zu machen, die die Prüfungspunkte der Vorabkontrolle aus Herstellersicht aufarbeitet und die Arbeit des *bDSB* damit erleichtert.

---

[115] Die landesgesetzlichen Regelungen der Landesdatenschutzgesetze (z.B. § 10 Abs. 3 Satz 1 DSG NRW) zur Vorabkontrolle basieren auf den Vorgaben des Art. 20 der Europäischen Datenschutzrichtlinie; dazu LT-Drucks. 12/4476, S. 66 f. (Bem. zu § 10). Zur Rechtslage in den übrigen Ländern: § 12 LDSG B-W: Art. 26 Abs. 3 S. 1 BayDSG; § 5 Abs. 3 BlnDSG; § 7 Abs. 3 BbgDSG; § 7 BremDSG; § 8 HmbDSG; § 7 Abs. 6 HDSG; § 19 LDSG M-V; § 7 Abs. 3 NDSG; § 9 Abs. 5 LDSG R-P; § 11 SDSG; § 10 Abs. 4 SächsDSG § 14 Abs. 2 DSG LSA; § 9 LDSG S-H; § 34 Abs. 2 ThürDSG. Zum Thema *Garstka*, Vorabkontrolle durch behördliche und betriebliche Datenschutzbeauftragte, in: *LDI NRW* (hg.), Neue Instrumente im Datenschutz, 1999, S. 64 ff.

[116] *Klug*, RDV 2001, 19.

[117] Quelle ist der *hess. DSB*, der in Zusammenarbeit mit dem Hessischen Innenministerium und einigen behördlichen Datenschutzbeauftragten ein Schema erarbeitet hat. Der vorliegenden Fassung liegt das DSG NRW zugrunde. Die hess. Fassung ist abgedruckt in RDV 2000, 135 f.

- Bei *komplexen Verfahren*, die personenbezogene Daten in *verschiedenen* Modulen verarbeiten,[118] wird die Vorabkontrolle nicht schon vor der grundsätzlichen Auswahlentscheidung, sondern erst dann durchgeführt werden können, wenn feststeht, welche Komponenten konkret welche Daten auf welche Weise verarbeiten. Auch die angebotenen Alternativen für ein Sicherheitskonzept sind von vielfältigen Randbedingungen abhängig, die nicht global, sondern nur für den konkreten Einsatz beurteilt werden können. Deshalb ist bei solchen Verfahren die Vorabkontrolle schrittweise parallel innerhalb eines Einführungsprojektes durchzuführen.

- Für *Standardverfahren*, die verwaltungsweit *als Werkzeug* eingesetzt werden (z.B. Bürokommunikationssoftware wie Textverarbeitung, Tabellenkalkulation, Groupware etc.), ist eine Vorabkontrolle durchzuführen; ein Eintrag in das Verfahrensverzeichnis ist für solche Standardverfahren nicht notwendig.[119] Zweck der Vorabkontrolle dieser Verfahren ist es, festzustellen, ob der geplante Einsatz zur Verarbeitung personenbezogener Daten rechtmäßig ist; insbesondere muss sichergestellt sein, dass mögliche Risiken erkannt und durch geeignete Sicherheitsmaßnahmen minimiert werden.

- Die Wirksamkeit datenschutzrechtlicher Maßnahmen ist unter Berücksichtigung *sich verändernder Rahmenbedingungen* und technischer Entwicklungen regelmäßig zu überprüfen; sich daraus ergebenden Anpassungen sind zeitnah umzusetzen.[120] Ob hierbei eine neue Vorabkontrolle oder lediglich eine *Neubewertung und Fortschreibung* der bereits durchgeführten Vorabkontrolle erforderlich ist, hängt von den konkreten Umständen ab. *Veränderungen* können sich in solchen Fällen etwa im Rahmen der Risikoabwägung (z.B. durch neue Sicherheitstechniken) oder dadurch ergeben, dass man im Rahmen der Kosten-Nutzen-Analyse zu einem anderen Abwägungsergebnis gelangt (z.B. weil ein früher unwirtschaftliches, aber sichereres Verfahren mittlerweile wirtschaftlich geworden ist).

c) *Prüfungsumfang*

746 Für *weniger kritische* Einsatzfelder[121] wird eine Vorabkontrolle schnell erledigt sein: Es sind nur geringe Risiken anzunehmen, und es werden in der Regel einfache technische und organisatorische (Standard-) Maßnahmen genügen. *Kritische und sensible* Einsatzfelder[122] stellen strengere Anforderungen. Die

---

[118] Z.B. SAP, K-IRP.
[119] In Hessen durch Erlass geregelt; RDV 2000, S. 135.
[120] § 10 Abs. 3 Sätze 4 u. 5 DSG NRW.
[121] Z.B. Einsatz in der allgemeinen Verwaltung zum Schriftverkehr mit Firmen im Rahmen der Beschaffung, Schriftverkehr mit Bürgern und Behörden, bei dem außer der Anschrift kaum personenbezogene und keine sensitiven Daten ausgetauscht werden.
[122] Beispiele sind die Verarbeitung von Sozial-, Personal- oder Gesundheitsdaten.

Rechtmäßigkeit der Datenverarbeitung ist hier sorgfältig zu prüfen, und Sicherheitsmaßnahmen[123] und organisatorische Vorkehrungen, die dem erhöhten Schutzbedarf Rechnung tragen, müssen im Einzelnen getroffen werden. Für alle Anwendungskategorien sollten Löschungsfristen festgelegt werden. Ist zu einem späteren Zeitpunkt beabsichtigt, ein Standardverfahren über das ursprüngliche Konzept hinaus für *neue* Anwendungsfelder der Verarbeitung personenbezogener Daten zu nutzen, so liegt ein Fall der *Verfahrensänderung* vor. Dafür ist eine neue Vorabkontrolle durchzuführen bzw. die ursprüngliche fortzuschreiben.

d) Check-Liste

Die Vorabkontrolle soll sicherstellen, dass durch die vorgesehene automatisierte Datenverarbeitung das Recht auf informationelle Selbstbestimmung nicht gefährdet wird. Diese Untersuchung stellt den Schutzbedarf und die Risiken fest und bewertet, insbesondere unter Berücksichtigung der technischen und organisatorischen Maßnahmen, ob den Gefahren für das Persönlichkeitsrecht angemessen begegnet wird. Geht man nach dem folgenden Schema vor, so kann Doppelarbeit vermieden werden, weil bereits Festlegungen dokumentiert werden, die ohnehin für das zu erstellende Verfahrensverzeichnis erforderlich sind.[124] Die hier abgedruckte Checkliste ist *exemplarisch anhand der Vorschriften des DSG NRW* erstellt.

747

aa) *Prüfung*, ob bestimmte Grundangaben vorhanden sind[125]
– Zur verantwortlichen Stelle:[126] Wer ist Herr der Daten?
– Zur Zweckbestimmung: Was soll dieses Verfahren leisten?
– Zur Rechtsgrundlage der Verarbeitung
– Zur Art der gespeicherten Daten: Datenfelder; z.B. Name, Anschrift, Bankleitzahl etc.
– Zur Schutzbedürftigkeit der Daten: Einstufung nach den Schutzstufen in den Grundschutzkatalogen des BSI
– Zum Kreis der Betroffenen: z.B. Kfz-Besitzer, Führerscheininhaber etc.
– Zur Übermittlung und Herkunft der Daten

---

[123] Z.B. Verschlüsselungen, spezieller Zugriffsschutz, spezieller Speicherort oder Netzabsicherung.
[124] Eine mit der hier vorgeschlagenen inhaltlich übereinstimmende, lediglich weniger detaillierte Check-Liste hat der *LDI NRW* veröffentlicht; *LDI NRW*, 15. Tätigkeitsbericht 2001, S. 51 f. Eine Muster-Checkliste ist auch dem RdErl. IM NRW v. 12. 12. 2000, MBl. NRW. 2001, 54 ff., als Muster 2 beigefügt.
[125] § 8 Abs. 1 DSG NRW.
[126] § 3 Abs. 3 DSG NRW.

- Zu den zugriffsberechtigten Personengruppen
- Zu den Fristen für die Sperrung und Löschung[127]

bb) *Prüfung* der Zweckbestimmung und Rechtsgrundlage
Es ist zu prüfen, ob

- Art der gespeicherten Daten
- Übermittlungen
- Eingrenzung der Zugriffsberechtigungen
- Löschungsfristen

von der angegebenen *Zweckbestimmung* und *Rechtsgrundlage gedeckt* sind,[128] insbesondere auch unter Berücksichtigung des Grundsatzes der *Datenvermeidung*.[129]

cc) *Prüfung*, ob die Rechte der betroffenen Person[130] gewahrt sind
- Können die erforderlichen Auskünfte, Berichtigungen, Sperrungen und Löschungen durchgeführt werden?
- Ist sichergestellt, dass die betroffene Person ihre Rechte ohne unvertretbaren Aufwand geltend machen kann?

dd) *Ermittlung* von Risikofaktoren für einen Missbrauch der Daten (Bedrohungsanalyse).
Welche Gefahren können sich für die Sicherheitsziele[131]

- Vertraulichkeit
- Integrität
- Verfügbarkeit
- Authentizität
- Revisionsfähigkeit
- Transparenz

der Daten ergeben?

---

[127] § 19 Abs. 2 und 3 DSG NRW.
[128] §§ 12–17 DSG NRW.
[129] § 4 Abs. 2 Satz 1 DSG NRW.
[130] § 5 DSG NRW.
[131] § 10 Abs. 2 Nrn. 1–6 DSG NRW.

Die datenschutzgerechte IT-Infrastruktur der Kommune

Beispiele: 748

Die <u>Vertraulichkeit</u> ist tangiert, wenn nicht ausgeschlossen ist, dass Unbefugte personenbezogene Daten zur Kenntnis nehmen können, d.h. z.B.

- Kein Passwortschutz vorgesehen ist,
- IT-Geräte öffentlich einsehbar installiert sind,
- Das Berechtigungskonzept nicht mit den Zweckbindungen einzelner Verarbeitungen korrespondiert,
- Bei Transport oder Sicherung Datenträger nicht vor unbefugtem Zugriff geschützt sind,
- Sensitive Daten unverschlüsselt übermittelt werden.

Die <u>Integrität</u> ist berührt, wenn nicht gewährleistet ist, dass personenbezogene Daten während der Verarbeitung unversehrt, vollständig und aktuell bleiben, z.B.

- Daten nicht zeitnah und regelmäßig gesichert werden,
- Sicherungen nicht sorgfältig verwahrt und vor Beschädigungen (z.B. Viren, Feuer) geschützt werden,
- Daten nicht regelmäßig aktualisiert werden.

Die <u>Verfügbarkeit</u> ist betroffen, wenn nicht sichergestellt ist, dass personenbezogene Daten zeitgerecht zur Verfügung stehen und ordnungsgemäß verarbeitet werden können, weil z.B.

- Keine hinreichende Ausfallsicherheit für das Verfahren gewährleistet ist (Backup, schnelle Fehlerbehebung)
- Keine sicheren Übertragungswege gewählt werden,
- Abläufe zu langsam sind.

Die <u>Authentizität</u> ist gefährdet, wenn nicht gewährleistet ist, dass personenbezogene Daten jederzeit ihrem Ursprung zugeordnet werden können, d.h.

- Nicht rechtsverbindlich festgestellt werden kann, ob die Daten vom Betroffenen autorisiert (z.B. digital signiert) sind,
- Nicht rechtsverbindlich festgestellt werden kann, wer tatsächlich Urheber von Daten ist, die nicht vom Betroffenen stammen (z.B. bei der Datenübermittlung).

Die <u>Revisionsfähigkeit</u>, d.h. Nachvollziehbarkeit, ist tangiert, wenn nicht festgestellt werden kann, wer wann welche personenbezogenen Daten in welcher Weise verarbeitet hat, d.h.

- Wer Daten eingegeben oder geändert hat,
- Woher oder wohin Daten übermittelt werden,

– In welcher Weise das Verfahren die Daten verarbeitet.

Die Transparenz schließlich ist berührt, wenn nicht sichergestellt ist, dass die Verfahrenweisen bei der Datenverarbeitung personenbezogener Daten in zumutbarer Zeit vollständig nachvollzogen werden können, z.B.

– Das Verfahren nicht in allen Verarbeitungsschritten dokumentiert ist,
– Die Nachvollziehbarkeit nicht oder nicht in zumutbarer Zeit gewährleistet ist.

749 ee) *Beurteilung der möglichen Folgen* bei missbräuchlicher Verwendung der Daten (Risikoanalyse).

Solche Folgen sind etwa
– Gefahren oder Nachteile für die betroffenen Personen
– Schadensersatzansprüche gegen die verantwortliche Stelle
– Finanzielle Eigenschäden der verantwortlichen Stelle selbst
– Vertrauensschäden

ff) *Angaben zur Technik des Verfahrens*
– Einzelplatz
– Bei vernetzten Rechnern Angaben zur Netzstruktur und Datenspeicherung
– Eingesetzte sonstige Software (z.B. Betriebssystem), die Einfluss auf den Ablauf des Verfahrens haben könnte
– Getroffene technische und organisatorische Maßnahmen

750 gg) *Abgleich der Risikofaktoren* mit den getroffenen Sicherheitsmaßnahmen

Unter besonderer Berücksichtigung der Schutzbedürftigkeit der personenbezogenen Daten sind die Risikofaktoren (Gefahren) mit den getroffenen Sicherheitsmaßnahmen zu vergleichen. Das Verfahren darf nur eingesetzt werden, wenn die getroffenen Sicherheitsmaßnahmen verhindern, dass sich die Risiken realisieren.[132]

e) *Durchführung der Vorabkontrolle*

Der *Zeitpunkt* der Durchführung der Vorabkontrolle liegt grundsätzlich *vor* der Entscheidung über den Einsatz oder einer wesentlichen Änderung des Verfahrens, d.h. bereits im Auswahlverfahren zwischen mehreren IT-Lösungen, begleitend bei einer Verfahrensentwicklung oder während des sog. *Customizing*[133] eines Standardverfahrens. Das Ergebnis der Vorabkontrolle ist schriftlich festzuhalten.[134] Hierbei ist zu dokumentieren, welche Alternativen geprüft

---

[132] § 10 Abs. 3 Satz 2 DSG NRW.
[133] Darunter versteht man die Anpassung eines neu entwickelten oder bereits vorhandenen Verfahrens an die individuellen Bedürfnisse des Auftraggebers (Kunden).
[134] § 10 Abs. 3 Satz 3 DSG NRW.

wurden, sowie die Risikoabwägung und die Gründe für die Auswahl der Alternative.

Der kommunale behördliche Datenschutzbeauftragte (bDSB) hat die Aufgabe, die Vorabkontrolle vorzunehmen.[135] Es ist aber sinnvoll, diese Prüfung vom Verfahrensverantwortlichen im Fachamt, vom Systemadministrator oder beim Softwarekauf vom Verkäufer bzw. Hersteller vorbereiten zu lassen, da dem bDSB regelmäßig die erforderliche Detailkenntnis fehlt. Die technische Vorbereitung der Vorabkontrolle sollte den bDSB in die Lage versetzen, nur noch die Plausibilität überprüfen zu müssen.[136] Soweit es nach der Bewertung erforderlich ist, können Nachbesserungen veranlasst werden. In Zweifelsfragen bezüglich der Vorabkontrolle kann sich der bDSB an den zuständigen Landesbeauftragten für Datenschutz wenden.[137]

5. Dokumentenmanagementsysteme[138]

Kommunalverwaltungen bedienen sich bereits vielfach eines *Dokumentenmanagementsystems* (DMS), mit dem elektronische und nicht-elektronische Dokumente von der Erstellung bzw. dem Eingang bei der Behörde bis zur Archivierung oder Löschung verwaltet werden können. Während ein DMS im *engeren* Sinn nur die Instrumente und Verfahren zur Verwaltung des Dokumentenbestandes umfasst, bezeichnet der Begriff im *weiteren* Sinn daneben auch verschiedene Systemkategorien wie Bürokommunikation, Scannen, Workflow und elektronische Aufbewahrung sowie deren Kombination.[139] Der Nutzen besteht darin, dass Dokumente schneller aufgefunden werden können, Informationen somit ständig verfügbar sind, der Bearbeitungsstand jederzeit abrufbar ist und Änderungen leichter nachvollzogen werden können. Für die Aktenablage wird weniger Büroraum benötigt.

Bei der Einführung von DMS sind datenschutzrechtliche Vorgaben in mehrfacher Hinsicht von Bedeutung. Personenbezogene *(Kunden-)Daten* können

---

[135] § 32a Abs. 1 Satz 7 DSG NRW.
[136] *Klug*, RDV 2001, 1.
[137] So der Wortlaut des Art. 20 der europäischen Datenschutzrichtlinie.
[138] Ausführlich dazu die beiden Orientierungshilfen „Datenschutz bei Dokumentenmanagementsystemen" der Arbeitsgruppe des Arbeitskreises eGovernment der Konferenz der Datenschutzbeauftragten des Bundes und der Länder Stand: 03/06. http://www.datenschutz.hessen.de/download.php?download_ID=138&download_now=1. Ferner *ULD S-H*, „Datenschutzanforderungen an Dokumentenmanagementsysteme", Stand: 08/05. https://www.datenschutzzentrum.de/e-government/anforderungen-dms.pdf.
[139] Zum damit eng verbundenen Thema der elektronischen Akte *Meier*, Die Einführung einer elektronischen Akte in der öffentlichen Verwaltung aus rechtlicher Sicht, VR 2010, 114ff.

einmal in den Dokumenten selbst enthalten sein, die in das DMS übernommen und bearbeitet werden. Zum andern erzeugen Bedienstete bezogen auf die Dokumente *Beschäftigtendaten*, die nur nach den Vorgaben eines Rollen- und Berechtigungskonzeptes im Rahmen der erteilten Lese- und Schreibrechte verarbeitet und nicht zu Ausforschung, Verhaltens- oder Leistungskontrolle verwendet werden dürfen. Bei dem Erfassen eingehender Dokumente ist zunächst zu klären, ob es Verbote gibt, bestimmte personenbezogene Daten ausschließlich automatisiert zu speichern, weil das Original in Papierform erhalten bleiben muss (z.B. Ernennungsurkunden von Beamten). Die verantwortliche Stelle hat eine Negativliste zu erstellen, die alle nicht in das DMS zu übernehmenden Dokumentenkategorien enthält.[140] Für bestimmte Dokumente können weitere Sicherheitsbestimmungen gelten, wie z.B. eine Verschlüsselung nach dem Einscannen. Weiter ist zu bestimmen, welche Person für das Erfassen des Dokuments verantwortlich ist; dabei möglicherweise entstandene Fehler müssen leicht zu korrigieren sein.[141] Es ist festzulegen, welche *Metadaten*[142] automatisch und welche manuell einzugeben sind.[143] Dabei sind die Grundsätze der *Datensparsamkeit* und *Datenvermeidung* zu beachten; DMS sind gegen Datenverlust zu sichern. Zugriffsberechtigungen sind am Maßstab der Erforderlichkeit zu vergeben, wobei die Vertretung zu regeln ist. Die Recherchefunktion im DMS muss technisch beschränkt werden auf präzise definierte und am Zweckbindungsgrundsatz orientierte Suchmöglichkeit. Jede Änderung eines Dokuments muss persönlich zugeordnet werden können. Es müssen Maßnahmen festgelegt werden, um bei der Vorgangsbearbeitung die Verfügbarkeit, Vollständigkeit, Integrität, Vertraulichkeit, Unverfälschbarkeit und Verkehrsfähigkeit sicherzustellen. Außerdem müssen den Betroffenen ihre Rechte durch geeignete Mechanismen gewährleistet werden. Die im Rahmen des Verfahrens anfallenden Protokolldaten unterliegen einer strengen Zweckbindung. Für ein elektronisches Dokument ist schließlich eine Aufbewahrungsfrist festzulegen, deren Ablauf automatisiert festgestellt wird, um das Dokument daran anschließend zu archivieren oder zu löschen.

---

[140] *ULD S-H*, a.a.O., S. 3.
[141] Zum Beispiel auch dann, wenn mit einer *OCR-Texterkennung* gearbeitet werden soll (Optische Zeichenerkennung – OCR ist die Abkürzung von *Optical Character Recognition*).
[142] *Metadaten* enthalten Informationen über andere Daten, z.B. der Dokumentenname oder das Datum der letzten Änderung.
[143] *ULD S-H*, a.a.O., S. 4.

KAPITEL 15
Datenschutz im nicht-öffentlichen (privaten) Bereich des kommunalen Umfelds

I. Unterschiedliches Datenschutzrecht im privaten und im öffentlichen Bereich – Verfassungsrechtliche Ursachen

Auch im nicht-öffentlichen Bereich sind verantwortliche Stellen[1] zum Datenschutz verpflichtet; so hat es der Bundesgesetzgeber im BDSG festgelegt. Da das Grundrecht auf informationelle Selbstbestimmung[2] desjenigen, dessen Daten verarbeitet werden, mit den Grundrechten der privaten verantwortlichen Stelle – insbesondere mit ihrer Freiheit auf wirtschaftliche Betätigung[3] – kollidiert, bedurfte es insofern einer gesetzlichen Ausgestaltung. Diese konnte notwendigerweise nicht in demselben Ausmaß beschränkend sein wie diejenige zur Datenverarbeitung im öffentlichen Bereich[4] der Länder.[5] Das ergibt sich aus folgender Erwägung:

Die öffentliche Verwaltung ist direkter Adressat des Grundrechts auf informationelle Selbstbestimmung. Insofern steht dem Bürger nach allgemeiner Grundrechtsdogmatik[6] ein Abwehrrecht gegen den Staat zu. Diese Situation ist so jedoch nicht auf die Konstellation *Bürger – private verantwortliche Stelle* übertragbar. Nach ständiger Rechtsprechung des *BVerfG*[7] entfalten Grundrechte auch zwischen Privaten Wirkung, was als *mittelbare Drittwirkung* von

751

---

1 § 3 Abs. 7 BDSG.
2 Entwickelt durch das *BVerfG* im Volkszählungsurteil, BVerfGE 65, 1.
3 Sie wird namentlich von der Berufs- und Gewerbefreiheit des Art. 12 GG und der Unternehmensfreiheit des Art. 2 Abs. 1 GG geschützt; dazu z.B. *Hufen*, Staatsrecht II, 2. Aufl. 2009, § 35 Rn. 1 ff.; *Manssen*, Staatsrecht II, 6. Aufl. 2009, Rn. 555 ff.
4 *Kloepfer*, Informationsrecht, 2002, § 8, Rn. 4; *Drews*, Erneut: Zur Novellierung des BDSG, RDV 1987, S. 58 ff., 60; *Laicher*, DuD 1996, 409 f.; ausführlich: *Zöllner*, Die gesetzgeberische Trennung des Datenschutzes, RDV 1985, 1 ff., 4 ff.
5 Soweit hier von *öffentlichem Bereich* die Rede ist, ist nur derjenige der Länder gemeint, weil nur dieser für den kommunalen Bereich relevant ist.
6 Z.B. *Manssen*, a.a.O., Rn. 44; *Hufen*, a.a.O., § 5, Rn. 1 ff.
7 Grundlegend das *BVerfG* im Lüth-Urteil, BVerfGE 7, 198.

Grundrechten bezeichnet wird.[8] Durch unbestimmte Rechtsbegriffe[9] finden sie Eingang in das Verhältnis Privater zueinander. Dies gilt auch für das informationelle Selbstbestimmungsrecht, obwohl das *BVerfG* dessen Auswirkung nur im Hinblick auf den öffentlichen Bereich erörtert und den privaten Bereich insoweit unberücksichtigt gelassen hat. Insoweit kommt dem Staat eine Schutzaufgabe[10] zu, die er durch Gestaltung der Gesetzgebung wahrzunehmen hat. Jedoch ist zu beachten, dass dort nicht die gleichen Maßstäbe gelten können wie im Verhältnis *Staat – Bürger*, da es an einer staatlich auferlegten Aufgabenerfüllung privater verantwortlicher Stellen fehlt. Zudem kann die Datenverarbeitung im privaten Bereich nicht mit einem Grundrechtseingriff verglichen werden.[11] Es muss also ein am Verhältnismäßigkeitsprinzip orientierter Ausgleich geschaffen werden zwischen den Interessen der privaten verantwortlichen Stelle und des Betroffenen.[12] Dabei ist entscheidend, inwieweit zwischen beiden ein Machtgefälle besteht,[13] das zu Gunsten des Betroffenen korrigiert werden muss. Die Korrektur vermeidet, dass der Einzelne nicht mehr in der Lage ist, sein Grundrecht auf informationelle Selbstbestimmung frei und ohne Zwang auszuüben.[14]

Aufgrund dieser Überlegungen erklären sich die liberaleren Regeln des Datenschutzes im privatwirtschaftlichen Bereich, die Privat- und Geschäftsinteressen stärker berücksichtigen.

II. Relevanz für den kommunalen Sektor

752 Auch im kommunalen Umfeld besitzen die Regelungen über den Datenschutz im nicht-öffentlichen Bereich Bedeutung. Dies ist in erster Linie dann der Fall, wenn die öffentliche Hand ihre Aufgaben in den Rechtsformen des Privatrechts erfüllt. Ob insoweit die Vorschriften des BDSG zum Datenschutz im privaten Bereich oder diejenigen der Länder für den öffentlichen Bereich Anwendung finden, fällt in den Regelungsbereich der Länder. Diese können ent-

---

[8] *Sodan*, in: Sodan (hg.), GG-Kommentar, 2009, Vorb. Art. 1, Rn. 23.
[9] Z.B. im Bürgerlichen Recht die „Guten Sitten", § 138 BGB, oder „Treu und Glauben", § 242 BGB.
[10] *Sachs*, in: Sachs (hg.), GG, 5. Aufl. 2009, vor Art. 1, Rn. 32.
[11] *Baumann*, Bundesdatenschutzgesetz: Plädoyer für die Beibehaltung der Gesetzeseinheit, RDV 1986, S. 1, 3.
[12] Nicht nur der Betroffene, sondern über Art. 19 Abs. 3 GG auch die private verantwortliche Stelle ist Grundrechtsträger.
[13] *Tinnefeld/Ehmann/Gerling*, Einführung in das Datenschutzrecht, 4. Aufl. 2005, S. 154.
[14] *Baumann*, a.a.O., S. 3.

scheiden, welches Recht sie für anwendbar erklären wollen, wenn Gemeinden Aufgaben der öffentlichen Verwaltung in Privatrechtsform erfüllen.[15]

Eine Besonderheit besteht in NRW im Hinblick auf Unternehmen der Gemeinden oder Gemeindeverbände ohne Rechtspersönlichkeit (sog. *Eigenbetriebe*).[16] Für diese gilt das DSG NRW nur in Teilen;[17] im Übrigen findet das BDSG weitgehend Anwendung.[18] Den Wirtschaftsunternehmen gleichgestellt sind öffentliche Einrichtungen, die entsprechend den Vorschriften über Eigenbetriebe geführt werden.[19] Die Anwendbarkeit ist davon unabhängig, ob die öffentliche Stelle eine *öffentlich-rechtliche Verwaltungstätigkeit* ausübt oder ob sie privatrechtlich – *fiskalisch* – tätig wird. Die teilweise Angleichung der datenschutzrechtlichen Vorschriften über kommunale Eigenbetriebe an nicht-öffentliche Stellen ist sinnvoll, weil sie in gleicher Weise mit Gewinnerzielungsabsicht am allgemeinen Rechtsverkehr teilnehmen. Ein überzeugender Grund, diese Wirtschaftsunternehmen generell anders zu behandeln als privatwirtschaftliche Unternehmen, besteht deshalb nicht.[20] Um aber einer Flucht ins Privatrecht entgegenzuwirken, sind insbesondere die Kontrollvorschriften des DSG NRW weiterhin anwendbar. So wird der öffentlich-rechtliche Charakter der Unternehmen ausreichend gewahrt.

III. Anwendungsbereich und Grundzüge der Regelung des BDSG

1. Adressat

Adressiert sind die Vorschriften des dritten Abschnitts des BDSG an alle nicht-öffentlichen Stellen, alle öffentlichen Stellen des Bundes, soweit diese als öf-

---

[15] So z.B. bei *Erfüllung hoheitlicher oder öffentlicher Aufgaben* § 2 Abs. 1 Satz 3 DSG Bbg; § 3 Abs. 1 Satz 2 HDSG; § 2 Abs. 1 Satz 2/Nds DSG; § 2 Abs. 2 Satz 1 DSG B-W; § 2 Abs. 2 Thür DSG/DSG M-V; § 3 Abs. 1 Satz 2 DSG LSA; § 2 Abs. 1 Satz 3 SDSG; § 1 Abs. 2 Satz 2 BremDSG; bei *Mehrheitseigentum der öff. Hand als zusätzlicher Voraussetzung* § 3 Abs. 1 Nr. 2 DSG S-H; § 2 Abs. 1 Satz 2 DSG R-P; Art. 2 Abs. 2 Bay DSG; § 2 Abs. 2 SächsDSG.
[16] § 114 Abs. 1 GO NRW.
[17] Lediglich der 2. Teil, sowie die §§ 8, 28 bis 31 und 32a DSG NRW sind anwendbar (§ 2 Abs. 2 Satz 1 Nr. 1 DSG NRW).
[18] Ausgenommen sind die §§ 4d bis 4g und 38 BDSG (§ 2 Abs. 2 Satz 2 DSG NRW). Öffentlicher Personennahverkehr, Strom- und Gasversorgung werden heute in Kommunen regelmäßig durch juristische Personen des Privatrechts wahrgenommen. Aber auch in Ländern wie Schleswig-Holstein werden diese Bereiche auf Grund der Liberalisierung dieses Marktes nicht mehr als Aufgabe der öffentlichen Verwaltung angesehen (*ULD S-H*, 26. Tätigkeitsbericht 2004, S. 17).
[19] §§ 2 Abs. 2 Satz 1 Nr. 2 DSG NRW, 107 Abs. 2 GO NRW; z.B. Krankenhäuser, Altenheime, Bäder.
[20] *Stähler/Pohler*, a.a.O., Erl. § 2 DSG, Rn. 10.

fentlich-rechtliche Unternehmen am Wettbewerb teilnehmen[21], und alle öffentlichen Stellen der Länder, soweit diese als öffentlich-rechtliche Unternehmen am Wettbewerb teilnehmen, Bundesrecht ausführen und der Datenschutz nicht durch Landesgesetz geregelt ist.[22] Das gilt nicht im Falle der Datenverarbeitung ausschließlich für *persönliche* oder *familiäre* Tätigkeiten.[23] Damit haben als juristische Person oder Personenvereinigung des privaten Rechts[24] organisierte kommunalnahe Betriebe oder Einrichtungen das BDSG anzuwenden,[25] soweit nicht – wie dargelegt – die Anwendung von Landesrecht auch für sie ausdrücklich vorbehalten ist.

2. Wesentlicher Inhalt der gesetzlichen Regelung

Die ursprüngliche Zweiteilung der Regelungen – Datenverarbeitung für eigene[26] oder für fremde[27] Geschäftszwecke – wurde mit der jüngsten mehrteiligen Änderung des BDSG[28] aufgeweicht. Die Einwilligung als zentrale Datenverarbeitungsgrundlage wurde stärker betont.[29] Weitere Spezialtatbestände[30] wurden eingefügt, der Beschäftigtendatenschutz wurde besonders geregelt.[31] Im Folgenden wird speziell auf Eckpunkte der Gesetzeskonzeption eingegangen, soweit sie im kommunalen Umfeld ersichtlich praktische Relevanz besitzen.[32]

a) Datenumgang für eigene Geschäftszwecke

755 Daten werden für einen eigenen Geschäftszweck[33] erhoben, verarbeitet oder genutzt, wenn dadurch das Unternehmensziel erreicht werden soll, die Daten-

---

[21] Z.B. Unternehmen im Bereich der Kredit- und Versicherungswirtschaft.
[22] § 27 Abs. 1, Satz 1 BDSG. Die Bestimmung des § 27 Abs. 1 Satz 1 Nr. 2 b) BDSG ist derzeit ohne Relevanz, da in allen Ländern Datenschutzgesetze gelten.
[23] § 27 Abs. 1, Satz 2 BDSG.
[24] § 2 Abs. 4, Satz 1 BDSG.
[25] Das gilt im Wesentlichen für NRW.
[26] § 28 BDSG.
[27] § 29 BDSG.
[28] Gesetze v. 29.07.2009 (BGBl. I S. 2254 – im Kraft seit dem 01.04.2010 – und S. 2355 – in Kraft seit dem 11.06.2010 –) und v. 14.08.2009 (BGBl. I S. 2814 – in Kraft seit dem 01.09.2009 bzw. seit dem 01.04.2010).
[29] § 28 Abs. 3, Abs. 3a und Abs. 3b BDSG.
[30] Z.B. Datenübermittlung an Auskunfteien, § 28a BDSG; Scoring, § 28b BDSG; Geschäftsmäßige Datenerhebung und -speicherung für Zwecke der Markt- und Meinungsforschung, § 30a BDSG.
[31] § 32 BDSG.
[32] Ausführlich zu den BDSG-Novellen 2009 *Gola/Klug*, RDV 2009, Sonderbeilage zu Heft 4.
[33] Geschäftszwecke sind Tätigkeiten, die nicht persönlich oder familiär geprägt sind. Damit schließt sich der Kreis zum Anwendungsbereich der Vorschriften, wie er in § 27 Abs. 1 Satz 2 bestimmt ist; *Simitis, in:* Simitis (hg.), BDSG, 6. Aufl. 2006, § 28 Rn. 23.

verarbeitung also Mittel zum Zweck ist. Der Geschäftszweck bestimmt sich namentlich aus dem Unternehmensgegenstand, wie er z.b. im Gesellschaftsvertrag einer GmbH[34] oder in der Satzung einer AG[35] festgelegt ist. Mit personenbezogenen Daten darf für eigene Geschäftszwecke unter anderem dann umgegangen werden, wenn dies *zur Begründung, Durchführung oder Beendigung eines rechtsgeschäftlichen oder rechtsgeschäftsähnlichen*[36] *Schuldverhältnisses* oder dafür erforderlich ist, *berechtigte Interessen der verantwortlichen Stelle* zu wahren, die schutzwürdige Interessen des Betroffenen überwiegen. Werden eigene Geschäftsinteressen verfolgt, indem auf *allgemein zugängliche Daten* zurückgegriffen wird, so ist dies solange zulässig, wie schutzwürdige Interessen des Betroffenen nicht offensichtlich entgegenstehen. In der ersten Variante kommt die Selbstbestimmung durch den Betroffenen zum Ausdruck, während die letzten beiden Fallgruppen auf einer Interessenabwägung beruhen. Indem Personen miteinander kommunizieren, geben sie einen Teil ihrer persönlichen Daten preis und üben damit ihr Recht auf informationelle Selbstbestimmung aus. Fraglich ist, ob zwischen den Varianten Alternativität besteht oder nicht vielmehr die erste Variante in ihrem Anwendungsbereich den Rückgriff auf eine allgemeine Interessenabwägung ausschließt. Zumindest in Rechtsverhältnissen, die gesteigerte Schutz- und Vertraulichkeitspflichten begründen,[37] muss sich die Zulässigkeit der Datenverarbeitung primär nach deren Inhalt richten. Durch die anderen Alternativen können vertragliche Grenzen nicht umgangen werden.[38] Im Übrigen gilt: Der Partner, der die Daten erhält, ist zunächst an den vereinbarten Zweck für den Datenumgang gebunden.[39] Die Zweckbindung ist damit Ausgangspunkt für die Zulässigkeit der weiteren Datenverarbeitung und -nutzung.[40] Im Einzelfall können jedoch andere Interessen höher zu bewerten sein, so dass der Betroffene eine Zweckänderung hinnehmen muss.

---

[34] § 3 Abs. 1 Nr. 2 GmbHG.
[35] § 23 Abs. 3 Nr. 2 AktG.
[36] Die Formulierung „rechtsgeschäftsähnliches Schuldverhältnis" ist der durch die Schuldrechtsnovelle 2002 erneuerten Vorschrift des § 311 BGB angeglichen; *Palandt/Grüneberg*, Überbl vor § 311, Rn. 22 ff.
[37] Z.B. Behandlungsverträge mit Ärzten, Beratungsverträge mit Rechtsanwälten oder Steuerberatern, Bankverträge.
[38] *Gola/Schomerus*, BDSG-Kommentar, 10. Aufl. 2010, § 28, Rn. 9.
[39] *Gola/Schomerus*, a.a.O., § 28, Rn. 7. Dieser Zweckbestimmungsgrundsatz ist in § 28 Abs. 1 Satz 2 BDSG festgeschrieben.
[40] *Gola/Schomerus*, a.a.O., § 28, Rn. 3.

b) Datenumgang für fremde Geschäftszwecke und Datenverarbeitung im Auftrag

756 Besteht das eigentliche Unternehmensziel – wie beispielsweise bei Auskunfteien oder Adresshändlern – darin, Daten für fremde Zwecke zu erheben, zu verarbeiten oder zu nutzen, dann verwandeln sich die Daten gleichsam in eine Ware, die Ziel und Gegenstand der Verarbeitungstätigkeit bestimmt.[41] Hierfür gelten eigene Normen.[42] Hiervon abzugrenzen sind Unternehmen, die als Dienstleister personenbezogene Daten nach Weisung der verantwortlichen Stelle verarbeiten, deren Geschäftsmodell mithin die *Auftragsdatenverarbeitung* ist.[43] Hier bleibt die auftraggebende Stelle für die Datenverarbeitung verantwortlich.[44] Wird Auftragsdatenverarbeitung eingeschaltet, so besteht die Verpflichtung, zur Gewährleistung der weisungsgebundenen Verarbeitung eine Reihe von Bedingungen schriftlich festzulegen.[45] Der Auftraggeber hat sich zudem vor Beginn der Datenverarbeitung und sodann regelmäßig von der Einhaltung der beim Auftragnehmer getroffenen technischen und organisatorischen Maßnahmen zu überzeugen.[46]

c) Besondere Zulässigkeitstatbestände

757 Die Zulässigkeit eines Datenumgangs zur *Wahrnehmung berechtigter Interessen Dritter*, zur *Gefahrenabwehr* oder für *Forschungsinteressen*[47] ist ebenso speziell geregelt wie *Adresshandel* und *Werbung*.[48] Auch der Umgang mit *besonderen Arten personenbezogener Daten*[49] ist unter eigenen Voraussetzungen geregelt.[50] Weitere spezielle Tatbestände bestehen für die Datenübermittlung an *Auskunfteien*,[51] das sog. *Scoring*[52] und die Datenverarbeitung für Zwecke der Markt- und Meinungsforschung.[53]

---

[41] *Simitis*, in: Simitis (hg.), BDSG, 6. Aufl. 2006, § 28 Rn. 22.
[42] §§ 29, 30 BDSG.
[43] Z.B. IT-Dienstleister, Letter-Shops, Akten- und Datenträgervernichtungsfirmen.
[44] Im Sinne des § 3 Abs. 7 BDSG.
[45] § 11 Abs. 2 Satz 2 Nrn. 1-10 BDSG.
[46] § 11 Abs. 2 Satz 4 BDSG.
[47] § 28 Abs. 2 BDSG.
[48] §§ 28 Abs. 3, 3a, 3b, 4 und 29 BDSG. Die Vorgaben des § 28 Abs. 3 BDSG n.F. sind gekennzeichnet durch ein kompliziertes Regel-Ausnahme-Verhältnis, das grundsätzlich die *Einwilligung* des Betroffenen verlangt. Ausnahmsweise ohne Einwilligung geworben werden darf insbesondere gegenüber Personen, mit denen bereits eine Kundenbeziehung bestand (dazu im Einzelnen z.B. *Roßnagel*, NJW 2009, 2716 ff.; *Wronka*, RDV 2009, 247 ff.; *Abel*, RDV 2009, 147 ff.; *Moos*, K&R 2010, 166 ff.).
[49] § 3 Abs. 9 BDSG.
[50] §§ 28 Abs. 6-9 BDSG.
[51] § 28a BDSG.
[52] § 28b BDSG.
[53] § 30a BDSG.

d) Beschäftigtendatenschutz

Der Umgang mit Daten des besonderen Personenkreises der *Beschäftigten* hat eine Regelung im Gesetz erfahren.[54] Legaliter ist definiert, wer als Beschäftigter im Sinne der neuen Regelung anzusehen ist.[55] Sie gilt auch bei nicht automatisierter Verarbeitung und gibt einen allgemeinen Rahmen, die Zweckbestimmung des Beschäftigungsverhältnisses, sowie einen besonderen Zulässigkeitstatbestand zur Aufdeckung von Straftaten. Das Verhältnis der Norm zu den allgemeinen Datenverarbeitungsvorschriften des BDSG ist noch nicht abschließend geklärt;[56] jetzt steht eine erhebliche Konkretisierung des Beschäftigtendatenschutzes auf Bundesebene unmittelbar bevor.[57] Geregelt werden sollen künftig insbesondere das Fragerecht des Arbeitgebers im Bewerbungsverfahren, die Zulässigkeit ärztlicher und sonstiger Untersuchungen, die offene Videoüberwachung von nicht öffentlich zugänglichen Betriebsstätten, die Nutzung von Telekommunikationsdiensten am Arbeitsplatz sowie der Einsatz von Ortungssystemen und biometrischen Verfahren im Beschäftigungsverhältnis. Gegenstand des Gesetzentwurfs sind darüber hinaus Vorschriften über die Zulässigkeit der Datenerhebung, -verarbeitung und -nutzung zum Zweck der Leistungs- und Verhaltenskontrolle, der Korruptionsbekämpfung sowie der Überprüfung, ob die im Beschäftigungsverhältnis zu beachtenden Regeln eingehalten werden. Um den Schutz der Beschäftigtendaten nachhaltig zu verbessern, sieht der Gesetzentwurf insbesondere strenge Voraussetzungen für die Datenerhebung ohne Kenntnis der Beschäftigten vor. Eine heimliche Videoüberwachung von Beschäftigten soll zukünftig verboten sein. Die Recherchemöglichkeiten des Arbeitgebers in sozialen Netzwerken im Internet sollen eingeschränkt werden. Das Schutzniveau der Regelungen zum Beschäftigtendatenschutz soll zudem auch nicht auf andere Art und Weise, z.B. durch Betriebs- oder Dienstvereinbarungen, unterschritten werden dürfen. Auch wenn der Entwurf derzeit heftig diskutiert wird, scheint der Bundesgesetzgeber jetzt Ernst zu machen mit dem Schutz von Beschäftigtendaten. Inwieweit diese Regelung Vorbild für Gesetzesinitiativen auf Landesebene sein wird, bleibt abzuwarten.

758

---

[54] § 32 BDSG, eingefügt durch Gesetz v. 14.08.2009, BGBl. I, S. 2814.
[55] § 3 Abs. 11 BDSG.
[56] Ausweislich der Gesetzesbegründung enthält § 32 BDSG eine Konkretisierung der §§ 28 Abs. 1 Satz 1 Nr. 1, Satz 2 BDSG im Hinblick auf Beschäftigungsverhältnisse und verdrängt diese Normen. Nicht geklärt ist das Verhältnis der neuen Regelung zu § 28 Abs. 1 Satz 1 Nr. 2 BDSG.
[57] Gesetzentwurf der BReg. v. 25.08.2010 mit dem der § 32 BDSG geändert und zwölf neue Bestimmungen (§§ 32a–32l BDSG) eingefügt werden sollen (BR-Drs. 535/10, mit Änderungsvorschlägen des Bundesrates vom 25.10.2010, BR-Drs. 535/2/10). Dazu *Tinnefeld/Petri/Brin*, MMR 2010, 727 ff.; kritisch *ULD S-H* (hg.), Stellungnahme zu BR-Drs. 535/10 (www.datenschutzzentrum.de/arbeitnehmer/20101012-stellungnahme.html).

e) Informationspflicht bei unrechtmäßiger Kenntniserlangung von Daten

759 Neu eingeführt wurde eine Informationspflicht von nicht-öffentlichen Stellen gegenüber dem Betroffenen und der Aufsichtsbehörde für den Fall, dass bestimmte personenbezogene Daten unrechtmäßig übermittelt worden oder auf sonstige Weise Dritten unrechtmäßig zur Kenntnis gelangt sind.[58] Diese gilt allerdings nur, soweit schwerwiegende Beeinträchtigungen für die Rechte oder schutzwürdigen Interessen der Betroffenen drohen.

IV. Unterschiede zum Landesrecht

760 Wie bereits einleitend dargestellt, unterscheiden sich die Regelungen für den Datenschutz im für die Kommune relevanten landesöffentlichen und im privaten Bereich inhaltlich erheblich voneinander, was durch ihre unterschiedliche Schutzrichtung bedingt ist. Das lässt sich anhand typischer Beispiele in den jeweiligen Vorschriften deutlich machen:[59]

– Zunächst ist der betriebliche Datenschutzbeauftragte einer nicht-öffentlichen Stelle nicht stets, sondern *nur in bestimmten Fällen* verpflichtend zu bestellen.[60] Eine Bestellung ist nicht erforderlich, wenn höchstens neun Personen mit der automatisierten Erhebung, Verarbeitung oder Nutzung personenbezogener Daten beschäftigt sind.[61] Ferner ist ein Stellvertreter nicht zwingend zu bestellen.[62] Auch eine externe Beauftragung ist möglich.[63] Im Gegensatz dazu ist im öffentlichen Bereich nach den jeweiligen Landesdatenschutzgesetzen ein behördlicher Datenschutzbeauftragter *immer*, meist einschließlich eines Stellvertreters, zu bestellen.[64] Lediglich eine gemeinsame

---

[58] § 42a BDSG; dazu *Hornung*, NJW 2010, 1841 ff.
[59] Eine Synopse in Form einer tabellarischen Gegenüberstellung der vergleichbaren Vorschriften findet sich bei *Bergmann/Möhrle/Herb*, Datenschutzrecht, Loseblatt, 41. Lfg., Stand: April 2010, unter Bd. 2, NW.
[60] § 4f Abs. 1 Satz 1 BDSG.
[61] § 4f Abs. 1 Satz 4 BDSG.
[62] Der in Gesetzgebungsverfahren immer wieder diskutierte, unter dem Aspekt des Bürokratieabbaues vielfach geforderte Verzicht auf eine gesetzliche Verpflichtung privater Stellen zur Bestellung eines betrieblichen Datenschutzbeauftragten ist auch bei der jüngsten BDSG-Novelle 2009 nicht umgesetzt worden. Die Verpflichtung muss beibehalten werden, da sie keinen bürokratischen Aufwand bedeutet, sondern einer besseren Umsetzung der gesetzlichen Vorgaben zum Datenschutz dient.
[63] § 4f Abs. 2 Satz 3 BDSG.
[64] Z.B. §§ 32a Abs. 1 Satz 1 DSG NRW; 10 Abs. 1 Satz 1 LDSG S-H; 10 Abs. 1 LDSG B-W; 11 Abs. 1 Satz 1 SächsDSG. Die Bestellung eines bDSB ist allerdings in einigen Ländern (vorwiegend Süddeutschland) nur fakultativ, wobei dann auch auf einen Stellvertreter verzichtet werden kann.

Beauftragung ist möglich.[65] Externe (freiberuflich tätige) behördliche Datenschutzbeauftragte dürfen grundsätzlich nicht bestellt werden.[66]

– Weiterhin ist auch unterschiedlich geregelt, ob automatisierte Verfahren einer förmlichen *Vorabkontrolle* zu unterziehen sind. Eine solche ist für nicht-öffentliche Stellen nur unter stark einschränkenden Voraussetzungen erforderlich.[67] Es müssen entweder *besondere* Datenarten[68] verarbeitet werden, oder die Verarbeitung personenbezogener Daten muss dazu bestimmt sein, die Persönlichkeit des Betroffenen zu bewerten.[69] Selbst im Falle einer dieser beiden Alternativen bedarf es gleichwohl keiner förmlichen Vorabkontrolle bei gesetzlicher Verpflichtung, Einwilligung oder Erforderlichkeit im Zusammenhang mit einem Schuldverhältnis.[70] Im Gegensatz dazu ist im landesöffentlichen Bereich eine förmliche Vorabkontrolle *stets* durchzuführen.[71] In der Praxis führt diese Andersartigkeit dazu, dass im nicht-öffentlichen Bereich kaum Vorabkontrollen durchgeführt werden. Soweit Software nicht speziell für öffentliche (z.B. kommunale) Aufgabenerfüllungen konzipiert ist, ist die Bereitschaft der Hersteller bei der Mitarbeit aufgrund fehlenden Verständnisses für Sinn und Zweck einer Vorabkontrolle sehr gering ausgeprägt.

761

– Erhebliche grundsätzliche Unterschiede bestehen für die Voraussetzungen rechtmäßiger Datenverarbeitung. Insbesondere besteht für nicht-öffentliche verantwortliche Stellen prinzipiell die Möglichkeit, personenbezogene Daten allein auf Basis einer Abwägung ihrer Interessen mit den schutzwürdigen Belangen des Betroffenen zu erheben, zu verarbeiten oder zu nutzen. Diesen Stellen bleibt so ein relativ *weiter* Spielraum. Demgegenüber ist die Zulässigkeit der Datenverarbeitung durch öffentliche Stellen an *enge* Voraussetzungen geknüpft.[72] Daten dürfen danach nur verarbeitet werden, wenn es *zur rechtmäßigen Erfüllung der Aufgaben* der öffentlichen Stelle *erforderlich*

---

[65] § 32a Abs. 1 Satz 3 DSG NRW; §§ 10 Abs. 1 Satz 2 LDSG S-H; 10 Abs. 2 Satz 3 LDSG B-W; 11 Abs. 1 Satz 3 SächsDSG. Beispielsweise Universitäten (§ 77 Abs. 3 HG NRW) können mit anderen öffentlichen Stellen zusammenarbeiten; in Kreisen kann ein gemeinsamer bDSB für die kreisangehörigen Kommunen bestellt werden.
[66] Wo ein bDSB nicht verpflichtend, sondern freiwillig zu bestellen ist, ist eine externe Unterstützung zulässig.
[67] § 4d Abs. 5 Satz 2 BDSG.
[68] § 3 Abs. 9 BDSG, z.B. Gesundheitsdaten.
[69] Z.B. Bewertung der Kreditwürdigkeit durch Auskunfteien.
[70] Eine Beteiligung, Beratung und Prüfung des betrieblichen DSB ist allerdings immer erforderlich.
[71] §§ 10 Abs. 3 DSG NRW; 9 Abs. 1 LDSG S-H; 12 LDSG B-W; 10 Abs. 4 SächsDSG.
[72] §§ 14–17 DSG NRW.

ist,⁷³ wobei der Erforderlichkeitsbegriff die Datenverarbeitung auf das unerlässliche Minimum begrenzt.⁷⁴

V. Aktuelle Entwicklung zur Modernisierung des nicht-öffentlichen Datenschutzes

762 Im politischen Raum und unter Fachleuten wird weiterhin über Fragen der Modernisierung des BDSG diskutiert.⁷⁵ Die Konferenz der Datenschutzbeauftragten des Bundes und der Länder hat jüngst ein Eckpunktepapier dazu veröffentlicht.⁷⁶

1. Stärkung des Datenschutzniveaus im öffentlichen und nicht-öffentlichen Bereich

Der Gesetzgeber hat 2009 auf Datenschutzskandale⁷⁷ reagiert und die Erlaubnis zur Verwendung personenbezogener Daten zu Zwecken des Adresshandels und der Werbung eingeschränkt sowie eine Klarstellungsvorschrift zum Beschäftigtendatenschutz eingeführt. Diese Neuregelungen, die der Bundesgesetzgeber unter Zeitdruck zum Abschluss der 16. Legislaturperiode beschlossen hat, haben jedoch mehr Fragen aufgeworfen als geklärt. Daher hat es sich die nachfolgende Bundesregierung zum Ziel gemacht, „das BDSG lesbarer und verständlicher zu machen und insbesondere praxisgerechte Regelungen in einem eigenen Kapitel zum Arbeitnehmerdatenschutz auszugestalten."⁷⁸ Außerdem soll ein höheres Datenschutzniveau erreicht werden, indem die Grundsätze der Verhältnismäßigkeit, der Datensicherheit und -sparsamkeit, der Zweckbindung und der Transparenz gestärkt werden. Darüber hinaus sind verschärfte Anforderungen an die schriftliche Vereinbarung einer Auftragsda-

---

73 §§ 13 Abs. 1 Satz 1 DSG NRW; 11 Abs. 1, 13 LDSG S-H, 13 Abs. 1 LDSG B-W, 12 Abs. 1 SächsDSG.
74 *Stähler/Pohler*, a.a.O., § 12 Rn. 2b.
75 Zu Konzepten notwendiger Modernisierung vgl. *Roßnagel*, Datenschutz in einem informatisierten Alltag, Gutachten im Auftrag der Friedrich-Ebert-Stiftung, 2007, S. 176ff.
76 „Ein modernes Datenschutzrecht für das 21. Jahrhundert;" http://www.bfdi.bund.de/cae/servlet/contentblob/1081968/publicationFile/85202/79DSKEckpunktepa-pier Broschuere.pdf.
77 Seit einigen Jahren wird in der Presse immer wieder von gravierenden Datenschutzverstößen großer Unternehmen berichtet; sie beziehen sich insbesondere auf illegalen Datenhandel und rechtswidrige Mitarbeiterüberwachung.
78 WACHSTUM. BILDUNG. ZUSAMMENHALT. – Koalitionsvertrag zwischen CDU, CSU und FDP, 17. Legislaturperiode, Zeilen 5034ff., 5074ff. Diese programmatische Formulierung enthält das Eingeständnis, dass das geltende BDSG derzeit schwer verständlich und kaum lesbar ist. Außerdem bedürfte es aus rechtssystematischer Sicht einer Neubekanntmachung und Neuordnung seiner Vorschriften.

tenverarbeitung sowie die Kontrolle des Auftragnehmers geknüpft worden. Eingeführt wurde schließlich die bereits angesprochene Informationspflicht bei Datenschutzpannen.

2. Gleichbehandlung von öffentlichem und nicht-öffentlichem Bereich

Die bisher unterschiedlichen Voraussetzungen der Datenverarbeitung im öffentlichen und nicht-öffentlichen Bereich, die – wie eingangs erläutert – wesentlich auf den unterschiedlichen Grundrechtspositionen der Beteiligten beruhen, stehen weiterhin auf dem Prüfstand.

763

Einerseits wird geltend gemacht, die reine Tatsache möglicher Grundrechtskollisionen im privaten Bereich dürfe noch nicht dazu führen, dass das Schutzniveau dort ein anderes sei als im öffentlichen Bereich. Ein Ausgleich im Sinne praktischer Konkordanz werde vielmehr geschaffen, wenn die jeweilige Einzelregelung verhältnismäßig ausgestaltet werde.[79] Dies wird damit begründet, dass die Grundrechtspositionen privater verantwortlicher Stellen nicht genügend Anlass böten, eine grundsätzlich unterschiedliche Regelung im öffentlichen und im nicht-öffentlichen Bereich zu treffen. Es könne daraus nicht hergeleitet werden, dass beide Bereiche grundlegend unterschiedlich zu regeln seien. Das Grundrecht der verantwortlichen Stelle auf Informationsfreiheit[80] finde seine Grenze in dem berechtigten Abschirmungsinteresse bzw. dem Recht auf informationelle Selbstbestimmung des Betroffenen. Vorschriften, die seine Entscheidungsfreiheit garantieren, könnten somit nicht als Grundrechtseingriff gewertet werden. Gleiches gelte für die Meinungsäußerungsfreiheit.[81] Hinzu komme, diese beiden Grundrechte durch allgemeine Gesetze eingeschränkt werden,[82] was durch die datenschutzrechtlichen Regeln geschehe. Auch die Berufsfreiheit in ihren Ausprägungen[83] könne eingeschränkt werden, so dass auch hierfür die bereits genannten Erwägungen gelten. Einzig die Allgemeine Handlungsfreiheit im Sinne wirtschaftlicher Betätigungsfreiheit[84] könne Anlass zu einer anderen Betrachtung geben, da sich aus ihr eine Unternehmerfreiheit zur Datenverarbeitung ableiten lasse. Allerdings unterliege sie den Grenzen der verfassungsmäßigen Ordnung, zu der auch die datenschutzrechtlichen Regeln gehörten;[85] dies zwingt deshalb nicht zu einer anderen Betrachtung. Aus dem Grundrecht auf informationelle Selbstbestimmung ergebe

---

[79] *Roßnagel/Pfitzmann/Garstka*, Gutachten im Auftrag des Bundesministeriums des Inneren zur Modernisierung des Datenschutzrechts, Sept. 2001, S. 48.
[80] Art. 5 Abs. 1 Satz 1 Fall 3 GG.
[81] Art. 5 Abs. 1 Satz 1 Fall 1 GG.
[82] Art. 5 Abs. 2 GG.
[83] Art. 12 Abs. 1 GG; darunter fallen Berufswahlfreiheit und Berufsausübungsfreiheit (dazu etwa *Mann* in: Sachs (hg.), GG, a.a.O., Art. 12, Rn. 77).
[84] BVerfGE 65, 196ff., 210 f; *Murswiek*, in: Sachs (hg.), a.a.O., Art. 2, Rn. 54.
[85] *Roßnagel/Pfitzmann/Garstka*, a.a.O., S. 50.

sich insoweit ein Entscheidungsvorrang des Betroffenen hinsichtlich der Freigabe seiner Daten. Es bestehe kein Anspruch der privaten verantwortlichen Stelle auf Datenverarbeitung; vielmehr werde inzwischen im privaten Bereich das Recht auf informationelle Selbstbestimmung stärker gefährdet als im öffentlichen Bereich, so dass sogar ein höheres Schutzniveau gefordert werden müsse. Dies ergebe sich auch daraus, dass die Positionen des Betroffenen und der privaten verantwortlichen Stelle nicht mehr strukturell gleichwertig seien. Schließlich dürfe, wenn sogar Gründe des Gemeinwohls dem Staat eine Datenverarbeitung nicht erlauben, eine private verantwortliche Stelle aus kommerziellem Interesse erst recht nicht in Grundrechte eingreifen.

764 *Andererseits* wird an der Differenzierung zwischen öffentlichem und nicht-öffentlichem Datenschutzrecht mit der Begründung festgehalten, es seien jeweils unterschiedliche Rechtspositionen betroffen.[86] Der Staat müsse zur Erfüllung seiner Aufgaben im Rahmen der dafür geschaffenen *Rechtsgrundlagen* handeln; nur diese können ihm Eingriffsrechte gewähren. Somit habe sich auch die Datenverarbeitung in den engen Grenzen dieser Vorgaben zu halten. Demgegenüber sei im privaten Bereich in erster Linie ein *Vertragsverhältnis* Grundlage der Datenverarbeitung. An ihm und an einer zusätzlich anzustellenden Interessenabwägung habe sich die Rechtmäßigkeit der Datenverarbeitung auszurichten. Die wirtschaftliche Nutzung von Daten stelle somit nicht immer eine Grundrechtsverletzung dar. Der im BDSG für den nicht-öffentlichen Bereich umgesetzte Datenschutz-Mindeststandard wird durch europäisches Recht verbindlich vorgegeben.[87] Der deutschen Wirtschaft dürfen aber durch im Verhältnis zu europäischen Wettbewerbern zu strenge Regeln keine Nachteile entstehen. Deshalb ließe sich – mangels politischer Durchsetzbarkeit – der nicht-öffentliche Bereich kaum auf das Datenschutz-Niveau des öffentlichen Bereichs heben, sondern allenfalls der öffentliche Bereich auf europäischen Standard absenken.

Auch der *Deutsche Bundestag* hat sich mit diesem Thema befasst. Im Innenausschuss wurden Sachverständige angehört.[88] Der Willensbildungsprozess des Gesetzgebers befindet sich in Bewegung. Es bleibt abzuwarten, ob künftig in einem wirklich erneuerten Datenschutz-Gesetzbuch die Zulässigkeitsvoraussetzungen für die Datenverarbeitung im öffentlichen und im privaten Bereich neu geordnet werden.[89]

---

[86] Stellungnahme der Gesellschaft für Datenschutz und Datensicherheit e.V. (GDD e.V.) zur öffentlichen Anhörung des Innenausschusses des Deutschen Bundestags zur Thematik „Modernisierung des Datenschutzes" vom 05.03.2007, Seite 2.
[87] *EU-Datenschutzrichtlinie* 95/46/EG v. 24.10.1995, ABl. L 281 v. 23.11.1995, S. 31.
[88] Siehe auch den Bericht in RDV 2007, 137f.
[89] Siehe auch das *Eckpunktepapier* „Ein modernes Datenschutzrecht für das 21. Jahrhundert", hg. von der Konferenz der Datenschutzbeauftragten des Bundes und der Länder, v. 18.03.2010, Punkt 2.1.

KAPITEL 16
Europäisches Datenschutzrecht

I. Einleitung

Auf europäischer Ebene spielen datenschutzrechtliche Fragen heute eine wichtige Rolle.[1] Die grenzüberschreitenden Datenströme haben durch die Schaffung des europäischen Binnenmarktes und durch die Fortschritte in der Informationstechnik erheblich zugenommen. So ist der Schutz der Privatsphäre zu einem grenzüberschreitenden europäischen, mittlerweile globalen Thema geworden.[2] Gleichzeitig ist in Zeiten des weltweiten Terrorismus das Sicherheitsbedürfnis so groß, dass man geneigt ist, alle Formen der Datenvernetzung zuzulassen.[3]

765

II. Europäische Rechtsquellen zum Datenschutz

1. Primärrecht

Im Normengefüge des Rechts der Europäischen Union finden sich Regelungen zum Datenschutzrecht auf höchster Ebene. Grundlegend für den europäischen Datenschutz ist zunächst die Europäische Menschenrechtskonvention (*EMRK*), die mehrfach durch Zusatzprotokolle ergänzt wurde. Sie gewährleistet das Recht auf Achtung des Privat- und Familienlebens, der Wohnung und der Korrespondenz.[4] Wenn auch ein Recht auf Achtung des Schutzes personenbezogener Daten nicht unmittelbar im Gesetzestext Ausdruck findet, so ist die EMRK doch das Fundament wesentlicher Leitentscheide des Europäischen Gerichtshofes für Menschenrechte (*EGMR*) zum Schutz personenbezogener Daten.[5] Dieser Schutz wird durch die Grundrechtecharta der Europäischen Union garantiert.[6] Im Gegensatz zu den Regelungen der EMRK wird dem Datenschutz also ein *eigener Schutzbereich neben* dem Recht auf Achtung des

766

---

[1] *Zilkens*, Europäisches Datenschutzrecht – Ein Überblick, RDV 2007, 196 ff.
[2] Zur Frage der Ausstrahlungswirkung der Datenschutzrichtlinie auf Drittländer am Beispiel der USA, *Klug*, RDV 1999, 109 ff.
[3] *Ronellenfitsch*, DuD 2009, 459.
[4] Art. 8 EMRK.
[5] Eine umfassende Darstellung der reichhaltigen Rechtsprechung des EGMR zum Datenschutz findet sich bei *Schweizer*, DuD 2009, 462.
[6] Art. 8 EU-GR-Ch.

Privat- und Familienlebens[7] ausdrücklich eingeräumt. Durch den Vertrag von Lissabon[8] sind die Bestimmungen der Charta der Grundrechte für die Union rechtsverbindlich geworden.[9] Auch der AEUV statuiert ausdrücklich das Recht des Einzelnen auf Schutz seiner personenbezogenen Daten.[10] Zudem wird eine Kompetenzzuweisungsnorm zur Verfügung gestellt, die es dem Europäischem Parlament und Rat ermöglicht, in einem ordentlichen Gesetzgebungsverfahren datenschutzrechtsrelevante Maßnahmen zu treffen.[11]

2. Sekundärrecht

767 Im Übrigen sind auf sekundärrechtlicher Ebene in Verordnungen und Richtlinien Regelungen zum Datenschutz getroffen worden. Dazu zählen in erster

---

[7] Art. 7 EU-GR-Ch.
[8] Der *Vertrag von Lissabon* ist ein Reformvertrag zwischen den 27 Mitgliedstaaten der Europäischen Union, der am 13.12.2007 unter portugiesischer Ratspräsidentschaft in Lissabon unterzeichnet wurde und am 01.12.2009 in Kraft trat. Er ändert die bisher bestehenden völkerrechtlichen Vertragsgrundlagen des europäischen Integrationsverbandes. Der bisherige EU-Vertrag (*EUV*) wird in seiner konsolidierten Fassung weiterhin als *EUV* bezeichnet, der vormalige EG-Vertrag (*EGV*) trägt nun die Überschrift *Vertrag über die Arbeitsweise der Europäischen Union* (*AEUV*).Die entscheidende Neuerung liegt in der Fusionierung der bis dahin formal getrennten Organisationen *Europäische Gemeinschaft* (*EG*) und *Europäische Union* (*EU*) zu einer einheitlich organisierten Union, die mit eigener Rechtspersönlichkeit ausgestattet ist (Art. 47 EUV). Während die gemeinsame Außen- und Sicherheitspolitik (*GASP*) *intergouvernemental* bleibt und so dem Souveränitätsverständnis der Mitgliedstaaten Rechnung trägt (Art. 24 AEUV), wird die polizeiliche und justizielle Zusammenarbeit in Strafsachen (*PJZS*) gewissermaßen vergemeinschaftet. Sie wird zu einem Politikbereich wie andere und ist somit dem ordentlichen Gesetzgebungsverfahren der Union und der Kontrolle durch den Europäischen Gerichtshof (*EuGH*) unterworfen (*Kadelbach*, Datenschutz nach dem Vertrag von Lissabon, in: HessLfD (hg.), Datenschutz in Deutschland nach dem Vertrag von Lissabon, S. 9; *Bergmann*, Der Vertrag von Lissabon, in: HessLfD (hg.), a.a.O., S. 17); Dazu auch: http://www.europa.eu/lisbon_treaty/index_de.htm.
[9] Art. 6 Abs. 1 EUV. Die Grundrechtecharta konnte bis zum Inkrafttreten des Vertrags von Lissabon lediglich proklamatorischen Charakter für sich beanspruchen, sie war nicht rechtsverbindlich.
[10] Art. 16 AEUV. Durch die Platzierung der Norm unter die allgemeinen Bestimmungen innerhalb des AEUV wird ihre Reichweite deutlich. Die Schutzvorschrift gilt somit für die Ausübung aller Tätigkeiten, die in den Anwendungsbereich des Unionsrechts fallen, insbesondere auch für die vergemeinschaftete polizeiliche und justizielle Zusammenarbeit (*Zerdick*, Folgerungen aus der Vergemeinschaftung, in: HessLfD (hg.), a.a.O., S. 48).
[11] Art. 16 Abs. 2 AEUV. Für datenschutzrelevante Maßnahmen auf dem Gebiet der *GASP* sieht Art. 39 EUV eine abweichende Beschlussfassung vor.

Linie die Datenschutzrichtlinie (*DSRL*)[12] und die Datenschutzrichtlinie für elektronische Kommunikation (*EK-DSRL*).[13] Daneben sind zwischenzeitlich weitere Richtlinien erlassen worden, die den Datenschutz ebenfalls berühren, so die Richtlinie zur Vorratsspeicherung von Kommunikationsdaten (*VDS-DSRL*)[14] sowie die sog. „E–Commerce"–Richtlinie (*EC-DSRL*).[15] Erlassen wurde ferner eine EG-Verordnung,[16] die den Schutz natürlicher Personen bei der Verarbeitung personenbezogener Daten durch die Organe und Einrichtungen der EU betrifft. Die beiden Datenschutzrichtlinien richten sich an die EU-Mitgliedstaaten und verpflichten sie, ihren Inhalt in innerstaatliches Recht umzusetzen. Das EU-Sekundärrecht setzt damit detaillierte Standards für den Datenschutz in den Mitgliedstaaten und für die EU-Organe. Zu den Inhalten der vorgenannten Richtlinien im Einzelnen:

a) EU-Datenschutzrichtlinie

Ziel der *DSRL* ist es, einen Mindestgrundrechtsschutz im Bereich des Schutzes 768 der Privatsphäre und eine Harmonisierung der Rechtssysteme in den einzelnen Mitgliedstaaten herbeizuführen. Sie ist anwendbar auf personenbezogene Daten, unabhängig davon, welchen Aspekt der Person sie betreffen.[17] Der Begriff der Verarbeitung schließt sämtliche Einzelphasen des Umgangs mit Daten ein: das Erheben, Speichern, Ordnen, Auslesen etc.[18] Wichtig ist hierbei, dass die Richtlinie *technikneutral* formuliert ist, um länger Bestand zu haben. Adressat der DSRL ist die für die Verarbeitung verantwortliche Stelle, die über Zwecke und Mittel zu entscheiden hat. Maßgeblich ist dabei die tatsächliche, nicht die rechtliche Zuordnung der Entscheidung.[19]

Die Datenverarbeitung muss den Grundsätzen von Treu und Glauben entsprechen und festgelegten und rechtmäßigen Zwecken dienen sowie verhältnismäßig sein.[20] Bei sensitiven Daten sind darüber hinaus besondere Voraussetzungen zu erfüllen.[21] Die Zweckbestimmung erfordert, dass der Zweck der Datenverarbeitung so ausdrücklich und konkret wie möglich festgelegt ist. Die

---

[12] RL 95/46/EG.
[13] RL 2002/58/EG.
[14] RL 2006/24/EG.
[15] RL 2000/31/EG.
[16] VO-EG Nr. 45/2001.
[17] Art. 2 lit. a) DSRL; *Dammann/Simitis*, EG-Datenschutzrichtlinie, Kommentar, 1997, Art. 2, Erl. 2; *Ehmann/Helfrich*, EG-Datenschutzrichtlinie, Kurzkommentar, 1999, Art. 2, Rn. 14f.
[18] Art. 2 lit. b) DSRL.
[19] *Dammann/Simitis*, a.a.O., Art. 2, Erl. 11 ff.; *Ehmann/Helfrich*, a.a.O., Art. 2, Rn. 39ff.
[20] Art. 6 Abs. 1 lit. a), b), c) DSRL.
[21] Art. 8 DSRL.

DSRL geht insoweit von einem engen Zweckbindungsgrundsatz aus; eine spätere Änderung dieser Bestimmung ist nur dann rechtmäßig, wenn sie mit der ursprünglichen vereinbar ist.[22] Der Verhältnismäßigkeitsgrundsatz verlangt dreierlei: Zunächst muss die Verarbeitungsmaßnahme dem festgelegten *Zweck entsprechen*. Weiterhin müssen die Daten für die Zweckerreichung *erheblich* sein. Schließlich darf kein Verstoß gegen das Verbot des *Übermaßes* der Verarbeitung personenbezogener Daten vorliegen. Aus der letzten Voraussetzung werden die Grundsätze der Datensparsamkeit und der Datenvermeidung abgeleitet.

769 Auch die Rechte der betroffen Personen sind in der *DSRL* geregelt. Der Betroffene hat ein Recht auf Auskunft.[23] Dieser Auskunftsanspruch ist ein klassisches Element eines jeden Datenschutz-Rechtssystems. Die Auskunft beinhaltet Angaben über die Existenz eines Datenverarbeitungsvorgangs, über dessen Zweckbestimmungen sowie über die Kategorien der Daten, die Gegenstand der Verarbeitung sind. Ferner muss Auskunft über den oder die Empfänger der Daten gegeben werden. Dem Betroffenen steht außerdem ein Anspruch auf Berichtigung, Löschung und Sperrung zu, wenn die Datenverarbeitung gegen die DSRL verstößt oder Daten unrichtig oder unvollständig verarbeitet worden sind.[24] Dieser Anspruch ist notwendige Folge des Auskunftsrechts. Ohne ihn wäre dieses Recht im Ergebnis wirkungslos. Der Betroffene hat auch ein Recht auf Kenntnis des logischen Aufbaus der Datenverarbeitung.[25] Darunter fallen Neuerungen im Datenschutzrecht. Dieses Rechtsinstitut ist eine Reaktion auf immer komplizierter werdende Entscheidungen, denen der Einzelne im öffentlichen und privaten Bereich ausgesetzt ist. So soll Transparenz in die Bewertung und Berechnung bei der Datenverarbeitung gebracht werden. Weiterhin soll der Betroffene Kenntnis über die Herkunft der Daten erhalten. Dies ist insbesondere dann von Bedeutung, wenn die Daten nicht bei ihm erhoben wurden. Es handelt sich insoweit um einen Zurückverfolgungsanspruch. Schließlich darf der Einzelne keiner erheblichen, beeinträchtigenden Maßnahme unterworfen werden, die ausschließlich auf automatisierter Datenverarbeitung zum Zweck der Bewertung von Personen ergeht.[26]

770 Zur Kontrolle der Datenverarbeitung hat die *DSRL* ebenfalls Vorgaben gemacht. Die Mitgliedstaaten sind verpflichtet, externe Kontrollstellen zu schaffen.[27] Die Verantwortlichen haben diesen Kontrollbehörden anstehende Da-

---

[22] Innenministerium B-W, Hinweise zum BDSG für die Privatwirtschaft, Nr. 40, abgedruckt in RDV 2002, 148, 152.
[23] Art. 12 lit. a) DSRL.
[24] Art. 12 lit. b) DSRL.
[25] Art. 12 lit. a) DSRL.
[26] Art. 15 DSRL.
[27] Art. 28 DSRL.

tenverarbeitungsvorgänge mitzuteilen.²⁸ Solche externen Kontrollen sind ein wesentliches Element des Datenschutzes. Sie müssen völlig unabhängig sein, der Leiter darf daher nicht ausschließlich durch die Exekutive ernannt werden. Die Kontrollstelle darf keinen Weisungen unterworfen sein, und es dürfen ihr durch Übertragung anderweitiger Aufgaben keine Interessenkonflikte entstehen. Ferner hat sie einen Anspruch auf Ausstattung mit notwendigen Personal- und Sachmitteln. Die Befugnisse der Kontrollstelle sind als Mindestbefugnisse geregelt.²⁹ Danach kann sie Untersuchungen anstellen, sich also Zugang zu personenbezogenen Daten verschaffen und Informationen einholen. Sie kann auch in die Datenverarbeitung eingreifen, beispielsweise durch Anordnung der Sperrung, Löschung oder Vernichtung von Daten oder des Verbots einer Verarbeitung. Die Kontrollstelle kann die für die Verarbeitung Verantwortlichen verwarnen und Parlamente oder andere Institutionen dazu bewegen, sich mit einem Vorfall zu befassen. Sie hat zudem ein Klagerecht bei Verstößen gegen Vorschriften, die die *DSRL* umsetzen. Zuletzt hat sie ein Anhörungsrecht bei Rechtsverordnungen und Verwaltungsvorschriften, die die Verarbeitung von personenbezogenen Daten betreffen.

b) EU-Datenschutzrichtlinie für elektronische Kommunikation

Die EK-DSRL ist Teil des EU-Normenpakets von 2002, welches die sektorspezifische Regulierung der elektronischen Kommunikation grundlegend neu gestaltet hat. Sie hat die bis dahin geltende TK-DSRL³⁰ abgelöst. Die bereichsspezifischen Regelungen der EK-DSRL gehen denen der DSRL vor. Nicht nur die EK-DSRL, sondern der gesamte Rechtsrahmen für die elektronische Kommunikation wurde technikneutral gestaltet und trägt damit dem rasanten technologischen Fortschritt in diesem Sektor sowie der Vernetzung der verschiedenen Übertragungswege Rechnung. Als wesentliche Regelung enthält die EK-DSRL das Postulat der Vertraulichkeit der Kommunikation.³¹ Insbesondere das Mithören, Abhören oder Speichern von Nachrichten und Verkehrsdaten ohne Einwilligung der Nutzer ist zu untersagen. Sogenannte „*Cookies*"³² dürfen nur noch unter engen Voraussetzungen gespeichert werden.³³ Dazu muss der Betroffene vorher umfassend über Zwecke der Verarbeitung informiert

771

---

²⁸ Art. 18 DSRL.
²⁹ Art. 28 Abs. 3 DSRL.
³⁰ RL 97/66/EG.
³¹ Art. 5 EK-DSRL.
³² Ein *Cookie* (Deutsche Entsprechung: Profildatei) ist ein kurzer Eintrag in einer meist kleinen Datenbank bzw. in einem speziellen Dateiverzeichnis auf einem Computer und dient dem Austausch von Informationen zwischen Computerprogrammen oder der zeitlich beschränkten Archivierung von Informationen.
³³ Art. 5 Abs. 3 EK-DSRL.

und auf sein Recht zur Verweigerung der Verarbeitung hingewiesen worden sein. Die Verwendung von *„Cookies", „Spyware"* etc. soll nur für rechtmäßige Zwecke und mit Wissen des Nutzers gestattet sein. Geregelt ist ferner die Nutzung von Standortdaten.[34] Die Speicherung und Verarbeitung von Daten, die sich auf den Standort des Endgeräts beziehen, sind nur nach Anonymisierung oder Einwilligung des Nutzers zulässig. Dies gilt beispielsweise für die Standortbestimmung von Mobiltelefonen. Die Teilnehmer müssen diese auch unterdrücken können. Direktwerbung über Fax, E-Mail etc. bedarf der vorherigen Einwilligung des Betroffenen.[35] Ausnahme sind „bestehende Kundenbeziehungen". Diese Einwilligungsmöglichkeit kann als Einfallstor für *Spam* missbraucht werden. Diese Rechte können aus Gründen der Landesverteidigung, der öffentlichen Sicherheit und der Strafverfolgung eingeschränkt werden.[36] Die EK-DSRL bedurfte der Umsetzung in nationales Recht; dazu wurde das TKG novelliert.[37] Die *Cookie*–Regelung wurde nicht gesondert umgesetzt.[38] Die *Spam*–Regelungen[39] finden sich nunmehr im Gesetz gegen den unlauteren Wettbewerb[40] sowie im TMG,[41] das einen bußgeldbewehrten *Spam*-Tatbestand enthält.[42]

772 Inzwischen ist eine Richtlinie in Kraft getreten, die unter anderem die EK-DSRL ändert.[43] Neu eingefügt wurde eine Informationspflicht im Falle der Verletzung des Schutzes personenbezogener Daten.[44] Diese Pflicht greift nicht nur bei einer unrechtmäßigen Übermittlung von Daten,[45] sondern darüber hinaus auch bei jeder Art von Sicherheitsverletzung, die auf unbeabsichtigte oder unrechtmäßige Weise zur Vernichtung, zum Verlust oder zur Veränderung der Daten führt. Ferner sieht die Richtlinie grundsätzlich von dem Qualifikationsmerkmal einer „schwerwiegenden Beeinträchtigung" ab. Schließlich werden

---

[34] Art. 9 EK-DSRL; z.B. Daten von Navigationshilfen jeder Art.
[35] Art. 13 EK-DSRL.
[36] Art. 15 EK-DSRL.
[37] Die Standortregelung ist von § 98 TKG erfasst.
[38] Der deutsche Gesetzgeber sieht dazu keinen Handlungsbedarf, da Transparenzvorschriften bereits vorhanden sind.
[39] Art. 13 EK- DSRL.
[40] § 7 UWG, der *Spam* als *„unzulässige Belästigung"* qualifiziert.
[41] Das Telemediengesetz, welches an die Stelle des Teledienstegesetzes und des Teledienste-Datenschutzgesetzes sowie des Medienstaatsvertrages der Länder getreten ist, trat am 01.03.2007 in Kraft.
[42] §§ 6 Abs. 2 i.V.m. 16 Abs. 1 TMG.
[43] RL 2009/136/EG. Die Frist zur Umsetzung in nationales Recht endet am 25.05.2011. In diesem Zuge wird auch eine Anpassung der bisherigen Regelungen im deutschen Datenschutzrecht erforderlich werden, die u.a. Informationspflichten betrifft.
[44] Art. 4 EK-DSRL n.F.
[45] Die Informationspflicht gemäß der Richtlinie ist in mehreren Belangen weitergehend als diejenige gemäß § 42a BDSG bzw. § 15a TMG und § 93 Abs. 3 TKG.

Diensteanbieter zusätzlich verpflichtet, ein Verzeichnis der Verletzung des Schutzes personenbezogener Daten zu führen.

c) EU-Richtlinie zur Vorratsspeicherung von Kommunikationsdaten[46]

Eine Einschränkung erfährt der Datenschutz durch die EU–Richtlinie zur Vorratsspeicherung von Kommunikationsdaten.[47] Diese verpflichtet die Mitgliedsstaaten, nationale Gesetze zu erlassen, nach denen bestimmte Daten, die bei der Bereitstellung und Nutzung öffentlicher elektronischer Kommunikationsdienste anfallen, von den Dienstanbietern zur Feststellung und Verfolgung schwerer Straftaten sechs Monate lang gespeichert werden müssen. Vorgesehen ist eine Speicherung der Verkehrsdaten, nicht der Inhaltsdaten. Erste Bestrebungen einer solchen Richtlinie zur Vorratsspeicherung gab es bereits 2002, als Reaktion auf den terroristischen Anschlag vom 09.11.2001 auf das World Trade Center in New York. Ein Hauptstreitpunkt lag in der Frage, wie lange die Daten mindestens und höchstens zu speichern sind. Problematisch war außerdem, auf welcher Rechtsgrundlage die Regelung erlassen werden sollte. Zunächst wurde eine Rahmenvereinbarung im Rahmen der 3. Säule der EU – der gemeinsamen Justiz- und Polizeizusammenarbeit – in Betracht gezogen. Hiergegen gab es jedoch Widerstand des Europäischen Parlaments, dessen Beteiligung dafür nicht erforderlich gewesen wäre. Es ging insoweit vielmehr von einer – zustimmungspflichtigen – Binnenmarktregelung auf der Basis der 1. Säule der EU – der EG – aus. Anders als bei der Fluggastdatenentscheidung,[48] bejahte der *EuGH*[49] die Befugnis zum Erlass der Richtlinie unter Hinweis auf die Beeinträchtigung des Binnenmarktes, die sich nach seiner Auffassung aus unterschiedlichen einzelstaatlichen Regelungen zur Vorratsdaten-

---

[46] Zur aktuellen Problematik der Vorratsdatenspeicherung auf Bundesebene: *BVerfG*, Urt. v. 02.03.2010, Az.: 1 BvR 256/08, 1 BvR 263/08, 1 BvR 586/08; RDV 2010, S. 76f.

[47] RL 2006/24/EG. Sie wurde nach 200 Änderungsanfragen des Europäischen Parlaments am 15.03.2006 erlassen. Die EU-Justizkommissarin hat angekündigt, die Richtlinie einer Überprüfung am Maßstab des neuen EU-Grundrechts auf Datenschutz zu unterziehen; siehe *Gola/Klug*, NJW 2010, 2483ff., 2488.

[48] *EuGH*, Entscheidung 2004/535/EG – Az.: C 317/04: Nach den Terroranschlägen vom 11.09.2001 drängten die USA alle auf ihrem Territorium landeberechtigten Fluggesellschaften dazu, ihnen Zugriff auf die Buchungs- und Reservierungssysteme zu geben. In einem am 28.05.2004 in Kraft getretenen Abkommen erkannten Kommission und Rat die Angemessenheit des Datenschutzes an. Gegen dieses sog. PNR-Abkommen erhob das Europäische Parlament erfolgreich Nichtigkeitsklage beim *EuGH*. Die Abgeordneten hatten vor allem die Datenmenge, die Willkür bei der Informationsübermittlung sowie mangelnde Auskunftsbereitschaft gegenüber Betroffenen kritisiert.

[49] *EuGH*, Urt. v. 10.02.2009, Az.: C-301/06.

speicherung ergibt[50] und nur solche Tätigkeiten betrifft, die unabhängig von der Durchführung polizeilicher oder justizieller Zusammenarbeit sind.[51]

III. Datenschutzbeauftragter der EU

774 Der Europäische Datenschutzbeauftragte[52] ist eine unabhängige Behörde der Europäischen Gemeinschaft. Er überwacht und berät ihre Organe und Einrichtungen bei der Verarbeitung personenbezogener Daten und schützt die Grundrechte und Grundfreiheiten natürlicher Personen; hierzu zählt insbesondere das Recht auf Privatsphäre.[53] Es handelt sich um eine weisungsfreie Kontrollbehörde mit Sitz in Brüssel.[54] Wie die Mitglieder des EuGH, so genießt auch der EU-Datenschutzbeauftragte Immunität. Im Rahmen der sogenannten „Art. 29-Datenschutzgruppe" arbeitet er mit den nationalen Datenschutzbehörden zusammen. Zur Erfüllung seiner Aufgaben stehen ihm Informations- und Zugangsrechte zu.[55] Zudem hat er weitgehende Eingriffs- und Anordnungsrechte gegenüber den Gemeinschaftsorganen und Einrichtungen: Er kann unter anderem unzulässige Datenverarbeitungen verbieten, rechtswidrig gespeicherte Daten berichtigen, löschen, sperren oder vernichten lassen und die Verantwortlichen ermahnen oder verwarnen.[56] Der Europäische Datenschutzbeauftragte ist Ansprechpartner für Personen, die sich durch Maßnahmen der EG-Organe oder – Institutionen in ihren Rechten[57] – insbesondere

---

[50] *Zerdick*, RDV 2009, 63.
[51] Die Kompetenz*verweigerung* bei den Fluggastdaten steht deutlich im Widerspruch zu der Kompetenz*bejahung* bei den Vorratsdaten; dazu *Simitis*, NJW 2009, S. 1782 ff.; zur Vorratsdatenspeicherung in Unternehmen *Klug/Reif*, RDV 2008, 89 ff.
[52] Die Behörde wurde im Dezember 2001 durch die EG-Verordnung 45/2001 eingerichtet.
[53] Art. 46 EG-VO 45/2001; Bericht zum Europäischen Datenschutzbeauftragten, RDV 2003, S. 32 ff.
[54] Zwischen dem europäischen und den nationalen Datenschutzbeauftragten besteht keine Hierarchie, vielmehr sind alternative Zuständigkeitsbereiche festgelegt.
[55] Art. 47 Abs. 2 EG-VO 45/2001. Er besitzt Informationsrechte gegenüber allen für die Datenverarbeitung verantwortlichen Personen, Organen oder Einrichtungen sowie Zugang zu allen personenbezogenen Daten, die verarbeitet werden, sowie zu allen Räumlichkeiten, in denen dies geschieht. Als Problematisch könnte sich der Anwendungsbereich der VO nach dem Lissabon-Vertrag erweisen. Nach Art. 3 Abs. 1 EG-VO 45/2001 bezieht sich ihre Geltung auf das „*Gemeinschaftsrecht*", nicht aber auf das umfänglichere „*Unionsrecht*" nach dem Lissabon-Vertrag. Da die Kommission im Rahmen ihrer bisherigen Praxis jedoch ohnehin *sämtliche* Tätigkeiten der EG den Bedingungen des Datenschutzes unterworfen hat, ist anzunehmen, dass aus dem rechtlichen Unterschied auch in Zukunft kein Problem erwachsen wird. Dennoch wäre eine terminologische Anpassung der EG-VO sinnvoll (*Zerdick*, a.a.O. S. 49 f.).
[56] Art. 47 Abs. 1 EG-VO 45/2001.
[57] Art. 16 AEUV.

Datenschutzrechtliche Vorhaben und Projekte

in ihrem Recht auf Privatsphäre – verletzt fühlen. Auch die Mitarbeiter der Organe und Einrichtungen selbst können sich ohne Einhaltung des Dienstweges jederzeit an ihn wenden.

IV. Datenschutzrechtliche Vorhaben und Projekte

1. Rahmenbeschluss zum Datenschutz bei polizeilicher und justizieller Zusammenarbeit[58]

Die Zusammenarbeit der EU–Mitglieder bei Polizei und Justiz wird immer weiter ausgebaut.[59] *Europol*[60] und *Eurojust*[61] verfügen über weitreichende Kompetenzen. Im Zeitalter von Globalisierung und islamistischem Terror müssen die Staaten besser bei der Strafverfolgung zusammenarbeiten. Bisher geschah dies im Rahmen der 3. Säule der EU, der polizeilichen und justiziellen Zusammenarbeit. Die Kommission hatte hier nur geringe Rechte und konnte keine Richtlinien erlassen; dies war nur im Rahmen der 1. Säule, der Europäischen Gemeinschaft, möglich.[62] Die Datenschutzrichtlinien waren somit bisher nicht auf dem Gebiet der polizeilichen und justiziellen Zusammenarbeit anwendbar. Dem Rat blieb jedoch die Möglichkeit, Rahmenbeschlüsse zu verabschieden, die hinsichtlich ihrer Zielsetzung für die Mitgliedstaaten verbindlich sind.[63] Am 27.11.2008 verabschiedete der Rat einen Rahmenbeschluss über den Schutz personenbezogener Daten, die im Rahmen der polizeilichen und justiziellen Zusammenarbeit in Strafsachen verarbeitet werden. Ziel des

775

---

[58] Rahmenbeschluss 2008/977/JI des Rates vom 27.11.2008.
[59] Angesichts der verstärkten Zusammenarbeit europäischer Polizei- und Justizbehörden werden auch europaweit hohe Datenschutz-Standards für diesen Bereich als immer wichtiger angesehen; dazu z.B. die bereits dritte Stellungnahme des Europäischen DSB zur Thematik v. 27.04.2007; abrufbar unter www.edps.europa.eu/ EDPSWEB/edps/lang/de/pid/26.
[60] http://www.europol.europa.eu/. Die auf Grundlage eines vom Rat initiierten Übereinkommens mit den Mitgliedstaaten (ABl. 1995 C 316, S. 1) geschaffene europäische Polizeibehörde Europol hat ihren Sitz in Den Haag. Sie soll die Arbeit der nationalen Polizeibehörden der europäischen Union im Bereich der grenzüberschreitenden organisierten Kriminalität koordinieren und den Informationsaustausch zwischen den nationalen Polizeibehörden fördern.
[61] http://www.eurojust.europa.eu/. Durch Beschluss des Rates am 28. Februar 2002 gegründet, ist Eurojust ist eine Einrichtung der europäischen Union mit Sitz in Den Haag. Sie koordiniert grenzüberschreitende Strafverfahren innerhalb der EU und unterstützt den mitgliedstaatlichen Informationsaustausch nationaler Justizbehörden.
[62] Art. 249 EGV eröffnete keine Kompetenz zum Richtlinienerlass in Politikbereichen, die nicht im EGV selbst niedergelegt waren. Die polizeiliche und justizielle Zusammenarbeit war im EUV festgeschrieben; dazu *Oppermann/Classen/Nettesheim*, Europarecht, 4. Aufl. 2009, § 10, Rn. 151.
[63] Artt. 29–42 EUV.

599

Beschlusses ist ein gleich hohes Datenschutzniveau innerhalb der EU. Der Rahmenbeschluss findet lediglich auf diejenigen personenbezogenen Daten Anwendung, die zwischen den Mitgliedstaaten ausgetauscht werden; der Anwendungsbereich ist also auf die grenzüberschreitende Kommunikation beschränkt. Für die innerstaatliche Datenverarbeitung gelten die Vorgaben des Rahmenbeschlusses dagegen nicht. Welche Konsequenzen das hat, zeigt das Beispiel des Auskunftsanspruches des Betroffenen hinsichtlich der Frage, wie der Empfängerstaat mit seinen Daten verfährt: Dieser Anspruch richtet sich nämlich nach dem nationalen Recht des Empfängerstaates, in dem er geltend gemacht wird.[64] Auskunftsansprüche sind aber in jedem Mitgliedstaat jedenfalls für den Bereich des Polizeirechts unterschiedlich geregelt.

Der Rahmenbeschluss behält auch nach Inkrafttreten des Lissabon-Vertrages seine Gültigkeit.[65] Seine Schwächen sind nun aber insofern offensichtlich, als er dem neu geschaffenen Recht auf Schutz personenbezogener Daten[66] nicht mehr genügt. Denn dieses Recht beansprucht Geltung gerade für den Bereich, der bisher von der Regelung des Rahmenbeschlusses erfasst wurde, der polizeilichen und justiziellen Zusammenarbeit in Strafsachen. Es handelt sich jedoch insoweit um eine reine Kompetenzzuweisungsnorm. Sie macht Rechtssetzung auf dem Gebiet des Datenschutzes bei polizeilicher und justizieller Zusammenarbeit möglich, verpflichtet jedoch nicht dazu. Um dem Schutzanspruch gerecht zu werden, ist daher ein Tätigwerden der Union zu erwarten. So liegt nahe, die bestehenden Richtlinien dem Vertrag von Lissabon anzupassen und ihren Anwendungsbereich für die polizeiliche und justizielle Zusammenarbeit zu erweitern. Sinnvoll erscheint es, eine Kodifizierung aller bestehenden Datenschutzinstrumente in einem Rechtsakt zusammenzufassen.[67]

2. Entwicklungen im Arbeitnehmerdatenschutz

776 Die Datenschutzbeauftragten des Bundes und der Länder fordern seit langem bereichsspezifische Regelungen zum Arbeitnehmerdatenschutz. Da es bislang jedoch an gesetzgeberischen Initiativen zur Schaffung eines Arbeitnehmerdatenschutzgesetzes gefehlt hat, muss auf die allgemeinen Datenschutzgesetze[68]

---

[64] Dazu BfDI: http://www.bfdi.bund.de/cln_134/DE/Oeffentlichkeitsarbeit/Pressemitteilungen/2008/PM_34_08_SchaarEU_RegelungDSPolizeiUndJustiz.html.

[65] Artt. 9, 10 des Protokolls (Nr. 36) zum Vertrag von Lissabon. Danach bleibt die rechtliche Wirkung von Rahmenbeschlüssen erhalten, bis der Rechtsakt aufgehoben, für nichtig erklärt oder geändert wird.

[66] Art. 16 AEUV.

[67] *Zerdick*, a.a.O., S. 52f.

[68] Mit dem am 01.09.2009 in Kraft getretenen § 32 BDSG gibt es eine neue Grundlage für den Datenschutz für Arbeitnehmer und andere Beschäftigte, der aktuell durch einen eigenen Abschnitt ergänzt werden soll. Auf Landesebene siehe z.B. § 29 DSG NRW.

oder bereichsspezifische Regelungen[69] zurückgegriffen werden. Auch auf europäischer Ebene haben die Beratungen zur Erarbeitung eines rechtlich verbindlichen Gemeinschaftsrahmens bisher nicht zu konkreten Ergebnissen geführt. So findet im Umgang mit Arbeitnehmerdaten die allgemeine EU-DSRL Anwendung.[70] Besondere Relevanz kommt dabei dem Grundsatz der Zweckbindung, Verhältnismäßigkeit sowie Treu und Glauben bei der Verarbeitung personenbezogener Daten zu.[71] Angesichts aktueller Skandalfälle deutscher Großunternehmen[72] wird deutlich, wie sehr ein ausformuliertes Arbeitnehmerdatenschutzgefüge auf europäischer und nationaler Ebene fehlt. Als Vorstufe zu einem Arbeitnehmerdatenschutzgesetz ist eine darauf gerichtete besondere EU–Richtlinie seit mehreren Jahren im Gespräch. Bereits im Jahr 2001 gab es eine erste kontroverse Anhörung. Die EU–Kommission hat eine solche Richtlinie für erforderlich gehalten und einen Entwurf dazu vorgelegt.[73] Arbeitgeberorganisationen haben sich ablehnend geäußert. Der Arbeitgeberverband UNICE[74] hält den bestehenden Rechtsrahmen für ausreichend und hat die Kommission aufgefordert, zunächst einen Bericht über die Umsetzung der allgemeinen Datenschutzrichtlinie vorzulegen und den Austausch von Informationen und sogenannten „best practise"–Beispielen zwischen den nationalen Datenschutzbehörden im Rahmen der Art. 29–Datenschutzgruppe zu fördern.[75] Der Kommissionsvorschlag entspricht im Wesentlichen den bisherigen Regelungen zum Arbeitnehmerdatenschutz und der einschlägigen Rechtsprechung in Deutschland. Nachdem im Jahr 2002 die zweite Anhörungsphase eröffnet wurde, hat es keine Bewegung in diesem Verfahren mehr gegeben.

3. Private Initiativen in einzelnen europäischen Staaten

In *Deutschland* berät und unterstützt die Gesellschaft für Datenschutz und Datensicherheit *(GDD)* e.V.[76] die Daten verarbeitenden Stellen in Privatwirt-

777

---

[69] Z.B. Landesbeamtengesetz, Personalvertretungsgesetz etc.
[70] EU-DSRL 95/46 EG.
[71] Art. 6 Abs. 1 lit. a) DSRL.
[72] Sog. „Mitarbeiterüberwachung", Deutsche Bahn, Aldi, Telekom. Dazu *Tinnefeld/Schild*, DuD 2009, 469 ff.
[73] Der Entwurf der Kommission sieht eine Vorabkontrolle für bestimmte Verfahren vor. Diese soll bei der Verarbeitung sensitiver Daten, Gentest–Daten und im Bereich der Arbeitnehmerüberwachung stattfinden. Die Kommission will die Bedeutung der Einwilligung zurückdrängen. Nach ihrem Vorschlag soll die Einwilligung im Arbeitsverhältnis lediglich als ultima ratio heranziehbar sein. In bestimmten Bereichen soll sie lediglich eine eingeschränkte oder gar keine Legitimationswirkung entfalten; siehe dazu den Bericht, RDV 2003, 37.
[74] Vereinigung der Industrie- und Arbeitgeberverbände Europas.
[75] Abgedruckt in RDV 2003, 37 ff.; dazu *Gola/Klug*, a.a.O., 23 ff.
[76] www.gdd.de. Sie tritt als gemeinnütziger Verein für einen sinnvollen, vertretbaren und technisch realisierbaren Datenschutz ein.

schaft und öffentlicher Verwaltung – insbesondere auch die betrieblichen und behördlichen Datenschutzbeauftragten – bei der Lösung und Umsetzung der vielfältigen mit Datenschutz und Datensicherheit verbundenen rechtlichen, technischen und organisatorischen Anforderungen.

In *Frankreich* gründeten im September 2004 zwei Unternehmen und eine Anwaltskanzlei eine „Vereinigung betrieblicher Datenschutzbeauftragter". Ihr Ziel ist zum einen die Abstimmung in Datenschutzfragen zwischen einzelnen Unternehmen und dem Staat, und zum anderen der Austausch zwischen den Mitgliedern zur Förderung besserer Berufspraktiken. Mittlerweile befinden sich unter den Mitgliedern der Vereinigung zahlreiche namhafte Unternehmen.[77]

Die *österreichische* Gesellschaft für Datenschutz – die „*Arge Daten*"[78] – beschäftigt sich schon seit 1983 mit Fragen des Informationsrechts und des Datenschutzes. Der Verein bemüht sich um eine enge Kommunikation mit Forschungseinrichtungen, Universitäten, Industrie und Behörden.

Der *schweizerische* Verein „*Datenschutz–Forum*"[79] wurde 1999 von Datenschutzfachleuten aus der Privatwirtschaft, der öffentlichen Verwaltung und der Wissenschaft gegründet. Das Datenschutz–Forum Schweiz unterstützt aktiv die Datenschutzdiskussion unter Interessierten aller Fachrichtungen aus Wirtschaft, öffentlicher Verwaltung und Wissenschaft. Das Forum stellt Informationen zu Datenschutz und Datensicherheit zur Verfügung und bietet dazu Aus- und Weiterbildung an.

Die *niederländische* Gesellschaft von Funktionären für den Datenschutz, die *NGFG*,[80] wurde 2003 offiziell gegründet. Neben der Förderung von Entwicklungen auf dem Gebiet des Datenschutzes möchte die Gesellschaft einen besseren Erfahrungsaustausch ermöglichen. Zu ihren Zielen zählt auch die weitere Sensibilisierung der niederländischen Gesellschaft auf dem Gebiet des Datenschutzes.

V. Ausblick

Mit dem Vertrag von Lissabon hat der Datenschutz in Europa eine echte Chance bekommen. Abzuwarten bleibt jedoch, ob die Union auch tatsächlich zur Tat schreitet und den Schutz personenbezogener Daten insbesondere für die polizeiliche und justizielle Zusammenarbeit konkretisiert.[81] Immerhin

---

[77] www.afcdp.org. Association Française des Correspondants à la Protection des Données a Caractère Personnel.
[78] www.argedaten.at.
[79] http://www.datenschutz-forum.ch/.
[80] http://www.ngfg.nl/.
[81] Auf Grundlage des Art. 16 AEUV.

Ausblick

sprach sich der Verantwortliche für Freiheit, Sicherheit und Recht in der Union für eine Modernisierung der bestehenden Rechtsakte aus und nannte dabei die EU-DSRL ausdrücklich.[82] Die Kommission plant, die EU-DSRL insbesondere im Hinblick auf den Datenschutz im Internet zu überarbeiten, da die rasche Verbreitung der digitalen Informationstechnologie eine Stärkung der persönlichen Datenschutzrechte erforderlich gemacht habe.[83]

---

[82] Jacques Barrot, Vizepräsident der europäischen Kommission, Rede vor dem Europäischen Parlament: http://europa.eu/rapid/pressReleasesAction.do?reference=SPEECH/ 08/335&format=HTML&aged=0&language=DE&guiLanguage=en; *Zerdick,* a.a.O., S. 53.
[83] Frankfurter Allgemeine Zeitung v. 05. 11. 2010.

KAPITEL 17
Öffentliches Informationszugangsrecht

I. Öffentliches Informationszugangsrecht als Paradigmenwechsel

1. Das Informationszugangsrecht im engeren Sinn

Der Begriff des Informationszugangsrechts umfasst verschiedene Konstellationen des Zugangs zu Informationen; so ist davon sowohl der Zugang des Staates zu privaten und staatlichen Informationen als auch der Zugang Privater zu privaten Informationen erfasst. Das Kernstück des Informationszugangsrechts, das Informationszugangsrecht im engeren Sinn, ist allerdings der Anspruch auf Informationsteilhabe Privater an staatlichen Informationen.[1]

778

2. Transparenz der Verwaltung
a) Amtsgeheimnis und Öffentlichkeit der Verwaltung

Der Grundsatz des Amtsgeheimnisses bzw. der beschränkten Aktenöffentlichkeit[2] beherrschte das deutsche Verwaltungsrecht bis zur Einführung von Informationsfreiheitsgesetzen. Danach war es einem Bürger nur dann möglich, Einsicht in Akten der Verwaltung zu nehmen, wenn er in irgendeiner Form an einem Verwaltungsverfahren beteiligt werden sollte. Mit diesem Beteiligungsrecht korrespondierte und korrespondiert auch immer noch ein Anspruch auf Akteneinsicht. Dieser Anspruch galt insbesondere für laufende Verfahren. Außerhalb dieser Fälle gab es jedoch kein umfassendes Recht auf Einsichtnahme.[3] Dieses Prinzip hat sich nunmehr grundlegend gewandelt. In Deutschland hat mit Einführung der Informationsfreiheitsgesetze eine Entwicklung hin zur Öffentlichkeit und Transparenz der Verwaltung stattgefunden.[4] Insoweit wirkte die europäische Richtlinie über den freien Zugang zu Umweltinformationen[5] als Vorbild. Für die Transparenz der Verwaltung ist kennzeichnend, dass dem Bürger so die Möglichkeit eröffnet wird, sich jederzeit und umfassend über das in Dokumenten erfasste Wissen der Verwaltung

779

---
[1] *Kloepfer*, Informationsrecht, 2002, § 10 Rn. 6.
[2] Normiert in §§ 29, 30 VwVfG (NRW).
[3] *Kloepfer*, a.a.O., § 10 Rn. 8.
[4] *Schoch*, Aktuelle Fragen des Informationszugangsrechts, NJW 2009, 2987ff., 2987.
[5] RL 90/313/EWG.

zu informieren. Diese Transparenz erfährt jedoch trotz aller Entwicklung zur Öffentlichkeit der Verwaltung eine Einschränkung durch das gegenläufige Geheimhaltungsprinzip, das zum Schutz berechtigter Interessen Dritter und der Funktionsfähigkeit der Verwaltung fortbesteht. Insofern muss ein Ausgleich im Wege *praktischer Konkordanz*[6] gefunden werden.

780 Der Wandel vom Grundsatz des Amtsgeheimnisses hin zur Öffentlichkeit der Verwaltung basiert auf einem veränderten Verständnis des Demokratieprinzips.[7] Klassisch interpretiert erfährt die Verwaltung ihre Legitimation durch das Volk dadurch, dass zwischen beiden eine „ununterbrochene Legitimationskette" besteht. Das Volk legitimiert das Parlament durch Wahlen. Das Parlament wiederum legitimiert die Verwaltung durch Gesetze und Kontrolle. Daher hat die hierarchische und selbstkontrollierende Verwaltung keinen Bedarf an Öffentlichkeit; diese würde den reibungslosen Ablauf nur stören. Nach modernem Verständnis stellen die Legitimationskette und die Öffentlichkeit eine neue Art der Verwaltung dar. Die abgeschottete Bürokratie ist insofern überholt, da sonst die Gefahr einer Ablösung der Verwaltung von den Lebenswirklichkeiten bestünde. Die angestrebte Transparenz der Verwaltung tritt in verschiedenen Formen zu Tage: Zum einen gewährt sie dem Bürger einen Informationszugang nach dem Ermessen der Verwaltung oder aufgrund bestimmter Rechtspositionen oder berechtigter Interessen[8]. Zum anderen gewährleistet sie die sogenannte Verfahrensöffentlichkeit, im Rahmen derer die Öffentlichkeit in bestimmten Verwaltungsverfahren beteiligt wird, so z.B. bei der Auslegung von Bebauungsplänen.[9] Kerngedanke des modernen Informationszugangsrechts ist jedoch die bereits erwähnte Verwaltungsöffentlichkeit, die es ermöglichen soll, dass jeder Bürger allgemeine und verfahrensunabhängige Informationen von der Verwaltung erhält. Zu dieser Kategorie gehören die jeweiligen Informationsfreiheitsgesetze.

b) Verfassungsrechtliche Grundlagen

781 Bekanntlich gewährleistet die informationelle Selbstbestimmung das Recht des Einzelnen, selbst über Preisgabe und Verwendung seiner persönlichen Daten zu bestimmen.[10] Dies umfasst notwendigerweise auch die Berechtigung, Kenntnis von bestimmten Umständen zu erlangen. Nur so kann dieses Grundrecht vollumfänglich ausgeübt werden. In diesem Zusammenhang sei darauf

---

[6] Ausgleich bei der Kollision mehrerer Grundrechte verschiedener Personen; grundlegend *Hesse*, Grundzüge des Verfassungsrechts, 20. Aufl. 1995, Rn. 72, 317ff., *Zippelius/Würtenberger*, Deutsches Staatsrecht, 32. Aufl. 2008, § 7 Rn. 37.
[7] Verankert in Art. 20 Abs. 2 GG.
[8] Z.B. Akteneinsichtsrecht, § 29 VwVfG NRW.
[9] Nach § 3 Abs. 2 BauGB.
[10] BVerfGE 65, 1 (1).

Öffentliches Informationszugangsrecht als Paradigmenwechsel

hingewiesen, dass hinsichtlich der Herleitung des Rechts auf informationelle Selbstbestimmung unterschiedliche Positionen vertreten werden. Einerseits wird extensiv argumentiert, das Recht auf informationelle Selbstbestimmung umfasse ein Recht auf Zugang zu Informationen, die für Person relevant sind. Demgegenüber wird eine restriktive Position vertreten, wonach die informationelle Selbstbestimmung ein Schutzrecht darstelle und das Recht auf Kenntniserlangung lediglich ein nachgeordnetes Teilhaberecht sei, das sich nur auf personenbezogene Informationen beziehe. Nach allen Ansichten ergibt sich allerdings, dass das Recht auf informationelle Selbstbestimmung allenfalls ein Zugangsrecht zu personenbezogenen Informationen begründen kann, nicht aber ein allgemeines Informationszugangsrecht.

Als grundrechtliches Fundament wäre das Grundrecht auf Informationsfreiheit[11] heranziehbar. Danach hat jeder das Recht, sich aus allgemein zugänglichen Quellen ungehindert zu unterrichten. Die Quelle, aus der Informationen bezogen werden, muss insofern geeignet und bestimmt sein, einem individuell nicht begrenzten Personenkreis Informationen zu verschaffen.[12] Nach klassischem Verständnis richtet sich die Allgemeinzugänglichkeit nach der tatsächlichen Eignung und Bestimmung von Informationen zur allgemeinen Information. Dies trifft nicht auf Verwaltungsinformationen zu. Nach der neueren Rechtsprechung des *BVerfG*[13] kommt es auf die Allgemeinzugänglichkeit der Information an. Allein dieses Grundrecht garantiert daher noch keinen Anspruch auf Informationszugang. Allgemeinzugänglichkeit kann jedoch durch Demokratie- und Rechtsstaatsprinzip geboten sein und durch den Gesetzgeber geregelt werden. Somit ist das Rechtsstaatsprinzip[14] nach aktuellem Verständnis wesentlicher Teil der verfassungsrechtlichen Grundlage des öffentlichen Informationszugangsrechts.[15] Danach ist die vollziehende Gewalt an Gesetz und Recht gebunden. Die Gesetzesbindung sowie parlamentarische und gerichtliche Kontrollen sichern somit das rechtsstaatliche Handeln der Verwaltung. Angesichts der abnehmenden Bindungskraft der Gesetze und der Notwendigkeit ergänzender öffentlicher Kontrollen, stellt allerdings auch das Rechtsstaatsprinzip nach heutigem Verständnis Publizitäts- und Transparenzanforderungen an die Verwaltung.

782

---

[11] Verankert in Art. 5 Abs. 1 Satz 1 2. HS GG.
[12] BVerfGE 27, 71 (83).
[13] Zuletzt BVerfGE 103, 44 (Sog. „*N-TV*"-Entscheidung: Zulässigkeit von Fernsehaufnahmen im Gerichtssaal).
[14] Verankert in Art. 20 Abs. 3 GG.
[15] *Haurand/Stollmann*, Kommentar zum IFG NRW, Loseblatt, in: Praxis der Kommunalverwaltung, Bd. A 1, Landesausgabe NRW, Gl. Nr. A 16 NW, Stand: April 2003, Einführung, S. 14 f.

c) Recht der Europäischen Union

783 Auf europarechtlicher Ebene ist bereits im Primärrecht ein grundsätzliches Recht auf Informationszugang verankert. So normiert Art. 1 Abs. 2 EU ein allgemeines Transparenzgebot. Das allgemeine Informationszugangsrecht findet sich des Weiteren in Art. 255 EG, der jedem Bürger einen unmittelbaren Anspruch auf Informationsgewährung einräumt. Eine dem Art. 255 EG ähnliche Bestimmung enthält zudem Art. 42 der Grundrechte-Charta. Die sog. Transparenz-Verordnung[16] trifft eine direkte und verbindliche Regelung der Beschränkungsmöglichkeiten des vertraglich gewährten Informationsanspruchs. Dies beruht auf den notwendigen Überlegungen zum Schutz öffentlicher und privater Interessen, die dem vorgenannten Anspruch entgegenstehen.

3. Zielsetzungen

784 Bisher haben der Bund[17] und die überwiegende Anzahl der Länder[18] Informationsfreiheitsgesetze erlassen. Diese Gesetze haben im Wesentlichen die gleichen Zielsetzungen.[19] Es soll ein freier Zugang zu den bei den öffentlichen Stellen vorhandenen Informationen gewährleistet werden.[20] Diesem Gesetzeszweck liegen Erwägungen zugrunde, die im gesellschaftlichen Bedürfnis nach Information und Transparenz der Verwaltung wurzeln. So soll gerade die Transparenz der Verwaltung ihre Akzeptanz bei den Bürgern fördern. Ferner soll der Korruption Einhalt geboten werden. Zuletzt soll der Informationsvorsprung der Verwaltung als deren Machtfaktor begrenzt und die Demokratie und der Rechtsstaat gefördert werden.[21]

785 Informationsfreiheitsgesetze sind jedoch einer kritischen Würdigung im Hinblick auf ihren Nutzen zu unterziehen. Auf Seiten der Kommunen verursacht ein kodifizierter Informationszugangsanspruch einen nicht unerheblichen bürokratischen Mehraufwand, der den Bemühungen um Verwaltungsvereinfachung, Standardabbau und Effizienzsteigerung entgegenwirkt. Das

---

[16] Verordnung (EG) Nr. 1049/2001 (zu finden unter: http://www.lda.brandenburg.de/sixcms/detail.php?id=5lbm1.c.68362.de&template= allgemein_lda).

[17] Seit 01.01.2006. Siehe dazu die *Kleine Anfrage* der Grünen im Bundestag „Informationsfreiheit als Zukunftsaufgabe" v. 16.12.2009, BT-Drs. 17/297 und die Antwort v. 08.01.2010, BT-Drs. 17/412.

[18] Bisher haben 11 Länder ein solches Gesetz: Bln, Bbg, Brem, Hmb, M-V, NRW, Rh-Pf, Srl, S-A, S-H, Thür. Eine aktuelle Übersicht findet sich z.B. auf der Seite der Landesbeauftragten für Datenschutz, Brandenburg: unter http://www.lda.brandenburg.de/sixcms/detail.php?id=5lbm1.c.81385.de&template= links_lda.

[19] Im Folgenden soll dies anhand des IFG NRW erläutert werden.

[20] Den §§ 1 IFG der Länder NRW, Bln, S-H, und M-V; dem AIG Bbg, dem BremIFG, dem HmbIFG und dem IFG (Bund) ist jeweils keine allgemeine Zweckbestimmung zu entnehmen.

[21] *Haurand/Stollmann*, a.a.O., zu § 1, S. 19.

Ziel einer mittelfristigen Kostenersparnis, die aus einer Verbesserung der Akzeptanz behördlicher Entscheidungen resultieren soll,[22] dürfte sich hingegen in der Praxis eher kaum erreichen lassen. Zusätzlich bestehen bereits sehr zahlreiche bereichsspezifische Informationszugangsrechte.[23] Fraglich ist weiterhin, ob sich Gesetze zur Informationsfreiheit tatsächlich zur Korruptionsbekämpfung eignen, da Korruption selten aktenkundig wird und darüber hinaus in den besonders korruptionsanfälligen öffentlichen Vergabeverfahren in der Regel personenbezogene Daten betroffen sind. Dies hat jedenfalls eine Einschränkung des Informationsrechts zur Folge.[24] Trotz aller Kritik indes erfahren die Bürgerrechte durch die Einführung von Informationsfreiheitsgesetzen eine Stärkung: Sie finden ihren Nutzen jedenfalls darin, dass den Bürgern ein Denkanstoß gegeben wird und sie für ihre Rechte und die Notwendigkeit einer transparenten Verwaltung sensibilisiert werden. Es ist zu wünschen, dass Informationszugang wenigstens als Beitrag zur Bekämpfung der allgemein grassierenden Staats- und Politikverdrossenheit verstanden wird.

II. Allgemeines Informationszugangsrecht: Das Informationsfreiheitsgesetz auf Landesebene[25]

1. Der Anspruch auf Zugang zu Informationen

a) Inhalt

Formuliert wird im Gesetz[26] ein allgemeines Recht, Zugang zu Informationen zu erhalten, über die die öffentliche Hand verfügt. Der Anspruch steht jedermann, also jeder natürlichen Person, zu und gilt unabhängig von Nationalität und Wohnsitz. Dementsprechend kann ein Ratsmitglied nicht in dieser Rolle, sondern nur als Privatperson nach dem IFG NRW Auskunft verlangen.[27] Auch juristische Personen verfügen nicht über den Informationszugangsanspruch. Z.B. kann ein Tierschutzverein als eingetragener Verein von der zuständigen Stadt keine Auskunft darüber verlangen, wie viele Ausnahmegeneh-

786

---

[22] LT-Drs. 13/1311, S. 2 unter D.
[23] Neben den ausführlich erwähnten UIG und VIG z.B. auch §§ 30 Abs. 1 BZRG, 7 Nr. 1 MRRG, 34 Abs. 1 BDSG, 150 Abs. 1 GewO, 29 VwVfG, 147 StPO, 299 ZPO, 100 VwGO, 4 UIG, 83 SGB X.
[24] §§ 9 IFG NRW, 5 IFG (Bund), 6 IFG Bln, 5 AIG Bbg, 12 IFG S-H, 7 IFG M-V, 5 BremIFG, 1 Abs. 1 HmbIFG i.V.m. 5 IFG (Bund).
[25] Erörtert wird das für Kommunen relevante Landesgesetz am Beispiel NRW.
[26] §§ 1 Abs. 1 IFG (Bund), 4 Abs. 1 IFG NRW, 3 Abs. 1 IFG Bln, 1 AIG Bbg, 4 IFG S-H, 4 IFG M-V, 1 Abs. 1 BremIFG, 1 Abs. 1 HmbIFG i.V.m. 1 Abs. 1 IFG (Bund).
[27] Andernfalls wäre das Ratsmitglied auch potentiell Adressat eines Gebührenbescheides aus der eigenen Verwaltung, was in der Praxis schwer vorstellbar wäre. Nach § 55 Abs. 5 GO NRW (SGV. NRW 2023; LT-Drs. 14/3979, S. 35, 140 f.) wurde das Akteneinsichtsrecht für Ratsmitglieder umfänglich erweitert, so dass in NRW praktisch ein Bedürfnis nach einem Rekurs auf das IFG NRW nicht mehr besteht.

migungen zum Schächten von Tieren seit dem diesbezüglichen Urteil des *BVerfG* erteilt worden sind. Nach neuerer Rechtsprechung darf aber eine natürliche Person vorgeschoben werden, damit die dahinter stehende juristische Person die gewünschten Auskünfte erlangt.[28] Der Anspruch kann voraussetzungslos[29] sowie formlos geltend gemacht werden. Die anspruchsverpflichtete Stelle trifft weder eine Verpflichtung zur Erforschung der zuständigen Stelle noch eine solche zur Beschaffung der Information. Lediglich der Zugang zu „vorhandenen" Informationen muss gewährt werden. Zudem muss sie nicht für die inhaltliche Richtigkeit einstehen.[30]

aa) Anspruchsgegner

787 Der Informationszugangsanspruch richtet sich an Stellen des Landes, soweit sie Verwaltungstätigkeiten wahrnehmen.[31] Öffentliche Stellen sind Behörden, sonstige öffentliche Stellen und Einrichtungen, der Landtag, Gerichte, die Staatsanwaltschaft, der Landesrechnungshof, die staatlichen Rechnungsprüfungsämter, Forschungseinrichtungen, Hochschulen und Prüfungseinrichtungen, soweit nicht die Bereiche Forschung, Lehre, Leistungsbeurteilung oder Prüfung betroffen sind.[32] Die innerbehördliche Zuständigkeit für die gesetzliche Informationspflicht ist nicht geregelt. Private Stellen gelten als „Behörden"[33] und sind somit dem Bürger zur Auskunft verpflichtet, sofern sie öffentlich-rechtliche Aufgaben wahrnehmen. Davon erfasst werden nach der herrschenden Ansicht[34] nur Beliehene.[35] Entsprechend dem Leitfaden des Innenministeriums NRW[36] und der allgemeinen Verwaltungsrechtsdogmatik richtet sich der Informationsanspruch dann direkt gegen diese.[37] Vereinzelt wird auch vertreten, dass Beliehene darunter fallen, da ihnen nach der herr-

---

[28] So *OVG NRW*, Beschl. v. 21.08.2008 – 8 B 913/08 – Rn. 28. Das erscheint allerdings rechtspolitisch motiviert und in der Sache mit Blick auf den Gesetzeswortlaut eher zweifelhaft.
[29] *Rossi*, IFG, 1. Aufl. 2006, § 1, Rn. 30.
[30] Siehe § 5 Abs. 2 IFG NRW.
[31] § 2 IFG NRW; zu der Rechtslage in Berlin, Brandenburg und Schleswig-Holstein: *Stollmann*, VR 2002, S. 309 ff.
[32] Entsprechend der Legaldefinition in § 2 Abs. 1 Satz 1 IFG NRW.
[33] Gemäß § 2 Abs. 4 IFG NRW.
[34] *VG Düsseldorf*, Urt. v. 03.02.2006, Az: 26 K 1585/04, Rn. 13; *Stollmann*, Das Informationsfreiheitsgesetz NRW, NWVBl. 2002, S. 216 (216); *Beckmann*, Informationsfreiheitsgesetz des Landes NRW, DVP 2003, S. 142 (144); so auch die Auslegungshinweise des Innenministeriums NRW von Sept. 2006, S. 2.
[35] Z.B. Schornsteinfeger, TÜV, Jagdaufseher, Notare.
[36] „Das Recht auf freien Informationszugang", Leitfaden des IM zum IFG des Landes NRW vom 27.11.2001.
[37] *Stollmann*, Das Informationsfreiheitsgesetz NRW, NWVBl. 2002, S. 216 (216).

schenden Befugnistheorie[38] die Befugnis zukomme, öffentliche Aufgaben selbständig unter Zuhilfenahme öffentlich-rechtlicher Handlungsformen zu erledigen.[39] Im Übrigen kann zwischen drei weiteren Kategorien unterschieden werden.[40] Im Rahmen der funktionalen Privatisierung, bei der der Vollzug einer Aufgabe auf Private übertragen wird,[41] verbleibt die Aufgabenzuständigkeit bei dem jeweiligen Träger der öffentlichen Verwaltung, so dass eine Anwendung des IFG direkt gegenüber dem Privaten ausscheidet.[42] Der Informationsanspruch richtet sich allerdings gegen die Aufsichtsbehörde.[43] Wird eine öffentlich-rechtliche Aufgabe aus dem Bereich des öffentlichen Rechts heraus an Private abgegeben – sog. materielle Aufgaben-Privatisierung –, so findet das IFG NRW keine Anwendung, da nur noch privatrechtliches Handeln vorliegt.[44] Im Bereich Schaffung privatrechtlich organisierter Eigengesellschaften hingegen – sog. formelle Organisations-Priva-tisierung – soll das IFG NRW nach einer Auffassung gegenüber dem Privaten unmittelbar anwendbar sein, da es sich insoweit um Verwaltungsprivatrecht handle.[45] Nach der herrschenden Ansicht gehört das Verwaltungsprivatrecht auch zur Verwaltungstätigkeit, so dass sich der Anspruch insoweit gegen die Behörde selbst richtet, die die betreffende Aufgabe in privatrechtlicher Rechtsform wahrnimmt.[46] Auskunftsersuchen, die darauf gerichtet sind zu erfahren, wer z.B. verantwortlich ist für den Neubau einer Sportarena, sind gegenüber der Stadt zulässig, auch wenn diese Aufgabe von juristischen Personen des Privatrechts erfüllt wird.

bb) Begriff der Verwaltungstätigkeit: Verwaltungstätigkeit durch Personen des Privatrechts

Entscheidend für die Anwendbarkeit des Informationszugangsanspruchs ist der Begriff der „Verwaltungstätigkeit". Im Gegensatz zu den Regelungen anderer Länder[47] wird in NRW keine Einschränkung auf den Bereich der *öffentlich-rechtlichen* Verwaltung vorgenommen.[48] Somit umfasst die „Verwal-

788

---

[38] *Maurer*, Allgemeines Verwaltungsrecht, 17. Aufl. 2009, § 23, Rn. 59.
[39] *Bischopink*, Das Gesetz über die Freiheit des Zugangs zu Informationen für das Land NRW vom 27.11.2001, NWVBl. 2003, S. 245 (247).
[40] Hierzu im einzelnen *Bischopink*, Fn. 29, S. 245 (248).
[41] Z.B. in Form von Verwaltungshelfern (Abschleppunternehmer).
[42] Nach § 2 Abs. 4 IFG NRW; *Haurand/Stollmann*, IFG NRW, 2003, zu § 2, S. 31; VG *Düsseldorf* Urt. v. 03.02.2006, Az: 26 K 1585/04, Rn. 22.
[43] *Zilkens*, Datenschutz und Informationsfreiheit in der Kommune, 3. Aufl. 2009, S. 142.
[44] *Bischopink*, a.a.O., S. 245 (248).
[45] § 2 Abs. 4 IFG NRW; *Bischopink*, a. a. O, S. 245 (248).
[46] § 2 Abs. 1 IFG NRW; *Franßen*, in: Franßen/Seidel, Kommentar zum IFG NRW, 1. Aufl. 2007, Rn. 222.
[47] Als Beispiel sei insoweit auf § 3 Abs. 2 IFG S-H verwiesen. *Friedersen/Lindemann*, IFG SH, 2000, § 3, S. 25.
[48] § 2 Abs. 1 IFG NRW.

tungstätigkeit" nach dem IFG NRW sowohl öffentlich-rechtliche als auch privatrechtliche Handlungsformen.[49] Es ist der Verwaltung erlaubt, in den Rechtsformen des Privatrechts ihre Aufgaben wahrzunehmen. So wird auch das Verwaltungsprivatrecht erfasst, was für das VwVfG nicht gilt, da dort die Verwaltungstätigkeit auf den Bereich der öffentlich-rechtlichen Verwaltung beschränkt ist. Somit ist „Verwaltungstätigkeit" jedenfalls das gesamte behördliche Handeln und die Ausführung öffentlich-rechtlicher Rechtssätze. Demgegenüber wird rein fiskalisches Handeln der Behörde nach den Vorschriften des Privatrechts nicht erfasst. Die Behörde kann ihre Aufgaben also auch in den Rechtsformen des Privatrechts wahrnehmen. Dem Bürger steht insoweit ein öffentlich-rechtlicher Anspruch gegen den Träger auf Einwirkung zur Informationsgewährung zu. Im Bereich des formellen und materiellen Verwaltungshandelns sind das legislative und das judikative Handeln hingegen nicht erfasst, da diese beiden Zweige staatlichen Handelns nach dem Prinzip der Gewaltenteilung den Gegensatz zu der Exekutive bilden. Demgegenüber sind Satzungen und Rechtsverordnungen typische Handlungsformen der Exekutive, also der Verwaltung. Hierbei ist insbesondere das Satzungsrecht für die Kommunen von Bedeutung. Auch wenn es sich insoweit um eine rechtsetzende Tätigkeit der Gemeinde handelt, unterfällt diese dem Begriff der Verwaltungstätigkeit, wenn man sie zweckmäßigerweise nach dem formellen Verwaltungsbegriff als gesamte Tätigkeit der Exekutive definiert. Da es sich bei der Satzungsautonomie der Gemeinde um einen zentralen Aspekt der grundgesetzlich garantierten Selbstverwaltung[50] handelt, ist dieses Verständnis der Verwaltungstätigkeit geboten. Als weitere typische Handlungsformen der Verwaltung, die das Eingreifen des IFG NRW auslösen, verbleiben noch öffentlich-rechtliche Verträge und Verwaltungsakte. Ein *Beispiel*: Erbittet ein Bürger Auskunft über alle Cross-Boarder-Leasing-Geschäfte[51] einer Kommune einschließlich der Transaktionsbeschreibungen ab einem bestimmten Zeitpunkt, so handelt es sich um rein privatrechtliches, also „fiskalisches" Handeln, das nicht von dem Begriff der Verwaltungstätigkeit erfasst wird.

cc) Gegenstand des Auskunftsrechts

789 Das Recht auf Auskunft betrifft Informationen; dieser Begriff wird durch Legaldefinition[52] näher erläutert. Es handelt sich dabei um „alle in Schrift-, Ton- oder Dateiverarbeitungsform oder auf sonstigen Informationsträgern vorhan-

---

[49] *OVG NRW*, Beschl. v. 19.06.2002, Az: 21 B 589/02, Rn. 7ff.
[50] Artt. 28 Abs. 2 GG i.V.m. 78 Verf NRW.
[51] Gemeint sind Verträge über den Verkauf und die Wieder-Anmietung z.B. des Schienennetzes der Stadtbahn oder des öffentlichen Abwasserkanalnetzes.
[52] § 3 Satz 1 IFG NRW; ähnliche Definitionen finden sich in §§ 2 Nr. 1 IFG (Bund), 3 AIG Bbg, 2 IFG S-H, 2 IFG M-V, 2 BremIFG, 1 Abs. 1 HmbIFG iVm 2 Nr. 1 IFG (Bund); im IFG Bln findet sich keine entsprechende Begriffsbestimmung.

denen Informationen, die im dienstlichen Zusammenhang erlangt wurden". Diese Definition soll, zumindest nach dem Willen des Gesetzgebers in NRW[53], dazu dienen, eine offene und umfassende Auslegung des Informationsbegriffs zu gewährleisten, der nicht an die engere Definition des Begriffs „Daten" gebunden ist.

b) Verhältnis zu besonderen Rechtsvorschriften: Sperrwirkung oder Ergänzung?

Bereichsspezifische Regelungen für spezielle Verwaltungsbereiche konkurrieren mit dem allgemeinen Anspruch aus dem jeweiligen Informationsfreiheitsgesetz. Insoweit sind zwei Lösungswege möglich: Entweder verdrängt das spezielle Gesetz das allgemeine, oder das allgemeine ergänzt das spezielle. Zur Klärung dieses Konkurrenzverhältnisses formuliert das Gesetz[54] eine Abgrenzungsregel.

aa) Spezialität

Bei Normkollision gilt der Grundsatz der Spezialität, der auch für untergesetzliche Rechtsnormen wie Rechtsverordnungen und Satzungen gilt. Eine Kollision setzt voraus, dass ein genauer Vergleich der Regelungsmaterien, also der Norminhalte und der Normadressaten, zu einer völligen oder teilweisen Deckungsgleichheit führt.[55] Das Spezialgesetz entfaltet Ausschlusswirkung, wenn es sich nach Sinn und Zweck um eine abschließende Regelung handelt, ein gesonderter Sachbereich oder bestimmte Personengruppen betroffen sind und der allgemeine Informationsanspruch dem Schutzzweck der Vorschrift zuwider läuft. Es entfaltet hingegen keine Ausschlusswirkung, wenn die Zugangsregelung lediglich Ausfluss der rechtsstaatlichen Grundsätze des rechtlichen Gehörs und des fairen Verfahrens ist. Weil aber das IFG NRW so konzipiert ist, dass der Informationszugang auszuweiten und im Ergebnis regelmäßig zu gewähren ist, wenn nicht ausnahmsweise ein Einschränkungstatbestand des Gesetzes selbst greift, ist außerhalb der Regelungsmaterie des Sondergesetzes in Ergänzung zu ihm der allgemeine Informationszugangsanspruch gegeben.

790

---

[53] LT-Drs. 13/1311, S. 10.
[54] §§ 4 Abs. 2 IFG NRW; so auch 1 Abs. 3 IFG (Bund), 3 Abs. 3 IFG Bln, 1 AIG Bbg, 17 IFG S-H, 1 Abs. 3 IGF M-V, 1 Abs. 3 BremIFG, 1 Abs. 1 Satz 1 HmbIFG iVm 1 Abs. 3 IFG (Bund).
[55] Auslegungshinweise des IM NRW vom 08.09.2006 – 13-30.00 http://www.lfd.nrw. de/mainmenu_Informationsfreiheit/submenu_Anwendungshinweise/Inhalt/Anwendungshinweise_IM/Anwendungshinweise_des_IM_NRW.pdf, S. 4; *OVG NRW*, Beschl. v. 19.06.2002 – 21 B 589/02 –; *Ritzgen*, in: Knack/Henneke, VwVfG, Kommentar, 9. Aufl. 2010, § 29, Rn. 17.

791 *Beispiele*: Insbesondere im Bereich des *Vergaberechts* ist die vorgenannte Kollisionsregel von Bedeutung. Dort gelten die VOB/A und VOB/B,[56] die nicht als Rechtsnorm, sondern als Industrienorm (DIN) bekanntgegeben wurden, per Erlass[57] als verbindliche Vergabegrundsätze[58] für die Landkreise und Kommunen als öffentliche Auftraggeber.[59] Sie stehen insoweit im Rang von Landesrecht und enthalten Spezialregelungen, die vorrangig anzuwenden sind. Insoweit besteht also eine Ausschlusswirkung. So unterliegen nicht-öffentliche Ausschreibungsunterlagen zum Bau einer Sportarena nicht dem allgemeinen Informationszugangsanspruch, sondern den vergaberechtlichen Spezialvorschriften. Weitere Fälle mit Ausschlusswirkung kennt die *Strafprozessordnung*.[60] Sie betreffen die Erteilung von Auskünften und die Gewährung von Akteneinsicht sowie die Verwendung von Informationen im Strafprozess. Eine Ausschlusswirkung existiert *nicht* für das *Datenschutzrecht*.[61] Ebenso fallen die verfahrensrechtlichen Auskunftsnormen[62] nicht unter die Ausschlusswirkung, weil sie nur *Beteiligte* im Verwaltungsverfahren betreffen.[63] Der Auskunftsanspruch des Ordnungswidrigkeitenrechts[64] regelt nur die Rechte des *Betroffenen*, ist also keine vorrangig geltende Norm. Ebenso stellen die bauplanungsrechtlichen Normen[65] keine abschließende bereichsspezifische Zugangsregelung dar, da sie nur Fragen der öffentlichen Auslegung von Bebauungsplänen behandeln. Für das Presserecht[66] besteht kein Ausschluss, da es nur Journalisten betrifft. Kommunalrecht[67] regelt hingegen abschließend Auskunftsersuchen von Ratsmitgliedern gegen die kommunale Verwaltung.

---

[56] Ebenso die „a-Paragraphen" der VOL, nachträglich eingefügt zur Umsetzung der Lieferkoordinierungsrichtlinie (93/37/EWG).
[57] Seit dem Runderlass des Innenministeriums NRW vom 15.06.1993 (MBl. NRW, S. 1187; SMBl. NRW. 6300).
[58] Im Sinne des § 31 Abs. 2 GemHVO NRW.
[59] Die VOB gelten für „öffentliche Auftraggeber"; der Begriff bestimmt sich nach § 98 GWB und umfasst die Gemeinden und Landkreise; *Stickler*, in: Reidt/Stickler/Glahs, Vergaberecht, 3. Aufl. 2010, § 98 Rn. 7.
[60] §§ 475 ff. StPO.
[61] § 18 DSG NRW enthält nur Regelungen für *personenbezogene Daten*.
[62] §§ 29 VwVfG (NRW) und 25 SGB X.
[63] Auslegungshinweise des IM NRW vom 08. Sept. 2006 – 13-30.00 – http://www.lfd. nrw.de/mainmenu_Informationsfreiheit/submenu_Anwendungshinweise/Inhalt/Anwendungshinweise_IM/Anwendungshinweise_des_IM_NRW.pdf, S. 4; *OVG NRW*, Beschl. v. 31.01.2005, Az: 21 E 1487/04, Rn. 20 ff.; a.A.: *Hegerbekermeier/Pelizäus*, Freie Information für alle – gut gemeint, aber auch gut gemacht?, DVBl. 2002, S. 955 (957).
[64] § 49 OWiG.
[65] §§ 3, 6 und 10 BauGB.
[66] §§ 4 ff. LPresseG NRW.
[67] § 55 GO NRW ist als vorrangig geltende Norm zu betrachten.

bb) Verhältnis Landesrecht/Bundesrecht

Daneben ist zu beachten, dass Bundesrecht Landesrecht bricht.[68] Dies bedeutet hier, dass bundesrechtliche Informationsansprüche auf dem Gebiet ihrer Regelungsmaterie abschließend sind, so dass das jeweilige Landes-IFG mangels Gesetzgebungskompetenz auch nicht ergänzend Anwendung findet. Das trifft jedoch dann nicht zu, wenn sich die Normen an unterschiedliche Adressaten richten oder unterschiedliche Zielsetzungen verfolgen, da es sich insoweit nicht um denselben Regelungsgegenstand handelt. Kommunalbehörden, die Bundes- oder Landesrecht ausführen oder im Rahmen ihres Selbstverwaltungsrechts tätig werden, unterliegen dem Anwendungsbereich des IFG NRW. Gleichwohl kommt es an der Schnittstelle zum IFG NRW auf den Einzelfall an: So ist z.B. im Vergabewesen bei Durchführung der Vorschriften des vierten Teils des GWB das IFG NRW nur dann ergänzend anzuwenden, soweit nicht die einschlägigen Normen des GWB und der VgV als Spezialvorschriften vorrangig gelten. Die Landesinformationsfreiheitsgesetze verdrängen die Pflicht zur Amtsverschwiegenheit.[69] Bundesrechtliche Verschwiegenheitsnormen bleiben jedoch unberührt.

792

2. Einschränkungen des Anspruchs

Die gesetzlichen Einschränkungsgründe des Auskunftsanspruchs bilden seine negativen Tatbestandsmerkmale. Dadurch wird gewährleistet, dass berechtigte gegenläufige Interessen und insbesondere das Gebot der Rechtssicherheit im Auskunftsverfahren ausreichend berücksichtigt werden. Sowohl öffentliche als auch private Interessen werden so erfasst. Diese Ausschlussgründe sind in der Mehrzahl als gebundene Entscheidungen der Verwaltung ausgestaltet; ein Ermessen wird ihr nur in den wenigsten Fällen[70] eingeräumt. Der Katalog der Ausschlussgründe ist abschließend; lediglich vorrangig geltende Auskunftsansprüche können weitere Ausschlussgründe enthalten.[71] Dies entspricht der gesetzgeberischen Intention, dem Bürger ein umfassendes und verfahrensunabhängiges Informationszugangsrecht zur Verfügung zu stellen. Dem von den Informationsfreiheitsgesetzen verfolgten Wandel vom Amtsgeheimnis hin zur Transparenz der Verwaltung entspricht auch die Regelung, dass grundsätzlich die Verwaltung die Darlegungslast für den betreffenden Ablehnungsgrund trägt.[72]

793

---

[68] Kollisionsregel des Art. 31 GG.
[69] §§ 4 Abs. 2 Satz 2 IFG NRW, 5 IFG Bln, 1 Abs. 3 Satz 2 IFG M-V; die IFG S-H, BremIFG und HmbIFG enthalten diesbezüglich keine unmittelbare Regelung. Nach § 4 Abs. 3 AIG Bbg bleibt nur das *besondere* Amtsgeheimnis unberührt, das *allgemeine* Amtsgeheimnis *entfällt*.
[70] Selbst dann auch nur in Form einer Soll-Vorschrift (z.B. in § 7 Abs. 2 IFG NRW).
[71] OVG NRW, Beschl. v. 19.06.2002, Az: 21 B 589/02.
[72] *Rossi*, IFG, 2006, § 3 Rn. 2.

a) Schutz öffentlicher Belange

794 Der Schutz öffentlicher Belange ist ein Grund, die Gewährung der Auskunft zu verweigern.[73] Die dort genannten Regelbeispiele dienen dem Schutz des Staatswohls[74] und sind z.B. die Landesverteidigung, internationale Beziehungen, ein anhängiges Verwaltungsverfahren und ähnliches. Eine Verweigerung wegen erheblicher Beeinträchtigung des Erfolges[75] eines anhängigen Gerichtsverfahrens ist abzulehnen, da der insoweit eindeutige Wortlaut der Vorschrift dies nicht vorsieht.[76] „Erheblich" ist jede negative Auswirkung von einigem Gewicht;[77] wird die behördliche Arbeit hingegen nur berührt und nicht erschwert oder gefährdet, ist eine Beeinträchtigung nicht gegeben.[78] Allgemein stellt auch die Gefährdung der öffentlichen Sicherheit oder Ordnung einen öffentlichen Belang dar. Eine missbräuchliche Verwendung,[79] die zu einer Gefährdung der öffentlichen Sicherheit und Ordnung führt, berechtigt ebenfalls zur Verweigerung des Informationszugangs. Dazu muss nach einer sachlichen Einschätzung der Umstände des Einzelfalls die Möglichkeit eines Schadenseintritts bestehen.[80] Bei Vorliegen eines schützenswerten öffentlichen Belangs ist der Antrag ohne Ermessensspielraum abzulehnen.

b) Behördlicher Entscheidungsbildungsprozess

795 Der Schutz des behördlichen Entscheidungsbildungsprozesses als Grund, die Auskunft zu verweigern,[81] ähnelt dem verwaltungsverfahrensrechtlichen Ausschlussgrund.[82] Die Ablehnung ist zwingend bzgl. Entwürfen, vorbereitenden

---

[73] § 6 IFG NRW; so auch §§ 3 IFG (Bund), 9 und 11 IFG Bln, 4 Abs. 1 AIG Bbg, 9 IFG S-H, 5 IFG M-V, 3 BremIFG, 1 Abs. 1 Satz 1 HmbIFG iVm 3 IFG (Bund).
[74] *Bischopink*, a.a.O., S. 245 (249).
[75] § 6 Satz 1 lit. b) IFG NRW.
[76] *Seidel*, in: Franßen/Seidel, IFG NRW, Rn. 782, 787 m.w.N.; Im ursprünglichen Gesetzesentwurf, LT-Drs. 13/1311, S. 5 und 12, hingegen wird nur von einem „anhängigen Verfahren" gesprochen und so auch das Gerichtsverfahren eingeschlossen.
[77] Denkbar ist z.B., dass ein Verfahren auf Zuwendung öffentlicher Mittel durch die Gewährung von Informationszugang so gestört wird, dass die Zuwendung abgelehnt oder aufgeschoben wird und damit im Ergebnis andere Antragsteller die vorhandenen Mittel ausschöpfen; zu dieser Fallkonstellation siehe *OVG NRW*, Beschl. v. 21.08.2008 – 8 B 913/08 –.
[78] *Haurand/Stollmann*, IFG NRW, 2003, zu § 6, S. 64.
[79] § 6 Satz 2 IFG NRW.
[80] *Haurand/Stollmann*, IFG NRW, 2003, zu § 6, S. 67.
[81] §§ 7 IFG NRW; so auch 4 IFG (Bund), 10 IFG Bln, 4 Abs. 2 AIG Bbg, 10 IFG S-H, 6 IFG M-V, 4 BremIFG, 1 Abs. 1 Satz 1 HmbIFG iVm 4 IFG (Bund).
[82] § 29 Abs. 2 VwVfG (NRW).

Arbeiten oder Beschlüssen zu Entscheidungen,[83] z.B. Beschlussvorlagen für die politische Vertretung. Diese Informationen sind allerdings *nach* Abschluss des Entscheidungsfindungsprozesses zugänglich zu machen.[84] Bei vertraulichen Protokollen besteht eine absolute Zugangssperre; nur das Ergebnis ist zugänglich. Dies beruht darauf, dass die interne Willensbildung ungestört ablaufen soll, um eine funktionsfähige und neutrale Entscheidungsfindung der Behörde zu gewährleisten.[85] Der Begriff *„vertraulich"* stellt einen unbestimmten Rechtsbegriff dar, der restriktiv auszulegen und damit nur bei gravierender Schutzwürdigkeit anzuwenden ist. Eine Ratssitzung, die unter Ausschluss der Öffentlichkeit[86] stattfindet, genügt hierfür.[87] Eine Informationsgewährung soll abgelehnt werden, wenn die Willensbildung bei öffentlichen Stellen betroffen ist, wenn der Informationszugang das Funktionieren bzw. die Autonomie der Landesregierung beeinträchtigt oder wenn es sich um informelle Randnotizen handelt, die alsbald vernichtet werden sollen. Damit soll verhindert werden, dass die nach außen vertretene Entscheidung einer Behörde durch die Veröffentlichungen interner Meinungsverschiedenheiten angreifbar wird. Der Ablehnungsgrund ist in den Landesgesetzen unterschiedlich normiert: Teilweise kommt es darauf an, dass „sich der Inhalt der Informationen auf den Prozess der Willensbildung innerhalb von und zwischen öffentlichen Stellen bezieht"[88], teilweise wird der Antrag nur abgelehnt, „wenn und solange Beratungen von Behörden beeinträchtigt werden".[89] Dabei ist allerdings zwischen Grundlagen und Ergebnissen der Willensbildung einerseits und dem eigentlichen Prozess der Willensbildung andererseits zu unterscheiden,[90] was dazu führt, dass abgeschlossene Gutachten, Tatsachen und Hinweise auf die Rechts-

---

[83] Nach § 7 Abs. 1 IFG NRW; so auch § 4 Abs. 1 Satz 1 IFG-Bund, § 4 Abs. 2 Nr. 3 AIG Bbg; § 10 Abs. 1 Satz 1 Bln IFG; § 4 Abs. 1 Satz 1 Brem IFG; § 9 Abs. 1 Hbg IFG; § 6 Abs. 1 IFG M-V; § 7 Abs. 1 IFG NRW; § 1 Satz 1 SIFG i.V.m. § 4 Abs. 1 IFG-Bund; § 4 Abs. 1 Satz 1 IZG LSA; § 10 Abs. 1 IFG S-H; § 10 Abs. 1 Satz 1 IFG Rh-Pf; § 1 Abs. 1 Satz 1 ThürLFG i.V.m. § 4 Abs. 1 IFG-Bund.
[84] § 7 Abs. 3 Satz 1 IFG NRW.
[85] Rspr. zu § 7 Abs. 1 UIG („Vertraulichkeit"): *OVG Schleswig*, Beschl. v. 14.12.1999, Az: 4 M 102/99, Rn. 6; *OVG Schleswig*, Urt. v. 15.09.1998, Az: 4 L 139/98, Rn. 48ff. (insbes. 50).
[86] § 48 Abs. 2 GO NRW; aber auch §§ 44 GO Bbg, 35 Abs. 1 GO S-H, 29 Abs. 5 KV M-V.
[87] *Haurand/Stollmann*, IFG NRW, 2003, zu § 7, S. 72; ebenso für S-H: *Friedersen/Lindemann*, IFG S-H, zu § 10, S. 56.
[88] § 7 Abs. 2 lit. a) IFG NRW, ähnlich: § 4 Abs. 2 Nr. 1 AIG Bbg; § 10 Abs. 4 Bln IFG.
[89] Siehe auch § 1 Satz 1 SIFG i.V.m. § 3 Abs. Nr. 3 lit. b) IFG-Bund; § 3 Abs. 1 Nr. 3 IZG LSA; § 1 Abs. 1 Satz 1 ThürLFG i.V.m. § 3 Abs. Nr. 3 lit. b) IFG-Bund; keinen gesonderten Schutz der behördlichen Willensbildung sehen Bln IFG und IFG Rh-Pf vor.
[90] *OVG NRW*, Urt. v. 09.11.2006 – 8 A 1679/04 – Rn. 106.

lage herausgabepflichtig bleiben, wenn sie den Prozess der Willensbildung nicht selbst abbilden, sondern ihm nur zugrundeliegen, also als Voraussetzung für ihn dienen.[91]

c) Schutz von Betriebs- und Geschäftsgeheimnissen

796 Zum Schutz von Betriebs- und Geschäftsgeheimnissen ist die Ablehnung eines Informationszugangsantrages zwingend, soweit durch die Übermittlung der Information ein Betriebs- oder Geschäftsgeheimnis offenbart wird und dadurch ein wirtschaftlicher Schaden entstehen würde.[92] Ein Geschäftsgeheimnis betrifft die kaufmännische und die technische Seite des Unternehmens. Zur Definition dieses Begriffs kann auf andere Rechtsvorschriften[93] zurückgegriffen werden. Danach handelt es sich um Tatsachen, die nur einem bestimmten Personenkreis bekannt sind, die sich auf einen bestimmten Gewerbebetrieb beziehen und an deren Geheimhaltung der Unternehmer ein schutzwürdiges (berechtigtes wirtschaftliches Geheimhaltungs-) Interesse hat.[94] Um das Kriterium des Schadens zu erfüllen, genügt die Wahrscheinlichkeit seines Eintritts; der Behörde obliegt es nicht, diesen konkret nachzuweisen.[95] Normiert ist ebenfalls eine zwingende Antragsablehnung, soweit Informationen wegen ihrer volkswirtschaftlichen Bedeutung geheim zu halten sind.[96] Der Anspruchsausschluss gilt nicht, soweit ein überwiegendes Informationsinteresse der Allgemeinheit besteht und der eintretende Schaden nur geringfügig wäre.[97] Dies ist unter Berücksichtigung der widerstreitenden Interessen zu ermitteln.[98] Wollen sich Grundstückseigentümer in einem Erschließungsgebiet schon vorweg über die späteren Erschließungskosten informieren und beantragen sie deshalb Einsicht in den Erschließungsvertrag ihrer Kommune mit dem betreffenden Wohnungsbauunternehmen, so werden dadurch noch keine Geschäfts- und Betriebsgeheimnisse preisgegeben. Die betriebliche Kalkulation lässt sich aus diesen Unterlagen nicht ersehen.

---

[91] *LDI NRW*, 16. Bericht, Punkt 22.5.2.
[92] §§ 8 IFG NRW; so auch 6 IFG (Bund), 7 IFG Bln, 5 Abs. 1 Satz 1 Nr. 2 und 3 AIG Bbg, 11 IFG S-H, 8 IFG M-V, 6 BremIFG, 1 Abs. 1 Satz 1 HmbIFG iVm 6 IFG (Bund).
[93] Z.B. § 17 UWG.
[94] *BAG*, Urt. v. 27.09.1988, – 3 AZR 59/87 – Rn. 39.
[95] *Stollmann*, a.a.O., S. 216 (219).
[96] § 8 Satz 2 IFG NRW.
[97] § 8 Satz 3 IFG NRW.
[98] *Bischopink*, a.a.O., S. 245 (250).

Allgemeines Informationszugangsrecht

d) Schutz personenbezogener Daten

Der Informationszugangsanspruch ist schließlich ausgeschlossen zum Schutz personenbezogener Daten.[99] Die Ablehnung ist zwingend,[100] es sei denn, dass der Betroffene seine Einwilligung erteilt hat, die Offenbarung durch oder aufgrund eines Gesetzes erlaubt ist, zur Abwehr erheblicher Nachteile geboten ist, die Einholung der Einwilligung einen unverhältnismäßigen Aufwand darstellt bzw. die Offenbarung im Interesse des Betroffenen liegt oder ein berechtigtes Interesse an Information und nach Abwägung der widerstreitenden Interessen kein überwiegendes schutzwürdiges Interesse des Betroffenen besteht. Mit Ausnahme des Falles der Einwilligung ist die betroffene Person über die Informationserteilung zu informieren. Es bestehen Möglichkeiten, bestimmte personenbezogene Daten von Amtsträgern oder öffentlich Bestellten zu offenbaren. Was im Einzelnen unter personenbezogenen Daten zu verstehen ist, ergibt sich aus Datenschutzrecht.[101] Wird Akteneinsicht gewährt, obwohl personenbezogene Daten davon betroffen sind, so sind zum Schutz dieser Daten Maßnahmen zu treffen. Grundsätzlich müssen die Daten geschwärzt bzw. abgetrennt werden.[102] Ansonsten muss die Einwilligung des Betroffenen eingeholt werden.[103] Sie gilt als verweigert, wenn sich der Betroffene binnen eines Monats nicht geäußert hat.[104] Ist eine Einwilligung nicht erforderlich,[105] so ist die betroffene Person über die Freigabe der Informationen zu informieren, und ihr ist Gelegenheit zur Stellungnahme einzuräumen.[106]

797

Einzelfälle: 798
Auskunftsansprüchen zu Verträgen einer Kommune über die Stadtmöblierung (Werbenutzungsverträge, Verträge über Wartehallen o.ä.) kann in der Regel nur entsprochen werden, wenn die betroffenen Vertragspartner zugestimmt haben.[107] Dem Auskunftsersuchen eines Ratmitglieds – handelnd als natürliche Person –, die Stellenausschreibungen einer Kommune für gemeinnützige Arbeit offenzulegen, kann stattgegeben werden,[108] wenn der Auskunftssuchende geltend macht, dass Sozialhilfeempfänger reguläre Aufgaben in der städtischen

---

[99] § 9 IFG NRW; siehe auch §§ 5 IFG (Bund), 6 IFG Bln, 5 AIG Bbg, 12 IFG S-H, 7 IFG M-V, 5 BremIFG, 1 Abs. 1 Satz 1 HmbIFG iVm 5 IFG (Bund).
[100] Anders IFG (Bund); dort besteht ein Abwägungsgebot.
[101] § 3 Abs. 1 DSG NRW; beachte. auch §§ 3 Abs. 1 BDSG, 4 Abs. 1 Bln DSG, 3 Abs. 1 Bbg DSG, 2 Abs. 1 LDSG S-H, 3 Abs. 1 DSG M-V, 2 Abs. 1 BremDSG, 4 Abs. 1 HmbDSG.
[102] § 10 Abs. 1 IFG NRW.
[103] § 9 Abs. 1 lit. a) IFG NRW.
[104] § 5 Abs. 3 IFG NRW.
[105] Nach § 9 Abs. 1 lit. b)-e) IFG NRW.
[106] § 9 Abs. 2 IFG NRW.
[107] Nach § 9 Abs. 1 lit. a) IFG NRW.
[108] Im Hinblick auf § 9 Abs. 1 lit. e) IFG NRW.

Verwaltung übernehmen, obwohl die gemeinnützige Arbeit grundsätzlich *zusätzliche* Aufgabenbereiche in der Stadtverwaltung erfassen soll. Personenbezogene Daten müssen gegebenenfalls herausgenommen oder gelöscht werden. Verlangt der Eigentümer eines Parkhauses Einsicht in die Verträge der Kommune mit der Abfallentsorgungsgesellschaft[109], so kann dies angesichts berechtigter Interessen trotz der Verwendung personenbezogener Daten zulässig sein.[110] Unterschriftenlisten, die im Rahmen von Bürgerbegehren[111] erstellt werden, sind nicht ohne weiteres einem Informationssuchenden zugänglich zu machen, da sie die personenbezogenen Daten der Unterzeichner enthalten. Sie gehören nicht in die Beratungsunterlage der politischen Vertretung, sondern in die Verwaltungsakte. Auskunft über Behördeninformanten darf ebenfalls grundsätzlich nicht erteilt werden.[112] Nur ausnahmsweise kann doch Akteneinsicht gewährt werden, wenn die Interessen des Auskunftssuchenden diejenigen des Informanten überwiegen. Dies kann im Einzelfall denkbar sein, wenn der Verdacht der Verleumdung oder der falschen Verdächtigung besteht. Strafanzeigen können allerdings grundsätzlich ohne eine solche Auskunft erstattet werden, ohne dass dem Anzeigeerstatter die namentliche Identität des Beschuldigten bekannt ist, sofern sich diese nur aus den Akten ergibt.

e) Kritik

799 Die gesetzliche Regelung muss in mancher Hinsicht als unzulänglich bezeichnet werden. So wird der Verwaltung kaum Ermessen eingeräumt; stattdessen werden viele unbestimmte Rechtsbegriffe verwendet. Dies ist im Hinblick auf die verfassungsrechtlich verankerten Prinzipien der Bestimmtheit und Rechtssicherheit[113] bedenklich. Auch in der praktischen Anwendung des Gesetzes besteht durch diese Gesetzgebungstechnik die Gefahr uneinheitlicher Gesetzesanwendung aufgrund der weiten Spielräume. Ein weiteres Problem tritt im Rahmen der rechtsmissbräuchlichen Ausübung des Informationszugangsanspruches auf, die zur Beeinträchtigung der Funktionsfähigkeit der Verwaltung führen kann.[114] Dem wird nicht durch eine entsprechende gesetzliche Regelung begegnet. Insoweit bleibt lediglich die Heranziehung des Grundsatzes von Treu und Glauben,[115] der allerdings im Rahmen des öffentlichen Infor-

---

[109] Als GmbH oder AG.
[110] Nach § 9 Abs. 1 lit. e) IFG NRW.
[111] Z.B. § 26 GO NRW.
[112] Wegen § 9 IFG NRW.
[113] Nach Art. 20 Abs. 3 GG.
[114] Hierzu ebenfalls *Zilkens*, Zur Bedeutung des neuen Informationsfreiheitsgesetzes NRW für die kommunale Rechtspraxis – Eine kritische Betrachtung, RDV 2002, S. 300 (301).
[115] Nach § 242 BGB.

mationszugangsrechts kein angemessenes Mittel zur Sanktionierung von Missbrauch sein kann.

3. Verfahrensfragen
a) Form und Bestimmtheit des Antrags
Der Antrag kann formfrei – schriftlich, mündlich, elektronisch – gestellt werden.[116] Bei mündlicher Antragsstellung kommt unter Umständen eine mündliche Bescheidung in Betracht. Er muss hinreichend bestimmt[117] in Bezug auf die nachgesuchten Informationen sein. Ausforschungsanträge sind somit unzulässig. Dies dient vor allem zum Schutz der Behörden vor besonders arbeitsintensiven Maßnahmen zur Informationsbeschaffung. Die hinreichende Bestimmtheit ist dann gegeben, wenn die angegangene Behörde und der Zweck des Antrags erkennbar sind.[118] Die Verwaltung soll auf offensichtlich fehlerhaft gestellte Anträge hinweisen und Anregungen zu deren Berichtigung geben.[119] Ferner ist auf die Stellung „kostengünstiger" Anträge hinzuwirken.

800

b) Antragsbefugnis
Die Antragsbefugnis setzt kein berechtigtes Interesse an der Information voraus; das reine Bestehen der Information genügt. Somit ist der Anspruch nicht an Voraussetzungen gebunden. Ferner kann der Anspruch verfahrensunabhängig geltend gemacht werden. Das Vorliegen der Antragsbefugnis ist also der Regelfall, ihr Fehlen hingegen die Ausnahme.

c) Frist
aa) Gesetzliche Voraussetzungen
Die Verwaltung hat eine Frist einzuhalten, innerhalb derer die Information zu erteilen ist.[120] Danach soll die Behörde die Information „unverzüglich", möglichst innerhalb eines Monats nach Antragstellung zur Verfügung stellen. Der Begriff „unverzüglich" meint nicht „sofort", sondern *ohne schuldhaftes Zögern*.[121] Auch führt diese Frist nicht zu einer höheren Priorität der Informationspflicht gegenüber anderen zu erledigenden Verwaltungsaufgaben. Länger darf es immer dauern, wenn innerhalb der kurzen Frist eine Antwort gegeben

801

---
[116] § 5 Abs. 1 Satz 2 IFG NRW.
[117] § 5 Abs. 1 Satz 3 IFG NRW.
[118] *Haurand/Stollmann*, IFG NRW, 2003, zu § 5, S. 46.
[119] Nach § 25 VwVfG NRW.
[120] §§ § 5 Abs. 2 IFG NRW; so auch 7 Abs. 1 IFG (Bund), 14 IFG Bln, 6 Abs. 1 Satz 5 AIG Bbg, 7 Abs. 1 IFG S-H, 11 Abs. 1 IFG M-V, 7 Abs. 5 BremIFG, 1 Abs. 1 HmbIFG iVm 7 Abs. 5 IFG (Bund).
[121] Die zivilrechtliche Regelung ist in § 121 BGB geregelt.

wird, in der unter Angabe von Gründen auf später folgende Informationen verwiesen wird. Ein solcher Fall kann sich insbesondere dann ergeben, wenn es vor Informationsgewährung der Einwilligung eines betroffenen Dritten[122] bedarf, für dessen Äußerung wiederum eine Monatsfrist gilt.[123]

bb) Konsequenzen der Fristüberschreitung

802 Hält die Behörde die Monatsfrist nicht ein, so sind nach allgemeinen Regeln Konsequenzen möglich. Bei Untätigkeit der Behörde kann Untätigkeitsklage[124] nur erhoben werden, wenn die Informationserteilung einen Verwaltungsakt darstellt. Es kommt also darauf an, welche Rechtsqualität die Informationsgewährung besitzt. Die Informationserteilung als solche stellt grundsätzlich einen Realakt dar.[125] Eine Einordnung der behördlichen *Entscheidung, ob* überhaupt eine Auskunft erteilt wird, als Verwaltungsakt[126] ist jedoch möglich. Diese getrennte Betrachtungsweise ist aber nur in Ausnahmefällen geboten.[127] Aus der Rechtsnatur der Entscheidung über das „Ob" der Auskunftserteilung ergibt sich nicht notwendigerweise, dass auch die tatsächliche Informationsgewährung dieselbe Rechtsnatur, nämlich die eines Verwaltungsaktes, haben muss. Denn sonst müsste praktisch jede tatsächliche Handlung als Verwaltungsakt qualifiziert werden.[128] Demgegenüber hat die Rechtsprechung einen anderen Ansatz entwickelt. Danach liegt dann ein Verwaltungsakt vor, wenn der rechtliche Schwerpunkt der Behördenentscheidung nicht in der Erteilung oder Versagung der Auskunft als solcher, sondern in der hierdurch zum Ausdruck gebrachten Ermessensentscheidung der Behörde liegt.[129] Der Behörde steht bei der Informationsgewährung zwar kein Ermessen zu. Daraus ergibt sich aber zugleich nicht zwingend, dass nur ein Realakt vorliegen kann. Muss die Behörde im Entscheidungsfindungsprozess den Sachverhalt umfassend rechtlich und tatsächlich – nicht nur unter Ermessensgesichtspunkten – prüfen, so bildet diese Prüfung den rechtlichen Schwerpunkt, die dann die Wirkung nach außen konstituiert.[130] Bei der Gewährung von Informationszugang prüft die Behörde ausführlich, ob und wie die Information zu erteilen ist. Darin besteht hier der rechtliche Schwerpunkt des Verwaltungs-

---

[122] Nach § 9 IFG NRW.
[123] Gemäß § 5 Abs. 3 IFG NRW gilt die Einwilligung danach als verweigert.
[124] Gemäß §§ 43 Abs. 2, 75 VwGO.
[125] *Maurer*, Allgemeines Verwaltungsrecht, 17. Aufl. 2009, § 9 Rn. 62.
[126] Nach § 35 Satz 1 VwVfG NRW.
[127] *Maurer*, a.a.O., § 15 Rn. 7.
[128] Siehe *Kopp/Schenke*, VwGO, 16. Aufl. 2009, Anh. zu § 42 Rn. 37; *VGH Mannheim*, Urt. v. 07.12.2001, Az: 3 S 334/01.
[129] BVerwGE 31, 301 (307).
[130] BVerwGE 31, 301 (306).

handelns.¹³¹ Richtigerweise ist somit bei Untätigkeit der Behörde nicht eine allgemeine Leistungsklage, sondern eine Verpflichtungsklage in Form der Untätigkeitsklage zu erheben. Die Untätigkeitsklage kann grundsätzlich nicht vor Ablauf von drei Monaten erhoben werden, es sei denn, besondere Umstände des Falles gebieten eine kürzere Frist.¹³² Basierend auf der Monatsfrist¹³³ können solche besonderen Umstände jedoch nicht generell angenommen werden, da die Regelung gerade auf den Einzelfall abstellt. So würde der Vorrang des Bundesrechts in unzulässiger Weise umgangen. Der Monatsfrist kommt daher auch für die Untätigkeitsklage höchstens Indizwirkung zu; das Gericht muss bei Klageerhebung vor Ablauf der Klagefrist prüfen, ob besondere Umstände vorliegen. Solche müssen grundsätzlich in der Sphäre des Klägers liegen; sie bestimmen sich nach dessen Rechtsschutzinteresse an schneller Entscheidung.¹³⁴ Liegt eine Fristüberschreitung vor, führt dies zur Klageaussetzung und Fristsetzung durch das Gericht, wenn die Information wegen eines zureichenden Grundes¹³⁵ nicht erteilt werden konnte. Bestehen die Gründe fort, so ist die Frist durch Gerichtsbeschluss zu verlängern.¹³⁶

d) Art der Informationsgewährung

Dem Wunsch des Antragstellers nach einer bestimmten Art der Informationserteilung muss die Behörde entsprechen, es sei denn, ein gewichtiger Grund steht entgegen.¹³⁷ Es kommen folgende Arten der Informationserteilung in Betracht: Zunächst kann dem Auskunftssuchenden Akteneinsicht gewährt werden, so dass er die für ihn relevanten Informationen selbst herausfinden kann. Alternativ können ihm auch Akten bzw. Aktenauszüge übersandt werden. Schließlich kann die Behörde auch direkt die erbetene Information als Auskunft an den Antragsteller weitergeben, ohne dass diesem die Akten in irgendeiner Form zur Verfügung gestellt werden.¹³⁸ Gewichtige Gründe für eine Abweichung vom Wunsch des Antragstellers können die Höhe des Verwaltungsaufwandes, die Erforderlichkeit oder Geeignetheit zur Befriedigung des

803

---

[131] Vorlage des *OVG Schleswig* an den *EuGH* vom 10.07.1996 zum ähnlich gelagerten UIG, Az. 4 L 222/95; Leitsatz und Gründe in ZUR 1997, S. 43 – 45.
[132] Nach § 75 Satz 2 VwGO.
[133] In § 5 Abs. 2 IFG NRW geregelt.
[134] *Kopp/Schenke*, VwGO, a.a.O., § 75 Rn. 12; *Bettermann*, Der verwaltungsgerichtliche Rechtsschutz des Widerspruchs oder des Vornahmeantrags, NJW 1960, S. 1081 (1085).
[135] § 75 Satz 1 und Satz 3 VwGO.
[136] *Bettermann*, a.a.O., S. 1081 (1086).
[137] § 5 Abs. 1 Satz 5 IFG NRW; ebenso § 13 Abs. 2- 5 IFG Bln, anders hingegen § 7 AIG Bbg, wonach über die Art der Akteneinsicht die Behörde nach pflichtgemäßem Ermessen entscheidet; Die anderen IFGe sehen keine Regelung dazu vor.
[138] *Haurand/Stollmann*, IFG NRW, 2003, zu § 5, S. 47f.

Informationsinteresses bei umfangreichen Akten oder der Datenschutz bezüglicher anderer in Akten befindlicher Daten sein. Die Darlegungspflicht liegt insoweit bei der Behörde. Die die Auskunft erteilende Behörde ist nicht verpflichtet, die Information auf ihre inhaltliche Richtigkeit zu überprüfen.[139] Hierauf sollte der Antragsteller zur Vermeidung von Amtshaftungsansprüchen hingewiesen werden.

e) Die ablehnende Behördenentscheidung

804 Ein Antrag auf Informationsgewährung muss grundsätzlich *schriftlich* mit Begründung abgelehnt werden. Eine Ausnahme ist davon nur zu machen, wenn der Antrag mündlich gestellt worden ist. In der Begründung ist auf das Recht zur Anrufung der Landesbeauftragten für Datenschutz hinzuweisen.[140] Wenn ein Ablehnungsgrund[141] vorliegt – z.B. frühere Informationserteilung oder Allgemeinzugänglichkeit –, so ist dies ebenfalls mitzuteilen. Gleichförmige (Sammel-)Anträge können dem gemeinsamen Vertreter gegenüber beantwortet werden.[142]

aa) Rechtsnatur

Gibt die Behörde dem Antrag auf Informationserteilung nicht statt, so ergeht diese Entscheidung als Verwaltungsakt.[143]

bb) Rechtsschutz des Antragstellers

805 Wird außerhalb eines laufenden Verwaltungsverfahrens die Auskunft verweigert, so kommt die Einlegung eines Verpflichtungswiderspruchs[144] und einer sich anschließenden Verpflichtungsklage[145] in Betracht. Eine Untätigkeitsklage ist unter den oben erörterten Voraussetzungen möglich; hierbei entfällt das Erfordernis eines Vorverfahrens. In einem laufenden Verwaltungsverfahren ist die Verweigerung der Akteneinsicht nicht selbständig anfechtbar.[146] Richtet

---

[139] Gemäß § 5 Abs. 2 Satz 2 IFG NRW.
[140] Nach § 13 IFG NRW.
[141] § 5 Abs. 4 IFG NRW.
[142] Nach § 5 Abs. 5 IFG NRW i.V.m. §§ 17, 19 VwVfG NRW.
[143] Wortlaut des § 14 Abs. 2 Satz 2 IFG NRW.
[144] In einigen Ländern (NRW, Bay, Nds, LSA, B-W, H) ist die Möglichkeit der Einlegung eines Widerspruchs gegen die ablehnende behördliche Entscheidung im Rahmen des Bürokratie-Abbaues und der daraus hervorgehenden Änderungen der Ausführungsgesetze zur VwGO ausgeschlossen worden. Hier ist der Antragsteller *unmittelbar* auf den Klageweg verwiesen. Für NRW wurde der § 6 AG VwGO NRW neu gefasst durch das 2. Bürokratie-Abbaugesetz v. 09.10.2007, GV. NRW. S. 393.
[145] *Schoch*, a. a. O, 2987 ff., 2992.
[146] §§ 29 VwVfG NRW, 44a VwGO sind anwendbar.

sich das Informationsbegehren gegen natürliche oder juristische Personen des Privatrechts,[147] so können sich Besonderheiten ergeben. Soweit Beliehene Adressaten eines Auskunftsbegehrens sind, unterscheidet sich die Rechtslage nicht von derjenigen, in der sich das Begehren an die Verwaltung richtet, da die Beliehenen insoweit als Hoheitsträger durch Verwaltungsakt handeln können. Werden im Rahmen der funktionalen Aufgabenprivatisierung z.b. Verwaltungshelfer zur Aufgabenerfüllung eingesetzt, ist insoweit zu beachten, dass diese nicht hoheitlich handeln können. Die eigentliche Aufgabenzuständigkeit verbleibt auch weiterhin bei der Behörde. Da sich der Auskunftsanspruch bereits gegen eine öffentliche Stelle – nämlich die Aufsichtsbehörde – richtet, ist auch in diesen Fällen die Verpflichtungsklage das richtige Mittel des Rechtsschutzes. Vorläufiger Rechtsschutz ist im Wege einer einstweiligen Anordnung zu erlangen, da es sich in der Hauptsache um ein Begehren auf Erlass eines Verwaltungsaktes handelt und dementsprechend keine Anfechtungssituation vorliegt.[148]

cc) Rechtsschutz des betroffenen Dritten

Der Dritte, dessen Geheimhaltungsinteresse durch die Informationsgewährung bereits verletzt worden ist bzw. der die Verletzung seiner Interessen zu befürchten hat, kann gegen die behördliche Maßnahme ebenfalls Rechtsschutz in Anspruch nehmen. Ihm steht die Klagemöglichkeit zur Verfügung, wenn die Behörde im Wege eines Verwaltungsakts über das Auskunftsbegehren entscheidet.[149] Gegebenenfalls kann er seine Rechte auch vorläufig[150] geltend machen.[151] Im Übrigen kann er, wie auch im Rahmen anderer verwaltungsrechtlicher Akteneinsichtsrechte anerkannt ist, vorbeugende Unterlassungsklage erheben, sollte die Rechtsverletzung noch nicht stattgefunden haben. Andernfalls bleibt ihm, wenn es sich bei der behördlichen Maßnahme um einen Realakt handelt, die Feststellungsklage.[152]

806

4. Antragsunabhängige Informationspflichten und Statistiken

Geschäftsverteilungspläne, Organigramme und Aktenpläne müssen – soweit vorhanden – allgemein zugänglich gemacht werden.[153] Dies ist möglichst

807

---

[147] Gemäß § 2 Abs. 4 IFG NRW.
[148] Ein nach § 123 Abs. 5 VwGO vorrangig zu berücksichtigender Antrag nach § 80 Abs. 5 VwGO scheidet damit aus.
[149] *Bischopink*, a.a.O., S. 245 (251).
[150] Nach § 80a VwGO.
[151] *Schoch*, a. a. O, 2897 ff., 2992.
[152] *Stollmann*, a.a.O., S. 216 (221).
[153] §§ 12 IFG NRW; siehe. auch §§ 11 IFG (Bund), 17 IFG Bln, 11 BremIFG, 1 Abs. 1 HmbIFG iVm 11 IFG (Bund).

mittels des Internets zu realisieren. Per Erlass[154] kann zudem die Pflicht zur Führung von Informationssammlungs-Verzeichnissen geregelt werden. Die Veröffentlichung von Namen der Beschäftigten im Rahmen der Informationssammlungen ist allerdings grundsätzlich möglichst zu vermeiden. Die Vorschrift zur Einwilligung[155] ist nicht einschlägig, da sie nur für Einzelanträge gilt. Daher bestimmt sich die Zulässigkeit der Veröffentlichung nach allgemeinen Grundsätzen. Die Landesbeauftragten für Datenschutz sind zugleich zu Informationsbeauftragten erklärt worden;[156] sie haben die Aufgabe erhalten, das Recht auf Information sicherzustellen. Die ursprünglich vorgesehene Evaluation der Auswirkungen des Gesetzes nach einem Erfahrungszeitraum von zwei Jahren[157] hat zwischenzeitlich stattgefunden.

5. Entgeltlichkeit

808 Die Frage der Gebührenerhebung[158] im Rahmen der Informationserteilung ist ebenfalls geregelt.[159] Danach ist die Auskunft grundsätzlich gebührenpflichtig.[160] Die Landesregierung hat Gebührentatbestände in einer Rechtsverordnung[161] festgelegt und Gebührensätze und -rahmen benannt. In der kommunalen Praxis allerdings kann aufgrund abweichender Organisations- und Kostenstruktur die Kostenträchtigkeit einer Amtshandlung nach dem IFG NRW sehr unterschiedlich ausfallen. Gebühren sind aber als Entgelt für entstandenen Verwaltungsaufwand definiert; das Gebührenaufkommen soll deshalb grundsätzlich die besonderen Verwaltungskosten decken. Als Obergrenze für die Bemessung gelten dabei das Äquivalenz- und das Kostendeckungsprinzip.[162] Die Verordnungsermächtigung im IFG NRW[163] lässt allerdings offen, ob die auf ihrer Grundlage zu erlassende *Rechtsverordnung* auch für Kommunen Gültigkeit haben soll. Aufgrund des verfassungsrechtlich garantierten Selbstverwaltungsrechts[164] können Kommunen eigene *Satzungen* erlassen, mit

---

[154] RdErl. d. IM NRW v. 22.04.2002 – 12 – 4.0.3, MBl. NRW v. 14.06.2002, S. 547ff.
[155] In § 9 Abs. 3 IFG NRW.
[156] §§ 13 Abs. 1 IFG NRW; auch 12 IFG (Bund), 18 IFG Bln, 11 AIG Bbg, 16 IFG S-H, 14 IFG M-V, 12 BremIFG, 1 Abs. 1 HmbIFG iVm 12 IFG (Bund).
[157] §§ 14 IFG NRW; 14 IFG (Bund), 15 IFG M-V, 13 BremIFG, 1 Abs. 1 HmbIFG i.V.m 14 IFG (Bund).
[158] Zum Gebührenbegriff, § 4 Abs. 2 KAG NRW.
[159] In § 11 IFG NRW; §§ 16 IFG Bln, 8 IFG S-H, 10 Abs. 1 AIG Bbg, 10 Abs. 1 BremIFG, 13 Abs. 1 IFG M-V, 10 Abs. 1 IFG (Bund).
[160] § 11 Abs. 1 Satz 1 IFG NRW.
[161] Die *VerwGebO IFG NRW* wurde aufgrund der in § 11 Abs. 2 IFG NRW enthaltenen Verordnungsermächtigung erlassen.
[162] *Burgi*, Kommunalrecht, 2. Aufl. 2008, § 18 Rn. 14.
[163] § 11 Abs. 2 Satz 2 IFG NRW.
[164] Aus Artt. 28 Abs. 2 GG i.V.m. 78 Verf NRW.

denen kostendeckend Verwaltungsgebühren festgelegt werden. Für den Anwendungsbereich des GebG NRW ist der Satzungsvorrang gesetzlich festgelegt.[165] Allerdings ist die Amtshandlung und die Gebührenerhebung nach dem IFG NRW eine *Selbstverwaltungsaufgabe* der Gemeinde,[166] wofür das GebG NRW nicht gilt.[167] Insoweit ermächtigt jedoch das Gesetz[168] zum Erlass von Verwaltungsgebühren-Satzungen. Für eine Landes-Verwaltungsgebühren-Rechtsverordnung besteht daher kein Raum mehr, wenn ihre Anwendung für Kommunen nicht ausdrücklich geregelt ist und ohne eine Bestimmung über die Aufbringung der Mittel auch nicht regelbar wäre.[169]

Die Ablehnung eines Informationsantrages ist gebührenfrei.[170] Diese Regelung basiert auf der Rechtsprechung des *EuGH* zum (alten) UIG,[171] wonach im Umweltinformationsrecht eine Gebührenerhebung im Fall der Ablehnung mit der Umweltinformationsrichtlinie nicht vereinbar war. Dies wäre allerdings für den allgemeinen Informationszugangsanspruch nicht bindend gewesen, da insoweit eine europarechtliche Regelung derzeit nicht besteht.[172]

III. Der besondere Informationszugangsanspruch nach dem Umweltinformationsgesetz

1. Vorbemerkung

Das UIG NRW geht zurück auf ein von den Vereinten Nationen initiiertes völkerrechtliches Abkommen, die sog. *Aarhus-Konvention*.[173] Darin verpflichteten sich die Unterzeichner, der Öffentlichkeit auf Antrag Zugang zu Umweltinformationen zu gewähren.[174] Dem Bürger soll so ermöglicht werden, sich an Entscheidungsprozessen der Verwaltung zu beteiligen. Die Europäische Gemeinschaft ratifizierte das Abkommen und erließ die Umweltinformations-

---

[165] In § 2 Abs. 3 GebG NRW.
[166] Zu den *Selbstverwaltungsangelegenheiten* zählen alle Aufgaben, bei denen die Gemeinde weisungsfrei ist, und zwar nicht nur freiwillige, sondern auch pflichtige Aufgaben. Die Durchführung des IFG NRW obliegt den Gemeinden in eigener Verantwortung nach dem Prinzip der kommunalen Allzuständigkeit. Weisungsgebundenheit besteht nicht. Als Ausfluss der gemeindlichen Selbstverwaltung verfügt die Kommune auch über die Abgaben- und Steuerhoheit (sog. Finanzhoheit, *Burgi*, a.a.O., § 18 Rn. 3).
[167] § 1 Abs. 2 Nr. 2.1. GebG NRW.
[168] §§ 7 GO NRW i.V.m. 4 ff. KAG NRW.
[169] §§ 3 Abs. 4 GO NRW, 2 Abs. 4 KrO NRW.
[170] Nach § 11 Abs. 1 Satz 2 IFG NRW.
[171] *EuGH*, DVBl. 1999, 1494 ff., 1496 f.
[172] *Stollmann*, a.a.O., S. 216 (220).
[173] v. 25.06.1998, in Kraft ab dem 30.10.2001; http://www.unece.org/env/pp/.
[174] Art. 4 Aarhus-Konvention.

richtlinie.[175] Auf dieser Grundlage wurde das Umweltinformationsgesetz[176] erneuert; dem Bund fehlte jedoch damals noch die Gesetzgebungskompetenz, um eine Auskunftspflicht der den Ländern unterstehenden Stellen anzuordnen. Die Länder wurden deshalb beteiligt[177] und verabschiedeten eigene Landesgesetze[178]. Da die Umsetzungsfrist bereits abgelaufen war, konnte der Erlass eines bundeseinheitlichen Umweltgesetzbuches[179] nicht abgewartet werden. Nachdem dieses Gesetzesvorhaben gescheitert ist,[180] regeln die Landes-Umweltinformations-gesetze nun – vorerst dauerhaft – den Zugang zu Umweltinformationen auf kommunaler Ebene.

2. Systematik

Ziel des Landesgesetzgebers war es, den Informationszugangsanspruch so zu vereinheitlichen, dass es unerheblich ist, ob Zugang zu Umweltinformationen von Landes- oder Bundesstellen gefordert wird.[181] Deshalb enthält das UIG NRW einen generellen Verweis auf das UIG des Bundes, von dem aber einige Ausnahmen gemacht wurden;[182] bestimmte Fragen sind eigenständig im Landesrecht geregelt. Diese Systematik wurde allerdings nicht einheitlich durchgehalten.

3. Anspruchsinhalt

a) Anspruchsgrundlage

810 Der Landesgesetzgeber hat im UIG NRW eine eigene Anspruchsgrundlage[183] formuliert, über den Generalverweis jedoch auch auf die Anspruchsgrundlage im Bundesgesetz[184] verwiesen. Beide Anspruchsgrundlagen gelten damit gleich-

---

[175] Richtlinie 2003/4/EG des europäischen Parlamentes und des Rates v. 28.01.2003 über den Zugang der Öffentlichkeit zu Umweltinformationen und zur Aufhebung der Richtlinie 90/313/EWG des Rates (UIRL).
[176] UIG v. 22.12.2004, BGBl. I, S. 3704, in Kraft seit dem 14.02.2005.
[177] Ohne Landesrecht könnte ein Auskunftsverlangen aber unmittelbar auf die Richtlinie gestützt werden. (*VGH Kassel*, DÖV 2007, 1019, Urt. v. 20.03.2007 – 11 A 1999/06, Rn. 23) Aus dem Grundsatz der Bundestreue sind die Länder jedoch verpflichtet, EU-Richtlinien umzusetzen (BVerfGE 92, 203 – EG-Fernsehrichtlinie, siehe auch Art. 23 GG und „Lindauer Abkommen").
[178] Für NRW siehe das UIG NRW v. 29.3.2007, GVBl. NRW. v. 17.04.2007 S. 142.
[179] Dieses UGB war für 2009/2010 geplant und hätte auch mit Wirkung für die Länder erlassen werden können, weil die Föderalismusreform die Gesetzgebungskompetenzen inzwischen geändert hat (LT-Drs. 14/2913, S. 2 unter C).
[180] http://www.bmu.de/pressemitteilungen/aktuelle_pressemitteilungen/pm/43013.php.
[181] *LT-Drs.* 14/2913, S. 2.
[182] § 2 Satz 3 UIG NRW.
[183] § 2 Satz 1 UIG NRW.
[184] § 3 Abs. 1 Satz 1 UIG.

zeitig. Die inhaltliche Parallelität ist jedoch nicht hergestellt: der Anspruch nach UIG ist auf die bei der informationspflichtigen Stelle verfügbaren Informationen beschränkt; das UIG NRW enthält diese Beschränkung dem Wortlaut nach nicht. Die Stelle könnte deshalb verpflichtet sein, Informationen auch zu beschaffen.[185] Aufgrund der Intention des Gesetzgebers, nur das von der Richtlinie geforderte Minimum herzustellen,[186] war dieses Ergebnis eindeutig nicht gewollt. Zudem spricht die vorhandene Definition des Begriffs der *Verfügbarkeit*[187] dafür, dass der landesrechtliche Anspruch ebenfalls eingeschränkt ist,[188] weil sie sonst entbehrlich wäre. Der Anspruch ist an keine weiteren Voraussetzungen gebunden. Ausdrücklich wird eine Darlegungspflicht für ein rechtliches Interesse verneint. Im Umkehrschluss die Darlegung eines sonstigen Interesses zu fordern, ist nicht zulässig. Die Umweltinformationsrichtlinie stellt klar,[189] dass der Anspruchsteller überhaupt *kein Interesse* geltend machen muss. Weil das Landesrecht die Richtlinie unmittelbar umsetzt, ist der Begriff des rechtlichen Interesses richtlinienkonform so auszulegen, dass auch sonstige Interessen nicht dargelegt werden müssen.[190]

b) Anspruchsberechtigung

Der Anspruch steht jeder Person zu. Damit sind natürliche und juristische Personen des Privatrechts gemeint.[191] Darüber hinaus sind nicht rechtsfähige Personenvereinigungen anspruchsberechtigt, sofern sie organisatorisch hinreichend verfestigt sind, denn um das gesetzgeberische Ziel zu erreichen, muss jedem Zugang gewährt werden, der Einfluss auf die gesellschaftliche Meinungsbildung ausübt.[192] Aus dem gleichen Grund können auch juristische Personen des öffentlichen Rechts einen Zugangsanspruch haben, wenn sie aufgrund ihrer Verfassungsrechte außerhalb der Verwaltung stehen, also gleich einem Bürger dem Staat gegenübertreten.[193] Darunter fallen z.B. Universitäten, Kirchen, aber auch Gemeinden, soweit ihre Selbstverwaltungsgarantie betroffen ist.

---

[185] Wohl bejahend *Tolkmitt/Schomerus*, NWVBl. 2008, 165 ff., 169.
[186] *LT-Drs.* 14/2913, S. 2.
[187] § 2 Satz 3 UIG NRW schließt § 2 Abs. 4 UIG vom Generalverweis nicht aus.
[188] *Himmelmann/Stollmann*, UIG NRW, S. 11.
[189] Art. 3 Abs. 1, sowie Erwägungsgrund 8 UIRL.
[190] *Tolkmitt/Schomerus*, a.a.O., 169.
[191] Art. 2 Nr. 5 UIRL.
[192] *BVerwG*, Urt. v. 25.03.1999 – Az. 7 C 21/98 –, Rn. 20 (BVerwGE 108, 369).
[193] *VGH Kassel*, DÖV 2007, 1019, Urt. v. 20.03.2007 – 11 A 1999/06 –, Rn. 37 f.; vertiefend *v. Schwanenflug*, Kommjur 2007, 10.

c) Anspruchsgegner

812 Umweltinformationen können von jeder informationspflichtigen Stelle verlangt werden. Das UIG NRW enthält eine eigene Definition[194] der informationspflichtigen Stellen. Die öffentlichen informationspflichtigen Stellen werden, angelehnt an das IFG NRW,[195] konkret benannt. Die Aufzählung soll alle Organe und Gremien, die Teil der öffentlichen Verwaltung sind, der Informationspflicht unterwerfen.[196] Unklar ist, wann ein ausreichender Umweltzusammenhang[197] besteht: Allein Auswirkungen der Tätigkeit auf die Umwelt zu fordern oder die Pflicht, umweltrechtliche Normen einzuhalten, genügt nicht.[198] Der Ausschluss des Landesrechnungshofes sowie der staatlichen Rechnungsprüfungsämter[199] aus dem Kreis der informationspflichtigen Stellen ist weder seinem Wortlaut nach, noch entsprechend auf die kommunalen Rechnungsprüfungsämter anwendbar, da diese keine dem Landesrechnungshof vergleichbare Sonderstellung außerhalb der öffentlichen Verwaltung haben. Ihnen kommt zwar eine Sonderstellung innerhalb der Gemeinde zu, doch ist diese in ihrer Unabhängigkeit nicht mit der des Landesrechnungshofes vergleichbar.[200]

Natürliche und juristische Personen des Privatrechts sind informationspflichtig, soweit sie öffentliche Aufgaben wahrnehmen oder öffentliche Dienstleistungen erbringen, die im Zusammenhang mit der Umwelt stehen und soweit sie dabei behördlicher Kontrolle unterliegen.[201] Informationspflichtig sind damit die Privaten selbst und nicht die sie kontrollierenden öffentlichen Stellen. Verwaltungshelfer sind nicht auskunftspflichtig, da sie nicht eigenverantwortlich tätig sind, sondern die Rechtsbeziehung über die Behörde vermittelt wird. Kontrolle besteht, wenn die Privaten entweder besondere Rechte und Pflichten im Zusammenhang mit der öffentlichen Aufgabe wahrnehmen oder die öffentlichen Stellen über die Mehrheit des Kapitals, der Stimmrechte oder der Mitglieder in den Aufsichtsgremien verfügen.[202] Auch Beliehene fallen nicht unter den Anwendungsbereich; sie werden bereits über den Behördenbegriff erfasst.[203]

---

[194] § 1 Abs. 2 UIG NRW.
[195] *LT-Drs.* 14/2913, S. 20; § 2 Abs. 1 IFG NRW.
[196] *LT-Drs.* 14/2913, S. 20.
[197] § 1 Abs. 2 Nr. 1 Punkt 4 UIG NRW.
[198] *Himmelmann/Stollmann*, UIG NRW, S. 9.
[199] § 1 Abs. 2 Nr. 1 lit. b) UIG NRW.
[200] *OVG Münster*, Urt. v. 17.05.2006 – 8 A 1642/05 –, DÖV 2007, 173, Rn. 39 ff.
[201] § 1 Abs. 2 Nr. 2 UIG NRW.
[202] § 1 Abs. 3 UIG NRW.
[203] *Kopp/Ramsauer*, VwVfG, 11. Aufl. 2010, § 1 Rn. 58. Der letzte Satz des Abs. 2 ist damit obsolet.

d) Gegenstand des Anspruchs

Der Anspruch ist auf Zugang zu Umweltinformationen gerichtet. Der Begriff der Umweltinformationen wird im UIG ausführlich definiert und entspricht weitgehend dem in der Richtlinie verwendeten, der an die nationale Terminologie angepasst wurde.[204] Der Landesgesetzgeber hat deshalb auf eine eigene Definition verzichtet.[205] Umfasst sind nicht nur solche Umweltinformationen, die sich noch aktuell auf den Zustand der Umwelt auswirken oder auswirken könnten, sondern vielmehr alle bei den Behörden vorhandenen Informationen, also auch Geschehnisse, die sich bereits in der Vergangenheit abgespielt haben.[206] Die Art des Zugangs liegt im Ermessen der informationspflichtigen Stelle. Beispielhaft nennt das Gesetz[207] Auskunft und die Gewährung von Akteneinsicht und verweist weiter auf die Erteilung in sonstiger Weise, worunter auch die Übersendung von Kopien fällt.[208] Die informationspflichtige Stelle soll dem Wunsch nach einer bestimmten Art des Zugangs entsprechen, es sei denn, sie hält es für *angemessen*, die Informationen auf andere Art zugänglich zu machen.[209]

813

4. Beschränkungen

Der Zugangsanspruch besteht zwar *voraussetzungslos*, jedoch nicht *beschränkungslos*.[210] Im Einzelfall können andere Interessen schwerer wiegen, und der Anspruch muss deshalb versagt werden. Dennoch ist die Bekanntgabe der Informationen der Regelfall; die Beschränkungstatbestände sind eng auszulegen.[211] Es ist es nicht ausreichend, dass die Beschränkung tatbestandsmäßig eingreift; grundsätzlich[212] ist zusätzlich das öffentliche Interesse an der Bekanntgabe gegen die geschützten Geheimhaltungsinteressen abzuwägen.

814

a) Der Schutz öffentlicher Belange

Umweltinformationen dürfen die klassischen staatlichen Schutzgüter nicht nachteilig beeinflussen.[213] Mit „internationalen Beziehungen" sind auch die Beziehungen zur Europäischen Union gemeint. Bedeutsame Schutzgüter der öffentlichen Sicherheit sind z.B. wichtige staatliche Einrichtungen, Leben, Ge-

815

---

[204] BT-Drs. 15/3406, S. 14.
[205] LT-Drs. 14/2913, S. 2.
[206] VG Trier, Beschl. v. 17.07.2009, – 5 L 330/09 –, NVwZ –RR 2009, S. 829.
[207] § 2 Satz 3 UIG NRW i.V.m. § 3 Abs. 2 Satz 1 UIG.
[208] Ähnlich *Himmelmann/Stollmann*, UIG NRW, S. 16.
[209] § 2 Satz 2 UIG NRW.
[210] § 2 Satz 3 UIG NRW i.V.m. §§ 8, 9 UIG.
[211] Erwägungsgrund 16 UIRL.
[212] Die Beeinträchtigung privater Belange ist auch bei Einwilligung unbeachtlich.
[213] § 2 Satz 3 UIG NRW i.V.m. § 8 Abs. 1 UIG.

sundheit und Freiheit.[214] Diese können betroffen sein, wenn die Gefahr besteht, dass mit Hilfe der Informationen ein terroristischer Angriff vorbereitet wird.[215] Der Schutz der Beratung informationspflichtiger Stellen umfasst nur den Kernbereich der Beratung, also das Beraten und Abwägen selbst. Die dem Beratungsprozess zugrundeliegenden Sachinformationen sind davon nicht erfasst. Ein Antrag ist missbräuchlich,[216] wenn der verfolgte Zweck des Antrags nicht allein darin besteht, die begehrten Informationen zu erhalten, sondern erkennbar Ziele verfolgt werden, die von der Rechtsordnung missbilligt werden. Dazu können z.b. die Ausforschung eines Konkurrenzunternehmens oder die Verzögerung eines Verwaltungsverfahrens zählen.[217] Ob Material noch vervollständigt wird, entscheidet die informationspflichtige Stelle selbst.[218] Dabei muss aber auch das tatsächliche Handeln der Stelle betrachtet werden, um den Zugangsanspruch nicht unverhältnismäßig zu verkürzen. So kann es ausreichen, dass die Stelle einen Vorgang ruhen lässt, um ihn als vollständig zu werten.

b) Schutz privater Belange

Der Ausschlussgrund schützt das Geheimhaltungsinteresse einzelner Betroffener. Bei der Abwägung mit dem öffentlichen Interesse sind hier insbesondere die Grundrechte der Betroffenen mit einzubeziehen.[219] Bevor Informationen, die unter den Beschränkungstatbestand fallen, bekanntgegeben werden, muss der Betroffene angehört werden.[220] Andernfalls ist die Entscheidung verfahrensfehlerhaft und kann ggf. Entschädigungsansprüche wegen einer Amtspflichtverletzung auslösen.[221]

5. Verfahrensfragen

816 Der Antrag darf nicht zu unbestimmt sein, sondern muss erkennen lassen, zu welchen Unweltinformationen Zugang verlangt wird.[222] Dabei reicht es regelmäßig aus, wenn der Antragsteller sein Zugangsbegehren im Rahmen des ihm Möglichen umschreibt. Wenn ihm also nicht bekannt ist, welche Umweltinformationen in den Verwaltungsvorgängen enthalten sind, kann von ihm nicht verlangt werden, im Einzelnen anzugeben, um welche Umweltinformationen

---

[214] *Himmelmann/Stollmann*, UIG NRW, S. 19.
[215] *VG Mainz*, Urt. v. 24.4.2006 – Az. 3 K 618/06 MZ –, NuR 2007, 431 ff.
[216] § 2 Satz 3 UIG NRW i.V.m. § 8 Abs. 2 Nr. 1 UIG.
[217] *Himmelmann/Stollmann*, UIG NRW, S. 21.
[218] *VGH Kassel*, Urt. v. 4.1.2006 – Az 12 Q 2828/05 –.
[219] *Himmelmann/Stollmann*, UIG NRW, S. 23.
[220] § 2 Satz 3 UIG NRW i.V.m. § 9 Abs. 1 Satz 3 UIG.
[221] *Himmelmann/Stollmann*, UIG NRW, S. 25.
[222] § 4 Abs. 2 UIG.

es ihm geht.²²³ Würde dem Antragesteller ohne genaue Kenntnis des Akteninhalts eine genaue Bezeichnung abverlangt, so bestünde die Gefahr, dass der gesetzlich vorgesehene Informationsanspruch leer läuft.²²⁴

Der Ablehnungsbescheid muss schriftlich verfasst werden, wenn der Antrag schriftlich gestellt oder dies vom Antragssteller verlangt wird.²²⁵ Gleiches gilt für die elektronische Form. Der Ablehnungsbescheid muss innerhalb eines Monats – bei umfangreichen und komplexen Umweltinformationen binnen zweier Monate – zugestellt werden. Die Ablehnung ist stets zu begründen.²²⁶ Der Antragssteller braucht vor dem Erlass eines Versagungsbescheides nicht angehört zu werden.²²⁷

6. Kosten

Für die Übermittlung von Umweltinformationen werden Kosten erhoben.²²⁸   817
Die Kosten dürfen aber nicht so hoch bemessen sein, dass sie verhindern, dass der Anspruch ausgeübt wird.²²⁹ Kostenfrei sind aber die Erteilung mündlicher und einfacher schriftlicher Auskünfte, sowie die Einsichtnahme vor Ort.²³⁰ Überdies sind anerkannte Umweltverbände von den Kosten generell befreit.²³¹ Ansonsten gilt ein Gebührenhöchstsatz von 500 ?²³² – auch insoweit, als mehrere Gebührentatbestände betroffen sind –,²³³ von dem bestimmte Auslagen ausgenommen sind.

---

²²³ *OVG Münster*, Beschl. v. 27.06.2007 – Az: 8 B 920/07, Rn. 9 –.
²²⁴ *OVG Münster*, Beschl. v. 27.06.2007 – Az: 8 B 920/07, Rn. 8 –.
²²⁵ § 2 Satz 3 UIG NRW i.V.m. § 5 UIG.
²²⁶ § 39 Abs. 2 VwVfG NRW ist nicht anwendbar.
²²⁷ *Himmelmann/Stollmann*, UIG NRW, S. 27.
²²⁸ § 5 Abs. 1 UIG NRW. Berechnet werden die Kosten nach der Allgemeinen Verwaltungsgebührenordnung des Landes NRW (AVerwGebO NRW), die – da die Gewährung von Umweltinformationen nach § 13 Abs. 4 LBodSchG NRW Pflichtaufgaben zur Erfüllung nach Weisung sind – über das GebG NRW für die Kommunen anwendbar ist, wobei der Satzungsvorrang nicht gilt (§ 1 Abs. 2 AVerwGebO NRW).
²²⁹ § 5 Abs. 3 UIG NRW.
²³⁰ § 5 Abs. 2 UIG NW.
²³¹ Ergänzende Regelung zur Tarifstelle 15c. 1, Anlage 1.15c AVerwGebO NRW.
²³² Anlage 1.15c AVerwGebO NRW.
²³³ LT. -Drs. 14/2913, S. 3 und 24, *Tolkmitt/Schomerus*, a.a.O., 170.

IV. Der besondere Informationszugangsanspruch nach dem Verbraucherinformationsgesetz

1. Gesetzgebungsverfahren

818 Kürzlich trat das Gesetz zur Verbesserung der gesundheitsbezogenen Verbraucherinformation (Verbraucherinformationsgesetz – VIG) in Kraft,[234] das durch die Gewährleistung einer umfassenden Information der Verbraucher den Anspruch erhebt, einen zentralen Baustein zur Vorbeugung und raschen Eindämmung von Lebensmittelskandalen zu bilden.[235] Das Gesetz soll zur Lebensmittelsicherheit, Qualitätssicherung sowie zur Erhaltung der Lenkungskräfte der Marktsysteme beitragen.[236] Das Gesetz ist damit ein wichtiger Schritt, durch den die Stellung der Verbraucherinnen und Verbraucher am Markt gestärkt wird.[237] Ein erster Anlauf zu einem Verbraucherinformationsgesetz scheiterte im Mai 2002 an der fehlenden Zustimmung des Bundesrates.[238] Seit Ende 2005 geriet die Lebensmittelüberwachung durch die sog. *Gammelfleischfälle* wieder in den Mittelpunkt des öffentlichen Interesses.[239] So wurde im Mai 2006 von den Fraktionen der CDU/CSU und SPD ein gemeinsamer Gesetzentwurf zur Neuregelung des Rechts der Verbraucherinformation in den Bundestag eingebracht.[240] Der Bundesrat erteilte diesmal seine Zustimmung; im Dezember 2006 verweigerte aber der Bundespräsident die Ausfertigung dieses Gesetzes.[241] Er rügte eine verfassungsrechtlich unzulässige[242] Aufgabenübertragung durch Bundesgesetz an Gemeinden. Der korri-

---

[234] Art. 4 Abs. 2 des Gesetzes zur Neuregelung des Rechts der Verbraucherinformation (GNVI) v. 05.11.2007, BGBl. 2007 Teil I Nr. 56, S. 2558; das Gesetz trat am 01.05.2008 in Kraft.
[235] *Grube/Weyland*, Verbraucherinformationsgesetz – Kommentar, 1. Aufl. 2008, Einl. Rn. 2.
[236] *Wustmann*, ZLR 2007, S. 242 (243).
[237] Bundesministerium für Ernährung, Landwirtschaft und Verbraucherschutz, Faltblatt zum Verbraucherinformationsgesetz. Siehe auch *Zilkens*, NVwZ 2009, 1465ff.
[238] Beschluss des Bundesrates, BR Drs. 520/02.
[239] *Grube/Weyland*, a.a.O., Einleitung, Rn 1.
[240] BT Drs. 16/1408.
[241] Beschluss des Bundesrates und Anschreiben des Bundespräsidenten an den Bundesratspräsidenten; Dokumente bei *BR Drs.* 584/06.
[242] Art. 84 Abs. 1 Satz 7 GG ist eine sog. „negative Kompetenzvorschrift" und enthält ein an den Bund adressiertes Verbot, durch Bundesgesetz Gemeinden und Gemeindeverbänden Aufgaben zu übertragen. Die Vorschrift ist ein Ergebnis der Föderalismusreform, deren Grundgesetzänderungen zum 01.09.2006 in Kraft getreten sind. Die neue grundgesetzliche Vorschrift stellt klar, dass Gemeinde und Gemeindeverbände als Teil der Länder allein durch *landesgesetzliche Zuweisung* mit dem Vollzug von Bundesgesetzen betraut werden können (Anschreiben des Bundespräsidenten an den Bundesratspräsidenten vom 08.12.2006).

gierende Entwurf der Fraktionen von CDU/CSU und SPD vom Mai 2007 trug diesen Bedenken Rechnung.[243]

2. Gegenstand der Neuregelung

Nach bisheriger Rechtslage stand die Entscheidung darüber, ob die Öffentlichkeit bei Verstößen gegen das Lebensmittelrecht aktiv informiert werden soll, grundsätzlich[244] im Ermessen der Behörden. In der Verwaltungspraxis wurde von dieser Option selten Gebrauch gemacht. Nunmehr werden die Informationsrechte der Verbraucher durch zwei sich ergänzende Säulen auf eine neue Basis gestellt. Zum einen werden die zuständigen Behörden verpflichtet, unter bestimmten Voraussetzungen die Öffentlichkeit mit Namensnennung der Produkte und der betroffenen Firmen zu informieren.[245] Diese Informationspflicht erstreckt sich auf Rechtsverstöße, schwerwiegende Verbrauchertäuschungen, Gesundheitsgefahren oder das Inverkehrbringen Ekel erregender Lebensmittel und gilt auch bei der Gefahr erheblicher Nachteile für redliche Mitbewerber. Im Unterschied zur früheren Regelung muss ein besonderes öffentliches Interesse oder besondere Betroffenheit nicht eigens festgestellt werden. Die Einrichtung von Datenbanken wird künftig erleichtert, so dass auch auf Rückrufaktionen der Industrie selbst hingewiesen werden kann. Die Öffentlichkeit ist auch dann noch zu informieren, wenn die betroffenen Erzeugnisse bereits verbraucht wurden.[246] Fehlerhafte Produkte sind also auch bekannt zu machen, wenn nicht klar ist, ob sich das Erzeugnis noch auf dem Markt befindet.

819

Zum anderen werden die Informationszugangsrechte der Verbraucher auf Auskunft und Akteneinsicht auf eine neue Rechtsgrundlage gestellt.

3. Der Anspruch auf Zugang zu Informationen für den Verbraucher

a) Inhalt

Mit dem Verbraucherinformationsgesetz treibt der Gesetzgeber die Entwicklung voran, Behördenakten öffentlich zugänglich zu machen. Bisher bestand ein Anspruch auf Akteneinsicht – von den allgemeinen informationszugangs-

820

---

[243] BT Drs. 16/5404.
[244] Bei einer Subsumtion unter die schon bisher geltenden allgemeinen Informationszugangsnormen des IFG (NRW) scheiterte der Anspruch oft daran, dass die gesetzlichen Einschränkungen (z.B. §§ 8, 9 IFG NRW) eingriffen.
[245] Art. 2 Nr. 2 GNVI hat § 40 des Lebensmittel- und Futtermittelgesetzbuches (LFGB) in der Fassung der Bekanntmachung vom 26.04.2006 insbesondere so geändert, dass aus dieser „Kann"-Vorschrift eine „Soll-Vorschrift" geworden ist.
[246] § 40 Abs. 4 LFGB ist weggefallen durch Art. 2 Nr. 2 lit. c) GNVI.

rechtlichen Regelungen[247] und dem Auskunftsrecht Betroffener[248] abgesehen – nur unter der Bedingung, dass die Aktenkenntnis zur Geltendmachung oder Verteidigung rechtlicher Interessen erforderlich war.[249] Das neue Gesetz begründet nunmehr für jede natürliche oder juristische Person[250] einen Anspruch auf Zugang zu Informationen über Erzeugnisse, der nicht vom Vorliegen besonderer Interessen oder Betroffenheiten abhängig ist.[251] Der Antragssteller braucht daher nicht länger seine Berechtigung zur Gewährung der begehrten Informationen darzulegen[252]; vielmehr muss die Behörde es begründen, wenn ausnahmsweise die begehrten Informationen nicht gewährt werden können.

aa) Zuständige Stellen

Zuständig für die Informationsgewährung und damit Anspruchsgegner ist entweder eine Bundesbehörde, soweit Zugang zu Informationen bei dieser beantragt wird, oder die nach Landesrecht zuständige Stelle.[253] Demnach trifft auf Bundesebene das Bundesamt für Verbraucherschutz und Lebensmittelsicherheit und auf Landesebene die Landesämter für Lebensmittelsicherheit bzw. die Verbraucherschutzämter als Kreisordnungsbehörden[254] die Pflicht zur Informationsgewährung nach dem VIG. Ein Auskunftsanspruch gegenüber den betroffenen Privatunternehmen, besteht nicht.[255]

bb) Gegenstand des Auskunftsrechts

Das Gesetz regelt ausführlich, welche Informationen auf Antrag durch die Behörden erteilt werden müssen. Zur Informationsgewährung ist die zuständige Stelle zunächst nur insoweit verpflichtet, als erstens die Informationen bei ihr *vorhanden* sind,[256] also rein physisch bei der angefragten Behörde existieren, und zweitens die Behörde über die Informationen auch verfügen darf.[257] Es besteht keine Verpflichtung der Behörde, Informationen zu beschaffen.[258] Ein

---

[247] Z.B. § 4 Abs. 1 IFG NRW.
[248] Z.B. § 18 DSG NRW.
[249] § 29 Abs. 1 Satz 1 VwVfG.
[250] Die Erstreckung des Geltungsbereichs auch auf juristische Personen erweitert den Informationszugang gegenüber dem IFG NRW, das gemäß § 4 Abs. 1 nur für natürliche Personen gilt.
[251] *Domeier/Matthes*, Verbraucherinformationsgesetz – Kommentar, 1. Aufl. 2008, § 1 Nr. 3.
[252] *Domeier/Matthes*, a.a.O., § 1 Nr. 3 VIG; siehe auch § 2 Abs. 1 Satz 1 UIG NRW.
[253] § 3 Abs. 1 Nr. 1 und Nr. 2 VIG.
[254] ZuständigkeitsVO Verbraucherschutz NRW (ZustVOVS NRW).
[255] *Grube/Weyland*, a.a.O., § 1 Rn. 15.
[256] §§ 1 Abs. 1 Satz 1 a.E., 3 Abs. 2 Satz 2 VIG.
[257] *Grube/Weyland*, a.a.O., § 1 Rn. 13; *Wustmann*, a.a.O., 242 (245).
[258] §§ 1 Abs. 1 Satz 1 a.E., 3 Abs. 2 Satz 2 VIG.

Informationsanspruch besteht nur für die im Gesetz abschließend aufgezählten Fälle, soweit kein Ausschluss- oder Beschränkungsgrund vorliegt.

(1) Verstöße gegen das Lebensmittelrecht

Im Fall eines konkreten und endgültig festgestellten Verstoßes[259] gegen Bestimmungen des Lebensmittelrechts[260] hat der Verbraucher das Recht, Informationen darüber zu erhalten. Das Lebensmittelrecht wird verletzt bei Überschreitungen gesetzlich vorgeschriebener Grenzwerte, bei Verstößen gegen die Einhaltung gesetzlicher Vorgaben, welche die Hygiene- und andere Anforderungen an die Lebensmittelherstellung regeln, oder beim Inverkehrbringen von Lebensmitteln unter irreführender Bezeichnung. Der Informationsanspruch umfasst alle behördlichen Entscheidungen und Maßnahmen gegen ein bestimmtes Unternehmen, die bei einem Verstoß ergangen sind. Der Gesetzgeber hat nicht ausdrücklich normiert, wann ein Verstoß *hinreichend konkret* ist, jedenfalls aber dann, wenn materiell ein Straf- oder Bußgeldtatbestand erfüllt wird. In der Literatur wird eine *enge Auslegung* des Begriffs *Verstoß* vertreten, da ansonsten der schwerwiegende und folgenreiche Eingriff in das Recht der Unternehmer auf informationelle Selbstbestimmung[261] nicht gerechtfertigt sei.[262] Rechtskräftig festgestellt worden sein muss der Verstoß allerdings nicht; andernfalls liefe die gesetzliche Regelung zur Mitteilungspflicht während eines Verwaltungsverfahrens ins Leere.[263] Es genügt damit, dass die Behörde aufgrund hinreichend konkreter Informationen zu der Überzeugung gelangt ist, ein Verstoß liege vor.[264]

821

(2) Risiken für Gesundheit und Sicherheit

Der Verbraucher hat nunmehr die Möglichkeit, Informationen über die von einem Erzeugnis ausgehenden Risiken und Gefahren für Gesundheit und Si-

---

[259] Die Vorschrift ist zum Schutz der betroffenen Unternehmen restriktiv anzuwenden. Das bedeutet, dass der Verstoß in einem Ordnungswidrigkeitsverfahren oder in einem Strafverfahren rechtskräftig festgestellt worden sein muss; Angaben über lediglich behauptete Verstöße oder bloße Verdachtsmomente dürfen nicht Gegenstand eines Auskunftsanspruchs werden, *Grube/Weyland*, a.a.O., § 1 Rn. 5, i.E. auch *Wustmann*, a.a.O., 242 (248).
[260] Hierunter versteht man die Bestimmungen des LFBG, Verordnungen, die aufgrund des LFGB erlassen wurden sowie unmittelbar geltende Rechtsakte der EG, die in den Anwendungsbereich des LFGB fallen, § 1 Abs. 1 Satz 1 Nr. 1 VIG.
[261] Art. 2 Abs. 1 GG.
[262] *Wustmann*, a.a.O., S. 242 (248); *Grube/Weyland*, a.a.O., § 1 Rn. 5.
[263] § 2 Satz 1 Nr. 1 lit. b) 1. Alt. VIG.
[264] *Grube/Weyland*, a.a.O., § 1 Rn. 5 sieht in der gesetzlichen Regelung einerseits zum Verwaltungsverfahren, andererseits zum Ordnungswidrigkeitsverfahren einen „unüberbrückbaren Wertungswiderspruch".

cherheit zu erhalten. Gegenstand des Auskunftsbegehrens sind Erzeugnisse[265]; darunter fallen Angaben über Lebensmittel, einschließlich Lebensmittelzusatzstoffe, Futtermittel, kosmetische Mittel und Bedarfsgegenstände. Ein Lebensmittel gilt dann als nicht sicher, wenn es entweder gesundheitsschädlich ist oder als nicht zum Verzehr durch den Menschen geeignet beurteilt wird.[266] Beispiele für Auskunftsansprüche nach dieser Fallgruppe sind Informationsanfragen über Antibiotika-Rückstände in Fleischprodukten.

(3) Kennzeichnung und Beschaffenheit von Erzeugnissen

822   Ein Anspruch besteht weiterhin auf Auskunft über Tatsachen, die die Kennzeichnung, Herkunft, Beschaffenheit, Verwendung sowie das Herstellen oder das Behandeln von Erzeugnissen betreffen. Auch Informationen über *zulässige* Abweichungen von rechtlichen Vorgaben, mit oder ohne behördliche Ausnahmegenehmigung, kann ein Verbraucher erhalten; unzulässige Abweichungen (Verstöße) brauchen nicht in einem Ordnungswidrigkeiten- oder Strafverfahren festgestellt worden zu sein.[267] Der Verbraucher soll erkennen können, ob das verkehrsfähige, d.h. nicht verbotene Erzeugnis den jeweiligen Normen entspricht oder ob von ihnen abgewichen worden ist.[268]

(aa) Kennzeichnung

Auskünfte betreffend die Kennzeichnung sollen sich insbesondere auf die Bedeutung und den Inhalt bestimmter Begriffe oder Gütesiegel beziehen, welche bei der Ausschreibung des Produkts verwendet werden.[269]

(bb) Herkunft und Beschaffenheit

823   Auskunftsgegenstand können auch Angaben über die geografische Herkunft sowie auch Details der Produktion (z.B. Käfighaltung, Freilandhaltung bei Eiern) sein. Zu den Informationen über die Beschaffenheit des Erzeugnisses gehören solche über die Größe und das Aussehen des Erzeugnisses sowie die Einhaltung von bestimmten Qualitätsmerkmalen und entsprechender Standards. Abfragbar sind z.B. Informationen über die Genießbarkeit von Obst und Gemüse, welches mit der Druckchemikalie ITX oder Pestizid unterhalb gesetzlicher Grenzwerte belastet ist. Erfasst sind auch Informationen über ver-

---

[265] Gemäß § 2 Abs. 1 LFGB.
[266] Art. 14 der Verordnung (EG) Nr. 178/2002 des Europäischen Parlaments und des Rates vom 28.01.2002 (Lebensmittelbasisverordnung).
[267] *Grube/Weyland*, a.a.O., § 1 Rn. 10.
[268] BT Drs. 16/5404, S. 10.
[269] *Grube/Weyland*, a.a.O., § 1 Rn. 10.

gangene und zukünftige Beschaffenheitsmerkmale (Prognosen), soweit sie vorhanden sind.[270]

(cc) Herstellung und Behandlung

Angaben über die Herstellung und Behandlung von Erzeugnissen können allgemeine oder unternehmensspezifische Informationen sein. Unter „*Herstellung*" ist der Prozess der Erschaffung sowie der Be- und Verarbeitung zu verstehen. Unter „*Behandlung*" fallen beispielsweise das Wiegen, Abfüllen, Stempeln, Bedrucken, Verpacken, Kühlen, Gefrieren, Auftauen und das Lagern von Erzeugnissen.[271] Aus der Perspektive der Lebensmittelunternehmen erscheint die Herausgabe solcher Informationen problematisch, welche *betriebseigene Prozesse* betreffen. Aufgrund des weiten Verständnisses der Begriffe „Herstellung" und „Behandlung" sind hiervon auch solche Angaben umfasst, die bestimmte betriebsspezifische Rezepturen, Mischverhältnisse oder Vorgänge betreffen können.[272] Die nachvollziehbaren Befürchtungen der Unternehmen, dass sie Betriebsgeheimnisse offenzulegen haben oder dass die abgefragten Daten durch Verbraucherorganisationen in ihren Kampagnen missbräuchlich verwendet werden könnten,[273] hat der Gesetzgeber jedoch gesehen und durch Ausschlussgründe berücksichtigt.[274]

824

(4) Ausgangsstoffe und Verfahren

Ferner besteht ein Anspruch auf Auskunft über Ausgangsstoffe des Erzeugnisses und die bei ihrer Gewinnung angewendeten Verfahren. Ausgangsstoffe sind die Stoffe und Teile, mit denen Erzeugnisse hergestellt werden, u.a. Inhalts-, Zusatz- und sog. Verarbeitungshilfsstoffe.[275] Letztere sind Stoffe, die bei der Herstellung von Lebensmitteln verwendet werden und unvermeidbare Rückstände in unbedenklicher Menge hinterlassen können, die sich aber auf das Lebensmittel nicht auswirken.[276] Anspruch besteht des Weiteren auch auf Informationen über die bei der Gewinnung dieser Ausgangsstoffe angewandten Verfahren, beispielsweise über den Einsatz von Gentechnik.[277] Würde durch die Auskunftserteilung allerdings ein Rezepturgeheimnis offenbart, so ist der Auskunftsanspruch wegen Verletzung des grundrechtlich geschützten Ge-

825

---
[270] *Grube/Weyland*, a.a.O., § 1 Rn. 10.
[271] *Sieja*, Fleischwirtschaft 5/2008, S. 82 (83).
[272] *Sieja*, a.a.O., S. 82 (83).
[273] *Kühlcke*, Fleischwirtschaft 5/2008, S. 1 (3).
[274] § 2 Nr. 2 lit. a)–d) VIG.
[275] *Grube/Weyland*, a.a.O., § 1 Rn. 11.
[276] § 2 Abs. 3 Satz 3 Nr. 1 LFGB.
[277] *Grube/Weyland*, a.a.O., § 1 Rn 11.

schäfts- und Betriebsgeheimnisses des Lebensmittelunternehmers gemäß § 2 Satz 1 Nr. 2 lit. c) VIG ausgeschlossen.[278]

(5) Verbraucherschützende Maßnahmen
Überwachungsmaßnahmen sowie andere behördliche Tätigkeiten, die dem Schutz des Verbrauchers dienen, sind einschließlich ihrer Auswertungen ebenfalls vom Auskunftsanspruch umfasst. Gleiches gilt für Statistiken, die bestimmte Verstöße gegen das Lebensmittelrecht betreffen.

b) Verhältnis zu anderen Vorschriften

826 Vom Verbraucher-Informationsanspruch unberührt bleiben die Bestimmungen über den Informationszugang und Informationspflichten aufgrund anderer Gesetze sowie die gesetzlichen Vorschriften über Geheimhaltungspflichten, Amts- und Berufsgeheimnisse. Es besteht insoweit Konkurrenz zwischen den Ansprüchen nach dem VIG und Informationsansprüchen nach anderen Rechtsvorschriften. Soweit das VIG jedoch den Informationszugang regelt,[279] geht es den allgemeinen Informationsgesetzen als bereichsspezifische Regelung vor.[280] Die Regelung im Ordnungswidrigkeitsverfahren[281] aber ist gegenüber dem VIG hinsichtlich eines Informationszugangs als Spezialregelung anzusehen.[282] Im Verhältnis zu der Regelung im Verwaltungsverfahren[283] ist das VIG dagegen spezieller.[284] Spezialgesetzliche und damit vorrangige Geheimhaltungsvorschriften können bestehen hinsichtlich des Steuer-, Sozial- oder Statistikgeheimnisses sowie hinsichtlich der Schweigepflichten bestimmter Berufsgruppen wie Ärzte oder Rechtsanwälte.

4. Einschränkungen des Anspruchs

827 Der Informationsanspruch des Verbrauchers besteht nicht schrankenlos.[285] Das Gesetz nennt abschließend die an bestimmte Voraussetzungen geknüpften Ausnahmen, in welchen die Behörde eine Auskunft an die Verbraucher nicht

---

[278] *Grube/Weyland*, a.a.O., § 1 Rn 11.
[279] Hinsichtlich der Informationen im Sinne des § 1 Abs. 1 Satz 1 VIG.
[280] § 1 Abs. 3 IFG (Bund), *Grube/Weyland*, a.a.O., Einl. Rn. 6; *Kube*, ZLR 2007, S. 165 (177).
[281] Nach § 49b OWiG i.V.m. § 475 Abs. 1 StPO.
[282] Bestätigt wird dies durch § 2 Satz 1 Nr. 1 lit. b) VIG, wonach ein Anspruch im laufenden Ordnungswidrigkeitsverfahren ausgeschlossen ist; *Grube/Weyland*, a.a.O., § 1 Rn. 3.
[283] § 29 VwVfG (NRW).
[284] Soweit Verstöße im Sinne von § 1 Abs. 1 Satz 1 Nr. 1 und 2 VIG betroffen sind; *Grube/Weyland*, a.a.O., § 1 Rn. 3.
[285] Gemäß § 2 VIG.

erteilen darf. Den zugunsten bestimmter öffentlicher und privater Belange normierten Ausschluss- und Beschränkungsgründen kommt dabei eine absolute Sperrwirkung zu.

a) Entgegenstehende öffentliche Belange
aa) Staatliche Sicherheitsbelange
Der Informationsanspruch ist ausgeschlossen, soweit das Bekanntwerden der Informationen nachteilige Auswirkungen auf die internationalen Beziehungen der Bundesrepublik, militärische oder sonstige sicherheitsempfindliche Belange der Bundeswehr oder die Vertraulichkeit der Beratung von Behörden haben kann oder eine erhebliche Gefahr für die öffentliche Sicherheit darstellt.

bb) Laufende Verfahren
Ebenso ausgeschlossen ist der Anspruch auf Auskunft während der Dauer eines Verwaltungsverfahrens, eines Gerichtsverfahrens, eines strafrechtlichen Ermittlungsverfahrens, eines Disziplinarverfahrens, eines Gnadenverfahrens oder eines ordnungswidrigkeitsrechtlichen Verfahrens hinsichtlich der Informationen, die Gegenstand des Verfahrens sind. Die gesetzliche Formulierung „während der Dauer" bedeutet, dass es sich um einen *befristeten Ausschlussgrund* handelt, der vor Beginn und nach Abschluss eines Verfahrens nicht angewandt werden kann.[286] Eine Rückausnahme zu diesem Ausschlussgrund besteht für Auskunftsbegehren zu Verstößen, Gefahren und Risiken,[287] die damit auch während des Verwaltungsverfahrens nicht ausgeschlossen sind. Problematisch ist diese Sonderregelung, wenn sich die behördlichen Ermittlungen im Nachhinein als gegenstandslos herausstellen, denn bereits mit der Veröffentlichung von Informationen über noch nicht abgeschlossene Verfahren kann es zu einer geschäftsschädigenden Vorverurteilung bis hin zu einer Existenzgefährdung der betroffenen Unternehmen kommen.[288] Selbst wenn sich später die Ermittlungen als unbegründet herausstellen, so können die Folgen unumkehrbar sein.[289] Umso erstaunlicher erscheint es, dass die Vorschrift keine Interessenabwägung vorsieht. Zwar muss der Schutz der Bevölkerung von übergeordneter Bedeutung sein. Die frühzeitige Offenlegung – häufig noch ungesicherter – Informationen läuft aber der Wahrung der Verhältnismäßigkeitsgrundsätze klar zuwider.[290]

828

---

[286] *Domeier/Matthes*, a. a. O, § 2 Nr. 5.
[287] Im Sinne des § 1 Abs. 1 Satz 1 Nr. 1 und 2 VIG.
[288] *Voß*, Deutsche Lebensmittel-Rundschau 1/2008, 1 (2).
[289] *Grube/Weyland*, a.a.O., § 2 Rn. 4.
[290] *Voß*, a.a.O., S. 1 (2).

cc) Weitere öffentliche Ausschlussgründe

Außerdem ist der Informationsanspruch ausgeschlossen, soweit fiskalische Interessen der Behörde oder Dienstgeheimnisse betroffen sind. Der Ausschlussgrund besteht auch für *sog. Altinformationen,* die vor mehr als fünf Jahren seit der Antragsstellung entstanden sind. Ein Auskunftsanspruch besteht weiterhin nicht, soweit die Informationen betroffen sind, die im Rahmen einer privatrechtlich vereinbarten Dienstleitung außerhalb des der Behörde zugewiesenen Aufgabenbereichs entstanden sind.

b) Entgegenstehende private Belange

829 Solche private Belange, die dem Informationsrecht der Verbraucher entgegenstehen können, sind vor allem die *Unternehmensinteressen.* Die Weitergabe von betriebsspezifischen Daten berührt die Interessen der betroffenen Unternehmen in erheblichem Maße. Die Behörden sind deshalb verpflichtet, die Unternehmensinteressen zu berücksichtigen, z.B. indem sie vor Auskunft über unternehmensbezogene Informationen dem betroffenen Unternehmen Gelegenheit zur Stellungnahme geben müssen. Diese aktive Mitwirkung gibt den Unternehmen die Möglichkeit nach eigener Prüfung und Stellungnahme mit selbst formulierten Erwägungen zur Ablehnung eines Antrags durch die Behörde beizutragen.

aa) Personenbezogene Daten

830 Zum Schutz der einzelnen Mitarbeiter von Unternehmen sind personenbezogene Daten nicht Gegenstand einer Auskunft, es sei denn, das Informationsinteresse des Verbrauchers überwiegt das schützwürdige Interesse des betroffenen Dritten. Die Weitergabe der personenbezogenen Daten ist dann legitimiert, wenn der Antragssteller ein Informationsinteresse geltend machen kann, welches ihm eine qualifizierte Rechtsposition verschafft.[291] Das ist in der Regel dann der Fall, wenn sich die Angabe auf Name, Titel, akademischen Grad, Berufs- und Funktionsbezeichnung, Büroanschrift und -telefonnummer beschränkt und die betroffene Person als Gutachter, Sachverständiger oder in vergleichbarer Weise eine Stellungnahme in einem Verfahren abgegeben hat.[292] Die von der Behörde bei ihrer Abwägung zu beachtenden Abwägungsprinzipien[293] sprechen dabei für ein grundsätzliches Überwiegen der Rechte auf Information. Die Abwägung kann jedoch dazu führen, dass Informationen an

---

[291] *Grube/Weyland,* a.a.O., § 2 Rn. 9.
[292] § 2 Satz 2 VIG i.V.m. § 5 Abs. 3 IFG (Bund).
[293] § 4 Abs. 1 Nr. 1 VIG sowie § 2 Satz 2 VIG i.V.m. § 5 Abs. 1 Satz 2, Abs. 3 und 4 IFG (Bund).

den Verbraucher zum Schutze des informationellen Selbstbestimmungsrechts Dritter nicht erteilt werden dürfen.[294]

bb) Geistiges Eigentum

Die Behörde muss einen Antrag auf Erteilung einer Auskunft auch dann ablehnen, wenn anzunehmen ist, dass durch die Herausgabe der begehrten Informationen der Schutzbereich geistigen Eigentums Dritter verletzt wird. Der Begriff des geistigen Eigentums ist akzessorisch zu den Fachgesetzen zu bestimmen und umfasst dementsprechend insbesondere den gewerblichen Rechtsschutz und das Urheberrecht. Da große Bereiche des gewerblichen Rechtsschutzes (Markenrecht, Geschmacksmusterrecht, Patente) jedoch ohnehin frei zugänglich sind und im Übrigen nicht vor Preisgabe sondern vielmehr vor unzulässiger Benutzung und Nachahmung schützen sollen, ist der Anwendungsbereich dieser Ausschlussvorschrift tatsächlich auf den Schutz von Urheberrechten beschränkt. So kann bei der Anfertigung von Kopien bei der Akteneinsicht das Vervielfältigungs- und Verbreitungsrecht des Urhebers[295] bei fehlender Zustimmung verletzt sein.

831

cc) Betriebs-/Geschäftsgeheimnisse

Der Auskunftsanspruch besteht wegen entgegenstehender privater Belange weiterhin nicht, soweit durch die begehrten Informationen Betriebs- oder Geschäftsgeheimnisse oder sonstige, gleichbedeutsame wettbewerbsrelevante Informationen offenbart würden. Betriebs- oder Geschäftsgeheimnisse liegen dann vor, wenn Tatsachen, die im Zusammenhang mit einem wirtschaftlichen Geschäftsbetrieb stehen, nur einem begrenzten Personenkreis bekannt sind und nach dem erkennbaren Willen des Inhabers sowie dessen berechtigten wirtschaftlichen Interessen geheim gehalten werden sollen.[296] Dieser Ausnahmetatbestand besitzt in der Praxis eine erhebliche Bedeutung für die betroffenen Unternehmen, deren Motivation, in Forschung und Entwicklung investieren zu wollen, entscheidend von der Vertraulichkeit und Geheimhaltung der Unternehmensdaten abhängt. Als Schwerpunkt bei der Bearbeitung von Auskunftsanträgen wird die betroffene Behörde wohl das „berechtigte Interesses an der Geheimhaltung" zu klären haben, um überhaupt das Vorliegen eines Betriebs- oder Geschäftsgeheimnisses annehmen zu können. Ein solches kann dann bejaht werden, wenn es wirtschaftlich motiviert und auf die Wettbewerbsaussichten ausgerichtet ist.[297] Dabei ist auch die mögliche Schädigung des betroffenen Unternehmens durch Weitergabe der Informationen in Betracht

832

---
[294] *Sieja*, a.a.O., S. 82 (83).
[295] §§ 16, 17 UrhG.
[296] *BGH*, NJW 1995, 2301; BT-Drs. 15/4493, S. 14.
[297] *Voß*, a.a.O., S. 1 (3).

zu ziehen.²⁹⁸ Liegt ein berechtigtes Geheimhaltungsinteresse seitens des Unternehmens vor, ist die Auskunft ohne weitere Abwägung von der Behörde zu verweigern.²⁹⁹ Aber: Betriebs- und Geschäftsgeheimnisse können nicht mehr dazu herhalten, unsaubere Machenschaften zu verdecken.³⁰⁰ Handelt es sich nämlich um einen Verstoß gegen das Lebensmittel- und Futtermittelgesetzbuch und die entsprechenden Verordnungen, wie z.B. die Überschreitungen rechtlich vorgesehener Rückstandshöchstmengen, stellt dies kein Geschäftsgeheimnis dar und kann von jedem erfragt werden.³⁰¹ Und: Letztendlich entscheidet die Behörde und nicht das Unternehmen, ob tatsächlich ein Betriebs- oder Geschäftsgeheimnis vorliegt.³⁰² Infolgedessen werden mit dem Gesetz zur Neuregelung des Rechts der Verbraucherinformation die Verbraucherinformationsrechte im Vergleich zu der früheren Gesetzeslage³⁰³ in erheblichem Maße gestärkt. Diese Neuregelung begegnet jedoch auch erheblichen verfassungsrechtlichen Bedenken. Da das Gesetz keine Einzelfallabwägung zulässt, kann der Schwere eines Verstoßes nicht Rechnung getragen werden.

dd) Gesetzliche Meldepflichten

833 Dem Auskunftsanspruch der Verbraucher sind ferner die Informationen entzogen, die von der Behörde aufgrund der den Unternehmen obliegenden gesetzlichen Meldepflichten³⁰⁴ erlangt worden sind. Dazu gehören z.B. obligatorische Meldungen über Salmonellenbefall, Listerien oder VTEC.³⁰⁵ Nach der Intention des Gesetzgebers sollen den Unternehmen dadurch bei ihrer Mitwirkung zur Aufklärung von Gefahren für die Öffentlichkeit keine Nachteile entstehen, indem sie die breite Bekanntgabe von solchen Informationen befürchten müssen.

c) Missbräuchliche Begehren

834 Letztlich müssen die Behörden auch dann keine Auskunft erteilen, wenn es sich um überflüssige sowie missbräuchliche Nachfragen handelt, zum Beispiel,

---

[298] *Grube/Weyland*, a.a.O., § 2 Rn. 11.
[299] *Domeier/Matthes*, a.a.O., § 2 Nr. 11.
[300] Bundesministerium für Ernährung, Landwirtschaft und Verbraucherschutz, Faltblatt zum Verbraucherinformationsgesetz.
[301] Bundesministerium für Ernährung, Landwirtschaft und Verbraucherschutz, a.a.O.
[302] Bundesministerium für Ernährung, Landwirtschaft und Verbraucherschutz, a.a.O.
[303] Bei einer Subsumtion unter die schon bisher geltenden allgemeinen Informationszugangsnormen des IFG (NRW) galt das Betriebs- und Geschäftsgeheimnis als Antragsablehnungsgrund, § 8 IFG NRW.
[304] Z.B. aus Art. 19 Abs. 3 Satz 1 der VO (EG) Nr. 178/2002 des Europäischen Parlaments und des Rates vom 28.01.2002 (Lebensmittelbasisverordnung).
[305] *Sieja*, a.a.O., S. 82 (84).

Der besondere Informationszugangsanspruch nach dem Verbraucherinformationsgesetz

wenn der Antragsteller über die begehrten Informationen bereits verfügt. Wird ein Antrag missbräuchlich gestellt, ist er als unzulässig abzulehnen. Indizien für Missbrauch können sein: Wiederholte Antragstellung insbesondere in kurzen Abständen oder nicht erkennbare sachliche Motive. Insgesamt muss Absatz 4 jedoch wegen des Regelungsziels des VIG restriktiv angewendet werden.[306]

d) Allgemein zugängliche Quellen
Ein Auskunftsanspruch kann auch dann abgelehnt werden, wenn sich die Information in zumutbarer Weise aus allgemein zugänglichen Quellen beschaffen lässt. Die Behörde ist hier gehalten, den Antragsteller auf diese Quellen hinzuweisen.[307]

5. Verfahrensfragen
a) Form und Bestimmtheit
Die Information wird nur auf schriftlichen Antrag erteilt.[308] Um der Schriftform[309] zu genügen, muss der Antrag also eigenhändig vom Antragsteller unterzeichnet worden sein. Allerdings ist auch eine Antragstellung in elektronischer Form, also per E-Mail, möglich, soweit sie mit einer qualifizierten elektronischen Signatur versehen wurde.[310] Der Antrag muss jedoch hinreichend bestimmt sein und bei der zuständigen Stelle eingereicht werden. Dabei obliegt es dem Antragsteller, die begehrten Informationen so genau wie möglich zu bezeichnen. So genannte Ausforschungs- oder Rundumanträge, mit denen der Antragsteller sich einen Überblick über das bei der Behörde vorhandene Wissen verschaffen will, sind unzulässig.[311]

835

b) Antragsbefugnis
Der Antrag auf Verbraucherinformationen kann von jedermann gestellt werden, ohne dass er ein berechtigtes Interesse oder eine persönliche Betroffenheit nachweisen muss.[312] Das Bestehen der Antragsbefugnis ist infolgedessen der Regelfall; ein Nichtvorliegen muss die Behörde im Einzelfall begründen.

c) Frist
Eine Informationsanfrage muss grundsätzlich innerhalb eines Monats bearbeitet werden, wobei sich die Frist im Falle einer rechtsstaatlich notwendigen An-

---
[306] *Domeier/Matthes,* a.a.O., § 3 Nr. 5.
[307] *Grube/Weyland,* a.a.O., § 3 Rn. 8.
[308] Im Einzelnen *Beyerlein/Borchert,* VIG-Kommentar, 2010, § 3 Rn. 3ff.
[309] Unterschriftsform gemäß § 126 BGB.
[310] *Grube/Weyland,* a.a.O., § 3 Rn 2; § 3a Abs. 2 VwVfG NRW.
[311] *Grube/Weyland,* a.a.O., § 3 Rn. 2.
[312] *Grube/Weyland,* a.a.O., § 1 Rn. 2.

hörung von betroffenen Dritten auf zwei Monate verlängert. Diese Zeitvorgaben werden teilweise für ein aufwändiges Auskunftsverfahren als zu kurz empfunden und eine erhöhte Falschauskunftsrate aufgrund unnötig erzeugten Zeitdrucks befürchtet.[313]

d) Ablehnende Behördenentscheidung

836 Zum Schutz der Verwaltungsabläufe[314] soll ein Antrag abgelehnt werden, soweit die Informationen ein vorbereitendes Verwaltungshandeln betreffen, diese vertraulich übermittelt oder erhoben wurden bzw. wenn durch das vorzeitige Bekanntwerden der Erfolg bevorstehender behördlicher Maßnahmen gefährdet würde. Ebenso kann ein Antrag abgelehnt werden, wenn es dem Antragsteller möglich ist, die Informationen in zumutbarer Weise aus frei zugänglichen Quellen zu beziehen. Zudem ist ein Antrag abzulehnen, wenn er missbräuchlich gestellt wurde. Ein missbräuchlicher Antrag[315] liegt vor, wenn der Antragsteller bereits über die begehrten Informationen verfügt. Gegen eine ablehnende Behördenentscheidung steht dem Antragsteller Rechtsschutz nach den allgemeinen Regeln mit der Besonderheit zu, dass auch bei Entscheidungen oberster Bundes- oder Landesbehörden ein Vorverfahren durchzuführen ist.

e) Art der Informationsgewährung und Inhalt

837 Die Informationsgewährung selbst geschieht durch Auskunftserteilung, Gewährung von Akteneinsicht oder in sonstiger Weise, durch die Informationen für den Verbraucher verständlich dargestellt werden. Die Informationsgewährung in sonstiger Weise kommt in Betracht, wenn eine Auskunft oder Akteneinsicht aus tatsächlichen Gründen nicht möglich ist.[316] Eine Pflicht der Behörde, die inhaltliche Richtigkeit der Informationen zu überprüfen, besteht außer bei personenbezogenen Daten nicht. Die auskunftspflichtige Stelle hat zwar die ihr bekannten Hinweise auf Zweifel an der Richtigkeit der Daten dem Antragssteller mitzuteilen, im Übrigen ist sie aber berechtigt Informationen herauszugeben, bevor der Sachverhalt abschließend aufgeklärt ist.

Diese fehlende Überprüfungsverpflichtung der Behörde wird insbesondere von der Wirtschaft kritisiert. Die Haftungsbeschränkung zugunsten der informationspflichtigen Stelle sei nicht sachgerecht, da eine frühzeitige, ungesicherte Informationsoffenlegung möglicherweise zu unüberschaubaren wirtschaftlichen Konsequenzen wie etwa Absatzeinbrüchen und Unternehmenskrisen

---

[313] *Wustmann*, a.a.O., S. 242 (252).
[314] *Voß*, a.a.O., S. 1 (4); *Beyerlein/Borchert*, VIG-Kommentar, 2010, § 3 Rn. 24 ff.
[315] § 3 Abs. 4 Satz 2 VIG.
[316] *Grube/Weyland*, a.a.O., § 5 Rn. 2.

führen könne.³¹⁷ Insbesondere äußerst sensitive Informationen über (vermeintliche) Gesetzesverstöße würden zulässigerweise während eines laufenden Verwaltungsverfahrens herausgegeben.³¹⁸ Für den Unternehmer könne die vorschnelle Offenlegung von begehrten Informationen zu starken Umsatzrückgängen mit existenzgefährdenden Folgen führen.³¹⁹ Die Wirtschaft dürfe daher berechtigterweise von den Vollzugsbehörden erwarten, dass die Aufklärung des Sachverhalts und die gesetzlich vorgesehenen Abwägungsentscheidungen mit gehöriger Sorgfalt und hohem Verantwortungsbewusstsein durchgeführt und die Beteiligungsrechte der Unternehmen konsequent gewahrt würden.³²⁰ Doch nicht nur aus rein wirtschaftlichen Gründen ist die gesetzliche Befreiung der Behörde von der Überprüfungspflicht angreifbar. Gerügt wird auch, dass einzelne Regelungen des Verbraucherinformationsgesetzes mit von Verfassungs wegen geschützten Grundrechten der betroffenen Unternehmen nicht in Einklang zu bringen seien.³²¹ Mit der Schaffung einer Regelung, wonach die Behörde nicht verpflichtet ist, die inhaltliche Richtigkeit der Informationen, die sie herausgibt, zu überprüfen, verfolge der Gesetzgeber das Ziel, die Haftung staatlich Bediensteter für falsche Informationen gesetzlich auszuschließen.³²² Diese Regelung erscheine im Hinblick auf die Amtshaftung³²³ sehr bedenklich. Kritisiert wird, dass die Behörde zu Handlungen berechtigt werde, die nach dem sogenannten „Glycolbeschluss" des *BVerfG*³²⁴ als Eingriff in die Berufsfreiheit zu werten seien.³²⁵ Man spricht auch von einer „unstatthaften Freizeichnung von der Amtspflicht, Auskünfte sorgfältig und richtig zu erteilen".³²⁶

6. Entgeltlichkeit

Für die Auskunftserteilung können Kommunen *kostendeckende* Gebühren erheben, die für jeden Einzelfall je nach Aufwand berechnet werden.³²⁷ Eine Ge- 838

---

³¹⁷ *Voß*, a.a.O., 1 (4); *Werner*, ZLR 1/2008, 115 (118).
³¹⁸ §§ 2 Satz 1 Nr. 1 lit. b) i.V.m. 1 Abs. 1 Satz 1 Nr. 1 und 2 VIG.
³¹⁹ *Werner*, ZLR 1/2008, 115 (118).
³²⁰ *Kühlcke*, a.a.O., S. 3.
³²¹ *Werner*, a.a.O., S. 115 (116).
³²² *Werner*, a.a.O., S. 115 (117); *Wustmann*, a.a.O., S. 242 (250).
³²³ § 839 BGB i.V.m. Art. 34 GG.
³²⁴ BVerfGE 105, 252.
³²⁵ *Werner*, a.a.O., S. 115 (121).
³²⁶ *Wustmann*, a.a.O., S. 242 (251).
³²⁷ § 6 Abs. 1 Satz 1, Abs. 2 VIG. Die Aufgaben nach dem VIG sind in NRW nach § 12 Abs. 1 des Gesetzes über den Vollzug des Lebensmittel-, Futtermittel- und Bedarfsgegenständerechts, SGV. NRW. 2125, (LFBRVG NRW) den Kommunen übertragen worden. § 12 Abs. 2 LFBRVG NRW regelt die Gebühren*erhebung* (i.V.m. AVerwGebO, Tarifstelle 23) und die Gebühren*freiheit* für Ablehnungen und bei Verstößen (§ 6 Abs. 1 Satz 2 VIG).

7. Zur Veröffentlichung von Verstößen im Internet

839 Seit März 2009 veröffentlicht das Veterinär- und Lebensmittelaufsichtsamt Berlin-Pankow im Internet unter Berufung auf das *VIG*[329] eine sog. *Negativliste* über Betriebe, die gegen das Lebens- und Futtermittelgesetzbuch sowie im Zusammenhang geltende Rechtsvorschriften und Rechtsakte der EU verstoßen haben. Diese Liste enthält u.a. den Namen und die Adresse des Betriebes, das Datum der Feststellungen sowie angefertigte Fotos. Dadurch entsteht ein Spannungsverhältnis zwischen der die Lebensmittelbetriebe anprangernden Wirkung und den berechtigten Interessen der Verbraucher. In der Tat bewegen sich Veröffentlichungen, die verhältnismäßig sein müssen, auf einem schmalen Grat. Teilweise wird gerügt, es gehe nicht um Lebensmittelsicherheit oder Qualität; vielmehr handele es sich um Feststellungen – von der Imbissbude bis zur Behördenkantine –, die für sich genommen wenig aussagekräftig seien.[330] Das Wesen der Liste sei somit offensichtlich nicht die korrekte Information der Verbraucher, sondern die *Denunziation* einzelner Betrieben.[331] Bei den veröffentlichten Bildern handele es sich um Momentaufnahmen, die nicht die aktuelle Situation widerspiegelten, sondern in vielen Fällen die Wahrheit verstellten. Sie bezögen sich nicht auf die Gegenwart, sondern wollten die Kunden von morgen beeinflussen, zumal die Beseitigung der Mängel bildlich nicht dokumentiert werde. Es könne nicht Aufgabe der Lebensmittelüberwachung sein, „Fotopolizei" zu spielen und Gewerbebetriebe im Internet virtuell publikumswirksam anzuprangern und gezielt mit Kamera und Foto öffentlich zu diskreditieren.[332] Auch dogmatisch wird die Möglichkeit zur antragsunabhängigen Veröffentlichung von Behördeninformationen kritisiert.[333] Vor diesem Hintergrund bleibt abzuwarten, inwieweit auf Landesebene die bisher zurückhaltend praktizierte Veröffentlichung von Behördeninformationen in der Zukunft gehandhabt wird.[334]

---

[328] Die VIGGebV. Sie gilt für Kommunen *nicht*.
[329] § 5 Abs. 1 Satz 2 1. HS VIG.
[330] In Berlin wurde beanstandet, dass Obst in einer verzinkten Dose aufbewahrt worden sei und sich dort giftiges Zinkoxid gebildet habe; tatsächlich handelte es sich um eine Originaldose einer bekannten Handelsmarke. In einem Asia-Restaurant wurde festgestellt, dass die Personaltoilette nicht abgespült wurde; dies wurde fotografiert und ins Internet gestellt, obwohl nahe liegt, dass diese Panne längst behoben wurde. Dazu *Mettke*, Die Ekelliste aus Pankow, ZLR 2009, 400.
[331] *Mettke*, a.a.O., 399.
[332] *Mettke*, a.a.O., 400.
[333] *Wiemers*, ZLR 2009, 423 ff.

8. Fazit

Das neue Gesetzeswerk stellt den Verbrauchern ein vielschichtiges Instrumentarium zur Verfügung, welches ein großes Spektrum an Einsatzmöglichkeiten bereit hält. Durch seine komplexen Ausarbeitungen wird das Regelungswerk dem Gesetzeszweck insgesamt gerecht. Dennoch birgt das neue Gesetz ein nicht zu unterschätzendes Missbrauchs- und Fehlanwendungspotential in sich. Es obliegt daher in erster Linie den auskunftspflichtigen Behörden, mit einer interessengerechten Handhabung des neuen Gesetzes einen Ausgleich zwischen den wirtschaftlichen Belangen der Unternehmen und den Bedürfnissen der Bürger nach Produktsicherheit zu schaffen. Änderungsanträge zum VIG werden derzeit politisch diskutiert; dabei geht es u.a. um eine Ausweitung des Anwendungsbereiches des Gesetzes sowie um die Veröffentlichung von Behördeninformationen im *Internet,* was vom Gesetz gedeckt ist.[335] Weiter wird gefordert, bestehende Auslegungsunsicherheiten[336] zu beseitigen. Wie sich das Recht der Verbraucherinformation entwickeln wird, bleibt abzuwarten.

840

---

[334] Für Hessen: http://www.verbraucherfenster.hessen.de/irj/VF_Internet?rid=HMULV _15/VF_Internet/nav/6f3/6f3b24ac-94e2-214f-bf1b-144e9169fccd,67137fc8-00ba-821f-012f-31e2389e4818,,,11111111-2222-3333-4444-100000005003 %26overview=true.htm&uid=6f3b24ac-94e2-214f-bf1b-144e9169fccd. Für Berlin: http://www.berlin.de/imperia/md/content/bapankow/vetleb/negativliste_geordnet_nach_adressen_mit _fotos_23.07.2010.d..pdf?start&ts=1279884140&file=negativliste_geordnet_nach_ adressen_mit_fotos_23.07.2010.d..pdf.

[335] *BT-Drs.* 16/12691 v. 22.04.2009 und *BT-Drs.* 17/2116 v. 16.06.2010.

[336] Im Hinblick auf § 2 Nr. 2 lit. c) VIG.

Literaturverzeichnis

Abel, Ralf Bernd: Datenschutz in Anwaltschaft, Notariat und Justiz, 2. Aufl. 2003
ders.: Die neuen BDSG-Regelungen, DV 2009, 147 ff.
Albrecht, Rüdiger: Die Einrichtung von Tele- und Außenarbeitsplätzen – rechtliche und personalpolitische Anforderungen, NZA 1996, 1240 ff.
Auerbach, Bettina: Das Beamtenstatusgesetz in der Praxis ZBR 2009, 217 ff.
Avenarius, Hermann/Füssel, Hans-Peter: Schulrechtskunde, 8. Aufl. 2010
Awenius, Gunter: Datenschutz im Jugendamt, JAmt 2001, 522 ff.

Balthasar, Stephan: Vaterschaftsanfechtungsklage und Überprüfung der Abstammung, JZ 2007, 635 ff.
Baumann, Reinhold: Bundesdatenschutzgesetz: Plädoyer für die Beibehaltung der Gesetzeseinheit, RDV 1986, 1 ff.
Bäumler, Helmut: Datenschutzaudit und IT-Gütesiegel im Praxistest, RDV 2001, 167 ff.
ders./v. Mutius, Albert: Datenschutz als Wettbewerbsvorteil, 2002
Beck, Rita: Verbraucherinformationsgesetz, Kommentar und Vorschriftensammlung, Stuttgart 2009
Beckmann, Edmund: Informationsfreiheitsgesetz des Landes NRW, DVP 2003, 142 ff.
Beckschulze, Martin: Internet-, Intranet- und E-Mail-Einsatz am Arbeitsplatz, DB 2003, 2777 ff.
Bender, Jens/Kügler, Dennis/Margraf, Marian/Naumann, Ingo: Sicherheitsmechanismen für kontaktlose Chips im deutschen elektronischen Personalausweis, DuD 2008, 173 ff.
Bergauer, Heinz Peter: Führung von Personalakten, 1996
Berger, Christian: Beweisführung mit elektronischen Dokumenten, NJW 2005, 1016 ff.
Bergmann, Lutz/Möhrle, Roland/Herb, Armin: Datenschutzrecht – Kommentar – Loseblattsammlung, Lfg. 41, April 2010
Bettermann, Karl August: Der verwaltungsgerichtliche Rechtsschutz bei Nichtbescheidung des Widerspruchs oder des Vornahmeantrags, NJW 1960, 1081 ff.
Beyer, Patrick: Vorratsdatenspeicherung – Die totale Protokollierung der Telekommunikation kommt, Datenschutz-Nachrichten 2006, 17 ff.

Literaturverzeichnis

Beyerlein, Thorsten/Borchert, Günter: Verbraucherinformationsgesetz, Kommentar, München 2010
Bier, Sascha: Internet und Email am Arbeitsplatz, DuD 2004, 277 ff.
Bieresborn, Dirk: Aktuelle Probleme des Sozialdatenschutzes in systematischer Darstellung, ZfSH/SGB 2010, 199 ff.
Bischopink, Olaf: Das Gesetz über die Freiheit des Zugangs zu Informationen für das Land NRW vom 27.11.2001, NWVBl. 2003, 245 ff.
Bizer, Johann: Vorratsdatenspeicherung: Ein fundamentaler Verfassungsverstoß, DuD 2007, 586 ff.
ders.: Private Internetnutzung am Arbeitsplatz, DuD 2004, 432 ff.
Bolten, Rolf/Pulte, Peter: Aufbewahrungsnormen und -fristen im Personalbereich, 7. Aufl. 2007
Bress, Dieter: Sozialdatenschutz – Ein Überblick, SF-Medien 2007, 89 ff.
Brosius-Gersdorf, Frauke: Das Kuckucksei im Familiennest – Erforderlichkeit einer Neuregelung der Vaterschaftsuntersuchung, NJW 2007, 806 ff.
Büllesbach, Alfred: Konzeption und Funktion des Datenschutzbeauftragten vor dem Hintergrund der EG-Richtlinie und der Novellierung des BDSG, RDV 2001, 1 ff.
ders./Ries, Joachim: Outsourcing in der öffentlichen Verwaltung, NVwZ 1995, 444 ff.
Burgi, Martin: Kommunalrecht, 2. Aufl. 2008
Bünz, Hans-Peter: Melderecht des Bundes und der Länder, Teil II – Ausgabe Nordrhein-Westfalen, Loseblattsammlung, Stand: 14. Lfg. Dez. 2006

Cecior, Alfred P./Vallendar, Willi/Lechtermann, Dirk/Klein, Michael: Das Personalvertretungsrecht in Nordrhein-Westfalen, Loseblattsammlung, Stand: 47. Lfg., Jan. 2010

Dammann, Ulrich/Simitis, Spiros (hg.): EG-Datenschutzrichtlinie, Kommentar, 1997
Dästner, Christian: Die Verfassung des Landes NRW, Kommentar, 2. Aufl. 2002
Däubler, Wolfgang: Arbeitsrecht, 6. Aufl. 2006
ders.: Internet und Arbeitsrecht, 3. Aufl. 2004
ders./Klebe, Thomas/Wedde, Peter/Weichert/Thilo: Bundesdatenschutzgesetz, Kompaktkommentar, 3. Aufl. 2010
Dietlein, Johannes/Burgi, Martin/Hellermann, Johannes: Öffentliches Recht in Nordrhein Westfalen, 3. Aufl. 2009
Dolzer, Rudolf/Kahl, Wolfgang (u.a., hg.): Bonner Kommentar zum Grundgesetz, Loseblattsammlung, 144. Aktualisierung, März 2010
Drescher, Anne: Die professionelle Personalauswahl in der öffentlichen Verwaltung, 2010
Drews, Hans-Ludwig: Erneut: Zur Novellierung des BDSG, RDV 1987, 58 ff.

ders./Kranz, Hans Jürgen: Datenschutzaudit, DuD 1998, 93 ff.

Ehlers, Dirk/Christoph: Datenschutzrecht in der Kommunalverwaltung, Heydemann, DVBl. 1990, 1 ff.
Ehmann, Eugen: Strafbare Fernwartung in der Arztpraxis, CR 1991, 293 ff.
ders./Helfrich, Marcus: EG-Datenschutzrichtlinie, Kurzkommentar, 1999
Elmauer, Edda/Schindler, Helmut: Datenschutzfragen freier Träger, Sozialrecht aktuell 2007, 81 ff.
Elschner, Günter: Rechtsfragen der Internet- und E-Mail-Nutzung am Arbeitsplatz, 2004
Erdmann, Lorenz/Hilty, Lorenz/Goodman, James/Arnfalk, Peter: The Future Impact of ICTs on Environmental Sustainability, 2004

Fehling, Michael: Verwaltungsrecht VwVfG/VwGO Handkommentar, 2006
Fetzer, Thomas/Zöller, Mark A.: Verfassungswidrige Videoüberwachung – Beschluss des BVerfG zur geplanten Überwachung des Regensburger Karavan-Denkmals durch Videotechnik, NVwZ 2007, 775 ff.
Fluck, Jürgen/Theuer, Andreas (hg.): Informationsfreiheitsrecht mit Umweltinformations- und Verbraucherinformationsrecht Kommentar, Loseblattsammlung, 2 Bände, Stand: 25. Aktualisierung, März 2009
Fischer, Thomas: Strafgesetzbuch, Kommentar, 57. Aufl. 2010
Fischer, Ulrich/Schierbaum, Bruno: Telearbeit und Datenschutz, CR 1998, 321 ff.
Fleischer, Thomas u.a. (hg.): Handbuch Schulpsychologie, 1. Aufl. 2007
Fraenkel, Reinhard/Hammer, Volker: Keine Mautdaten für Ermittlungsverfahren, DuD 2006, 497 ff.
Franßen, Gregor/Seidel, Sabine: Das Informationsfreiheitsgesetz NRW, Praxiskommentar, 2007
Friedersen, Gerd Harald/Lindemann, Niels (hg.): Informationsfreiheitsgesetz für das Land Schleswig Holstein, 2000
Freiling, Felix C./Heinson, Dennis: Probleme des Verkehrsdatenbegriffs im Rahmen der Vorratsdatenspeicherung, DuD 2009, 547 ff.

Gärtner-Harnach, Viola/Maas, Udo: Psychosoziale Diagnose und Datenschutz in der Jugendhilfe, 1987
Geiger, Andreas: Die Einwilligung in die Verarbeitung von persönlichen Daten, NVwZ 1989, S. 35 ff.
Geppert, Martin/Piepenbrock, Hermann-Josef/Schütz, Raimund/Schuster, Fabian (hg.): Beckscher TKG-Kommentar, 3. Aufl. 2006
Giesen, Thomas: Die Zuverlässigkeit interner Datenschutzbeauftragter, CR 2007, S. 202 ff.
Gola, Peter: Bewerberdaten – Was darf „ergoogelt" werden? CuA 2010, S. 31 f
ders.: Datenschutz und Multimedia am Arbeitsplatz, 3. Aufl. 2010

ders./Klug, Christoph: Grundzüge des Datenschutzrechts, 2003
ders./Klug, Christoph: Die Entwicklung des Datenschutzrechts in den Jahren 2009/2010, NJW 2010, 2483 ff.
ders./Klug, Christoph/Reif, Yvette: Datenschutz- und presserechtliche Bewertung der Vorratsdatenspeicherung, NJW 2007, 2599 ff.
ders./Schomerus, Rudolf: Bundesdatenschutzgesetz, Kommentar, 10. Aufl. 2010
ders./Wronka, Georg: Handbuch zum Arbeitnehmerdatenschutz, 5. Aufl. 2009
Göres, Ulrich: Rechtmäßigkeit des Zugriffs der Strafverfolgungsbehörden auf die Daten der Mauterfassung, NJW 2004, 195 ff.
Gusy, Christoph: Gewährleistung der Vertraulichkeit und Integrität informationstechnischer Systeme, DuD 2009, 33 ff.

Habermalz, Wilhelm: Rechtsfragen der Schulpsychologie, Schulrecht 2002, 181 ff.
Hammer, Volker/Fraenkel, Reinhard: Löschkonzept, DuD 2007, 905 ff.
Hauck, Karl/Haines, Hartmut/Noftz, Wolfgang: Sozialgesetzbuch Gesamtkommentar, Loseblatt-Ausgabe, Stand: Lfg. 2/10, Juli 2010
Hensel, Dirk: Die Vorratsdatenspeicherung aus datenschutzrechtlicher Sicht, DuD 2009, 527 ff.
Hentschel, Peter (hg.): Straßenverkehrsrecht, 40. Aufl. 2009
HessLfD (hg.): Datenschutz in Deutschland nach dem Vertrag von Lissabon, Beiträge zum Datenschutz, 2009
Haurand, Günter/Stollmann, Frank: Gesetz über die Freiheit des Zugangs zu Informationen für das Land NRW, Praxis der Kommunalverwaltung, Losebl.-Ausg., Stand: 379. Erg.-Lfg. Okt./Nov. 2007
Heckel, Christian: Behördeninterne Geheimhaltung, NVwZ 1994, 224 ff.
Heckmann, Dirk: Rechtspflichten zur Gewährleistung von IT-Sicherheit im Unternehmen, MMR 2006, 280 ff.
Hegerbekermeier, Thomas R./Pelizäus, Britta: Freie Information für alle – gut gemeint, aber auch gut gemacht?, DVBl. 2002, 955 ff.
Heinecker, Volkmar: Modernisierungsansätze im Datenschutzrecht, SdL 2004, 297 ff., 302 ff.
Held, Friedrich Wilhelm/Becker, Ernst (u.a.): Kommunalverfassungsrecht Nordrhein-Westfalen, Band I (Kommentar zur Gemeindeordnung NRW), Stand: Lfg. 24, Juni 2010
Herdegen, Matthias: Europarecht, 12. Aufl. 2010
Hesse, Konrad: Grundzüge des Verfassungsrechts der Bundesrepublik Deutschland, 20. Aufl. 1999
Hoeren, Thomas: Das Telemediengesetz, NJW 2007, 801 ff.
Hoffmann, Christian: Die Verletzung der Vertraulichkeit informationstechnischer Systeme durch Google Street View, CR 8/2010, 514 ff.

Hoffmann-Riem, Wolfgang: Der grundrechtliche Schutz der Vertraulichkeit und Integrität eigengenutzter informationstechnischer Systeme, JZ 2008, 1009 ff.

Hoffmann-Riem, Wolfgang/Schmidt-Aßmann, Eberhard/Voßkuhle, Andreas: Grundlagen des Verwaltungsrechts, Band 1, München 2006

Holznagel, Bernd: Recht der IT-Sicherheit, 2003

Hornung, Gerrit: Fingerabdrücke statt Doktortitel: Paradigmenwechsel im Passrecht, DuD 2007, 181 ff.

ders.: Informationen über „Datenpannen" – Neue Pflichten für datenverarbeitende Unternehmen NJW 2010, 1841 ff.

Hörz, Gunther: Rechtliche Aspekte bei der Nutzung des Internets durch Schulen, Schulverwaltung NRW 2000, 25 ff.

Hübschmann, Walter/Hepp, Ernst/Spitaler, Armin: Abgabenordnung Finanzgerichtsordnung Kommentar, Loseblatt-Ausgabe, Stand: Lfg. 208, Aug. 2010

Hückel, Thomas: Überblick über die wesentlichen Maßnahmen zum Schutz der Sozialdaten NachrLVA HE 2003, 56 ff.

Hufen, Friedhelm: Staatsrecht II – Grundrechte, 2. Aufl. 2009

Jans, Karl-Wilhelm/Happe, Günter/Saurbier, Helmut/Maas, Udo (hg.): Kinder- und Jugendhilferecht Kommentar, Loseblatt-Ausgabe, Stand: Lfg. 44, Mai 2009

Jarass, Hans D./Pieroth, Bodo: Grundgesetz Kommentar, 9. Aufl. 2007

Jehkul, Winfried/Kumpfert, Volkmar u. a. (hg.): Gesamtkommentar zum Schulgesetz NRW, Loseblattsammlung 4. Lfg., März 2008

Johanning, Detlef: Telearbeit, 1997

Jülich, Christian: Grundriss des Schulrechts NRW, 2. Aufl. 1998

Keller, Max-Lion: IT-Security und die Haftung der Unternehmensleitung, ZRFG 2007, 24 ff.

Kessler, Klaus: Personalaktenrecht, 1997

Kintz, Roland: Der elektronische Widerspruch, NVwZ 2004, 1429 ff.

Kirschall, Hans/Sittig, Gerhard/Neubert, Roland/Richter, Frank/Heinrich, Senkowski: Landespersonalvertretungsgesetz NRW, Kommentar, 9. Aufl. 2004

Kloepfer, Michael: Informationsrecht, 2002

ders.: Informationszugangsfreiheit und Datenschutz: Zwei Säulen des Rechts der Informationsgesellschaft, DÖV 2003, 221 ff.

Klug, Christoph: BDSG-Interpretation, 3. Aufl. 2007

ders.: Globaler Arbeitnehmerdatenschutz - Ausstrahlungswirkung der EG-Datenschutzrichtlinie auf Drittländer am Beispiel der USA, RDV 1999, 109 ff.

ders.: Die Vorabkontrolle – Eine neue Aufgabe für betriebliche und behördliche Datenschutzbeauftragte, RDV 2001, 12 ff.

ders./Reif, Yvette: Vorratsdatenspeicherung in Unternehmen ? – Gesetzeslage und Überblick, RDV 2008, 89 ff.

Knack, Hans Joachim/Henneke, Hans-Günter: Verwaltungsverfahrensgesetz, Kommentar, 9. Aufl. 2010

Knauf, Matthias: Videoüberwachung von Klausuren in Hochschul- und Staatsprüfungen, NWVBl. 2006, 449 ff.

Knemeyer, Franz Ludwig: Auskunftsanspruch und behördliche Auskunftsverweigerung, JZ 1992, 348 ff.

Knop, Jan von/Zilkens, Martin: Datenschutz im Spannungsfeld zwischen Sicherheit und Privatheit, 2005

Koecher, Jan: Zentrale Spam- und Virenfilterung, DuD 2004, 272 ff.

Kongehl, Gerhard: Datenschutzmanagement, Professionelle Umsetzung und Gestaltung in Unternehmen und Behörden, Losebl.-Ausg., Stand: 2007

Kopp, Ferdinand O./Ramsauer, Ulrich: VwVfG, Kommentar, 10. Aufl. 2010

ders./Schenke, Wolf R.: VwGO, Kommentar, 16. Aufl. 2009

Kordey, Norbert/Korte, Werner B.: Telearbeit erfolgreich realisieren, 2. Aufl. 1998

Krahmer, Utz/Stähler, Thomas P.: Sozialdatenschutz nach SGB I und X, 2. Aufl. 2003

Kunkel, Peter Christian/Binschus, Wolfgang: Sozialgesetzbuch VIII, 3. Aufl. 2006

Kunkel, Peter-Christian: Datenschutz im Jugendamt, JAmt 2002, 442 ff.

Kügler, Dennis/Naumann, Ingo: Sicherheitsmechanismen für kontaktlose Chips im deutschen Reispass, DuD 2007, 176 ff.

Laicher, Eberhard: EU-Richtlinie zum Datenschutz und BDSG, DuD1996, 409 ff.

Laufs, Adolf/Katzenmeier, Christian/Lipp, Volker: Arztrecht, 6. Aufl. 2009

Laufs, Adolf/Kern, Bernd-Rüdiger (hg.): Handbuch des Arztrechts, 4. Aufl. 2010

Larenz, Karl/Canaris, Claus-Wilhelm: Methodenlehre der Rechtswissenschaft, 3. Aufl. 1995

Lewinski, Kai von: Tätigkeitsberichte im Datenschutz, RDV 2004, 163 ff.

ders.: Geschichte des Datenschutzrechts von 1600 bis 1977, Freiheit – Sicherheit – Öffentlichkeit, Tagungsband der 48. Assistententagung Öffentliches Recht, 2008, S. 196 ff.

Lorenz, Bernd: Die Anbieterkennzeichnung im Internet, 2007

Mangoldt, Hermann von/Klein, Friedrich/Starck, Christian (hg.): Das Bonner Grundgesetz, Band 1, 4. Aufl. 1999

Mann, Thomas: Handbuch der kommunalen Wissenschaft und Praxis, 3. Aufl. 2007

Manssen, Gerrit: Staatsrecht II – Grundrechte, 6. Aufl. 2009

Maties, Martin: Arbeitnehmerüberwachung mittels Kamera?, NJW 2008, 2219 ff.

Maunz, Theodor/Dürig, Günter/u. a. (hg.): Grundgesetz- Kommentar, Loseblatt-Ausgabe, Stand: 57. Lfg., Jan. 2010

Maurer, Hartmut: Allgemeines Verwaltungsrecht, 17. Aufl. 2009

Meier, Norbert: Die Einführung einer elektronischen Akte in der öffentlichen Verwaltung aus rechtlicher Sicht VR 2010, 114 ff.

Menzel, Hans-Joachim: Datenschutzrechtliche Einwilligungen, DuD 2008, 400 ff.

Mocker, Ute/Mocker, Helmut/Ahlreep, Jens: Handbuch E-Communication, 2001

Moos, Flemming: Die Entwicklung des Datenschutzrechts im Jahr 2009, K&R 2010, 166 ff.

ders./Bandehzadeh, Mona/Bodenstedt, Kai: Datenschutzrechtliche Zulässigkeit der Aufbewahrung von Bewerberdaten unter Berücksichtigung der AGG, DB 2007, 1194 ff.

Mrozynski, Peter: Sozialgesetzbuch Allgemeiner Teil, Kommentar, 3. Aufl. 2003

Münch, Peter: Harmonisieren – dann Auditieren und Zertifizieren, RDV 2003, 223 ff.

ders.: Technisch-organisatorischer Datenschutz, 4. Aufl. 2010

Müthlein, Thomas/Heck, Jürgen: Outsourcing und Datenschutz, 3. Aufl. 2006

Mutius, Albert von/Behrndt, Nils: Dezentralisierung kommunaler Personalarbeit und Personalaktenrecht, ZBR 1997, 65 ff.

Narr, Helmut/Hess, Rainer (hg.): Ärztliches Berufsrecht, Losebl.-Ausg., 2. Aufl., Stand: 18. Erg. Lfg., Sept. 2007

Neubert, Roland/Sandfort, Mario/Lorenz, Ute/Kochs, Karl-Heinz: Personalvertretungsgesetz für das Land Nordrhein-Westfalen 10. Aufl. 2008

Niehaus, Holger: Erhebung von Mautdaten durch Strafverfolgungsbehörden, NZV 2004, 502 ff.

Oeynhausen, Manfred: Rechtshandbuch Schule Nordrhein-Westfalen, 1994

Oppermann, Thomas/Classen, Klaus Dieter/Nettesheim, Martin: Europarecht, 4. Aufl. 2009

Otten, Geelke: Datenschutz und Datensicherheit, DuD 2005, 657 ff.

Palandt, Otto/Bassenge, Peter/Brudermüller, Gerd (u. a.): Bürgerliches Gesetzbuch, Kommentar, 69. Aufl. 2010

Pfab, Alexander: Rechtsprobleme bei Datenschutz und Strafverfolgung im Autobahnmautgesetz, NZV 2005, 506 ff.
Pluhar, Bernhard: Datenschutz bei Trägern der freien Jugendhilfe, JAmt 2003, 336 ff.
Pschyrembel: Klinisches Wörterbuch, 262. Aufl. 2011
Puschke, Jens: Die Vorratsdatenspeicherung als Instrument der Strafverfolgung, Datenschutz-Nachrichten 2006, 65 ff.

Rauschert, Klaus: Sozialdatenschutz in der Jugendhilfe, ZfJ 1996, 414 ff.
Rehn, Erich/Cronauge, Ulrich/Lennep, Hans Gerd von (hg.): Gemeindeordnung für das Land NRW, Kommentar, 2. Aufl., Loseblatt-Ausgabe, Stand: 34. Lfg. 11/2009
Reidt, Olaf/Stickler, Thomas/Glahs, Heike: Vergaberecht, Kommentar, 3. Aufl. 2010
Reinhard, Tim/Pohl, Lorenz/Capellaro, Hans-Christoph: IT–Sicherheit und Recht, 2007
Reisen, Andreas: Ein Personalausweis für die reale und die elektronische Welt, Innovative Verwaltung, Sonderdruck 3/2009, 1 ff.
Riegel, Reinhard: Datenschutzbeauftragte als Essentialie des Selbstbestimmungsrechts, BayVBl. 1998, 523 ff.
Rieger, Hans-Jürgen: Lexikon des Arztrechts, 2. Aufl. 2002
Ronellenfitsch, Michael: Der Vorrang des Grundrechts auf informationelle Selbstbestimmung vor dem AEUV, DuD 2009, 451 ff.
Rossi, Matthias: Informationsfreiheitsgesetz Handkommentar, 2006
ders.: Informationszugangsfreiheit und Verfassungsrecht, 2004
Roßnagel, Alexander: Datenschutz in einem informatisierten Alltag, 2007
ders.: Die Novellen zum Datenschutzrecht – Scoring und Adresshandel, NJW 2009, 2716 ff.
ders./Abel, Ralf Bernd: Handbuch Datenschutzrecht, 2003
ders.: Der elektronische Personalausweis als sichere Signaturerstellungseinheit, DuD 2009, 403 ff.
ders./Hornung, Gerrit/Schnabel, Christoph: Die Authentisierungsfunktion des elektronischen Personalausweises aus datenschutzrechtlicher Sicht, DuD 2008, 168 ff.
ders.: Verfassungsrechtliche Grenzen polizeilicher Kfz-Kennzeichenerfassung, NJW 2008, 2547 ff.
ders./Schnabel, Christoph: Das Grundrecht auf Gewährleistung der Vertraulichkeit und Integrität Systeme und sein Einfluss auf das Privatrecht, NJW 2008, 3534 ff.
Rusteberg, Benjamin: Die EG-Richtlinie zur Vorratsspeicherung von Verkehrsdaten im System des europäischen Grund- und Menschenrechtsschutzes, VBl. BW 2007, 171 ff.
Rüthers, Bernd/Fischer, Christian: Rechtstheorie, 5. Aufl. 2010

Sachs, Michael (hg.): Grundgesetz, Kommentar, 5. Aufl. 2009
Säcker, Franz Jürgen (hg.): Berliner Kommentar zum Telekommunikationsgesetz, 2006
Schaar, Peter: Datenschutz im Internet, 2002
ders.: Das Ende der Privatsphäre – Der Weg in die Überwachungsgesellschaft, 2007
Schaffland, Hans J./Wiltfang, Noeme: Bundesdatenschutzgesetz Kommentar, Losebl.-Ausg., Stand: Lfg. 34 Sept. 2010
Scheja, Gregor/Haag, Nils: Einführung in das Datenschutzrecht, 2. Aufl. 2006
Schild, Hans-Hermann/Tinnefeld, Marie-Theres: Entwicklungen im Arbeitnehmerdatenschutz, DuD 2009, 469 ff.
Schmidl, Michael: Private E-Mail-Nutzung – Der Fluch der guten Tat, DuD 2005, 267 ff.
ders.: E-Mail-Filterung am Arbeitsplatz, MMR 2005, 343 ff.
Schmidt-Aßmann, Eberhard/Badura, Peter (hg.): Besonderes Verwaltungsrecht, 14. Aufl. 2008
Schmidt-Bleibtreu, Bruno/Klein, Franz/Brockmeyer, Hans Bernhard (hg.): Kommentar zum Grundgesetz, 10. Aufl. 2004
Schmitz, Wolfgang: Zur Unzulässigkeit von Tischvorlagen bei Rats- und Ausschusssitzungen und ihre Folgen, VR 1990, 266 ff.
Schoch, Dietrich: Sozialdatenschutz im Sozialamt, RDV 2000, 152 ff.
ders.: Datenschutz in der Sozialhilfe, ZFSH/SGB 2005, 67 ff.
Schoenemann, Peter: Akteneinsicht und Persönlichkeitsschutz, DVBl. 1988, 520 ff.
Schönke, Adolf/Schröder, Horst: Strafgesetzbuch, Kommentar, 28. Aufl. 2010
Schulz, Sönke E.: Der neue „E-Personalausweis" – elektronische Identitätsnachweise als Motor des E-Govnerment, E-Commerce und des technikgestützten Identitätsmanagement?, CR 2009, 267 ff.
Schütz, Erwin/Maiwald, Joachim: Beamtenrecht des Bundes und der Länder, Kommentar, Loseblattsammlung, Stand: Lfg. 313, März 2010
Schütz, Raimund: Kommunikationsrecht, 2005
Schwarz, Michael: Die Datenerhebung im Schulwesen, RdJB 1990, 287 ff.
Schweizer, Rainer J.: Die Rechtsprechung des Europäischen Gerichtshofes für Menschenrechte zum Persönlichkeits- und Datenschutz, DuD 2009, 462 ff.
Schwerdtfeger, Gunther: Öffentliches Recht in der Fallbearbeitung, 13. Aufl. 2008
Seiffert, Evelyn: Datenschutzprüfung durch die Aufsichtsbehörden, 2007
Sievers, Bernd H./Weber, Jürgen K.: Externes Datenschutzaudit, DuD 2002, 342 ff.
Simitis, Spiros (hg.): Bundesdatenschutzgesetz, Kommentar, 6. Aufl. 2006
ders.: Der EuGH und die Vorratsdatenspeicherung oder die verfehlte Kehrtwende bei der Kompetenzregelung, NJW 2009, 1782 ff.
ders.: Der verkürzte Datenschutz, 2004

ders.: Übermittlung der Daten von Flugpassagieren in die USA: Dispens vom Datenschutz ?, NJW 2006, 2011 ff.
ders.: Hat der Datenschutz noch eine Zukunft?, RDV 2007, 143 ff.
Sofiotis, Illias I.: Fernmeldegeheimnis, Datenschutz sowie Schutz der Vertraulichkeit und Integrität informationstechnischer Systeme, VR 2008, 333 ff.
Skrobotz, Jan: Zugang elektronischer Nachrichten im Verwaltungsverfahren, VR 2003, 397 ff.
Sodan, Helge: Grundgesetz – Kommentar, München 2009
Sokol, Bettina (hg.): Neue Instrumente im Datenschutz, 1999
dies. (hg.): Sommersymposium Informationsfreiheit, 2004
Spindler, Gerald: Das neue Telemediengesetz – Konvergenz in sachten Schritten, CR 2007, 239 ff.
Stähler, Franz-Gerd/Pohler, Vera: Datenschutzgesetz NRW, Kommentar, 3. Aufl. 2003
Stelkens, Paul/Bonk, Heinz Joachim/Sachs, Michael (hg.): Verwaltungsverfahrensgesetz, Kommentar, 7. Aufl. 2008
Stollenwerk, Detlef: Meldegesetz für das Land Nordrhein-Westfalen, Kommentar, Loseblattsammlung, Stand: Nov. 2006, in: Praxis der Kommunalverwaltung, K 8 NW
Stollmann, Frank: Das Informationsfreiheitsgesetz NRW, NWVBl. 2002, 216 ff.

Tadday, Heinz D./Rescher, Ronald: Das Beamtenrecht in NRW, Kommentar, Loseblattsammlung, 130. Lfg. Stand: Jan. 2010
Taeger, Jürgen/Gabel, Detlev (hg.): Kommentar zum BDSG und zu den Datenschutzvorschriften des TKG und TMG, 1. Aufl. 2010
Te Reh, Peter: Großbaustelle e–Government, Eildienst Städtetag NRW, 2007, 179 ff.
Tettinger, Peter J./Erbguth, Wilfried/Mann, Thomas: Besonderes Verwaltungsrecht, 9. Aufl. 2007
Tipke, Klaus/Kruse, Wilhelm (hg.): Abgabenordnung/Finanzgerichtsordnung, Kommentar, Loseblatt-Ausgabe, 123. Lfg., Stand: Juni 2010
Thiele, Willi: Schritte zur Fortentwicklung des Beamtenrechts, DÖD 1992, 121 ff.
Thüsing, Gregor: Das Arbeitsrecht der Zukunft? – Die deutsche Umsetzung der Anti- Diskriminierungsrichtlinien im internationalen Vergleich NZA 2004, Sonderbeilage zu Heft 22, 3 ff.
Tinnefeld, Marie-Theres: Freiheit für die Technik des citoyen actif? DuD 2009, 490 ff.
dies./Ehmann, Eugen/Gerling, Rainer W.: Einführung in das Datenschutzrecht, 4. Aufl. 2005
dies./Petri, Thomas/Brink, Stefan: Aktuelle Fragen um ein Beschäftigtendatenschutzgesetz, MMR 2010, 727 ff.

Unabhängiges Landeszentrum für Datenschutz Schleswig-Holstein (hg.): Praxishandbuch Schuldatenschutz Informationsbroschüre 2. Aufl. 2009

Viehues, Wolfram: Das Gesetz über die Verwendung elektronischer Kommunikationsformen in der Justiz, NJW 2005, 1009 ff.
Voss, Andreas: Das große PC-& Internet-Lexikon 2009, 14. Aufl. 2009

Warga, Norbert: Handbuch Dienstvereinbarung, 2009
Wedde, Peter: Telearbeit und Datenschutz – Zwei Welten treffen aufeinander, WSI-Mitteilungen 3/1997, 206 ff.
Wedler, Willy: Datenschutz im Schulwesen – Überlegungen zu seiner Weiterentwicklung, RdJB 1985, 387 ff.
Westphal, Dietrich: Die neue EG-Richtlinie zur Vorratsdatenspeicherung – Privatsphäre und Unternehmerfreiheit unter Sicherheitsdruck, EuZW 2006, 555 ff.
Wiesner, Reinhard: SGB VIII – Kinder und Jugendhilfe, 3. Aufl. 2006
Wilmers-Rauschert, Bogislav: Datenschutz in der freien Jugend- und Sozialhilfe, 2004
Witt, Bernhard C.: Datenschutz an Hochschulen, 2004
Wohlfahrth, Jürgen/Eiermann, Helmut/Ellinghaus, Michael: Datenschutz in der Gemeinde, 2004
Wohlgemuth, Hans H./Gerloff, Jürgen: Datenschutzrecht, 3. Aufl. 2005
Wolff, Hans Julius/Bachof, Otto/Stober, Rolf/Kluth, Winfried: Verwaltungsrecht, Band 1, 12. Aufl. 2007, Band 2, 7. Aufl. 2010, Band 3, 5. Aufl. 2004
Wronka, Georg: BDSG- Novelle II und Direktwerbung: Ein kritisches Verhältnis, RDV 2009, 247 ff.
Wulffen, Matthias von: SGB X, Kommentar, 7. Aufl. 2010

Zerdick, Thomas: Europäisches Datenschutzrecht – neuere Rechtsprechung des EuGH, RDV 2009, 56 ff.
ders.: Folgerungen aus der Vergemeinschaftung der Justiz- und Innenpolitik für den Datenschutz, Beiträge zum Datenschutz: Datenschutz in Deutschland nach dem Vertrag von Lissabon
Zilkens, Martin: Datenschutzrechtliche Aspekte der neuen Gemeindeordnung Nordrhein-Westfalens, DVBl. 1998, 164 ff.
ders.: Das amtsärztliche Gesundheitszeugnis im Spannungsfeld zwischen Schweigepflicht und Datenschutz, Das Gesundheitswesen, 2003, 299 ff.
ders.: Examensklausur-Aufgabe: Waffenschein für Sozialamtsmitarbeiter, JuS 2007, 364 f.
ders.: Behördlicher Datenschutzbeauftragter, RDV 2001, 128 f.
ders.: Bereichsspezifisches Informationszugangsrecht im Verbraucherschutz: Das neue Verbraucherinformationsgesetz NVwZ 2009, 1465 ff.
ders.: Datenschutz in der Kommune, 2003

ders.: Examensklausur-Aufgabe: Führerscheinverlust, JuS 2001, 370 ff.
ders.: Kommunaler Datenschutz in Nordrhein-Westfalen, 2002
ders.: Datenschutz und Informationsfreiheit in der Kommune, 3. Aufl. 2009
ders.: Zur Bedeutung des neuen IFG NRW für die kommunale Rechtspraxis, RDV 2002, 300 ff.
ders.: Datenschutz im Straßenverkehrswesen, DÖV 2008, 670 ff.
ders.: Datenschutz im Ausländerwesen, DuD 2010, 229 ff.
ders.: Datenschutz im Pass- und Personalausweiswesen, RDV 2010, 14 ff.
Zöllner, Wolfgang: Die gesetzgeberische Trennung des Datenschutzes, RDV 1985, 1 ff.

Stichwortverzeichnis
(Die Zahlen verweisen auf die Seiten)

A

Aarhus-Konvention 627
Abgrenzung der Anwendungsbereiche von DSG NRW und BDSG 74
Aggregierte Daten 91
Akte 97
Akteneinsicht 144
– aus Art. 19 Abs. 4 GG 147 f.
– im Verwaltungsverfahren 146 f.
– Verhältnis zur Auskunft 145
Aktenvernichtung
– dezentrale Entsorgung 564
– DIN-Norm 32757 560
– Sicherheitsstufen 560
– zentrale Entsorgung 564
Allgemeine Datenschutzaufsicht 503
Allgemeines Gleichbehandlungsgesetz 350
– Auswirkungen auf den Datenschutz 354
– Beschwerderecht 353
– Diskriminierungsmerkmale 352
– Geltung für den öffentlichen Dienst 352
– Kirchenklausel 353
– Rechtfertigungsgründe 353
– Schadensersatzanspruch 353
– verbotene Benachteiligungen 352
– Vorgeschichte 351
Allgemeines Persönlichkeitsrecht 53, 54, 69
– Recht am eigenen Lebensbild 54
– Recht am gesprochenen Wort 54
– Sphärentheorie des BVerfG 54
Altakten- und Datenträgervernichtung 559
Amtsärztliche Untersuchung
– Diensttauglichkeit 206

– Prüffähigkeitsattest 207
– Reise- bzw. Transportfähigkeit 206
Amtsärztliche Untersuchungen
– Ergebnisübermittlung 205
– Haftfähigkeit 205
Amtshilfe 235
Amtsverschwiegenheit 111
Anonymisierung 98
Antidiskriminierungsstelle 351
Antiterrordatei 239
Antiterrorgesetz 223, 239
Anvertraute Sozialdaten 192
Anwendbarkeit des DSG NRW
– organisationsrechtlicher Behördenbegriff 313
ApBetrO 200
Apotheken 200
Arbeitslosengeld 2 178
Arbeitsplatz 374
Arbeitsplatzrechner 551
– Ausstattung 551
– Authentisierung 552
Arbeitssicherheitsgesetz 211
Arge Daten 602
Art. 29-Gruppe 509, 598
Ärztliche Schweigepflicht 202
Asylverfahren 239
Audit 137
– Auditgesetz 138
– Auditverordnung, bremische 142
– hoheitliche Auditverfahren 139
– Kritik 138
Auditverfahren
– Bestandsaufnahme 140
– Datenschutzaudit-Zeichen 140
– Datenschutzmanagementsystem 140
– Datenschutzziele 140
Aufgedrängte Daten 230

Auftragsdatenverarbeitung 455
- Aktenvernichtung 457
- Auftraggeber 462
- Auftragnehmer 462
- Auskunftsrecht der Betroffenen 466
- Auslagerung der Datenverarbeitung 458
- Auslagerung von Aufgaben 459
- Datengeheimnis 466
- europarechtliche Rahmenbedingungen 462
- Fallgruppen 458
- Fernwartung 461, 469
- Gefahren 470
- gesetzliche Grundlagen 457
- Gesundheitsdaten 461
- Hinweispflicht des Auftragnehmers 464
- hoheitlichen Tätigkeiten 460
- IT-Rechenzentren 468
- Kontrollmechanismen und- rechte 467
- öffentliche Rechenzentren 465
- Online-Verbindungen 461
- Pflichtverletzungen 467
- Sozialdaten 461
- technische und organisatorische Maßnahmen 466
- Unterbeauftragung 467
- Verantwortlichkeit des Auftraggebers 463
- vertragliche Regelung 463
- Vertragsbeendigung 467
- Wartung 461, 469
- Weisungsrecht 458
Auskunft 143
- Verhältnis zur Akteneinsicht 145
Auskunftsanspruch nach dem IFG NRW 201
Auskunftsverweigerungsgebot 150
Ausländerbehörde
- Ausländerdateien A und B 224
- Übermittlung an ~ 228
- Übermittlung auf Ersuchen 229
- Übermittlung durch ~ 235
- Übermittlung ohne Ersuchen 230
- Unterrichtungspflicht 230
- Zusammenarbeit mit anderen Behörden 236
Ausländerwesen 223
- Aufgabenerfüllung 227
- Betroffenenrechte 226
- Datenerhebung 226
- Fundpapier-Datenbank 238
- Geheimhaltungsinteresse des Ausländers 234
- Hinweispflichten 228
- Löschung 240
- Register zum vorübergehenden Schutz 238
- Speicherdauer 240
- Zweckbindung 227
Ausländerzentralregister 223
- allgemeiner Datenbestand 224
- Auswertung zu statistischen Zwecken 225
- Visa-Datei 224
Ausschuss 315
- Anregungs- und Beschwerdeausschuss 317
Ausweispflicht 261
Autobahnmaut-Daten 132
Automatisiertes Verfahren 95
- Bürokommunikations-Programm 96

B
Beauftragter für IT-Sicherheit 500
Befragungen 481
- Abgabeverfahren 487
- Ablauf 488
- Auswertung 487
- Beauftragung Dritter 489
- Befragungselemente 486
- Datenvermeidung 483
- elektronische ~ 490
- Folgebefragungen 489
- Fragebögen 486
- Freiwilligkeit 481
- geschlossene Fragestellungen 484
- Löschung 485
- organisatorische Maßnahmen 488
- Pseudonymisierung 485
- Re-Identifizierung 484
- Rückantwort 487

Stichwortverzeichnis

- Übermittlung 485
- Vernichtung 487
- Zweckbindung 483
Begriff des Datenschutzes 52
- Erfassungsschutz 52
- Informationsschutz 52
Begrüßungsbesuche 188
Behandlungsprotokolle 204
Behindertenbeirat 326
Behördlicher Datenschutzbeauftragter 493
- Aufgaben 494
- Befugnisse 497
- Begleitung dezentraler Aufgaben 499
- Bestellung 493
- Datenschutz-Service für andere Stellen 498
- Eigenständigkeit 498
- Geschäftsordnung Datenschutz 497
- organisatorische und fachliche Anbindung 498
- persönliche Voraussetzungen 498
- Schulen 286, 503
- Stellvertreter 494
- Tätigkeitsbericht 502
- Unterrichtungspflicht der Organisationseinheiten 497
- Zuständigkeit für kommunale Eigenbetriebe 503
Bekanntgabe von Daten 107
Bereichsspezifische Datenschutzvorschriften 77
Bereichsspezifisches Datenschutzrecht 168
Berichtigung 161
Beschäftigtendatenschutz 349, 600
- Einwilligungsproblematik 350
Beschäftigter 585
Bestimmtheitsgebot 63
Betäubungsmittel 200
Betriebliches Eingliederungsmanagement 370
- Aufbewahrung der Daten 373
- beteiligte Personen 371
- datenschutzrechtliche Fragestellungen 371
- Einwilligung 371

- Erhebung 371
- relevante Daten 371
- Trennung von sonstigen Personalakten 373
- Weiterverarbeitung 371
- Ziel 370
- Zuständigkeit für die Verarbeitung 372
Betriebsärztlicher Dienst 193
- Adressat der Datenübermittlung 221
- allgemeine arbeitsmedizinische Vorsorgeuntersuchungen 217
- Aufgaben und Befugnisse 213
- Bedienstete 211
- Diensttauglichkeitsuntersuchungen 213
- Entbindung von der Schweigepflicht 215
- externer Betriebsarzt 219
- faktischer Zwang zur Duldung der Untersuchung und Ergebnismitteilung 214
- Geheimnisschutz 214
- interner Betriebsarzt 218
- Mitteilungsbefugnisse/-pflichten 215
- Organisationsformen 212
- Schweigepflicht 214
- spezielle arbeitsmedizinische Vorsorgeuntersuchungen 216
- stillschweigende Einwilligung 216
- Übermittlungsumfang 217
- Wechsel des Betriebsarztes 221
Betriebsvereinbarungen 82
Betroffene Person 88
- mittelbar 89
- unmittelbar 89
Bewerberdatenschutz 354
- Aufbewahrung 355
- Bewerberauswahlverfahren 357
- Bewerbung auf Vorrat 357
- Bewerbungsspiegel 358
- diskriminierende Fragen 357
- E-Recruitment 358
- Erhebung zusätzlicher Bewerberdaten 355
- korrekte Stellenausschreibungen 354
- Online-Bewerbungen 358

665

Stichwortverzeichnis

– Personalfragebogen 356
– Zweckbestimmung 355
biometrische Daten 255, 415
biometrischer Pass 255
BtMG 200
Bundesamt für Sicherheit und Informationstechnik 500
Bundesbeauftragter für Datenschutz und Informationsfreiheit
– Amt 512
– Aufgaben 513
Bundesdatenschutzgesetz
– Adressat 581
– Anwendungsbereich 581
– Modernisierung 588
– Unterschiede zum Landesrecht 586
– wesentlicher Inhalt 582
Bundesdruckerei GmbH 259
Bundeskriminalamt 235

C

Clearingstellen 203
Client-Server-System 567
Cloud-Computing 568
Confirmed Opt-In 453
Cookie 490
Customizing 576

D

Data Protection 52
Datei 96
Datengeheimnis 111
– Hinweis auf das Datengeheimnis 112
– Merkblatt zum Datengeheimnis 112
Datenmissbrauch 123
Datenschutz im Internet 160
Datenschutz im privaten Bereich
– Beschäftigtendaten 585
– besondere Zulässigkeitstatbestände 584
– Datenumgang für eigene Geschäftszwecke 582
– Datenumgang zu fremden Geschäftszwecken 584
– Informationspflicht bei unrechtmäßiger Kenntniserlangung von Daten 586

– Relevanz für den kommunalen Sektor 580
– Unterschied zum Datenschutz im öffentlichen Bereich 579
Datenschutzauditierung 501
Datenschutzaufsicht
– funktionelle Unabhängigkeit 510
– Kontrolle im nicht-öffentlichen Bereich 511
– nicht-öffentlicher Bereich 509
– öffentlicher Bereich 504
– Sanktionsmöglichkeiten 512
Datenschutzbericht 508
Datenschutz–Forum 602
Datenschutz-Kultur 52
Datenschutzrichtlinie 73, 84, 97, 593
– Betroffenenrechte 594
– für elektronische Kommunikation 593, 595
– Kontrolle 594
– sensitive Daten 593
– Technikneutralität 593
– Verhältnismäßigkeitsgrundsatz 594
– Zweckbindungsgrundsatz 594
Datenschutzzertifikat 501
Datenschutzziele 541
Datensicherheit 535, 537
– Abgrenzung zur IT-Sicherheit 538
– DIN ISO/IEC 2382 536
Datensicherung 537
Datenträger 104, 552
– Verschlüsselung 552
Datenträgervernichtung
– CD-ROM/DVD 563
– Festplatten inhalte 562
– Filme 561
– Informationsvernichtung im Auftrag 565
– logisches Löschen 561
– Magnetdatenträger 561
– organisatorische Maßnahmen 564
– physische Löschung 562
– Schulung und Sensibilisierung der Mitarbeiter 566
– Überschreibung 562
– Vernichtungskonzept 564
– VS-Clean 562

- Wechseldatenträger 563
Datenverarbeitende Stelle 87, 153
Datenverarbeitung
- Phasen 75
Datenvermeidung und Datensparsamkeit 98
- Prepaid-Verfahren 134
DE-Mail 391
Dienstanweisung/Geschäftsordnung 82, 515, 516
Dienstlicher E-Mail-Account 388
- Gestattung von Privatnutzung 392
Dienstlicher Web-Zugang 381
- Gestattung von Privatnutzung 382
- Sicherheitsvorkehrungen 386
Diensttelefon
- Datenerfassung bei dienstlicher Nutzung 375
- Dienstvereinbarung 376
- Missbrauchskontrolle 376
- Nutzungsbeschränkung 380
- Zielrufnummerkürzung 376
Dienstvereinbarung 82, 350
Digitale Signatur 389
Digitales Vergessen 105
Direktwerbung 246
Dokumentenmanagement-System 554, 577
Double Opt-In 453
Drei Säulen des Datenschutzes 515
Dritter 89
Druck- und Kopiersysteme 553
Düsseldorfer Kreis 509

E
E–Commerce–Richtlinie 593
e-Government 49, 425
- Anwendungen 425
- Begriff 425
- Bestandsdaten 428
- Bücherei-Nutzungen 435
- Datenvermeidung/Datensparsamkeit 430
- e-Information 426
- e-Kommunikation 426
- elektronische Strafanzeige 435
- Erforderlichkeit 430

- Erscheinungsformen 426
- e-Transaktion 426
- Gefahren 427
- Inhaltsdaten 429
- Inhaltsebene 432
- „intelligente" Formulare 433
- Korrekturrechte 431
- Nutzungsdaten 429
- Onlinezugriff auf das Melderegister 434
- Public Key Infrastructures 427
- Rahmenbedingungen 428, 430, 432
- Reservierung von Kfz-Wunschkennzeichen 49, 434
- spezielle Gefahren 428
- Transparenzpflichten 431
- Transportebene 431
- Verkehrsdaten 429
- Vorteile 425
- Zulässigkeit 430
- Zweckbindung 430
eID 255, 264
- Authentisierungsfunktion 264
- qualifizierte elektronische Signatur 261
Eigenbetriebe 88, 581
Einwilligung 75, 166
- Bestimmtheit 170
- Einsichtsfähigkeit 168
- faktische 171
- Form 170
- Freiwilligkeit 169
- informierte Einwilligung 169
- Rechtsnatur 168
- Widerruf 171
- Zeitpunkt 171
Elektronische Antragstellung 454
Elektronische Gesundheitskarte 329
Elektronische Signatur 241, 255, 432
- Begriffe 445
- Behördenzertifikat 444
- fortgeschrittene 389, 443
- Hash-Wert 389
- qualifizierte 389, 443
- Signaturschlüssel 443
- Verschlüsselung 444
Elektronischer Führerschein 328

Elektronisches Gerichts- und Verwaltungspostfach 447
E-Mail 454
– Begriff 388
– digitale Signatur 389
– Gefahren 388
– Rechtsnatur 388
– Sicherheitsmaßnahmen 389
– Verschlüsselung 389
E-Mail-Verschlüsselung
– asymmetrisches Verfahren 389
– Hybridverfahren/SSL-Verfahren 389
– neuer Personalausweis 390
– praktische Probleme 390
– symmetrisches Verfahren 389
End-to-Site-Tunneling 401
ePass 255
E-Personalausweis 255
Erforderlichkeit 133
Erhebung von Daten 102
Europäische Menschenrechtskonvention (EMRK) 591
Europäische Union
– Grundrechte-Charta 69
– Primärrecht 67
– Sekundärrecht 67
Europäischer Datenschutzbeauftragter 598
Europäisches Datenschutzgrundrecht 69
Europäisches Datenschutzrecht 591
– Entwicklungen im Arbeitnehmerdatenschutz 600
– Primärrecht 591
– Rechtsquellen 591
– Vorhaben und Projekte 599
EU-Signaturrichtlinie 389

F
Fahrerlaubnisbehörde
– Datenübermittlung an die ~ 333
– Übermittlung durch Polizeibehörden 333
– Übermittlung durch Sozialleistungsträger 334
Fahrerlaubnisdaten
– personenbezogene ~ 330
– sachbezogene ~ 330

Fahrerlaubnisregister 329
– Abruf im automatisierten Verfahren 333
– Abruf im automatisierten Verfahren durch EU-Staaten 335
– Auskunft 332
– Auskunft an Stellen außerhalb der Bundesrepublik Deutschland 335
– Doppelspeicherung 331
– gesetzgeberische Zwecke 337
– Inhalt 330
– Kontroll- und Hinweisfunktion vor Weitergabe 335
– örtliches ~ 330
– Pflicht zur Übermittlungsprotokollierung 332
– statistische Zwecke 337
– Übermittlung 332
– wissenschaftliche Zwecke 336
– zentrales ~ 329
Fahrzeugregister
– einfache Registerauskunft 341
– erweiterte Registerauskunft 343
– Offenkundigkeit 342
– örtliches ~ 339
– Übermittlung trotz Sperre 346
– Übermittlungssperren 346
– Überschneidungsbereich 339
– zentrales ~ 339
– Zusammenhang mit der Teilnahme am Straßenverkehr 342
– Zweck 340
Fahrzeugregisterdaten
– Bankverbindungsdaten 344
– Löschung 340
– Speicherung 340
– Übermittlung 343
– Übermittlung an Behörden oder sonstige öffentliche Stellen 343
– Übermittlung an Stellen außerhalb der Bundesrepublik Deutschland 345
– Übermittlung für wissenschaftliche, statistische und gesetzgeberische Zwecke 346
Fingerabdruck 262, 416
Föderalismus-Reform 254
Formelle Gesetze 79

Stichwortverzeichnis

Fragebogen 486
Fraktion 309
Fraktionssitzungen 309
Führerscheinwesen 328
- datenschutzrechtliche Mängel 337
- Informationen über Verkehrsordnungswidrigkeiten 338
- Weitergabe von Daten für die INPOL-Fahndung 339
Funktionsübertragung 457

G

Gebot der Normenklarheit 60
Gebote der Datensicherheit 538, 540
Gebühreneinzugszentrale 249
Geheimnis
- Begriff 115
- Berufsgeheimnisse 119
- Betriebs- und Geschäftsgeheimnisse 119
- Brief- und Postgeheimnis 117
- Fernmeldegeheimnis 117, 379
- Funktion 116
- Geheimnisherr 115
- Geheimnisträger 115
- privates Geheimnis 116
- Sozialgeheimnis 121
- staatliches Geheimnis 116
- Statistikgeheimnis 118
- Steuergeheimnis 117, 121
- Telekommunikationsgeheimnis 121
Geheimnisschutzrecht
- Harmonisierung von Datenschutz und Geheimnisschutz 120
- Verhältnis zum Datenschutzrecht 119
- Verhältnis zum Informationszugangsrecht 121
- Zwei-Schranken-Theorie 120
George Orwell 471
Geschäftsgeheimnis 618
Geschäftsordnung 82
- amtsinterne Datenschutz-Relevanz 522
- Anlagen 522
- Aufgaben des behördlichen Datenschutzbeauftragten 517

- Beispiel einer Geschäftsordnung Datenschutz 523
- Hinweise zum Inhalt 519
- Rahmenvorgaben 518
- Regelungsinhalte 518
- Struktur und Umfang 516
- Verwaltungsvorschrift eigener Art 516
- Verzeichnis der automatisiert geführten Verfahren 520
- Zuständigkeit und Verantwortlichkeit 519
- Zuständigkeitsabgrenzung behördlicher Datenschutzbeauftragter 517
Geschichte des Datenschutzrechts 52
Gesellschaft für Datenschutz und Datensicherheit (GDD) e.V. 601
Gesetzgebungskompetenz 167
Gestaltung von Webseiten 436
- Bediensetendaten 438
- Disclaimer 440
- externe Links 440
- Impressum 436
Gesundheitsamt 193
Gesundheitsdaten 212
Gesundheitsdatenschutzgesetz NRW 79, 197
Gesundheitswesen 197
Gesundheitszeugnis 205, 206
Gewohnheitsrecht 83
Gleichbehandlung von öffentlichem und nicht-öffentlichem Bereich 589
Google Street View 65, 160
Govello 446
Governikus 446
Grundrechtecharta der Europäischen Union 591

H

Handyortung 377
Hausakten 135
HeilBerG NRW 199
Hessisches Datenschutzgesetz 73
Hinweis zum Datenschutz 161
Hostsystem 567

I

IfSG 200
Impressum 436
- Anbieterkennzeichnung 437
- Datenschutzerklärung 438

Informantenschutz
- Anzeigenerstatter 148 f.
- Drittschutzinteresse 148 f.
- Geheimhaltungsinteresse 149
- Güterabwägung 149
- Ordnungswidrigkeitenverfahren 148 f.

Informationelle Gewaltenteilung 59
Informationsfreiheitsgesetz 609
Informationssicherheit 537, 540
Informationszugangsanspruch 609, 635, 636, 637, 638, 639, 640, 641, 642, 643, 644, 645, 646, 647
- Ablehnung 624
- Anspruchsgegner 610
- Antragsbefugnis 621
- antragsunabhängige Informationspflichten 625
- Art der Informationsgewährung 623
- Befugnistheorie 611
- behördlicher Entscheidungsbildungsprozess 616
- Einschränkungen 615
- Einzelfälle 619
- Entgeltlichkeit 626
- Form und Bestimmtheit des Antrags 621
- Frist 621
- Gegenstand 612
- Inhalt 609
- Rechtsnatur der Informationserteilung 622
- Rechtsschutz des betroffenen Dritten 625
- Schutz öffentlicher Belange 616
- Schutz personenbezogener Daten 619
- Schutz von Betriebs- und Geschäftsgeheimnissen 618
- Untätigkeit der Behörde 622
- Verpflichtungswiderspruch 624
- Verwaltungstätigkeit 611

Informationszugangsanspruch nach dem Umweltinformationsgesetz 627
- Ablehnung 633
- Anspruchsberechtigung 629
- Anspruchsgegner 630
- Anspruchsgrundlage 628
- Beschränkungen 631
- Gegenstand 631
- Kosten 633
- Schutz öffentlicher Belange 631
- Schutz privater Belange 632
- Verfahren 632

Informationszugangsanspruch nach dem Verbraucherinformationsgesetz 634
Informationszugangsgesetz
- Ausschlusswirkung 614
- Kritik 620
- Verhältnis zu besonderen Rechtsvorschriften 613

Informationszugangsrecht 605
- Allgemeinzugänglichkeit 607
- Amtsgeheimnis 605
- Begriff 605
- Europarecht 608
- Öffentlichkeit der Verwaltung 605
- praktische Konkordanz 606
- Transparenz der Verwaltung 605
- verfassungsrechtliche Grundlagen 606
- Verhältnis Landesrecht/Bundesrecht 615
- Zielsetzungen 608

Instrumentalisierung des Datenschutzes 51
Integrationsrat 326
Internetangebot der Kommune 450
- anonyme und pseudonyme Nutzungsmöglichkeiten 450
- Auskunftsrechte 455
- Datenschutz-Button 452
- Datenverarbeitungsregeln 450
- Einwilligung 453
- Unterrichtung des Nutzenden 451

Intranet 569
IT–Grundschutz–Kataloge 540
IT-Infrastruktur 544, 567
IT-Sicherheit 535

Stichwortverzeichnis

- Begriff 535
- Informationssicherheit 537
- Qualitätsprüfung bzw. -bestätigung 537
- Sicht des Betroffenen 536
- technische Sicht 536

IT–Sicherheit und Datensicherheit
- Abgrenzung 538
- Identität der Maßnahmen 538
- Teilidentität der Aufgaben 539

IT-Sicherheitskonzept 542
- Administration 549
- allgemeiner Grundschutz 546
- Arbeitsplatzebene 548
- automatisierte Verfahren 549
- Beschreibungen 543
- Erfordernis 542
- Erstellung 546
- Evaluierung 550
- Festlegung des IT-Sicherheitsniveaus 544
- Fortschreibung 550
- Grundstruktur 543
- Konkretisierung 543
- Maßnahmen 544
- Notfallvorsorge 550
- Revision und Kontrolle 549
- Schwachstellen/Risikoanalyse 550
- Umsetzung 550
- Zentralrechnerebene 548
- Zielrichtung 546

IT-Sicherheitsniveau 545
- Kategorien 545
- Kriterien 545

J

Jugendhilfe
- andere Aufgaben der ~ 187
- Beistandschaft, Amtspflegschaft und Amtsvormundschaft 192
- Betroffener ist nicht zugleich Klient 189
- Datenerhebung 187
- Datenerhebung auf Einwilligungsbasis 188
- Datenerhebung ohne Mitwirkung des Betroffenen 188
- Datenspeicherung 190
- Datenübermittlung 190
- Mitwirkungspflichten 187
- Verhältnis zur Justiz 191

Jugendparlament/Jugendrat 324
- Geschäftsordnung 325
- Verarbeitung von Schülerdaten 326
- Wahlordnung 325
- zentrales Wählerverzeichnis 325

Julia-Mail-Gateway 447
Juristische Personen 93

K

Katalogservice städtischer Büchereien 49
Kfz-Kennzeichenerfassung 63
Kfz-Zulassungsbehörde 340
Kfz-Zulassungswesen 339
- Zulassung über das Internet 347

KHG NRW 199
Kinderausweis 258
Kindeswohlgefährdung 204
Kirchensteuer 249
Kontrolle 72
Kraftfahrtbundesamt 329
Krankheiten-Meldepflicht 200
Krebsregister 199
KRG NRW 199

L

Landesbeauftragter für Datenschutz 504
- Anrufung 162
- Anrufung durch Bürger 507
- Aufgaben 73, 505
- Beanstandung 506
- Beauftragter für Informationsfreiheit 509
- Datenschutzbericht 508
- Kontrollbefugnis 505
- Stellung 73
- Wahl 73
- Weisungsfreiheit 510
- Weisungsgebundenheit im nicht-öffentlichen Bereich 511

Landesdatenschutzgesetze 74
Landesverfassungen 72
Lehrer 277

- bei Gelegenheit der Lehrtätigkeit erlangte Daten 281
Lehrerkalender 278
Löschen von Daten 108, 162, 559
- DIN-Norm 32757 296
- Unkenntlichmachen 560

M

Mainframe 567
Man-in-the-Middle-Attacken 263
Media@Komm 445
Medizinische Forschung 198
Meldebehörde
- Aufgaben 242
- Plausibilitätskontrolle 248
Meldedaten
- Datenarten 248
- indirekte 242
Meldegeheimnis 243
Meldegesetz, neues 242
Melderegister 242
- Auskunft 244, 245
- Auskunftsverweigerung 244
- berechtigtes Interesse 247
- Berichtigung 242
- einfache Auskunft 245
- Ergänzung 242
- erweiterte Auskunft 247
- Forschungszwecke 253
- Gruppenauskunft 253
- Löschung 245
- öffentliches Interesse 253
- rechtliches Interesse 247
- regelmäßige Datenübermittlung in automatisierter Form 249
- Scheinanmeldungen 242
- Selbstauskunft 246
- Übermittlung an Adressbuchverlage sowie bei Alters- und Ehejubiläen 252
- Übermittlung an Behörden oder sonstige öffentliche Stellen 248
- Übermittlung an den Suchdienst 250
- Übermittlung an öffentlich-rechtliche Religionsgemeinschaften 249
- Übermittlung an Parteien und Wählergruppen 251

- Unterrichtung des Betroffenen 247
- Volksbegehren, Volks- und Bürgerentscheide 251
- zentrales ~ 254
Melderegisterauskunft online 49
Meldewesen
- allgemeine Meldpflicht 241
- Betroffenenrechte 243, 244
Mikrozensus 482
Mithören und Aufzeichnen von Gesprächsinhalten 379
Mittelbare Drittwirkung von Grundrechten 579

N

Netzwerk 567
Nicht-öffentliche Stellen 76
Nicht-öffentlicher Datenschutz 509
Niederländische Gesellschaft von Funktionären für den Datenschutz 602
Normenklarheit 132
Nutzung von Daten 109

O

Observation 103
Öffentliche Stelle
- funktionsbezogener Behördenbegriff 87
Öffentlicher Gesundheitsdienst 193
- Abrechnungen 207
- Auskunft 201
- Datenlöschung 198
- Datenübermittlung 197
- Datenverarbeitung im Auftrag 198, 210
- Gesundheitsförderung und Gesundheitsprävention 194
- Gesundheitshilfe 196
- Gesundheitsschutz 195
- Gutachten 196
Online Service Computer Interfaces 241
Opt-Out 453
Organisatorische Maßnahmen 515
Organisatorischer und technischer Datenschutz 540
OSCI 445
- Prinzip des doppelten Umschlags 446

Stichwortverzeichnis

Outsourcing 456

P
PACE-Protokoll 263
Pass- und Personalausweiswesen 255
Passdaten 257
- automatisierter Abruf 260
- Löschung 259
- Speicherung 258
- Übermittlung 259
Passgesetz 256
Passregister 258
Patient 194
Patientendaten 197, 198
Personalakte 212, 349
- Aufbewahrungsfristen 369
- Begriff 360
- Beihilfeakte 362
- elektronische Form 360
- formeller Personalaktenbegriff 363
- Führung 360
- Grundakte 361
- Inhalt 363
- lose Personalvorgänge 364
- materieller Personalaktenbegriff 363
- Nebenakte 361
- Sachakte 363
- Struktur und Gliederung 361
- Teilakte 361
- Zweck 361
Personalakten 135
Personalakten im öffentlichen Dienst 151
Personalakten-Daten 410
Personalaktenführung
- Auskunft 368
- automatisierte Datenverarbeitung 368
- Grundsätze 364
- Kontinuität 367
- Paginierung 367
- Personalaktengeheimnis 365
- Sicherheitsvorkehrungen 365
- Transparenz 365
- Vertraulichkeit 365
- Vollständigkeit 367
- Vorlage 368
- Wahrheit 366

Personalaktenrecht 359
Personalausweis 261
- maschinenlesbarer Teil 262
- RFID-Chip 262
- sichtbarer Teil 261
Personalausweisdaten
- automatisierter Abruf 265
- erforderliche Daten 263
- Verarbeitung 265
Personalausweisgesetz 256
Personalausweisregister 265
Personalausweisverordnung 263
Personalrat 421
- Beteiligungsrechte 423
- Dienstvereinbarungen 424
- Organisation 421
- Schweigepflicht 423
- Umgang mit den Daten der Bediensteten 422
- Unterrichtungspflicht des Dienststellenleiters 423
Personalvertretung 420
- Dienstvereinbarungen 420
Personalwesen 349
Personenbezogene Daten
- Angaben über sachliche Verhältnisse 94
- besondere Arten 95
- Bestimmbarkeit einer Person 90
- Definitionen 90
- persönliche Angaben 94
Personenmehrheiten 93
Phasen der Datenverarbeitung 101
Phishing 263
Physische Löschung 562
Praktische Konkordanz
- heimliche Vaterschaftstests 136
Privatnutzung des dienstlichen E-Mail-Accounts
- Akzeptanz der Privatnutzung des dienstlichen Account 394
- Gefährdungspotenzial 392
- getrennte E-Mail-Adressen 393
- Interessenkonflikt 393
- Lösungsvorschläge 393
- passwortgeschützte Ordner 393
- Web-Mail 394

Privatnutzung des dienstlichen Web-Zugangs
- faktische Einwilligung in die Kontrolle mit Aufnahme der Privatnutzung 386
- Gefahren 382
- geringfügiger Umfang 385
- Interessenkonflikt 384
- Konfliktlösungen 384
- Konsequenzen unerlaubter Kontrollen 387
- Konsequenzen unerlaubter Privatnutzung 386
- Kontrolle 386
- Regelung durch Dienstvereinbarung 385

Privatnutzung des Diensttelefons
- Anbieter-Nutzer-Verhältnis 377
- Datenerfassung bei privater Nutzung 377
- Duo-Bill-Verfahren 379
- Gestattung von Privatgesprächen 377
- Konsequenzen unerlaubter Nutzung 381
- Kontrolle 380
- Mobilfunkgeräte 379
- Prepaid- oder Postpaid-Lösungen 379
- Selbsteinschätzung 378
- Telefonlisten 378
- Unterscheidung zwischen Dienstlichkeit und Privatheit 377
- Zweckbindung 378

Proxy 387
Pseudonymisierung 99, 485
- Zuordnungsfunktion 99
PsychKG NRW 198

Q
Qualifizierte elektronische Signatur 264
Querschnittsbereiche 500

R
Rahmenbeschluss zum Datenschutz bei polizeilicher und justizieller Zusammenarbeit 599
- Anwendungsbereich 600

- Schwächen 600
Rasterfahndung 103
Ratsarbeit
- Abwägungsgebot 302
- Anwendung des DSG NRW 313
- Auftragsvergaben 317
- Ausschluss der Öffentlichkeit 300
- Auszeichnungen und Ehrungen 314
- Bauanträge 305
- Bauvoranfragen 305
- Bekanntgabe von Beschlüssen 308
- Datenvermeidung 315
- Ehrenauszeichnungen 317
- Einwilligung 315
- erforderliche Daten 316
- Grundstücksangelegenheiten 304, 308, 314, 316
- Mieteinnahmen 317
- Niederschrift 307, 320
- Offenbarung personenbezogener Daten 303
- Personalangelegenheiten 303, 314, 316
- Pseudonymisierung der Vorlagen 319
- Schenkungen und Vermächtnisse 317
- Sicherheitsmaßnahmen 318
- Statistiken 317
- steuerrechtliche Angelegenheiten 304
- Stipendien 317
- Tagesordnung 318
- Tischvorlage 319
- Transparenz 307
- Übermittlung 303
- Übermittlung an Fraktionsmitglieder 309
- Übermittlung von der Verwaltung an Rats- und Ausschussmitglieder 312
- Übertragung in Medien 310
- Unterrichtungspflicht des Bürgermeisters gegenüber dem Rat 312
- Vergabe von Aufträgen 305
- Verschwiegenheitspflicht 306
- Vorlagen 318
- Weitergabe 313
Ratsbeschlüsse 83
Ratsinformationssystem 320
- Archiv 322

Stichwortverzeichnis

- Datensparsamkeit 321
- Funktionstrennung 323
- Gefahrenanalyse 323
- Informierung der Öffentlichkeit 322
- Löschung 323
- Online-Abruf 323
- rechtliche Anforderungen 321
- Sicherungsvorkehrungen 321, 323
- Speicherung 322
- Zugriffskontrolle 323
- Zugriffskonzept 321

Ratssitzung
- öffentliche Bekanntmachung der Tagesordnung 307
- Öffentlichkeitsgebot 300
- Teilnehmer bei Nichtöffentlichkeit 306
- Transparenz von Beschlussinhalten 307

Recht auf Gewährleistung der Vertraulichkeit und Integrität informationstechnischer Systeme 61 f.
- Kernbereich privater Lebensgestaltung 65
- zweistufiges Schutzkonzept 65

Recht auf informationelle Selbstbestimmung 56, 58 f., 69, 70, 72, 607

Rechtsverordnungen 79

Re-Identifizierung 484

Reisepass
- maschinenlesbarer Teil 257
- öffentliche Verwendung 260
- private Verwendung 260
- RFID-Chip 258
- sichtbarer Teil 257

Rettungsdiensteinsätze 204

RFID-Chip 255, 257, 258
- Auslesen 263
- Freiwilligkeit 262
- PIN 263

Richtlinie über den freien Zugang zu Umweltinformationen 605

Richtlinie zur Vorratsspeicherung von Kommunikationsdaten 593, 597

S

Sachakten-Daten 410

Sammlung 96

Satzungen 80

Scanner 554

Schadensersatz 159

SchKG 201

Schulärztliche Untersuchung 207

Schule 266
- Auskünfte an Eltern Volljähriger 272
- Einsichts- und Auskunftsrecht 285
- Elternsprechtage 272
- Geltendmachung von Ansprüchen 283
- Klassenfoto mit Namen 284
- Mitwirkungspflicht 270
- öffentliche Bekanntgabe von Noten 272
- Recht zur Einsichts- und Auskunftsverweigerung 285
- Schülerstammblätter 269
- Sicherheitsmaßnahmen 271
- sonstiger Datenbestand 270
- Sportveranstaltungen außerhalb der Schule 284
- Telefonlisten 283
- Übermittlung 279
- Übermittlung an das Sozialamt 281
- Übermittlung an Gesundheitsämter 279
- Übermittlung an Jugendämter 280
- Übermittlung an Krankenkassen und Stellen im Gesundheitsbereich 282
- Übermittlung an nicht erziehungsberechtigte Personen 283
- Übermittlung an Personen oder Stellen außerhalb der Verwaltung 282
- Übermittlung an sonstige öffentliche Stellen 281
- Veröffentlichung von Klassenfotos auf der Homepage der Schule 285
- Vertraulichkeitsgrundsatz 271
- Videoüberwachung auf dem Schulhof 275

Schülerdaten
- automatisierte Verarbeitung 269
- Daten über gesundheitliche Auffälligkeiten 269
- Individualdaten 269

- Leistungsdaten 269
- Organisations- und Schullaufbahndaten 269
- Untersuchungsergebnisse 269
- Verarbeitung auf privaten Computern der Lehrkräfte 277

Schulgesetz NRW 267
Schulleitung 271
Schulpsychologische Beratung 287
- Akteneinsicht und Informationszugang 296
- anonymisierte Aufzeichnungen 292
- Aufgaben 288
- Beratungsverhältnis 289
- Datensicherheit 298
- Einsichtsfähigkeit Minderjähriger 293
- einzelfallübergreifende Beratung 292
- Erhebung 290
- Informationsblatt 299
- interne Informationsweitergabe 291
- IT-Einsatz 297
- Krisenintervention 289
- lehrerbezogene Beratung 289
- Löschung 296
- Online-Beratung 298
- Organisationsformen 289
- Prüfungsfolge 293
- schülerbezogene Einzelfallberatung 288
- Schweigepflicht 292
- Schweigepflicht-Durchbrechung 292
- Übermittlung an andere Stellen 294
- Übermittlung an Eltern Minderjähriger 293
- Verarbeitung zu wissenschaftlichen Zwecken 294

Schulpsychologische Beratungsstelle
- Aktenführung 295
- Sicherheitsvorkehrungen 295

Schulpsychologische Dienste 288
- Unabhängigkeit 290

Schwangerschaftsabbruch 201
Schwarzarbeitsbekämpfungsgesetz 236
SDDSG 250
Security Tools 321
Seniorenbeirat 326
Sensitive Daten 166, 228

Sicherheitsakten 151
Sicherheitskonzeptionen 541
Signaturgesetz 432
SMT-Protokoll 391
Software 569
„Solange II"-Rechtsprechung 69
Sonderpädagogische Förderung 208
Sozialdaten
- Abgleich 183
- Auskunftsersuchen 179
- Begriff 175
- besonders sensitive 182
- Erhebung 176
- Erhebung bei Dritten 178
- Hinweispflicht 177
- Offenbarung 180
- Übermittlung 180
- Übermittlungsbefugnis 180, 181
- Übermittlungstatbestände 181
- unzulässige Erhebung 180
- Verarbeitung im Auftrag 184

Sozialdatenschutz 173
- Akteneinsicht 183
- Aktenführung 185
- Auskunft 183
- Bedarfs- und Missbrauchsermittler 180
- freie Träger 184
- Instrumente 176
- Rechte der betroffenen Person 183
- Rechtsprinzipien 176
- technische und organisatorische Vorkehrungen 184

Sozialgeheimnis 175
Sozialpsychiatrischer Dienst 196
SPAM 391
Speichernde Stelle 87
Speicherung von Daten 104
Sperrung von Daten
- Auskunftssperre 108
- Datensatzsperre 107
- Einzelsperre 107
- Sammelsperre 107
- Shredder-Tools 109
- Übermittlungssperre 108

Straf- und Bußgeldvorschriften 122
Straßenverkehrswesen

Stichwortverzeichnis

- gläserner Autofahrer 328
- Nutzung von GPS-Daten bei der Beobachtung verdächtiger Personen 327
- Verwendung von Mautdaten für abrechnungsfremde Bereiche 327
- Videoscanning bei Nummernschildern 327

Subsidiarität 77
Suchdienst
- Kirchlicher Suchdienst 250
- Suchdienst des Deutschen Roten Kreuzes 250
- Suchdienstvereinbarungen 250

Suchdienste-Datenschutzgesetz 79
Systemadministration 502

T

Technischer Datenschutz 535
Telearbeit 395
- administrative Maßnahmen 403
- alternierende ~ 397
- Authentizität 402
- Begriff 396
- datenschutz- und sicherheitsrelevante Problematik 398
- Dienstanweisung 405
- Einzelvereinbarung 406
- Formen 396
- geeignete Tätigkeitsbereiche 397
- Gewährung eines Zutrittsrechts 407
- Integrität 401
- isolierte ~ 396
- Kontrollmechanismen 407
- Kontrollorgane 407
- Protokollierung 402
- Revisionsfähigkeit 402
- Risikoanalyse 404
- Satelliten- oder Nachbarschaftsbüros 397
- sensitive Daten 403
- Sicherheitskonzept 403
- technische und organisatorische Maßnahmen zur Datensicherheit 399
- Verfügbarkeit 402
- Vertraulichkeit 400

- Vorabkontrolle 403

Teledienstedatenschutzgesetz 79
Telefax 555
- datenschutzgerechter Umgang 557
- Irrläufer 555
- kein Abgangs-/Zugangsbeweis 556
- Manipulation 556
- offener Versand 555
- Risiken 555
- Sendebericht 556
- Verwaltungsakt 558

Telefonüberwachung 103
Telemediengesetz 79, 436
Terminal-Services 568
Todesbescheinigung 208
Transparenz der Datenverarbeitung 59, 101, 135
Trennungsgebot 135
Trustcenter 445

U

Übermittlung 85
Übermittlung von Daten 106
- Abruf 122
- automatisiertes Abrufverfahren 107
- regelmäßige Übermittlung 122

Umfragen 481
Umweltinformationsgesetz 627
Unabhängiges Landeszentrum für Datenschutz (ULD) 139
Ungeborene 93
Unterrichtung 161
Unterrichtungspflicht gegenüber der Ausländerbehörde
- besonderer Integrationsbedarf 232
- der Beauftragten der Bundesregierung für Migration, Flüchtlinge und Integration 233
- illegaler Aufenthalt 230
- sonstige Ausweisungsgründe 231
- Straf- und Bußgeldverfahren 233
- Vaterschaftsanfechtungsrecht 231
- Verstoß gegen räumliche Beschränkung 231

Untersuchungsgrundsatz 179
UserID 387

V

Veränderung von Daten 106
Verantwortliche Stelle 87
Verbot mit Erlaubnisvorbehalt 75
Verbraucherinformationsgesetz
- Gegenstand der Neuregelung 635
- Gesetzgebungsverfahren 634
- Negativliste 648
- Verhältnis zu anderen Vorschriften 640
- Veröffentlichung von Verstößen im Internet 648

Vereinheitlichung des Dienstrechtes 349
Vereinigung betrieblicher Datenschutzbeauftragter 602
Verfahren der elektronischen Versicherungsbestätigung 340
Verfahrensverzeichnis 85, 151
- automatisiertes Verfahren 154
- Begriff des Verfahrens 153
- Inhalt 155
- manuelle Führung 154

Verhältnismäßigkeitsgrundsatz 60, 132
Verkehrszentralregister 329
- Löschungsproblematik 337

Verordnung über die zur Verarbeitung zugelassenen Daten der Lehrerinnen und Lehrer 268
Verordnung über die zur Verarbeitung zugelassenen Daten von Schülerinnen, Schülern und Eltern
- innere Schulangelegenheiten 268
- private Schulen 268

Verpflichtungsgesetz 111
Verschlüsselung 297, 324
Verstorbene 92
Vertrag von Lissabon 592
- Sekundärrecht 592

Verwaltungsvorschriften 81
Videoüberwachung 103, 471
- Abwägung mit Betroffeneninteressen 276
- allgemeines Persönlichkeitsrecht 478
- Arbeitsplatz 480
- Begriff 471
- Beobachten eines Nachbargrundstücks 479
- Eignung zu Prävention und Repression 473
- Erkennbarkeit 476
- Familienfilme 479
- Gefahrenabwehr 475
- Geschichte 472
- Hinweisschilder 277
- in Zügen und Bussen 473
- Kamera-Attrappe 479
- Klausurbeaufsichtigung in Hochschulen 478
- öffentlich zugängliche Räume 475
- privater Bereich 478
- rechtliche Bewertung 474
- Schulhof 275
- Sicherheitskonzeptionen 477, 480
- Strafverfolgung 474
- technische Entwicklungen 474
- Terrorismus 473
- Thinking Cameras 474
- Überwachung des eigenen Grundstücks 479
- Überwachung von gemeinsamen Zugangswegen 479
- Unterrichtspflicht 477
- Wahrnehmung des Hausrechts 275, 476, 477
- Wahrnehmung in der Bevölkerung 473

Virtuelle Poststelle 442
- Dienstanweisung 449
- Einschreiben-mit-Rückschein-Funktion 448
- organisatorische Maßnahmen 449
- rechtliche Grundlage 442
- Verfahren 447
- Zugangseröffnung 442

Volkszählung 243
Volkszählungsurteil 56 f., 60, 69, 70
Vorabkontrolle 153, 154, 323, 570
- Check-Liste 571, 573
- Durchführung 576
- Neubewertung und Fortschreibung 572
- Prüfungsumfang 572
- Risikoanalyse 576
- Risikofaktoren 576

– Sonderfälle 571
– Standardverfahren 572
– Technik des Verfahrens 576
– Verfahrensänderung 573
– Zeitpunkt 576

W

Weitergabe von Daten 106
Wesentlichkeitstheorie 326
Widerspruch 159
Wunschkennzeichen-Reservierung 49, 434

Z

Zeiterfassung 409
– Dienstvereinbarung 420
Zeiterfassungsdaten 410
– Auswertung 417
– Löschung 418
– Speicherung 417
– Zugriff der Personalvertretung 419
– Zugriff des Fachvorgesetzten 419
Zeiterfassungssysteme 409
– Beteiligung der Personalvertretung 412
– Einbindung des behördlichen Datenschutzbeauftragten 412
– Information der Betroffenen 418
– Personalkenn-Nummern 413
– Resultatsliste 417
– Transponderkarten 413
– Verwendung biometrischer Daten 415
– Zutrittskontrollsysteme 414
Zensus 2011 243

Zentrales Verkehrsinformationssystem 340
Zentralruf der Autoversicherer 343
Zertifizierung 137
– Gütesiegel 140, 142
– von Produkten 140
– von Sachverständigen 141
Zulässigkeit der Datenverarbeitung
– bereichsspezifische Vorschriften 167
– Verbot mit Erlaubnisvorbehalt 165
– Vorschriften des Datenschutzgesetzes 167
Zusammengefasste Daten 91
Zweckänderung
– allgemein zugängliche Daten 129
– aufgrund Rechtsvorschrift 128
– Aufsichts- und Kontrollmaßnahmen 131
– Ausbildungs- und Prüfungszwecke 131
– Einwilligung 128
– Gemeinwohlbelange 130
– Maßnahmen des Straf- und Ordnungsrechts 130
– mutmaßliche Einwilligung 128
– Unrichtigkeiten 129
– Wissenschaft und Forschung 130
– zur Wahrnehmung zugewiesener Einzelaufgaben 128
Zweckbindung 125
– Ausnahmen 127
– ohne vorherige Erhebung 127
– Zweckidentität 125 f.
Zweckbindungsgrundsatz 59, 71